兩周古文字編注 上

陳靖 編著

河南美術出版社
·鄭州·

圖書在版編目（CIP）數據

兩周古文字編注 / 陳靖編著. -- 鄭州：河南美術
出版社，2024.4
ISBN 978-7-5401-6264-1

Ⅰ．①兩… Ⅱ．①陳… Ⅲ．①漢字－古文字－研究
Ⅳ．①H121

中國國家版本館CIP數據核字(2023)第105360號

兩周古文字編注

陳靖　編著

學術支持	陳斯鵬 張新俊 秦曉華 陳志平 薛養賢
	楊鎖強 楊曉萍 卜亞麗 吳曉蔓
出 版 人	王廣照
責任編輯	白立獻 趙　帥
責任校對	王淑娟 裴陽月
封面設計	黃立齡
出版發行	河南美術出版社
地　　址	鄭州市鄭東新區祥盛街27號
郵　　編	450016
電　　話	0371-65788152
印　　刷	河南瑞之光印刷股份有限公司
開　　本	889mm×1194mm　1/16
印　　張	182
字　　數	4800千字
版　　次	2024年4月第1版
印　　次	2024年4月第1次印刷
書　　號	ISBN 978-7-5401-6264-1
定　　價	880.00圓（全三冊）

目録

序

　　歲癸巳甲午間，吾友陳志平教授引其鄉俊黃岡陳靖君枉過吾廬，談書論學，此予識陳君之始也。陳君者，書壇耆宿咸陽鍾明善先生之入室高弟也，而主廣東工業大學通識中心之書法篆刻教席有年。君謂予曰："當今握管捉刀之士，於古文字之運用，多見謬誤。方撰著《金文編注》一書以糾正之，書成之日，願君其序而行之。"予聞而驚且喜，甚欲得觀其成。其後數年，寂寞少通音問。間嘗聞之友人，陳君少日任俠，頗遺傷病，故授課之餘，常隱居家山養疾，而兼以讀書著述寫字自娛也。予於是亦不敢多擾，唯中心常存期盼耳。去歲秋間，忽來微信告予曰："書成矣！君尚記前約否？"予曰："前所言《金文編注》乎？為之序引，予之幸也，固未敢忘。"曰："非是。彼《金文編注》者，取材未廣，考訂未精，頗不當意，不欲以塵君。書稿前數年已為書估購去矣。今者則拓展而為《兩周古文字編注》，實十數年心血所聚，願君鑒正之！"即電傳全稿來。予受而讀之，益大驚且大喜也。夫兩周古文字數量鉅大，品類龐雜，並世學者往往攻其一端即可成名，似陳君之一網打盡，得字頭一萬二千，成數百萬言之皇皇巨著者，實所罕覯，是大可驚且喜者一也。且夫新近之兩周古文字發見，源源不絕，學界之新說異見，復目不暇接，而陳君以一人之力為之董理，鮮有所遺，取捨往往而得其中，間出己意，亦多有可採。君雖以書學出道，而字學之修為卓然若斯，是大可驚且喜者二也。世之能細讀其書者，當不以吾言為河漢也。而全書體例模擬古來韻書，以聲首為之繫聯，極便於尋繹文字孳乳之跡，及聲韻通轉之由，是其為用亦不可謂不廣大矣。抑更有令人稱奇不迭者，舉凡圖片修飾、隸定造字、排版設計諸端，皆陳君一手親為，於微末之處悉求其精美完善，即專業機構無以過也。是真所謂能者無所不能矣。然予由是益知陳君著書勞苦之迥逾恆常也！今茲偉業厥成，宿願已償，深望陳君稍節其勞，為學珍重，是所至禱！倘得暇日，再造吾廬，清茗一盞，從容談天地，陳君其有意乎？

陳斯鵬

謹序於番禺南村卓廬

編排説明

一、本書的基本内容

本書主要收録了部分商代文字，西周、東周文字，秦代文字，而以西周和東周（兩周）文字為主。所有的古文字資料均取自出土文獻。文字載體囊括了青銅器、竹木簡、繒帛、璽印、陶器、磚銘、錢幣、玉石、雜器等，收集古文字字頭近 12000 個。

本書收集了有價值的古文字字形，同時把這些字形按時間順序排列。春秋戰國時期，各國的文字風格、用字習慣都不同，為了突出這種地域性，本書把春秋戰國時期的古文字分為齊、楚、燕、晉、秦五大文字體系。

本書最主要的内容是引入大量古文字時代的文本文例，并在此基礎上對古文字進行字形分析、辭例分析。字形分析，着重於構形及其流變。辭例分析，主要突出基本字義辭義，其目的是回到古文字的文本時代，瞭解古文字的實際使用情況和用字規律。同時，在此部分還對戰國時代各系文字間的用字差異現象進行了研究。

二、本書的緣起、整理背景

古文字收集難度大，尤其是文本文例的收集。之所以進行這樣的收集，是因為出於學習古文字書法的需要；之所以結集出版，也是因為出於書法篆刻創作的需要。

當代書法篆刻蓬勃發展，但是使用先秦古文字進行書法篆刻創作這一方向比較低迷。眾多書友找不到古文字的學習方法，不知道古文字怎麽查、怎麽用，一些人甚至是名家書寫古文字錯訛現象嚴重。廣大的書法篆刻學習者期盼有更適用的古文字方面的參考書。

古文字學界新的研究成果頻出，新發現、新成果可以説是日新月異。中華人民共和國成立以來，戰國竹簡文字陸續出土。尤其是 20 世紀 90 年代以來，隨着包山簡、郭店簡、上博簡、清華簡、安大簡等的陸續公佈，由於有明確的辭例、有些還有傳世的本子可以對照，這樣就使我們可以直接釋讀出戰國文字中的許多生僻字、難字。所以李零先生説：“簡帛文字的大量出土使我們進入了一個‘大規模識字’的階段。”作為哲學家的龐朴先生通過郭店竹書《性自命出》34～35 號簡與《禮記•檀弓下》子遊之語對讀而使簡文得到通釋，可以説是一個突出的例證。

不僅如此，學界還可以運用簡帛材料中的豐富知識，解決過去甲骨文、金文中許多無法辨識的古文字。較典型的例子如甲骨文中的“視”“奉”，西周金文中的“逑”“孚”“慎”等。還有東周金文鄂君啟節上的“龖”、曾姬壺上的“虞”、燕客銅量上的“劑”等。此外，有些存在歧異釋讀的文字，也通過與楚簡的對照得到了確釋，如春秋金文中的“羹”、驫羌鐘的“富”、多友鼎的“盡”等。這些新的成果急需收集和整理；加上大量的新見古文字字形，也需進行輯集工作。

學界也對上述這類新成果進行了收集和整理工作，這體現在各種文字編的編輯和出版上。地域性的文字編，如王輝的《秦文字編》、李守奎的《楚文字編》、湯志彪的《三晉文字編》、施謝捷《吳越文字彙編》、袁仲一和劉鈺《秦文字類編》、滕壬生《楚系簡帛文字編(增訂本)》、孫剛的《齊文字編》以及張振謙的《齊魯文字編》等。有的是僅就單一的出土文獻所作的文字編，如李守奎的《包山楚墓文字全編》、張道升的《侯馬盟書文字編》、徐在國的《上博楚簡文字聲系》、蔣偉男的《里耶秦簡文字編》等。還有的是從古文字載體的角度所作的文字編，如孫海波的《甲骨文編》、容庚的《金文編》、商承祚的《石刻篆文編》、故宮博物院的《古璽彙編》《古璽文編》、張頷的《古幣文編》、高明和涂白奎的《古陶字録》、劉釗的《新甲骨文編》、吳良寶的《先秦貨幣文字編》、董蓮池的《新金文編》、白於藍的《先秦璽印陶文貨幣石玉文字彙纂》、徐在國的《新出古陶文文字編》、許雄志的《秦印文字彙編(增訂本)》等。還有斷代型的文字編，如黃德寬主編的《商代文字字形表》《西周文字字形表》《春秋文字字形表》《戰國文字字形表》《秦文字字形表》，湯餘惠的《戰國文字編》等。這些學術著作在各自的領域裏都很有影響，但對於書法工作者而言，資料均顯不足。同時，這些字書都沒有字形分析、語例及用字習慣分析，讀者不知其然，更不知其所以然，因而不能改變當代書壇古文字書法創作中用錯字、別字的弊端。

　　黃德寬先生主編的《古文字譜系疏證》是第一部全面系統的關於漢字譜系整理與研究的大型學術專著，在學術界影響較大。但是該書所收録的古文字字形全是摹寫。同時，該書出版於2007年，沒有收録這之後出現的大量金文、陶文、古璽，以及清華簡、上博簡、安大簡等新見字形和語例。

　　徐中舒主編的《漢語古文字字形表》，高明、涂白奎編著的《古文字類編（增訂本）》也是綜合性的文字編。但僅僅是收録古文字字形，沒有文例；而且所收字形不夠豐富，成果也沒來得及更新。

　　書法工作者急需跨時代、跨門類、跨地域的綜合性文字編。這種文字編要能體現古文字學術界的新成果，要有字形及字形分析、辭例及辭例分析、用字習慣研究等。

　　本書就是在這樣的時代背景之下、本着這樣的目的產生的。

三、春秋戰國文字的系屬以及整理

　　春秋戰國文字的搜集和整理占了本書中比較大的篇幅。

　　春秋時代各國的文字，在開始的時候大體上都沿襲西周晚期金文的寫法，到了戰國時期各地區逐漸形成了自己的特色，從而形成了戰國時代各國“文字異形”的現象。20世紀50年代，李學勤先生按字形風格上的歧異將戰國文字劃分為秦、三晉、齊、燕、楚五系，從而奠定了戰國文字區系理論的基礎。戰國文字五系説能夠切實反映戰國文字的地域特點，也獲得了大多數學者的認同。何琳儀先生的《戰國文字通論》則繼承和發展了李學勤先生的戰國文字五系説，他將春秋中期以來的列國文字也歸入戰國文字的範疇，指出“自春秋中期以來，列國文字已開始發生引人矚目的變異，其形體結構和書寫風格都逐漸失去西周文字的特點，而開啟戰國前期文字的先河”。何先生贊同李學勤的戰國文字五系説，“但並不以國家分類，而以地區分類，即以‘系’分類。一系之內既可以是一個國家的文字，如‘燕系文字’‘秦系文字’；也可以包括若干國家的文字，如‘齊系文字’‘晉系文字’‘楚系文字’等”。何琳儀先生指出，所謂的“系”既包括主要使用該系文字的國家，也包括受該系文字影響、部分使用該系文字的鄰近國家。

　　本書雖採用戰國文字五系説，但並不十分嚴格地局限於歷史上的戰國時期，而是闌入了春秋時期甚至是秦統一之後的文字。在所選材料的時代上，不同地域之間也有所差別的。

　　具體來説，齊系文字是指進入春秋以來，齊、魯兩國以及在其政治、文化影響下的齊、鑄（祝）、夆（逢）、郭、莒、紀、杞、任、萊、戴、魯、費、滕、邾、郳、薛、曹、淳于、邿等國的文字。這些國家的文字在構形特點及其使用習慣上比較接近，這從出土材料中可以得到證實。

　　何琳儀先生將宋國劃分為楚系，周波在《説幾件宋器銘文並論宋國文字的域別問題》中指出：“春秋以來的宋國文字從形體、用字和書體風格來看，多與齊魯文字相合，將之劃歸於齊魯文字是比較合理的。”本書採用這一建議，將春秋以來宋國銘文資料如華孟子鼎、宋右師延敦、趞市鼎、宋左師不罦鼎、宋公差戈、愓距末、宋公欒戈、宋公得戈、滕侯昃鼎、辟大夫虎符、邱陽劍、少司馬耳杯、西替鎬、西替簠、宋公戌鑄、宋公圖作濫叔子鼎、宋君夫人鼎等歸於齊系文字。

三晉文字包括韓、趙、魏、中山、鄭等國的文字，時間範圍大致從春秋中晚期到戰國晚期。

楚系文字主要是指春秋戰國時期楚國的文字。曾國處於楚國境內，很早就淪為楚國屬國，其文字與楚國文字非常接近，所以本書把有關曾國的文字一併歸為楚系。除此以外，南陽盆地、江漢流域、江淮流域分布着眾多小國，這些國家都或多或少地受到楚文化的影響。這些國家如吳、越、徐、蔡、許、郜、舒、呂、鍾離、唐、都、鄧、彭、申、許、番、蓼、苄、江、樊、黃、養、息、偪陽等，其出土器物具有濃厚的楚文化風格，並且文字風格和楚文字接近，都是劃歸於楚系文字之中的。

戰國時代的燕國地處北方一隅，與中原各國常年混戰的狀況相比，國家局勢相對穩定。受周邊少數民族影響，燕文化呈現出多元化特色，燕系文字也呈現出富有地方色彩的北方風格。本書中的燕系文字即燕國文字，主要包括銅器、兵器、璽印、陶文、貨幣等各類器物銘文。主要以戰國為主，間或闌入春秋時期文字。

秦文字是指春秋戰國時代秦國的文字以及秦代的文字。秦統一以後的文字，例如睡虎地、龍崗、里耶、嶽麓、關沮、天水放馬灘秦簡和馬王堆漢墓帛書中抄寫年代較早的部分都包括在秦系文字當中。

春秋早期的戴、梁、芮、蘇、陳、毛、邢、衛、虢等國的文字與西周時期的文字沒有太大區別，因此對這些國家的文字沒有進行系屬劃分。

通過整理，我們發現，各地區文字的特色首先表現在書寫風格上，字形的構件、構造大體上還是相似的。其次就是表現在用字習慣上，各個國家都有一些專造字，以及獨特的用字習慣。書寫風格的個性化加上獨特的用字習慣等因素的疊加，造成了春秋戰國時代文字面貌的個性別具和異彩紛呈。

隨着出土戰國古文字材料的日益豐富，目前學界關於戰國文字的研究正處於方興未艾的階段。本書對春秋戰國時代古文字材料的整理研究亦具有相應的參考價值。

四、本書的特點和優點

本書從字形和字義兩方面入手，讓讀者在瞭解字義的基礎上，快速認識並記憶古文字字形。本書解說通俗，兼顧學術性，突破了傳統字書要麼學術性太強要麼僅列字形的兩個極端。

（1）收字全面，全書有字頭近12000個。首先以聲首為綱建立聲系，同一聲系的字繫聯在一起；然後按韻部統屬各聲系。這符合漢字的發展演變規律，也可以讓讀者瞭解同一聲系漢字的源流。例如"夌"聲系下有睖、菱、陵、陵、凌、淩、棱、蔆、綾、遶、唛、婈諸字，"夌"及所攝諸字屬於一組同源字，在古代不僅讀音相同或者接近，而且意義相關，大多可以互相借用。"夌"就是六書中的表形字（象形、指事、會意），其所攝各字均屬于形聲字。表形字就是本書的聲首字頭，近1300個，其所攝之形聲字字頭10500個。這樣本書漢字11%左右是表形字，剩餘的即是形聲字了。因此通過本書，讀者大致可了解先秦古文字的整體面貌。

（2）查閱方便。基於漢字的上述特點，即漢字大部分是形聲字，因此我們在查閱的時候，只需查閱該字的基本聲符（聲首，即11%左右的表形字）就行了。比如上述"婈"，我們只需在拼音或筆畫檢字表中查閱"夌"就行了。當然也可以直接查"婈"字，可以通過拼音檢字、部首檢字兩種方法找到它。

（3）在收錄、整理了有代表性的字形的基礎上，增加了構形分析。在分析字形結構的時候，把整個古文字階段的甲骨文、金文、春秋戰國文字、小篆字形聯繫起來，尤其注重對出土文獻新資料的分析，全面分析了古文字的流變。這種分析不臆測、不泥古。古文字的分析和應用不能離開具體的文本時代，不能脫離語境，這對時下書法界流行的盲目解字是一個鞭策和提醒。

（4）收録了每個單字較有價值的文例。文例就見聞所及，並參考諸家考釋意見斟酌去取，然後作簡要通俗的解釋，其目的是對古文字的特殊語例進行還原，以見其具體語境。如，國名"蔡"金文均作𣂈而不作𦥑；"眉壽"之"眉"均作𩑋，不作𦣝；"昭穆"之"昭"金文均作𨤴，不作昭；"嬀陳"用𤴯，"田陳"用𦏟，等等。這樣的釋讀對指導書法創作用字具有很大的實際意義，因而具有積極探討的價值。

（5）本書對古文字的通讀、破讀做了系統整理。通假字是古文字時期重要的用字現象，事實證明，如果沒有通假字，銘辭是無法釋讀的。通假字的使用，使書法創作的用字量相對增加，提供了創作長篇書法作品的可能性。書法創作原則應該保持與銘辭用字的一致性，否則就會有以今律古的現象產生。

（6）在對戰國文字進行地域性整理的基礎上，着重研究了戰國時代各系文字間的用字差異現象。例如"築"字頭下，"築，楚系文字作'管''竺''𥰊''墻'等"；"仁"字頭下，"仁，楚文字作'忎''𨂻''𢜺'、三晉文字作'𠤣'"；"廚"字頭下，"廚，楚文字作'腏'，三晉文字作'朱''𦚟''𪊧'等，燕文字作'朱'"。在涉及到秦與六國文字不同的用字習慣上，這類按語很多。

（7）用最新研究成果對傳統字書原釋有誤的字形進行了重新釋讀。比如《金文編》中原釋有誤的字如：𣥏，《金文編》原釋為"京"，應釋為"就"；𡳐、𦥑，《金文編》原釋為"忻"，實是"恩"字；𥎞，《金文編》原釋為"鈘"，吳振武釋為"觚"；𨥏，《金文編》原釋為"鈃"，此字從比得聲，與"鈃"並非一字；《或者鼎》有字作𥘅，《金文編》原釋為"祇"，張政烺釋為"福"字，銘文中用與"福"同；《散氏盤》有𣓏，《金文編》原釋為"若"，實為"芻"字初文，與"若"沒有任何關係。

對簡帛、古璽、陶文等其他載體上的很多疑難字，也都依據最新研究成果進行了整理、解讀，自然提高了書法篆刻創作用字的準確性以及對古文字的利用率。

（8）本書對大量的戰國古文進行了梳理和構形分析，從現象的背後找出了戰國古文字的訛變規律，這對普通讀者辨識古文字具有積極的參考作用。從藝術學的角度來説，戰國時期古文字風格各異，地域性的特點非常明顯，有些字形出現了誇張、變形、增飾。如"僉"作𠓼，為楚系文字，作鳥蟲書，下複增曰為飾；"流"作𣻐，為中山諸器文字，𣎴訛為𣎴，並增飾筆八；"怠"作𡰥，從尸從怠，"尸"與"夷"同音，讀為以母，則"尸""怠"二字雙聲，韻亦不遠，"尸"屬脂部，"怠"屬之部，𡰥是個具有方音色彩的雙聲符字。書中對這類古文字字形的分析比比皆是。

在對古文字進行整理、校勘、釋讀的基礎上，將古文字的研究成果全面引入到書法界，在一定程度上能促進書法界在識字能力上和古文字學界保持同步。本書的出版，能為書法篆刻工作者提供大量詳實系統的資料，希望能促進古文字書法篆刻的發展和創作的興盛。

五、整理的難點、存在的問題
本書收集資料跨度大，地域廣，整理過程中遇到了很多難題。

字頭的隸定。古文字的隸定是非常棘手的問題，古人寫字的時候，多幾筆少幾筆是常見現象。字的部件上下左右不拘，可以翻轉顛倒；同時還受偏旁省略、訛變等因素影響，使得同一聲系的字的聲符有時候看起來差別很大。在春秋戰國時代，六國文字的使用習慣也不同。在這種情況下，一個字的聲符表現形態極端豐富，很難隸定為統一的形體，因此字頭的隸定我們採取中和的原則，即統一性和差別性並存。古文字能夠對應常用字或者今字的，一般均釋為常用字或者今字。例如"蠆"又作**蠚**、**蠚**，字書常見"蠆"，字頭即為"蠆"；秦文字"半"，六國文字則作"伞"，字頭為"半（伞）"，用括號標識六國文字或者異體字。其所攝各字為料、迷、畔、繪、怦、閈、瘁，從半者為秦系文字，從伞則為六國文字。因此本書字頭所出不是很規範和統一，看起來有點亂，還需進一步條理化和規範化。

很多偏旁部首也很難統一。比如，從网的字，傳統字書中基本訛為"罒"，如置、罘、罩、罥、罣、罟、署等。但是看起來從罒的字，并不一定都是從网的，如蜀、罨、罥等是從目的。因此古文字凡是從网而後世未見之字，如罾、罰、罳、罬、罱，均嚴格隸定為從网。這樣從网之字有時候作罒，有時候作网，就造成了不統一的現象。

由於資料整理的時間長，隸定楷釋字的製作方法不同、來源不同，因此本書正文中的楷釋字標準也不是很統一，在隸定的時候有時候多幾筆、有時候少幾筆的現象也是存在的。

學術界不斷有新成果問世，本書在整理過程中要不斷觀照這些成果。比如陶文，1990 年高明編著的《古陶文彙編》，在學術界影響很大，本書大部分陶文引自該書。2006 年王恩田編著的《陶文圖錄》是收錄陶文和圖釋最為宏大和完備的著作，本書在《古陶文彙編》的基礎上，又引用《陶文圖錄》對古陶文進行了字形的增補。又比如古璽印，同一個印蛻在不同的資料中出現，為了選用清晰的圖片，往往一個印蛻上的不同字形從不同的資料中選取，因而本書引書眾多，這樣會導致出處比較混亂。各種資料的交集，個別出處可能混淆、重複，也有可能出現錯誤的情況。

本書只是自己學習古文字的資料彙編，內容略顯粗糙蕪雜，學術性亦顯單薄。在倉促成書的過程中，還存在着或這或那的問題。這些問題的存在，一些是因為篇幅太長，以致出現技術性失誤，也有一些是因自己的認識不足造成的。但，問題的存在也給了我更大的學習空間，在以後的時間裏，我會沿着改正、提高、完善的學習方式，不斷地豐富自己。也希望作為讀者的您，能給我批評、幫助和指導。

凡例

一、本書收録的古文字，包括部分商代文字，西周、春秋、戰國文字以及部分秦統一之後的文字。所有古文字均取自出土文獻。在講述古文字流變以及文本辭例時，間或引用傳世文字資料和秦以後的文字資料。

二、本書把古文字分為若干聲首，並以聲首建立聲系。聲首一般為該聲系的最基本的聲符。例如安、[illegible]、洝、[illegible]、[illegible]、[illegible]、[illegible]、侒、晏、案、銨、鞍、騴……，“安”是該聲系最基本聲符。一部分聲系之聲首古文字未見，則於該聲系首字中作附帶説明。從漢字的構造上來説，聲首一般為表形字，即象形字、指事字、會意字，其統攝之各字多為形聲字。

三、本書韻部採王力先生30部説（個別字的歸部根據《上古音手冊》《戰國古文字典——戰國文字聲系》等書做了調整），韻目及陰聲、入聲、陽聲對轉關係如下:

陰聲	之	幽	宵	侯	魚	支	脂	微	歌		
入聲	職	覺	藥	屋	鐸	錫	質	物	月	緝	葉
陽聲	蒸	冬		東	陽	耕	真	文	元	侵	談

四、本書聲紐採《戰國古文字典——戰國文字聲系》19紐説。其排列順序為：影、曉、匣、見、溪、疑、端、透、定、泥、來、精、清、從、心、帮、滂、並、明。各聲系的編排，先列聲首字目。聲首為一級字，其餘為二級字、三級字……。例如匕聲下有牝、[illegible]、[illegible]、朼、[illegible]、疕……比、妣、[illegible]、[illegible]、[illegible]、[illegible]、[illegible]、[illegible]、[illegible]……[illegible]、媲、貔、纰、坒、陛等字。匕為一級字；牝、[illegible]、[illegible]、朼、[illegible]、疕……比為二級字；妣、[illegible]、[illegible]、[illegible]、[illegible]、[illegible]、[illegible]、[illegible]……[illegible]為三級字；媲、貔、纰、陛則為四級字。同級別的字目多隨機排列。

五、每個字頭（字頭所對應的或體用括號標識）分成兩部分：古文字字形、【注】。所收古文字字形大體按照時間先後順序排列，依次為商、西周、春秋、戰國。對部分春秋文字、戰國文字進行了地域劃分，分為齊、楚、燕、晉、秦五大文字體系。有些字無法分域，則附在西周金文後，不再注明時代。所有古文字字形均標明出處，本書附有《引書簡稱表》以便檢索。

六、本書【注】包括兩部分。一是字形分析，着重於構形及其流變。凡字形結構難以確説者，則付諸闕如；眾説不一者，則擇善而從之。二是辭例分析，主要是為了突出基本字義。出土文獻眾多，加之新資料不斷湧現；古文字字義也有一些未有定論，且個人精力有限，因此對字義的整理不可能面面俱到。本書著重於突出基本字義，瞭解古文字的實際使用情況，其目的是回到古文字的文本時代，瞭解古文字用字規律。在這部分，還對戰國時代各系文字間的用字差異現象進行了研究。本書注釋部分，均以出土文獻為準，不必規模于《説文解字》（以下簡稱《説文》），凡與《説文》不合者則不必贅引，以省篇幅。

七、字形美觀有特點，文義具有代表性，然而，這兩者在出土文獻當中並不是嚴格地一一對應的。有的是因為字形不清晰，有的是文義有闕如。因此本書的古文字字形和【注】中的辭例兩部分也不一定是一一對應的。

八、本書的古文字字形盡力採用出土文獻中的原字形（金文採用了大量《金文編》中摹寫精美的字形）。字形的選擇，以字形清楚的為首選，同時兼顧各種異體。對重複的字形不録或者少録。所有字形皆保持原字風貌（字形大小經過縮放，多非原大），對原始圖片效果欠佳者則進行了適當的修補。古文字字形的排列以時代先後為順序。同一時期的字形則按字形結構、書寫特點為序，相同或相近的字形多排列在一起。

九、本書字頭有大量的生僻字，這對於文字的使用或許沒有意義，但是對於書法工作者來説意義卻很大。這一方面能呈現古文字發展變化的全貌，讓我們前後通會古文字的字形結構，提高我們的領悟能力，另一方面一個有特色的偏旁、部件還能激發我們的創作靈感，因此本書收録了大量的生僻字。對極少數現在不用且字形没有特點的古文字本書没有收録。

十、本書引用資料之衆，殆難覼縷。爲了節約篇幅，引用成果僅列出書名（包括頁碼）、篇名，讀者如欲做深入研究，可依據書名、篇名於相關書籍、網絡上索讀原書原文。對於成果已成爲共識者，其出處則不作詳細標明。

十一、索引有筆畫索引、拼音索引。拼音索引僅供檢字方便，不作審音依據。筆畫索引順序一般以在此書中出現的先後順序爲序。

十二、釋文中用"（ ）"括注出通假字或本字。意思不全，但可據文意補全者，以"〔 〕"括注出釋文；原文有誤者以"〈 〉"注出正字。缺字、殘字、銘泐不清、個別不識且不能隸定的字均以"☒"標示。"＝"爲合文、重文符號。"∤ ∤"爲衍文符號。

十三、本書不列附録，對古文字中的不識字、存疑字不收録。

十四、本書中存在著繁體字、異體字等同時使用的情況。

十五、本書或有與以上説明不合者，多爲因篇幅太長出現的技術性失誤，敬請諒解。

拼音檢字表

説明：

一、每一組讀音按普通話陰平、陽平、上聲、去聲聲調順序排列。

二、字頭下標註"＿"者為古文字隸定字，字書未見。其中形聲字附在該字所屬聲符下，表形字均為聲首，單列為字頭。

三、出土文獻中的古文字，與傳統字書中同形不同字者，以出土文獻中的實際讀音為準。

A

B

C

蔖……1164　　賙……2480　　兑……2490　　盾……2053　　奪……2285
妒……1167　　斷……2496　　鄭……2491　　𨷖……2054　　𣪊……2285
蠹……1171　　段……2496　　綐……2494　　戲……2054　　敓……2491

duan　　　　　dui　　　　　　dun　　　　　　額……2487　　惰……2492
耑……2476　　塼……2473　　敦……2056　　　　　　　　　墅……2492
緟……2479　　隊……1426　　惇……2058　　duo　　　　　　鑿……2493
徭……2480　　墜……1426　　戟……2058　　多……2152　　鐸……1183
偳……2477　　隧……1426　　沌……2039　　奓……2153　　朵……2151
端……2478　　對……1931　　㐌……2039　　𨤲……2155　　餟……1964
鍴……2479　　繠……1932　　庉……2040　　繰……2155
褍……2480　　𦟘……1932　　頓……2040　　逳……2155
短……697　　斸……1932　　鈍……2042　　哆……2153
　　　　　　　　　　　　　　　　　　　　掇……2273

E

e　　　　　　噩……1153　　戝……1436　　餌……90　　　罜……1633
婴……336　　酆……1154　　鶂……1437　　爾……1628　　癟……1633
妿……2133　　䲣……1154　　𥂖……1437　　邇……1629　　迩……1632
訛……2121　　咢……1154　　竜……1437　　薾……1629　　刵……90
阸……2121　　瞿……1154　　鄂……1438　　顄……1629　　佴……90
謈……2126　　誣……892　　耳……88　　　𨾡……1630　　二……1622
誐……2145　　惡……893　　𦔻……88　　　珊……1630　　弍……1622
蛾……2145　　　　　　　　迣……89　　　𤣥……1630　　迖……1622
莪……2145　　en　　　　　𦔙……89　　　鐾……1631　　酨……1622
它……1458　　恩……1775　　狚……89　　　蕳……1628　　貳……1622
厄……1458　　　　　　　　蛆……89　　　尔……1631　　貮……1623
抳……1459　　er　　　　　坥……90　　　坛……1631　　妄……1623
馆……1459　　而……86　　　枏……88　　　怂……1631　　貳……1623
餓……2146　　荋……87　　　誀……89　　　坕……1632
歹……2295　　醲……87　　　洱……89　　　邧……1632
遏……2223　　兒……1435　　鉺……89　　　縰……1633
堨……2224　　硍……1435　　珥……90　　　繆……1633
　　　　　　　殌……1435　　　　　　　　罜……1633
　　　　　　　𦔚……1436

F

fa　　　　　　攷……2321　　旆……2327　　胈……2621　　髮……2324
發……2321　　瞥……2322　　筏……2327　　乏……2621　　fan
蹳……2322　　𪎭……2322　　罰……2327　　𤮭……1209　　番……2558
鏺……2322　　伐……2326　　乏……2620　　灋……2702　　歠……2559

讖……2212　　俒……1791　　或……18　　霍……929　　穫……1134
葳……2212　　渾……1791　　郔……19　　藿……929　　秋……1134
噱……2486　　圂……2012　　寁……20　　隻……1131　　籆……1135
餘……2486　　恩……2013　　賦……21　　護……1132　　濩……1134
hun　　　 **huo**　　　 獄……21　　　 雘……1132　　蒦……1134
昏……2003　　秳……2284　　毯……22　　鄭……1132　　貨……2122
覞……2004　　活……2284　　膩……22　　臒……1132　　蔮……2123
頵……2004　　佸……2284　　惑……21　　叟……1132　　敩……1135
顐……2005　　火……1880　　熾……22　　瘘……1133　　彐……1135
鄠……2005　　炮……1881　　职……23　　蒦……1133　　芀……1135
鰛……2005　　妖……1881　　戠……23　　臒……1133　　稝……1135
惛……2004　　炊……1881　　羲……23　　獲……1133
婚……2004　　伙……1880　　禍……2142　　鑊……1133

J

ji　　　　 翌……28　　　 汜……1586　　闠……2599　　故……1693
丌……23　　　旗……28　　　礼……1585　　瞀……2599　　豐……1694
沂……24　　　鉊……28　　　肌……1586　　亟……184　　佶……1691
訐……24　　　所……24　　　机……1586　　迹……185　　姞……1691
邝……25　　　箕……30　　　飢……1587　　堊……185　　疒……1724
間……25　　　碁……31　　　齋……1647　　瀶……185　　疾……1724
柔……25　　　諅……31　　　櫅……1647　　緅……185　　瘕……1725
芞……25　　　椇……31　　　稽……1673　　亟……186　　蛺……1725
邥……25　　　基……32　　　圾……2600　　徑……185　　即……1729
笄……25　　　姬……78　　　幾……1899　　悈……186　　迎……1731
旇……25　　　觭……341　　 幾……1899　　極……186　　嬰……1731
疘……26　　　畸……342　　　幾……1900　　諺……186　　輈……1732
昰……26　　　雞……1399　　彄……1900　　棘……186　　及……2596
恶……26　　　鷄……1399　　幾……1900　　闃……186　　汲……2598
惑……27　　　觳……1461　　幾……1901　　颭……1149　　扱……2598
垒……27　　　鑿……1462　　憸……1901　　詠……1176　　邜……2599
分……27　　　墊……1462　　獥……1901　　耤……1202　　欼……2600
咠……27　　　迹……1484　　幾……1900　　籍……1202　　扱……2600
耸……27　　　積……1486　　幾……1900　　儘……1202　　馭……2599
慂……27　　　績……1487　　嘰……1900　　塈……1484　　伋……2597
耆……27　　　几……1585　　機……1901　　瘶……1485　　彶……2597
囬……28　　　豈……1586　　羈……2143　　吉……1690　　棌……2597
巠……28　　　圿……1586　　羈……2143　　祐……1691　　急……2598
邪……28　　　氝……1587　　笄……2412　　屇……1691　　极……2599

30

L

M

殼……2331	鍐……1997	誨……166	瞳……800	坶……530
髳……2332	没……1996	蠿……166	鄿……800	穆……531
眛……2332	mou	瞀……167	臺……800	譅……532
餙……2332	惹……174	朋……167	溗……800	繆……532
茉……2332	謀……174	莖……168	橂……801	濐……532
旹……2332	鍪……482	謹……168	僆……801	木……790
賮……2332	牟……482	楳……168	瞳……801	衮……791
寶……2332	侔……482	拇……166	瞳……801	駯……791
離……2332	某……174	洨……167	劃……801	阺……791
癱……2333	菓……174	晦……172	戴……801	杣……791
劓……2333	mu	牡……1029	鏄……801	狄……791
葳……2333	瑧……1211	牧……176	縲……802	沐……792
剢……2333	畝……41	粲……481	譚……802	氣……792
蔲……2333	母……164	鞪……481	鐘……802	鮢……989
鉑……2645	宲……165	睦……519	璋……802	慕……1210
旻……1996	勄……165	齋……797	目……529	募……1212
澷……1996	呣……165	賣……797	笪……530	幕……1212
題……1996	惷……165	癀……798	瞀……530	
遝……1996	諰……166	牽……800	瞿……530	

N

na	奈……2310	擾……374	迺……1972	坭……1605
挐……1056	nan	驤……374	邶……1973	泥……1605
拏……1060	柟……1652	孁……374	鈉……1973	柅……1605
又……1061	難……2028	醸……374	歐……1973	儞……1629
納……1973	讟……2030	醸……374	nen	妳……1631
nai	雖……2029	瓔……374	恁……2673	臿……2601
乃……93	男……2669	爨……374	neng	春……2601
㞷……94	煚……2670	饗……374	能……91	屖……2601
肕……94	南……2670	撓……587	羆……92	叠……2601
苆……94	敿……2672	譊……587	雅……92	毳……2601
微……95	覃……2672	鐃……588	敞……93	匿……213
疒……94	諵……2671	淖……650	ni	廲……213
芳……94	鸛……2029	臑……723	邧……1436	伙……616
卣……95	湳……2671	ne	鯢……1436	槃……617
㽞……95	nang	肉……1973	況……1436	慫……617
嫡……1629	囊……1324	墨……1973	倪……1437	絮……617
耐……87	nao	nei	棿……1437	望……617
奈……2310	夒……373	朕……2168	尼……1604	溺……617
		内……1970		

O

P

Q

邎……2638	饡……1267	𢼸……320	**qu**	渠……976
鮼……2638	殸……1512	𥅖……320	趨……719	佢……976
鈙……2645	罄……1512	齨……320	曲……745	取……713
憼……2646	**qiong**	䩞……321	柚……746	娶……713
捦……2649	𡏄……249	𤺰……321	邮……746	趡……714
笒……1784	窮……803	紹……321	總……746	娶……716
赾……2017	藭……804	鉛……321	區……746	軀……749
寑……2687	宆……804	㝐……321	漚……747	齲……927
癁……2687	竆……804	寋……321	軀……749	踽……928
沁……2695	窥……804	㰦……322	㝢……749	詓……970
qing	卬……822	驜……322	毆……748	趣……715
卿……1218	邛……826	篗……322	驅……748	去……969
輕……1509	瓊……2375	机……323	住……970	迲……970
頃……1512	睘……2389	朹……323	陜……971	庶……970
傾……1513	覭……2392	莃……323	魼……971	敊……971
頡……1513	𡠹……2392	求……345	袪……971	癠……971
青……1561	鄹……2394	盉……346	祛……972	馺……972
戠……1562	歞……2394	裁……347	胠……1148	竪……972
瘄……1563	瞏……2394	救……347	胑……1148	頯……972
積……1563	**qiu**	㙱……348	脇……1148	欿……2703
禃……1563	丘……42	勼……348	詘……1962	**quan**
黵……1563	忌……43	𡐨……349	屈……1962	圈……2422
䁌……1563	疚……44	𪋿……349	郦……1963	虇……2382
隋……1564	祦……44	裘……345	諨……1964	權……2382
犆……1565	秜……44	媝……346	苗……1964	拳……2422
翟……1565	邱……44	賕……346	陟……2703	佺……2422
膚……1567	砓……44	述……348	絇……314	縓……2422
𤎩……1567	怵……303	悆……348	劬……316	菤……2424
憼……1567	秋……433	邦……348	趣……904	全……2528
鰆……1568	𥝐……434	㴱……348	瞿……963	絟……2528
鯖……1565	緧……434	棣……348	軍……963	牷……2528
郬……1566	萩……434	遒……405	臞……964	泉……2528
𤈥……1566	湫……434	道……405	玃……964	趨……2529
清……1566	釚……308	酉……405	斪……964	逡……2529
黥……1258	蚯……308	醜……405	矐……963	踡……2529
情……1564	訅……319	慼……407	矍……964	顴……2529
請……1564	咎……319	㢈……407	朵……910	菤……2529
慶……1266	邰……320	厩……407	郑……910	酄……2530
㥀……1267	𠈌……320	囚……413	奆……910	灌……2530
癭……1267	怠……320	糗……303	麇……911	熯……2530

X

Y

ya
呀……1004
牙……1003
玡……1004
紁……1004
疨……1005
雅……1004
亞……891
涩……892
啞……893
亜……893
敤……893
偓……892
忾……1004
迓……1004
閜……2225
猰……2230

yan
菸……890
湮……2088
焉……2377
嘕……2377
鄢……2377
傿……2378
閹……2726
洇……2733
虤……1796
酀……1797
顔……2371
詹……2371
厃……2372
庬……2372
羨……2372
亝……2372
斎……2372
廜……2372
壅……2373
顤……2373

羴……2373
訮……2411
言……2447
諺……2449
窞……2449
琂……2448
征……2480
徏……2481
徻……2481
延……2481
愆……2482
醼……2483
讌……2483
喦……2696
炎……2727
燅……2729
燮……2729
剡……2730
劅……2730
環……2730
瓷……2730
隒……2731
酓……2731
閻……2733
嚴……2740
壓……2740
檐……2751
岩……2749
鹽……2752
盬……2752
盧……2752
籃……2753
演……1599
沇……2068
㲉……2347
扂……2347
擔……2347
旎……2348

旈……2348
蠱……2349
旋……2350
㲉……2350
蘴……2350
舶……2350
斡……2351
潏……2351
鏇……2351
轅……2352
偃……2357
郾……2357
甼……2370
厰……2445
谷……2490
衍……2495
奄……2725
掩……2726
弇……2726
郯……2727
讞……2727
釅……2727
狿……2729
琰……2730
黤……2741
晏……2345
旻……2352
傿……2352
悬……2353
鍌……2353
郔……2353
宴……2353
瘱……2353
輾……2354
綖……2354
堰……2354
鰋……2354
鰋……2354

翼……2355
篹……2355
灌……2355
賯……2355
瑗……2355
纋……2355
繂……2355
鼛……2355
甗……2356
宴……2353
匽……2356
勴……2357
燕……2358
鷹……2370
雁……2370
鼳……2427
顥……2427
隁……2427
攨……2427
嬿……2428
櫋……2428
膚……2444
盧……2445
贙……2445
歔……2447
鑯……2447
灎……2447
獻……2724
黶……2724
癌……2724
厭……2725
黶……2725
壓……2725
纖……2725
燄……2728
驗……2757

yang
央……1214

蚊……1215
刾……1216
映……1214
瘊……1214
姎……1215
殃……1215
鴦……1215
泱……1216
詇……1216
鞅……1216
鼃……1217
易……1281
昜……1282
剔……1283
瓽……1283
瘍……1284
鍚……1285
殤……1286
獚……1287
崵……1289
圖……1289
鄎……1290
剔……1291
瀘……1292
欀……1292
瀁……1292
鸏……1293
鸏……1293
鸏……1294
酈……1294
鸏……1294
圖……1294
揚……1283
敭……1284
暘……1285
楊……1287
陽……1287
陽……1288

之部

曉紐喜聲

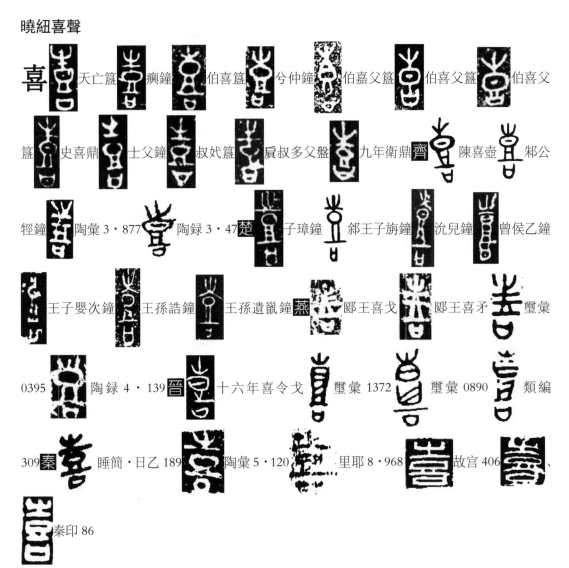

喜　天亡簋　瘋鐘　伯喜簋　兮仲鐘　伯嘉父簋　伯喜父簋　伯喜父簋　史喜鼎　士父鐘　叔妡簋　賡叔多父盤　九年衛鼎　齊　陳喜壺　郱公牼鐘　陶彙3·877　陶錄3·47　楚　子璋鐘　郤王子旟鐘　沇兒鐘　曾侯乙鐘　王子嬰次鐘　王孫誥鐘　王孫遺鼠鐘　燕　郾王喜戈　郾王喜矛　璽彙0395　陶錄4·139　晉　十六年喜令戈　璽彙1372　璽彙0890　類編309　秦　睡簡·日乙189　陶彙5·120　里耶8·968　故宮406　秦印86

【注】甲骨文作𡔈、𡔈、𡔈、𡔈、𡔈，從壴（“鼓”之初文）從口，鼓樂節歌乃賞心悦事，會喜樂之意。金文同甲骨文。戰國陶文作𡔈、𡔈，上部訛為止形。《說文》：“喜，樂也。從壴從口。凡喜之屬皆從喜。𣤶古文喜從欠，與歡同。”《說文》古文增從欠，欠亦是人形，乃形旁復加字。本義為歡樂，如《詩經》：“既見君子，云胡不喜？”●喜慶、娛樂。《郤王子旟鐘》：“㠯（以）宴㠯（以）喜。”《兮仲鐘》：“用侃喜前文人。”《睡簡·日乙189》：“甲乙夢被黑裘衣寇〈冠〉，喜，人〈入〉水中及谷，得也。”●讀糦，用酒設宴或祭祀。《天亡簋》：“天亡又王，衣祀于王不（丕）顯考文王，事喜上帝。”《詩·商頌·玄鳥》：“大糦是承。”鄭玄箋：“《韓詩》云大祭也。”字或作“饎”。《說文》：“饎，酒食也。從食喜聲。《詩》曰：‘可以饙饎。’𩛯，饎或從巸。糦，饎或從米。”段玉裁注：“按酒食者，可喜之物也。故其字從食喜。”●《十六年喜令戈》“喜倫（令）”讀釐，地名。《左傳·莊公八年》“僖公”，《史記·齊太公世家》中僖作釐。又《左傳·僖

公二十三年》"僖負羈",《韓非子·十過》僖作釐,均佐證。●《曾侯乙鐘》中可以看做是"豈"的繁文,鐘銘或作豈,讀鼓。●餘例多為人名。

歓 楚 郭店·唐虞 3　　　上博五·弟子 11　秦 吉大 154　　圖典

104　、　秦印 87

【注】從欠喜聲。楚簡或作"歓"。●楚簡讀矣,句末語氣詞。《郭店·唐虞 3》:"北(必)正亓(其)身,肰(然)后(後)正世,聖道備歓(矣)。"《上博五·弟子 11》:"女(汝)能新(慎)絴(始)與冬(終),斯善歓(矣)。"●秦印人名。

斳 齊 西朁簠　　　西朁簠

【注】從喜斤聲,疑"欣"之異文。●人名。《西朁簠》:"西朁乍(作)其妹斳鱶(禱)鉦鐘。"

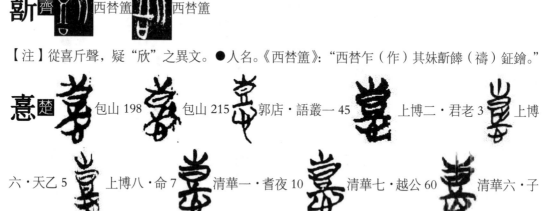

憙 楚 包山 198　　包山 215　　郭店·語叢一 45　　上博二·君老 3　　上博

六·天乙 5　　上博八·命 7　　清華一·耆夜 10　　清華七·越公 60　　清華六·子

產 27　　安大二·仲尼 8 晉 平安君鼎　　平安君鼎　　宜陽戈　　璽彙

3223 秦 睡簡·日乙 219　　睡簡·日乙 221　　睡簡·日乙 202　　里耶 8·67

陶彙 5·85　　圖典 178　　、　　、　秦印 87

【注】從心喜省聲。秦文字或從喜不省。《說文》:"憙,說也。從心從喜,喜亦聲。"說者,悅也。本義喜悅,後作"喜"。《漢書·賈誼傳》:"遇之有理,故群臣自憙。"●楚簡多讀喜。《清華一·耆夜 10》:"不憙(喜)不藥(樂)。"《上博八·命 7》:"莫不忻(欣)憙(喜)。"●讀禧,福。《睡簡·日乙 202》:"其後有憙。"●餘例多為人名。《平安君鼎》:"卅三年單父上官嗣憙所受平安君者也。"《十一年皋落戈》:"工帀(師)酓(舒)憙,冶午。"

億^晉  港續一 78

【注】從人意聲。●晉璽人名。

顧^楚  包山 47 包山 47

【注】從頁意省聲。●地名。

鄠^楚  包山 20 包山 260 包山 90

【注】從邑意省聲。●包山地名，或省作喜。簡文中"顧""鄠""喜"一字，均為地名。

曉紐灰聲

灰^齊  陶錄 3 · 505 ^秦 睡簡 · 秦種 4 睡簡 · 日甲 31 背

睡簡 · 日甲 62 背 關簡 315

【注】《說文》："灰，死火余燼也。從火，從又。又，手也。火既滅可以執持。"《說文》"灰"之本義無誤，但說解字形頗為牽強。"灰"當為從火，火、又皆聲之字，即部分表義之雙聲符字。古音"灰"在曉紐之部，"火"在曉紐微部，"又"在匣紐之部，音極近。●草灰。《睡簡 · 秦種 4》："毋敢夜草為灰。"●齊陶單字，應為人名。

恢^秦  、 秦印 211 睡簡 · 葉書 25 二十七年上守趙戈

【注】從心灰聲。●秦文字均為人名。《二十七年上守趙戈》："漆工師豬、丞恢。"

匣紐亥聲

亥  毓且丁卣 史臨簋 揚鼎 吳方彝 陳侯鼎 利鼎 師

兌簋 、 陳侯作王仲嬀腾簠 、 陳公子叔原父甗 、 虢季子白盤 、 王
孫壽甗 亥之屯量器齊 、 夆叔匜 、 陳逆簠 、 禾簋 、 歸父盤 、 鄶大
史申鼎 、 邿公華鐘 、 轆鎛 、 邿公華鐘楚 子璋鐘 、 姑馮昏同之子句鑃
、 鄂君啟舟節 、 長子顯臣簠 、 王孫誥鐘 、 包山 27 、 包山 54 、 新蔡
甲三 134 、 郭店·老甲 21 、 包山 55 、 包山 19 、 清華四·筮法 57 、
清華十·司歲 2 、 清華十·司歲 4 、 清華十·司歲 7 、 璽彙 3564晉 邿
鐘 、 溫縣 、 璽彙 3468秦 睡簡·日甲 10 背 、 睡簡·日乙 50 、 睡簡·日
乙 30 、 秦印 283

【注】甲骨文作ㄅ、ㄅ、ㄅ、ㄅ、ㄅ、ㄅ、ㄅ、ㄅ、ㄅ、ㄅ等形。商承祚曰："甲骨文作ㄅ，家
字所從同。金文善鼎作ㄅ，為古亥、豕一字之證。故'己亥涉河'。而誤讀作'三豕涉河'也。"
（《説文中之古文考》）然甲骨文亥、豕並不同，金文亥、豕相近，乃周文字漸變所致。字本義
不明。晚期金文始于上端增飾一短橫，即為小篆所本。●地支第十二位，用以紀日。《史族簋》：
"隹（惟）三月既望乙亥。"●讀改。《郭店·老甲 21》："蜀（獨）立不亥（改），可以為天下母。"
●《璽彙 3468》"亥旬"、秦印"亥衛"，姓。《姓氏考略》注云："出夏禹臣豎亥之後。"此當以
名為氏。《戰國策》晉有隱者亥唐。

戉 楚  清華七·越公 66

【注】從戈亥聲。●讀駭。《清華七·越公 66》："吳帀（師）乃大戉（駭）。"

欬 秦 里耶 9·7 、 、 、 、 秦

印 170  陶彙 5・218

【注】從欠亥聲。●秦文字均用為人名。

晐  陶彙 5・95 秦印 127

【注】從日亥聲。●秦文字人名。

駭  秦印 194

【注】從馬亥聲。●人名。

胲  秦印 74

【注】從肉亥聲。●秦漢印人名。

賅  清華一・楚居 3 清華六・管仲 13 天星

【注】從貝亥聲。●賅，《莊子・齊物論》"賅而存焉"，《釋文》："備也。"《清華六・管仲 12》："女（焉）智（知）少多、皮（罷）客（落）、賅成，女（焉）為賞罰。"落，可訓為敗，見《廣雅・釋詁三》"露，敗也"王念孫疏證。焉都當"則"用，作如此之意。●整理者讀該。《清華一・楚居 3》："晉（巫）咼（咸）賅亓（其）𦡊（脅）目（以）楚。"整理者引為訓詁之證的《孔子家語・正論解》原文是"夫孔子者，大聖無不該"，王肅注："該，包也。"此"該"是指義理道德意義上的"包含""兼備"，不是指物質意義上的"包裹"。而且"包裹"只應是指軟的片狀物，荊條即便可以纏繞物體，又如何可以包裹物體呢？"其"聲、"亥"聲可以相通（參看《古字通假會典》第 378 頁"箕與芰"條）。"賅"從"亥"聲，疑當讀為從"其"聲的"綦"。《周禮・夏官・弁師》"會五采玉璂"，鄭玄注："璂讀如綦，綦，結也。皮弁之縫中，每貫結五采玉以為飾，謂之綦。"是"綦"可訓"結"。簡文大概是說姎䖒的脅骨被麗季出生時弄斷，是以巫咸用楚（荊）條為之結扎起來。

痎  包山 13 包山 127 包山 126

【注】從疒亥聲。●人名。

劾  睡簡・效律 54 睡簡・語書 7 睡簡・效律 55

【注】從力亥聲。●《睡簡·效律54》：「尉計及尉官吏節（即）有劾，其令、丞坐之。」有劾，犯了罪。●《睡簡·語書7》：「今且令人案行之，舉劾不從令者，致以律，論及令、丞。」按：「舉」「劾」皆有檢舉、揭發義。「舉劾」為同義複詞，古書中習見，如《史記·蒙恬列傳》：「太子立為二世皇帝，而趙高親近，日夜毀惡蒙氏，求其罪過，舉劾之。」

刻 秦 睡簡·效律40　　會稽刻石　　二世元年詔版　　圖典51

【注】從刀亥聲。●秦文字多用為本義，刻製、刻寫。《睡簡·效律40》：「公器不久刻者，官嗇夫貲一盾。」官有器物未加標記，該官府嗇夫應罰一盾。《會稽刻石》：「從臣誦烈，請刻此石，光垂休銘。」●秦印「呂刻」為人名。

咳 齊 邾公牼鐘　楚 清華五·奔門1　　清華十·司歲3　　清華十·司歲5

【注】從口亥聲；應為「亥」字繁文。然依字形，可釋為「咳」。●均讀亥，地支。《清華五·奔門1》：「貞（正）月己咳（亥）。」《邾公牼鐘》：「辰才（在）乙咳（亥）。」

頦 秦 秦印293

【注】從頁亥聲。●秦印人名。

匣紐又聲

又　　此鼎　　大盂鼎　　小臣逑鼎　　保員簋　　農卣　　函皇父簋

伯吉父簋 齊 十四年陳侯午敦　　黏鎛 楚 酓章鎛　　帛書甲　　包山198　　上博四·采風1　　上博四·曹沫21　　上博五·姑成6　　清華一·保訓8　　清華一·保訓10　　清華三·良臣1　　清華三·良臣6　　清華三·良臣1　　上博六·用曰14　　清華八·處位10　　清華八·處位11 燕 鉥彙

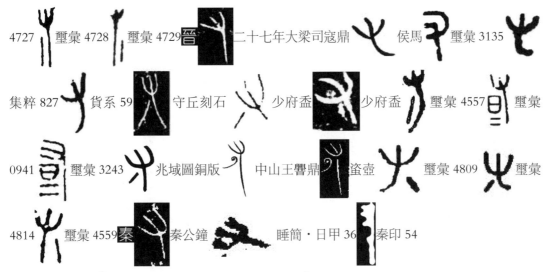

4727 璽彙 4728 　璽彙 4729晉 　二十七年大梁司寇鼎 　侯馬 　璽彙 3135

集粹 827 　貨系 59 　守丘刻石 　少府盉 　少府盉 　璽彙 4557 　璽彙

0941 　璽彙 3243 　兆域圖銅版 　中山王譽鼎 　 盗壺 　璽彙 4809 　璽彙

4814 　璽彙 4559秦 　秦公鐘 　睡簡·日甲 36 　秦印 54

【注】甲骨文作 ，象右手形。甲骨文左右對舉時以 為右，可證。金文同甲骨文。戰國文字或增添飾筆 、 、 、 、 ，遂與"寸"相混。古文字又字或作寸形，然無一釋寸，均讀有；寸均為秦系文字，下作一橫筆。《説文》："，手也。象形。三指者，手之刿多略不過三也。凡又之屬皆從又。"本義為右手。後虛化表示為同一動作的重復。後"又"多用為虛詞，于是就借"右"來表示本義。"右"則本是"佑"的初文。●連詞，表示整數之外再加上零數。《大盂鼎》："人鬲自馭至于庶人六百又五十又九夫。"●讀右。《利簋》："易（賜）又（右）事（史）利金。"●讀佑、侑，佑助。《天亡簋》："天亡又（佑）王。"天亡做王的助祭者。《詩·周頌·我將》："維天其右之。"●讀有，占有。《利簋》："翊（凤）又（有）商。"●秦簡均讀有。《睡簡·日甲 34》："小事果成，大事又（有）慶。"●讀宥，《説文》寬也。《易·解卦》君子以赦過宥罪。《上博二·民之 8》："城（成）王不敢康，遮（凤）夜晉（基）命又（宥） （密）。"宥密，意思是存心仁厚寧靜。●《璽彙 0941》等為"又日"合文，人名。或讀為"日有"，日有所得之意。

蚘楚 　郭店·尊德 28 　望山 1·9 　上博六·競公 10 　清華十·四時 20

【注】從虫又聲，"蚘"之異體。●讀尤，咎也。《望山 1·9》："目（以）孚（悶）心，不内（入）飤（食），尚毋為大蚘。"●讀郵，郵、尤皆屬之部。《郭店·尊德 28》："惠（德）之流，速唬（乎）楮（置）蚘（郵）而連（傳）命。"《孟子·公孫丑上》"德之流行，速於置郵而傳命"可與簡文對讀。●《上博六·競公 10》"古（姑）蚘（尤）"，古地名。姑、尤指姑水、尤水，即今山東半島中部的大沽河、小沽河。《左傳·昭公二十年》："聊、攝以東，姑、尤以西，其屬人也多矣。"杜預注："姑、尤，齊東界也。姑水、尤水皆在城陽郡。"●《清華十·四時 20》："孟穆〈秋〉，日才（在）此（蚩）蚘（尤），白洛（露）降。"整理者注："此蚘，疑讀為'蚩尤'，星宿名，與南方七宿張、翼星區有關。《禮記·月令》：'孟秋之月，日在翼，昏建星中，旦畢中。'睡虎地秦簡《日書甲種·楚除》：'七月，張。'"

彙楚 　清華五·封許 2

【注】從橐省又聲。古文字外從囊橐之形者，聲符多在袋形之中。如：櫜、䕙（石鼓文）等等。●讀佑。《清華五·封許1》："肇櫜（佑）玟（文王），詖（毖）光丯（厥）剌（烈）。"

 璽彙0349

【注】從田又聲。●讀畞。李家浩：此印為反書，當釋為"千畞（畞）左軍"，印文當分析為從田又聲，隸定作"畞"，為"畞""畞"之異體。"畞"當是在"畞"字上又加注聲旁"久"而成。"千畞"為地名，史書有載。關於"千畞"的地望，歷來有"河西介休縣南"和"晉州嶽陽縣北九十里"兩種説法。印文"千畞"當在今山西界休縣南，戰國時屬魏。此"千畞左軍"印屬戰國魏印。（《三晉官璽集釋》129頁）

 齊城戈

【注】從水又聲。甲骨、金文又、有相通，孫敬明釋為"洧"。（《齊城左戈及相關問題》）●人名。《齊城戈》："齊城左冶所汊造。"

 中國書法全集·先秦璽印卷184

【注】從广又聲。●單字璽。

 新鄭出土戰國銅兵器部分銘文考釋31

【注】從广又聲。●韓兵器人名。

 里耶8·566

【注】從金又聲。●辭義殘缺。

 重金扁壺

【注】從鳥又聲。●疑讀寸。《重金扁壺》："百卌（四十）八，重金鉪，受一靑（䚅）六馭。"六國文字多釋為又，讀有。銘文是否讀寸，闕疑待考。

 陶彙3·506 陶彙3·832 曾侯1 曾侯142

右史車工鼎　　璽彙4514　　匯考35

【注】從工又聲，"右"之異文。所從工旁或延伸豎筆作士旁。●讀有。《璽彙4514》"圣志"讀"有志"。●讀右。《匯考35》"圣司馬鉈"讀"右司馬鉈"。

右　　右作彝爵　　七年趞曹鼎　　師袁簋　　合㚔簋　　通彔鐘　　柞鐘

宰獸簋　　小克鼎齊　　曹右庭戈　　陳侯因咨戈　　璽彙0031

璽彙0063　　璽彙0033　　璽彙0196　　山東007　　淳于右戈　　璽彙

0062　　璽彙0149楚　　郭店・老丙9　　上博七・凡甲3　　清華八・攝

命32　　清華六・子儀3　　安大一1燕　　右宮矛　　西宮壺　　鄲

侯載戈　　璽彙0001　　璽彙0021　　璽彙0367　　陶彙4・54　　陶彙

4・113　　貨系3569　　貨系3748　　先秦編253　　先秦編562　　鷹節

鷹節　　雁節晉　　鼄壺　　漁陽鈹　　銅鞮右庫戈　　右冢子鼎

中山王䝬鼎　　璽彙0056　　五年鄭令韓伴戈　　右史車嗇夫鼎　　十三年寧

右庫鈹　　璽彙0091秦　　陶彙6・46　　廿三年邦相邯皮戈　　陶彙

9

5·241　睡簡·日甲 236　　璽彙 0280　　　　　　　秦印 54

【注】甲骨文作ㄋ，象右手形。金文多增從口，是為形符（《大令方彝》"左右"對舉，左作ㄓ，右從口，可知矣），蓋手以行事，以口助之矣，為"佑"之本字。戰國文字或作ㄅ，與"厷"相混。鷹節字形從日又聲，辭例為"右孝（契）不句（拘）酉（留）"。《說文》："ㄅ，手口相助也。從又從口。"本義佐助、佑助。後多被借用為方位詞。●方位詞，右邊、右方。《新郪虎符》："甲兵之符，右才（在）王，左才（在）新郪。""右才（在）王"，秦或尚右，以右為尊。●讀佑。《小克鼎》："用匄康樂屯右（純佑）。"《詩·大雅·假樂》："保右命之。"保右，即保佑。●引導。《趞曹鼎》："井（邢）白（伯）入右趞曹。"●右走馬：司馬屬官，職掌軍馬事務，其地位甚高。《師兌簋》："嗣（司）ナ（左）右走馬、五邑走馬。"《走馬休盤》："益公右（佑）走馬休，入門，立中廷。"器銘亦徑作"走馬"，如《大鼎》："王召走馬雁（應）令取誰（騅）鷗卅二匹易（賜）大。"文獻或稱"趣馬"。《詩·十月之交》："蹶維趣馬。"鄭玄箋："趣馬，中士也。掌王馬之政。"●入右：金文習語。按周代冊封禮儀，擔任冊命的官員均由右門進入宮廷。《即簋》："定白（伯）入右。"●讀有。《多友簋》："多友右（有）折首執訊凡目（以）公車折首二百又☒又五人。"●姓氏。《平宮鼎》："平宮右般，十三兩十七斤。"

囿〔楚〕　郭店·老甲 22　　　上博七·凡甲 4〔秦〕　　睡簡·為吏 34

【注】從口右聲。或省為"囗"。●讀國。《郭店·老甲 22》："囿中又（有）四大安（焉），王尻（居）一安（焉）。"又、或可通，詳《古字通假會典》370 頁"又-或"條。或疑"國"字誤書。●讀囿，苑囿。《睡簡·為吏 34》："苑囿（囿）園池。"●讀域。《上博七·凡甲 4》："九囿出詩。""九囿"，讀為"九域"，典籍或作"九有"，即"全天下"。《詩·商頌·玄鳥》："方命厥后，奄有九有。"毛亨傳："九有，九州也。"

箬〔秦〕　類編 16

【注】從竹右聲。●秦印"王箬"人名。

宕　叔角父簋

【注】從宀右聲。●人名。《叔角父簋》："弔（叔）角父乍（作）朕皇考宕公隩段。"

祐　作冊嗌卣〔楚〕　蔡侯申盤

【注】甲骨文作、、、、、、、、等形，從示又聲。《蔡侯申尊》

所作,《金文編》釋為"祭",郭沫若曾釋為"祐"。(見郭沫若《由壽縣蔡器論到蔡墓的年代》)
🔲即"右"字,金文"口"旁中加一橫為飾而寫作"曰"者習見,如"吉"之作🔲(考叔𦭵父簠),例不勝舉。故🔲應釋為"祐"。●保佑、佑助。《蔡侯申尊》:"祐受母(無)已。"《作冊嗌卣》:"弋勿剈嗌鰥寡,遺祐石(祐)宗不剈。"遺,義為與,佑,助。遺祐是指先人對子孫的佑助,對被助者來說受與佑助。

閈_齊　陶録 3・522　　　陶録 3・513

【注】從門右聲。●齊陶單字,應為人名。

迶_晉　璽彙 4055

【注】從辵右聲。●晉璽"成公迶",人名。

祐_晉　圖典 321

【注】從彳右聲。●晉璽"祐身角",姓氏。

疛_晉　訓義 1・102

【注】從疒右聲。●晉璽"畋疛",人名。

佑_燕　璽彙 0053　　璽彙 0361　　璽彙 0297　　璽彙 2748

【注】從人右聲。●讀右,古地名後綴。《璽彙 0361》"單佑都市鈢"。"單佑都",燕地名,地望待考。此璽為單佑都的市官所用印。根據文獻,戰國時代的市官經常需要使用璽印。《周禮・地官・司市》"凡通貨賄,以璽節出入之",鄭玄注:"璽節,印章,如今之斗檢封矣,使人執之以通商。"

祐_燕　貫府戈

【注】從疒佑聲。疑"宥"之繁文。●疑讀右。《貫府戈》:"祐叭。"

有　索爵　　何尊　　大盂鼎　　榮作周公簋　　鼎　　仲枏父鬲　　𣪘簋

毛公鼎　　南公有嗣鼎　　琱生簋　　琱生簋　　師克盨　　仲枏父鬲

裘衛盉　　九年衛盉 齊　　宋右師延敦　　叔夷鎛　　陳侯因𦤲錞

楚 者汈鐘　　郭店·成之7　　郭店·成之37　　望山2·45　　包山

123　　上博五·三德20　　清華七·越公21　　清華八·攝命24

清華八·邦道13　　清華八·邦道21　　清華八·邦道22　　清華十一·五紀

95 晉 侯馬　　秦 睡簡·效律35　　睡簡·答問163　　青川木牘

陶彙5·73　　集證184、　　、　　秦印130

【注】甲骨文作屮、屮、屮、屮、屮、屮、屮、屮，徐中舒謂，疑為牛字之異構，蓋古以畜牛為有，故以牛表有義，後世乃以又持肉為有。金文大多從又（兼聲）持肉，會有無之有、侑食之侑。《說文》："𦣻，不宜有也。《春秋傳》曰：'日月有食之。'從月又聲。凡有之屬皆從有。"段玉裁注："謂本是不當有而有之偁。引申遂為凡有之偁。"許君析形釋義均不確。本義是有，與"無"相對，如《詩經》："歲其有。"●存在、具有。《大盂鼎》："匍（敷）有四方。"《包山123》："邦僕未至刺（斷），有疾，死於旬。"●讀右。《免卣》："王各于大廟，丼（邢）弔（叔）有（右）免。"●連詞，連接整數與零數。《者汈鎛》："隹（唯）戉（越）十有（又）九年。"●有司：古代設官分職，各有專司，因稱職官為"有司"。《令鼎》："王射，有嗣（司）眔師氏、小子遚（會）射。"《書·立政》："惟有司之牧夫。"《儀禮·士冠禮》鄭玄注："有司，群吏有事者。"●語助也。《榮作周公簋》："克奔走上下，帝無冬（終）令（命）于有周。"有周：即指周朝。王引之《經傳釋詞》："有，語助也。一字不成詞，則加'有'字以配之。若虞、夏、殷、周，皆國名，而曰有虞、有夏、有殷、有周是也。"《書·召誥》："我不可不監于有夏，亦不可不監于有殷。"又如《郳公敃父鎛》"余有龗（融-終）之子孫"，"有融"即"融"，指陸終。●讀佑，義為助。《大盂鼎》："不（丕）顯文王，受天有大令。"受天有大令，即受天佑之大命，周人以為周代殷是天命所授。●古國名。《有伯君黃生匜》："唯有白（伯）君堇生自乍（作）它

12

（匜）。"●讀又。《睡簡·日甲121背》："以西有（又）以東行。"

侑晉 侯馬

【注】從人有聲，"姷"之異文。●"敢不侑闕丌（其）腹心"，讀姷，助也。

痏秦 睡簡·答問89 睡簡·封診35

【注】從疒有聲。●毆人皮破血流者為"痏"。泛指毆傷、創傷。《睡簡·封診35》："其右角痏一所，袤五寸，深到骨。"

酭楚 郭店·窮達9 包山255 郭店·語叢四10

【注】從酉有聲。●多讀醢，肉醬。《包山255》："鳶酭（醢）一砝（缶）。"●讀鬱，鬱結。《郭店·窮達9》："初滘（沉）酭（鬱），後名昜（揚），非其惪（德）加（嘉）。"詳"滘"字。●讀鮪。《郭店·語叢四10》："車敱（轍）之蓳酭，不見江沽（湖）之水。"詳"蓳"字。

醢楚 清華七·越公31

【注】從皿酭聲，"酭"之繁文。●讀醢，肉醬。《清華七·越公31》："乃以熟食盬（脂）醢（醢）肴（脯）肬多從。"

姷秦 秦印239

【注】從女有聲。●秦印人名。

盬楚 清華七·晉文公1

【注】從皿姷聲。●《清華七·晉文公1》："燅（察）於妞（好）妝（臧）嬊（媥）盬（斐）皆見。"盬，《說文》讀若"灰""賄"，可嘗試讀斐，醜陋的樣子。詳"妞"字。

洧秦 印增434

【注】從水有聲。●秦印"洧郤"，應為姓氏。

絹_晉 侯馬

【注】從糸有聲。●人名。

襺_晉 璽彙 1394　璽補 228

【注】從衣絹聲，疑"絹"之繁文。●晉璽"宋襺""夜襺"人名。

宥 諫簋　卌三年逨鼎

【注】從宀有聲，與小篆同。《說文》："宥，寬也。"廣廈容人曰"宥"。引申為寬仁、寬待。●用為本義，寬也。《四十三年逨鼎》："毋敢橐，橐橐佳（唯）又宥從（縱），乃敄（侮）鰥寡。"●讀囿，周代王家的山苑林園。《諫簋》："王乎（呼）內史壽冊命諫曰：先王既命女（汝）辭嗣（司）王宥。"《周禮·地官》記載，王囿內專有"囿人"掌管"囿遊之獸禁"。

囿_秦 石鼓文　秦公簋

【注】甲骨文作圃、圃、圃、圃、圃、圃，從口從屮，菜園或果園內有草木，用以畜養禽獸，會苑囿之意。字與《說文》古文同，石鼓文亦同此作圃。金文從口有聲，當為後起形聲字。《說文》："囿，苑有垣也。從口有聲。一曰禽獸曰囿。圃，籀文囿。"本義為有圍牆畜養禽獸的地方，如《詩經》："王在靈囿。"●用為本義，苑囿。《石鼓文》："中囿孔☒。"●讀有。《秦公簋》："高引又麿，竈囿（有）四方。"

趙_秦 秦印 26

【注】從走有聲。●秦印單字，人名。

郁_秦 秦印 121　里耶 8·1277

【注】從邑有聲。●"郁狼鄉印"，郁狼，鄉邑名。●里耶簡"郁邻"，地名。

饐 單叔奐父盨

【注】從皿從食有聲。●《單叔奐父盨》："用饐稻（稻）饎（穛）需（糯）粱（粱），加（嘉）賓用鄉（饗）有飤（食）。"盨銘中的"饐"實可與陳公子弔原父匜的"匜（巳聲）"相通。"有"

14

"巳"古均屬之部字。可讀饎,《説文》:"饎,酒食也。䭚,饎或從配。糦,饎或从米。"段玉裁注:"氣孰曰糦。""饎"釋為"氣熟"之意,與藍的功能正相契合。在盨銘中,特指盨的功用。(詳程燕《兽叔盨新釋》)

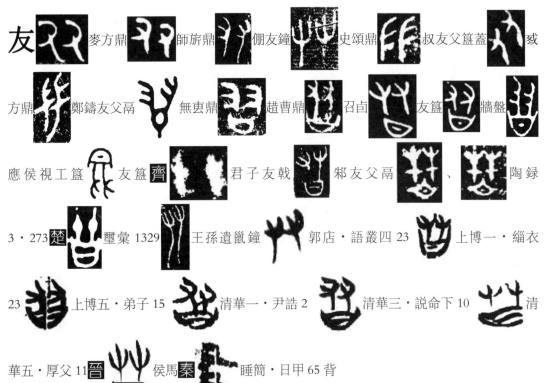

友 ＜＜ 麥方鼎 ＜＜ 師旂鼎 ＜＜＜ 佣友鐘 ＜＜ 史頌鼎 ＜＜ 叔友父簋蓋 ＜＜ 戜

方鼎 ＜＜ 鄭鑄友父鬲 ＜＜ 無叀鼎 ＜＜ 趙曹鼎 ＜＜ 召卣 ＜＜ 友簋 ＜＜ 牆盤

應侯視工簋 ＜＜ 友簋齊 ＜＜ 君子友戟 ＜＜ 邾友父鬲 、 陶錄

3·273楚 ＜＜ 璽彙1329 ＜＜ 王孫遺鼠鐘 ＜＜ 郭店·語叢四23 ＜＜ 上博一·緇衣

23 ＜＜ 上博五·弟子15 ＜＜ 清華一·尹誥2 ＜＜ 清華三·説命下10 ＜＜ 清

華五·厚父11晉 ＜＜ 侯馬秦 ＜＜ 睡簡·日甲65背

【注】甲骨文作 竹、竹、竹、竹、竹、竹、竹、竹、竹、竹,從二手相握,會朋友之意。金文同甲骨文。《無叀鼎》作 ＜＜,象攜手相交形,並進一步變作 古、古、古等形,遂訛為從甘。甹、友金文中雖有混用,但又有各自的使用習慣。"甹"用為"朋友",義指一種倫理規範,由相關文字資料看,"甹"大概消失於秦始皇書同文之時。《友簋》作倒書。《璽彙1329》雙手之形省為 竹,此例另見兵、興、奠、棄、共等字。齊系文字所從構件"又"與"牛"混同。《説文》:"＜＜,同志為友。從二又。相交友也。竹古文友。＜＜亦古文友。"本義是朋友,如《荀子》:"擇良友而友之。"引申為相好。古文"朋"有結黨營私的含義,"友"則沒有這層含義。●志同道合者之稱謂。《麥鼎》:"用卿(饗)多者(諸)友。"《詩·周南·關雎》:"琴瑟友之。"鄭玄箋:"同志為友。"《公羊傳·定公四年》:"朋友相衛。"何休注:"同門曰朋,同志曰友。"●臣僚。《大鼎》:"王乎(呼)善(膳)大(夫)駸召大(以)厥友入攼(扞)。"●讀侑,勸酒、祝酒、助祭等義。《鄂侯馭方鼎》:"馭方甹(侑)王。"周天子設盛禮饗賓,用醴而不用酒,就叫饗醴。被宴之臣與王相酬酢,就叫"侑"。侑禮,《左傳》有不少記載,可與銘辭對讀,此義金文均作"甹"。●宴饗朋友。《多友鼎》:"用乍(作)隘鼎,用佣(朋)用甹(友)。"此義金文均作"甹"。●善于兄弟曰友。《曆鼎》:"考(孝)甹(友)佳(唯)井(型)。"《毛公旅鼎》:"我用飲厚眔我友餿,其用甹,亦引唯考(孝)。"此義金文均作"甹"。●十位數和個位數之間的連詞,同"又"。《召器》:"佳(惟)十甹(又)二月初吉丁卯。"《虢仲盨蓋》:"絲(茲)盨友(有)十又二。"●讀賄,賄贈。《斛比盨》:"復友斛比其田。"●讀佑,保佑。《麥尊》:"冬(終)用逜德,妥(綏)多友,亯(享)旋走令。"

㐱  珍戰 149

【注】從止友聲。●“鄭㐱”人名。

蠽  曾仲大父蠽簠　清華五·三壽 26　清華一·耆夜 7

【注】從蚰友聲。楚文字或繁化作“蠽”。●讀尤，怨恨、歸咎。《清華五·三壽 26》：“神民並蠽（尤）而九（仇）悁（怨）所聚，天罰是加。”●人名。《曾仲大父蠽簠》：“蠽其用追孝于其皇考，用易（賜）矕（眉）壽黃耈霝冬（終）。”●讀侑，勸飲。《清華一·耆夜 7》：“既醉又蠽（侑），明日勿稻（慆）。”

夒  仲夒鼎

【注】從鳥友聲。●人名。

祓  保卣

【注】從示友聲。●讀祐。《保卣》：“迨王大祀，祓（祐）于周。”“祐于周”指四方諸侯都與會助祭。

伿  叔伿父簠

【注】從人友聲。《説文》無。古同“佒”。●人名。《叔伿父簠》：“弔伿父乍更簠。”

尤  鑄司寇鼎楚  新蔡零 472 秦  秦印 276

【注】甲骨文有 乂、乂、オ、ヤ、ヌ、ヌ，舊釋為“尤”。《邾訧鼎》“訧”作𤣥，《魚顛匕》“蚘”作𠂤，信陽楚簡“忧”作𤣥、“㲃”作𤣥，戰國古陶文“訧”作𢦏（陶彙 4131），故 オ 釋“尤”不確，陳劍謂“拇”和“敏”字的表意初文。《鑄司寇鼎》可確定為“尤”字，從又，又亦聲，下加斜筆表示贅肬，疑“肬”之初文。●讀忧。《新蔡零 472》：“不為尤（忧）囗。”●人名。《鑄司寇鼎》：“鑄嗣（司）寇尤肇乍（作）𪔲鼎（鼎）。”●秦印“尤衛”，姓氏。

就  伯就父簠秦  里耶 8·1450　 里耶 8·1083　 陶彙 5·21

 陶彙 5・22 秦印 97 戲 睡簡・秦種 48 戲 睡簡・效律 49 睡簡・日甲 56

【注】從京從尤（或從又，又或訛為寸），雙聲字。楚系文字作"𩫖"。●即也，取得。《睡簡・秦種 48》："令就衣食焉。"●金文人名。●讀僦，租賃。《睡簡・效律 49》："上節（即）發委輸，百姓或之縣就（僦）及移輸者，以律論之。"僦，《説文》賃也。朝廷如徵發運輸的勞役，百姓有到縣裏雇車或轉交給別人運送的，應依法論處。●秦印"就邦"，姓氏。《後漢書》苑賴氏，改為就氏。

忧 楚  信陽 1・39　　上博六・用曰 4、 上博八・志書 6　　清華九・治政 29

【注】從心尤聲。●讀尤。《上博八・志書 6》："尔（爾）思（使）我旻（得）忧（尤）於邦多巳（已）。"《詩・小雅・四月》："廢為殘賊，莫知其尤。"鄭玄箋："尤，過也。"《上博六・用曰 4》："惡好弃（棄）忧（尤），五井（刑）不行。"●讀憂。《新蔡零 472》："不為忧（憂）。"

宪 楚  璽彙 2154

【注】從宀忧聲，疑"忧"之繁文。●楚璽人名。

訧 齊  邾訧鼎 楚  清華十・四告 23 燕 陶彙 4・131

【注】從言尤聲。●《清華十・四告 23》："襄（攘）去忥（懋）疾，畢易（逖）庶訧（尤）。"《説文・言部》："訧，罪也。從言尤聲。《周書》曰：報以庶訧。"亦可讀尤，過失、罪過。●人名。《邾訧鼎》："黿（邾）訧為其鼎，子子孫孫永寶用。"●燕陶"左訧都☒司馬之鉨"，地名。

惥 齊  陶彙 3・272

【注】從心訧聲。●齊陶人名。

蚘 楚  上博五・鬼神 7　　清華九・成人 29　　新蔡甲三 143　　清華十一・五紀 109

 清華十一・五紀 105　　清華十一・五紀 107　　清華十一・五紀 98

魚顛匕

【注】從虫尤聲。《説文》無。《玉篇》："蚘，與蚘同。"《集韻》："音尤，蚩蚘，古諸侯號，通作尤。"●讀尤。《魚顛匕》："參蠹（蚩）蚘（尤）命。"蚩尤，炎帝後裔，為黃帝所滅。《上博五·鬼神7》亦讀尤。簡文與傳世文獻所記"蚩尤"史實相同，"蚩蚘"為"蚩尤"應無疑。●讀憂，憂患、禍患。《新蔡甲三143》："尚毋為蚘（憂）。"

替楚　　上博六·天乙10　　上博六·天甲10　　清華十一·五紀10

【注】從甘，從二尤相并，"友"字異體。●均讀友。《清華十一·五紀10》："天下豊（禮）以事戔（賤），義以寺（待）相女（如），炁（愛）以事宀（賓）配，息（仁）以共替（友），中（忠）以事君父母。"上博簡"珊替"讀朋友。

慸楚　　清華八·處位5

【注】從心，從二尤相并。●讀尤。《清華八·處位5》："攸（修）之者散（微）丝（茲）母（無）智（知）、母（無）迻（效）二慸（尤）。"《詩·四月》"廢為殘賊，莫知其尤"，鄭箋："尤，過也。"微，非也。《詩·柏舟》"微我無酒"，毛傳："非我無酒。"

匣紐郵聲

郵秦　　睡簡·秦種3　　睡簡·語書8　　里耶6·2

秦印120

【注】《説文》："郵，境上行書舍。從邑垂。垂，邊也。"●傳遞文書的驛站。《睡簡·語書8》："別書江陵布，以郵行。"郵、亭、驛的設置在功能上是有區別的。唐代顏師古為《漢書》作注時說"郵，行書舍也"，可見郵是負責遞送文書的機構。而《漢官舊儀》中記載"亭長持三尺板以劾賊，索繩以收執盜"之語，可見亭的職能是抓捕奸盜。驛站的設置是我們比較熟悉的一個古代制度，驛的功能主要是遞送朝廷文書或為朝廷任命的使者和官僚提供上任與出使的旅行服務。郵、亭、驛三者有區別也是有聯繫的，功能上有太多的重合，故有郵亭、郵驛、驛亭等複稱。秦印有"中郵吏印""杜郵丞印""郵邑"。

匣紐或聲

或　　或鼎　　述盤　　仲諜父鼎　　宰獸鼎齊　　鮑子鼎　　國子鼎

楚 上博六·用曰4　郭店·太一6　上博一·詩論20　上博一·緇衣
7　上博三·恒先2　郭店·尊德30　郭店·老甲2　郭店·性自10　
上博一·緇衣2　上博四·昭王8　清華六·子產14　清華八·邦道5　
清華二·繋年77　清華二·繋年80　清華二·繋年33　清華二·繋年31　
清華十一·五紀61　清華十一·五紀71　晉 哀成叔鼎　或、或 侯
馬秦 國 石鼓文 或 睡簡·效律49

【注】金文從口（城池形），從戈，表示以戈守衛城池。金文城形稍變作亘、回等，多了幾條標誌範圍的界綫，表意更加明確。《説文》：“或，邦也。從口從戈，以守一。一，地也。域或又從土。”本義為邦國，是國、域的本字。後“或”借為或然之或，邦國之意就在外加 “口（城池）”寫作“國”來表示，範圍區域的意思則另加形符“土”寫作域。或、國、域為一字之孳乳。●讀國，邦國。《猷鐘》：“南或（國）及孳敢臽（陷）虐我土。”《毛公鼎》：“乃唯是喪我或（國）。”《清華六·子產14》：“先聖君所以達成邦或（國）也。”●讀域，疆域。《毛公鼎》：“康能四或（域）。”《詩·商頌·玄鳥》：“肇域彼四海。”朱熹集傳：“域，封境也。”●副詞，相當于“又”。《儵匜》：“白（伯）揚父乃或事（使）牧牛誓曰：自今余敢變（擾）乃小大事。”●讀有，有無之有。《叔尸鐘》：“母（毋）或承稦。”有、或可通，詳《古字通假會典》0370頁“有-或”條。

郱 師袁簋 楚 璽彙0310　璽彙0304　郭店·老乙2　
包山3　清華五·三壽2　清華一·祭公4

【注】從邑或聲。●多讀國。《師袁簋》：“淮尸（夷）繇我員（帛）晦臣，今敢博乎（厥）眾叚，反乎（厥）工吏，弗速（迹）東郱（國）。”《郭店·老乙2》：“莫智（知）其亙（極）可以又（有）郱（國）。”

宬 楚  包山 83  郭店・緇衣 9  包山 125  上博九・邦人 10

【注】從宀或聲，“或”之繁文。●多讀國。《郭店・緇衣 9》：“隹（誰）秉宬（國）城（成），不自為貞（正），卒（卒）裳（勞）百眚（姓）。”

域 燕  類編 214

【注】從土或聲。●燕璽“郾域之鉨”，人名。

國 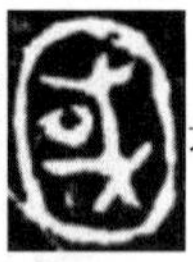 彔戜卣  彔卣  彔卣  應侯視工簋 齊  國差罎  悍距末  國子鼎  陶録 2・25 楚  蔡侯申鐘  蔡侯申鐘  包山 45  曾侯 174  郭店・語叢三 42  新蔡甲三 248  新蔡甲三 251  上博一・緇衣 1  清華八・邦道 9  清華九・治政 23  清華八・八氣 3  清華六・孺子 17  清華六・子儀 10  清華六・太伯乙 6  清華六・太伯甲 7 燕 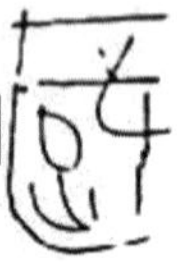 郾王職壺  陶録 4・4 晉  四年昌國鼎  璽彙 3078 秦  秦印 114  陶録 6・328

【注】“國”是“或”的分化字；蓋“或”借為或然之或，便加意符囗（或省作匚）重造新字“國”，以還其本義；或亦聲。李家浩先生認為戰國楚簡文字中“國”與“或”在形體上有區別，左側豎筆超出上端橫畫的應該釋“國”，反之則應該釋“或”。《説文》：“國，邦也。”本義為邦國，因為古代的邦國指的就是一座城池及周圍的地域。引申指都城。●邦國。《蔡侯申鐘》：“均好大夫，建我邦國，豫令祗祗，不僭（愆）不貣（忒）。”●地域。《彔戜卣》：“叡！淮尸（夷）敢伐內國。”●姓。《國差罎》：“國差立事歲。”國差，春秋時齊卿族，名差。《姓苑》太公之後，齊有國氏，世為上卿。●《四年昌國鼎》：“四年，昌國䲨（冢）工帀（師）翟伐冶更所為。”昌國，地名。”●《悍距末》：“悍乍（作）距末，用差（佐）商國，光張上下，四方是備。”商國，指

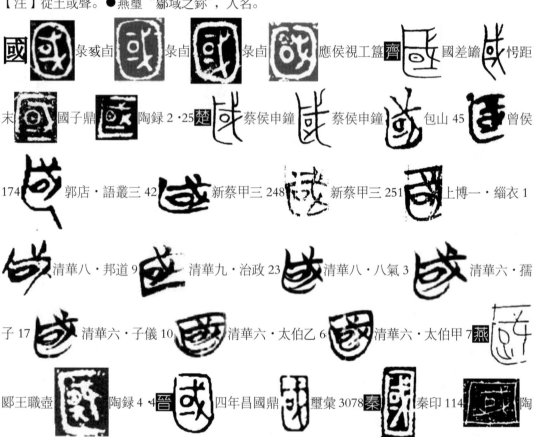

宋國。●馬名，簡文或作騛。《曾侯174》："沧國為左飛（騛）。"●讀又。《清華六·子儀9》："昔之襕（獵）可（兮）余不與，今兹之襕（獵）余國（又）不與。"又、或聲系可通，詳《古字通假會典》370頁"又－或"條。

惑【齊】陶徵 105　匯考 301【楚】包山 57　上博一·緇衣 3　上博三·仲弓 7　包山 138　上博一·緇衣 3　湖南 20　璽彙 3710　清華五·湯丘 12【晉】中山王豐鼎【秦】秦駰玉牘　睡簡·日甲 32 背

【注】從心或聲，與小篆同。《説文》："惑，亂也。"本義迷惑、蠱惑。●多用為本義，迷亂、迷惑。《中山王豐鼎》："猶粈（迷）惑于子之而迓（亡）其邦。"《荀子·非相》："故鄉（向）乎邪曲而不迷，觀乎雜物而不惑。"●包山簡人名"周國"或寫作"周悤"。文獻中人名也有加"心"旁的情況，如宋莊公名"馮"，楊伯峻先生注説"'馮'亦作'憑'"。（《春秋左傳注》，中華書局，2009 年，29 頁）●讀宥。《上博三·仲弓 7》："老=（老老）慈幼，先又（有）司，舉（舉）叞（賢）才，惑（宥）怣（過）愳（赦）皋（罪）。"陳劍讀為"宥過赦罪"。《説文》宥，寬也。"惑"疑紐職部，"宥"疑紐之部，雙聲，之職對轉，語音極近。宥，謂寬宥。宥、赦皆解緩之義也。

賦【楚】郭店·緇衣 6　郭店·緇衣 43　上博五·弟子 16

【注】從見或聲。●均讀惑。《上博五·弟子 16》："多酉（聞）則多賦（惑）。"

狱【晉】二年平匋令戈

【注】從犬或聲。●人名。

減元年師旋簋　長由盉　冊三年逑鼎

【注】從水或聲。《説文》："減，疾流也。"本義急流，如《張衡·南都賦》："漻淚減汨。"●均用為地名。《長由盉》："穆王才（在）下減应。"

棫散氏盤【楚】清華一·程寤 6　清華一·程寤 2　清華一·程

寤 1 秦  石鼓文  龍崗 38

【注】從木或聲。《說文》："棫，白桵也。"本義木名。●地名。《散氏盤》："陟州剛，登厤，降棫，二奉（封）。"●木名。《清華一·程寤 2》："廼尐=（小子）𤼲（發）取周廷杍（梓）梪（樹）于氒（厥）閒（間），䆱=（化為）松柏棫柞。"

䮚 楚  曾侯 165  曾侯 174  曾侯 177

【注】從馬或聲。●《玉篇》馬名。《曾侯 165》："𦧝尹之䮚為右騙，鄭䮚為右驂。"

𣭈 楚  曾侯 138

【注】從毛𢦏聲。●讀緎，縫也。字或作䡈、黬。《曾侯 138》："𣭈鞅貽。"

𩑟  𢦏簋

【注】從周或聲。●地名。

緎 晉  訓義 1·119

【注】從糸或聲。●晉璽"公孫緎"人名。

聝（馘）  虢季子白盤  𢦏簋  小盂鼎  多友鼎  䜌簋 

柞伯鼎 楚  清華十·四告 48  清華二·繫年 44  清華二·繫年 124

【注】甲骨文作，《新甲骨文編》釋為"聝"，象首之髮形。古者軍戰斷首系之以戈纓之上，故有此象。金文疊加聲符戈、或。馘，《說文》"聝"之異文。楚簡或從首或聲。●讀馘，割取之首級，或割取之左耳。《虢季子白盤》："獻聝（馘）于王，王孔加（嘉）子白義。"《詩·魯頌·泮水》："矯矯虎臣，在泮獻馘。"又《詩·大雅·皇矣》："攸馘安安。"毛傳："馘，獲也，不服者殺而獻其左耳曰馘。"《清華二·繫年 44》："獻楚俘馘。"或用為動詞。《清華十·四告 48》："曾孫亓（其）⿱今凶（擒）之聝（馘）之。"

匣紐聝聲

 聝觚 聝觚 晉 陶彙 3・172

【注】甲骨文作 ，從耳（髮形代之以耳）從戈，象以戈載耳形，當為 "聝" 之本字。《説文》："聝，軍戰斷耳也。《春秋傳》曰：'以為俘聝。'從耳或聲。馘，聝或從首。" 本義為斷首記功；始以首，後為攜帶方便，以左耳代之。馘、聝一字。●金文人名。●晉文字人名。

 燕 璽彙 3889

【注】從中（艸）聝聲。●燕璽人名。

 燕 璽彙 3434

【注】從羊聝聲。●晉璽 "東谷義"，人名。"東谷" 為複姓。

見紐亓聲

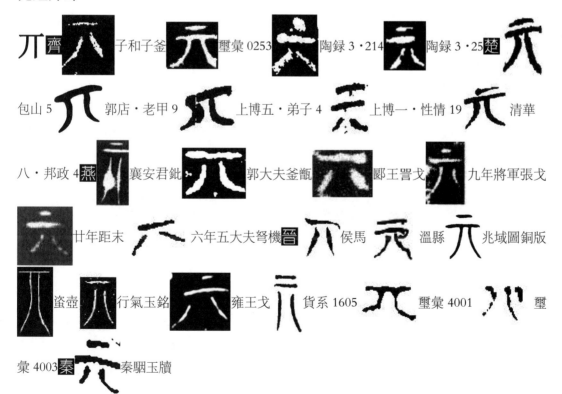

亓 齊 子和子釜 元 璽彙 0253 陶録 3・214 陶録 3・25 楚 元

包山 5 郭店・老甲 9 上博五・弟子 4 上博一・性情 19 清華

八・邦政 4 燕 襄安君鉇 郭大夫釜甄 鄖王罾戈 九年將軍張戈

廿年距末 六年五大夫弩機 晉 侯馬 溫縣 兆域圖銅版

盗壺 行氣玉銘 雍王戈 貨系 1605 璽彙 4001 璽

彙 4003 秦 秦駰玉牘

【注】金文象薦物之器具。按甲骨文"奠"字作 🔵，金文作 🔵、🔵，小篆作 🔵，是知，丌者，一 變為二，變為丌，其迹可尋，殆由平墊漸變為有足者歟。《説文》："丌，下基也。薦物之丌。象 形。凡丌之屬皆從丌。讀若箕同。"本義是底座。如今不單用，只作偏旁。●戰國文字多讀其。 《兆域圖銅版》："丌（其）一從，丌（其）一藏府。"意為：兆域圖一式兩份，一份隨葬，一份 藏在府裏。●讀綦。《陶録3·25》"丌母"讀"綦母"，複姓，也讀"綦毋"。《璽彙4001》讀"綦 毋秋"、《璽彙4003》讀"綦毋鴟"。"丌母"多作合文。

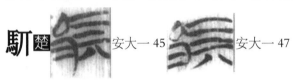

馬丌 楚 安大一45 安大一47

【注】從馬丌聲。●讀騏。《安大一45》："畜（文）鞇（茵）象觠（觳），加（駕）亓（其）駬 （騏）馺（騥）。"《毛詩》作"駕我騏騥"。

祈 楚 璽彙0280

【注】從斤丌聲，"斯"之省文。●《璽彙0280》"右祈政璽"，讀斯。

沂 晉 圖典464 楚 清華二·繫年18 安大一91

【注】從水丌聲。●讀淇，地名。《清華二·繫年18》："衛人自庚（康）丘遷于沂（淇）衛。" 《安大一91》："羿（期）我桑审（中），遷（邀）我上宫，遺我沂（淇）之上可（兮）。"●齊陶 "沂䣄坿斗☐鉨"，地名。

姬 晉 陶彙6·20

【注】從女丌聲，"姬"之異文。●讀姬，姓氏。《史記·三代世表》亦云："堯立后稷，以為大 農，姓之曰姬氏。"

訐 晉 子彗盆 子彗盆 楚 天星 上博五·三德2 上博二·民之8

訐 清華七·越公38

【注】從言丌聲，為"諆"字異形。●人名。《子彗盆》："隹（唯）子訐鑄其行盂。"●讀忌。《上 博五·三德2》："訐（忌）而不訐（忌），天乃隆（降）材（災）。"●讀基。《上博二·民之8》： "城（成）王不敢康，遖（夙）夜昝（基）命又（宥）宻（密）。"●讀欺。《清華七·越公38》： "凡市賈爭訟，訊（反）訐（背）訐（欺）巳（詒），戔（察）之而諄（孚），則劼（詰）燭（誅） 之。"

邡 楚 璽彙 2112 璽彙 2111 圖典 136

【注】從邑丌聲。●楚璽讀丌，姓氏。

開 晉 璽彙 2660 匯考 117

【注】從門丌聲。●《璽彙 2660》"開紹"為姓氏。●《匯考 117》"下開庫"為地名，地望待考。

枅 晉 陶彙 6・181

【注】從木丌聲，"棋"之省文。●人名。

芿 秦 陶錄 6・171

【注】從艸丌聲。●秦陶單字，可能是人名。

邟 齊 陶彙 3・651 陶彙 3・649 陶錄 2・32

【注】從邑丌聲。●地名，讀其。"不邟坪（市）鉩"，"不邟"讀不其，地名。齊魯地區有不其（其），即山東即墨。（《戰國文字通論》）此璽當為不其（其）地區市官所用之印。傳世陶文中與此文字相同的戳印有多件。

笄 楚 信陽 2・21 曾侯漆箱 晉 笄鼎 璽彙 3108 貨系
1604

【注】從竹丌聲，"箕"之省文。●讀箕，簸箕。《信陽 2・21》："一笲（笙）笄（箕）。"指一种用笙竹做的箕。●《掌莒笄鼎蓋》："掌莒笄（箕）。"莒笄，讀薌箕。《禮・曲禮》黍曰薌合，粱曰薌其。黍指大黃米，粱指精細的小米。"黄米内涵馨香和小米外溢馨香，古人分別以'薌合'和'薌其'形容，用辭考究，頗為貼切。"（何琳儀《薌箕解》）簸箕之形内狹外廣，故由箕所組成的詞彙多有向外舒展之義，如"箕踞""箕張"等等。●餘例讀箕，地名或姓氏。

旝 楚 曾侯 80 晉 璽彙 4058 璽彙 5048 陶彙 3・918 陶彙

25

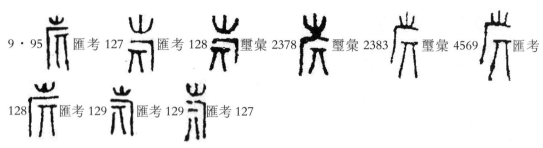

9・95 匯考127 匯考128 璽彙2378 璽彙2383 璽彙4569 匯考

128 匯考129 匯考129 匯考127

【注】從扒丌聲，"旗"之異文。●曾侯簡讀旗，簡文或作"旗"。秦文字通作"旗"。●讀旗。《匯考127》"尚旂""堂旂"讀"掌旗"，為官名。《周禮・春官・司常》："司常掌九旗之物，名各有所屬，以待國事。日月為常，交龍為旂，通帛為旃，雜帛為物，熊虎為旗，鳥隼為旟，龜蛇為旐，全羽為旞，析羽為旌。"此印當是三晉中央或地方的掌旗官所用之印。《璽彙2383》"旂在"讀"旗士"，旗在主將在，旗倒主將亡。"旗士"是掌旗官。

璽彙2653　十八年平國君鈹

【注】從疒丌聲。"痲"之省文。●晉璽"疠子"疑讀丌，姓氏。●《十八年平國君鈹》為人名。

包山111 包山182 郭店・緇衣11 郭店・尊德5 上博

二・從甲18 上博二・從乙1 清華九・治政13

【注】從己從丌，雙聲字。●楚簡多讀己。《郭店・尊德5》："學非改侖（倫）也，學异（己）也。"《上博二・從甲18》："行在异（己）而名在人，名難靜（爭）也。"●包山簡人名。

陶彙3・274 璽彙5289 郭店・語叢四13 上博六・孔子13

上博八・志書3 清華五・湯丘3 清華七・越公26 清華一・程寤8

清華三・良臣6

【注】從心丌聲。●讀惎，毒也，表憎惡、怨恨。《清華一・程寤8》："務亡、勿用、不惎。"《清華七・越公26》："越王句踐將忈（惎）復吳。"●讀欺，欺騙、欺詐。《上博六・孔子13》："此言不忈（欺）。"●讀忌。《上博八・志書3》"忈韋"讀"忌諱"，避忌、顧忌。《老子》："天下多忌諱，而民彌叛。"●讀基。《爾雅・釋詁》："基，謀也。"《清華五・湯丘3》："乃與少（小）臣忈（基）愳（謀）郚（夏）邦。"●齊陶、楚璽人名。

 清華七 · 越公 27

【注】從戈忌聲。●讀惎。《清華七 · 越公 27》：“王乃不咎不惑（惎），不戮不罰。”

 璽彙 3249

【注】從絲丌聲。●燕璽“弅瘧”姓氏。

 璽彙 2633

【注】從八丌聲，或謂“丌”之繁文。●晉璽人名。

 三十年鼎　九年承匡令鼎　璽彙 3788　璽彙 2766　璽彙 2879

【注】從月丌聲（或從旨聲），“期”之省文。●晉文字均為人名，可讀期。

 璽彙 0250　璽彙 1952　陶彙 3·188　陶録 3·202　楚

郭店 · 老甲 30　清華四 · 筮法 31　上博六 · 天甲 11　上博七 · 吳命 9

【注】從日丌聲，“期”之省文。●《上博七 · 吳命 9》“歬（敵）邑之旨”，旨讀期，規定的時日、期限。《詩 · 王風 · 君子于役》：“君子于役，不知其期。”此處是指吳軍撤離的期限。●讀忌。《郭店 · 老甲 30》：“夫天多旨（忌）韋（諱），而民爾（彌）畔（叛）。”●晉璽、晉陶人名。

 上博六 · 鄭壽 3　璽彙 1247　璽彙 3662　璽彙 5688

【注】從心旨聲。●讀忌。《上博六 · 鄭壽 3》：“少師無惎（忌）。”即“費無忌”，春秋時楚國大夫。●燕陶、燕璽人名，可讀忌。

 陶録 3·605

【注】從艸旨聲，“萌”之省文。●單字，人名。

団[齊] 璽集二－SP-393

【注】從口丌聲。●"団鹿章東里"，地名。

丕[齊] 陶彙3·1211 古璽通論185[楚] 包山168  郭店·語叢

四14  上博五·三德5  清華五·三壽20[秦] 嶽麓一·為吏72

【注】從土丌聲，"基"之省文。●讀基。《郭店·語叢四14》："不與智愳（謀），是胃（謂）自甚（欺）。�（早）與智愳（謀），是胃（謂）童（重）丕（基）。"重基，猶言"厚基"，是基業宏大之意。●包山地名後綴。●齊陶單字。

邔[晉] 璽彙2113  圖典355

【注】從邑丕聲。●晉璽"邔狘""邔疴"讀基，姓氏。

羿[楚] 郭店·成之30 上博二·容成20 上博八·成王15 上博

七·吳命7 清華七·晉文公6[燕] 璽彙2816 璽彙2817  璽彙0606

【注】從羽丌聲，"旗"之異文。●楚簡多讀旗。《上博二·容成20》："禹然後始為之唬（號）羿（旗），以夋（辨）其左右。"●讀期。《上博八·成王15》："毋敢又遲速之羿。"●讀期，待、看待。《上博七·吳命7》："可羿（期）而須也。"《莊子·寓言》："而無經緯本末，以期年者者，是非先也。"郭象注："期，待也。""須"，等待。簡文"可期而須也"，即可以期待。●燕璽人名。

旗[楚] 曾侯40  曾侯82  曾侯101

【注】從㫃羿聲，"旗"之異文。●讀旗。《曾侯40》："一杸，二㫃，屯八翼之翿，旗（旗）貼。"

鉊[齊] 璽彙0312  璽彙0019

【注】從金丌聲，口為無義之飾筆。●《璽彙0019》"鉊司徒帀"讀箕，地名。箕，見於《漢書·地

理志》，地在今山東省莒縣北，因箕水而得名，戰國時屬齊。

見紐其聲

【注】甲骨文作 、 、 ，象簸箕之形，或以手承箕之形。金文同甲骨文。或從其從丌作 ，是為小篆所本，或簡作 。《說文》："箕，簸也。從竹；𠀠，象形；下其丌也。凡箕之屬皆從箕。 ，古文箕省。 ，亦古文箕。 ，籀文箕。 亦古文箕。 亦古文箕。"本義是簸箕。"其"後多被假借為虛詞後，就另加形符"竹"造了"箕"。●副詞，表示意志、意願等。《令簋》："令 奮乃克至，余其舍女（汝）臣卌家。"《楚公逆鐘》："孫子其永寶。"●指示代詞。《𤔲生簋》：

"公宕其參，女（汝）則宕其貳，公宕其貳，女（汝）則宕其一。"●第三人稱代詞。《兮甲盤》："淮尸（夷）舊我員（帛）晦（賄）人，母（毋）敢不出其員（帛）、其責（積）。"●語气詞。《師俞簋蓋》："俞其蔑曆，日易（賜）魯休。"●讀基。《盠尊》："王佣下不（丕）其，則邁（萬）年保我邁（萬）宗。"《盠尊》："天子不叚（遐）不（丕）其（基）萬年，保我萬邦。"●讀己，自身、自己。《上博一·詩論9》："實咎於其也。"

 珍秦108　 天津市藝術博物館藏古璽印選79　 睡簡·日甲

25背 關簡199、 秦印81

【注】從竹其聲。●用為本義，表示簸箕。《睡簡·日甲25背》："彼窋（屈）臥箕坐。"箕坐，箕踞。此義亦多用"其"。晉、楚文字作"笅"。●秦印均為人名。

 刺鼎　 叔趯父卣　 叔趯父卣　 鈲比盨 楚　 乙鼎

 王孫誥鐘　 王子午鼎　 清華二·繫年81 秦 不娶簋　 不娶簋

 秦公鎛

【注】從其從廾（雙手所承之形），當為雙聲字，為"其"之繁文。廾下或增從止作。《鈲比盨》右旁寫濾，應當就是"廾（癹）"的變形，即訛為上下三止相疊的'夋'形。●讀期。《乙鼎》："其釁（眉）壽無娶（期）。"●人名，可讀忌。《鈲比盨》："内史無娶。""無娶"應讀無忌。古代以"無忌"為名者很多，晉韓厥之子名無忌，楚有費無忌。《鈲比盨》銘文所見"内史無忌"，似是目前所見最早以"無忌"為名的人。●讀忌。《配兒鉤鑃》："于☒☒荓威（畏）娶（忌）。"《王子午鼎》："函（溫）龏（恭）戧屖，畏（畏）娶（忌）趩趩，敬乑（厥）盟祀，永受其福。"●讀極。《清華二·繫年81》："少币（師）亡（無）娶（極）謹（讒）連尹頜（奢）而殺之。"

 璽彙2526　 珍秦80、 秦印172

【注】從欠其聲。●秦漢印均為人名。

誹 寧簋蓋　令鼎　叔趯父卣　叔趯父卣　師袁簋

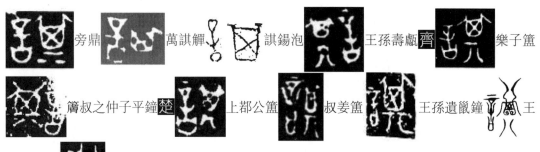

旁鼎　萬諆觶　諆錫泡　王孫壽甗齊　樂子簠

簧叔之仲子平鐘楚　上都公簠　叔姜簠　王孫遺鼠鐘　王

子午鼎晉　與兵壺

【注】從言其聲。此即計志、計算本字。《廣韻・七志》"諆，志也"是其義。計有謀劃義，《玉篇》"諆，謀也"是其義。後世別為"計""記"二字。《說文》："諆，欺也。從言其聲。"《說文》訓欺，非是也。●讀計。《師寰簠》："折首執訊，無諆徒馭，驅孚（俘）士女、羊牛，孚（俘）吉金。"●讀期。《王孫遺鼠鐘》："萬年無諆（期），某（世）萬孫子，永保鼓之。"《王子吳鼎》："其眉壽無諆（期）。"●地名。《令鼎》："王歸自諆田。"●讀其，語氣詞。《寧簠蓋》："寧宲（肇）諆乍（作）乙考隲段。"●讀器。《旁鼎》："旁攷（肇）乍（作）尊諆。"

萁　窬兒鼎齊　賈孫叔子屖盤　夆叔盤　齊侯敦　洹子孟姜壺

楚　鄧公乘鼎　隨仲嬭加鼎　蔡侯申鐘　沇兒鐘　褱鼎　王子申盞盂

【注】從日其聲。"期"之異文，從日、月都有表時間的意思。●讀期。《洹子孟姜壺》："萁（期）則爾萁（期）。"《詩・王風・君子于役》："君子于役，不知其期。"●讀計，計算。《慶叔匜》："沱沱熙熙（熙熙），男女無萁（計），子子孫孫兼（永）保用之。"即男女之數無灋計算。《齊侯敦》《齊侯鼎》《齊侯匜》："男女無萁（計）。"●讀期，極、限。《齊良壺》："其眉壽無萁（期）。"無期，指年壽綿綿沒有終期。

諆楚　郘王子旃鐘

【注】從音萁聲。●讀期。《郘王子旃鐘》："鬟（眉）壽無諆（期）子子〔孫孫。萬某鼓之。〕"

椹楚  長子顤臣簠

【注】從木萁聲。●讀期。《長子顤臣簠》："其鬟（眉）壽萬年無椹（期），子子孫孫永保用之。"

期楚  吳王光鑒　競孫冐秦　睡簡・雜抄 29　睡簡・為吏

10  圖典 410 秦印 130

【注】從月其聲。《説文》："𩁶，會也。從月其聲。渠之切。𦦙，古文期從日、丌。"古文與古陶文𣅀相近。本義約會，約定。引申為限也、至也、及也。●限定的時間、約定的時日。《睡簡·秦種 115》："失期三日到五日，誶。"●時間、限度。《睡簡·為吏 5》："與民有期，安驥而步，毋使民懼。"●日期。《睡簡·秦種 111》："能先期成學者謁上，上且有以賞之。"能提前學成的，向上級報告，上級將有所獎勵。●秦印姓氏。

旗楚 清華十·四告 23 秦 秦風 94  陶彙 5·111

【注】從队其聲。●秦陶、秦印人名。●讀期。《清華十·四告 23》："祋（福）嗌（益）增多，勿結勿旗（期）。"

基楚 子璋鐘 子璋鐘 子璋鐘

【注】甲骨文作𡉄，從土其聲。唯形符土居上；古文字變動不居，土在上與在下無別。金文同甲骨文。《説文》："基，牆始也。從土其聲。"本義為牆腳，牆的根基。引申為事物的基礎，如《老子》："貴以賤為本，高以下為基。"又引申為開頭、起始等義。●讀期，期限之期。《子璋鐘》："用樂父𤇾（兄）者（諸）士，其𧼽（眉）壽無基（期）。"

騏楚 曾侯 145 曾侯 150 秦 秦印 191

印增 382

【注】從馬其聲。●用為本義。《説文》："騏，馬青驪，文如博棊也。從馬其聲。"《曾侯 145》："都牧之騏為右驂。"楚簡或用"騹"表示。●秦印"騏快""騏危"等均為姓氏。騏殷，漢時下邽令。

綦（綥）楚 攸簋 秦 睡簡·為吏 36 睡簡·封診 78 嶽麓一·

為吏 77 、、、 印增 508

【注】綦，《金文編》原作"諆"，當釋為"綦"。古文字常常省糸為幺，從幺旁的字常常就是從糸旁的字，例不勝舉，故字即"綥"字。"綥"，《玉篇》同"綦"。秦文字"其"訛為"卑"，《集韻》綥或從其作綦。漢印從其作綦、或從卑作綥（漢印 1139）。●讀箕。《攸簋》："侯賞攸貝三

朋，攸用乍（作）父戊寶障彝，啟（肇）乍（作）綦。"綦，唐蘭謂族氏名，意為開始做綦氏之祭器。（《西周青銅器銘文歷代史征》06頁）●秦印"綦毋（母）偃""綦毋（母）壬"等，複姓，通作"綦母""其母""綦毋"。秦印"綦祿""綦佗"，姓氏。綦儁，東漢時義興人，將軍。●履上的花紋。《睡簡·封診78》："外壤秦綦履迹四所。"綦履，一種有紋的麻鞋。●讀忌，戒。《睡簡·為吏36》："綦之綦"。

斯 禹鼎　齊 叔尸鐘　楚 叔尸鎛　斯 余賸逐兒鐘　斯 郭店·語叢

三17　斯 上博一·詩論12　斯 上博一·詩論27　斯 上博五·弟子11　斯 郭店·性

自25　斯 郭店·性自34　斯 清華一·金縢9　斯 清華一·金縢8　斯 清華

八·邦道15　斯 清華八·攝命7　斯 安大一33　秦 二世詔版　斯 圖典56

【注】從斤其聲，與小篆同。《叔尸鐘》聲符或從"臼"，實為齒形之訛；"斯"字《説文》說它的本義是"析"，而牙齒可以作為離析一些東西的"武器"（見"齒"字）。《説文》："斯，析也。從斤其聲。《詩》曰：'斧以斯之。'"本義劈、砍。段玉裁注："陳風曰。墓門有棘。斧以斯之。傳曰。斯，析也。段借訓為此。"●語助詞，無義。《叔尸鐘》："女（汝）考壽萬年永保（保）其身，卑（俾）百斯男而執斯字，簡簡義政，齊侯左右。"執，繁衍。字，讀為子。"百斯男而執斯字"，使百男皆宜子，即子又生子之意。●余迖斯于：人名。《楚余義鐘》："隹（唯）正九月初吉丁亥，曾孫僕兒，余迖斯于之孫，余茲佫之元子。"僕兒、余迖斯于、余茲佫均為人名，以僕兒之曾祖、祖、父序排列。●讀厮。《禹鼎》："武公乃遣禹率公戎車百乘，斯（厮）馭二百，徒千。"厮馭，駕馭兵車的軍卒。●結構助詞，相當於"之""的"。《上博一·詩論12》："《梂（樛）木》，福斯才（在）君子，不［亦◻時乎！］"●讀期。《上博一·詩論27》"可斯"，讀"何期"。《詩·小雅》："實維何期。"

癍 秦 里耶8·648

【注】從疒斯聲。●讀厮。《里耶8·648》："今以初為縣卒癍死及傳楬書案致。""案致"，《校釋》釋為考查、深審。"致"抑或有文書之意，案致即檢查核實文書。"癍"，讀作"厮"，役使。《漢書·司馬相如傳下》："厮徵帛僑而役羡門兮，詔岐伯使尚方。"顏注引應劭曰："厮，役也。"

其 楚 上博四·曹沫51

【注】從戈斯省聲。●《上博四・曹沫 51》："則戕厇毄（傷）亡。""戕厇"，讀為"廝徒"。陳劍讀為"訾度"。"訾度傷亡"亦即"察夷傷"，指揆度傷亡情況。《左傳・成公十六年》："旦而戰。見星未已。子反命軍吏察夷傷，補卒乘，繕甲兵，展車馬，雞鳴而食，唯命是聽。"

碁 楚  安大一 88

【注】疑從石斯省聲。隸定為"碁"。●讀玼。《安大一 88》："碁（玼）亓（其）易（翟）也。"毛傳："玼，鮮盛貌。褕翟、闕翟，羽飾衣也。"《毛詩》作"玼兮玼兮，其之翟也"，可能是將"碁"右下兩橫誤當作重文符號所致，為了句式勻稱，後又添加虛詞。

惎 楚  左塚漆梮

【注】從心其聲。●讀期。漆梮"亙惎"，高佑仁認為可讀作"恆期"。"恆"即長久之意，"恆期"者指占卜者所遭遇的困境將久留而無解，它與"速解"剛好是相反的概念，正可説明漆棋局具有占卜性質。

祺  祺父乙鼎

【注】從衣其聲。祺，《類篇》系也，巾也。●族氏名。《祺父乙鼎》："祺。父乙。"

見紐畁聲

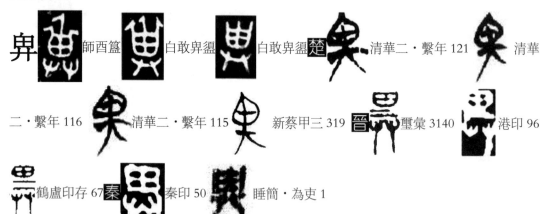

畁 師酉簋 畁 白敢畁盨 畁 白敢畁盨 楚 畁 清華二・繫年 121 畁 清華二・繫年 116 畁 清華二・繫年 115 畁 新蔡甲三 319 晉 畁 璽彙 3140 畁 港印 96 畁 鶴盧印存 67 秦 畁 秦印 50 畁 睡簡・為吏 1

【注】字會意不詳。可參考"畀"字。楚系文字與"畀"相混。●金文地名、人名。●讀棋。《睡簡・為吏 1》："畫局陳畁（棋）以位耤（籍）。"●讀其。秦印"畁毋齒"，"畁毋"讀其母，複姓。秦印或作"綦"。三晉璽"畁慶坴""畁竘"亦為姓氏。●讀斯。《説文》："畁，舉也。從廾由聲。《春秋傳》曰：'晉人或以廣墜，楚人畁之。'黃顥説：'廣車陷，楚人為舉之。杜林以為騏驎字。渠記切。'畁、騏都是群母之部字。斯從其聲。《清華二・繫年 121》："晉覴（魏）文侯畁（斯）從晉自（師）。"

34

 璽彙 3843

【注】從八舁聲。●"公孫舁"，人名。

 曾侯214 分研314 珍戰43 璽彙3110

【注】從艸舁聲。●曾侯簡為地名。●晉璽均為姓氏。

見紐己聲

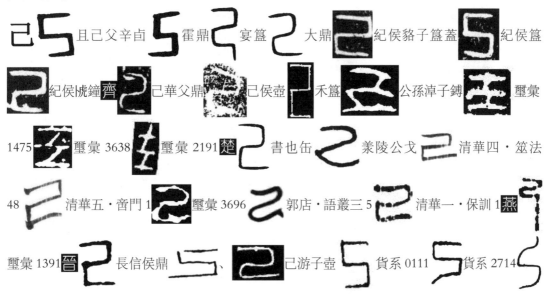

且己父辛卣 霍鼎 宴簋 大鼎 紀侯貉子簋蓋 紀侯簋 紀侯虩鐘 己華父鼎 己侯壺 禾簋 公孫淖子鎛 璽彙1475 璽彙3638 璽彙2191 書也缶 羕陵公戈 清華四·筮法48 清華五·啻門1 璽彙3696 郭店·語叢三5 清華一·保訓1 璽彙1391 長信侯鼎 己游子壺 貨系0111 貨系2714

先秦編443

【注】甲骨文作己、乛，象絲繩彎曲之形。朱芳圃曰："余謂己象繩索詰紐之形，弟從己作，是其證矣。孳乳為紀，說文系部：'紀，別絲也。從糸，己聲。'別絲謂別理絲縷，系之以繩，使不紛亂也。"（《殷周文字釋叢卷中》）繩索乃我先民用以紀事算數之工具。《周易集解》引《九家易》云："古者無文字，其有約誓之事，事大大其繩，事小小其繩，結之多少，隨物眾寡。"即指此事。故"己"加"糸"孳乳為紀，二者屬古今字。戰國文字或作正，與古文同，或繁化作异。《説文》："己，中宮也。象萬物辟藏詘形也。己承戊，象人腹。凡己之屬皆從己。居擬切。正，古文己。"本義為編結之繩。借用作自己的"己"，如《論語》："不患人之不知己，患己不知人也。"又借用作天干的第六位，與地支相配用來紀年。"己"為借義所用，本義便另加形符"糸"寫作"紀"。●天干的第六位，與地支相配，用以紀日。《書也缶》："正月季春元日己丑。"●先公先王及先妣的廟號。《祖己父癸鼎》："且（祖）己父癸。"●讀紀，國名，故城在山東壽光縣一帶，銘文或作异。公元前690年（魯莊公四年）滅于齊。《紀侯虩鐘》："己（紀）侯虩乍（作）寶鐘。"《春秋經·桓公二年》："紀侯來朝。"金文"紀"作"己"，《穀梁傳》也作"己"。《穀梁傳》："桓內弒其君，外成人之亂。于是為齊侯、陳侯、鄭伯討。數日以略，己即是事而朝之。"范寧集解："己，紀也。"●自己。《郭店·語叢三5》："不我（義）而加者（諸）己，弗

受也。”

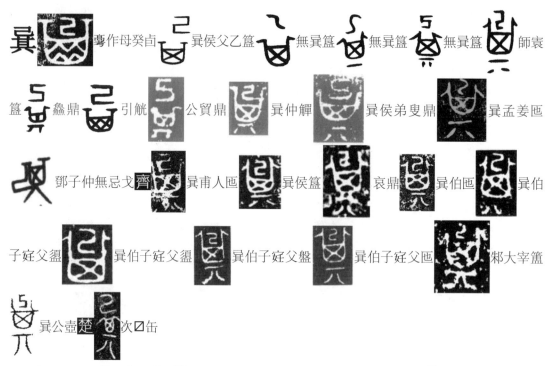

奠作母癸卣　　　　異侯父乙簋　　　　無異簋　　　　無異簋　　　　無異簋　　　　師袞

簋　　　盠鼎　　　引觥　　　公貿鼎　　　異仲觶　　　異侯弟叟鼎　　　異孟姜匜

鄧子仲無忌戈　　　異甫人匜　　　異侯簋　　　哀鼎　　　異伯匜　　　異伯

子婼父盨　　　異伯子婼父盨　　　異伯子婼父盤　　　異伯子婼父匜　　　邾大宰簠

異公壺　　　次☒缶

【注】甲骨文作、、、，從己從其，雙聲字。金文同。《説文》：“異，長踞也。從己其聲。讀若杞。”玉篇云：“異卽跽字。長跪也。”甲骨文和金文中用作國名。●讀紀，金文或作己。異國即紀國，是位於東方的古國，國祚從商朝延續到西周到春秋時代。姜姓，春秋時為齊所滅，故城在今山東省壽光縣東南。《異侯鼎》：“異（紀）侯易（賜）弟叟嗣（司）戉。”●讀期。《邾大宰簠》：“萬年無異（期）。”《次☒缶》：“釁（眉）壽無異（期）。”●讀忌。《鄧子仲無忌戈》：“登（鄧）子中（仲）無異（忌）之用。”無忌，為古人習見人名。

仛楚　　　安大一 72　　　安大一 108　　　安大一 109

【注】從人己聲。●均讀其。《安大一 108》：“皮（彼）仛（其）之子，碩大無堋（朋）。”

忌楚　　　郭店·窮達 15　　　郭店·成之 20　　　上博一·緇衣 7　　　上博五·姑

成 5　　　上博六·用日 13　　　清華二·繫年 27　燕　　　璽彙 0766　晉　　　侯馬　　　陶録 5·

31

【注】忌，《玉篇》説也。《集韻》言也。戰國文字“忌”當為“己”之繁體，與《玉篇》無涉。●讀己。《上博一·緇衣 7》：“古（故）長民者章志忌（以）邵（昭）百眚（姓），則民至（致）行忌（己）目（以）兌（悦）上。”●《上博六·用日 13》“不忌於天”“而忌於人”，讀忌。《書·顧命》：“眇眇予末小子，其能而亂四方，以敬忌天威。”●晉文字人名。

36

歓（改）璽彙 1690

【注】從欠吕聲，"改"之繁文。● "丁歓信坼"，人名。

侶 楚 ＼ 清華六·管仲 15 ＼ 清華六·管仲 16

【注】從人吕聲。●讀己。《清華六·管仲15》："能得僕四人同心，而侶（己）五女（焉）。"得到四個臣人同心，加上自己是五個人。

妃（改）

召樂父匜 番匊生壺 虢文公鼎 筍伯大父盨 鮴衛妃鼎

蘇公作王改簋 鮴甫人盤 鮴甫人匜 蘇公匜 匜君壺

仲改衛簋 夆叔匜 夆叔盤

【注】從女己聲。《説文》："，女字也。從女己聲。"即古女子人名用字。《説文》："妃，匹也。從女己聲。"金文"改""妃"均從女己聲，應為一字。《説文》所謂"匹也"之"妃"字應為"妃"字之訛，詳"妃"字。●姓，典籍作"己"。為祝融八姓（己、董、彭、禿、妘、曹、斟、羋）之一。《鮴甫人盤》："鮴（蘇）甫（夫）人乍（作）孁（姪）改襄賸（媵）般（盤）。"●疑讀妃，指王侯的配偶。《縣改簋》："白（伯）犀父休于縣改曰。"《夆叔匜》："夆弔（叔）乍（作）季改盨般（盤）。"

記 齊 陶彙 3·448 楚 上都府簋 楚大師登鐘

【注】從言己聲，與小篆同。古陶文或作，從言巳聲。記字或作記，妃字或作妃，改字或作改；又記或通志、識，可證牙音之"己"與舌音之"巳"頗易相混。《説文》："記，疏也。"本義記住。●讀期。《上都府簋》："娶（其）鬒（眉）壽無記（期），子子子孫孫永寶用之。"●齊陶"酷［里］人匋者記"，人名。●讀忌。《楚大師登鐘》："用宴用喜用樂庶（諸）侯及我父兄，既函（溫）既記（忌），余保薛（辥）楚王。""既溫既記"，其義和"溫恭畏忌"相近。《王孫遺鼠鐘》有"余函（溫）龏（恭）魝屖，散（畏）妟（忌）趩趩"，這也可作為"溫"和"忌"兩者能連用的旁證。

【注】秦系文字從走巳聲。楚簡"起"多從走（辵）己聲；楚文字或從辵巳聲，與《説文》古文同。小篆沿用秦系文字。《説文》："𧺆，能立也。從走巳聲。�，古文起。" ●興起。《郭店・老甲31》："人多智（知），而哦（奇）勿（物）慈（滋）迟（起）。" ●建造。《睡簡・日甲138背》："毋起土攻（功）。" ●古璽印多為人名。

【注】從廾己聲。 ●讀忌。《王孫誥鐘》："盥（溫）龏（恭）㪴遲，敠（畏）𢧢（忌）趩趩。"

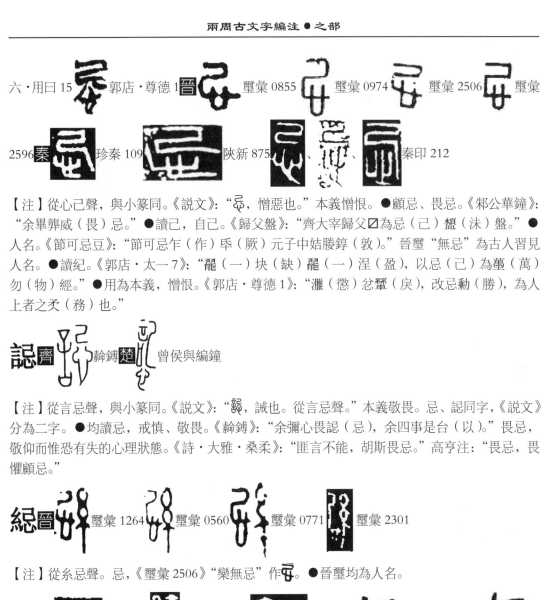

六 · 用曰 15 郭店 · 尊德 1 晉 璽彙 0855 璽彙 0974 璽彙 2506 璽彙 2596 秦 珍秦 109 陝新 875 、 、 秦印 212

【注】從心己聲，與小篆同。《説文》：“忌，憎惡也。”本義憎恨。●顧忌、畏忌。《郘公華鐘》：“余畢龏威（畏）忌。”●讀己，自己。《歸父盤》：“齊大宰歸父☐為忌（己）盥（沫）盤。”●人名。《節可忌豆》：“節可忌乍（作）㠯（厥）元子中姑媵錞（敦）。”晉璽“無忌”為古人習見人名。●讀紀。《郭店 · 太一 7》：“龍（一）块（缺）龍（一）涅（盈），以忌（己）為蠆（萬）勿（物）經。”●用為本義，憎恨。《郭店 · 尊德 1》：“瀤（懲）忿㦷（戾），改忌勅（勝），為人上者之㿝（務）也。”

記 齊 鎛鎛 楚 曾侯與編鐘

【注】從言忌聲，與小篆同。《説文》：“誋，誡也。從言忌聲。”本義敬畏。忌、誋同字，《説文》分為二字。●均讀忌，戒慎、敬畏。《鎛鎛》：“余彌心畏誋（忌），余四事是台（以）。”畏忌，敬仰而惟恐有失的心理狀態。《詩 · 大雅 · 桑柔》：“匪言不能，胡斯畏忌。”高亨注：“畏忌，畏懼顧忌。”

絽 晉 璽彙 1264 璽彙 0560 璽彙 0771 璽彙 2301

【注】從糸忌聲。忌，《璽彙 2506》“欒無忌”作忌。●晉璽均為人名。

紀 齊 山東 166 璽彙 2611 楚 上博 32 郭店 · 老甲 11 上博四 · 曹沫 26 清華六 · 管仲 12 上博九 · 舉治 20 清華三 · 芮良夫 7 上博二 · 子羔 7 上博三 · 彭祖 5 帛書甲 秦 睡簡 · 日甲 23 睡簡 · 為吏 49 秦陶 1346 秦印 252

【注】從糸己聲。六國文字聲符多贅加口形。●綱紀。《郭店·老甲11》："臨事之紀，誓（慎）冬（終）女（如）紿（始），此亡（無）敗事矣。"●紀律。《上博四·曹沫26》："凡有司率長，伍之閒必有公孫公子，是謂軍紀。"●結交。《上博四·曹沫16》："上下和且輯，緯紀於大國，大國親之。"●齊陶、齊璽、秦印姓氏。

杞 杞婦卣 亳鼎齊 杞伯每亡壺 杞伯每亡簋 杞伯每亡

鼎楚 安大一73秦 秦印105

【注】甲骨文作 、 、 、 ，從木己聲。金文同。《說文》："杞，枸杞也。"本義為一種灌木，即枸杞，如《詩經》："陟彼北山，言采其杞。"周代有諸侯國叫"杞"（在今河南杞縣）。《列子》："杞國有人，憂天地崩墜。"●國名、氏名。杞氏，姒姓，夏禹的後裔。杞分兩國。殷代時建立的杞國在今山東省新泰一帶，春秋時屢世為晉之盟國，曾與莒、魯發生過領土糾紛，戰國時為楚所滅者，就是這一杞國。而周武王分封的杞國，初在河南杞縣，齊桓公時為淮夷所病而遷緣陵（今山東昌樂），其後很可能為齊國吞併。（《從考古材料看楚滅杞國》）出土于山東省新泰縣自名"杞伯每亡"的青銅組器即為殷杞之后。●地名。《亳鼎》："公侯易（賜）亳杞土、麋土。"●杞尸：江淮地區部落之一。《史密簋》："會杞尸（夷）、舟尸（夷），雚不墜，廣伐東或（國）。"●秦印人名。●讀屺。《安大一73》："陟皮（彼）杞（屺）可（兮）。"《釋名》："山有草木曰岵。岵，怙也，人所怙取以為事用也。山無草木曰屺。屺，圮也，無所出生也。"詳"古"字。

芑楚 信陽1·24 上博三·周易41秦 秦印16

【注】從艸己聲。●讀芝。（李零《長台關楚簡〈申徒狄〉研究》）《信陽1·24》："猶芑蘭臂？"●木名。《上博三·周易41》："目（以）芑橐苽（瓜）。"用杞樹枝葉庇護樹下的甜瓜。●秦印"芑眯"當為氏名。漢印文字亦見。

邔晉 侯馬

【注】從邑己聲。下贅加口旁。●人名。

祀晉 、 侯馬

【注】從示己聲。下贅加口旁。●讀極，或作亟、極、極。詳"極"字。

朲齊 陶彙3·1123

【注】從日己聲。下贅加口旁。●齊陶人名。

見紐久聲

久 楚  信陽 1・15 秦  二世元年昭版  陶彙 5・332  陶彙 3・1069 、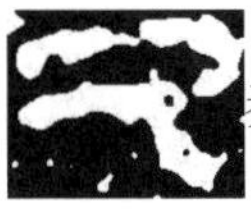 秦印 99  睡簡・效律 40  睡簡・秦種 86

【注】構型不明。或説久、乑一字之分化，久、乑均屬見紐。●長久。《二世元年昭版》：“其於久遠也。”秦文字用“久”表示長久之久，齊文字、楚文字則用“舊”。●讀記。《睡簡・雜抄 102》：“其叚（假）百姓甲兵，必書其久。”百姓領用武器，必須登記武器上的標記。●《睡簡・答問 146》：“亡久書、符券、公璽、衡羸（纍），已坐以論。”記書，即地方政權對下級指示的文書。丟失了記書、符券、官印、衙器的權，已受論處。●《陶彙 3・1069》“市久”讀灸。“久”同“灸”。《説文》：“灸，灼也。”因此秦律及陶文戳印中的“久”，大概是指烙印或戳印以做標記而言的，同常見的“印”“璽”用法相類。（施謝捷《古陶文考釋三篇》）

畝 楚  上博五・鮑叔 3 燕  璽彙 0349 秦 、 睡簡・秦種 38

【注】西周金文從田每聲。燕文字從田又聲；秦文字疊加聲符久。每、久、又均屬之部。小篆又訛為十形作，遂為《説文》“畮”或體所本。楚文字從田從攴從十，構形不明。楚文字或從田母聲作（上博二・子羔 8）。●用為本義，田畝。《上博五・鮑叔 3》：“畝纆緰（短），田纆長，百糧（量）簞（鍾）。”以較短的繩索丈量畝，以較長的繩索丈量田（即重新丈量、劃分土地），採取百石取一鍾的什一之稅。詳“纆”字。《睡簡・秦種 38》：“種：稻、麻畝用二斗大半斗。”●《璽彙 0349》“千畝右聿”，“千畝”為地名。

囚 秦  睡簡・為吏 13

【注】從囗久聲。●讀究。《睡簡・為吏 13》：“令數囚環，百姓榣（搖）貳乃難請。”囚環，追回。

見紐龜聲

龜  龜父丙鼎  弔龜祖癸觚  龜父丙簋  龜父丁爵  弔龜簋  弔龜鼎  弔龜瓿 楚  郭店・緇衣 46  上博一・緇衣 24  上

博三·周易 24 新蔡甲三 15 上博四·柬旱 1 清華五·厚父 8  清

華五·三壽 11  清華六·孺子 2

【注】甲骨文作 、、、、、、、，似龜形，只是有的字體是正視的形狀，有的是側視的形狀而已。金文一律作正視形。楚簡與"黽"相混，跟龜卜相關的字從之。《上博一·緇衣 24》與"革""昆"略混。《説文》："，舊也。外骨内肉者也。從它，龜頭與它頭同。天地之性，廣肩無雄；龜鱉之類，以它為雄。象足甲尾之形。凡龜之屬皆從龜。古文龜。"本義為烏龜，如《史記》："江傍家人常畜龜飲食之。"●用為本義，爬行動物之一科。《上博一·緇衣 24》："我龜既猒（厭）。"●族徽名。《龜父丙鼎》："龜。父丙。"●以龜占卜。《郭店·緇衣 46》："龜害（筮）獻（猶）弗智（知），而皇（況）於人唬（乎）？"●《上博三·周易 24》"霝龜"，讀為"靈龜"，有靈應的龜兆。

 蔡大膳夫趣簠 蔡大膳夫趣簠

【注】從走龜聲。●人名。《蔡大膳夫趣簠》："蔡大善（膳）夫趣乍（作）其餴（濤）匜。"

見紐怪聲

 睡簡·答問 69  睡簡·日甲 82 背 印增 425

【注】似從又之異體"圣"得聲。圣後與圣混同，但二者來源不同。圣，匣母之部；怪，見母之部。同屬牙音，韻同。●用為本義，怪物。《睡簡·答問 69》："其子新生而有怪物其身及不全而殺之，勿罪。"如小兒生下時身上長有異物，以及肢體不全，殺子不予治罪。

溪紐丘聲

  商丘叔簠 周丘戈  子禾子釜 庚壺  璽彙

4014 陶彙 3·632  陶録 3·113 陶彙 3·676 陶彙 3·987 陶

彙 3·941 匯考 53  辟大夫虎符 偏將軍虎符 楚 包山 188

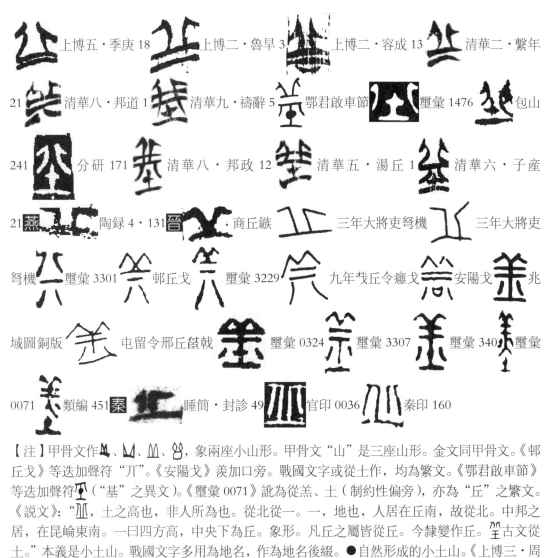

上博五·季庚 18　　上博二·魯旱 3　　上博二·容成 13　　清華二·繫年 21　　清華八·邦道 1　　清華九·禱辭 5　　鄂君啟車節　　璽彙 1476　　包山 241　　分研 171　　清華八·邦政 12　　清華五·湯丘 1　　清華六·子產 21　燕　陶録 4·131　晉　商丘鏃　　三年大將吏𥩈機　　三年大將吏𥩈機　璽彙 3301　邯丘戈　　璽彙 3229　　九年弍丘令癰戈　　安陽戈　兆域圖銅版　　屯留令邢丘𦥑戟　　璽彙 0324　　璽彙 3307　　璽彙 340　璽彙 0071　類編 451　秦　睡簡·封診 49　　官印 0036　秦印 160

【注】甲骨文作 𑁍、𑁍、𑁍、𑁍，象兩座小山形。甲骨文"山"是三座山形。金文同甲骨文。《邯丘戈》等迭加聲符"丌"。《安陽戈》羨加口旁。戰國文字或從土作，均為繁文。《鄂君啟車節》等迭加聲符 𑁍（"基"之異文）。《璽彙 0071》訛為從羔、土（制約性偏旁），亦為"丘"之繁文。《説文》："𑁍，土之高也，非人所為也。從北從一。一，地也，人居在丘南，故從北。中邦之居，在昆崙東南。一曰四方高，中央下為丘。象形。凡丘之屬皆從丘。今隸變作丘。𑁍 古文從土。"本義是小土山。戰國文字多用為地名，作為地名後綴。●自然形成的小土山。《上博三·周易 54》："渙其丘，非夷所思。"●廢墟。《上博五·三德 11》："入墟毋樂，登丘毋歌，所以為天禮。"●墓上之封土。《兆域圖銅版》："從丘趺至内宫六步。"《周禮·春官·冢人》："以爵等為丘封之度，與其樹數。"鄭玄注："王公曰丘，諸臣曰封。"丘，即指諸侯、爵高者之大墳墓。●地名。《鄂君啟車節》："自鄂市、就陽丘、就邡（方）城、就象禾。"陽丘，史籍未載。●丘關：齊國關口。《子禾子釜》："丘關之釜（釜）。"郭沫若曰："丘者，以其所在地為丘陵也。"●商丘：原為宋都，《左傳·襄公九年》"陶唐氏之火正閼伯居商丘"，在今河南商丘市西南。《商丘鏃》："商丘。"●秦印"廢丘"為地名。

忌　齊　陶録 2·221　　陶録 2·222　　陶録 2·96　　陶彙 3·100　楚　包山 93　　仰天 1

【注】從心丘聲。或從心坵（"丘"之古文）聲。●包山簡人名。●齊陶人名。●《仰天1》"新智縷（屨）"與"悉（舊）智縷（屨）"對舉，疑讀舊。馬王堆漢墓《遣策》中有"素履一兩""絲履一兩"，可見用縷（屨）隨葬，至漢代仍然很流行。一說隨葬物中不會用"悉（舊）"物隨葬，其實不然，如馬王堆 M3《遣策》中有"白穀衾二，素裏，其一故"，"其一故"就說明其中一件是故舊之物。

 疒 秦 秦印 292

【注】從广丘聲。●秦印人名。

 砢 齊 璽彙 3532

【注】從石丘聲。●齊璽姓氏。

 邱 齊 璽彙 2201 秦 宗邑瓦書 、 印增 253

【注】從邑丘聲。●秦陶讀丘，地名後綴。《宗邑瓦書》："取杜才（在）酆邱到于漰水，以為右庶長歇宗邑。"●齊璽、秦印姓氏。

 袿 楚 璽彙 5626

【注】從衣坵（丘之古文）聲。隸定為"袿"。●楚璽人名。

衼 楚 天星

【注】從示兵（丘之繁文）聲。隸定為"衼"。●簡文"舉（舉）禱衼戠牛"，讀丘。

疑紐牛聲

 牛 ψ 友簋 ψ 師奭簋 ψ 卯簋 ψ 智鼎 ψ 叔卣 ψ 亢鼎 齊 ψ 陶彙

3·1155 楚 ψ 鄂君啟舟節 ψ 包山 203 ψ 上博三·周易 57 ψ 清華二·繫年

122  清華七·晉文公 3 燕  陶録 4·67 晉  侯馬  璽彙 1210  璽彙

1205  古璽姓氏考（複姓十五篇） 秦  珍秦 387  陶彙 5·127  睡簡·答

問 43 、、 秦印 20

【注】甲骨文作 𐏓、𐏓、𐏓、𐏓、𐏓、𐏓、𐏓、𐏓、𐏓、𐏓、𐏓、𐏓，象牛的頭部，突出了它一雙彎曲而粗長的角。又有從側面描摹牛作 𐏓 的。金文同甲骨文。《説文》：“𐏓，大牲也。牛，件也；件，事理也。象角頭三、封尾之形。凡牛之屬皆從牛。”本義為牛。● 牲畜名。《友簋》：“錫（賜）牛三。”● 人名。《儵匜》：“白（伯）揚父乃或事（使）牧牛誓曰。”● 秦印、晉璽或為人名、或為姓氏。●《古璽姓氏考（複姓十五篇）》“白牛踏”，“白牛”為合文，應為複姓。氏不見於古書和漢印。不過三晉私璽和漢印中有“白羊”氏（《璽彙》3009、《吉林大學藏古璽印選》51·295）。古姓氏書中又有“白馬”“白鹿”“白象”“青牛”等姓氏，可資比較。

牪 楚  上博四·曹沫 37  上博四·曹沫 38

【注】從二牛，“牛”的繁體。“牛”跟“牪”的關係就象下面各組字的關係一樣：某—棋、業—㸞、柰—禁、余—𣏗、魚—鱻、至—𦤓、山—屾、白—𦣹。● 讀疑。“牛”古音在之部，與“疑”同音，金文“疑”作 𓏸（伯疑父簋）、𓏸（疑觶）𓏸（齊史疑觶），各家多以“牛”為聲符，早成定論。《上博四·曹沫 37》：“牪（疑），爾正（定）𢼸（訌）；不牪（疑），而或𤲽（興）或康。”這句話的大意是說：如果猶豫，你（的事業）就一定會潰敗；如果不猶豫，你（的事業）或許會興盛彊大。

迀 齊  陶彙 3·1322

【注】從辵牛聲。● 齊陶人名。

阰 晉  璽彙 2331

【注】從阝牛聲。● 晉璽姓氏，讀牛。璽文“𢼸牪”當讀“牛去憂”。

絆 燕  璽彙 3943

【注】從糸牛聲。● 燕璽人名。

疑紐匙聲

疋（矣、遳） 亞疑鼎　　亞疑鼎　　亞疑簋　亞冕疑鼎　　亞

冕侯疑父乙簋　亞冕疑乍父乙簋　亞疑鈴　沫司徒疑簋　沫伯疑尊　疑鼎

疑鼎　疑盉　疑盤 璽彙 0144　郭店 語叢三 62　郭店 · 唐

虞 18　上博六 · 孔子 15　郭店 · 語叢二 50　上博一 · 緇衣 23　弊編 297

【注】甲骨文作 矣、矣、矣、矣、矣，象人扶杖左右顧盼之形，會迷惑之意。扶杖之形后訛為
匕，字隸定為匙。早期金文與甲骨文同形，多見于族徽用字，可釋為“疑”。後期金文、戰國文
字有繁簡，繁作遳，簡作矣，統一隸定為匙。●族氏名，見于《亞疑鼎》《亞疑甗》等器。●楚
簡多讀矣。《郭店 · 語叢三 62》：“行聿（盡）此友匙（矣）。”《上博一 · 緇衣 23》：“人佳（雖）
曰不利，虐（吾）弗信之矣（矣）。”●楚璽“高矣官璽”，讀疑，古官名。《禮記 · 文王世子》：
“虞夏商周有師保，有疑丞。”高，地名。

遳 齊史疑觶　疑觶　伯疑父簋　疑尊

【注】從牛遳聲。牛為疊加聲符。●人名。《疑觶》：“遳（疑）乍（作）寶障彝。”

疑 卅六年私官鼎　商鞅方升　始皇詔權　陶彙 5 · 395

始皇詔權　始皇詔版　始皇詔權　始皇詔權　始皇詔版　陶彙

5 · 398　睡簡 · 秦種 172　關簡 209　秦詔版　秦印 280

【注】從子匙聲；子為疊加聲符。《說文》：“疑，惑也。從子、止、匕，矢聲。”析形不確。本
義是迷惑。引申為猶豫不定，如《商君書》：“疑行無成，疑事無功。”●均用為本義，疑惑、疑
問。《商鞅量》：“法、度、量、則，不壹、歉、疑者，皆明壹之。”

癡 睡簡 · 日甲 47 背

46

【注】從疒疑聲。《説文》不慧也。《徐曰》癡者，神思不足。亦病也。●秦簡用本義，呆傻、愚笨、癲狂等義。《睡簡·日甲47背》："女子不狂癡。"

 陶彙3·470

【注】從口矣聲。疑"嶷"之異文。●齊陶人名。

 璽彙2137　　璽彙2398　　類編264

【注】從疒矣聲；三晉文字所從同《中山王𡘙鼎》之矣（𡘙），唯下方矢形筆畫穿透上部。"癡"之省文。●晉璽人名。

 工吴王戲矣工吴劍　　郭店·老甲6　　上博一·詩論14　　上博四·曹沫44　　清華一·保訓10　　清華五·湯丘15　　清華八·邦政10　　璽彙3668晉　　中山王𡘙鼎　　韓少夫戟秦　　睡簡·封診84　　睡簡·日甲39背　　過耳253

【注】"矣"實際是𡘙的省訛，變形音化從目聲。此例變化亦同"冶"字（刀形變為目形）。同樣的變化亦見於"舜"字。《中山王𡘙鼎》聲符為丩，葉玉英認為是為了適應當地語音所做的改造。古音"矣"在匣紐之部，"丩"在見紐幽部，"以"在以紐之部。以母與喉牙關系非常密切，之幽二韻亦近。（《古文字構形與上古音研究》366頁）《説文》："𡘙，語已詞也。"本義為語助詞。●句末語气詞，表示已然。《中山王𡘙鼎》："閉于天下之勿（物）矣，猶𥹄（迷）惑于子之而迷（亡）其邦。"《郭店·語叢二50》："母（毋）遊（失）虐（吾）執（勢），此執（勢）得矣。"楚文字用"矣"表示語氣詞矣，或用㤭、歆、㐃等字表示。●讀疑。《上博四·曹沫44》："是故矣（疑）陳敗，矣（疑）戰死。"●《韓少夫戟》："巽矣命（令）𡙉（韓）少夫。"地名用字，不詳。

 郭店·語叢一110　　上博三·周易14晉　　鶴盧印存97

【注】從頁矣聲。●讀疑。《上博三·周易14》："九四，猶豫，大有得，母（毋）頛（疑）璽（朋）欨（盍）冟（簪）。"欨冟，今本作"盍簪"，像頭髮束于簪子一樣聚合相從。欨，通盍，聚合。●《郭店·語叢一100》："飤（食）與，頛與，疾。"有學者讀色。劉釗認為簡文意為"食"與"色"都是很緊急的事。李銳訓"疾"為"生病"。依《上博三·周易14》同樣可讀疑。"与"讀為"歟"，語氣詞。句或應斷為"食歟，疑歟，疾"，可以理解為"飲食、疑慮是致病（的原因）"。

 朕 楚 清華七·越公57

【注】從見矣聲。●讀疑。《清華七·越公57》："王又（有）遊（失）命，可復弗復，不兹（使）命朕（疑）。"

 娭 楚 包山66

【注】從女矣聲。●人名。

 涘 秦 印增440

【注】從水矣聲。●人名。

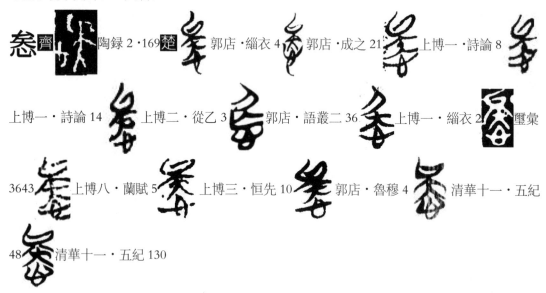

惥 齊 陶錄2·169 楚 郭店·緇衣4 郭店·成之21 上博一·詩論8 上博一·詩論14 上博二·從乙3 郭店·語叢二36 上博一·緇衣2 璽彙3643 上博八·蘭賦5 上博三·恒先10 郭店·魯穆4 清華十一·五紀48 清華十一·五紀130

【注】從心矣聲。●讀矣。《郭店·成之9》："唯（雖）肰（然），其鴈（存）也不厚，其重也弗多惥（矣）。"●讀疑。《上博一·緇衣2》："則君不惥（疑）亓（其）臣。"●讀擬，比也。《上博一·詩論14》："以琴瑟之悅，惥（擬）好色之願。"《上博八·蘭賦5》："凥（居）立（位）皯下而比惥（擬）高矣。"●讀俟，即俟字。《爾雅·釋詁》："竢，待也。"《上博三·恒先10》："凡言名先者又（有）惥（竢）。"這句話時説，凡言名先者，有所依待。●讀噫。《郭店·魯穆4》："成孫弋曰：'惥（噫），善才（哉）……。'"●齊陶人名。

溗陶録 2・547

【注】從水枲聲。●齊陶人名。

偢璽彙 3560 類編 40

【注】從人枲聲。疑"俟"之繁文。●古璽印均為人名。

俟璽彙 5687 清華一・皇門 11

【注】從人矣聲。"矣"旁所從"㠯""矢"或形體共用。●《清華一・皇門 11》"俟夫",可讀癡。《説文・疒部》:"癡,不慧也。"段玉裁注:"癡者,遲鈍之意,故與慧正相反也。"今本此處作"狂夫",一般解作"狂行之人"。●齊璽人名。

暎璽彙 5520

【注】從日矣聲。●晉璽單字。

駿秦印 193

【注】從馬矣聲。●秦印人名。

酘陶録 2・76

【注】從酉矣聲。●陶工人名。

端紐止聲

止亞☐止鼎琱生簋蔡簋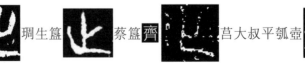莒大叔平瓻壺陶録

3・456陶録 3・568陶彙 3・760郭店・語叢三 53 上博一・緇

衣 16　清華六・管仲 3　安大一 22　清華十・四時 42　燕　陶錄

4・180 晉　貨系 520　璽彙 0895 秦　石鼓文　會稽刻石　睡簡・答

問 7　秦印 29

【注】甲骨文作 ✓、✓、✓、✓、✓，象腳趾向上形。金文有所簡化。楚簡偏旁止的末筆常平直，如 𧾷、𧾷、𧾷 等。《說文》：“止，下基也。象艸木出有址，故以止為足。凡止之屬皆從止。”本義指腳，是“趾”的本字，《漢書》：“當斬左止者，笞五百。”“止”是站立的器官，由此引申指停止，如《韓非子》：“令則行，禁則止。”“止”為引申義所用，腳趾之義便另加形符“足”寫作“趾”字。●句末語氣詞。《琱生尊》：“余老止，我僕庸土田多刺。”銘意為：我老啦，我們召氏公室的僕庸、土田收到多次的司瀍調查。亦多見於《詩經》諸篇，如《小雅・采薇》：“薇亦作止”“歲亦莫止。”《杕杜》：“日月陽止，女心傷止，征夫遑止。”《楚茨》：“神具醉止。”《周頌・閔予小子》：“夙夜敬止。”●《昭宮銅鼎》：“廿一年，內官右工，昭宮私官，一斗九升，止。”“止”有禮節之義。《詩・小雅》載：“國雖靡止。”鄭玄箋：“止，禮也。”《荀子・不苟》載：“見由則恭而止。”楊倞注：“止，禮也。”《廣雅・釋言》說：“止，禮也。”故這裏的“止”，當是指祭祀神靈的禮器而言。●晉璽人名。●讀趾。《清華六・管仲 3》：“從人之道，止（趾）則心之本，手則心之枳（枝）。”《左傳》桓公十三年“舉趾高”，杜注：“足也。”●讀沚。《安大一 22》：“于昌（以）采蘩（繁）？于渚于止（沚）。”

屰 楚　郭店・六德 31

【注】從屮止聲。●或讀剛。《郭店・六德 32》：“悬（仁）頪（類）鷊（柔）而速（束），宜（義）頪（類）屰而𢧵（絕）。”

杸 楚　璽補 103

【注】從木止聲。●單字璽。

紪 齊　璽彙 1561

【注】從糸止聲。●古璽人名。

址 楚　清華二・繫年 11

【注】從屮止聲。●讀止。《清華二·繫年11》："齊襄公會者（諸）侯于首䟔（止）。"

之（屮）　　善夫克鼎　　善夫克鼎　　散氏盤　　毛公鼎　　王

婦匜　　散氏盤　　啟尊　　般仲柔盤　　盛君縈簠　　有伯君黃生匜

浮公之孫公父宅匜　　浮公之孫公父宅匜　　亥之屯量器　　伯侯父盤　　異

孟姜匜 齊　　取膚盤　　宋公戌鎛　　宋公欒戈　　宋公戌鎛　　齊侯盤　　陳純釜

璽彙 0227　　璽彙 0230　　璽彙 0007　　璽彙 1185　　錢典

1010 楚　　邵王之諻簠　　冸叔鼎　　冸叔鼎　　蔡侯申簠　　者汈鐘　　救秦戎鐘

曾侯鐘架　　王命傳賃節　　王子午鼎　　楚王熊章鐘　　鑄客簠　　書也缶

包山 6　　帛書甲　　上博一·緇衣 10　　上博二·從甲 15　　清華

八·攝命 26　　清華八·攝命 19　　清華三·赤鳩 14　　清華八·處位 5　　清

華三·良臣 10　　上博六·莊王 3　　璽彙 0281　　上博八·王居 1　　清華

一·保訓 3　　清華一·保訓 4　　清華一·保訓 7　　上博七·武王 2　　璽

彙 0140 燕　　不降矛　　郾王職壺　　璽彙 0024 晉　　雍之田戈　　趙耤戈

中山王䶵壺　　哀成叔鼎　　鄅孝子鼎　　璽彙 3212　　璽彙 4244　　集成

4625　集成 1696　　璽彙 4311　秦　　石鼓文　　之　睡簡·秦種 5　、　秦

印 112　秦駰玉牘　　秦駰玉牘　　王六年上郡守疾戈　　錢典 1010

【注】甲骨文作　、，從止從一；字的上面是一隻腳，下面的橫畫表示出發的地方，本義是往、去。金文同甲骨文。《說文》作"屮"，隸變作"之"。《說文》："屮，出也。象艸過中，枝莖益大，有所之。一者，地也。"析形釋義均不確。本義為前往，如《戰國策》："臣請為君之楚。"到什麼地方去都有個出發地，而這個出發地則為這、此，所以"之"又用作指示代詞，如《詩經》："之子如歸。""之"後多用為虛詞。《璽彙 4311》等與"生"混淆。●第三人稱代詞。《繇鎛》："侯氏易（賜）之邑。"●指示代詞，這、這樣、此。《中山王䚦鼎》："非惌（信）與忠，其隹能之？"《詩經·周南·桃夭》："之子于歸。"●語助詞，同"的"。《克鼎》："隹（唯）王令南宮伐反虎方之年。"●代詞，表示所屬，相當于"所"。《蔡公子果戈》："蔡公子果之用。"

芝 楚 　璽彙 3749

【注】從艸之聲。●《璽彙 3749》"方正敓（咎）芝"。"方正"何琳儀先生以為是官名，指行為嚴正不偏者。《史記·平準書第八》："當是之時，招尊方正賢良文學之士，或至公卿大夫。"芝為人名。

旎 晉 　晉編 1032

【注】從㫃之聲。●"土☐旎"，人名。

峙 楚 　清華十·四告 7　　上博二·容成 7

【注】從立之聲。●讀持，拿着、握住。《上博二·容成 7》："於是於（乎）峙（持）板正立（位），四向阹禾（和）。"《禮記·射義》："持弓矢審固，然後可以言中。"●《清華十·四告 7》："明孚（弴）保茲闢（辟）王乳＝（孫子），用肇弘三峙。"有論者指出："'[止+立]'當讀為'峙'（參陳劍：《容成氏》補釋三則·第一則，出土文獻與古文字研究第 6 輯）。'三峙'即《尚書·費誓》'糗糧'、'楨幹'、'芻茭'這三樣物質儲備。"郝懿行《義疏》："峙者，'偫'之假音也。《說文》云：'偫，待也。'又云：'儲，偫也。'是'偫'亦儲也，謂儲具以待人用也。""三峙"皆軍備物資。

枲 楚 　郭店·老甲 37　　郭店·老甲 25

52

【注】從木之聲。與《説文》"朱"（從止從木，根之初文。《説文》以為困之古文）不同字。●同枑，放在柱子和承柱的石墩中間的墊板。《郭店·老甲 25》："其安也，易枲也；其未兆（兆）也，易悔（謀）也。"這句話的意思就是："一個柱子，在它還穩定的時候，是容易通過調整柱子和石頭地基之間的墊子來保持它的穩定的。"

清華八·攝命 18　晉　璽彙 2661　璽彙 2183　璽彙 2486

【注】從辵之聲。●晉璽人名。●讀止。《清華八·攝命 18》："余厭既異乎（厥）心乎（厥）德，不逆（止）則寈（俾）于余。"

齊　陶彙 3·319　陶彙 3·266　陶錄 2·656　楚　清華八·八氣 7

郭店·老甲 36　郭店·老丙 4　郭店·語叢一 111　包山 228　清

華五·三壽 9　上博四·曹沫 21　清華二·繫年 23　安大一 50　清

華十·四告 42　陶錄 4·207　晉　璽彙 0906　璽彙 2472

【注】從之從止，疑"之"字繁文。《清華二·繫年 23》為"止之"二字合文。●楚文字多讀止。《郭店·老甲 36》："古（故）智（知）足不辱，智（知）㞢（止）不怠（殆）。"《清華八·八氣 7》："水曰佳（唯）攸母（毋）㞢（止）。"●讀等。《上博四·曹沫 21》："貴賤同㞢（等）。"●讀侍。《包山 228》："出入㞢（侍）王。"●晉璽、齊陶人名，均可讀志。●讀沚。《安大一 50》："藚（宛）才（在）水之审（中）㞢（沚）。"《毛詩》作"宛在水中沚"。"㞢""沚"諧聲可通。

上博五·弟子 19

【注】從人㞢聲。●讀侍。《上博五·弟子 19》："巨（蘧）白（伯）玉佳（侍）唬（乎）子，脝＝（惇惇）女（如）也其聖（聽）。""惇惇如也其聽"，是說蘧伯玉聆聽教言時態度誠篤。

璽彙 1415

【注】從糸㞢聲。●晉璽"宋緁"人名。

 璽彙 0050 璽彙 0058 璽彙 0186 璽彙 0292

匯考 86

【注】從立屮聲。●燕璽均為地名，地望不詳。

 類編 424

【注】從邑屮聲。●楚璽"孫郢"，人名。

 陶録 2·264 郭店·老甲 36 新蔡乙四 106

【注】從貝之聲。陶文從止。●讀得。得，端母職部；之，章母之部。二字同為舌音，對轉疊韻，古音近。《郭店·老甲 36》："賞（得）與寶（亡）管（孰）疬（病）？"此句"亡"字下面也加"貝"形，與"得"取義相同，都是指財貨的得與亡。可見，戰國文字中"得"字並非只有一種固定的寫法。●齊陶人名。

 清華七·子犯 1

【注】從廾之聲。●當為"持"字，訓為"把握"，不必破讀為"待"或"恃"。《清華七·子犯 1》："耆（胡）晉邦又（有）褙（禍），公子不能屛女（焉）？"此句言晉邦有禍，而重耳不能把握時機（從中獲取因這場禍亂帶來的利益）。或可讀止。

上博一·緇衣 19

【注】從目之聲。●讀識、或讀志。《上博一·緇衣 19》："古（故）君子多餌（聞），齊而守之；多旹（識），齊而晜（親）之。"郭店簡作"志"。"齊"是敬之義。所以君子要多聽取意見，正確的就堅持；多學知識，正確的就學而不厭。

上博一·緇衣 2

【注】從因之聲。●讀志。簡文"頏而齒"，今本作"述而志"。詳"頏"字。

  上博五·鬼神 2 上博六·慎子 5  清華一·金縢 1 上博

九·邦人 3 璽彙 3487 璽彙 3376 分研一 120

【注】從首（百）之聲。從字形上分析，"嗇"似乎既可以看作是為"得"而造的形聲字，得財貨之"得"可以作形聲字而寫成從貝之聲，那麼，得人即抓獲人的"得"自然也可以作從首從之聲的寫法（以人的"首"代表人）。也可能是專門為"戴"而造的形聲字，《上博（二）·容成氏》簡 9 "履地戴天"的"戴"就是一個形聲字，從首從弋得聲。因此可以把"嗇"看作是這種寫法的"戴"字的異體。（《試釋戰國時代從"之"從"首（或從'頁'）"之字》）●讀戴。之，章母之部。戴，端母之部。二字古音近。《清華一·金縢 1》："秉璧嗇（戴）珪。"《上博六·慎子 5》："首嗇（戴）茅芙（蒲），楷（撰）筵執植。"●楚璽"嗇訓""嗇唬""嗇繪"讀戴，姓氏。●讀得，抓獲、捕獲。《上博五·鬼神 2》："而受（紂）嗇於只（岐）社。""受"在只社被抓獲。《史記·蘇秦列傳》："武王卒三千人，革車三百乘，制紂於牧野。"●疑讀捷。《上博九·邦人 3》："三戰而三嗇（捷），而邦人不再（稱）戡（勇）女（焉）。""捷""得"兩者以音近故得假借。

戴 楚 清華二·繫年 128 清華二·繫年 35 清華二·繫年 39 清華二·繫年 85

【注】從戈嗇聲，為一專表"執""俘獲"之義的形聲字。●讀得，俘獲之義。《清華二·繫年 39》："戴（得）鄘（申）公子義（儀）以歸。"《清華二·繫年 35》："惠公戰于軝（韓），戴（得）惠公以歸。"

楷 楚 郭店·尊德 28

【注】從木嗇聲，疑"植"之異文。●讀置。《郭店·尊德 28》："悳（德）之流，速唬（乎）楷（置）蚤（郵）而連（傳）命。"

貴 齊 璽彙 0250 陶錄 7·15 楚 信陽 2·4 信陽 2·21 璽彙

3645 包山牘 1

【注】從頁之聲，"嗇"之異文。●讀戴。詳"嗇"字。

匹 晉 璽彙 2434

【注】從匸之聲。●晉璽人名。

 上博一・緇衣2　　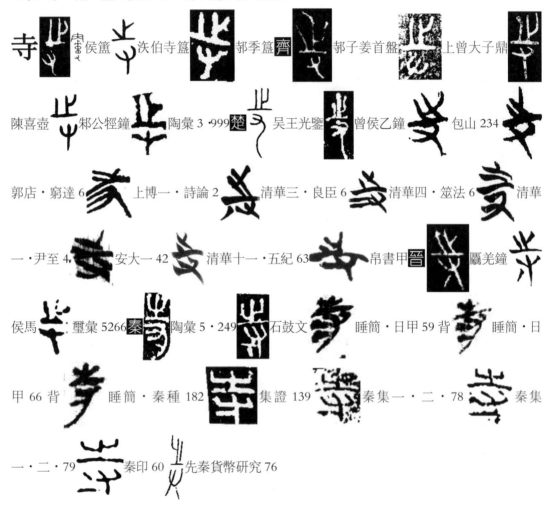 上博一・緇衣10

【注】從口之聲。●讀詩，指《詩經》。《上博一・緇衣2》："《峕（詩）》員（云）：'靜（靖）龏（恭）尒（爾）立（位），玘（好）是正植（直）。'"

寺 侯簠　　汏伯寺簠　　郘季簠齊　　郘子姜首盤　　上曾大子鼎

陳喜壺　　邾公牼鐘　　陶彙3・999楚　　吳王光鑒　　曾侯乙鐘　　包山234

郭店・窮達6　　上博一・詩論2　　清華三・良臣6　　清華四・筮法6　　清華一・尹至4

安大一42　　清華十一・五紀63　　帛書甲晉　　屬羌鐘

侯馬　　璽彙5266秦　　陶彙5・249　　石鼓文　　睡簡・日甲59背　　睡簡・日甲66背　　睡簡・秦種182　　集證139　　秦集一・二・78　　秦集一・二・79　　秦印60　　先秦貨幣研究76

【注】方浚益、林義光、李孝定謂"持"的本字，從又從之，手之所之為持，之亦聲。《石鼓文》"弓茲以寺""秀弓寺射"，"寺"皆用其本義"持"。《說文》："峕，廷也。有灋度者也。從寸之聲。"本義之操持。引申為近侍內臣，即寺人。又引申為官署名，如大理寺（管審核刑罰事件）、太常寺（職掌祭祀、禮樂）、鴻臚寺（負責接待賓客）。後寺專用于寺廟，故另加形符"手"寫作"持"表示本義。寺人則另加形符亻寫作"侍"來表示。●讀持，守持。《邾公牼鐘》："台（以）喜者（諸）士，至于壎（萬）年，分器是寺（持）。"《國語・越語下》："夫國家之事，有持盈，有定傾，有節事。"韋昭注："持，守也。"●讀持，得也。《屬羌鐘》："武徆寺力。"《呂氏春秋・仲冬紀》："其愚心將以忠于君王之身，而持千里之壽也。"高誘注："持，猶得也。"銘意為，勇武堅剛而得功。●讀郘，國名。《郘季故公簠》："寺（郘）季故公乍（作）寶段。"●人名。《汏伯寺簠》："汏白（伯）寺自乍（作）寶段。"●《二年寺工師初壺》："二年，寺工師初。"寺工，

戰國晚期秦國獨有的官署名，其職可能專門為王室宮寢和宮廷衛隊製造器物和兵器的有司。秦封泥有"寺工之印""寺工丞印"。《漢書·百官表》載中尉屬官有"寺互"令丞，並載"初，寺互屬少府，中屬主爵，後屬中尉"。黃盛璋說"寺互"為"寺工"之訛。(《寺工新考》)寺工屬下有工師，並有丞。秦封泥中寺工為其長官，佐官為寺工丞。●讀待。《睡簡·日甲59背》："以脩(潃)康(糠)，寺(待)其來也，沃之，則止矣。"●讀侍。《睡簡·秦種182》："及卜、史、司御、寺、府。"●秦封泥有"寺從""寺從市府""寺從丞印"。"寺從"當即寺人、宦官。《詩·秦風·東鄰》："未見君子，寺人之令。"傳"寺人，內小臣也"。鄭箋："寺，如字。又音侍，本亦作侍字。寺人，奄人。"《周禮·天官》有寺人，掌王之內人及女官之戒令。亦即侍從。《文選·兩都賦序》："故言語侍從之臣。"寺從為長官，丞為其佐官。●《秦集一·二·80》"寺車丞印"。"寺車"一職文獻失載。從字面上推測，"寺車"可能侍從宮廷車乘，與《周禮》春官的巾車、典路、車僕職掌相近。寺車可能是侍從的下屬，"寺從"為宦者，為陪侍之官。●《西安一七·16》"寺車府印"，《漢書·百官公卿表》太僕屬官有"車府"，主乘輿諸事。"寺"即侍人，掌後宮御車等事物。"寺車府"應掌王后或皇后宮室車輿之官署。

時 楚 包山180

【注】從貝寺聲。●包山簡人名。

诗 楚 安大一73 上博二·君老1

【注】從辵寺聲。●讀寺。《上博二·君老1》："目(以)告诗(寺)人，诗(寺)人內(入)告於君。"寺人，古稱宮內供使令的小臣，即後世所稱的宦官、太監。●讀止。《安大一73》："允來毋诗(止)。"《毛詩》作"猶來無止"。詳"允"字。

胹 齊 齊陶0873 秦 里耶8·1213

【注】從肉寺聲。●讀時。《里耶8·1213》："治病毋胹(時)。"●齊陶"大蒦圖里匋者胹"，人名。

時 秦 秦子簋蓋 印封1175 陶新1215

【注】從田寺聲。《說文》："畤，天地五帝所基址，祭地。從田寺聲。右扶風有五畤。好畤、鄜畤，皆黃帝時祭。或曰秦文公立也。"本義古代祭祀天地五帝的固定處所。●《秦子簋蓋》："……時。又(有)嬰(柔)孔嘉，保其宮外。"銘文前半部殘缺，或用為本義，指祭名。●秦封泥"好畤丞印"，地名。

嘼 楚 清華三·說命中6

【注】從立時聲。●讀志。《清華三·説命中6》："余告汝若時，峙（志）之於乃心。"

侍 齊 陶録3·238 秦 聖彙5266 睡簡·封診61 嶽麓一·為例

43 里耶8·143

【注】從人寺聲。●《聖彙5266》單字，舊釋為"待"，當釋為"寺人"，職官名，又作"侍人"。春秋時亦稱"閽""豎"，掌宮内侍衛、御車、守藏、主屨等事務。《左傳·哀公十四年》："侍人御之，子行殺侍人。"《穀梁傳·襄公二十九年》："閽，門者也，寺人也。"●讀待。《睡簡·封診61》："侍（待）令。"

時 邿伯鬲 楚 包山209 包山212 曾侯77 郭店·五行7

曾侯乙鼎 曾侯乙鼎 楚王熊章鐘 曾侯乙尊 曾侯乙鐘 上博二·從乙

5 上博二·從甲12 上博二·從甲15

【注】從口寺聲，疑"寺"之繁文，楚系文字常見。《説文》所無。上博簡從攴，從攴、從又會意同。●讀庤。《説文》庤，儲置屋下也。《玉篇》庤，儲也，具也。《詩·周頌》命我衆人，庤乃錢鎛。《曾侯乙鼎》："曾侯乙乍（作）時甬（用）冬（終）。"或謂讀持，于銘文亦通。●讀邿，國族名。《邿伯鬲》："時（邿）白（伯）乍（作）時（邿）中（仲）其羞鬲。"●讀侍。《包山209》："出内時（侍）王。"●讀待。《上博二·從乙5》："君子弜（強）行，以時（待）名之至也。"●讀詩。《郭店·六德24》："蘿（觀）者（諸）時（詩）、箸（書）則亦才（在）壴（矣）。"●讀志。《郭店·五行7》："士又（有）志於君子道胃（謂）之時（志）士。"●讀持。《上博二·從甲12》："時（持）善不猒（厭）。"

栴 楚 上博八·成王9 上博九·舉治6

【注】從木寺聲。●廟門。《説文·木部》："栴，槌也。從木，特省聲。"《玉篇》："栴，陟革切，槌横木也。關西謂之栴。"《類篇》："或作㭾。"《説文·門部》："闑，謂之㭾。㭾，廟門也。從門，詹聲。"《上博八·成王9》："栴市，明之惪（德），亓（其）殊（世）也☒。"廟門集市，公示德行，世世代代。●讀持。《上博九·舉治6》："我左串（患）右難，虞（吾）欲達中栴（持）

58

道。"

141 侯馬 秦 、 印增 424

【注】從心寺聲，與小篆同。●用為本義，依仗。《曾侯與編鐘》："吳恃有眾庶，行亂西征南伐，乃加于楚。"眾庶，即眾民、百姓。侯馬盟書"敢有恃"，亦用為本義。●齊陶單字，人名。●讀志。《郭店·語叢一 38》："《詩》所以會古含（今）之恃（志）也者。"

【注】從彳寺聲，與小篆同。《說文》："待，竢也。從彳寺聲。"本義等待、等候。●《旗鼎》："王姜易（賜）旗田三于待剷。"待剷，唐蘭以為地名。（《論周昭王時代的青銅器銘刻》）●讀時。侯馬盟書"念定宮、平待（時）之命"，定宮、平時都是策命地點。《侯馬盟書叢考》"宗盟考"認為：定宮是周定王之廟，"平時是周王室近畿很重要的地方"。盟書或作"恃"。

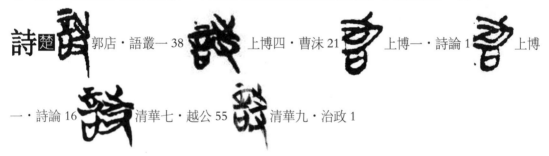

一·詩論 16 清華七·越公 55 清華九·治政 1

【注】從言寺聲。上博詩論均從言之聲。●指詩經。《郭店·語叢一 38》："《詩》所以會古含（今）之恃（志）也者。"

清華八·邦政 13 清華八·邦政 8 璽彙 4343 郭店·五行 27 郭店·太

一 2 清華六·管仲 13 清華五·湯丘 5 清華五·湯丘 15 清華八·邦道 21

清華十·四時 6 晉 中山王嚳壺 呂大叔斧 璽彙 4343 類編 221秦 石鼓文 陶彙 3·797 青川木牘 睡簡·為吏 13

睡簡·日乙 233 北大簡、、秦印 126

【注】甲骨文作峕，從日從止（趾形），會日月運行以成四時之意；止兼聲。金文承之。六國文字多作㞢形，秦系文字從日寺聲，為小篆所本。《説文》："時，四時也。從日寺聲。峕古文時從之、日。"本義是一年四季的"季"。引申為時常、經常。●時常、經常。《中山王嚳壺》："明戊（跋）之于壺而時觀焉。"●讀之。《呂大叔斧》："呂大弔（叔）時（之）貣車之斧。"●《類編221》"時姐"、秦印"時産""時贏"，姓氏。●讀塒，鑿垣為雞作棲曰塒。《詩·王風》君子于役，雞棲于塒。《石鼓文》："趍=嫠=（夐夐），即遄（菌）即時（塒）。"即遄（菌）即時（塒），言麀鹿已入獵圈。

郒晉 圖典 325 璽彙 2231

【注】從邑時聲；下或增曰為飾。疑邦之異文。●"郒馬重（童）""郒鑾"，姓氏，或謂讀時。

蒔秦 嶽麓三 54

【注】從艸時聲。●人名。

阰楚 郭店·唐虞 27 清華十·四告 21 晉 、侯馬

【注】從阝寺聲。●盟書"念定宮、平阰（時）之命"，讀時，地名。詳"待"字。●盟書"敢有阰"，讀恃，依靠。盟書或作"恃"。●讀詩。《郭店·唐虞 27》："《吳（虞）阰（詩）》曰：'大明不出，丂（萬）勿（物）𩂣（皆）勼（暗）。'"●《清華十·四告 21》："晨（振）於服御，寵=（慪慪）含（答）話，寠=（秩秩）義阰（止）。"可讀止，即容止。

篍秦 類編 135

【注】從竹持聲。●秦印人名。

持 齊 戰編 890 秦 郭店・語叢一 95

【注】從土寺聲。●讀時。《郭店・語叢一 95》："持（時）逃（由）敬乍（作）。"●齊陶單字，
或釋為"市"。

郱 郱召簠 郱仲簠 齊 郱伯鼎 郱造邀鼎 郱遣

簠 郱伯祀鼎 璽彙 2096 楚 璽彙 2097

【注】從邑寺聲。《説文》："郱，附庸國。在東平亢父郱亭。從邑寺聲。《春秋傳》曰：'取郱。'"
本義為國名。●國名，在今濟寧市南五十里。金文或作"時""寺"。《郱伯祀鼎》："郱白（伯）
祀乍（作）善（膳）鼎。"《春秋經・襄公十三年》："夏取郱。"杜預注："郱，小國也。任城元
父縣有郱亭。"郱國在齊魯之間，公元前 560 年，魯國吞併了郱國。●齊璽、楚璽姓氏。蓋郱國
之後，因以為氏。

裑 秦 睡簡・日甲 25 背

【注】從衣寺聲。●《睡簡・日甲 25 背》："是裑鬼偽為鼠。"義不詳，待考。

特 楚 浙江大學藏戰國楚簡 202 頁 秦 石鼓文 、 印封

101 戰表 123

【注】從牛寺聲。●《石鼓文》："逃（吾）毆其特。"《説文》："特，朴特，牛父也。"●秦封泥
數見"特庫丞印"，"特庫"何指，有待進一步研究。楚文字或作"犆"。

羏 楚 羏 天星

【注】從羊寺聲。●簡文"兩羏"，讀特。《玉篇》牡牛也。又《詩・魏風》胡瞻爾庭有懸特兮。
《傳》獸三歲曰特。

翠 楚 清華七·越公 53　清華七·越公 54

【注】從羽寺聲。●讀等，表示區別的意思。《清華七·越公 53》：“乃出恭敬，王訊之，翠（等）以授大夫種，則賞穀之；乃出不恭不敬，王訊之，翠（等）以授範蠡，則戮殺之。”意思是把王所訊問之恭敬者與不恭不敬者的情況記錄在案，然後授予文種、范蠡，據此以行賞罰。

等 楚 包山 13　上博五·季庚 14　上博四·曹沫 41　郭店·緇衣 4

包山 133　上博五·季庚 7 秦　睡簡·效律 60　睡簡·秦種 55

睡簡·封診 92　里耶 8·757　秦印 80

【注】從竹寺聲。楚簡或增從口。●等同。《睡簡·秦種 98》：“其小大、短長、廣夾（狹）必等。”●等級。《睡簡·效律 60》：“減罪一等。”●種、類。《睡簡·封診 92》：“召甲等。”●楚文字多讀志。其從竹作，蓋因為竹簡是志（記）的載體。《包山 9》：“廷簿（志）所以內（納）。”“內（入）”是指納入墓葬，即將文書簡作為隨葬品隨葬。

志 齊 璽彙 4335　璽彙 4889 楚　望山 1·26　包山 182　包山 200

清華七·子犯 5　郭店·緇衣 11　郭店·語叢一 48　郭店·老甲 8

璽彙 4519　上博二·民之 13　上博七·武王 13　清華一·保訓 4　清華

四·筮法 32　清華一·祭公 11　清華八·邦政 5 燕　璽彙 4337　璽彙 4338

晉 中山王響壺　王子戈　璽彙 0070　璽彙 4334　類編 350 秦

62

青川木牘　睡簡·日甲3　睡簡·雜抄28　、、

秦印208

【注】從心之聲，與小篆同。《説文》："，意也。"本義心意、志向。●用為本義，志向、志氣。《中山王𧊒壺》："貯渴（竭）志盡忠，以猷（佐）右厇（厥）闢（辟），不鈇（貳）其心。"《書·舜典》："詩言志，歌永言。"《禮記·檀弓上》："子益言之志于公乎？"鄭玄注："志，意也。"秦簡亦多用為本義。●記。《睡簡·日甲129正》："必有死亡之志至。"●讀恃。《郭店·老甲17》："為而弗志（恃）也，成而弗居。"●讀特，雄馬。《睡簡·雜抄28》："志馬舍乘車馬後，毋（勿）敢炊飪。"特馬應養于駕車的馬的後面，不准加以鞭打。●《璽彙0070》"高志司寇"，"高志"，地名，在今河南禹縣。

侯馬

【注】從土志聲。●讀時，地名。盟書或作"𡉟""待"等。

侯馬

【注】從阝志聲。●讀時，地名。

璽彙0768　　璽彙2457　　璽彙4339

【注】從糸志聲。"織"之古文。●讀志。《璽彙4339》"尋緒"讀"得志"。●餘例為人名。

王子适匜　　上博五·鬼神7　　兆域圖銅版　　魚顛匕

【注】戰國文字從虫之聲。《兆域圖銅版》變上下結構為左右結構。《魚顛匕》從蚰寺聲，三版《金文編》隸為"蟲"，以為"蚩"之古字。《説文》："𧒇，蟲也。從虫之聲。"本義為毛蟲。卜辭和銘文中多用為災害義。又特指蚩尤，傳説中的古代九黎族首領，以金作兵器，與黃帝戰于涿鹿，失敗被殺。●蚩尤：炎帝後裔，為黃帝所滅。《魚顛匕》："下民無智，參蟲（蚩）蚘（尤）命。"《焦氏易林》有"蚩尤敗走，葬之魚首"，由魚頭引發聯想，想起蚩尤的悲慘下場，若下民無知，就會遭遇蚩尤一樣的命運。《上博五·鬼神7》："蚩蚘（尤）俊（作）兵。"●災害，引申為悖亂。《兆域圖銅版》："少（小）大之蚩又（有）事者宣流之。"●讀之。《王子适匜》："王子适蚩（之）遣（沫）盨（匜）。"

63

　儾匜

【注】從黑蚩聲。●讀戴，謂施墨刑。《説文》："戴，刺也。從攴蚩聲。"《儾匜》："今我赦女（汝），義（宜）便（鞭）女（汝）千，黸戴女（汝）。今大赦。"

　　冊徢卣

【注】從彳蚩聲。●人名。

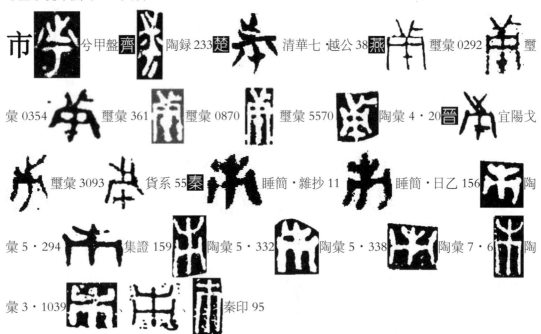

市　䒦　兮甲盤　齊　䒦　陶録 233　楚　赤　清華七·越公 38　燕　甫　璽彙 0292　甫　璽

彙 0354　䒦　璽彙 361　甫　璽彙 0870　甫　璽彙 5570　甫　陶彙 4·20　晉　甫　宜陽戈

䒦　璽彙 3093　栄　貨系 55　秦　朱　睡簡·雜抄 11　朱　睡簡·日乙 156　朮　陶

彙 5·294　朮　集證 159　朮　陶彙 5·332　朮　陶彙 5·338　朮　陶彙 7·6　朮　陶

彙 3·1039　、朮　、甫　秦印 95

【注】《兮甲盤》作䒦，從兮止聲。從兮，蓋取其喧鬧之意，當為形聲兼會意字。戰國文字承襲金文，多有變異。齊系文字作䒦、䒦，兮所從二斜筆下移，兮旁斜筆作直筆，或上穿橫筆。或作䒦、䒦，加飾筆，數目和位置不拘。燕系文字作甫、甫，兮旁直筆上穿橫筆與止旁橫筆相交。晉系文字作朮，兮與止借用一橫筆，或作䒦，兮旁省二斜筆。楚系文字作䒦，與晉系文字類似，或作䒦，左方加一斜筆。秦系文字作䒦，兮旁省二斜筆，或作朮，止旁筆劃對稱。●用為本義，市場。《睡簡·答問 71》："當棄于市。"在市場中當中處死。●買。《睡簡·秦種 97》："為作務及官府市，受錢必輒入其錢缿中，令市者見其入，不從令者貲一甲。"●貿易。《睡簡·雜抄 11》："史以上負從馬、守書私卒，令市取錢焉，皆罰（遷）。"●《集證 159》"軍市"。湯余惠以為：軍市，古代軍營附近開設的交易市場。軍市商品以供應士兵及軍事需求為主，稅收用以補充軍費。

坤　齊　㞢　陶彙 3·731　㞢　璽彙 0152　㞢　璽彙 0156　㞢　陶彙 3·649　㞢　璽

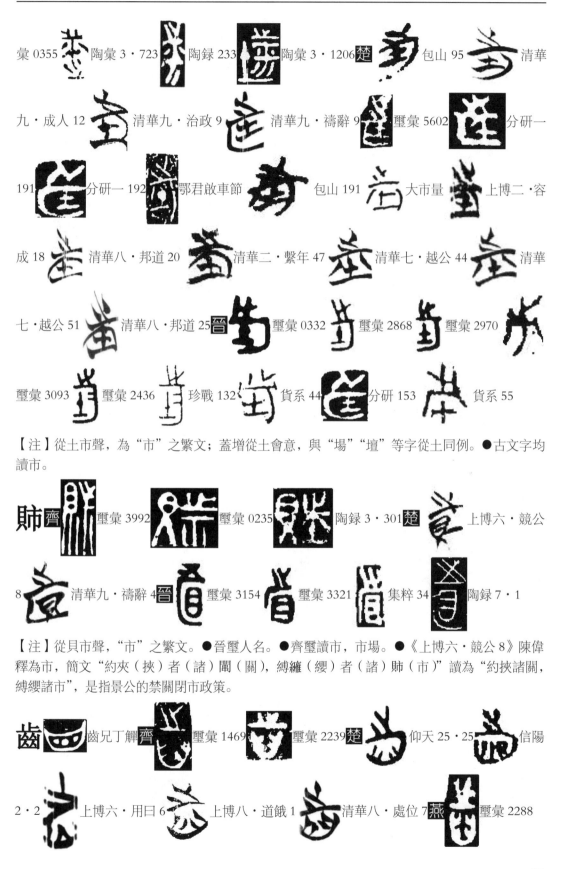

彙 0355　　陶彙 3 · 723　　陶録 233　　陶彙 3 · 1206 楚　　包山 95　　清華

九 · 成人 12　　清華九 · 治政 9　　清華九 · 禱辭 9　　璽彙 5602　　分研一

191　　分研一 192　　鄂君啟車節　　包山 191　　大市量　　上博二 · 容

成 18　　清華八 · 邦道 20　　清華二 · 繫年 47　　清華七 · 越公 44　　清華

七 · 越公 51　　清華八 · 邦道 25 晉　　璽彙 0332　　璽彙 2868　　璽彙 2970

璽彙 3093　　璽彙 2436　　珍戰 132　　貨系 44　　分研 153　　貨系 55

【注】從土市聲，為“市”之繁文；蓋增從土會意，與“場”“壇”等字從土同例。●古文字均
讀市。

賄 齊　　璽彙 3992　　璽彙 0235　　陶録 3 · 301 楚　　上博六 · 競公

8　　清華九 · 禱辭 4 晉　　璽彙 3154　　璽彙 3321　　集粹 34　　陶録 7 · 1

【注】從貝市聲，“市”之繁文。●晉璽人名。●齊璽讀市，市場。●《上博六 · 競公 8》陳偉
釋為市，簡文“約夾（挾）者（諸）闈（關），縛維（纓）者（諸）賄（市）”讀為“約挾諸關，
縛纓諸市”，是指景公的禁關閉市政策。

齒 齒兒丁觶 齊　　璽彙 1469　　璽彙 2239 楚　　仰天 25 · 25　　信陽

2 · 2　　上博六 · 用曰 6　　上博八 · 道餓 1　　清華八 · 處位 7 燕　　璽彙 2288

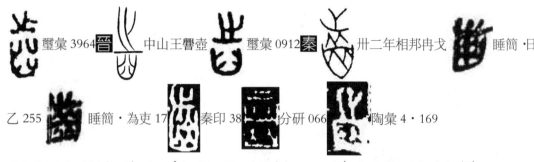

璽彙3964 晉 中山王豐壺 璽彙0912 秦 卅二年相邦冉戈 睡簡·日

乙255 睡簡·為吏17 秦印38 份研066 陶彙4·169

【注】甲骨文作 、 、 、 、 、 、 、 、 、 、 等形，象口有牙齒之形。早期金文與甲骨文同形。戰國文字增止為聲符，變象形為形聲。戰國文字齒形常訛為"臼"，如戰國簡帛文字"齒"作 、 ，"牙"作 、 ，"梳"作 ，"狸"作 、 ，"豹"作 、 等等。《說文》："齒，口斷骨也。象口齒之形，止聲。凡齒之屬皆從齒。 古文齒字。"本義為門牙。由于幼小牛馬每年生一齒，所以"齒"也喻人的歲數、年齡，如《左傳》："子之齒長矣，不能事人。"●牙齒。《睡簡·日乙255》："乃折齒。"●齒形。《信陽2·2》："一司（笥）齒珥。"●族氏名，見于《齒兄丁觶》等。●年齡、年歲。《左傳·文公元年》："子上曰：'君之齒未也。'"杜預注："齒，年也。"《中山王豐壺》："而退與者（諸）侯齒娠（長）于逾（會）同。"齒，用作狀語，按年齒序列，長者居前。銘意為，而另一方面退而敘爵位年齡之次列以會盟諸侯。●次列。《清華八·處位》："走（上）者亓（其）走（上），下者亓（其）下，牁（將）尼（度）以為齒。"●《陶彙4·169》"齒奇"，姓氏。《姓氏考略》云"齒"，見《姓苑》。一云百濟國有黑齒氏，當為黑齒氏所改；又或墨者已齒之後。

齡 晉 港續一73

【注】從人齒聲。●"每齡"，人名。

齨 秦 、 印增575 陶錄6·19

【注】從只從齨，雙聲字。●秦印秦陶人名。

端紐导聲

得 得觚 亞父癸卣 虢叔鐘 克鼎 師望鼎 師道簋 虢叔旅鐘

牆盤 邢人妾鐘 父乙觚 得鼎 得鼎 中得觚

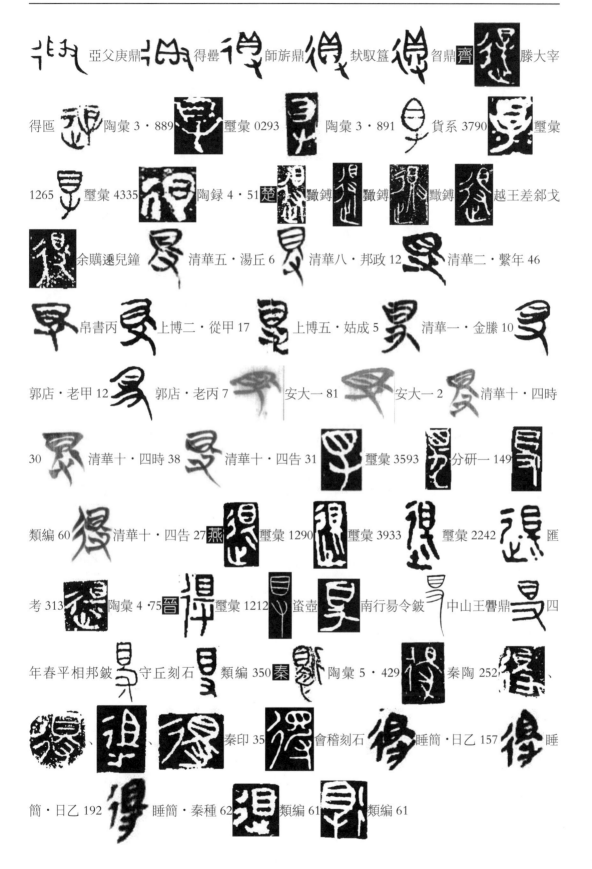

亞父庚鼎　　　得罍　得　師旂鼎　得　犾馭簋　得　智鼎 齊　　　　滕大宰

得匜　　　陶彙 3・889　　　璽彙 0293　　　陶彙 3・891　　　貨系 3790　　　璽彙

1265　　　璽彙 4335　　　陶錄 4・51 楚　　　鐱鎛　　　鐱鎛　　　鐱鎛　　　越王差郤戈

　　　余購遽兒鐘　　　清華五・湯丘 6　　　清華八・邦政 12　　　清華二・繫年 46

　　　帛書丙　　　上博二・從甲 17　　　上博五・姑成 5　　　清華一・金滕 10

郭店・老甲 12　　　郭店・老丙 7　　　安大一 81　　　安大一 2　　　清華十・四時

30　　　清華十・四時 38　　　清華十・四告 31　　　璽彙 3593　　　分研一 149

類編 60　　　清華十・四告 27 燕　　　璽彙 1290　　　璽彙 3933　　　璽彙 2242　　　匯

考 313　　　陶彙 4・75 晉　　　璽彙 1212　　　鎣壺　　　南行昜令鈹　　　中山王嚳鼎　　　四

年春平相邦鈹　　　守丘刻石　　　類編 350 秦　　　陶彙 5・429　　　秦陶 252

　　　秦印 35　　　會稽刻石　　　睡簡・日乙 157　　　睡

簡・日乙 192　　　睡簡・秦種 62　　　類編 61　　　類編 61

【注】䙷、得為繁簡二形，實為一字。甲骨文作𢔶、𠭯、𠭣、𢔁、𢔡，從貝從手（或增從彳，表示動作），以手持貝，會取得、獲得之意。戰國文字常作簡形，貝多訛為目作𠭣。《陶錄4·51》"又"旁濃縮作豎畫。楚系文字從貝省與目相混；但省略後的"貝"形與"目"旁近似，但有細微的差別。粗略看來，"目"旁多似正三角形，起筆在上角作𠂤；而簡化後的"貝"多似倒三角形，起筆在左上角，"酉"旁下部也有類似的寫法，如𠭣。小篆從見，傳寫之訛。●取得、得到。《中山王𧤖壺》："𨒬（使）得𦎫（賢）在（士）良猇（佐）貯，以輔相氒（厥）身。"《克鼎》："得屯（純）亡敃。"●繳獲、俘獲。《狱馭簋》："狱馭從王南征，伐楚刑（荊），又（有）得。"●讀德，道德。《上博二·民之6》："明目而視之，不可得而視也，而得（德）既塞於四海矣，此之胃（謂）三亡（無）。"●明白。《郭店·魯穆4》："寡人惑安（焉），而未之得也。"●能夠。《上博七·反甲12》："土奚旻（得）而坪（平）？水奚旻（得）而清？"●懷孕。《上博二·子羔11》："觀於伊而得之，塦（懷）三忘（年）而畫（劃）於怀（背）而生。"

䝬 晉 ■ 九年弌丘令癰戈 ■ 類編333 ■ 集粹134 ■ 陶錄5·25 ■ 匯考254

【注】從犬䙷聲。"䙷"本從貝從又，偶或省為從日從又。●晉文字均為人名。

定紐㠯聲

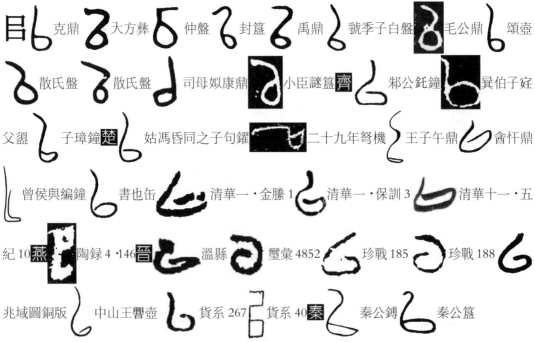

目目 克鼎 ■ 大方彝 ■ 仲盤 ■ 封簋 ■ 禹鼎 ■ 虢季子白盤 ■ 毛公鼎 ■ 頌壺

散氏盤 ■ 散氏盤 ■ 司母姒康鼎 ■ 小臣謎簋 齊 ■ 邿公鈺鐘 ■ 異伯子姪

父盨 ■ 子璋鐘 楚 ■ 姑馮昏同之子句鑃 ■ 二十九年弩機 ■ 王子午鼎 ■ 酓忏鼎

曾侯與編鐘 ■ 書也缶 ■ 清華一·金滕1 ■ 清華一·保訓3 ■ 清華十一·五

紀10 燕 ■ 陶錄4·146 晉 ■ 溫縣 ■ 璽彙4852 ■ 珍戰185 ■ 珍戰188

兆域圖銅版 ■ 中山王𧤖壺 ■ 貨系267 ■ 貨系40 秦 ■ 秦公鎛 ■ 秦公簋

【注】甲骨文作𠯑、𠯑、𠯑、𠯑、𠯑、𠯑、𠯑、𠯑、𠯑、𠯑、𠯑、𠯑、𠯑、𠯑、𠯑、𠯑。是巳（胎兒形）的倒形，即頭朝下的胎兒，表示懷胎。徐仲舒認為，㠯為耜之象形字，即耜之本字；㠯為用具，故卜辭借為以字；以，用也。（詳《甲骨文字典》1592頁）金文同甲骨文。戰國秦系文字或作"以"，六國文字多作"㠯"。《説文》："㠯，用也。從反巳。賈侍中説：巳，意巳

實也。象形。”本義用，引申為憑藉、相似。“以”後來作介詞和連詞，其義意逐漸虛化。●介詞，用、把。《子璋鐘》：“用匽昌（以）喜。”金文習語“以蒸以嘗”“以樂嘉賓”，“以”均作此用。●連詞，而。《頌鼎》：“頌拜稽首，受令，冊佩昌（以）出。”●副詞，表示方向、數量界限。《新郪虎符》：“用兵五十昌（以）上，必會王符，乃敢行之。”●讀貽或讀詒，送也。《珮生尊》：“召姜昌（貽）珮生五尋、壺兩。”《詩·天保》“詒爾多福”，毛傳：“詒，遺也。”《詩·靜女》“貽我彤管”，釋文：“貽，遺也。一本作詒。”●讀苡。《安大一14》：“菜=（采采）茝（苤）昌（苡），尃（薄）言采之。”

以 [晉] 昌 璽彙2916 [秦] 昌 宗邑瓦書 昌 宗邑瓦書 ɐ 睡簡·秦種114 ɐ 睡

簡·日乙140 昌 秦印281

【注】從人昌聲，“昌”之繁文。●同“昌”。

祟 [楚] 祟 清華十一·五紀87 祟 清華十一·五紀91

【注】從示以聲。“以”與常見的楚文字有別，保留了甲骨文早期常見的人形。●讀祠。《清華十一·五紀87》：“喬（規）受天道，祟（祠）又（有）尚（常）。”“祠有常”蓋指四時宗廟之祭。《禮記·王制》：“天子諸侯宗廟之祭：春曰礿，夏曰禘，秋曰嘗，冬曰烝。”鄭玄注：“此蓋夏殷之祭名。周則改之，春曰祠，夏曰礿，以禘為殷祭。”《爾雅·釋天》：“春祭曰祠，夏祭曰礿，秋祭曰嘗，冬祭曰蒸。”●讀嗣，繼也。《清華十一·五紀91》：“祟（嗣）子用此，共（恭）祀用此。”

員 [楚] 員 清華九·廼命一11 員 清華九·廼命二5

【注】從貝昌聲。●讀貽。《清華九·廼命一11》：“母（毋）番（播）亞（惡）於眾，以員（貽）我感惎（憂）。”

姒（姒） 者姒觚 [衛] 衛姒鬲 叔向父簋 [齊] 費奴

父鼎 [楚] 璽彙3599 清華一·程寤2 清華一·程寤1

【注】從女昌聲。“姒”《說文》失收。《廣韻》：“夏姓。一曰娣姒，長婦為姒，幼婦為娣。”《集韻》：“姒，古作姒。”●古姓，夏禹的後代。《叔向父簋》：“弔（叔）向父乍（作）婞姒障段。”《史記·夏本紀》：“禹于是遂即天子位，南面朝天下，國號曰夏后，姓姒氏。”《小雅》赫赫宗

周，襃姒威之。《注》姒，姓也，禹之後。杞國、越國都是姒姓國。●大姒：文王之妃、武王之母。《清華一·程寤 2》："大（太）姐（姒）夢見商廷（庭）隹（惟）棫（棘）。"《左傳·定公六年》公叔文子曰："大姒之子。唯周公康叔為相睦也。"《大雅·思齊》："思齊大任，文王之母。思媚周姜，京室之婦。大姒嗣徽音，則百斯男。"●楚璽人名。

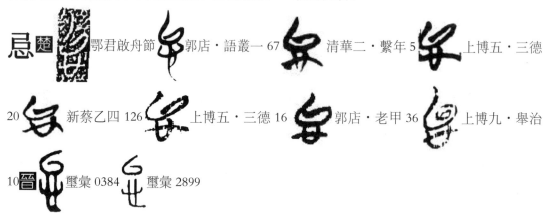

忌楚 　鄂君啟舟節　　郭店·語叢一 67　　清華二·繫年 5　　上博五·三德

20　　新蔡乙四 126　　上博五·三德 16　　郭店·老甲 36　　上博九·舉治

10晉　璽彙 0384　　璽彙 2899

【注】從心目聲。●楚文字多讀殆。《郭店·老甲 36》："古（故）智（知）足不辱，智（知）止不怠（殆）。"●讀以。《上博五·三德 16》："喪忌（以）係樂，四方來囂。"大意為：喪失了百姓又繼之以歌樂，四方的民眾都會喧囂怨怒。●晉璽人名，可讀怡。

扂晉 　中山王嚳壺

【注】從尸忌聲。"尸"與"夷"同音，讀為以母，則"尸""忌"二字雙聲，韻亦不遠，"尸"屬脂部，"忌"屬之部，扂是個具有方音色彩的雙聲符字。●讀怠，鬆懈、懶惰。《說文》："嬽，慢也。"本義懶惰。《中山王嚳壺》："穆穆濟濟，嚴敬不敢扂（怠）荒。"《禮記·曲禮上》："毋怠荒。"鄭玄注："怠荒，放散身體也。三晉文字用"扂""旨"表示怠。秦文字用"治"為怠。楚文字用"旨"為怠。

偲楚 　清華八·邦道 2

【注】從人忌聲。●讀殆，危也。《清華八·邦道 2》："古（故）昔之盟（明）者嘼（早）智（知）此愻（患）而遠之，是以不偲（殆）。"

鷐 　季鷐戈

【注】從辛忌聲。疑"怡"之異文。●金文人名。

癋晉 疢、疢 　侯馬

【注】從疒忌聲，疑"瘱"之異文。●人名。

緫 晋 璽彙 0767　璽彙 2535

【注】從糸忌聲，疑"給"之繁文。●晋璽人名。

邵 齊 璽彙 2202　璽彙 2203　陶彙 3·328　璽彙 3570　璽彙 0246

【注】從邑目聲，疑"邵"之省文。●讀邵，姓氏。或為人名。

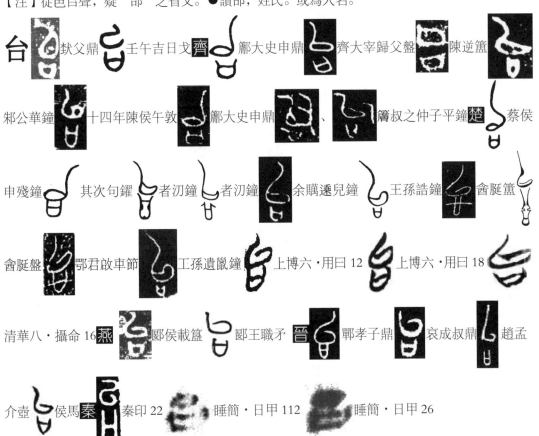

台　猷父鼎　壬午吉日戈 齊　鄘大史申鼎　齊大宰歸父盤　陳逆簠

邾公華鐘　十四年陳侯午敦　鄘大史申鼎　簠叔之仲子平鐘 楚　蔡侯

申殘鐘　其次句鑃　者汈鐘　者汈鐘　余贎迷兒鐘　王孫誥鐘　酓朏簠

酓朏盤　鄂君啟車節　工孫遺鄴鐘　上博六·用曰 12　上博六·用曰 18

清華八·攝命 16 燕　郾侯載簋　郾王職矛 晉　鄆孝子鼎　哀成叔鼎　趙孟

介壺　侯馬 秦　秦印 22　睡簡·日甲 112　睡簡·日甲 26

【注】"台"與"以（目）"同源。陳夢家曰："台者目之孳乳字也，東周金文始增口為台。"春秋戰國時期古文字資料"台"絕大多數用為"以"。楚簡中"台"皆讀以，"怠"皆從以聲作　，亦可證"台"一直到戰國晚期仍為"以"之異寫，並未分化。"以""台"二字真正分化當發生在"台"音變讀透母之後，分化的時間約在漢代。台字所從之口，于楚系文字中多有變異。或變為甲骨文之自字作　；或作鳥蟲書　；或變為廿，與心字相混。《說文》："　，說也。從口目聲。"本義當為懷胎。引申為繼承、開始、高興等義。●讀以，動詞，用。《鱻鎛》："余彌心畏記（忌），余四事是台（以）。"●讀以，介詞，相當于用、拿、把。《邾公華鐘》："鑄其龢鐘，台（以）恤其祭祀盟祀，台（以）樂大夫。"●讀以，連詞，相當于而。《鄂君啟舟節》："女（如）載馬、牛、羊台（以）出内（入）阛（關），則政（征）于大麿（府）。"●讀怡，怡悅。《越王

71

者旨于賜鐘》：“台樂可康，嘉而（爾）賓客。”戰國陶文始見“怡”字，作 （陶彙 3・73）。● 我，第一人稱代詞。《郘侯載器》：“甹（祇）敬禧祀，休台馬（武）醓（齊）皇母。”郭沫若曰：“馬醓當是溢美‘皇母’之辭，馬者，武也。即醓字，此與齊通，齊，壯也。以武壯為形容，則郘侯之母殆一有為之女性。”（《兩周金文辭大系考釋》227 頁）● 讀始。《睡簡・日甲 26》：“毋以楚九月己未台（始）被新衣。”

筶 [秦]  里耶 8・1379

【注】從竹台聲。● 用竹板或荊條打人脊背或臀腿的刑罰。《里耶 8・1379》：“上人奴筶者，會七月廷。”

佁 [晉]  侯馬 [秦]  里耶 8・520

【注】從人台聲。● 人名。

始 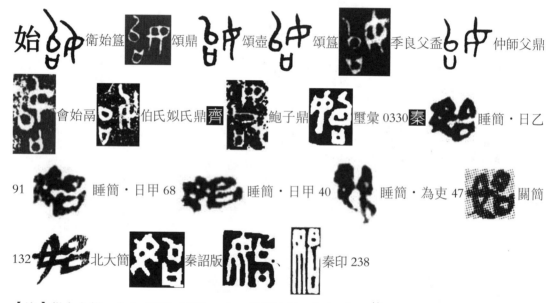 衛始簠 頌鼎 頌壺 頌簋 季良父盉 仲師父鼎

會始鬲 伯氏姒氏鼎 [齊] 鮑子鼎 璽彙 0330 [秦] 睡簡・日乙

91 睡簡・日甲 68 睡簡・日甲 40 睡簡・為吏 47 關簡

132 北大簡 秦詔版 、 秦印 238

【注】從女台聲。金文“始”“姒”一字，均用為姓。《説文》：“，女之初也。從女台聲。”女之初也，代表家族繁衍淵源的最先之母。引申泛指開頭、開始。● 讀姒，古姓。《頌鼎》：“用乍（作）朕皇考龏（恭）弔（叔）、皇母龏（恭）始（姒）寶隣鼎。”金文或作妈、娲。● 開始。《睡簡・為吏 47》：“君子敬如始。”秦文字用“始”表示終始之始，楚文字用“”“”表示。

㕄 [燕]  匽侯旨鼎

【注】從又始聲。● 讀姒，古姓。《匽侯旨鼎》：“匽（燕）侯旨初見事于宗周，王賞旨貝廿朋，用乍（作）㕄（姒）寶尊彝。”

詒 晉 中山王譽鼎 秦 睡簡·日甲 166

【注】從言台聲。《説文》："詒，相欺詒也。一曰遺也。從言台聲。"此義與金文無涉。●《中山王譽鼎》："詒死之又（有）若（赦），智（知）為人臣之宜（義）旃（也）。"詒，朱德熙、裘錫圭讀辭，辭去。（詳《平山中山王墓銅器銘文的初步研究》）銘意為，辭去死罪之赦免。"詒"從言台聲，當為辭讓之本字。《説文》："辤，不受也。從辛從受。受辛宜辤之。辭，籀文辤從台。""辤"字見于漢，為"辭"字草率急就之形。●讀怡。《睡簡·日甲 166》："晏見，不詒（怡）。"

怡 齊 陶彙 3·73

【注】從心台聲。●齊陶人名。

治 秦 集證 184 秦風 222 類編 362 璽彙 4887 睡簡·秦種 14 睡簡·語書 11 睡簡·為吏 26 秦印 217

【注】從水台聲。●《睡簡·為吏 26》"執道毋治"、《璽彙 4887》"日敬毋治"，讀怠。治、怠同諧台聲，音同字通。《易·雜卦》："謙輕而豫怠也。"《釋文》"怠，京作治"是其證。璽文"日敬毋治"即日敬毋怠，如《詩·周頌·閔予小子》"夙夜敬止"，言不敢懈怠。●讀笞。《睡簡·答問 132》："當治（笞）五十。"●治理。《睡簡·語書 9》："以一曹事不足獨治殹（也），故有公心。"戰國晚期以來的秦文字假"治"為治理、整治、攻治之治。楚文字則用"紛""訂"等表示治理之義。

駘 秦 璽彙 5535 故宮 405 秦印 194

【注】從馬台聲。●秦印人名。

狋 晉 陶彙 6·186

【注】從犬台聲。●晉陶人名。

蝕 晉 陶彙 5·508

【注】從蚰台聲，"蛤"之繁文。●晉陶人名。

貽 齊  陶彙 3・679 陶彙 3・786 陶彙 9・14

【注】從貝台聲。●齊陶人名。

疝 晉  陶彙 9・5 璽彙 0216

【注】從广台聲。●晉璽人名。

殆 秦  嶽麓一 53

【注】從歺台聲。●指政事怠惰。《嶽麓一 53》："吏有六殆：不審所親，不祭（察）所使，親人不固……。"

紿 晉  師紿銅泡 璽彙 1998 集粹 15 璽彙 3094 秦 龍崗

213 嶽麓三 82

【注】從糸台聲。《說文》："紿，絲勞即紿。"段玉裁注："即當為則。古書即則多互訛。絲勞敝則為紿。紿之言怠也。"本義為破舊的絲。●多為人名。《師紿銅泡》："十四世十二月币（師）紿。"●讀詒，欺騙、欺詐。《嶽麓三 82》："是即盜紿人買公列地，非令。""盜紿人買公列地"即私下欺騙別人（即方）買公列地。

祒 秦  睡簡殘 12

【注】從示台聲。●《睡簡殘 12》："以祠祒。"《龍龕》音似，年也，與祀同。

鞱 秦  戰編 171

【注】從革台聲。●秦印"鞱婢"，人名。

胎 齊  陳胎戈

【注】從肉台聲，與小篆同。《説文》："胎，婦孕三月也。從肉台聲。"本義未生的幼體。楚系文字作"䏘"。●人名。《陳胎戈》："墜（陳）胎之右床鈛（戈）。"

 睡簡·日甲 24 背

【注】從木台聲。●秦簡枲、柏不同字。《睡簡·日甲 24 背》："取桃柏檔（段）四隅中央。"陳振裕、劉信芳云：桃柏，即桃木耒柄，作驅鬼之物。

 睡簡·封診 64

【注】從木台聲。●粗麻。《睡簡·日甲 24 背》："以枲索大如大指。"

 耳匕戲簋 戎生鐘  叔尸鐘　叔尸鐘　邾公牼鐘　鮢鎛

 清華十·四告 49 曾公畎鐘 晉姜鼎

【注】辝，始見于春秋時期，從辛台聲，與《説文》"辤"之籀文同。《説文》："辤，不受也。從辛從受。受辛宜辤之。辝，籀文辤從台。"銘文所見，與《説文》義不同，而與"以""台"義近。●銘文中所見，多讀台，訓為我。《邾公牼鐘》："余畢龏威（畏）忌，鑄辝鮢鍾（鐘）二鍺（堵）。""鑄辝鮢鍾鐘二鍺"，即鑄造我的鮢鐘二鍺。《曾公畎鐘》"俾辝千休"即給予我福祿。●讀以。《鮢鎛》："是辝（以）可吏（使）。"是辝，即是以、因此。●讀姒，姓。《邾叔豸父簠》："奄（邾）弔（叔）豸父乍（作）杞孟辝（姒）饙（饙）匜。"●疑讀治。《清華十·四告 49》："畢狄（逷）不羕（祥），遠於不辝（治）。"

 石鼓文

【注】從炎辝聲。●煙塵也。《石鼓文》："趯趯燓燓。"燓，籀文炱字。《説文》："炱，灰，炱煤也。"《玉篇》炱煤，煙塵也。燓燓，塵土飛揚貌。

 貨系 2343

【注】從辛㠯聲，"辝"之省文。●"右明嘼㞣"讀司，職司。

 清華六·太伯甲 10　清華六·太伯乙 9

75

【注】從子𣉘聲。●讀嗣，繼也。《清華六·太伯甲9》："今及吾君，弱幽（幼）而䛒（嗣）長。"長，《廣雅·釋詁一》"君也"，此指君位，"嗣長"與"嗣位"意同。

 譯 晉 中山王䚕壺

【注】從言𣉘聲。●讀辭，言辭、文辭。《中山王䚕壺》："旆（故）譯（辭）豊（禮）敬則堅（賢）人至。"

 惔 楚 曾侯178　曾侯155　曾大工尹戈

【注】從心𣉘聲。此字可釋為怠或怡。●人名。

 郚 晉 三晉120

【注】從邑𣉘聲。●地名，疑讀怡。

 洍 晉 貨系551　璽彙2903

【注】從水𣉘聲，疑"治"之異文。●晉璽"文是洍"，人名。

 柏 晉 璽彙2474　璽彙2469　璽彙2470　璽彙2472　璽彙0079　璽彙

0079　貨系2473　璽彙0305

【注】從木𣉘聲。●讀臺。《璽彙0305》"叁柏（柏）在宮"，"叁柏"二字合文。"柏""柏"為一字之異體。而"叁柏"即典籍之"三臺"，為戰國時趙、燕邊界上之城邑，地在今河北容城縣西南。印文"三臺在宮"，指築於三臺之上的宮名。此印為三臺隸屬趙國時宮室所用之璽。（《古璽通論》165頁）●讀臺。《璽彙0079》"文柏西彊司寇"。"文柏"讀作"文臺"，見於《史記魏世家》："今秦七攻魏，五入囿中，邊城盡拔，文臺墮，垂都焚。"《索隱》謂"文臺，臺名"。《正義》謂"文臺在曹州冤句縣西北六十五里也"。其地在今山東荷澤縣西南。所以，文臺屬魏，此為魏印。（葉其峰《戰國官璽的國別及有關問題》）●趙三孔布讀狸，地名。《說文》："柏，㕓也。從木𣉘聲。一曰從土華，齊人語也。梩，或從里。"故𣉘聲、里聲可通。《史記·趙世家》："九年，趙攻燕，取狸、陽城。"即此。●《璽彙2474》《璽彙2469》等為姓氏，當以地名為氏。

 璽彙 3259

【注】從手相聲。●晉璽人名。

 郭店·語叢三 26 　　郭店·語叢三 32 　　郭店·語叢三 33

【注】從戈目聲。●疑讀治。《郭店·語叢三 26》：“惪（德）至區者，戋者至亡閒（間）。”《郭店·語叢三 33》：“兼行則戋者中。”

定紐臣聲

 魯伯愈父盤 　　鑄子簠楚 　　黃子鬲 清華十·四告 19 晉 　　陶彙

9·52 貨系 1797

【注】徐中舒謂象梳篦之形，即“篦”字初文。（《甲骨文字典》1302 頁）或謂象有重頜而上有髮形，當為“頤”的初文，高鴻縉曰：“下巴動而向上，則嚼物以養人，故謂之頤養。下巴掀起可示意使人，故曰頤指。字之古形誠如段氏説。當橫視之作 形，而以一符號，指明其部位。作 ，側之則為 矣。故臣為指事字。名詞。篦文加首旁，篆文加頁旁，俱意符。後世頤行而臣只于偏旁中見之矣。”（《中國字例三篇》）戰國文字秉承金文，晉系文字或上加飾筆作 ，楚系文字則無飾筆作 ，秦系文字省減作 ，是為小篆所本。《説文》：“ ，顑也。象形。凡臣之屬皆從臣。 篆文臣。 籀文從首。”本義為下巴。●人名。《祝子叔黑臣鬲》：“鑄（祝）子弔（叔）黑臣肈（肇）乍（作）寶鬲。”●讀姬。《魯伯愈父盤》：“魯白（伯）愈父乍（作）奄（郰）臣（姬）朕（媵）盪（沫）般（盤）。”《黃子鬲》：“黃子乍（作）黃甫（夫）人孟臣（姬）器。”●趙方足布“臣平”，疑即“阜平”之訛。臣、阜形近易混。《韓非子·喻老》：“倒杖而策銳貫頜。”《列子·説符》頜作頤，是其證。●讀熙。《清華十·四告 19》：“憲能豊（禮）卲（節），心善㠯（揖）襄（讓），若臣（熙）厥=（察察）。”“熙”可訓為和敬，慧琳《一切經音義》卷三十二：“熙怡，上喜饑反。《考聲》云：‘熙，和也，美也。’《爾雅》云：‘敬也。’”

 陶録 2·262

【注】從力臣聲。●齊陶“易里人劯”，人名。

 上博三·周易 24 　　上博三·周易 24

【注】從頁臣聲。●卦名，象征頤養。《周易》第二十七卦，震下艮上。《釋名》："頤，養也。動於下，止於上，上下咀物，以養人也。"《序卦》："頤者，養也。"

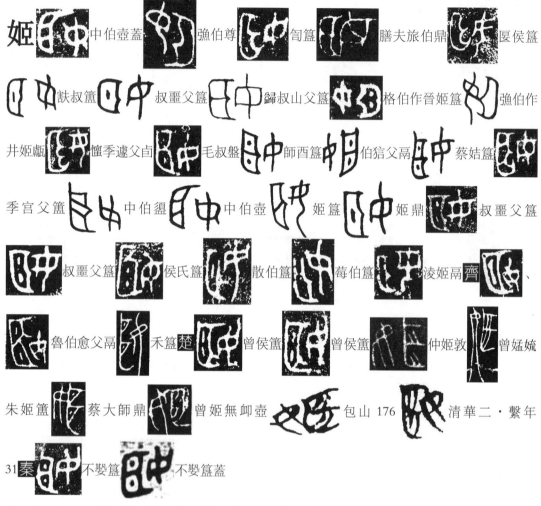

姬　中伯壺蓋　　弭伯尊　　旬簋　　膳夫旅伯鼎　　匽侯簋　　獣叔簋　　叔噩父簋　　歸叔山父簋　　格伯作晉姬簋　　弭伯作井姬鬲　　憧季遽父卣　　毛叔盤　　師酉簋　　伯狺父鬲　　蔡姞簋　　季宫父簋　　中伯盨　　中伯壺　　姬簋　　姬鼎　　叔噩父簋　　叔噩父簋　　侯氏簋　　散伯簋　　莓伯簋　　淩姬鬲齊、　魯伯愈父鬲　　禾簋楚　　曾侯簋　　曾侯簋　　仲姬敦　　曾猛媿　　朱姬簋　　蔡大師鼎　　曾姬無卹壺　　包山 176　　清華二·繫年 31秦　　不娶簋　　不娶簋蓋

【注】甲骨文作𡛫、𡠗、𡤥、𡜩、𡤳、𡤷、𡤿、𡥀、𡥁，從每臣聲，金文形符更從女，每、女作形符會意通。《說文》："姬，黃帝居姬水，以為姓。從女臣聲。"本義為姓氏。●姓。周天子姓姬，故金文所見姬姓侯國甚多。《京叔姬簋》："京弔（叔）姬乍（作）寶匼（匠），其永用。"●妾之稱。《吳王姬鼎》："吳王姬乍（作）南宫史弔（叔）飤鼎。"●包山簡人名。

洍楚　　嫻加編鐘　　泹新蔡零 103　　洍上博三·周易 24　　泹清華八·邦道 22　　洍安大一 36

【注】從水臣聲。●《清華八·邦道 22》"𡊀（攝）洍（圮）梁"，整理者注："'𡊀'即'攝'，義為整飭。洍，讀圮，《說文》：'東楚謂橋為圮。'"據《史記·留侯世家》："良嘗閑從容步遊下邳圮上，有一老父，衣褐，至良所，直墮其履圮下。"《集解》："徐廣曰：圮，橋也，東楚謂之

圯。音怡。"●讀頤。《上博三·周易24》:"遉(顛)頤,爲經于北洍(頤),征凶。"今本作"拂
經于丘頤",帛本作"梻經于北頤"。洍或讀涘,指水邊。《説文》:"涘,水厓也。"《莊子·秋水》:
"秋水時至,百川灌河,涇流之大,兩涘渚崖之間,不辨牛馬。""北洍(涘)"猶言"北渚"。《楚
辭·九歌·湘君》:"朝騁鶩兮江皋,夕弭節兮北渚。"王逸注:"渚,水涯也。"●讀汜。《説文·水
部》:"汜,水別復入水也。從水,巳聲。《詩》曰:'江有汜。'"《安大一36》:"江又洍(汜)。"
《毛詩》作"江有汜"。《韓詩》《魯詩》皆作"洍",與簡本同。上古音"洍"屬喻紐之部,"汜"
屬邪紐之部,二字音近可通。

塯 楚 清華二·繫年82　　　清華二·繫年82

【注】從土洍聲。●讀洍。《清華二·繫年82》:"為長澈(壍)而塯(洍)之,以敗楚帀(師)。"

苣 秦 秦風22　　、　　、　　秦印9　　陶彙5·346　　陶
彙5·347　　秦陶1223　　睡簡·日甲74背　　睡簡·為吏11　　陶新3040

【注】從艸臣聲。●讀芷。秦印"苣陽少内""苣陽丞印"等,"苣"即"芷"。《漢書·地理志》
京兆尹:"霸陵,故芷陽,文帝更名。"《漢書補注》王先謙曰:"秦宣太后、悼太子葬此,見《秦
紀》,亦作苣陽,見《始皇紀》。高帝宴鴻門,脱身從驪山道芷陽間行,見《高紀》。夏侯嬰戰芷
陽,見《嬰傳》。"芷陽故址在今西安市洪慶鄉與臨潼縣韓峪鄉之間,1983年,陝西省文管會曾
在此處作調查試掘,嗣後又於其東發現秦東陵,二處出土陶文多有"苣陽"戳記。●《睡簡·為
吏11》:"當務而治,不有可苣。"讀改,更改也。按《説文》:"苣,蘦也。從艸臣聲。昌改切。"
鈕樹玉校録:"昌改切,蓋即芷之正文,後人誤為兩字。"徐灝《説文段注箋》:"改,古音讀如
己,昌改切,與芷同也。《唐韻》切字,多用古音。"

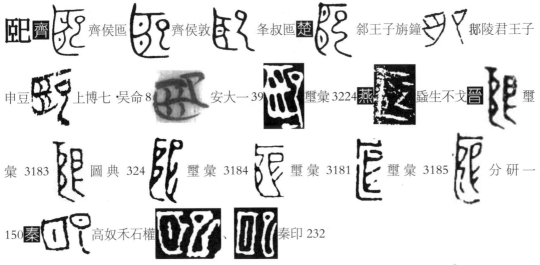

配 齊 齊侯匜　　齊侯敦　　夆叔匜 楚　　邾王子旃鐘　　鄦陵君王子
申豆　　上博七·吳命8　　安大一39　　璽彙3224 燕　　氉生不戈 晉　　璽
彙3183　　圖典324　　璽彙3184　　璽彙3181　　璽彙3185　　分研一
150 秦　　高奴禾石權　　、　　秦印232

【注】從臣從巳,臣、巳雙聲。《説文》古文從戶當為"臣"之訛。《説文》:"㢈,廣臣也。從

臣巳聲。古文配從戶。”“廣臣”，寬下巴也。引申為美也、樂也。“配”當為“熙”的古字，今“熙”行“配”廢。●讀熙。《齊侯匜》：“它它配配（熙熙），男女無碁（期）。”它它熙熙，金文習語，形容無限美好。“它它”，文獻作“沱沱”“佗佗”。熙，銘文中常省作“配”，“配配”猶熙熙也。熙熙，和悅之貌。《捕蛇者說》：“其余，則熙熙而樂。”《左傳·襄公二十九年》：“廣哉熙熙乎！”杜預注：“熙熙，和樂聲。”器銘或作“趣”。●人名。《高奴禾石權》：“三年漆工配、丞詘造，工隸臣牟禾石。”●讀姬。《邲陵君王子申豆》：“邲配（姬）府所告（造）。”《安大一39》：“害（曷）不菜（肅）礶（雍）？王配（姬）之車。”●晉璽有“配睪之”“配儕”“配坨”“配易”等，讀頤，姓氏，以地名為氏。●秦文字多為人名。

熙  三年鄭令韓熙戈　　六年鄭令韓熙戈

【注】從火配聲。《說文》：“熙，燥也。”本義曝曬。馬敘倫曰：“今杭縣猶有熙燥之語。”引申為光明。●人名。《王三年鄭令戈》：“王三年，奠（鄭）命（令）飲（韓）熙、右庫工市（師）袤、冶囗。”

蓜  印增571

【注】從艸配聲。●秦印“龍蓜”，人名。

趣  沇兒鎛　　清華三·琴舞5

【注】從走配聲。●讀熙。《沇兒鎛》：“皇皇趣趣（熙熙）。”●讀熙，意為興盛。《清華三·琴舞5》：“褰（欲）皮（彼）趣（熙）不茖（落），思邁（遜）。”落，衰敗。《管子·宙合》：“盛而不落者，未之有也。”

獄  牆盤　　獄父丁卣　　獄父丁卣　　魯侯獄鬲　　夋戒鼎　　獄鼎　　獄盤　　獄盨蓋　　二式獄簠

【注】甲骨文作 、 ，從狀臣聲。金文小篆同。《說文》：“獄，司空也。”段玉裁注：“此空字衍，司者今之伺字。”段說是對的。《玉篇》：“辨獄官也。察也。”伺、察的意思相近，譯成現代漢語，是注視的意思。●同本義。《玉篇》：“獄，察也，今作伺、覗。”《夋戒鼎》：“用政（整）于六自（師），用校以比，用獄次（盜）。”獄次，即伺捕盜賊之意。●讀熙。《魯侯獄鬲》：“魯侯獄（熙）乍（作）彝。”魯侯熙，即魯煬公，為第三代魯侯，《史記》作“熙”。●讀熙。《爾雅·釋詁》：“熙，光也。”《牆盤》：“亟獄逗慕，昊卲（照）亡罩（斁）。”亟獄，發揚光大之意。●人名，見于《獄父丁卣》。

楚 王孫誥鐘　王孫遺鼠鐘　郭店·緇衣34

【注】從走（或從辵）臣聲。●讀熙。《王孫遺鼠鐘》："銚銚（皇皇）趡趡。"《郭店·緇衣34》："《寺（詩）》員（云）：'穆=（穆穆）文王，於葺（緝）遉（熙）敬些（止）。'"

　作冊折尊　作冊折觥　折方彝　齊璽彙0198

【注】從人臣聲。●金文地名。●齊璽"易都邑昗遉（徙）盧（鹽）之鉥"。劉洪濤認為"昗"是伺望之"伺"的表意初文。讀伺，候察選取之意。（《戰國官印考釋兩篇》）"伺""臣"二字音近古通。

晉　璽彙2409

【注】從木臣聲。●用作姓氏，可能讀姬，也可能讀熙。古璽中有配氏，見《璽彙》3181-3185等號，一般認為就是熙氏。

定紐臺聲

臺 楚 清華六·子產7　郭店·老甲26　上博二·子羔11　清華七·趙

簡子10　清華五·湯丘4　清華九·治政34　清華六·子儀14　晉 侯馬

貨系3969　貨系2479　璽補141　秦 秦印228　陶彙5·38　戰編

776　廿九年漆卮　臺、臺、臺　秦集一·四·18　臺　秦集一·四·19

【注】戰國秦系文字多從喬（或高）從至，會至于高處之意。戰國他系文字省訛作臺、臺、臺、臺，上部從止形。臺、台古不同字。●樓臺、高臺。《清華七·趙簡子10》："宮中三臺，是乃歀（侈）矣。"●人名。《廿九年漆卮》："二十九年，大后詹事丞向，右工市（師）象，工大人臺。"《秦印228》為人名。●秦封泥有"安台丞印""安台左墜"。安台，秦時上林苑觀名。《長安志》引《關中記》云，上林苑中有"觀二十五……仙人觀、霸昌觀、安台觀、滄沮觀，……在長安城外。"●賤者之稱。《清華五·湯丘4》："君天王，是又（有）臺僕（僕）。"《左傳·昭七年》

僕臣臺。《注》皂輿，隸僕之至卑者也。《孟子》蓋自是臺無饋也。《注》臺，賤官，主使令者。

嬉  秦印 241

【注】從女臺聲。●秦印單字。

憻  印增 600

【注】從心臺聲。●人名。

定紐巳聲

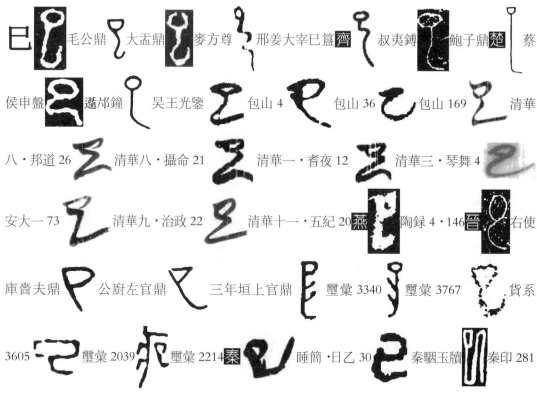

巳　毛公鼎　大盂鼎　麥方尊　邢姜大宰巳簋 齊　叔夷鎛　鮑子鼎 楚　蔡

侯申盤　邁邡鐘　吳王光鑒　包山 4　包山 36　包山 169　清華

八·邦道 26　清華八·攝命 21　清華一·耆夜 12　清華三·琴舞 4

安大一 73　清華九·治政 22　清華十一·五紀 20 燕　陶録 4·146 晉　右使

庫嗇夫鼎　公廚左官鼎　三年垣上官鼎　璽彙 3340　璽彙 3767　貨系

3605　璽彙 2039　璽彙 2214 秦　睡簡·日乙 30　秦駰玉牘 秦印 281

【注】甲骨文作𠃬、𠃌、𡆒、𢀖，象胎兒形。金文同甲骨文。《說文》：“𢀖，巳也。四月，陽氣
巳出，陰气巳藏，萬物見，成文章，故巳為蛇，象形。凡巳之屬皆從巳。”析形釋義均不確。本
義當為胎兒。後借為地支的第六位，與天干配合用來紀年、月、日。詳“子”字說解。●地支
第六位，用以紀日。甲骨文金文均以𡆒為巳。《周大仲簋》：“唯六月初吉，丁子（巳）。”戰國晚
期始作巳。《右使庫嗇夫鼎》：“癸巳。”《公廚左官鼎》：“十一年十一月乙巳朔。”●讀祀，祭祀。
《大盂鼎》：“古（故）喪自巳（祀）。”“自巳”即純祀，指大統。卜辭亦以子之省形𠃌為“祀”，
“祀”為求子之祭，後引申泛指祭祀。●讀矣，語助詞。《吳王光鑒》：“往巳弔（叔）姬，虔敬
乃後，孫孫勿忘。”●嘆詞，讀噫。《毛公鼎》：“王曰：父厝，巳！”●讀已，終止、停止。《蔡

侯盤》："佑受母（毋）巳（已）。"《鄩子矑師鎛》："眉壽母（毋）巳（已）。"●讀已，已經。已經之"已"本由"巳"字所分化。《三年垣上官鼎》："三年，巳（已）簸，大十六臾。"《璽彙2039》讀"董病已"，為古人習見人名。《璽彙2214》讀"胡疾已"，為"疾已"合文。●讀熙，和樂之貌。《邁邥鐘》："它它巳巳，子子孫孫兼（永）保用之。"它它巳巳，《齊侯匜》或言"它它巸巸（熙熙）"。●楚簡多讀已。《清華一・耆夜12》："母（毋）巳（已）大康，則攵（終）目（以）戈（祚）。"

妃 ┃ 亞形中疑妃盤 ┃ 齊 ┃ 陳侯午錞 ┃ 鄝侯簋

【注】甲骨文作𦙡、𦙡，從女從巳（兼聲），會婚配生子之意。容庚曰："妃匹之妃當是妃之訛。"（《金文編》）795頁）《說文》誤妃匹字為"妃"。"改""妃"于金文其實一字，而"妃"《說文》則失收。●金文"妃""妃"語例同，均用作王侯的配偶。《鄝侯簋》："嬭（乃）乍（作）皇姚囗君中（仲）妃祭器八叚。"《陳侯午錞》："乍（作）皇姚孝大妃祭器鈇錞（敦）。"

改（改） ┃ 改盨 ┃ 牧簋 ┃ 齊 ┃ 鯀鎛 ┃ 楚 ┃ 楚大師登鐘 ┃ 曾侯與編鐘 ┃ 改 郭店・尊德4 ┃ 改 上博一・詩論10 ┃ 改 上博一・詩論11 ┃ 改 上博四・曹沫52 ┃ 改 清華八・邦道14 ┃ 改 清華二・繫年104 ┃ 改 清華一・祭公10 ┃ 改 清華一・楚居13 晉 ┃ 改、改 侯馬 秦 ┃ 改、改 秦印63 ┃ 改 詛楚文

【注】甲骨文作改、改、改，李學勤先生指出更改之"改"本是從攴巳聲之字。（《釋"改"》）甲骨文、金文均從巳作；戰國文字侯馬盟書作改、改，郭店楚簡作改、改，亦從巳作，均可證"改"本從攴巳聲。《說文》分為改、改二字。己、巳作偏旁常混同，如"記"字或作記，"妃"字或作妃；故改、改本為一字。《說文》："改，毅改，大剛卯，以逐鬼魅也。從攴巳聲。讀若巳。"方浚益曰："疑古文改本從巳，篆文分改、改為二，'毅改，大剛卯以逐鬼魅'新莽時語，非古訓。"（《綴遺齋彝器款識考釋》九卷10頁）《說文》："改，更也。從攴己。"小徐本《說文》："改，更也。從攴己聲。""改"本從巳聲，為以紐之部字，後因聲符"巳"與"己"形近而混，人們就誤以為"改"從己聲，古音"己"在見紐之部，於是"改"也隨之讀入見紐之部。●用為本義，更改、改變。《鯀鎛》："枼（世）萬至于辝（台）孫子，勿或俞（渝）改。"楚簡多用為本義。《郭店・尊德4》："教非改道也，教之也。學非改侖（倫）也，學异（己）也。"●《曾侯與編鐘》："余鼼（申）圌楚成，改復曾疆。"改復曾疆，即重新光復曾國的疆土。●人名。《改盨》："改乍（作）朕（朕）文考乙公旅盨。"

改楚 清華八・邦政 13

【注】從心改聲。●讀改。《邦政 13》:“改（改）人之事，堂（當）時為常。”强調在邦政上，如果要有所改動的話，就以“當時、應時”為常理。

竢楚 清華六・子儀 14上博八・李頌 1 上博二・容成 24 上博六・慎子 3 清華二・繫年 135

【注】從立巳聲。“竢”為“竢”字異體。《說文》:“竢，待也。從立，矣聲。竢，或從巳。”●多讀竢，待也。《清華六・子儀 14》:“臺上又（有）兔，梭（樛）枳當橿，竢（竢）客而韜（宴）之。”臺上有兔，用彎曲的樹枝當圍欄，等待用它們宴請客人。●讀耜（耜）。《上博二・容成 24》:“禹親執枌（畚）竢（耜），以陂明都之澤，決九河之洙（阻）。”

汜楚 清華十・四時 16圖典 135晉 璽彙 2745秦 里耶 9・981

【注】從水巳聲。●《里耶 9・981》:“史逐將作者汜中。”“史”，官名，官府中的低級辦事員吏。“逐”，疑為人名。“將”，帶領。“作者”，勞作者。汜中，為地名。●《清華十・四時 16》:“廿=（二十）四日土汜旦紳（陳），洹雨乍（作）。”土汜，屬西方七宿。●楚璽“汜屝”，應為姓氏。晉璽人名。

祀 四祀邲其卣鬳方鼎徐公子鐘𤞷盨湯鼎師酉鼎齊 郳公鞁父鎛邾公釛鐘邾公華鐘拍敦蓋司馬楙鎛厲羌鐘 郜伯祀鼎楚 余購逐兒鐘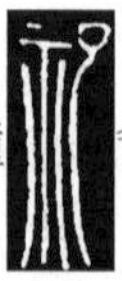酓璋鐘 楚王熊章鐘 徐𩵦尹皆鼎王子午鼎𨜒陵君豆上博二・君老 2 上博三・周易 43 清華一・皇門 4清華三・說命下 8 郭店・性自 66燕 郾王職壺

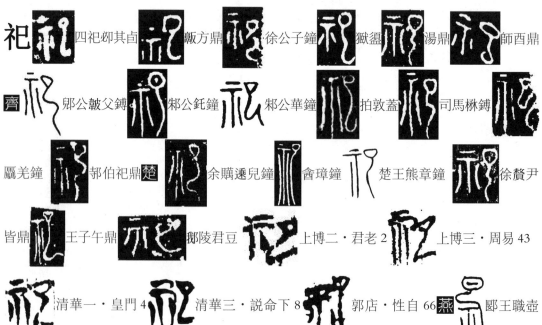

祀 哀成叔鼎 𧊒壺 中山王䇘壺 秦 秦公簋 睡簡·日甲 6

秦印 3 秦駰玉牘

【注】甲骨文作祀、𥙃、祀、卩、𤰆、𥚃、孑、𢀠、𢀠、𢀞、𤰆、祀等形，從示巳聲。字兼會意。徐中舒謂象"尸祭"之形，上古祭祀，或以小兒（多為受祭者之子孫）坐在神龕上代表祖先受祭，稱為"尸"或"尸子"；或舉尸于成人頸上表祭祀之義，甲骨文正象此形，這是最初的"祀"，此形後漸漸訛變只用"子"或"巳"，後為了區別小兒之"子"和地支之"巳"，乃將"子"下畫稍彎畫成似人跽跪之形，以專用為祭祀之字。金文多沿用甲骨文。戰國文字巳或加𠂇、乀為飾。《説文》："祀，祭無巳也。從示巳聲。禩祀或從異。"本義是祭神靈或祖先。商代"祀"還有"年"的意思，如《尚書》："惟十有三祀，王訪于箕子。"意思是：十三年，武王訪問箕子。●祭祀。《智鼎》："智其萬（年）用祀。"《天亡簋》："王祀于天室。"《國語·周語上》："夫祀，國之大節也。"●殷商作"年"的代稱。《吳方彝》："惟王二祀。"殷代用"祀"紀年，二祀即二年。《段簋》："佳（惟）十又四祀。"即王在位十四年。祀，通常用于紀年，而年、歲則偏重記時。西周中期以後，逐漸改用直接紀年，置于銘文之首。●人名。《郭伯祀鼎》："郭白（伯）祀乍（作）善（膳）貞（鼎）。"

芑 楚 上博二·容成 42

【注】從艸巳聲。●讀改。《上博二·容成 42》："紂不述其先王之道，自為芑（改）為，於是乎作為九成之臺。""改為"指"改變先王舊法，任意而為"。

鈀 秦 秦風 226

【注】從魚巳聲。●"鈀可舍"，應為姓氏。

齠 楚 清華四·別卦 2

【注】從齒從頁巳聲，疑為"頤"的異體字或古字。●讀頤，即"頤"卦。巳、頤都是餘母之部字。

𩨞 楚 清華十一·五紀 83 清華十一·五紀 83 清華十一·五紀 111 清華十一·五紀 93

【注】以巳為基本聲符。或作胥、骨，應為一字異體，均是"骸"之異構。●整理者均讀骸。

85

亥聲、巳聲可通。《清華十一·五紀83》："左南惟（維）左辟（臂），右南惟（維）右辟（臂）；北唯（維）之右＝（右右）尰（骸），亓（其）左＝（左左）尰（骸）。"

 陳公子叔原父甌

【注】從鬲從匕從米巳聲。●讀饎。《陳公子叔原父甌》："用鬻稻沙（梁）。"詳"盨"字。

泥紐而聲

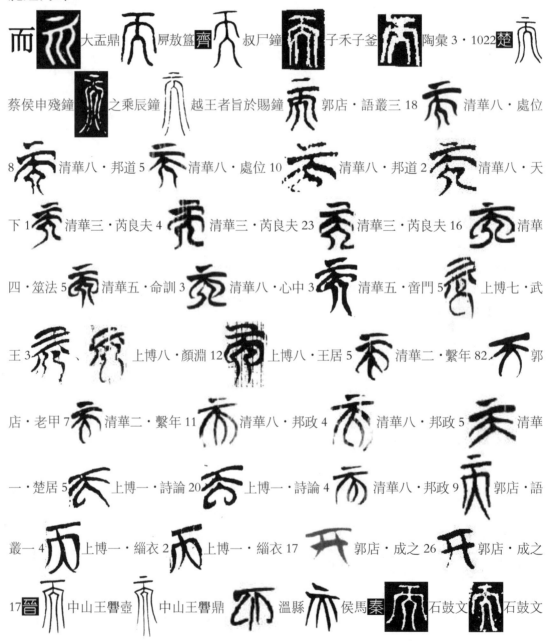

大盂鼎　屏敖簠〈齊〉　叔尸鐘　子禾子釜　陶彙3·1022〈楚〉

蔡侯申殘鐘　之乘辰鐘　越王者旨於賜鐘　郭店·語叢三18　清華八·處位8　清華八·邦道5　清華八·處位10　清華八·邦道2　清華八·天下1　清華三·芮良夫4　清華三·芮良夫23　清華三·芮良夫16　清華四·筮法5　清華五·命訓3　清華八·心中3　清華五·菅門5　上博七·武王3　　上博八·顏淵12　上博八·王居5　清華二·繫年82　郭店·老甲7　清華二·繫年11　清華八·邦政4　清華八·邦政5　清華一·楚居5　上博一·詩論20　上博一·詩論4　清華八·邦政9　郭店·語叢一4　上博一·緇衣2　上博一·緇衣17　郭店·成之26　郭店·成之17〈晉〉　中山王響壺　中山王響鼎　溫縣　侯馬〈秦〉　石鼓文　石鼓文

陶彙 3 · 1022　 睡簡 · 日甲 121 背　 睡簡 · 答問 63　而 里耶 6 · 1

【注】甲骨文作 、 、 、 、 ，象頜下垂須之形，上橫表示鼻端，弧形表示垂掉的鬍鬚。《大盂鼎》所作，唐蘭釋為"而"。（引自周寶宏著《西周青銅重器銘文集釋》298 頁）究其字形，與甲骨文同形，上加一橫，為飾筆，古文字習見。晚期字形與天字易混。楚系文字下部寫作 ，向內收筆而与"天"有別（楚簡作 者，則與"天"混同）；或寫作 ，笔意与"天"相別。●第二人稱代詞，同"爾""女（汝）"。《越王者旨于賜鐘》："嘉而（爾）賓客。"《清華三 · 赤鳩2》："嘗我於而（爾）盥（羹）。"《上博二 · 子羔9》："善，而（爾）昏（問）之也，舊（久）矣。"●連詞。《中山王響壺》："為人臣而返（反）臣其宝（主），不祥莫大焉。"●承接連詞，相當于"乃"。《大盂鼎》："而令（命）女（汝）盂井（型）乃嗣且（祖）南公。"《禮記 · 檀弓》"而曰然"注："猶乃也。"此銘王先命盂紹榮伯，此再命"刑乃嗣祖南公"，所以說"而命"等于說乃命。 ，林澐先生釋為"馘"。●讀儒。《郭店 · 成之26》："聖人之眚（性）與中人之眚（性），其生而未又（有）非（違）之，節於而（儒）也，則猷（猶）是也。"劉釗先生曰"'節'讀為'即'，'即'就也。'而'讀為'儒'。古音'而'在日紐之部，'儒'在日紐侯部，聲為一系，韻部主要母音相同，可以通轉。"

 睡簡 · 答問 65　 睡簡 · 日乙 145　 秦印 189　而 里耶

 里耶 8 · 805

【注】從寸而聲。●剃掉頭髮的刑罰，或作"髵"。《睡簡 · 秦種153》："及法耐辠（遷）者，皆不得受其爵及賜。"●讀乃。《睡簡 · 日乙145》："耐為四席。"●秦印姓氏。

 郭店 · 語叢二 17

【注】《說文》："恧，慙也。從心而聲。"●用為本義，自慚。《郭店 · 語叢二17》："浧生於忩（欲），恧生於浧，逃生於恧。"

 新蔡甲三 418

【注】從艸而聲。●"囗於茾丘一豴（貑）"，地名。

 宰甫卣

【注】從鬲而聲。●地名。《宰甫卣》："王來獸自豆录（麓），才（在）磻帥（次）。"

泥紐耳聲

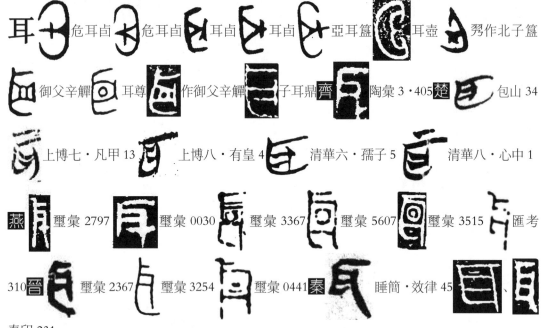

耳 ＋危耳卣 ＋危耳卣 耳卣 耳卣 亞耳簋 耳壺 努作北子簋 御父辛觶 耳尊 作御父辛觶 子耳鼎齊 陶彙 3·405 楚 包山 34 上博七·凡甲 13 上博八·有皇 4 清華六·孺子 5 清華八·心中 1 燕 璽彙 2797 璽彙 0030 璽彙 3367 璽彙 5607 璽彙 3515 匯考 310晉 璽彙 2367 璽彙 3254 璽彙 0441秦 睡簡·效律 45

秦印 231

【注】甲骨文作、、、、、，象耳朵之形。金文同甲骨文。小篆綫條化。《説文》：“耳，主聽也。象形。凡耳之屬皆從耳。”本義為耳朵，如《老子》：“五音令人耳聾。”古文中“耳”字又常假借為語气助詞，義為“而已”。楚系文字常寫兩横一豎，他系文字多是上横與豎成折筆向下。●用為本義。《睡簡·日甲 158 背》：“令耳恩（聰）目明。”●人名。《亞耳尊》：“亞耳乍（作）且（祖）丁障彝。”秦印人名。●讀佴。《睡簡·秦種 44》：“馬牛誤職（識）耳，及物之不能相易者，貲官嗇夫一盾。”識佴，指標識次第之意。牛馬及不能調換的器物錯標了次第，罰該官府的嗇夫一盾。

竩晉 六年冢子戟

【注】從立耳聲。●“庫吏竩”，人名。

茸齊 璽彙 3207晉 璽彙 3208秦 秦印 17

【注】從艸耳聲（或作中，艸之省形）。茸、耳均屬泥紐。●齊璽、晉璽讀莪，姓氏。●秦印“李茸”人名。

枏秦 里耶 8·1562

【注】從木耳聲。●“操枏”，《校釋》以為“楫”之誤字。

88

誀 晉  璽彙 0819

【注】從言耳聲。●晉璽人名。

迺 齊  陶彙 3·206　陶彙 3·586　陶録 2·196　陶録 2·659　璽彙

3207　陶録 4·44　燕 璽彙 5640

【注】從辵耳聲。●均為人名。

耼 晉  璽彙 3008　璽彙 3793　璽彙 3833

【注】從日耳聲。或以為"耼"之訛文，口訛為日。●晉璽人名。

洱 晉  十年洱陽令戈　璽彙 1085

【注】甲骨文作 洍 、 洍 ，從水耳聲。《説文》無。《水經注》洱水，出弘農郡盧氏縣之熊耳山。
●《十年洱陽令戈》："十年，洱陽侖（令）長疋。"洱陽，地名，戰國時屬韓。●晉璽人名。

狔 晉  九年鄭令向匄矛

【注】從犬耳聲。●人名。

蚇 晉  璽補 253

【注】從虫耳聲。●"蚇念"，人名。

鉺 楚  君輇車惠

【注】從金耳聲。●讀珥。《君輇車惠》："君輇鉺。"《秋興賦》序："珥蟬冕而襲紈綺之士。"注：
"珥，猶插也。"

珥 楚  曾侯與編鐘　　曾侯 64　　信陽 2・2　　新蔡甲三

207 秦  睡簡・答問 80

【注】從玉從耳，耳亦聲。古代指珠玉耳飾。●珠玉飾耳物。《信陽 2・2》：“一司（笥）翠（翠）珥。”笥，方形木箱。《睡簡・答問 80》：“所夬非珥所入殹（也），可（何）論？”如撕裂的耳朵本來沒有穿過戴珥的部位，應如何論處？●《曾侯與編鐘》：“難老黃枸（耇），珥終無疆。”珥冬，疑可讀為弭終。弭有止息之意，終即死亡，因此“弭終”有不死之意思。金文中“需冬”多見，乃求善終之意，與此近似。

餌 楚  上博四・曹沫 55　　　郭店・老丙 4 晉　　侯馬

【注】從食耳聲，“鬻”之或體。《說文》：“鬻，粉餅也。從鬻耳聲。餌，鬻或從食耳聲。”●指誘惑人的事物。《郭店・老丙 4》：“樂與餌，忤（過）客坒（止）。”●侯馬人名。《上博四・曹沫 55》：“使良車良士往取之餌，使其志起。”“餌”或即“餌兵”，為引誘敵軍深入的餌。《孫子・軍爭》：“銳卒勿攻，餌兵勿食。”句意似謂選用精兵去打掉敵人的餌兵，以振奮士氣。

刵 齊  陶録 3・557

【注】從刀耳聲。《說文》斷耳也，從刀耳。本義古代割耳朵的一種刑罰。《書・康誥》：“非汝封又曰劓刵人，無或劓刵人。”●齊陶人名。

坦 晉  璽彙 3294

【注】從土耳聲。●晉璽人名。

佴 楚  清華五・命訓 7　　清華五・命訓 3　　清華五・命訓 7 晉　　璽彙

6418 秦  秦印 155

【注】從人耳聲。●讀恥。《清華五・命訓 9》：“亟（極）佴（恥）則民只（民枳，民枳）則㾑人（傷人，傷人）則不罰（義）。”●晉璽秦印均為人名。

恥 楚  郭店・緇衣 28　　郭店・語叢二 3　　上博一・詩論 8　　上博一・詩

論 9 郭店・語叢二 4　　上博五・三德 13　　上博六・天甲 7　　上博六・天乙

7 清華八・邦道 3　　清華一・祭公 18

【注】《説文》："恥，辱也。從心耳聲。"●均用為本義，恥辱、羞恥。今字作耻（從耳止聲）。止，章母之部；耳，日母之部。同為舌面音，疊韻。《上博一・詩論 8》："《雨無正》《節南山》皆言上之衰也，王公恥之。"

嬭加編鐘

【注】從鬼耳聲。●讀恥。《嬭加編鐘》："余非敢乍（作）魏（恥）。"

泥紐能聲

能　縣改簋　　哀成叔鼎　　番生簋　　毛公鼎　　䣤比簋　　能

匋尊　能匋尊　　沈子它簋齊　　叔尸鐘楚　　郭店・語叢三 19　　望山

1・38　包山 156　　上博二・容成 29　　上博四・内禮 4　　清華一・金滕 4

清華三・芮良夫 27　　清華二・繫年 36　　清華二・繫年 68　　清華八・邦

政 4　清華八・邦道 19　　郭店・五行 10　　上博一・緇衣 21　　上博六・孔子

25　安大一 115晉　　哀成叔鼎　　銮壺　　中山王䤪壺　　中山王䤪鼎

睡簡·雜抄 3、秦印 199

【注】商周圖形文字作（《集成》6183），甲骨文作、，其形直立，且上下足彎曲，單育辰釋為"能"，即"熊"字。（詳《説"熊""兔"——"甲骨文所見的動物"之三》）"熊"的頭部為"目"形，且多有短尾而下垂；而"夒（猱）"的頭部更接近真實的猴首，且"夒（猱）"字或于其首部畫毛髮之狀，或有短尾而上翹。金文把"熊"的"目"形簡化為"目"形；把"熊"身簡化為肉形，這也就是《説文》誤説"能"字"從肉目聲"的由來。《説文》："，熊屬。足似鹿。從肉目聲。能獸堅中，故稱賢能；而强壯，稱能傑也。凡能之屬皆從能。"許慎以為形聲字，不確。本義為熊類野獸，是"熊"的本字。"能"是獸中的强者，所以又引申為賢能。後"能"為引申義所用，本義就用"熊"來表示了。●動詞，勝任。《中山王嚳鼎》："此易言而難行施（也），非惬（信）與忠，其佳能之。"●才能、賢能。《中山王嚳壺》："嬰（舉）掔（賢）迲（使）能，天不墨（斁）其又（有）忘（願）。"●形容詞，善也、好也、厚也、大也。《沈子它簋》："傾（顧）褱（懷）多公能福。"●動詞，和睦、親睦。《毛公鼎》："康能四或（國）。"●讀熊，姓氏。《能奚壺》："能奚乍（作）寶壺。"《能匋尊》："能匋易（賜）貝于乒（厥）訡公。"能、熊可通，詳《古字通假會典》34 頁"能–熊"條。●動詞，能夠。《蚉壺》："不能寧處。"●讀態。《上博二·容成 29》："驕能（態）始作，乃立皋陶以為李（理）。"

熊 楚 清華七·晉文公 6 秦 詛楚文 、、印增 399 北大簡

【注】從火能聲。能，泥母蒸部；熊，匣母蒸部，音近。古文字中"嬴""能"二字形近常混淆互訛。●用為本義，動物名。《清華七·晉文公 6》："為熊旗大夫出，為豹旗士出。"●姓氏。《詛楚文》："楚王熊相之倍（背）盟犯詛。"秦印亦為姓氏。姓氏字楚文字常用"酓"，三晉文字用"盦"。

曩 楚 清華六·子儀 19 新蔡甲三 22 清華十·四告 10

【注】從日能聲。●讀翌。曩，從日能聲，奴代切，泥紐之部；"翌"餘母緝部。泥餘旁紐雙聲、之緝通轉疊韻，音近可通。《清華六·子儀 19》："臣見遺者弗復，曩（翌）明而反（返）之，臣兀（其）歸而言之。"《新蔡甲三 22》："曩日癸丑。"

竑 楚 清華六·子產 8

【注】從立能聲。●讀態。《清華六·子產 8》："宅大心張，岂（美）外竑（態）端（矜）。""態矜"即意態自美自大。

態 楚 清華五·三壽 16 清華三·芮良夫 19

【注】從心能聲。《說文》：“態，意也。從心，從能。能，或從人。”鈕樹玉校錄：“當是從心，能聲。後人疑聲不近，改為會意。”態，透母之部；能，泥母之部。二字疊韻、旁紐雙聲。●讀怠。《清華三・芮良夫19》：“惪（德）型（刑）態（怠）紣（惰），民所訴（妖）訛（比）。”“態紣”即“怠惰”。●讀愿。《清華五・三壽16》：“晨（振）若（若）叙（除）態（愿）。”若，《爾雅・釋詁上》：“若，善也。”邢昺注：“若者，惠順之善也。”“振弱除愿”，即救助貧弱，劃除邪惡之意。

散
牆盤

【注】從攴能聲。從攴，蓋義與攴伐相涉。●或謂讀懲、答。《牆盤》：“廣散（答）楚刑（荊），隹（唯）寏南行。”廣散楚刑，是大擊楚荊。

泥紐乃聲

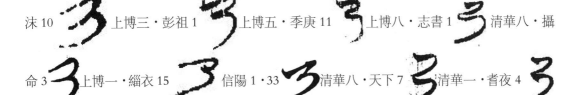

乃　毛公鼎　師麦簋　叔趯父卣　大方彝　豆閉簋　乃孫作且己鼎　冊二

年逑鼎　合㝅簋齊　鄭叔之仲子平鐘　叔夷鎛　上曾大子鼎楚　上博四・曹

沫10　上博三・彭祖1　上博五・季庚11　上博八・志書1　清華八・攝

命3　上博一・緇衣15　信陽1・33　清華八・天下7　清華一・耆夜4

清華一・金縢5　上博九・陳公10秦　宗邑瓦書　陶彙5・393　新鄭虎

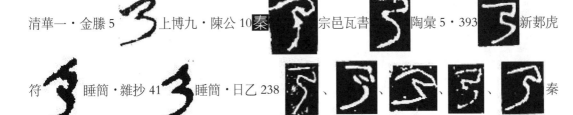

符　睡簡・雜抄41　睡簡・日乙238　、　、　、　、秦

編738　秦印85

【注】甲骨文作 、 、 、 ，郭沫若謂“奶”之初文，象乳房側面形。林義光謂“扔”之古文。朱芳圃謂“繩”之初文。甲骨文金文多用為虛詞，本義不顯。《說文》：“ ，曳詞之難也。象气之出難。凡乃之屬皆從乃。阿古文乃。 籀文乃。”本義或為餵奶，“奶”的初文。後多用為假借義。●代詞。《師兌簋》：“賜女乃祖巾（市）。”●連詞，於是。《鄭叔之仲子平鐘》：“乃為之音。”《噩侯鼎》：“王休宴，乃射。”●副詞，表示有所限定，猶今之語“才”“才能”。《新

郪虎符》："必會王符，乃敢行之。"●指示代詞，猶"是""此"。《師克盨》："昔余既令女（汝），今余隹䚘（申）臺乃令。"●讀仍。《説文》："仍，因也。"《瑂生尊》："其兄公，其弟乃。"我們長房處事公道，你們二房也應該仿效。●秦簡讀仍。《睡簡・為吏21》："贅壻某叟之乃（仍）孫。"仍孫，自本身往下數第八世孫。也泛指後代子孫。

玏 楚 信陽 2・18

【注】從玉乃聲。●《信陽 2・18》："金玏。"信陽一號墓出土的編鐘，是用銅鍵固定在鐘簨上的。"金玏"，就是這種把鐘固定在簨上的鋼鍵。

㲽 楚 清華七・越公10 清華七・越公73

【注】從二乃。●讀仍。《清華七・越公10》："天不㲽（仍）賜吳於雩（越）邦之利。""仍"，重復，再一次。越邦之利，指戰勝越國之利。

疧 楚 璽彙5507

【注】從疒乃聲。●楚璽單字，人名。

芿 姬芿母鬲 伯芿簋 師旂鼎 散氏盤

【注】甲骨文作、、，從艸乃聲，金文同。《説文》："芿，艸也。從艸乃聲。"本義指陳根草不芟，新草又生，相因仍也，所謂燒火芿者也。卜辭有"農芿"，猶言耕種舊草不除，新草復生之地。●人名。《伯芿簋》："白（伯）芿乍（作）寶段。"●地名。《師旂鼎》："才（在）芿。"指伯懋父北征之駐地。

盄 靜簋

【注】從皿芿聲。●人名。《靜簋》："王㠯（以）吳㚔、吕㰀卿數（鬬）盄白（師）、邦周射于大沱（池）。"

迺 楚 新蔡甲三99 上博四・柬旱17 上博七・鄭甲7 上博七・鄭乙7 新蔡甲三99

【注】從辵乃聲。●讀仍，因、從。《上博七・鄭甲7》："君王必進帀（師）㠯（以）迺之！""迺"應表示"迎擊"一類意思。●讀乃。《上博四・柬旱17》："大剉（宰）迺而胃之。""迺而"，讀

為"乃而"，是由表示順接關係的"乃"和"而"組成的複合連詞，仍然是表示順接，連接兩個有順承關係的分句。"乃而"可以譯為"於是"。新蔡簡"先之以一璧，迺（乃）而歸之"，謂在祭祀時要把玉璧放在其他祭品的前面，然後一起奉獻給神靈。

 新蔡甲三 356

【注】從攴迺省聲。●簡文"㠯（以）微剢尹弢與☐"，疑當讀為徵求之"徵"。

泥紐迺聲

鹵（迺）毛公鼎 毛公鼎 大方彝 農卣 鈢攸比鼎 鈢比簋 散氏盤 牆盤 大方彝 曾伯陭壺 上博三·周易 47 清華三·説命上 3 清華一·保訓 5 清華五·厚父 11 清華一·皇門 7 上博二·子羔 11 清華十一·五紀 107 石鼓文 睡簡·封診 17 嶧山刻石

【注】甲骨文作、、、、、、，象置器于架子之上。徐中舒曰："從卤從山，卤象圜底容器，山為承器之座，卤形多有訛變，形近于甘（西），故《説文》以為西聲。"（《甲骨文字典》501 頁）金文小篆同甲骨文。秦文字訛為從西。《説文》："鹵，驚聲也。從乃省，西聲。籀文鹵不省。或曰鹵，往也。讀若仍。古文鹵。"《説文》説解頗為零亂，或系傳寫有訛所致。典籍多借為"乃"，作副詞，表示竟然、于是等義。●金文作副詞，就、便、于是等義，經傳多假"乃"為之。《虢叔旅鐘》："旅敢肇帥井（型）皇考威義（儀），☐御于天子，鹵（乃）天子多易（賜）旅休。"●讀娍。《上博二·子羔 11》"又鹵是"，馬承源先生指出："又鹵是，讀為'有娍氏'。若'娍'以戎得聲，與'鹵'為泥紐雙聲，若從心紐則其音不諧。"（《上海博物館藏戰國楚竹書（二）》195 頁。）●是。《睡簡·封診 17》："甲故士五（伍），居某里，迺四月中盜牛，去亡以命。"

來紐嫠聲

 師寰簋 師虎鼎

【注】甲骨文作、、、、、，從攴，從丰或從木（戰國秦系文字訛為未），會擊植

95

物果實使其坼裂之意。或作 𣪊、𣪊、𣪊，左上聲化從來。金文同甲骨文。《説文》："𣪊，坼也。從攴從厂。厂之性坼，果孰有味亦坼。故謂之𣪊，從未聲。""𣪊"為初文，蓋攴擊所以脫粒，故引申為"坼"。● 分置。《伯唐父鼎》："用射𤞤，𣪊虎、貉、白鹿、白狼于辟沱（池）。"● 讀釐，祝福。《師觀鼎》："觀敢𣪊（釐）王，卑（俾）天子萬年。"● 讀萊，國名。典籍作"萊"。《師寰簋》："今余肇（肇）令女（汝）遂（率）齊币（師），曩、𣪊、釐、屍、左右虎臣，正（征）淮尸（夷）。"同器銘文或作 。

孳 牆盤 孳 叔向父禹簋

【注】從子𣪊聲。《玉篇》孳孖，雙生也。《揚子·方言》陳楚閒凡人嘼乳而雙產曰孳孳。● 讀釐，福也。《叔向父禹簋》："降余多福緐（繁）孳（釐）廣啟禹身。"

嫠 師嫠簋 嫠 師嫠簋 嫠 師嫠簋 嫠 師嫠簋 嫠 師嫠簋 嫠 輔師嫠簋 嫠 輔師嫠簋 嫠 輔師嫠簋 嫠 毓且丁卣

【注】從又𣪊聲，為"𣪊"之繁文。《説文》："嫠，引也。從又𣪊聲。"手引而攴擊之，故亦訓為"引"。● 讀釐，福也。《毓祖丁卣》："降令曰：歸裸于我多高，處山易（賜）嫠，用乍（作）毓且（祖）丁隣。"● 人名。《師嫠簋》："宰琱生内（入）右師嫠。"

璆 璆 高卣

【注】從玉嫠聲。● 讀釐。《高卣》："王畣（飲）西宮，豆（蒸）咸璆（釐）。"

賚 賚 多友鼎 賚 辛鼎 賚 大克鼎 賚 師寰簋 賚 冊二年述鼎 賚楚 賚 徐賚尹皆鼎

賚 徐賚尹皆鼎 賚 包山157 賚 包山28 賚 上博五·君禮10 賚 上博四·柬

旱4 賚 上博四·柬旱21

【注】從貝𣪊聲。當為釐福之專字，即"賚"本字。楚文字應為"賚"之省文。《徐賚尹皆鼎》可看做𣪊之省文，省掉攴旁。（《東周金文與楚簡合證》79頁）● 讀賚，賜予。《辛鼎》："多友賚辛。"文獻抑或作"釐"，《詩·江漢》："釐爾圭瓚，秬鬯一卣。"方浚益曰："賚從貝從𣪊，是賚

之異文，古音來與桼同。"(《金文詁林》1947 頁）小篆"賚"當由"鼕"省減其聲符而來。"賚"字出現，當為秦漢間事。●《師袁簋》同"桼"，用為國族名。●讀釐，釐福。《大克鼎》："得屯（純）亡敃，易（賜）鼕（釐）無彊（疆）。"●《上博五·君禮 10》："芫（玩）鼕之徒。"讀釐，訓為嬉。《左傳》莊公八年："有寵於僖公。"《史記·齊太公世家》僖公作釐公。《大戴禮記·誥志》："惟民是嬉。"王聘珍解詁："嬉，亦樂也。""玩嬉之徒"，此指有徒學於孔子，師徒間亦師亦友，常玩味學問。●讀釐。《包山 157》："鼕（釐）尹之司敗。"據《簡大王泊旱》，釐尹當是楚國主持宗教事務的長官。《徐鼕尹皆鼎》疑讀"釐尹"。

繢 楚 信陽 2·7 信陽 2·23

【注】從糸鼕省聲，"練"之繁文。練，氂之異文。《説文》："氂，彊曲毛，可以箸起衣。從犛省，來聲。"●讀繢，繩索。《信陽 2·7》："弁（辮）繢（繢）。"繢，來聲字。

轚 楚 望山 2·2 望山 2·8

【注】從車桼聲。●車上器件。《望山 2·6》："丹硅（重）揪之轚骬，黃裏。"包山簡作"練"。

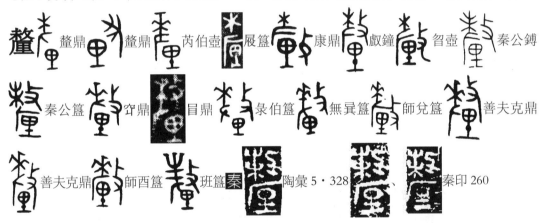

釐 釐鼎 釐鼎 芮伯壺 尼簋 康鼎 虢鐘 智壺 秦公鎛

釐 秦公簋 穷鼎 冒鼎 彔伯簋 無叀簋 師兑簋 善夫克鼎

釐 善夫克鼎 師酉簋 班簋 秦 陶彙 5·328 、 秦印 260

【注】從桼，里為疊加聲符。"釐"為"桼""嫠"之後起字。晚周金文或從桼省，僅作"釐"。釐，《集韻》同釐。自古文字觀之，桼、嫠、釐為一字，《説文》分為三字。《説文》："釐，家福也。從里桼聲。"●福也。《班簋》："不（丕）环虱皇公受京宗懿釐。"甲骨文的"延桼"亦即延長福祉之義。●讀賚，賜予。彝器多作"鼕"，亦作"釐"。《冒鼎》："侯釐冒、虢、胄、盾、戈、弓、矢束、貝十朋。"《詩·大雅·既醉》："其僕維何，釐爾士女。"毛傳："釐，予也。"典籍或作"賚"。馬瑞辰通釋："釐與賚雙聲，釐即賚之叚借，故訓為予。"●人名。《釐鼎》："釐白（伯）、☐母子剌乍（作）寶鬲。"●國名，典籍作"萊"，齊國的大都。《史密簋》："史密父率族人釐白（伯）、㯥、眉周伐長必，獲百人。"萊、釐古音同，相通。

酅 齊 叔尸鎛

【注】從邑釐聲。●讀萊，國族名。《叔尸鎛》："余命女（汝）嗣（司）辝（台）鄯（萊），遄或徒四千，為女（汝）敵（敵）寮。"

 勢 秦 北大簡

【注】從力釐省聲。●不詳。

 釐 楚 郭店·太一 8 　清華五·封許 3 　清華一·皇門 3 　郭店·尊

德 39 晉 釐戈 中原文物 1999·3

【注】"釐"之省文。●讀釐。《清華五·封許 3》："釐（釐）乓（厥）猷。"《書·堯典》孔傳："釐，治也。"《清華一·皇門 3》："自釐（釐）臣至于又（有）貧（分）厶（私）子。"釐臣，治國大臣。此句今本作"其善臣以至于有分私子"，陳逢衡注："善臣，猶善臣也。"●釐定、決定。《郭店·太一 8》："此天之所不能殺，墜（地）之所不能釐（釐）。"●讀理。《郭店·尊德 39》："童（重）義萘（集）釐（理），言此章也。"●晉文字均為地名。

 釐 齊 陳賄簋

【注】從宀釐聲。字與《古文四聲韻》中作 同。《古文四聲韻》引古《尚書》釐從此，為"釐"字異文。●諡號。《陳賄簋》："余墜（陳）中（仲）喬孫，釐弔（叔）桐子。"

 䄺 趞鼎 秦 十鐘 3·29 　秦印 21 　里耶 8·1526

【注】從䄺從來；為雙聲字，"䄺""來"都是來紐之部字。●國族名。《趞鼎》："趞拜稽首，敢對揚天子不（丕）顯魯休，用乍（作）朕皇考䄺白（伯）、奠（鄭）姬寶鼎。"●秦印人名。

 犛 秦 十九年大良造鞅殳鐏 　秦印 21 　分研 359

【注】從牛䄺聲。《說文》同"犛"。《說文》："犛，西南夷長髦牛也。"器銘中用為地名。●秦文字均讀犛，地名。《十九年大良造鞅殳鐏》："犛鄭。"《漢書·地理志》右扶風有斄縣，在今陝西武功南。《史記·曹相國世家》："曹參從還定三秦，初攻下辯、故道、雍、斄。"《正義》引《括地志》云："故斄城一名武功縣，西南二十二里古邰國也。"王輝先生認為此"犛"縣治應在此。（《十九年大良造鞅殳鐏考》）

來紐來聲

【注】甲骨文作 木、禾、朱、林、木、朱，象小麥形。後"來"被假借為來往的"來"。戰國文字或上下加飾筆作 來、禾。偏旁中多省作 木、朱、六，多見于晉系、楚系文字。楚系文字多繁化作迷、梺。《説文》："帝，周所受瑞麥來麰。一來二縫，象芒束之形。天所來也，故為行來之來。《詩》曰：'詒我來麰。'凡來之屬皆從來。"上古在陝西關中平原中興起的周人，認為麥子是天帝命神鳥從天上銜來，賜給他們的。這種説灋當然不可信。本義是小麥，如《詩經》："貽我來牟。" ●由彼至此，由遠及近，與"去""往"相對。《録簋》："白（伯）雄（雍）父來自馘（胡）。" ●表示動作的趨向。《沬司徒疑簋》："王來伐商邑。"《小臣俞尊》："隹（唯）王來正（征）尸（夷）方。"此句為倒文，指伐人方歸來。 ●將來、未來。《智鼎》："☐來歲弗賞（償），則付冊秭。"來歲，第二年、明年。《禮記·月令》："天子乃與公卿大夫共飭國典，論時令，以待來歲之宜。" ●《不娶簋》："王令我羞追于西，余來歸獻禽。"來歸，歸來、返回。 ●人名。《邾來隹鬲》："龜（邾）來隹乍（作）貞（鼎）。" ●齊陶讀里。燕陶文作"徠"，古代基層編制單位。

一·耆夜 8  清華三·説命中 1 璽彙 0264 晉  陶彙 6·123 陶録 5·38

【注】從辵來聲；或從止來聲。●楚文字多讀來，為"來"之繁文。《上博七·吳命 4》："昬（曹）迲（來）。"《清華一·尹至 1》："尹曰："句（后）！我迲（來）越今昒＝（旬日）。"●《上博七·吳命 8》："埭（理）先王之福，天子之需（靈）。"讀理，訓為"賴"。《孟子·盡心下》："稽大不理于口。""理"即訓為"賴"。"理"或寫作"俚"。●讀徠，訓為招致（使之來）。《上博三·周易 35》："迱（往）託埭（來）譽。"●疑讀棘。《郭店·窮達 4》："邵（呂）宔（望）為牂埭瀟，戰（守）監門埭埅（地）。"呂望傳説中提到地名"棘津"，馬王堆帛書《老子》甲本以"朸"為"棘"。"力""來"古音極近，疑簡文之"埭"與"棘"通。"薦"字古有"薦"音（《朱德熙古文字論集》55 頁），"薦""津"古音相近。"埭瀟"很可能就是"棘津"。●齊陶"陳迲立事"，人名。

耆 楚 清華三·説命下 10

【注】從日來聲。●讀勑，誡飭。《清華三·説命下 10》："敓（説），母（毋）蜀（獨）乃心，尃（敷）之于朕政，娿（欲）女（汝）亓（其）又（有）友耆（勑）朕命羏（哉）。"

娸 楚 上博七·吳命 8 秦 秦風 46

【注】從女來聲。●讀娌。《上博七·吳命 8》："先王姑娸。""來""里"二字古音同為之部來紐，常見通假。"姑娌"就是某些地方的方言中"女兒""姑娘"之意。（《〈上博（七）·吳命〉"姑娌"小考》）●秦印"文娸"，人名。

棶 楚  清華一·程寤 1 清華一·程寤 7 清華一·程寤 4 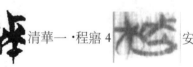 安

大一 75  上博三·周易 35

【注】從木來聲；或從埭（為楚文字"來"之繁文）。●讀來。《上博三·周易 35》："大訐不棶（來）。"●讀棘。《清華一·程寤 1》："大姒夢見商廷隹（唯）棶（棘）。迺孚＝（小子）癹（發）取周廷杍（梓）桓（樹）于氒（厥）閒（間），㷅＝（化為）松柏棫柞。"《安大一 75》："圂（園）又（有）棶（棘），亓（其）實是飤（食）。"

萊 齊 陶録 2·49 楚 上博三·周易 51

【注】從艸來聲。●讀來。《上博三·周易 51》："萊（來）章，又（有）慶愳（譽），吉。"●齊

陶 "萊巷新里☒☒"，巷名。

印增 594

【注】從須來聲。●秦印單字。

璽彙 2499

【注】從心來聲。●晉璽人名。

左塚漆桐

【注】從臼從口來聲。●"剌耆"，不詳。

陶彙 4·17　陶彙 4·19　陶彙 4·26

【注】從人來聲，"來"之繁文。《詩·大雅》："徐方既來。"《漢書·景武昭宣元成功臣表》引來作俫，注曰："俫，古來字。"集韻引説文作倈，則為俫之異文。古文字彳、亻旁有時互作。●讀利，形容兵器之鋒利。《郾王喜戈》："郾（燕）王喜怎（作）桀俫戈。"●燕陶均讀里。管子於是制國，五家為軌，軌為之長；十軌為里，里有司。

印增 590

【注】從疒來聲。●"瘷興"，人名。

清華

十·四告 30　左塚漆桐晉　璽彙 3312

【注】從力來聲，或增又、止繁化。●讀理。《清華六·子產 7》："又（有）道樂才（存），亡道樂亡，此胃（謂）劼敕（理）。"●整理者讀敕。《清華十·四告 30》："事害（曷）隹（唯）又（有）不勑（敕）。"有論者指出："整理者括讀'勤'為'敕'，未出注。這裏更確切的當讀為'理/厘'，訓為'治'。"説當是。●讀飾。《清華六·子產 7》："勑（飾）岂（美）宫室衣裳。"●晉璽讀來，姓氏。

徠 燕  郾侯載作戎戈

【注】從彳來聲。●讀來。《郾侯載作戎戈》："自洹徠。"

輠 楚  包山 267

【注】從車來聲。●《包山 267》："鹽萬之輠絹。鹽萬之綏。"不知是什麼物件，字又作"綀"。望山簡作"聲"。

綀 楚 ![img] 包山 275

【注】從糸來聲。●同"輠"。《包山 275》："紝☐之綀絹。"

箂 楚 ![img] 信陽 2 · 11 秦 ![img] 里耶 8 · 2254

【注】從竹來聲。●《信陽 2 · 11》："二箂。""箂"所在前後辭例均為木質食具，馬王堆一號墓出土遣冊 208 號簡、三號墓 275 號簡等有一表示漆案的名物"其來"，可能與楚簡此處的"箂"有關。

鋏 楚 ![img] 包山 254

【注】從金來聲。●《包山 254》："二鋏。"疑與"箂"為同類物品。何琳儀謂"璽"之異文，讀璽。

淶 晉 ![img] 璽彙 1915

【注】從水來聲。●晉璽人名。

李（李） ![img] 九年衛鼎 楚 ![img] 李禘壺 ![img] 燕客量 ![img] 帛書甲 ![img] 上博

二 · 容成 29 ![img] 上博八 · 李頌 1 ![img] 清華八 · 邦道 4 ![img] 清華七 · 越公 60 ![img] 清華

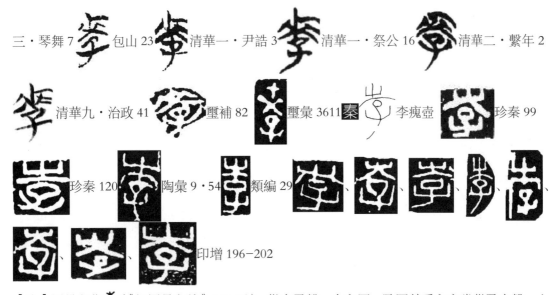

三·琴舞 7　包山 23　清華一·尹誥 3　清華一·祭公 16　清華二·繫年 2

清華九·治政 41　璽補 82　璽彙 3611　李瘣壺　珍秦 99

珍秦 120　陶彙 9·54　類編 29　、　、　、　、

印增 196-202

【注】甲骨文作 （《新甲骨文編》346 頁），從木子聲。金文同。戰國楚系文字常從子來聲，上古音李、來均屬來紐之部。從木變為從來，當屬變形音化。《説文》：“李，果也。從木子聲。杍古文。”本義為果實。●果樹名。《上博八·李頌 1》：“索府宮李，木異類可（分）。”●人名用字。《九年衛鼎》：“厲有嗣（司）䚕（申）李。”●氏名。《燕客量》：“少攻差（佐）李癸。”秦印姓氏。●讀理。《上博二·容成 29》：“乃立皋陶以為李（理）。”理，獄官也。●帛書甲“李”即“李星”。《史記·天官書·東宮》房宿南方左角有星名為“李”，字又作“理”，“李”與“理”為同音通假字。“李星”和帛書中出現的“歲星”“天棓星”一樣同為古代占星家引用的星名，或為“天理星”。●讀賚。《爾雅·釋詁》云：“賚，賜也。”《清華一·尹誥 3》：“句（后）亓（其）李（賚）之。”●讀理。《清華三·琴舞 7》：“李李（理理）亓（其）才（在）立（位）。”理理，當為清晰、分明之義。●讀理，治理。《清華八·邦道 4》：“古（故）宅（宅）寓不李（理），以時（待）明王聖君之立。”整理者注：“理，《呂氏春秋·勸學》‘聖人之所在，則天下理焉’，高注：‘理，治。’”《包山 85》：“疋吉哉（識）之，秀湋為李。”疑“李（理）”為操作、從事義，“為”作介詞。為李（理）是為操作的意思。●行李。《清華七·越公 60》：“女（焉）訂（始）盬（絕）吳之行李（李）。”●讀士。《清華二·繫年 2》：“厲王大虐于周，卿李（士）、者（諸）正、萬民弗刃（忍）於氒（厥）心。”

楳 曾侯 77　　安大一 39

【注】從木李聲。●《曾侯 77》：“旹楳車。”車名，具體所指不詳。●讀李。《安大一 39》：“可（何）皮（彼）盅（穠）矣？芌（華）若桃楳（李）。”

棐 陶録 3·327

【注】從非李聲。●單字，應為人名。

鄴（文夷）璽彙 2551

【注】從邑李聲。●"鄴邵"姓氏，讀李。

璆守宮盤

【注】從玉來聲，與小篆同。《説文》琜本字。《説文》："璆，璆瓔，玉也。從玉來聲。"本義是一種美玉。●玉石名。《守宮盤》："易（賜）守宮絲束、蘆（苴）醾（幕）五、蘆（苴）冟（冪）二、馬匹、鼏布三、專锋（篷）三、璆朋。"璆朋，郭沫若謂"稱朋，則所謂珧貝矣"。（《兩周金文辭大系考釋·守宮尊》）

埭望山 1·124

【注】從土來聲。●望山簡神祇名。

郲貨系 1994

【注】從邑來聲。●地名，或作來。

釐釐公昏簋

【注】從嘉郲聲，疑"萊"之異文。●讀萊，國族名。《釐公昏簋》："釐公聞自乍（作）饎（饎）段。"

來紐里聲

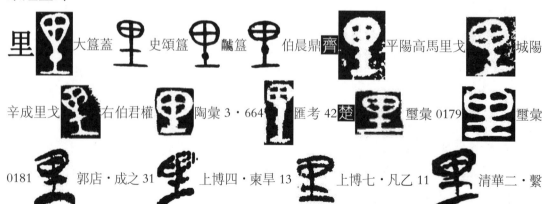

里 大簋蓋　　里 史頌簋　　龢簋　　伯晨鼎　齊 平陽高馬里戈　　城陽
辛成里戈　　右伯君權　　陶彙 3·664　匯考 42 楚　　璽彙 0179　　璽彙
0181　郭店·成之 31　　上博四·柬旱 13　　上博七·凡乙 11　　清華二·繫

104

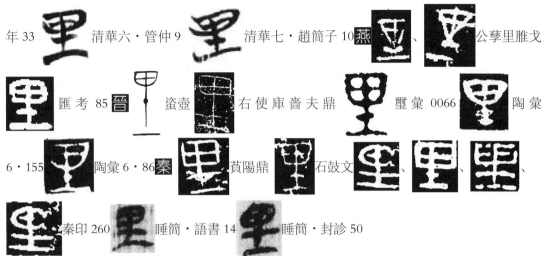

年 33　　清華六・管仲 9　　清華七・趙簡子 10　燕　　公孳里脽戈

匯考 85　晉　鋚壺　　右使庫嗇夫鼎　　璽彙 0066　陶彙

6・155　陶彙 6・86　秦　莧陽鼎　　石鼓文

秦印 260　睡簡・語書 14　睡簡・封診 50

【注】從田從土，會田土可居之意。高鴻縉曰："里當為田野之野初文，從田從土，會意，後世加予為聲符作野。人所居之里字，原作郢，與鄰、鄉、郿俱從邑。後人用字，常同音通假，以里代郢，久而成習。而郢等本字遂以不用而廢。"（《中國字例》第四篇）。《說文》："里，居也。從田從土。凡里之屬皆從里。"本義里弄、街巷。●古時居民聚居的地方，為一定行政區域。《大簋蓋》："余既易（賜）大乃里。"《周禮・地官・遂人》："五家為鄰，五鄰為里。"●長度單位，表示路程、範圍。《中山王𦈕鼎》："方𨻳（數）百里。"●讀裏，衣服的內層。《伯晨鼎》："易（賜）女（汝）𦆐（秬）𠤳一卣、玄袞衣、幽夫（黼）、赤舄、駒車、畫呻（紳）、轡（幩）爻（較）、虎幃（幃）𠤳衰、里（裏）幽、攸（鋚）勒。"●里君：指里長，周代指比較重要的官職，掌管文書、教化等事務。《史頌簋》："友里君、百生（姓），帥𩰚（偶）𥷆于成周，休又（有）成事。"《管子・小匡》："擇其賢民，使為里君。"●里人：同里的人、同鄉。《䶵簋》："王曰：䶵，命女（汝）嗣（司）成周里人眔者（諸）侯、大亞。"《晏子春秋・問上九》："人有酤酒者，為器甚潔清，置表甚長，而酒酸不售。問之里人其故。"或謂"里人"為里宰，周代基層行政機構里的長官。《國語・魯語上》："若罪也。則請納祿與車服而違署，唯里人所命次。"韋昭注："里人，里宰也。"●《匯考 42》"左里"。董珊謂：以里為名常見，有"左里""南北左里"，或者省稱為"左"，戰國時齊國地理的"左右"概念是指"東西"，這些里前一般沒有邑名，很可能就是位於齊故城臨淄東部的地區。（《戰國題銘與工官制度》）●讀理，理順。《上博一・性情 9》："聖人比𠀇（其）類（類）而侖（倫）會之，舊（觀）𠀇（其）先後而〔逆〕訓（順）之，膛（體）𠀇（其）宜（義）而節𦳶（文）之，里（理）𠀇（其）情而出內（入）之。"

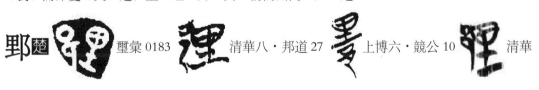

郢　楚　璽彙 0183　清華八・邦道 27　上博六・競公 10　清華

九・治政 36　清華十・行稱 7

【注】從邑里聲。●讀里。《清華八・邦道 27》："埜（野）郢（里）四鄹（邊）。"●讀鄙。《上博六・競公 10》："……之臣，出喬（矯）於郢（鄙）。"傳世本與之相對的字是鄙。楚簡未見鄙字，"郢"或許就是楚簡里的鄙。●楚璽地名。

厤編 0071

【注】從穴從卄里聲。●讀薶。《厤編 0071》："壬申窜行與赾（桓）子叀吉。""薶"從貍得聲，而"貍"又從里聲。（《古文字考釋叢稿》214 頁）窜行，應是"薶某于行"的縮略説法，在此具體應指埋圭于路。與，當時一種祭法，相當于包山簡的"奐"。

璽彙 3710　　璽彙 2414

【注】從木里聲，《説文》"柤"之異文。古同"耝"。●齊璽"桿俚""桿☒託鈢"讀里，姓氏。

仰天 20　　包山 268

【注】從糸里聲。●讀裏。《包山 268》："丹黄之緢（裏）。"《仰天 20》"纗緢"即"黄裏"。

吴方彝　師兌簋　師克盨　番生簋　毛公鼎　彔伯簋　齊陶彙 3 · 636　楚包山 263　上博三 · 彭祖 2　曾侯 45　信陽 2 · 13　秦睡簡 · 封診 32

【注】從衣里聲。《説文》："裏，衣内也。"本義衣服的裏層。《詩 · 邶風 · 綠衣》："綠兮衣兮，綠衣黄裏。"●多用為本義。《番生簋》："虎冟熏裏。""虎冟熏裏"指以虎皮之作或以虎文為飾且帶有淺紅色或朱紅色裏裏之車幭。《包山 263》："一秦縞之絇裏，王絵（錦）之純。"●泛指裏面。《上博三 · 彭祖 2》："天地與人，若經與緯，若襮（表）與裏。"

二十九年弩機　秦石鼓文

【注】從魚里聲。●鯉魚。《石鼓文》："其魚隹（唯）可（何）？隹（唯）鯷隹（唯）鯉。"●景鯉：人名，生卒年不詳，羋姓，景氏，名鯉，楚平王後裔，戰國時期楚國令尹，是繼昭陽之後，輔佐楚懷王執掌楚國軍政大權。《二十九年弩機》："二十九年，秦攻吾，王以子横質于齊，又使景鯉、蘇厤（厲）以求平。"

清華六 · 子産 5

【注】從肉里聲。●讀理。《清華六·子產 5》："闌（文）腥（理）、型（形）膿（體）、惴（端）分（冕）。"詳"惴"字。

理 秦 嶧山刻石 　　會稽刻石 　　泰山刻石 　　陶彙 5·355

【注】從玉里聲。●治理。《泰山刻石》："遠近畢理。"●《會稽刻石》："追念亂世，分土建邦，以開爭理。功戰日作，流血於野。"爭理，猶言爭端。

娌 秦 印增 606

【注】從女里聲。●印文"娌人"，或即古書中記載的俚族人，主要分佈在今茂名地區。

悝 秦 秦風 95 　　類編 353 　　　印增 425 　　嶽麓三

55

【注】從心里聲。●秦印、秦簡均為人名。

鯉 楚 曾侯 2 　望山 2·8 　包山 165

【注】從鼠里聲，"貍"之異文。鼠多從兩足，或省為一足。今字通作"狸"。●讀貍，用為本義。《曾侯 2》："貍貘之聶。"●包山簡人名。

貍 　太保罍 　貍尊 秦 　睡簡·答問 121 　　睡簡·日乙 60 　　宗

邑瓦書

【注】《太保罍》所作，為初文，狐狸之象形。甲骨文"霾"字作 、 ，金文所從的 旁顯然即"霾"所從的 旁表示身體的部分進一步綫條化後的形體。《貍尊》從豸里聲。晚周以後習以從豸里聲。《說文》："貍，伏獸，似貙。從豸里聲。"本義貍子，也叫野貓、山貓。貍，《廣韻》俗作狸。●人名。《貍尊》："貍乍（作）父癸寶隮彝。"●國族名。《太保罍》："余大對乃盲（享），令（命）克侯于匽（燕），旂羌、貍、叔、雩、馭、兒（微）。"●讀埋。《宗邑瓦書》："志是貍（埋）封。"睡虎地秦簡均讀埋，古文作"薶"。

薶 秦 嶽麓二·數 213

【注】從艸貍聲。●讀埋。《嶽麓二·數 213》："有園（圓）材薶（埋）地，不智（知）小大。"

精紐災聲

灾（災） 圖典 321　　侯馬　　溫縣

【注】甲骨文作𝌆、𝌆、𝌆、𝌆、𝌆、𝌆，像洪水氾濫橫流成災之形。後來將洪水豎起，並於當中另加聲符“才”，成了象形兼形聲字。戰國文字從宀從火，火災之專義。●晉璽“重（童）灾”，人名。●盟書亦為人名，上所謂從中，應視為飾筆。

 侯馬

【注】疑從心灾聲。●“恣弁”，人名。或作“灾”。

精紐再聲

再 <齊> 陳章壺　　陳喜壺　　叔尸鐘　　齊陶 0199　　齊陶 0200　　陶錄
2·10 陶彙 3·12 <楚> 郭店·窮達 15　　清華三·芮良夫 2　　清華三·芮
良夫 26　　清華六·孺子 1 <晉> 鼄羌鐘 <秦> 睡簡·封診 65　　睡簡·為吏
22　　里耶 8·2088

【注】甲骨文作𝌆、𝌆，象魚形，頭尾處各加上一橫畫，表示兩條魚的意思。作𝌆者，為簡形。金文之形稍變，且增從二，乃復增意符，則再、二之意愈顯。《陳喜壺》省二而增口為飾。楚文字再、丙易混；唯“再”下面從二，“丙”下面從口以示區別。《說文》：“𝌆，一舉而二也。從冓省。”本義是兩、第二。●再次、重復。《陳璋壺》：“隹（唯）王五年奠𥒟（陳）旻再立事歲。”《郭店·窮達 15》：“窉（窮）達以𣊹（時），𡥈（幽）明不再。”●猶“二”也。《鼄羌鐘》：“唯廿又再祀。”即二十又二年。

精紐宰聲

宰  宰桃角　　宰𤰇宣父丁鼎　　師湯父鼎　　大師盧簋　　師嫠簋

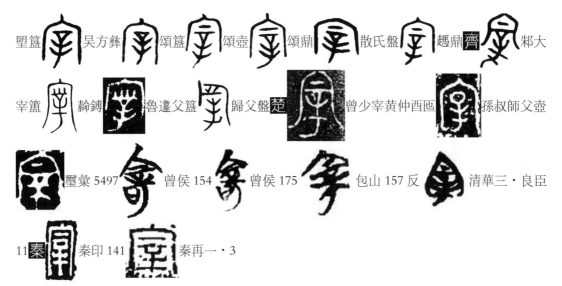

塱簋 吳方彝 頌簋 頌壺 頌鼎 散氏盤 趞鼎 齊 郳大

宰簋 黏鎛 魯遷父簋 歸父盤 楚 曾少宰黃仲酉匜 孫叔師父壺

璽彙 5497 曾侯 154 曾侯 175 包山 157 反 清華三·良臣

11 秦 秦印 141 秦再一·3

【注】甲骨文作 、 ，從宀從辛（辛刀，借指奴隸、罪人），會罪人于屋下勞動之意。金文同甲骨文，或從 、 為我國古代家僕頭上所插的頭飾，既用以束發，也作為僕人的標識。可見，從辛從 ，會意相同。《說文》：" ，皋人在屋下執事者。從宀從辛。辛，皋也。"本義是奴隸，也指奴隸主家中的奴隸總管。《韓非子》："伊尹為宰，百里奚為虜。"又引申為古官職名，如宰相、宰官（一般的官員）等。又引申為主管、主持、治理等義。●官名。西周之宰，稱名雖一而職事不一，或在王左右，出納王命；或掌御百工臣妾。東周始有大宰。《周禮·天官》："大宰之職，掌建邦之六典，以佐王治邦國。"春秋時期，列國亦多設太宰。《魯遷父簋》："魯大宰遷（原）父乍（作）季姬牙媵（媵）。"金文和文獻或簡稱"宰"。《頌鼎》："宰弘右頌入門。"《國語·齊語》："桓公自莒反于齊，使鮑叔為宰。"韋昭注："宰，太宰也。"●《秦再一·3》"泰宰"。《漢書·百官公卿表》："奉常，秦官，掌宗廟禮儀，景帝中六年更名太常。屬官有太樂、太祝、太宰、太史、太卜、太醫六令巫。""太宰"執掌宮廷宰工之事，有丞，下轄屠者宰等，祭祀時供應食具及鼎俎等器用。

剖 楚 璽彙 0142 包山 36 包山 157 上博四·柬旱 13

上博四·柬旱 14 上博四·柬旱 22 清華二·繫年 131 上博三·仲弓

1 上博三·仲弓 4

【注】從刀宰聲，"宰"之繁文。●讀宰，家臣。《上博三·仲弓 1》："季桓子使仲弓為剖（宰），仲弓以告孔子。"●楚璽"剖官"讀宰官，食官。●包山簡讀宰，姓氏。《上博四·柬旱 22》："令尹謂太剖（宰）：'唯，將為客告。'"大宰：古官名，六官之首，總理全國政務。

辟 齊  陶録 2・292　　匯考 61

【注】從肉宰聲。辛上有✔形飾筆。●讀宰。《陶録 2・292》"辟公之豆"。《匯考 61》"辟戠笘（籃）鉨"，此璽當為宰官屬下掌管藍草的官員所用之印。

腳 齊  齊陶 1392 晉 訓義 1・46

【注】從刀辟聲。●晉璽"腳陛"讀宰，姓氏。●齊陶單字。

梓 秦  里耶 8・71　　里耶 8・1445　　印增 204

【注】從木宰省聲。●里耶簡"梓潼"，地名。●秦印"梓里君印"，里名。

精紐子聲

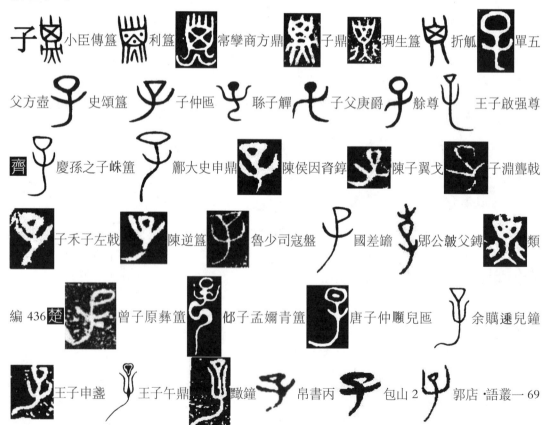

子 小臣傳簋　利簋　啻肇商方鼎　子鼎　珋生簋　折觚　單五

父方壺　史頌簋　子仲匜　聯子觶　子父庚爵　餘尊　王子啟強尊

齊 慶孫之子峓簠　鄭大史申鼎　陳侯因資錞　陳子翼戈　子淵聾戟

子禾子左戟　陳逆簋　魯少司寇盤　國差鱠　邿公敶父鎛　類

編 436 楚 曾子原彝簠　伵子孟嬭青簠　唐子仲㺊兒匜　余購逨兒鐘

王子申盞　王子午鼎　䣄鐘　帛書丙　包山 2　郭店・語叢一 69

110

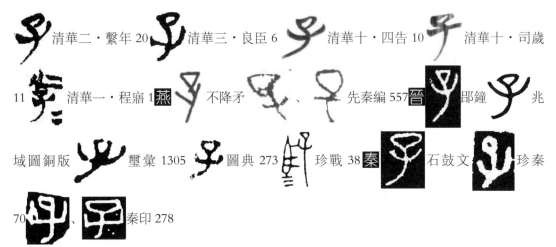

【注】甲骨文作 、 象幼兒之形。 象幼兒頭上有髪及兩脛之形； 大頭之嬰兒形； 象幼兒兩手舞動之形。在卜辭中，地支的第一位子作 、 、 等形，地支的第六位巳作 、 等形，子孫之子作 、 等形，實為一字。金文同甲骨文，數形並存。《清華一·程寤1》為"小子"二字合文。《説文》："子，十一月，陽气動，萬物滋，人以為偁。象形。凡子之屬皆從子。 古文子從巛，象髪也。 籀文子囟有髪，臂脛在几上也。"《説文》古文和籀文均為訛形。本義為嬰兒。引申泛指兒女或後輩份。又借用為地支的第一位。●兒子。《者減鐘》："子子孫孫，永保是尚。"●地支第一位。《瑚生簋》："甲子。"●讀巳，地支。《小臣邑斝》"癸巳""辛巳"等，"巳"均作"子"。●對有地位男子的尊稱。在商代"子"是族長的稱謂，所以金文中有一種由"子"字與名組成的表示族長身份的人名，銘文中有大量稱謂，如：子漁、子臭、子妥、子韋等。到了春秋戰國時期，"子"則演變為尊稱、美稱及有德之稱，如：子禾子、子邦父、子牙父。同時"子某"也成為一種習慣取名方瀘，子字成為私名的一部份，如：子組、子庚、子璋、子之等等。●子之：人名，戰國時燕君噲的相國。燕王噲三年（前318），噲仿效堯、舜，將王位禪讓於他，燕國因此大亂。齊國伐燕，他和噲均死。後在韓作人質的公子職在趙武靈王護送下回國即位，即燕昭王。《中山王嚳鼎》："猶粞（迷）惑于子之而迮（亡）其邦。"即指這段史事。●四夷之國君稱號。《大保簋》："王伐彔子耵（聽）。"彔子，彔國之國君。●爵位之稱號。如"吳季子"（吳季子之子劍）、"子禾子"（子禾子釜）、"沈子"（沈子它簋）等。●《珍戰38》"子馬紹"，"子馬"作合文，"子馬"為複姓。《璽彙1305》"子鮮頭"、《圖典273》"子柏囗"，"子鮮""子柏"均為複姓。●讀牸，母馬。《曾侯147》："大首之子（牸）騜馬為右騜。"

 類編164

【注】從人子聲。●"韓仔"，人名。

 侯馬

【注】從妾從子，會庶子（妾所生之子）之意；子兼聲。固然"妾子"不及"嫡子"地位優越，不過由於種種原因，一旦"妾子立，則母得為夫人"（《公羊傳》隱公元年注）。"孖"這一會意

字，由於"聲化"的結果應讀若"子"即"庶子""孽子"的專用字。●盟書人名。●讀子，庶出子專用字。《䈞壺》："胤𦭝（嗣）䈞䈞，敢明易（揚）告。"張政烺曰："䈞當是中山王𧻚的後人，作壺時𧻚初死未葬，新君未即位故稱胤嗣䈞，而不稱嗣王。"（《中山國胤嗣䈞壺釋文》）

 圖典 315

【注】從弓子聲。或釋為"仔"。●"邨（句）孖"，人名。

【注】從攴子聲。《曾侯𦩻編鐘》："余申固楚成，孜〈改〉復曾疆。"為"改"之訛文。●《吳王光殘鐘》不詳。

 陶彙 3 · 189

【注】從心孜聲，"慈"之異文。●齊陶人名。

【注】從肉子聲。●人名。

 包山 263

【注】從土子聲。●讀芌，麻母也。《包山 263》："一生縒（穀）冕（冠），一圲（芌）縒（穀）冕（冠）。"

 璽彙 3266

【注】從匚子聲。●晉璽"瀂匜"人名。

節 鄂君啟車節

【注】從木子聲，“梓”之異體。《鄂君啟舟節》所從，與齊系文字“孫”相同。從形體上看，字右部既可視作“子”字古文的變體，亦可視作“子”上增益“屮”形。古文字形體演變過程中，在一個字或偏旁上部增益“屮”形較為多見，如“自”“官”“民”“疆”等等。●讀梓。《說文》：“梓，楸也。”即楸樹，喬木，良材，質地較輕。《清華一・程寤 1》：“廼孚=（小子）𤼵（發）取周廷杍（梓）梪（樹）于氒（厥）閑（間），𢍰=（化為）松柏棫柞。”●《鄂君啟舟節》：“見其金節則母（毋）政（征），母（毋）舍杍飤。”石小力讀莘，《說文》羹菜也。（《東周金文與楚簡合證》40 頁）

疛 晉  璽彙 0790  璽彙 3805

【注】從疒子聲。●晉璽人名。

字  字父己觶  梁其簋 齊 、 叔尸鐘 楚  吳王光鑑  余購逐兒鐘 晉  璽彙 5412 秦  睡簡・封診 89  秦印 279

【注】從宀從子，會婦女于屋內生子之意；子亦聲。《說文》：“𡦿，乳也。從子在宀下，子亦聲。”本義生孩子。《易・屯》：“女子貞不字，十年乃字。”《山海經・中山經》：“苦山有木，服之不字。”●生子。《睡簡・日甲 150》：“女子以巳字。”●生。《吳王光鑒》：“隹（唯）王五月，既字白期，吉日初庚。”既字白，猶言“既生霸”。●讀子，兒子；亦指女兒。《梁其鐘》：“百字（子）千孫。”●讀慈。《余義鐘》：“余義楚之良臣，逐之字（慈）父。”楚文字多用“𢘑”“㜽”表示字。

茡 楚  清華七・越公 29

【注】從艸字聲。●讀滋。《清華七・越公 29》：“邦乃暇安，民乃蕃茡（滋）。”

餎 晉  二十七年涑鄖戈

【注】從食子聲。●人名。

㝨 楚  王子适匜

【注】從臼字聲，疑“字”之繁文。●讀子。《王子适匜》：“王㝨（子）适之遺（沫）盘（匜）。”

【注】從口子聲，《説文》無。《集韻》閩人呼兒曰団。《集韻》所收，與古文字殆非一字。●族氏名。見于《父辛簋》等。●齊璽人名。

【注】從才子聲。●讀慈。《清華一·祭公 20》："女（汝）亓（其）敬㑀＝（哉。茲）皆缶（保）舍（余）一人，康㑀（慈）之。"今本作"康子之"。"子""慈"可通，《郭店·老子甲》"民復季子"，今本作"民復孝慈"。

精細茲聲

【注】早期文字絲、茲一字，后分化為二。詳"絲"字。●讀緇。《郭店·緇衣 1》"茲衣"即"緇衣"。上博簡作"紒"，傳世本作"緇"。●《石鼓文》："犇犇（觲觲）角弓，弓茲以寺（持）。"弓茲，猶言茲弓。"茲"為指示代詞後置。鼓文此處為頂針的修辭方法，作者為了達到以上的修辭效果加字和重複其中的字使之成為二句。●讀滋。《上博三·恒先 2》："夢＝（夢夢）青（靜）同，而未或明，未或茲（滋）生。"●秦簡多讀慈，慈愛。《睡簡·為吏 4》："為人父則茲（慈）。"

【注】從水茲聲。●《仲滋鼎》為人名。●增益。《睡簡·日甲 34》："是胃（謂）滋昌。"

精細甾聲

613

【注】甲骨文作 、 、 ，象器物之形，其器身或加橫為飾。于省吾曰："甾字之構形，由孳乳為 、 ，《説文》之庿與盧並從甾作 ，猶存初文。"（《甲骨文字釋林》69 頁）金文與甲

骨文同。戰國文字作𦥯，上部訛為𣥂形。《説文》："𦥯，東楚名缶曰甾。象形。凡甾之屬皆從甾。
𦥯古文。"菑，《説文》訓"不耕田也"。所從甾，應為"甾"之訛變。●讀鼏，鼎屬。《子陳☒
之孫鼎》："子陳☒☒之孫☒行甾。"周灝高曰："此假甾為鼏也。"（《金文詁林》7158頁）●地名，
或為族氏名。《旬簋》："師答、側新、☒華尸（夷）、甾身尸（夷）。"●秦錢"兩甾"，讀錙，六
銖也，貨幣重量單位。

菑 秦 陶彙3·687　　　　陶彙3·689　　　　　　　　　　　　　　　秦印14

印封69

【注】從艸甾聲，"菑"之異文。"菑""甾"一字，《説文》有菑無甾。《帛書周易7》"不菑餘"，
《説文》"畬"字條引作"不菑畬"。《説文》："菑，不耕田也。從艸、甾。《易》曰：'不菑畬。'
甾，菑或省艸。"其字篆文從艸從巛從田，而楷書從艸從甾。●秦印有"臨菑丞印""臨菑司馬"
等，地名。秦始皇統一六國後，實行郡縣制，遂將齊國改為臨淄郡。

鬋 秦 睡簡·封診35

【注】從髟甾聲。●疑讀髢、鬆，小髮也。《睡簡·封診35》："診首☒鬋髮，其右角瘍一所。"

甾 齊 叔尸鐘　　甾 叔尸鎛

【注】自宋代以來釋為"淄"，郭沫若先生從其説，認為"字實從水省，祇聲，釋淄是也"。（《大
系》204頁）《殷周金文集成釋文》亦作"淄"。今因舊説。●疑讀淄，地名。《叔尸鐘》："佳（唯）
王五月，辰才（在）戊寅，師于甾淮。"

熷 秦 嶧山刻石

【注】從火甾聲。秦文字"錙"作 （漢印1200），可知"甾""甾"作偏旁混同。●讀災。《嶧
山刻石》："熷害滅除。"

戠 齊 庚壺

【注】從戈甾聲。●讀莊。《庚壺》："獻之于戠（莊）公之所。"

數 楚 安大一78　　　　　安大一77　　　　　安大一79

【注】從攴從土（或累增飾符“口”），甾聲。●讀穡。《安大一 77》：“不冡（稼）不斁（穡），古（胡）取尔禾三百坦（廛）可（兮）。”上古音“穡”屬山紐職部，“甾”屬莊紐之部，聲紐一系，韻部陰入對轉，故可通。《書・微子》“天毒降災荒殷邦”，《史記・宋微子世家》作“天篤下菑亡殷國”。《漢書・揚雄傳》“灑沈菑於豁瀆兮”，顏注：“菑，古災字也。”

戰 楚  安大一 13

【注】從戈從土，甾聲。●讀逵。《安大一 12》：“肅=（肅肅）免蘆（罝），陀（施）于审（中）戰（逵）。”《毛詩》作“施於中逵”。上古音“甾”屬莊紐之部，“逵”屬群羣紐幽部，二字韻部旁轉。毛傳：“逵，九達之道。”《説文・九部》：“馗，九達道也。似龜背，故謂之馗。馗，高也。從九，從首。逵，馗或從辵從坴。”段注：“《釋宮》曰：‘九達謂之馗。’《韓詩》：‘施於中馗。’似龜背，故謂之馗。龜背中高而四下，馗之四面無不可通，似之。龜古音如姬、如鳩，馗古音如求，以疊韻為訓也。”

清紐采聲

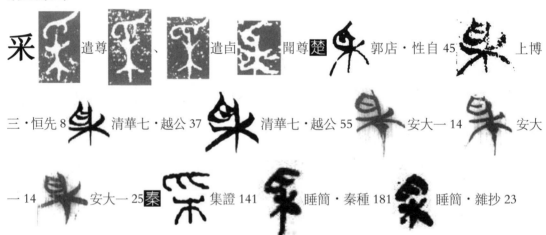

采  遣尊 、 遣卣  聞尊 楚  郭店・性自 45  上博三・恒先 8  清華七・越公 37  清華七・越公 55  安大一 14  安大一 14  安大一 25 秦  集證 141  睡簡・秦種 181  睡簡・雜抄 23

【注】甲骨文作、、、等形，從爪從木，木上有果實，會以手采果之意。金文小篆同。戰國文字或增土作（璽彙 1907），“采”之繁文。《説文》：“，捋取也。”本義是摘取，如《詩經》：“參差荇菜，左右采之。”●采邑、食采。《遣尊》：“王才（在）庌，易（賜）遣采。”《爾雅・釋木》謂“采”之本義為“采薪”。由采薪而引申為周天子賜封給臣屬的采地，采地亦是一種“薪”。《禮記・王制》：“千里之內曰甸，千里之外曰采曰流。”《聞尊》：“扆朕采田外臣僕，女（汝）毋（無）又（有）一不（否）。聞蔑曆。”董珊先生認為，“扆”從“戶”聲讀胥（輔助、佐助）。《説文》：“貶，齎財卜問為貶。從貝、疋聲。讀若所。”“所”即從“戶”聲。蔣書紅補充出“胥”還有“看、觀察、考察、監視之類的意思”。“胥”在文中可以直接訓為“監視管理”。耕作“田”的“臣僕”他們是具有半獨立人格，可以自耕其私田的，因此是可以居住在“田”之外，即“田”周邊、附近、周圍的人。“外”就是指居住在食采田之外。銘意為：監管（那些居住在）我的食采田周邊的臣僕。（詳趙成傑《聞尊銘文集釋》）●楚文字多讀彩。《上博三・恒先 8》：“䜌=（察察）天埅（地），焚=（紛紛）而多采（彩）。”●讀菜。《睡簡・秦種 179》：“醬駟（四）分升一，采（菜）羹，給之韭蔥。”●採摘。《睡簡・答問 7》：“或盜采人桑葉。”

 璽彙 1268

【注】從辵采聲，疑"踩"之異文。●齊璽人名。

 璽彙 1907　璽彙 1908　璽彙 1910

【注】從土采聲。●晉璽讀采，姓氏。

 璽彙 1912　璽彙 1913　類編 216

【注】從邑埰聲，"鄁"之繁文。●晉璽讀采，姓氏。

 上博一·詩論 17　上博三·周易 21　清華八·邦政 8　安大一 2

安大一 6　安大一 3　璽彙 2343　璽彙 2679

【注】從艸采衡。●讀采。《清華八·邦政 8》："元（其）器大，元（其）曼（文）璋（章）靐（緟），元（其）豊（禮）菜（采）。"《漢書·嚴安傳》"禮失而采"，顏注："采者，文過其實也。"
●《上博三·周易 21》："亡（无）忘又（有）疾，勿藥又（有）菜。"菜，馬王堆漢墓帛書本和今本均作"喜"。濮茅左注："'菜'，《說文·艸部》：'草之可食者。從艸，采聲。'意有疾不一定用藥攻治，不忘用菜也可治癒。"張新俊認為"簡文中的'菜'字，顯然是帛書本、今本'喜'字的同音假借字。'菜'上古音屬於清母之部，'喜'屬於曉紐之部字，二者韻部相同；從聲母上說，先秦時期的清母和曉母關係密切。"並且舉出了舉出了清母和曉母相通的例子。"無妄之疾，勿藥有喜"一句高亨注為："有喜謂病癒也。未嘗妄作而得疾病，筮之遇此爻，則不藥而愈，故曰，無妄之疾，勿藥有喜。"●晉璽人名。●讀采，採集、採摘。《安大一 6》："菜＝（采采）蘰（卷）耳，不盈（盈）㫲（傾）匚（筐）。"《毛詩》作"采采卷耳"。毛傳："采采，事采之也。"

悉  上博一·性情 37

【注】從心采聲。●讀采。《上博一·性情 37》："又（有）丌（其）為人之倰倰女（如）也，不又（有）夫束束之心則悉（采）。"

鉫  包山 115

【注】從金采聲。●《包山 115》："鉫金一百益（鎰）二益（鎰）四兩。"鉫金，從簡文內容可知鉫金是黃金。鉫金或指砂金，以區別於版金。

從紐才聲

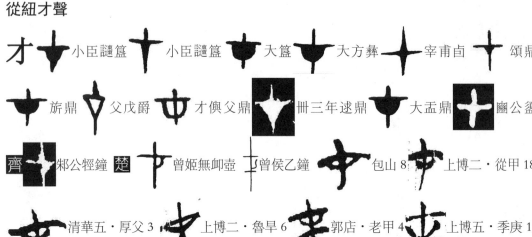

才 小臣譴簋 小臣譴簋 大簋 大方彝 宰甫卣 頌鼎

旂鼎 父戊爵 才俁父鼎 卌三年逑鼎 大盂鼎 幽公盨

齊 郮公牼鐘 楚 曾姬無卹壺 曾侯乙鐘 包山8 上博二·從甲18

清華五·厚父3 上博二·魯邦6 郭店·老甲4 上博五·季庚1

上博四·昭王3 璽彙3654 清華一·尹至1 清華五·湯丘9

上博五·姑成4 晉 溫縣 中山王𰻞鼎 晉公盆 行氣玉銘 秦

新郪虎符 宗邑瓦書

【注】甲骨文作 等形。徐中舒謂 、 表示地面以下，｜貫穿其中，示草木的嫩芽正從地下向上萌發。(《甲骨文字典》672頁)金文承之。楚文字或加橫，他系文字無此寫法。《説文》："才，艸木之初也。從｜上貫一，將生枝葉。一，地也。凡才之屬皆從才。"本義是草木初生。引申為剛剛。卜辭和銘文均用為在。●讀在，介詞，表示動作所涉及的處所、時間。《不壽簋》："隹(唯)九月初吉戊戌，王才(在)大宮。"《令彝》："隹(惟)八月，辰才(在)甲申。"●讀在，在于。《中山王𰻞壺》："夫古之聖王，孜(務)才(在)旻(得)孯(賢)，其即旻(得)民。"●讀財，泉幣貨幣。《廣雅·釋詁》四："財，貨也。"《荀子·富國》楊倞注："貨、財皆錢穀通名。"《周禮·天官·大宰》："以九賦斂財賄。"鄭玄注："財，泉穀也。"財字用為貨幣之義在先秦文獻中常見。《衛盉》："矩白(伯)庶人取堇(觀)章(璋)于裘衛，才八十朋，氒(厥)貯(賈)，其舍田十田。"即瑾璋值貨幣八十朋。《亢鼎》："公大僳(保)買大琱于𥊽亞，才(財)五十朋。"●讀裁，裁決。《智鼎》："才(裁)：王人乃賣(贖)用賄，智母(毋)卑(俾)弋于𥊽。"●感歎詞，讀哉。《師𣄖簋》："哀才(哉)今日，天疾畏(威)降喪。"●讀災，災禍。《上博二·容成16》："當是時也，癘疫不至，祅(妖)祥不行，禍才(災)去亡。"●有才能的人。《上博三·仲弓7》："老=(老老)慈(慈)幼，先又(有)司，譽(舉)𣈐(賢)才，惑(宥)𢘻(過)惡(赦)辠(罪)。"●讀存，恤問。《郭店·語叢三15》："才(存)心，益。"

在 大盂鼎 大盂鼎 作冊魖卣 啟尊 燮簋 齊 節可忌

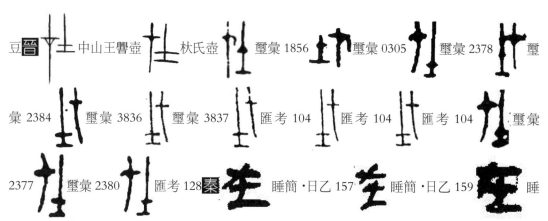

豆晉 中山王譽壺　杕氏壺　璽彙 1856　璽彙 0305　璽彙 2378　璽彙 2384　璽彙 3836　璽彙 3837　匯考 104　匯考 104　匯考 104　璽彙 2377　璽彙 2380　匯考 128　秦 睡簡・日乙 157　睡簡・日乙 159　睡簡・封診 65

【注】卜辭都用"才"為"在"。金文同甲骨文，與"才"同形。或從才從士，才、士雙聲。才，清母之部；士，崇母之部，同為齒音、疊韻。●古文字在、才字義多通，詳"才"字。●讀士。如《中山王譽壺》"賢在（士）良佐""在（士）大夫"。《璽彙 2377》《璽彙 2380》《匯考 128》等"在（士）"或為《周禮》中所說的掌九旗之司常的屬官，職掌待考。《璽彙 3836》《璽彙 3837》《匯考 104》等"司寇在（士）"。"司寇在（士）"具體含義不詳。●讀緇。《變簋》："王令變在（緇）市、旂。"此義金文通作"載"。●讀載，則也。《大盂鼎》："在珷（武）王嗣玟（文）乍（作）邦，闢（闢）氒（厥）匿（慝），匄（敷）有四方。"《詩・豳・春日》："春日載陽。"鄭玄箋："載之言則也。"

茬 秦  陶録 6・414

【注】從艸在聲。●"茬市"，用為地名。春秋時齊大夫食采于茬（故城在今山東長清東北），因以為氏，見《姓苑》。漢印有"茬農之""茬讓之"。

炗 楚  上博三・周易 21　　上博三・周易 56

【注】從火才聲。●讀災。《上博三・周易 21》："无妄之炗（災）。"

志 楚  上博五・鮑叔 8　　郭店・太一 10　　郭店・尊德 25　　清華五・三壽 18　　清華一・金滕 3　　清華三・芮良夫 11

【注】從心才聲。●讀災。《上博五・鮑叔 8》："旟（作）內（入）不為志（災），公蠹（昆）亦不為戠（害）。"●讀字。《郭店・太一 10》："道亦亓（其）志（字）也，青（請）昏（問）亓（其）名。"●讀慈。《清華五・三壽 18》："丂（孝）志（慈）而裏（哀）罙（鰥）。"●讀才。《清華一・金

119

滕 3》：“多㝬（才）多執（藝），能事嬶（鬼）神。”●讀戴。《郭店·尊德 25》：“非豊（禮）而民兑（悦）㝬（戴），此小人矣。”（陳偉《郭店竹書別釋》163 頁》）

胏 [楚]  清華十·司歲 1

【注】從月才聲。●讀哉。《清華十·司歲 1》：“亓（其）六晨（辰），一為胏（哉），二為上寺（時），三為中寺（時），四為下寺（時），五為閖（閒）。”整理者注：“胏，從月，才聲，讀為‘哉’。《爾雅·釋詁》：‘哉，始也。’下文作‘受舒’。”

紏 [楚] 上博一·緇衣 1

【注】從糸才聲。●讀緇。《上博一·緇衣 1》：“玧（好）頮（美）女（如）玧（好）紏（緇）衣。”

鈘 [楚] 清華四·算表 21 清華五·命訓 15 新蔡甲三 224

【注】從金才聲。●《清華四·算表 21》讀錙，四分之一。●《清華五·命訓 15》：“☒☒備＝（服，服）而不鈘。”不詳。●疑讀災。《新蔡甲三 224》：“☒某楷（晉）冬御鈘受十匜又二赤。”

祄 [楚] 上博五·三德 2 上博五·三德 9

【注】從示才聲。●讀災。《上博五·三德 9》：“訋（忌）而不訋（忌），天乃墜（降）祄（災）。”

肔 [晉] 二年宁鼎 梁十九年鼎 首垣鼎

【注】從肉才聲，可視為“戴”之省文；湯余惠謂“載”之異體。（《戰國銘文選》4 頁）●均讀載，容、盛。《二年宁鼎》：“二年，窡（寧）冢子㝵（得），冶譜為，肔（載）四分齋。”《梁十九年鼎》：“梁十九年，亡智求戠啬夫庶魔芺（擇）吉金鈺（鑄），肔（載）少夲（半）。”少半，即少半齋，三分之一齋。

团 [晉] 璽彙 0714

【注】從口才聲。●晉璽人名。

存 [秦] 睡簡·秦種 190 睡簡·答問 98

【注】從子才聲。●存在。《睡簡·答問 98》：“賊入甲室，賊傷甲，甲號寇，其四鄰、典、老皆

出不存，不聞號寇，問當論不當？”皆出不存，外出不在家。秦文字用“存”表示存在、存留之存，楚文字以“廌”為存。

考 324

【注】從艸才聲。●讀災。《清華一·程寤 17》：“思（使）皁脂（柔）和川（順），眚（生）民不芓（災）。”●讀材，材質。《清華一·程寤 8》：“桓（樹）因欲，不違芓（材）。”●齊陶、晉璽人名。

【注】從貝才聲。●財物。《龍崗 178》：“諸以錢財它物假田□□。”●秦陶人名。

【注】從車才聲，戈、才聲同，可視為“載”之簡體。●讀載，記錄。《中山王𧊒壺》：“軎（載）之齐（簡）筞（策），以戒嗣王。”《郭店·尊德 29》：“亓（其）軎（載）也亡（無）厚安（焉）。”燕器亦讀載，“郾侯載”，即燕成公。●燕璽（璽彙 0349）“右軎”，官名，讀宰。

秦再一·8

【注】從木才聲。●材質。《郭店·六德 21》：“子也者，會埻長材以事上，胃（謂）之宜（義）。”簡文“長材”之“長”讀養，即培養其天生之質性。《中庸》：“故天之生物，必因其材而篤焉。故栽者培之，傾者覆之。”鄭注：“材，謂其質性也。”為人子者，應合聚、長養自己敦厚之本性以事奉父母，此方可謂之義。●才能、才藝。《郭店·語叢四 24》：“唯（雖）戜（勇）力鬬（聞）于邦不女（如）材，金玉涅（盈）室不女（如）愳（謀）。”●材料、原料。《上博五·三德 1》：“天共旹（時），地共材，民共力，愳（明）王無思，是胃（謂）參（三）悳。”●人才。《上博一·詩論 3》：“《邦風》，丌（其）內（納）勿（物）也專（溥），僑（觀）人谷（俗）安（焉），大僉（斂）材安（焉）。”●讀財。《睡簡·為吏 33》：“戒之戒之，材（財）不可歸。”●讀裁。

《睡簡·日甲113背》："丁丑材（裁）衣。"

任鼎

【注】從屮才聲。《說文》無。●讀麳。《說文》："麳，餅籬也。從麥才聲。""籬"即酒母。《任鼎》："易（賜）脡牲、太牢，又蠥束、大才。"大才，當即一大塊餅狀的酒母。（詳董珊《任鼎新探——兼說元鼎》）

清華七·越公16 龍崗32 睡簡·日甲77背

【注】從豸才聲。楚簡從犬才聲，為異文。●用為本義，像狼的野獸。《清華七·越公16》："茲虔（吾）二邑之父兄子弟朝夕栈（殘）然為豺狼。"龍崗簡亦用為本義。●睡簡·為人名。

孃作父庚鼐 段簋 番匀伯者君鼐 番匀伯者君鼐

【注】從鼎才（或訛為卜）聲。《說文》："鼐，鼎之圓掩上者。從鼎才聲。《詩》曰：'鼐鼎及鼒。'鎡俗鼐從金從茲。"本義是上端收斂小口的鼎。●指上端收斂而小口的鼎。《王作康季鼎》："王乍（作）康季寶隨鼐。"《爾雅·釋器》："圓弇上，謂之鼐。"郭璞注："鼎斂上而小口。"●讀在。《段簋》："王鼐（在）畢登（蒸）。"

師龢鼎 卯簋 沈子它簋 數鼒簋 贏霝惪簋 卯簋蓋

石鼓文

【注】甲骨文作 從乳從皀，會手持熟食祭神之意；才聲（聲符多有訛變）。或作 ，從食戈聲。 諸形，董作賓根據字形演變情況，證明均為"龢"之異體。金文同甲骨文，或改聲符"才"為"甾"作 。●讀載，語首助詞。《說文》："龢，設飪也。從乳從食，才聲。讀若載。"經典通用作"載"，故《說文》載古文與此同形。《石鼓文》："龢（載）西龢（載）北。"●讀載，陳設、盛放。《贏霝德簋蓋》："贏霝惪乍（作）龢簋。"●讀執，執行。《師旬簋》："妥（綏）立余小子龢乃事。"●讀哉，時間詞。《卯簋》："龢乃先且（祖）考死嗣（司）燊（榮）公室。"《爾雅·釋詁》："哉，始也。"龢、哉音同通用。龢，昔也，與"今"相對。●人名。《師龢鼎》："龢撵（拜）𩒻（稽）首。"

叔龢卣 師虎簋 龍紋盤 魏石經室古璽印景38

【注】"觖"之異文。●讀載，時間詞。《師虎簋》："觖（載）先王既令乃祖考事喬（適）官。"
●晉璽"姜觖"，人名。

清華八·攝命20　　清華八·攝命23　　清華八·攝命25

【注】從卩觖省聲。●讀載，句中助詞。《清華八·攝命20》："乃身觖（載）佳（唯）明佳（唯）
瀘（寅）。"

清華八·攝命3　　安大一47　　安大一47

【注】"觖"字的異體，簡文"尹"可能是"臽"形的流變。●讀載。《安大一47》："畫（載）
帚（寝）畫（載）興。"《毛詩》作"載寢載興"。《清華八·攝命3》："繛（肆）余畫猷（繇）卜
乃身，休，卜吉。"

禹鼎　　　鼾比盨　　二式獄簋　　叔趯父卣　　何尊　齊　戴叔慶父

鬲　戴叔朕鼎　楚　余贎逐兒鐘　　清華六·太伯甲11　　清華六·太伯乙

10　清華五·厚父3　　清華五·厚父7　晉　魚顛匕　　九年戈丘令癱戈

秦　秦印244

【注】甲骨文作、、、、、、，從戈才聲，與《說文》"戈"字同。高田忠周曰："哉、
戈同聲，故亦假戈為哉。戈、才亦同聲，故或借才為哉，才古文多作十，故戈作戈。"（《古籀篇
四十八》）金文戈、戈（陳劍謂"翦"字初文）二字或有訛混。《說文》："戈，從戈才聲。傷也。"
引申泛指災害。由于"戈"作了偏旁，災害之義便另加形符"火"寫作"栽"來表示。●讀哉，
語气詞。《禹鼎》："烏虖哀戈（哉）。"《余贎逐兒鐘》："曰：于虖敬戈。"《魚顛匕》："欽戈，出
游（游）水蟲，下民無智，參蠱（蝱）蚘（尤）命。"《清華五·厚父3》："智（知）天之畏（威）
戈（哉）。"●讀戴，國名。《戴叔朕鼎》："佳（唯）八月初吉庚申，戈（戴）弔（叔）朕自乍（作）
饙（禱）鼎。"《說文》作"薓"，《春秋傳》作"戴"，《公羊傳》《穀梁傳》作"載"，《經典釋文》
及《正義》亦作"載"。戴為姬姓國，國土位置在今天的河南省商丘市民權縣一帶，都城戴邑（今
河南省商丘市民權縣林七鄉西村）。魯隱公十年（公元前713年），蔡國、衛國隨從宋國伐鄭，
並乘機侵入戴國，鄭莊公以救援戴國為藉口出師，在戴國圍殲了三國之師，又抓住這一時機，
順便將戴國占為己有，戴國遂滅亡。●讀緇。《二式獄簋》："戈市緐（朱）亢。"戈市，即銘文

習見之"載市"，是黑色革制的市。●讀甾。《九年弋丘令癰戈》："九年弋丘命（令）癰。"甾丘：
地名。

上博四·柬昆 13　清華九·治政 22

【注】從二弋聲，疑"弋"之繁文。●讀戴，簡文中指撐傘蓋。《上博四·柬昆 13》："君王母（毋）
敢戈害羿。"●讀二。《清華九·治政 22》："皮（彼）鼠（一）而不巳（已），亓（其）戈（二）
乃巳（已）。"當從弋二聲，與《上博四·柬昆 13》同形不同字。

璽補 186

【注】從子弋聲。●人名。

清華十一·五紀 4　清華十一·五紀 45　清華十一·五紀 75

【注】從土弋聲。●讀載。《清華十一·五紀 4》："文后乃侖（倫）鬲（歷）天紀，初戈（載）
於日，曰狻（繇）古之紀，自一旬（始），一亦一，二亦二，三亦三，四亦四，五亦五。"整理
者注："侖，讀為'倫'。《考工記·弓人》'析幹必倫'，鄭注：'順其理也。'倫、歷皆有順次、
條理之意。戈，讀為'載'，訓為始。"

包山 255

【注】從艸，弋聲；疊加聲符才。●讀哉。哉，《説文》大臠也。《包山 255》："醢肉醢（醢）一
罌、莪（哉）酺（醢）一罌。"

邿公華鐘　者汈鐘　余購返兒鐘　帛書乙　上博

六·用曰 7　清華六·管仲 17

【注】從口弋聲。《説文》："哉，言之閒也。從口弋聲。"本義為語氣詞。或作哉。●表示感歎
語氣。《禹鼎》："烏（嗚）虖（呼）哀哉。"●讀載，記載。《邿公華鐘》："脊（慎）為之名（銘），
元器其舊，哉（載）公鬚（眉）壽。"●讀載，始也。《清華六·管仲 17》："湯之行正（政）而
蓮（勤）事也，必哉於宜（義），而成於戹（度）。"《詩·豳風》："春日載陽。"

 曾侯 80

【注】從車哉聲。●讀載。《曾侯 80》：“一䡇轚（載）屬，紫綳。”

孟戠父作鬱壺 璽彙 2634

【注】從言戈聲。●金文人名。《孟戠父作鬱壺》：“孟戠父乍（作）鬱壺。”晉璽亦為人名。

 敔簋

【注】從艸戠聲。隸為“蔳”，郭沫若讀“載”。字不見于字書。●讀載。《敔簋》：“長榜蔳首百。”銘意為，長木夾着車的兩旁載有一百個首級。

 璽彙 0248 璽彙 3698 清華一·尹至 2 清華三·説命中 6

【注】從肉戈聲。●齊璽讀載，姓氏。此字從肉（𠕓為肉旁）不從月，不能釋為歲。●讀災。《清華一·尹至 2》：“隹（惟）䖒（災）：盧（虐）惪（德）、瘟（暴）鑩、亡箟（典）。”●讀載。《清華三·説命中 6》：“惟衮（衣）䖒（載）恩（病），惟干戈生（眚）厥身。”

曹恤父鼎 上博四·曹沫 32 上博九·陳公 10 睡簡·秦種 125

【注】從木戈聲，與小篆同。《説文》：“栽，築牆長版也。從木戈聲。《春秋傳》曰：‘楚圍蔡，裏而栽。’”本義築牆立板。引申為種植。●築牆用的長版。《睡簡·秦種 125》：“縣、都官用貞（楨）、栽為偺（棚）牏。”●人名。《曹恤父鼎》：“乍載弔（叔）寶障鼎。”●讀載。《上博四·曹沫 32》：“其將帥盡傷，車䡇皆栽（載），曰將早行。”●讀才。《上博九·陳公 10》：“君王不智（知）臣之無栽（才）。”

師獸簋

【注】從市戈聲。從市與從衣會意通，故可釋為“裁”字。●讀裁，裁決。《師獸簋》：“柬（董）裁（裁）内外，母（毋）敢否（不）善。”

裁㝬卣君鼎 輔師嫠簋 鄂君啟舟節 上博三·恒先 9 上博

125

三·周易 33　上博四·曹沫 32　清華三·芮良夫 3　清華三·芮良夫 6　清

華二·繫年 79　曾侯 80　坪夜君鼎　睡簡·秦種 125　睡簡·封診 68

【注】從車戈聲（或哉聲），與小篆同。《説文》："載，乘也。𫐐，古文。"本義乘坐。●裝載。《鄂君啟車節》："母（毋）載金革黽箭。"●讀䭭，陳設、設食。《坪夜君成鼎》："坪夜君成之載（䭭）貞（鼎）。"《詩·大雅·旱麓》："清酒既載，騂牡既備。"●始也。《詩·豳風》："春日載陽。"《孟子》："湯始征，自葛載。"《輔師嫠簋》："載易（賜）女（汝）載市、素黃（衡）、䜌（鑾）旂，今余曾（增）乃令，易（賜）女（汝）玄衣𣱧屯（純）……。"此處用"載"是説明過去，與下文用"今"相對為言。

戴　秦　、　、　、　印增 102　類編 86

【注】從異戈聲。●姓氏。楚文字用"戠""𡩋""志"表示戴。

酨　楚　酨之王戈　齊　陳侯因𦙃錞　陶録 3·578

【注】從邑戈聲。《説文》："𨛡，故國。在陳留。"本為地名。●讀哉。《陳侯因𦙃錞》："皇考孝武趄公，龏（恭）酨（哉），大慕克成。"

韍　廿七年衛簋　師至父鼎　趞觶　智簋　趞曹鼎

【注】從韋戈聲，《説文》無，疑即"紨"字。紨，《玉篇》同"緇"。《禮·檀弓》："爵弁絰紨衣。"《釋文》："紨，本又作緇。"《説文》："緇，帛黑色也。"●讀緇。《廿七年衛簋》："王乎（呼）内史，易（賜）衛韍市、朱黃（衡）、䜌（鑾）。"《免尊》："令史懋易（賜）免：韍市、冋黃（衡），乍（作）嗣（司）工（空）。"《智簋》："王令智，易（賜）韍市、冋黃（衡）。"韍市，是黑色革制的市。"韍"從韋，表示市是熟皮。一説"韍"與"纔"相近。《説文》："纔，帛雀頭色。一曰微黑色，如紺。纔，淺也。讀若讒。從糸毚聲。"以"韍"為"纔"，猶經籍通以"纔"為"才"。纔，或作爵，段玉裁注："纔即緅字也。考工記：三入為纁，五入為緅，七入為緇。注：染纁者三入而成，又再染以黑則為緅。緅，今禮俗文作爵，言如爵頭色也。又復再染以黑，乃成緇矣。士冠禮爵弁服注：爵弁者，冕之次。其色赤而微黑，如爵頭然。或謂之緅。依鄭則爵緅纔三字一也，三字雙聲。"）《儀禮·士冠禮》："緇帶爵韠。"鄭玄《注》："士皆爵韋為韠。"故"韍市"亦稱爵韠。（詳馬承源《商周青銅器銘文選》124 頁）

從紐士聲

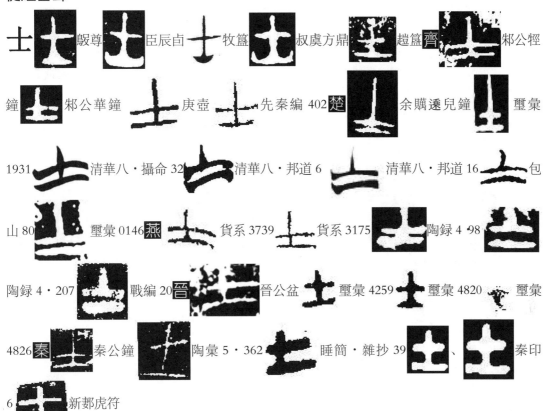

士 𣪘尊　士 臣辰卣　士 牧簋　士 叔虞方鼎　𡈼 趞簋 齊 郘公𨱎

鐘 郘公華鐘　士 庚壺　士 先秦編 402 楚 𡈼 余贎逨兒鐘　士 璽彙

1931 士 清華八・攝命 32 士 清華八・邦道 6 士 清華八・邦道 16 士 包

山 80 士 璽彙 0146 燕 士 貨系 3739 士 貨系 3175 士 陶録 4・98 士

陶録 4・207 戰編 20 晉 士 晉公盆 士 璽彙 4259 士 璽彙 4820 璽彙

4826 秦 士 秦公鐘 士 陶彙 5・362 士 睡簡・雜抄 39 士 、士 秦印

6 士 新郪虎符

【注】甲骨文作𡉚，象雄性生殖器形（從郭沫若説）。"土"一般下橫略長，與"士"區別明顯。但是在戰國文字中，"士""土"常常相混。小篆則為上橫長下橫短。《説文》："士，事也。數始于一，終于十。從一從十。孔子曰：'推十合一為士。'凡士之屬皆從士。"許慎以為是會意字。從一，從十，善于做事情，從一開始，到十結束。是根據小篆字形所作的解釋。本義當為雄性生殖器。引申指男子，如《詩經》："女曰雞鳴，士曰昧旦。"●男子。《師袁簋》："毆孚（俘）士女羊牛。"●官爵。《臣辰卣》："王令士上眔史寅𣪻（殷）于成周。"《禮記・王則》："諸侯之上大夫卿、下大夫、上士、中士、下士凡五等。"●兵士。《新郪虎符》："凡興士被甲。"●有文化技能者。《晉公盆》："余咸畜胤（俊）士。"●"吉"之誤書。《伯吉父鼎》："隹（唯）十又二月初士（吉）。"●《牧簋》："王若曰：牧，昔先王既令女（汝）乍（作）嗣（司）士。"司士，官名，見于《周禮》，屬于大司馬，文云："司士掌群臣之版，以治其政令，歲登下其損益之數。辨其年歲與其貴賤，周知邦國都家縣鄙之數、卿大夫士庶子之數，以詔王治。"是司士有監察群臣政績的職能。《爾雅・釋詁》訓士為"察也"，郭璞《疏》："士者，理獄之官，亦主察聽。"●《璽彙 4826》"王之上士卩（節）"，裘錫圭先生認為"士"字璽當為身分為士的人所佩戴的璽印。"士"階層亦有"中士"，老子《道德經》："上士聞道，勤而行之；中士聞道，若存若亡；下士聞道，大笑之。"古璽習見"王之上士""上士""中士"璽。

坺 楚 坺 仰天 16 坺 上博二・容成 3 秦 坺 里耶 5・4

【注】徐在國分析為從攴士聲。(《上博竹書(二)文字雜考》)●讀事。《上博二·容成3》："婁
(僂)者坆(事)讓(數),瘦(癭)者煮鹽。""僂者",彎腰駝背的人。"癭者",指患有大脖
子病的人。坆,讀事。仕、事二字古通。《詩·大雅·文王有聲》:"武王豈不仕?"《晏子春秋 諫
下》引仕作事。《禮記·曲禮上》:"大夫七十而致事。"《白虎通·致事》引事作仕。簡文"仕數"
當讀為"事數"。《説文》"事,職也。"古漢語中"數"字用法較多。《周禮·地官·大司徒》:"三
曰六藝:禮、樂、射、御、書、數。""數"是六藝之一。《左傳·僖公十五年》:"龜,象也;筮,
數也。""數"指筮數。"數"又指歷數。《淮南子·氾論》:"萇宏,周室之執數者也。"高誘注:
"數,歷數也。"我們暫取後説。"事數"指職掌天文。馬王堆帛書《陰陽五行》甲篇"坆(仕)
者,不遷,廢",又"坆(仕)者,三遷。徙者,福,多子"(與《陰陽五行》甲篇對應的乙篇
"仕者"之"仕"寫作"事"或"士"),此與秦文字有別而與楚文字相合。

彙3·1239 秦 ﾋ 陶彙5·77

【注】從人士聲。ﾋ為仕之變形,《説文》謂"垒,食所遺也。從肉仕聲。"聲符與ﾋ同形。●
地名。《ﾋﾋ仕鏃》:"ﾋﾋ仕。"●《切斤徒戈》據字形可釋為仕,黃盛璋釋為切。"切斤",地名。
●餘例多為人名。

心紐史聲

3333 秦 　睡簡·效律 55 　宗邑瓦書 　故宮 407 　秦印 56 　新郪

虎符 　璽彙 5569 　珍秦 88

【注】甲骨文作 、 、 、 、 、 、 、 、 、 、 、 等形。甲骨文金文事、史、吏、使同字，其初形皆作 ，從又持干，中象干形，上端有杈以捕獵物。口象丫杈上之繩索。古以捕獵生產為事，手持獵叉以捕取野獸，故以此會做事之意。金文同甲骨文，但中形多有訛變。金文從屮作 ，可隸為"旙"，訛為 。甲骨、金文及《詩》《書》，史、事、吏三字常混用，秦漢之際三字截然分別。持書者謂之史，治人者謂之吏，職事者謂之事。●官名。西周金文習見"內史"（師𡘊父鼎）、"書史"（格伯簋）。●讀事，事情、事件。《𤔲匜》："自今余敢嬰（擾）乃小大史。"●讀使。《瘋鐘》："微史（使）剌且（祖）來見武王。"

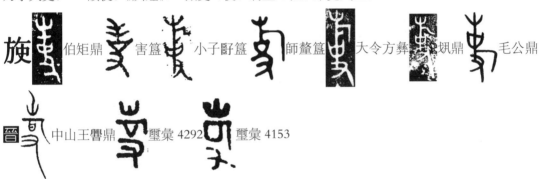

旙 　伯矩鼎 　害簋 　小子𪎭簋 　師𪊮簋 　大令方彝 　訊鼎 　毛公鼎

晉 　中山王䇿鼎 　璽彙 4292 　璽彙 4153

【注】從屮史聲，"史"之繁文。●古文字多與"史"同。●讀事。《中山王䇿鼎》："旙（事）小子（少）女（如）㙛（長），旙（事）愚女（如）智。"晉璽"敬旙""慎旙"均讀事。

事 　大盂鼎 　公臣簋 　甲昌事正罍 　伊簋 　叔𧊒父卣 　蠡鼎 　九年衛

鼎 　公史簋 　宅簋 　召卣 　大方彝 　叔卣 　伯晨鼎 　宰獸鼎 　師𡥉

簋 　元年師旋簋 　遇甗 　盠父鼎 　事族簋 　呂服余盤 　匽侯旨鼎 　小

于生尊 　㲋鼎 　申鼎 　小臣守簋 齊 　鰲鎛 　洹子孟姜壺 　璽彙

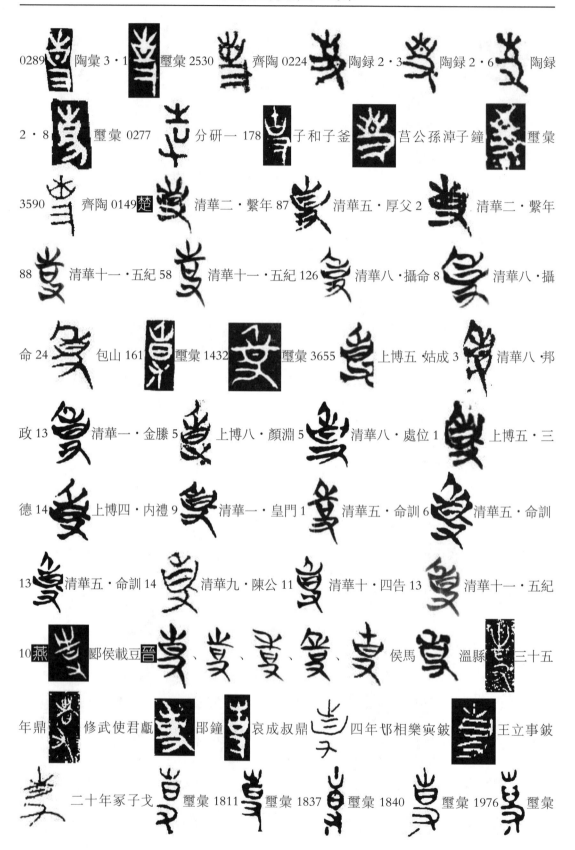

0289　陶彙 3・1　　　璽彙 2530　　　齊陶 0224　　　陶録 2・3　　　陶録 2・6　　　陶録

2・8　　　璽彙 0277　　　分研一 178　　　子和子釜　　　莒公孫淖子鐘　　　璽彙

3590　　　齊陶 0149　楚　　清華二・繫年 87　　　清華五・厚父 2　　　清華二・繫年

88　　　清華十一・五紀 58　　　清華十一・五紀 126　　　清華八・攝命 8　　　清華八・攝

命 24　　　包山 161　　　璽彙 1432　　　璽彙 3655　　　上博五 姑成 3　　　清華八・邦

政 13　　　清華一・金縢 5　　　上博八・顏淵 5　　　清華八・處位 1　　　上博五・三

德 14　　　上博四・內禮 9　　　清華一・皇門 1　　　清華五・命訓 6　　　清華五・命訓

13　　　清華五・命訓 14　　　清華九・陳公 11　　　清華十・四告 13　　　清華十一・五紀

10　燕　　　郾侯載豆　晉　　　、　　　、　　　、　　　、　　　侯馬　　　溫縣　　　三十五

年鼎　　　修武使君瓶　　　邵鐘　　　哀成叔鼎　　　四年鄭相樂賓鈹　　　王立事鈹

二十年冢子戈　　　璽彙 1811　　　璽彙 1837　　　璽彙 1840　　　璽彙 1976　　　璽彙

130

1823　珍戰 208　　三年大將李牧弩機　　吏從盤　　璽彙 4151　　璽彙 4155　　璽彙

4158　璽彙 4170　　菁華 5　　分研一 592　　陶錄 6 · 100 秦　不嬰簋　、

秦印 57

【注】西周文字史、事一字。戰國時期三晉、楚系文字別為二字。秦系文字仍然混用。●讀事，服侍。《叙鼎》"唯厈（厥）事（使）乃子叙萬年辟事天子。"●讀事，任職。《匽侯旨鼎》："匽（燕）侯旨初見事于宗周。"●讀史。《申鼎》："鄦（鄦）审之孫簹（簹）大事申，乍（作）其造貞（鼎）十。"●讀使。《小臣守簋》："王事（使）小臣守于夷。"銘文后一 則用為事。《清華二 · 繫年 87》："龍（共）王事（使）王子辱（辰）粤（聘）於晉。"●楚簡"事"常在豎筆上加斜筆以區別"吏"。《清華一 · 皇門 2》："穆（蔑）又（有）耆耉梘（據）事鳴（屏）朕立（位）。"《清華一 · 金縢 5》："乃命執事人曰。"《清華三 · 芮良夫 1》："厈（厥）辟戉（御）事，各縈（營）亓（其）身。"《清華五 · 厚父 2》："命咎繇下，為之卿事。"簡文作 ，則具有三晉文字特征。●三事：即司徒、司馬、司空三職。《大方彝》："王令周公子明保，尹三事四方，受卿事寮。"文獻又作"三吏""三事大夫""三有事"等。《左傳 · 成公二年》："王使委于三吏。"《詩 · 雨無正》："三事大夫，莫肯夙夜。"《詩 · 十月之交》："擇三有事，亶侯多藏。"●事人：官名，即使人、使者，金文指傳達王命的官員。《小于生尊》："其萬年永寶，用鄉（襄）出內（人）事（使）人。"《左傳 · 襄公二十七年》："非使人之所得聞也。"●晉璽多讀史，姓氏。●《璽彙 4158》《璽彙 4170》"敬事"，成語璽。●讀士。《璽彙 3590》"甘事（士）商"，"甘士"為複姓。●《分研一 592》"大事（史）里"。李零認為齊陶工聚居的里中，有些是以氏族或人名為名的。宋華強認為楚簡和傳世文獻中有以人名命名里的情況。田煒認為"大史里"也屬於這種情況。（《古璽文分域研究》592 頁）

傳（使）楚　　上博一 · 緇衣 12 晉　　十二年右使車銅盒　　左使車工昌鼎

左使車鋪首　　集成 10477　　集成 9684　　集成 10349　　集成

10447　中山王嚳鼎 秦　　詔使矛　　詛楚文　　宗邑瓦書　　睡簡 · 語書 46

【注】春秋以前金文但作"吏（事）"。戰國楚文字從人事聲。三晉文字從彳事聲。戴家祥曰："古字亻、彳往往可以交換。如集韻伿、彶為一字，佫、徦為一字，《中山王嚳壺》使又作逆。金文

131

從辵字可省作彳，故彶、逬、使均為同字。"（《金文大字典》上）六國文字應隸定為"俥"，秦文字作"使"。《説文》："傳，伶也。"段玉裁注："大徐令作伶。誤。令者，發號也。"本義使也，令也。●致使。《中山王嚳鼎》："昌（以）猛（佐）右（佑）寡人，逬（使）智（知）社稷之賃（任）。"●任用。《中山王嚳壺》："䥶（舉）臤（賢）逬（使）能。"●命令、派遣。《宗邑瓦書》："周天子使卿夫=（大夫）辰來致文武之酢（胙）。"●讀士。《上博一·緇衣12》："毋昌（以）辟士盡（疾）大夫向（卿）使（士）。""向士"，讀為"卿士"，指卿、大夫。後用以泛指官吏。《書·牧誓》："是信是使，是以為大夫卿士。"孫星衍疏："大夫卿士不云卿大夫士，蓋以此士，卿之屬也。"

吏 齊   子和子釜 楚   郭店·老甲2   郭店·六德14   清華八·處位1

清華八·處位5   清華八·處位8   上博九·舉治31   上博七·武王15   清

華六·孺子3   包山138   上博四·曹沫39   上博六·競公2   上博六·競

公4   上博六·鄭壽4   清華十一·五紀48   上博七·吳命4   上博四·曹

沫36   上博四·内禮5   清華二·繫年86   清華二·繫年87   清華七·越

公1   清華九·禱辭11   清華九·禱辭15   清華九·禱辭23   晉   侯馬

榮陽上官鼎   璽彙1810   璽彙0301   匯考139   璽彙1774   璽彙1833   璽彙

1903   司馬成公權   八年鄭令戈   十四年武城令戟   廿年塚子戈   秦   卅

二年詔事戈   卅三年詔事戈   廿九年漆庅   漁陽鈹   睡簡·為吏12

睡簡·效律 51　　睡簡·日乙 101　　里耶 8·214　　石鼓文　　　　　　　　秦

印 56　　珍秦 188　　八年相邦呂不韋戈　　分域 2990　　分域 2991

秦印 1

【注】"吏""史"為一字之分化。楚文字"吏""史"一字；楚文字寫成"叓"，其目的是為了區別"事"字構形，避免兩者相混，……有些"史"字構形或作叟（則與"弁"混），右側加點，這種現象應是書手因書寫習慣所致而造成的裝飾點。●讀史，官名。《上博六·競公 4》"祝、吏"，官名。史，指"大史"，掌管卜筮、記事等事務。●讀事，事情、事件。《上博六·鄭壽 4》"不吏"，讀為"不事""不仕"。《孔子家語·儒行解》："上不臣天子，下不事諸侯。"秦文字《新郪虎符》亦讀事。●楚文字多讀使。《上博六·競公 8》："今新（薪）登（蒸）思（使）吳（虞）守之；藪（澤）梁吏（使）鮫守之。"《上博四·內禮 1》："古（故）為人君者，言人之君不能吏（使）亓（其）臣者，不與言人之臣之不能事亓（其）君者。"簡文"使"作叟、"事"作叟。●讀吏，官吏。《清華八·處位 1》："吏臣欲迷，政事逆頡（微）。"《上博七·吳命 4》："一介吏。"秦系文字多讀吏，指各級官吏。也用為事，《睡簡·日乙 101》："百吏（事）兇（凶）。"●《璽彙 1903》"睘（縣）吏"，"縣吏"一詞見於先秦典籍。《管子·大匡》："凡縣吏進諸侯士而有善，觀其能之大小，以為之賞，有過無罪。"●《璽彙 0301》"昌餾猌吏"。"猌吏"應即"長吏"。《漢書·景帝紀》："吏六百石以上，皆長吏也。"長吏猶言大吏，又與少吏對言，專指地方縣級官吏中之地位較高者。

浭　楚　上博二·子羔 7

【注】從水吏聲。●《上博二·子羔 7》："不奉（逢）盟（明）王，則亦不大浭。""大浭"疑讀為大事，指祀與戎。此句釋讀、斷句學者們差異較大，文義不詳。

使　楚　清華七·越公 23　　清華七·越公 51　　清華七·越公 72

清華七·越公 9　　清華六·子產 16

【注】從彳吏聲。●均讀使。《清華七·越公 72》："乃使（使）告於吳王曰。"《清華七·越公 9》："吳王酺（聞）雩（越）使（使）之柔以弭（剛）也。"

萆　楚　清華七·晉文公 6

【注】從艸吏聲。●讀採。《清華七·晉文公6》：“為蒬荑（採）之羿（旗）戠（侵）糧者出。”蒬採之旗，軍出有刈草采薪之事，《左傳》昭公六年楚公子棄疾過鄭“禁芻牧採樵，不入田，不樵樹，不採藝，不抽屋，不强匄”。《左傳·昭公十三》年諸侯治兵於邗南，次於衛地，晉叔鮒求貨於衛“淫芻蒬者”。

心紐司聲

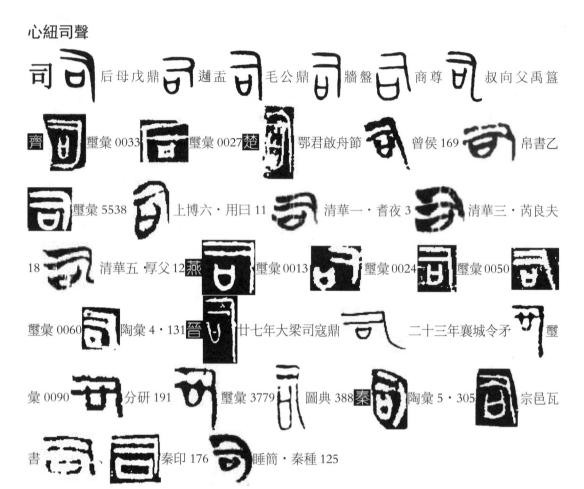

【注】甲骨文作 ⿰、⿰、⿰、⿰、⿰、⿰、⿰ 等形。徐中舒曰：“⿰象倒置之柶，柶，所以取食。以倒柶覆于口上，會意為進食。自食為司，食人食神亦稱司。故祭祀時獻食于神祇亦稱司。後起字為祠。氏族社會中食物共同分配，主持食物分配者亦稱司。《說文》以 ⿰為司。以 ⿰為后。甲骨文則正反無別，均為司字。”（《甲骨文字典》998頁）金文同甲骨文，但作 ⿰形。戰國文字或借用橫畫作 ⿰。為與“后”相區別，後新增會意符闈寫作“嗣”。《說文》以 ⿰為“后”，以 ⿰為“司”，司、后二字得以分別。《說文》：“⿰，臣司事于外者。從反后。凡司之屬皆從司。”本義是主持、掌管，如《史記》：“命南正重以司天，北正黎以司地。”●讀嗣，繼承。《叔向父禹簋》：“余小子司㹩（朕）皇考，肇（肇）帥井（型）先文且（祖）。”《毛公鼎》：“司余小子弗彶。”典籍亦或用司為嗣。《書·高宗肜日》中說：“王司敬民，罔非天胤。”《史記·殷本紀》作“王嗣敬民”。俞樾平議：“司與嗣古通用。”●讀后。學者以為司、后古同形，然未成定論。《后母辛觥》：“司（后）母辛。”安陽市小屯村殷墟婦好墓出土大批銅器，其名“婦好”“后㚘母”“后母辛”，是武丁的配偶。李學勤認為，婦好名好，字㚘母，死後日名為辛，其稱“后”是因為她

是王后。《論"婦好"墓的年代及有關問題》《后母戊鼎》："司（后）母戊。"后母戊，是武丁日
名為戊的又一配偶。《牆盤》："上帝司（后）稷尒保受天子綰令。"《商尊》："隹（唯）五月，辰
才（在）丁亥，帝司（后）賞庚姬貝卅朋。"●讀嗣。《廿七年大梁司寇鼎》："鄩廿又七年，大
鄩司寇肖（趙）亡智鈘（鑄）為量。"司寇：職官名，金文多作"嗣寇"。●讀笥，方形木箱。《信
陽2·2》："一司（笥）翠（翠）珥。"●職司。《睡簡·秦種135》："枸檀櫺杕，將司之。"秦文
字用"司"表示職司之司。楚文字多用"司"表示職司、有司之司，也用"嗣"（上博五·鮑叔
1）。齊文字用"銕"表示職司之司，《郭店·語叢一50》有"毁"，用為職司之司，可能反映了
齊文字的特點。三晉文字用"銕""釲""辝"（省為辠）為職司之司。燕文字用"司"表示職司
之司。●古文字習見"司馬"一職。司馬，職官名，西周開始設置，春秋戰國時期沿用，其職
能主要是掌管軍事政務。《周禮·夏官司馬》："立夏官司馬，使帥其屬而掌邦政，以佐王平邦國。"
鄭玄注："政，正也。政所以正不正者也。"孔穎達疏："大司馬主六軍，所以正諸侯違王命不正
者。"戰國時期，各國均設有"司馬"一職，並分為左、右。●讀始。《圖典388》"忌司"，讀"慎
始"。《禮記·表記》："事君慎始而敬終。"《荀子·禮論》："君子敬始而慎終。"

齊不趄鬲

【注】從走司聲。●人名。

陶録3·638

【注】從弓司聲。●齊陶單字。

者姛尊　　者姛爵　　靠姛鼎　　順事鬲　　寓鼎

【注】從女司聲。●讀姒，古姓。《靠姛鼎》："靠姛商（賞）易（賜）貝于司（后），乍（作）
父乙彝。"詳"姒"字。

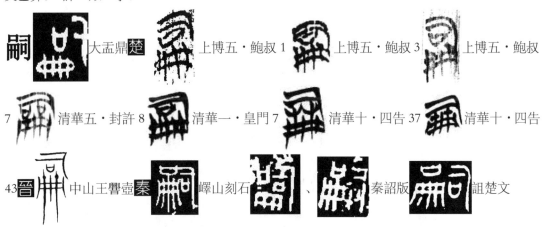大盂鼎　楚　上博五·鮑叔1　　上博五·鮑叔3　　上博五·鮑叔
7　清華五·封許8　　清華一·皇門7　　清華十·四告37　　清華十·四告
43　晉　中山王譻壺　秦　嶧山刻石　　　秦詔版　　　詛楚文

【注】甲骨文作𡥈、𡥈、𡥈、𡥈、𡥈、𡥈、𡥈、𡥈，徐中舒曰："嗣國為嫡長子，故卜辭作𡥈，

從冊從大子，子亦聲。作，乃從冊從矯省，矯亦聲。《説文・白部》'識詈也。' 良以冊立嗣子
必宣讀冊詞，此所以亦從矯省而作，義猶篆文嗣之從口也。"（《甲骨文字典》202 頁）大子，
即嫡長子。字或從口作，蓋讀冊必用其口。《大盂鼎》從冊司聲。"司"兼音、義，意為主持、
管理，載于宗廟典冊，表示血緣繼承人職權的承繼。《説文》："嗣，諸侯嗣國也。從冊從口，司
聲。徐鍇曰：'冊必于廟。史讀其冊，故從口。' 古文嗣從子。"本義是諸侯傳位給嫡長子，引
申為繼承。●繼承、接續。《大盂鼎》："才（在）珷王嗣玟乍（作）邦。"《書・洪範》："禹乃嗣
興。"●子孫、後代。《中山王𧊒壺》："祗祗翼翼，邵（昭）告後嗣。"●讀司。《上博五・鮑叔 1》：
"乃命百又（有）嗣（司）曰。"

 戍嗣鼎

【注】從子嗣聲。●人名。《戍嗣鼎》："王商戍嗣貝廿朋。"

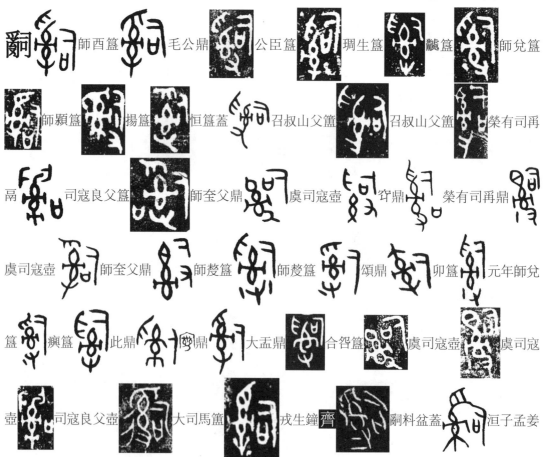 楚　兼陵公戈

【注】從人司聲。●人名。《兼陵公戈》："獻鼎之歲，兼陵公伺之裹所郜（造），冶己女。"

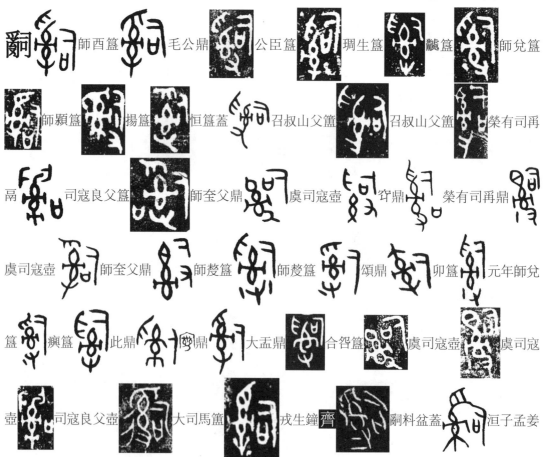

壺 魯司徒仲齊盨 魯司徒仲齊盤 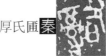厚氏匜 秦 石鼓文 有司伯喪矛

【注】從𤔲從司，司亦聲。嗣，當系周人于"司"增標意符𤔲而成。𤔲，本義為治絲，引申為治亂。《説文》以"嗣"為"辭"之籀文，《説文》："辭，訟也。從𤔲，𤔲猶理辜也。𤔲，理也。嗣，籀文辭從司。"然銘文中多用為"治理"義，如嗣寇、嗣馬、嗣工、嗣土。後世均用"司"。●管理、主持。《曶鼎》："令（命）女（汝）更乃且（祖）嗣（司）卜事。"《卯簋》："𩢔乃先且（祖）考死嗣（司）燚（榮）公室。"死嗣，即尸司，意為主管、治理，死假借為尸。●司馬：官名，掌管軍政、軍賦的重臣。《諫簋》："嗣（司）馬共右（佑）諫入門。"《盠壺》："或得鬙（賢）狂（佐）司馬貯，而冢（屬）貢（任）之邦。"《周禮·夏官·序官》："乃立夏官司馬，使帥其屬而掌邦政，以佐王平邦國。"司馬之職最初源自"王之爪牙"（近身衛士）。大司馬屬下有小司馬、軍司馬、輿司馬、行司馬等官員。●司寇：官名，負責掌管刑獄、糾察等事。《司寇良父簋》："嗣（司）寇良父乍（作）為衛姬壺。"《廿七年大梁司寇鼎》："大𨚓司寇肖（趙）亡智釽（鑄）為量。"《周禮·秋官·大司寇》："大司寇之職，掌建邦之三典，以佐王刑邦國，詰四方。"●司土：官名，即司徒。負責掌管國家的土地和人民，管理籍田及徒役徵發。《免簋》："令免乍（作）嗣（司）土（徒）。"《司土司簋》："司土司作厥考寶尊彝。"《周禮·司徒》載司徒職掌為"使帥其屬而掌邦教"和"掌邦國土地與人民"。●司工：官名，即司空。主持營造宮室等土木工程。《免卣》："乍（作）嗣（司）工（空）。"《詩·綿》："乃召司空，乃召司徒。"鄭玄箋："司徒、司空，卿官也。司空，掌營國邑，司徒掌徒役之事。"●司士：官名，專職斷獄、司瀍的官員，司寇屬官。《牧簋》："牧，昔先王既令女（汝）乍（作）嗣（司）士。"《爾雅·釋詁》訓士為"察也"，郭璞疏："士者，理獄之官，亦主察聽。"司士或相當于《周禮》的"士師"。《周禮·秋官·司寇》士師"掌國之五禁之瀍"。●讀笥，盛物之竹器。《洹子孟姜壺》："天子用璧玉備一嗣（笥）。"●管理者，多見于"有嗣"，泛指主管具體事務的官員，詞義猶"有所執掌"。《大盂鼎》："易（賜）尸（夷）嗣（司）王臣十又三白（伯）。"又"易（賜）女（汝）邦嗣（司）四白（伯）。"李學勤曰："'邦嗣（司）四白（伯）'與'尸（夷）嗣（司）王臣'對舉，邦當指周，司即有司。"（《大盂鼎新論》）《庚壺》："商（賞）之台（以）邑，嗣（司）、衣裘、車馬。"嗣（司），亦指"有司"。

祠晉 趙孟介壺 盠壺 秦 詛楚文 睡簡·日乙 82· 秦印

4 集證 133

【注】甲骨文以司為祠。戰國文字從示司聲，與小篆同。《説文》："祠，春祭曰祠。品物少，多文詞也。從示司聲。仲春之月，祠不用犧牲，用圭璧及皮幣。"本義春祭。泛指祭祀。●動詞，祭祀。《盠壺》："敬命新隆（地），雨（雩）祠先王。"《爾雅·釋詁》："祠，祭也。"祠、祀古通。●名詞，祭祀。《趙孟介壺》："以為祠器。"祠器，用以祭祀的器皿。●《集證 133》"祠廚"，當是掌管秦皇后、太子祭祀供食的職官。秦有廚這一機構，如《秦代陶文》拓片 1476 "麗山廚"、拓片 1481 "六廚"。●讀祀。《詛楚文》："蔑瀘皇天上帝及丕顯大神巫咸之卹祠、圭玉、犧牲。"

詛文説楚王廢掉了大神的卹祠、圭玉、犧牲。"卹祠"乃古人常語，或作"卹祀"。于省吾先生説："卹，敬慎也。"祠通祀，甲骨文年祀的祀字或作司，也是祠、祀相通的一證。詛文的卹祠，在金文中作卹祀。《邾公華鐘》説："鑄其蘇鐘，台（以）卹其祭祀、盟祀。"《叔夷鐘》説："虔卹厥尸事。""卹祠"即虔誠的祭祀。卹祠與圭玉、犧牲並舉，前面是説祭態的虔誠，後面説祭品的豐盛。《禮記·月令》："是月也，不用犧牲用圭璧。"可見秦人是用古禮來攻擊楚王取媚於神靈。●《秦印4》"祠祀"，官署名。秦置，漢因之。主宮中祭祀，屬詹事。《漢書百官公卿表》載，詹事屬官有祠祀令長丞。

 蚤壺

【注】從廾司聲，當為"司"之繁構，蓋司有共、秉之義，故加"廾"以明之。●讀嗣。《蚤壺》："胤昇奼蚤。"

 陳喜壺

【注】從言司省聲。楚簡作 ，（郭店·尊德31），按："妠"作 （乙未鼎），從女勹聲。古文字目、台、勹、勹、司聲同，楚簡之 、 為 、 共用筆劃省變而來。《説文》："詞，意內而言外也。從司從言。"本義言詞。按，"辭""詞"在"言詞"這個意義上是同義詞。但在較古的時代，一般只説"辭"，不説"詞"。漢代以後逐漸以"詞"代"辭"。●讀司。《陳喜壺》："宗詞客敢為墬壺九。"詞客，讀為"司客"，官名，相當于掌客。《周禮·秋官·掌客》："掌客，掌四方賓客之牢禮、餼獻、飲食之等數與其政治。"

 陶彙3·731 秦 陝新888 里耶8·1188 里耶8·1200

里耶8·906

【注】從竹司聲。●存放簡冊、文書的器具。《里耶8·1188》："竹少笥一合。""笥"是以"合"為計量單位，課志、校券、計券、出入券、群往來書、金錢日治、已事文書等等，均能存放在笥中。《里耶8·906》："卅四年遷陵課笥。"●齊陶地名。

 璽彙2055

【注】從肉司聲，"囟"之異文，頭會也。或作脬。《五音集韻》腦蓋。●晉璽人名。

 望山2·48

【注】從匚司聲，"笥"之異文。●讀笥。《望山2·48》："二竹圁（笥）。"

絧 齊 璽彙 4033 晉 珍戰 125

【注】從糸司聲。●齊璽"敦于絧伯",人名。●晉璽"絧下",不詳。

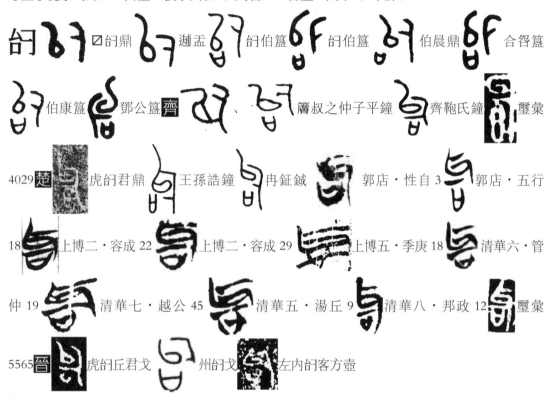

【注】《金文編》釋為"似"。然而，從字形來看，此字不從人，當從目（台）從司（或司省），目、司雙聲。𠃊是楚系文字𠃋、𠃌、𠃍之來源，為𠃊、𠃌共用筆劃省變而來。●讀姒，姓。《𠃌伯簋》："𠃌白（伯）達乍（作）寶毀。"●讀嗣，續也、繼承。《合𠃌簋》："用𠃌（嗣）乃且（祖）考事，乍（作）嗣（司）土（徒）。"《詩·周頌》："以𠃌以續。"●讀以。《簷叔之仲子平鐘》："鑄其游鍊（鐘），𠃌（以）濼（樂）其大酉。"●讀已，止境。《伯康簋》："用夙夜無𠃌（已）。"《哀成叔鼎》："勿或能𠃌（已）。"《鄒王義楚觶》："勿或能𠃌（已）。"●楚璽（璽彙 5565）人名，可讀始。●讀怠。《清華五·湯丘 9》："我𠃌（怠）於亓（其）事而不智（知）喪，虘（吾）可（何）君是為？"●讀怡。《清華七·越公 45》："其廄（句）者，王見其執事人則𠃌（怡）悆（豫）憙也。"●讀始。《清華七·越公 13》："虘（吾）先𠃌（始）後（踐）雩（越）墅（地）以至于今。"●讀辭，託辭。《上博二·容成 22》："冬不敢以寒𠃌（辭），夏不敢以暑𠃌（辭）。"●讀司。《左內𠃌客方壺》"𠃌客"，讀司客，官名，相當于掌客。

叔姒方彝 叔貤尊 麤姒簋 衛姒簋蓋 乙未鼎

【注】從女𠃌聲。金文姒、始、姰、𡚱一字，蓋目、台、司、𠃌、𠃍聲同。●讀姒，古姓。《衛姒簋蓋》："衛𡚱（姒）乍（作）寶隣毀，子子孫孫其萬年永寶用。"●《班簋》："毓文王，王𡚱

（姒）聖孫，隥（登）于大服。"王姒（姒），王妃，周天子的配偶。

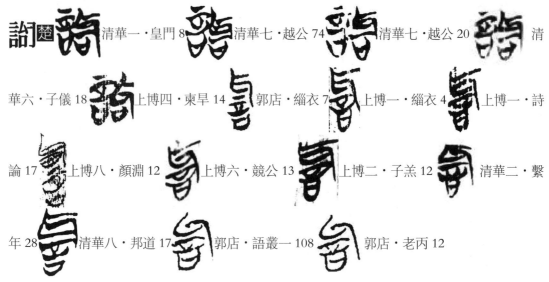

詞 楚 清華一·皇門8　清華七·越公74　清華七·越公20　清

華六·子儀18　上博四·柬旱14　郭店·緇衣7　上博一·緇衣4　上博一·詩

論17　上博八·顏淵12　上博六·競公13　上博二·子羔12　清華二·繫

年28　清華八·邦道17　郭店·語叢一108　郭店·老丙12

【注】從言台聲；或省口旁。台或省為厶。●楚簡多讀辭，言辭。《上博八·顏淵12》："彔（祿）不足則青（請），又（有）余（餘）則詞（辭）。"《清華一·皇門8》："不肎（肯）惠聖（聽）亡（無）辠（罪）之詞（辭），乃隹（惟）不訓（順）是詞（治）。"●讀始。《郭店·老丙12》："斬（慎）終若詞（始），則無敗事喜（矣）。"●讀治。《郭店·成之32》："君子詞（治）人侖（倫）以川（順）天㥯（德）。"●讀辭，辭謝。《郭店·緇衣7》："臣事君，言亓（其）所不能，不詞（辭）亓（其）所能，則君不裳（勞）。"●讀殆。《郭店·老甲20》："智（知）止所以不詞（殆）。"●讀邰。《上博二·子羔12》："句（后）稷之母，又（有）詞（邰）是（氏）之女也。""有詞氏"讀"有邰氏"，史載後稷之母為有邰氏。

姑 齊 陶錄2·370　陶錄2·375　陶錄2·371

【注】從女台聲。●齊陶人名。

毁 楚 郭店·語叢一50　郭店·語叢一51　郭店·語叢一51

【注】從殳台聲。●讀司，職司。《郭店·語叢一50》："容姬（色），目毁（司）也。聖（聲），耳毁（司）也。"

戠 楚 郭店·語叢三28　郭店·語叢三30　郭店·語叢三31　上博五·弟

子10

【注】從戈台聲。●讀治。《上博五·弟子10》："士戠（治）目（以）力。"指士治事以力。郭

店簡疑讀治。《郭店·語叢三28》："未又（有）其至，則悬（仁）戠者至亡閒（間），則成名。"

絧 楚 郭店·老甲26　　上博二·從乙1　　上博二·子羔1　　上博四·柬

旱19　　上博八·顏淵10　　上博三·恒先8　　郭店·唐虞23　　郭店·唐虞

10　　清華五·菩門8　　清華六·子產17　　清華七·趙簡子9　　清華

八·邦道22　　清華三·琴舞13　　清華三·芮良夫1　　上博九·舉治29

【注】從糸旬聲（或旬省聲）。●多讀治，治理。《清華八·邦道22》："此絧（治）邦之道，智者智（知）之。"●讀始。《郭店·語叢一49》："勿（物）又（有）盍（本）又（有）卯，又（有）終又（有）絧（始）。"●讀怡。《郭店·唐虞23》："智（知）亓（其）能絧（怡）天下之長也。"

怡（惐） 楚 隈凡伯怡父鼎　　周王孫季惐戈　　郤王義楚鍴　　上

博五·三德2　　上博三·仲弓26　　上博七·武王3　　清華八·處位9　　上博

四·曹沫45　　清華一·尹至4　　清華六·管仲9　　清華五·湯丘17　　清

華五·厚父9　　清華五·命訓8　　清華六·子產18　　清華三·琴舞13　　清華

二·繫年124　　郭店·老甲11　　郭店·老甲17　　上博二·從甲9　　璽彙0326

【注】從心旬聲，或旬省聲。●讀台，第一人稱代詞，猶今言"我""我的"。《郤王義楚鍴》："永保惐身。"●讀殆，危殆。《上博二·從甲9》："凡此七者，正（政）之所惐（殆）也。"馬王堆帛書、銀雀山漢簡用"殆"表示危殆之殆。《璽彙0326》讀殆。"毋殆"即沒有危難之意。●讀殆，將也。《清華五·命訓8》："惐（殆）於爨（亂）矣。"●讀辭，辭謝。《上博六·鄭壽2》："奠（鄭）壽惐（辭）不敢㔬（答）。"●讀始。《郭店·老甲11》："誓（慎）冬（終）女（如）

弔（始），此亡（無）敗事矣。" ●讀台，語氣詞。《清華一·尹至4》"亓女弔"，《商書》多見，如《湯誓》"夏罪其如台"、《盤庚上》"卜稽曰其如台"、《高宗肜日》"其如台"、《西伯戡黎》"今王其如台"。"如台"意為奈何。《史記》作奈何。 ●讀貽。《上博三·仲弓4》："售（雍）也憃愚，志（恐）弔（貽）虖（吾）子愿（羞）。"詳"憃"字。 ●讀駘。《清華二·繫年124》："晉公獻齊俘馘於周王，述（遂）以齊侯貪（貸）、魯侯羴（顯）、宋公畋（田）、衛侯虔、奠（鄭）白（伯）弔（駘）朝周王于周。" ●讀怠。《清華六·子產18》："我是亢弔。"《上博四·曹沫45》："既戰而有弔（怠）心。"怠心，畏懼之心。

清華九·成人29

【注】從言弔聲。 ●讀怠。《清華九·成人29》："暑絆（哉）毋誂（怠）。"

新蔡甲三310

【注】從邑弔聲。 ●地名。

上博五·鮑叔2　　上博五·鮑叔2

【注】從人弔聲。 ●讀實。"治"為定母之部字，"實"為船母質部字。上古定、船二母分別為舌尖及舌面前濁塞音，聲音極近；脂、之二部通假習見於戰國楚地文獻，而脂、質二部陰入對轉，音近可通。《上博五·鮑叔2》："周人之所以代之，觀其容，聽〔其〕言，迫（考）俏（實）者使。""考實"一詞見於《韓非子·外儲説左上》："故籍之虛辭則能勝一國，考實按形不能謾於一人。"實者，情實也；考者，考校、考核也。

上博七·武王13

【注】從心俏聲。 ●讀怠。《上博七·武王13》："敬勅（勝）愳（怠）則吉，愳（怠）勅（勝）敬則威（滅）。"

上博五·三德3　　九店56·26　　新蔡乙四53

【注】從示弔聲。 ●讀祠，祭祀。《九店56·26》："目（以）為上下之禱祠，☒神卿（饗）之，乃涅（盈）亓（其）志。" ●讀異。《上博五·三德3》："已而不已天乃隓（降）祟（異）。"

釕[齊]　陳侯因𦤶錞

【注】從立臽聲，為"臽"之繁文。從立作，猶下文世之從立作"莝"。●讀嗣。《陳侯因資錞》："聖（紹）緟高且（祖）黃啻（帝），休訋（嗣）趄文。"

璽彙 0175　　　三十二年平安君鼎

【注】從斤臽聲。●齊璽"豕母訢關"讀司，職司。司關，職官名，見於《周禮·地官·司關》："掌國貨之節，以聯門市。司貨賄之出入者，掌其治禁與其征廛。"此璽當為豕母地區的司關所用之印。●《三十二年平安君鼎》"訢客"讀司客，官名。司客，相當于掌客。《周禮·秋官》掌客："掌四方賓客之牢禮餼獻。"

郭店·窮達 3

【注】從肉臽聲，"胎"之繁文。●讀臬。《郭店·窮達 3》："咎（皋）繇（陶）衣腤（臬）蓋（葛）。"

上博八·鹍鵝 1

【注】從林臽省聲。●讀臬。《上博八·鹍鵝 1》："欲衣而亞（惡）綠（臬）今可（兮）。"臬即粗麻，用來編製衣服稱為"褐衣"，是古時貧賤者穿的衣服。《詩·豳風·七月》："無衣無褐，何以卒歲。"

曾侯 66　　　天星

【注】從艸綠聲。●讀蒝。《曾侯 66》："蒝（蒝）紳，豻豪，兩馬之革彎，黃金之勒。"

清華一·保訓 9

【注】從貝臽省聲。●讀貽。《清華一·保訓 9》："連（傳）貟（貽）孫=（子孫），至于成康（唐一湯）。"《玉篇·貝部》："貽，亦作詒，遺也。"

陶彙 3·777

【注】從目臽省聲。●"鄺眙"，應為人名。

伯六辝鼎

【注】從辛從勻，雙聲字。●人名。《伯六辞鼎》：“伯六辞乍（作）廲寶障盉。”

心紐絲聲

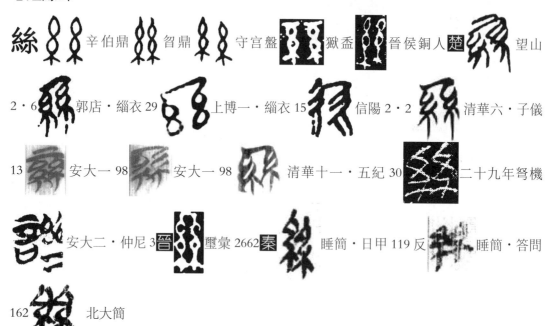

絲 辛伯鼎 智鼎 守宫盤 獄盉 晉侯銅人 楚 望山

2·6 郭店·緇衣29 上博一·緇衣15 信陽2·2 清華六·子儀

13 安大一98 安大一98 清華十一·五紀30 二十九年弩機

安大二·仲尼3 晉 璽彙2662 秦 睡簡·日甲119反 睡簡·答問

162 北大簡

【注】甲骨文作、、，象束絲之形。甲骨文或作、、、，當為省形，省去上下之緒。自金文文例觀之，絲、丝應為一字，後者為簡形。西周春秋金文“絲”除用作本義外，皆假借為“茲”，可知“茲”與“絲”一直到春秋時期還同音，讀為心母。戰國時期以後“茲”音變為從母，如睡虎地秦簡《為吏之道》：“寬容忠信，和平毋怨，悔過毋重，茲（慈）下毋陵……。”“茲”讀慈，“慈”為從母字。大約在東漢後期，“茲”才音變為精母字。“茲”與“絲”語音上的變化導致了字形上的分化，戰國時期二字在字形上才開始分化，“絲”沿襲金文形，如（雲夢），（郭店·緇衣29）。“茲”則繼承形，如（陳純釜）、（者汈鐘），或在上端加飾筆作（石鼓文）、（璽彙1508）、（雲夢），《説文》小篆就是沿用了。二字在詞義上也有了分工，“絲”表本義，“茲”用作代詞。《安大二·仲尼3》“訟=”是“言丝（絲）”二字合文。《説文》：“絲，蠶所吐也。從二糸。凡絲之屬皆從絲。”本義是蠶絲。●蠶絲。《守宫盤》：“易（賜）守宫絲束。”《書·禹貢》：“厥貢漆絲。”●讀茲，相當于指示代詞這、這個。《智鼎》：“智用絲（茲）金乍（作）朕文考考（考）弄（完）白（伯）罻牛鼎。”●讀素、索，本色、白色。古文中素、索兩字形音皆近，應為一字之分化。《獄盤》：“仲（佩）弋市絲亢。”絲亢，即《輔師嫠簋》之“戴市素黃（衡）”。《師克盨》“索（素）戈（鉞）”之“索（素）”亦是表顏色之詞。●楚文字或作“絤”，是絲的異體字。《上博一·緇衣15》：“王言如絤（絲），元（其）出女（如）緍（緡）。”《望山2·49》：“一生絤（絲）之縷（屨）。”

滋盉

【注】從水絲聲。“滋”之異文。●金文人名。

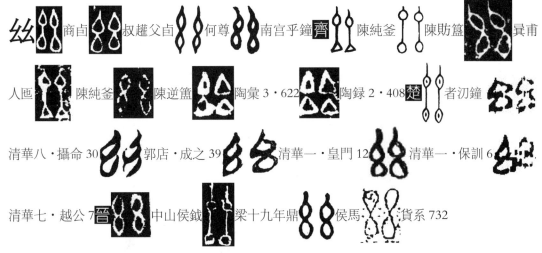

【注】古文字絲、丝一字。●金文多讀絲，鬺絲《商卣》："帝司（后）賞庚姬貝卅朋，迏（貸）丝（絲）廿孚（鋝）。"●讀茲，相當于指示代詞迌、這個。《何尊》："余其宅丝（茲）中或（國），自之辥（乂）民。"●齊陶"丘齊辛里王汋丝來"，姓氏，讀茲。●趙尖足布（貨系 732）讀茲，"茲氏"，地名。●讀使。《清華七·越公 7》："勿丝（使）句殘（踐）屬（繼）篿於雩（越）邦巳（矣）。"

【注】從心丝聲。●讀慈，慈愛、孝順。《説文》："慈，愛也。"本義當為父愛子，引申泛指仁愛，和善。《中山王譻壺》："用隹（唯）朕（朕）所放（仿），慈（慈）孝寴惠。"慈、孝古籍經常同時出現。《墨子·兼愛》："為人父必慈，為人子必孝。金文或借"孳"為"慈"。戰國文字或作（陶彙 3·189），從心孜聲，"慈"之異文。●讀滋。《郭店·老甲 30》："民多利器，而邦慈（滋）昏。"

【注】從子丝聲。"孳"之省文。●《公孳里脽戈》："左軍之攺僕大夫敔之卒公孳（孳）里脽之大夫巨柀里瘋之攺戈。"或謂"公丝（孳）里脽"讀"公子里脽"，燕國公子。●讀孳或讀孜。《上博三·彭祖 2》："汝孳孳布問，余告汝人倫。""孳孳"指勤勉、不懈怠。《禮記·表記》："俛焉日有孳孳，死而後已。"陳澔《集説》："孳孳，勤勉之貌。""孳孳"又可通作"孜孜"。《漢書·東方朔傳》："孜孜"作"孳孳"。《漢書·貢禹傳》："孳孳於民。"顏師古《注》："孳與孜同。孜孜，不怠也。"●讀慈。《郭店·緇衣 25》："古（故）孳（慈）以悉（愛）之，則民又（有）新（親）。"●《上博三·彭祖 8》："朕孳不敏，既得聞道，恐弗能守。""孳"通作"茲"，此二字諧聲，聲

近可通。《詩·閔予小子》：“念茲皇祖。”《齊詩》“茲作我”。“余朕孳”和“朕孳”可以理解為第一人稱代詞同義連用。

婦嫐觚 楚 包山 89

【注】從女丝聲，疑“嬘”之省文。●均為人名。《包山 89》：“胃（謂）取其妾嫐（嬘）。”

璽彙 1149 晉 十七年鄭令戈

【注】從土丝聲。●齊璽人名。●晉文字讀茲，姓氏。

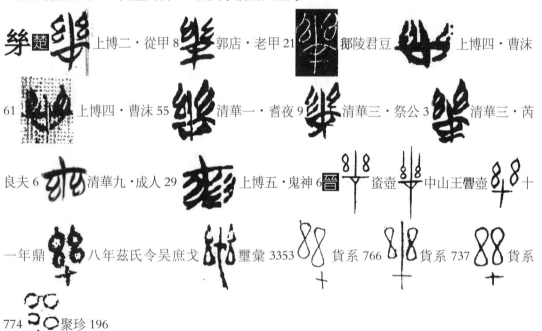

釾 楚 上博二·從甲 8 郭店·老甲 21 郗陵君豆 上博四·曹沫

61 上博四·曹沫 55 清華一·耆夜 9 清華三·祭公 3 清華三·芮

良夫 6 清華九·成人 29 上博五·鬼神 6 晉 鎣壺 中山王𧲟壺 十

一年鼎 八年茲氏令吳庶戈 璽彙 3353 貨系 766 貨系 737 貨系

774 聚珍 196

【注】從才從丝，雙聲字。●多讀哉。《清華三·芮良夫 5》：“尚𢀳=（恆恆），敬釾（哉）!”●讀慈。《鎣壺》：“昔者先王，鎣壺（慈）怸（愛）百每（民）。”●燕璽讀才，姓氏。●讀字。《郭店·老甲 21》：“未智（知）其名，釾（字）之曰道，吾强為之名曰大。”●讀災。《清華一·祭公 15》：“女（汝）母（毋）目（以）戾釾（災）皋（罪）蠱（辜）㐅（喪）寺（時）寎（遠）大邦。”●讀葸，《玉篇》畏懼也。《上博四·曹沫 61》：“為之賞獲諙（聞）釾（葸），以勸其志。”“賞獲聞葸”，即獎勵獲得者，使畏葸之人聽到，用以豔羨畏縮者，其結果是“勇者喜之，荒（慌）者悔之，萬民黔首皆欲或（有）之”。●讀茲。《清華一·祭公 6》：“釾（茲）由（迪）遜（襲）㿻（學）于文武之曼惪（德）。”

悉 楚 上博四·內禮 4 上博八·顏淵 12 上博八·顏淵 3

【注】從心絲聲。●均讀慈。《上博八·顏淵12》:"老=（老老）而慈（慈）學（幼）。"《上博四·內豊4》:"慈（慈）俤（弟）。"

 晉 鄭勇句父鼎

【注】從貞絲聲。"鼏"之異文。《説文》:"鼏，鼎之圜掩上者。從鼎才聲。《詩》曰:'鼏鼎及鼒。'鉉俗鼏從金從兹。"本義是上端收斂小口的鼎。●鼎名。《鄭勇句父鼎》:"自乍飤鼏。"

 楚 清華四·筮法50

【注】從广絲聲。●簡文"兹子"。李家浩先生曾指出，絲在古文字中除了可以讀為"兹""絲"外，還可讀作"襲"。聲近於"襲"之"兹"當可讀蠱。"蠱子"即《日甲·詰》中的"幼蠱"（睡簡·日甲50背壹"夏大暑，室無故而寒，幼蠱處之"），劉樂賢、劉釗先生均曾指出"幼蠱"可能與《莊子·達生》中的"鮭蠱"有關。《莊子·達生》:"桓公曰:'然則有鬼乎？'曰:'有。東北方之下者，倍阿、鮭蠱躍之。'"疏云:"人宅中東北墻下有鬼，名倍阿鮭蠱，躍狀如小兒，長一尺四寸，黑衣赤幘，帶劍持戟。"因其"狀如小兒"，故可稱"幼""子"，"蠱子""幼蠱"乃一物異稱。又因其本為鬼，故可作祟於人。

心紐囟聲

囟 長由盉 師旬簋 楚 包山23 包山217 郭店·太一12
上博七·鄭甲4 望山2·60 望山2·31 上博七·君乙7
上博四·昭王10 清華二·繫年34 清華二·繫年67 晉 貨系0282

【注】甲骨文作 ❂、❀、❀、❀、❀，象囟門之形。此字羅振玉釋為"西"；陳夢家釋為"囟"或"思"；唐蘭釋為"叀"，讀為惠，其義當與惟同，句首發語詞。字常用于偏旁，根據漢字一字多義的現象，其合理含義應據文義而定。楚文字多讀使，定為之部字。●多讀使。《上博四·昭王10》:"囟（使）邦人魘（皆）見之。"《包山217》:"舉禱楚先老僮、祝融（融）、媸（毓，鬻）酓（熊），各一牂，囟（使）攻解於不殆（辜）。"●人名用字。見于《長由盉》。●讀斯，語中助詞。囟、斯心紐雙聲，真支通轉。《師旬簋》:"旬其萬囟（斯）年子子孫孫永寶。"《詩·大雅·下武》:"于萬斯年，受天之佑。"●讀思，訓為"應、當"。《上博七·鄭甲4》:"於含（今）而逡（後），楚邦囟（思）為者（諸）医（侯）正。"●讀彩，彩色。《望山2·31》:"五囟之紃。"整理者曰:"《説文》'囟'字重文作'脾'，從肉宰聲。'宰'、'采'古音極近，疑'五囟'當讀為'五彩'。五彩之紃是用五彩絲組成的圓條帶。"●晉空首布單字。

 清華七·晉文公2

【注】從貝囟聲。●讀塞或讀賽。"囟"為"思"字聲符。"思""塞"相通，典籍中不乏其例，如《書·堯典》"欽明文思安安"，典籍引"思"多作"塞"。《清華七·晉文公2》："命訟訙（獄）敂（拘）執睪（釋），遣（滯）賓（責）母（毋）有買（塞/賽），四封之內皆然。"意為釋放獄中囚禁的犯人，積壓的舊債不用償還。"塞"或"賽"，義為償還。包山簡中常見"過期不賽金"語（105−114號簡），李家浩先生指出"賽"為償還義，"過期不賽金"的意思是超過了期限但沒有償還之前所借的金。

 睡簡·日乙57

【注】從糸囟聲。●《睡簡·日乙57》："斂，有細喪。"細喪，微喪。

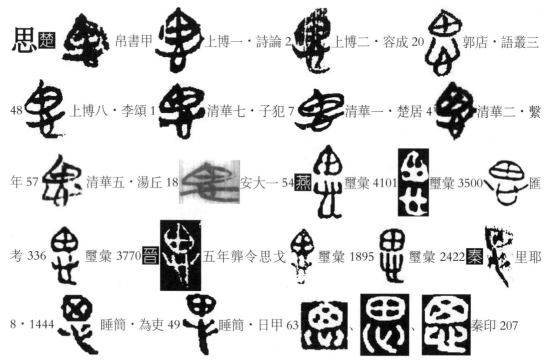

思 楚 帛書甲 上博一·詩論2 上博二·容成20 郭店·語叢三

48 上博八·李頌1 清華七·子犯7 清華一·楚居4 清華二·繫

年57 清華五·湯丘18 安大一54 燕 璽彙4101 璽彙3500 匯

考336 璽彙3770 晉 五年龏令思戈 璽彙1895 璽彙2422 秦 里耶

8·1444 睡簡·為吏49 睡簡·日甲63 秦印207

【注】從心從囟。囟指腦子，古人認為心腦合作產生思想；囟亦聲。《說文》："𢝫，容也。從心囟聲。凡思之屬皆從思。"本義思考、想。●多用為本義，思想、思維、思慮。《睡簡·為吏49》："思之思之。"《郭店·語叢三48》："思亡彊（疆），思亡其（期），思亡窅（邪），思亡遱（由）我者。"●人名。《五年龏令思戈》："五年，龏（襄）命（令）思、左庫工帀（師）長史慶。"●楚文字多讀使。《清華一·楚居4》："思（使）若（都）桮（嗌）卜遱（徙）於臷（夷）屯（屯）。"楚文字還用"史""囟"表示使令、致使之使。●讀息。《安大一54》："隹（誰）從穆公，子車盍（奄）思（息）。"《毛詩》作"子車奄息"《清華九·治政15》："亓（其）吏（使）民以岢（時），亓（其）思（息）民以岢（時）。"

148

楒 楚  清華四·筮法 45

【注】從木思聲。●《清華四·筮法 45》：“五乃楒敔。”整理者釋為楒，無説，義不詳。

諰 秦  睡簡·為吏 8 秦印 45

【注】從言思聲。●語失。《睡簡·為吏 8》：“疾而毋諰。”諰，《類篇》語失也。●秦印人名。

揌 晉  璽彙 1830

【注】從手思聲。或釋為揫。●晉璽人名。

宲 楚  新蔡甲三 4 新蔡乙三 61

【注】從宀思聲。●讀賽，祭名。《新蔡甲三 4》：“宲（賽）禱司命、司祿……。”

鄎 楚  新蔡零 236

【注】從邑宲聲。●讀息。《新蔡零 236》：“鄎公中、大司馬子厚、郍（宛）公……。”

塈 楚  包山 95

【注】從土思聲。●《包山 95》：“鬲大市米塈人本。”《周禮·地官·司市》：“凡市入，則胥執鞭度守門，市之群吏平肆展成奠賈，上旌於思次以令市，市師涖焉，而聽大治大訟。”鄭注：“思次，若今市亭也。”簡文“塈”似即《周禮》之“思次”之“思”，為市中管理機構。

緦 晉  類編 421

【注】從糸思聲。●晉璽“張緦”，人名。

罳 晉 璽彙 0390 璽彙 1403 璽彙 1654 璽彙 0391 匯考 99

【注】疑從网思聲。戰國文字中，⊠、⊞、◈、▱、◇互作無別。詳“眠”“濁”“眾”等字。●晉璽人名。《璽彙 1654》“左罳懷”疑讀“左思懷”，乃古人慣用名。●《匯考 99》“武罳

司寇"，為地名。

 集粹 91

【注】從戈罘聲。●"虸（韓）戥"，人名。

 侯馬　　晉編 1570

【注】從爪罘聲。或從臼罘聲，會意同。●均為人名。

 類編 255　　璽彙 0691

【注】從穴思聲。或認為心窗省聲，"窗"之繁文。●晉璽人名。

帮紐不聲

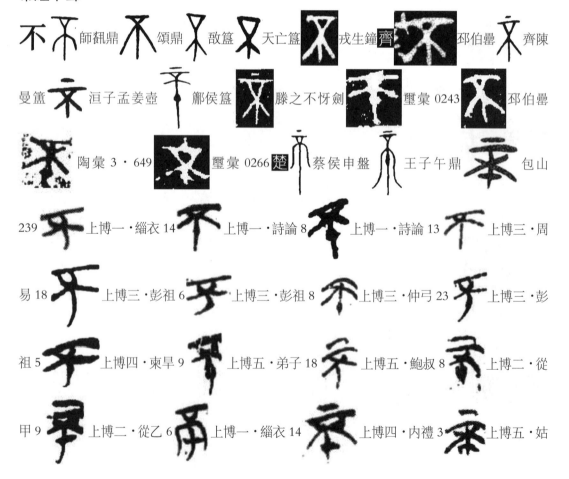

師酉鼎　　頌鼎　　敦簋　　天亡簋　　戎生鐘 齊　　邿伯罍　　齊陳

曼簋　　洹子孟姜壺　　鄜侯簋　　滕之不怶劍　　璽彙 0243　　邿伯罍

陶彙 3·649　　璽彙 0266 楚　　蔡侯申盤　　王子午鼎　　包山

239　　上博一·緇衣 14　　上博一·詩論 8　　上博一·詩論 13　　上博三·周

易 18　　上博三·彭祖 6　　上博三·彭祖 8　　上博三·仲弓 23　　上博三·彭

祖 5　　上博四·柬旱 9　　上博五·弟子 18　　上博五·鮑叔 8　　上博二·從

甲 9　　上博二·從乙 6　　上博一·緇衣 14　　上博四·内禮 3　　上博五·姑

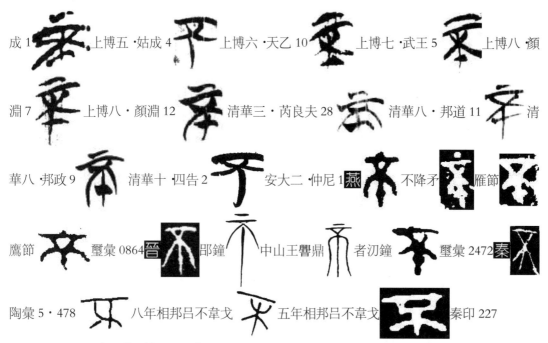

成 1 　上博五·姑成 4 　上博六·天乙 10 　上博七·武王 5 　上博八·顏

淵 7 　上博八·顏淵 12 　清華三·芮良夫 28 　清華八·邦道 11 　清

華八·邦政 9 　清華十四告 2 　安大二·仲尼 1 燕 不降矛 　雁節

鷹節 　璽彙 0864 晉 邵鐘 　中山王嚳鼎 　者沪鐘 　璽彙 2472 秦

陶彙 5·478 　八年相邦呂不韋戈 　五年相邦呂不韋戈 　秦印 227

【注】甲骨文作、、、、，象草木根須之形。徐中舒謂象倒置的花萼之柎（萼托）形，乃"柎"之本字。《詩·小雅·棠棣》："棠棣之華，鄂不韡韡。"《鄭箋》："承華者，鄂也，不當作柎。"鄭樵曰："不象萼蒂形。"王國維、郭沫若據此均謂"不"即柎字，花萼之柎，即花之託盤。（詳《甲骨文字典》1268 頁）《説文》："，鳥飛上翔不下來也。從一，一猶天也。象形。"本義待考，多假借為否定副詞，相當於否。●否定詞。《蔡侯申鐘》："不愆不忒。"●讀丕，大也。《蠡方彝》："天子不叚（遐）不（丕）其（基）。"金文習語"丕顯"均寫作"不顯"。甲骨文金文以"不"為"丕"。戰國陶文"丕"作、，小篆沿用此形。《説文》："，大也。從一不聲。"●不廷：指方國不朝覲周天子，不服從政令。《秦公簋》："咸畜胤士，藲藲文武，鎮（鎮）靜不廷。"經籍作"弗庭""不庭"。《書·周官》："惟周王撫萬邦，巡侯甸，四征弗庭。"《左傳·隱公十年》："以王命討不庭。"●不辜：指無罪而受刑罰。《蚉壺》："大厽（去）型（刑）罰，以憂厓（厥）民之佳（罹）不姑（辜）。"張政烺謂："'不姑（辜）'構成一個詞，意為冤屈，不可從字面上解釋而説為無罪。"（《中山王嚳壺及鼎銘考釋》）●《中山王嚳壺》："為人臣而返（反）臣其主（主），不祥（祥）莫大焉。"不詳：不善也。●讀薄。《鄧公簋蓋》："不（薄）故（姑）女夫人訇（始）乍（迮）彝（鄧）公，用為女夫人障遂殷。"不故：地名，即薄姑。●讀邳，國名。《邳伯罍》："不（邳）白（伯）夏子自乍（作）障（尊）罍。"邳國，是夏商古國，邳和薛同祖。邳國的先祖奚仲曾經擔任過夏朝的車正之官，立國後遷於邳地今江蘇邳州一帶，國名就稱邳。邳國的歷史很長，直到春秋戰國時期，最終為楚國所滅。●用於句末，表示疑問。《上博四·曹沫 64》："臧（莊）公曰：'穢（沫），虞（吾）言氏（是）不（否），而毋或（惑）者（諸）少（小）道與（歟）？'"

 肧 楚 天星 新蔡甲三 100

【注】從肉不聲。古文字肧、胚一字。●天星觀簡"既肧（背）雁（膺）疾"，讀背。

 新蔡零 210　　 新蔡乙四 8

【注】從骨不聲。●讀背。《新蔡乙四 8》："既骭（背）雅（膺）疾。"

 郭店・老甲 1　　 上博三・周易 48　　 清華一・保訓 8　　 安大一

 2 上博九・陳公 15　　 清華十・四時 8

【注】從人不聲，"伓"之本字。後世"倍"行，而伓、伓廢。●多讀背。《上博二・從乙 3》："懼則伓（背）。"●讀倍。《郭店・忠信 3》："不伓（倍）死也。"《郭店・老甲 1》："民利百伓（倍）。"●讀服。《安大一 2》："求之弗旻（得），悟（寤）帰（寐）思伓（服）。"《毛詩》作"寤寐思服"。

 上博四・曹沫 21　　 上博三・周易 37　　 上博三・周易 33

【注】從貝伓聲，●讀倍。《上博四・曹沫 21》："貴賤同等，祿毋負（倍）。"●讀負。《上博三・周易 33》："樸（睽）仉（孤），見豕負（負）弇（塗）。"

 清華十・病方 1

【注】從肉伓聲。●簡文"昌（以）癥（瘥）肩負（背）疾"，讀背。

 清華七・越公 38

【注】從言不聲。楚文字不、丕一字。●讀背。《清華七・越公事 38》："凡市賈爭訟，詉（反）訃（背）訛（欺）巳（詒）。"

 分研 140

【注】從廾不聲，即古書中的"抔"字。●楚璽"抔囂"讀"莫囂"，楚官名。不讀莫，不、莫作為否定詞音義均通。

疳晉  璽彙 2448

【注】從疒不聲，"疳"之異文。●晉璽人名。

沭  印增 601

【注】從水不聲。《玉篇》古文流字，當於此不同字。● "沭昌"，人名。

坏  咢侯鼎 麥尊 楚 上博六·慎子 3 秦 秦公簋

【注】從土不聲，"坏"之本字。《秦公簋》等土旁左側下垂，略有形變。《説文》："坏，丘再成者也。一曰瓦未燒。"案：古代"坏"與"壞"是音義都不相同的兩個字。"坏"，本讀作 PēI，是個從土、不聲的形聲字，指"未燒過的磚瓦、陶器"，後世通作"坯"。"壞"則表示倒塌（指建築物遭到破壞）。見"壞"字。●地名。《麥尊》："王令辟井（邢）侯出坏。"《咢侯鼎》："唯還自征，才（在）坏。"●疑讀懷。《秦公簋》："鼏（宓）宅禹責（迹），十又二公，才（在）帝之坏。"楊樹達讀覆，曰："猶言在天之覆也。"（《金文説》43 頁）●《上博六·慎子 3》："㘲㠯（以）庚（賡）志勿㠯（以）坏，身中尻（處）而不皮。"陳偉讀丕。《漢書·郊祀志下》"丕天之大律"，顏注："丕，奉也。"此處論及"物"，當為慎子之物論。《莊子·天下》論慎子等之行為為："古之道術有在於是者，彭蒙、田駢、慎到聞其風而悅之，齊萬物以為首……"上簡末或可能與"齊物"相關。

鄩  競卣

【注】從亶不聲；從亶與從土會意同，故可視為"坏"之異文。●地名。《競卣》："正月既生霸辛丑，才（在）鄩。"

杯 楚 望山 2·47 秦 關簡 338

【注】從木不聲。●杯子、杯具。《望山 2·47》："啟（雕）杯廿（二十）䜌（合）。"

匟  匟簋

【注】從匚不聲。匟，《玉篇》古文杯字。●人名。《匟簋》："匟乍（作）寶隞彝。"

鈈  齊 少司馬耳杯

【注】從金不聲。小篆從木否聲。蓋從金與從木會意同，均為造器之原料。"否"為"不"之分化字，聲同。《説文》："桮，䰜也。從木否聲。匜，籀文桮。"本義盛酒、茶或其他飲料的器皿。●讀杯。《少司馬耳杯》："鈈大式益，㒸（重）參十屎。"

豘 秦 陝新 882

【注】從豸不聲。●秦印"豺同",姓氏,疑讀邠。

陶彙 3．1320

【注】從网不聲,"罟"之異文。●齊陶人名。漢印有此字(漢印 683),亦為人名。

貨系 1525^秦秦印 124．于京 39類編 204

【注】從邑不聲。●秦封泥"下邳丞印",地名。"下邳"秦屬東海郡,其治在今江蘇睢寧西北。《類編 204》"邳鄑丞印""邳鄑尉印",邳鄑,縣名,無考。●晉布單字,當為地名。

璽彙 2639

【注】從糸不聲。亦可釋為"紕。"●人名。

【注】甲骨文作,與金文同形。《説文》所無。●金文專用于"不丕"一語,或以為"丕"之古寫形式之一,典籍有"丕丕"一語,《書·立政》"以並受此丕丕基",孔傳:"並受此大大之基業。"其義為"大",大之極也。《善鼎》:"對揚皇天子不(丕)丕休,用乍(作)宗室寶。"《長由盉》:"敢對揚天子不丕休,用肇(肇)乍(作)障(尊)彝。"《班簋》:"不(丕)丕孔皇公受京宗懿釐。"徐在國以為金文"不丕"當據楚簡改讀為"丕福"(參徐在國《談銅器銘文中的"不丕"》)。●讀副。《安大一 87》:"君子皆(偕)壽,丕(副)开(笄)六加(珈)。"《毛詩》作"副笄六珈"。此詩"丕"是"副"的異文。●讀福。《清華十·四告 23》:"丕(福)嗌(益)增多,勿結勿旗(期)。"

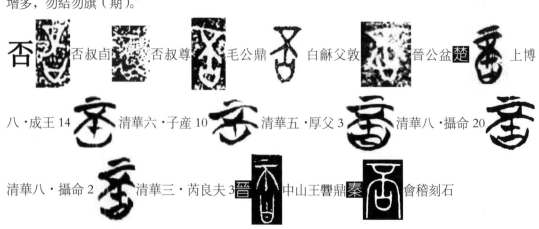

否叔卣否叔尊毛公鼎白龢父敦晉公盆^楚上博
八·成王 14清華六·子產 10清華五·厚父 3清華八·攝命 20
清華八·攝命 2清華三·芮良夫 3^晉中山王䁑鼎^秦會稽刻石

【注】從口從不，會拒絕之意；不兼音。《說文》："否，不也。從口從不。不亦聲。"本義不然、不答應、不贊成。金文和典籍亦有以"不"為"否"的。●否定詞，與"不"同義。《毛公鼎》："虩（赫）許（戲）上下若否雺四方。"若否，指善惡。銘意為，明察朝廷上下和天下的善惡之事。●讀丕，盛大之義。《晉公盆》："否乍（作）元女。"郭沫若謂：否讀為丕，乍猶嫁也，元女謂長女。（《兩周金文辭大系考釋》231頁）●惡。《會稽刻石》："貴賤並通，善否陳前。"

 砡 守宮盤 伯克父盨

【注】從二否。●同"杯"。

佫  楚 清華六·子產22 秦 詛楚文

【注】從人否聲。怀之孳乳字，後世作倍。●讀背，違背。《詛楚文》："楚王熊相之佫（背）盟犯詛。"●姓，讀馮。《清華六·子產22》："佫（馮）之夅（辨）。"

姄 秦 印增483

【注】從女否聲。●秦印"姄飌"，姓氏。"黃姄"，人名。

痞  秦 秦印149 嶽麓一·質二63

【注】從疒否聲。●均為人名。

恀  楚 郭店·語叢二11 上博一·詩論26 秦 詛楚文

【注】從心否聲。《上博一·詩論26》字下部的"口"旁與"心"旁的弧筆合而為一，屬於古文字中的"借筆字"。恀，與怀、悁一字之孳乳，怒也。●讀背，背叛、背棄之義。《上博一·詩論26》："《谷風》恀（背）。"簡文意思是《谷風》一詩言該男子忘恩背德，背叛妻子。郭店簡亦讀背。●讀悁。《詛楚文》："今又悉興其眾，張矜恀怒，飾甲底兵，奮士盛師，以偪（逼）俉（吾）邊竸（境）。"張（去聲）字有驕傲自大之義。《集韻·漾韻》："張，自侈大也。"矜（矝）字亦有驕傲、自負之義。《正字通·矛部》："矜，驕矝自負貌。"悁，《玉篇·心部》："悁，怒也。""張矜恀怒"驕傲憤怒之意。

祏  楚 蔡侯申尊 蔡侯申盤

【注】從示否聲。●《蔡侯申盤》："上下陟祏。"義不詳，或讀配。"上下陟祏"是當時習語。

音 秦  睡簡·封診 88　　睡簡·封診 89

【注】從口不（上一橫為飾，篆文寫成一點）聲，本為否字異文。●讀衃。《睡簡·封診 88》："即置盎水中榣（搖）之，音（衃）血子殹（也）。"當即放在一水盆裏搖盪，凝血確系胎兒。《説文》："衃，凝血也。"簡文或作"衋"。馬王堆帛書作"𦡊"。

衋 秦  睡簡·封診 87

【注】從血音聲，"衃"字異文。●讀衃。簡文"衋（衃）血"，淤血也。

棓 秦  睡簡·封診 93　　　里耶 8·623　　　　北大簡

【注】從木音聲，"杯"字繁文。●讀杯。《睡簡·封診 93》："丙與里人及甲等會飲食，皆莫肯與丙共棓（杯）器。"

涪 秦  里耶 8·1206

【注】從水音聲。●"涪陵"，地名。

𦡊 秦 　　　睡簡·日乙 160

【注】從肉音聲。●秦簡本義。《睡簡·日乙 160》："𦡊肉從東方來。"《説文》："𦡊，豕肉醬也。"

倍 秦 　　　會稽刻石　　　關簡 264

【注】從人音聲。●讀背，違背。《會稽刻石》："六王專倍，貪戾傲猛，率眾自强。"

部 秦 　　　睡簡·雜抄 14　　　睡簡·答問 157　　　、秦印 122

　　　里耶 8·1600　　里耶 8·573

【注】從邑音聲。●指當時政權所設衙署。《睡簡·答問 157》："部佐匿者（諸）民田，者（諸）

民弗智（知），當論不當？”部佐，鄉部之佐。部佐隱匿百姓的田，百姓不知道，應否論罪？

 緒 [秦] 睡簡 6 號

【注】從糸音聲。●指緒錦。《睡簡 6 號》：“緒布謹善者，毋下二丈五尺。”緒，《説文》治敝絮也。《類篇》或作繧。

 丕 [齊] 酈侯簋 [楚] 王子午鼎

【注】春秋戰國時期，由“不”字下加贅筆逐步分化而來。●不、丕一字之分化。古文字多讀不，為“不”之繁文。

 伾 [楚] 新蔡甲一 14　郭店・忠信 4　上博一・緇衣 13　上博二・子羔

10　清華一・祭公 20　清華七・越公 22　清華一・保訓 8　上博五・競

建 3

【注】從人丕聲。楚文字伾、怀一字。●讀背，脊背。《上博二・子羔 10》：“☐身而劃於伾（背）而生，生而能言，是禹也。”●讀背，違背、背叛。《郭店・忠信 4》：“至忠亡諆（偽），至信不怀（背），夫此之胃（謂）也。”●讀圮，毁也。《清華七・越公 22》：“抑犹（荒）棄孤虛（墟）宗廟。”整理者曰：“怀，讀為圮，毁。虛，讀為墟，毁為廢墟。圮、墟，同義詞連用。”《書・堯典》“方命圮族”，孔傳：“圮，毁。”虛讀墟，表示廢墟，見於《墨子・非攻中》。●《清華一・保訓 8》：“㠯（以）復又=易=（有易，有易）怀（服）氏（㽙—厥）辠（罪）。”“怀”可讀背或讀負，二者意同，亦相通假。《史記・酈生陸賈列傳》云：“項王負約不與。”《新序・善謀》“負”作“倍”。“怀”亦可讀服。“服厥罪”或“負厥罪”均可通，讀作“服”較長。“有易”，古部落名。●讀附。《上博五・競建 3》：“不出三年，翟（狄）人之怀（附）者七百邦。”亦可讀服，臣服。

 邳 [晉] 璽彙 2153　集粹 112

【注】從邑丕聲。●晉璽“邳迲（去）疾”，姓氏，讀不。不准，晉時汲郡人，盜掘戰國魏襄王塚，得古文竹書一車，謂之汲塚書。

 㭸 [楚] 信陽 2・20

【注】從木丕聲，亦可釋為杯。●讀杯。《信陽 2·20》："杯豆三十。"

帮紐啚聲

啚 沫司徒疑簋　　雍伯啚鼎　　殷簋甲　　恒簋蓋　　敔簋　楚簋

楚簋齊　　黐鎛楚　　嬭加編鐘　　清華四·別卦 1 秦　印增 192

【注】甲骨文作 、 、 、 、 、 ，從口從靣，會城外有倉廩之意，為"鄙"之初文。金文同甲骨文。鄙，始見于睡虎地秦簡作 （為吏 9）、 （為吏 5）。《説文》："啚，嗇也。從口、靣。靣，受也。 古文啚如此。"本義當為郊野、郊野，是"鄙"的本字。後由于"啚"作了偏旁，鄉下、鄙嗇等義便加形符寫作"鄙"。●讀鄙，指邊疆或邊緣地區。《黐鎛》："侯氏易（賜）之邑二百又九十九邑，與鄩之民人、都啚（鄙）。"《周禮·天官·大宰》："以八則治都鄙。"鄭玄注："都鄙，公卿大夫之采邑，王子弟所食邑。"●讀鄙，分封。《沫司徒疑簋》："王來伐商邑，征令康侯啚（鄙）于衛。"王在征伐商邑，平定叛亂之後，分封康侯，確定其邊鄙自然是必要的步驟。●讀鄙，職官名。《周禮·地官司徒·鄙師》："鄙師各掌其鄙之政令祭祀。"《恒簋蓋》："王曰：恒，令女（汝）更崇克嗣直啚。"嗣直，猶言擔當。●《説文》"嗇也"，意為收藏穀物，引申為收歸。《敔簋》："奪孚（俘）人四百，啚于棼（榮）白（伯）之所。"將奪還被俘的周人四百名收于榮伯之處。●清華簡讀否。即"否"卦。

鄙秦　印 120　　睡簡·為吏 5　　睡簡·為吏 9

【注】從邑啚聲。●鄙俗。《睡簡·為吏 9》："簡而毋鄙。"●與賢相對，不賢之人。《睡簡·為吏 5》："賢鄙溉辟。"

酓啚父盤

【注】從八啚聲。●人名。

罶　兮甲盤

【注】從网啚聲。●地名。

並紐佩聲

佩　從人從巾　頌鼎　頌簋　頌簋　頌簋　頌壺　癲簋　癲鐘　善夫山

鼎　　二式獄簋　　獄盨秦　睡簡·日甲146　印封689

【注】《頌鼎》等從人從巾，會配系大帶之意；凡聲。《善夫山鼎》從巿，巾、巿表意相同。金文或省凡聲，吳振烽謂"凡"為後起之聲符。楚文字均從匐作繍、璃、備等。●古人服飾之一，即大帶。《癲簋》："易（賜）佩。"《膳夫山鼎》："山拜稽首，受冊佩以出。"《四十三年逨鼎》："逨拜稽首，受冊佩以出，反入堇圭。"冊佩，諸侯、大臣接受天子冊命時同時獲得的佩飾物。作為特定等級官職、爵位的標識。●配系。《頌簋》："受令（命）冊，佩以出。"郭沫若則以為"受令冊佩"為一讀，佩指所賜之朱珩。（《兩周金文辭大系考釋》73頁）●佩飾品，多為玉之屬。《寓鼎》："隹（唯）十又二月丁丑，寓獻佩于王姤（后），易（賜）寓曼絲（絲）。"《詩·鄭風·子衿》："青青子佩，悠悠我思。"毛傳："佩，佩玉也。"●讀負。《小盂鼎》："盂昌（以）多旂佩或（鬼）方子☑☑☑三門。"李學勤曰："按《釋名》説：'佩，倍也。''佩'、'倍'、'背'、'負'等字音近可通。《世俘》又説，'大師負商王紂縣首白旂，妻二首赤旂'，懸掛紂王和妲己等二女之首的赤白二旂，也就是武王所負的赤白旂。因此，鼎銘這一句是説盂用若干面旂懸掛起斬獲的鬼方人的首級，背負而入南門。"（《小盂鼎與西周制度》）●秦封泥"尚佩府印"，官名。詳"尚"字。

並紐負聲

負　晉　陶彙3·1047　貨系1886　先秦編308秦　　睡簡·效律34

【注】"賓"的省形分化字，晚周作賓（鄂君啟舟節），或省作賓（長陵盉）的，省宀則另出一字。戰國文字貝或作貝、田等省形，作偏旁時或重疊下部作賓。●韓方足布"負疋"，地名。●可讀賍，訓為賠，賠償。《睡簡·效律174》："羣它物當負賞（償）而偽出之以彼（避）賞（償），皆與盜同法。"其它各種物品應該賠償的，卻作假調出，來逃避賠償。"彼"應讀避。"皮"聲字與"辟"聲字相通，例見《古字通假會典》690頁"被與避"條（又見於485頁"避與被"條）、同頁"彼與辟"條（又見於484頁"辟與彼"條）。

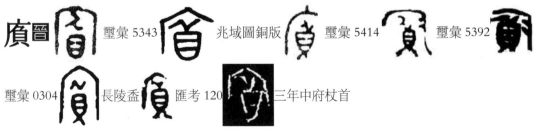

賻　晉　璽彙5343　兆域圖銅版　璽彙5414　璽彙5392

璽彙0304　長陵盉　匯考120　三年中府杖首

【注】從广負聲；或作"賓"，均為"賻"之省文。●均讀府。

蕡^晋  陶彙 3・749

【注】從艸賨聲。●"蕡歊"，讀負，姓氏。

偵^晋  錢典 775　　錢典 776　　錢典 788

【注】從人負聲。●周空首布讀負，地名，同"郞"。

頌^晋  十三年壺　　左使車帳杆接扣　　左使車嗇夫帳桿母扣　　左使車嗇夫帳

桿母扣 　、　　、　　左使車嗇夫帳桿母扣　　璽補 174

【注】從立負聲，疑"坿"之異文。●戰國文字習見，均用為人名。

郞^晋 　、　三晋 122　　、　弊編 263

【注】從邑負聲。●幣文讀負，地名。

饋^秦  睡簡・效律 24

【注】從夆（增夂為繁文）負聲。●賠償。詳"負"字。《睡簡・效律 24》："禾粟雖敗而尚可食殹（也），程之，以其耗（耗）石數論饋（負）之。"糧雖敗壞然而還可食用的，應加估量，根據所損耗的石數判令賠償。

饋^秦  睡簡・日甲 81 背

【注】從貝饋省聲。●人名。《睡簡・日甲 81 背》："甲盜名曰耤鄭壬饋强當良。"

蕡^秦 秦印 11　　秦集一・四・5

【注】從艸負聲。●地名。《秦集一・四・5》"蕡陽宮印"，"蕡陽"為秦宮，此為蕡陽宮管理機構之印。《三輔黃圖》："蕡陽宮，秦文王所起，今在鄠縣西南二十三里。"西漢時仍為行宮。

饙  里耶 8・2101

【注】從食負聲。●人名。

匬  上博四・内禮 7

【注】從匸負聲。●讀負。《上博四・内禮 7》："孝子不匬。"《説文・貝部》段玉裁注："凡背德忘恩曰負。"《玉篇・貝部》："負，違恩忘德也。"

並紐婦聲

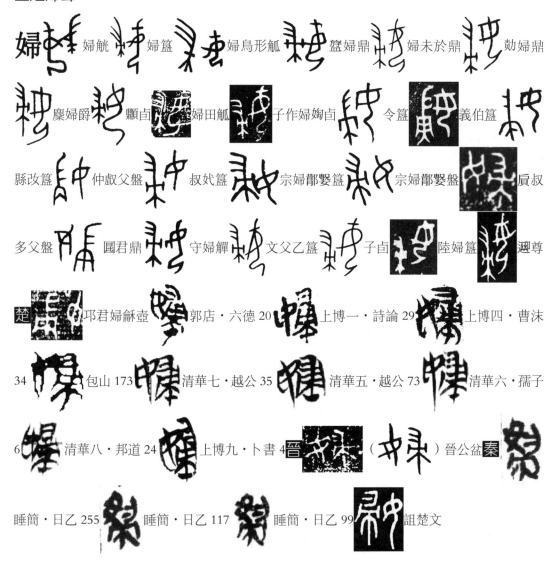

婦 婦觥 婦簋 婦鳥形觚 盉婦鼎 婦未於鼎 勑婦鼎

糜婦爵 顯卣 婦田觚 子作婦媋卣 令簋 義伯簋

縣改簋 仲戲父盤 叔妣簋 宗婦鄠娶簋 宗婦鄠娶盤 頯叔

多父盤 園君鼎 守婦觶 文父乙簋 子卣 陸婦簋 𣄠尊

邛君婦龢壺 郭店・六德 20 上博一・詩論 29 上博四・曹沫

34 包山 173 清華七・越公 35 清華五・越公 73 清華六・孺子

6 清華八・邦道 24 上博九・卜書 4 晉公盆 （婦） 睡簡・日乙 255

睡簡・日乙 117 睡簡・日乙 99 詛楚文

【注】甲骨文作、、，從女從帚，婦女持帚打掃，會婦女之義。原始社會中期起勞動分工，男性出外狩獵去了，女人在家做一些日常工作，字即以此會意。金文同甲骨文。《説文》："婦，服也。從女持帚灑掃也。"本義是婦女。引申為妻子，如古樂府《陌上桑》："使君自有婦，羅敷自有夫。"●指已婚貴族女子，或謂女官名。《婦闌卣》："婦闌乍（作）文姑日癸尊彝。"●用于被賞賜的婦女。《縣改簋》："易（賜）女（汝）婦爵、瓨之弋周（珮）玉。"縣改受伯屖父賞賜，所賜有物，亦有婦女。馬承源謂，婦為縣改的身份，即妻。伯屖父賜縣改以爵和玉，以明其為縣改妻室，則伯屖父為縣改之父，爵和玉乃是媵贈之物。（《商周青銅器銘文選》124 頁）●妻子。《邛君婦龢壺》："邛君婦龢乍（作）其壺，子子孫孫永寶用之。"《郭店·六德 20》："信也者，婦惪（德）也。"●婦子：與妻子義同，妻與子女也。《令簋》："婦子後人永寶。"

並紐圣聲

反 陶鐘齊 、 陶録 3·231 陶彙 3·955

【注】甲骨文作、、、、、、、、、，從手從卩，一隻大手抓住了一個人，會使人屈服之意，當為"服"之初文。金文仍同甲骨文。《説文》："反，治也。從又從卩。卩，事之節也。"本義為制服，卜辭中多用此義。在古文獻上，反、服通用無別。●讀服。《狀鐘》："南或（國）反孳敢臽（陷）虐我土。"張亞初謂"反"作為動詞時是征服，作為名詞用就是被征服國，或者是被征服的國族的人。"南國反子"就是南方的被征服者。●齊陶單字，人名。或釋為"反"。

服 士山盤 番生簋 毛公鼎 旬簋 駒父盨 大盂鼎 榮作周公簋 作冊魒卣 作冊魒卣 班簋 趠觶 服尊 克鼎 由盨蓋楚 清華五·厚父 7 清華八·攝命 5 清華八·攝命 10 清華八·攝命 31 清華二·繫年 103 清華二·繫年 74 清華十·四告 7 清華十·四告 19 清華十·四告 7 清華十·四告 35 秦公鎛 秦景公石磬 睡簡·為吏 35 睡簡·秦種 20

【注】甲骨文反、服同形；或繁化作，增"凡"表音。金文同甲骨文。"凡"旁後訛變為"舟"，

為小篆所本。《説文》："𦨶，用也。一曰車右騑，所以舟旋。從舟𠬝聲。𦩎古文服從人。"本義是降服、使服從，如《韓非子》："夫虎之所以能服狗者，爪牙也。"●職事、職位、官職。《榮作周公簋》："蕶井（邢）侯服，易（賜）臣三品。"蕶讀匄，與也。《趩觶》："王乎（呼）内史冊令（命）趩：更乓（厥）且（祖）考服。"即冊命趩繼承其祖父的職位。《靜簋》："王令靜嗣（司）射學宫，小子眔服、眔小臣、眔尸僕學射。"郭沫若曰："小子、服、小臣、尸僕均為官職名。"《大盂鼎》："女（汝）妹（昧）晨又（有）大服。"大服，即要職、高位。《詩·大雅·蕩》："曾是在服。"毛傳："服，服政事也。"●引申為進獻。《大盂鼎》："三事大夫入服酉（酒）。"●人名。《服尊》："服肇（肇）凤夕明（盟）亯（享）。"●見服：即朝覲，有爵服的諸侯、大臣朝見周天子的一種禮節。《作冊魝卣》："隹公大史見服于宗周年。"●臣服。《清華二·繫年74》："楚臧（莊）王立，吳人服于楚。"

並紐𠬝聲

𠬝 𠬝師龢鼎 𠬝 𢦏匜楚 尺 上博一·緇衣1 尺 清華九·成人4 尺 清華九·成人20 尺 清華九·成人4 尺 清華九·成人20 又 清華十·四告44

【注】甲骨文作 𠬝、𠬝、𠬝、𠬝、𠬝，舊多釋為"御"。裘錫圭認為 𠬝 與甲骨文"御"字區別十分明顯，並將之釋為"厄"，讀果，並認為卜辭的"茲果"可稱為"果辭"，意指此次占卜會應驗。（《釋厄》）何琳儀認為當釋為"巴"，從字形來說，𠬝象棍形，人跪其側，會扶持、把持義。"巴"似是"把"之初文。巴可讀孚，訓"信"。（《釋巴》）釋御、厄、巴等均於字形難安。古文字𠬝均可讀孚，故學者大都以為是"服"的省寫，與"孚"同屬並紐，聲音相近故相通。●讀孚，信也。《𢦏匜》："今女（汝）亦既又（有）𠬝誓……亦既𠬝乃誓。"𠬝誓，猶言信誓。《詩·衛風·氓》"信誓旦旦"。《師龢鼎》："用乓（厥）剌（烈）且（祖）𠬝德。""𠬝德"即"信德"。●楚文字均讀孚，有信之義。《上博一·緇衣1》："㠭（儀）型文王，萬（萬）邦复（作）𠬝（孚）。"郭店簡作"孚"，傳世本亦作"孚"。效法文王，所有國家才會興起信服之風。《左傳》莊公十年："公曰：'犧牲玉帛，弗敢加也，必以信。'對曰：'小信未孚，神弗福也。'"《清華九·成人4》："朕亓（其）𠬝（孚）于龜筮以靜（靖）求嘉箬（若）。"龜，龜卜也。筮，筮占也。嘉，美也，好也。若，善也。面對土妖流行，"王"開言路，百官揚聲於王庭，共同致力應對疫病。對於各位提出的意見，"王"以占卜求神求先王選擇最佳最善方案，強化其天下信服的公信力，予以實施。

閅楚 閅 清華八·攝命23

【注】從門𠬝聲。●讀孚。《清華八·攝命23》："亯（享）勣（載）不閅（孚），是亦引休。"享，諸侯以玉幣致享。引，相薦達曰引。休，止也。諸侯納幣，"攝"是相薦達經手人，倘若"受幣之事"出現舞弊，不能盡數入庫，是"引休"也。

並紐伏聲

伏 史伏尊 **楚** 曾侯衣箱 **伙** 清華四・筮法 47 **從** 上博九・卜書 4 **秦** **保** 睡簡・日乙 147

【注】金文從勹從犬，會人匍伏之意，其狀若犬然；勹兼聲。勹作偏旁與人混同。《説文》："伏，司也。"段玉裁注："司者，臣司事于外者也。司今之伺字。凡有所司者必專守之。伏伺即服事也。引申之為俯伏。又引申之為隱伏。"●秦簡同説文。《睡簡・日乙 147》："癸不可祠人伏，伏者以死。"●人名。《史伏尊》："史伏乍（作）父乙寶鐑（旅）彝。"●讀服，使用。《清華四・筮法 47》："伏鐱（劍）者。"

明紐母聲

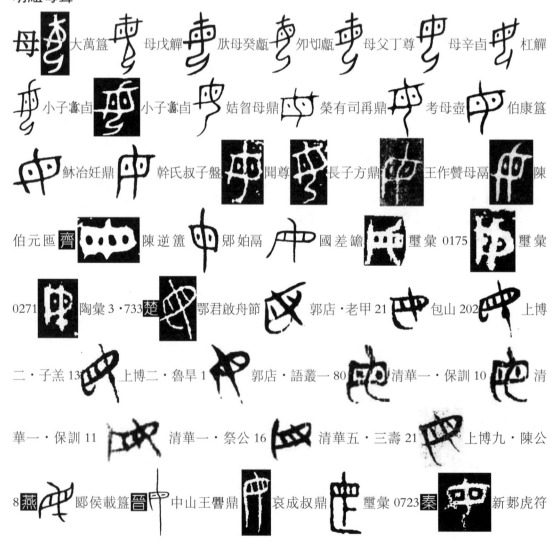

母 大萬簋 母戊觶 **肰**母癸甗 夗切甗 母父丁尊 母辛卣 杠觶 小子𪔂卣 小子𪔂卣 姑智母鼎 桀有司再鼎 考母壺 伯康簋 穌冶妊鼎 幹氏叔子盤 聞尊 長子方鼎 王作贊母鬲 陳伯元匜 **齊** 陳逆簠 邜姑鬲 國差繪 璽彙 0175 璽彙 0271 陶彙 3・733 **楚** 鄂君啟舟節 郭店・老甲 21 包山 202 上博二・子羔 13 上博二・魯㫃 1 郭店・語叢一 80 清華一・保訓 10 清華一・保訓 11 清華一・祭公 16 清華五・三壽 21 上博九・陳公 8 **燕** 郾侯載簋 **晉** 中山王䀠鼎 哀成叔鼎 璽彙 0723 **秦** 新郪虎符

睡簡·答問116　睡簡·秦種151　珍秦76　秦印237

【注】甲骨文作，象跽坐之婦女形，胸前有一對乳房，這是母親的標誌。甲骨文"母""女"一字。金文女、母二字始別，女字無兩點，母字多兩點。戰國文字"母"作偏旁，或訛為㘝、㘝，下加點為飾。《説文》："母，牧也。從女，象裹子形。一曰象乳子也。"本義是母親。也作女性的長輩，如"祖母""伯母"等。又引申指雌性的，如"母畜"。又引申指根源，如《商君書》："慈、仁，過之母也。"●母親。《梁其簋》："善（膳）夫沙（梁）其乍（作）齩（朕）皇考惠中（仲）、皇母惠妖隡叚。"《禮記·曲禮下》："生曰父曰母曰妻，死曰考曰妣曰嬪。"●讀毋，否定詞。《中山王嚳鼎》："母（毋）忘爾邦。"●女名。可稱某母，不一定指生母。《仲伐父甗》："中（仲）伐父乍（作）姬尚母旅獻（甗）。"●母父：指母、父所在地，即指故鄉故國。《哀成叔鼎》："余鄭邦之彥，少去母父。"或讀為父母。《孟子·萬章下》："去魯，曰：遲遲吾行也，去父母國之道也。"●母弟：同母所生的胞弟。《臣諫簋》："母弟引喜（庸）又（有）長子☒。"《公羊傳·隱公七年》："母弟稱弟，母兄稱兄。"何休注："母弟，同母弟。母兄，同母兄。"《左傳·莊公八年》："僖公之母弟曰夷仲年。"●后母戊：商王文武丁之配偶。《后母戊鼎》："后母戊。"●讀無。《郭店·語叢一80》："長弟，晜（親）道也。眷（友）君臣，母（無）晜（親）也。"

清華八·邦道27　清華九·治政15

【注】從宀母聲。●均讀每。《清華八·邦道27》："此勿（物）也，宥（每）弍（一）之叕（發）也。"

上博三·彭祖8

【注】從力母聲，"敏"字異體。●讀敏。簡文"不勈"即"不敏"，不明達、不敏捷。《國語·晉語二》："欵也不才，寡智不敏，不能教導，以至于死。"韋昭注："敏，達也。

天星　上博四·曹沫55　清華六·孺子5　清華二·繫年

50 清華八·攝命14　安大一59

【注】從口母聲，"謀"之異文。●多讀謀。《清華六·孺子5》："自衛與奠（鄭），若卑耳而唒（謀）。"●天星簡"尚唒又咎"讀毋。

郭店·尊德16　郭店·六德21　郭店·老甲25　上博三·彭祖6

上博五·三德20　　上博五·君禮1　　上博三·周易27　　上博七·吳命9

清華八·心中4　　安大一59　　安大一36　　中山王嚳鼎　　七年俞氏

韓化戈

【注】從心母聲，與《説文》"謀"字古文同。商承祚謂謀、誨為一字，某、每同聲。又，誨《説文》古文作晦，謀古文作嚕、昝，從母與從每同，從口與從言亦同，故謀、誨為一字。《説文》："謀，慮難曰謀。從言某聲。某古文謀。母亦古文。"本義計謀籌策。●讀謀，謀劃。《中山王嚳鼎》："氏（是）目（以）寡人許之，愳（謀）忌（慮）膚（皆）佐（從）。"《清華八·心中4》："窞（窓）心愳（謀）之，旨（稽）之，尾（度）之，監之。"●人名。見于《七年俞氏韓化戈》。●讀誨。《郭店·六德21》："既生畜之或（又）從而教愳（誨）之，胃（謂）之聖。"●《上博七·吳命9》"不愳"讀敏。"不敏"，不明達、不敏捷，用作對自己的謙稱。《論語·顔淵》："回雖不敏，請事斯語矣。"●讀每。《安大一59》："訇（始）也於我，夏屋苴（渠）＝，今也愳（每）飤（食）亡（無）余（餘）。"

謜 楚　　 清華八·處位2

【注】從言愳聲。●讀謀。《清華八·處位2》："與（舉）介執事，事是謜（謀）人。""謀人"是名詞，"謀"非整理者所謂"求"。"謀人"猶言謀士，如《尚書·秦誓》："惟古之謀人，則曰未就予忌；惟今之謀人，姑將以為親。"清華簡《天下之道》簡5稱"歸之謀人以悦之心"，"謀人"義同。

誨 楚　　 清華八·邦政6　　清華八·邦政10　　清華十·四告9

【注】從言母聲。●均讀謀。《清華八·邦政6》："不内（納）誨（謀）夫。""謀夫"當指謀劃、謀策之人。蕭統《文選序》"謀夫之話"，張銑注："謀夫，謀策之人也。"

拇 楚　　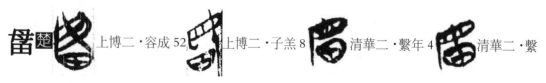 上博三·周易26　　上博三·周易37

【注】從手母聲。●指腳拇指。《上博三·周易26》："初六：欽（感）亓（其）拇。"初六，交集相應在腳拇指。

畱 楚　　上博二·容成52　　上博二·子羔8　　清華二·繫年4　　清華二·繫

年 2  清華五·三壽 27　安大一 82　清華九·禱辭 9

【注】從田母聲。●讀牧。《上博二·容成 52》"甾（牧）野"，地名。●讀畎。《上博二·子羔8》："毗（畎）甾（畎）之中。"●讀海。《清華九·禱辭 9》："奴（如）百潼川之逴（歸）甾（海），奴（如）絲（販）内（入）市。"

痗 齊  陶彙 9·40

【注】從疒母聲。●齊陶人名。

晦 楚 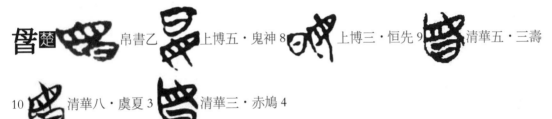 帛書乙　上博五·鬼神 8　上博三·恒先 9　清華五·三壽

10　清華八·虞夏 3　清華三·赤鳩 4

【注】從日母聲，"晦"之省文。●多讀海。《清華八·虞夏 2》："晦（海）内有不至者。"●讀晦。《清華八·邦道 4》"政德之晦（晦）明"，謂政事之治亂。

朚 楚  清華四·筮法 39

【注】從月母聲。●讀晦。《清華四·筮法 39》："坤朚（晦）之日逆軌（乾）以長（當）巽。"

海 楚  郭店·性自 9　上博二·民之 7　上博二·民之 12　上博二·容

成 5　上博二·容成 19　上博七·吳命 5　上博八·命 7　包山 147

郭店·老甲 2　清華二·繫年 112　匯考 187　清華七·越公 23

清華十·四告 7　晉　吉大 43

【注】從水母聲（聲符常作毋）；或增日為飾。《清華十·四告 7》贅加田、口。●均讀海。《上博二·容成 19》："四海（海）之内及，四海（海）之外皆請貢。"《郭店·老甲 2》："江海（海）

所以為百浴（谷）王，以其能為百浴（谷）下。"《清華十·四告7》："孚（至於）漕（海）庶（表）出日，亡（無）不衛（率）卑（比）。"

 苺伯簋

【注】從屮母聲。古文字屮、中、艸作偏旁同，隸定為苺。●人名。

 安大一 90   安大一 91

【注】從土苺聲。●讀沫。《安大一 90》："爰采藜（麥）可（兮），堥（沫）之北可（兮）。"簡文或作"謹"。

 安大一 89

【注】從言堥聲。當是《說文》"坶"的繁文異體，相當於典籍所用之"牧"字。●讀沫。《安大一 89》："爰采募（唐）可（兮），謹（沫）之墅（鄉）可（兮）。"《毛詩》作"沫之鄉矣"。毛傳："沫，衛邑。"陳奐《詩毛氏傳疏》："《書·酒誥》'明大命于妹邦'，馬融謂妹邦即牧野。《說文》云：'坶，朝歌南七十里地。'衛都朝歌，沫為衛南郊邑名，去朝歌七十里，在遠郊外矣。沫、妹、牧、坶，字並通用。《正義》謂沫即朝歌，失之。"

 中山王𬭚鼎

【注】從人母聲，與"侮"之古文同。《說文》："㑄，傷也。從人每聲。仲古文從母。"然據銘意，應該視為"姆"字異文。人與女，母與每作形符表意每相通，故字亦可釋為"姆""娒"。●讀姆，指教育未出嫁貴族女子的女教師。《中山王𬭚鼎》："寡人學（幼）踵未甬（通）智。佳侢（傅）侮（姆）氏（是）從。"傅姆，指諸侯和諸侯夫人的師傅和保姆。《禮記·內則》："女子十年不出，姆教婉娩聽從。"《儀禮·士昏禮》："姆纚笄宵衣在其右。"鄭玄注："姆，婦人年五十無子，出而不復嫁，能以婦道教人者。"

稆  九店 56·1

【注】從禾母聲。●穀物名。《九店 56·1》："敢稆之四檐（擔）。"

每 天亡簋   光作母辛觶   亞每乙瓢   何尊   智鼎   湯鼎

齊 杞伯每亡鼎  杞伯每亡簋 杞伯每亡簋 陶録2·241 楚 徐贅尹

皆鼎 郭店·語叢一34  上博二·子羔4 上博七·吳命8  上博七·凡甲

15 晉  蜜壺 侯馬 秦 龍崗28

【注】甲骨文作 等形,從女(或母,同),象一個跪着的女子,胸前有雙乳,頭上插着飾物。高鴻縉謂字從華省,母聲,篆文變為從中,從華省與從中均得有花中盛出之意(《中國字例》第六篇)。金文同甲骨文。楚簡上部多類化從來。《説文》:" ,艸盛上出也。從中母聲。"本義當為頭飾盛美。又引申為植物茂盛。《左傳·僖公二十八年》:"原田每每。"杜預注:"喻晉軍美盛若原田之草每每然。"今多用其假借義,表示"每一",如《墨子》:"每鼓三,十擊之。"卜辭中"每"是"母"的異體字。甲骨卜辭有"小每""三每"等詞語,即"小母""三母"。●讀敏,敏捷。《天亡簋》:"佳(唯)朕(朕)又(有)蔑,每啟王休于尊皀(簋)。"《上博二·子羔04》:"虖(吾)昏(聞)夫塗(舜),亓(其)幼也每(敏)。"●讀誨。《智鼎》:"智乃每(誨)于氐曰。"●讀牧。《蜜壺》:"昔者先王,爭(慈)悆(愛)百每(牧)。"百牧,即群臣、百官。●讀母。《光作母辛觶》:"光,乍(作)每(母)辛。"●讀繁。《郭店·語叢一34》"豊(禮)妻(齊)樂憲(靈)則戚,樂每(繁)豊(禮)憲(靈)則訒(慢)。"●讀謀,謀略。《上博七·凡乙10》:"坐而思之,每(謀)於千里。"●秦簡讀謀,謀殺。《龍崗28》:"諸禁苑有奆(墻)者,☒去奆(墻)廿里毋敢每(謀)殺。"●侯馬盟書姓氏。

 楚 清華六·子儀1 清華十·四告19

【注】從口每聲。●讀謀。《清華六·子儀1》:"公益及三唔(謀)塼(輔)之。"

 誨 牆盤 楚 王孫遺鼠鐘 王孫誥鐘 上博六·天甲13 清華

五·厚父11 清華十·四告36 燕 璽彙3424 璽彙3515 秦 不嬰簋

里耶8·298

【注】從言每聲。《説文》："，曉教也。從言每聲。"本義教導。●讀謀，謀略。《牆盤》："祇覲穆王，井（型）帥宇誨。"宇誨，即大謀。《王孫遺鼠鐘》："誨猷不飤。""誨猷"，即《詩·小雅·小旻》中的"謀猷"。●《不嬰簋》："女（汝）肇（肇）誨于戎工（功）。"《王孫誥鐘》作"武于戎工"，是"誨"當借為"武"也。●人名。《隹叔鼎》："誨乍（作）寶鬲鼎。"●楚簡均讀謀。《清華五·厚父11》："今民莫不曰'余保教明德'，亦鮮克以誨。"如今民眾没有不稱頌我王遵循傳統，重視道德教化的。這（民心）也不是以空洞的説教得來的。《清華十·四告36》："害糞大莫（謨），不（丕）誨（謀）戲（威）義（儀），寶（保）光朕身之。"

敏 ＼ 、 ＼ 大盂鼎 師嫠簋 師嫠簋 致簋 齊 叔尸鐘
叔尸鎛 晉 璽彙 0534 秦 ＼ 、 ＼ 寺工敏鈹

【注】甲骨文作 ＼ 、 ＼ ，從又從每，會婦女做事迅疾麻利之意；每兼聲。金文同甲骨文。晉璽或從攵每聲，疑"敏"之異文。齊文字從力每聲。統一隸定為敏。《説文》："，疾也。從攴每聲。"本義為做事動作快。引申指勤勉努力、靈敏等義。●敏捷、聰敏。《師嫠簋》："女（汝）敏可事（使）。"《論語·學而》："敏於事而慎於言。"●奮勉、努力。《叔尸鐘》："女（汝）肇（肇）敏于戎攻。"《大盂鼎》："敏朝夕入讕（諫），盲（享）奔走，畏天畏（威）。"●晉璽、秦器人名。

悔 楚 上博六·用曰 12 晉 侯馬 璽彙 3054 秦 睡簡·為吏
14 睡簡·為吏 41 璽彙 5705

【注】從心每聲。●用為本義，悔改。《睡簡·為吏10》："不賃（任）其人，及官之啓豈可悔。"《上博六·用曰12》："既出於口，則弗可悔，若矢之免於弦。"●晉璽"悔☒"讀每，姓氏。

晦 秦 睡簡·封診 73 嶽麓三 178 于京 15 戰表
943 ＼ 、 ＼ 印增 257

【注】從日每聲。●用為本義，夜晚。《睡簡·封診73》："乙獨與妻丙晦臥堂上。"楚文字作"暙"。●《于京15》"東晦都水"讀海。"東晦"即東海。東海郡治郯，即今山東郯城縣北。《印增257》"晦陵丞印"王輝指出即"海陵丞"。秦封泥又有"晦池之印"，應當也是"海池"。秦有管理"晦池"即"海池"的官職。

【注】從山每聲，疑"峗"之異文。峗，亦作"坶"。●地名。《下官壺》："峗下官。"黃德寬謂讀牧、或讀坶，古地名，周武王打敗商紂王的地方。在今河南汲縣。(《譜系》322頁)《說文》："坶，朝歌南七十里地。《周書》：'武王與紂戰于坶野。'從土母聲。"典籍作"牧"。湯余惠讀繁，戰國時屬魏。●氏名，古璽文字習見。《峗公鼎》："峗公。"《☒陽令峗戲戈》："十三年，☒陽令峗戲，工帀(師)北宮(宮)疊，冶黃。"湯余惠讀繁，"峗"字只見於魏國的銅器、兵器、貨幣，寫作"峗"的繁氏私名璽絕大部分應是戰國時期魏人的作品。

【注】從水每聲。戰國文字多省從母聲。《說文》："𣴳，天池也。以納百川者。"本義大海。●《清華九·治政6》："黃帝不出門檻，以智(知)四海之外。"四海：猶四方也。●海眉：東南方靠近海洋的地區。《小臣謎簋》："唯十又一月，遣自𩂥𠯡(次)，述東陜，伐海眉。"《廣雅·釋邱》："湄，厓也，"海湄，即海厓，海濱、海之邊。或說為一地名，具體地望不明。●秦印"南海司空"。秦置南海郡，所臨海疆即今南海。《漢書》卷二十八下地理志第八下："南海郡，秦置。秦敗，尉佗王此地。武帝元鼎六年開。屬交州。"秦亡後為趙佗南越王國地，漢武帝元鼎六年(前111年)滅南越王國，復置南海郡。●《清華十一·五紀101》："五色焚=(紛紛)，海妟(霧)大盲。"當讀晦。詳"盲"字。

【注】從木每聲。●此行僅此一字，義不詳。

【注】從車每聲。●疑讀輫。簡文"輫輲車"，輫輲，讀輫輬。"每"在之部明紐，"卑"在支部幫紐，二字旁轉旁紐，可通。輫輬之為車名當是因為有曲柄車蓋的緣故。《古今注·輿服》："武王伐紂，大風折蓋。太公因折蓋之形而制曲蓋焉。"《晉書·五行志下》："桓玄出遊大航南，飄

風飛其轉鯢蓋。"

 子鼓罻簋

【注】從网每聲，與小篆同。《說文》："罻，网也。"《廣韻》雉网。●人名。《子鼓罻簋》："□攸（肇）貯（賈），罻子鼓罻鑄旅段。"●地名。《小子鑫卣》："隹（唯）子曰：令望人方于罻。"即令某人監視觀察人方于罻，罻在此應為地名。

姆  復公仲簋蓋

【注】從女每聲。《說文》有"姆"無"姆"。《說文》："姆，女師也。從女每聲。讀若母。"古代指教育未婚子女的婦人。●人名。《復公仲簋蓋》："其罻（擇）吉金，用乍（作）我子孟姆婦小隥勝（滕）段。"

畮  兮甲盤 師袁簋 師袁簋 賢簋 賢簋

【注】從田每聲，與小篆同。秦國文字作畮（青川木牘）、畮（雲夢），從田久聲，並迭加聲符"又"。每、久、又均屬之部。小篆變又為十形作畮，遂為《說文》或體所本。《說文》："畮，六尺為步，步百為畮。從田每聲。畮或從田、十、久。"本義為古代地積單位，周代規定六尺為一步，橫一步，直一百步為一畮。《周禮·地官》不易之地，家百畮。●讀畝。《賢簋》："庚午，公弔（叔）初見于衛，賢從，公命事畮賢百畮糧（糧），用乍（作）寶彝。"前一個"畮"用為動詞，讀賄，贈送；第二畮用為本義。●讀賄。《兮甲盤》："淮尸（夷）舊我員（帛）畮（賄）人，母（毋）敢不出其員（帛）、其責（積）。"賄，《集韻》或作"畮"。畮、畮都從每聲。《周禮·天官冢宰》："六曰商賈，阜通貨賄。"鄭玄注："金玉曰貨，布帛曰賄。"員（帛）畮（賄）人，猶謂淮夷是周的貢納屬邦。

毋 十四年陳侯午敦 國差罐 拍敦 璽彙 3752

陶録 3·25 郭店·性自 60 包山 221 望山 1·9 郭店·緇衣

22 上博一·緇衣 12 上博二·君老 1 安大一 6 安大一

101 璽彙 0366 中央勇矛 睡簡·秦種 74 睡簡·答問

52 　毋 　璽彙 4887

秦印 241 　二世元年昭版

【注】毋、母古本為一字，後分化為禁止之詞，乃加一畫以別之。《説文》："毋，止之也。從女，有姦之者。凡毋之屬皆從毋。"本義表示禁止的詞。相當于莫、勿、不要。●否定副詞。《郭店‧緇衣 22》："毋以少（小）愳（謀）敗大煮（圖）。"●讀無。《睡簡‧答問 52》："毋（無）恒數。"《安大一 101》："毋（無）巳（已）內康。"毛詩作"無巳大康"。●秦印有"毋苦夫""毋丘得"等，姓氏。漢代有毋昭裔；晉代有毋雅；唐代有毋景。●讀母。《上博二‧君老 1》："大（太）子前之毋（母）俤（弟）。"●《中央勇矛》："毋又（有）中央。"銘意不詳。

栅 秦 　漢印 470

【注】從木毋聲。馬王堆帛書作 　（帛編 235），"梅"之省文。●《古文字譜系疏證》定為秦印。"栅野"，讀梅，姓氏。

明紐爻聲

爻 　　楷伯簋 　　二年平陶令戈 　　麥尊

【注】甲骨文作 　、　、　、　、　、　，舊釋為"尤"。陳劍謂，　字是意為"大拇指"的"拇"和"敏"字的表意初文；殷墟卜辭的絕大部分　字，可能跟後代常用于卜筮場合的"咎"字表示的是同一個詞；西周金文中的　字和絕大部分相關諸字，跟金文"亡啟"的"啟"表示同一個詞，相當于古書裏意為"憂""病"的"滔""閔"等字。（詳《甲骨金文舊釋"尤"之字及相關諸字新釋》）金文中以"爻"為聲符的迄、昃、眅（啟）均可讀啟、滔。●讀啟、或讀滔。《楷伯簋》："楷白（伯）于遣王，休，亡爻。"●《二年平陶令戈》："爻……。"銘殘意不詳。

迄 　　麥尊

【注】從辵爻聲。●讀啟、或讀滔。《麥尊》："雩若二月，侯見于宗周，亡迄。"

昃 　　繁卣 　　沈子它簋蓋 　　敔簋 　　班簋 　　靜簋

【注】從目爻聲。爻，《沈子它簋蓋》訛為丑；《靜簋》則訛為廾。●讀啟、或讀滔。《敔簋》："衣（卒）博（搏），無昃于敔身。"《靜簋》："靜學無昃。"此義金文增從民作 　（克鐘）、　（梁其鐘）。●讀昃，天、天空。《班簋》："昃天畏（威），否畀屯（純）陟。"語例與《毛公鼎》"啟（昃）天疾畏（威），司余小子弗伋"同。《詩‧小雅‧雨無正》："昃天疾威。"●讀擊。《説文》："擊，

173

手擎也。楊雄曰：'擊，握也。'從手取聲。"握，是兩手相拱，拱手相告是古人表達意見的一種姿態。《沈子它簋蓋》："拜𩒨首，敢夊卲（昭）告舷（朕）吾考。"銘意為：敢拱手相告。

 克鐘　　梁其鐘　　梁其鐘

【注】從民從殳，雙聲字。●讀敃、或讀湣。詳"敃"字。

明紐某聲

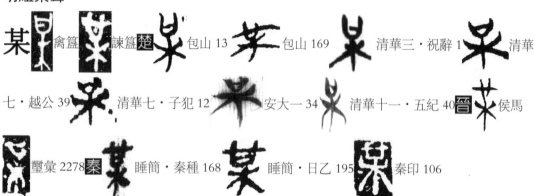
某 禽簋　　諫簋　楚 某 包山 13　某 包山 169　某 清華三·祝辭 1　某 清華

七·越公 39　某 清華七·子犯 12　　安大一 34　清華十一·五紀 40 晉 某 侯馬

某 璽彙 2278 秦 某 睡簡·秦種 168　某 睡簡·日乙 195　某 秦印 106

【注】高鴻縉謂字象木上有小果之形；甘象小果，非甘字，後訛為甘，加木為意符者，則為形聲字"楳"，後人另造形聲字"梅"，皆為一字之異構也。《說文》："某，酸果也。從木從甘。闕。𣏁古文某從口。"古文作𣏁，當為"某"之重文，古甘、口同意，常混用。本義為果實。●讀謀，訓為導，義為教誨。《禽簋》："周公某（謀）禽祝。"周公旦訓導其子大祝伯禽。《諫簋》："女（汝）某不又聞，母（毋）敢不善。"銘意為，你有心慮而不會不明事理。●讀脄，訓"胎也"。《清華七·子犯 12》："殺某（脄）之女，為桼（栓）櫸（梏）三百。"脄之女，即懷孕的女子。●包山簡姓氏。晉璽"某萄"亦為姓氏，讀梅。●秦印"咸郖里某"，人名。●讀梅。《安大一 34》："芨（摽）又（有）某（梅），亓（其）實（實）七也。"

某 秦 睡簡·日甲 25 背

【注】從艸某聲。●讀某，指示代詞。《睡簡·日甲 25 背》："璽（爾）必以某（某）月日死。"

慔 楚 上博二·容成 3　上博二·容成 37

【注】從心某聲。●讀謀。《上博二·容成 37》："湯乃慔（謀）戒求賢，乃立伊尹以為佐。"●讀誨。《上博二·容成 3》"教而慔之"，見《詩·小雅·綿蠻》"飲之食之，教之誨之"。《說文》："誨，曉教也。"

謀 燕 陶彙 4·71 秦 會稽刻石　睡簡·日乙 46　睡簡·答問 12

【注】從言某聲。謀略之謀，楚、晉系文字均作"愳"。●預謀。《睡簡·答問12》："其前謀，當並臧（贓）以論；不謀，各坐臧（贓）。"如有預謀，應將兩人贓數合併一起論處，沒有預謀，各依所盜贓數論罪。●主謀。《睡簡·答問4》："甲謀遣乙盜。"●燕陶人名。

謀 沫司徒疑簋 沫伯疑尊 沫司徒疑卣 沫爵 沫爵

秦 石鼓文

【注】從水某聲。●讀牧。金文數形，舊釋為"沫"。以上所謂的"沫"字，只不過把"某"所從的"甘"或"口"寫在了"木"的下面，而不是上面，這在古文字裏面很常見，字上下的位置不固定，左右結構也可成上下結構。所以此字當隸定為"湈"，從水某聲。"某"，古音明母之部，"牧"古音明母職部，聲母相同，韻部屬於嚴格的對轉關係，所以"某"通"牧"是沒問題的，如《睡虎地秦簡·法律答問》："臣妾牧殺主，何論？"又"何謂牧？欲賊殺主，未殺而得，為牧。"整理者注："牧，讀為謀，謀從某聲。"所以，"湈"從"某"聲通假為"牧"，指的就是《書·牧誓》"時甲子昧爽，王朝至於商郊牧野，乃誓"中的"牧野"。（《補釋康侯簋銘文中的"沫"字》）《沫司徒疑簋》："王朿（來）伐商邑，征（誕）令康侯啚（鄙）于衛，湈司土（徒）疑眔啚（鄙），乍（作）氒（厥）考尊彝。咠。"周成王前來征伐武庚三監的叛亂，結束以後，把康侯重新封在了衛這個地方，在劃定衛國土的邊境時，由於衛國的邊境郊外與牧接壤，所以牧地管理土地的司土疑參與了整個土地邊境劃界的工作，完了以後，他作了這件簋。由簋銘後面帶有族徽來看，牧司土疑，牧伯疑應該屬於殷遺民，也就是文獻中所講的"殷獻臣"。●疑讀海。《石鼓文》："流迄滂滂，盈湈（海）濟濟。""湈"字從"某"聲，以"梅"或作"楳"例之，"湈"可讀海，指大池或大湖。"盈海"謂靈雨致使水漲，盈湖溢池。

楳 史梅兄簋 晉 璽彙3625

【注】從木某聲，與《說文》"梅"或體同。戴家祥曰："字從木從呆，說文六篇某古文作楳，從口。呆即某之省，故知某為楳之偏旁移位字。說文六篇楳是梅的或體。"（《金文大字典中》）《說文》："楳，枏也。可食。從木每聲。楳或從某。"本義楠木。●人名。《史楳簋》："史楳覘（覭），乍（作）且（祖）辛寶彝。"晉璽亦為人名。

禖 秦 睡簡·日甲156

【注】從示某聲。《說文》祭也。●簡文"馬禖"，是篇名，祈禱馬匹繁殖的祭祀。

明紐麥聲

麥麥鼎麥盉麥尊麥尊 秦 睡簡·答問 153睡簡·秦種 40里耶 8·258

【注】甲骨文作、、、、、、、、，象麥子的形狀。李孝定謂來、麥本為一字，象麥根，因假為行來字，故更制繁體為來辨之本字。但是在甲骨文裏早就把它跟人足的形狀混同，以致字義不易解釋。（詳《甲骨文字集釋卷五》）來，來母之部；麥，明母職部，二字對轉疊韻。《説文》："，芒穀，秋穜厚薶，故謂之麥。麥，金也。金王而生，火王而死。從來，有穗者；從夊。凡麥之屬皆從麥。"本義是麥子。●秦簡均用為本義。《睡簡·秦種 38》："禾、麥畝一斗。"●人名。《麥盉》："侯易（賜）麥金，乍（作）盉。"

遱 秦 湖南 80

【注】從辵麥聲。●讀麥，姓氏。或釋為"遱"。

圏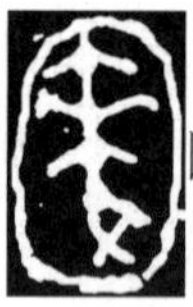圏☐鼎

【注】從囗麥聲。●人名。《圏☐鼎》："圏☐乍（作）鼎。"

蘩 楚 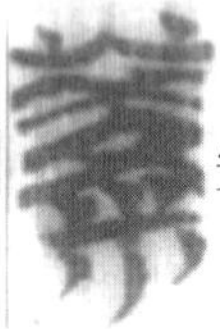安大一 90安大一 80

【注】從艸從米麥聲。或麥省聲。"麥"之繁文。●讀麥。《安大一 90》："爰采蘩（麥）可（兮），葟（沫）之北可（兮）。"

明紐牧聲

牧牧父丁罍右羖父己簋羖卣左羖鼎羖又罍羖又戈父丁罍父乙觶羖觚右羖甗羖父

丙觚　　　　又牧父癸鼎　　　　又牧父己簋　　　　亞牧鬲　　　牧父乙爵

儥匜　　　儥匜　　　叔㚅父簋　　　柳鼎　　　小臣謎簋　　　同簋

免簋　　　鄧公牧簋　楚 曾侯145　　　清華五・三壽22　　上博

四・采風3　　上博七・吳命5　秦 睡簡・秦種84　　　睡簡・秦種16

【注】甲骨文作、、、、、、、、、、、、、、、、、，從攴從牛，一隻手拿着鞭正在趕一頭牛（或從羊），會放牧之意。或增加彳、止等偏旁以示行動義。甲骨文牧羊曰敇，牧牛曰牧，後世通用"牧"。金文同甲骨文，形符統一從牛，乃意符歸併之結果。楚文字有"敇"字，則是"養"的異體字。《説文》："牧，養牛人也。從攴從牛。《詩》曰：'牧人乃夢。'"本義是放養牲畜。引申指牧羊六畜之官，也指放養牲畜的人，如"牧人""牧童"等。又引申為統治，如"牧萬民。"●金文多用為族徽文字。見于《敇卣》《敇鬲》等器。●官名，管理國君用于祭祀的六牲。《同簋》："王命同左右吳大父嗣（司）昜（場）、林、吳（虞）、牧。"典籍作"牧人"，《周禮・地官・牧人》："牧人掌牧六牲，而阜蕃其物，以共祭祀之牲牷。"●地名。《小臣謎簋》："雪𪧛（厥）復歸才（在）牧自（師）。"或謂"牧師"即殷八師，指西周駐紮在牧野的軍隊。●《上博七・吳命5》："猶不能以牧民，而反志下之相 （擠）也，豈不左（差）才（哉)!"牧民，治民。《國語・魯語上》："且夫君也者，將牧民而正其邪者也，若君縱私回而棄民事，民旁有慝無由省之，益邪多矣。"●放牧。《睡簡・秦種84》："將牧公馬牛，馬牛死者，亟謁死所縣，縣亟診而入之。"●讀謀。《睡簡・答問76》："臣妾牧殺主。"●養。《睡簡・為吏17》："㥛（密）而牧之。"●《睡簡・日甲156背》："祝曰：先牧日丙，馬禖合神。"先牧，《周禮・夏官・校人》"夏祭先牧，頒馬攻特"，鄭氏注："先牧，始養馬者，其人未聞。"又《周禮・夏官校人》：廋人"祭馬祖，祭閑之先牧"。是知馬謀之祭主為先牧。以上簡文大意：於祀先牧之丙日，行馬禖禮儀，合祭諸馬神。

職部

影紐音聲

音 牆盤　　　九年衛鼎　　音簋 楚　　郭店・語叢三 64　　上博五・鬼神

4　清華一・祭公 14　　　安大一 78　　清華十・四告 17 晉　命瓜君壺

秦 印增 86

【注】從言，中標〇，會言中有意之意。《命瓜君壺》在〇中羡加短橫，遂音化從音。意、億乃音之孳乳字。《説文》："音，快也。從言從中。"段玉裁注："會意。中之言得也。言而得故快。"音，意之古文。●讀億，數詞。《令狐君嗣子壺》："至于萬音（億）年，子之子，孫之孫，其永用之。"《詩・魏風・伐檀》："不稼不穡，胡取禾三百億兮。"《詩・大雅・假樂》："子孫千億。"鄭玄箋："十萬曰億。"金文、文獻一般均為虛指，極言其數目之眾。引申泛指大、廣大。《牆盤》："分（遂）尹音（億）強。"●人名。《音簋》："音乍（作）寶簋。"●讀抑。《上博五・鬼神 4》："音（抑）元（其）力古（固）不能至安（焉）唬（乎）？"●讀意，懷疑。《郭店・語叢三 64》："亡（毋）音（意），亡（毋）古（固），亡（毋）義（我），亡（毋）必。"

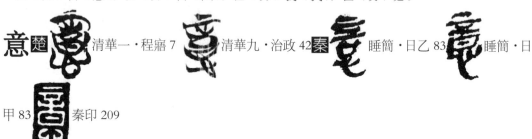

意 楚　清華一・程寤 7　　　清華九・治政 42 秦　睡簡・日乙 83　　睡簡・日

甲 83　　秦印 209

【注】從心音聲。秦系文字變形音化從音。《説文》："意，志也。從心察言而知意也。從心從音。"●意欲。《睡簡・答問 29》："甲意所盜羊殹（也）。"●讀抑。《清華一・程寤 7》："隹（惟）容內（納）樲（棘），意（抑）欲隹（惟）柏。"既已容納棘，更要容納柏。意思商即將被周取代。

癔 楚　清華六・太伯甲 12　　　清華六・太伯乙 11

【注】從疒音聲，"癔"之異文。直接隸定為癔。●讀醫。《清華六・太伯甲 12》："君女（如）是之不能茅（懋），則卑（譬）若疾之亡（無）癔（醫）。"

曉紐黑聲

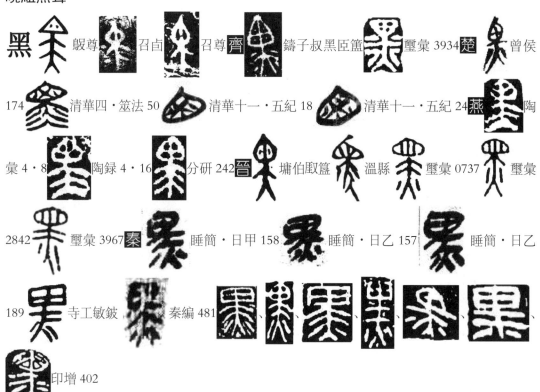

黑 㪤尊　召卣　召尊　齊 鑄子叔黑臣簠　璽彙 3934　楚 曾侯

174 清華四・筮法 50　清華十一・五紀 18　清華十一・五紀 24　燕 陶

彙 4・8 陶録 4・16　分研 242　晉 墉伯庶簠　溫縣　璽彙 0737　璽彙

2842 璽彙 3967　秦 睡簡・日甲 158　睡簡・日乙 157　睡簡・日乙

189 寺工敏鈹　秦編 481

印增 402

【注】甲骨文作 ，象人身上有記號、飾物之形。唐蘭以為："本象正面人形而面部被墨刑的人……（金文）作 ，則在兩臂上下，均有裝飾性的點，《説文》就認為是從炎，是錯了。正由于黑字原是受墨刑的人，所以墨刑的字都從黑。"（《陝西省岐山縣董家村新出西周重要銅器銘辭的譯文和注釋》）如下文 "黮" 字。《説文》："黑，火所熏之色也。從炎，上出囧。囧，古窻字。"許慎以為火熏窗而為黑色，臆測無據。●黑色。《清華四・筮法 50》："北方也，水也，黑色也。"《清華十一・五紀 18》："豊（禮）青，炁（愛）囧（黑），青囧（黑）為章，準繩（繩）成方。"●地名（或部落名）。《庸伯庶簠》："隹（唯）王伐逨魚，裙伐淖黑。"●人名用字。《鑄子叔黑臣簠》："鑄子弔（叔）黑臣肇（肇）乍（作）寶簠，其萬年眉壽永寶用。"祝子叔黑臣，春秋早期鑄（祝）國的公子，名臣，字叔黑。●讀嘆。 （莫）、 （嘆）是 （黑）的同源分化字。卜辭中 表示乾旱時讀嘆（或暵）。古文獻中 "嘆" 有 "敬" 義，《爾雅・釋詁》："嘆，敬也。"王引之《經義述聞・名字解詁》云："《説文》：'嘆，敬也。'《爾雅》：'嘆，敬也。'嘆與嘆同。"又《詩經・小雅・楚茨》有 "我孔嘆矣" 毛傳："嘆，敬也。"《召卣》："甲午，白（伯）懋父賜（賜）琨（召）白馬，姝黃猱（髮）散，用黑（嘆）不（丕）杯。"銘文大意，記敘的是九月甲午日伯懋父賞賜召馬匹，召用以敬事。●古璽印有 "上官黑" "長黑" "宋黑" "臧孫黑鉢" 等，古人慣用人名。

嫼 觿姬簠蓋　瀨嫼簠蓋　瀨嫼簠蓋　盾叔多父盤

【注】從女黑聲，與小篆同。《説文》："嫼，怒貌。"段玉裁注："按此字廣韻烏黠切。嫼怒也。則黑非聲矣。"●姓。《觿姬簠蓋》："觿姬乍（作）瀨嫼賸（媵）段。"此器是嫼姓女子適瀨，其

179

母觴姬為其作器。墨子之墨姓及後世所見之黑姓，或與此嫚有關。《瀰嫚簠蓋》："瀰嫚乍（作）尊毁，瀰嫚邁（萬）年子子孫孫永寶用。"

 默 _秦 里耶 8・657

【注】從犬黑聲。●《里耶 8・657》："琅邪尉徙治即默。"讀墨，"即墨"，地名。

 斁 _楚 清華九・廼命二 6

【注】從攴黑聲。●疑讀默。《清華九・廼命二 6》："母（毋）或譖詡（愬）毀貪（匿），孚（免）身相上，而斁（默）政事民人善否、替由。"整理者注："'斁'見《字彙補》，云'同黑'，疑讀為'默'，訓為'闇'。善否，謂善與不善。替，廢。由，用。'善'與'否'、'替'與'由'對文。句謂於政事民人之善惡、廢用不能明察。"

 擺 _秦 印增 604

【注】從手黑聲。●"王擺"人名。

 膴 _楚 上博五・三德 1 清華九・成人 3 清華九・成人 9

【注】從月黑省聲。隸定為"朝"。●讀晦，即"晦朔"之"晦"。《上博五・三德 1》："平旦毋哭，朝毋歌。"《清華九・成人 3》："毋則司典遊（失）常（常）以進退朝（晦）朔。"

墨 _齊 即墨華戈 陶彙 3・691 _楚 析君戟 璽彙 5477 帛書乙

 新蔡零 213 上博六・用曰 3 清華二・繫年 77 包山 7 曾侯

47 清華十・四時 31 _秦  日甲 155 背 秦印 259

【注】從土從黑；黑亦聲。《說文》："墨，書墨也。從土從黑，黑亦聲。"本義書畫所用的黑色顏料，用松煙等原料製成。●氏名。《析君戟》："斦（析）君墨脊之郜（造）鈺（戟）。"●即墨：地名。《戰國策・齊策一》："臨淄、即墨非王之有也。"《玉海》引《郡縣誌》云："故城臨墨水，故曰即墨。"在今青島地區平度東南。《即墨華戈》："即墨華之造用。"秦時即墨應屬齊郡。秦封泥有"即墨太守""即墨丞印"等。●讀晦。《日甲 155 背》"墨日"即"晦日"。墨從黑聲；上

180

古音"黑"屬曉母職部,"晦"屬曉母之部,二字聲母相同,韻部陰入對轉,音近可通。●《曾侯 47》"墨輀(乘)",車名。墨乘,亦見於簡 173 號。按《周禮·春官巾車》:"服車五乘:孤乘夏篆,卿乘夏縵,大夫乘墨。"鄭玄注:"墨車,不畫也。"可見墨車無采,裝飾殊簡。●讀謀。《上博六·用曰 3》"審墨",讀為"忠謀",指忠誠之謀。"謀""墨"為明紐雙聲,韻部之、職對轉,音近可通。《呂氏春秋·任數》中的"煤",《孔子家語·在厄》作"墨"。中謀,或指内謀。《國語·晉語三》:"内謀外度,考省不倦,日考而習,戒備畢矣。"

 邵黰鐘

【注】從戠黑聲。●人名。

 清華六·管仲 1

【注】從言墨聲。●讀墨。《太玄·盛》"盛不墨",司馬光集註:"法也。"在此為動詞,意為效法。簡文"見善者謲焉,見不善者戒焉",意思是見到好的要效法,見到不好的要告誡。謲,或謂讀侔。

 上博五·鮑叔 3

【注】從糸墨聲。●《上博五·鮑叔 3》:"畆繆綯(短),田繆長,百糧(量)筆(鍾)。"《玉篇·糸部》:"繆,索也。"綯,讀短。簡文是説用於丈量"畆"的繩索短,丈量"田"的繩索長,可以理解為土地的劃分與丈量。筆讀鍾,古代的一種量器。《孟子·告子上》:"萬鍾則不辨禮義而受之。"趙歧注:"鍾,量器也。"古代六斛四斗為一鍾。"百量鍾"指田賦之百石取一鍾,相當於什一之税。《管子·霸形》"使税者百一鍾",尹注:"假令百石而取一鍾。"

 貨系 2551　弊編 235　弊編 235　先秦編 391　齊幣 74

齊幣 69

【注】"墨"之繁文,勹為叠加聲符。●讀墨。齊幣"節嚳之枒刀"。節嚳,讀即墨,地名。

 陳鼃戈　陳鼃戈　陳鼃車轄　陳鼃車轄

【注】從穴,墨聲(上遱加北為聲符),疑"墨"之繁文。●人名。《陳鼃戈》:"墬(陳)鼃散鈛(戈)。"《陳鼃劍》:"墬(陳)鼃散造鐱(劍)。"

 郭店·窮達 7

【注】從攴墨聲。●讀牧。《郭店·窮達 7》："白（百）里迟（轉）遺（鬻）五羊，為敁（伯）敫（牧）牛。"

 璽彙 3618 陶録 4·177

【注】從金墨聲。●楚璽"鏔慧"讀墨，姓氏。●燕陶"☐坪鏔"，不詳。

 侯馬

【注】從木從皿黑聲。●人名。

 晉☐上庫戈

【注】從每黑聲。●人名。《晉☐上庫戈》："上庫工帀（師）黴，冶悆。"

見紐革聲

 康鼎 害簋 上博三·周易 47 上博三·周易 30 郭店·唐虞 12 清華七·越公 50 清華十一·五紀 30 璽彙 3103 三年大將軍弩機 睡簡·雜抄 6 珍秦 19 秦印 52

【注】金文象獸皮割剝展開之形，上象頭，中象身，下象尾。身形至春秋訛為 臼彡（筆劃脫節，楚系文字常有此作，許慎遂誤為臼聲），是為《説文》古文所本。《説文》："革，獸皮治去其毛，革更之。象古文革之形。凡革之屬皆從革。革 古文革從三十。三十年為一世，而道更也。臼聲。"許慎之説大謬。本義當為去毛加工後的獸皮。●指去毛並經加工的獸皮。《鄂君啟車節》："母（毋）載金革毗箭。"《詩·召南·羔羊》："羔羊之革，素絲五緎。"●指皮膚。《睡簡·雜抄 6》："使其弟子羸律，及治（笞）之，貲一甲；革，二甲。"役使弟子超出法律規定，及加以笞打，應罰一

182

甲；打破皮膚，罰二甲。●讀勒，馬籠頭。《康鼎》："令女（汝）幽黃（衡）、鋚革（勒）。"●晉璽"革睪疤"，姓氏。●讀勒，刻也。《三年大將軍弩機》："彖（掾）長（張）丞所革。"●《上博三·周易47》："九晶（三）：征凶，革言晶（三）獸（就），又（有）孚。""革言"，謂更改供詞。《易·革》："九三：征凶。貞厲。革言三就，有孚。"王弼注："自四至上，從命而變，不敢自違，故曰革言三就。"高亨注："革言，有罪更改供詞。"

撺[齊] 璽彙3287

【注】從手革聲。●齊璽人名。

闈[秦] 類編386

【注】從門革聲。●人名。

鏵[晉] 璽彙2957

【注】從金革聲。●晉璽人名。

見紐戒聲

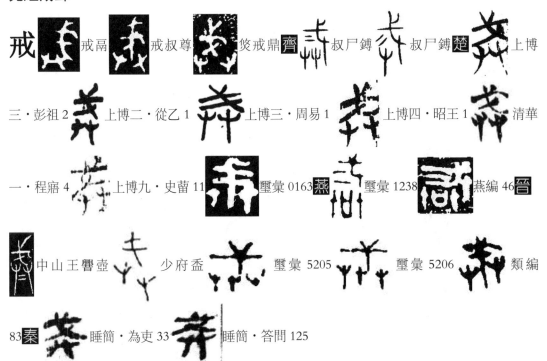

【注】甲骨文作、、、、，從廾從戈。兩隻手緊握武器以戒不備之敵，會防備、警

戒之意。金文同甲骨文，或增二于兩手之間，是為裝飾性符號。古璽或羨加二、口旁作𧥣。《説文》："𧥣，警也。從廾持戈，以戒不虞。"本義是警戒防備，如《詩經》："既種既戒""豈不日戒。"引申為警告，如《荀子》："觀往事，以自戒。"這種意義後來另加形符"言"寫作"誡"。甲骨文用作"祴"，為持戈之舞祭。●告戒。《中山王𧊒壺》："𩁹（載）之珒（簡）箣（策），以戒嗣王。"●人名。《戒鼐》："戒乍（作）莽宫明（盟）𨺀彝。"●讀械，兵械。《鄅侯載作戎戈》："鄅侯𩁹（載）乍（作）戎戒。"秦文字亦讀械，械具。《法律答問125》："將盜戒（械）囚刑罪以上，亡，以故罪論。"帶領判處肉刑以上罪的戴著刑械的囚徒，將囚徒失去，以過去犯的罪論處。●讀祴，蓋室成而於宗廟舉行祭禮，先奏樂，繼與飲酒慶祝也。《上博四·昭王1》："室既成，將落之。王戒。"

戓㣂｜楚　清華四·別卦6

【注】從心戒聲。●讀革，即"革"卦。

瘧｜燕　璽彙0480　　璽彙1576　　璽彙2803　　璽彙3489

【注】從广戒聲。●燕璽人名。

見紐亟聲

亟　毛伯班簋　　牆盤　　毛公鼎　　伯梁其盨　　伯梁其盨　　伯梁

其盨｜楚　曾大保盆　郭店·唐虞19　王子午鼎　清華五·命訓3　清

華三·芮良夫4　清華五·命訓2　清華五·命訓4　清華五·命訓9　清

華五·湯丘18｜晉　與兵壺、　、　侯馬｜秦　睡簡·秦種16

睡簡·秦種184　秦駰玉牘

【注】甲骨文作𠄏、𠄏，象側視之人形立于地上，頂部加一橫表示人之頂極，為"亟"之初文。金文繁化。于省吾曰："𠄏即亟之初文。按毛伯班簋"作四方亟"亟作𠄏，較契文上多一橫畫，如正之作正，亦作𠄌，辛之作𨐌亦作𨐌，是其證。毛公鼎亟作𠄏，已由𠄏形孳乳為亟。此與周

代金文敬字，由 𠂤 孳乳為 𢼸，其例正同。說文亟作 𠄔，從攴與從又每無別。亟古極字，𠄐又為亟之初文，亟字中從人而上下有二橫畫，上極于頂，下極于踵，而極之本義昭然可睹矣。"（《甲骨文字釋林》94頁）戰國文字或省攴為卜旁作 𠄔、𠄔，或復羨加口旁作 𠄔。《說文》："𠄔，敏疾也。從人從口，從又從二。二，天地也。"本義為緊急。引申指趕快。又用作副詞，表示"屢次"，如《左傳》："亟請于武公。"●讀極，盡、極近。《牆盤》："𤔲邦上下，亟獄逗慕，昊 𤔲（照）亡斁（斁）。"《郭店·唐虞19》："亟（極）忎（仁）之至，利天下而弗利也。"《與兵壺》："亟（極）于後民。"《詩·崧高》傳："亟，至也。""民"與"人"通。"極于後民"即"至于後人"。●作準則、作表率。《伯梁其盨》："用匄釁（眉）壽多福，眈臣天子，萬年唯亟，子子孫孫永寶用。"萬年唯亟，臣于天子之事，一萬年亦當作為準則。《毛公鼎》："命女（汝）亟一方。"亟一方，即為一方之表率和準則。《王子午鼎》："殹民之所亟。"民之所亟，即為四方之民的表率。●讀極，中正的準則。《晉姜鼎》："乍（作）寵為亟，萬年無彊（疆）。"●讀極，極限。《清華五·命訓9》："亟（極）賞則民賈=亓=上=（賈其上，賈其上）則亡=壤=（無讓，無讓）則不川（順）。"●人名。《曾大保盆》："曾大保 𥷚弔（叔）亟用其吉金，自乍（作）旅盆。"

 侯馬

【注】從彳亟聲。●讀極。盟書"徲視"讀極視，竭盡視力。

 大盂鼎 𣉟 侯馬

【注】從辵亟聲，疑"徲"之繁文。●讀極。《大盂鼎》："遜𢿢遷自厥（厥）土。"●侯馬人名。

𡉚 楚 𡉚 上博三·恒先12 𡉚 清華三·赤鳩9 𡉚 清華九·治政28 𣉟 𡉚 侯馬

【注】從止亟聲。●盟書讀極。詳"徲"字。●讀極。《小雅·菀柳》毛傳："至也。"《清華三·赤鳩9》："上片（刺）句（后）之體，是凶（使）句（后）之身 𤶇（疴）蠱，不可𡉚（極）于席。"意云不能安臥於席。●讀輕，指皮革堅硬。《清華九·治政28》："鞍（皮）革歲（歲）𡉚（輕）。"獸皮年年都堅硬。

 清華一·金縢11

【注】從水𡉚聲。●讀泣。《清華一·金縢11》："王捕（搏）箸（書）以湮。"

 清華六·管仲27 𦀇 清華九·成人23

【注】從糸亟聲。●讀急。《清華六·管仲27》："或緩或緪（急）。"亦可讀亟。《清華九·成人23》："獄成又（有）幾，日求厗（厥）審，非緩隹（惟）緪（亟）。"亟，急也。此指應在規定的時間內完成斷獄。

恆楚  上博三·恒先 12 清華八·邦道 25晉 溫縣 、 、 侯馬

【注】從心亟聲。●讀極。《清華八·攝命 15》："女（汝）迺敢整惡（極）。""整惡"是同義複詞，猶言整飭。●讀殛，誅責。《清華八·邦道 25》："上乃悥（憂）惑、髍惡以智（知）之于百眚（姓）。"詳"髍"字。●侯馬盟書讀極。詳"徑"字。

極秦  睡簡·封診 3 秦景公石磬 會稽刻石

【注】從木亟聲。●盡、極致。《睡簡·封診 3》："詰之極而數詑，更言不服，其律當治（笞）諒（掠）者，乃治（笞）諒（掠）。"《會稽刻石》："後敬奉法，常治無極，輿舟不傾。"

徑晉  、 侯馬

【注】從示亟聲。●讀極。詳"徑"字。

諏 仲諜父簋

【注】從言亟聲。●讀殛，譴謫之意。《仲諜父鼎》："中（仲）諜父作尊簋，用從德公，其或貿易，則盟（明）諏（殛）。"

見紐棘聲

棘  懞子鼎楚 清華十·四告 42秦 睡簡·日甲 38 背 睡簡·日甲 51 背

【注】甲骨文作朿，從並束。與從重束之"棗"，均有刺義。周秦文字從束與從來每相混。《說文》："棘，小棗叢生者。""束"是"刺"的本字。兩個"束"字並排立着，表示棘樹多刺，是矮小而成叢莽的灌木。本義叢生的小棗樹。棘是有刺植物，古人將它用作刺兵器，後人又模仿它的形狀製造出兵器"戟"。秦系文字棘、棗不同字，棗多用為早。●用為本義，棗樹、棗木。《睡簡·日甲 36 背》："以棘椎桃秉（柄）以悥（敲）其心。"簡文中的"棘椎"當讀作"棘錐"，在古代，酸棗樹的枝條可以用來充當驅鬼的法器，即製成驅鬼的箭、刀、錐、劍來使用。《清華十·四告 42》："集止于桑棘褢（槐）桐百桓（樹）。"楚文字或用"枌""榑""棶"表示。●人名。《懞子鼎》："懞（蔡）子棘之貞（鼎）。"

闌 闌卣

【注】從門棘聲。●人名。

棘^{癲壺} 棘^{高卣} 棘^{師袁簋} 棘^{史密簋} 棘^{晉侯僰馬壺} 棘^晉

侯僰馬壺蓋 ^秦 里耶 8・665

【注】從人棘聲。《説文》：“僰，犍為蠻夷。從人棘聲。”本義為中國古代西南地區的某一少數民族。●西南部族名。《史密簋》：“史密父率族人釐白（伯）、僰、居周伐長必，獲百人。”●讀襋，衣領。《癲壺》：“畫斲（斬）、牙僰、赤舄。”牙僰，謂衣領上鑲嵌的牙形之物。●人名。《晉侯僰馬壺》：“晉侯僰馬乍（作）寶障壺，其永寶用。”僰馬，為晉侯名。●里耶簡“僰道”，地名。

溪紐克聲

克^{利簋} 克^{何尊} 克^{沈子它簋} 克^{虎簋蓋} 克^{幽公盨} 克^{令鼎} 克^{師艅鼎} 克^乖

伯簋 克^{邢人妥鐘} 克^{公克錞} 克^{德克簋} ^齊克^{司馬楙鎛} ^楚克^{曾伯黍簠} 克^{者汈鐘}

克^{清華八・攝命 20} 克^{清華八・攝命 27} 克^{郭店・老乙 2} 克^{上博四・曹沫 14}

克^{上博四・曹沫 14} 克^{上博三・周易 4} 克^{清華一・皇門 9} 克^{清華五・厚父}

8 克^{清華五・厚父 12} 克^{清華七・越公 13} 克^{清華一・金滕 1} 克^{清華二・繫年}

72 克^{清華十・四告 26} 克^{璽彙 3507} ^晉克^{中山王嚳鼎} 克^{相邦瘯戈} ^秦克^{秦公鎛}

克^{集證 223} 克^{秦印 132} 克^{類編 295} 克^{詛楚文}

【注】甲骨文作[⽅]、[⽅]、[⽅]、[⽅]、[⽅]、[⽅]、[⽅]、[⽅]、[⽅]、[⽅]。陳斯鵬謂從由，下部為“肩”的象形初文（或謂象人躬身以手拊膝之形，非），從肩負由，以示克任之意。（詳《説“由”及

其相關諸字》）金文同甲骨文。《德克簋》中豎上下貫通。《者泻鐘》訛為上下二體，下作卩形。《中山王譻鼎》亦訛作上下二體，並增又旁繁化，與《䜌壺》𠂤（皮）之下體全同。小篆上下皆訛。《説文》：“亯，肩也。象屋下刻木之形。凡克之屬皆從克。亯古文克。𡱀亦古文克。”古文一實際同篆文，古文二下從𣎵，介甲形，象戴冑服甲形。本義當為戰勝，如《左傳》：“彼竭我盈，故克之。”●攻克、戰勝。《利簋》：“歲鼎，克，聞（昏）夙又（有）商。”傳世文獻講武王征商，亦多言“克”，如見于《左傳》者：“武王克商。”（《桓公二年》）“昔周克商。”（《成公十一年》）《利簋》中的“克”與此同，但前面省略主語，後面省略賓語。銘意為：歲星正當其位，（我軍）戰勝了（商軍），一夜之間就占領了商地。《何尊》：“隹（惟）珷（武）王既克大邑商。”●能。《中山王譻鼎》：“隹（唯）盧（吾）老貯，是克行之。”《爾雅·釋言》：“克，能也。”●人名。《克鐘》：“克敢對揚天子休。”●勝、堪。《師旂鼎》：“白（伯）懋父乃罰得㝵古三百寽（鋝），今弗克乎（厥）罰。”●完成。《陳侯因𦎟錞》：“皇考孝武趄公，靖（恭）戬（哉），大慕克成。”

 侯馬

【注】從欠克聲。●人名。

 四年鄭令韓伴戈

【注】從攴克聲。●人名。《四年鄭令韓伴戈》：“冶君（尹）鼓斁（造）。”

 郾王職壺

【注】從心克聲。●讀克，攻克。《郾王職壺》：“惡（克）邦踐城。”

 印增 608

【注】從力克聲，同字亦見於漢印（漢印 1190）。●秦印人名。

 陶彙 3·1241　龍崗 203

【注】從刀克聲。●齊陶疑即剋字，《汗簡》“克”作𡱀、𡱀（h36），與此近似。人名。●讀克，取勝。《龍崗 203》：“［爭］而不剋者。”

 侯馬　璽彙 0476　璽彙 1120　璽彙 3433　璽彙

1637 中國書法 2012・11・100

【注】從广克聲。●均為人名。

侯馬

【注】從邑疨聲。●人名，同"疨"。

侯馬

【注】從心疨聲。●人名，同"疨"。

端紐戠聲

樴  二十四年銅犀

【注】甲骨文作𢦏、𢦏、𢦏、𢦏、𢦏、𢦏、𢦏、𢦏，從戈從▼（或增從口），諸家皆釋為"戠"字。然字構形不明，或說字象戈上掛有飾物之形，猶如後代刀上的環、鈴，作為一種標誌。金文同甲骨文，▼漸訛為"音"。戰國文字下從口、日、田等形。秦系文字訛為從戈從音。《包山248》變形音化從止。《說文》："戠，闕。從戈從音。"卜辭中同"識"，有"日有戠"，即指太陽有黑子。●讀織。《豆閉簋》："易（賜）女（汝）戠衣。"織衣，用染色絲織成的王臣的朝服、紡織品。或謂顏色名，讀埴，土黃而細密者曰"埴"，是戠乃黃色也。●讀識，見識。《何尊》："爾有唯（雖）小子亡（無）戠（識）。"亡戠，即無識，沒有見識，這裏指不知天命。《荀子·瀼行》："怨人者窮，怨天者無識。"楊倞注："不識知天命也。"●人名。《倗生簋》："乇（厥）書史戠武。"戠武，史官人名。●《清華八·攝命26》："余一人害（曷）叚（假），不（丕）則戠（識）智（知）之𦎫（聞）之言。"戠，整理者讀職，茲讀識，認也、記也、志也。●讀埴，《淮南子·齊俗》注："泥也。"《清華三·說命下7》："若賈，汝毋非貨如戠（埴）石。"句意是不要把寶貴的金玉誤認作泥土石塊。貨，《周禮·大宰》注："金玉曰貨。"●讀織。《上博八·鶹鷅2》："不戠（織）而欲衣今可（分）。"

戴  曾侯81

【注】從翼戠聲。●《曾侯81》："輮（乘）馬戴白雪。"44號簡作"戠"，何琳儀讀熾。

熾 陶彙3·73 陶彙3·1262 陶錄3·14 陶錄3·410

【注】從火戠聲。熾，《說文》古文作𤈦，《六書通》𤎩。●齊陶人名。

𥎞  陶錄3·410

【注】從矢戠聲。●單字，應為人名。

職  曾姬無卹壺 清華二·繫年20 侯馬

【注】從首戠聲，當為"職"之異文。從耳與從首同，《說文》耳部"職"或作"䁈"，是其證也。●讀職，常也。《曾姬無卹壺》："甬（用）乍（作）宗彝障壺，後嗣甬（用）之，職（職）才（在）王室。"《爾雅·釋詁》："職，常也。"《詩經·唐風·蟋蟀》："無已大康，職思其居。"俞樾："職當訓為常，猶言'常思其居耳。'"●讀戴。《清華二·繫年20》："職（戴）公𨐰（卒）。"

識 楚  璽彙 0338 秦  、 、 、 印增 86 秦風 128 類

編 70  睡簡・秦種 86

【注】從言戠聲。●了解。《睡簡・封診 7》："遣識者以律封守，當騰，騰皆為報。"要派瞭解情況的人依法查封看守，確實寫錄，將所錄全部回報。●辨識、辨認。《睡簡・封診 36》："有失伍及茵（遲）不來者，遣來識戲次。"如有掉隊遲到的，派來軍戲駐地辯認。●讀知，知道。《睡簡・封診 95》："以酒二月不識日去亡。"于本年二月不知日期的一天逃亡。●標識。《睡簡・秦種 86》："有久識者靡蚩之。"●《璽彙 0338》"建易識"，李守奎認為當是"戠言"二字，可與包山簡 128 反"戠言"之職相對照。

職 齊  類編 235 楚 帛書甲 燕 郾王職劍 郾王職戈 郾王職壺

秦  睡簡・效律 44 睡簡・效律 45

【注】從耳戠聲。《説文》："職，記微也。從耳戠聲。"段玉裁："凡言職者，謂其善聽也。故從耳。"本義為識、記。馬王堆帛書用"職"表示職掌之義。職掌之義楚文字用"戠"，齊文字用"戠"。●讀識，標記。《睡簡・效律 43》："器職（識）耳不當籍者。"器物標記編號與簿籍不合的。●燕王職：人名，戰國時燕國國君，燕王噲庶子，未即位稱公子職。燕王噲讓位于子之時，他在韓國，公元前 315 年齊軍攻破燕都，殺燕王噲和子之，趙武靈王派樂池送他入國，立為燕王。公元前 311—前 279 年在位。他改革政治，招徠人才，使國力強盛，曾打敗齊國，得七十余城。死後謚昭王。《郾王職戈》："郾（燕）王職乍（作）王萃。"

犆 楚  包山 202 包山 205

【注】從牛戠聲。當即"特"字異體。特，《玉篇》或作牰。戠聲和直聲可通。●讀特。《包山 202》："褅於新（親）父郗（蔡）公子豪（家），犆（特）貓（狙），酉（酒）飤（食），饋之。"

織 楚  清華六・子儀 10 清華六・子儀 14 秦 睡簡・日甲 155

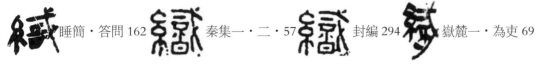 睡簡・答問 162 秦集一・二・57 封編 294 嶽麓一・為吏 69

【注】從糸戠聲。●編織。《睡簡・答問 162》："以絲雜織履。"《清華六・子儀 10》"攺（施）之績兮而奮之，織紝之不成，吾可（何）以祭稷（祀）？"●《秦集一・二・57》"右職"，官名。《漢書・百官公卿表》："少府，秦官。屬官有東織、西織。"職掌"文繡郊廟之服"。由此封泥推測，秦時織室當以左右分曹。《秦集一・二・58》有"左職縵丞"，詳"縵"字。●讀弋。《嶽麓一・為吏 69》："繒織（弋）者，百智之長也；須臾者，百事之祖也。"

 牆盤  瘋鐘

【注】從舁（象人雙手舉皿形）戠聲。●讀熾。《説文》："熾，盛也。"《牆盤》："㪤角（祿）䵼（熾）光，義（宜）其禋（禋）祀。"《瘋鐘》："㪤角䵼（熾）光。"熾光，謂顯盛之光。

 石鼓文

【注】從大（與從舁相通，均為人形）戠聲。睡虎地秦簡有 ，從大，在簡文中用為"試"，其本字很可能也是"熾"字。●讀熾。《石鼓文》："左驂☑☑，滔滔是戟。"

 璽彙 0154  璽彙 0156  璽彙 0157  璽彙 0314

【注】從又戠聲。●讀職，職掌。《璽彙 0157》"左攻（工）帀（師）戟桼（漆）帀（師）鉨"，當為左工師屬下專管漆工的工師所用之印。《璽彙 0154》"戟內帀（師）鉨"，"職內"為官名，是主管國家財政收入之官，與"職歲"負責國家財政支出相配合。璽文稱"職內師"，當是職內下屬之官。

 璽彙 2205

【注】從攴戟聲，疑"戟"繁文。●齊璽人名。

 陶録 3・411

【注】從心戠聲。齊系文字資料中的"心"旁有似"又"者，例如："恂"作 （陶録 3・340）、 （陶録 3・341）。●齊陶人名。

儵 上博二・從甲 12

【注】從人齒、戠，齒、戠均是聲符。上古音"齒"屬昌紐之部，"戠"屬章紐職部。聲紐均屬舌音，韻部之職對轉。●讀識。《説文》："識，知也。"簡文"唯（雖）世不儵（識），必或智（知）

之", 義為即使世人不認識, 也一定知道他。

端紐陟聲

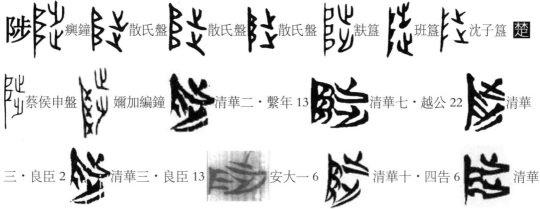

十·四告 47

【注】甲骨文作𨸚、𨸙, 從𨸍（土山）從步, 突出由下而上登山的雙腳, 會升登之意。金文同甲骨文。《説文》："𨸏, 登也。從𨸍從步。𨸏古文陟。" 本義為升登, 如《詩·周南·卷耳》："陟彼高崗, 我馬玄黄。" ●升、登。《散氏盤》："目（以）陟; 二奉（封）, 至于邊柳。" ●升也。古代以祭品的气味升于上天受祭的先祖即為享孝。《沈子它簋》："令乃鵬沈子乍（作）紭于周公宗, 陟二公。" 親人沈子在周公的宗廟中為裸禮, 以升獻二公。●《蔡侯申盤》："上下陟祂。" 升配于天, 天降善德。"祂" 讀配。"上下陟祂" 是當時習語。郭沫若讀 "陟" 為 "德", 猶言謝恩。《周禮·春官·太卜》："掌三夢之濿, 一曰致夢, 二曰觭夢, 三曰咸陟。" 鄭玄注："咸, 皆也; 陟之言得也, 讀如 '王德翟人' 之德, 言夢之皆得, 周人作焉。" 古無舌上音, 古音陟讀如德。●登用、授職。《𠭯簋》："其瀕才（在）帝廷陟降。" ●帝王薨逝。《清華三·良臣 13》："武王陟, 商邑興反, 殺三監而立录子耿。"《嫻加編鐘》："𣄽（𣄽）公𣇪（早）陟。" 冀公早陟, 應該是說加嫻的丈夫曾侯寶去世的較早。

印增 382

【注】從馬陟省聲。《圖典 98》兩個止旁分置於馬之上下。漢印作𩢷、𩢮（漢印 857）, 從陟不省。●秦印 "驚以始" "驚南" 等, 讀郅, 姓。

透紐敕聲

【注】從攴從束, 會捆束整治之意。金文束、朿、東作偏旁時往往混同, 故字可釋為 "敕"。戰國文字或從攴束聲。《説文》："𢾭, 誡也。舌地曰敕。" 本義告誡、嚼咐。●告誡。《秦公鎛》："萬

生（姓）是敕。"是敕，以此為誠，以此為正。《書・虞書》："敕天之命。"孔傳："敕，正也。"典籍或作"勑"。●敕令、命令。《陳純釜》："命左關帀（師）發敕成左關之釜（釜）。"敕成，猶製成。銘意為，陳純命令左關工師發製成左關使用的釜量。●《與兵壺》："自作宗彝，其用言（享）用孝于我皇組（祖）文考，丕敕春秋歲棠（嘗）。"敕，《方言》："備也。"丕敕"就是大備。按，壺銘作，當釋為"穀"，讀懈。

整 _楚  清華七・越公53  清華七・越公59

【注】從止敕聲。●讀敕。《清華七・越公53》："王乃整（敕）民、攸（修）命（令）、宋（審）刑。"

蕀 _楚  安大一72

【注】整理者認為從艸敕聲。"敕"所從"束"旁與一般寫法有別。●讀蕒。《安大一72》："皮（彼）茨（汾）弍（一）曲，言采亓（其）蕀（蕒）。"上古音"束"屬書紐屋部，"蕒"屬邪紐屋部，二者音近可通。或疑從支蕒聲。《說文・艸部》："蕒，水舄也。從艸，蕒聲。《詩》曰：'言采其蕒。'"

定紐食聲

食  仲義君鼎　晉侯對鋪 _齊　上曾大子鼎 _楚　清華七・越公37 _秦　睡

簡・秦種181　秦陶1468

【注】甲骨文作 ，象有蓋之食器形，小點象徵香气。金文同甲骨文。《說文》："食，一米也。從皂亼聲。或說亼皂也。"析形不確。本義是食物。●動詞，食用，常作名詞修飾語。《仲義君鼎》："仲義君自乍（作）食䤾（繁）。"●名詞，食物。《上曾大子鼎》："父母嘉寺（持），多用旨食。"

瘇 _燕  璽彙1242　璽彙1291　璽彙3550　璽彙3249　璽彙3873

【注】從疒食聲（所從食為燕系文字特有寫法，詳《璽彙3453》"即"）。●燕璽人名。

飤  父乙飤盉　須孟生鼎　伯爐父簠　邑子良人甗　芮公鼎

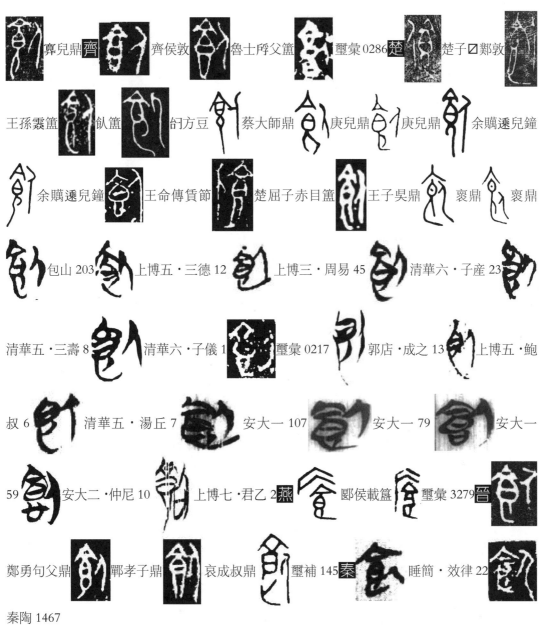

鼻兒鼎 齊 齊侯敦 魯士俘父簠 璽彙0286 楚 楚子☐鄝敦

王孫霖簠 飤簠 旬方豆 蔡大師鼎 庚兒鼎 庚兒鼎 余購逐兒鐘

余購逐兒鐘 王命傳賃節 楚屈子赤目簠 王子吳鼎 襄鼎 襄鼎

包山203 上博五·三德12 上博三·周易45 清華六·子產23

清華五·三壽8 清華六·子儀1 璽彙0217 郭店·成之13 上博五·鮑

叔6 清華五·湯丘7 安大一107 安大一79 安大一

59 安大二·仲尼10 上博七·君乙2 燕 郾侯載簠 璽彙3279 晉

鄭勇句父鼎 鄅孝子鼎 哀成叔鼎 璽補145 秦 睡簡·效律22

秦陶1467

【注】甲骨文作🔶、🔶、🔶、🔶、🔶。從人從食（兼聲），會人就食之意。金文同甲骨文。《郾侯載簠》作🔶，從╱╲，即人旁，如"應"之作🔶。《説文》："🔶，糧也。"當非本義，本義應為食、使人食。●古文字多讀食，食物。《伯庶父簠》："白（伯）庶父乍（作）旅匠，用侁旨飤。"旨飤，甘美之食也。●讀食，食用，多作修飾語。銘文習見"飤鼎""飤簠""飤盂""飤甗""飤簠"，均同此用。或用為使動詞。《諫簠》："諫乍（作）寶殷（簠），用日飤賓。"●讀飭。《王孫誥鐘》："武于戎攻（功），誨懋（猷）不飤。"《王孫遺鼠鐘》："誨猷不飤。"郭沫若謂，"誨懋（猷）不飤"讀"誨猷丕飭"，飭猶秩秩也。銘意為，計畫極為穩當。●讀飭，修治。《大府鎬》："大腐（府）為王飤晉（薦）鎬，集胏（廚）。""飭"從"飤"得聲（《説文通訓定聲》224頁），故二字可以通用。《周禮·天官·大宰》"百工飭化八材"，孫詒讓《正義》："案《考工記》'飭五材'，先鄭玄注謂'飭'為'治'，此'飭化'與下文'化飭'，義蓋略同。《説文》力部云：'飭，

致堅也.' 謂治八材極其堅致, 化礦樸以成器物也.」鎬銘「飤薦鎬」之「飤」, 與此用濾正同. 銘意為: 大府替楚王治薦鎬.《清華六・子儀 1》:「非 (靡) 土不飤 (飤).」●讀食.《清華八・邦道 3》:「不迟 (及) 高立 (位) 厚飤 (食), 以居不還.」整理者注:「食, 俸祿.《周禮・醫師》 '歲終則稽其醫事, 以制其食', 鄭注:'食, 祿也.'」還, 猶退.

 上博五・競建 10

【注】從糸飤聲. ●讀弋.《上博五・競建 10》:「迮 (驅) 逐敗繳 (弋) 無羿 (期) 度.」「田弋」連稱如《周禮・夏官・司弓矢》:「田弋, 充籠箙矢, 共矰矢.」《左傳》哀公七年:「及曹伯陽即位, 好田弋.」

 九店 56・41

【注】從示飤聲,「祠」之繁文. ●讀祠.《九店 56・41》:「凡吉日, 利目 (以) 祭祀、禱祗 (祠).」簡文 56・26「目 (以) 為上下之禱祠」. 祠, 報賽也.《周禮・春官》小宗伯禱祠於上下神示.《注》求福曰禱, 得求曰祠.

 包山 210　包山 227　睡簡・答問 65

蝕 (蝕)

【注】從蚰 (秦文字從虫) 飤聲. 蝕, 蝕之異文. ●包山簡中的「祗」「蝕祗」, 用牲之例與其他神靈無別, 當是具體神名, 具體含義待考. ●《睡簡・答問 65》:「今內 (納) 人, 人未蝕奸而得, 可 (何) 論? 除.」《嶽麓秦簡 (三)》奏讞書案例十〇「魏盜殺安、宜等案」中亦有「未蝕」, 整理小組注「未蝕」為「未遂」, 并引《法律答問》065 簡, 并且加了一條按語:「本簡能證明 '蝕' 不限于奸罪使用, 但 '蝕' 讀為何字仍待考.」荷蘭漢學家何四維認為「蝕」當讀為食, 是性交的意思, 懷疑是性關係方面的犯罪, 意思是通奸未遂.

飤 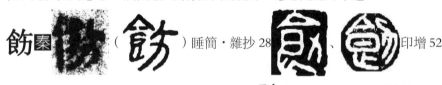 (飤) 睡簡・雜抄 28　、　印增 529

【注】從力飤聲. 秦漢文字或從力食聲, 如  (馬王堆遣冊). ●讀笞, 鞭打.《睡簡・雜抄 28》:「志馬舍乘車馬後, 毋 (勿) 敢炊 (笞) 飤, 犯令, 貲一盾.」笞飤, 對馬鞭打. ●秦印單字.

餲 璽彙 0644

【注】從米飤聲, 疑「飤」之繁文. ●齊璽人名.

鱀 晉 𫛭 璽彙 1125　𫙡 璽彙 1828　𫙩 璽彙 2975　𫙡 璽彙 1828　𫛟 璽補 220

【注】從鳥食聲。●晉璽人名。

定紐直聲

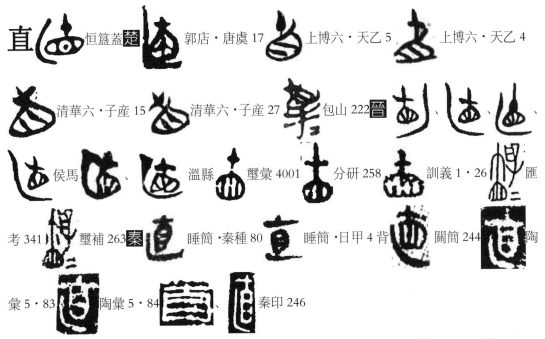

直　恒簋蓋 楚　郭店·唐虞 17　上博六·天乙 5　上博六·天乙 4

清華六·子產 15　清華六·子產 27　包山 222 晉　侯馬　溫縣 璽彙 4001　分研 258　訓義 1·26　匯

考 341　璽補 263 秦　睡簡·秦種 80　睡簡·日甲 4 背　關簡 244　陶

彙 5·83　陶彙 5·84　秦印 246

【注】甲骨文作 𠃋、𠃌、𠃊、𠃈，目上一豎，會專注凝視之意。金文增從 し，徐灝謂 し 為矩形，疑是 𠃊（曲）之省，如金文 匸 省為 匸，直之本義即木工以目測量材料，使之由曲變直。《詩·小雅·小明》："正直是與。"毛傳："能正人之曲為直。"《左傳·襄公七年》："正曲為直。"均為"直"之本義。金文豎綫訛為 ♦，小篆訛為十。《說文》："直，正見也。從し從十從目。𣓀古文直。"古文 𣓀，馬敘倫謂"植"之異文。本義為端直，與"曲"相對，如《荀子》："木受繩則直。"●用為本義。《睡簡·日甲 156 背》："穿壁直中。"楚文字以"植"為直。●讀值。《恒簋蓋》："王曰：恒，令女（汝）更崇，克嗣直畐。"嗣直，猶言擔當。畐，通作鄙。《周禮·地官司徒·鄙師》："鄙師各掌其鄙之政令祭祀。"●秦簡多讀值，價值。《睡簡·答問 26》："或直（值）廿錢。"●讀德。《郭店·唐虞 17》："今之弋（式）於直（德）者，未（微）年不弋（式）。"●故意。《睡簡·封診 32》："直以劍伐痍丁。"●相對、正對。《睡簡·封診 58》："其禍北（背）直瘠者。"●讀值，估價、估值。《睡簡·秦種 177》："毋齎者乃直（值）之。"按《秦律》論處和賠償，律文沒有規定的則加以估價。●讀置。《睡簡·答問 27》："未置及不直（置）者不為'具'。"還沒有陳放以及不準備陳放東西不算具。●《包山 222》："𤚐=（特牛），饋之。"字有合文符號，可析書為牪牛。牪、特通假字。《廣韻》："牪，牛也。"《周禮·天官》："大夫牪牛。"或讀"特牛"。《周禮·春官·小胥》"士特縣"，釋文"特本作牪"。《爾雅·釋水》"士特舟"，釋文"特或作牪"。是其佐證。《國語·楚語》下"諸侯舉以特牛"，注"特，一也"。又《楚辭補注》引《說文》"特牛，牛父也。"●《匯考 341》為"孚直"合文，人名。

197

埴燕 匯考81

【注】從土直聲。●燕璽"武城埴（置）皇（駟）"，讀置。《史記·孝文本紀》："太僕見馬遺財足，餘皆以給傳置。"《索隱》曰："按廣雅云置驛傳也，續漢書云驛馬三十里一置，故樂產亦云傳置一也。"可見置就是傳。印文或言"遽駟"，或言"置駟"，意義是一樣的。此璽為武城邑驛傳機構所用之印。

藅楚 清華八·邦道25

【注】從臣直聲。●讀臺。《清華八·邦道25》："市多藅（臺），五穜（種）貴。"整理者注："藅，從臣，直聲，讀為'臺'，指身份低賤的奴隸。五種，《周禮·職方氏》'河南曰豫州……其穀宜五種'，鄭注：'黍、稷、菽、麥、稻。'"

徝 叔德簋 德方鼎 辛鼎晉 侯馬

【注】甲骨文作 、 、 ，從彳從直，直亦聲。徝，《說文》無，見于《玉篇》："徝，施也。"甲骨文"徝"應為"德"之初文。●讀德。《辛鼎》："氒（厥）家離徝（德）。"●盟書人名。

植楚 鳥書箴銘帶鉤 郭店·緇衣3 上博八·李頌1 上博一·緇衣2

上博六·孔子25 清華八·邦政5 清華八·邦政12 上博五·弟子20

清華十一·五紀13晉 侯馬

【注】從木直聲。●多讀直。《鳥書箴銘帶鉤》："宜匕（曲）則匕（曲），宜植（直）則直。"《清華八·邦政12》："旬（始）起（起）旻（得）植（直），曲者鷹（皆）悳（直）。"《上博一·緇衣2》："靜（靖）糞（恭）尒（爾）立（位），矷（好）是正植（直）。"●放置。《上博五·弟子20》："又（有）戎（農）植其楘而訶（歌）安（焉）。"《論語·微子》："植其杖而芸。"●侯馬盟書人名。

置秦 睡簡·秦種195 睡簡·秦種160 睡簡·為吏46 里耶8·140

【注】從网直聲。●陳放。《睡簡·答問27》："未置及不直（置）者不為'具'。"秦文字或以"直"為置，楚文字用"悳""樆（止聲）"表示置。●《睡簡·為吏46》："法（廢）置以私。"廢置，

198

任免。

悳 贏霝德壺 贏霝德壺 齊 陳侯因脊錞 楚 者汈鐘 者汈鐘 郭

店·語叢三 54 上博一·詩論 6 上博一·緇衣 3 上博三·仲弓 13 上博

五·季庚 7 上博四·曹沫 3 清華一·尹誥 1 清華一·皇門 8 清華九·迺

命二 9 清華二·繫年 20 清華一·保訓 7 清華五·厚父 1 清華五·封

許 2 清華五·命訓 2 清華八·邦政 12 清華七·子犯 11 安大一

85 晉 盉壺 中山王䤮壺 中山王䤮鼎 侯馬 秦 印增 418

【注】從心從直，會內心正直之意；直亦聲。《説文》："悳，外得于人，内得于己也。從直從心。
𢛳古文。"悳、德一字，為繁簡二體。●古文字多讀德。《中山王䤮鼎》："寡人庸其悳（德）。"
●讀直。《清華八·邦政 12》："弓（始）𧾐（起）旻（得）曲，悳（直）者麿（皆）曲。"●讀
特。《安大一 85》："淋（湛）皮（彼）兩髳（髦），是（實）隹（維）我悳（特）。"《毛詩》作"實
維我特"。毛傳："特，匹也。"《釋文》："特，如字。《韓詩》作'直'，云相當值也。""悳"即
"德"字。上古音"德"屬端紐職部，"特"屬定紐職部，音近可通。●讀德，性、天性，指自
然的客觀規律。《中山王䤮鼎》："敬巡（順）天悳（德），目（以）猻（佐）右（佑）寡人。"

𢤯 楚  安大一 79

【注】從悳從㝵，雙聲字。●讀特。《安大一 79》："古（胡）詹（瞻）尔廷（庭）又（有）縣𢤯
（特）可（兮）。"毛傳："獸三歲曰特。"

德  贏霝德簋 虢叔旅鐘 毛公鼎 德克簋 異仲壺 異仲壺

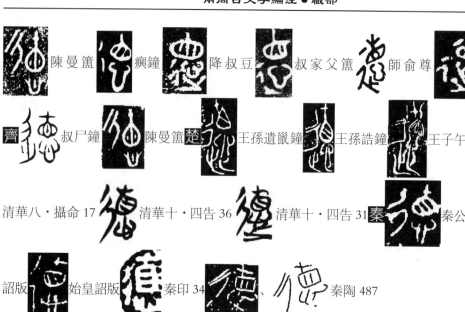

【注】從彳（或辵，同）悳聲。古文字悳、德、遁為一字異形。《説文》：“德，升也。從彳悳聲。”“升也”字義典籍未見，典籍所見均為許慎所言“悳”字義。本義為操行道德。●道德、品德。《王孫遺鬻鐘》：“征永余德，龢禒民人。”●恩德、好處。《陳侯因咨錞》：“淖（朝）聞（問）者（諸）侯，合（答）揚乒（厥）德。”《令狐君嗣子壺》：“承受屯（純）德。”《國策·魏策四》：“吾有德于人也，不可不忘也。”

【注】從木悳聲。●讀直，立身正直。《上博五·姑成7》：“虛（吾）樲立經行，遠慮煮（圖）後。”《淮南子·主術訓》：“行欲方者，直立而不撓，素白而不污，窮不易操，通不肆志。”陳偉讀特，並指出“特立”比之只是形容正直的“直立”，似乎更適於與“徑行（率性而行）”並舉。按上古音“特”屬定母職部，“德”屬端母職部，二字韻部相同，聲母都屬舌音，音近可通，故陳偉讀“德”為“特”可備一説。●讀直，不彎曲《清華十一·五紀5》：“一樲（直），二巨（矩），三準，四再（稱），五又（規），員（圓）正達尚（常），天下之乓（度）。”整理者注：“樲，下文又作‘植’，皆讀為‘直’。巨，同《説文》‘矩’字古文。又，‘規’字表意初文；下文又作‘喬’，讀為‘規’。”●盟書人名。

子21

【注】從人悳聲，疑"値"之繁文。●讀犆，牡牛。犆，《玉篇》本作特。《鄂君啟車節》："女（如）馬、女（如）牛、女（如）悳（犆），屯十台（以）堂（當）一車。"●讀德。《王孫誥鐘》："惠于政悳（德），怒于威義（儀）。"●包山簡人名。

簋 楚 清華三・芮良夫 15

【注】從竹悳聲。●讀熾。《説文・火部》："熾，盛也。"悳聲、戠聲字可通。《清華三・芮良夫 15》："邦甬（用）昌簋（熾）。"

譓 楚 蔡侯申鐘 蔡侯鈕鐘 曾侯與編鐘 競畏矛

【注】從言悳聲。●金文均讀德。《蔡侯申鐘》："既惷（聰）于心，征中哗（厥）譓（德）。"

穗 楚 清華五・啻門 19

【注】從禾悳聲。●讀植。《清華五・啻門 19》："水、火、金、木、土，目（以）成五曲，目（以）穗（植）五穀（穀）。"

繐 楚 望山 2・6

【注】從糸悳聲。●《望山 2・6》："啄絲繐。"義不詳。

犆 秦 秦印 289

【注】從牛悳省聲。字書未見，可視為"犆"之異文。犆，《玉篇》本作特。字亦見於漢印作牆、牖、犆（漢印 119），從悳不省。●秦漢印皆人名用字。

定紐弋聲

弋 甶 農卣 牆盤 㿉鐘 珊生尊 㽙鼎 楚 帛書甲 郭

店・魯穆 4 郭店・窮達 14 郭店・緇衣 5 上博四・曹沫 44 上博一・緇

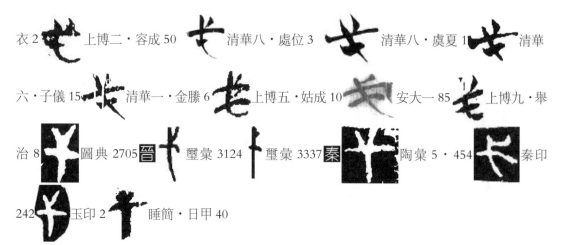

衣 2 　上博二·容成 50 　　清華八·處位 3 　　清華八·虞夏 1 　　清華

六·子儀 15 　清華一·金縢 6 　　上博五·姑成 10 　　安大一 85 　　上博九·舉

治 8 　圖典 2705 晉　璽彙 3124 　　璽彙 3337 秦　陶彙 5·454 　　秦印

242 　玉印 2 　睡簡·日甲 40

【注】甲骨文作 🔲、🔲、🔲、🔲、🔲、🔲、🔲、🔲，象揳入地中的尖木橛，用以拴系牲畜等，上為歧頭，以免滑脫；或即橛杙之"杙"本字。金文同甲骨文。《𢼸鼎》下加飾點，戰國文字常從此作，如 🔲（郭店·緇衣 13）。飾點或延長作 🔲（帛書甲 11），則與"戈"相混。《説文》："🔲，橜也。象折木衺銳著形。從厂，象物掛之也。"析形不確，非從厂。本義為小木橛，如《爾雅》："雞棲于弋為榤，鑿垣而棲為塒。"因"弋"可以拴東西，所以將細繩拴在箭上射也叫"弋"，如《詩經》："弋鳧與雁。"後為引申義所專用，木橛之義便另加形符"木"寫作"杙"。●射獵之事。《睡簡·日甲 40》："利弋邋（獵）、報讎、攻軍、韋（圍）城、始殺。"●讀式，淑、美好。《𢼸鼎》："朕文考甲公、文母日庚，弋（式）休則尚（常）。"式休則尚，義為以美善作為楷模；式、則均用為動詞。●姓氏。《弋盉》："弋敢乍（作）姜盉敢乍（作）姜盉。"器文漫漶不清，當釋為"弋"字。《廣韻·職韻》："弋，姓。出河南，今蒲州有弋氏。"秦印"弋宿田"、晉璽"弋踖"、楚璽"弋得"均為姓氏。●句首或句中語氣助詞，典籍或作"式"。《牆盤》："用乍（作）寶隩彝，刺（烈）且（祖）、文考弋（式）龔受（授）牆爾䰱福。"裘錫圭曰："大意是，希望祖考把你們的好福气傳授給牆。'弋'西周金文中常見的虛詞，……應該讀為《詩經》中常見的虛詞'式'，丁聲樹認為'式者，勸令之詞，若今之言應言當'。"（見裘錫圭《史牆盤銘解釋》）《琱生尊》："弋許勿使散亡。"銘意為：不要使召氏公室的僕庸、土田流散亡失。●讀必，表肯定語气。《琱生簋》："弋白（伯）氏從許。"必定要得到伯氏的同意。●讀柲，戈柲之"柲"。《縣改簋》："易（賜）女（汝）婦爵、瓲之弋周（琱）玉、黄🔲。"●讀特。忒、貸二字均從弋聲，音與特同，可證。方言卷陸云："物無耦曰特。"左傳召公十四年云："收介特。"杜注云："介特，單身民也。"《農卣》："王寴（親）令白（伯）矤曰：母（毋）卑（俾）農弋（特），事（使）乎（厥）舂（友）妻農。"銘意為，王不欲農為單身無耦之人，故發令使厥友妻農也。●楚文字多讀代。《上博四·曹沫 14》："三弋（代）之陳皆存，或以克，或以亡。"●讀忒。《郭店·緇衣 5》："㝰（淑）人君子，亓（其）義（儀）不弋（忒）。"●秦印"佐弋丞印"，官名。《漢書百官公卿表》少府屬官有"左弋"。"左弋"謂佐助弋射之事。●讀弑。《上博五·姑成 10》："鑾（樂）箸（書）弋（弑）敚（厲）公。"●《安大一 85》："死矢秝（靡）弋（慝）。"《毛詩》作"之死矢靡慝"。簡本無"之"字。毛傳："慝，邪也。"上古音"弋"屬喻紐職部，"慝"屬透紐職部，音近可通。"弋"或讀忒。

　商尊　　　庚姬尊　　　庚姬尊　　作冊般甗　　小臣𢎽鼎

【注】從辵弋聲，為"弋取"之專字。●取也。《尚書·多士》："敢弋殷命。"孔安國《傳》："弋，取也。"《庚姬尊》："隹（唯）五月，辰才（在）丁亥，帝司（后）賞庚姬貝卅朋，迷絲廿守（鋝）。商用乍（作）文辟日丁寶隓彝。"陳英傑斷句為"迷絲廿守商"，認為義即"賞迷絲廿守"，器主非"商"。（《讀金瑣記（三）》）●或讀比，訓至。《小臣夌鼎》："正月，王才（在）成周，王迷于楚麓（麓）。"《作冊般黿》："丙申，王迷于洹，隻（獲）。"

代 楚 嬭加編鐘

【注】從彳弋聲。●讀式。《嬭加編鐘》："楚既為代（式），盧（吾）遑（仇）匹之。"

戠 楚 上博二·容成 9

【注】從首弋聲。弋應是弋的訛體，古文字中的弋訛為戈很常見，其上部的一短橫是飾筆，應是從首弋聲。●讀戴。戴，端母之部；弋，餘母職部，二字均為舌音，疊韻。《上博二·容成9》："履堅（地）戠（戴）天，竺（篤）義與信。"

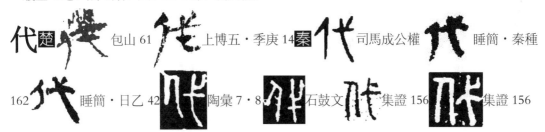

代 楚 包山 61　　上博五·季庚 14　秦 代 司馬成公權　　代 睡簡·秦種

162 代 睡簡·日乙 42　代 陶彙 7·8　代 石鼓文　代 集證 156　代 集證 156

【注】從人弋聲。楚簡弋訛為戈。秦文字用"代"表示世代、代替之代，見睡虎地秦簡等。楚文字用"弋""代"表示世代、代替之代。●朝代。《上博五·季庚14》："茪（世）三代之連（傳）史。"《論語·八佾》："子曰：'周監於二代，鬱鬱乎文哉！吾從周。'"邢昺疏："言以今周代之禮法文章，迴視夏商二代，則周代鬱鬱乎有文章哉！"●姓氏。《司馬成公權》："五年司馬成公朔☑事命代爨，與下庫工帀（師）孟。"●《集證156》"代馬丞印"，"代"為地名。《漢書·地理志》："代郡，秦置。"《漢書補注》引錢坫曰："始皇二十三年置。"又引全祖望曰："楚漢之際屬趙國，尋為代國。高帝二年屬漢，六年仍為代國。武帝元鼎三年復故。"代郡治代縣，其治地在今河北蔚縣東北。馬丞之名不見於文獻。《漢書·百官公卿表》云："郡守，秦官，掌治其郡，秩二千石有丞。邊郡又有長史，掌兵馬。"代在秦時是邊郡，宜養馬。●代替。《睡簡·秦種79》："令其官嗇夫及吏主者代賞（償）之。"令該官府嗇夫和主管其事的吏代為賠償。

帗 秦 嶽麓一·為吏 51

【注】從巾代聲。●《嶽麓一·為吏51》："廉而毋帗。"整理者注釋説："《為吏之道》作'廉而毋刖'。廉本義為棱角，'刖'本義為割斷。廉而毋刖，行事正直而不傷人，與《老子》等古書常見的'廉而不劌'同義。"帗，疑讀弋。《説文》："戴，分物得增益曰戴。從異弋聲。"上博簡《容成氏》："是以視臤（賢），履堅（地）戠（戴）天，竺（篤）義與信。"是"弋""弋"通假

之證，故從"代"得聲之"俗"字通假為"弋"字毫無問題。（詳方勇《讀嶽麓秦簡札記一則》）《說文》云："弋，傷也。從戈，才聲。"段注："傷者，刃也。此篆與栽蓄音同而義相近。謂受刃也。"

叔妣簋　叔高父匜　梁其簋　妣瓔母簋　娸仲簠

安大一 90

【注】從女弋聲（弋或省作卜形），與小篆同。字或從母，古女、母作形符會意同。《說文》："妣，婦官也。"本義婦官名。《後周皇后紀》："皇后率六宮三妃三妣，祭先蠶西陵氏神。"●氏名，典籍作"弋"。《梁其簋》："善（膳）夫沦（梁）其乍（作）般（朕）皇考惠中（仲）、皇母惠妣障段。"●讀弋。《安大一 90》："員（云）隹（誰）之思？頴（美）盂（孟）妣（弋）可（兮）。"

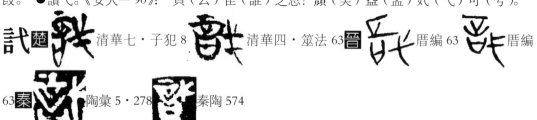

清華七·子犯 8　清華四·筮法 63　厴編 63　厴編

63　陶彙 5·278　秦陶 574

【注】從言弋聲。●讀忒，差也。《清華七·子犯 8》："凡民秉厇（度）端（端）正譖（僭）試（忒），才（在）上之人。"詳"譖"字。●讀弋。秦陶"左試"，讀"左弋"。《漢書·百官公卿表》"左弋"，官名，掌弋射。●讀忒。《清華四·筮法 63》："刲（卦）乃不試（忒）。"《魯頌》享祀不忒。《鄭箋》變也。●晉文字人名。

菁華 38　侯馬

【注】從心弋聲。●人名。

璽彙 3382

【注】從厂弋聲，疑"氏"之異文，亦作廙。●晉璽"厎郗"，何琳儀讀廙，姓氏，見《姓苑》。《集韻》廙或作厎。

璽彙 2218　璽彙 0002　璽彙 0096　貨系 2203　貨

系 2207　貨系 2209　貨系 2211　四年邘相樂寅鈹　代相吏微劍

【注】從邑弋聲。戰國文字弋、戈混作；"代"作（包山 61），"弍"作（侯馬），均可證。●讀代，地名，典籍作"代"。《四年鄭相樂寅鈹》："四年，鄭相樂寅（遠），右軍（庫）工帀（師）長（張）五鹿，冶吏息執事。""代"本古國，後為趙地。《史記·趙世家》惠文王四年："于是乃欲分趙而王章于代。"後來趙武靈王擴地置為代郡。《漢書·地理志》隸代郡，在今河北蔚縣東北。《璽彙 0096》"鄭（代）弜（強）弩後蕭（將）。""強弩後將"為職官名，"強弩"是專司射弩的兵種。●齊璽"鄭豫之"，姓氏。

杕 应侯簋 楚 郭店·窮達6 曾侯169

【注】從木弋聲，與小篆同。《說文》："杕，劉，劉杕。從木弋聲。"本義為樹名。●讀弋。《曾侯169》："杕人之馴馬。""左弋"為官名，"杕人"或於此相關。●人名。《應侯簋》："雁（應）侯乍（作）生杕姜障段。"●疑讀械。《郭店·窮達6》："羑（管）寺（夷）虜（吾）句（拘）繇（囚）圉（梏）縛，戮（釋）杕（械）樆（柙），而為者（諸）侯相。"

弎 楚 帛書乙

【注】從示弋聲。●讀式，法也。《帛書乙》："下民之弎（式）。"

鈛 齊 陳侯午錞 楚 曾侯77 晉 璽彙3237

【注】從金弋聲。聲符作者，應即"弋"之作的繁變，如（姑）所從的"古"或寫作，與此同類。戰國文字弋旁多繁化為戈。《爾雅·釋器》鼎附耳外謂之鈛。《注》鼎耳在表。●器名，即文獻之敦。形制作上下對稱形似圓球的盛食器。蓋、器各有三圈耳以為支點，即所謂"鼎附耳外"之類。《十四年陳侯午敦》："乍（作）皇妣孝大妃祭器鈛錞（敦）。"●《璽彙3237》"鈛邸都"當為地名，地望待考。●讀飾。《曾侯77》："丌（其）革䡅黃金之鈛（飾）。"楚文字或用"弋""紒"為飾，秦文字用飾（馬王堆帛書）。

珿 楚 曾侯42 珿 曾侯60 珿 曾侯137 珿 清華一·耆夜5 珿 上博三·周易30 珿 清華九·治政28 珿 清華九·治政37

【注】從玉弋聲。●多讀飾。《清華一·耆夜5》："《輶乘》既珿。"《曾侯42》："黃金之珿。"《清華九·治政28》："青黃金、玉、珠、玫、璿、珣珿（飾）散（歲）至。"●整理者讀執。《上博三·周易30》："珿（執）用黃牛之革，莫之勅（勝）友（拔）。"弋，上古音在之部餘母，與"執"在緝部章母聲音遠隔，疑不可通，但從"執"得聲之字如"摯""鷙"均在脂部，中間可能有一詞異讀或方言的現象。之、脂二部于戰國楚地文獻常通用。"執"即"縶"，"縶用黃牛之革，莫之勝拔"，謂以黃牛革系物，牢固莫能拔移也。

紙 _楚  郭店·緇衣3　　郭店殘2　　九店56·36　　清華十·行稱6 _晉

 璽彙5558

【注】從糸弋聲。●讀弋。《郭店·緇衣3》："又（有）邦（國）者章好章亞（惡），以視民厚，則民青（情）不紙（弋）。"●讀飾。《九店56·36》："利以大祭之日，利以冠、☒車馬、折（製）衣襠（裳）、表紙。"●晉璽"紙梁公鉨"，地名。

袆 _楚  清華七·越公55　　清華九·成人13　　新蔡乙四122 _晉 　　類

編289　　圖典284

【注】從衣弋聲。●讀飾。《清華七·越公55》："雅（唯）立（位）之宋（次）尻、備（服）袆（飾）。"●晉璽人名。●讀飭。《清華九·成人13》："邦器不古（固），五袆（飭）不尾（度），無型。"●讀職。《新蔡乙四122》："占曰：卦亡（無）咎，君牌（將）喪袆，又（有）火戒。"

罳 _晉  杕氏壺

【注】從网弋聲。●讀弋，弋獵。《杕氏壺》："罳（弋）獵毋後，飾在我車。"郭沫若曰："言弋獵時亦具陳于車中已備酌飲。"（《兩周金文辭大系考釋》228頁）

軷（軾） _楚  望山2·8　　上博五·弟子20

【注】從車弋聲，"軾"之省文。●讀軾。《説文》："軾，車前也"。《上博五·弟子20》："子虞（據）軷（軾）而☒。"●《望山2·8》："丹緅之車軷安。"義不詳。

式 _楚  上博一·緇衣8　　清華一·皇門5　　清華六·子儀9　　清華九·治

政14

【注】從土弋聲。●讀式。《清華一·皇門5》："先神示（祇）返（復）式（式）用休。"據今本"先人神祇，報職用休"，可知簡文"先"下應誤脫一個合文號，本當為"先人"合文"先＝"。"先人神祇"即天神、人鬼、地祇三者。式，語助，《詩·式微》"式微式微，胡不歸"，鄭玄箋："式，發聲也。"《逸周書·祭公》"康受乂之，式用休"，潘振《周書解義》："式，語詞……文王安受方國而治之，移風易俗，治用休美。"參看《書·多方》："天惟式教我用休。"●讀忒，意為過差。《清華六·子儀9》："余愧（畏）亓（其）式而不（信）。"忒而不信，即變更無常沒

有信用。《詩·瞻卬》"鞫人忮忒"，毛傳："忒，變也。"又《閟宫》"享祀不忒"，鄭箋："忒，變也"。●讀式，楷模、表率。《上博一·緇衣8》："《詩》云：'成王之孚'，下土之式（式）。"《清華九·治政14》："昌（以）為天下彗（儀）式（式）。"

 睡簡·封診98背　 睡簡·秦種66　 里耶8·477　 會稽刻石

【注】從工弋聲。《説文》："法也。從工弋聲。"●式樣、標準。《睡簡·秦種66》："布惡，其廣袤不如式者，不行。"布的品質不好，長寬不合標準的，不得流通。

 睡簡·秦種100　 睡簡·效律46　 睡簡·封診70　 嶽麓一·為吏25

【注】從言式聲。秦系文字所從式或作"工""大"，馬王堆帛書作，可證。其本字很可能也是"熾"字。●試驗、測試。《睡簡·效律46》："工槀鬃它縣，到官試之。"●用。《睡簡·秦種100》："叚（假）試即正。"這些器物在領用時就要加以校正。

 里耶8·1520

【注】從糸式聲。●讀織。《里耶8·1520》："一人紩：竄。"

 蔡侯申鐘　 蔡侯申鐘　 鑵鎛　清華二·繫年120　 清華五·湯丘12　清華七·晉文公4　 清華五·三壽11　 清華七·越公28　清華九·治政27　清華九·治政37　 清華九·命二6　 包山53　包山157　包山116　分研156　 鄇大叔斧　鄇大叔斧　璽彙1438　璽彙2992　珍戰77　 睡簡·秦種45　戰編398　 印增236

【注】甲骨文作，從貝從戈（或從弋，戈、弋作偏旁相通，從弋者為小篆所本），

會求貝之意，弋亦聲。金文承之。戰國文字習見。《説文》："貣，從人求物也。"段玉裁注："從人猶向人也。謂向人求物曰貣也。按代弋同聲。古無去入之別。求人施人。古無貣貸之分。由貣字或作貸。……按古多假貣為差忒字。"本義同"貸"。●讀忒，差誤。《蔡侯申鐘》："不愆（愆）不貣（忒），自乍（作）謌（歌）鐘。"《詩經·閟宮》："享祀不忒。"鄭玄箋："忒，變也。"忒，《侯馬盟書》作
。●為"貳"之訛文。《呂大叔斧》："呂大弔（叔）之貣車之斧。"董蓮池謂："此二文釋貣，于形雖合，但'貣車'語頗不成辭。第一版《金文編》釋為'貳'字，可從。此應即古文'貳'字誤脱'二'旁而混與貣同。"（《金文編校補》181 頁）貳車，副車。《國語·魯語下》："大夫有貳車，備承事也。"韋昭注："貳，副也。"●讀貸。段注："求人施人，古無貣、貸之分。"《包山 103》："貣邨（越）異之黃金，以貣（貸）鄗郷以糴（糴）穜（種）。"前一貣指借入；後一貣指借出，指將黃金借給鄗間的各縣。《分研 156》"黃里貣璽"，此璽當是黃里掌管借貸事物之官所用印。《周禮》地官司徒第二："凡民之貸者，與其有司辨而授之，以國服為之息。"鄭司農云："貸者謂從官借本賈也，故有息。"秦簡亦多讀貸。●讀飾、或讀飭。《清華七·晉文公 4》："命蒐（蒐）攸（修）先君之輮（乘），貣（飭）車轄（甲）。"《周易·雜卦》："蠱則飭也。"韓康伯注："飭，整治也。"飭車甲，《漢書·韓延壽傳》："及治飾車甲三百萬以上。"

 璽彙 0304

【注】從食貣聲，疑"飺"之繁文。●晉璽"曹逸饎府"，讀貸。

 詛楚文

【注】從巾飺聲，疑"飾"之異文。●讀飭。《詛楚文》："餙（飾）甲底兵，奮士盛師。"

 清華七·越公 59

【注】從犬弋聲。●讀試。《清華七·越公 59》："王乃狋（試）民。"

亥弋 上博五·競建 10

【注】從亥弋聲。●讀易。弋、易雙聲。"亥"上古音屬匣紐之部，"易"上古音屬喻紐錫部。舌音中的喻母（以類），在中古屬喉牙音，而在上古時期則跟舌音關係密切，這種情況從諧聲和異文都能得到驗證。《上博五·競建 10》："或以豎刁與貳（易）牙為相，二人也朋黨，羣獸（儔）遺（搜）堋（朋）。"簡文"群儔搜朋"，即牽曳類聚之意。"貳牙"讀"易牙"，人名。

骩 清華三·祝辭 5

【注】從骨弋聲。●《玉篇》小骨也。《清華三·祝辭 5》："引且言之，童（同）目（以）骩，𠬢

（撫）睪（額），射言（函）也。"

定紐異聲

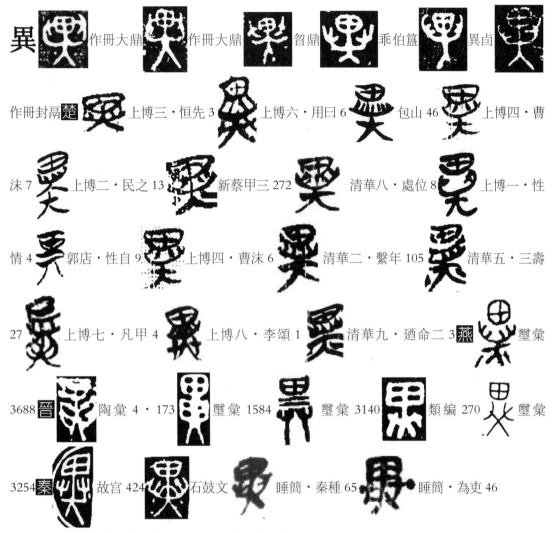

異 作冊大鼎　　作冊大鼎　　智鼎　　乖伯簋　　異卣

作冊封鬲**楚**　上博三·恒先 3　上博六·用曰 6　包山 46　上博四·曹

沫 7　上博二·民之 13　新蔡甲三 272　清華八·處位 8　上博一·性

情 4　郭店·性自 9　上博四·曹沫 6　清華二·繫年 105　清華五·三壽

27　上博七·凡甲 4　上博八·李頌 1　清華九·廼命二 3**燕**　璽彙

3688**晉**　陶彙 4·173　璽彙 1584　璽彙 3140　類編 270　璽彙

3254**秦**　故宮 424　石鼓文　睡簡·秦種 65　睡簡·為吏 46

【注】甲骨文作𢍆、𢍅、𢍃、𢍄、𢍂、𢍀、𢍁、𢍇、𢍈、𢍉。此字諸家説解頗多。李孝定認為字象一人頭上戴物，高舉兩手扶翼之形，"異"為"戴"之初文。（于省吾《甲骨文字詁林》231 條）以首載物者必小心翼翼，敬慎將事，復以兩手翼之，故引申為敬也、佐也、輔翼諸義。後此字多用作"翼"義，本義遂湮，頭戴之義便加聲符"弋"寫作"戴"。戰國郭店楚簡作𢍊，省略雙手之形，變從丌聲。新蔡葛陵墓簡作𢍋、𢍌，表示雙手形的筆劃訛為"曰"。《類編 85》省略人形。燕系文字作𢍍，葉玉英認為乃變形音化從虖聲。燕璽有字作𢍎、𢍏，與𢍐下部完全一致，朱德熙先生釋為"虖"，讀遽。古音"異"在以紐職部，"虖"在群紐魚部。以聲言之，以母與見系聲母關係非常密切；就韻而言之魚二部例可旁轉。（詳《古文字構形與上古音研究》369 頁）《説文》："𢍑，分也。從廾從畁。畁，予也。凡異之屬皆從異。"所釋當為後起義。●讀翼，輔助、輔翼。《大盂鼎》："古（故）天異（翼）臨子。"●讀翼，恭敬貌。《虢叔旅鐘》："皇考嚴才（在）上、異才（在）下。"《詩·小雅·六月》："有嚴有翼。"毛傳："嚴，威嚴也；

翼，敬也。"《上博二·民之13》："亡（無）膿（體）之豊（禮），魏（威）我（儀）異（翼）異（翼）。"●地名。《智鼎》："辰才（在）丁酉，丼（邢）弔（叔）才（在）異。"●讀匭。《作冊大鼎》："公來鑄武王成王異鼎。"《玉篇》："匭，大鼎也。"異、匭同聲源字假借。公來鑄武王成王異鼎是一件重大的歷史事件，故放在銘首紀年之前，作為時間的標識。或謂"異"假為"礼"（《説文》或體作"禩"）。●殊異、非常之待遇。《召器》："豔（召）弗敢謹（忘）王休異。"或謂讀翼，美也。翼，《廣雅》美也，盛也。《詩·小雅》我黍翼翼。●不同。《上博一·性情4》："丌（其）甬（用）心各異，孝（教）史（使）狀（然）也。"

翼 亞魚鼎　四祀邲其卣　六祀邲其卣　作冊擊卣　宰椃角　六祀

邲其卣齊　（晶）陳子翼戈楚　二十八宿漆書　曾侯9　清華一·保訓7

安大一116　清華八·攝命9晉　中山王譽壺秦　秦公鎛　睡簡·日

甲6背　睡簡·日乙94　北大簡

【注】甲骨文作 𤓷、𤓷、𤓷、𤓷、𤓷、𤓷、𤓷、𤓷、𤓷、𤓷、𤓷、𤓷、𤓷、𤓷，葉玉森、王襄謂"翼"之象形文，象蟬翼之形。"翼"與"翌""翊""昱"是余紐雙聲，職部疊韻，"翼"既可作為"翌"等字聲符，亦可通假。𤓷形在金文中為"翌日"專字，然字無法隸定，暫以"翼"為之。戰國文字從飛異聲，或從羽異聲，為《説文》翼、翼所本，今通作翼。《説文》："翼，𩙿也。從飛異聲。𤓷篆文翼從羽。"本義是鳥羽。引申為輔佐、輔佑。古文"翼"與"翌"（意思是明天）、"翊"（意思是輔佐、幫助）常通用。●讀翌，與卜辭用瀞同，表示明日或以後若干天。《説文》："昱，明日也。從日立聲。"段玉裁注："凡經傳子史，翌日字皆昱日之假借，翌與昱同立聲，故相借。"《爾雅·釋言》："翌，明也。"文獻或作"翼"。《害·武成》："越翼日，癸巳，王朝步自周。"《四祀邲其卣》："佳（唯）王四祀，翼（翌）日。"《宰椃角》："佳（唯）王廿祀，翼（翌）又五。"●恭敬。《秦公鎛》："翼（翼）受明德。"《詩·小雅》："有嚴有翼，共武之服。"毛傳："翼，敬也。"《中山王譽壺》："祇祇翼翼，卲（昭）告後嗣。"翼翼：恭敬貌。《清華八·攝命9》："翼翼（翼翼）鬼（畏）少（小）心，𦎫（恭）民長長。"整理者注："《詩·大雅·大明》'維此文王，小心翼翼'。'長長'見於《荀子》，用法同《康誥》云文王'不敢侮鰥寡，庸庸，祇祇，威威'。"●二十八宿之一。《睡簡·日甲56》："七月，張、畢、此（觜）嶲大凶，危、營室致死，張、翼大吉。"

曠秦　石鼓文

【注】甲骨文或作、　、　、　、　、　、　，從日翼聲。●讀翌。《石鼓文》：“日隹（唯）丙申，暊＝（翌日）薪＝，遆（吾）其（期）周道。”

 小盂鼎　　麥尊

【注】甲骨文作　、　、　、　、　、　，從立從翼，雙聲字。金文從立暊聲。甲骨文　、　、　同字，均用為祭名；亦指將來之日。●讀翌。《小盂鼎》：“雩若　（翌）乙酉。”

 毛伯嘆簋

【注】從口翼聲。●人名。

 睡簡‧日甲58　　睡簡‧日甲56

【注】從攵翼聲。●讀翼，秦簡二十八宿之一。

 璽彙2746　　分研一138

【注】從心翼聲。●燕璽人名。

 曾侯15

【注】從艸異聲。●讀翼，羽狀飾物。《曾侯15》：“二戈，屯一翼（翼）之翮。”

 單異簋　　令簋　　拼洺冀簋　　五十年詔事戈　　珍秦52
陶錄6‧318　　秦印160　、　、　　印增320

【注】甲骨文作　、　，與“異”字形近。象一人戴物而舞，有所祈冀之意。所戴之物疑為貝，古人以貝為幣。金文同甲骨文。象貝之物或變形音化從北聲。《説文》：“冀，北方州也。”《玉篇》北方州，故從北。段玉裁注：“據許説是北方名冀。而因以名其州也。段借為望也，幸也。”●地名，西周昭王時代伯丁父奉命戍守之地。《令簋》：“公尹白（伯）丁父兄（既）于戍，戍冀嗣（司）气（訖）。”●人名。《拼洺冀簋》：“拼洺冀乍（作）父癸寶隟彝。”●地名。《五十年詔事

211

戈》："冀。"《左傳・僖公二年》："冀為不道。"注曰："冀，國名……今山西省河津縣東北有冀亭遺址，當是其國都，不久終為晉所滅。"●《秦印 160》"冀丞之印"，"冀"為秦縣。《史記・秦本紀》："（武公）十年，伐邽冀戎，初縣之。"（集解）引應劭曰："冀縣屬天水郡。"依《漢書・地理志》說，天水乃"武帝元鼎三年置"，則冀秦時應屬隴西郡。

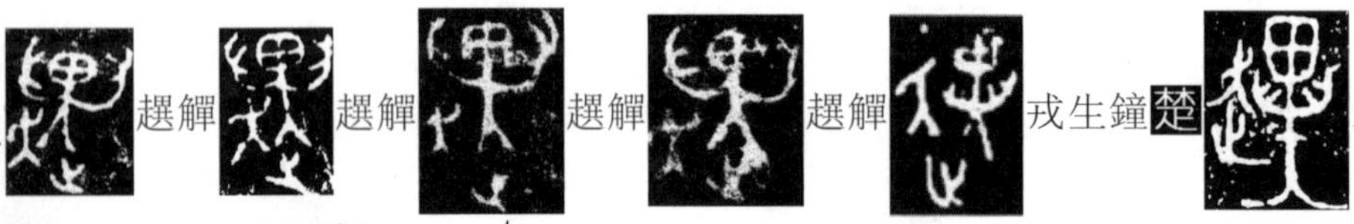

趩 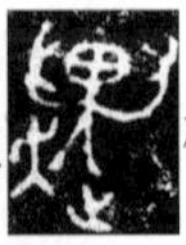趩觶 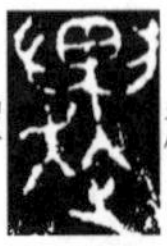趩觶 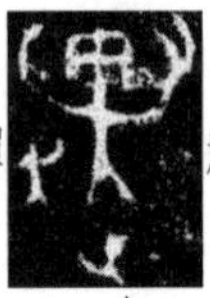趩觶 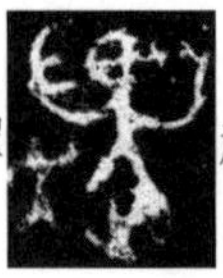趩觶 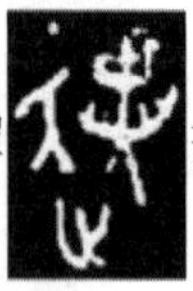戎生鐘 楚 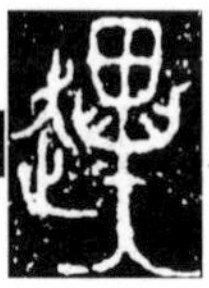王孫誥鐘 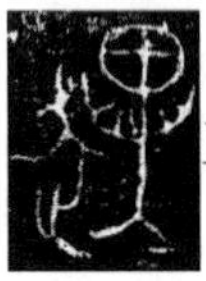王孫遺巤鐘 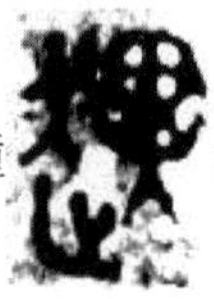逑盤 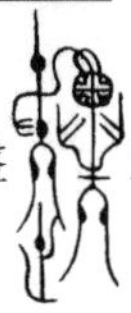王子午鼎 秦 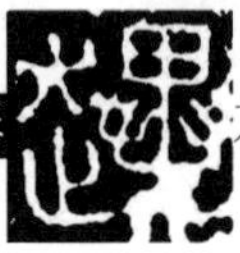石鼓文

【注】從走異聲，與小篆同。《說文》："趩，行聲也。一曰不行皃。從走異聲。讀若敕。"本義行走聲。●用為本義。《說文》："趩，行聲也。一曰不行貌。"《石鼓文》："其來趩趩。"●讀翼。《王孫遺巤鐘》："畏（畏）嬰（忌）趩趩，肅悊聖武，惠于政德。"趩趩：即翼翼，恭敬小心貌。《王子午鼎》："余亙（溫）龏（恭）㝬犀，畏（畏）嬰（忌）趩趩，敬氒（厥）盟祀，永受其福。"《詩・大雅・文王》毛傳："翼翼，恭敬。"●人名，見于《趩觶》。

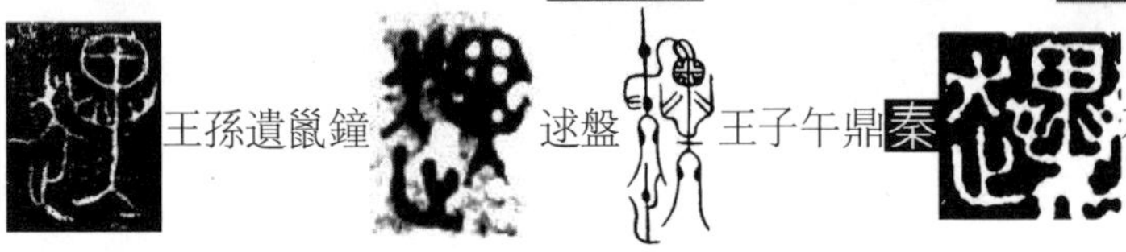

⿰鳥異 楚 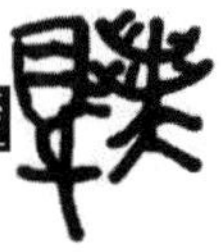帛書乙

【注】從鳥異聲，疑"翼"之異文。●讀翼。《帛書乙》："土身亡⿰鳥異。"謂土星逆行，有特殊光芒閃如羽翼。"亡"讀芒。

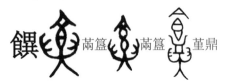

饌 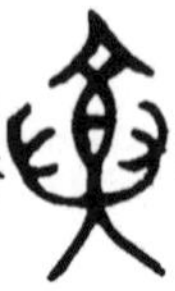蔿簋 蔿簋 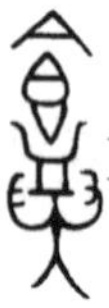堇鼎

【注】從食異省聲，與《說文》"飴"籀文略同。《說文》："飴，米櫱煎也。從食台聲。饌籀文飴從異省。"本義是飴糖，用麥芽製成的糖。引申為宴饗。●讀貽，饋贈、貽贈。《堇鼎》："匽（燕）侯令饌大保于宗周。"●或謂讀飤。飤器，盛糧食之器。《蔿簋》："王命蔿罘弔（叔）緐父歸（饋）吴姬饌器。"郭沫若曰："饌殆假為飤，或禩。飤器乃服用之物，金文習見，禩器則為宗彝。作冊大鼎：'公來鑄武王成王異鼎。'二者未知孰是。"（《兩周金文辭大系考釋》180 頁）

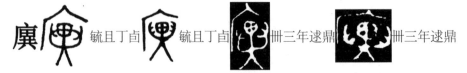

廙 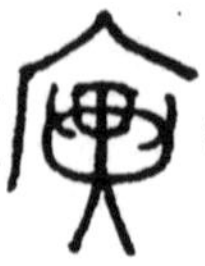毓且丁卣 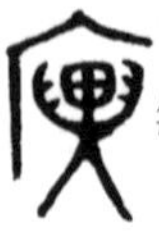毓且丁卣 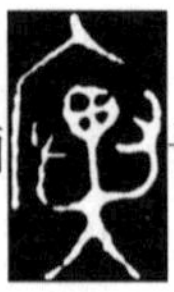卌三年逑鼎 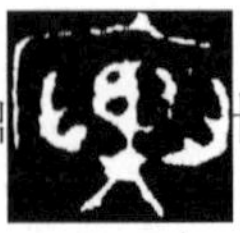卌三年逑鼎

【注】從广異聲。《說文》："廙，行屋也。""行屋"當為蒙古包一類的帳篷，與銘文中意同。●行屋也。類于今之帳篷，可以移動。《毓祖丁卣》："辛亥王才（在）廙，降令曰。"●讀翼。《卌三年逑鼎》："皇考其嚴在上，廙（翼）在下，穆秉明德。"

泥紐匿聲

匿 大盂鼎　斝文　匿鐃 楚 文公之母弟鐘　清華五·厚父 5

清華五·封許 6　清華八·邦道 1　上博一·緇衣 17　清華九·廼命

二 1 秦 睡簡·效律 34

【注】從匚若聲。《説文》："匿，亡也，从匚若聲。"非本義。"匚"表示有所藏。本義隱藏、躲藏。●隱藏。《睡簡·答問 205》："甲把其衣錢匿藏（藏）乙室。""匿藏（藏）"即隱藏，為同義複詞。《尚書·盤庚上》："王播告之修，不匿厥指，王用丕欽。"孫星衍疏："匿者，《廣雅·釋詁》云：隱也。"●讀慝，惡、邪惡。《大盂鼎》："在斌（武）王嗣玟（文）乍（作）邦，闢（辟）氒（厥）匿（慝），匍（敷）有四方。"●族氏名。見于《匿鐃》《匿爵》《匿斝》等。●掩飾。《上博一·緇衣 17》："子曰：言從行之，則行不可匿。"《左傳·宣公十五年》："瑾瑜匿瑕。"《注》："匿，藏也。"●讀柅。《清華五·封許 6》："易（賜）女（汝）……纂弁，匿（柅）。"●讀昵。《清華九·廼命二 1》："乃命匿（昵）因羣父兄昆弟。"整理者注："匿因，又見於本輯《廼命二》'乃命匿（昵）因群父兄昆弟'。昵，親近。《左傳》閔公元年：'親有禮，因重固，間攜貳，覆昏亂，霸王之器也。'章炳麟《春秋左傳讀》卷一：'因，亦親也。'昵、因同義連用，形容詞，親近。"（《清華大學藏戰國竹簡（玖）》第 143 頁）

慝 楚 清華三·芮良夫 8

【注】從心匿聲。●讀閱，《説文》恆訟也。《清華三·芮良夫 8》："俚（兄）俤（弟）慝（閱）矣。"

來紐力聲

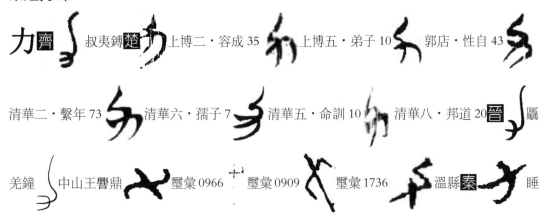

力 齊 叔夷鎛 楚 上博二·容成 35　上博五·弟子 10　郭店·性自 43

清華二·繫年 73　清華六·孺子 7　清華五·命訓 10　清華八·邦道 20 晉 鷹

羌鐘　中山王𰯼鼎　璽彙 0966　璽彙 0909　璽彙 1736　溫縣 秦 睡

簡 · 為吏 19 秦印 263

【注】甲骨文作 ㄅ、ㄥ，象耒形，古代一種翻土的農具。金文同甲骨文。《説文》：“力，筋也。象人筋之形。治功曰力，能圉大災。凡力之屬皆從力。”本義當為耒。耕田需用力，所以借為力量的“力”。●力量、气力。《叔尸鐘》：“靈力若虎。”《詩·邶風·簡兮》：“有力如虎，執轡如組。”《禮記·禮運》：“其行之以貨力。”鄭玄注：“力，筋骸強者也。”●功勞。《中山王𦥑鼎》：“寡人庸其悳（德），嘉其力。”《左傳·昭公廿五年》：“為政事庸力行務。”杜預注：“治功曰力。”●讀陟。《清華一·金縢5》：“臺（就）逡（後），武王力。”力，來母職部；陟，端母職部，可通。《韓昌黎集·黃陵廟碑》：“《竹書紀年》帝王之没皆曰陟。”在此謂帝王駕崩飛升。《史記·魯周公世家》有“其後，武王旣崩”，頗與簡文相近。

劫 秦 里耶 8 · 1284

【注】從𡞞從力，雙聲字。古同“勠”。●語義不詳。

矽 楚 清華三 · 琴舞 2

【注】從石力聲。●整理者讀陟。《清華三·琴舞2》：“母（毋）曰高=（高高）才（在）上，矽（陟）降亓（其）事（使），卑（俾）藍（監）才（在）茲。”使，謂上天之使。不要以為天高高在上，上天會派遣使者往來於天上和人間，讓他們在這裡監督我們。

閉 晉 璽彙 2625

【注】從門力聲。●“迪閉”，人名。

放 楚  郭店 · 緇衣 1 清華三 · 芮良夫 11 上博三 · 仲弓 13

【注】從攴力聲。兼會意，其核心詞義為以外力相迫，使服從。●《郭店·緇衣1》：“好媺（美）如好緇衣，惡惡如惡巷伯，則民咸放而刑不屯。”今本《緇衣》相應的文句作“刑不試而民咸服”，放，治理好、順，與“服”為義近換用。《上博三·仲弓13》：“迪（陳）之備（服）之，緩（緩）怸（施）而悆（遜）放之。”●可讀勒，強迫、逼迫。《清華三·芮良夫11》：“和刺（勅）同心，母（毋）又（有）相放（勒）。”

 楚 上博一 · 緇衣 1

【注】從垂省力聲。●讀服。《上博一・緇衣1》："則民咸扐（服）而型不刬（陳）。"郭店簡作
"放"，上博簡作"劥"，傳世本作"服"。劥、放皆從力得聲，與"服"古音相近。詳"放"字。

 **廗** 楚 清華六・子儀16 晉 匯考316

【注】從廌省，力聲。●疑讀邐。《清華六・子儀16》："君不瞻彼汜（沮）漳之川，扁（開）而
不屬（闔），殹（抑）廗（邐）㠯（夷、池）之楷（湝）也。""廗夷"疑可讀為"邐迤"，麗聲、
力聲古音同。"夷""池"同餘紐雙聲、脂歌旁轉疊韻，音近。《説文》："邐，行邐邐也。"段注：
"邐邐，縈紆兒。"《集韻・上聲五・四紙》："邐，《説文》：'行邐邐也。'一曰：邐迤，旁形連
延也。""楷"當讀湝，《説文》："水流湝湝也。"這裏當是指湝湝之水流，亦即河流。"邐迤之湝"
既縈紆連延之流水，蓋即源遠流長之意。這幾句是說：您沒看見沮、漳的河川嗎？暢流而不息，
可是源遠流長了。大概是穆公希望子儀能疏通秦、楚的關係，使象沮漳之川流一樣長流不絕。
●晉璽人名。

 **負** 楚 清華十一・五紀57

【注】從貝力聲。●整理者讀飭。《清華十一・五紀57》："後敚（閲）亓（其）妻（數），符（府）
受亓（其）負（飭）。"整理者注："敚，通'閲'，檢閲。負，從貝，力聲，通'飭'。"

 **紻** 楚 清華九・治政25

【注】從糸力聲。●整理者讀飭。《清華九・治政25》："唯（雖）徝（動）亓（其）眾庶，聖（攝）
紻（飭）亓（其）兵靈（甲）。"

 **弒** 晉 璽彙0930 璽彙1718 璽彙2313 分研229 璽彙3031

【注】從弋力聲，"飭"之異文。●晉璽人名，可讀飭。

 **芀** 楚 匯考187

【注】從艸力聲。●人名。

 **仂** 晉 七年侖氏戈

【注】從人力聲。或釋為"化"。●人名。

眲晉 璽彙 0439　璽彙 1406　璽彙 2047

【注】從目力聲。●晉璽人名。

邭晉 侯馬

【注】從邑力聲。●人名。

朸楚 上博六·莊王 4　上博八·李頌 1　安大一 116　安大一

53晉 璽彙 0841　璽彙 0066

【注】從木力聲。●楚簡多讀棘。《詩·小雅·斯干》"如矢斯棘"，陸德明《釋文》："棘，《韓詩》作朸。"《上博八·李頌 1》："木斯虘（獨）生，秦（榛）朸（棘）之閒（間）可（兮）。""榛棘"，叢棘。《老子》："師之所處，荆棘生焉。"●《璽彙 0841》人名。●《璽彙 0066》"朸里司寇"，地名。《上博六·莊王 4》地名。

暜楚 安大一 100

【注】從日從止朸聲。●讀襋。《安大一 100》："要之暜（襋）之，好人備（服）之。"《毛詩》作"要之襋之"。毛傳："要，裬也。襋，領也。"《詩·小雅·斯干》"如矢斯棘"，《釋文》："棘……《韓詩》作朸。朸，隅也。"

訕楚 上博二·從乙 1

【注】從言力聲。●當從"加"省，讀嘉。《上博二·從乙 1》："㬎（顯）訕（嘉）慹（勸）信，則𢗇（偽）不章（彰）。"《説文》："嘉，美也。"《爾雅·釋詁上》："嘉，善也。"

聁秦 類編389

【注】從耳力聲。●秦印人名。

勅 毛公鼎　勅鼎

216

【注】從束從力，雙聲字。《説文》無。《集韻》入聲二十四職韻："敕、勅、勑，蓄力切。《説文》：敕，誡也。臿地曰敕。從攴、束聲。古從力；或作勑，本音賚，世以為敕字，行之久矣。"將"勑"視為"敕"之古文。●《毛公鼎》："金甬（桶）、造（錯）衡、金瞳（踵）、金豪（軛）、勅戥、金簟弼（笰）。"車上之物，具體不詳，待考。●人名。《勅鼎》："勅敶肇乍（作）丁侯障彝。"

勅 齊 類編 31 楚 望山 2・10 晉 璽彙 1069 璽彙 1313 璽彙 2026 秦 圖典 103

【注】從車力聲。《集韻》力質切，音慄。刷繒具也。●晉璽秦印人名。《璽彙 1069》"肖勅器容一斗"。晉系紀物璽，印文"人名＋器＋容量"的格式可以看出，此為用於標記器物的璽印。肖勅是私名，故此印不宜視作官璽。●《望山 2・10》"聊絑之軒勅"，讀勒。

劝 晉 璽彙 4247 璽彙 4248

【注】從立力聲。●晉璽"敬劝"，均為人名。

犵 晉 趙焦犵戈

【注】從犬力聲。●人名。

茢 秦 、 放馬灘地圖

【注】從艸犵聲。●不詳。

勒 師察簋 智壺 柳鼎 師敖簋 頌鼎 頌簋 南宮柳鼎 冊三年述鼎 盠方彝 宰獸簋 師酉簋 師酉簋 師酉簋 楚 曾侯 66 曾侯 64 秦 石鼓文

【注】從革力聲。《盠方彝》從來從力作"勑"，古音"來"在來紐之部，"力"在來紐職部，故

為雙聲符字。《宰獸簋》等從束作"勒"，聯繫金文"霸"(《遇甗》作霸，《師遽簋》作霸)或將所從"革"換成"束"，與"勒"作"勒"相似，可互相參比。"勒""勒"音同，《集韻》將"勒"視為"敕"之古文，將"勒"視為"敕"之或文。"勒""勒"用作"勒"當屬通假，"勒""勒"二字古音相近。(詳高亨《古文通假會典》383、385、402頁)《曾侯64》增口作勒，"勒"之繁文。《説文》:"勒，馬頭絡銜也。從革力聲。"金文多與"鋚"連用，"鋚勒"指馬嚼子或韁繩上的裝飾品，用金銅製成。●金文和戰國文字均指馬籠頭，俗稱馬嚼子。《旬簋》:"易(賜)女(汝)玄衣黹屯(純)、……綬(鑾)旂、攸(鋚)勒，用事。"

鋚 (鋚) 班簋

【注】從金勒聲。"金"為復增之意符。●讀勒。《班簋》:"易(賜)鈴鋚(勒)，咸。"

精紐則聲

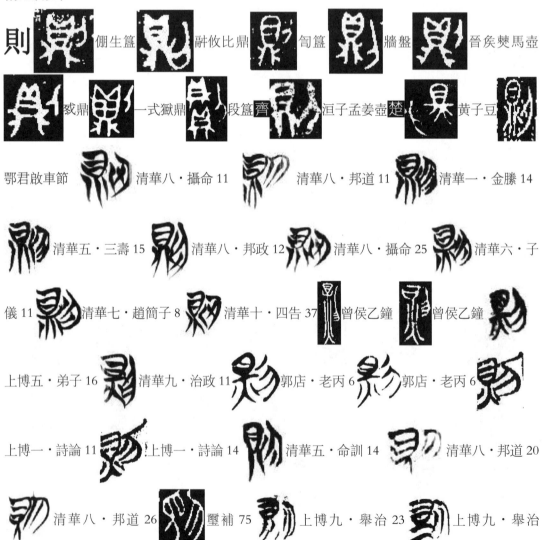

則 侀生簋　斛攸比鼎　旬簋　牆盤　晉矦夒馬壺

致鼎　一式獄鼎　段簋　齊洹子孟姜壺　楚黃子豆

鄂君啟車節　清華八・攝命11　清華八・邦道11　清華一・金縢14

清華五・三壽15　清華八・邦政12　清華八・攝命25　清華六・子

儀11　清華七・趙簡子8　清華十・四告37　曾侯乙鐘　曾侯乙鐘

上博五・弟子16　清華九・治政11　郭店・老丙6　郭店・老丙6

上博一・詩論11　上博一・詩論14　清華五・命訓14　清華八・邦道20

清華八・邦道26　璽補75　上博九・舉治23　上博九・舉治

23 　清華九・成人 3　　　上博二・從甲 8　　　郭店・五行 5　　　郭店・成之

17 　上博二・從甲 15　　　郭店・老甲 35　　　郭店・緇衣 31　　　郭店・緇衣

18 晉　中山王䇓壺　　　侯馬　　　溫縣 秦　　　青川木牘　　　陶彙

5・400　秦印 77　　　石鼓文　　　行氣玉銘

【注】金文與《説文》籀文同，從刀從鼎，會以刀刻畫鼎文。《段簋》或繁為二鼎，古文字書寫慣例；孫常敘謂上一鼎是所比照的器樣，下一鼎是比照器樣仿製出來的模型，從刀，表示對它照器樣進行整形雕飾，因而"則"有比照的意思。(《則、瀍度量則、則誓三事試解》)戰國文字鼎足或訛為 木、 八、 人，鼎形遂訛作貝形。刀旁或加飾點作 刂、 刂。《説文》："刢，等畫物也。從刀從貝。貝，古之物貨也。刢古文則。刢亦古文則。刢籀文則從鼎。"本義為刻畫比照。●刻劃。《鳳羌鐘》："用明則之于銘，武文咸剌（烈），永葉（世）母（毋）忘。"●埰地。《段簋》："王橚（蔑）段曆，念畢中（仲）孫子，令斠瑚迨大則于段。"《周禮・春官・大宗伯》："一命受職，再命受服，三命受位，四命受器，五命賜則，六命賜官，七命賜國，八命作牧，九命作伯。"鄭玄注："則，地未成國之名。"●副詞，猶言"即"也。《何尊》："隹（唯）㻞（武）王既克大邑商，則廷告于天。"●連詞，表假設。《智鼎》："來歲弗賞（償），則付冊秭。"●連詞，表因果關係。《中山王䇓壺》："酒（將）與虜（吾）君並立于殜（世），齒踉（長）于遣（會）同，則臣不忍見施（也）。"●連詞，然後、接着。《晉侯焚馬壺蓋》："隹（唯）正月初吉，晉侯焚馬既為寶盉，則乍（作）障壺。"銘意為，晉侯焚馬已經鑄造了珍貴的盉，接着鑄造珍貴的壺。●《清華九・成人 3》："毋則紅（貢）祀是不共（恭），毋則型（刑）是不尼（度）。"毋則，整理者注："猶毋乃。"●《璽補 75》"迴（通）敷（捕）覌（盜）則（賊）"，讀賊。

無叀鼎　　　旬簋　　　霸伯盂

【注】從人則聲，與小篆同。《説文》："刢，㫄也。"本義旁側。●副職。《無叀鼎》："官嗣（司）穆王遺側虎臣。"側虎臣，指副武官。●讀鍘。《旬簋》："嗣（司）邑人、先虎臣後庸、西門尸（夷）、秦尸（夷）、京尸（夷）、覂尸（夷）、師笭、側新。""側薪"殆是"鍘薪"，薪樵之類的賤役，以此來表明人的身份。●《霸伯盂》："側毀（賄）用章（璋）。"《儀禮》"側"有三義，一曰特、獨、無偶；一曰旁、邊；一曰午日影西斜時。銘文中的側，用第一種訓義，訓為獨，指主人（霸伯）獨授贈使者（賓）以璋，無贊者説明。古禮，在行授受、褐襲等禮中，有贊者説明行禮，或有儐相詔授，無則謂之側，如《儀禮・聘禮》："公側襲，受玉于中堂與東楹之間。"鄭玄注："側猶獨也。言獨，見其尊賓也。他日公有事，必有贊為之者。"

 包山 216  新蔡甲三 342

【注】從艸則聲。●包山簡"長崱"或作"長惻"，均為卜筮用具。

店・老甲1  包山 220 帛書甲 上博六・用曰3 上博七・鄭乙4

清華八・邦道 15 清華九・治政7 清華三・芮良夫 10 清華三・芮良夫 26

 清華一・皇門9  左塚漆桓

【注】從心則聲。《玉篇》古文惻字。●讀則。《宋右師延敦》："朕宋右币（師）延，隹（惟）贏贏囟囟颭天惻。""天則"一詞，語出《周易・干・文言》："干元用九，乃見天則。"天為天道，則為灋則，"天則"即天道運行的規律或灋則。●包山簡"長惻"為占卜之具。●讀賊，盜賊。《清華八・邦道24》："覞（盜）恩（賊）不爾（彌）。"●讀賊，殘暴、狠毒。《郭店・語叢二43》："嘮，自愿也。惻，退人也。"●讀賊，殺害。《上博五・姑成10》："長魚矞惻（賊）參（三）埒（卻）。"●讀測，測量。《清華三・芮良夫26》："言罙（深）于淵，莫之能惻（測）。"

 睡簡・日乙 188

【注】從广則聲。馬王堆帛書作（帛編382），帛書多讀側。楚簡用"昃"為側。●用為本義，廁所。《睡簡・日乙188》："園忌日，已丑為園廁，長死之。"

五・厚父9

【注】從水則聲。《説文》："灡，深所至也。"本義度量水的深淺。●測繪。《清華一・保訓5》："測会（陰）陽（陽）之勿（物），咸川（順）不諓（逆）。"●盡也。《上曾大子鼎》："用考（孝）用宫（享），既龢無測，父母嘉寺（持），多用旨食。"既龢無測，謂調和祭祀父母的酒食無有休止。

220

【注】從它則聲。●義不詳。

賊

【注】從戈則聲，與小篆同。段玉裁以為會意字，曰："字為用戈若刀毀貝。會意而非形聲也。説稍不同。以周公誓命言。則用戈毀則，正合會意。"三晉文字或從戈則省聲。《説文》："賊，敗也。從戈則聲。"本義殘害、傷害。●傷害。《散氏盤》："實余有散氏心賊。"心賊，即賊心、禍害之心。器銘謂大使人向散氏立誓，言及如果在交付田器一事上有違約行為，則是對散氏包藏禍心，没懷好意。《史記・衛康叔世家》："為武庚未集，恐其有賊心。"●盜賊。《睡簡・答問98》："賊入甲宰，賊傷甲。"有賊進入甲家，將甲殺傷。此義楚文字用"恩"表示。●讀則。《睡簡・為吏19》："從而賊（則）之。"《司馬棥編鎛》："亦帥刑（型）瀍賊（則）祑（先）公正悳（德）。"●故意。《睡簡・答問66》："求盜追捕皋（罪）人，皋（罪）人挌（格）殺求盜。問殺人者為賊殺人，且斷（鬥）殺？斷（鬥）殺人，廷行事為賊。""賊殺"即"故殺"，為法律用語，故意殺人，與"誤殺"相對。

緉

【注】從糸則聲。●人名。

罶

【注】從网則聲。●燕璽人名。

精紐昃聲

吳（昃）

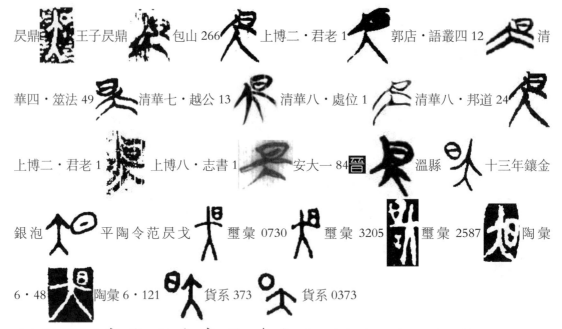

戾鼎　　　王子戾鼎　　包山 266　　上博二·君老 1　　郭店·語叢四 12　　清

華四·筮法 49　　清華七·越公 13　　清華八·處位 1　　清華八·邦道 24

上博二·君老 1　　上博八·志書 1　　安大一 84 ⟨晉⟩ 溫縣　　十三年鑲金

銀泡　　平陶令范戾戈　　璽彙 0730　　璽彙 3205　　璽彙 2587　　陶彙

6·48　　陶彙 6·121　　貨系 373　　貨系 0373

【注】甲骨文作音、音、昔、帽、昔、州、州、州，從日矢聲（職部）。𠂹象側斜之人影，日偏斜之時，人影亦隨之側斜，會側戾之意。金文側影形但作正立之人形，則與"大"無別。《滕侯戾戟》將大形誤為矢形（側體變為傾頭，遂為《説文》"矢，傾頭也"之肇端）。戰國文字多從大從日，小篆將聲符改為仄。秦文字作𢓴（《秦漢篆字編》432 頁），為小篆所本。《説文》："𣅀，日在西方時。側也。從日仄聲。《易》曰：'日𣅀之離。'"本是太陽西斜，如《荀子》："君平明而聽朝，日戾而退。"●金文人名。《滕侯戾戈》："滕（滕）侯戾（戾）之鎧（造）。"●楚簡多讀側。《清華八·處位 1》："邦豦（家）戾（處）立（位），𨒬（傾）戾（側）亓（其）天命。"●讀側，反側、言無常也。《清華七·越公 13》："今我道路攸（修）險，天命反戾（側）。"●讀側，旁邊。《安大一 84》："泛皮（彼）白（柏）舟，才（在）皮（彼）河戾（側）。"

厒 ⟨楚⟩ 包山 181

【注】從厂戾聲。●簡文"𨛬（應）族之州人孫之、厒𡩡曆"。"厒𡩡"何琳儀讀"側府"。與"中府"相對而言，猶"左府""右府"。巫雪如認為是人名，以戾為氏。

精紐仄聲

仄 ⟨晉⟩  錢典 535

【注】《説文》："側傾也。從人在厂下。夨，籀文從矢，矢亦聲。"《郭店·唐虞 18》有𠂆，則為夨字，讀夨。從匹從匕（反書），匹、匕雙聲。●周空首布待考。

清紐畟聲

牆盤 楚 曾侯與編鐘　上博一・詩論 24　上博二・子羔 13　清華二・繫年 121　清華七・晉文公 3　清華六・子儀 10 晉 璽彙 4442　璽彙 4443　璽補 234 秦 睡簡・日甲 18　睡簡・日甲 26 正

【注】甲骨文作𥞑、𥞑，從禾從𠂤（象人跪在地上向天祝禱狀。至金文訛為𤰃），會以禾祭神之意。《曾侯與編鐘》與甲骨文同。戰國文字或從示從畟，為“稷”之異文。《集韻》：“襫，堯臣能播五穀，有功于民，祀之。通作稷。”畟，為“鬼”之分化字，《鬼壺》“鬼”作𤰃，于其下體增從女則分化為畟字。《牆盤》所作，據銘意當釋為“稷”，象一正立之人形張兩臂手持草莖之狀，表示與農作物有關；可視為“稷”之象事初文。與《儽匜》“孁”作𥞑類似。《說文》：“𥞑，齋也。五穀之長。從禾畟聲。𥞑古文稷省。”本義為穀子，如《陶淵明》：“黍稷隨時藝。”引申指穀神，《周禮・春官・大宗伯》：“以血祭祭社稷五祀五嶽。”鄭玄注：“社稷，土穀之神，有德者配食焉。”又“社”為土地神，古代帝王每年都要祭祀土地神和穀神。新王朝登基，必先立社稷膜拜。滅人國，必先滅其社稷。社稷遂為國家政權的標誌和代稱。《孟子・盡心下》：“民為貴，社稷次之，君為輕。”●用為本義，不黏的穀子。《睡簡・日甲 18》：“禾忌日：稷龍寅、秋丑。”●多用為人名，即后稷。《曾侯與編鐘》：“𥞑，余稷之玄孫。”稷，即后稷。周之先祖。相傳姜嫄踐天帝足迹，懷孕生子，因曾棄而不養，故名之為“棄”。虞舜命為農官，教民耕稼，稱為“后稷”。《詩・大雅・生民》：“厥初生民，時維姜嫄……載生載育，時維后稷。”玄孫一般指第五代孫，《爾雅・釋親》：“孫之子為曾孫，曾孫之子為玄孫。”但也可泛指遠孫。《左傳・僖公二十八年》：“有渝此盟，明神殛之……及而玄孫，無有老幼。”曾侯與的話語中提到其先祖為后稷，因此“曾”應該與周人同為姬姓。《牆盤》：“上帝司（后）稷亢保受天子綰令。”在銘辭中與上帝相配，在周人的列祖之中，只有始祖后稷才能有這個資格。●《睡簡・日甲 26 正》：“稷辰。”疑為“稷”字之誤，“稷”讀叢。●晉璽“千稷”疑讀“千秋”。●讀祀。《清華六・子儀 10》：“攺（施）之績兮而奮之，織紅之不成，吾可（何）以祭稷（祀）。”稷、祀二字精邪旁紐雙聲、職之對轉音近。●《璽補 234》為“稷巳”二字合文，人名。

襫 齊 子禾子釜 楚 郭店・唐虞 10　上博四・柬旱　上博二・子羔 6　清華八・邦道 23　清華一・程寤 3　清華六・孺子 11　清華三・芮良夫 15　清華九・禱辭 7　清華一・祭公 13　清華十一・五紀 8　清華

十一・五紀 35　　郭店・六德 22　　中山王嚳鼎

【注】從示畟聲，"稷"之異文。《清華一・祭公 13》增從止。《郭店・六德 22》為"社稷（稷）"合文，"社"與"稷"共用"示"旁。●讀稷，五穀之神，後作為國家的代稱。《中山王嚳鼎》："逨（使）智（知）社褁（稷）之賃（任）。臣宔（主）之宜（義）。"●《子禾子釜》："☐☐立事歲，褁（稷）月丙午。"稷月：齊國月名，所指何月不詳。●讀稷。《郭店・唐虞 10》："垔（禹）絧（治）水，膉（益）絧（治）火，后褁（稷）絧（治）土。"后稷，人名。

瑰 楚　　清華九・成人 7

【注】整理者解為"稷"之異體，簡 26 又作"䆞"。●讀稷。《清華九・成人 7》："乃降庶瑰（稷）、羣獸、非（飛）正（征），各又（有）䴦（選）勿（物）。"《廣韻》："稷，五穀之捻名。"

䆞 楚　　清華九・成人 26

【注】"稷"之異體。●讀稷。《清華九・成人 26》："成（成）人曰：句（后），于承嘉穀（穀）五䆞（稷）之又（有）時（時）。"

趨 楚　　上博四・采風 2　　上博四・采風 2

【注】從走畟聲。●簡文"趨商""趨羽"，或讀曾。"畟"與"曾"古音同為精母，韻屬職、蒸，可以構成入、陽對轉。曾侯乙編鐘銘有後綴詞"曾"，構成"宮曾""徵曾""商曾""羽曾"四個音名。

遝 齊　　陶彙 3・203　　陶錄 2・229

【注】從辵畟聲。●齊陶人名。字或隸為"遇"。

心紐賽聲

宲 宲簠 楚　　宲公屈顙戈　　宲公孫炶父匜　　清華五・命訓 5　　安

大一 15

【注】甲骨文作⿱，⿱，從宀從II從廾，"塞"之初文。周金文從宀從珏從廾，晚周以後又追加土旁孳乳為塞。《說文》："窶，室也。從珏從廾，室宀中。珏猶齊也。"《玉篇》："宲，室也。篆

作宴，今作塞。"宴，在古籍中多寫為"塞"或"寒"。●讀塞。《清華五·命訓 5》："六亟（極）既達，九迁（奸）具（俱）宴（息）。"簡文"九奸"與上句"六極"相對，古書中"六、九"對舉的例子很多，不再贅言。而"九奸"亦常見於古書。宴，可讀塞，也可據楚地用字習慣讀息。●讀息。宴、息音近義通。《宴公孫痁父匜》："宴公孫痁父自乍（作）盥盍（匜）。"此義或作"鄎"。于豪亮讀息，也就是春秋時期被楚文王滅掉的息國。息國之息，《左傳》作息，《說文·邑部》則作鄎，云："鄎，姬姓之國，在淮北。從邑息聲。今汝南新息。"（引自《東周金文與楚簡合證》71 頁）●人名。《宴簠》："宴自乍簠。"●讀襭。《安大一 15》："菜=（采采）茝（芣）目（苢），專（薄）言宴（襭）之。"《毛詩》作"薄言襭之"。

 鄎王戈

【注】從邑宴聲。●讀息。銘文"鄎之王戟"即：息地縣公為楚王鑄造之戟。詳"宴"字。

 塞 楚 上博二·民之 7 上博二·民之 11 上博二·民之 12 秦 睡

簡·雜抄 41 印增 519

【注】從土宴省聲。秦文字從宴不省。●邊境要害之處。《睡簡·雜抄 41》："已補，乃令增塞埒塞。"●阻塞、蔽塞。《睡簡·為吏 17》："聽間（諫）勿塞。"●充滿。《上博二·民之 11》："亡（無）聖（聲）之樂，塞于四方。"

 寒 楚 上博三·周易 45

【注】從心宴省聲。寒，《說文》實也。●讀塞，當為心塞之專字。《上博三·周易 45》："洪枓（救）不飤（食），為我心寒。"或謂讀愆，過也。心寒，心中有過失，追悔之意。

 賽 楚 包山 104 包山 149 郭店·老甲 27 郭店·老乙 13 包山

208 包山 219 上博七·吳命 6 清華二·繫年 23 清華二·繫年 26

清華二·繫年 27 上博九·靈王 1 上博九·舉治 31

【注】從貝宴（或宴省）聲，中間部分 形多變。●讀塞，掩蔽、隔絕之意。《上博七·吳命 6》：

225

"賽（塞）在波濤之間。"這裏指僻處一隅。●《包山103》："厀（幾）至屈�之月賽金。""賽"訓為報，意思是償還。政府於盲月、夏夕兩次貸金給各地，要求屈夕償還。●祭名，還報祖先神祇福祐之祭。《包山200》："志事速得，皆速賽之。"望山簡134號簡有"公既禱未賽"，"禱""賽"對舉，顯見"禱"是表達心事的祈求神靈，而"賽"為報答神靈之福佑。●讀息。《清華二·繫年27》："賽（息）侯之妻甚媺（美）。"《上博九·靈王1》："霝（靈）王既立，申賽（息）不愁。"●讀塞。《上博九·舉治31》："百洲（川）既道（導），賽（塞）專（陂）九十。"●《包山149》："涅潒一賽。"疑讀塞，據文意應是作為行政區域的一定水域。

 望山 1·17

【注】從疒賽聲。●讀塞。《望山 1·17》："既心孚（悶），目（以）癛（塞）。"

心紐嗇聲

 儥匜　沈子它簋　中父壬爵　牆盤 楚 郭店·老乙 1　上博二·子羔 2　清華一·皇門 6　清華七·晉文公 3　上博六·用曰 12　清華三·説命下 10 晉 蚤壺　塚子韓嶜戈　右使庫嗇夫鼎　二十五年陽春嗇夫維戈　璽彙 0108　璽彙 0110　璽彙 0111　璽彙 0112　十一年庫嗇夫鼎　私庫衡飾　蚤壺　十一年庫嗇夫鼎　塚子韓嶜戈　十三年鑲金銀泡　十三年鑲金銀泡 秦 睡簡·效律 3　睡簡·效律 42

【注】甲骨文作 ，從來（麥形，兼聲）從靣（倉廩形），會收禾穀入倉之意。或從禾從田，會意為田禾成熟可收入倉也。金文承之，均從靣來聲。靣形或訛為㠯。《説文》："嗇，愛濇也。從來從靣。來者，靣而藏之。故田夫謂之嗇夫。凡嗇之屬皆從嗇。 古文嗇從田。"本義當為收割莊稼，是"穡"的本字。《禮記》注疏："種曰稼，斂曰嗇。"也指穀物。引申指愛惜、吝嗇、節省等義，如《戰國策》："仲嗇于財。""嗇"為引申義

所專用，收穫穀物而廩藏之義便另加形符"禾"寫作"穡"來表示。●愛惜、保養之義。《郭店·老乙 1》："䌛（治）人事天，莫若嗇。"●讀穡，收穫穀物。《牆盤》："害（匃）屖（遲）文考乙公，遝趩得屯（純），無諌農嗇（穡），戈䟞隹（唯）辟。"《左傳·襄公九年》："其庶人力于農穡。"杜頂注："種曰農，收曰穡。"楚文字多讀穡。《清華一·皇門 6》："少（小）民用段（格）、能夌（稼）嗇（穡）。"意為"普通民眾因而來歸，能從事農業生產"。《上博二·子羔 2》："舜嗇於童土之田。"楚簡的"嗇"字與"靣"形無涉，從來從田。●儲積、蓄積。《沈子它簋》："休沈子肇敼敘貯嗇。"銘意是説公賜給沈子敼敘之地的糧倉儲積。●嗇夫：職官名。"嗇夫"的本來意思就是收獲莊稼的人，作為官名，首先應該應用於鄉嗇夫一類下級基層治民官吏。地位較高的治民官吏或其他官吏也可以稱嗇夫的現象，只有在鄉嗇夫一類名稱使用了相當長的一段時期以後，才有可能出現。出土文獻中習見庫嗇夫、府嗇夫、田嗇夫，平山中山王墓銅器銘文中所見的左使車嗇夫、右使車嗇夫、冶匀嗇夫、☒器嗇夫等等。《璽彙 0111》"余子嗇夫"應是主管役使余子的嗇夫。《漢書·百官公卿表》："縣令、長，皆秦官，掌治其縣。……大率十里一亭，亭有長；十亭一鄉，鄉有三老、有秩、嗇夫、遊徼。"秦漢時期的"嗇夫"一詞多為籠統概念，與"官吏"意思相近。

 清華八·邦道 16

【注】楚文字可能是"穡"的異體字。●讀穡。《清華八·邦道 16》："士戰（守）教，攻（工）戰（守）丂（巧），價（賈）戰（守）賈儥（鬻）聚賵（貨），戎（農）戰（守）夌（稼）勞（穡），此之曰攸（修）。"《詩·伐檀》"不稼不穡"，毛傳："種之曰稼，斂之曰穡。"

心紐色聲

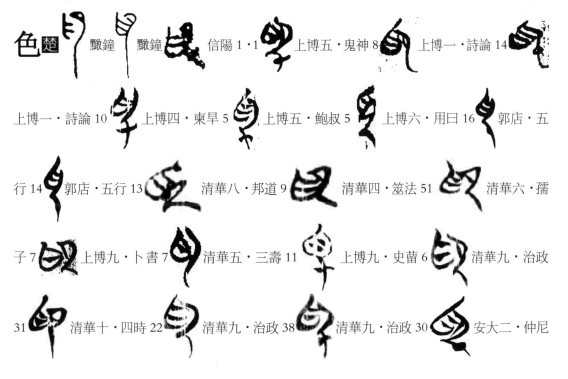

色 楚 嬎鐘　嬎鐘　信陽 1·1　上博五·鬼神 8　上博一·詩論 14

上博一·詩論 10　上博四·柬旱 5　上博五·鮑叔 5　上博六·用曰 16　郭店·五

行 14　郭店·五行 13　清華八·邦道 9　清華四·筮法 51　清華六·孺

子 7　上博九·卜書 7　清華五·三壽 11　上博九·史蒥 6　清華九·治政

31　清華十·四時 22　清華九·治政 38　清華九·治政 30　安大二·仲尼

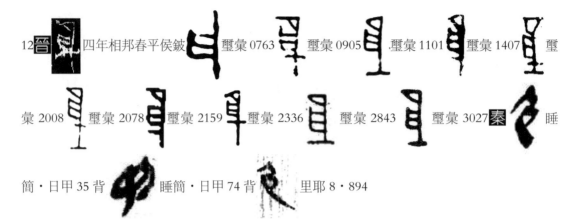

12 晉　四年相邦春平侯鈹　璽彙 0763　璽彙 0905　璽彙 1101　璽彙 1407　璽

彙 2008　璽彙 2078　璽彙 2159　璽彙 2336　璽彙 2843　璽彙 3027 秦　睡

簡・日甲 35 背　睡簡・日甲 74 背　里耶 8・894

【注】甲骨文有、、、、、，徐中舒曰：「從卩從刀，唐蘭釋色，謂其字本象一刀形而人跪其側，殆刀之動詞，斷絕之義也。刀增繁為召，則亦即卲字。色、卲一字，則絕、紹亦一字。紹訓繼，絕訓斷者，乃一字正反二訓之例。」（《甲骨文字典》112 頁）甲骨文字形是否釋色，未能確證。「色」字本義難索，《戲鐘》所作，何琳儀謂爪在前，卩在後，會以手示「顏氣」之意，然不足令人信服。案《說文》古文作，從（人形，詳「疑」）從，突出頭部（百為頭部，下從止），表示臉上的神情、氣色，即《說文》所謂「顏氣也」（彡是累增形旁。《說文》：「彡，毛飾畫文也。象形。」「彡」，有顯露之意，在字中以足「顏氣」之義）。段注：「顏者兩眉之閒也心達於氣。氣達於眉閒是之謂色。顏氣與心若合符卩。故其字從人卩。」戰國「色」字可分三類：其一作、、，從頁聲，此為《說文》古文所本。或從頁色聲、從從色（雙聲），均為異體。其二作，從人從卩。「人」與均是人形，意義相通；「卩」與「頁」來源相同，寫濾有異。從甲骨文「頁」作可證。乃是「卩」的變體，只不過強調頭部。其三多以「印」為「色」，作、、、，從爪從卩（或省略了表示手臂的筆劃），應是楚系文字的特色（另詳趙世綱《淅川下寺春秋楚墓青銅器銘文考索》）；或於卩上加飾點，以與「印」相區別。睡虎地秦墓竹簡《日書》的「色」字寫濾也是如此，是因為秦簡《日書》「色」字具楚文字的寫濾。（黃文傑《說色》）始皇統一文字前後，秦文字「色」字多作，從人從卩作。《璽彙 0905》等原釋作身，此從施謝捷改釋。（《古璽彙考》215 頁）《說文》：「，顏氣也。從人卩。凡色之屬皆從色。古文。」本義待考。● 顏色。《睡簡・日甲 79 背》：「盜者赤色。」秦文字用「色」表示色（睡虎地秦簡），楚文字用「印」「頔」「疕」，三晉文字用「印」「色」表示色。● 形容鐘聲和美。《戲鐘》：「其音贏（贏）少（小）劗（則）湯（蕩），龢（和）平均煌，需色若華。」《上博六・用曰 16》：「茅（務）之台（以）元色，束元（其）又（有）互（恒）井（形）。」「元」是首、頭。《左傳・僖公三十三年》：「狄人歸其元，面如生。」杜預注：「元，首。」「元色」，即顏色。● 三晉鈫均用為人名，舊釋為身，不確。

迤 晉　璽彙 2939　港續一 58

【注】從辵色聲。● 人名。

絶 晉　璽彙 1482

【注】從立色聲。●晉璽人名。

 里耶 8・219

【注】從手色聲。●習字簡，無義。

赧楚  包山 190 秦 里耶 8・1633

【注】從赤色聲。●秦簡辭例殘缺。●《包山 190》"郇邑人登（鄧）赧"，人名。

睂楚  上博六・孔子 13

【注】從目色聲。"目"為贅加義符。●簡文"睂不僕"讀色。

頩楚  郭店・語叢一 47

【注】從頁色聲。●讀色。《郭店・語叢一 47》："凡又（有）血氣（氣）者⋯⋯其豊（體）又（有）容又（有）頩（色）。"

牆楚  郭店・尊德 15

【注】從爿從日色聲；或認為從日疒聲。●讀嗇，訓為穡。《郭店・尊德 15》："教以事，則民力牆（嗇）以面（沔）利。"穡，指秋收，泛指農事。力嗇，致力於農事。

矣色楚  郭店・語叢一 50

【注】從矣（矣）從色，雙聲字。●讀色。簡文"容矣色"讀"容色"。

峕楚  包山 99

【注】從之色聲。●人名。

疤晉集成 9684集成 10445集成 10445集成 10446

【注】從疒色聲。●晉器人名。字或釋為“痓”。《玉篇·疒部》：“痓，病也。”在戰國秦漢古文字的人名材料中，有許多以病命名的名字，所以以“痓”為名很正常。

帮紐北聲

北趙曹鼎同簋邶伯鼎邶子鼎孖作北子簋齊祈室銅柱陶録 2 · 269陶録 2 · 302楚上博一 · 詩論 26上博一 · 詩論 27望山 1 · 126清華二 · 繫年 29清華二 · 繫年 112清華七 · 越公 10清華八 · 攝命 32清華十 · 四告 47清華九 · 禱辭 10清華十 · 五紀 42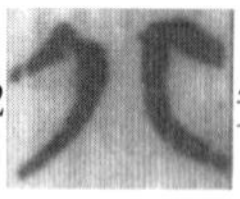安大一 · 90燕大夫北鏃陶録 4 · 54晉公廚右官鼎陶彙 6 · 197三晉 113璽彙 3998璽彙 3096匯考 110秦二年寺工師初壺類編 236睡簡 · 日乙 187睡簡 · 封診 57、秦印 1605

【注】甲骨文作𠦜、𠦜、𠦜、𠦜，象二人相背形，為背向之“背”初文。本義是違背，是“背”的本字，如《戰國策》：“士無反北之心。”“北”被假借為表示“北方”義以後，就另造形聲字“背”。●方位名詞，北方。《柳鼎》：“即立（位）中廷，北卿（向）。”●讀邶，國名。《邶子盤》：“北（邶）子宋乍（作）文父乙寶障彝。”邶，周武王封殷紂之子武庚于此。一說武王使其弟管叔、蔡叔、霍叔為三監，霍叔居邶。故址在今河南湯陰東南邶城鎮。《漢書 · 地理志》：“周既滅殷，分其畿内為三國。《詩 · 風》邶、庸、衛國是也。”●讀敗。《清華七 · 越公 10》：“虘（且）皮（彼）既大北于坪（平）备（邍）。”●讀背，脊背。《睡簡 · 封診 57》：“腦角出（頔）皆血出，柀（被）汙頭北（背）及地。”腦部、額角和眼眶下都出血，污染了頭部，背部和地面。●讀背，

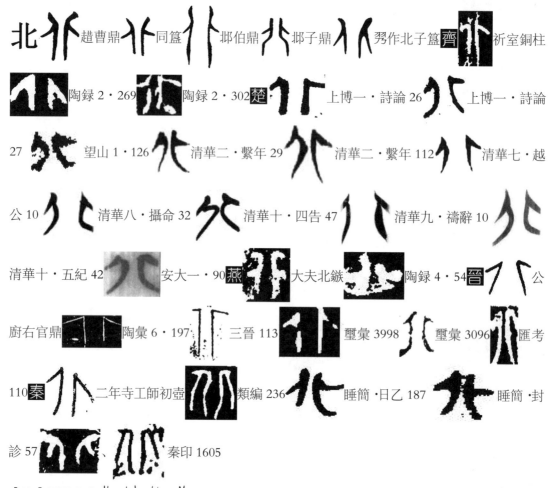

違背。《郭店·語叢二 37》："北（背）生於悇（疑）。"

 郤王盧

【注】從北從不，雙聲字。不，幫母之部；北，幫紐職部。韻部之職對轉。●人名。《郤王盧》："郤（徐）王之元孫抔之少（小）鬮（爐）。"

 或者鼎

【注】從示北聲。《金文編》原釋為"祂"，張政烺釋為"福"字（三版《金文編》亦釋為福），銘文中用與福同。●讀福。古音北、福均在幫紐職部。《或者鼎》："或者乍（作）旅鼎，用匄俾魯祓（福）。"

 陶彙 3·247

【注】從心北聲。●齊陶人名。

 璽彙 1785   璽彙 3311   印增 590

【注】從疒北聲。●均為人名。

 厝編 81

【注】從北從畐，雙聲字。●中山雜器人名。

幫紐皕聲

 堆叔鼎

【注】乃截取甲骨文爽（ ）字所從大形手臂下的兩火燭之象而成字，篆隸訛為從二百。作偏旁時或訛為二目、二日、二自、二百。《説文》："皕，二百也。凡皕之屬皆從皕。讀若秘。"金文"爽""盡"等字從之。●地名。《堆叔鼎》："隹（唯）八月才（在）皕应。"

 陶録 3·295   郭店·緇衣 36   上博一·緇衣 18   清華

三·良臣4  璽彙3656 晉  璽彙2680  王三年馬雍令史吴戈 秦 

八年相邦吕不韋戈 、 秦印68

【注】從大從皕（或皕省），皕亦聲。皕，帮母職部；奭，書母職部，音近。古璽作，從皕不省。《説文》："奭，盛也。從大從皕，皕亦聲。此燕召公名。"本義表示"盛"，《詩·小雅·瞻彼洛矣》："韎合有奭，以作六師。"●《郭店·緇衣36》"君奭"即召公保奭，燕召公名。召公保奭之"奭"楚簡中或作"睪（清華一·耆夜1）"。上古音"睪"書母鐸部，"奭"書母職部，音近可通。●姓氏，燕召公奭之後有奭氏。古璽印有"奭悒""奭庶"等。●人名。《八年相邦吕不韋戈》："八年，相邦吕不韋造，詔事圖、丞、工奭。"

𢥞 晉  璽彙2678

【注】從心奭聲。●晉璽讀奭，姓氏。

墥 晉  璽彙2575

【注】從土奭聲。●晉璽讀奭，姓氏。

並紐葡聲

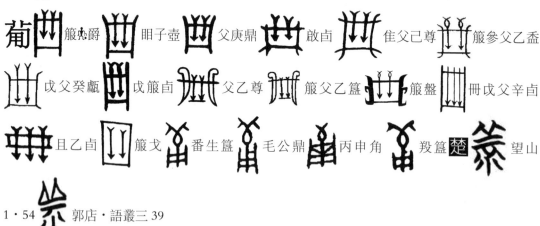

葡  箙爵 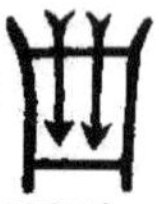 䀚子壺  父庚鼎  啟卣  隹父己尊 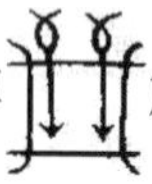 箙参父乙盉

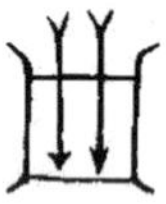 戉父癸甗  戉箙卣  父乙尊  箙父乙簋 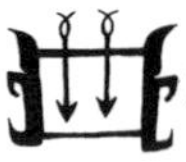 箙盤  冊戉父辛卣

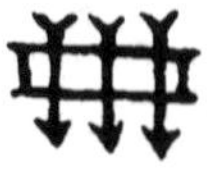 且乙卣 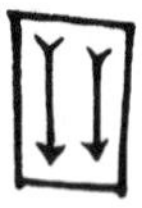 箙戈  番生簋  毛公鼎  丙申角  殳簋 楚  望山

1·54  郭店·語叢三39

【注】甲骨文作、、、、、、。徐中舒謂象箭插入盛箭的器中形，會盛矢之意，為"箙"之本字。後由訛為金文，遂與"苟"字上部相似。箭杆與箙形組合與"用"字相似，以致許慎謂"從用，苟省"。戰國文字承襲兩周金文，或作、、、、，箭杆或訛

作  等，似人形。箙形或脱兩旁側筆僅作 **二**，或加 **八** 為飾。《説文》："葡，具也。從用，苟省。"本義當為盛矢之器，即箭架子。"箙"為晚出形聲字，許慎以"具"訓"葡"，而以盛矢器訓"箙"，非是。●讀箙，盛矢器。《毛公鼎》："金簟彌（第）、魚葡（箙）、馬四匹。"魚箙，魚形的箭袋，一説繪有魚鱗紋的箭袋，文獻稱"魚服"。《詩·小雅·采薇》："象弭魚服。"《詩·小雅·采芑》："簟茀魚服。"●讀備，具也。《伯唐父鼎》："白（伯）唐父告葡。"李孝定曰："矢箙以盛多矢故引申有全具之義。"（《甲骨文字集釋》1127頁）《郭店·語叢三39》："勿（物）不葡（備），不成急（仁）。"●族氏名，多見于商代晚期。《父庚鼎》："葡（箙）。父庚。"●讀服。《丙申角》："王易（賜）葡（服）亞罍奚貝。"服亞，商周金文中常見的官名，卜辭有"多服""多亞"。《尚書·酒誥》："越在内服，百僚、庶尹、惟亞惟服。"此服、亞合稱。●讀佩。望山簡"葡玉"讀"佩玉"。

趞[晉]  侯馬

【注】從走葡聲。●盟書人名。

浦[楚]  上博五·季庚4

【注】從水葡聲。●讀備。《上博五·季庚4》："羣＝（君子）龏（恭）則述（遂），喬（驕）則泆（侮），浦（備）言多難。"備言，盡言。把話説盡了、説滿了會招禍。

鞴[楚]  天星

【注】從革葡聲。●簡文中讀箙，箭袋子。字與曾侯簡作"龠"構字理據類似。

龠[楚]  曾侯2 曾侯8 曾侯19 曾侯26 曾侯33 曾侯36 曾侯36 侯36 曾侯42

【注】從卤葡聲，楚文字"箙"之專字。卤即由西周金文中的  演變而來的，楚簡中另有"龠（靽）"，亦從卤。●讀箙，箭袋子。《曾侯2》："二縣（懸）龠（箙）。"

驌[楚]  曾侯142 曾侯146 曾侯150

【注】從馬葡聲，當為服馬之專字。●讀犕，服也，典籍亦作服。《曾侯142》："莆之駢為左驂，慶（卿）事（士）之騙為左驌（服）。"以前車獨轅，兩側各駕兩匹馬，靠近車轅的兩匹馬稱作服，這兩匹馬也稱作左服、右服，兩服之外的兩匹馬稱作驂，這兩匹馬相應地稱為左驂、右驂。

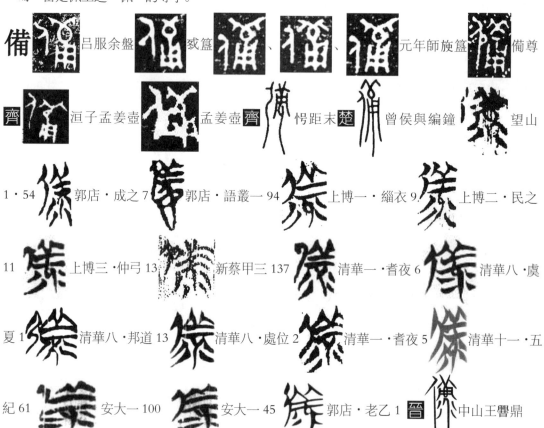

繙楚 包山231 璽彙3230

【注】從糸葡聲。●讀佩。《包山231》："思攻祝逗（歸）繙（佩）☑、冠繡（帶）於南方。"●人名。《包山115》："大帀（師）子繙（佩）。"楚璽亦為人名。

璃楚 信陽2·7 天星

【注】從玉葡聲，疑"佩"之繁文。●《信陽2·7》"其璃"承上文"緯帶"而言，是指帶上之佩。望山二號墓50號簡有"一革帶，備（佩）"，即一套附于革帶的玉，可與此互證。信陽簡的"璃"當是佩玉之"佩"的專字。

備 呂服余盤 敼簋 、 、 元年師旋簋 備尊

齊 洹子孟姜壺 孟姜壺齊 㤲距末楚 曾侯與編鐘 望山

1·54 郭店·成之7 郭店·語叢一94 上博一·緇衣9 上博二·民之

11 上博三·仲弓13 新蔡甲三137 清華一·耆夜6 清華八·虞

夏1 清華八·邦道13 清華八·處位2 清華一·耆夜5 清華十一·五

紀61 安大一100 安大一45 郭店·老乙1晉 中山王𧊋鼎

春成侯盉秦 睡簡·效律8 嶽麓一·為吏2 類編274

【注】從人葡聲。《備尊》所從人形作，似為背脊之"背"初文。《說文》："備，慎也。從人葡聲。古文備。"《說文》古文從，當為之訛寫。●讀箙，箭袋。《敼簋》："孚（俘）戎兵：

鄲（盾）、矛、戈、弓、備（箙）、矢、裨、胄，凡百又卅又五叔（款）。"●完備、具備。《中山王嚳鼎》："越人敝（修）敫（教）備㤅（信），五年覆吳。"《廣雅·釋詁》："備，具也。"●就職、居官。《元年師旋簋》："備于大ナ（左），官嗣（司）豐還ナ（左）又（右）師氏。"郭沫若謂"備于大左"即就大左之職。●或謂讀珏，玉之單位，十二系為一珏。《洹子孟姜壺》："于南宮子用璧二備，玉二嗣（笥），鼓鐘一鍏（肆）。"●讀腹。《春成侯盉》："備大二斗，冢（重）十二益（鎰）九釿。"備大，讀腹大。文獻及古文字材料中，"備"與"復"多通用，而"復"又與"腹"通。如《儀禮·特牲饋食禮》："尸備答拜焉。"鄭玄注："古文備為復。"《老子》六十四章"復眾人之所過"，敦煌唐寫本"復"作"備"。《詩·蓼莪》："出入腹我。"《藝文類聚》卷二十引作"出入復我"。侯馬盟書"判其腹心"語，其"腹"字還多有作"腹""䐍"等形。●讀服，服飾、衣服。《清華一·耆夜6》："贔贔戎備（服）。"秦文字用"服"表示衣服、服從之服（睡虎地秦簡等）。楚文字用"備"表示衣服、服從、服事之服（郭店簡、上博簡等）。●讀服，臣服。《清華七·越公6》："以臣事吳，男女備（服）。"●可讀佩。《望山1·54》："備（佩）玉一環。"《安大一100》："備亓（其）象笹（揥）。"《毛詩》作"佩其象揥"。上古音"備"屬並紐職部，"佩"屬並紐之部，音近可通（參白於藍《戰國秦漢簡帛古書通假字彙纂》第三八三頁）。楚簡"備"一般即"服"之用字，與"佩"確實可通。文獻中"服玉""服帶""服劍"的"服"多見，即"佩"義……同理，簡本"備其象揥"讀為"服其象揥"即可，不一定非要從毛詩讀為"佩"，二者應屬於同義關係。●讀楘。《安大一45》："少（小）戎輚（俴）筒（收），五備（楘）桹（良）楯（輈）。"《毛詩》作"五楘梁輈"。上古音"備"屬並紐職部，"楘"屬明紐屋部，音近可通。《釋文》："楘，本又作幋。"

瑞 楚　包山219　　天星

【注】從玉備聲。●均讀佩。《包山219》："璧琥，睪（擇）良月良日逗（歸）之，戲（且）為巫繹瑞（佩），速巫之。"

繎 楚　清華五·皇門5　　清華五·皇門10　　清華七·越公6　　包山219

【注】從糸備聲。●讀服。《清華五·皇門5》："卑（俾）繎（服）才（在）氒（厥）豩（家）。"《清華七·越公6》："孤亓（其）衒（率）雩（越）庶眚（姓）齊剢同心，以臣事吳，男女繎（服）。"

蹁 楚　清華七·越公21

【注】從辵繎聲；辵彳共用筆畫。●讀匐，匍匐。《清華七·越公21》："迖（匍）蹁（匐）臱（就）君，余聖（聽）命於門。"

並紐畐聲

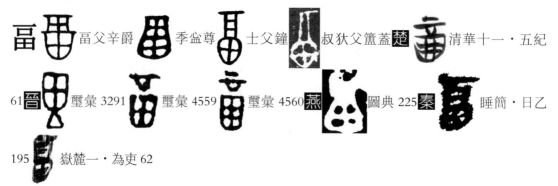

畐畐父辛爵季盄尊士父鐘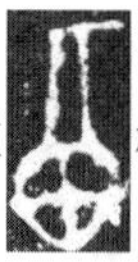叔犾父簠蓋 楚清華十一·五紀61 晉璽彙 3291璽彙 4559璽彙 4560 燕圖典 225 秦睡簡·日乙195嶽麓一·為吏 62

【注】甲骨文作、、，象圓底酒器之形，酒以祭祀，祭祀而獲福于神，故為“福”之省文異體字；亦可視為“福”的初文，增示孳乳為福。《璽彙 3291》字形倒置。《說文》：“，滿也。從高省，象高厚之形。凡畗之屬皆從畗。讀若伏。”析形不確，所釋當為引申義。本義為盛滿酒的酒樽。甲骨文金文“畐”“福”同字。●多讀福。《季盄尊》：“季盄乍（作）寶隮彝。用桒畐（福）。”《清華十一·五紀 61》：“四豊（禮）以共（恭），全中（忠）曰畐（福）。”●族氏名。見于《畐父辛爵》。●晉璽（璽彙 4559）讀福，“又畐”即“有福”。●讀富。《睡簡·日乙195》：“賜某大畐（富）。”●《圖典 225》“畐生瓔”，讀富，姓氏。富宗，漢時陳留太守。

偪 晉、溫縣 秦詛楚文

【注】從人畐聲。●盟書“以祓（徹）宔（主）偪（福）者”，讀福。●讀逼。《詛楚文》：“以偪（逼）俉（吾）邊競。”

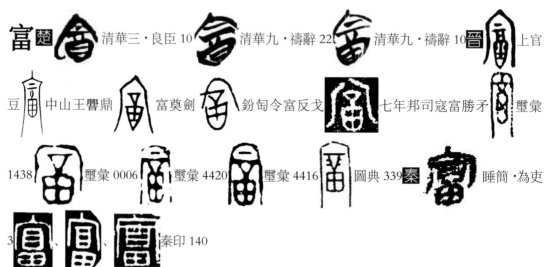

富 楚清華三·良臣 10清華九·禱辭 22清華九·禱辭 10 晉上官豆中山王譽鼎富奠劍鈖匋令富反戈七年邦司寇富勝矛璽彙1438璽彙 0006璽彙 4420璽彙 4416圖典 339 秦睡簡·為吏3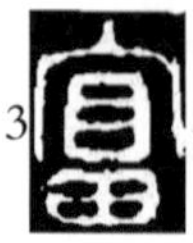、、秦印 140

【注】甲骨文作、，從宀從酉（酒），會富有之意。金文從宀畐聲（畐、酉同字）。《說文》：“，備也。一曰厚也。”本義富有。●財物豐實，與“貧”相對。《中山王譽鼎》：“母（毋）富而喬（驕）。”●氏，為周大夫富辰之後。《富鄭劍》：“富奠（鄭）之斷鐱（劍）。”●晉璽（璽彙 0006）“富昌韓君”，“富昌”為趙國地名，漢代隸屬西河郡，在今內蒙古鄂爾多斯左翼前旗。“韓君”，封君號。此璽為趙國封於富昌邑之韓君所用之印。

【注】從玉富聲。《郙召簠》（與《周宅匜》同字），或釋為"寶"，但"受寶"之説在金文中缺乏同類文例的支持，當釋為"福"，簠銘中釋為"使受福毋有疆"文從字順。●讀福。《郙召簠》："受窟（福）毋又（有）彊。"

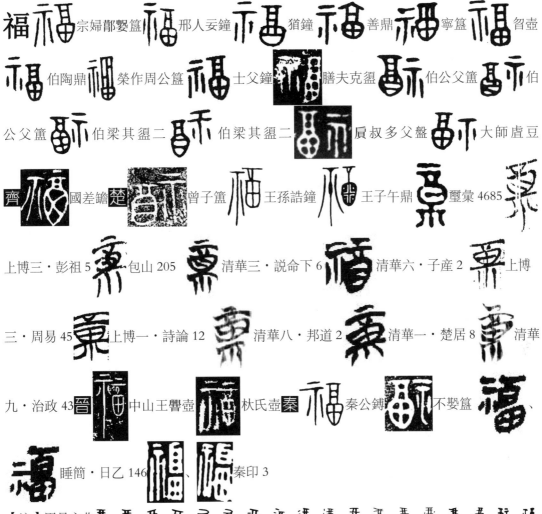

【注】甲骨文作 ㊙、㊙ 等形，從酉，或從示從廾，奉酒于示，會求福之意。字形雖有增減，然會意均同。羅振玉考證："福為奉尊之祭。致福乃致福酒，歸胙則致祭肉。故福字從酉，胙字從肉矣。"（《甲骨文字集釋》）福從奉尊之祭，轉而為祖先、神靈降賜的幸福。西周金文福胙之義仍作㊙，學者們或徑釋為"裸"（古代酌酒灌地的祭禮，本書亦將其定為"裸"字）；而福佑之義則作省形"福"，此猶"沫"之作"顯""靧"，顯專義為"灑面"，而靧則專義于"靧壽"也。甲骨、金文中的福字皆從示從酉會意，至秦漢文字中訛寫為畐，楚簡文當承襲甲骨、金文而來，依舊從示從酉，而富貴的富則作㊙（上博三·彭祖8），疑福、富皆從酉為聲，酉為幽部，而福、富則為職部字，之幽旁轉。

237

●一切幸福之總名。《秦公鐘》：“余夙夕虔敬朕（朕）祀，昌（以）受多福。”《或者鼎》：“用匄偁魯祟（福），用妥（綏）猵彔（祿）。”●《璽彙 3368》“大福”、《璽彙 4685》“福壽”，均為吉語璽。《史記·書》：“有大福，必有禮以樂之。”《顏氏家訓集解卷五》：“盜蹠、莊蹻之福壽，齊景、桓魋之富强。”●讀幅。《睡簡·秦種 66》：“福（幅）廣二尺五寸。”●秦漢印多為人名用字。

標 楚  安大一 78

【注】從木福聲，“福”字異體。●讀輻。《安大一 78》：“欿（坎）=伐標（輻）可（兮）。”《毛詩》作“坎坎伐輻兮”。“福”“輻”二字諧聲可通。毛傳：“輻，檀輻也。”

賵 楚  上博五·鬼神 2

【注】從貝福聲。●讀富。《上博五·鬼神 2》：“此昌（以）貴為天子，賵（富）又（有）天下，長年又（有）鼍（舉），後殢（世）遂之。”

福  秥卣　邢叔采鐘　王伯姜鼎 齊　郳大宰鐘 楚　曾師季

韓盤　郭店·老甲 31　上博四·曹沫 3　清華八·處位 1

【注】從宀福聲。●讀福。《郳大宰鐘》：“用匄眉壽多福（福）。”清華簡亦讀福。●讀富。《郭店·老甲 31》：“是以聖人之言曰：我無事而民自福（富）。”

寶  鼎

【注】從玉福聲。●讀福。《鼎》：“乍（作）尊，用匄永寶（福）。”

壞  周乎卣

【注】《周乎卣》從北福聲；雙聲字，古音北、福均在幫紐職部。●讀福。《周乎卣》：“用匄永壞（福），孫孫子子其永寶用。”

副 楚  清華六·子儀 17　清華一·程寤 3 秦　里耶 9·981　里耶 8·454

【注】從刀畐聲。●讀覆。《清華六·子儀 17》：“我亡（無）反副（覆）。”●《清華一·程寤 3》：“副棫包柞，柞化為腴。”副，《禮記·曲禮上》注：“析也。”●副本。《里耶 9·981》：“上遣佐

238

壬操副詣廷。"

賵齊 賵 分研一 178 楚  上博三 · 彭祖 8 上博五 · 弟子 6 清華九 · 治政

32 上博七 · 武王 10

【注】從貝畐聲。《上博七 · 武王 10》"畐""貝"形體共用。●多讀富。《上博五 · 弟子 6》:"賵（富）貴而不喬（驕）者。"

寳楚 上博一 · 緇衣 11 上博一 · 緇衣 22

【注】從勹賵聲。●讀富。《上博一 · 緇衣 22》:"翌（輕）䌈（绝）貧賤而砫（重）䌈（绝）匔（富）貴。"

幅秦 幅 睡簡 · 日甲 13 背

【注】從巾畐聲。●讀富。《睡簡 · 日甲 13 背》:"賜某大幅（富）。"

匐 牧簋 辛伯鼎 楚 曾公䁯鐘

【注】從勹畐聲。或從酉，畐、酉偏旁通作。●讀福。《辛伯鼎》:"辛白（伯）其並受乇（厥）永匐（福）。"●《牧簋》為人名。●《曾公䁯鐘》:"受是不（丕）忞（愍），不（丕）顯𢆶（其）霝（令），甫（匍）匐辰（祇）敬。"甫匐，讀為匍匐。《詩 · 邶風 · 谷風》:"凡民有喪，匍匐救之。"鄭玄箋:"匍匐，言盡力也。"

蝠 子蝠爵 子蝠爵 秦 關簡 321

【注】金文象蝙蝠形，"蝠"之初文。篆文更為形聲字。●人名。《子蝠爵》:"子蝠。"●動物名。《關簡 321》:"大如扁（蝙）蝠矢而乾之。"

蒸部

影紐雁聲

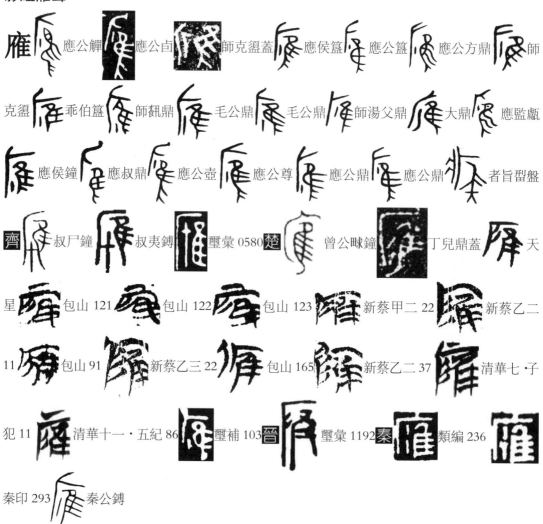

【注】甲骨文作 ，於鳥之脯部加指事符號，以表明膺義所在，"膺"之初文。金文將指事符號
變作 ，並增亻旁為聲符，人旁多右向作 形。戰國文字移指事符號於臂下 ，或變形作 ，或
簡化作 、 。作 者，與"雇"字相混。李守奎先生對楚之"應"氏所作字形有詳細考釋：
" 不能釋為'雇'，主要是字形不合。楚文字'戶'字或'戶'旁作 （戶）、 （房），上面
的一橫是飾符，可有可無，但中部的 皆由一個彎曲筆劃和兩個小撇三筆構成，沒有寫作兩小
撇（ ）形的。" 不能釋為'雁'，主要是音、義不合。""'雁'字即現在的'鷹'字，'膺'、
'應'皆從'雁'聲，音在影紐蒸部。"（《包山楚簡120—123補釋》）《説文》作雁，將右向之
人形改為左向之人形，並加繁化部件厂，遂有"瘖省聲"之誤解。●讀應，國名。西周姬姓諸
侯國，始封之君系周武王之子，始封地位於今河南平頂山地區，應國的滅亡時期大約在周平王
時期。《應叔鼎》："雁（應）弔（叔）乍（作）寶障齋。"《丁兒鼎》為春秋晚期器，有"應

240

侯之孫丁兒"字樣，可知其為應國後裔所作。春秋中期以後，應地為楚國所有，但應國社稷未滅，宗廟猶存，仍得鑄這種形製較大的軝鼎。●讀膺，受任、承當。《毛公鼎》："雁（膺）受大命，衒（率）裹（懷）不廷方。"膺受大命，文獻或作"膺天命""膺更大命"。《書·武成》："誕膺天命，以撫方夏。"《史記·周本紀》："于是武王再拜稽首，曰：'膺更大命，革殷，受天明命。'"●讀膺，馬具名，當胸之馬帶。《毛公鼎》："金雁（膺）。"即青銅制的當胸馬帶。●讀膺，胸懷。《叔尸鎛》："女（汝）台（以）專貳公家，雁（膺）恤余于盟（盟）恤。"雁恤，心懷憂慮。《國語·魯語》："無掐膺。"韋昭注："膺，胸也。"《禮記·中庸》："則拳拳服膺。"孔穎達疏："膺謂胸膺。"故膺有心懷、胸懷的意思。●秦印讀應，姓氏。包山楚簡亦為姓氏，字或作"鄘"。

秦印 209　詛楚文

【注】從心雁聲。《説文》作癰。●符合。《睡簡·封診 58》："其襦北（背）直瘠者，以刃夬（決）二所，癰（應）瘠。"其短衣背部傷口相對處，有兩處被刃砍破，與傷口位置符合。●應對。《睡簡·日甲 34 背》："以人鼓應之。"●包山簡、秦印均為人名。●讀膺，受任、承當。《詛楚文》："緊（亦）應（膺）受皇天上帝及丕顯大神巫咸之幾靈德賜。"

一·皇門 9　　清華六·子儀 6

【注】從言雁聲。《清華一·皇門 9》從言雁省聲。●讀應，古國名。《曾侯樂鐘 339·3》："䧹音之宮。"●讀應。《清華一·皇門 9》："斯乃非惠（德）目（以）䧹（應）。"●《清華六·子儀 6》："徒會所遊，又步里謱䧹也。"義不詳。

【注】從肉雁聲。《新蔡乙二 19》從人，當受上文[字]的影響而類化。●簡文"膺疾"，用為本義。《説文》："膺，胷也。從肉雁聲。"

【注】從骨雁聲，"膺"之異文。●讀膺。《新蔡乙四8》："既骭（背）雕（膺）疾。"

214 上博九·卜書2

【注】從邑雁聲，國名專用字。●多讀應，古國名。《曾侯乙鐘》："郪（應）音之才（在）楚為獸鐘。"或用為姓氏。應在殷商時代即已存在，周滅殷後，周武王改封其弟於應，應便成了姬姓應國。郪（應）氏當即此應國之後。●讀膺。《上博九·卜書2》："尯（兆）女（如）印（仰）首出止（趾），而屯（純）不困郪（膺），是胃（謂）狋卜。"

【注】從糸雁聲，字或繁化增從土。●讀膺，接受。《清華一·祭公5》："用纒（膺）受天之命。"●讀膺，當胸馬帶。《安大一46》："虎齒（韔）訥（豹）纒（膺），交邑（韔）二弓。"《毛詩》作"虎韔鏤膺"。文獻作"膺"或"纓"。《左傳》桓公二年"鞶，厲，遊，纓"，杜預注："纓，在馬膺前，如索帬。"●讀纓。《上博六·競公8》："譽（舉）邦為欽（禁），約夾（挾）者（諸）閘（關），縛纒（纓）者（諸）肺（市）。""縛""纓"同義連用，為綁縛之義。●包山簡、齊璽、楚璽人名。

【注】從鳥雁聲，增土繁化。隸定為"鷹"。●讀鷹。《清華三·說命下4》："如飛雀，罔畏覲（離），不惟窒（鷹），唯廼弗虔（虞）民，厥其悆（禍）亦羅於嘼罦。"

【注】《閭丘戈》左邊作，孫常敘認為象又持肉喂鳥之意。從文字所標舉的詞義特點來看，這

個形象的音節表意文字所寫的詞可能是"鷹"。●讀應，國名。《鵬公圖劍》："鵬公圖自乍（作）元鍬（劍），延（誕）匋（寶）用之。"孫常敘認為"鵬"是"應""鷹"的或體字，並認為其應當是《左傳・僖公二十四年》"邢、晉、應、韓，武之穆也"的"應"，"鵬"和"應"是同一國名的不同寫瀘。

曉紐興聲

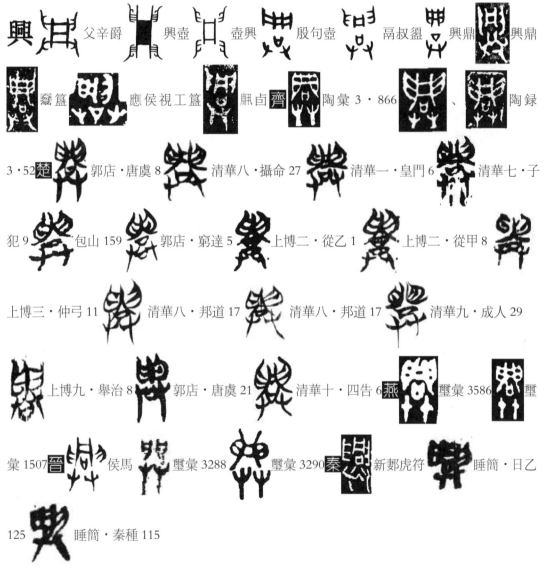

興 父辛爵　興壺　壺興　殷句壺　鬲叔盨　興鼎　興鼎

蠶簋　應侯視工簋　鼎卣齊　陶彙 3・866　、陶録

3・52楚　郭店・唐虞 8　清華八・攝命 27　清華一・皇門 6　清華七・子

犯 9　包山 159　郭店・窮達 5　上博二・從乙 1　上博二・從甲 8

上博三・仲弓 11　清華八・邦道 17　清華八・邦道 17　清華九・成人 29

上博九・舉治 8　郭店・唐虞 21　清華十・四告 6燕　璽彙 3586　璽

彙 1507晉　侯馬　璽彙 3288　璽彙 3290秦　新郪虎符　睡簡・日乙

125　睡簡・秦種 115

【注】甲骨文作𢍌、𢍏、𢍊、𢍋、𢍌、𢍏、𢍊、𢍋、𢍌，從同（筒形器物，《説文》訛作𦥑），象四手執同而興之。下從"口"者，或以為是眾口同聲興舉之狀。金文同甲骨文，大都從口。戰國文字承襲商周文字。廾或省變作𠬞、𠬞，𦥑或省變作𠬻、𠬻、𦥑、𠬞。楚文字"臼"中部"同"形或濃縮作豎畫。《説文》："𦥷，起也。從舁從同。同力也。"本義是舉起，如《周禮》："進賢興功。"引申為起來，如《詩經》："夙興夜寐。"●發動、調動。《新郪虎符》："凡興士被甲，用兵五十人以上，必會王符，乃敢行之。"●人名。《興鼎》："興乍（作）寶鼎。"●族氏名。

243

見于《父辛爵》。●坐起。《清華一·程寤4》："興，曰：'發（發）！女（汝）敬聖（聽）吉夢。'"
●讀繩。《清華七·子犯9》："上興（繩）不遊（失），斤（近）亦不遷（僭）。"●讀釁，爭端。
《上博二·從甲8》："從正（政）又（有）七機：獄則興，惓（威）則民不道（導），滷（鹵）
則遊（失）眾……。"

上博二·容成21

【注】從水興聲。●讀熊。《上博二·容成21》："中正之旗以澳（熊），北方之旗以鳥。""熊"
是匣母蒸部字，"澳"從興聲，曉母蒸部字，讀音相近。

才儝父簋

【注】從人興聲。●金文人名。

上博五·三德17　　　上博四·曹沫17　　　清華八·邦道2

【注】從止興聲。●均讀興。《清華八·邦道2》："澶（廢）墨（興）之不厇（度）。"●《上博
五·三德17》："墨＝（興興）民事，行往視迷（來）。"興興，繁多貌。

【注】從疒興聲。興，起也。《詩經·小雅》："念彼共人，興言出宿。"《魏風·岷》："夙興夜寐，
靡有朝矣。"所用"興"皆有起床之意，則"瘒"為"興"之增旁標義專字。本義為晨起于床，
或疾病既愈而起于床。●金文多用為人名。侯馬盟書亦為人名。●讀興，起也。《多友鼎》："唯
十月用嚴（玁）狃（狁）放（方）瘒（興），廣（廣）伐京自（師）。"

安大一11　清華八·邦道14　上博一·詩論28

【注】《安大一11》從虫興聲。《清華八·邦道14》從虫（蚰聲）興省聲。所從的卄少了"又（右
手）"，下部所從的"虫"偏移至字的右下角了。《上博一·詩論28》所作，或謂**3**（雉）為疊
加音符。"雉"古音為東部字，"興"為蒸部字，二者音近可通。●讀蠅。蠅，余紐蒸部；興，
曉紐蒸部。因此，蠅字可以興為聲符。《上博一·詩論28》：《青蠅（蠅）》知患而不知人。"為

244

今本《詩·小雅·甫田之什》篇名《青蠅》。●讀繩，準繩。《清華八·邦道 14》："闇固以不蠅於上，命是以不行。"●讀繩。《安大一 11》："宜尔（爾）孫=（子孫），蠅=（繩繩）可（兮）。"《毛詩》作"繩繩兮"。"繩繩"，眾多貌，綿綿不絕貌。

繩 楚 清華一·皇門 11   清華六·管仲 6   清華六·管仲 11   清華

七·子犯 9   清華三·芮良夫 19   清華三·芮良夫 22   清華十一·五紀 18

【注】從糸興聲。●楚簡多讀繩，準繩。《清華六·管仲 11》："執悳（德）女（如）縣，執正（政）女（如）繩（繩）。"●讀繩，讚譽。《清華一·皇門 11》："乃隹（惟）又（有）奉俟（癡）夫，是楊（陽）是繩（繩）。"《左傳》莊公十四年："繩息媯以語楚子。"杜預注："繩，譽也。"《呂氏春秋·古樂》："以繩文王之德。"畢沅新校正："繩，譽也。"

攀 楚   安大一 108

【注】從手興聲。●讀升。《安大一 108》："檓（椒）椒之實，坒（蕃）逓（衍）溋（盈）攀。"毛詩作"蕃衍盈升"。上古音"興"屬曉紐蒸部，"升"屬書紐蒸部，音近可通。但參照下章"坒（蕃）逓（衍）溋（盈）擇（菊）"來看，"攀"也可能表示"在手"之義，《毛詩》作"升"疑為借字。

匣紐瓦聲

瓦   瓦鼎   師道簋   高卣 楚   包山 201   上博三·恒先 3

包山 197   新蔡甲三 112   左塚漆梮   清華八·邦道 8   清華八·邦

政 7   上博一·詩論 12   安大一 117   上博六·用曰 8 晉   六年格

氏令戈

【注】甲骨文作 、 、 ，從月從二，會月在天地間永恆之意，"恆"之初文。其作 者，《詩》曰："如月之恆。"毛傳："恆，弦也。"弦本弓上物，故字又從弓。金文承襲甲骨文。戰國文字或加卜為飾，與"夜"作 演化相同。楚簡或以支換卜。案：亘，甲骨文作 、 、 、 ，象水中漩渦回轉盤旋之形，金文作 （曾侯乙鐘），隸變後作亘（"宣"所從）。隸變后"亘""亘"均作"亘"而混同。●讀恆，恆久、永久。《師道簋》："用勾（丂）暈（得）屯盉（和），亘（恆）

命霝冬（終）。"《清華八‧邦政7》："女（如）是者亙（恆）興。" ●秦陶人名。 ●讀極。在過去發表的楚簡里，"亟"字只見於《郭店‧唐虞19》作，據馮勝君先生研究，《唐虞之道》屬於郭店楚墓竹書中"具有齊系文字特點的抄本"之列。……在我們所能看到的、數量不能算少的戰國時代的楚簡里，基本上是借"亙"為"亟"的。已有學者指出，"亟"和"亙"不但字形在楚文字中相似，而且上古音也相近，二者的聲母皆屬見系，韻部有職、蒸對轉的關係，所以楚人會以"亙"為"亟"。（《是"恆先"還是"極先"？》）秦文字用"極""亟"表示窮極、極致之極。楚文字多用"亙"表示極，偶用"亟"，見於《王子午鼎》等。《上博一‧詩論12》："《漢廣》不求［不］可得，《鵲巢》不攻不可能，不亦知亙（極）乎？"意思是：不去强求不可得的對象、硬做不能成的事情，不也是懂得準則（禮節）嗎！《安大一117》："滔=蒼天！蠆（曷）隹又亙（極）？"《毛詩》"亙"作"極"。 ●讀恒，道家哲學術語之一。《上博三‧恒先1》："亙（恒）先無又（有），厥（質）、青（靜）、虛。" ●固定。《睡簡‧答問52》："毋（無）亙（恒）數。"

呬 楚 包山233 晉 戎壹軒藏三晉古璽057

【注】從口亙聲。 ●讀恒。《包山233》："呬（恆）貞吉。" ●晉璽人名。

歨 楚 郭店‧緇衣32　　上博六‧天甲7　　清華三‧芮良夫5

【注】從止亙聲。 ●讀恒，準則、法則。《清華三‧芮良夫5》："尚歨=（恒恒），敬爭（哉）!"要尊重法則，要敬畏啊！ ●《郭店‧緇衣32》："君子道（導）人以言，而歨（恒）以行。""恒"有法則之義，引申而有約束義，與"禁"意義相近。君子用言語來引導人們向善，用行動來約束人們作惡。

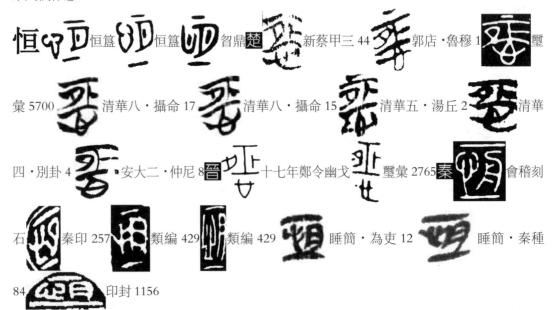

恒 口 亙 恒簋 恒簋 呬 智鼎 楚 新蔡甲三44　郭店‧魯穆1　璽彙5700　清華八‧攝命17　清華八‧攝命15　清華五‧湯丘2　清華四‧別卦4　安大二‧仲尼8　晉 十七年鄭令幽戈　璽彙2765 秦 會稽刻石　秦印257　類編429　類編429　睡簡‧為吏12　睡簡‧秦種84　印封1156

【注】從心亙聲。 ●楚文字多用為本義，常也。《清華八‧攝命17》："亡（罔）非楚（胥）以涇

〈淫〉恒（恆）。"淫恆，沉湎於酒者，長夜之飲以為常也。●長久、固定不變。《上博一·性情37》："又（有）丌（其）為人之柬柬女（如）也，不又（有）夫恒忞（忻）之志則曼（慢）。"●晉璽姓氏。

楄秦 關簡 316

【注】從木恒聲。●讀恒。《關簡 316》："楄（恒）多取樸桑木。"

牨晉 璽彙 0717　璽彙 2935　璽彙 3270

【注】從牛互聲。●晉璽讀恒，姓氏。或為人名

苴楚 巨苴鼎晉 璽彙 3279

【注】從艸互聲。●晉璽讀恒，姓氏。●楚器地名。

邤楚 郭店·窮達 8　包山 163　新蔡甲三 333 晉 璽彙 2136

【注】從邑互聲。《新蔡甲三 333》作"邶"。●晉璽讀恒，姓氏。●讀期。《郭店·窮達 8》："孫㝊（叔）三黜（絀）邤（期）思少司馬，出而為命（令）尹，墨（遇）楚臧（莊）也。"古音"互"在見母蒸部，"期"在見母之部，古音很近，故簡文"邤思"可讀為"期思"。"期思"為楚國地名，見於包山楚簡和典籍。

㒫楚 郭店·緇衣 45

【注】從貝互聲。●讀恒。《郭店·緇衣 46》："人而亡（無）㒫（恒），不可為卜筮也。"

絚楚 上博三·周易 28　清華六·子儀 2　清華六·管仲 19　清華九·廼命二 7

【注】從糸互聲。●《說文》："絚，為大索也，一曰急也。"《清華六·子儀 2》："不穀（穀）繻左右絚，繻右左絚，女（如）權之又（有）加橈也。"這句話是說，如果拉左邊，右邊就會緊張；如果拉右邊，左邊就會緊張，就像天平，如果在一邊加一點重量，另一邊則會翹起。●窮盡。《清

華六·管仲 19》："勣（逞）亓（其）欲而綖（極）亓（其）忺（過）。"《楚辭·招魂》："姱容修態，綖洞房些。"王逸注："綖，竟也。"《方言》卷六："綖，莚，竟也。秦晉或曰綖，或曰竟，楚曰莚。"亦可讀極。●讀恒。《上博三·周易 28》："初六：歔（浚）綖（恆），貞凶，亡（無）卣（攸）利。"恒卦象徵恆久。浚恆，求恒之深。●讀亟。《清華九·廼命二 7》："賜夋（予）縮（緩）綖（亟）之古（故），以告亓（其）必（密）逐（迫）。"整理者注："綖，讀為'亟'，訓為'急'。古書言'緩急'多與政事相關，如《漢書·食貨志》'令有緩急'。""綖"字文獻中或又作"緪"，本身就可以徑訓為"急"，《淮南子·繆稱》："治國譬若張瑟，大弦綖，則小弦絕矣。"高誘注："綖，急也。"

見紐弓聲

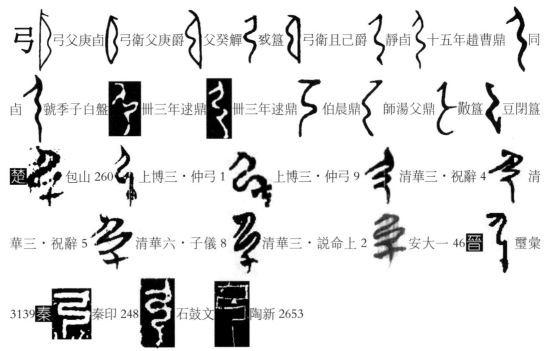

【注】甲骨文作𐀀、𐀁、𐀂。象弓形。金文承之，或綫條化。秦文字與"乃"略別，"乃"當為一筆寫成，向左下收筆。"弓"兩筆寫成，右下收筆。戰國文字作偏旁時與人、尸相混，詳"彊""作""僑""信"等字。●武器。《不嬰簋》："易（賜）女（汝）弓一。"《同卣》："大王易（賜）同金車弓矢。"●族名。《弓父庚卣》："弓父庚。"該族擅長弓箭，故以弓為名。

【注】從邑弓聲。齊文字之弓可參"邬"字。●"邬補""邬余"讀弓，姓氏。

兌簋 吳方彝

【注】從口（或作○）弓聲，為"宏"之古文。小篆從宀厷聲，乃後起形聲字。●讀宏或讀弘，大也。《毛公鼎》："命女（汝）亟一方，𩰚我邦、我家。"●讀靷，車軾上段裹上皮革以便人倚的部分。《詩·大雅》靷靷淺幭。《傳》靷，軾中也。《毛公鼎》："易（賜）女（汝）秬鬯一卣……朱韔（韔）𩰚（靷）斳（靳）、虎冟（幎）熏裏、右厄（軛）。"《吳方彝蓋》："易（賜）䰟（秬）鬯一卣、玄袞衣、赤舄、金車、㸯𩰚（靷）。"㸯靷，用皮革蒙包的飾有花紋的車軾。

二年邦司寇肖☑鈹

【注】從宀弓聲。●"䣜宆"，人名。

印增 500 里耶 8·1554

【注】從弓從厶（古文肱字），雙聲字。●秦印、秦簡人名。或用為姓氏。

牆盤 楚 清華十·四告 7

【注】從宀弘聲。古弓、弘、厷聲每相通。靷，《玉篇》亦作鞃，《集韻》亦作鞕，是其證。容庚曰："宏從○從弓，與宖為一字。《說文》'宖，屋深響也'，'宏，屋響也'，其義同。又紘或從弘作紭，其形通。"（《金文編》514 頁）本義房屋幽深而有迴響。引申為大。●讀宏。《牆盤》："宖（宏）魯邵（昭）王。"●讀弘。《清華十·四告 7》："明㝅（弼）保茲闢（辟）王孠=（孫子），用肇宖三殳。"

見紐厷聲

亞厷方鼎 毛公鼎 番生簋 多友鼎 師旬簋 楚 上博二·民之 9 安大一 11 清華十一·五紀 82 清華十一·五紀 82

【注】甲骨文作𠂇、𠂇、𠂇、𠂇、𠂇、𠂇、𠂇象手形，復於臂肘上加指事符號，以表示臂肘之義。甲骨文、族氏金文的𠂇，○與手形（"又"字）分離，即成為金文𠂇形。𠂇過去多釋為"右"字，不確，而是厷字。其顯著區別是下部從○而不從凵。從古文字到隸楷的發展過程中，有這樣一類規律性的現象：凡古文字中從凵（或為口字，或表示其他意義）的字，其演進過程往往為凵→廿→口→口；而從○的字，其演進過程則往往為○→○→△→△→厶。後者典型的例

子如公、厶、私、篡、參、弘、厸（囡所從，古"鄰"字）等。如此反證，（此处无）亦為"厷"字。《三年師兌簋》"厷彤"作■彤（輒），應是"厷"字而形體偶與"右"混同（秦漢篆隸中從厷之字多寫作從右）。正如金文"辟"字本從〇（象圓璧形），但偶爾也可以寫作從口作（辟東尊），以後反而僅從口之形發展了下來。《說文》："■，臂上也。從又，從古文。ʃ古文厷，象形。■厷或從肉。"本義上臂，手臂由肘到肩的部分。"厷"後來作了偏旁，便另加形符"肉"寫作"肱"，如《詩經》："麾之以肱。"●《番生簋》："易（賜）朱市……造衡、厷彤（輒）。"厷彤，陳劍謂"裹束以'轉'的車軏"，《說文・韋部》："轉，軏裹也。從韋，專聲。"《集韻・昔韻》："轉，韋裹車軏。"轉是裹束在車軏上的皮革。"厷"有"束""縛""系"義。《廣雅・釋詁三》："紘，束也。"王念孫疏證："凡言紘者，皆系束之義也。""系束"之義很可能受源于其聲符"厷"。"輒"即"軓"字異體，指用以裹紮車軓中段人所憑依處的皮革，其核心義素"裹紮、裹束"很可能也得源于聲符"厷"。因為"厷"字可能本有"束""縛""系"一類的意思，所以從它得聲的紘有"系束"義，"輒"也因此而得名。"厷彤"很可能就是指裹束、綁紮有皮革之類的物質的銅彤。（陳劍《釋西周金文中的"厷"字》）●讀弘或讀宏，訓為"大也"。《多友鼎》："甲申之晨，搏于郏，多友厷折首執訊……或（又）搏于龏……追搏于世，多友或（又）厷折首執訊……。""厷折首執訊"即"大折首執訊、多折首執訊"之意，與《不娶簋》銘"女（汝）多折首執訊"句灃、意義均極類似。《上博二・民之9》："亓（其）才設（辯）也，敗（美）矣！厷（宏）矣！大矣。"●讀肱。《師訇簋》："亦則■■乃聖祖考克烖（殿）厷（肱）先王。"股肱：比喻帝王左右的輔助得力之臣。《書・益稷》："臣作朕股肱耳目。"孔穎達疏："正義曰君為元首，臣為股肱耳目，大體如一身也。""股肱"在此用作動詞，意為"輔佐"。金文肱、股均不從肉，按肱、股字出現較晚，依古文字發展的一般通例，先以"厷""殳"字為之，後始添加形符"肉"。清華簡亦讀肱。●讀薨或讀狁。《安大一11》："眾（蚤）斯之羽，厷=（薨薨）可（兮）。"《毛詩》作"薨薨兮"。毛傳："薨薨，眾多也。"《爾雅・釋訓》："薨薨，眾也。"《釋文》引舍人本"薨薨"作"雄雄"。《廣雅・釋訓》："狁狁，飛也。"有學者認為"雄雄"當為"狁狁"，《廣雅》所本乃《韓詩》。據此，簡本"厷厷"當讀為"狁狁"。

宏 楚 〔清華五・筲門20〕 〔清華九・治政34〕 〔清華八・攝命24〕 〔包山268〕 秦 〔秦印139〕

【注】從宀厷聲。楚文字〇或訛為日。●大也。《清華八・攝命24》："女（汝）亦引母（毋）好宏，好宏飤（創）悳（德）。"好宏，好大也。"創德"猶壞德、敗德。●《包山268》"一紡宏"，讀軓，詳"盦"字。●讀閎。《清華九・治政34》："深沱（池）窐（廣）宏（閎）。"

宖 楚 〔清華八・攝命2〕 〔包山162〕 〔分研一98〕

【注】從心宏聲。●讀宏。《清華八・攝命2》："宖（宏）臂（又）亡諓（戰）。"詳"諓"字。●楚璽、包山簡人名。

宏[楚]  清華八・攝命 8

【注】從弓厷聲。●讀肱。《清華八・攝命 8》：“今亦肩（股）宏（肱）難（勤）乃事。”

駃[燕]  璽彙 0846

【注】從馬厷聲。燕系文字馬作偏旁的一種特殊寫法，另見“騎”字。●燕璽人名。

扙[楚]  包山 169　　　清華六・太伯甲 4　　　清華六・太伯甲 5　　　上博

三・周易 51　　　包山 122

【注】從手厷聲。●讀肱。《清華六・太伯甲 5》：“故（鼓）亓（其）腹心，奮亓（其）胈（股）扙（肱）。”《上博三・周易 51》：“豐亓（其）芾（沛），日中見芨，折亓（其）右扙（肱），亡（無）咎。”●包山簡人名。

忴[楚]  上博四・曹沫 56　　　清華三・良臣 2　　　郭店・六德 16

【注】從心厷聲。《郭店・六德 16》與習見楚文字“忧”形近，疑為誤書。●讀宏。《上博四・曹沫 56》：“邦家以忴（宏）。”●讀閎。《清華三・良臣 2》：“文王又（有）忴（閎）夭。”閎夭，西周開國功臣，西伯昌的“四友”之一。●讀肱。《郭店・六德 16》：“懲（勞）亓（其）胈（股）忴（肱）之力弗敢單（憚）也。”簡文之意，乃指為人臣者願意竭盡所能以報效國君。

坴[楚]  曾侯 208

【注】從土厷聲。●《曾侯 208》：“凡宮廄之馬所入長坴之中五輬（乘）。”長坴，與 207 號簡“棍官”似均是隨葬車馬坑的名字。

雄[楚]  郭店・語叢四 16　　　郭店・語叢四 14　　　郭店・語叢四 26　　　包

山 70　　　清華九・成人 7　[秦]　睡簡・日甲 70　　　里耶 8・1363

【注】從鳥厷聲。秦文字從隹厷聲。●雄性、陽性。《睡簡·日甲70》：“得之赤肉、雄雞、酉（酒）。”
●《郭店·語叢四26》：“故謀為可貴。罷（一）豕（家）事乃又（有）觷，三駄（雄）一騅（雌），
三舤一莥，一王母保三殹兒。”“雄”和“雌”當指雄性和雌性，並非但就男女而言，這裏應是
喻指陰陽。“三雄一雌”是以陰陽為喻，三雄一雌，突出“陰”的可貴，也就是“謀為可貴”。（《郭
店楚簡《語叢四》解詁一則》）

笿 楚  曾侯 10

【注】從竹厷聲。●簡文“貂定之笿”，讀靫。詳“肏”字。

弦 楚  曾侯 48

【注】從弓厷聲。●《曾侯48》“革弦”，讀靫。詳“肏”字。

鈜 楚  包山 44

【注】從金厷聲。●包山簡人名。

溪紐冃聲

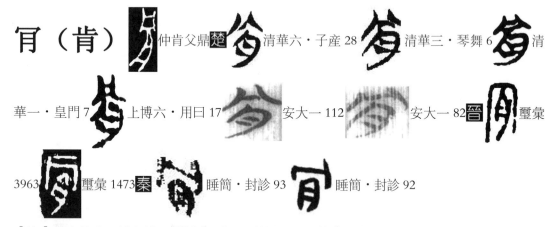

冃（肯） 仲肯父鼎 楚 清華六·子產 28 清華三·琴舞 6 清
華一·皇門 7 上博六·用曰 17 安大一 112 安大一 82 晉 璽彙
3963 璽彙 1473 秦 睡簡·封診 93 睡簡·封診 92

【注】從肉冎省，冎亦聲。《說文》：“冃，骨閒肉冃冃箸也。從肉，從冎省。一曰骨無肉也。”
冎隸變后變為一旁，為小篆所本。楚文字與“骨”易混。●願意。《睡簡·封診92》：“甲等不肯
來。”●可也。《清華一·皇門7》：“廼弗冃（肯）用先王之明刑。”●人名。《仲肯父鼎》：“中（仲）
肯父乍（作）☒鼎。”晉璽人名。

端紐登聲

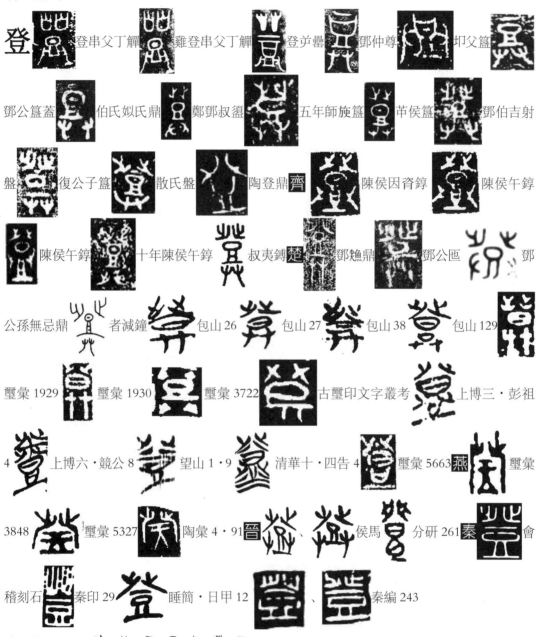

登串父丁觶　蒸雞登串父丁觶　登屰罍　鄧仲尊　坰父簋

鄧公簋蓋　伯氏姒氏鼎　鄭鄧叔盨　五年師旋簋　苪侯簋　鄧伯吉射

盤　復公子簋　散氏盤　陶登鼎齊　陳侯因資錞　陳侯午錞

陳侯午錞　十年陳侯午錞　叔夷鎛楚　鄧爐鼎　鄧公匜　鄧

公孫無忌鼎　者減鐘　包山26　包山27　包山38　包山129

璽彙1929　璽彙1930　璽彙3722　古璽印文字叢考　上博三·彭祖

4　上博六·競公8　望山1·9　清華十·四告4　璽彙5663燕　璽彙

3848　璽彙5327　陶彙4·91晉　　　侯馬　分研261秦　會

稽刻石　秦印29　登　睡簡·日甲12　　　秦編243

【注】甲骨文作𠇍、𤼷、𤼽、𤼶、𤼼、𤼾、𤼺，從豆，下從廾，上或從癶，會雙手舉豆登高之義；豆兼聲。上博簡下面受字內同化為癶。●升、上。《散氏盤》："登杆，降棫，二奉（封）。"●就職。《班簋》："陞（登）于大服，廣成乕（厥）工（功）。"●讀烝，冬祭。《陳侯因資錞》："台（以）䇺（蒸）台（以）嘗，保有齊邦。"甲骨文、金文表祭享之"登"、表登進之"登"，傳世文獻皆用"烝"或"蒸"字；"以登以嘗"即"以烝以嘗"。●讀鄧，國名。《鄧伯氏姒氏鼎》："唯升（鄧）八月初吉。"銅器銘文或作"鄧"。鄧國位於河南南陽鄧州一帶，漢水邊。公元前678年，滅于楚。●讀䇺。《五年師旋簋》："僑（齋）女（汝）盾五、易（錫）䇺。"《說文》："䇺，笠蓋也。"《六韜·農韜·農器》："蓑，䇺笠，其甲胄干櫓也。"䇺、胄義可通。錫䇺，指銅胄。

●楚璽均讀鄧，姓氏。古國名，本姓曼，其後稱鄧氏。見《姓氏急救篇注》。●攀登。《睡簡·日甲 12》："利以登高、飲食、邋（獵）四方野外。"●讀蒸。《上博六·競公 8》："今新（薪）登（蒸）思（使）吳（虞）守之；藪（澤）梁史（使）敽守之。"《周禮·天官·甸師》："帥其徒以薪蒸役外內饔之事。"孫詒讓正義："薪蒸即薪柴也。"《左傳·昭公二十年》："藪之薪蒸，虞候守之；海之鹽蜃，祈望守之。"

楚 清華二·繫年 1

【注】從示登聲。●讀登，傳世文獻或作"蒸"。《清華二·繫年 1》："以禜（登）祀上帝、天神。"

燕 璽彙 3869

【注】從頁登聲。戰國燕系文字"豆"字作 ，此字左旁應為"登"字變體。●燕璽人名。

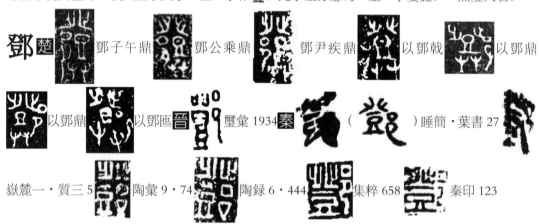

鄧 楚 鄧子午鼎 鄧公乘鼎 鄧尹疾鼎 以鄧戟 以鄧鼎 以鄧鼎 以鄧匜 晉 璽彙 1934 秦 （ ）睡簡·葉書 27 嶽麓一·質三 5 陶彙 9·74 陶録 6·444 集粹 658 秦印 123

【注】從邑登聲。●國名。曼姓，在今湖北襄樊市北鄧城鎮。一說疆域到達今河南鄧州市。公元前 678 年為楚所滅。《鄧子午鼎》："鄧子午之飤鎬。"《左傳·桓公七年》："春，谷伯、鄧侯來朝。"孔穎達疏："鄧是南方諸侯近楚小國。"●秦封泥"鄧丞之印"，地名。《漢志》南陽郡有鄧縣。

班簋 晉 、 、 、 侯馬

【注】從阝登聲，為"登"之繁構。《說文》則另有"隥"（同"磴"，階梯、石級）字，與金文同形不同字。●讀登。《班簋》："隥（登）于大服，廣成乑（厥）工（功）。"●盟書為人名。或從阝豆聲，可知登從豆聲。

簦 楚 信陽 2·27 信陽 2·14 秦 嶽麓一·占 12

【注】從竹登聲。●信陽簡為器名。"簦"可能就是《爾雅·釋器》"木豆為豆，瓦豆為登"之
"登"。從竹明其質地，即竹製之登。●《嶽麓一·占 12》："☐☐曳盡操簦陰（蔭）於木下，有
資。"簦，《説文》："笠蓋也。"張家山漢簡《奏讞書》："婢曰：但（撣）錢千二百，操簦，道市
歸。"

 新蔡乙二 14

【注】從雨登聲，"登"旁所從"癶"省一止。●地名。

 包山 257

【注】從火登聲。●讀蒸。《包山 257》："燈（蒸）猪（膳）一箕。"

 七年宅陽令矛　十七年平陰鼎蓋　圖典 268　圖典 299

【注】從食登聲。《説文》無。《玉篇》祭食也。●均為人名。《七年宅陽令矛》："宅陽命（令）
馮餈。"

 包山 265

【注】從皿登聲。●讀升。《包山 265》："二盨（升）鼎。"

 信陽 2·26

【注】從鬲登聲。●信陽簡同"簦"。

 姬鸞彝鼎　大師虘豆　大盂鼎　大盂鼎　高卣　段簋

【注】陳邦懷謂古文"烝"以昪（登）為聲。甲骨文作、、、、、，從禾（或為米，
同）從豆從廾，禾米盛于豆中，雙手承豆，會祭祀之意，當為"烝"之古文。春秋繁露曰："烝
者，以十月進初稻也。"《大師虘豆》等從米登聲，同甲骨文；《大盂鼎》或省廾。統一隸定為
"橙"。●讀烝，祭名，指冬季祭祀宗廟。《段簋》："王鼏（在）畢登（烝）。"《姬鸞彝鼎》："用糧（烝）
用嘗，用孝用亯（享）。"典籍作"烝"。《禮記·祭統》："冬祭曰烝。"《禮記·王制》："天子諸

侯宗廟之祭，春曰杓，夏曰禘，秋曰嘗，冬曰烝。"《書·洛誥》"王在新邑烝，惟十有二月"，恰好在冬季舉行烝祭。●讀烝，君臨、治理。《大盂鼎》："妍（夙）夕聖（召）我一人登（烝）四方。"郭沫若曰："言輔我一人君四方也。"（《兩周金文辭大系考釋》35 頁）《詩·大雅·文王有聲》："文王烝哉。"毛傳："烝，君也。"

端紐嵀聲

嵀（壴）

33

【注】甲骨文作ǁ、ǁ、ǁ、ǁ、ǁ，從刀，刀背有腓子為飾（這是與"刀"字最明顯的區別）。《牆盤》從刃，斜筆表示刀刃所創，疑"徵（懲）"之初文。戰國《曾侯乙鐘》所作，刀形上一點延伸為波腳，並加口為飾。戰國楚系文字習見，所作大體有兩種形體，一種作ǁ，另一種作ǁ。學者或釋為"阩"，李守奎認為楚國文字材料尚未見到確鑿無疑的"升"字，ǁ當是"徵"之古文。異寫所從之ǁ、ǁ、ǁ等形，非丑，非斗，亦非升字，而是ǁ字之省變訛形。上博簡《周易》54 號簡有字ǁ，與《說文》"徵"之古文作ǁ相同，即"徵"字，其左旁與ǁ相同，為"壴"之不省的形體，ǁ則為"壴"簡省的形體。"壴"為秦文字，"嵀"可視為楚系文字。楚系文字的ǁ、ǁ、ǁ，依《說文》"徵"之古文統一隸定為"嵀"。《說文》："ǁ，召也。從微省，壬為徵。行于微而文達者，即徵之。ǁ古文徵。"《說文》古文ǁ之左旁乃是由ǁ訛變而來，古文省支則與此形略同。壴、嵀二字稍異，"壴"下從人形，而"嵀"從刀形。秦文字"壴"旁，疑由ǁ聲變為從壬而成。●讀徵，古代音階之一。《曾侯乙鐘》："嵀（徵）曾。"徵曾，徵音的下行大三度音，相當于同一宮調系統中傳統音名清商的音高。●讀懲，懲罰、討伐。《牆盤》："虘，嵀伐尸（夷）童（東）。"ǁ，或釋為長。長伐，即長驅直入地討伐。案，金文、戰國古文長下從人形，均不作ǁ，釋"長"誤。●讀徵，人名。《清華二·繫年 76》："王内（入）陳，殺壴（徵）余（舒），取亓（其）室以敆（予）龘（申）公。"

諸

【注】從言峇聲(《清華二·繫年74》所從與"峑"混)。從其在郭店簡和包山簡中的用例來看，當是典籍中表示徵信、證言(人)之"徵"的本字。●多讀證，驗證。《包山139反》："同社、同里、同官不可諮(證)。"●讀徵，徵召。《清華八·處位7》："亓(其)諮(徵)而不鈌(傾)戻(側)。"徵，整理者引《説文》解為"召也"，按簡文"徵"謂稅賦之徵。不傾側，謂照章徵稅賦，照章歛貢，不偏不倚。●讀徵，徵信。《郭店·性自21》："帠(幣)帛，所以為信与諮(徵)也。"●人名。《清華二·繫年75》："陳公子諮(徵)郐(舒)取妻于奠(鄭)穆公，是少孟(孟)。"

糳 楚 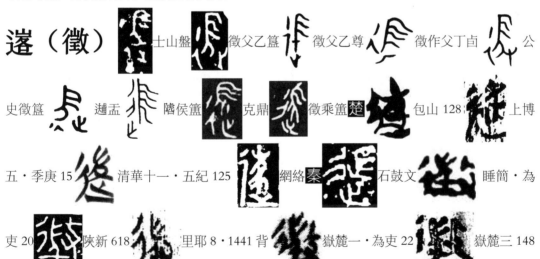 九店56·7

【注】從米峇聲。●《九店56·7》："☐曬四十櫓(擔)六櫓(擔)，糳三剉一簍☐。"在九店簡文中，此字當讀賸，"賸"即今"剩餘"之"剩"字正體。

湆 楚 清華八·邦道11

【注】從水峇聲。●讀徵。《清華八·邦道11》："湆(徵)而䜩(察)之，則請(情)可智(知)。"

揰 楚 清華四·別卦5

【注】從手峇聲。●讀升，即"升"卦。"峇"與"升"字音近(同為蒸部字，聲母同為舌音)。帛書作登，歸藏作稱，秦簡作升。《儀禮》鄭玄注："布八十縷為升，升字當為登。登，成也。今之《禮》皆以登為升，俗誤已行久矣。"

遾(徵) 士山盤 徵父乙簋 徵父乙尊 徵作父丁卣 公

史徵簋 遁盂 隨侯簋 克鼎 徵乘簋 楚 包山128 上博

五·季庚15 清華十一·五紀125 網絡 秦 石鼓文 睡簡·為

吏20 陝新618 里耶8·1441背 嶽麓一·為吏22 嶽麓三148

【注】金文《士山盤》以下數形，裘錫圭認為是"徵"之古字(詳裘錫圭《古文字論集》402頁)，實際上是《牆盤》之繁化，或可以看成是從辵聲的字。秦系文字從彳從攴呈聲。《秦公簋》《石鼓文》所從應該是到呈的過度狀態。●讀懲，懲罰。《士山盤》："王乎(呼)乍(作)冊尹冊令(命)山曰：于入葟侯，偖徵蠡、刑(荊)、方。"銘意為，士山受王命對蠡、荊、方三

257

國進行懲治。《上博五・季庚 15》："肰（然）則民遼（懲）不善，棍（迷）父兄子俤（弟），而再賕。"●讀徵，徵召。《克鼎》："易（賜）女（汝）丼徵匽人。"丼徵匽人，就是丼族所徵發的匽人。從鼎銘看，丼人本身也被周王賜給克服"奔于量"的勞役，原來為丼族所役使的被轉賜給克為克服役，是很自然的事。（詳裘錫圭《古文字釋讀三則》，《古文字論集》402 頁）●族氏名。《徵作父丁卣》："徵乍（作）父丁。"《遹盉》："司寮女寮：奚、徵、華。"●《包山 128》："遼門又（有）敗。"遼門"讀為"徵問"，指傳喚嫌疑人或證人（徵），對其進行訊問（問）。"遼（徵）門（問）又（有）敗"是"審案就會失敗"。簡文或作"隊"，陳偉則以為："隊門有敗"的具體意義尚待探討，大致意思是對抗命者不利的某種處置。●讀澄。《石鼓文》："道遼我嗣（治）。"澄，清也。"道遼"猶言清理、理清。

【注】從糸徵聲。●"繁（徵）餃（繳）不齊"，讀徵。

【注】從尤徵省聲，疑"徵"之或體。●《秦公簋》："以邵（昭）皇祖，其嚴戲各（格），以受純魯多釐。"義不詳。

【注】從邑徵省聲。●"任鄈"，人名。

七・越公 44

【注】從阝峇聲。或贅加土旁。●讀徵，征發。《清華七・越公 44》："雩（越）邦備（服）訐（信），王乃好隊（徵）人。"●讀陞。《上博三・周易 33》："悬（悔）亡（無），隊（陞）宗豎（噬）肤（膚），趺（往）可（何）咎。"●包山簡讀登。詳"隊"字。

5　上博二・容成 31　　上博二・容成 39　　上博三・周易 33　　上博三・周

易 48 上博五·三德 11 清華七·越公 50 包山 41 包山 48

清華一·耆夜 10 清華六·子儀 5 清華七·越公 48 清華九·治政

 35 清華十·行稱 6

【注】從止隥聲。其中的構件作 者，與“丑”混同。●讀徵，征用、征發。《清華七·越公 50》：“雩（越）邦皆備（服）隥（徵）人，多人，王乃好兵。”●徵召。《上博二·容成 39》：“湯聞之，於是乎慎戒隥（徵）賢。”●讀登。《戰編 952》“登徒”為習見人名。●讀登，登記入冊。《包山 3》：“所幼未隥（登）釥之玉廥（府）之典。”●《清華一·耆夜 10》：“躍隥于堂。”“隥”，原釋文作“降”。整理者在注 24 中指出：“陞，‘降’之異體，亦可能是‘陞’字。”此字應讀陞，“升堂”之語典籍常見。從文意看，飲是在堂上，只有蟋蟀升于堂，周公才可能看到並因此而作歌。可參考包山簡中“隥門又敗”中“隥”字的寫法。不過楚簡中的“降”字確有類似寫法，見《容成氏》簡 48。●讀升。《清華六·子儀 5》：“公命窮韋隥（升）蠡（琴）奏甬（鏞）。”●讀登，穀物成熟。《清華十·行稱 6》：“奴（如）弗為，曓（咎）於五種（種）不隥（登）。”●讀拯。《上博三·周易 48》：“不隥（拯）兀（其）陖（隨），兀（其）心不悸。”

懜 楚  璽彙 2984 清華一·祭公 1

【注】從心嵏聲，“懲”之異文。●《清華一·祭公 1》：“余多寺（時）叚懜。”此句今本作“祖祭公！次予小子，虔虔在位。昊天疾威，予多時溥愆”。叚，訓“大”。“叚”與今本“溥”義近，“懜（懲）”與今本“愆”對應，形似致訛。孔晁云：“溥，大也。言昊天疾威於我，故多是過矣。”潘振云：“溥愆，大過也。昊天疾急威怒，降除夷之亂，是西遊之大過，較他過為多矣。”●楚璽人名。

鼎嵏 楚  望山 2·53

【注】從貞嵏聲。●讀鼎，鼎名。《蔡侯申鼎》作“鼎”，鼎為平底鼎，望山墓亦出土陶製平底“爬獸鼎”二件，當即簡文所記之器。

敳 楚 上博三·周易 54 秦 （敳）睡簡·秦種 115

【注】從攴嵏聲，與“徵”《說文》古文 同形。●秦簡為“徵”之省形，讀徵，徵召。《睡簡·秦種 115》：“御中發敳，乏弗行，貲二甲。”為朝廷徵發徭役，如耽擱不加徵發，應罰二甲。●讀拯。《上博三·周易 54》：“初六：敳（拯）馬藏（壯），吉，愳（悔）亡（無）。”《類篇》：“拯，

《説文》'上舉也'，引《易》：'扨馬壯，吉。'或作承、撜、拯、丞。"或讀登，進獻。《禮記・月令》："［孟夏之月］農乃登麥。"鄭玄注："登，進也。"登獻來的馬健壯，吉利。

端紐再聲

賏簋　仲再父簋　再簋　榮又司再鬲　裘衛盉　仲再簋

再罍　叔趙父再齊　陶録 3・561楚　者汈鐘　者汈鐘　上博二・子

羔 8　上博四・曹沫 9　上博四・曹沫 10　上博八・命 4　清華三・琴舞 9　

清華六・孺子 17　安大一 59　清華十・行稱 2　貨系 4201　貨系

4198　貨系 4253　弊編 143　弊編 143　璽彙 3501晉　信安君鼎　圖典

320　璽補 237秦　天簡・日乙 77　嶽麓一・為吏 40

【注】甲骨文作 𢆶、𢆶、𢆶、𢆶、𢆶、𢆶、𢆶、𢆶、𢆶、𢆶，從爪從冓，會以手抓取一物之意，表示稱舉、稱善之意。金文同甲骨文。戰國文字冓旁多有省減，或下加又旁繁化。●設立、樹立。《衛盉》："隹（唯）三年三月既生霸壬寅，王再旂于豊。"再旂，意即樹建旂幟。"建旂"是周代的重要禮儀，《周禮・春官・司常》："王建大常，諸侯建旂，孤卿建旜，大夫士建物。"又云："凡祭祀，各建其旂。會同賓客亦如之。"●讀偁或讀稱，舉。《廣雅・釋詁》："偁，舉也。"《玉篇・冓部》："再，舉也，又與稱同。"《書・牧誓》："稱爾戈、比爾干、立爾矛。"《者汈鎛》："齊休祝成，用再剌（烈）㪝（壯）。"引申為稱善。《卯簋》："余懋再先公官。"●讀稱，舉行。《尚書・洛誥》："于王肇稱殷禮，祀于新邑。"疏："顧氏云：'舉行殷家舊祭祀，剛周之常瀍。'"《郊公敄父鎛》："再（稱）欪（祼）㸌（瓚），用旂（祈）壽考。"《何尊》："復再武王禮。"●讀稱，稱量。《信安君鼎》："十二年，㪔（稱）二益（鎰）六釿。"指稱量鼎蓋的重量為二鎰六釿。楚國金幣"郢再"，漢代仿製者作"郢稱"，所謂"郢再、陳再"等，是經過稱量的意思。●讀乘。"乘"為照母蒸部字，"再"為穿母蒸部字，二者音近。《霸伯盉》："既稽首，祉（延）賓、璜（贊）賓，用虎皮再（乘），毇用章（璋），奏。"古時計物以四為乘，如《詩・大雅・崧高》："路車乘馬，我圖爾居。"毛傳："乘馬，四馬也。""虎皮再"，即《儀禮・聘禮》之"乘皮"，鄭玄注："物四曰乘。"●讀鋥。《叔趙父再》："弔（叔）趙父乍（作）旅再，其寶用。"簡報以

為此乃劍鞘末端飾物，即鏢。《廣韻》："鋥，磨鋥出劍光。"故以鋥代表劍。●《璽彙3501》讀稱，姓氏。漢元帝有功臣稱忠，柔佛巴魯侯。●讀稱，相稱。《清華八·邦道26》："医（殹）唬（吾）為人皋（罪）戾，巳（已）嫛（孚）不戛（稱）唬（乎）？"●讀稱。《包山244》："贛（貢）之衣裳各三再（稱）。"《左傳·閔公二年》"祭服五稱"，注："衣單複具曰稱"。●讀承。《安大一59》："于差（嗟），不再（承）權轝（輿）。"《毛詩》作"不承權輿"。上古音"再"屬昌紐蒸部，"承"屬禪紐蒸部，音近可通。

稱 楚　曾侯4　曾侯45　清華五·封許6

【注】從毛再聲。●何琳儀讀縢，緣也。《曾侯4》："豻尾之稱。"簡文中已有縢字，頗疑相當于包山簡的經，繫綬之類。●《清華五·封許6》"毾稱"為賜品，當係毛織品名。

騂 楚　曾侯146　曾侯146

【注】從馬再聲。●讀騂。《説文》犗馬也。《曾侯146》："某犇之少（小）騂為左驂""某犇之大騂為右騂。"疑"少騂"和"大騂"似指年歲小和年歲大的閹割過的馬。

偁　偁缶簋　或者鼎 楚　清華十一·五紀1　清華十一·五紀102

【注】從人再聲。《説文》："偁，揚也。從人再聲。"段玉裁注："凡古偁舉，偁謂字皆如此作。自稱行而偁廢矣。稱者今之秤字。"又再下云："凡手舉字當作再。凡偁揚當作偁。凡銓衡當作稱。今字通用稱。"本義同"稱"，稱讚、稱謂。●讀稱，舉也、稱揚。《或者鼎》："用匄偁魯祟（福）。"●人名。《偁睽彝》："偁缶乍（作）且（祖）癸尊彝。"

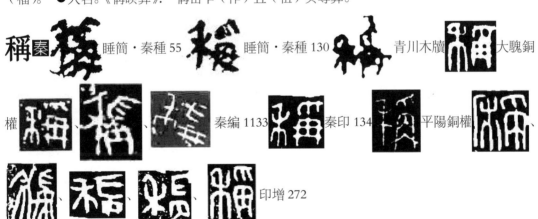
稱 秦　睡簡·秦種55　睡簡·秦種130　青川木牘　大騩銅權　　秦編1133　秦印134　平陽銅權　　印增272

【注】從禾再聲。●《睡簡·秦種55》："其病者，稱議食之，令吏主。"稱議，符合情理。有病的，酌情給予口糧，由吏主管。●相當、相稱。《青川木牘》："大稱其高。"●稱説。《大騩銅權》："今襲號而刻辭不稱始皇帝。"秦文字用"稱"表示稱量、稱舉之稱，六國文字多用"再（戛）"。●秦印多為人名。

261

塑方鼎　塑肇家鬲

【注】從土再聲。聲符從臼與從爪同。●族氏名。《塑肇家鬲》："塑肇（肇）家鑄乍（作）鸞，其永子孫寶。"

透紐升聲

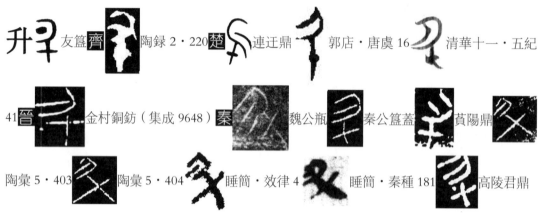友簋 齊　陶録2·220 楚　連迂鼎　郭店·唐虞16　清華十一·五紀41 晉　金村銅鈁（集成9648）秦　魏公瓶　秦公簋蓋　莧陽鼎　陶彙5·403　陶彙5·404　睡簡·效律4　睡簡·秦種181　高陵君鼎

【注】甲骨文作𠃓、𠃌、𠃐、𠃝、𠃋，商代"升""斗"形制略同，故字形亦相近，惟升小于斗，故加點以區別之。戰國文字或訛為𠃌、𠂇。《説文》："𠃌，十龠也。從斗，亦象形。""升"是容量單位，十合為升，十升為斗。●容量單位，一斗合十升。《商鞅量》："爰積十六尊（寸）五分尊（寸）一為升。"●《友簋》："升于𢆶（厥）父且（祖）考。"《禮記·禮器》："因名山，升中于天。"鄭玄注："升，上也；中，猶成也；謂巡守至于方岳，燔柴祭天，告以諸侯之成功也。"又《儀禮·士冠禮》："特豚，載合升。"鄭玄注："煮于鑊曰亯，在鼎曰升，在俎曰載。"銘文中泛指進獻、奉祭、祭祀。此義《瘭鐘》或繁化作𩰿。●讀鼎，侈口平底鼎的專名（詳"鼎"字）。《連迂鼎》："連迂之行升（鼎）。"鼎自名為"升"，應該用于外出祭祀時升牲的鼎。●讀登。《郭店·唐虞16》："升（登）為天子而不喬（驕）。"●讀徵。《清華十一·五紀41》："建正，秉惡（仁）立（位）川（順）及各=（左右）升（徵）徒。"整理者注："升徒，即徵徒，職官，分左右，曾侯乙簡有'左坔徒'（簡一五二、三）、'右坔徒'（簡一五〇、三），典籍作'蒸徒、蒸人、蒸民'，又作'烝徒、烝人、烝民'，因所徵之徒為平民百姓，故引申指民眾、百姓。"

楚　清華五·厚父12

【注】從彳升聲。●讀征，跡象。《清華五·厚父12》："迺（乃）是隹（惟）人曰：天貪（覘）司民，厥彶（征）女（如）舂（友）之服於人。"詳"貪"字。

迁 楚　曾侯183　曾侯211　曾侯150

【注】從辵升聲。或從止升聲。●讀徵。《曾侯150》："右迁徒之騏為左驂。"或讀登。登徒，官

名。《戰國策》有"郢之登徒"，鮑彪注："登徒，楚官也。"

訕_晉 溫縣

【注】從言升聲。●同"悉"字。

悉_晉 溫縣

【注】從心升聲。字或作愿、憗、惥，均為一字異文。統一隸定為"悉"。●盟書"敢不悉悉焉中心事丌（其）宔（主）"。悉悉，讀承承，謂代代承繼。《詩》曰："宜爾子孫承承兮。"《韓詩外傳》卷六："《詩》曰：'子孫承承，萬民靡不承。'"唐韓愈《平淮西碑》："聖子神孫，繼繼承承於千萬年，敬戒不怠。"

瘀_晉 訓義 1·106

【注】從疒悉聲。●晉璽人名。

耕_齊 匯考 59 陶録 2·46 戰表 1012

【注】從米升聲。或釋為"料"。●讀升。陶文"辛宮☑市耕"，是"辛宮"的"☑市"市府所屬陶器作坊在製作陶升量時，用它列印在陶丕之上作為標記用的。大概這種升量是用來量糧食的，故字從米。

阩_楚 曾侯窑鼎_晉 侯馬

【注】從阝升聲。●讀鼾，鼎名。《曾侯窑鼎》："曾侯窑（寶）羉（擇）其吉金，自乍（作）阩鼎。"●侯馬盟書人名。

陞_齊 陶録 2·191 陶録 2·191 陶録 2·403_晉 溫縣 璽彙 3446 璽彙 2266 璽彙 1912 璽彙 2314 璽彙 0122

【注】從土阩聲，"阩"之繁文。●《璽彙 0122》"亡陞桐凸（尉）"，"亡陞"地名。●餘例多為人名。

陞晉 璽彙 1547　璽彙 2575　璽彙 2773

【注】從升阞聲，"阞"之繁文。●晉璽人名。

鼒楚 蔡侯申鼎

【注】從貞升聲，升鼎之鼎專字。●器名。《蔡侯申鼎》："蔡侯矖（申）之飤鼒。"蔡侯墓之鼒為平底鼎。望山墓亦出土陶製平底"爬獸鼎"二件，簡文作"騰"。

鼎楚 王子午鼎

【注】從鼎升聲。●同"鼒"。

鬲 克黃鼎

【注】從鬲（詳"鬲"字）升聲。●同"鼒"。

定紐乘聲

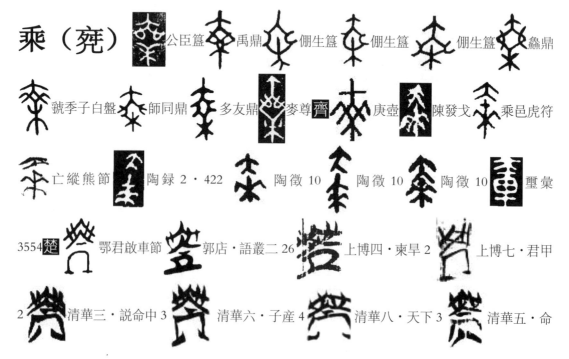

乘（椉）　公臣簋　禹鼎　佣生簋　佣生簋　佣生簋　蠡鼎

虢季子白盤　師同鼎　多友鼎　麥尊齊　庚壺　陳發戈　乘邑虎符

亡縱熊節　陶録 2 · 422　陶徵 10　陶徵 10　陶徵 10　璽彙

3554楚 鄂君啟車節　郭店 · 語叢二 26　上博四 · 柬旱 2　上博七 · 君甲

2　清華三 · 説命中 3　清華六 · 子産 4　清華八 · 天下 3　清華五 · 命

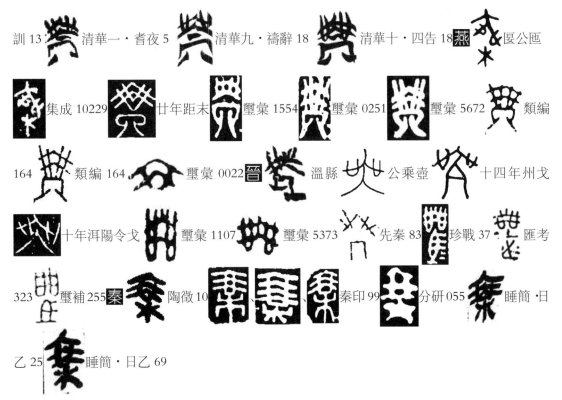

訓 13　清華一・耆夜 5　清華九・禱辭 18　清華十・四告 18　匽公匜

集成 10229　廿年距末　璽彙 1554　璽彙 0251　璽彙 5672　類編

164　類編 164　璽彙 0022　溫縣　公乘壺　十四年州戈

十年洱陽令戈　璽彙 1107　璽彙 5373　先秦 83　珍戰 37　匯考

323　璽補 255　陶徵 10　秦印 99　分研 055　睡簡・日

乙 25　睡簡・日乙 69

【注】甲骨文作　、　、　、　，從木從大（人形）。王國維："此字象人乘木之形。"初義當為騎、駕。金文承之，大下多增趾形。戰國文字齊系文字木形或訛為來形。《鄂君啟車節》人形作　，木形訛作　，此為《說文》古文所本。《公乘壺》等省木，趾形上移。《說文》："乘，覆也。從入桀。桀，黠也。軍法曰乘。乘，古文乘從几。"●坐、駕。《麥尊》："王射大龏禽，侯乘于赤旂舟，從。"《易・繫辭下》："服牛乘馬。"《詩・邶風・二子乘舟》："二子乘舟，泛泛其景。"●量詞，戰車一駕曰乘。《禹鼎》："遣禹率公戎車百乘、斯（廝）馭二百、徒千。"●表示數目"四"。《虢季子白盤》："王賜（賜）乘馬，是用左（佐）王。""乘馬"即四匹馬。●讀勝。《清華六・子產 4》："所以自乘（勝）立中。""中"意為標準、榜樣。"自勝立中"謂自我約束完善為眾人樹立榜樣。●讀證。《璽彙 0022》"大司徒長勹（符）乘（證）"。"符乘"系指符驗之功用。（《古璽雜識續》）●《珍戰 37》"乘馬繡"，"乘馬"為複姓。《秦印》32 頁有"乘馬速印"，275 頁有"乘馬甲"，《澄秋》34 頁有"乘馬服"。《璽補 255》有"乘馬聞"。《姓纂》卷九："《漢書・溝洫志》有諫議大夫乘馬延年，又張掖有乘馬敷。"●《璽彙 3554》"公乘胥"，"公乘"為複姓。"公乘"氏見於漢印（《漢徵》5・17 下、《漢徵補》5・6 上）。《通志・氏族略四》"以爵為氏"類下謂："公乘氏，古爵也，久居是爵者，子孫氏焉。"按，關於爵名"公乘"，衛宏《漢舊儀》謂："賜爵八級為公乘，與國君同車。"《漢書・百官公卿表上》顏注："言其得乘公家之車也。"●《匯考 323》"乘徒"二字合文，讀"勝徒"，複姓。

騰　清華八・邦道 16

【注】從目乘聲。●讀勝。簡文"踰人於其䀴（勝）"指提拔任用超過了其實際能力。整理者注："踰，《說文》：'越進也。'朱駿聲《說文通訓定聲》：'謂超越而進。'勝，《國語・晉語四》'中

265

不勝貌'，韋注：'勝，當為稱。'此句言國君未按照臣下的優長之處來提拔任用人才。"

 溫縣

【注】從百乘聲。●讀繩。

 九年衛鼎

【注】從虍乘聲，疑"䖹"之異文。●讀䖹。《九年衛鼎》："叡，乓（厥）隹（唯）顏林，我舍顏陳大馬兩，舍顏始（姒）䖹谷，舍顏有嗣（司）壽商䚪（貈）裘。"詳"谷"字。

 郲右戈

【注】從邑乘聲，為地名專字。●地名。《郲右戈》："郲右居。"何琳儀先生讀乘，即《漢書·地理志》濟陰郡之"乘氏"，又名"乘丘"，在今山東巨野西。（《戰國兵器銘文選釋》）

輫 齊 璽彙 3554　楚 曾侯 121　上博八·成王 2　包山 271　包山 267　郭店·語叢二 26　清華二·繫年 60　清華二·繫年 121　清華二·繫年 137　清華七·晉文公 4　清華六·太伯甲 5　燕 璽彙 0742　璽彙 1673　璽彙 3945

【注】從車乘聲。●《璽彙 3554》"公乘骨"，公乘，複姓。●車乘之專字，今作"乘"。《清華六·太伯甲 5》："以車七輫（乘），徒丗（三十）人。"●讀朕。《上博八·成王 2》："輫（朕）醧（聞）才（哉）。"

戴 楚 清華四·筮法 27　清華四·筮法 25　清華四·筮法 51

【注】從戈輫聲。●讀勝。《清華四·筮法 51》："夫天之道，男戴（勝）女，眾職（勝）夥（寡）。"

繗 楚 繼 天星　清華十一·五紀 9　清華十一·五紀 1　清華十一·五

紀 22

【注】從糸乘聲。●讀縢，繩。《天星》：“練組之緈。”●《清華十一・五紀 1》：“虘（戲）亓（其）又（有）悳（德），以緈（乘）𤔔（亂）天紀。”“乘”猶言“騰”。《詩經・小雅・十月之交》：“百川沸騰，山塚崒崩。”毛傳：“騰，乘也。”《管子・君臣》：“為人君者，倍道棄法，而好行私，謂之亂，為人臣者，變故易常，而巧官以諂上，謂之騰。亂至則虐，騰至則北，四者有一至，敗敵人謀之。”“戲”訓為虐。

逨 楚  余贎逨兒鐘

【注】從辵乘聲，當為“乘”之繁文。●人名。《余贎逨兒鐘》：“余義楚之良臣，而逨之字（慈）父。”

溗 晉  十年洱陽令戈  璽彙 1667  璽彙 1691

【注】從水乘聲。●何琳儀讀承，受也。(《戰國古文字典》146 頁)《十年洱陽令戈》：“冶明無，溗鈛（鑄）戜（戟）。”●晉璽人名。

歀 晉  分研 112

【注】從欠乘聲。●晉璽人名。

陾 楚  包山 119 反

【注】從阝乘聲。●人名。

勅 齊 、 陶録 3・154 楚  郭店・老乙 15  上博三・周易 30  上博四・曹沫 42  清華六・管仲 19  郭店・成之 8  郭店・尊德 36  上博二・從乙 3  上博七・武王 4 燕  陶録 3・154  陶録 3・154 晉  十三年上官鼎  陳鷍戈 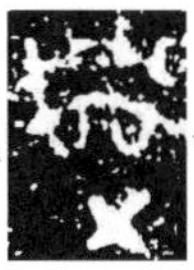 七年邦司寇矛  璽彙 0947  集粹 52 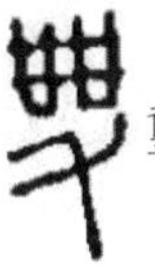 璽彙

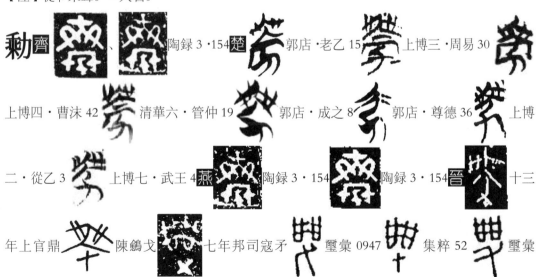

2994　璽彙 2180　璽彙 1186　珍戰 147

【注】從力乘聲，戰國文字習見，“勝”之異文。●讀勝，優過之也。《郭店·老乙 15》：“枭（燥）
勅（勝）蒼（滄），青（清）勅（勝）然（熱）。”●讀承，承接。《十三年上官鼎》：“十三年，陵险
（陰）命（令）率、上官冢子疾、冶勅鑄，庯（容）仐（半）。”●人名。《七年邦司寇矛》：“七
年，邦司寇富勅。”齊陶亦為人名。●讀逞。《清華六·管仲 19》：“勅（逞）亓（其）欲而緪（極）
亓（其）悆（過）。”《左傳·成公元年》：“今吾子求合諸侯，以逞無疆之欲。”●讀勝，勝負。《郭
店·成之 36》：“言語睪（嘖）之，其勅（勝）也不若其已也。”●讀勝、或讀承，受也。《上博
三·周易 30》：“弎（執）用黃牛之革，莫之勅（勝）犮（拔）。”

娛 楚  清華五·湯丘 1

【注】從女勅聲。●讀媵。《清華五·湯丘 1》：“有酄（莘）娛（媵）以小臣。”

綇 楚  包山 270

【注】從糸勅聲。●讀縢，繩也。《包山 270》：“綠組之綇（縢）。”包山簡 267 作“絆”。

湬 晉  璽彙 1691

【注】從水勅聲。●晉璽人名。

犵 晉  訓義 1·48

【注】從犬勅省聲。●“鄗（郭）犵”人名。

榜 晉  港續一 62

【注】從木勅省聲，“榜”之異文。●人名。

定紐丞聲

丞 秦　　、　秦印 50　陶彙 5·398　十七年丞相啟狀戈　上

郡守起戈　十五年上郡戈　寺工師初壺　三年相邦矛　王廿三年

家丞戈　上郡守錯戈　相邦吕不韋戈　家丞禺戈　商鞅量

陶彙5・393　陶徵6　陶徵6　封編111　封編

116　、封編122　秦封4、秦封5　集證133　睡

簡・效律51　睡簡・秦種32　石鼓文

【注】甲骨文作，從臼卩從凵，會雙手救人于陷阱之意，“拯”之初文。戰國秦系文字承襲甲骨文，臼寫成廾，卩足與凵相連，或訛作山形，為小篆所本。《説文》：“，翊也。從廾從卩從山。山高，奉承之義。”段注：“翊當作翼。俗書以翊為翼。翼猶輔也。”●丞相：秦職官，亦稱相邦。秦相自設置以來，便有兩種稱呼，或為相邦，或為丞相，所指意義並無區別。《元年丞相斯戈》：“元年，丞相斯造。”《前漢・百官表》：“丞相，秦官，金印紫綬，掌丞天子助理萬機。”丞者，承也；相者，助也。丞相分左右，《秦封4》“左丞相印”、《秦封5》“右丞相印”。齊文字、三晉文字、楚文字用“承”表示丞。●縣丞。《睡簡・秦種115》：“吏主者、徒食牛者及令、丞皆有罪。”●讀承。《石鼓文》：“汧殹沔=（沔沔），丞（承）皮（彼）淖（沼）淵。”●職官名。《廣韻》佐也。《正韻》副貳也。《吕氏春秋》：“為之丞輔。”高注：“丞，佐也。”《二年寺工師初壺》：“二年，寺工師初、丞拑。”

　印增570

【注】從艸丞聲。●秦印“樂莁”，人名。

　秦駰玉牘

【注】從米丞聲。●讀烝。《秦駰玉牘》：“蚩蚩粢（蒸）民之事明神，孰敢不精？”烝民，指民眾、百姓。

269

定紐承聲

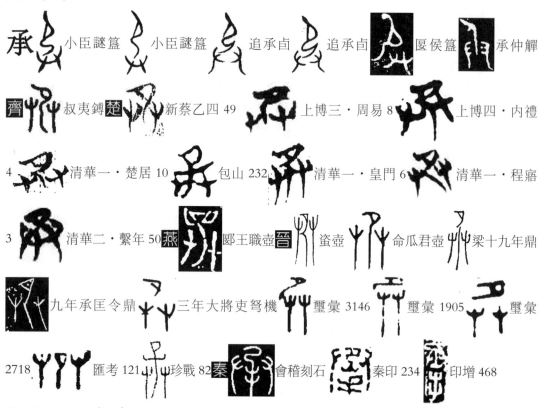

【注】甲骨文作，、，從廾從卩，一人以雙手承奉另一人，會托舉之意。早期金文與甲骨文同。戰國文字承襲商周文字，仍見構字本意。小篆下加手繁化，遂嬗變為"承"。《説文》："承，奉也。受也。從手從卩從収。"本義為托舉。●接受、承受。《令狐君嗣子壺》："承受屯（純）德，旂（祈）無彊（疆）。"●讀丞，祭名。《盜壺》："子子孫孫，母（毋）又（有）不敬，恪（寅）祇承（丞）祀。"《爾雅》："冬祭曰烝。"《清華一·程寤3》："攻于商神，睖（望），承（丞），占于明堂。"《詩·天保》傳："冬曰烝。"周正月建子，有冬至節。●晉璽多讀丞，官名。《璽彙1905》"酆（縣）丞"，戰國時期已有"縣丞"。縣丞的地位頗高，僅次於縣令。《禮·文王世子》虞、夏、商、周有師保，有疑丞。●晉璽或為姓氏。《後漢·承宮傳註》承姓，衞大夫成叔承之後。●承匡：地名，在今河南省睢縣西，戰國初期當屬宋國，以後即轉歸魏。《九年承匡令鼎》："九年，承匡命大、工帀籟、大夫悬。冶期釴（鑄）。膚（容）四分。"《匯考121》"承匡塚子"。●順承、繼續。《會稽刻石》："大治濯俗，天下承風。"《清華一·皇門6》："不（丕）承孫=（子孫）用稳（蔑）被先王之耿光。"●秦印"承丞之印"，地名。

 上博九·邦人8

【注】從人承聲。●簡文"俆邦"，讀承，繼續、接續。

楅 楚 信陽2·14

【注】從木承聲。●讀承。《信陽2·14》："一梙（承）腏（燭）之鎜（盤）。"

農卣

【注】從見承聲，並增宀繁化。●讀親。《農卣》："王窺（親）令白（伯）矨曰。"

定紐弁聲

弁銅量

【注】甲骨文作𢍱，象雙手奉物之形；何琳儀謂從廾十聲。（《戰國古文字典》148頁）西周金文作𢎾（臣諫簋），春秋金文作𢍱（《齊侯敦》"媵"字偏旁），上加八為飾筆，戰國文字承襲春秋金文，或收縮十旁豎筆作𢍱，其上與火字頗易相混，故小篆誤作𢍱（弁）形；隸變后則或作𢍱，與"弄"混同。弁，《説文》失收，僅見于偏旁。媵、倴、腾、脞，這一系列的本字，實由𢎾（弁）所孳乳，𢍱象雙手捧物以送人，為初文。從貝、土者為送物之專字，從人、女者為送人之專字，送人送物皆謂送，故金文弁、媵、倴、腾、脞混用不別。●送也。《臣諫簋》："臣諫☐亡，母弟引喬（庸）又（有）長子☐，余弁（倴）皇辟侯。"臣諫之親屬因抗擊戎人殉職，以母弟之子繼之而送征。古代出征，主將者三族從征，魯侯尊銘"王令明公遣三族伐東國"，亦為族人從征之例。●讀媵，贈送。《毛公鼎》："易（賜）女（汝）丝（茲）弁（媵），用歲用政（征）。"《玉篇》："媵，相贈也，以物相送也。"●讀寸。《斜半銅量》："斜抖（半）弁。"根據信陽楚簡"呈（徑）二弁""長六弁"（2—010）、"尃（博）一弁少（小）弁"（2—015）等"弁"字讀寸的説灋和商鞅方升有"爰積十六尊（寸）五分尊（寸）壹為升"之記載，並結合該銅量的具體量值，吳振武謂："抖弁"讀半寸，解釋為半個立方寸，卻很可能是正確的。這一點我們可以用另外一種計算方灋——即從戰國尺度上加以驗算。已知戰國時期的一尺約合今22—23.1釐米，一寸則合今2.2—2.31釐米。斜半銅量曾經中國計量科學研究院用工具顯微鏡和測深卡尺測量，内口徑為18.03×18.14釐米，深17.4釐米，計算容積為5691立方釐米。若設量銘"（半）弁"是指半立方寸，則一立方寸之容積為11382立方釐米。以一立方寸之容積為11382立方釐米再折算成寸、尺之長，則一寸為2.249釐米，一尺合22.49釐米。這一數值跟中國國家博物館所藏戰國花卉云气紋銅尺長22.52釐米亦大體相合。因此，將量銘"抖（半）弁"讀半寸（半立方寸），跟從器物本身容積數值推算出來的尺度是相吻合的。量銘"斜半寸"，當指此量容半立方寸斜。若是積這樣的半立方寸斜十份（即五立方寸斜），便成一斜之容量。故斜半弁量銘文中的量名"斛（斜）"跟垣上官鼎銘文中的量名"奥（斜）"很可能就是一回事。（《關于新見垣上官鼎銘文的釋讀》）●楚簡多讀寸。《上博七·凡甲9》："足牆（將）至千里，必從弁（寸）舒（始）。"●讀送。《上博二·君老1》："大（太）子前之母俤（弟），母俤（弟）弁（送），退，前之大（太）子，再三，

肰（然）句（後）並聖（聽）之。”

秦公簋

【注】從手夅聲。●讀勝，過也。《秦公簋》器文為“西元器一斗七升小（賸），段”，而器蓋文“西一斗七升大半升，蓋”，則“”義為大半也。

季宮父簠 清華五·命訓 12

【注】從人夅聲。《説文》：“佚，送也。從人夅聲。吕不韋曰：有侁氏以伊尹佚女。”●讀媵。《季宮父簠》：“季宮父乍（作）中（仲）姊嬟姬佚（媵）匝（匜）。”●讀訓。《清華五·命訓 12》：“佚（訓）之目（以）豊（禮）。”

卹父癸甗

【注】從卩夅聲。●族氏名。

上博七·鄭甲 5

【注】從旨夅聲。●讀寸。《信陽長臺關楚簡·遣冊》有“長六寸”“徑四寸間寸”等，“寸”作“夅”。《上博七·鄭甲 5》：“囟（使）子豪（家）利（梨）木三（寸）。”

陸簋 陸簋 小臣謎簋 小臣謎簋

【注】從阝夅聲。●地名和人名用字，無實義。

包山 100 包山 162 清華二·繫年 133

【注】從邑夅聲。●讀滕，地名或姓氏。《清華二·繫年 133》：“王命平夜悼武君率師侵晉，逾郜，戥（得）郱（滕）公涉瀙（潤）以歸。”

璽彙 1163

【注】從立夅聲。●“石埈”，人名。

272

垈 _秦 （垈）陶彙 5·108、 、 戰表 1857

【注】從土夅聲，"塍"之省文。●人名。

汖 _秦 秦陶 1342

【注】從水夅聲，"滕"之省文。●人名。

鮛 _楚  包山 166 包山 185 鄧鮛鼎

【注】從魚夅聲。"滕"之省文。●人名。

玤  公大史簋

【注】從玉夅聲。●疑讀塍。《公大史簋》："公大史乍（作）姬玤寶障彝。"

絳 _楚  包山 276 包山 276  望山 2·2 上博五·鬼神 7 清

華一·祭公 20  清華三·芮良夫 24 _晉  戰表 1772  聖補 178

【注】從糸夅聲，"滕"之省文。●讀滕。《包山 276》"絳（滕）組之鎦之鈥。"●讀騰。《上博五·鬼神 7》："發易（揚）絳（騰）僨。"絳僨，讀為"騰踰"，騰達超踰的意思。●讀朕。《清華一·祭公 20》："余隹（惟）弗记（起）絳（朕）疾。"

繇 _楚  安大一 46

【注】從糸絳聲，"滕"之異文。●讀滕。《安大一 46》："龙帬（旆）又（有）蓄（苑），竹枊（柲）緄繇（滕）。"《毛詩》作"竹閉緄滕"。

遴 _楚  上博五·鬼神 4

【注】從辵絳聲。●讀榮。"遴孟公"，整理者讀"榮夷公"或"榮夷終"。遴（滕）、榮，一定

母蒸部，一日母耕部，泥日古歸定，故聲母音極近，韻母則蒸、耕旁通。孟，不得其解。"榮夷公"者，見《國語·周語上》，《墨子·所染》云："幽王染於厲公長父、榮夷終。"《呂氏春秋·當染》引亦作"榮夷終"，"公""終"二字，於古音近互作（一見母東部，一照母中部）。

彭射缶　　彭射缶　　郭店·尊德20　　郭店·尊德1　　上博

六·天甲10　　望山2·45

【注】從酉弁聲，裘錫圭先生在郭店楚簡《尊德義》篇的按語中早已指出，此字"從文義看，似是'尊'之異體。"●均讀尊。《郭店·尊德20》："酋（尊）悤（仁）、新（親）忠、敬壯（莊）。"《上博六·天甲10》："酋（尊）且（祖）不折（制）事，聚眾不誩（語）怠（逸）。"

清華六·子產21

【注】從麀弁聲。●整理者讀尊。《清華六·子產21》："子產用麀老先生之眈（俊）。"

清華六·子產25　　上博一·緇衣13　　上博三·仲弓13

【注】從心弁聲。●疑讀峻。《清華六·子產25》："行以悉（峻）令（命）裕義（儀）。"以弁為聲符的字在楚簡中常用作"尊"，上古尊、夋聲之字可通，參見張儒、劉毓慶《漢字通用聲素研究》942頁。"峻命"即嚴厲的法令，"裕義"即寬緩的禮法。謂子產之法令嚴、寬并施。●讀愻或讀遜。（沈培《上博簡〈緇衣〉篇"悉"字解》）《上博一·緇衣13》："龍（恭）目（以）立（蒞）之，則民又（有）悉=（遜心）。"《說文》："愻，順也，從心順聲。"簡文作合文。《上博三·仲弓13》："迪（陳）之備（服）之，繯（緩）悆（施）而悉（遜）放之。"

清華五·命訓1

【注】從人悉聲。●讀訓，訓誡、訓導。《命訓1》："正目（以）禃（禍）福，立明王目（以）偬（訓）之。"

送　楚　　上博六·慎子5　　上博五·季庚5　晉　盇壺　秦　睡簡·雜抄

38　　里耶8·1562　　類編47

【注】從辵弁聲，隸變后作"送"。弁當為送、俙之初文，甲骨文作，象雙手奉物之形，金文增從辵，則本義更顯。二為裝飾性筆劃。《說文》："讼，遣也。從辵，俙省。讼籀文不省。" ● 用為本義。《睡簡‧雜抄 38》："求盜勿令送逆為它。"送逆，送迎。《睡簡‧秦種 159》："嗇夫之送見它官者，不得除其故官佐、吏以之新官。"嗇夫被調任其他官府，不准把原任官府的佐、吏任用到新任官府。 ● 讀朕。《蚤壺》："隹（惟）送（朕）先王，茅（苗）搜狃（田）獵。" ● 讀遵。《上博六‧慎子 5》："送（遵）猒備（服）旻（猷）。"《晏子春秋》："執鉆橛以蹲行猒猷之中⋯⋯。"簡文"送（遵）猒備（服）猷"相當於"蹲行猒猷之中"。

朕 師察簋　毛公鼎　頌壺　梁其簋　趞鼎　封仲簋

叔角父簋　仲辛父簋　圉鼎　大盂鼎　無曩簋　虞簋

孟簋　元年師旋簋　陳侯壺　陳侯壺　邢叔采鐘　師嫠簋

曾姒鬲　馬方彝　滕侯簋　齊　薛侯盤　拍敦蓋　鑄公簠

齊侯敦　異伯㾕父匜　魯伯愈父鬲　楚　楚屈子赤目簠　帛書乙

上博三‧彭祖 1　清華一‧皇門 15　清華八‧攝命 24　清華八‧攝命 15

清華八‧攝命 14　清華五‧湯丘 4　清華一‧尹誥 3　清華三‧說命中 2

清華三‧說命下 5　清華九‧廼命二 6　清華一‧保訓 3　晉

中山王嚳鼎　中國錢幣 1997‧2　秦　不娶簋　秦公簋　秦公鎛

【注】甲骨文作、、、、、、，從舟弁聲。徐中舒謂從舟從，象兩手奉器治舟之形。舟之縫曰朕，奉器治舟以彌其縫亦曰朕。本義為舟之縫隙，如《周禮》："視其朕"。引申為朕兆。從秦始皇開始，專用皇帝自稱。金文與甲骨文同。或連筆作，進而訛為火形。《說文》："朕，我也。闕。"所釋當為引申義。銘文中多用為陪嫁，今字作"媵"。楚文字弁或訛為

"弅（关）"。●第一人稱代詞。《少虞劍》："朕余名之，胃（謂）之少虞。"朕余，第一人稱代詞連用形式，作主語，猶言"我自己"。《榮作周公簋》："朕臣天子。"《爾雅·釋詁》："朕，身也。"郭璞注："今人亦自呼為身。"屈原《離騷》："朕皇考曰伯庸。"在先秦時期，"朕"作為第一人稱代詞並不是普通人的自稱之詞，而是地位顯赫的王公貴族的專利品，帶有鮮明的階級色彩。●讀媵，隨嫁。《伯百父盤》："伯百父乍（作）孟姬朕（媵）般（盤）。"●人名。《朕尊》："朕乍（作）父癸尊彝。"

 里耶 6·25

【注】從木朕聲。●織布機上的機件之一，即筘。《里耶 6·25》："木具機四。木織杼二。木織㮞三。"

 里耶 8·1151

【注】從言朕聲。●謄寫。《里耶 8·1151》："其謹桉致，更上奏夬（決），展薄留日，毋謄卻。""毋謄卻"，大致意思似乎是"不要謄錄/移送駁回的文書"。

 朕攻師戈

【注】從网朕聲。●讀滕，國名。

 九年衛鼎　　　五祀衛鼎　　虎叔簋　　虎叔簋

【注】從勹朕聲，"朕"之繁文。●讀賸，送禮物。《五祀衛鼎》："衛小子逆其鄉（饗）勽（賸），衛用乍（作）朕文考寶鼎。"銘文中泛指禮物。●讀媵。《虎叔簋》："虎弔（叔）乍（作）俑姒勽（媵）簋。"

 曩侯塍簋

【注】從子朕聲。●人名。

 陳侯簋　　匜君壺　　幹氏叔子盤　　宋公樂簠　　節可忌豆

【注】從女朕聲，"佚"之異文。《集韻》："佚，字或作媵。"《説文》無。《詩·小雅·我行其野》

孔穎達疏："《釋言》云：'媵，送也。'妾送嫡而行，故謂妾為媵。媵之名不專施妾，凡送女適人者，男女皆謂之媵。"《儀禮·士昏禮》"媵布席于奧"，鄭玄注說："媵，送也。謂女從者也。"所謂從者，指送女出嫁時陪同出嫁的人。其中有陪同而去的婢妾，也有隨從而去的奴僕。●古代指隨嫁器物。《陳侯簋》："敶（陳）侯乍（作）王媯媵段，其萬年永寶用。"

（上排圖片旁注）噗 噩侯簋

【注】從日朕聲。●讀媵。《噩侯簋》："噩侯乍王姑噗簋。"

滕 吾鼎　滕虎簋　滕虎簋　滕侯簋 齊　滕侯鮇盨　滕侯盨

滕之不劍　郑伯御戎鼎　滕侯者戈　滕侯昃戈　者兒戈

楚　蔡侯鼎 秦　印增586

【注】從火（或訛為山）朕（其筆劃或連筆作形）聲。●讀滕，古國名，在今山東滕縣。公元前1046年周武王姬發滅商建周之後分封自己的十四弟姬繡于滕，是為滕叔繡。滕國至戰國為齊或宋所滅。《滕侯鼎》"滕（滕）侯乍（作）寶障彝。"●秦印人名。

塍 伯侯父盤　陳伯元匜　鄀伯盤　陳侯鼎　陳侯

作王仲媯𦝫簋 齊　曹公盤　郑伯作塍鬲

【注】從土朕聲，與小篆同。《說文》："塍，稻中畦也。"本義田間的土埂。●讀媵，以物送嫁。《陳侯作王仲媯𦝫簋》："敶（陳）侯乍（作）王中（仲）媯𦝫塍（媵）匜。"

干氏叔子盤

【注】從女塍省聲。隸定為"𡢳"。●讀媵。《干氏叔子盤》："干氏弔（叔）子乍（作）中（仲）姬客母𡢳（媵）段（盤）。"

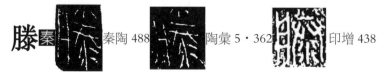

滕 秦　秦陶488　陶彙5·362　印增438

【注】從水朕聲。字亦見於漢印作▨、▨（漢印 976），為姓氏。《説文》："朕，水超湧也。"本水騰躍之專字。此義當與"騰"通，《詩·小雅》百川沸滕。●秦陶秦印人名。齊系文字作"滕"。

騰秦 ▨ 睡簡·語書 4　▨ 睡簡·封診 14　▨ 類編 327　▨ 秦印 195　▨、

▨、▨、▨ 印增 389

【注】從馬朕聲。●讀謄，謄寫、記録。《睡簡·封診 14》："遣識者當謄，謄皆為報。"派遣暸解情況的人確實記録，將所録全部回報。●秦印人名。

勝燕 ▨ 勝壺秦 ▨ 故宮 419　▨ 睡簡·為吏 10　▨ 睡簡·日乙 87　▨、

▨、▨ 秦印 264　▨、▨ 集粹 460

【注】從力朕聲。戰國他系文字作"勅"。●堪、稱。《睡簡·雜抄 9》："不勝任。"●克制、制服。《睡簡·日乙 87》："水勝火。"●秦印人名。

賸 ▨ 番匊生壺　▨ 禹鼎　▨ 禹鼎　▨ 穌甫人盤　▨ 穌甫人匜　▨ 胡叔

胡姬簠 ▨ 師賸父鼎　▨ 靠妊甗　▨ 輔伯鼎　▨ 大賸盉　▨ 伯家父簠　▨ 伯

家父簠 ▨ 崩弁生鼎齊 ▨ 取膚匜　▨ 費奴父鼎　▨ 魯伯大父作季姬簠

▨ 齊侯盤楚 ▨ 蔡侯匜　▨ 曾子原彝簠　▨ 鄪伯受簠　▨ 鄌子疲簠

復公仲簠蓋 ▨ 蔡大師鼎　▨ 楚季旬盤　▨ 曾侯 13秦 ▨ 睡簡·答問 170　▨

睡簡·答問 171

【注】從貝朕聲，與小篆同。《説文》："䞑，物相增加也。從貝朕聲。一曰送也，副也。"本義為贈送。●贈送。《九年衛鼎》："衛小子𧻚其鄉（饗）䤾（䞑）。"●讀勝，古代指隨嫁，亦指隨嫁的人。《芮公鬲》："内（芮）公乍（作）鑄京中（仲）氏婦弔（叔）姬䞑（媵）鬲。"或用為動詞，陪嫁。《鄅子疲簠》："鄅（許）子疲羃（擇）其吉金，用鑄其簠，用䞑（媵）孟姜、秦嬴。"此許國之女孟姜出嫁，秦國來媵，故為二女作媵器。《睡簡・答問170》："妻䞑（媵）臣妾、衣器當收不當？不當收。"妻陪嫁的奴婢，衣物應否没收？不應没收。●讀朕。《禹鼎》："䎃（肆）武公亦弗叚望（忘）䞑（朕）聖且（祖）考幽大弔（叔）、懿弔（叔）。"●人名。《䞑匜》："䞑用乍（作）旅盂。"

【注】從人䞑聲。《樊君鬲》聲掉舟形，增從臼。●讀媵。《季良父簠》："季良父乍（作）宗娟（妘）䞑（媵）匜。"

【注】從女䞑省聲。于省吾釋為"嫷"即媵。𡿪即巛之變，從巛從巜義同，𣲙即水的後來的虛廓寫濾，猶"恩"之作𢚩，春秋以後或變為𢚩。●讀媵。《蔡侯申缶》："蔡䍤（申）乍（作）大孟姬嫷（媵）盥缶。"

【注】從艸䞑省聲，"藤"之異文。●讀縢，繩索。《曾侯61》："二真吳甲，紫蕨（縢）。"《詩經・魯頌・閟宫》："公車千乘，朱英綠縢。"

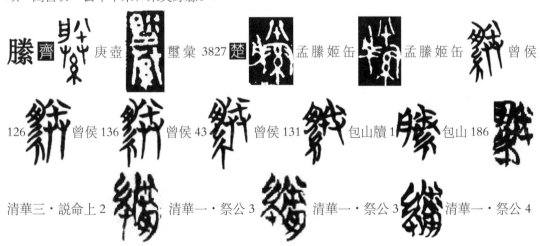

【注】從糸朕聲，與小篆同。《説文》："縢，緘也。"段玉裁注："緘也。亦所以束者也。周書有金縢。凡艸之蘲，木之虆曰縢。俗作藤。"朱駿聲通訓定聲："《廣雅・釋器》：'縢，索也'……

今字通作藤。”本義為纏束。●纏束。《庚壺》：“其王駟虢方綾縢相（箱）乘駐（牡）。”●人名。
《孟縢姬缶》：“孟縢姬罪（擇）其吉金，自乍（作）浴缶。”●繩。《曾侯43》：“三吳甲，屯紫
縢。”《禮記·少儀》“國家靡敝，則車不雕几，甲不組縢”，鄭玄注：“組縢，以組飾之，及給帶
也。”楚簡或作“練”“繡”。●讀朕。《清華一·祭公3》：“縢（朕）䰟（魂）才（在）縢（朕）
辟邵（昭）王斋=（之所）。”

縢楚 **贊**曾侯43 **贊**曾侯123

【注】從貝縢聲。●讀縢。《曾侯43》：“兩馬之刹甲，紫縢（縢）。”

簏齊 滕子戈 璽彙5682 璽彙3112

【注】從竹從虍朕聲。疑朡之省文。齊系文字虍可省為▆（如《璽彙3106》“蘆”作▆），收縮
兩邊筆畫則為▭形。●《璽彙5682》“簏右車鈢”、《滕子戈》“簏子”，讀滕，古國名。

縢秦 十鐘3·23 嶽麓三162

【注】從巾朕聲。●囊。《嶽麓三162》：“巍誠以旬餘時，以二錢買不智（知）可（何）官城旦
幣赤帬（裙）襦，以縢盛。”《說文·巾部》：“縢，囊也。”●秦印人名。

定紐孕聲

孕楚 上博三·周易50 晉 陶彙6·113 陶彙6·114 六年鄭令戈

集粹117 秦 詛楚文 睡簡·日甲41背

【注】甲骨文“身”“孕”一字，作字形，象側立之
婦女，突出了其腹部，腹中或增從●、大，均為有子之象；身亦聲。秦文字身旁訛為乃形。三
晉文字作“㞘”，從子從尸，會身孕之意，尸亦聲。尸，透紐；孕，定紐，均屬舌音。㞘，《字
彙補》音義與“孕”同。●懷孕。《上博三·周易50》：“瑪（鴻）漸于陸，夫征不復，婦孕而☒
☒。”今本作“婦孕而不育。”●孕婦。《詛楚文》：“刑戮孕婦。”●晉文字均為人名。

來紐夌聲

夌　[子夌尊]　小臣夌鼎　小臣夌鼎　小臣夌鼎　癸夌簋　夌伯罍　夌姬鬲

楚　郖陵君鑒　鄱駒壺　璽彙 0164　璽彙 0101　中國錢幣

2005 · 2　璽彙 0283　先秦 200

【注】甲骨文作𡴀、𡴀，象地穴上的覆廬形，下從人，表示人從地穴中登上來，會登越之意。金文承之，字或增從止。或增，乃"金"之初文，或釋為"淩"字。"淩"有"冰"義，帛書《老子》甲乙本"渙呵其若淩釋"，"淩"今本作"冰"。"淩"字從取意與冰字相同，在"冰""淩"二字中用作表意符號。戰國楚系文字作、，下部從土，上部變形音化從來聲；古音"夌"在來紐烝部，"來"在來紐之部，二字雙聲，韻為陰陽對轉，音極近。《璽彙 0101》"土"旁點畫留空，與甲骨文類似。《說文》："𡴀，越也。從夂從㚏。㚏，高也。一曰夌約也。"本義是升登，引申為超越。●族氏名。《夌伯罍》："夌白（伯）乍（作）寶彝。"●人名。《子夌尊》："子夌乍（作）母辛障彝。"●楚器均為地名、或地名後綴，讀陵。《郖陵君鑒》："郖陵君王子申。"

暤　齊　璽彙 0344　璽彙 3513

【注】從日夌聲。●齊陶人名。

蓤　楚　湖南 1

【注】從艸夌聲。●楚璽"邦蓤鈢"，地名。

㝂　楚　上博九 · 陳公 7

【注】從宀夌聲。●《上博九 · 陳公 7》："不智（知）开（其）啟卒（卒）㝂（夌）行、述（遂）内（入）王卒（卒），而毋㞢（止）帀（師）徒唬（乎）？"疑讀屯。屯行，是集中行進。（《初讀《上博九》劄記（二）》）

陵　陵叔鼎　三年瘚壺　陵尊　散氏盤　陵方罍　齊　陳純釜

武陵王戈　陳侯因𦅒戈　璽彙 0156　璽彙 1128　璽彙 2330　匯考

37 陶彙3·23　陶彙3·21　陶彙3·652楚　鄂君啟舟節　曾姬無

卹壺　兼陵公戈　新蔡甲三219　上博四·柬旱19　包山54

清華二·繫年101　清華二·繫年128　清華二·繫年132　清

華七·越公34　清華十·四十24秦　少府戈　長陵盉　高陵君弩機

類編199　秦印270　睡

簡·為吏15　里耶8·135　里耶8·527

【注】從阝夌聲。六國文字多加土旁繁化，秦系文字右下加二，與西周金文一脈相承。《鄂君啟車節》陸，《金文編》原釋為"陲"，依據辭例當釋為"陵"字。何琳儀在《戰國文字通論》中指出《曾姬無卹壺》"陵"字寫作陸，比陸（陵）上多一撇筆，"陵"字除去"自"字與"土"旁之後作通作禾，此陸若除去"自"旁"土"旁則作禾，而屮形又可變為米形（如莒又作萱），屮形又演變為丬形，于是陸這種"陵"字便變作陸。學者們認為此屬"集團形近類化"現象。所謂"集團形近類化"，系指好幾個原本構形互不相同的字，後來都陸續演變成同一個形體，如楚文字的"華""差""每""麥""李""垂""棗""嗇""素""薑"等字形中，它們的部分字形上半都已類化作屮形，但是其初形本字的來源卻未必相同。●多為地名用字。漾陵、襄陵、安陵、武陵、西陵等等。●秦印"高陵鄉印"，為高陵縣之屬鄉，猶"安平鄉"為安平縣之屬鄉，亦猶"櫟陽鄉"為櫟陽縣之屬鄉。●人名。《陵鼎》："陵乍（作）父庚障彝。"●山地。《清華七·越公34》："陵陸陵稼，水則為稻，乃亡（無）又（有）閑（間）卉（艸）。"整理者：陵陸，山地與平地。"稼"與"稻"對文，指旱地種植的植物。《說文》："禾之秀實為稼，莖節為禾。""陵陸陵稼，水則為稻"句中，第二個"陵"疑為"則"或"為"之誤書，當為"陵陸則稼，水則為稻"，或"陵陸為稼，水則為稻"。

陵楚 包山153

【注】從艸陵聲。●讀陵，地名。簡文或作"茨"。

凌_秦  、 、 、 印增 450

【注】從夂夌聲。●秦印人名。

淩_秦  嶽麓一·為吏 57

【注】從水夌聲。●讀陵。《嶽麓一·為吏 57》："茲（慈）下勿淩（陵），敬士〈上〉勿犯。"

棱_齊  陶彙 3·6. 陶彙 3·14 璽彙 3813 璽彙 3127

【注】從木夌聲。●齊器人名。

箓_齊  陶彙 3·929

【注】從竹夌聲。●齊陶人名。

綾_齊  庚壺

【注】從糸夌聲。●詞義不詳。

逯_齊  祈室銅柱 _楚 郭店·成之 19 郭店·成之 34

【注】從辵夌聲。●齊器 "竣戡逯"，戡逯，讀侵凌。《墨子·天志下》："今天下之諸侯，將猶皆侵凌攻伐兼併，此為殺一不辜人者，數千萬矣。"●讀陵。《郭店·成之 19》："古（故）君子所復之不多，所求之不逯。"是説所求不超出常度，不過份。

唛_齊  璽彙 3287

【注】從口夌聲。●印文 "唛撢"，氏名。

婈_秦 秦印 297

【注】從女夌聲。●秦印"楊娤"，人名。

從紐曾聲

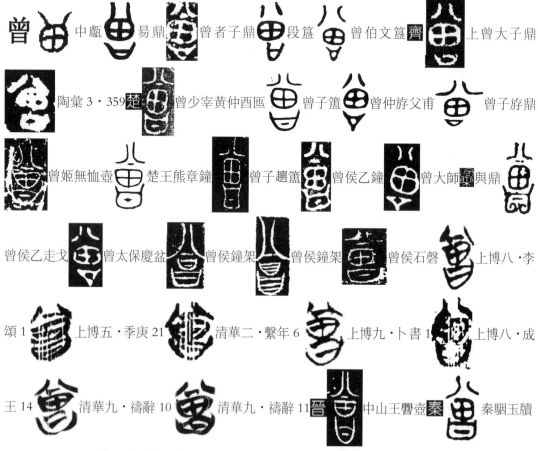

曾　中甗　易鼎　曾者子鼎　段簋　曾伯文簋　上曾大子鼎

陶彙 3·359　曾少宰黃仲酉匜　曾子簋　曾仲游父甫　曾子游鼎

曾姬無恤壺　楚王熊章鐘　曾子趣簋　曾侯乙鐘　曾大師 与鼎

曾侯乙走戈　曾太保慶盆　曾侯鐘架　曾侯鐘架　曾侯石磬　上博八·李

頌 1　上博五·季庚 21　清華二·繫年 6　上博九·卜書 1　上博八·成

王 14　清華九·禱辭 10　清華九·禱辭 11　中山王䷣壺　秦駰玉牘

【注】甲骨文作 等形，象器具之形，具體所指不詳。金文多增口、甘為飾。《說文》："曾，詞之舒也。從八從曰，囧聲。"所釋當非本義。●讀增，增加、再次。《輔師嫠簋》："今余曾（增）乃令，易（賜）女（汝）玄衣黹屯（純）、赤市、朱黃（衡）、戈彤沙㻫緱。"《衛段》："王曾令衛，眔（賜）赤市、攸（鋚）勒。"●重。《余贎逨兒鐘》："曾孫僕兒。"曾孫，即重孫。●讀贈。《旬盂》："青公吏（使）嗣（司）史（使）民曾（贈）旬于柬。"《段簋》："王鬲（在）畢登（蒸）。戊辰，曾。"曾，即堂贈（古代年終驅送瘟疫和不祥的一種禮俗）之贈。《周禮·春官宗伯·男巫》"冬堂贈"，鄭玄《注》引杜子春云："堂贈，謂逐疫也……冬歲終以禮送不祥及惡夢皆是也。其行必由堂始。"●宮曾：楚音名。宮音的下行大三度音，相當于傳統音名中的清徵。《曾侯乙鐘》："無鐸（射）之宮曾。""曾"有層意。作為復合音名的尾碼，表示該音的下行大三度音。●國名。曾國就是文獻中的隨國，都于今湖北隨州，在春秋時期比較強盛，屢次與楚分庭抗禮，戰國早期始滅于楚。典籍或作"鄫"。《曾伯文簋》："唯曾伯文自乍（作）寶段。"董珊認為，"隨"是曾國都，國都名"隨"逐漸取代舊國名"曾"。其國都名稱演變為邦國名稱的過程，猶如戰國之魏遷都于大梁，邦國名就稱為"梁"。最近新發現春秋中晚期的楚王為"隨季芈加"作鼎，以及新蔡簡所見的"隨侯"（甲三：25），即是春秋晚期至戰國

284

早期楚國已開始稱姬姓曾國為"隨"，這個新興名稱"隨"被戰國早、中期成書的《左傳》《國語》等傳世文獻繼承，舊名稱"曾"隨着此時曾國的衰亡，就湮没不顯了。(《從出土文獻談曾分為三》)董珊認為西周早期存在于湖北隨州的曾不會是姬姓。在昭王南征時，曾是個重要的軍事據點，約在西周晚期，周伐滅曾國附近的鄂侯(事見禹鼎銘，《集成》02833、02834)，勢力進駐此地，在原曾地改封姬姓諸侯。《楚王熊章鐘》："楚王舎(熊)章乍(作)曾侯乙宗彝。"
●曾侯乙：戰國早期姬姓曾國國君，名乙，與楚惠王熊章(公元前488—前432年)同時。1978年在湖北隨州發掘出一座戰國早期大型木槨墓。據《楚王舎章鎛》銘文記載："佳(惟)王五十又六祀，返自西膓，楚王舎(熊)章乍(作)曾侯乙宗彝，寘之于西膓，其永時(持)用言(享)。"此器當是楚惠王熊章在公元前433年送給曾侯乙的。曾侯乙墓出土的文物共七千余件。其中有鐘、磬、琴、瑟、鼓、笙、排簫等大量樂器。尤以一組六十四枚的大型編鐘而聞名世界。●曾姬無恤：戰國時人，曾國姬姓之女，名無恤，嫁于楚王，稱"聖趄之夫人"。《曾姬無恤壺》："聖趄之夫人曾姬無恤。"●讀憎，憎恨。《上博五·季庚21》："毋信諛曾(憎)，因邦之所賢而興之。"●層，重疊。《上博八·李頌1》："亂木曾(層)枝，浸毀章兮。"●讀繒，古國名。《上博八·成王14》："成王曰：夫夏曾(繒)氏之道，可以知善否，可以知無災，可謂有道乎？"

聖彙0805

【注】從辵曾聲，"蹭"之異文。●晉璽人名。

華十·四告23 睡簡·答問41 睡簡·秦種35

【注】從土曾聲。●增加。《清華七·越公41》："乃亡(無)敢增歷(斂)亓(其)政以為獻於王。"●加厚。《睡簡·雜抄41》："乃令增塞埤塞。"

清華九·廼命二6

【注】從言曾聲。●誣也。《清華九·廼命二6》："母(毋)或譜譖(愬)毁貧(匱)，孚(免)身相上，而䰆(默)政事民人善否、替由。"

上博一·詩論27 清華五·封許6

【注】從貝曾聲。●用為本義，贈送、贈與。《清華五·封許6》："贈爾荐(薦)彝。"●《上博一·詩論27》："賓贈氏(是)也。""賓贈"，是宴饗之禮後的賄贈。"賓"和"贈"是同義連文。

285

翾[楚] 曾侯43 曾侯6 曾侯3 曾侯37

【注】從羽曾聲，曾侯簡常見。●《曾侯3》："一翼翾。" "翾" 疑指戈柲之上翼狀飾物。《曾侯37》："一晉杸，二斾，翾屯八翼。"

薈[楚] 曾侯3

【注】從艸曾聲。●簡文 "二戲、戈，屯一翼之薈"，讀翾，詳 "翾" 字。

矰 乃矰子鼎

【注】從爿曾聲（二曾相疊）。●人名。

矕 矕鼎 矕作父乙爵

【注】從畕曾聲。●人名。

矰[楚] 包山165 上博五・三德20 清華六・子儀8 [晉] 相

公子矰戈 璽彙0845 璽彙3526 十八年塚子韓矰戈 [秦] 睡簡・日甲

139背 秦印93

【注】從矢曾聲。《相公子矰戈》從倒矢。《說文》："矰，惟躲矢也。" 本義古代射鳥用的拴着絲繩的箭。●讀增，增築。《睡簡・日甲138背》："月中旬，毋起北南陳垣及矰（增）之，大凶。" ●讀繒。《清華六・子儀8》："余可矰以邌（就）之。" 繒繳，獵取飛鳥的射具。●晉文字人名。《相公子矰戈》："邵（昭）惼之歲，相公子矰之告（造）。" 包山簡亦為人名。

甑[秦] 印增493

【注】從瓦曾聲。●人名。

繪 秦 印增 506 陶彙 9・90 陶彙 9・91

【注】從糸曾聲。●秦文字人名。

嬒 嬒戈 秦 里耶 8・550

【注】從女曾聲。《集韻》：“咨騰切，音增。女字。”●均為人名。《嬒戈》：“嬒之寁（造）戈。”

劊 晉 類編 309

【注】從刀曾聲。●晉璽“劊山”，人名。

憎 楚 上博五・三德 2 清華八・邦道 10

【注】從心曾聲。●用為本義，憎恨、厭惡。《清華八・邦道 10》：“憎而遠之，則下不敢惡上。”《上博五・三德 2》：“毋為恂（偽）慴（詐），上帝牁（將）憎之。”

鬲 毛公鼎 大簋 大盂鼎 戈父辛鼎 敔簋 多友鼎 榮仲

鼎 霸伯盂 齊 郘公敔父鑄

【注】《金文編》釋為“鬲”，然字形、銘意均與“鬲”字不符。馬承源謂鬲為甗之象形，但金文“甗”皆作“獻”，無一作鬲。此字當釋為“甗”，象重器之形，甗是鬲屬炊器。字假為“瓚”，瓚、甗聲同。《說文》無。●讀瓚，古代祭祀用的一種象勺子的玉器。《榮簋》：“王休易（賜）氒（厥）臣父焚鬲（瓚）王鬶（裸）、貝百朋。”《敔簋》：“使尹氏受（授）贄敔圭鬲（瓚）。”《多友鼎》：“易（賜）女（汝）圭鬲（瓚）一。”董蓮池曰：“諸家或有指出即見于文獻中的瓚字，這種可能似乎存在。‘瓚’是古代一種很重要的禮器，多用于祭祀，它是以圭為柄的玉勺。文獻中瓚與圭、玉常連言，如《詩・大雅・江漢》：‘釐爾圭瓚，秬鬯一卣’。《詩・大雅・旱麓》：‘瑟彼玉瓚，黃流在中’……古代天子常把它與秬鬯賜給諸侯。如《禮記・王制》：‘諸侯賜圭瓚，然後為秬鬯。’《尚書・文侯之命・序》云：‘平王錫晉文侯秬鬯圭瓚。’而此文正與圭成辭，又與秬鬯同賜，的確與文獻中所見的‘瓚’用例相似，因此它表示瓚極有可能。”（《金文編校補》91 頁）●讀贊。《霸伯盂》：“既稽首，征（延）賓、鬲（贊）賓，用虎皮再（乘），毁用章（璋），奏。《說文》：“贊，見也。從貝、從兟。臣鉉等曰：兟，音詵，進也。執贄而進，有司贊相之。”徐鍇曰：“進見以貝為禮也。”《漢書・東方朔傳》：“朔自贊曰。”顏師古注：“贊，進也。”

帮紐仌聲

 仌卣

【注】像冰塊之紋理形，為“冰”之初文。《仌卣》之，為族徽，《金文編》釋為“仌”。然小篆從冰之字，如冰、冬、寒，金文皆不從，金文“冰”從[：]作，小篆從，乃[：]所演變。春秋以上古文字未見從之字。故字釋“仌”，存疑待考。《說文》：“仌，凍也。象水凝之形。”●族徽，見于《仌卣》。

里耶 172

【注】從水從[：]（“金”之初文，燕耘先生認為“冰之從[：]亦取金屬能由液態轉為固態之義”，詳《金文詁林》4802 頁。戰國後期訛為仌），會水凝為冰之意。小篆從仌，仌當為[：]之訛誤。《說文》：“氷，水堅也。從仌從水。臣鉉等曰：今作筆陵切，以為冰凍之冰。俗氺從疑。”本義為水凝成的冰。●楚文字多用為本義。《清華三·說命下 7》：“余既識（諟）故（劼）詖（毖）汝，思若玉冰，上下罔不我儀。”●冰月：即夏曆十一月。《陳逆簋》：“冰月丁亥。”泛言冬季也。《晏子春秋·內篇諫下》：“古聖人制衣服也，冬輕而暖，夏輕而清，今金玉之履，冰月服之，是重寒也。”《晏子春秋·內篇諫下》：“景公令兵搏治，當騰冰月之間而寒，民多凍餒，而功不成。”孫星衍音義：“騰當為臘。”“騰冰月”即臘月，為夏曆十二月。●人名。《二年上郡守冰戈》：“二年，上郡守冰造。”

秦印 193 類編 8

【注】從馬仌聲。《姑馮昏同之子句鑃》當從仌從鳳（“鳳”字或作，與此近似），為雙聲字。古鳳、鵬同字，馮、鵬同音。●讀馮。《姑馮昏同之子句鑃》：“隹（唯）王正月初吉丁亥，姑𤚼（馮）昏同之子𢆷（擇）氒（厥）吉金乍（作）商句鑃。”“姑馮昏同”，人名具有古越語特點，為越大夫“逢同”。《史記·越世家》云：“太宰嚭聞之，乃數與子胥爭越議，因讒子胥曰：‘伍員貌忠而實忍人，其父兄不顧，安能顧王？王前欲伐齊，員強諫，已而有功，用是反怨王。王不備伍員，員必為亂。’與逢同共謀，讒之王。”“逢同”是句踐的大夫，與範蠡一起，是活躍的越之名臣，此器是其子所作。商，《大系》曰：“余謂殷商之商，蓋句鑃之製作，實仿自商人也。句鑃除徐越外，無所見。有與之相近之器，舊稱為商鐸，或商鐃者，其實即句鑃若征城之藍本。”

殷本是夷系之族，似乎其文化很早波及吳越之地，並被遺傳下來。●疑讀憑。《晉公盆》："余咸畜胤士，乍（作）馮左右，保辥王國，刺㬅（暴）橎憝（作）。""作馮"可能是"輔佐"之意。"馮""朋""陪"三字通用（詳《古字通假會典》437頁"陪－倗"條、934頁"馮－朋"條），這裏的"馮"亦可讀陪，訓為"陪輔"。《秦公簋》："不（丕）顯朕皇祖受天命，鼏（宓）宅禹責（蹟），十又二公，才（在）帝之坏。""坏"亦可讀陪。●秦印多為姓氏。

紒 [楚] 清華一·金縢6　　清華一·金縢10

【注】從糸㒸聲。●讀縢。《清華一·金縢10》："目（以）攺（啟）金紒（縢）之匱。"㒸聲，在帮母蒸部，可讀為定母蒸部之"縢"。縢，《說文》："緘，所以束匧也。"又"縢，緘也"。楚璽有"縢"字，作（《璽彙》3827）。清華簡《金縢》的"紒"，可與該字相較。

莚 [楚] 包山154　　清華三·赤鳩8　　清華三·赤鳩12　　清華三·赤鳩13　　清華三·赤鳩14

【注】從艸從阝㒸聲。●包山簡153、154為異文。簡153作陵，故莚、陵一字。讀陵，地名。●讀陵。《廣雅·釋地》："大阜曰陵。"《清華三·赤鳩8》："命句（后）土為二莚（陵）屯。"陵屯，即丘阜。《列子·天瑞》："生於陵屯，則為陵舄。"指天帝下令，派后土在夏后床下隆起兩座陵屯。

陞 [楚] 郭店·尊德14

【注】從阝從止㒸聲，"陵"之省文。●疑讀陵。《郭店·尊德14》："教以弁（辯）兊（說），則民埶（褻）陞（陵）㤗（悵）貴以忘（妄）。"陵，折辱、冒犯之意。

並紐朋聲

朋　𦦨尊　　中作且癸鼎　　兒方鼎　　散叔簋　　徲刲尊　　裘衛盉　[楚] 清華一·程寤4　　清華三·良臣7　　郭店·語叢一87　[秦] 睡簡·日甲65背

【注】甲骨文作 𨍭、𨍭、𨍭、𨍭、𨍭、𨍭、𨍭、𨍭、𨍭，象以繩串貝形。王國維考證，字象二串貝幣，一串五貝，一朋十貝。金文同甲骨文。金文"朋"多作合文，如 𨍭（五朋）、𨍭（三朋）、𨍭（十朋）、𨍭（百朋）、𨍭（廿朋）。又按《説文》："鳳，神鳥也……𨍭，古文鳳，象形，鳳飛，羣鳥從以萬數，故以為朋黨字。"疑非是。蓋金文 𨍭 與"鳳"之古文 𨍭 形近，許慎將兩字混而為一了。《説文》無"朋"字而有"賏"字。"朋"之本義當同賏，為古代貨幣單位，如《詩經》："錫（賜）我百朋"。金文朋黨、朋友字作 𨍭，從人朋聲。●貝幣單位。《趞卣》："易（賜）貝五朋。"《令簋》："姜商（賞）令貝十朋。"《詩·小雅》："既見君子，錫我百朋。"●友人。《郭店·語叢一 87》："君臣、朋厺（友），其睪（擇）者也。"

崩弆生鼎 楚 清華八·攝命 27

【注】從广朋聲。●讀朋。《清華八·攝命 27》："民崩（朋）亦則興安（仇）肙（怨）女（汝）。"

佣（佣）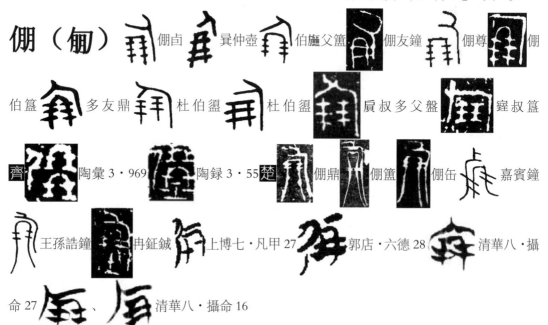

佣卣　曩仲壺　伯甗父簠　佣友鐘　佣尊　佣伯簋　多友鼎　杜伯盨　杜伯盨　員叔多父盤　窐叔簋

齊 陶彙 3·969　陶録 3·55 楚　佣鼎　佣簋　佣缶　嘉賓鐘　王孫誥鐘　冉鉦鋮　上博七·凡甲 27　郭店·六德 28　清華八·攝命 27　清華八·攝命 16

【注】甲骨文作 𨍭、𨍭，從人朋聲。金文中"佣"多用為朋友之朋，"朋"多用為朋貝字。佣，容庚曰："金文以為佣友之佣，經典通作朋貝之朋，而專字廢。"（《金文編》560 頁）金文或從勹作 𨍭，人、勹均為人形，會意同。《清華簡》勹或訛為广、厂。《窐叔簋》形符訛為"虬"。《説文》："佣，輔也。從人朋聲。"本義實同"朋"。●朋友之朋。同師、同門及同道者之間，或共事的臣僚之間相互的一種尊稱。《王孫遺鼠鐘》："用樂嘉賓父罹（兄），及我佣（朋）友。"●人名。《佣尊》："佣乍（作）旡（厥）考寶尊彝，用萬年事。"●讀堋。《盠駒尊》："王佣下不（丕）其，則邁（萬）年保我邁（萬）宗。"郭沫若謂"不其"者"丕基"也。"佣"假為堋，《説文》"喪葬下土也"。"堋下丕基"即是奠定盛大基業。（《盠器銘考釋》）或曰"佣下"與"不退"音相近，義當亦相近。"佣下不（丕）其"與《盠方彝》云"天子不叚不其（丕基）"義相同。《詩·大雅·抑》"不退有愆"即"有愆"之疑問句，"不退"是疑辭，其反面的意思是肯定。●齊陶姓氏。春秋時齊大夫隰朋之後，見《姓考》。●集結。《清華八·攝命 16》："母（毋）佣多佣。"

包山 165　包山 172　清華一‧楚居 15　清華一‧楚居
16

【注】從邑佣聲，"鄜"之異文。●讀鄜。包山簡、清華簡"鄜郢"，地名。《説文》："鄜，沛城
父有鄜鄉。"在今安徽亳州市東南，即乾溪附近。

上博三‧周易 14　冉鉦鍼　璽彙 3720　郭店‧緇衣 45

郭店‧六德 30　陶彙 3‧968　上博五‧競建 5　包山 173　包山 260

【注】從土佣聲。●人名。《冉鉦鍼》："余處此南疆（疆），萬枼（世）之外，子子孫孫☒塱乍
（作）台（以）☒☒。"●讀朋，朋友。《上博三‧周易 14》："母（毋）頛（疑）塱（朋）欨（盍）
盍（簪）。"●讀憑。《包山 260》："一塱（憑）几。"

陶録 3‧55　包山 230　包山 242　曾侯 42　曾
侯 82　曾侯 91　包山 219　包山 244　清華三‧説命上 2

【注】從糸佣聲（或朋聲、或堋聲），"繃"之異文。●讀繃。《説文》："繃，束也。"《包山 219》：
"戲（且）為巫繂瑞（佩），速巫之。"簡文"繃瑞"意為裹束起來的玉佩。●讀弼，《説文》："弓
彊皃。"《清華三‧説命上 2》："惟彶人得敚（説）于尃（傅）厰（巖），厥俾繂（弼）弓、紳、弽、
辟矢。""弼弓"即强弓。

陶彙 3‧1107　郭店‧語叢四 14　上博六‧天乙 10　上
博六‧天甲 10　上博一‧緇衣 23　清華八‧邦道 17　安大一 108

【注】從土朋聲。《説文》："堋，喪葬下土也。從土朋聲。《春秋傳》曰：'朝而堋。'《禮》謂之
封，《周官》謂之窆。《虞書》曰：'堋淫于家。'""喪葬下土"，段玉裁注："謂葬時下棺于壙中
也。是名曰堋。"●讀崩。《清華八‧邦道 17》："𡥈（舉）而不庇（度）以可士，堋（崩）。"《荀
子‧堯問》："走如馬，不與馬爭走；知如士，不與士爭知。"楊倞注："士，謂臣下掌事者。"故
"可士"猶言可堪任用。●讀朋。《上博一‧緇衣 23》："堋（朋）蒼（友）卣（攸）図（攝），

図（攝）目（以）威義（儀）。"●陶文單字，當為人名。●讀朋，朋比。《安大一108》："皮（彼）
仉（其）之子，碩大無珊（朋）。"無朋：無比。

鄸 **楚** 包山 190

【注】從邑珊聲。●簡文或作"郦"，地名。

遷 **楚** 上博五·鮑叔 2　　上博五·鮑叔 2

【注】從辵珊聲。●讀凡。"朋"是並母蒸部字，從"朋"得聲的字或有屬幫母的，但韻部皆為
蒸部。"凡"是並母侵部字。"朋""凡"二字在語音上很接近。《上博五·鮑叔 2》："珊（凡）其
所以亡，為（偽）其容，為（偽）其言。""凡"字本義為總聚，引申為概括之詞。

陞 **楚** 清華七·子犯 13

【注】從阝珊聲。●讀崩。《清華七·子犯 13》："見受（紂）若大陸（岸）牆（將）具陞（崩），
方走去之。"

鸊 **楚** 上博八·李頌 1

【注】從鳥珊聲，即"鵬"字繁構。《玉篇》："大鵬，鳥也。"●讀鳳。《上博八·李頌 1》："鸊鳥
之所椉（集）也。"《詩大·雅·卷阿》："鳳凰鳴矣，于彼高岡。梧桐生矣，于彼朝陽。"

珊 **楚** 包山 74　**秦** 秦公大墓石磬

【注】從玉朋聲。●楚簡人名。●秦刻銘"☑珊靈☑"，辭例殘缺。

輣 **楚** 包山 157

【注】從車朋聲。口為飾符。●簡文"車輣"，依文例是職官名。《說文》："輣，樓車也。""車
輣"似是管理樓車的職官。

崩 **秦** 戰編 625　　菁華 73

【注】從山朋聲。●秦印人名。或釋為"厗"，不確，可參看《漢印文字字形表》790 頁"朋"、
824 頁"崩"。

倗_秦 睡簡·秦種 125、 里耶 8·140、 印增 591

【注】從人崩聲。●讀棚。《睡簡·秦種 125》：“縣、都官用貞（楨）、栽為倗（棚）榆，及載縣（懸）鐘虞〈虡〉用輢（膈），皆不勝任而折。”棚榆，編聯起來的木板。

懰_齊 、 陶録 3·56

【注】從心朋聲或倗聲。●單字，應為人名。

明紐芫聲

芫_楚 壽春府鼎

【注】甲骨文作 、 ，本與芫（“眉”繁文）同字，皆用為地名。甲骨文或小變“眉”上部筆劃作芫形，字或省去下部人形而同源分化出“苜”字。字《說文》未收，本書瞢、夢諸字從之。●字見于《壽春府鼎》，辭殘意不詳，或為人名。

蔚_楚 清華三·良臣 10

【注】從芫從丰，雙聲字。●讀蔑。“蔑明”，人名。

瞢_秦 睡簡·日甲 40 背 睡簡·日甲 13 背

【注】從目芫聲。秦文字眉形變為止形，目變為日形。●秦簡均讀夢。《睡簡·日甲 13 背》：“有惡瞢（夢）。”

夢_楚 壽夢之子劍 上博三·恒先 2 上博四·柬旱 8 上博四·柬旱
9 帛書乙 清華一·程寤 4 清華一·程寤 1 清華一·程寤 6 清
華二·繫年 109 清華三·說命中 1 清華六·子儀 14_晉 三十四年頓丘令戈

秦 睡簡・日乙 189　　睡簡・日乙 191

【注】甲骨文作 ，從爿從兇，象一人躺在床上，會睡覺做夢之意；兇兼聲。戰國文字從夕兇（或首）聲。《說文》：" ，不明也。從夕，瞢省聲。" 所釋當為引申義。●秦簡用為本義。《睡簡・日乙 194》："凡人有惡夢。" ●人名。《三十四年頓丘令燮戈》："卅四年，邯（頓）丘命（令）燮、左工帀（師）質、冶夢。" ●《上博三・恒先 2》："夢＝（夢夢）青（靜）同，而未或明，未或茲（滋）生。" 夢夢，昏亂不明之貌。帛書《道原》："濕濕夢夢，未有明晦。"《帛書乙》："夢夢墨墨，亡章弼弼。" 皆有 "夢夢" 一詞。《詩・小雅・正月》："視天夢夢。"《注》《箋》《疏》《釋文》皆以為 "亂" 或 "昏亂而無疏理" 之義。《爾雅・釋訓》："夢夢、沌沌，亂也。"

夢 秦  、 印增 22

【注】從艸夢聲。●讀夢。秦印 "左雲夢丞"，"雲夢" 地名。據《漢書・地理志》，南郡編縣（治所在今湖北荊門市西北）和江夏郡西陵縣都有 "雲夢官"。南郡置於秦昭襄王二十九年（前 278 年），江夏郡置於漢高帝時。在漢置江夏郡以前，秦於西陵之地可能已經設雲夢官，此封泥 "左雲夢" 當指編縣之雲夢官。偏縣在左，故稱左雲夢。

饙 、、、 衛姒豆

【注】當從食從心兇聲。●人名。《衛姒豆》："衛始乍饙盉殹。"

蒙 晉  二十四年邯陰令戈

【注】當為 "兇" 的分化字。●人名。

癏 楚  清華二・繫年 51　 清華二・繫年 54　 曾侯 71

【注】從疒蒙聲。●均為人名。

鄸 晉  類編 218　 二十九年相邦趙戟 楚 清華二・繫年 131

【注】從邑蒙聲。●晉文字人名。●讀萇，地名。《清華二・繫年 131》："楚自（師）回（圍）

之於鄳（蔑）。”

 璽補 192

【注】從戈蒙聲。●“牛蒙”，人名。

 上博四・曹沫 13 上博四・曹沫 20

【注】從攴蒙聲。●讀沫，人名。詳“穄”字。

 上博四・曹沫 22 上博四・曹沫 13

【注】從艸蒙聲。●讀沫，人名。詳“穄”字。

 晉編 1306 訓義 1・127

【注】從見蒙聲。●均為人名。

 清華十一・五紀 110

【注】從禾蒙省聲。隸定為“穄”。●讀眉。《清華十一・五紀 110》：“以亓（其）夒（髮）為韭，以亓（其）穄（眉）須（鬚）為夵（蒿）。”

明紐黽聲

 黽父丁鼎 黽父丁鼎 獻侯鼎  師同鼎  鄂君啟車節

 郭店・緇衣 46 清華五・厚父 8  上博四・柬旱 1 清華五・三壽

11 三年汪匋令戈 秦印 257 珍秦 142 陶彙 3・797 陶彙 5・118

【注】甲骨文作𪓑、𪓒、𪓓、𪓔、𪓕，象青蛙形，以其無尾而與“鼀”相區別。商代金文同甲

295

骨文，西周金文主體訛為它形，四足省為兩足。戰國文字承襲兩周金文，兩足或與腹部相連為�、𨾴、𨾴、𨾴形，作𨾴者，為小篆所本。《説文》：“𨾴，𪔀黽也。從它，象形。黽頭與它頭同。凡黽之屬皆從黽。𨾴，籀文黽。”本義為青蛙，如《爾雅》：“在水者黽。”後由“黽”作了偏旁，並為借義所用，就另造了形聲字“𪔀”，因“𪔀”過繁，簡作“蛙”。《説文》籀文作𨾴，與𪔀形近，故混。楚系文字偏旁從𪔀之字，常常省作黽。●是商末周初常見的族氏名。一説為圖騰符號。《獻侯鼎》：“天黽。”此族氏名或釋為“黿”。●地名。《師同鼎》：“折首執訊，孚（俘）車馬五乘，大車廿，羊百，𠚕（挈）用徣（造）王養于黽。”●楚文字均讀黿。《鄂君啟車節》：“毋載金革黽箭。”楚文字“黽”是用作“黿”字的，“金革黽箭”即“金革黿箭”。《周禮·天官·内府》：“凡四方之幣獻之金玉、齒革、兵器，凡良貨賄入焉。”疏引《覲禮》：“一馬卓上，九馬隨之，黿、金、竹、箭，分為三享。”《儀禮·覲禮》：“四享，皆束帛加璧，庭實唯國所有。”鄭注：“初享或用馬，或用虎豹之皮。其次享，三牲魚臘，籩豆之實，黿也，金也，丹、漆、絲、纊、竹、箭也，其余無常貨。”從上引文獻可知，諸侯在覲見天子的時候，要用革、金、黿、箭等物品為贄，如果把鄂君啟車節銘文中的“黽”讀黿，則“金革黿箭”恰好都是諸侯朝見天子時必備的貢品。“金革黿箭”是當時諸侯國君經常要用到的珍貴禮品，所以禁止自由買賣。（《戰國楚文字“黽”字用作“黿”字補議》）《清華五·厚父8》：“緋（肆）女（如）其若黽（黿）筈（筮）之言亦勿可遄（專）改。”●秦印多為人名。

𪔀 楚 　新蔡乙二8　　　包山172　　　包山179　　　包山273　　　包山273　　信陽2·28　　郭店·窮達7　　左塚漆桐　　清華六·管仲16

【注】從日黽聲。該字説法甚多，存疑待考。●王偉讀命。（《也説楚簡從“黽”之字》）《清華六·管仲16》：“𪔀天下之邦君，管（孰）可以為君？管（孰）不可以為君。”“命天下之邦君”之“命”則是命令義，“命天下”即號令天下。《郭店·窮達7》：“𩁁（釋）板柽而為𪔀卿。”●包山簡人名。●讀繩。《包山270》“二𪔀鞁（靮），臝（靈）光之繻（帶）。”《包山273》：“𪔀发（發）。𪔀靯（韅）、靯。”

𪔀 楚 　清華七·子犯12

【注】從宀𪔀聲，“𪔀”之繁文。●《清華七·子犯12》：“與人面見湯，若鴌（靈）雨方奔之而鹿雁（膺）女（焉），用果念（臨）政（正）九州而𪔀君之。”義不詳。

𪔀 楚 　清華十·四告21

【注】從宀黽聲。●《清華十·四告21》：“晨（振）於服御，𪔀=（愧愧）含（答）話，宒=（秩秩）義陟（止）。”子居先生認為“𪔀”當讀為“愧愧”。《爾雅·釋訓》：“兢兢、愧愧，戒也。”

郭璞注："皆戒慎也。"

宲_楚 清華七·趙簡子 1 　清華七·趙簡子 12

【注】從廾竃聲。●疑讀命。《清華七·趙簡子 1》："趙簡子既受宲將軍。"

趣 蔡大善夫趣匜

【注】從走竃聲。●人名。

瘫_晉 （瘫）十八年冢子韓矰戈

【注】從疒竃聲。●"樂瘫"，人名。

繩_楚 包山牘 1 　分研一 242

【注】從糸竃聲，曰為飾符。秦系文字始見於馬王堆帛書作繩、繩（帛編 528），讀孕。●用為本義，繩子。《包山牘 1》："繩（繩）綏（鞁）。"●《分研一 242》"陳首繩"，人名。

幽部

影紐麀聲

【注】從鹿從匕（牝省），會母鹿之意。《説文》：“麀，牝鹿也。從牝省。”本義母鹿。●用為本義。《石鼓文》：“麀鹿速速，君子之求。”《詩·小雅》麀鹿麌麌。●讀鑣。《説文》：“鑣，溫器也。一曰金器。從金麀聲。”《十四年帳橛》：“床麀嗇夫。”床麀嗇夫，讀“藏鑣嗇夫”，掌管金器之官。●《匐盉》：“麀韏、韋（褌）兩，赤金一匀（鈞）。”《裘衛盉》：“麀韏兩。”麀韏，即指鹿皮做的市。

影紐幽聲

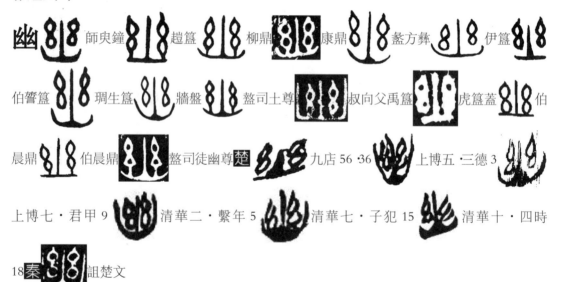

【注】甲骨文作 𢆶 、𢆾 ，從火從丝（“絲”的本字），火苗如丝，會細微之意。金文或訛火為山。甲骨文金文中火、山每同形混用。故《説文》“從山中丝”，不確。《説文》：“幽，隱也。從山中丝，丝亦聲。”本義是火微。引申為昏暗、幽靜等義，《爾雅·釋詁》：“幽，微也。”《易·困》：“人于幽谷。”鄭玄注：“幽者，不明之辭也。”●讀黝，暗黑色。《柳鼎》：“易（賜）女赤市幽黄、攸勒。”《留壺》《康鼎》《盨方彝》：“幽黄（璜）。”“幽黄”即黝璜，由暗黑色絲帶絡着玉璜構成的佩飾品。文獻作“幽衡”。《禮記·玉藻》：“再命赤韍幽衡。”鄭玄注：“幽讀為黝，黑謂

之勳。"●肅穆、安詳。《牆盤》："青（靜）幽高且（祖）。"●幽暗。《上博五·三德3》："陽而幽，是謂大感；幽而陽，是謂不祥。"●西周第十二代君王名。《上博七·君甲8》："桀、紂、幽、厲，戮死於人手。"

學^楚 清華一·金縢1　清華六·太伯甲1　清華六·管仲27　上博五·鬼
神2　上博八·顏淵12　上博九·靈王3　^晉中山王嚳鼎

【注】從子幽聲。●戰國文字多讀幼，稚、年少。《中山王嚳鼎》："昔者，慮（吾）先考成王，曑（早）棄群臣，寡人學（幼）歱未甬（通）智。"●讀幽，幽暗、幽深。《清華六·管仲27》："是胃學（幽）悳（德）。"

塆^楚 新蔡甲三392

【注】從土學聲。●"塆城一豢"，地名。疑讀坳。

滺^楚 清華七·越公28

【注】從水幽聲。●《清華七·越公28》："不再（稱）貣（貸）设（役）滺（泑）塗沟（溝）隍（塘）之紅（功）。"疑讀泑。《説文》："泑，澤。在昆侖下。"簡文泛指澤塘。塗，《説文》"泥也"。溝，水瀆。泑、塗、溝、塘皆為溝塘沼澤之類。此句大意是不耗費民力興建水利工程。

苬^楚 清華七·越公17

【注】從艸幽聲，"幽"的異體字。●讀幽。簡文"苬芒"代表幽深的山林。

勠^楚 清華六·子儀1

【注】從力從土幽聲。●讀幼。《清華六·子儀1》："非（靡）土不飤（飯），毛（耄）勠（幼）才（在）公。"

瞤^晉 七年鄭令戈　六年鄭令戈　二十年盲令戈^秦 戰編220

【注】從目幽聲。秦文字或從絲聲（幽從絲聲）。●古文字均為人名。

影紐幺聲

幼  禹鼎 楚 包山 3 上博二・子羔 4 上博三・仲弓 7 上博三・仲

弓 8 、 清華二・繫年 50 秦 睡簡・日甲 50 背 睡簡・日甲 50 背

【注】甲骨文作 、 、 ，從幺（細小之義，兼聲）從力，會力量弱小之意。金文從丿者，即"力"之減省。《説文》："幼，少也。從幺從力。"本義年少。●多用為本義，兒童。《禹鼎》："栽伐噩（鄂）侯馭方，勿遺壽幼。"壽幼，指老人與孩童。銘文意即殺戮老少無遺。《上博三・仲弓 7》："老=（老老）慈（慈）幼。"此義晉、楚文字或作" "。

黝 秦 類編 168 秦印 202

【注】從黑幼聲。●秦印人名。

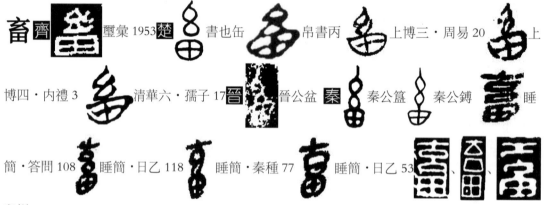

畜 齊 璽彙 1953 楚 書也缶 帛書丙 上博三・周易 20 上

博四・内禮 3 清華六・孺子 17 晉 晉公盆 秦 秦公簋 秦公鎛 睡

簡・答問 108 睡簡・日乙 118 睡簡・秦種 77 睡簡・日乙 53 、

印增 525

【注】甲骨文作 ，從囷（ ）幺聲。案：囷，菌之初文，象糞池有汙物之形。"胃"從囷作。春秋金文省四點成田形。畜，本義為積肥，引申為蓄積。戰國文字承襲金文，或作 ，加飾筆。秦文字作 ，幺旁加飾筆遂成玄旁，為小篆所本。從甲、金文的字形和用例來看，"畜"的本義當為"畜養"，讀為曉紐覺部。戰國文字"畜"字在文中或訓為"牲畜"之"畜"，可知至遲在戰國時期，"畜"有了讀為透紐覺部的音。"畜養"之義時"畜"讀為曉紐覺部，而表"畜生"義時則讀入透紐覺部，這期間有個音變過程。《説文》：" ，田畜也。《淮南子》曰：'玄田為畜。'"段玉裁注："田畜謂力田之蓄積也。……俗用畜為六畜字。"本義積蓄。飼養禽獸也是一種積蓄，故又引申指飼養。後"畜"多用為六畜字，為了分化字義，積蓄之義便加了形符"艸"寫作"蓄"。●讀蓄，蓄積、撫養。《秦公簋》："咸畜胤土。"《晉公㡾盅》："余咸畜胤（俊）土。"《詩・小雅・蓼莪》："拊我畜我，長我育我。"《上博三・周易 20》："不秲（耕）而穫（穫），不畜之，則利有攸往。"●讀玄。《書也缶》："余畜孫書也，斁（擇）其吉金，目（以）伐（作）鑄錶（缶）。"《爾雅・釋親》："曾孫之子為玄孫。"郭璞注："玄者，謂親屬微昧也。"●牲畜。《睡簡・日甲 85》："不可食六畜。"

鄐晉 集粹 132

【注】從邑畜聲。●晉璽"鄐丹"，姓氏。春秋時楚大夫雍子奔晉，封於鄐（故城在今山西太原東北），以邑為氏，見《風俗通》。亦作畜、偫。漢時有東海太守鄐熙。

鄐晉 璽彙 2132

【注】從爪鄐聲，疑"鄐"之繁文。●讀鄐，姓氏。

劅楚 郭店·老甲 27

【注】從刀畜聲。●讀挫。《汗簡·手部》"撤"字作，《古文四聲韻·薛韻》引《古老子》"轍"字作。黃錫全先生《汗簡注釋》415 頁說："搐撤雙聲。此假搐為撤。"其說可從。"撤"古音屬透紐元部，"挫"屬精紐歌部，音近。《郭店·老甲 27》："劅（挫）亓（其）龥（銳），解亓（其）紛。"

蓄楚 上博六·用曰 8

【注】從艸畜聲。●蓄積。《上博六·用曰 8》："〔德〕樹惠蓄，宓保之亟。非稷之糧（種），而可歠（飲）飤（食）。"文意為：樹立美好的德行、對老百姓施以恩惠，這是穩定的極致，這樣做雖然不是種地，但一樣有飯吃。

遚燕 璽彙 0021 晉 十四年蓋杠接管 十四年蓋杠接管 行氣玉銘

璽彙 0804 璽彙 1155 璽彙 2859 璽彙 2913

【注】從辵畜聲。遚，《玉篇》："音畜。行貌。"●人名。《十四年蓋杠接管》："十四枼，厶（私）庫嗇夫煮正、工遚。"●《行气玉銘》："宎（顛）則遚，遚則神。"舊多讀蓄，蓄積。應讀撤（說詳上文"劅"），訓為"撤回、撤退"。銘文"宎（顛）則遚（撤）"讀為"顛則撤"，指體內真氧到達頭頂後又退回原路，"撤"與後面的"退"字前後呼應，表示運氧的一個回合。●晉璽讀畜，姓氏。畜，《中國姓氏大全》："一說即鄐姓。"漢代有畜容、畜意、畜梁。●《璽彙 0021》"遚（道）都右司徒"。何琳儀釋為遚，讀道。道、遚均屬舌音幽部。《說文》："毓讀畜牲之畜。""梄，讀若糗。"是畜、酋音近之證。《漢書·地理志》涿郡有"酋"，注"酋，古遒字。"在今河北淶水之北，戰國屬燕境。（《戰國官璽雜識》）

301

襄^楚 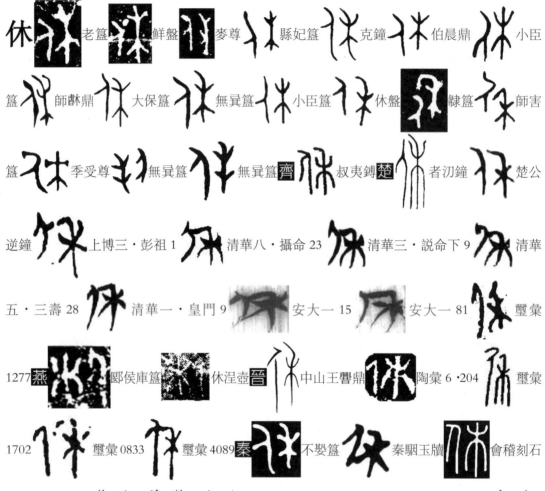 安大一114

【注】從衣畜聲。●讀懊。《安大一114》："不女（如）子之衣，安戲襄（懊）也。"《毛詩》作
"安且懊兮"。"懊"，《釋文》作"奥"。上古音"畜"屬曉紐覺部，"懊""奥"屬影紐覺部，音
近並可通。《説文·衣部》："襖，裘屬。從衣，奥聲。"

曉紐休聲

休 老簋　鮮盤　麥尊　縣妃簋　克鐘　伯晨鼎　小臣
簋　師𤔲鼎　大保簋　無𠃮簋　小臣簋　休盤　隸簋　師害
簋　季受尊　無𠃮簋　無𠃮簋^齊　叔夷鎛^楚　者汈鐘　楚公
逆鐘　上博三·彭祖1　清華八·攝命23　清華三·説命下9　清華
五·三壽28　清華一·皇門9　安大一15　安大一81　璽彙
1277^燕　郾侯庫簋　休涅壺^晉　中山王譻鼎　陶彙6·204　璽彙
1702　璽彙0833　璽彙4089^秦　不嬰簋　秦駰玉牘　會稽刻石

【注】甲骨文作𣎵、休、𣏟、𣏣、𣏓、𣏤，從人從木，會人樹下止息之意。金文木訛為禾、朮、
𣎴等形。燕系文字人與木旁互易。《説文》："休，息止也。從人依木。庥休或從广。"本義是休息。
後來引申為停止，如"日夜不休"。●息止。《鄂侯馭方鼎》："王休宴，乃射，馭方遣（會）王
射。"休宴，即停止了宴飲。●恩惠、美德。《頌壺》："頌敢對揚天子丕顯魯休。"《克鐘》："克
敢對揚天子休。"●賞賜。《小臣簋》："趞弔（叔）休于小臣貝三朋、臣三家。"●美也、善也。
《中山王譻鼎》："天降休命于朕邦。"《師酉簋》："對揚天子丕顯休命。"●感歎詞。《圉鼎》："休
朕公君匽（燕）侯易（賜）圉貝，用乍（作）寶障彝。"●用於制止對方議論。《上博三·彭祖1》：

"彭祖曰：'休才（哉），乃牺（將）多昏（問）因由，乃不遊（失）度。'"

怵^齊 陶録2·175 楚^楚 楚王熊悆盤 ^{包山185}

【注】從心休聲。《説文》無。●讀疑。《楚王熊悆盤》："楚王熊悆乍寺盥盤。"熊悆，即楚悼王熊疑，東周戰國時期楚國國君，楚聲王之子。《廣韻·尤韻》："怵，戾也。"（按怵、悆同），《廣雅·釋詁》："休，戾也。"《爾雅·釋言》："疑、休，戾也。"《説文》郭云："戾，止也；疑者亦止。"可見，悆、休、疑三字有相同義項。餘例均為人名。

迷^楚 清華九·迺命二4

【注】從辵休聲。●讀休。《清華九·迺命二4》："奴（恕）内周外，同以閑（間）昔（錯），不從迷（休）𦎧 敢再（稱）凶。"整理者注："奴，讀為'恕'，《説文》：'仁也。'周，親比。開，讀為'間'，訓為'防閑'。迷，讀為'休'，訓為'美'。'𦎧'字不識，疑為'竺'字，讀為'篤'，訓為'誠實'。句謂同宗之人當仁内周外，防閑乖錯，防閑不從休美、誠篤而敢稱凶者。"

曉紐臭聲

里耶8·1363

【注】甲骨文作𤠣、𤠣、𤠣，從犬從自（鼻子），會犬鼻嗅覺靈敏之意。金文承襲甲骨文。《説文》："臭，禽走，臭而知其迹者，犬也。從犬從自。"本義為用鼻子辨別气味。引申指气味。為了分化字義，後來專門用"臭"來表示惡味，並引申為丑惡、敗壞等義。用鼻子聞的意思則另加形符"口"寫作"嗅"來表示。●族氏名。《子臭卣》："子臭。"●秦簡指香氣。《睡簡·日甲82》："女子愛而口臭。"《易·繫辭》其臭如蘭。●讀嗅。《郭店·語叢一51》："聖（聲），耳骰（司）也。臭（嗅），鼻骰（司）也。"

魏^晉 臭界 侯馬

【注】從鬼臭聲，"醜"之異文。●人名。盟書或作𩲋、𩲎、𩲊，為一字異形，為同一人名的不同寫法。

【注】從米臭聲。糗，《説文》熬米麥也，去九切。又乾飯屑也。●《信陽2·22》："小襄（囊）

糗四十又八。"古代有糗糧，一種乾糧。此器大概指盛糗糧的盛器。●讀嗅。《睡簡·日甲158背》："令其鼻能糗（嗅）鄉（香），令耳恩（聰）目明。"

哭（嗅）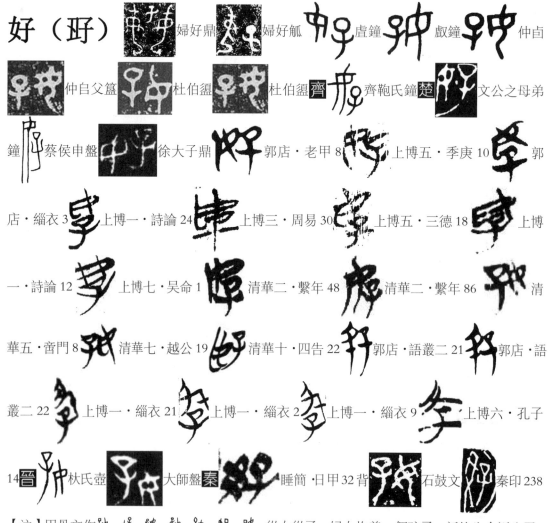 楚 <small>郭店·窮達13</small>

【注】從口從畀（鼻以畀為聲），會以口就味之意，"嗅"之古文。●讀嗅。《郭店·窮達13》："芝蘭生於幽谷，非以無人哭（嗅）而不芳。"與見於字書之"嗅"異義，當是"嗅"之異體。

曉紐好聲

好（玟）

【注】甲骨文作𡥀、𡥀、𡥀、𡥀、𡥀、𡥀、𡥀。從女從子，婦女抱着一個孩子，新的生命誕生了，當然被認為是一件好事。一說婦女能生孩子就是"好"，"不肖有三，無後為大"，上古人力薄而禽獸多，人就顯得十分重要了。金文小篆承之。《說文》："𡥀，美也，從女、子。"許訓"美"當為後起義。甲骨文"好"為女性，即商人子性之本字。楚文字或作"玟"，《玉篇》："玟，古文好字。"玟、玟當為一字異體。●美好。《齊鞄氏鐘》："自乍（作）穌鐘，卑（俾）鳴攸好，用

言（享）目（以）孝。"●人名。《伯好父簋》："白（伯）好父自鑄，乍（作）為☒旅段。"●讀
考，享、養。好、丂聲系可通，詳《古文字通假字典》190 頁"好-孝"條、《漢語同源詞大典》
0009 頁"巧-好"條。《乖伯簋》："用乍（作）朕（朕）皇考武帀幾王障段，用好宗朝（廟）。"
●喜好。《郭店·緇衣1》："好娼（美）女（如）好茲（緇）衣。"●楚文字或作玗，讀好，愛好。
《郭店·語叢二21》："玗（好）生於敓，從生於玗（好）。"愛好生於喜悅，順從生於愛好。

見紐丩聲

麦作父癸觶 齊　考古 1973·1　考古 1973·1　陶彙 3·94 楚

徐贅尹皆鼎　包山 260　清華六·孺子 6 燕　郾侯載簋　先秦編 566 晉

貨系 0046

【注】甲骨文作𦥯、𠃊、𠃊、𠃊、𠃊，象糾繞之形。丩當為"句"字省口分化而來，"糾"則更
為晚出字。金文同甲骨文。《說文》："𠃊，相糾繚也。一曰瓜瓠結丩起。象形。凡丩之屬皆從丩。"
古同"糾"。●族氏名。《丩麦觶》："丩。麦乍（作）父癸。"●《徐贅尹皆鼎》："余敢敬明（盟）
祀，丩溍（洗）泲（沫）俗（浴），以去怮誮（辱）。""丩"，張崇禮讀洮。丩，見母幽部；兆，
定母宵部。丩通攸，《說文》："攸，昏或從丩。"兆亦通攸，古條挑、悠宛、蓨卤銚通用。《集韻·豪
韻》："洮，盥也。"《尚書·顧命》："甲子，王乃洮頮水。"孔穎達疏："頮是洗面，知洮為盥手。"
洮、洗、沫、浴分別為洗手、洗腳、洗面、洗身。●讀收。《包山 260》："一丩（收）牀，又（有）
策（簀）。"●讀糾。《清華六·孺子6》："老婦亦牆（將）丩（糾）攸（修）宮中之正（政）。"
糾修，治理。《左傳》昭公六年"糾之以政"，孔疏："糾，謂舉治也。"

集粹 57

【注】從大丩聲。●"朱奕"，人名。

璽彙 1162

【注】從目丩聲，"𥄎"之異文。●晉璽人名。

陶錄 2·129

【注】從言丩聲（聲符相并），"訓"之繁文。●人名。

晉編 937

【注】從邑丩聲。●地名用字。

收 楚 包山 147 清華五・啻門 7 清華三・芮良夫 9 上博四・曹沫 47 上博八・顏淵 11 晉 璽彙 3299 秦 睡簡・秦種 84 睡簡・答問 68 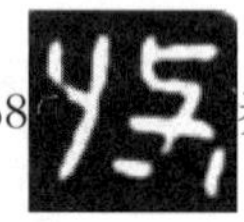秦印 62

【注】從攴丩聲。●讀褎。《清華五・啻門 7》:"五月或收，六月生肉。"原整理者注：收，疑讀為同在舌音幽部的"褎"。《詩・生民》"實種實褎"，鄭玄箋："褎，枝葉長也。"按："或"當讀為"有"。"收"本為收斂、收束義，義亦同"糾"。《國語・齊語》:"糾之以刑罰。"韋注："糾，收也。""糾"又有糾繚之意，此當指人之筋脈，同於《文子・九守》之"五月乃筋"。《釋名・釋形體》:"筋，靳也，肉中之力，氣之元也，靳固於身形也。""靳固於身形"與收束、糾繚之意類同。●收拏、收捕。《睡簡・答問 68》:"問甲當論及收不當。"問應否對甲論罪並沒收其家屬?●收集、聚集。《上博四・曹沫 54》:"收而聚之，束而厚之，重賞薄刑。"●收留。《上博八・顏淵 11》:"有司老老而慈幼，舍皦而收貧。"●收殮。《上博四・曹沫 47》:"死者弗收，傷者弗問，既戰而有殆心，此既戰之忌。"

杊 楚 上博三・周易 45

【注】從木丩聲。●讀救。《上博三・周易 45》:"汫杊（救）不飤（食），為我心寒。"

糿 王乍糿弄器蓋 王乍糿弄器蓋 伯田父簋 年糿簋

【注】從女丩聲，疑"㚼"之異文。●族名或人名。《王作糿弄卣》:"王乍（作）糿弄。"

赳 晉 侯馬

【注】從走丩聲。●人名。

疝 秦 秦陶 768 秦陶 769 集證 203

【注】從疒丩聲。●秦陶人名。

穸 穸鼎 穸鼎

【注】從穴丩聲。●人名。《窅鼎》："窅拜頴首，對揚遣中（仲）休。"

訆  包山 179

【注】從言丩聲。●人名。

馴  癹簋

【注】從馬丩聲，"駒"之省文。●人名。《癹簋》："癹見馴（駒）用乍（作）父乙障彝。"

鄏  璽彙 2143

【注】從邑馴聲。●晉璽讀駒，姓氏。

糾  安大一 12晉 溫縣秦 里耶 8・1588 印增 82

【注】從糸丩聲。字亦見於漢銅器銘文 （漢銅 54）。●秦簡人名。●讀赳。《安大一 12》："糾=（赳赳）武夫，公矦（侯）干城。"

羽丩  璽彙 2839

【注】從羽丩聲，疑"翎"之省文。●燕璽人名。

圳  分研一 397晉 璽彙 2127

【注】從土丩聲，疑"均"之異文。晉璽三"圳"相疊，為繁文。●晉璽人名。●《分研一 397》"右司工圳"，同"鈞"，工匠。

衦  曾侯 143

【注】從衣丩聲，疑"袧"之省文。●人名。

痕  璽彙 1035

【注】從广礼聲。●晉璽人名。

配兒鈎鑃

【注】從金丩聲，"鈎"之省文。●讀鈎。《配兒鈎鑃》："霶（擇）氒（厥）吉金，鉉鏐鏽鋁，自乍（作）釖（鈎）鑃。"鈎鑃：樂器名。

清華九·禱辭 19

【注】從虫丩聲。●《清華九·禱辭 19》："則區（驅）亓（其）虯、螻、瑻（螟）、蜪、痋、蠦、蛦、蝓。"整理者注："虯，或即'蚼'，是一種為害禾稼的蟲。《呂氏春秋·審時》：'得時之麥，不蚼蛆；先時者，暑雨未至，胕動蚼蛆而多疾。'螻，《說文》：'螻蛄也。'瑻，讀為'螟'，《說文》：'蟲食谷葉者。'蜪，從舀聲，或讀為同在幽部的'蝥'。《詩·大田》'去其螟螣，及其蝥賊'，毛傳：'食根曰蝥。'痋，字見《說文》，從虫聲，讀為冬部的'螽'，《說文》：'蝗也。'蛦，讀為'蛹'，與蛆一樣都是幼蟲。蝓，即蛞蝓，也就是蜒蚰，是一種軟體的害蟲。"

炎戒鼎　毛公鼎

【注】金文或以翼為形符，或增從口會意，或從丩表音。當為"鈎"之古字。統一隸定為"翑"。●《毛公鼎》："金嘆、金雁（膺）。"《炎戒鼎》："鞈白（伯）慶易（賜）炎戒賫（簟）弨（弼）、翑（鈎）雁（鷹）、虎裘、豹裘。"吳振武曰："'翑雁'之'翑'左邊原從羽翼之'翼'的象形寫灋，右邊從'丩'。此賞賜品在毛公鼎中也出現過，稱'金嘆金雁（膺）'。'嘆'字原篆所從的'翼'也是羽翼之'翼'的象形寫灋，只不過這一象形寫灋的上部被改造成'昌聲'而已（'昌'、'翼'古音甚近）。大家知道，毛公鼎列在'金嘆金雁（膺）'之前的賞賜品是'金簟弨、魚葡（服）、馬四匹、攸勒'，而《詩·小雅·采芑》稱：'簟茀魚服，簟茀魚服，鈎膺鞗革。'因此我們一直懷疑毛公鼎中的'嘆'，即相當于《詩經》中屢見的'鈎膺'之'鈎'。而且《大雅·崧高》云'四牡蹻蹻，鈎膺濯濯'，'濯濯'舊訓當明亮講，跟鼎銘所云'嘆金雁（膺）'也是吻合的。現在本銘中居然出現了從'丩'的'翑'字，而且與'雁（膺）'連文，正可以證明'翑雁'和'金嘆金雁（膺）'之'嘆雁'都是'鈎膺'的古寫。鈎膺是馬飾。'膺'指繁纓（古書也作'樊纓'），是一種系在馬頸或馬胸上的裝飾品。……'鈎'則指'婁頷之鈎'（《周禮·春官·巾車》鄭注語，'婁'當系講），即出土西周車馬中所見系在馬嘴上的兩根長條形鈎狀銅飾。這種長條形鈎狀銅飾顯然有翼護馬嘴的作用，故其字既可用會意的辦灋寫作'嘆'，也可有形聲的辦灋寫作'翑'（鈎字的基本聲符即為'丩'）。"（詳《炎戒鼎補釋》）

璽彙 3492

【注】從网丩聲。●晉璽"罔張"，人名。

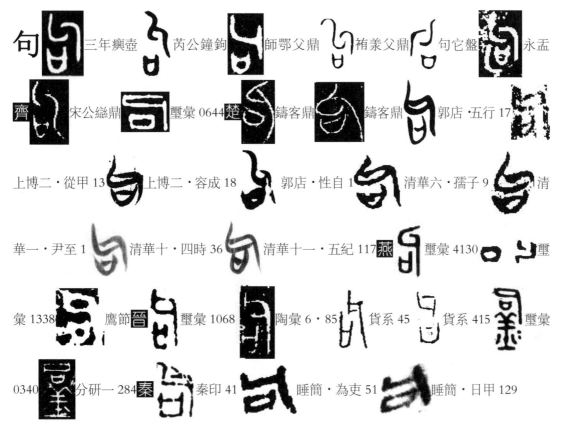

句 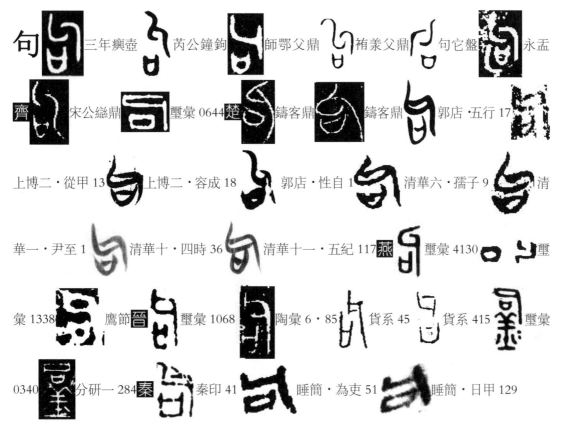 三年瘋壺　芮公鐘鉤 師鄂父鼎 褅兼父鼎 句它盤 永盂

齊 宋公變鼎 璽彙 0644 楚 鑄客鼎 鑄客鼎 郭店·五行 17

上博二·從甲 13 上博二·容成 18 郭店·性自 1 清華六·孺子 9 清

華一·尹至 1 清華十·四時 36 清華十一·五紀 117 燕 璽彙 4130 璽

彙 1338 鷹節 晉 璽彙 1068 陶彙 6·85 貨系 45 貨系 415 璽彙

0340 分研一 284 秦 秦印 41 睡簡·為吏 51 睡簡·日甲 129

【注】甲骨文作 ，從口從丩（兼聲，表語聲彎曲），會言語曲折之意。古人讀書，輒于語句停頓處鉤以止之，故用言語曲折來表示停頓句子之意。言語之曲折，轉而為凡事之曲屈，俗又作勾。《説文》：“，曲也。從口丩聲。凡句之屬皆從句。”本義是彎曲。為了分化字義，後來語句等義變讀為 Jù，用“句”來表示。勾曲之義仍念 Gōu，變形為“勾”，以相區別。鉤子之義則另加形符“金”寫作“鉤”。●讀鉤，鉤子。《芮公鐘鉤》：“芮公乍鑄從鐘之句（鉤）。”●動詞，傳語也。《洹子孟姜壺》：“齊侯命大子乘遽來句宗白（伯）。”《漢書·叔孫通傳》：“大行設九賓，臚句傳。”顏師古注引蘇林曰：“上傳語告下為臚，下告上為句也。”●讀考。《師鄂父鼎》：“用旂（祈）眉壽黃句（考）吉康。”●句鑃：古代銅制打擊樂器或響器。形制如商代銅鐃，用于軍旅和享祀。《姑馮昏同之子句鑃》：“自乍（作）商句鑃。”句鑃命名之初為兵器，後轉而為樂器。●人名。《十五年守相杢波劍》：“邦左庫工帀（師）采☐、冶句巡戟齊（劑）。”●楚簡多讀後。《郭店·性自 1》：“心亡奠志，[待]（待）勿（物）而句（後）复（作）。”●讀后，君后。《清華一·尹至 1》：“尹曰：‘句（后）！我逨（來），越今句=（句句—恟恟）。’”楚金文《鑄客鼎》亦讀后。《璽彙 1068》“夫句”讀“太后”。●《璽彙 4130》“厶句”為璽印別名，句有“止”義，用作古璽自名，是因為其主要用於封緘物品的緣故，取其“封止不洩露”之義。《璽彙 1338》“衛句”。●《璽彙 0340》“句丘關”，“句丘”合文，讀谷丘，地名。《分研一 284》“句丘砥”，當以地名為複姓。●秦簡讀苟。《睡簡·為吏 51》：“臨難見死，不取句（苟）免。”

 楚  上博五·季庚 18

【注】從臾句聲。●讀劬。《上博五·季庚18》："𣃡（賢）人大於邦，而又（有）𦥑（劬）心。"劬心，勞心。《後漢書·列女傳》："夙夜劬心，勤不告勞，而今而後，乃知免耳。"

碩楚  清華二·繫年68

【注】從頁句聲。●讀詢或讀詬。《清華二·繫年68》："所不復頎（詢）於齊，母（毋）能涉白水。"

炤楚  九店621·14

【注】從火句聲。●疑簡文"炤"即"煦"字的異體。讀煦。"炤"似是一種烹飪方法。據《方言》卷七、《説文》火部，"煦"有"熱、乾、蒸"等義。

徇齊  陶録2·50

【注】從彳句聲。●人名。

尼楚 上博五·競建2

【注】從止句聲。●讀雊。《上博五·競建2》："昔高宗祭，有鴝（雊）尼（雊）於俟（彝）前。"雊雊，雄雞鳴也。《説苑·辨物》："昔者高宗感於雉雊之變，修身自改，而享豐昌之福也。"《書·高宗肜日序》："高宗祭成湯，有飛雉升鼎耳而雊。"後因以"雉雊"為變異之兆。《後漢書·皇后紀上》："高宗、成王有雉雊、迅風之變。"

迥楚 上博五·競建10、 上博五·鮑叔2 包山178

安大一106

【注】從辵句聲，"逅"之異構，《説文》作"遘"。●讀驅。句，見紐侯部；驅，溪紐侯部，二字聲近韻同。《上博五·競建10》："迥（驅）逐敗縱（弋）無羿（期）度。"●讀考。《上博五·鮑叔2》："周人之所以代之，觀其容，聽〔其〕言，迥（考）佝（實）者使。"詳"佝"字。●包山簡為人名。●讀婁。《安大一106》："子又衣常（裳），弗敱（曳）弗迥（婁）。"上古音"迥"屬見紐侯部，"婁"屬來紐侯部，音近可通。

佝齊  陶彙3·480 楚 上博三·周易34 秦 秦印157

【注】從人句聲。●齊陶、秦印人名。●讀媾。《上博三·周易34》"昏佝"，讀"婚媾"，婚姻、嫁娶。《集韻》："佝，或作傋。"

包山 137

【注】從广佝聲。●讀拘。《包山 137》："迲（解）宧而逃。"

包山 123 　郭店·窮達 6

【注】從广句聲。●讀拘。《郭店·窮達6》："关（管）寺（夷）虘（吾）宧（拘）縣（囚）异（梏）縛，戮（釋）杙（械）槫（柙），而為者（諸）侯相。"●讀拘，牢房。《包山123》："有疾，死於宧。"

清華五·三壽 17 　　清華五·三壽 26

【注】從貝宧聲。●"賌"當即"購"之或體，當讀詬、或讀垢，訓"恥"。簡文"徇賌（詬）揭淫"是說遍示百姓以恥辱，揭舉邪惡之行，讓百姓知道什麼是恥辱，什麼是邪行。這也是教導的一種方式。

庙監鼎

【注】從广句聲，疑"宧"之異文。●人名。《庙監鼎》："庙監乍（作）寶隥彝。"

姁 衺兼父鼎

【注】從女句聲。《説文》："姁，嫗也。"本義老婦人。常用作人名，"姁"用作人名當為好字眼，《前漢·呂後紀》後名雉，字娥姁。姁偷，美貌也。●人名。《衺兼父鼎》："衺兼父乍（作）罍姁朕（媵）鼎。"

局 睡簡·為吏 1

【注】從尸句聲。●棋盤。《睡簡·為吏1》："凡治事，敢為固，謁私圖，畫局陳弈（棋）以為楮。"

包山 85 　　璽彙 3758 　　璽彙 2744 　　珍戰 145 　信安

君鼎

【注】從欠句聲。●戰國文字均為人名。《信安君鼎》："眂（視）事欿，冶瘉。"

耆 耆耳尊　耆師奎父鼎　耆師舟籃　耆牆盤　耆買籃　耇曾伯文籃　耇曾伯文

籃　耇曾伯文籃　耇黃君籃蓋楚　耇、　耇曾伯黍籃　耇曾仲大父螽籃　蜀

清華一·皇門1　蜀清華十·四告45秦　耆故宮431

【注】從老省，句（或丩）聲，與小篆同。高田忠周曰："蓋句者曲也，老人背曲佝僂也。"（《古籀篇》三十三）是聲中有義也。《說文》："蜀，老人面凍黎若垢。從老省，句聲。"《釋名》："耇，垢也。皮色驪悴，恒如有垢者也。或曰胡耇。"本義老、年高。●高壽也。《詩·小雅·南山有台》："樂只君子，遐不黃耇。"毛傳："黃，黃髮也；耇，老。"黃耇，年壽高的人髮黃而膚有垢（今天所謂"老人斑"），為長壽的代稱。金文多見，如《述盤》"天子其萬年無疆耆黃耇"、《黃君籃》"用易眉壽黃耇萬年"，為祈求長壽之語。《詩·商頌·烈祖》："綏我眉壽，黃耇無疆。"其義與銘文同。●秦印"趙部耇"，人名。

詢楚郭店·五行10　新蔡零115　上博五·三德4　清華

五·三壽27晉類編77秦睡簡·日甲8　里耶8·1562

【注】從言句聲，同"詬"。●讀詬。《上博五·三德4》："毋詢（詬）政卿於神宋（次），毋宜（享）牆（逸）焉（安）救（求）利。"●讀觀。《郭店·五行10》："亦既見𠧚（之），亦既詢（觀）𠧚（之）。"●《睡簡·日甲8》："十四日臭（謑）詢。"謑詢，詈辱、詈罵侮辱。

拘　螽駒尊蓋楚　清華十·四告40秦　詛楚文

【注】《螽駒尊蓋》右旁所從象拘執人形，與執訊之"訊"所從相同，應為形符，左旁從句，應為聲符，即古"拘"字無疑。戰國文字從言句聲。《說文》："拘，止也。從句從手，句亦聲。"本義拘留、拘禁。●拘駒：金文或言"執駒"，詳"駒"字。《螽駒尊》："王拘駒啟，易（賜）螽駒，勇雷雛子。"尊銘云："王初執駒于啟。"而蓋銘用字，云："王拘駒啟。"釋"拘"正合器銘用"執"之意。《周禮·夏官司馬·校人》鄭玄注云："執，猶拘也。"●拘留、拘禁。《詛楚文》："拘圉其叔父，真（置）者（諸）冥室槥棺之中。"楚文字用"苟""拘"表示拘。●整

理者讀叩。《清華十·四告 40》：“於（嗚）虎（呼），乃蟲（沖）孫虎哀告截詢（叩）。”

胸 楚 〔圖〕 望山 2·13 〔圖〕 清華三·赤鳩 9 秦 〔圖〕 秦印 76

【注】從肉句聲。●讀翎。翎，《説文》“羽曲也”。《望山 2·13》：“翠（翠）胸。”●讀喉。《清華三·赤鳩 9》：“巫鶩（烏）乃歎少（小）臣之胸（喉）渭（胃）。”●秦印“臨胸丞印”，臨胸，地名。

駒 句 〔圖〕 師奎父鼎 〔圖〕 兮甲盤 〔圖〕 駒父盨 〔圖〕 駒父盨 〔圖〕 師克盨 〔圖〕 伯晨鼎

〔圖〕 九年衛鼎 〔圖〕 盠駒尊 〔圖〕 盠駒尊 〔圖〕 盠駒尊 〔圖〕 盠駒尊 〔圖〕 發頁駒簋 〔圖〕

仲駒父簋 〔圖〕 仲駒父簋 〔圖〕 卌三年逑鼎 楚 〔圖〕 曾侯 179 燕 〔圖〕 璽彙

3866 〔圖〕 考古 1987·5 晉 〔圖〕 侯馬 秦 〔圖〕 睡簡·日乙 42 〔圖〕 集粹 613

【注】從馬句聲。從句聲字皆有小義。《爾雅》釋畜云：“犬未成豪，狗。”郭注云：“狗子，未生旄毛者。”又釋獸云：“熊虎丑，其子狗。”蓋犬之小者為狗，熊虎之小者亦為狗，馬之小者為駒，其義一也。《説文》：“〔圖〕，馬二歲曰駒，三歲曰駣。”本義為兩歲以下之小馬。●小馬。《兮甲盤》：“駒車。”《伯晨鼎》：“駒車。”駒車，小馬駒拉的車。《詩·漢廣》：“言秣其駒。”毛傳：“五尺以上曰駒。”《詩·株林》：“乘我乘駒。”鄭箋：“馬六尺以下曰駒。”一説“駒車”即鉤車，《禮記·明堂位》：“鉤車，夏后氏之路也。”鄭玄注：“鉤，有曲輿者也。”●執駒：禮儀名。馬駒二歲離開母馬而為王服役時，施行初系馬具的典禮。《達盨》：“王才（在）周，執駒于渦应。”周代重視馬政，故天予親自參加執駒禮。●人名。《仲駒父簋》：“录旁中（仲）駒父乍（作）中（仲）姜，子子孫孫永寶用亯（享）孝。”古璽印均為人名。

狗 句 〔圖〕 長子狗鼎 楚 〔圖〕 上博三·彭祖 8 〔圖〕 上博三·彭祖 3 〔圖〕 郭店·語叢

四 2 〔圖〕 清華二·繫年 112 燕 〔圖〕 璽彙 3496 晉 〔圖〕 璽彙 1158 秦 〔圖〕 睡簡·日

甲 48 背 〔圖〕 睡簡·日乙 164 〔圖〕 秦風 22 〔圖〕 璽彙 0639 〔圖〕 秦印 196

【注】從犬句聲，與小篆同。《説文》："狗，孔子曰：'狗，叩也。叩气吠以守。'"狗，西周金文已見，當是犬之方言分化字。●古文字多用為人名。《長子狗鼎》："長子狗乍（作）文父乙障彝。"●讀苟。《郭店·語叢四 2》："言而狗（苟），牆（牆）又（有）耳。往言剔（傷）人，坴（來）言剔（傷）吕（己）。"●秦簡用為本義，犬也。《睡簡·日乙 164》："生在亥，狗肉從東方來，中鬼見社為姓（眚）。"

狗 齊 陶録 2·193

【注】從豕句聲，《字林》豕鳴也。●齊陶人名。

笱 楚 仰天 22　秦 秦印 41　嶽麓一·為吏 59　睡簡·日甲

157 背 關簡 326

【注】從竹句聲。●《仰天 22》"笱笭"。《説文》："笱，曲竹捕魚笱也。"笭通茅。楚人以茅為旌識。《公羊傳》宣公十二年："鄭伯肉袒，左執茅旌，右執鸞刀，以逆莊王。""笱茅"謂茅旌之竿，為喪車附件。●秦印多讀苟，姓氏。●讀苟。《睡簡·日甲 157 背》："主君笱屏詞馬。"

絢 楚 仰天 23　秦 陝新 573　里耶 8·913

【注】從糸句聲。●織物。《仰天 23》："生絢絅組。"生絢，讀青絢。《禮儀·士冠禮》："青絢繶純。"《儀礼·士冠礼》："屨夏用葛，玄端黑屨，青絢繶純。"《注》絢之言拘也。以為行戒，狀如刀衣，鼻在屨頭。●讀糾。《里耶 8·913》："槀參絢（糾）緘袤三丈四。"詳"緘"字。●秦印"壬轉絢"，人名。

枸 楚 曾侯與編鐘　包山 97　上博五·三德 21　安大一

105 秦 睡簡·秦種 134　圖典 64　里耶 8·455

【注】從木句聲。●讀考。《曾侯與編鐘》："難老黃枸（考），耆終無疆。"●《睡簡·秦種 135》："勿枸櫝欙杕。"整理小組注："枸櫝欙杕，均為刑具。枸櫝應為木械，如枷或桎梏之類。欙讀為縲（音雷），繫在囚徒頸上的黑索。杕，讀為鈦（音第），套在囚徒足脛的鐵鉗。"●包山簡地名。●讀樞。《安大一 105》："山又（有）枸（樞），溼（隰）又（有）俞（榆）。"《毛詩》作"山有樞"。毛傳："樞，荎。"《隸釋》載《石經》殘碑作"藲"。《爾雅·釋木》："藲，荎。""樞""藲"

"藍"皆是刺榆之名。上古音"枸"屬見紐侯部，"樞"屬影紐侯部，音近可通（參《古字通假會典》第335頁）。●秦印"枸吉"，姓氏。《姓氏考略》："河內多杞，所居饒之，因以為氏。"

 包山牘4

【注】從艸枸聲。●讀枸，橘類。

 封編0182　　秦印127　　珍秦284

【注】從日句聲。●《封編0182》"昫衍導（道）丞"，地名。●秦印人名。

陶彙3‧813　　包山28　　清華二‧繫年66　　清華二‧繫年72　　璽彙2059　　璽彙2062　　璽彙2063　　古璽姓氏考（複姓十五篇）

【注】從邑句聲。●齊陶"郇市"，地名。●包山簡、晉璽姓氏，讀句。亦有可能讀苟，漢代有苟參，見《漢書‧陳湯傳》。●讀駒。《清華二‧繫年72》："郇（駒）之克走敓（援）齊侯之繲（帶），獻之競（景）公，曰：'齊侯之（來）也，老夫之力也。'"●《古璽姓氏考（複姓十五篇）》"郇亡"，讀"句芒"，複姓。句芒是古代傳說中的主木之官，後又為木神名。《左傳‧昭公二十九年》："木正曰句芒。……少皞氏有四叔，曰重、曰該、曰修、曰熙，實能金、木及水。使重為句芒……世不失職，遂濟窮桑。"杜注："正，官長也。取木生句曲而有芒角也。""句芒"氏是以官為氏。

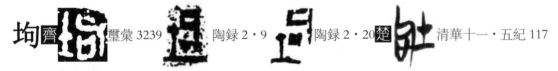

璽彙3239　　陶錄2‧9　　陶錄2‧20　　清華十一‧五紀117

【注】從土句聲。●齊陶"右敀均京釜"，同"鈞"，匠人。●《璽彙3239》"均閭"，複姓。●●《清華十一‧五紀117》："大盟（明）瓔（彌）巨，匡廢図（攝）韋（威），隓（融）□□均，秉句羊。"義不詳。

郭店‧老甲36　　清華一‧祭公13　　清華一‧祭公14　　清華一‧祭公18

【注】從石句聲。●均讀厚。《清華一‧祭公13》："不（丕）隹（惟）句（后）襏（稷）之受命是羕（永）冔（厚）。"古音"厚"在匣紐侯部，"句"在見紐侯部，音極近。

洵 楚 清華七·越公 28　　清華七·晉文公 4 燕 璽彙 0017

璽彙 0119　　璽彙 0359　　洵城都小器

【注】從水句聲。●《洵城都小器》"洵城都"、《璽彙 0017》"洵城都司徒"，"洵城"為燕地名，當在洵水附近。此璽應為洵城都司徒所用之印。黃盛璋："洵城都"官印所見有三："洵城都司徒""洵城都丞""洵城都興皇"。此外還見於一不知名小銅器，銘文有"洵城都"（《雙劍誃古器物陶錄》上—55），當為同地製造。《竹書紀年》："梁惠成王十六年齊師及燕師戰於洵水，齊師遁。"洵水現在還叫洵河，臨洵城在今三河縣境（或即縣南三里的城子村，可能就洵城舊址設置），不管怎樣說，洵水皆在燕境，與洵水有關的洵城亦必在燕境。（黃盛璋《所謂夏虛都三璽與夏都問題》）●讀溝。《清華七·晉文公 3》："古（故）命洲舊洵（溝）、增舊芳（防）。"

刣 燕 璽彙 4124

【注】從刀句聲。●燕璽人名。

斫 楚 包山 187

【注】從斤句聲。《說文》："斫，斫也。"本義鋤一類的工具。●包山簡人名。

軥 楚 望山 2·11

【注】從車句聲。●車軛兩邊下卷以利於系革帶的部分。《望山 2·11》："紫盍（蓋），軥、杠皆敱（雕）。"《說文解字》："軥，軛下曲者。"

鉤 楚 郭店·語叢四 8　　信陽 2·2　　安大一 46　　清華

十·四時 14 清華十·四時 5 秦 鉤 里耶 8·218

【注】從金句聲。●用為本義，鉤子。《郭店·語叢四 8》："敱（竊）鉤（鉤）者或（誅），敱（竊）邦者為者（諸）侯。"●《安大一 46》："鉤矛鈹（鏺）淳（錞）。"《毛詩》作"厹矛鋈錞"。"厹"，毛傳："三隅矛也。"孔疏："矛刃有三角。""鉤"當讀如本字，"厹"為借字。"鉤"即勾兵，戈戟之屬，與"矛"對舉成文。

316

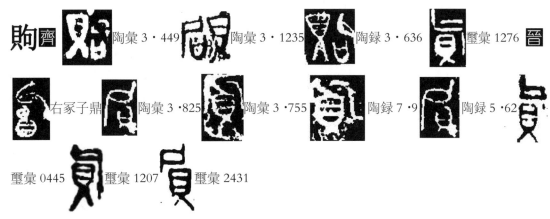

【注】從貝句聲。或從貝丩聲，當為"朐"之省文。●均為人名。

【注】從宀朐聲。●《清華五·三壽25》："詥高玟（文）富而昏忘寶。"整理者讀詢。《左傳·昭公二十年》："子死亡有命，余不忍其詢。"杜預注："詢，恥也。"陸德明釋文："詢，許侯反。恥也。本或作詬，同。"詥，"暮四郎"先生讀歆，訓為"貪"。寶似可讀朐，《玉篇·貝部》："朐，稟給也。""富"與"朐"義正相關。這句話可能是批評統治者因貪羨"高文"之富而昏忘了稟給之事，所以引發了下文所説的"神民並尤而仇怨所聚"。

【注】從广句聲。●均為人名。《七年相邦陽信君鈹》："冶吏痀敄齊（劑）。"

【注】從立句聲（或從立丩聲）。●《璽彙0037》"左司馬purView"、《封成2》"左司馬聞（門）purView信鈢"。何琳儀謂齊官璽封泥之"purView"，應是隸屬司馬的匠人。（《戰國官璽雜識》）《説文》："purView，健也。一曰匠也。從立句聲，讀若齲。《逸周書》有purView匠。"此璽當為左司馬屬下的purView所用之印。●餘例均為人名。

七・晉文公 2  上博三・周易 41　上博三・周易 40　清華十・四時 19

【注】從攴句聲。●讀扣。攷，《玉篇》或作扣。《上博三・周易 17》："係而攷（扣）之，從乃
矖（維）之。"●讀拘。《清華七・晉文公 2》："命訟獄（獄）攷（拘）執睪（釋）遣（滯），責
母（毋）又（有）貪。"●《上博三・周易 40》讀姤，卦名。《姤》卦象征相遇，又寫作遘。●
讀厚。《郭店・性自 23》："凡聖（聲），亓（其）出於情也信，狀（然）句（後）亓（其）內（入）
果（撥）人之心也攷（厚）。"

敱^楚 上博九・成乙 2

【注】從肉敱聲。●讀戮。《上博九・成乙 2》："一日而轡（畢），不敱（戮）一人。"

見紐九聲

九　九簋　　空鼎　　戍嬰鼎　　楷伯簋　　王后鼎
楷伯簋　　克鐘　　旂方彝　　盂鼎　　伯戔父簋　　鄧公簋　　宅簋
齊 齊侯錞　　節可忌豆　　陶彙 3・656 楚 嘉子易伯盧簋　　曾伯霥簋
曾子邊彝簋　　包山 23　　清華二・繫年 2　　清華二・繫年
59 燕 王后左相室鼎　　東周左師壺　　九年將軍戈　　陶錄
4・4　　璽彙 3384　　貨系 3101　　先秦編 546 晉 쇼壺　　者汈鐘　　貨系
2391　　貨系 2477　　陶彙 6・231　　璽彙 1551　　璽彙 5407　　璽彙
1095　　璽彙 3001 秦 九　　廿九年漆厄　　大良造鞅戔鐏　　集證 150

【注】甲骨文作 **ᔔ**、**ᔑ**、**ᔓ**、**九**，象人的肘形，手指已經簡化，即是"肘"的本字，後假借為數目字的"九"，本義消亡，于是另造形聲字"肘"。徐中舒謂九本為句形，曰："**ᔑ**象曲鈎之形。鈎字古作句。内公鐘句作 **ᔓ** 形，羅振玉云其狀正為圓環，下有物如蛇狀，尾上曲為鈎。句九古音同，故句得借為九，復于句形上加指示符號而作 **ᔔ**、**ᔑ**。"（《甲骨文字典》1531頁）是備一說。《説文》："**九**，陽之變也。象其屈曲究盡之形。凡九之屬皆從九。"甲骨文金文多假借為數目字"九"。●數詞。《大盂鼎》："隹（惟）九月。"《小臣宅簋》："伯賜小臣宅畫盾戈九。"●讀厹，三棱矛。《十五年趙曹鼎》："史趙曹易（賜）弓、矢、虎盧（櫓）、九（厹）、胄、盾、殳。"●讀皋。《璽彙3001》"賈九女"，"九女"二字合文，當讀"皋如"，人名。春秋越王句踐時五大夫之一即名"皋如"。●《集證150》"九江守印"，"九江"，地名。●《璽彙1095》"九侯獟"，"九侯"為複姓。吳振武認為"'九'氏中有一部分是從九侯來的，那麼古璽中出現'九侯'氏應該是不奇怪的。"（《古璽姓氏考（複姓十五篇）》）

頵 楚  上博三·周易38

【注】從百九聲。●讀頵，顴骨。《上博三·周易38》："九晶（三）：藏于頵（頵），又（有）凶。"強盛在臉部顴骨上，怒形於色必有兇險。

訄 齊  璽彙0194 楚 （  ）者汈鐘 晉 匯考339 秦 類編

469  印增94

【注】從言九聲。訄，《集韻》與尻同。●《者汈鐘》："勿有不義訄之于不音。"《玉篇·言部》："訄，謀也。"銘意為，不應有不宜之謀而造成不適。●《璽彙0194》"諧訄敀（廄）鈢"，地名。齊地諧訄負責管理敀（廄）的官署用璽。●晉璽"司馬訄"，人名。秦印"訄官都"，不詳。

酮 齊  陶録3·559

【注】從酉九聲。●齊陶人名。

旭 秦  印增255

【注】從日九聲。●秦印"任旭"，人名。

吤 楚  璽彙3505  包山28 包山38  包山60 郭店·窮達

319

3 上博二・容成 34 燕 二年叴貫府戈 璽彙 2713 璽彙 3860

【注】從口九聲。《説文》：“叴，高气也。從口九聲。”●《貫府戈》銘意不詳，疑為地名。●晉璽姓氏。●楚文字多讀皋。《郭店・窮達 3》：“叴（皋）繇（陶）衣胎（臬）蓋（葛）。”《包山 28》“郐叴塞”、《璽彙 3505》“郐九塞”，均讀“皋夷”。春秋時晉臣就有名“皋夷”的，人名“皋夷”取自地名。

郶 楚  璽彙 5584

【注】從邑叴聲。●單字璽。

佀 楚  清華十一・五紀 93

【注】從人叴聲。●讀尻。《清華十一・五紀 93》：“疾尻（處）頸、脊及佀（尻），是胃（謂）旨（耆）。”

恖 晉  菁華 22

【注】從心叴聲。●晉璽姓氏。

敁 楚  璽彙 0268 ・包山 155

【注】從攴叴聲。●《璽彙 0268》“敁右馬鈝”，讀廄，馬舍。九、段（簋）聲系可通。《説文》“廄”之古文作㝢。《釋文・釋宮室》：“廄，勼也。”簋，戰國秦銅器作軌，均為佐證。●《包山 155》“敁客”，陳偉疑為“喪客”，負責操辦安葬王士。

翑 楚  包山牘 1 包山 273 包山 273

【注】從羽叴聲。●讀就。《包山 273》：“二戟（戟），戟（侵）二翑（就），二帮（施），皆朮九翑（就）。”詳“軌”字。

畜 楚  天星

【注】從酋旮聲。酋即由西周金文中的⦿（⦿）演變而來的，楚簡中另見齒（齶）、齒（籧）等。●讀櫜，甲衣。《説文》：“櫜，車上大橐。從橐省，咎聲。《詩》曰：‘載櫜弓矢。’”典籍中或作皋，為同音假借，皋、九、旮古音相近，同屬見系幽部字。（施謝捷《楚簡文字中的櫜字》）

 包山 273

【注】從韋旮聲。●讀櫜，甲衣。《包山 273》：“轀韋韜（櫜）。”詳“酱”字。

 包山 268

【注】從晏旮聲，當為“韜”之訛文。●讀櫜。詳“酱”字。

 包山 271

【注】從糸旮聲。●讀櫜。詳“酱”字。

 璽彙 5503　　包山 266

【注】從金旮聲。●讀旮。《包山 266》：“一鈚（匜），一鉛鑶（甗）。”整理者：讀如“旮”，《説文》：“高氣也。”鉛鑶，即用於蒸食物之器，與出土實物相符。

 上博一·詩論 21　　上博一·詩論 22　　安大一 21

【注】從鳥旮聲，直接隸為“鳩”。●詩經篇名。《上博一·詩論 21》：“《鳲鳩》吾信之。”●鳥名。《安大一 22》：“隹（維）鵲又（有）巢，隹（維）鳩尻（處）之。”《毛詩》作“維鳩居之”。鳲鳩（布穀鳥），自己不築巢，居鵲的巢。

 叔角父簋

【注】從宀旮聲。●人名。《叔角父簋》：“弔（叔）角父乍（作）朕皇考宺（宄）公隥段。”

 望山 1·137

【注】從示宺聲。●讀厩，厩神之專字。《望山 1·137》：“祭宺，甲戌。”

歋楚 越王句踐之子劍　　越王句踐劍　　包山 186

【注】從欠卣聲，"卣"之繁文。●讀勾。《越王句踐之子劍》："歋（句）淺（踐）之子。"歋淺，讀勾踐。●包山簡"郑隉公歋"人名，可讀皋。

驕楚 曾侯 171

【注】從馬從骨狀聲。●馬名。《曾侯 171》："深驕為左飛（騑）。"

鞪楚 曾侯 25　　曾侯 46　　曾侯 137

【注】從韋狀聲。●讀就，帀也。《禮·禮器》大路繁纓一就。《注》五采一帀曰就。《周禮·巾車》言玉路"繁纓，十有再就"。《曾侯 125》："韋，桐賠。一革綢，三鞪。"古代胄上有專門置纓的地方。●讀橐，甲衣。《曾侯 2》："屯斂鞪，屯瓗（繡）組之綏。"鵬宇讀卣，三隅矛曰卣。簡文即指墓中出土的長桿細矛。《詩·秦風》卣矛鋈錞。"斂"讀紛，"屯斂鞪"大概是指卣矛的秘上有一圈圈的絲綫纏繞。"瓗（繡）組之綏"大概即是指此絲綫的顏色。（《曾侯乙墓竹簡文字集釋箋證》253 頁）

妾（宄） 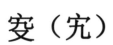 兮甲盤楚 清華八·攝命 27　清華八·攝命 28

【注】從又宄聲，"宄"之繁文。●用為本義，姦宄。《兮甲盤》："其隹（唯）我者（諸）侯、百生（姓），乓（厥）貯（賈），母（毋）不即市，母（毋）敢或入緣（蠻）宄貯（賈），則亦井（刑）。"意為淮夷之地的我諸侯百姓，如交易物品，也當到市場去，如有敢到蠻地作非灋交易者，則同樣要受到懲處。"宄賈"即非灋交易。所謂非灋交易，應指不到規定的市場去，以逃避稅收和管理。●讀仇。《清華八·攝命 27》："民朋亦則興妾（仇）昌（怨）女（汝）。"

智鼎

【注】甲骨文作𠔻、𠔼。徐中舒謂從殳從九，從殳蓋表室內祛除禍祟之形，九當為表聲。引申為外姦內宄之宄。《說文》古文從又從九，與甲骨文形近，蓋從又從殳古每相通。（詳《甲骨文字典》809 頁）金文同甲骨文。《智鼎》從廾宄聲，為"宄"之繁文。《說文》："宀，姦也。外為盜，內為宄。從宀九聲。讀若軌。𠔻古文宄。𠔼亦古文宄。"段玉裁注："姦宄者，通偁。內外者，析言之也。"本義從內部作亂或竊奪。卜辭中用為祭名，被除室內不詳之祭。●先祖廟號。《智鼎》："智用絲（茲）金乍（作）朕文孝孝（考考）弃（宄）白（伯）黻牛鼎。"此義《師望鼎》作𡧚，《伯梣簋》作𡧙。

袤_秦 睡簡・為吏 3

【注】從衣省先聲。●整理者隸定為袤，讀戮。《睡簡・為吏 3》：“勞（傲）悍袤暴。”

芁_晉 璽彙 0677　璽彙 2294

【注】從艸九聲。●《璽彙 2294》“芁嗌”讀鳩夷，複姓。《璽彙 0677》人名。

恋_晉 厝編 50

【注】從心芁聲，“芁”之繁文。●人名。

杋_秦 秦印 81　類編 167

【注】從木九聲，“簋”之異文。●秦印“杋始”“杋交”讀九，姓氏。“王杋”為人名。

圠_齊 陶録 2・679

【注】從土九聲。●齊陶人名。

究_秦 秦印 147

【注】從穴九聲。●人名。

邔_晉 侯馬　貨系 1210　貨系 1211

【注】從邑九聲。●晉尖足小布地名。

軌_軓 軌敦_秦 會稽刻石

【注】從車九聲，與小篆同。《説文》：“軓，車轍也。”本義車子兩輪之間的距離，其寬度為古制八尺，後引申為車轍。●讀簋，古代食器。《説文》“簋”古文作“匭”，軌、簋均屬見紐幽部。《軌敦》：“軌（簋）。”本器器與蓋有對銘“軌”字。《儀禮・公食大夫禮》“宰夫設黍稷六簋于俎西”，鄭注：“古文簋皆作軌。”因此“軌”字應即古文“簋”字，應是本器的自名。由此可知，

323

秦代又將敦形器稱"簋",為青銅器的定名研究增添了重要資料。●車轍。《會稽刻石》:"皆遵度軌,和安敦勉。"

飯 [楚] 清華四·筮法 53 [晉] 分研 225 璽補 177 圖典 275

【注】從食九聲。●晉璽人名。●《清華四·筮法 53》:"才(在)上為飯(膠),下為汰。"飯、汰二物似彼此相類,"飯"試讀醪,《説文》:"醪,汁滓酒也。從酉翏聲。"汰,即"汏",《説文》:"汏,淅𤄶也。從水大聲。"即淘米水。

籼 [齊] 齊陶 0046 齊陶 0206

【注】從米九聲。●人名。

欯 [楚] 包山 120

【注】從各從九,雙聲字。●人名,讀咎。

厖 [楚] 圖典 125

【注】從厂欯聲。●"上厖宮大夫之鈢","上厖"讀上洛,地名。

尣 胡叔鼎

【注】從老省九聲。●讀考。《胡叔鼎》"壽尣",讀壽考。丂,溪紐幽部;九,見紐幽部,古音相近。

見紐皋聲

皋 [秦] 睡簡·日甲 13 背 秦印 206 關簡 326

【注】構形不明,或謂"夰(罘)"之異文,後異體分化出皋。漢代文字作 (漢印文字編 461 頁),與秦印吻合。●長聲,象聲詞。《睡簡·日甲 13 背》:"皋!敢告璽(爾)豹𧎮。"簡文或作"繰"。●秦印人名。

繰 [秦] 睡簡·日甲 194

【注】從糸皋聲。聲符構件"白"與"大"倒置。●讀皋。孔穎達《疏》："皋者，引聲之言也。"《睡簡·日甲194》："祝曰：'繰（皋）！敢告壐（爾）宛奇……。'"

見紐韭聲

【注】象形字。象地上生長韭菜之形。●均用為本義。《說文》："韭，菜名。一種而久者，故謂之韭。"《睡簡·秦種179》："給之韭蔥。"《郭店·語叢四11》："怭（四）婦禺（愚）夫不智（知）其向（鄉）之小人、君子。飤（食）韭亞（惡）智（知）終其葉。"這裏是說匹婦愚夫一生偏處鄉間，僅知剪韭葉而食，尚且食之不盡，遑論其他。

見紐皀聲

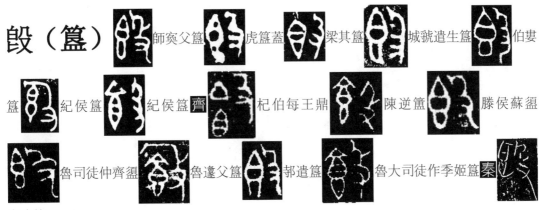

秦公簋

【注】甲骨文作🔹、🔹、🔹、🔹、🔹，象手持匕匙取食之狀，會食器之意。金文同甲骨文，但變體甚多。皀或變為食，持之形或變作殳、支，或增益广、宀、皿。皀、皀、簋為一字，蓋皀為初文，皀為合體象形，簋則為增體象形（從竹言其質，從皿者舉其類）。如今只保留"簋"。《說文》："簋，黍稷方器也。從竹從皿從皀。🔹古文簋從匚、飢。🔹古文簋或從軌。🔹亦古文簋。"出土與傳世青銅簋均圓形，與《周禮》所言形制相符，《說文》所言失實。本義為食器，後來主要用于宗廟禮器。●青銅或陶制的古代食器。圓口，圈足（或復于下增三足）。無耳或有兩耳，也有四耳，或帶蓋的。用以盛食物。盛行于商、周時代。《令簋》："用乍（作）丁公寶段（簋）。"《周禮·地官·舍人》："凡祭祀共簠簋，實之陳之。"鄭玄注："方曰簠，圓曰簋，盛黍稷稻梁器。"●讀飽。《命簋》："命其永旨（以）多友段飤。"陳夢家曰："段假作飽，《說文》訓'飽也'。"

【注】從勹段聲，為"段"之繁文。郭沫若謂從月或月省聲，月象腹形，與勹同意。月象腹形，從段會飽食之意。（《金文叢考》369頁）●讀飽，飽也，與"饗"意近。《令簋》："用鄉（饗）

王逆逪，用飤寮人。"●讀簋，器名。《晨簋》："晨乍（作）寶簋。"

盤屐簠簋_楚 蔡侯申簋 清華五·封許7 慎疣簋

【注】從皿殷聲，"簋"之繁文。《慎疣簋》當從金盤省聲。●讀簋。《慎疣簋》："慎克自乍（作）薦盤（簋）。"

飤 牧簋 伯鄭簋_楚 清華八·虞夏3 清華七·越公44

【注】從宀殷聲。"廄"之異文。●讀揆。《牧簋》："王若曰：牧，昔先王既令女（汝）乍（作）嗣（司）士，今余唯或飤改，令女（汝）辟百寮。"飤改，即改變。●讀簋，器名。《伯鄭簋》："白（伯）鄭乍（作）肇（旅）飤（簋）。"《清華八·虞夏3》："祭器八飤（簋）。"●讀勾。《清華七·越公44》："王則臤（比視），隹（唯）飤（勾）茖（落）是戜（察）睛（省）。"

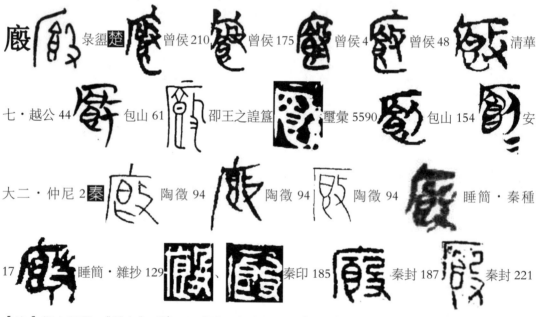

廄 彔盨_楚 曾侯210 曾侯175 曾侯4 曾侯48 清華七·越公44 包山61 邵王之諻簋 璽彙5590 包山154 安大二·仲尼2_秦 陶徵94 陶徵94 陶徵94 睡簡·秦種17 睡簡·雜抄129 秦印185 秦封187 秦封221

【注】從广殷聲。《説文》："廄，馬舍也。從广殷聲。《周禮》曰：'馬有二百十四匹為廄，廄有僕夫。'廏古文從九。"古文字多用為本義。"廄"楚文字異體眾多（作戲、廐、寠、廏等），可參看本書。齊文字作"敆"。●秦簡用為本義，馬舍。《睡簡·日甲103正》："為羊牢馬廄，亦弗居。"●管理馬匹的職官。《睡虎·廄苑律》"大廄""中廄""宮廄"，秦封泥"小廄""左廄""右廄""御廄""官廄""下廄""泰廄"等等，均是管理馬匹的各級機職官。曾侯簡"廄尹"，官名。●讀簋，食器。《昭王之諻簋》："邵（昭）王之諻（媓）之盧（薦）廄（簋）。"●讀勾，古同"鳩"，聚集。《清華七·越公44》："亓（其）廄（勾）者，王見亓（其）執事人則旳（怡）念（豫）憙也。""勾"大人多，"落"小人少，越王希望越國的人口可以增多，因此他見到勾的首領內心就很開心。●讀仇。《安大二·仲尼2》："皮（彼）求我，若不我昜（得）蟄（執）我廄=（仇仇），亦不我力。"見《毛詩·小雅·正月》，原文作"彼求我則，如不我得。執我仇仇，亦不我力"，

鄭玄箋："彼，彼王也。王之始徵求我，如恐不得我。言其禮命之繁多。"

郮_楚 曾侯 130

【注】從邑廄聲。●應為人名。《曾侯 130》："郮齖馭左彤屝（殿）。"

敊_齊 璽彙 0035　璽彙 0038　璽彙 0041　璽彙 0043　璽彙 0193　璽彙 0195　璽彙 0196　璽彙 0881　璽彙 1285　匯考 37　陶彙 3·499　陶彙 3·671　右里鏄　陶彙 3·498　陶彙 3·672

【注】從攴從皀省（皀旁多省其底座），"馺"之異文。《廣韻》有"馺"字，"音救。强擊也"。"馺"與"敊"不同字。●讀軌。《右里鏄》："右里敊鏄。"《國語·齊語》："管子于是制國，五家為軌，軌為之長；十軌為里，里有司。"齊國都城周圍的民間行政組織至少有邑、里、軌三級制。"軌長"為最基層官職。●齊璽習見"司馬敊璽"，當讀廄，應是司馬屬下負責管理廄的機構所用之印。

見紐臼聲

臼_晉 錢典 348

【注】此字古文字于偏旁中習見，作兩手相對形。《說文》："臼，叉手也。從ㄓ、纠。凡臼之屬皆從臼。"●趙尖足布疑讀臼，地名。臼、臼形音俱近。《左傳·僖二十四年》濟河圍令狐，入桑泉，取臼衰。《注》解縣東南有臼城。戰國屬趙。

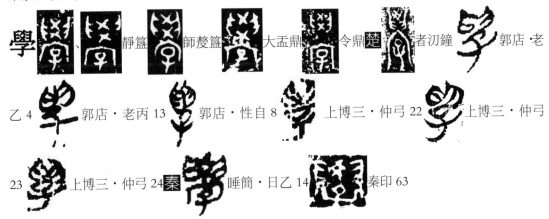

學　靜簋　師嫠簋　大盂鼎　令鼎_楚　者汈鐘　郭店·老乙 4　郭店·老丙 13　郭店·性自 8　上博三·仲弓 22　上博三·仲弓 23　上博三·仲弓 24_秦　睡簡·日乙 14　秦印 63

【注】"學"與"教"同源。甲骨文作爻、爻、爻、爻、爻、爻、爻、六、六、爻。從爻（算籌狀，取義兼聲），介是房屋的形狀（或省）。雙手（臼）于屋下擺佈算籌，會學習計算之意。臼也兼標聲。金文增意符子，表示是孩子學習計算。楚系文字"臼"中部"爻"形濃縮作豎畫。《説文》："斅，覺悟也。從教從冂。冂，尚蒙也。臼聲。𦥯篆文斅省。"所謂"覺悟"，就是了解、學到了一些自己所不知道的東西。在甲骨文、金文中，"學"字不僅有"學習"的意思，還有"教"的意思，如《合集00032》："王學眾。"其意思是：王教眾人。典籍亦如是，《禮記》："凡學世子及學士。"●學習。《靜簋》："王令靜嗣（司）射學宮，小子眔服、眔小臣、眔尸僕學射。"●讀教，教習。《靜簋》："靜學無眈（尤）。"●學校。《師𡥝簋》："師𡥝，才（在）先王小學，女（汝）敏可事（使）。"小學，周代專供貴族子弟學習的教育機構。《大戴禮記·保傅》："及太子少長，知妃色，則入于小學。"《白虎通·辟雍》："小學者，經藝之宮；大學者，辟雍鄉射之宮。"●學宮：即大學，指設在辟雍專門訓練射術的學校。《靜簋》："王令靜嗣（司）射學宮。"靜被王任命為主司學宮的學射之事，即在大學中教習射藝之術。●讀效，效命、效勞。《廣雅·釋詁三》："學，效也。"《令鼎》："小子乃學。"意即已應驗了王的若能至則賞臣十家的約言。●讀效，考效。《聞尊》："余學（效）事，女（汝）毋（無）不善。"董珊先生認為，"學"讀效，意思是"考效"，"效事"猶"考效事功"。銘文是說：師多父考核檢查事功，聞無不善。●讀教，教令。《上博三·仲弓22》："則民懽（歡）承學。""承學"，讀"承教"，接受教令。《戰國策·趙策二》："承教而動，循法無私，民之職也。"

斅 沈子它簋 楚 郭店·語叢一 61 晉 中山王𧤒鼎

【注】從攴學聲。《説文》學、斅一字。●均讀教，教化。《沈子它簋》："它用裦（懷）妏我多弟子、我孫，克又井（型）斅。"刑教，謂良好的、規範的教養。《中山王𧤒鼎》："吳人並雩（越），雩（越）人敏（修）斅（教）備㥍（信），五年覆吳。"

覺 晉 璽彙 1641 秦 睡簡·日乙 194 睡簡·答問 49 睡簡·日甲 13 背、 印增 339

【注】從見，學省聲。秦簡或省為𦥯。𦥯，《正字通》古文覺字。《説文》："覺，寤也。從見，學省聲。一曰發也。"●察覺。《睡簡·答問 68》："甲殺人，不覺，今甲病死已葬，人乃後告甲，甲殺人審，問甲當論及收不當？"●醒來。《睡簡·日乙 194》："凡人有惡夢，覺而擇（釋）之，西北鄉（嚮），擇（釋）髮而駠（呬）。"《睡簡·日甲 13 背》："人有惡㝱（夢），𦥯（覺）。"●晉璽"吕覺"，人名。

溪紐丂聲

丂 仲枏父簋 仲枏父鬲 司徒司簋 同簋 散氏盤 齊 輪鎛

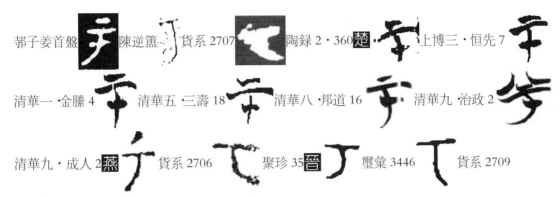

郘子姜首盤　陳逆簠　貨系 2707　陶録 2・360 楚　上博三・恒先 7

清華一・金縢 4　清華五・三壽 18　清華八・邦道 16　清華九・治政 2

清華九・成人 2 燕　貨系 2706　聚珍 35 晉　璽彙 3446　貨系 2709

【注】甲骨文作丂、𠂤，象古代一種支撐工具形，在微曲的工具上安一個短橫棍，用以支撐重物。金文小篆同。隸變後寫作"丂"。《説文》："丂，气欲舒出。𠃑上礙于一也。丂，古文以為亏字，又以為巧字。凡丂之屬皆從丂。"許慎所釋非古形古義。金文借為父考之考，猶斧之初文父後借為父母之父。字如今不單用，只作偏旁。●讀考，父親。《仲栵父鬲》："用敢鄉（饗）孝于皇且（祖）丂（考）。"●讀孝，孝順。《下都雍公諴鼎》："用追盲（享）丂（孝）于皇且（祖）考，用气（乞）𩁹（眉）壽萬年無彊（疆）。"●讀巧。《清華八・邦道 16》："士戰（守）教，攻（工）戰（守）丂（巧）。"●晉璽讀考，姓氏。開封有此姓，見《姓苑》。

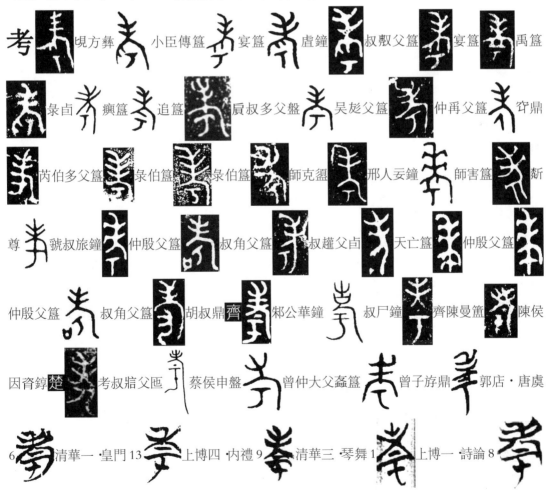

考　昷方彝　小臣傳簋　宴簋　盧鐘　叔䣄父簋　宴簋　禹簋

彔卣　癲簋　追簋　𩰫叔多父盤　吳彭父簋　仲再父簋　穸鼎

芮伯多父簋　彔伯簋　彔伯簋　師克盨　邢人妄鐘　師害簋　斳

尊　虢叔旅鐘　仲殷父簋　叔角父簋　叔趯父卣　天亡簋　仲殷父簋

仲殷父簋　叔角父簋　胡叔鼎 齊　邿公華鐘　叔尸鐘　齊陳曼簠　陳侯

因育錞 楚　考叔𠈍父匜　蔡侯申盤　曾仲大父螽簋　曾子斿鼎　郭店・唐虞

6　清華一・皇門 13　上博四・内禮 9　清華三・琴舞 1　上博一・詩論 8

329

清華六·孺子 8　　清華六·管仲 25　　清華八·邦道 21　　清華九·廼命二 2

清華九·治政 20　　清華十·四告 4晉　　中山王暠鼎　　貨系 632　　貨系

633 孝 睡簡·日乙 238

【注】甲骨文老、考同，作𦭻、𦭻、𦭻、𦭻、𦭻、𦭻，象老人長髮曲背扶杖之形。後分化為二，｜（杖形）訛為 𠤎 而為"老"，｜變形音化為"丂"而為"考"。金文多從老省丂聲。《邾公華鐘》"考"變形音化從于聲。古音"于"在匣紐魚部，"考"在溪紐幽部，聲韻俱近。《叔角父簋》繁化作𦭻。《胡叔鼎》從老省，九聲，為"考"之異文。《説文》："𦭻，老也。從老省，丂聲。孜，古文考。"本義同"老"，《詩經》："周王壽考。"引申為死，有的稱自己死去的父親曰"考"，如《史記》："生曰父、曰母、曰妻，死曰考、曰妣、曰嬪。"●長壽。《叔家父簋》："用𤕫（祈）𩁹（眉）考無彊（疆）。"●父親。常用于"且（祖）"前，且前習加"皇""剌（烈）""文""顯""帝"等褒詞。《痶鐘》："追孝于高且（祖）辛公、文且（祖）乙公、皇考丁公。"●考校、考核。《中山王暠鼎》："侖（論）其悳（德），眚（省）其行，亡不忎（順）道。考宅（度）隹（唯）型。"●《蔡侯盤》："敬配吳王，不諱考壽，子孫蕃昌。"考壽：老壽、長壽也。●讀孝。孝源自考，故金文雖有孝字，但抑或以考為孝。《仲殷父簋》："中（仲）殷父鑄段，用朝夕言（享）考（孝）宗室。"《清華八·邦道 21》："悉（愛）民則民考（孝）。"●讀老，年老。《叔趯父卣》："余考（老）不克御事。"是説"我老了，不能處理事情了"。●讀巧。《上博一·詩論 8》："《小弁》《考（巧）言》則言讒（讒）人之害也。"秦簡亦讀巧。

卜丂　　柯史簋　　柯史簋

【注】從卜丂聲。●讀柯。《柯史簋》："隹（唯）十月初吉丁卯，柯史乍（作）鄦癸（妘）媵簋。""柯"當為國名或地名。柯地在今山東東阿縣西南，《春秋·莊公十三年》："公會齊侯，盟于柯。"柯通阿，因二字皆從丂得聲，所以楊伯峻注云："柯，齊邑。今山東省陽谷縣東北五十里有阿城鎮，當是故城所在。"可知齊桓公時期，柯地屬於齊國疆域；推測柯原本是為齊所吞併之小國。周初的諸侯國只有少部分被記錄在史書中，多數小國不見於記載。顯然，柯國正是典籍之失載者。柯史簋銘揭示兩個內容，即柯國貴族的女兒鄦（唐）妘適嫁唐國，柯國是一個妘姓國。（《柯史簋與柯國、唐國》）

攷楚　　郭店·老乙 14　　郭店·老甲 1　　上博三·周易 18　　上博四·內禮

7 恁 清華八·處位 7

【注】從攴丂聲。●楚簡多讀巧。《郭店·老甲1》："𢇍（绝）攷（巧）弃利，覜（盗）惻（賊）亡（無）又（有）。"

攷楚 郳王義楚觶 清華五·命訓2 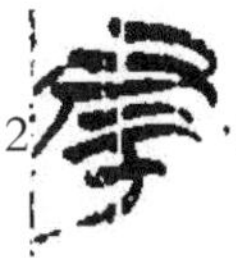新蔡甲三22 新蔡零271

【注】從又丂聲。楚簡讀守、丑。肘，古為端母幽部；丑，透母幽部；丂，溪母幽部。三者韻部相同，聲紐也有聯繫。●讀考。《郳王義楚觶》："亯（享）于皇天，及我文攷（考）。"●讀守。《清華五·命訓2》："女（如）不居而攷（守）義，則厇（度）至于亟（極）。"●新蔡用作地支，讀丑。

㑓楚 清華八·處位7

【注】從人攷聲。●讀守。《清華八·處位7》："或信能攷㑓（考），道頾（微）甬（用）亞（惡），人而曰善。"簡文"考守"謂考核官員履職。

巧秦 睡簡·秦種113

【注】從工丂聲。●技能好。《睡簡·秦種113》："隸臣有巧可以為工者。"秦文字用"巧"表示巧，楚文字假"攷""考"表示巧。

歽（朽） 作冊秦 睡簡·雜抄164

【注】金文與《説文》"歽"或體同，從木丂聲。秦簡從歺丂聲。《説文》："歽，腐也。從歺丂聲。朽歽或從木。"本義為腐朽。●地名。《作冊䡴鼎》："康侯才（在）朽自。"●讀朽。《睡簡·雜抄164》："倉扇（漏）歽（朽）禾粟。"

可 儹匜 可侯簋 師嫠簋 子可戈 可盤齊 節可忌豆 陶録3·149 陶彙3·428 楚 蔡大師鼎 蔡侯申殘鐘 上博一·詩論21 郭店·老甲21 上博四·曹沫17 上博四·曹沫24 上博八·鶹鷅2 上博八·有皇4 上博八·有皇6 清華一·程寤8 清華五·湯

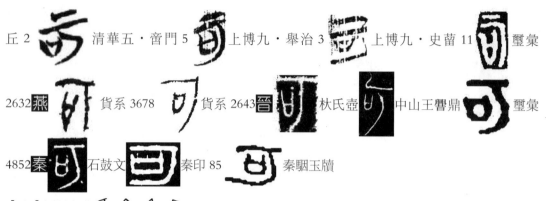

丘 2　清華五・𡆥門 5　上博九・舉治 3　上博九・史蕾 11　璽彙

2632 燕　貨系 3678　貨系 2643 晉　林氏壺　中山王𰯈鼎　璽彙

4852 秦　石鼓文　秦印 85　秦駰玉牘

【注】甲骨文作可、台、𤊾、𠮛，從口從丂（兼聲），象聲气出于口外，初義即為歌唱之歌。《說文》："可，肯也。從口丂，丂亦聲。凡可之屬皆從可。"戴家祥曰："按許氏分析可的結構是正確的，但訓釋尚可商榷。疑可是歌的初文。素問陰陽應象大論'在聲為歌'，注'歌，歡聲也'。釋名釋樂器'人聲曰歌。歌，柯也'。可從口丂聲，字的結構足以表示人的'歡聲'，集韻歌古作可，歌為後起字。金文可字用作副詞，或用作人名。"（《金文大字典上》）本義當為歌以助勞，是"歌"的初文。●可以、許可。《師𡩜簋》："女（汝）敏可事（使），既令女（汝）更乃且（祖）考嗣（司）。"●讀考。《美爵》："美乍（作）㐀（厥）且（祖）可公障彝。"●可能、能夠。《中山王𰯈壺》："佳（唯）德㤅（附）民，佳（唯）宜（義）可㐮（長）。"●讀荷，負荷。《林氏壺》："林氏福及，歲賢鮮于（虞），可（何）是金契，虘（吾）台（以）為弄壺。"●讀苛，苛責、譴責。《儴匜》："牧牛，㪅，乃可（苛）湛（甚），女（汝）敢㠯（以）乃師訟。"●讀河。《河南矛》："可（河）南。"●讀奇。《上博四・曹沫 29》："必約邦之貴人及邦之可（奇）士御卒。"●讀兮。"兮"作為語氣詞，或在句中表停頓，或在句末，歌詠時起舒緩遲延作用，相當於"啊"。《上博八・有皇 4》："逌（周）流天下今可（兮），牆（將）莫皇今可（兮）。""可""兮"皆從"丂"得聲，故可相通。《老子》"淵兮似萬物之宗""荒兮其未央哉""寂兮寥兮"等諸"兮"字，馬王堆帛書本皆作"呵"；《書・秦誓》"斷斷猗"，《禮記・大學》引作"斷斷兮"；《詩・魏風・伐檀》"河水清且漣猗"，漢石經"猗"作"兮"。故"可"亦可讀漪或讀猗。《安大一 77》："今牆（將）至（真）者（諸）河之（干）可（兮），河水清戲聲（漣）可（漪）。"

疴 晉　訓義 1・11

【注】從疒可聲。●晉璽"王疴"，人名。

胢 晉　圖典 328

【注】從肉可聲。●"孔胢"人名。

趷 齊　、　、　陶錄 3・149

【注】從止可聲。●齊陶單字，當為人名。

覓楚 清華六·子儀6 清華六·子儀5

【注】雙聲字，可、克雙聲。●讀歌。《清華六·子儀5》："覓（歌）曰：'祗=（遲遲）可（兮）鵩（委委）可（兮）。'"

何 何尊 子何爵 何壺 何觶 何簋齊 國差罎 陶彙3·668 陶彙3·431 璽彙2198楚 何次簋 何次簋 上博五·三德12 上博五·鮑叔7 清華八·心中4 璽彙2985晉 璽彙2547 十六年戟 王何戈 訓義1·30秦 、 、 、 、 印 增308

【注】甲骨文作𠀤、𠀤、𠀤、𠀤、𠀤、𠀤、𠀤、𠀤、𠀤，象人荷擔之形。金文同甲骨文。《何簋》所荷之物的丁形加廿而成"可"，"何"字遂由表意字轉化成從人可聲的形聲字了。戰國文字從人可聲。《說文》："何，儋也。"本義為擔、扛，是"荷"的本字，如《詩經》有"何戈與祋（古兵器）""何蓑何笠"句，都以"何"作"荷"。後假借為疑問代詞和副詞。●人名或族氏名，見于《何尊》《何鼎》《何觚》《何爵》等器。戰國文字多為人名。●疑問詞。《清華八·心中1》："心所為媄（美）亞（惡），復何若惊。"●秦印姓氏。

訶齊 鎛鎛 鎛鎛楚 仳子受鐘 蔡侯申鐘 甗鐘 王孫遺鼠鐘 王孫遺鼠鐘 上博一 詩論2 郭店 窮達5 上博五·弟子20 清華一·耆夜5 清華五·耆夜10 清華二·繫年95 安大一37 璽彙0274晉 朝訶右庫戈 璽彙2741

【注】從言可聲；或從言哥聲。《説文》："訶，大言而怒也。"本義同"呵"。●讀歌，詠也。金文以訶為歌。戴家祥謂丂、可、哥同字。從言從欠事義相因，亦當可通作。故歌、謌、訶當同字。《余贎逐兒鐘》："訶（歌）樂目（以）喜。"《楚余義鐘》："樂我父兄，猷（飲）飤（食）謌（歌）遬（舞）。"《毛詩·國風序》："情動于中而形于言，言之不足，故嗟歎之，嗟歎之不足，故永歌之，永歌之不足，不如手之舞之足之蹈之也。"楚簡亦多讀歌。《上博一·詩論 2》："丌（其）訶（歌）紳（申）而芴（易）。"●讀歌，地名。《朝訶右庫戈》："朝訶（歌）右庫，工帀（師）戕。"朝歌，地名，商代帝乙、帝辛（紂）的別都。故址在今河南省淇縣。周武王封康叔為衛侯，以此為都。後項羽封司馬卭為殷王，亦都于此。

【注】從皮訶聲。●讀歌。《孈加編鐘》："嬭=（齊齊）趯=（翼翼），醻獻礚（歌）趎（舞），匽（宴）喜（饎）猷（飲）飤（食）。"

【注】從馬可聲，"騎"字或體。●讀騎。《璽彙 0048》釋讀順序有"騎右將""右將騎""右騎將"，劉釗謂此印當釋為"右騎將"，為武官的官名。"右"是限定詞，而"騎將"則是這一官名的基本稱呼。"騎將"為統帥騎兵的將領。（劉釗《釋戰國"右將騎"璽》）●包山簡人名，亦可讀騎。

【注】從牛可聲。《篇海》音哥。郡名。《字彙》俗牁字。或疑"牪"字異文。●楚璽、秦印均為人名。

【注】從角可聲，"觭"字或體。●晉璽均為人名。

【注】從立舸聲。●晉璽"長竘"，人名。

苛 楚 璽彙 2258　璽彙 2256　璽彙 2257　璽彙 5651　璽彙

3230 會忻鼎 冶吏勺 包山 58 秦 秦印 14 睡簡・為吏 39

【注】從艸可聲；聲符上或增裝飾符一。字或省作苛。《説文》：“苛，小艸也。從艸可聲。”本義小艸。引申為凡瑣碎之稱。●姓氏。《冶吏勺》：“冶吏秦苛蜻為之。”《萬姓統譜・歌韻》：“苛，漢苛異。見《印藪》。”古璽印多為姓氏。●讀苛，煩苛。《睡簡・為吏 39》：“安靜勿苛。”

筍 秦 陶録 6・138

【注】從竹可聲。●秦陶人名。

騎 秦 戰編 660

【注】從馬筍聲。●秦印人名。

丏 齊 陶録 3・523　陶録 3・64

【注】從丌可聲。●齊陶人名。

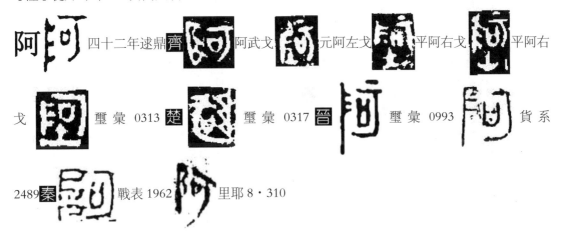

阿 四十二年逑鼎 齊 阿武戈 元阿左戈 平阿右戈 平阿右

戈 璽彙 0313 楚 璽彙 0317 晉 璽彙 0993 貨系

2489 秦 戰表 1962 里耶 8・310

【注】從阝可聲，與小篆同。或累加意符土。蓋以“阜”為意符的形聲字往往可在右下增從“土”旁，金文中陵、陸、降、陳、隥、陽諸字寫濘皆有其例，可資參考。《平阿右戈》土訛為山，如“陽”之作（平陽高馬里戟）、或作（成陽辛城里戈）。《説文》：“阿，大陵也。一曰曲昌也。”

335

本義大的山陵，大的土山。●器銘所見，多為地名，如井阿、元阿、阿武、平阿等。●《璽彙0993》"肖阿"，人名。●里耶簡為習字簡，無義。

 璽彙 0333

【注】從屮阿聲。●"隋門述（遂）"，地名。

 戰編 806 、 秦印 240

【注】從女阿聲。●秦印人名。

 包山 99 璽補 210

【注】從土可聲。●人名。

 類編 735

【注】從玉可聲。●單字璽。

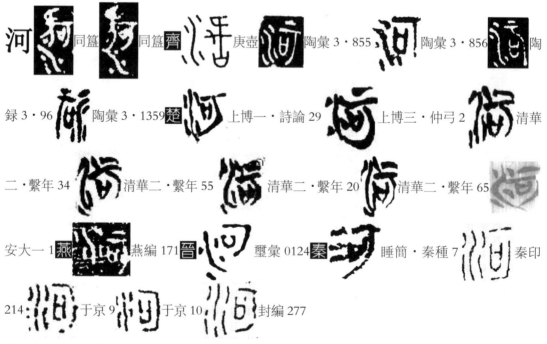

河 同簋 同簋 庚壺 陶彙 3·855 陶彙 3·856 陶

録 3·96 陶彙 3·1359 上博一·詩論 29 上博三·仲弓 2 清華

二·繫年 34 清華二·繫年 55 清華二·繫年 20 清華二·繫年 65

安大一 1 燕編 171 璽彙 0124 睡簡·秦種 7 秦印

214 于京 9 于京 10 封編 277

【注】甲骨文作𣥐、𣥐、𣥐、𣥐、𣥐、𣥐、𣥐，從水從𣥐，亦或從屮。𣥐乃斧柯之形，屮乃荷擔之"荷"本字，都均作聲符。金文從水何聲。戰國文字從水可聲，與小篆同。《說文》："河，水。出焞煌塞外昆侖山，發原注海。從水可聲。"本義為黃河。引申泛指河流。●黃河的古稱。《同

篹》："自滰東至于河。"《書·禹貢》："導河積石，至于龍門。"均指黃河。以後才轉義為河流的泛稱。●地名。《廿八年上河左庫戈》："廿八年，上河左庫工帀（師）芥。"●秦封泥"河外府丞"（于京8）、"河內邸丞"（于京9）、"河內左工"（于京10），均為地名。●讀呵，呵禁。《睡簡·秦種7》："河（呵）禁所殺犬，皆完入公。"在專門設置的警戒地區打死的狗要完整上繳官府。

 秦印 129

【注】從扙可聲。《集韻》旖，或省作㫊。凡旌旗從風之貌。《楚辭·九辯》紛旖㫊乎都房。《注》旖一作㫊。●秦印"李㫊者""㫊者"，均為人名。

 包山85　包山170　上博三·彭祖8　上博三·周易23

【注】從力可聲，疑"抲"字。●包山簡人名。●讀倚。《上博三·彭祖8》："毋敃賏（富）。毋㧰（倚）臤（賢），毋向桓。"●讀何，感歎詞，含"何其通達"之意。《上博三·周易22》："上九：㧰（何）天之衢（衢），卿（亨）。"

 溫縣

【注】從衣可聲。●不詳。

綺 楚 綌 包山263

【注】從糸可聲。●讀綺。《包山263》："一綌（綺）縞之緯（幃）。"

矨 楚 包山36　包山190

【注】從矢可聲。●人名。

哥 齊 陶錄3·479　秦 睡簡·日甲40正

【注】會意字。從二可。"可"，有"快樂""歡樂"的意思。《詩·小雅·正月》："哿矣富人。"毛傳："哿，可。"王引之《經義述聞》卷六："哿與哀對文，哀者憂悲，哿者歡樂也。……《毛傳》訓哿為可，可亦快意愜心之稱。"哥"即"歌"之本字。●讀歌。《睡簡·日甲40正》："不可飲食哥（歌）樂。"●齊陶單字。

歌 秦  睡簡·日甲32　 睡簡·日甲76背　 睡簡·日甲155背　 嶽麓

一·占11

【注】從欠哥聲。●均用為本義，《説文》詠也。《睡簡·日甲155背》：“墨（晦）日，利壞垣、徹屋、出寄者。毋歌。”

柯 楚  安大一93　清華九·治政33 晉　春成侯盉 秦

里耶8·478

【注】從木可聲。《説文》：“柯，斧柄也。從木可聲。”本義當為樹枝，因古人用作工具和器皿之柄，故有柄義。●柄，盉銘指“鋬”。《春成侯盉》：“蓋柯聯（連）睘（環）。”蓋、鋬以銅鏈環相連，正是此類盉的性質特點。●讀椅，樹名。《安大一93》：“桓（樹）之秦（榛）栗，柯（椅）桐杍（梓）㭍（漆），爰伐琴瑟。”《毛詩》作“椅桐梓漆”。椅，山桐子。

哦 楚  郭店·老甲31

【注】從戈可聲。●讀奇。《郭店·老甲31》：“人多智（知），而哦（奇）勿（物）慈（滋）迡（起）（起）。”

㝕 楚  上博五·姑成2　上博五·姑成10

【注】從宀可聲，“寄”字異體。●讀錡。簡文“坿㝕”讀“郤錡”，三郤之一。《左傳·成公十七年》稱“駒伯”，又稱“郤子”。郤克之子，晉厲公時為上軍之將。

蠚 楚  上博二·容成19　上博二·容成33　清華八·心中5　清華

八·邦政9　 清華八·邦政4　清華三·赤鳩9 晉　溫縣

【注】從蚰可聲。●楚文字多讀苛，嚴苛。《清華八·邦政4》：“亓（其）政坪（平）而不蠚（苛）。”《清華八·心中5》：“𥲤（斷）命才（在）天，蠚（苛）疾才（在）畏（鬼），取命才（在）人。”古人患疾病，認為鬼神作祟。●讀疴，《説文》：“病也。”《清華三·赤鳩9》“蠚蠚”。“蠚”，《廣雅·釋詁二》：“痛也。”上博簡《容成氏》第三十三簡有“蠚匿”，應與此同義。●溫縣盟書人名。

338

奇 楚 上博八·道餓4 清華六·子儀4 燕 璽彙2795 璽彙3942
陶錄4·139 晉 璽彙1680 陶彙4·169 璽彙1685 璽彙0716 三晉
113 三晉113 貨系1725 貨系1728 秦 睡簡·日乙194 陶彙5·93
秦印85

【注】從大可聲。●讀倚。《睡簡·日甲45背》："為桑丈（杖）奇（倚）戶內。"●讀踦。《睡簡·日甲26背》："連行奇（踦）立。"《說文》："踦，一足也。"●《睡簡·答問161》："擅興奇祠。"奇祠，不合法的祠廟。●讀寄，謂寄寓之所。《國語·周語中》："國無寄寓，縣無施捨。"韋昭注："寓，亦寄也。無寄寓，不為廬舍，可以寄寓羈旅之客也。"《清華六·子儀4》："乃張大厌（交、肴）于東奇（寄）之外。"東寄，可能是在秦國都城東部的寄寓之所，行旅之人寄寓於此。秦穆公要送子儀歸楚，故先處之於東寄，又於東寄之外設宴張樂款待之，第二天乃送歸。●三晉幣文"奇氏"讀猗氏，地名。

倚 齊 璽彙0651 楚 包山78 包山125 包山184 燕 璽彙3349 璽彙3878 璽彙1232 秦 秦印157

【注】從人奇聲。●偏倚、不公正。《包山125》："吟（今）会（陰）之戠客不為其刺（斷），而倚執僮（僕）之踵（兄）經。"《韓非子·揚權》："名正物定，名倚物徙。"●包山簡人名。

歆 楚 曾侯57

【注】從欠奇聲。●簡文"歆馭公"，人名。

諩 楚 配兒鉤鑃

【注】從言奇聲。《說文》無。《集韻》："音羈。語相戲。"●《配兒鉤鑃》："余郘（畢）靬威（畏）蟄（忌），余不敢諩舍。"舊或將"舍"屬下為句，讀為第一人稱代詞"余"，非是。"擇厥吉金"前後出現第一人稱代詞共四次，都作"余"，此處的"舍"顯然與之有別。李家浩疑"諩舍"讀奇邪，"奇邪"是邪偽不正的意思。（詳《讀金文劄記兩則》）

339

齒奇 ^秦 十三年上郡守戈　十五年上郡守壽戈　　璽彙 5528

【注】從牙奇聲。《説文》：" ，武牙也。"本義犬齒，門齒與臼齒間的銳齒。俗稱"虎牙"。●均為人名。《十三年上郡守戈》："冶工隸臣齒奇。"

齒奇 ^楚 曾侯 142 ^燕 陶録 4 · 181 ^秦 、 、

、 印增 76 圖典 89 里耶 8 · 1563

【注】從齒奇聲。●古文字均為人名。《曾侯 142》："蔡齒奇之駟為右騑（服）。"

崎 ^楚 崎之阧鼎 曾侯 164 清華八 · 處位 2 清華八 · 處位 3

包山 173

【注】從止奇聲，"踦"之省文。●讀踦，肢體不全。《方言》卷二："自關而西，秦晉之間，凡全物而體不具者謂之倚，梁、楚之間謂之踦。雍、梁之西郊，凡獸支離不具者謂之踦。"《曾侯 164》："崎（踦）馬。"●讀倚，恃也、因也。《清華八 · 處位 3》："吏人甬（用）崎（倚）典政。"吏人用，用吏人也。君用吏人，倚以典政也。

迠 ^楚 包山 68 清華六 · 子儀 18

【注】從辵奇聲。楚文字迠、崎當為一字異體。●讀踦。《説文》："踦，一足也。"《清華六 · 子儀 18》："見戈（獨）舩迠（踦）淒（濟），不冬（終）。"子儀將秦、楚的關係比喻為比翼鳥"相得乃飛"，正表明楚王也有聯手於秦之意。●包山簡人名。

倚 ^楚 包山 137 反

【注】從彳奇聲。●讀敧。《説文》"敧，持去也。"《包山 137 反》："僕（僕）倚之以至（致）命。"劉信芳讀倚，憑也。

踦 ^晉 璽彙 1684 ^秦 類編 133 秦印 40

【注】從足奇聲。●人名。

【注】從立奇聲；璽文下或增曰為飾。●《睡簡·日甲 13 背》："敢告璽（爾）豹埼。"《睡簡·日乙 194》作"宛奇"，不詳。●晉璽人名。

【注】從馬（下部省作 二，戰國文字習見）奇聲，與小篆同。三晉文字或作"駇"。《説文》："騎，跨馬也。"本義騎馬。●騎傳：戰國時乘騎而傳，以示傳驛之符節。《騎傳馬節》："騎傳比吴。"●《秦集一二·21》"騎馬丞印"，官名。《漢書·百官公卿表》太僕屬官有"騎馬"令丞。騎馬是供乘騎的馬，與駕車的馬有所不同。《西安十六·24》"騎邦尉印"，官名。秦漢之際，"騎都尉"領騎兵，不統兵時為侍衛武官，疑秦之"騎邦尉"同"騎都尉"。

196

【注】從犬奇聲。●均為人名。

【注】從角奇聲。●秦印人名。

【注】從广奇聲。●存放。《睡簡·答問 11》："寄乙，乙受。"●寄住。《睡簡·答問 200》："寄及客，是謂'旅人'。"●秦陶人名。

椅

【注】從木奇聲。●燕璽人名。●讀柯。《清華三·芮良夫 9》："或因斬椅（柯），不遠亓（其）惻（則）。"這兩句參看《豳風·伐柯》："伐柯伐柯，其則不遠。"

綺 秦  印增 505

【注】從糸奇聲。●人名。

郋 晉  璽彙 1687

【注】從邑奇聲。●晉璽讀奇，姓氏。

畸 秦  睡簡·為吏 11 吉大 155、秦印 261

【注】從田奇聲。●邪。《睡簡·為吏 11》：“以毅（擊）畸。”《荀子·天論》：“故道之所善，中則可從，畸則不可為，匿則大惑。”●秦印人名。

陭 楚  曾伯陭壺 曾伯陭鉞 齊 陭氏戈

【注】從阝奇聲，與小篆同。《說文》：“𨻖，上黨陭氏阪也。”段玉裁注：“地理志。上黨郡有陭氏縣。蓋因有陭氏阪以名也。”本為地名。●人名。《曾伯陭壺》：“隹（惟）曾白（伯）陭乃用吉金鐈鍂。”●讀猗，地名。《陭氏戈》：“陭氏币（師）廿。”猗氏，《水經·涑水注》云“《春秋》文公七年，晉敗秦于令狐，至于刳首，先蔑奔秦，士會從之。闞駰曰：令狐即猗氏也”，在今山西臨猗南。

錡 楚  克黃豆 秦 圖典 413 金 秦印 266 類編 459 里

耶 8·1563

【注】從金奇聲。●《圖典 413》“錡强良”，姓氏。《左傳》云：“殷民七族有錡氏。”錡宣，見《戰國策》。錡嵩，東漢時荊州刺史。●餘例均為人名。

盉 楚  𠂤方豆

【注】從皿奇聲，疑“錡”之異文。《說文》：“錡，鉏鏂也。從金奇聲。江淮之閒謂釜曰錡。”●器名，方豆之名稱。器銘所指與《說文》有別。《𠂤方豆》：“𠂤之飤盉。”

輢 楚  璽補 202

【注】從車奇聲。●"黃輢"，人名。

琦 楚 信陽2·12 奇 信陽2·12 秦 印增569

【注】從玉奇聲。●疑即銅器銘文中的"盋"，方豆。《信陽2·12》："八方琦。"《信陽》説："高足方盒共12件。木質。殘破較甚。出于前室及擾土中。"所謂的"高足方盒"可能是一種高足豆，懷疑就是簡文"方琦"。"八方琦"大概只是其中的一種。●秦印人名。

戙 楚 郭店·老甲29

【注】從戈奇聲。●讀奇。《郭店·老甲29》："以正之（治）邦，以戙（奇）甬（用）兵，以亡（無）事取天下。"

鼛 晉 璽彙0743 璽彙2993

【注】從興（三晉文字習見偏旁，無法隸定）奇聲。●晉璽人名。

溪紐臼聲

臼 齊 陶録3·463 陶録3·495 （ ）陶彙3·1256 楚 包

山276 燕 匯考323 璽彙3354 晉 中山守丘刻石 秦 秦印

137 睡簡·日甲45背

【注】像舂米器具之形。齊陶或從二臼，為繁文。●秦印讀仇，"公臼敢"，讀"公仇"，複姓。●讀綹。《包山276》："一臼戙，絳（縢）組之迁（游）。"《左傳·僖公三十二年》"臼季"，《史記·晉世家》作"咎季"。《國語·晉語》"周平王宜咎"，《史記·周本紀》咎作臼，均為佐證。《説文》："綹，緯十縷為綹。從糸咎聲。讀若柳。"●器具名，舂米的臼。《睡簡·日甲45背》："以沙人一升其舂臼。"●讀舊。《守丘刻石》："監罟尤（囿）臣公乘得，守丘丌（其）臼（舊）栖（將）曼敢謁後灺（俶）賢者。"●燕璽姓氏。

舁 楚 信陽2·17

【注】"臼"之繁文，丌為疊加聲符。丌，溪紐之部；臼，溪紐幽部，之、幽旁轉。●疑讀箕。《信陽 2·17》："二餥（盛）畁（箕）。"

鴗晉 璽彙 1018　　璽彙 1994　　璽彙 5599　　璽彙 4003

【注】從鳥臼聲（或加八為飾筆）。鴗，《廣韻》其九切，音舅。鳥鴗也。似鳩，有冠。●晉璽人名。

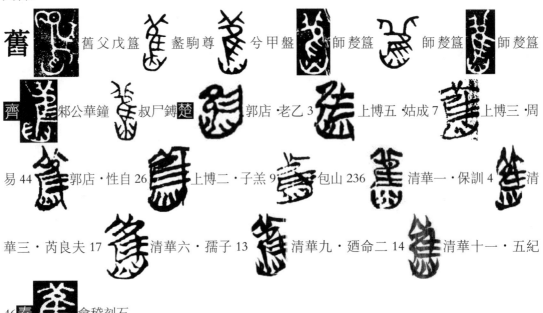

舊　舊父戊簋　蠡駒尊　兮甲盤　師嫠簋　師嫠簋　師嫠簋

齊　郳公華鐘　叔尸鎛　楚 郭店·老乙 3　上博五·姑成 7　上博三·周

易 44 郭店·性自 26　上博二·子羔 9　包山 236　清華一·保訓 4　清

華三·芮良夫 17　清華六·孺子 13　清華九·迺命二 14　清華十一·五紀

46秦 　會稽刻石

【注】甲骨文作 、 、 、 、 、 、 ，從萑臼聲。金文同甲骨文。《説文》："舊，雎舊，舊留也。從萑臼聲。舊或從鳥休聲。"本義是"鴟"（貓頭鷹類）。從卜辭其就假借為新舊的"舊"，本義不存。●陳舊、過時，與"新"相對。《兮甲盤》："淮尸（夷）舊我員（帛）晦（賄）人。"《左傳·僖公二十八年》："舍其舊而新是謀。"●先也、往也。《師嫠簋》："令（令）女（汝）嗣（司）乃且（祖）舊官小輔、鼓鐘。"舊官，指在先祖屬下長期服事的官吏和臣屬。《郳公華鐘》："晉（慎）為之名（銘），元器其舊。"元器其舊，指編鐘的鑄造遵循先人舊制。●楚文字多讀久。《詩·大雅·抑》："于乎小子，告爾舊止。"鄭玄箋："舊，久也。"《清華一·保訓 4》："昔堯（舜）舊（久）复（作）小人。"這裏的"小人"指平民。

鐴燕　（鐘）陶彙 4·8　陶録 4·16

【注】從金舊聲。●燕陶"左缶（陶）君（尹）鐴（記）疋（疏）哭（器）"，讀記。

晉　中山王響壺

【注】從二舊省聲，"柩"之異文。《説文》"柩"籀文作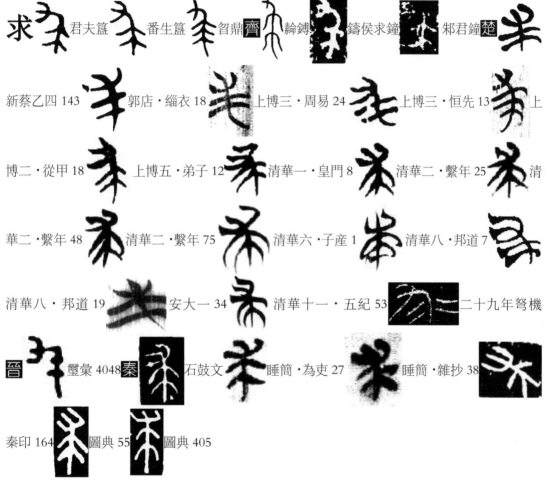，匚殆即二之變。《説文》："柩，棺也。從匚從木，久聲。匶籀文柩。"本義尸棺。●《中山王嚳壺》："倍（適）曹（遭）郾（燕）君子噲（噲），不顯（顧）大宜（義），不遑（忌）者（諸）侯。"張政烺讀忌。"不遑（忌）者（諸）侯"即不顧忌諸侯之責難，亦即甘冒天下之大不韙也。（《中山王嚳壺及鼎銘考釋》）

溪紐求聲

求　君夫簋　　番生簋　　智鼎　齊　　䣄鑄　　鑄侯求鐘　　邾君鐘　楚

新蔡乙四143　　郭店・緇衣18　　上博三・周易24　　上博三・恒先13　　上

博二・從甲18　　上博五・弟子12　　清華一・皇門8　　清華二・繫年25　　清

華二・繫年48　　清華二・繫年75　　清華六・子産1　　清華八・邦道7

清華八・邦道19　　安大一34　　清華十一・五紀53　　二十九年弩機

晉　　璽彙4048　秦　　石鼓文　　睡簡・為吏27　　睡簡・雜抄38

秦印164　　圖典55　　圖典405

【注】裘錫圭訓"求"為"多足蟲"，象多足蟲之形，疑即"蛷"之初文，求索是其假借義。《説文》以裘為裘之古文，然金文皆用為求索字，無用為衣裘者。求、裘于銘文中非一字。●祈求。《䣄鑄》："保鬲（余）兄弟，用求丂（考）命彌生。"●尋求、索取。《智鼎》："求乃人，乃弗得，女（汝）匡罰大。"銘意為，交出寇盜禾的人，如果交不出，匡要受大罰。●追求。《番生簋》："雪。（屏）王立（位），虔夙夜專求不瞢德，用諫四方。"●擇求、選取。《邾君鐘》："僮（邾）君求吉金，用自乍（作）其鮴鐘。"●秦印姓氏。漢代有求仲，隱士。

裘　俟戒鼎　　次卣　　次尊　　乖伯簋　　衛簋　　衛簋　　裘

衛盉 九年衛鼎 大師虘簋 大師虘簋 不霥簋 九年衛鼎

齊 庚壺 楚 清華七·趙簡子9 清華六·子產23 清華六·子產

安大一112 晉 晉編1270 秦 睡簡·日乙189 分研389

【注】甲骨文作 、 、 、 、 ，象一件皮衣的樣子，毛在皮外。金文同甲骨文，但增聲符又；或作 ，又下加飾點；或從衣求聲，是為小篆所本。《說文》：" ，皮衣也。從衣求聲。一曰象形，與衰同意。凡裘之屬皆從裘。 古文省衣。"本義為皮衣，是"裘"的本字。●皮衣。《不壽簋》："王姜易（賜）不壽裘。"《論語·鄉黨》："緇衣羔裘。"《大師虘簋》："王乎（呼）宰䚉易（賜）大師虘虎裘。"虎裘，虎皮衣。●穿皮衣。《清華七·趙簡子9》："冬不裘，顕（夏）不張（帳）籅。"●人名。《裘衛盉》："矩白（伯）庶人取堇（覲）章（璋）于裘衛，才八十朋。"●讀求。《分研389》"裘中"當讀"求中"，成語璽。

蛬 秦 印增513

【注】從虫求聲。●"蛬稱"，人名。

妹 晉 璽彙2902

【注】從女求聲。●晉璽人名。

賕 楚 上博五·季庚15

【注】從貝求聲。●或可讀讎。《上博五·季庚15》："肰（然）則民逷（懲）不善，覒（迷）父兄子俤（弟），而再賕……。"稱讎，舉薦讎人。

救 周笔匜 楚 競之定豆 競之定豆 盄篙鐘 救秦戎鐘

包山228 包山242 上博五·季庚20 清華一·耆夜7 清華一·保

 訓 4 清華三·祝辭 3 清華八·處位 10 清華九·命一 7 秦 詛楚

文 睡簡·封診 85 、秦印 62

【注】從攴求聲。《説文》：“救，止也。從攴求聲。”本義止、禁止、阻止。●援助、救護。《秦王鐘》：“秦王卑命競（景）坪（平）王之定救秦戎。”《詩·邶風·穀風》：“凡民有喪，匍匐救之。”●讀求。《清華一·耆夜 6》：“寍（宓）情（靖）愳（謀）猷，襞（裕）愳（德）乃救（求）。”●秦印有“救圍”“救敖”“救瑣”等，姓氏。《鄭通志·氏族略》收載。《姓氏考略》注云：“因遭難而得救，因以為氏。如赦氏之類。”漢代有救人（人，或作“仁”），諫議大夫。

齊、陶録 3·278 陶録 3·648

【注】從尚省，救聲。●齊陶單字，應為人名。

齊陶彙 3·343 陶彙 3·1289 陶彙 3·1290 齊陶 1347 楚

上博五·三德 13

【注】從貝救聲，“賕”之繁文。●齊陶人名。●讀求。《上博五·三德 13》：“天之所敗叿亓（其）贅（求），而夏（寡）亓慁（憂）。”天欲敗某人必先滿足其無厭之求，使之惡貫滿盈，然後才能得而誅之。

楚包山 226 包山 232 清華二·繫年 25 晉中山王響鼎

中山王響壺 璽彙 4607

【注】從戈求聲。●讀仇，仇敵。《中山王響鼎》：“母（毋）眾而囂，妟（鄰）邦難寴（親），戕（仇）人才（在）彷（旁）。”馬王堆帛書用“仇”表示仇，當反映了秦文字的特點。●讀救。《中山王響壺》：“旃（故）邦迖（亡）身死，曾亡（無）鼠（一）夫之戕（救）。”包山簡疑讀救。

救楚清華六·子產 20

347

【注】從又求聲。●讀求。《清華六·子產20》："叔（求）婕（薑）之旼（賢）可。"

 璽彙1293

【注】從止求聲，"述"之異文。●晉璽"姜𣥏"，人名。

 陶彙3·1078 上博二·民之11

【注】從辵求聲。齊陶增攴作，"述"之繁文。●齊陶人名。●讀就。《上博二·民之11》："亡（無）體（體）之豐（禮），日述月相。""日述月相"《禮記·孔子閑居》作"日就月將"。

 包山90 郭店·語叢一99 清華一·耆夜6 新蔡乙四105

新蔡乙四98

【注】從心求聲。●新蔡簡為人名。《新蔡乙四98》："鄭卜子怵目（以）𩁹頁之𪔀為君三歲（歲）貞。"包山簡亦為人名。●讀趉。《清華一·耆夜6》："贔贔戎備（服），臧（壯）武怵怵（趉趉）。"《詩·兔罝》："趉趉武夫。""贔贔戎服，壯武趉趉"意謂軍服威武，兵士英武剛毅。●疑讀求，索也。《郭店·語叢一99》："怵者，亡又（有）自𣥏（來）也。"

 璽彙2204 璽彙2104 璽彙2105

【注】從邑求聲。●齊璽"郲疆"，晉璽"郲參"等，姓氏。

 郭店·唐虞17 璽彙3688 璽彙3413

【注】從水求聲。●燕璽讀求，姓氏。●讀求。《郭店·唐虞17》："沭（求）虖（乎）大人之興，歌（美）也。"

 璽彙2213

【注】從力求聲。●晉璽人名。

 郭店·五行41 上博一·詩論10 上博一·詩論11 上博

一·詩論 12 秦 印增 210

【注】從木求聲。●讀樛。《上博一·詩論 10》：“《梂（樛）木》之時。”“梂木”讀“樛木”，詩經篇名。梂、樛並屬見紐幽部，音同可通。從求、翏聲字相通之例文獻習見，如《禮記·王制》“周人養國老於東膠”，鄭注：“膠或作絿。”（參《古字通假會典》第 738 頁）簡文意為《樛木》一詩，因為抓住機會，而得到了福祿”。●讀求。《郭店·五行 41》：“不勥（強）不梂（求），不勞（剛）不矛（柔）。”

師寏簋　　師寏簋

【注】從宀求聲。古文字加宀為飾者習見，故字可視為“求”字繁文。寏，《玉篇》索也，與“求”同。《集韻》搜室也。●人名。《師寏簋》：“井（邢）弔（叔）內（入）右師寏。”

牆盤　　戍㝰鼎　　般觥　晉　分研 281

【注】甲骨文作𡆥、㝰、梂、梂，從梂（裘錫圭先生曾指出，梂是“求”字“上部變作‘口’形的一種異體”），從丨，字暫隸為“㝰”。陳劍認為：甲骨文梂與“求”為一字，“㝰”與“𤘩”為一字。後一組以前一組為聲符，二者或為一字之繁簡體，或至少有通用關係。（《金文字詞零釋（四則）》）●讀柔。《史牆盤》：“㝰叀乙且（祖），述匹乏（厥）辟，遠猷腹心。”“㝰叀乙祖”當讀柔惠乙祖。“柔”是周人公認的美德。《逸周書·常訓解》：“九德：忠、信、敬、剛、柔、和、固、貞、順。”又《謚瀍解》云“溫柔聖善曰懿”“柔德考眾曰靜”“柔質慈民曰惠”“柔質受諫曰慧”“柔克為懿”。“柔惠”連用亦見于古書。《詩經·大雅·崧高》：“申伯之德，柔惠且直。揉此萬邦，聞于四國。”《國語·晉語七》祁奚謂其子午“其冠也，和安而好敬，柔惠小物，而鎮定大事”。●人名，見于《戍㝰鼎》《般觥》。●晉璽“辜（淳）于㝰”，人名，可讀“淳于柔”。

溪紐咎聲

咎　毓祖丁卣　　集咎作父癸卣　　咎作父癸卣　楚　　帛書丙　九

店 56·29　上博三·周易 8　上博四·采風 4　上博一·詩論 9　新

蔡甲一 12　上博七·吳命 5　臧之無咎戈　清華一·良臣 1　清華

八·邦道 11　清華六·子儀 12　郭店·老甲 38　上博五·仲弓 20

清華五·厚父 1　安大一 55　清華十·四告 11　四年咎奴曹令戈

十一年皋落戈　先秦編 256　先秦編 256　貨系 1720　璽彙 0049

璽補 143　睡簡·日甲 83 背　睡簡·日甲 111 背

【注】甲骨文作𠈃、𠈃、𠈃、𠈃、𠈃、𠈃、𠈃，從人從攵（抵觸不順），會人行動有阻、動輒有災之意。或增口為飾，遂演變為從人從各，各亦聲。金文同甲骨文。三晉文字與"佫"同形，但據文義均應釋為咎。《說文》："𠈃，災也。從人從各。各者，相違也。"本義為災殃。引申為罪過等義。●災。《睡簡·日甲 83 背》："咎在渡街。"●讀高。《四年咎奴曹令戈》："四年，咎（高）奴曹命（令）☐☐、工帀（師）貯疾、冶問。"咎奴：即高奴，地名。古咎、高同音，《史記集解》說："咎音高。"●讀皋。《十一年皋落戈》："十一年咎（皋）𦱳（落）太命少曲夜。"咎𦱳，即皋落，地名。咎、皋音近古通。《書·皋陶謨》之"皋陶"，《說文》等引作"咎繇"；《考工記·輈人》所記的"皋鼓"，《後漢書·馬融傳》所錄《廣成頌》作"咎鼓"。《清華五·厚父 1》"咎繇"亦作"咎陶"。即皋陶，舜之賢臣。《楚辭·離騷》："湯禹嚴而求合兮，摯咎繇而能調。"●讀舅。《上博七·吳命 5》："咎（舅）生（甥）。"《安大一 55》："〔我〕遺咎（舅）氏，喬（遙）至于易（陽）。"《毛詩》作"我送舅氏"。"遺"表"送行"之意。上古音"咎""舅"均屬群紐幽部，音同可通（參《古字通假會典》733 頁）。●讀舊。《清華六·子儀 12》："咎（舊）者不元（怨）。"過去的事情就不要再怨恨了。●讀皋。《清華九·禱辭 1》："咎（皋）！告尔（爾）某邑之社：𦥑（始）又（有）石（祐）。"整理者注："咎，讀為'皋'，字同在幽部。楚簡中舜臣'皋陶'常寫作'咎繇'。《儀禮·士喪禮》'皋！某複'，鄭注：'皋，長聲也。'《經傳釋詞》：'發語之長聲也。'睡虎地秦簡《日書》甲種的《夢》《出邦門》等篇，均以'皋'發語。"皋"蓋是祝禱開始時號呼行為的文字化，之後才演變成祝禱的發語詞。

登　戰表 177

【注】從止咎聲。●不詳。

郘　郭公子戈

【注】從邑咎聲。●"　郭公子罟之元戈"，是帶有"之"字的人名類兵器銘文。"公子罟"

為人名，" 郭" 為其封邑地或封號，應為地名。

 清華三·芮良夫 5　 清華三·芮良夫 24

【注】從宀咎聲，"咎" 之繁文。●均讀咎，惡也。《爾雅·釋詁三》："咎，惡也。"《尚書·西伯戡黎序》："殷始咎周。"《清華三·芮良夫 5》："君子而受柬（諫），萬民之窖（咎），所（御）而弗敬。"所，讀禦，禁止、抗拒。意為 "君子受到諫言，卻厭惡萬民，抵觸而不加敬"。

  清華三·赤鳩 1　 清華三·赤鳩 15

【注】從鳥咎聲。●讀鳩。《清華三·赤鳩 1》："曰故（古）又（有）赤鵤（鳩），集於湯之屋。"

  陶彙 5·350　 圖典 94　 陶錄 6·452　 類編 19　 秦印

285  集證 163　里耶 8·1574

【注】從艸咎聲。●秦印 "蒼朝" "蒼疾" 等讀咎，姓氏。●讀皋。《集證 163》"公蒼" 即公皋，複姓。●秦漢印多以 "蒼" 為人名用字。

 石鼓文

【注】從木咎聲。●木名。《石鼓文》："☒☒櫌（棕）楉，霝＝（祇祇）鳴☒。"

 詛楚文

【注】從鼓咎聲。●《詛楚文》："使其宗祝邵鼖，布憖（橆）告于丕顯大神巫咸。"《說文》："鼖，大鼓也。從鼓咎聲。"邵讀詔，告也。"邵鼖" 就是詔告擊鼖鼓，與 "布憖（橆）" 對文。

 清華三·芮良夫 3　秦印 287

【注】從言咎聲。●讀咎。《清華三·芮良夫 3》："厇（度）母（毋）又（有）詻（咎）。" ●秦印，單字璽。

國差䱶

【注】從广咎聲。《説文》無。《廣韻》《集韻》𤶼音舅，病也。●讀咎，病也。《國差䱶》：“侯氏受福釁（眉）壽，卑（俾）旨卑（俾）瀞，侯氏母（毋）瘩（咎）母（毋）疕，齊邦鼏靜安盨（寧）。”《爾雅·釋詁》：“咎，病也。”

匯考 154　璽彙 0100

【注】從厂咎聲。●讀厩。《匯考 154》“厯釙”，讀厩守。

嶽麓一·為吏 75

【注】從穴咎聲。●《嶽麓一·為吏 75》：“窞内直（置）緊。”整理小組注：“緊，車網，一種能自動覆蓋的捕獲鳥獸的網。”窞，義不詳。

溪紐馗聲

印增 550

【注】《説文》：“馗，九達道也。似龜背，故謂之馗。馗，高也。从九从首。逵，馗或从辵从坴。”●“言馗”，人名。

端紐鳥聲

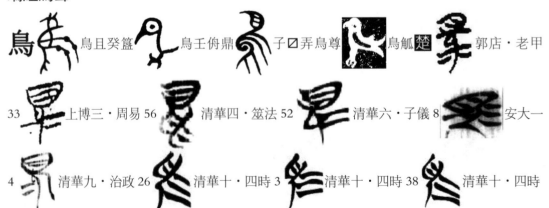

鳥且癸簋　　鳥壬俎鼎　　子□弄鳥尊　　鳥觚楚　　郭店·老甲

33　上博三·周易 56　　清華四·筮法 52　　清華六·子儀 8　　安大一

4　清華九·治政 26　　清華十·四時 3　　清華十·四時 38　　清華十·四時

352

 38 清華十一・五紀 72 睡簡・日甲 31 背　睡簡・日甲 59 背

【注】甲骨文作、、、、、、、、、、、、、、、，象鳥形。金文同。《説文》："鳥，長尾禽總名也。象形。鳥之足似匕，從匕。""從匕"不確。本義為鳥。楚文字鳥首作目形。●鳥形器。《子之弄鳥尊》："子之弄鳥。"器為鳥形之尊，故徑稱鳥。●族氏名。見于《鳥祖甲卣》《鳥觚》等器。●用為本義。《郭店・老甲 33》："攫鳥狌（猛）獸弗扣。"

 璽彙 1139

【注】從邑鳥聲。●齊璽"高鄥（鄥）官"，璽文第二字，吳振武釋為鄥（鄥）。（《〈古璽文編〉校訂》181 頁）《字彙補》謂"鄥"同"鄥"。鄥，《説文》："鉅鹿縣也。從邑，梟聲。""高鄥"具體為何地，待考。

 秦陶 481　　印增 131

【注】從目鳥聲。《説文》："瞗，目孰視也。從目鳥聲，讀若雕。"●秦陶秦印人名。

 包山 147

【注】從心鳥聲。●"陳愳"，人名。

端紐莘聲

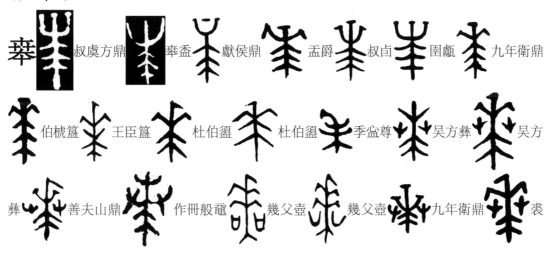
莘 叔虞方鼎　莘盂　獻侯鼎　孟爵　叔卣　圉甗　九年衛鼎　伯梒簋　王臣簋　杜伯盨　杜伯盨　季宓尊　吳方彝　吳方彝　善夫山鼎　作冊般黿　幾父壺　幾父壺　九年衛鼎　表

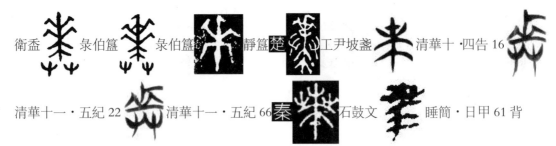

衛盉　　彔伯簋　　彔伯簋　　靜簋 楚　　工尹坡盞　　清華十·四告 16

清華十一·五紀 22　　清華十一·五紀 66 秦　　石鼓文　　睡簡·日甲 61 背

【注】甲骨文作 米、米、米、米、米、米、米、米、米，象華飾之形，為獨體象形，此即《説文》"莠"字。《説文》："莠，莠疾也。從丰卉聲。拜從此。呼骨切。"訓"疾"為借義，實因字音"忽"而訓疾。米以及從米之字均有"求"義。此字經過眾多學者討論，冀小軍認為從卉丰聲，《説文》所謂"從丰卉聲"是錯誤的。●讀疇。《説文》"丰，讀若滔"。舀聲、壽聲之字可通，如《儀禮·鄉射禮》："韔上二尋。"注："今文以翿為之。"《盂爵》："佳（唯）王初莠（疇）于成周。"《伯椃簋》："唯用庿（祈）莠萬年，孫孫孫子子永寶。""祈莠（疇）萬年"，應讀為祈疇萬年。《清華十·四告 16》："敢用一丁肏（脯）白豚，先用嘋（芳）鬯，鼎（遍）邵（昭）莠（疇）妊（任）。"整理者注："'莠'字考釋參看冀小軍：《説甲骨金文中表祈禱義的莠——兼談莠字在金文車飾名稱中的用法》（《湖北大學學報》一九九一年第一期）任，指先任。妊，一説釋'功'。"●讀雕。疇與雕同為端母幽部字，從周聲的字往往有從壽聲的異體，如《爾雅·釋言》："翢，纛也。"《詩·王風·君子陽陽》："左執翿。'毛傳："翿，纛也。"段玉裁説："翢、翿、纛實同字。"所以莠可以讀為雕。《書·五子之歌》："峻宇雕牆。"偽孔傳："雕，飾畫。""雕"或作"彫"。《左傳》宣公二年："晉靈公不君，厚斂以彫牆。"杜注："彫，畫也。"《毛公鼎》："金車、莠縟較（較）。"《吳方彝》："朱虢（鞹）𣂏（靳）、虎冟熏（纁）裏，莠較（較）、畫轉、金甬、馬四匹。"●《椒車父簋》："椒車父乍（作）陉姞莠段。"或用於祭禱之簋。●人名。《膳夫山鼎》："王乎（呼）史莠冊令（命）山。"●《匍盉》："麀莠、韋（禪）兩，赤金一匀（鈞）。"《裘衛盉》："麀莠兩。"麀莠，義不詳。●《清華十一·五紀 22》："莠（疇）列五紀。"裘錫圭讀疇。（《清華大學藏戰國竹簡（拾壹）》97 頁）《石鼓文》："☐☐鑾車，莠秋真☐。""莠秋"疑讀"疇次"，是在行列中相配合、比次的意思，其主語應即"鑾車"，是説眾多鑾車比次的狀態。

禱 大方彝　　禱 大尊　　禱 大方彝

【注】從示莠聲，當是為禱祭而造的專用字。我們今天所用的禱字，就目前的材料看，最早見於江陵楚簡，是一個更換了聲符的後起字。●讀禱。《説文》："禱，告事求福也。"《大方彝》："明公易（賜）亢師鬯、秬、牛，曰：用禱。"

父克錞　　伯康簋　　伯喜父簋　　伯喜父簋　　仲叀父簋　　番

君簠　　戲伯鬲　　旒簋　　牟豕簋 齊　　戴叔朕鼎　　戴叔朕鼎

慶孫之子峽簠　陳曼簠　魯司徒仲齊盨　魯司徒仲齊簠　禾簠

·新蔡甲三 212

【注】從食羍聲，或從皀羍聲。或增從皿。《父克錞》聲符作，從二羍（略有訛變）。此字舊釋"饙"，《説文》讀府文切。《説文》："，滫飯也。從食羍聲。饙或從賁。饙或從弄。"古文二字均是金文之訛變。張效彬曰："饙即飯之本字，説文飯食也。饙飯古今字，從羍與從反聲同。"商承柞亦謂饙即飯字。單育辰經過分析，認為《説文》中"羍"的形體就是由甲骨文、金文中"棗"形演變而來的。故字可隸為"饙"，從食棗聲。"饙"可以讀羞，用為膳羞或進膳羞之義。"羞"心紐幽部，"棗"精紐幽部，二者皆屬齒頭音。（詳《釋饙》）金文"饙"當為"羍"聲符疊加字。●讀禱。《郑大宰簠》："用饙（禱）萬年無異（期）。"《敔簠》："敔乍（作）寶段，用饙（禱）乓（厥）孫子。"饙乓（厥）孫子，為子孫祈禱之意。《新蔡甲三 212》："饙（禱）祭卲（昭）王大牢。"●鼎、丽、簠、盨、盂、盆等名饙，表明此器系指祭祀之器。

端紐周聲

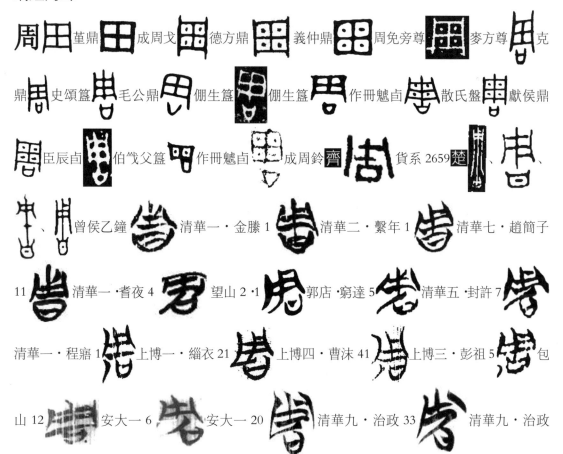

周田董鼎　成周戈　德方鼎　義仲鼎　周免旁尊　麥方尊　克鼎史頌簠　毛公鼎　佣生簠　佣生簠　作冊魃卣　散氏盤　獻侯鼎臣辰卣　伯弇父簠　作冊魃卣　成周鈴　齊　貨系 2659　楚、曾侯乙鐘　清華一·金縢 1　清華二·繫年 1　清華七·趙簡子11　清華一·耆夜 4　望山 2·1　郭店·窮達 5　清華五·封許 7　清華一·程寤 1　上博一·緇衣 21　上博四·曹沫 41　上博三·彭祖 5　包山 12　安大一 6　安大一 20　清華九·治政 33　清華九·治政

355

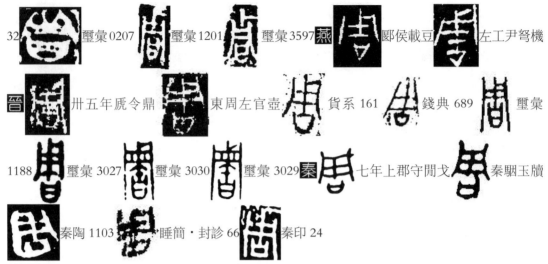

32璽彙 0207璽彙 1201璽彙 3597 燕郾侯載豆左工尹弩機

晉卅五年虒令鼎東周左官壺貨系 161錢典 689璽彙 1188璽彙 3027璽彙 3030璽彙 3029 秦七年上郡守間戈秦駰玉牘

秦陶 1103睡簡・封診 66秦印 24

【注】甲骨文作、、、、、、、、，象界劃分明之農田，小點為莊稼之形。先周是典型的農業部落，因而取與田土密切相關的“周”為名。姬周之先世居于晉南，後古亶公遷于岐山之周原，乃稱為周。殷商甲文之周多見于武丁卜辭，早于古亶公遷岐山約 200 年，故殷商甲文之周與姬周之周有別，徐中舒曰：“早周甲文從口，與君商二字從口同意，示國家政令所從出，是為姬周之周。”（《甲骨文字典》94 頁）古文字中方國名或地名之專用如魯、商、唐、吳等等，每增‘口’作為偏旁。因此從“口”之周，多用作專名。金文同甲骨文，田形或訛為，遂與“用”相混。戰國文字將“用”上的飾點延伸為斜筆作，豎畫或脱筆作，或延伸豎畫為撇作、。或作、，與《說文》古文類似。《說文》：“，密也。從用、口。古文周字從古文及。”所釋當為引申義。●王朝名。《訇簋》：“訇，不（丕）顯文武受令，則乃且（祖）奠周邦。”《詩・大雅・綿》：“周原膴膴。”毛傳：“周原，沮漆之間也。膴膴，美也。”鄭玄箋：“廣平曰原，周之原地在岐山之南，膴膴然肥美。”●讀琱。《麥尊》：“侯易（賜）玄周（琱）戈。”玄琱戈，飾有暗紅色鏤紋的青銅戈。●周公：西周初年政治家，周武王弟。周公之後世代相襲為周公。《周公鼎》：“周公乍（作）文王隮彝。”●徧也。《牆盤》：“用肈（肇）敾（徹）周邦。”周邦，全國。●《平周矛》：“平周。”平周，原為魏地。《史記・魏世家》襄王：“十三年，秦取我曲沃、平周。”《漢書・地理志》隸西河郡，在今山西省介休縣西。●讀凋。《秦駰玉牘》：“孟冬十月，氒（厥）氣㾓（藏）周（凋）。”●讀雕。《清華五・封許 7》：“周（雕）⿷匚金（匚）。”整理者：“⿷匚金”字從匚，《說文》：“匚，受物之器，讀若方。”“雕匚”應指器上有雕鏤紋飾。●圍繞。《睡簡・日甲 21 背》：“道周環宇，不吉。”

⿱穴周 楚上博八・命 4

【注】從穴周聲。●《上博八・命 4》：“則戠為民窮⿱穴周。”“窮⿱穴周”，或讀為“仇讎”（陳劍）。或讀為“窮（穹）窒”（孟蓬生）。

倜 楚天星

【注】從人周聲。●疑讀彫。

菵 秦  嶽麓一・占 20

【注】從艸周聲。●《嶽麓一・占20》："夢人謁門去者，有新菵未塞。"整理者："菵，草名，《集韻・尤韻》：'菵，草名，似葵，五色。'或讀為苔。"陳偉以為"菵"讀禱，"禱未塞"是説禱祠後沒有酧神。新禱，大概指新近的禱祠。

椆 秦 關簡 377

【注】從木周聲。●容器名。《關簡377》："即取守室二七，置椆中，而食以丹，各盡其復（腹）。"《説文》曰："椆，木也。從木，周聲。讀若丩。""椆"上古音為章母幽部字，疑其可以通假為上古音屬喻母宵部的"䍃"字，二者同為舌音，韻部旁轉，讀音很近。《方言》卷五："䍃，罌也。淮、汝之間謂之䍃。"錢繹箋疏認為："罌，《眾經音義》卷三引作罌，舊本罌下脱'也'字，今據補。《説文》：'罌，缶也。'《廣雅》：'罌，瓶也。'《玉篇》：'罌，瓦器也。'……罌與罌同。"

嫍 陳伯元匜

【注】從女周聲，與小篆同。《説文》："嫍，女字也。從女周聲。"女字也，即古女子人名用字。●女名用字。《陳伯元匜》："敶（陳）白（伯）鷗之子白（伯）元乍（作）西孟媯嫍母媵（媵）鉈（匜），永壽用之。"銘文記載陳伯元為長女適西氏作媵器。媯，姓；嫍母，女名。

瑂 函皇父簋 瑂生簋 弭伯簋 即簋 瑂父簋 五年師旋簋

【注】從玉周聲。《説文》："瑂，治玉也。一曰石似玉。從玉周聲。"本義為治玉。又通作雕、彫。●刻畫、雕飾。《廣雅・釋詁四》："彫，畫也。"《左傳・宣公二年》："厚斂以彫牆。"杜預注："彫，畫也。"《漢書・東方朔傳》："陰奉彫瑑刻鏤之好以納其心。"顏師古注："瑂與彫同，畫也。"《楚辭・招魂》："雕題黑齒。"王逸注："雕，畫也。"彫、瑂、雕訓為畫，乃常訓。《五年師旋簋》："戈瑂戚歇（厚）必（柲）彤沙。""戈瑂"與典籍中"瑂戈"義近。●讀周，氏名，金文與"周"互用。《函皇父鼎》："函皇父乍（作）瑂妘（妘）般（盤）。"●讀周，地名，即岐山下之周原。《即簋》："嗣（司）瑂宮人。"瑂宮，乃指岐山下之周宮室。

彫 齊 陶彙 3・625 陶録 3・593 分研一 182 楚 信陽 2・9

【注】從彡周聲。●齊陶地名。●讀雕，畫飾。《信陽2・9》："屯彫（雕）裏。"

敥 楚 望山 2・6 望山 2・45 望山 2・47 包山

 2·54 清華五·湯丘 16

【注】從攴周聲，"彫"字異體。●多讀雕。《清華五·湯丘 16》："器不殿（雕）鏤。"●讀籌，筮具。《望山 1·9》："登（鄧）遣目（以）少（小）殿（籌）為忑固貞。"

 包山 165　包山 190

【注】從魚周聲。●人名。

 雕陰戈　雕陰鼎　戰編 233

【注】從隹周聲。●地名。《雕陰戈》："雕陰。"雕陰，戰國魏邑。因在雕山西南得名，在今陝西甘泉縣南洛河西岸。《史記·魏世家》"秦敗我龍賈軍四萬五千于雕陰"，即此。秦置縣。●秦印"歐雕"人名。

 望山 1·3　安大一 45 右使庫嗇夫鼎

【注】從竹周聲。●人名。《右使庫嗇夫鼎》："十四葉，右使車（庫）嗇夫郭瘠，工簡。"●讀籌。《望山 1·3》："目（以）少（小）簡（籌）為忑固貞。"用為筮具，疑是"籌"字異體，亦作"殿"。小簡，疑即筳之類。筳，小折竹也。楚人名結草折竹以卜曰籌。●讀收。《安大一 45》："少（小）戎幭（俴）簡（收）。"《毛詩》作"小戎俴收"。文獻中"周""壽""丩"聲字可通（參《古字通假會典》735、780 頁）。

 陶彙 3·986

【注】從角周聲。●齊陶單字，應為人名。

 睡簡·封診 78　睡簡·封診 79

【注】從禾周聲。●本義，稠密。《睡簡·封診 78》："其前稠橐表四寸。"

綢楚 曾侯 133　包山牘 1 晉 陶彙 6·20

【注】從糸周聲。●讀雕。《包山牘 1》："一綢（彫）椷。"●晉陶"奴綢"，人名。

端紐舟聲

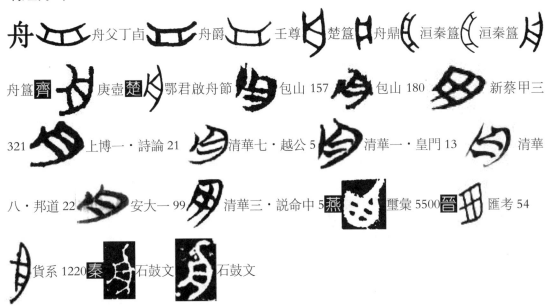

舟舟父丁卣舟爵王尊楚簋舟鼎洹秦簋洹秦簋舟簋 齊庚壺 楚鄂君啟舟節包山 157包山 180新蔡甲三321上博一・詩論 21清華七・越公 5清華一・皇門 13清華八・邦道 22安大一 99清華三・説命中 5 燕璽彙 5500 晉匯考 54貨系 1220 秦石鼓文石鼓文

【注】甲骨文作、、、、、、，象舟形；上有横木，十分逼真。戰國文字穿透筆劃作，或弧筆上環作、。《説文》："，船也。古者，共鼓、貨狄，刳木為舟，剡木為楫，以濟不通。象形。凡舟之屬皆從舟。"本義指小船，如《易經》："刳木為舟。"●船。《鄂君啟舟節》："屯三舟為一航。"●人名。《舟簋》："舟乍（作）寶簋。"●族氏名。《敄觶》："敄乍（作）父癸彝，舟。"●官名，即文獻所載之"舟牧"，管理船只的官。《楚簋》："嗣（司）莽啚官内師舟。"内師、舟皆為官名。《禮記・月令》："是月也，天子乃薦鞠衣于先帝，命舟牧覆舟，五覆五反。"鄭玄注："舟牧，主舟之官也。"●讀周。《清華九・禱辭 15》："吏（使）此樟（淳）女𠈌（乘）此㒵（美）馬，以舟（周）此邑之埜（野）。"整理者注："舟，當讀為'周'。《詩・大東》'舟人之子'，鄭箋：'舟當作周'。嶽麓簡《占夢書》'夢乘舟船，為遠行'，'舟'即寫作'周'。"《管子・小匡》："服牛軺馬，以週四方。"

㑇王㑇鼎 楚上博九・成甲 3

【注】從人舟聲，與小篆同。《説文》："，有廱蔽也。從人舟聲。《詩》曰：'誰㑇予美？'"本義欺騙。●人名。《王㑇鼎》："鳥壬㑇乍（作）尊彝。"●讀舟。《上博九・成甲 3》："遠（蔿）白（伯）珵（嬴）猶約，寡（後）寺（持）㑇（舟）酓=（飲酒）。"舟是古代飲酒器，器形似小船，為橢圓形平底器，兩側設小耳，亦稱為耳桮。"寡"可讀後。"寡"為溪紐魚部；"後"為匣紐侯部，聲同類，韻部魚侯旁轉。《左傳》此處作"蔿賈尚幼，後至，不賀。"

屌 晉訓義 9・48

【注】從尸舟聲。或謂"履"之省文。●陶文，單字。

弸 楚 清華十·四時 38　　 清華十·四時 38

【注】從弓舟聲。●讀周。《清華十·四時 38》：“凡旹（春）三月＝（月，月）弸（周）鳥屄〈尾〉。”整理者注：“弸，從弓，舟聲，疑即文獻之‘俜’字，其中‘人’是‘弓’的訛變，讀為‘周’，環繞。屄，疑‘尾’字之訛。鳥尾，星象名，即軫宿，居南方朱雀七宿之末。”

逃 作冊大令簋　　 伯者父簋　　 大作丁公簋 楚 郭店·太一 6　　 包山

137 　　 上博八·有皇 4 燕 夾逃刻石

【注】從辵舟聲，“趙”之異文。●讀受。《令簋》：“用鄉（饗）王逆逃，用𠧢寮人。”《伯者父簋》：“白（伯）者父乍（作）寶毁，用鄉（饗）王逆逃。”“逆洀”即“出入”之謂。●包山簡多為人名。或讀舟，姓氏。●讀周。《上博八·有皇 4》：“逃（周）流天下今可（兮），牊（將）莫皇今可（兮）。”《郭店·太一 6》：“是古（故）大（太）一贎（藏）於水，行於時，逃（周）而或（又）始。”

狪 秦  里耶 8·1656

【注】從犬舟聲。●人名。

郍 楚  上博二·容成 45 晉 陶彙 6·36  陶彙 6·30

【注】從邑舟聲。●均為地名。

稠 晉 璽彙 3196

【注】從禾舟聲。“稠”之異文。●“重稠”，人名。

桝 楚  安大一 45 燕 璽彙 2407 晉 璽彙 2410

【注】從木舟聲，“椆”之異文。●晉璽“桝綎”“桝青”，疑為姓氏。●讀輖。《安大一 45》：“少（小）戎輚（俴）簡（收），五備（棜）粮（良）桝（輖）。”《毛詩》作“五楘梁輖”。

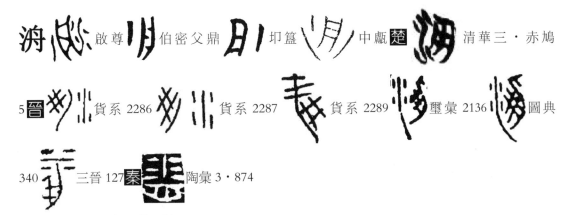

【注】甲骨文作 、 、 ， 旁多簡省為一斜筆或曲筆；舊多釋為"造"，何琳儀釋為"洀"，可從（《釋洀》）古書裏的"洀"字或與"盤""盪""潘"音義均同。《管子·小問篇》桓公問："今寡人乘馬，虎望見寡人不敢行，何也。"對曰："意者君乘駁馬而洀桓，迎日而馳乎。駁食虎豹，故虎疑焉。"《注》洀，古盤字。又《正字通》："洀同盪，水回施也，別作盤。"《列子·黃帝篇》："鯢旋之潘為淵。"《注》："潘音盤。水之盤回。"因此"洀"是一個會意字，從舟會意，甲骨文正象舟在水中，波流迴旋。又，《集韻》平聲尤韻之由切"周"韻有"洀"字，訓為"水文"，這個"洀"則是從水舟聲的形聲字。●韓方足布讀舟，地名，在新鄭附近。《鄭語》云："公説，乃東寄帑與賄，虢、鄶受之，十邑皆有寄地。"韋昭注："十邑，謂虢、鄶、鄢、鄔、蔽、補、舟、依、柔、歷、華也。後桓公之子武公，竟取十邑之地而居之，今河南新鄭是也。"另外，銳角布"舟百涅"（《貨系》1220）之"舟"，也是新鄭附近古國名。●水名。《啟尊》："啟從王南征，彷山谷，在洀水上。"●《清華三·赤鳩5》："笒（執）洀（調）虘（吾）盥（羹）？"整理者疑讀調，《漢書·王莽傳》注："謂發取也。"即"執調吾羹"即誰動了我的羹湯。侯乃峰認為"洀"字在簡文中當釋讀偷，意為偷盜、竊取。（《也説清華簡〈赤鳩之集湯之屋〉篇的"洀"》）●讀受。"逆洀"即"出入"之謂。《伯密父鼎》："用鄉（饗）王逆洀吏（使）人。"《圿簋》："圿乍（作）寶段，用鄉（饗）王逆洀吏（使）。"

【注】從宀洀聲。●讀班。"班"在典籍中往往與"般""盤"通假。《易·屯》"乘馬班如"，釋文"班，鄭本作般"。又《戰國策·宋策》"公輸般"，《墨子·公輸》作"公輸盤"，《列子·湯問》作"公輸班"。均其佐證。《榮作周公簋》："魯天子宿氒（厥）瀕福。"宿氒（厥）瀕福，讀"班氒（厥）瀕福"，意謂"分佈其多福"。《麥尊》："用宿德，妥（綏）多友。"

【注】從米舟聲。●單字，人名。

輔 楚  包山牘1 、 天星

【注】從車舟聲。包山簡繁化從土。●疑指車轄。《包山牘1》："一周（彫）輈。"

龍崗254

【注】從豸舟聲，"貈"之異文。●讀貈。《説文》："貈，似狐，善睡獸也。"《龍崗254》："取其豺、狼、貒、貈、狐、狸。"

【注】從口貈聲。《説文・水部》："涸，渴也。從水，固聲。讀若'狐貈'之'貈'。"從固聲的"涸"，可以讀貈。那麼從貈聲的"圖"，當然可以讀固。又《説文・豸部》："貈，似狐，善睡獸，從豸，舟聲。"大徐本："臣鉉等曰：舟非聲，未詳，下各切。"段注："今字乃皆假貉為貈。"按照大徐的反切和段注，貈字與"各"聲近，且與"貉"相通假。而傳世文獻中，各與固有通假的例子。《尚書・盤庚下》："各非敢違卜，用宏茲賁。"楊筠如先生《尚書核詁》曰："各，古'格'字，與'固'通。《吕刑》'庶有格命'，《君奭》：'則有固命'。同假為'嘏'。此'固'字即今'固然'之'固'也。"楊先生指出"各"與"固"常通假，而"貈"與"各"音近，所以"貈"與"固"通假當没有問題。從貈聲的"圖"當然可與"固"通假。此字曾長久得不到確解。裘錫圭先生曾曰："據文義推測，'申圖'，似有鞏固一類意思……"，"《左傳・宣公十六年》有'以事神人而申固其命'之語，《國語・楚語下》有'……億其上下，以申固其姓'之語。有可能'申圖'就與'申固'同義。"（《談曾侯乙墓鐘磬銘文中的幾個字》）此後李學勤先生根據新出徐樓村宋公鼎銘文，將此字對讀固。宋公鼎銘文中作器者自稱"宋公圖"，李先生曰："徐樓村鼎銘的宋公圖，以通假求之，無疑是宋平公的上一代共公，《左傳》記他名固，《史記・宋世家》則説名瑕。"李先生認為金文"申圖大命"的"圖"，也應當讀作固。他認為："'貈'應讀'固'，訓為安定，可參看《詩・皇矣》"天立厥配，受命既固"及《書・君奭》"今汝永念，則有固命"。（《棗莊徐樓村宋公鼎與費國》）于是此字讀"固"，基本已經成為定論。《清華十・四告32》從圖省聲，疊加吉為聲符。●讀貉或讀貈。《九年衛鼎》："舍顏有嗣（司）壽商圖（貈）裘。""貈""貉"，都是狐類動物。"狐裘"，文獻中比較多見，如《詩經・秦風・終南》"君子至之，錦衣狐裘"，毛傳："狐裘，朝廷之服也。"可見狐裘是很重要的衣服，是朝見君主的時候穿的朝服。《九年衛鼎》亦有羔裘。文獻中常"狐裘""羔裘"對舉，如《詩經・檜風・羔裘》："羔裘逍遙，狐裘以朝。"毛傳："羔裘以游燕，狐裘以適朝。"《九年衛鼎》記述"眉敖者膚為吏見于王"，見于王，是對王行覲見之禮，即指眉敖朝覲王。覲見之禮也常行燕禮。可見鼎銘的"貉裘""狐裘"是為了分别行朝見和燕享之禮的。●讀固，訓為安定。《牆盤》："用申寧天子，天子圖屖（緟）文武長剌（烈）。""圖"當讀固。《國語・晉語二》："夫固國者在親眾而善鄰。"韋注："固，定也。"前半句的"寧"有"安"的意思，下半句"固"有"定"的意思。申也與固常連用。前半句的"申寧"和後半句"固"意思比較一致，都有安定的意思。●讀固，敬也。《毛

公鼎》："汝毋敢墮乃服，𩓣凤夕。"金文中與"𩓣凤夕"意思相接近的句子為"虔凤夕""敬凤夜"。按，文獻中虔、固、敬三者義近。《爾雅·釋詁》："虔，固也。"郝懿行《義疏》："虔者，敬之固也。經典虔多訓敬，敬固義近。"《詩經·大雅·韓奕》："凤夜匪懈，虔共爾位。"毛傳："虔，固。"《廣雅·釋詁》："虔，敬也。"又《說文》："虔，虎行貌，從虎，文聲。"段注："糾虔、虔劉，皆《釋詁》虔固之義。堅固者必敬，堅固者乃能殺也，堅固者，虎之貌也。"將金文的"𩓣"讀固，"固凤夕"與"虔凤夕""敬凤夜"意思一致。●讀恪。《爾雅·釋詁》："恪，敬也。"《清華十·四告32》："用臂（乂）庶戁（艱），以𩓣（恪）㐁（凤）夜胏（股）厷（肱）王身。"

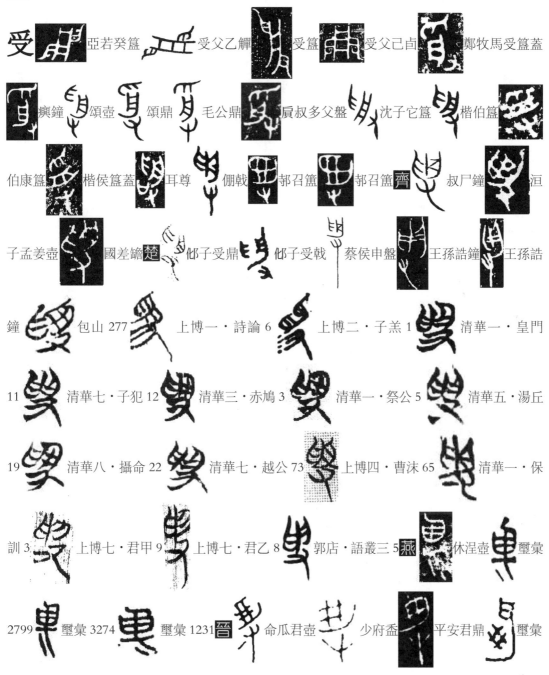

受 亞若癸簋　受父乙觶　受簋　受父己卣　鄭牧馬受簋蓋
瘭鐘　頌壺　頌鼎　毛公鼎　𡘜叔多父盤　沈子它簋　楷伯簋
伯康簋　楷侯簋蓋　耳尊　倗戟　郮召簋　郮召簋齊　叔尸鐘　洹
子孟姜壺　國差𦉜楚　㠱子受鼎　㠱子受戟　蔡侯申盤　王孫誥鐘　王孫誥
鐘　包山277　上博一·詩論6　上博二·子羔1　清華一·皇門
11　清華七·子犯12　清華三·赤鳩3　清華一·祭公5　清華五·湯丘
19　清華八·攝命22　清華七·越公73　上博四·曹沫65　清華一·保
訓3　上博七·君甲9　上博七·君乙8　郭店·語叢三5燕　休涅壺　璽彙
2799　璽彙3274　璽彙1231晉　命瓜君壺　少府盉　平安君鼎　璽彙

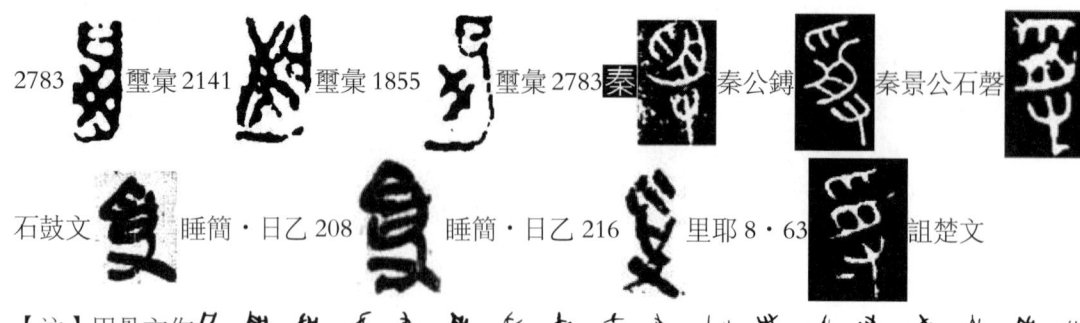

2783　　璽彙 2141　　璽彙 1855　　璽彙 2783　秦　　　秦公鎛　　　秦景公石磬

石鼓文　　　睡簡・日乙 208　　　睡簡・日乙 216　　　里耶 8・63　　　詛楚文

【注】甲骨文作𢾫、𢽥、𤔄、𤔅、𤔆、𤔇、𤔈、𤔉、𤔊、𤔋、𤔌、𤔍、𤔎、𤔏、𤔐、𤔑，從受舟聲。李孝定謂"盤"的古文，從舟從手，象一隻手把盤子交到另一個人的手裏，會給予之義，同時也表示接受之義。金文同甲骨文，舟形變體甚多。《耳尊》增從口。戰國文字承襲商周金文，《命瓜君壺》所作，爪與舟借用兩筆。或省爪作𤔩，戰國璽印文字則作𤔪，省手形。秦漢文字作𤔫（秦律 90）、𤔬（帛書老子甲 90）、𤔭（武威燕禮 20），遂與小篆吻合。"叟"，漢印文字作𤔮（《漢印文字彙編》105 頁），實際是"受"的同源分化字。《銀雀山漢墓竹簡（貳）・迎四時》："春養八稚（稚）於東堂，夏着七嫣於南堂，秋養九老於西堂，冬着六受（叟）於北堂。"受，即讀叟。《說文》："𤔯，相付也。從受，舟省聲。"本義是接受、授予。在較早的古文中，"受""授"同義，區別二字視文意而定，如《三國志》："權辭讓不受（接受）。"《韓非子》："因能而受（給予）官。"後來"受"專門用來表示接受。"受"表示接受之義後，給予之義便另加形符"扌"寫作"授"。●動詞，接受、授予。器銘受、授同字。《善夫山鼎》："山撜（拜）䭫首受冊佩目（以）出。"《秦公鎛》："我先祖受天命。"《癲鐘》："受（授）余屯（純）魯。"《免簋》："王受（授）乍（作）冊尹者（書）。"●容受。《重金扁壺》："百冊（四十）八，重金銔，受一青（𣪘）六𢭐。"●人名。《鄭牧馬受簋蓋》："奠（鄭）牧馬受乍（作）寶段。"●讀紂，商王名。《上博四・曹沫 65》："亦唯聞夫禹、湯、桀、受（紂）矣。"《古本竹書紀年》也稱"紂"為"受"，如"帝辛受居殷"，"受"即為"紂"。二者上古音一為禪母幽部，一為定紐幽部，同為舌音幽部，可通。●《上博九・成甲 2》："子玉受帀（師）出之杕。"讀授，義為傳授、教。授師，應當指交付軍隊並示範教導。《上博九・成乙 1》作"𨒅"。

鄋晉　　　聚珍 271　　　先秦編 283　　　三晉 99　　　三晉 100

【注】從邑受聲。●魏橋形布"鄋氏伞（半）釿"，為地名。

𨒅楚　　　上博九・成乙 1　燕　　　璽彙 2833　　　璽彙 4094

【注】從辵受聲。●燕璽人名。●讀授，詳"受"字。

牆盤

【注】從素受聲。從素與從糸會意同，"綏"之異文。●《牆盤》："憲聖成王，左右𦈡𦈡剛鯀，

用肇（肇）𢽾（徹）周邦。”穀𩛥，讀為柔會。受、柔旁紐同部，𩛥從會聲（會為會之異文，會有和義），柔會即柔和。銘意為，輔佐之臣既柔和又剛强。穀𩛥剛緐，張崇禮讀“綬會綱綸”。“綬”有連結義。《説文》段注：“謂之綬者，韍佩與革帶之間有聯而受之者。”《後漢書·輿服志下》：“秦乃以采組連結于璲，光明表章，轉相結受，故謂之綬。”“會”作，左旁為“會”，右旁為二右手形。《爾雅·釋詁上》：“會，合也。”“剛”，當讀綱，提网的總繩。《尚書·盤庚上》：“若网在綱，有條而不紊。”“緐”，應即訓“釣繳”的“綸”的初文。“綬會綱綸”的字面意思為連結絞合网繩和釣絲，實際上是指制定社會綱紀和倫理。（詳《金文考釋五則》）

綬 晉  七年大梁司寇綬戈  二年邦司寇趙或鈹 秦  陶彙5·69

【注】從糸受聲。《説文》：“，韍維也。”本義絲帶。徐中舒謂：“綬，組也，組是絲制的繩子，有各種不同的顏色，用以系佩玉，作為管理級別的標記。”●讀受。《三年大將吏弩機》：“三年，大牆（將）吏𢦚、邦大夫王平、豙（掾）長（張）承所為，綬事伐。”“受事”就是“冶”，“是直接執行鑄造的工匠。他接受工師或者冶尹的命令，承擔具體操作的任務，因而稱作受事”。（《保利藏金》第274頁李學勤文）●秦陶人名。

端紐州聲

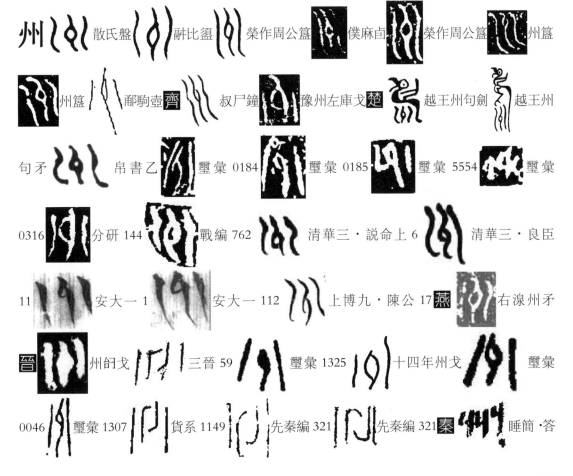

州  散氏盤  融比盨  榮作周公簋  僕麻卣  榮作周公簋 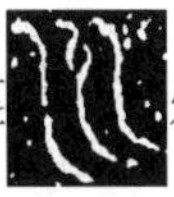 州簋  州簋  鄁駒壺 齊  叔尸鐘  豫州左庫戈 楚  越王州句劍  越王州句矛  帛書乙  璽彙0184  璽彙0185  璽彙5554  璽彙0316  分研144  戰編762  清華三·説命上6  清華三·良臣11  安大一1  安大一112  上博九·陳公17 燕  右湶州矛 晉  州𠣍戈 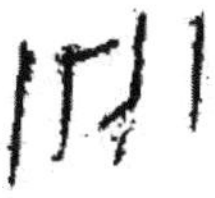 三晉59  璽彙1325  十四年州戈  璽彙0046  璽彙1307  貨系1149  先秦編321  先秦編321 秦  睡簡·答

問 100  、  秦印 224

【注】甲骨文作𑘅，象水流中有高地之形。金文承之。戰國文字承襲商周金文，高地之形或聲化為屮聲作𑘅。小篆類化而成三屮。《説文》："𑘅，水中可居曰州，周遶其㫄，從重川。昔堯遭洪水，民居水中高土，或曰九州。《詩》曰：'在河之州。'一曰州，疇也。各疇其土而生之。𑘅古文州。"本義是水中的陸地，是"洲"的本字。後來"州"用作古代行政區域名，于是另造"洲"字；州、洲為古今字。●地名。《卧比盨》："州、濾二邑。"●九州：傳説中我國上古中原一帶的行政區劃。《叔尸鐘》："咸有九州。"西漢前認為"九州"系禹治水後劃分。●國名。《榮作周公簋》："易（賜）臣三品：州人、重人、𩫏（庸）人。"州人，指州地（或州國）人。●人名。《仲州簋》："中（仲）州乍（作）寶殷。"●州句：越國國君名，典籍作"朱句"。《越王州句劍》："戉（越）王州句自乍（作）用僉（劍）。"●《古璽彙編》有關州的官印"州璽"（0184）、"右州之里"（0185）。《禮記·內則》："五黨為州，州二五百家也。"州是縣以下的地方行政單位，相當于秦漢之鄉，所以前加之詞有右、北、中等以示州在一縣中之方位所在。後世亦常在鄉前加方位之詞如北鄉、西鄉、中鄉等。●《分研 144》"中州之鈢"，"中州"為地名，具體所指待考。●讀周。《安大一 112》："又歔（杕）者芏（杜），生於道州（周）。"《上博九·陳公 17》："州（周）丌（其）徒戔（衛）。"周，周匝，繞也。簡文用為動詞，指徒衛環繞一周。●讀洲。《安大一 1》："闗=疋鳩，才河之州（洲）。"

 郾王職戈 　郾王職戈 　戰表 1595

【注】從土州聲。"州"之繁文。●讀州。《郾王職戈》："涼垈（州）都尉。"

𧥛燕 分域 595

【注】從月州聲。●燕璽"𧥛上"，姓氏。或謂"州月"二字合文。

端紐叡聲

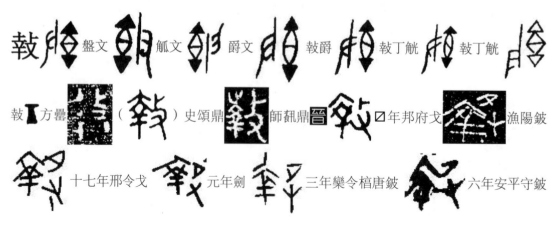

叡 盤文　𣎆 瓿文　叡 爵文　𣎆 叡爵　𣎆 叡丁觥　𣎆 叡丁觥　叡

叡 □方彝　（叡）史頌鼎　叡 師虎鼎　叡 □年邦府戈　叡 漁陽鈹

叡 十七年邢令戈　叡 元年劍　叡 三年樂令楯唐鈹　叡 六年安平守鈹

三年馬師鈹十二年邦司寇劍八年相邦建信君鈹八年相邦建信君鈹三年相邦建信君鈹相邦春平侯鈹十五年守相杢波鈹四年相邦春平侯鈹、、十七年春成侯鈹

【注】甲骨文作，從攴從幸，會抽擊罪人之意，疑"抽"之古文，"盩"之初文。戰國楚系文字敄則為執之異體。詳"執"字。●族氏名，見于《敄丁觥》《敄方罍》等器。●讀戾，來也、至也。《史頌鼎》："帥䫀（偶）敄（盩）于成周。"鼎銘或作"盩"，知金文敄、盩為一字。●讀調，見於趙國兵器。《☐年邦府戈》："冶问執齊（劑）。"《十六年守相鈹》："邦右庫工帀（師）韓沃，冶明敄齊（劑）。"齊，指冶鑄合金是配料比例。敄齊：指冶煉過程中職掌兌劑之事。《考工記》："金有六齊：六分其金而錫居一，謂之鐘鼎之齊。五分其金而錫居一，謂之斧斤之齊。四分其金而錫居一，謂之戈戟之齊。"《少儀》注云："齊，和也。"故"和金錫"亦稱為齊。"敄齊"一辭多見于趙國兵器。●《師𩛥鼎》讀盩，"盩宗"可能是盩地的宗廟。（施謝捷《釋"盩"》）

盩史頌簋旅鼎盩司土尊盩司土卣㝬簋史頌簋

秦秦駰玉牘石鼓文

【注】從皿敄聲，"敄"之繁文。從血，其義更顯。《史頌簋》鼎銘作"敄"，或作"盩"，知金文敄、盩為一字。小篆另立一字。《說文》："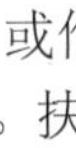，引擊也。從幸、攴，見血也。扶風有盩厔縣。張流切。"銘文中讀戾，敄、戾古皆舌音，其韻自緝轉月。盩讀張流切者，後世之音轉也。●讀戾，善也。《廣雅・釋詁》："戾，善也。"《㝬簋》："肆余㠯（以）餧士獻民，爯盩先王宗室。"銘意為：故我和諸士獻民在先王的宗廟中，宣揚先王的美德。●讀戾，來也、至也。《史頌鼎》："帥䫀（偶）盩于成周。"毛亨《傳》："戾，來。"●地名，唐蘭謂即今周至縣東之終南鎮。《旅鼎》："才（在）十又一月庚申，公才（在）盩㠯（次）。"《盩司徒幽尊》："盩𤔲（司）土（徒）幽乍（作）且（祖）辛旅彝。"金文凡軍事駐地的名稱，往往帶"㠯"字，㠯乃古師字，如"牧㠯""盤㠯"即是。●《石鼓文》："☐☐盩道。"《前漢・地理志》右扶風有盩厔縣，今屬陝西西安府。《正字通》山曲曰盩，水曲曰厔，因以名縣。盩道，謂山曲之道。●《秦駰玉牘》："吾竆（窮）而無奈之可（何），永戁憂盩。"李學勤、李零、曾憲通、李家浩都認為"盩"讀愁。憂盩，指憂愁。

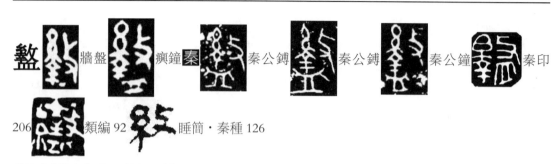

206 類編92 睡簡・秦種126

【注】《牆盤》從幺敍聲，疊加幺為形符，會意更顯。如"羌"或作羌。《牆盤》"敍龢"，同墓所出《瘋鐘》作"鳌龢"，故敍、鳌亦為繁簡二體。《説文》："鳌，弼戾也。從弦省，從鳌。讀若戾。"段玉裁注："此乖戾正字。今則戾行而鳌廢矣。"按戾有正反兩義，訓乖、背、違，此反義也；訓定為正義也。亦猶亂指訓治，臭之訓香也。《金文編》説鳌孳乳為鳌，鳌讀為戾。金文鳌、鳌當同字，二字均以"敍"為聲，銘文中用濾亦同，《説文》分二字。秦簡當為"鳌"之省文，帛書則增從皿作鳌（帛書病方239）。●讀戾。《師訇簋》："用夾召㠯（厥）辟，奠大令，鳌（鳌）厞（龢）雩政。"《牆盤》："曰古文王，初敍（鳌）龢于政，上帝降懿德大甹。"裘錫圭讀"鳌龢"為"戾和"，即安定協和之意，典籍作"調和"。孫常敍云，《説文》鳌讀若戾。"戾""利"雙聲，古音又同在脂部，是同音詞。"利"可訓和、訓宜，與"龢"同義連用。（引自《金文形義通解》3048頁）案：戾，睡虎地秦簡作戾，《説文》："戾，曲也。從犬出戶下。戾者，身曲戾也。"是戾字本義為犬出戶下，其身曲戾。戾字又訓乖也、違也、反也等義。●讀鳌，扭曲。《睡簡・秦種126》："不攻閒車，車空失，大車軸紋（鳌）。"

端紐肘聲

侯興權 郾守戈 楚 郭店・成之3 晉 魚顚匕

【注】甲骨文作肘，在手臂彎曲處加一指事符號，表示肘關節，為"肘"之初文。戰國文字從又從十，表示肘關節距手腕十寸，即一尺，為會意兼形聲。戰國文字肘字隸定嚴格應為"圣"，作偏旁時與"寸"相混。秦簡始出現"寸"作才，與"圣"字無涉。《説文》："肘，臂節也。從肉從寸。寸，手寸口也。"許慎解為"從肉從寸"不確。"圣"為"肘"之本字，後增從形符肉，秦始皇始出現從肉圣聲之"肘"。從圣得聲的字有肘、守、紂等。●讀鑄。《侯興權》："古川侯興圣。"●讀守，官名。《郾守戈》："郾圣（守）。"●讀守，衛護，有引導之義。《郭店・成之3》："古（故）君子之立（莅）民也，身備（服）善以先之，敬斳（慎）以圣（守）之。"

肘 秦 睡簡・封診53

【注】從肉圣聲。●用為本義，手肘。《睡簡・封診53》："肘郄（膝）。"

守 守卣 守婦簋 守觚 守婦觶 窵小子徒簋 冊

守父乙觚 守冊父己爵 守宮觥 守宮卣 守宮鳥尊 夋人守鬲

大鼎 守簋楚 上博一·緇衣 19 上博二·子羔 6 上博三·彭

祖 8 上博六·競公 8 清華七·越公 22晉 中山守丘石刻 侯馬

璽彙 0341 六年安平守鈹 六年安平守鈹 璽彙 3236 璽彙

2589 璽彙 3307 璽彙 0124 守陽戈秦 睡簡·雜抄 34 十五年

上郡守戈 上郡假守鼂戈 漢中守運戈 二十六年隴西守戈 十三

年上郡守壽戈 卅年上郡守起戈 秦印 141

【注】商代金文從宀從又，會守衛房屋之意。金文"又"下多加飾點。戰國文字承襲商周文字，作◆、◆，變形音化從寸（肘）聲。《說文》："◆，守官也。從宀從寸。寺府之事者。從寸。寸，灋度也。"本義當為護衛家園。引申為職責、職守。又引申為官職名。●守衛。《大鼎》："王才（在）韓侲宮，大旲（以）乒（厥）友守。"以厥友守，謂守衛于宮門之外。●守宮：西周職官，世襲。《守宮盤》："易（賜）守宮絲束。"●《筥小子徒簋》："筥小子徒守弗受。"守弗受，意為筥小子守成而不授。《詩·大雅》："能持盈守成。"孔穎達《疏》："守，亦持也"，"主而不失謂之守。"受，假為授，意為與、予。●《璽彙 3307》"守丘"。董珊：中山國守丘刻石和璽印中的"守丘"俱為職官名或機構名，而以機構名的可能性為大。戰國中山"守丘"的職掌相當於《周禮》的塚人。（《戰國題銘與工官制度》141 頁）《周禮·春官·塚人》："塚人，掌公墓之地，辨其兆域而為之圖。""塚人"為管理王公之墓的職官。●《璽彙 124》"守"，職官名。戰國時各國在邊地設郡，派官防守，官名為"守"。本系武職，後漸成為地方行政長官。戰國初期三晉地區均設有"守"一職，《史記·韓世家》桓惠王十年："我上黨郡守以上黨郡降趙。"此印為三晉某地郡守用印。《五年守相杢波劍》："十五年，守相杢（廉）波（頗）、邦右庫工帀（師）馱（韓）亥、冶巡毄齊（劑）。"守相：趙國職官名。●秦稱郡之長官為守。《十五年上郡守壽戈》："十五年，上郡守壽之造。"某一官屬之長亦可稱守。《九年相邦呂不韋戟》："九年，相邦呂不韋造，蜀守金，東工守文居。"東工守，即是東工的負責人，其職能相當于工師。●掌管。《上博六·競公 8》："今新（薪）登（蒸）思（使）吳（虞）守之；葦（澤）梁史（使）敔守之。"

琦[晉] ☖、☖、☖ 侯馬

【注】從守，疊加主為聲符。● "不琦二宮"，讀守。

邟[齊] ☖ 璽彙 2219

【注】從邑守聲。●齊璽 "邟臧"，姓氏，讀守。

釪[晉] ☖ 中山王𡧫壺 ☖ 廿七年大梁司寇鼎 ☖ 廿七年大梁司寇鼎 ☖ 藺令

☖ 趙狽矛 ☖ 泔陽戈

【注】從金乇（肘）聲。朱德熙、裘錫圭指出：這個字用為動詞，當是 "鑄" 字的異體。不少從 "寸（乇）" 的字古音在幽部，與從 "壽" 得聲的字相通，例如《説文》 "尌" 字下云 "周書以為討"；《詩·小雅·弁》 "怒馬如搗"， "搗" 韓詩作 "疛"，所以 "鑄" 字可以寫作 "釪"。（《朱德熙古文字論集》92 頁）●讀鑄。《廿七年大梁司寇鼎》： "邟廿又七年，大鄭司寇肖（趙）亡智釪（鑄）為量。" 戰國晉系文字多以 "釪" 為 "鑄"。

盨[晉] ☖ 梁十九年鼎

【注】從皿釪聲。●讀鑄。《梁十九年鼎》： "亡智求戟嗇夫庶厤擇（擇）吉金盨（鑄）。"

𨤲[晉] ☖ 耳公劍

【注】從盨（鑄）省，從乇，雙聲字。●讀鑄。《耳公劍》： "耳𨤲（鑄）公鐱（劍）。"

端紐帚聲

帚 ☖ 女牟方彝 ☖ 女帚卣 ☖ 女帚卣 ☖ 黿婦鼎 ☖ 文父乙尊 ☖ 婦女簋 ☖ 比簋

[秦] ☖ 里耶 8·798

【注】甲骨文作☖、☖、☖、☖、☖、☖、☖、☖，象掃帚形；上部是帚苗，下部是帚把；中間有繩索紮捆。作☖者，上部與 "叀" 近似。金文同甲骨文，小篆 "帚" 的下部訛作 "巾"。《説

文》："帚，糞也。從又持巾埽門内。古者少康初作箕、帚、秫酒。少康，杜康也，葬長垣。"本義為箒帚。古代認為婦女是主要掃垃圾的，故甲骨文金文均用為"婦"。後為了分化字義，婦女的意思則另加"女"寫做"婦"。●金文多讀婦，男性之配偶。《比篹》："比乍（作）白（伯）帚（婦）👤障彝。"甲骨文中多假為婦女之婦，"帚"可能早期為之部，后轉為幽部。●帚（婦）好：人名，商王武丁之配偶，名好，死後稱為"母辛""后辛"。《婦好方彝》："帚好。"●里耶簡為習字簡，無義。

透紐首聲

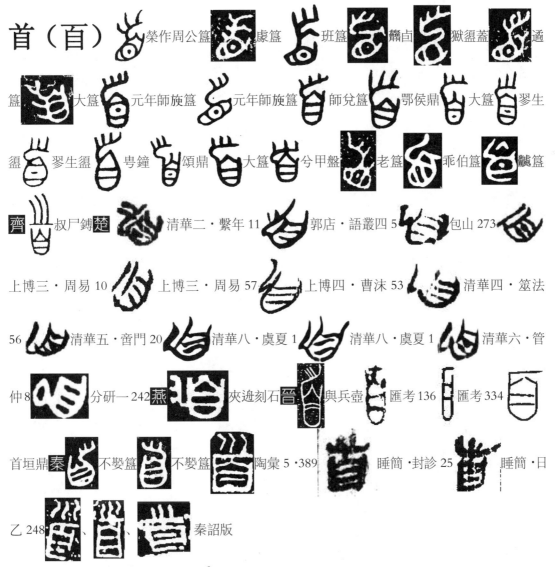

首（百） 榮作周公篹 　豦篹 班篹 　麤卣 　獄盨蓋 　遹篹 大篹 元年師旋篹 元年師旋篹 師兌篹 鄂侯鼎 大篹 翏生盨 翏生盨 粵鐘 頌鼎 大篹 兮甲盤 老篹 乖伯篹 龖篹 齊 叔尸鏄 楚 清華二·繫年11 郭店·語叢四5 包山273 上博三·周易10 上博三·周易57 上博四·曹沫53 清華四·筮法56 清華五·啻門20 清華八·虞夏1 清華八·虞夏1 清華六·管仲8 分研一242 燕 夾逤刻石 晉 與兵壺 匯考136 匯考334 首垣鼎 秦 不娶篹 不娶篹 陶彙5·389 睡簡·封診25 睡簡·日乙248 　、　、　秦詔版

【注】甲骨文作🐾、🐾、🐾、🐾、🐾，象頭的形狀，頭上有發，亦或作無發形。但是不太象人類的頭，而更象獸類的頭。金文僅存眼睛和頭髮形。《乖伯篹》所作，為"首"之省文，此即《説文》之"百"字。"百"與"首"本一字，只是繁簡不同而已。戰國文字作🐾、🐾、🐾等形，有發、無發均有之。秦系文字發形或訛為止形。《説文》："🐾，頭也。象形。"《説文》小篆"百"

字作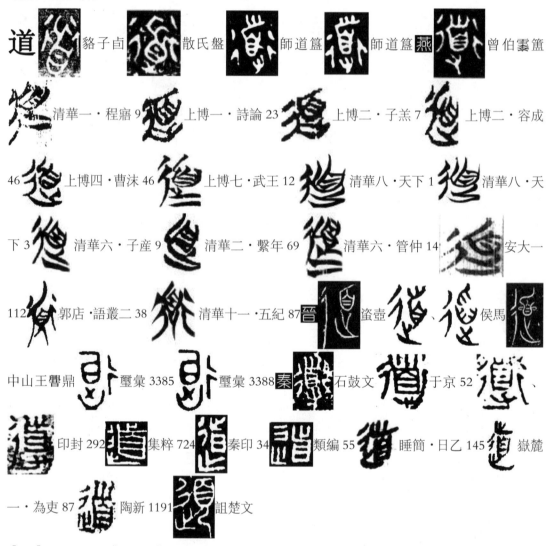，與"百"之古文形近，所以人們就把"百"當作"百"的異體，于是"百"又有了"百"的讀音，《集韻·陌韻》就收"百"為"百"的異體，注音"博陌切"。戴侗謂，《説文》百、頁、首分三部。按首之為百，猶子之為孚；頁之加人，猶電之加雨。《説文》俱訓頭，不當分為三。《説文》："百同。古文百也。象髮，謂之鬊，鬊卽也。"本義為頭。●頭。《不嬰簋》："女（汝）多折首執訊。"《清華八·虞夏1》："百（首）備（服）收，祭器四羅（璉）。"首服，文獻中指頭上的冠戴服飾，指冠。●讀手。《通簋》："通拜首稽首，敢對揚穆穆王休。"●元首。《師訇簋》："師訇，哀才（哉），今日天疾畏（威）降喪，首德不克妻，古亡丞于先王。"首德，謂君德。●《匯考136》"首陽"，地名。戰國多處有地名為"首陽"者，印文之"首陽"具體地望待考。此印當是首陽其地的行政官署用印。●首先。《郭店·語叢四5》："凡敓（説）之道，級者為首。"

（圖）

【注】從辵首聲。《貉子卣》從行從首（兼聲），隸定為"衜"；《散氏盤》等從行從首從止（止後訛作又形，《石鼓文》作，復于又下加裝飾點作寸），隸定為"導"；《中山王嚳鼎》從辵從百，隸定為"道"。《郭店·語叢二38》從頁，與從人會意同。楚文字或作"衙"。●道義。《蚉壺》："羍（逢）郾（燕）亡道。"《論語·衛靈公》："邦有道則仕，邦無道則隱。"《詛楚文》："今

楚王熊相康回無道。"●道路，引申為行走。《曾伯霱盨》："克狄淮尸（夷），印燮緐（繁）湯（陽），金道鍚（錫）行。"金道鍚（錫）行，金錫得以通行無阻。●讀導，引導。《中山王𧻈鼎》："妖（夙）夜不解（懈），目（以）譔道（導）寡人。"《論語·學而》："道千乘之國，敬事而信，節用而愛人，使民以時。"《上博九·舉治31》："百洲（川）既道（導）。"●秦印"翟導丞印""故導丞印""昫衍導丞"為地名，均讀道。●説、講述。《上博七·武王3》："帀（師）上（尚）父奉箸（書），道箸（書）之言曰：……。"《詩·鄘風·牆有茨》："中冓之言，不可道也。"《荀子·勸學》"不道禮憲"，楊惊注："道，言説也。"●方法、途徑。《上博四·曹沫55》："此復故戰之道。"●從、由也。《上博二·從甲8》："恨（威）則民不道。"《管子·禁藏》"故凡治亂之情，皆道上始"，尹知章注："道，從也。"《禮記·禮器》："禮不虛道。"注："道，猶由也，從也。"或讀導，引導。

衍 楚 郭店·老甲6　郭店·老甲10　秦 仲滋鼎　石鼓文

【注】"道""衍"原為一字，蓋"道"以一首一足代替人形，正合"衍"之本義。●讀道。《郭店·老甲6》："以衍（道）差（佐）人宝（主）者，不谷（欲）以兵强於天下。"古文字或作衕、導、道。

遒 楚 安大一106

【注】整理者認為從辵脜（脜省）聲。簡文右上有殘缺，疑從脁（肉聲）從道，雙聲字。●讀杻。《安大一106》："山又（有）栖（栲），溼（隰）又（有）遒（杻）。"《毛詩》作"隰有杻"。"脁"之聲符"肉"屬日母幽部字，"道"為定母幽部字，"杻"為透紐幽部字，"脁""道""杻"三者音近可通。

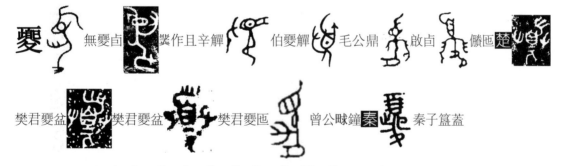

夒　無夒卣　囊作且辛斝　伯夒觶　毛公鼎　啟卣　儚匜 楚　樊君夒盆　樊君夒盆　樊君夒匜　曾公䀠鐘 秦　秦子簋蓋

【注】甲骨文作　、　、　、　、　、　、　、　、　、　，象神獸之形。從首（兼聲），其最大特點突出臂、尾之形。金文同甲骨文。《秦子簋蓋》臂、尾分別訛作止、巳。《毛公鼎》"羞"作　，《克鼎》"柔"作　，所從　即甲骨文之　字；而夒、柔、羞古音同部，故可以互相借用。《説文》："　，貪獸也。一曰母猴，似人。從頁，巳、止、夂，其手足。"古同"猱"，後世稱"猴"，獸名，長臂猿的一種。●讀羞。《毛公鼎》："醽（申）　大命，康能四或（國），俗（欲）我弗乍（作）先王夒（羞）。"●讀擾，亂也。《儚匜》："自今余敢夒（擾）乃小大事，乃師或目（以）女（汝）告，則到乃便（鞭）千。"《啟卣》："啟從征，堇（謹）不夒。"●人名。《無夒作父丁卣》："無夒乍（作）父丁彝。"●讀柔。《秦子簋蓋》："又（有）夒（柔）孔嘉。"●可讀

迪。《曾公畎鐘》："烏（嗚）乎（呼）！瓔（迪）余乳（孺）小子，余無謗受。""瓔"句首虛詞，無實義，即《尚書》中某些"迪"，金文中的一些"繇"，茲依《尚書》例讀為"迪"。希望皇祖保佑，不受毀謗。

 瓔 瓔鐕盨 大克鼎

【注】從玉瓔聲，故孫詒讓釋為"瓔"。然古從瓔之字亦有省從頁者，故《金文編》釋為"頊"，林義光謂象捧玉謹愨見于顏面之形。《説文》："頊，頭頊頊謹貌。從頁玉聲。"本義為謹慎。頊，亦為古帝顓頊的省稱。●人名用字。《瓔鐕盨》："瓔鐕（靁）乍（作）旅盨。"●讀柔。《大克鼎》："瓔于上下，得屯（純）亡敃。"

 獿 秦 珍秦 87

【注】從犬瓔聲。●秦印"王獿"人名。

 擾 秦 印增 468

【注】從手瓔聲。"擾"之異文。●人名。

 驦 齊 匯考 50

【注】從馬瓔聲。●"齊匋正驦"，人名。

 煣 衛鼎

【注】從火瓔聲，古"煣"字。《説文》："煣，屈申木也。從火、柔，柔亦聲。"●疑讀鞣。鞣，《説文》奘也，《廣韻》熟皮。《九年衛鼎》："舍灄虡冟（幎），煣睪（幃）韇函（轏），東臣羔裘。"

 醿 大盂鼎

【注】從西瓔聲。字從西，當與酗酒有關。《説文》無。●讀擾。《大盂鼎》："有髭（紫）蕠（蒸）祀，無敢醿。"或曰讀酬；酬，《説文》"主人進客也"。無敢醿，不敢相互勸酒。

 醻 克鼎 番生簋 述盤 晉 晉姜鼎 秦 秦公鎛

【注】金文當從西（卤）嬰聲；西當為疊加音符。王國維釋“擾”，《金文編》從之；孫詒讓釋“擾”，朱芳圃釋“嬰”。但都認為假作“柔”。或謂金文從頁卤聲。形符頁或作見，故此字亦可釋為“覷”。《說文》：“覷，下視深也。從見卤聲，讀若攸。”覷、柔古音相同，故經籍借“柔”字為之。按，卤、卤常混同，《說文》“卤”作卤、“卤”作卤，而《古文四聲韻》“攸”古文作卤、卤、卓，系假借“卤”字為之。●讀柔，意即既能治理好中原一帶，亦能使邊遠的方國、諸夷平安和睦。《秦公鎛》：“釀（柔）燮百邦。”《克鼎》：“惠（惠）于萬民，釀（柔）遠能獻（邇）。”《番生簋》：“虔夙夜專求不暜德，用諫四方，釀（柔）遠能獻（邇）。”《書·顧命》：“柔遠能邇，安勸小大庶邦。”孔傳：“言當和遠又能和近。”

痡 楚 包山 102 痡 晉 璽彙 0551 痡 璽彙 0857 痡 類編 262 痡 璽彙 1056 痡 璽彙 1878 痡 璽彙 3190 痡 璽彙 2331

【注】從疒百聲。●多讀憂。古璽中多有名“亡痡”者，“亡痡”即“無憂”，乃古人常用名。《璽彙 2331》為“去痡（憂）”二字合文。

意 晉 溫縣

【注】《直音篇》：“意，音得。”古文字當從心首聲。●盟書“敢不意意焉中（忠）心事丌（其）宝（主）”，讀首。

佰 齊 陶彙 3·41

【注】從人百聲，為“佰”之異文。●齊陶“閭關陳得平陵縣［廩］豆佰怵☒倉”，疑為姓氏。《玉篇》：“佰，姓也。”

夏 楚 上博五·三德 11

【注】從矢百聲。●疑讀羞。“羞”是心母幽部字，“夏”與“憂”所從相同，是影母幽部字，讀音相近。《上博五·三德 11》：“毋恥父班（兄），毋夏貧，毋笑型（刑）。”與上“恥”字互文。

旃 齊 采者節 旃室同

【注】從㫃百聲。●人名。

蝐  上博二·容成 3

【注】從虫百聲。●讀疣，指長有贅疣的人。《上博二·容成 3》："瘻（瘻）者煮鹽，蝐者漁澤。"

稲  上博二·容成 2

【注】從禾百聲，疑為"秀"之異文。"秀""首"二字古通，如《左傳·成公五年》："會晉荀首于穀。"《公羊傳》"首"作"秀"。所以"秀"可以"首"為聲符。●《上博二·容成 2》："長者稲（繇）厇（宅）。"讀繇。"由""首"二字古通。《戰國策·西周策》："昔智伯欲伐仇由。"高誘注："仇由，狄國，或作仇首也。""由""繇"二字古通，典籍例證很多，詳《古字通假會典》714—716 頁。《廣韻·宥韻》："繇，卦兆辭也。"《左傳·閔公二年》："成風聞成季之繇。"杜預注："繇，卦兆之占辭。"簡文"稲（繇）宅"義與"卜宅"近。"卜宅"見於古籍，如《書·召誥》："太保朝至洛，卜宅，厥既得卜，則經營。"《禮記·表記》："卜宅寢室。"《孝經·喪親章》："卜其宅兆而安措之。"

頁 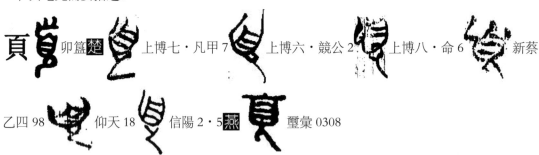 卯簋楚 上博七·凡甲 7 上博六·競公 2 上博八·命 6 新蔡

乙四 98 仰天 18 信陽 2·5燕 璽彙 0308

【注】甲骨文作 、 、 、 、 ，象人形，突出其腦袋和眼睛。金文綫條化。頁、首為繁簡之別，實為一字。《説文》："，頭也。從百從兒。古文諸首如此。凡頁之屬皆從頁。百者，諸首字也。"戴侗謂，《説文》百、頁、首分三部。按首之為百，猶子之為孚；頁之加人，猶電之加雨。《説文》俱訓頭，不當分為三。本義是頭。假借為書頁的"頁"，久而本義廢。●讀首。《信陽 2·5》："屯四鈇（鋪）頁（首）。"●《卯簋》："卯拜手頁（詣）手。"應為"諸"之省文。諸首，即稽首，均為朝廷跪拜大禮的形式。●人名。見于《發頁駒簋》。●讀首，首要。《上博七·凡甲 7》："川（順）天之道，虐（吾）系（奚）目（以）為頁（首）？"●讀首，平民、百姓。《上博八·命 6》："緐（黔）頁（首）蘴（萬）民，莫不忻（欣）憙（喜）。"●讀首，頭。《上博六·競公 2》："公與頁盦（答）之：'尚（倘）肰（然）⋯⋯。'"

傄  鑄傄戈 陶録 3·613

【注】從人頁聲。《玉篇》思主切，姓也。疑非一字。●《鑄傄戈》："鑄傄。"戰國晚期戈文，收于《新收 1497》，胡一側鑄"鑄傄"二字，疑為人名。

損  印增 604

【注】從手頁聲。●人名。

憂（惥）

增 193

【注】從心頁（同“首”，面首之形）聲。憂心形于顏面，故從頁。秦系文字作“憂”。《説文》：“𢝊，愁也。從心從頁。”本義憂愁。經傳皆作“憂”。●憂慮、憂愁、憂患等義。《蚉壺》：“大𡊅（去）型（刑）罰，以憂𠦪（厥）民之隹（罹）不祇（辜）。”《詩·大雅·瞻卬》：“人之云亡，心之憂矣。”《郭店·老乙 4》：“𢇍（絶）學亡（無）惥（憂）。”●讀陰。《上博三·周易 41》：“目（以）芑橐苬（瓜），钦（含）章，又（有）惥（陰）自天。”●讀嚘，氣逆。《郭店·老甲 34》：“終日嚎（呼）而不惥（嚘），和之至也。”

優  秦印 156

【注】從人憂聲。●秦印單字，當為人名。

擾秦  珍秦 239　　　珍秦 219　　　陝新 866

【注】從手憂聲。●秦印人名。

櫌秦  關簡 316

【注】從木憂聲。●讀擾，柔。《廣韻·小韻》："擾，順也。"《關簡 316》："梪（恒）多取櫌桑木，燔以為炭灰，而取牛肉剝（劙）之。"

顅楚  清華七·越公 46

【注】字源不明，疑從頁悥聲；字的左半部分為悥（憂）之訛。●整理者讀憂。《清華七·越公 46》："王見亓（其）執事人則顅（憂）感不念（豫）。""憂感"一詞見於《墨子·尚賢中》。

㥣楚  天星

【注】從宀悥聲。●簡文"㥣㥣狀不欲飲"讀慢。《楚辭·九章》傷余心之慢慢。注：病兒。

蝪楚  帛書乙

【注】從虫悥聲。●讀擾。《帛書乙》："亡又（有）相蝪（擾）。"

顄楚 包山 180　　　上博五·季庚 1　　　上博六·用曰 17　　　清華五·三壽 18　　　清華一·皇門 4　　　清華三·說命下 1　　　清華三·說命下 2　　　清華一·程寤 8　　　清華六·管仲 13　　　清華八·攝命 31　　　清華十一·五紀 68

【注】從肉從頁，雙聲字。●楚文字多讀柔。《清華一·皇門 4》："百眚（姓）萬民用亡（罔）不顄（柔）比才（在）王廷。"意為百姓萬民因此無不柔順親附于王廷。●讀擾。《清華六·管

仲 13》："是古（故）六腬（擾）不脊（瘠），五種時箮（熟），民人不夭。" 六擾，即六畜。《漢書·地理志》"畜宜六擾"，顏注："馬牛羊豕犬雞也。謂之擾者，言人所馴養也。" ●讀羞。《清華三·芮良夫 3》："母（毋）腬（羞）䎽（聞）繇（謠），厇（度）母（毋）又（有）諮（咎）。"《清華八·攝命 31》："女（汝）母（毋）弗敬，甚谷（欲）女（汝）寵乃服，弗為我一人腬（羞）。" ●包山簡人名。

懮[楚] 上博三·周易 28　　清華八·邦道 3　　上博三·仲弓 26　　清華九·廼命二 5

【注】從心腬聲，羞恥之羞的本字。●楚文字多讀羞。《清華八·邦道 3》："可（何）懝（寵）於貴，可（何）懮（羞）於俴（賤）？"

頪[楚] 清華八·邦道 26

【注】從犬腬聲。●讀擾。《清華八·邦道 26》："亓粟米六頪敗渫。" 整理者注："頪，從犬，腬聲，讀為'擾'。六擾，即六畜。……'敗'字或釋為'損'。渫，讀為'竭'。"

䠞[楚] 清華十·四告 34

【注】從止頁聲。●讀羞。《清華十·四告 34》："余鬼（畏）乍（作）玟（文王）䠞（羞）。"

顝[齊] 分研一 383

【注】從馬頁聲。●《分研一 383》"齊窯（陶）正顝"。陶正，職官名，見《左傳》襄公二十五年"虞閼父為周陶正，以服侍我先王，我先王賴其利器用"，是主管製造陶手工業之官。"顝"為人名。

透紐夲聲

夲[秦] 深圳 30　　秦陶 1189

【注】當為從大從十。《說文》："夲，進趣也。從大，從十。大十者，猶兼十人也。凡夲之屬皆從夲。讀若滔。" 段玉裁注："趣者，疾也。會意。者字依《廣韻》補。說從大十之意，言其進之疾，如兼十人之能也。" 清王紹蘭《說文段注訂補·夲部》："《管子·君臣下篇》：'心道進退，而形道滔趨。'此借'滔'為'夲'。滔，謂進趣；趨，謂進趣之疾。故下文云：進退者主制，滔趨者主勞也。《大雅·江漢篇》：'武夫滔滔'謂武夫疾而進，猶此云滔趨矣，詩人因借'滔'

為'夲'，與《管子》同。許氏讀夲若滔，亦同此意，聲兼義也。"●秦印、秦陶均為單字，當為姓氏。《姓解·九六·大部》："夲氏，出《姓苑》。"

透紐討聲

【注】《説文》："討，治也。從言從寸。"●征伐。《嶧山刻石》："討伐亂逆。"

透紐丑聲

【注】甲骨文作⺕、⺕、⺕、⺕、⺕等形，象手指突出其指甲，"叉"之初文。金文同甲骨文，指甲形尤顯。或鏈結兩指甲作⺕，遂為"丑"字。故叉、丑一字，《説文》分為二字。丑、攴作偏旁時常混同，詳"玗""各"等字。戰國文字"丑"或訛為⺕，或加飾點作⺕。新蔡簡從丑從主，主可能是附加音符。《説文》："丑，紐也。十二月，萬物動，用事。象手之形。時加丑，亦舉手時也。凡丑之屬皆從丑。"又《説文》："⺕，手足甲也。從又，象叉形。"以"丑"訓"紐"，以"叉"訓"手足甲"，實則一也。叉，段玉裁注："手足甲也。叉爪古今字。古作叉。今用爪。……漢人固以爪為手足甲之字矣。"假叉為爪，乃漢以後事。丑，自甲骨文就已借為地支的第二位，用以紀年、月、日。●地支第二位。《令簋》："隹（惟）九月既死霸丁丑。"●讀叉。《師克盨》："干害王身，乍（作）丑（爪）牙。"叉牙，指衛士，典籍作"爪牙"。《詩·小雅·祈父》："祈父，予王之爪牙。"鄭玄箋："我乃王之爪牙，爪牙之士，當為王閑守之衛。"

妞 齊 中 丑 陶徵 68 楚 清華七·晉文公 1 晉 璽彙 2840

【注】從女丑聲。或釋為"玖"，同"好"。●讀好。《清華七·晉文公 1》："𤩈（察）於妞（好）妝（臧）嫚（媥）𪓲（斐）皆見。"嫚，整理者讀媥；《說文》："媥，輕貌。""𪓲"疑似從𠱾聲，《說文》讀若"灰""賄"，可嘗試讀斐，醜陋的樣子。●晉璽"義妞"人名。

狃 楚 復公仲簋蓋 秦 璽彙 2526 卅一年銀耳杯

【注】從犬丑聲。《說文》："𤛑，犬性驕也。"段玉裁注："狃本謂犬性之忕。引申叚借為凡忕習之偁。"●正也。《復公仲簋蓋》："其邁（萬）年永壽，用狃萬邦。"《晉語》："狃中軍之司馬。"《韋注》："狃，正也。"●秦文字人名。

珥 楚 𤦲 包山 214

【注】從玉丑聲，《說文》以之為"鈕"古文。《說文》："鈕，印鼻也。從金丑聲。玨，古文鈕從玉。"●印紐。簡文"一珥"，何琳儀疑珥狀玉器。

金 晉 璽彙 3471 璽彙 3613

【注】從亼丑聲，疑"僉"之省文。●讀僉，姓氏。

疛 齊 璽彙 0599 陶彙 3·809 晉 璽彙 1023 璽彙 0471 璽彙 1172

【注】從疒丑聲。●均為人名。

透紐手聲

手 乖伯簋 彔伯簋 無㝱簋 無㝱簋 𠭯侯鼎 師嫠簋 揚簋

智壺 倗伯再簋 齊 璽彙 3690 楚 上博七·君甲 9 號 上博七·君乙

9 　郭店·五行 45　　　清華六·孺子 14　　　清華六·管仲 4　　　清華六·管

仲 4　　　安大一 44　　　清華十一·五紀 85　　　清華十一·五紀 89　　　安大二·仲

尼 11　秦　不嬰簋　　宗邑瓦書　　　睡簡·封診 78　　　睡簡·封診 87

【注】甲骨文以"又"為手。金文象手伸出五指形。戰國文字或加飾筆作𢩫。楚文字則同《説文》古文，詳掌、指、拜、拡、擔等字偏旁。《説文》："𠂇，拳也。象形。凡手之屬皆從手。𢩶古文手。"本義手。●人體上肢。《智壺》："智拜手𩒣（稽）首。"《彔伯簋》："彔白（伯）救敢拜手𩒣首，對揚天子不（丕）顯休。"拜手，古代的一種叩拜禮。跪後兩拱相拜至地，俯首至手。楚簡多用為本義。《清華六·孺子 14》："母（毋）乍（措）手止。"●讀首，人頭。《卯簋》："卯拜𩒣手（首）。"

宇　晉　港續一 96　　港印 37

【注】從宀手聲。●晉璽人名。

扻　齊　璽彙 3702　　璽彙 3120　　璽彙 3121

【注】從攴手聲，"收"之異文。丩、手均屬幽部，音符可以互換。收，《三體石經·君奭》作𢼡。●齊璽讀收，姓氏。

訊　楚　清華八·處位 8

【注】從言手聲。●《清華八·處位 8》："告（浩）託（耗）必选（先）𦱃訊。"訊，整理者讀守。參睡虎地秦簡《秦律十八種·倉律》"禾、芻稾積索出日，上贏不備縣廷。出之未索而已備者，言縣廷，廷令長吏雜封其廥"。簡文"告耗"類於秦律"贏不備"（盈餘與損耗），必先護守類於秦律"封其廥"。本例句謂，貢賦蓄聚（餘聚）贏不備，必謹慎護守。

定紐卤聲

卤　大盂鼎　　智壺　　虢叔鐘　楚　上博三·周易 22　　上博七·武王

10  清華一·保訓 10　 清華五·厚父 10　 清華五·厚父 13　 清華五·封

許 5　 清華五·湯丘 13　 清華八·攝命 9　 清華三·琴舞 16

【注】甲骨文作 ♂、♂♂、♂♂♂，象圓弧形酒器，有提梁，為"卣"之初文。●盛酒器。一般以承蓋方式區別卣和壺，內插式蓋為壺，外扣式蓋為卣。吳振烽補充三點：其一、提梁壺一般口小且較直，或者微侈；提梁卣多為斂口或者口微內收。其二，提梁壺頸較細長，而提梁卣頸較粗矮。其三，提梁壺壺體橫截面一般呈圓形，提梁卣卣體橫截面一般為橢圓形。(《敬壺銘文補釋》)銘文皆用為量詞。《大盂鼎》："易（賜）女（汝）鬯一卣。"●讀攸，所也。《班簋》："隹（唯）敬德，亡迶（攸）違。"楚文字多讀攸。《清華五·厚父 13》："刑亡（無）卣（攸）恋（赦）。"●讀廼、乃，表因果關係連詞，故。《虢叔旅鐘》："旅敢肇帥井（型）皇考威義（儀），☑御于天子，卣（乃）天子多易（賜）旅休。"●讀由。《智鼎》："皆首曰：'余無卣（由）具寇足秫，不出，鞭余。'"無卣，即無由，無從、沒有辦灋。《虢叔旅鐘》："卣天子多易（賜）旅休。"●讀牖。《上博七·武王 10》："卣（牖）銘唯曰：'立（位）難旻（得）而易送（失），士難旻（得）而易卛（外）。'"士人難於歸附，卻容易叛逆。●讀修。《清華三·琴舞 16》："不畬（墜）卣（修）虔（彥）。""不墜修彥"，意謂"不墜失美士"。

逌  智鼎　吳方彝　呂鼎　彔伯簋　伯晨鼎　臣辰盉　臣辰卣

臣辰卣　毛公鼎　師兌簋　虢叔鐘　師兌簋　冊二年逨鼎

楚  清華八·攝命 9　 清華一·保訓 10

【注】甲骨文作 ♀、♀、♀、♀、♀，為"卣"之繁文，象圓弧形酒器，下從皿，皿或作簡形 ∪，均託盤之象也。●金文與"卣"同字，為繁簡二體。●讀攸。《清華八·攝命 9》："惟民逌（攸）協，弗靠（恭）其魯。""惟民攸協"是國家制度要求。●讀迪。《清華一·保訓 10》："元（其）又（有）所逌（迪）矣。"古卣、由同音，"由""迪"相通，義亦近，在楚簡中每通用。該句謂周人賡續天命，使"未有所延"的"命"為周人所接續，即《尚書·君奭》中"殷既墜厥命，我有周既受"之謂也。

徸 楚  清華九·禱辭 15

【注】從彳從壬卣聲。●讀悠。《清華九·禱辭 15》："四方之明逼（歸）我，彭=徸=章=閟=翼=。"詳"彭"字。

定紐壽聲

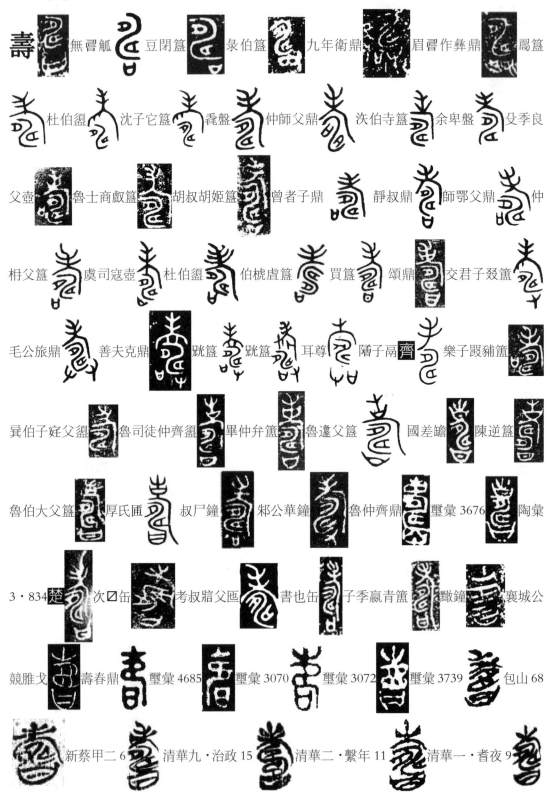

壽 無臭觚　豆閉簋　彔伯簋　九年衛鼎　眉臭作彝鼎　鬲簋

杜伯盨　沈子它簋　毛盤　仲師父鼎　㳫伯寺簋　余卑盤　㝬季良

父壺　魯士商戲簋　胡叔胡姬簋　曾者子鼎　靜叔鼎　師鄂父鼎　仲

枏父簋　虞司寇壺　杜伯盨　伯梮盧簋　買簋　頌鼎　交君子叕簋

毛公旅鼎　善夫克鼎　跳簋　跳簋　耳尊　隋子㫒齊　樂子㲼豭簋

叟伯子㝬父盨　魯司徒仲齊盨　畢仲弁簋　魯邊父簋　國差𦉜　陳逆簋

魯伯大父簋　厚氏匜　叔尸鐘　邾公華鐘　魯仲齊鼎　璽彙 3676　陶彙

3‧834 楚　　次☒缶　考叔㸴父匜　書也缶　子季贏青簋　鈑鐘　襄城公

競牖戈　壽春鼎　璽彙 4685　璽彙 3070　璽彙 3072　璽彙 3739　包山 68

新蔡甲二 6　清華九‧治政 15　清華二‧繫年 11　清華一‧耆夜 9

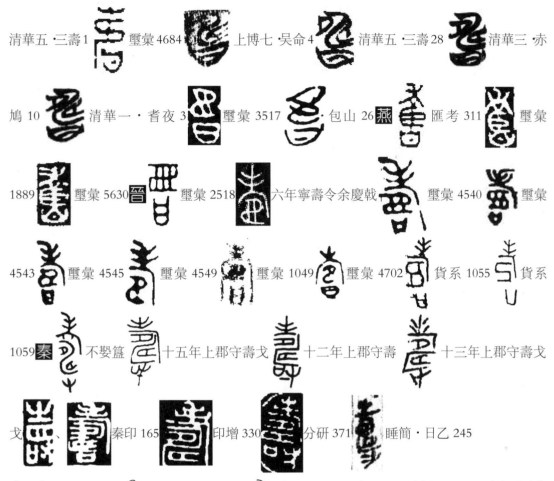

清華五·三壽1　　璽彙4684　　上博七·吳命4　　清華五·三壽28　　清華三·赤

鳩10　　清華一·耆夜3　　璽彙3517　　包山26 燕　　匯考311　　璽彙

1889　　璽彙5630 晉　　璽彙2518　　六年寧壽令余慶戟　　璽彙4540　　璽彙

4543　　璽彙4545　　璽彙4549　　璽彙1049　　璽彙4702　　貨系1055　　貨系

1059 秦　　不娶簋　　十五年上郡守壽戈　　十二年上郡守壽　　十三年上郡守壽戈

戈　　秦印165　　印增330　　分研371　　睡簡·日乙245

【注】　昌，甲骨文作 $\mathcal{S}$ 。戴家祥謂 $\mathbf{D}$ 象田， $\mathcal{L}$ 象中間的田埂，為田地的分界綫，乃田疇之 "疇" 本字。金文加 $\mathbf{D}$ 成 $\mathbf{\hat{s}}$ ， $\mathbf{D}$ 非口，乃是田塊的義符重復（或以為飾符）。《九年衛鼎》加又，為聲符。後世疇字復加義符田，使初義更加明確。戰國文字承襲金文。或省減作 $\mathbf{\hat{s}}$ 等形。昌、壽統一隸定為壽。《説文》："$\mathbf{\hat{R}}$ ，誰也。從口、昌，又聲。吊，古文疇。" 古文字 "昌" 可視為 "壽" 之省形。壽，從老省，昌聲。聲符昌或繁化作吊、晨等形。春秋齊系文字若《國差贍》上疑從由聲。●長壽、年壽高。《洹子孟姜壺》："用旂（祈）眉壽。"《晉姜鼎》："眊保其孫子，三壽是利。" 三壽即上壽、中壽、下壽。《養生經》："上壽百二十，中壽百年，下壽八十。"《書·洪範》列 "壽" 為 "五福" 之首。●動詞，延長生命。《豆閉簋》："用易（賜）吊萬年永寶，用于宗室。" ●讀幬，車帷。《彔伯簋》："余易（賜）女（汝）﨣（柜）昌一卣、金車、幸帛（幬）較（較）。" ●人名。《昌簋》："昌乍（作）父戊旅彝。" ●壽考：年高、命長。《毛公旅鼎》："肆（肆）母（毋）又（有）弗斀（順），是用壽考。"《詩·大雅·棫樸》："周王壽考。" 鄭玄箋："文王是時九十余矣，故云壽考。" ●年長之人。《禹鼎》："剿（撲）伐噩（鄂）侯馭方，勿遺壽幼。" ●讀儔，區配，與 "君子好逑" 之 "逑" 同義。《縣改簋》："易（賜）君我佳（唯）易（賜）壽（儔），我不能不罘縣白（伯）萬年保。" 君有賜于我是賜我配偶。意為受賜于君者，即是賜我縣伯夫婦。●寧壽、壽陵等等，均為地名。●讀酬。《清華一·耆夜3》："王夜（舉）簹（爵）昌（酬）緽（畢）公。" 夜，讀舉。金文中習見的 "平夜" 即 "平輿"，《儀禮·聘禮》："一人舉爵，獻從者，行酬。" "舉爵" 與 "酬" 連用與簡文中的 "夜（舉）爵酬" 恰可對比。

薵 楚  上博六・平王 1

【注】從艸壽省聲，"薵"之省形。●讀疇。《上博六・平王 1》："王子曰：'薵（疇）何以為？'曰：'以種秫（麻）。'"

疇 秦  睡簡・秦種 38

【注】從田壽聲。●田地。《睡簡・秦種 38》："利田疇，其有不盡此數者，可殹（也）。"如果是良田用不到這樣的數量，也是可以的。《禮・月令》季夏之月，可以糞田疇。《疏》穀田曰田，麻田曰疇。

檮 楚  包山 258

【注】從木壽省聲，"檮"之省形。●疑讀桃。《包山 258》："檮肴（脯）一筥。"

儔 楚  嬭加編鐘

【注】從人壽聲。●輩、類也。《嬭加編鐘》："鞏（恭）畏（畏）儔公，及我大夫。"王符《潛夫論・忠貴》："此等之儔，雖見貴于時君，然上不順天心，下不得民意。"儔公，猶如儔類、儔黨之意，即上文的"下辟"，指像龔公一樣死去的歷代曾侯。

譸 楚  清華七・越公 47

【注】從言壽省聲。●《清華七・越公 47》："厽（三）品交于王廒（府），厽（三）品年（佞）譸（譸）攴（扑）謱（殹），由臤（賢）由毀。"整理者以"年"讀佞，"譸"釋欺誑，"攴"讀扑，"謱"讀殹。簡文不好理解，或許斷讀有問題。

盩  師俞鐘  婁君盂

【注】從皿壽聲。●讀壽。《師俞鐘》："用匄釁（眉）盩（壽）無彊（疆）。"

鑄  師同鼎  虢叔盨  旅虎簠  旅虎簠、 奢虎簠  仲

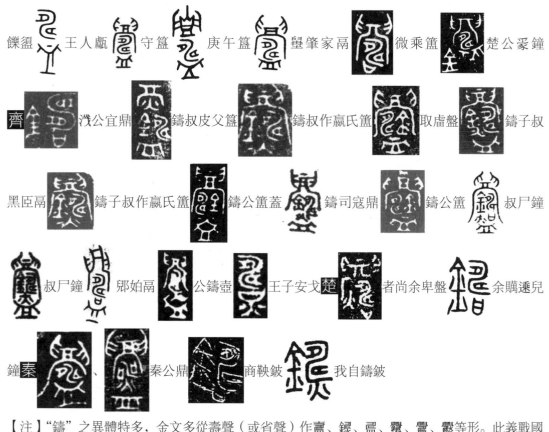

欒盨 王人甗 守簠 庚午簠 罍肇家鼎 微乘簠 楚公冡鐘 齊 浅公宜鼎 鑄叔皮父簠 鑄叔作嬴氏簠 取盧盤 鑄子叔 黑臣鼎 鑄子叔作嬴氏簠 鑄公簠蓋 鑄司寇鼎 鑄公簠 叔尸鐘 叔尸鐘 郳姑鼎 公鑄壺 王子安戈 楚 者尚余卑盤 余贎逿兒 鐘 秦 、 秦公鼎 商鞅鈹 我自鑄鈹

【注】"鑄"之異體特多，金文多從壽聲（或省聲）作盨、鎘、盙、鑐、鼺、鑞等形。此義戰國文字或從㝷（肘）聲，或作鑄之表形字鑸（以此為基本形，字形各有繁簡）。●均讀鑄，鑄造。

禱 楚 包山 202 包山 202 包山 206 新蔡甲三 200 新蔡乙四 96 新蔡甲三 268 包山 248 望山 1 52 望山 1 54 秦 睡簡·日甲 101

【注】從示壽聲（或壽省聲）。《説文》："禱，告事求福也。" ●古文字多用其本義，指向天、神求助、求福。《睡簡·日甲 101》："不可以取婦、家（嫁）女、禱祠、出貨。"

讌 楚 郭店·尊德 26 上博六·天乙 5 清華一·程寤 4 上博七·吳命 6 清華一·耆夜 6 清華七·晉文公 4 清華八·邦政 11

清華三·芮良夫 13　　　清華八·邦政 11　　　郾王職壺

【注】楚文字多從戈壽省聲，《郾王職壺》從戈壽聲。●多讀讎，指讎敵。《清華一·耆夜 5》："方臧（壯）方武，克燮（變）戲（仇）戲（讎）。"《清華三·芮良夫 13》："畏（威）燮（變）方戲（讎）。"楚文字或作"戲""贖"。●讀濤。《上博七·吳命 6》："敚（波）戲（濤）。"●讀討。《郾王職壺》："唯郾王職，竣（踐）祚承祀，乇（度）幾（機）三十，東戲（討） （讎？）國。"詳"鑾"字。

伯晨鼎

【注】從韋鄙聲，"幬"之省文。《説文》："幬，禪帳也。"段玉裁注："禪，不重也。釋訓曰：幬謂之帳。引申為覆幬。"本義蚊帳、帷幕。●讀幬，蒙覆、裹覆，金文或以"鄙"為之。《伯晨鼎》："赤舄、駒車、畫呻（紳）、幬（幬）爻（較）、虎幃。"以韋蒙覆車較之外稱"幬較"。

安大一 36

【注】從衣壽省聲。"襦"乃"幬"之異體。《説文·巾部》："幬，禪帳也。"●讀裯。《安大一 36》："萩（肅）=肖（宵）正（征），保（抱）衾與襦（裯）。"《毛詩》作"抱衾與裯"。"幬""裯"上古音皆屬定紐幽部，音同可通。

【注】從酉鄙聲。●《鑄客盉》："鑄客為集醻為之。"集醻，應為楚官名。●用為本義。《説文》："醻，獻醻，主人進客也。"段玉裁注："如今俗之勸酒也。"《嬭加編鐘》："齋=（齊齊）趯=（翼翼），醻獻鑾（歌）趣（舞），扊（宴）喜（饎）歈（飲）飤（食）。"

上博六·用曰 13

【注】從貝壽省聲。●郭店讀讎，對答。《郭店·語叢四 1》："非言不贖，非惠（德）亡復。"●齊陶單字，當為人名。●《上博六·用曰 13》："非貨台贖。"讀酬（"酬"與"壽"通假之例，詳參高亨、董治安《古字通假會典》782 頁），抵償、賠償。《後漢書·西羌傳論》："故得不酬失，功不半勞。"

蠹 晉 匯考 294　匯考 294

【注】從蚰壽省聲。●晉璽人名。

定紐爨聲

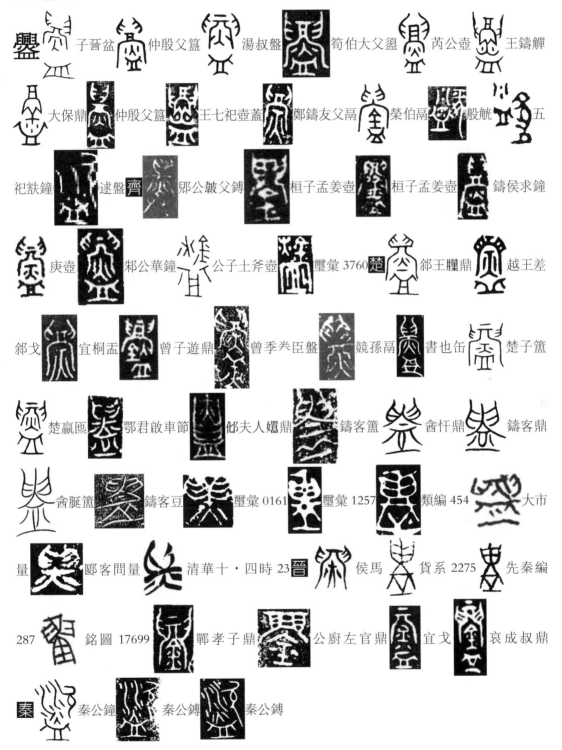

子晉盆　仲殷父簠　湯叔盤　筍伯大父盨　芮公壺　王鑄觶　大保鼎　仲殷父簠　王七祀壺蓋　鄭鑄友父鬲　榮伯鬲　般甗　五祀猷鐘　述盤　齊　郤公敹父鎛　桓子孟姜壺　桓子孟姜壺　鑄侯求鐘　庚壺　邾公華鐘　公子土斧壺　璽彙 3760　楚　郤王糧鼎　越王差　郤戈　宜桐盂　曾子遊鼎　曾季芈臣盤　競孫鬲　書也缶　楚子簠　楚嬴匜　鄂君啟車節　伨夫人孄鼎　鑄客簠　畬忓鼎　鑄客鼎　畬脡簠　鑄客豆　璽彙 0161　璽彙 1257　類編 454　大市量　鄭客問量　清華十・四時 23　晉　侯馬　貨系 2275　先秦編 287　銘圖 17699　鄸孝子鼎　公廚左官鼎　宜戈　哀成叔鼎　秦公鐘　秦公鎛　秦公鎛

【注】甲骨文作🔸、🔸、🔸，從臼從鬲從火從皿；雙手持皿在火上熔化金屬，然後倒在下面的模具（皿）裏，會鑄造之意。早期金文同甲骨文。或作鑸、鑸、燽等形，會意同。戰國楚系文字"鑄"字則多作🔸，所從之"舟"為聲符，應該是由《鄂君啟舟節》所從之🔸變形音化而來的。戰國晉系文字常以"肘""釺"為"鑄"。金文或借"宔"為之。古文字"鑄"或從壽聲（或壽省聲）作。《般觥》《五祀猷鐘》所作，蔣玉斌釋為"鑄"。🔸左側所從，與甲骨文🔸去掉雙手的部分相類，象熔化的金屬被倒入器範的部分，並且還有表示用火的"火"旁。右側從一人站立于鑄器旁張口形。該形伸出雙手，正好彌補了左側對雙手的省略，甲骨文🔸字正好也從同一種人形，二者相類。（詳見《釋西周春秋金文中的"討"》）蔣玉斌聯繫《般觥》之🔸，《五祀猷鐘》之🔸，將《秦公鐘》《秦公鎛》《逨盤》之🔸形（舊多釋為"盜"）亦釋為"鑄"，認為是"鑄"之異體。蓋字從火從皿，其所謂處在二"水"上的部件，《般觥》作🔸，《五祀猷鐘》🔸，《逨盤》作🔸，《秦公鐘鎛》作🔸，均象倒入器範之熔化金屬形。《説文》："鑄，銷金也。從金壽聲。"本義為鑄造。●熔金屬為液，澆注于模以為器。《邿公牼鐘》："余畢龏威（畏）忌，鑸（鑄）辝龢鍾（鐘）二鍺（堵）。"●鑄客：鑄器的工匠。《王句七府鼎》："鑸（鑄）客為王句（后）七廚（府）為之。"●國名。鑄國故址在今山東省甯陽縣西北鑄城。春秋時期，鑄國介於齊魯兩國之間，魯大夫藏宣叔曾娶妻于鑄。春秋後期，鑄國被齊國所滅。又稱祝國。《鑄公簠蓋》："鑸（鑄）公乍（作）孟妊車母媵（媵）簠（臣）。"鑄公，鑄國國君，"孟妊車母"為其長女。●讀討。"壽"聲字與"討"通用，《説文·攴部》："敲（敲），棄也。從攴、雳聲。《周書》以為討。《詩》云：無我敲兮。"《郾王職壺》："唯郾王職，竴（踐）祚承祀，乇（度）幾（機）三十，東戠🔸（離?）國。"董珊、陳劍指出"戠"字應該是"敲"或"敲"的異體，"無疑當讀為'討'，正與《説文》所根據的六國古文'敲'字的用瀂相同"。（《郾王職壺銘文研究》）戰國文字常以"肘""釺"為"鑄"，"討""釺"同以"肘"為聲符，故"鑄"與"討"可通用。《五祀猷鐘》："受（授）余屯（純）魯，鑄（討）不廷方。"《秦公鐘》："鑸（討）百蠻（蠻）。"《逨盤》："鑸（討）政四方，廞伐楚荊。"鑄政，讀討征。●讀躊。《清華十·四時23》："鳥星🔸（躊）昏（躇）。"整理者注："鳥星，指南方朱鳥七宿。《書·堯典》'日中，星鳥，以殷仲春'，孔疏：'鳥，南方朱鳥七宿。'🔸，'鑄'字省體，這種寫法又見於郾客銅量（《集成》一〇三七三）。鑄昏，讀為'躊躇'，徘徊不進，指星象還未完全出現在天空。此時南方朱鳥七宿中的五個出現在東部天空。"

 苟意匜

【注】從人鑸聲。●人名。

考古 2005·9 晉　　貨系 2264　　貨系 2265　　三晉

117　　錢典 314

【注】從邑鑸聲。●楚封泥"鄹邪京鈢"，地名。●魏方足布單字，讀鑄或讀注。

（）

（）邁邙鼎

【注】從木鼄聲。●疑讀煮。煮，篆文作"鬻"，從鬲者聲。《邁邙鼎》："余台（以）欏（煮）台（以）（享），台（以）伐四方。"《四祀邲其卣》有字作，從鬲從肉者省聲，疑"煮"之異文。

定紐雔聲

雔  父辛觶 父丁觶 夘刞甗 父癸爵 趙罍

【注】從二鳥，會雌雄二鳥相對之意。《説文》："雔，雙鳥也。從二佳。"本義指成對的鳥。引申泛指伴侶、配偶、相當等。●族氏名，見于《雔亞觚》《雔父丁觶》等器。

犨 晉  璽彙 0929 璽彙 1483 璽彙 2029 璽彙 2891 匯考 254

【注】當從牛雔省聲。《説文》："犨，牛息聲。從牛雔聲。一曰牛名。"●晉璽讀犨，姓。《風俗通》晉大夫郤犨之後。

讎  斲比盨 齊 陶彙 3·301 楚 清華四·筮法 20 清華

四·筮法 21 清華四·筮法 22 秦 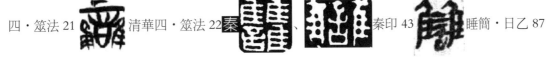 、 秦印 43 睡簡·日乙 87

【注】從言雔聲。雔為鳥之雌雄，因有配對、應答意，因此讎亦表意。《説文》："讎，猶應也。從言雔聲。"本義應答。●校對、核對。《睡簡·秦種 37》："都官以計時讎食者籍。"●讎敵。《睡簡·日乙 87》："可以敚人攻讎。"秦文字用"讎"表示讎敵、校讎之讎。楚文字、燕文字用"戠"表示。●地名。《斲比盨》："其邑彶罘句商兒罘讎戈。"●整理者讀售，售賣。《清華四·筮法 21》："罘肴（淆），讎。"

戁  讎簋

【注】疑"讎"之異文，與從言會意同。●人名。《讎簋》："讎乍（作）文父日丁。"

犫 秦  （ ） 廿一年舌或戈

【注】從牛讎聲。犫，《玉篇》同犫。●《廿一年舌或戈》："襄犫。"董珊以為 "襄犫" 即見於《左傳》僖公二十八年、襄公十年之衛國地名 "襄牛"。（《讀珍秦齋藏秦銅器札記》）

定紐孰聲

孰 [高] 伯侄簋 [食爪] 伯侄簋 [楚] [朝] 配兒鉤鑃 [人形] 配兒鉤鑃 [秦] [孰] 睡簡・為吏6

[食爪] 秦駰玉牘

【注】甲骨文作 [字]，從卂，象手持食器，向宗廟敬獻祭品之形。金文另加一女，為卂之形變，詳 "卂" 字。小篆變從卂𦎫聲。《説文》："𦎫，食飪也。從卂𦎫聲。《易》曰：'孰飪。'" 本義為食物烹熟，引申指植物果實、種子成熟，如《史記》："五穀時孰。" 後來借為疑問代詞，表示誰。"孰" 遂為借義所專用，食物烹熟了的意思便另加形符 "火" 寫作 "熟"。●飪也、烹製也。《伯侄簋》："伯侄乍（作）孰簋。"●讀熟。《睡簡・日甲54背》："竈毋（無）故不可以孰（熟）食，陽鬼取其氣。" 此義楚簡用 "𥊚" 表示。●讀孰，疑問代詞。《秦駰玉牘》："孰敢不精？" 此義楚文字則用 "𥊚"。●嘉美之詞。《配兒鉤鑃》："余孰戕（臧）于戎攻（功）虘（且）武。"《荀子・議兵》："凡慮事欲孰。" 楊注："孰謂精審。"

禥 [齊] [禥] 禥姬鬲

【注】從示孰聲。●讀祝，國名。《禥姬鬲》："禥（鑄）姬乍（作）孟妊姑兹羞鬲。" 祝國，金文通作 "鑄"。

篍 [秦] [篍] 關簡299

【注】從竹孰聲，竹也兼聲。●讀築。《關簡299》："篍（築）囚、行、炊（灶）主歲，歲為下。" 築囚，神祇名。

繷 [楚] [繷] 安大一98

【注】從糸孰省聲。省掉卂，并把 "女" 置於 "亯" 下；《伯侄簋》"孰" 字所從 "卂" 下之 "女"，即置於 "亯" 下，可為佐證。●讀祝。《安大一98》："索（素）絲繷（祝）[之，良馬六之]。"《毛詩》作 "素絲祝之，良馬六之"。

定紐攸聲

【注】甲骨文作𢽤、𢽤、𢽤、𢽤、𢽤、𢽤、𢽤，從攴（表操持）從人，以杖擊人，會人處危境之意。金文或增從丶、二、氵，當為擊人之象徵性符號。小篆復聯氵為丨。《說文》：“𠓼，行水也。從攴從人，水省。汝，秦刻石繹山文攸字如此。以周切〖注〗徐鍇曰：‘攴，入水所杖也。’”《說文》所釋當為引申義。●讀鋚。《說文》：“鐵也。一曰轡首銅。從金攸聲。”《師釐簋》：“易（賜）女叔巿、金黃、赤舄、攸（鋚）勒，用事。”鋚勒，指馬嚼子或轡繩上的裝飾品，用青銅製成。●讀悠。《中山王𗧰鼎》：“于（嗚）虖（呼）攸（悠）𢦏（哉）。”●人名。《叔攸鼎》：“叔攸乍（作）旅鼎。”●讀修。《鄟陵君鑒》：“鄟夌（陵）君王子申，攸𢦏（茲），敓（造）金監（鑒）。”《國語·周語》“修其簠簋”，韋昭注：“修，備也。”●助詞，無特殊意義。《鄟陵君鑒》：“以會父𠊧（兄），羕（永）甬（用）之官，攸無彊（疆）。”《井鼎》：“王漁于☐沱（池），乎（呼）井從漁。攸易（賜）漁。”●讀修，長也。《清華七·越公9》：“思道逄（路）之攸（修）險。”●讀修，涵養、鍛鍊。《郭店·六德47》：“少（小）者以攸（修）元（其）身。”《璽彙4496》“攸身”讀“修身”。

【注】《宰獸簋》所作，或釋為"敭"，然"敭"作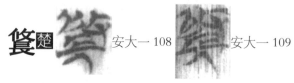（元年師旋簋），左旁與"易"不同。左旁
應即"川"字異構。這種寫灋的"川"數見于甲骨文、金文等古文字資料。"川""水"意義相
關，可以換用，如潮（朝）"涉""衍"等字或可從"川"，因此，字可隸定作"敗"，釋為"汝"，
即金文中常見的"攸"字異體。● 讀鑒。《宰獸簋》："易（錫）女（汝）赤市、幽亢、汝勒。"

餐 楚 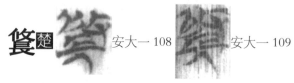 安大一 108　　　安大一 109

【注】從長攸聲，或即表示修長之"修"的專字。● 讀條。《安大一 108》："樧（椒）樛戲（且），
遠餐（條）戲（且）。"《毛詩》作"遠條且"。"條""脩"，並諧聲可通。

鋆 楚  包山 88

【注】從邑攸聲。● 讀攸，姓氏。

垼 楚  清華五·三壽 20　　　清華八·邦道 22　　　清華一·祭公 7　　　清華
三·琴舞 4

【注】從土攸聲。● 讀修，修好。《清華一·祭公 7》："垼（修）和周邦，保明（乂）王豪（家）。"
● 讀滌，訓為滌蕩、疏通。《清華八·邦道 22》："垼（滌）浴（谷）漕（灊），諰（慎）舟航，
則遠（遠）人至。"《尚書·禹貢》："九川滌源，九澤既陂。"孔傳："九州之川已滌除，泉源無
壅塞矣。"

詤 　竊叔簋 楚　　　郐王子旃鐘　　　上博四·昭王 9

【注】從攸從音，會樂聲悠揚之意；攸兼聲。楚簡從攸省聲。● 讀悠，形容樂聲飄揚。《郐王子
旃鐘》："元鳴孔皇，其音詤（悠）聞于四方。"● 人名。《竊叔簋》："豐姑慈用宿（夙）夜盲（享）
考（孝）于詤公、于竊弔（叔）朋友。"●《上博四·昭王 9》："大尹之言脾可　 。"讀咎，罪過、
過失。《詩·小雅·北山》："或湛樂飲酒，或慘慘畏咎。"鄭玄箋："咎，猶罪過也。"《古字通假
會典》"綹與柳"通，"槱與柳"通，"猶與悠"通，可以為證。或讀羞。或疑"訛"之誤字，讀
過。

筱 楚  上博六·慎子 5

【注】從竹攸聲。● 讀蓧。《上博六·慎子 5》："首耆（戴）茅芙（蒲），樀（撰）筱執櫨。"《説
文·艸部》："蓧，艸田器。《論語》曰：'以杖荷蓧。'"今《論語》作"蓧"。

脩 ^楚 包山 255　　清華八‧天下 5　　包山 258 ^晉 璽彙

0302 璽彙 3980 ^秦 睡簡‧語書 4　　睡簡‧日甲 59 背　　脩武使君甗

修武府栯　修鋪首　　秦風 25　　青川木牘

秦印 76

【注】從肉攸聲。《説文》:"脩，脯也。"本義干肉。《正字通》肉條，割而干之也。《釋名》:"縮也。臘脯乾燥而縮。"《周禮‧天官‧膳夫》:"凡肉脩之頒賜皆掌之。"《注》脩，脯也。經傳多假脩為修治字。修，飾也。●用為本義，乾肉。《包山 255》:"脩一籢（籃）。"《包山 258》:"僻脪（脩）一筭。"《睡簡‧日乙 187》:"外鬼為姓（眚），得於酉（酒）、脯脩節肉。"●《璽彙 0302》"脩武鄹（縣）吏"、秦印"修武庫印"，"脩武"，古邑名，又稱寧邑。戰國魏地，即今河南省獲嘉縣，秦置為修武縣。《脩武使君甗》:"脩武使君。"●秦印"修故亭印"。從"咸陽亭""成市"之例看，應為縣名，唯所在不詳。●讀修，修德。《清華八‧天下 5》:"弌（一）曰脞（戾）亓（其）脩以纚（麗）亓（其）眾。"詳"脞"字。●讀滫，淘米水。《睡簡‧日甲 59 背》:"鬼入人宮室，勿（忽）見而亡，亡（無）已。以脩（滫）康（糠），寺（待）其來也，沃之，則止矣。"●讀修，備。《睡簡‧為吏 5》:"正行脩身，過（禍）去福存。"秦文字假"脩"為修。楚文字、燕文字均用"攸"為修。中山文字假"餐"為修（修教）。

蓨 ^晉 璽彙 2641

【注】從艸脩聲。古同"蓨"。●晉璽人名。

滫 ^秦 睡簡‧日甲 26 背

【注】從水脩聲。●米泔水。《睡簡‧日甲 26 背》:"入人醯、醬、滫、將（漿）中。"

摖 ^秦 睡簡‧日甲 32 背

【注】從手攸聲。●《睡簡‧日甲 32 背》:"人毋（無）故而鬼惑之，是摖鬼，善戲人。"整理者釋為摖，注釋:讀誘，迷惑。《秦簡牘合集》:看圖版，上部所從當非"攸"，待考。

倏 印增395

【注】從犬攸聲。●秦印"倏申"，姓氏。

莜 璽彙2289

【注】從艸攸聲。●晉璽姓氏，讀攸。

條 吳王光編鐘　郭店·性自31秦　　、　　印增213

【注】從木攸聲。樤，《字彙補》與"條"同。●疑讀悠，遠也。《吳王光編鐘》："鳴陽樤虞。"●讀攸。《郭店·性自31》："滄（浚）深臂（鬱）舀（陶），其剋（烈）則流女（如）也以悲，條（攸）肰（然）以思。"攸然，同"悠然"，憂傷、憂思貌。詳"臂"字。

潊 曾侯166燕　璽彙4120

【注】從水攸聲。●均為人名。

焂 散氏盤　叔趯父卣　叔趯父卣　焂觶　　焂戒鼎

【注】從火攸聲。《說文》無，《集韻》："光動貌。"●人名。《叔趯父卣》："烏虖，焂，敬戈（哉）。"●疑讀悠。《叔趯父卣》："烏虖，焂，敬戈（哉）。"《詩·周頌》："于乎悠哉。"傳："悠，遠也。"

鋚 康鼎　多友鼎　彔伯簋　呂服余盤楚　曾伯陭壺秦　石鼓文

【注】從金攸聲，與小篆同。《說文》："鋚，鐵也。一曰轡首銅。以周切。"段五裁注："轡首銅者，以銅飾轡首也。"本義為轡首銅飾。●馬轡首的銅飾。《彔伯簋》："余易（賜）女鑾（鉅）冊一卣……鋚勒。"鋚勒，馬嚼子或韁繩上的裝飾品，用金銅製成。《說文·革部》："勒，馬頭絡銜也。從革力聲。"《漢書·匈奴傳》："案勒一具"，顏師古注："馬轡也。"《毛公鼎》或作"攸勒"，《害簋》又作"攸革"。●鐈鋚：指鑄器的金屬原料，鐈與鋚之合金也。《曾伯陭壺》："隹（惟）曾白（伯）陭乃用吉金鐈鋚。"

396

告 1

【注】從首攸聲，"頫"字異體。《説文》"頫"字，小許本作"從逃省聲"，《韻會》作"兆聲"。上古音"攸"屬餘母幽部，"兆"屬定母宵部，聲母都是舌音，幽、宵關係密切，在古書中也有通假的例子。《説文·頁部》："頫，低頭也。從頁，逃省。太史卜書，頫仰字如此。楊雄曰：人面頫，𦣻，頫或從人，免。"●簡文"一命三㝩""一命四㝩"讀頫（或讀俯），低頭。可參《左傳·昭公七年》："一命而僂，再命而傴，三命而俯，循墙而走，亦莫余敢侮。饘於是，粥於是，以餬其口。"●《清華十·四告 1》："𩰫（肆）㝩（俯）血明（盟）。"𩰫，讀肆。《禮記·郊特牲》："腥、肆、爛、腍祭，豈知神之所饗也。"鄭玄注："治肉曰肆。"㝩，可讀胕。《素問·異法方宜論》："其民嗜酸而食胕，故其民皆致理而赤色。"張隱庵《集注》："胕，腐也。如豉鮓醢醯之類，物之腐者也。"

中山王䇜鼎

【注】從食攸聲。餐，《玉篇》饙也，與"餿"同。●讀修。《中山王䇜鼎》："吳人並雩（越），雩（越）人攸（修）敕（教）備恁（信），五年覆吳。"

【注】從羽省，攸省聲。隸定為"翛"。●讀條。《包山 269》："絑（朱）綪（旌），一百翛（條）罕=（四十）翛（條）翠=（翠）眥=（之首）。"

安大一 89

【注】從玉翛省聲。隸定為"璙"。●讀繅。《安大一 89》："蒙皮（彼）璙（繅）𧜰（絺），是執（褻）樂也。"上古音"芻"屬初紐侯部，"翛"屬心紐幽部，音近可通。

包山牘 1

【注】從糸攸聲（攴旁省略），隸定為"絛"。●讀條。《包山牘 1》："百絛（條）罕=（四十）絛。"

包山 273

【注】疑從鼠從宀從貝，攸聲。所謂鼠，疑為鳥，姑從舊釋。●讀儵，黑色。《包山 273》："其

上載：鼺（鯈）罯（旌），虒（毫）首。"

定紐由聲

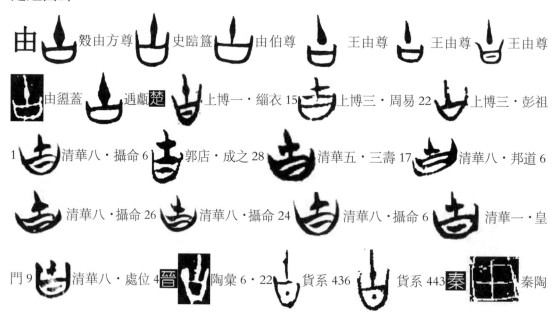

由 殻由方尊　史晗簋　由伯尊　王由尊　王由尊　王由尊

由盨蓋　遇甗 楚　上博一·緇衣 15　上博三·周易 22　上博三·彭祖

1 清華八·攝命 6　郭店·成之 28　清華五·三壽 17　清華八·邦道 6

清華八·攝命 26　清華八·攝命 24　清華八·攝命 6　清華一·皇

門 9　清華八·處位 4 晉　陶彙 6·22　貨系 436　貨系 443 秦　秦陶

390

【注】象胄形，應即"胄"字初文。《金文編》原釋為"古"。林澐指出：等釋"古"誤，應釋"由"。（見《新版〈金文編〉正文部分釋字商榷》）發展演變為（西周金文）、（春秋時胄簋"胄"所從）、（戰國時中山王𧊊壺"胄"所從）、（《武威漢簡》）、（《說文》小篆"胄"所從）。《說文》無"由"字。戰國文字"由"上為一裝飾小點，延長則與"古"相混。●讀故，于是。《史晗簋》："乙亥，王弔（誥）畢公，乃易（賜）史晗貝十朋，晗由于彝，其于之朝夕監。"銘意為，晗將王誥畢公和史晗受錫貝之事鑄之于彝銘。●人名，見于《由伯尊》《王由尊》等。●讀胄。《清華八·攝命 24》："有女（汝）由（胄）子，隹（惟）余其邲。"注家多解"胄子"為國子。《書·舜典》"帝曰：夔，命汝典樂，教胄子"，傳："胄，長也。謂元子以下至卿大夫子弟。"疏："《說文》云：胄，胤也。《釋詁》云：胤，繼也。繼父世者惟長子耳，故以胄為長也。"《說文》："胤，子孫相承續也。"《左傳》昭公七年："況良霄，我先君穆公之胄，子良之孫，子耳之子，敝邑之卿，從政三世矣。"《左傳》襄公十四年"四嶽之裔胄也"，注："胄，後也。"《漢書·禮樂志》"帝舜命夔曰，女典樂，教胄子"，師古注："胄子即國子也。"●讀猶。《清華一·皇門 9》："卑（譬）女（如）戎夫，喬（驕）用從朕（禽），亓（其）由（猶）克又（有）隻（獲）？"●讀迪，《爾雅·釋詁》："進也。"《清華一·祭公 6》："挙（茲）由（迪）迊（襲）季（學）于文武之曼惪（德）。"●讀逐。《上博三·周易 22》："良馬由（逐），利堇（艱）貞。"●緣由。《上博三·彭祖 1》："休才（哉）! 乃牂（將）多昏（問）因由。"很好呀，你應該多問一些原因。

珅 彔卣　彔尊　孚尊

398

【注】從玉由聲。●地名，亦作由。

柚楚 安大一 50

【注】從木由聲。●木名。《安大一 50》："又（有）柚又（有）某（梅）。"

鼬楚 安大一 113

【注】從鼠由聲。●讀裦或讀袖。《安大一 113》："羔裘齭（豹）鼬（裦）。""裦"亦"袖"之異體。"鼬""袖"皆從"由"聲，可通。

賏齊 陶彙 3・1169　　陶彙 3・1168　　陶彙 3・1169 楚 上博六・用曰 13

【注】從貝由聲。●齊陶單字，應為人名。●《上博六・用曰 13》讀搖。

迪楚 郭店・尊德 20　　郭店・緇衣 19　　上博八・顏淵 7 晉 分研

288 侯馬

【注】從辵由聲。●開導，楚簡多用為此義。《上博八・顏淵 7》："或迪而教之。"意為"又啓導而教育之"。●晉文字均為人名。

宙晉 貨系 359　　貨系 358 秦 上郡守戈

【注】從穴由聲，"岫"之籀文。《說文》："岫，山穴也。從山由聲。宙，籀文從穴。"●周平肩空首布單字，讀軸。《國風・鄭風・清人》："清人在軸，駟介陶陶。"注："軸，河上地也。"在今河南滑縣附近。

油 散氏盤 楚 吳王光殘鐘　　吳王光殘鐘　　鄂君啟車節 晉 璽

彙 3069 襄城令戈

【注】甲骨文作、，從水由聲，金文同。古文由、古二字形似，故《散氏盤》所作吳大澄等均釋為"沽"，以為"湖"之初形，所釋未確。以《中山王𢔇壺》"冑"所從，知此文從由

聲。《鄂君啟車節》所從古，與"古"類似，然對比同銘沽（居）之所從古有別，故字當釋為"油"。《吳王光鐘》所作與"沽"無別，然據銘意，當釋為"油"，讀悠。《説文》："油，水。出武陵孱陵西，東南入江。從水由聲。"本義水名。●讀洧，漢水支流，即今鄂豫界之白河。《鄂君啟車節》："自鄂市，逾油（洧）、辻（上）灘（漢）。"●《散氏盤》："至于大油，一奉（封）。"地名，具體地望不詳。一説水名。●讀悠。《吳王光鐘》："油油兼兼。"

小孟鼎　　伯晨鼎　　冑簠　楚　上博一·緇衣 11　　清華十一·五紀 30

【注】《小孟鼎》從冑的象形，從目，象人戴冑之形。"冑"之異文。因"由"與"冑"音近，故冑形變形音化從"由"聲。楚文字亦從目由聲。●讀冑，頭盔。《小孟鼎》："弓一、矢百、畫繡一、貝冑（冑）一。"貝冑，兜鍪（頭盔）上用貝玉等製成的裝飾物。《詩·魯頌·閟宮》："公徒三萬，貝冑朱綅。"《毛傳》："貝冑，貝飾也。"●讀迪，與"迪"皆從由得聲。《上博一·緇衣 11》："未視（見）聖，如丌（其）弗克見。我既見，我弗冑（迪）聖。"●整理者讀育。《清華十一·五紀 30》："降坨（施）寺（時）雨，嬰（興）冑（育）萬生。"

虘簠　　敄簠　晉　侯馬

【注】從冒由聲，"冑"之異文。●讀冑，頭盔。《虘簠》："易（賜）袞冑（冑）、干戈。"●人名。《冑簠》："冑（冑）自乍（作）𧆑（禱）臣。"

中山王䜮壺　　蚤壺

【注】《中山王䜮壺》從冕（冠）由聲。《蚤壺》當為《中山王䜮壺》之省形。"冑"之異文。●讀冑。《中山王䜮壺》："氏（是）以身蒙冣（甲）冕（冑），以戕（誅）不忻（順）。"●讀冑，厚也。《蚤壺》："竹（篤）冕亡彊（疆）。"《爾雅·釋詁》以篤、竺同訓為"厚也"。冑，讀厚。"冑"幽部，"厚"侯部，韻部旁轉。《史記·李斯列傳》："仁慈篤厚。"又《漢書·嚴安傳》："上篤厚，下佞巧。"

楚　清華七·越公 3　　清華七·越公 12

【注】從月由聲。"冑"之異文。●讀冑。《清華七·越公 3》："以身被甲冑（冑）。"

軎（冑）楚　包山牘 1　　天星　　曾侯 1　　清華七·趙簡子 8

清華六·太伯甲 5　　清華一·耆夜 5　　清華九·治政 42 秦　　訓義 5·012

【注】從革由聲，與《說文》"鞹"或體同。《清華九·治政 42》上訛為克。●均讀鞹。《清華一·耆夜 5》："人備（服）余不鞞（鞹）。戲士奮刃，殹（繫）民之秀。""不"可讀被。"不"聲和"皮"聲可通（張儒、劉毓慶：《漢字通用聲素研究》，山西古籍出版社，2002 年，4 頁【不通皮】條。）"人備（服）余被鞹"義近於"人服余甲鞹"。●秦印人名。

楚　清華一·楚居 1

【注】從日由聲。●讀迪。《清華一·楚居 1》"罟胄四方"或可讀作"麗迪四方"。"迪"可訓"至"，《漢書·敘傳下》顏師古注引劉德語："迪，至也。""麗迪四方"謂妣佳有美善之德，其光華至於四方，猶言"光照四方"。

楚　包山 181　　包山 67

【注】從邑由聲。●"邮易（陽）"，地名。

遹尊

【注】從魚由聲，與小篆同。《廣韻·尤韻》："鮋，魚名。"體側扁，延長，頭大，口大，牙細，背鰭連續始于頭後，種類繁多，棲息于近海岩石間。●讀由，經由、經過。《廣韻·尤韻》："由，經也。"《遹尊》："鮋十冬（終）三般（朕）。""朕"讀成。"朕"是侵部定紐，"成"是耕部禪紐，耕侵通轉，定禪旁紐。若此，則"三朕"即"三成"。每一章樂曲為一終，一備（一個組合）樂曲稱為"成"。"由十終三朕"可解釋為演奏了十首樂曲，反復演奏了三遍。（吳振烽《遹尊銘文初探》）

秦　睡簡·秦種 125　　睡簡·秦種 126

【注】從車由聲。●車軸，本義。《睡簡·秦種 126》："不攻閒車，車空失，大車軸絿（螯）。"不修繕車，使車翻倒，大車的軸扭曲了。

楚　上博三·彭祖 8

【注】從支由聲。●《上博三·彭祖 8》："毋敊賏（富），毋阿叞（賢），毋向桓。"讀偷，指苟且。古書中有從由從俞得聲之字通用之例，如《孟子·萬章下》："由由然不忍去也。"《韓詩外傳》卷三作"愉愉然不忍去也。""毋敊賏"，意謂不要苟且而致富。《禮記·曲禮上》："臨財毋

苟得，臨難毋苟免。"睡虎地秦簡《為吏之道》："臨材（財）見利，不取句（苟）富。"

定紐酉聲

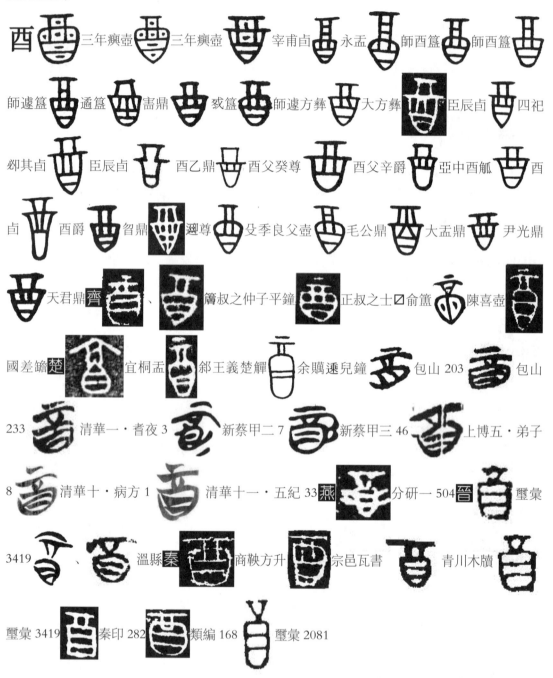

【注】甲骨文作 ，象酒壇之形，是"酒"的本字。金文同。《說文》："酉，就也。八月黍成，可為酎酒。象古文酉之形。凡酉之屬皆從酉。 古文酉。從卯，卯為春門，萬物已出。酉為秋門，萬物已入。一，閉門象也。"《說文》古文其實是"卯"之古文。本義為酒壇，有時也指喝酒。後來被假借為干支

名，其本義便另加形符"氵"寫作"酒"。楚文字酒一般作酉，而干支姓氏酉則作栖；干支也作酉者，則加兩斜筆與酒區別。●地支第十位名，用以紀日。《智鼎》："辰才（在）丁酉。"●人名。《師酉簋》："酉其萬年子子孫孫永寶用。"●讀酒。酒，甲骨文作𤮉、𤭛，從酉從水；中間是一個酒瓶，兩旁是流出來的酒液（或作水旁）。金文皆以"酉"為"酒"。戰國簡帛文字資料有"酒"字，作𤮏，但睡虎地秦簡大多數"酒"仍假借"酉"為之，楚系文字資料中"酒"全借"酉""茜""栖"。可見戰國時期"酒"的讀音與"酉"仍同，大概在漢代"酒"不再假借"酉"，即"酒"一直到漢代才真正從"酉"中分化出來。《遹簋》："王鄉（饗）酉（酒）。"●讀鄭，古國名。《永盂》："公乃命酉（鄭）嗣（司）辻（徒）𤰈父。"酉，應為"奠"之省文。

【注】從火酉聲。●"奠里紅"，里名。

陶録 2・750

【注】疑從示酉聲。《説文》"禂"或體。●題銘殘缺，不詳。

醜[晉] 侯馬[秦] 陶彙 5・15 陶彙 5・16 睡簡・語書

12𤮕、𤮖、𤮗 秦印 182

【注】從鬼酉聲。●慚愧。《睡簡・語書 12》："誶訽醜言麠斫以視（示）險。"●侯馬盟書人名，或作"𤮕"，盟書為同一人名的不同寫法。秦漢印為人名。

陶録 2・558 集成 11259

【注】從絲酉聲；絲為疊加聲符。●《集成 11259》為"𨟴月"合文，齊國特殊月名。●齊陶"……酷里曰𨟴㤡"，應為人名。

陳純簠

【注】從攴𨟴聲。●齊國特殊月名。《陳純簠》："陳猷立事歲，𣀨月戊寅。"或認為其上部從弑聲，隸定作"𣀨"，讀蠶，即《詩經・豳風・七月》中"蠶月"之"蠶"。（程鵬萬《試説齊金文中的"蠶月"》）

 集粹 149

【注】從攴酉聲。●單字，應為人名。

 東周左師壺  徙公壺

【注】從人酉聲，舊釋為"飲"，黃盛璋釋為"曹"，以為"不屬于秦文字系統"之東周文字，早期皆以酉代曹，加人于酉以示官曹之意。糟或作蓸，是其佐證。（詳《三晉銅器的國別、年代與相關制度》）●讀曹，官曹。《東周左官壺》："廿九年十二月，為東周左自（官）俌（曹）壺。"黃盛璋曰："曹為官府分工管轄辦公之處所，因而其官職亦可名為曹。"（同上引）

 酋卣 楚  包山 255  包山 221 秦  驪山酋府陶盤  雍工壺

 二年寺工師初壺 秦  戰表 2029

【注】從艸酉聲。《酋卣》從中作，與包山楚簡作  同。《説文》："酋，禮祭，束茅，加于祼圭，而灌鬯酒，是為酋。象神歆之也。一曰酋，榼上塞也。從酉從艸。《春秋傳》曰：'爾貢包茅不入，王祭不供，無以酋酒。'"本義古代用酒灌注茅束以祭神。●酋府：官署名。《雍工壺》："酋府。"李光輝、宋蕊謂："酋即蓸，也就是酒。"（《咸陽博物館收藏的兩件帶銘銅壺》）●讀酉。《包山 221》："夐（爨）月己酋（酉）脣=（之日）。"●讀糟。糟或作蓸；上古音曹、酉聲可通。《包山 255》："酋（糟）菽（菽）之蒩（菹）一砫（缶）。"

 公朱左官鼎

【注】從心酋聲（聲符艸省為中）。●人名。

酒 秦  睡簡·日甲 157 背  嶽麓一·占 40  關簡 347  陶徵

245  陶徵 245  印增 566

【注】從水酉聲。●均用為本義。《睡簡·日甲 157 背》："肥豚清酒美白粱。"

棲 楚  鄂君啟車節  燕客量  包山 7  包山 52  清華四·筮法

55 清華六・子儀6　清華十・司歲2　清華十・司歲5　清華十・司歲

3 晉 璽彙 2974　璽彙 3543　珍戰 52

【注】從木酉聲。或移"木"于"酉"之内。可能是"柳"字異體。●多讀酉。《燕客量》："己栖（酉）之日。"楚系文字干支之"酉"常借"栖"字為之。●讀柳，地名。《鄂君啟車節》："就陽丘、就邡（方）城、就象禾、就栖（柳）焚。"案，《説文》"丣，古文酉"是其佐證。柳焚，地名，《左傳・宣公九年》："鄭伯敗楚師于柳焚。"在今河南南部，戰國屬楚。●讀柳。《清華六・子儀6》："楊栖（柳）可（兮）依=（依依），亓（其）下之㴑=。"

絔 燕 璽彙 2606

【注】從糸酉聲，"纈"之異文。●燕璽讀酉，姓氏。

瘤 齊 陶彙 9・104　璽彙 0307

【注】從广酉聲，應為"疛"字。●齊陶人名

遒（遒）秦 嶽麓三 183 晉 訓義 1・154

【注】從辵酉聲，或酋聲。遒、道一字。●聚也，一起。《嶽麓三 183》："遒（道）之㝡里門宿。"●晉璽"相里道"，人名。"相里"為複姓。

酋 酋鼎　酋父戊盉　酋父戊盉　酋乙斝　酋尊 楚 上博二・容成

1 燕 鷹節 晉 璽彙 5268

【注】從八從酉，會酒熟香氣四溢之意；酉亦聲。酋、酉一字分化，金文"尊"或從酉、或從酋是其確證。●族氏名。《酋鼎》："酋。"●晉璽單字，人名。●讀幽。《上博二・容成1》："丌（其）悳（德）酋清。""酋清"，讀為"幽靜"，與《史牆盤》"青（靜）幽高祖"之"青（靜）幽"同。

醜 晉 、 、 侯馬

405

【注】從鬼酋聲（酋或訛為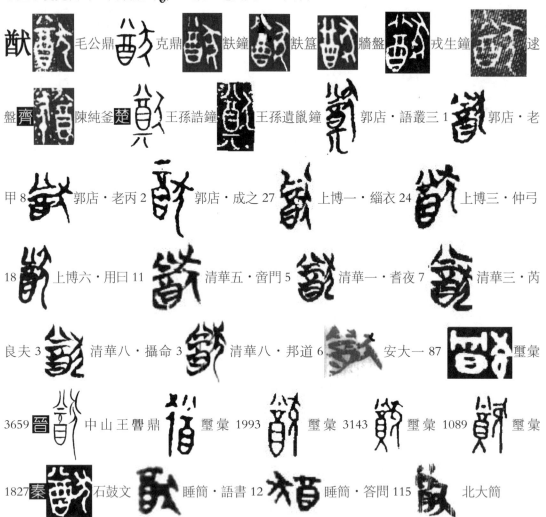），"醜"之異文。●人名。

毛公鼎　克鼎　猷鐘　猷簋　牆盤　戎生鐘　述盤齊　陳純釜楚　王孫誥鐘　王孫遺鼠鐘　郭店·語叢三1　郭店·老甲8　郭店·老丙2　郭店·成之27　上博一·緇衣24　上博三·仲弓18　上博六·用曰11　清華五·帝門5　清華一·耆夜7　清華三·芮良夫3　清華八·攝命3　清華八·邦道6　安大一87　璽彙3659晉　中山王嚳鼎　璽彙1993　璽彙3143　璽彙1089　璽彙1827秦　石鼓文　睡簡·語書12　睡簡·答問115　北大簡

【注】甲骨文作時、時、時、猵、猵，從犬（或從豕）酋聲。金文從犬酋聲。《說文》有"猶"無"猷"，猶、猷應為一字，屬偏旁左右移位之例。《說文》："猶，玃屬。從犬酋聲。一曰隴西謂犬子為猷。"本義是犬類動物。然金文與經典多用作謀猷之義。《詩·小雅·采芑》："克壯其猶。"鄭玄箋云："猶，謀也。"經典"猶"或訓似，如《詩召南》："惠命不猶。"傳"猶，若也"。古文字猶、猷同字。●謀、謀劃。《王孫遺鼠鐘》："惠于政德，思（淑）于威義（儀），誨猷不飤。"《猷簋》："陀陀降余多福壽（憲）富宇慕遠猷。"●連詞，尚且。《中山王嚳鼎》："昔者，郾（燕）君子噲（噲）瞻（叡）弇夫寤（悟），毕（長）為人主（主），閈于天下之勿（物）矣，猷粈（迷）惑于子之而迟（亡）其邦。"●人名。《陳純釜》："陳猷立事歲。"●讀繇。《清華八·攝命3》："䋞（肆）余畫猷（繇）卜乃身，休，卜吉。"《左傳》閔公二年"成風聞成季之繇"，注："繇，卦兆之占辭。"《爾雅·釋詁》"繇，於也"，注："繇，辭。"疏："卦兆之辭也。"詳"畫"字。●《清華五·帝門5》："耆（胡）猷是人，而一亞（惡）一好？"猶，《詩·小星》"寔命不猶"，毛傳："猶，若也。"《廣韻》："猶，似也。""猶是人"即同樣是人。●讀搖。《郭店·性自34》："羡（詠）斯猷（搖），猷（搖）斯迀（舞）。"《禮記》鄭注："猶，當為搖，聲之誤也。搖，謂身動搖也。秦人猶、搖聲近。"●讀醜。《安大一87》："所可道也，言之猷（醜）。"《毛詩》作

"言之醜也"。《毛詩》句末有語氣詞"也"，簡本無。

懸齊　　　懸節楚　　　嫺加編鐘　　　王孫誥鐘

【注】從心猷聲，為謀猷之專字。●讀猷。《王孫誥鐘》："武于戎攻（功），誨懸（猷）不飲。"

楢楚　　　安大一 106晉　　　璽彙 2889秦　　　龍崗 38　印增 204

【注】從木酉聲。●木名。《龍崗 38》："諸取禁苑中柞（柞）、棫、楢、楢産葉及皮☐。"《說文》："楢，柔木也，工官以為耎輪。"●讀栲。《安大一 106》："山又（有）楢（栲），溼（隰）又（有）遖（杻）。"《毛詩》作"山有栲"。孔疏引《草木疏》云："許慎正以栲讀為糗。"《說文·木部》："楢，讀若糗。"是"楢""栲"二字可通。●晉璽人名。

庮晉　　　陶彙 6·1

【注】從广酉聲，"庮"之繁文。●韓陶人名。

覰晉　　　侯馬

【注】從見庮聲。●讀視。侯馬盟書"君丌明亟覒之"習見，或作"明亟覰之"，是其確證。酉聲、氏聲上古音或可通。

定紐牖聲

牖秦　　　睡簡·日甲 143 背　　　　睡簡·日甲 18 背

【注】其構形應該分析為從爿從日用聲。後來其結構中的"日"形"變形義化"為"戶"，以迎合字義中"戶牖"的意思，"用"聲則訛成了"甫"。《說文》："牖，壁以木為交窗也。從片、戶、甫。譚長以為：甫上日也，非戶也。牖，所以見日。"譚長認為"牖"從日在秦漢文字中可得到印證：馬王堆帛書作 📷、📷、📷（帛編 286），均從日。北大簡 27 作 📷，上從目，可能是由"日"訛變而來。●窗戶。《睡簡·日甲 18 背》："井當戶牖間，富。"先秦多用牖，窗少見。

定紐舀聲

舀 [楚]　郭店·性自 24　　清華七·越公 62　　安大一 2　　安大一 55

【注】從爪從米（或省米形，或以一代之）從臼，會以手於臼中掏取所舂之米意。●讀挑，挑起。《清華七·越公 62》：“舀（挑）起悁（怨）亞（惡）。”●讀蹈。《郭店·性自 24》：“昏（聞）訶（歌）誂（謠），則舀女（如）也斯奮。”或謂讀滔。《説文·水部》：“滔，水漫漫大皃。”“滔如”，感情强烈的樣子。●讀悠。《安大一 2》：“舀（悠）=才（哉）=，邅（輾）偅（轉）反戻（側）。”《毛詩》作“悠哉悠哉”。馬王堆漢墓帛書《五行》引作“絲才絲才”。上古音“舀”屬喻紐宵部，“悠”屬喻紐幽部。二字聲紐相同，韻部相近，可以通用。毛傳：“悠，思也。”

鎦 [楚]　清華五·封許 7

【注】從金舀聲。●為周王對吕丁的賞賜物，讀卣。

遙 [楚]　上博四·采風 4　[晉]　侯馬

【注】從辵舀聲，“蹈”之異文。●盟書“見之行遙”讀道。《荀子·禮論》：“道及士大夫。”楊注“《史記》道作蹈”。《列子·黄帝》：“向吾見子道之。”張注“道當為蹈”。《釋名·釋姿容》：“蹈，道也。從足踐之如道路也。”●讀慆。《上博四·采風 4》：“嘉賓遙喜。”讀為“嘉賓慆喜”。《説文》：“慆，説（悦）也。”《玉篇·心部》：“慆，喜也。”

慆 [楚]　郭店·性自 34　　上博一·性情 19　　清華十·四告 32

【注】從心舀聲。●讀陶。《上博一·性情 19》：“濬（浚）深齊（鬱）慆。”《郭店·性自 31》作“濬（浚）深齊（鬱）舀（陶）”。“鬱陶”二字，詳“齊”字。●《郭店·性自 34》：“憙（喜）斯慆，慆斯奮。”《説文》：“慆，説也。”段玉裁注：“説，今之悦字。《尚書大傳》‘師乃慆’注曰：‘慆喜也。’”從簡文看，“喜斯慆”，“慆”義應較“喜”更進一層。

暚 [楚]　包山 165　　包山 189　　包山 8　　清華八·處位 5

【注】從日舀聲。●包山簡人名。●疑讀韜。《清華八·處位 5》：“民甬（用）銜（率）欲逃救（求）暚政。”《廣雅·釋詁三》：“韜，寬也。”又云：“緩也。”“寬”與“猛”相對，寬政卽前文所敘猛政的對立面。

稻 [楚]　　　曾伯霥簠　清華七·越公 34　清華一·耆夜 7

清華九・禱辭 14 秦  睡簡・秦種 35 稻 睡簡・秦種 35  睡簡・日乙 47

【注】甲骨文作 ，從米從覃（裝稻米的筐形物），會盛米于器中之意。唐蘭謂即《説文》"糧"字。稻、糧音近，故卜辭以糧為稻也。金文為形聲字，從禾舀聲，與小篆同。《説文》："稻，稌也。"本義是黏糯米，引申為泛指稻子。● 糧食名。《曾伯霥盨》："用盛稻粱。"用盛稻粱，金文習語，用以盛放稻米、高粱做成的食物。● 讀慆。《清華一・耆夜 7》："既醉又蓋（侑），明日勿稻（慆）。"強調"康樂而毋荒"。整理者：稻，和《詩經》"慆"字用法相同。《詩・蟋蟀》："今我不樂，日月其慆。"毛傳："慆，過也。"

穐 楚  珍戰 143

【注】從心稻聲。● 人名。

稻  陳公子叔原父甗  單叔奐父盨

【注】從米舀聲，"稻"之異文。《單叔奐父盨》從少，為"米"之訛。● 讀稻。《陳公子叔原父甗》："用征用行，用鬻（蒸）稻（稻）粊（粱）。"

旛  史免匜  叔家父簠  即簠  伯公父簠  邿召簠

【注】從㫃稻（稻）聲。《説文》無，亦不見于字書。● 金文中多指旌斿，用于舞蹈、禮儀之指揮。《即簠》："嗣（司）琱宮人虩旛，用事。""虩旛"二字不能至解，或解為琱宮人人名。于豪亮謂"虩旛用事"連讀，以"旛在指揮時使用，象徵權力的緣故"。（詳于豪亮《陝西省扶風縣強家村出土虢季家族銅器銘文考釋》）● 讀稻。《史免簠》："從王征行，用盛旛（稻）粊（粱）。"《邿召簠》："用實旛（稻）粊（粱）。"

瀌  瀌嫚簠  觴姬作瀌嫚簠  觴姬作瀌嫚簠

【注】從水旛聲。容庚、楊樹達皆釋為滔，以為"滔"之古文。● 人名。《瀌嫚簠蓋》："瀌嫚乍（作）尊設。"

滔 楚  清華三・琴舞 1  清華六・子儀 6  安大一 115  安大一 116  安大一 103 晉  璽彙 1009  璽彙 1775 秦  石鼓文

【注】《説文》："淊，水漫漫大皃。從水舀聲。"●讀慆。《清華三·琴舞1》："亯（享）隹（惟）慆帀（斯），考隹（惟）型帀（斯）。"《説文》："慆，説（悦）也。""享"當是"奉上""匹配"之義，通俗地説，就是迎合君主。●《石鼓文》："左驂☒☒，淊淊是奱。"《詩·大雅·江漢》有"武夫淊淊"及"武夫洸洸"句，《正義》："《傳》以'洸洸'為武貌，則此言'淊淊，廣大'者，亦謂武夫之多大，故侯苞云：'衆至大也。'"疑石鼓"淊淊"亦與《江漢》同指武夫之衆多且大。"試是淊淊"意即習試武夫眾多，古代田獵多具有軍事演習的性質，疑即此意。●讀慆。《安大一103》："今者不樂，日月亓（其）淊（慆）。"《毛詩》作"日月其慆"。毛傳："慆，過也。""淊""慆"諧聲可通。《玉篇》引《韓詩》作"陶"，云："陶，除也。""陶"與"慆""淊"，亦音近可通。"淊"似當讀蹈，《廣雅·釋詁》："蹈，行也。"●晉璽人名。

蜭 [楚] 清華九·禱辭19

【注】從虫舀聲。●《清華九·禱辭19》："則區（驅）亓（其）虯、蔞、豤（蟴）、蜭、疸、蠖、蛕、蝓。"詳"虯"字。

定紐莍聲

莍 莍簠　莍爵　莍爵　莍爵　莍舿　莍舿　莍舿　竹莍卣　亞若癸

方彝　父己爵　長日戊鼎　亞若癸鼎　仲莍父鼎 [齊] 陶彙3·468 [楚] 曾

仲莍父甫　曾子遊鼎　上博一·性情21 [晉] 魚顛匕 [秦] 石鼓文

珍秦608

【注】甲骨文作 [諸形]，從㫃從子，象人執旅之形，隸定為"莍"。金文同甲骨文，或增從彳、辵，為復增之義符。莍、遊為繁簡二體，實為一字，《説文》均失收。●金文多用為人名。齊陶、秦印亦用為人名。●讀遊。《石鼓文》："為所莍（遊）麇。"●讀游。《石鼓文》："溝又（有）小魚，其莍（游）趌=（蹡蹡-汕汕）。"《魚顛匕》："欽戈，出莍（游）水蟲。"

遊 [楚] 曾侯仲子莍父鼎　曾侯仲子莍父鼎　蔡侯申盤　鄂君啟舟節　郭

店·語叢三12　郭店·性自33　上博二·子羔11　上博五·君禮6　上博

八·有皇 1 　上博五·弟子 4 　上博八·道餓 3 　清華七·越公 27 　清華六·子

儀 17 　安大一 44 晉 中山王礜鼎　聖彙 0994 　聖彙 1154 　聖彙

1497 　聖彙 2251 　聖彙 2775

【注】從辵游聲。晉璽或從彳。●出遊、遊樂。《中山王礜鼎》："氏（是）目（以）寡人匡（委）賃（任）之邦，而去之遊。"文意是说，中山王把整個國家交給賉去管理，自己外出巡遊而無後顧之憂。《書·大禹謨》："罔游于逸，罔淫于樂。"●遊夕：原指春秋兩季的郊遊，後泛指出遊。《中山王礜壺》："氏（是）以遊夕歈（飲）飤（食），寧又（有）寁（懁）煬（惕）。"《管子·戒》："先王之遊也，春出，原農事之不本者謂之遊；秋出，補人之不足者謂之夕。""先王有遊夕之業于人，無荒亡之行于身。"●《鄂君啟舟節》："王處于葰郢之游宮。"游宮：戰國時楚國宮殿。●游遊：即優優，逍遙閒適貌。《蔡侯盤》："威義（儀）遊遊。"遊、優同屬喉音、幽部，古文相通。于省吾謂"遊遊"應讀優優。《淮南子·時則》："優優簡簡。"高誘注："優，簡，寬舒貌。"●遊覽、雲遊。《上博二·子羔 12》："遊於玄咎之内，冬見芙，攼（搴）而薦之。"●四處看。《上博五·君禮 6》："凡目毋遊，定見是求。"●交遊、交結。《郭店·語叢三 9》："牙（與）為惎（義）者遊，益。"●流露。《郭店·性自 33》："慇（唈）遊怀（哀）也。杲（噪）遊樂也。"●晉璽均為人名。

璏 楚 清華一·耆夜 5

【注】從毛遊省聲。●讀輶。《清華一·耆夜 5》："璏（輶）乘旣戎（飭）。""游"與"輶"古音相同，都是喻母幽部。"輶乘"即《詩經·秦風·駟驖》中的"輶車"、行人所乘"輶軒"，即輕車。《爾雅·釋言》曰："輶，輕也。"此處當指戰車。

游 齊 籥叔之仲子平鐘 楚 上博五·三德 21 秦 睡簡·答問

5 　睡簡·日甲 49 背　高陵君鼎　宗邑瓦書　故宫 410 　圖典

43 、 秦印 129 　四年相邦樛斿戈　宗邑瓦書　印封 593

【注】從水斿聲。《𥳑叔之仲子平鐘》“子”作，與《説文》古文同。《説文》：“，旌旗之流也。從㫃汓聲。古文遊。”●讀樂，音樂。《𥳑叔之仲子平鐘》：“𥳑（莒）弔（叔）之中（仲）子平自乍（作）鑄遊鍾（鐘）。”《吕氏春秋》：“其干戚之音，在人之遊。”高誘注：“游，樂也。”●飄蕩不定。《睡簡·日甲 51 背》：“是游鬼。”●人名。《高陵君鼎》：“工師游。”●秦封泥“游陽丞印”，地名。“游陽”，《漢志》失載。《水經·淮水注》：“淮水於縣枝分，北為游水……《地理志》曰：遊水自淮浦北入海。”游水是淮河入海前的分枝，則遊陽當在淮浦附近，秦屬東海郡，約在今江蘇省東北部。●讀游，游水、游泳。《上博五·三德 21》：“善游者死於杺（梁）下。”

⿱斿心 齊  璽彙 0578

【注】從心斿聲。●齊璽人名。

⿰火斿 齊  璽彙 3691

【注】從火斿聲。●齊璽“⿰火斿胡安鉩”讀遊，姓氏。

定紐迂聲

迂 楚  包山 277

【注】“遊”古文（）之省文。迂，《集韻》夷周切，同遊。●讀遊。《包山 277》：“絴（縢）組之迂（遊）。”

定紐汓聲

汓  牧簋 晉  卅二年鄭令矛

【注】甲骨文作，從水從子，會小兒浮行水上之意。《説文》：“，浮行水上也。從水從子。古或以汓為没。泅，汓或從囚聲。”●均為人名。《牧簋》：“王才（在）周，才（在）師汓父宫。”汓父，亦作游父。

⿱汓卣 晉  璽彙 2488  元年鄭令矛  二年鄭令矛

【注】從卣從汓，雙聲字。卣為疊加聲符，《卅二年鄭令矛》人名“郭汓”，《元年鄭令矛》作“郭⿱汓卣”，可知。古文字卣、囟作偏旁常混。●晉璽均為人名。

珍戰 72

【注】從甘汙聲。●晉璽人名。

定紐囚聲

璽彙 3635 類編 185 印增 232

【注】甲骨文作 、 ，從口從人，會囚禁之意。楚簡"囡"即"囚"，改其中"人"為"女"。●疑為人名。《弓丁囚觚》："丁。弓囚。" ●秦印（璽彙 3635）"囚頋"，姓氏。或用為人名。●囚犯。《睡簡·答問 93》："可（何）謂'縱囚'？" ●讀繇或讀陶。《清華三·良臣 2》"咎囚"即咎繇，或作咎陶、皋陶，人名，見《堯典》。《古今人表》列在"上中"。

定紐毒聲

【注】從毋從出，會意不明。《説文》："毒，厚也。害人之艸，往往而生。從屮從毒。" ●本義，毒殺。《睡簡·秦種 5》："毒魚鱉，置穽罔（網）。"

定紐粥聲

關簡 309

【注】從鬻（鬲）省從米，會以鬲煮米之意。秦系文字從鬲不省。漢代文字 （漢印 284）。或作 ，遂為隸書所本。●秦簡本義，稀飯。《關簡 309》："取十餘叔（菽）置鬻（粥）中而歙（飲）之。" ●晉璽人名。

413

定紐獸聲

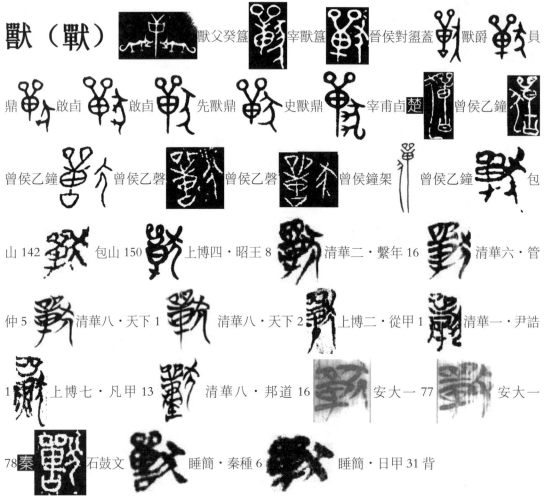

獸（嘼）　獸父癸簋　宰獸簋　晉侯對盨蓋　獸爵　員鼎　啟卣　啟卣　先獸鼎　史獸鼎　宰甫卣楚　曾侯乙鐘　曾侯乙鐘　曾侯乙磬　曾侯乙磬　曾侯鐘架　曾侯乙鐘　包山 142　包山 150　上博四·昭王 8　清華二·繫年 16　清華六·管仲 5　清華八·天下 1　清華八·天下 2　上博二·從甲 1　清華一·尹誥 1　上博七·凡甲 13　清華八·邦道 16　安大一 77　安大一 78秦　石鼓文　睡簡·秦種 6　睡簡·日甲 31 背

【注】甲骨文作𤝐、𤝐、𤝐、𤝐、𤝐、𤝐、𤝐、𤝐，從單從犬；會帶着獵叉和獵犬打獵之意。在卜辭中皆用作"狩獵"之"狩"。西周金文"獸"除用作人名外，皆用為"狩獵"或"巡狩"義。由春秋戰國古文字資料來看，"獸"乃幽部字。如郭店楚簡《老子》甲本："至虛，恒也；獸（守）中，篤也。"又《緇衣》："故君子多聞，齊而獸（守）之。""獸"皆當讀守，"守"為幽部字。"狩"和"獸"分化後，"獸"用來表野獸義。"嘼"又是從"獸"中分化出來的一個字，讀音仍因"獸"的音，讀入幽部。金文𤝐、𤝐等字本讀單，為元部字，因為字與"獸"字所從之𤝐形近，受了"獸"的讀音的影響，後來就音變讀入幽部，並與"嘼"混為一字。從犬守聲之"狩"字最早見于漢印，作𤝐（漢印文字征 10·6）。《安大一 78》或從攴。《說文》："𤝐，守備也。從嘼從犬。"本義狩獵，為"狩"的本字。●讀守，遵守、守衛。楚文字或用"㝊""守"來表示。《上博二·從甲 1》："夫是則獸（守）之㠯（以）信，𤝐（教）之㠯（以）義。"《清華八·天下 2》："昔天下之獸（守）者，民心是獸（守）。"●讀狩，狩獵、巡狩。《宰甫卣》："王來獸自豆录（麓）。"●人名。《先獸鼎》："先獸（獸）乍（作）朕老（考）寶障鼎。"●獸鐘：楚國音律名，相當于傳統律名黃鐘。《曾侯乙鐘》："獸鐘之豆反。"●讀獸，禽獸。《上博七·凡甲 13》："含（禽）獸系（奚）旻（得）而鳴？"秦文字均讀獸，用為本義。《睡簡·日甲 31 背》："人若鳥獸及六畜恒行人宮。"

414

審_楚 曾侯 126 曾侯 152

【注】從宀罟（當為獸省）聲。●疑讀守。簡文"中審敏（令）"，《包山 105》作"中獸"，官名。

泥紐肉聲

肉_楚  包山 255　上博二·魯旱 6　清華七·趙簡子 9　清華五·畬門

7 上博五·弟子 8　_秦月 睡簡·日乙 164　月 睡簡·答問 17

【注】甲骨文作 ⅅ、⅁、ⅅ，象塊肉之形。西周金文多見於偏旁。戰國文字"肉"一般寫成四筆，而"月"寫成三筆。秦文字作偏旁則肉、月不分，秦簡"炙"作（睡簡·日甲 21 背），從肉，則三筆寫成。●多用為本義，指肉食。《上博五·弟子 8》："飤（食）肉女（如）飯土，酓（飲）酉（酒）女（如）淥（漿），信唬（乎）？"《論語·陽貨》："夫君子之居喪，食旨不甘，聞樂不樂，居處不安。"居喪而"食旨不甘"，可以說明簡文云居父母之喪而"食肉如飯土"之意。●《清華五·畬門 7》："六月生肉。"生肉，疑指胎兒形體快速生長。

臂_秦  里耶 8·1517 背　里耶 9·546

【注】從興肉聲。字不見於字書。●人名。

育_秦  陶徵 194　、　印增 561

【注】從子從肉，肉亦聲，"毓"之異文。《說文》："育，養子使作善也。從㐬肉聲。《虞書》曰：教育子。毓，育或從每。余六切。"●秦陶單字，當為人名。秦印人名。

淯_秦  北大簡

【注】從水育聲。●不詳。

充_秦  里耶 8·242　里耶 8·903　里耶 8·1624　里耶 8·987

415

【注】從儿，育省聲。●里耶簡為人名。

天星 晉 璽彙 0437

【注】甲骨文作、，從廾肉聲。與"承"字易混。《説文》："弅，持弩拊。從廾肉。讀若逵。"●天星讀踭，《説文》脛肉也。●晉璽人名。

章叔牂鼎

【注】從爿弅聲。●人名。《章叔牂簋》："章弔（叔）牂自乍（作）隣殷。"

睡簡·答問 74　睡簡·日甲 154

【注】從頁弅聲。《集韻》頄骨也，同頄。●顴骨。《睡簡·答問 74》："鼽顔頯。"

清華六·子儀 14

【注】當分析為從木弅聲；從廾與從又會意同。●讀樛。《説文》："樛，下句曰樛。"簡文"樛枝"，是向下彎曲的樹枝。詳"㳿"字。

清華六·子產 20　清華十一·五紀 4

【注】應該從犬弅聲。●讀由，釋為"遵循"之義。《清華六·子產 20》："善君必狄（由）昔前善王之瀗（法）。"●讀繇。《清華十一·五紀 4》："文后乃侖（倫）鬲（歷）天紀，初烖（載）於日，曰狄（繇）古之紀，自一舀（始），一亦一，二亦二，三亦三，四亦四，五亦五。"整理者注："狄，讀為'繇'，訓為用、通過，字又見清華簡《子產》簡二〇'善君必繇昔前善王之法律'。或讀為'遙'，遙古，即遠古、上古。"

郭店·五行 28　郭店·五行 31

【注】當從穀省從多，肉聲。●讀由。肉，日紐屋部；由，喻紐幽部。《郭店·五行 31》："悬（仁）義，豊（禮）所鬏（由）生也，四行之所和也。"

包山 278　上博二·容成 38　左塚漆桐　清華六·太伯甲

10 清華六·太伯乙 10　　清華九·成人 13　　璽彙 1053

【注】從木肉聲，"柔"之異文。"腬"從肉聲，而讀若柔，可資旁證。此字當即《說文》訓"樹動也"之"榣"的簡省寫法。●《包山 278 反》"枭朏尹"，可能是"榣"的初文，榣通搖。簡文"搖廚"的意義不是很清楚，可能與"集廚"之義相當。李學勤先生認為"集"字之義可能同於"司"，"集廚"應為管理王室飲食的有司。陳秉新先生認為"集"為"總匯""集納"之義。"集"應是一種有會計職能的儲備機構，類似《周禮·天官》之"職內"，內者，納也。古璽有"僃府"，鄭超先生認為當是專門儲藏備用物質的府庫。"搖""集"與"僃府"類同。不過，這類性質的儲備府庫亦主鉤考會計，統計財務的出、入、廢、置，儲餘以待給需。簡文"搖廚尹"，與"集廚尹"同，即是集府之"廚"部有司的主管。●讀瑤。《上博二·容成 38》："墥（築）為璿室，玐（飾）為枭（瑤）臺，立為玉閨（門）。"●讀婬，《方言》："遊也。"《清華六·太伯甲 9》："印（抑）泾（淫）枭（婬、逸）于庚（康）。"亦可破讀逸，"淫婬"即"淫逸"，乃一語之轉。或可讀慆，淫也。●讀謠。《清華九·成人 13》："五訶（歌）不典，迵（童）枭（謠）無即（節），弌（一）耑（短）弌（一）長，無型。"《國語·鄭語》："宣王之時有童謠曰：檿弧箕服，實亡周國。"●晉璽人名。

愁楚　　清華十·四告 27　　清華十·四告 29　　清華十·四告 28

【注】從欠從心枭聲。或作"懲"，文例相同。●讀慆。《清華十·四告 27》："愁（慆）於非彝，心好埜（野）。"整理者注："愁，從枭作為子聲符，讀為'慆'。清華簡《鄭文公問太伯（甲本）》：'印泾〈淫〉枭（慆）于庚（康），腹（獲）皮（彼）荊傭（寵）。'上博簡《鄭子家喪（乙本）》：'孚泾〈淫〉枭（慆）于庚（康），腹（獲）皮荊勇（寵）。'《國語·魯語下》：'夜儆百工，使無慆淫。'《楚辭·離騷》'椒專佞以慢慆兮'，王逸注：'慆，淫也。'"

敫楚　　上博五·君禮 7　　清華九·成人 12

【注】從攴枭聲，當為搖動之"搖"本字。●讀搖。《上博五·君禮 7》："行毋歪、毋敫（搖），足毋豕（墜）、毋高。"●《清華九·成人 12》："邦正（政、征）無亙（恆），閘（關）敀（帛）敫（會）堂（當），敫（徭）敂（稅）要弖（強），無型。"讀徭，徭稅。《後漢書·南蠻西南夷列傳》："澧中蠻以郡縣徭稅失平，懷怨恨。"收買路錢之"會當"，賦稅徭役之"要強"，近於強搶惡要，"巧要錢"，此所以"無型"。

謠楚　　郭店·尊德 9　　郭店·尊德 10　　郭店·性自 24　　清華七·越公 55

【注】從言枭聲，"謠"之異文。●讀謠。《清華七·越公 55》"風音誦詩訶（歌）謠（謠）。"●讀由。《郭店·尊德 9》："謠（由）豊（禮）智（知）樂，謠（由）樂智（知）怀（哀）。"

鶼  楚 、 者減鐘

【注】從鳥枲聲，"鶹"之異文。●讀樂。《者減鐘》："自乍（作）鶼（樂）鐘。"

璓 楚  包山 39　　包山 91　　包山 34

【注】從玉枲聲，"璓"之異文。●人名。

豚 豚侯鼎　　尹姞鬲　　 鼎　　亞豚父乙爵　　衛盉 齊 陶録

2・92 陶彙 3・77　　陶彙 3・89　　陶徵 183　　陶徵 183

【注】象黃鼠狼之形，"鼬"之初文。或于左上附加音符肉，或于下加裝飾部件口。戰國文字承襲金文，但多省變鼠身爲"幺"，遂變爲從糸肉聲，如"豩"作 （郭店・窮達 6）、 （包山70），其聲符正從糸肉聲。字可隸定爲"豚"。●地名。《尹姞鬲》："各于尹姞宗室豚林。"齊陶地名，字或作 、 等。●族氏名。《 鼎》："㠯（以）師氏眔有嗣（司）後或（國） 伐豚。"

邋 通邋作父癸簋 楚 郭店・語叢一 20　　郭店・語叢一 21　　郭店・語叢三

42 郭店・語叢三 42　　郭店・語叢三 43

【注】從辵豚聲。●人名，見于《通邋作父癸簋》。●讀由。《郭店・語叢一 20》："人之道也，或邋（由）中出，或邋（由）外内（入）。"

繇 彔伯簋　　師克盨　　師克盨　　懋史鼎　　散氏盤　　師寰鼎

盨 楚 包山 172　　包山 174　　包山 180　　郭店・六德 7　　郭

店・語叢一 1　　帛書乙　　上博三・周易 25　　上博四・曹沫 20　　上博

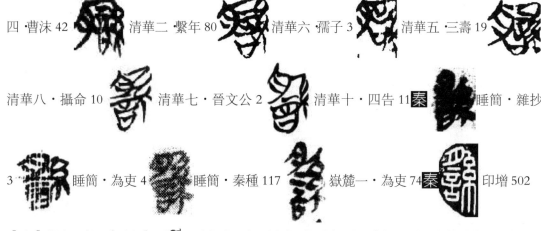

四·曹沫 42　　清華二·繫年 80　　清華六·孺子 3　　清華五·三壽 19

清華八·攝命 10　　清華七·晉文公 2　　清華十·四告 11　　秦 睡簡·雜抄

3　　睡簡·為吏 4　　睡簡·秦種 117　　嶽麓一·為吏 74　秦　印增 502

【注】從言䜌聲。《說文》：“䜣，隨從也。從系省聲。”分析形體有誤。䜣，典籍多作“繇”。●
西周金文中的“䜣”字，多用為表示強調的語气詞。《逑盤》：“王若曰：逑，丕顯文武膺受大命，
匍有四方，則䜣唯乃先聖祖考夾召先王，勞董大命，奠周邦。”《彔伯簋》：“王若曰：彔白（伯）
或，䜣自乃且（祖）考又（有）勞于周邦。”《師袁簋》：“淮尸（夷）䜣我員晦臣。”西周金文中
的“䜣”字，沈培認為《尚書》中的“迪惟”可以跟金文中的“䜣唯”對讀。“䜣”和“迪”在
語音上非常接近，古書和出土文獻資料中“䜣”“由”相通的例子很常見。《說文》：“迪，道也。
從辵、由聲。”上海博物館藏《緇衣》第 15 號簡相當于今本《緇衣》“播刑之（不）迪”的“迪”
就作“由”。因此，“迪”和“䜣”表示同一個詞是完全可能的。《尚書》“迪惟”之例有：《君奭》
“迪惟前人光施于我衝子”，《立政》“古之人迪惟有夏，乃有室大競，吁俊尊上帝”。王引之《經
傳釋詞》“迪”下說：迪，發語詞也。（詳沈培《西周金文中的“䜣”和《尚書》中的“迪”》）
●讀搖。《疐盨》：“乃䜣宕，卑復虐逐㕚（厥）君㕚（厥）師，乃乍（作）余一人㖸。”“䜣宕”
即搖盪，激烈的搖動，放縱、散亂。●人名。《散氏盤》：“小門人䜣、原人虞芍、淮嗣工（空）
虎。”●讀由。《上博四·曹沫 42》：“父兄不膚，䜣（由）邦禦之。”●讀謠，謠言。《清華五·三
壽 19》：“讒（讒）䜣（謠）則殿（屏）。”●讀謠，歌謠。《清華三·芮良夫 2》：“薑（窬）敗改
䜣（謠）。”詳“薑”字。●讀徭。《清華六·孺子 3》：“無大䜣（徭）賻（賦）於萬民。”“大徭”
即大徭役，疑指戰爭。《山海經·南山經》“見則縣有大䜣”，郭璞注：“大䜣，謂作役也。”“䜣
賻（賦）”一詞當直接讀為“徭賦”，指的是徭役與賦稅。秦簡均讀徭。●讀諛。《清華五·三壽
19》：“元折（哲）並進，讒（讒）䜣則殿（屏），寺（時）名曰惡（聖）。”“臾”可讀猶，均也、
同也。馬王堆帛書“國若不危，君臾（猶）存也”“家若不亂，親臾（猶）存也”，其字正讀猶
（參《長沙馬王堆漢墓簡帛集成》第四冊 185–186 頁注釋〔三〕）。“䜣、由、猶”諸字常通用無
別，“䜣”之通“諛”，猶上所述“臾”之通“猶”。“讒䜣”顯然也正應讀為“讒諛”，此指“讒
諛之人”。●包山簡姓氏，疑讀鼬。●讀誘。《安大一 38》：“又（有）女褱（懷）萅（春），吉士
䜣（誘）之。”

楚　清華二·繫年 119

【注】從犬䜣聲。●地名，讀鼬。《清華二·繫年 119》：“卒（卒）于䜣（鼬）。”

墾彙 5307

【注】從心縣聲。●晉墾人名。

墾彙 0322　匯考 53　鄂君啟舟節

【注】從水縣聲。《金文編》原釋為"澹"，當隸作"縣"。"詹"作音、合、言上從八，與此形體完全不同。朱德熙、李家浩二先生在《鄂君啟節考釋（八篇）》中認為字從水從縣，以縣為聲，並證明縣確系指油水。"縣"不見字書，其從水縣聲，又恰指油水，應即"油"字異體。●讀油，水名，在今湖南澧水北。《鄂君啟舟節》："內（入）聚（資）、沅、澧、縣（油）、辻（上）江。"●《墾彙 0322》"縣鄙（巷）盧（鹽）金鈢"，李學勤認為"縣鄙"相當於齊陶的"縣鄙"，亦即縣巷。

信陽 2·3　信陽 2·11

【注】從衣縣聲。縣與悠聲同，故縣為絛之異體。《說文》："絛，扁緒也。從糸攸聲。"●讀韜。《信陽 2·3》："皆又（有）縣（韜）。"《信陽 2·11》："屯雀韋之縣（韜）。"韜，《說文》弓衣也。《玉篇》劍衣也。《廣韻》藏也。《詩·小雅·彤弓傳》韔韜也。或謂仍讀絛，馬王堆一號漢墓出土一件竽，竽管上系有兩束絲織物裝飾，疑即此物。

鳥嬚簋

【注】從宀從女從廾，脉聲。●讀繇、或讀媱，古國族名。《鳥嬚簋》："鳥嬚弄彝。"

陶彙 3·323　陶彙 3·329　陶徵 183　陶徵 183

【注】從邑脉聲。●齊陶地名，與"脉"同。

陶彙 3·729

【注】從脉，疊加音符缶。●齊陶"右繇"，讀陶。

陶彙 3·324

420

【注】從邑繇聲。●齊陶地名，與"脎"同。

秦 睡簡・日甲 137 背 分研 252

【注】從缶肉聲；或謂繇省聲。●讀搖。秦簡"招窑（搖）"，星名，在北斗杓的尖端。《禮記・曲禮上》："招搖在上，急繕其怒。"●晉璽人名。

秦 秦印 238 戰表 1678

【注】從女窑聲。●人名。

秦 印增 594

【注】從欠窑聲。●人名。

秦 睡簡・為吏 14　睡簡・日甲 56　睡簡・封診 88

【注】從木窑聲。●讀搖，搖動。《睡簡・封診 88》："即置盎水中榣（搖）之。"●讀搖。《睡簡・為吏 14》："百姓榣（搖）貳乃難請。"榣（搖）貳，疑惑。●讀搖。《睡簡・日甲 49》："枒（招）榣（搖）觳（繫）巳，玄戈觳（繫）房。"招搖，星名。

來紐娧聲

娧（毓）

毓且丁卣　呂仲爵　班簋 楚 曾娧娧朱姬簠　曾娧娧

朱姬簠　清華八・攝命 7　清華八・攝命 28　清華一・楚居 2　包

山 237　包山 35 秦 秦駰玉牘　秦駰玉牘

【注】甲骨文作 字、字，從女，從倒子，旁邊有一些液體，會生子之意，隸定為"娧"或"毓"。卜辭以"毓"為"后"，用以稱先公先王。金文承之。甲骨文簡體 字，省去了生育主體形符號 字，只剩下倒子形 字和水液的表示符號 字。字到了戰國時期演變成了 字（詳"流"字），倒子 字兩肩處各加了飾

421

筆，倒子頭下的表示水液的三點訛成了類似"虫"字形的 。這種 又漸訛作 （璽彙0212"流"所從），頭形和身子部分割裂分離，身子部分和表示水液的部分又分別訛成"虫"形。隸變作"㐬"，實際為㜽的省化字。"育"是後起字，是"㜽"的簡體，省去"女"，保留倒子，另加形符"肉"，表示孩子是母親身上掉下的一塊肉。戰國陶文始見省減之 字。《説文》："育，養子使作善也。從 肉聲。《虞書》曰：'教育子。' ，育或從每。"本義指生育。引申為養育，如班固《東都賦》："豐圃草以毓獸。"到了後世，"㜽"的生育義被"育"所代替，那麼"㜽"遂多用作名字使用。●成也。《班簋》："不（丕）杯孖皇公受京宗懿釐，㜽文王、王奴（姒）聖孫。"李學勤曰："㜽訓為成，句意為受京宗福蔭而成為文王、太姒有聖德之孫。"（《班簋續考》）●人名。《吕仲僕爵》："吕中（仲）僕乍（作）㜽子寶障彝。"《曾猛㜽朱姬簠》："穆穆曾猛㜽朱（邾）姬乍（作）䈕（持）。"《包山35》"乙酉之日不遲（將）㜽以廷"，人名。●㜽祖丁：商王廟號。《㜽祖丁卣》："用乍（作）㜽且（祖）丁障。"●讀育或讀㜽。《清華一・楚居2》："爰生緹白（伯）、遠中（仲）。㜽（毓）嘗（徜）羊（徉）。"整理者：疑"㜽"讀本字，毓徜徉，意為生育順暢。《詩・生民》亦載姜嫄生棄順暢事："誕彌厥月，先生如達。不坼不副，無菑無害。""嘗羊"，聯綿詞，《廣雅・釋訓》作"徜徉"。（《清華大學藏戰國竹簡》（壹）183頁）●《秦駰玉牘》："余㜽子坏（厥）惑，西東若眷。"駰在銘文裏，既自稱"小子"，又自稱"㜽子"，都應該表示謙卑。曾憲通則認為"㜽子"即"育子"，可能是指能繼位的人。●讀鬻。《包山237》："塦禱楚先老僮、祝䓣（融）、㜽（鬻）酓（熊），各兩牂。"楚簡"㜽酓"讀"鬻熊"，楚先祖名。流、鬻均屬舌音，幽東旁轉。

牆盤

【注】從尸㐬聲，"㜽"之異文。●讀育或讀㜽，養育、撫養。《牆盤》："畍屍（㜽）子孫，繁（繁）猶（福）多釐（釐）。"

新蔡甲三188

【注】從示㐬聲（㜽省聲）。●讀鬻，楚先祖名。

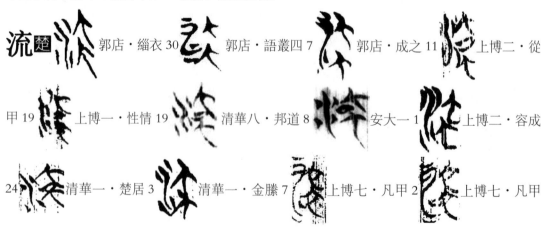

流 楚 郭店・緇衣30　郭店・語叢四7　郭店・成之11　上博二・從

甲19　上博一・性情19　清華八・邦道8　安大一1　上博二・容成

24　清華一・楚居3　清華一・金縢7　上博七・凡甲2　上博七・凡甲

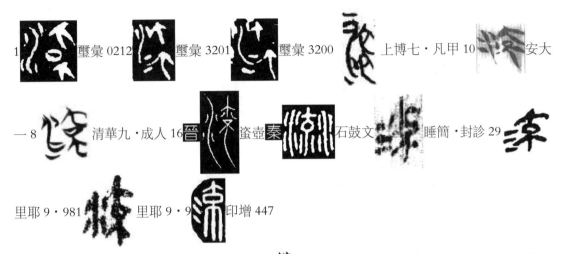

1 璽彙 0212　　璽彙 3201　　璽彙 3200　　上博七·凡甲 10　　安大

一 8　清華九·成人 16　蚉壺秦　石鼓文　睡簡·封診 29　

里耶 9·981　里耶 9·9　印增 447

【注】楚簡所見"流"字有兩種形體，一種作，其右旁是"㐬"字的省體，古文字本從倒子和三點，以象小兒出生之形。另一種作，右旁在前者基礎上省略了"子"的頭部。……這種省變的"㐬"字與"蚩"混同。"祝融"之"融"所從的、雖然與所從同形，但來源不同。"融"字較早寫法作，從鬲從二虫相對之形，"融"是雙聲字，其與"㐬"不同是可以肯定的。●流落、漂流。《睡簡·封診 29》："丁與戊去亡，流行毋（無）所主舍。"丁和戊逃亡，四處漂流，無處寄居。●本義為水行，引申指涕泗零落。《蚉壺》："霖霖（潸潸）流霖（涕）。"●讀游。《郭店·緇衣 30》："古（故）大人不昌（倡）流。"傳世本作"遊"。"流""游"古音同在幽部，聲音相近且意義相近。指在上位者不能說華而不實的話。●《郭店·成之 11》："是君子之於言也，非從末流者之貴。"末流，末也。《廣雅·釋詁》："水本曰源，末曰流。"●讀樛。"流""樛"音近古通。《玉篇·玉部》："璗，又美玉也，亦作鏐。"《安大一 8》："南又（有）流（樛）木，葛藟＝（藟藟）之。"《毛詩》作"南有樛木"。毛傳："木下曲曰樛。""流"，《上博一·孔》簡一〇作"梂"。阜陽漢簡、《韓詩》本並作"朻"。安大簡"流木"，《毛詩》"樛木"，阜陽漢簡和《韓詩》"朻木"、上博簡"梂木"，或認為均可讀為"喬木"。樹之高大，葛藟才可攀附其上，如此理解或者更能契合詩旨。●讀瀏。流、瀏上古音同在幽部來紐。《清華九·成人 16》："亓（其）五不㝵（得）是胃（謂）流（瀏）清，邦則不宁（寧）。"《詩·鄭風·溱洧》："溱與洧，瀏其清矣。士與女，殷其盈矣。"簡文"流清"應是引《詩》義。今人知鄭風多好詩，然先秦儒家論《詩》主敦厚，對鄭風有微辭。《溱洧》感情熾烈，表達直白，如水流之清澈；《關雎》發之於情，"由色諭於禮"，如好酒之醇厚。以上"五不得"與上文"五得"對應，知"其五不得"之"瀏清"謂風土人情也。●《璽彙 0212》"流飤之鉩"，有可能是傳食之璽。

來紐老聲

老 馬方彝　單五父方壺乙蓋　兔季良父壺　辛中姬鼎　亦簋　卿卣

沫伯疑尊　卿卣　沫司徒疑簋齊　賈孫叔子犀盤　歸父盤　夆叔匜　夆叔

423

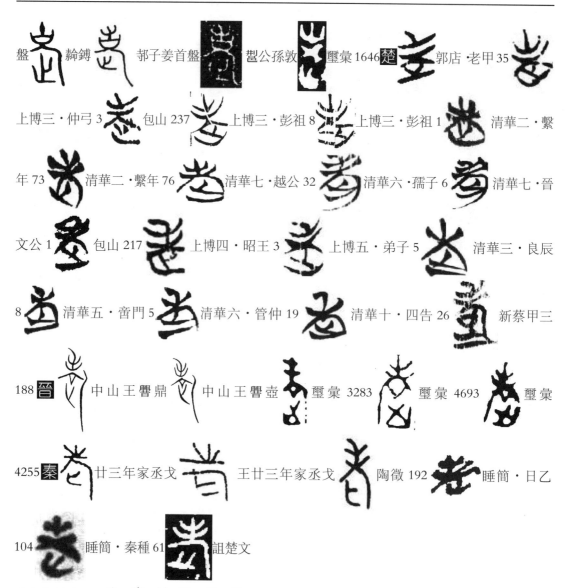

盤　鬺鑄　郭子姜首盤　豐公孫敦　璽彙1646楚　郭店·老甲35

上博三·仲弓3　包山237　上博三·彭祖8　上博三·彭祖1　清華二·繫年73　清華二·繫年76　清華七·越公32　清華六·孺子6　清華七·晉文公1　包山217　上博四·昭王3　上博五·弟子5　清華三·良辰8　清華五·畜門5　清華六·管仲19　清華十·四告26　新蔡甲三188晉　中山王譻鼎　中山王譻壺　璽彙3283　璽彙4693　璽彙4255秦　廿三年家丞戈　王廿三年家丞戈　陶徵192　睡簡·日乙104　睡簡·秦種61　詛楚文

【注】甲骨文作𦥑、𦥑、𦥑、𦥑、𦥑、𦥑，象老人長髮曲背扶杖之形，與"考"本為一字。所挂杖形至金文漸漸訛為山而為"老"，變為丂而為"考"。戰國文字承襲金文。齊系文字作𦥑，山訛為止，上部毛髮形變為山（由）；𦥑變形音化從由聲，古音"老"在來紐幽部，"由"在以紐幽部，韻同聲近。《說文》："𦥑，考也。七十曰老。從人、毛、匕。言鬚髮變白也。凡老之屬皆從老。"本義是老人、年歲大的人。●年長者。《㲃季良父壺》："用亯（享）孝于兄弟、婚覯（媾）、者（諸）老。"●大臣、長官。《中山王譻壺》："天子不忘其又（有）勳，迲（使）其老簭（策）賞中（仲）父，者（諸）侯皆賀。"●讀考，父也。老、考二字互訓，通用。《兮仲鐘》："其用追孝于皇老（考）已白（伯）。"●衰老。《叔尸鐘》："用旂（祈）釁（眉）壽，霝命難老。"難老，意即雖增壽而益壯，難以衰老。

孝　兮仲鐘　杜伯盨　杜伯盨　伯桗盧簋　伯旂簋　仲再父簋　虢

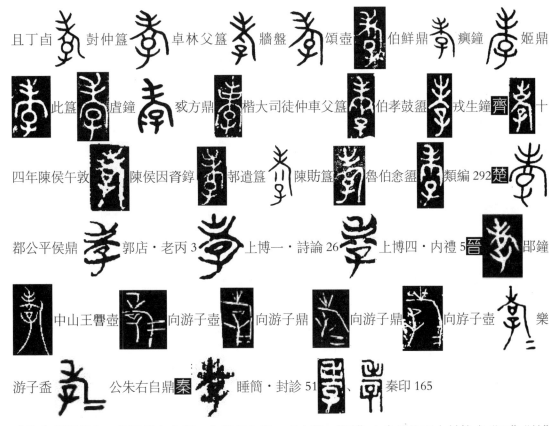

且丁卣　尌仲簠　卓林父簠　牆盤　頌壺　伯鮮鼎　瘋鐘　姬鼎

此簠　虘鐘　致方鼎　楷大司徒仲車父簠　伯孝鼓盨　戎生鐘　齊十

四年陳侯午敦　陳侯因脊錞　郜遣簠　陳賄簠　魯伯悆盨　類編292　楚

郜公平侯鼎　郭店·老丙3　上博一·詩論26　上博四·內禮5　晉　邵鐘

中山王嚳壺　向游子壺　向游子鼎　向游子鼎　向斿子壺　樂

游子盉　公朱右白鼎　秦　睡簡·封診51　、秦印165

【注】從子從老，象子承老之形，會養老之意；老亦聲。"子"上常見的兩小斜筆或"口""甘"等形，來自於覆手形。省略覆手形與"尣"混同，但"尣"不見增覆手形的例子。《向游子鼎》舊釋為"游子"合文。當為"孝子"合文。董珊認為"孝子"都是地方縣邑的地名，據"單孝子"的"孝子"作為監造者，認為"孝子"是縣邑之長。《説文》："𗀂，善事父母者。從老省，從子。子承老也。"本義為孝順父母。《論語》："弟子入則孝，出則悌。"●善事父母、孝順。《中山王嚳壺》："用隹（唯）躲（朕）所放（仿），慈孝寰惠，舉（舉）堅（賢）迡（使）能。"●孝事先人。《兮仲鐘》："兮中（仲）乍（作）大齝（林）鐘，其用追孝于皇考己白（伯）。"●敬奉。《陳逆簠》："以享以孝于大宗皇祖皇妣。"以享以孝，金文習語。意為用以供奉、孝敬祖先神靈。《杜伯盨》："杜白（伯）乍（作）寶盨，其用盲（享）孝于皇申（神）且（祖）考、于好佣（朋）友。"張日升謂："金文享鄉兩字用瀁不同，享孝字用于鬼神，鄉食字用于生人。《周禮》祭享用享，燕饗用饗是也。"（《金文詁林》第七冊）然《杜伯盨》享孝對象既有去世之先輩，亦有在世之同輩，與張説有異。●讀考。《智鼎》："智用絲（茲）金乍（作）朕文孝（考）弁（宄）白（伯）𩁹牛鼎。"●孝友：對父母孝順，對兄弟友愛。《牆盤》："孝眘（友）史牆，夙夜不象。"《周禮·春官宗伯·大司樂》鄭玄注："善父母曰孝，善兄弟曰友。"●人名。《伯孝鼓盨》："白（伯）孝鼓鑄旅須（盨）。"●孝心、孝順。《郭店·老丙3》："六新（親）不和，安（焉）又（有）孝爹（慈）。"家庭出現了糾紛，才能顯示出孝與慈。

養　齊　陳逆簠　楚　番君召簠　番君召簠　、　曾伯霙簠

【注】從食老省聲；象老人就食，為享老之專字。《番君召簠》變形音化從交聲， 顯然是由  改造而成的。古音"孝"在曉紐幽部，"交"在見紐宵部，聲韻俱近。●均讀孝。《曾伯霥簠》："用享用𩰫（孝）于我皇祖文考。"《番君召簠》："用享用𩰫（孝）。"

 清華三·芮良夫 4

【注】從犬孝聲。●讀狡。《清華三·芮良夫 4》："母（毋）惏（婪）悆（貪）、狣（狡）昆（惃），圃（滿）盥（盈）。"

 上博三·仲弓 13

【注】從辛孝聲。●讀孝。《上博三·仲弓 13》："售（唯）又𡦛悳（德）。"《周禮·地官·師氏》"以三德教國……三曰孝德，以知逆惡"，鄭玄注："孝德，尊祖愛親，守其所以生者也。"

來紐牢聲

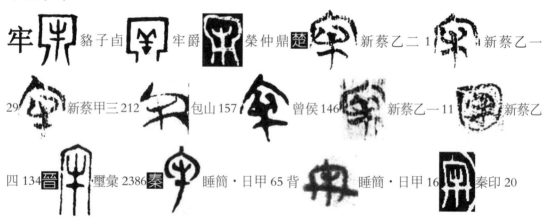

牢 貉子卣 牢爵 榮仲鼎 楚 新蔡乙二 1 新蔡乙一 29 新蔡甲三 212 包山 157 曾侯 146 新蔡乙一 11 新蔡乙四 134 晉 璽彙 2386 秦 睡簡·日甲 65 背 睡簡·日甲 16 秦印 20

【注】甲骨文作𡮂、𡮂、𡮂、𡮂、𡮂、𡮂、𡮂、𡮂、𡮂、𡮂、𡮂，從牛（或從馬、羊）從宀，會牢圈之意。金文同甲骨文。戰國文字宀省為宀，楚系文字或作宰、围，秦系文字與小篆同。《說文》："𡦛，閑，養牛馬圈也。從牛，冬省。取其四周帀也。"本義是飼養牲畜的欄圈，成語"亡羊補牢"還是保存了這個意思。引申為監牢、牢固等義。卜辭中又作祭祀用的牛羊豬，據《禮記》記載，在祭祀時牛羊豬三種祭品齊全就叫"太牢"，只用牛羊就叫"少牢"。或以為大牢用于隆重的祭典，少牢用于一般性祭典。●牢圈，特指專養祭祀用牲之圈。《貉子卣》："歔王牢于麻，咸宜。"姚孝遂據卜辭用例，據《周禮》《春秋》《公羊傳》所記載，以為："凡是用于祭祀之犧牲，必系之于牢，經過特殊之飼養。"（《牢、宰考辨》）●秦印"牢贊"，為姓氏。

 新蔡乙四 128

【注】從攴牢聲。●讀牢。《新蔡乙四 128》：“兄（祝）亓（其）大牧（牢）。”

精紐叉聲

【注】甲骨文作ろ、ろ、ろ、ろ、ろ等形，象手指突出其指甲，“叉”之初文。金文同甲骨文，指甲形尤顯。或鏈結兩指甲作ろ，遂為“丑”字。故叉、丑一字，《説文》分為二字。《説文》：“丑，紐也。十二月，萬物動，用事。象手之形。時加丑，亦舉手時也。凡丑之屬皆從丑。”又《説文》：“彐，手足甲也。從又，象叉形。”以“丑”訓“紐”，以“叉”訓“手足甲”，實則一也。叉，段玉裁注：“手足甲也。叉爪古今字。古作叉。今用爪。……漢人固以爪為手足甲之字矣。”戰國文字“丑”或訛為孚，或加飾點作孚（戰國古璽）。丑，自甲骨文就已借為地支的第二位，用以紀年、月、日。●三晉平肩空首布單字，不詳。●多讀丑，地支第二位名。《令簋》：“隹（惟）九月既死霸丁叉（丑）。”●讀爪。《師克盨》：“干害王身，乍（作）叉（爪）牙。”叉牙，指衛士，典籍作“爪牙”。《詩・小雅・祈父》：“祈父，予王之爪牙。”鄭玄箋：“我乃王之爪牙，爪牙之士，當為王閑守之衛。”《清華十・四告 9》：“以縛（傅）桶（輔）王身，咸乍（作）左右叉（爪）鹵（牙），甬（用）經緯大邦周。”●讀瑵，指玉飾的車馬器物之類。《秦駰玉牘》：“孚＝（小子）駰敢以芥（介）圭、吉璧、吉叉（瑵），以告于崋大山。”

【注】從虫叉聲。《説文》：“蚤，齧人跳蟲。從蚰叉聲。叉，古爪字。”●秦簡讀早。《睡簡・日乙 135》：“命之央（殃）蚤（早）至。”

騷（秦）（騷）睡簡・答問 179　　　嶽麓一・為吏 76　　珍秦 43

秦印 194　　里耶 8・894　　集證 181　　陝新 64　　印封 884

【注】從馬蚤聲。●擾。騷，《説文》擾也。《睡簡・答問 179》：“當者（諸）侯不治騷馬，騷馬

蟲皆麗衡厄（軛）鞅羈轅軸，是以炎之。"倘如諸侯國不處治馬身上的寄生蟲，寄生蟲都附着在車的衡軛和駕馬的皮帶上，所以要用火熏。騷馬蟲，寄生在馬體的害蟲。●讀掃。《嶽麓一·為吏76》："涂（塗）塈（墍）騷（掃）除。"●秦印人名。

 璽彙3334

【注】從水蚤聲。聲符從爪，叉、爪會意同。隸定為"潘"。●晉璽姓氏。

 璽彙1925

【注】從攴蚤聲。●燕璽"并敱"人名。

 璽彙3190　　璽彙3191　　印增610

【注】劉傑釋為騷，從馬從爪，會摩馬之意。（《戰國文字姓氏用字疏釋六則》）馬身容易滋生寄生蟲故需及時處治。後造"騷"字，則是將"爪"旁改換成聲符"蚤"，成為從馬蚤聲的形聲字。聲符在意義上也與摩馬除蟲有聯系。●晉璽姓氏，或讀騷。●秦印人名。

 璽補196

【注】從馬馮聲。●晉璽"鄢洵"，姓氏。

精紐早聲

 敔簋　　睡簡·秦種5　　睡簡·答問30　　陶新297

【注】從日從甲，會日始出之意。《說文》："早，晨也。從日在甲上。"本義早晨。引申為早先、早已。秦文字早晨作"棗""蚤"；戰國他系文字均從日棗聲。●地名。《敔簋》："易（賜）田于敔五十田、于早五十田。"銘文中用為地名，是否與"早"同字，待考。●讀皂，牛馬圈。《睡簡·秦種5》："邑之靳（近）早（皂）及它禁苑者，麛時毋敢將犬以之田。"居邑靠近牛馬的皂和其他禁苑的，幼獸繁殖時不准帶著狗去狩獵。●秦陶人名。

 石鼓文　　睡簡·日甲70反　　睡簡·答問210　　嶽麓三

55 睡簡・秦種 4　草　青川木牘

【注】秦文字從艸，早為疊加聲符。●用為本義。《睡簡・答問 210》："草實可食殹（也）。"《睡簡・日甲 70 背》："臧（藏）牛廄中草木下。"《説文》作艸，百卉也。經典相承作草。●讀皂。《睡簡・秦種 4》："誶田嗇夫，罰冗早（皂）者二月。"成績低劣的，申斥田嗇夫，罰飼牛者資勞兩個月。皂者，養牛馬者。

十鐘 3・14　上郡假守矗戈　睡簡・為吏 20　、　類編 224　、集粹 579　、珍秦 172　、　秦印 257　、　戰表 1823

【注】從黽早省聲。戰國文字上部或訛為旦形，遂為小篆所本。《説文》："矗，匽矗也。讀若朝。楊雄説：匽矗，蟲名。杜林以為朝旦，非是。從黽從旦。矗，篆文從皂。直遙切〖注〗臣鉉等曰：今俗作晁。"●秦文字多為人名。《上郡假守矗戈》："卌八年，上郡叚（假）守矗造，漆工平，丞冠。"●讀朝。《睡簡・為吏 20》："二曰不安其矗（朝）。"朝夕、朝廷、朝會等義，秦文字或用"朝"，三晉文字、楚文字用"朝"，齊文字用"淖"。

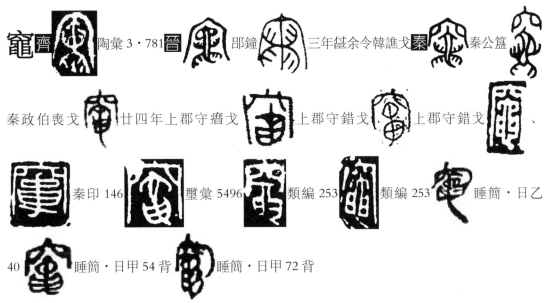

陶彙 3・781　邵鐘　三年瘖余令韓譙戈　秦公簋　秦政伯喪戈　廿四年上郡守瘖戈　上郡守錯戈　上郡守錯戈　、　秦印 146　璽彙 5496　類編 253　類編 253　睡簡・日乙 40　睡簡・日甲 54 背　睡簡・日甲 72 背

【注】從宀（或從穴），疑從矗省聲。《説文》："竈，炊竈也。從穴，黿省聲。竈，竈或不省。"《説文》異體從黿，為"黽"之形變。本義為竈具。●讀造。古竈、造音同，常通。《釋名》："竈，造也，造創食物也。"《秦公簋》："高弘又麿（慶），竈（造）囿（有）四方。"造有：建有、擁有之意。《周禮・春官・大祝》："二曰造。"鄭玄注："故書造作竈。杜子春讀竈為造次之造。"●讀灶。《睡簡・日甲 54 背》："竈毋（無）故不可以孰（熟）食，陽鬼取其氣。"●讀簉，副也。

《邵鐘》："大鐘八隶（肆），其竈四鼛（堵）。"其竈四鼛（堵），謂即簨磬三十二枚。●讀肇，訓為"始"。《秦政伯喪戈》："秦政（正）白（伯）喪，戠政西旁（方），乍（作）遳（造）元戈喬黃，竈（肇）尃（撫）東方，帀鮎用逸宜。""尃"讀撫，意為安定鎮撫。"東方"指秦之東方各諸侯國。

暴 楚 嬭加編鐘　郭店·語叢三 19　　　包山 58　　暴 包山 258　　　包山

63　　郭店·老乙 1　　暴 上博三·仲弓 14　　郭店·語叢四 13　　　清華八·邦道 2

　　　上博四·曹沫 32　　　清華二·繫年 10　　　清華九·治政 18

新蔡甲三 23 晉 中山王譻鼎　　溫縣

【注】從早從棗，雙聲字。棗，作為偏旁多有省簡。●多讀早，早先、過早，與"遲""晚"相對。《中山王譻鼎》："昔者，虘（吾）先考成王，暴（早）棄群臣，寡人學（幼）偅未甬（通）智。《上博四·曹沫 32》："其將帥盡傷，車輦皆載，曰將暴（早）行。"●讀棗，棗子。《包山258》："暴（棗）二笲、藨（荸）芷（薺）二笲。"

嬽 楚　　清華六·太伯甲 5

【注】從女暴聲，此字當即曹姓之"曹"的或體，金文中或作"嬽"，從女棗聲，疑為同一字。●讀造，成也。《清華六·太伯甲 5》："攬戈盾以嬽（造）勛。"《左傳·成公十三年》："文公恐懼，綏靜諸侯，秦師克還無害，則是我有大造於西也。"杜預注："造，成也，言晉有成功於秦。"此處指鄭國先君成就功勛。

趨 楚　　清華八·處位 4

【注】從走暴聲。●整理者讀躁，王寧疑當讀超。《清華八·處位 4》："莊（將）趨（超）啟（度），執（設）晉（僭）萬而方（旁）受大政。"萬，萬舞。諸侯設萬，僭越也。

鏢 楚 仰天 13 晉 韓鍾劍

【注】從金晶（聲符重疊）聲。●讀造。《韓鍾劍》："鍼（韓）鍾之鑲（造）鐱（劍）。"

精紐棗聲

棗睡簡·日乙

67睡簡·日甲 14

【注】《說文》："棘，羊棗也。從重束。"《說文》從"重束"，義為木刺。●讀造。《陳發戈》："陳（陳）發棗（造）鈛（戈）。"●地名。《酸棗戈》："酸棗。"●讀早。《睡簡·日甲 14 正貳》："利棗（早）不利莫（暮）。"●讀棗，棗樹。《睡簡·日乙 67》："丙丁棗、戊己桑、庚辛李。"

獉曾侯 172

【注】從犬棗聲。●人名。《曾侯 172》："獉之醫為右飛（騑）。"

嬠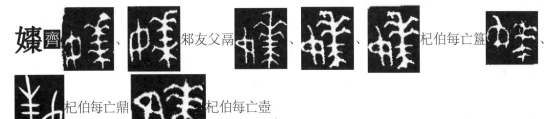杞伯每亡壺

【注】從女棗聲。《金文編》隸為嬠，對比㨗、饎等字，即得詳解。《杞伯每亡鼎》作㨗，實受上文"殺（郳）"作㨗類化所致，非"靜女其姝"之"姝"也。●讀曹，姓氏。《郳友父鬲》："龜（郳）眷（友）父朕（媵）其子劅（胙）嬠（曹）寶鬲。"郭沫若謂"即郳姓曹之本字也"。（《兩周金文辭大系考釋》193 頁）

遠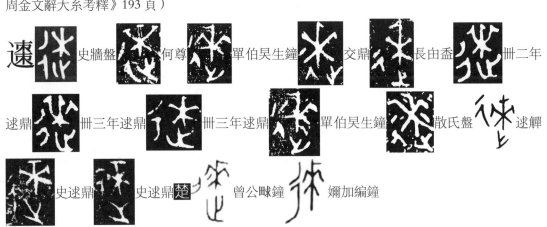嬭加編鐘

【注】從辵棗省聲。陳劍據楚簡"迷""仇"作而釋為"迷"。《郭店·緇衣 43》"君子好"，"好"今本《緇衣》和《詩經·周南·關雎》都作"好迷"。《郭店·緇衣 18》："彼求我則，如不我得。執我，亦不我力。"""今本《緇衣》和《詩經·小雅·正月》都作"仇仇"。陳劍先生認為，郭店的旁就來源于金文中的，此釋證據充分，已得到學術界的公認。（詳《據郭店簡釋讀西周金文一例》）當為聲符，黃德寬、徐在國先生及顏世鉉先生以為"棗"之省。"棗"，精紐幽部，"仇""迷"群紐幽部，它們古音密切相關。並且從字形上看，諸類字也甚類荊棘之形（亦即"荊棘"的"棘"的初文，"棗""棘"古為一字）。也就是說，應隸定為"戴"，金文等形應隸定為"遠"。（單育辰《釋饞》）在器銘中或與"來"混同。此字在銘文中屢見，除用為人名外，其余均可讀述。●讀述、或讀仇。《何尊》："克遠（述）弼玟（文）王。""克仇"就是"能匹耦"。《牆盤》："遠（述）匹厥（厥）辟，遠猷匍（腹）心。"《單伯昊生鐘》："遠（述）匹先王，恭勤大命。""仇匹"是同義連用，古書多見"仇匹"一辭，是"匹耦"義。《交鼎》："交從戰，遠（述）即王。"《長由盉》："穆王蔑長由以遠（述）即井伯。""仇即"猶"佐助"之義。

小臣諯簋

【注】從言遷聲。●人名。

上博一·緇衣 22

【注】從攴棗聲。●讀述。《上博一·緇衣 22》："君子玨（好）戴（述）。"君子喜歡追求自己的朋友。

清華二·繫年 8 郭店·緇衣 43 清華七·晉文公 4 清華一·耆夜 6 清華六·子產 10 清華三·琴舞 4 清華三·芮良夫 14 安大一 1 安大一 13 溫縣寅之戟

【注】從戈棗省聲（或訛為來）。●讀造。《寅之戟》："寅之戴（造）。"●讀仇。《清華一·耆夜 5》："方娍（壯）方武，克燮（變）戴（仇）戴（讎）。"戴戴，即仇讎，是仇人的意思。《左轉》成公十三年："君之仇讎，而我之昏姻也。"《清華三·芮良夫 14》："燮（變）戴（仇）攼（啟）邦（國）。"燮仇，平定仇敵。溫縣盟書亦讀仇。●讀述或讀仇，訓"配"，使相配。《清華三·琴舞 4》："甬（用）戴（仇）元（其）又（有）辟。"《郭店·緇衣 43》："君子好戴（述）。"

 清華七・越公 24

【注】從心戤聲。●讀仇。《清華七・越公 24》：“齊執同力，以御（禦）戤（仇）戴（讎）。”

 清華一・程寤 1 　　　清華一・程寤 7 　　　包山簽牌 　　　包山簽牌

【注】從木棗聲。●讀棘。《清華一・程寤 1》：“大（太）姐（姒）夢見商廷（庭）隹（唯）樕（棘）。”●包山簡讀棗，棗子。

 清華十一・五紀 84

【注】從水棗聲，增止為繁文。隸定為“㳤”。●整理者讀尻，疑指肛門。

精紐秋聲

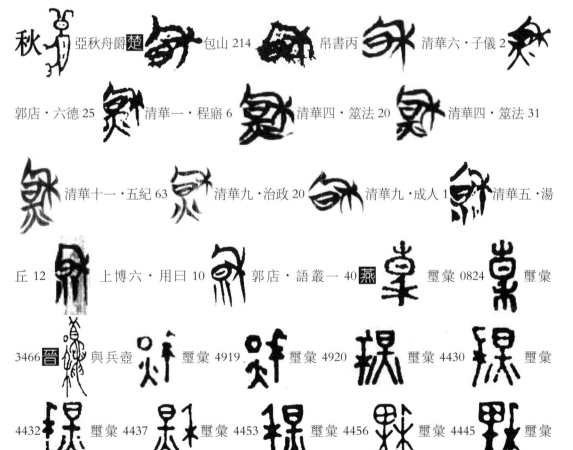

4447 璽彙 4448 侯馬 璽彙 4002 璽彙 4449 陶徵

174 睡簡・日甲 1 睡簡・日甲 134 秦印 134

【注】甲骨文作 ♒、♒、♒、♒、♒、♒、♒、♒、♒、♒、♒、♒、♒ 等形，象蟋蟀之形。秋至而蟋蟀鳴，藉以表示莊稼成熟的秋天。何琳儀謂下象爬行動物，上似從丘聲。金文承之。《與兵壺》疊加義符日、禾，蟋蟀身體以“黽”為之，當為類化所致。“黽”又訛為龜，遂為《說文》籀文所本。戰國文字均省龜形，作昧、昊、㷙、㷙、㷙、㷙等形，日、禾、火為其基本構件；或省為從日從禾。燕系文字作昊（或可釋為萩），上加中，為迭加之音符。楚簡或作㷙，將“火”省成三豎筆，則與“穆”字相混。秦系文字通作秋，為小篆所本。《說文》：“㷙，禾穀孰也。從禾，爐省聲。㷙籀文不省。”本義就是秋天，如《管子》：“秋聚收，冬閉藏。”●多用為本義，季節名。《與兵壺》：“不敢春秋歲崇（嘗），余嚴敬茲禋盟。”●古璽印多為人名。

萩  天星 九店 56・55 港續一 145 清華一・金縢 13

清華一・金縢 9

【注】從艸秋聲。●讀秋。《清華一・金縢 9》：“是戠（歲）也，萩（秋）大管（熟）。”●楚璽人名。

啾  璽彙 1902

【注】從口秋聲。●晉璽人名。

詶  郭店・性自 33

【注】從言秋聲，疑“啾”之異文。●讀啾。《郭店・性自 33》：“詶，遊聖（聲）；嘁，遊心也。”“啾”訓為“歌吟”。《文選・班固〈答賓戲〉》：“夫膩啾發投曲，感耳之聲。”李善注引項岱曰：“啾，口吟也。”

湫  詛楚文

【注】從水秋聲。●《詛楚文》：“不畏皇天上帝及大沈厥湫之光列（烈）威神。”厥湫，神名。

緅  信陽 2・2 信陽 2・15 望山 2・02 望山 2・48

【注】從糸秋聲。●讀紬。“緅”字在楚簡遣策中頻頻出現，是一種絲織物的名稱，《望山墓》整理者將其讀為“紬”，認為即後代的“綢”，可信。

清紐艸聲

艸 齊 陶彙 3・233 陶彙 3・372

【注】中、艸一字之分化。●齊陶人名。

鄛 楚 壽夢之子劍

【注】從邑艸聲。●讀曹，地名。《壽夢之子劍》：“伐鄛（曹）有隻（獲）。”（詳李家浩《攻敔王姑義雒劍銘文及其所反映的歷史》）

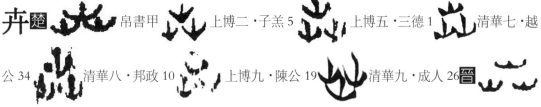

卉 楚 帛書甲 上博二・子羔 5 上博五・三德 1 清華七・越公 34 清華八・邦政 10 上博九・陳公 19 清華九・成人 26 晉 璽補 253

【注】楚系文字中“屮”“艸”“卉”是同一個字的異體，只是字形繁簡的區別。楚文字中的所有“卉”跟《説文》訓為“艸之總名也”的“卉”没有關係。●楚文字均讀草。《清華八・邦政 10》：“則貝（視）亓（其）民女（如）茻（草）薊（芥）矣。”●《璽補 253》“茻壘瀧”，“茻壘”讀浩星，複姓。出於浩生氏，亦即皓星氏，見《姓氏考略》。漢有浩星公，治《穀梁》；又有浩星賜，趙充國之友。

宑 楚 上博二・子羔 1

【注】從宀卉聲（楚文字中的卉其實是艸（草）字）。●讀瞍。《上博二・子羔 1》：“又（有）吳（虞）是（氏）之樂正叴（瞽）宑（瞍）之子也。”草是清母幽部字，可讀作心母幽部的叟（瞍）。“蒐”與從“叟”聲的“搜”“獀”音近古通。《説文》把“蒐”字分析為從“艸”從“鬼”會意，“艸”應該也表聲。如是，從“艸（卉）”聲的“宑”可以用作從“叟”聲的“瞍”的直接例證。《郭店・唐虞》的“宂寞”與“叴宑”一樣，均讀“瞽瞍”，文獻所載舜父的名字為“瞽瞍”，又作“瞽叟”。《郭店・唐虞 9》的“寞”字跟《子羔 1》的“宑”字都從“宀”，應為一字之異體。“宑”當讀為“寞”之簡體。

芺（笑）楚 郭店・性自 24 郭店・老乙 9 上博四・柬旱 19 

上博五·三德 11　上博三·周易 42　帛書丙　清華二·繫年 68 秦　秦
印 285

【注】古文字均從犬艸聲，後世訛為從天得聲。亦見於漢印作 、 （漢印 94）。●楚文字均讀笑。《郭店·老乙 9》："下士昏（聞）道，大芺（笑）之。"●秦漢印為人名。

從紐棘聲

天棘父癸爵

【注】甲骨文作 。"棘"字從二東，本義當為"偶"。"東者，橐也，二橐為偶，猶二鹿為麗也。"（李孝定《金文詁林讀後記》）丁山在《説文闕義箋》中亦云："東本橐字，重之為棘，曰二橐，雖然古之以二紀數，不盡言二也……自造字原則言之，棘之本義為曹偶，其形從二東也，殆無可疑。《説文》："棘，二東，曹從此。闕。"音義皆闕也。卜辭中用為地名。字如今用為偏旁。●族氏名。見于《天棘父癸爵》。

清華十一·五紀 78　清華十一·五紀 101

【注】從午棘聲。●整理者讀遭。《清華十一·五紀 101》："軍（暈）耳（珥）閒（比），怀（背）喬（璚）藰（遭）。"整理者注："怀，讀為'背'，即日背。《開元占經·日占》：'日中赤外青曲向外，名為背。'喬，讀為'璚'，即日璚。《開元占經·日占》'氣青赤曲向外，中有一橫，狀如帶鉤，名為璚。'藰，讀為'遭'，即日背與日誦相交。"

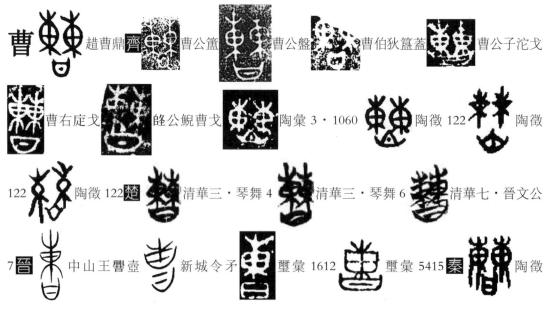

趙曹鼎 齊　曹公簠　曹公盤　曹伯狄簠蓋　曹公子沱戈

曹右庭戈　　峹公鮹曹戈　陶彙 3·1060　陶徵 122　陶徵

122　陶徵 122 楚　清華三·琴舞 4　清華三·琴舞 6　清華七·晉文公

7 晉　中山王響壺　新城令矛　璽彙 1612　璽彙 5415 秦　陶徵

122 、 秦印 84

【注】甲骨文作𦥯、𦥹，從口棗聲。陳夢家先生《殷墟卜辭綜述》中説，甲骨卜辭中的國名、地名、人名多在已有文字上添加區別符號"口"，造成專名。故羅振玉曰："卜辭棘為國名，又有𦥹，棘與𦥹殆為一字也。"（《殷虛書契考釋三種》500 頁）由此可見，"曹"字之本義，乃"棘"之分化孳乳字，作為"棘"用作國族名、地名之專用字。𠀎為無義之飾符，至金文訛為甘，小篆則訛為曰。●讀造。《清華三·琴舞4》："不曹（造）哉！"不造，不至，不能達到。●讀遭。《中山王𡉬壺》："偝（適）曹（遭）郾（燕）君子噲（噲），不顯（顧）大宜（義）。"●"曹"多用為地名、國族名。周武王克商後，把自己的弟弟振鐸封于曹邑，伯爵，為曹伯，建曹國，稱為曹叔振鐸。曹國故地在今山東省菏澤、定陶、曹縣一帶，都于陶丘。公元前 487 年，宋景公滅曹，曹國滅亡，存國 636 年。後以國為氏。《曹伯狄簋蓋》："曹白（伯）狄乍（作）凤（宿）妐（風）公障段。"《古璽文編》姓氏"曹"亦作"鄼"如：𩇔（璽彙 0304）、𩇔（璽彙 1614）。楚文字用"敆""茮"為曹氏之曹。齊、秦文字用"曹"。三晉文字用"曹""鄼"（官曹字用"佋"）。燕文字用"酉"表示曹。●讀造，製造。《舲公鯱曹戈》："舲公鯱曹（造）戈三百。"

璽補 257

【注】從疒曹聲。●"工師瘔"，人名。

四年雍令矛

【注】從攴曹聲。●讀造。《四年雍令韓匡矛》："冶衺敆（造）戟束（刺）。"

璽彙 0304　　璽彙 1613　　璽彙 1614　　璽彙 1616

【注】從邑曹聲。●晉璽讀曹，國名、姓氏專用字。

璽彙 0501　秦　　里耶 8·2191 背

【注】從水曹聲。●漕運。《里耶 8·2191 背》："又（有）留不傳閬中漕☒。"由閬中縣發往遷陵縣的漕運船隻，沒有被通關放行。●晉璽人名。

四年咎奴曹令戈

【注】從艸曹聲。《説文》："曹，艸也。"本義草名。●讀曹。《四年咎奴曹令戈》："四年，

咎（高）奴曹命（令）☒☒、工帀（師）貯疾、冶問。"何琳儀謂"曹"為官曹。

從紐亯聲

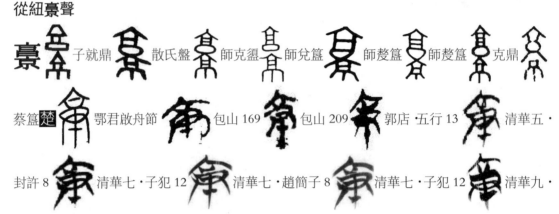

亯 子就鼎 散氏盤 師克盨 師兌簋 師嫠簋 師嫠簋 克鼎

蔡簋 楚 鄂君啟舟節 包山 169 包山 209 郭店·五行 13 清華五·

封許 8 清華七·子犯 12 清華七·趙簡子 8 清華七·子犯 12 清華九·

命二 13

【注】甲骨文作 、 ，從亯從京，象享品置于高臺上，會于高處祭享之意。引申為即，典籍作就。《金文編》原釋為"京"。孫詒讓謂《說文》籀文所從 乃 之省， 即"就"之初文，後加尤為聲符。《鄂君啟舟節》之 ，何琳儀釋為就，戰國文字"亯"與"京"借用筆劃，蓋 可分解為 、 兩部分。睡虎地秦簡作 ，疊加聲符尤，遂為小篆所本。《說文》："紈，高也。從京從尤。尤，異于凡也。 籀文就。"本義到高處去。●讀就，成也。《師克盨》："昔余既令女（汝），今余隹 （申）亯（就）乃令，令女（汝）更乃且（祖）考。" （申）亯，讀"申就"，重復成就之義。就，往、前行。●人名。《散氏盤》："戎，敀父、效（教）栗父、戁之有嗣橐、州亯（就）、焂選鬲（鬲），凡散有嗣十夫。"●讀就，至也。《鄂君啟舟節》："迲（上）灘（漢）、亯（就）屑（陰）、亯（就）芸陽、亯（就）灘（漢）、亯（就）鄝、逾夏。"●讀戚，古就、戚可通。《郭店·五行 13》："兌（悅）則就（戚），就（戚）則新（親）。"戚，通作慼，親近也。《小爾雅·廣詁》："戚，近也。"《廣雅·釋詁三》："慼，近也。"

儔 楚 儔 清華六·太伯乙 6

【注】從彳亯聲。亯下部訛為高。●讀就，至也。《清華六·太伯乙 6》："北儔（就）郯（鄅）、郲（劉）。"

敨 楚 新蔡甲三 214 上博三·周易 47 新蔡甲三 268 新蔡乙

四 109 新蔡零 282 新蔡零 231

【注】從攴亯聲。或從攴京聲。●讀就，俯就。《上博三·周易 47》："九晶（三）：征凶，革言晶（三）敨（就），又（有）孚。"變革既已產生成效，應該多方俯就人心安定大局。●讀就，為"就禱"之"就"。"就禱""舉禱"等均為一種祭禱儀式。

臺〔楚〕 清華五·三壽 21　清華一·金縢 5　清華三·琴舞 3　新蔡乙三 17

【注】從止臺聲。●讀就。《清華五·三壽 21》："懃（勸）臺恩（聰）明。"此字蓋即趨就之"就"的後起專字，故從"止"會意。《論語·顏淵》："如殺無道以就有道。"《集解》引孔注："就，成也。"《爾雅·釋詁》："就，成也。""勸就聰明"即努力成就聰明。又《廣雅·釋詁二》："就，歸也。"努力歸於聰明，於文意亦通。●讀就，訓卽。《清華一·金縢 5》："臺（就）逡（後）武王力。"甲骨文所見"臺"訓卽，金文、戰國竹簡皆延續焉。《史記·扁鵲倉公列傳》云："卽後九日不死。""就後"猶言"卽後"也，卽《史記·魯周公世家》之"其後"。

襐〔楚〕 新蔡乙四 97

【注】從示臺聲。●讀就，為"就禱"之"就"的專字。簡文或作"臺""歔""遷"。

譡〔楚〕 上博二·從甲 13　曾侯臧編鐘

【注】從言臺聲。●讀就，訓為歸依、俯就。《曾侯臧鐘》："周室之既卑，吾用變譡（就）楚。""用變就楚"即因此和順楚國。或讀戚，訓為親，"用變戚楚"即因此和順親近楚國。《上博二·從甲 13》："君子之相譡（就）也，不必才（在）近迡（昵）藥（樂）☐。"

遷〔史速鼎〕〔楚〕 新蔡甲三 102　新蔡乙一 28　上博二·容成 7　望山 1·30　郭店·六德 48　上博四·曹沫 9　清華六·太伯甲 2　清華六·子儀 6　上博九·陳公 9

【注】從辵臺聲。●讀就。《上博四·曹沫 9》："以亡道稱而沒身遷（就）死，亦天命。"《史速鼎》："速其日遷（就）月匝（將），睪（察）化諲（惡）臧，寺（持）屯（純）魯令（命）。"《詩·周頌·敬之》："日就月將，學有緝熙于光明。""日就月將"，意謂每日每月都有成就進步，形容逐漸。●讀舊。《郭店·六德 48》："新遷（舊）遠近，唯亓（其）人所才（在）。"●讀就，歸附、依附。《上博二·容成 7》："於是虖（乎）方百里之中，率天下之人遷（就），奉而立之，以為天子。"

贘〔楚〕 鄂君啟車節　鄂君啟舟節

【注】從貝喿聲。●讀造。《鄂君啟車節》：“為鄘（鄂）君啟之廥（府）贓（造）鑄金節。”古文字就、戚、告聲字音近通用，郭店簡《尊德義》簡7“戚父”即文獻之“造父”。

心紐蒐聲

蒐晉　侯馬　鎠壺秦　睡簡‧雜抄7

【注】從艸從鬼，當為雙聲字，詳“宪”字。古文字從人之字，人下往往加攵繁化，“鬼”下從人，加攵則為“畏”，故“畏”與“鬼”同。《説文》：“蒐，茅蒐，茹藘。人血所生，可以染絳。從艸從鬼。”本指茜草，古人以為人血所生，可以染絳。蒐又作為田獵的名稱，《穀梁傳》：“春曰田，夏曰苗，秋曰蒐，冬曰狩。”●秋季狩獵專名。《鎠壺》：“隹（惟）送（朕）先王，茅（苗）蒐狃（田）獵。”《公羊傳‧桓公四年》：“春曰苗，秋曰蒐，冬曰狩。”釋文：“蒐作廋，本又作搜。”●檢閱車馬。《睡簡‧雜抄7》：“分甲以為二甲蒐者，耐。”在大蒐時以一支軍隊分充兩支，應加耐刑。●侯馬盟書人名。

鄭齊　分研064

【注】從邑蒐聲。●姓氏，讀鄭。

瘦晉　璽彙3806

【注】從疒蒐聲。疑“瘦”之異文。●晉璽“司馬瘦”，人名。

寃　寃兒缶楚　郚季宿車盤　郚季宿車匜　上博六‧平王1　上博

六‧平王3　清華七‧晉文公4晉　梁十九年亡智鼎

【注】從宀（或广）蒐聲。●人名，可讀宿。《郚季宿車盤》：“郚（奚）季寃車自乍（作）行盤。”同墓出土《奚子宿車盆》作，可知寃為“宿”之異文。●讀蒐。蒐，《爾雅‧釋詁》：“聚也。”《左傳》宣公十四年“蒐焉而還”，杜預注：“蒐，簡閱車馬。”《清華七‧晉文公4》：“命寃（蒐）攸（修）先君之輘（乘）。”“蒐”在古代軍隊中，為軍禮的一種，此處的“命蒐”指晉文公歸國後命令舉行的一次大蒐禮，意在整頓軍隊和示威圖霸。●讀宿。《上博六‧平王1》：“暑（煮）食於戲寃（宿）。”簡文“宿”指古代官道上設立的住宿站。“戲寃（宿）”即戲地之“宿”。

瀇晉 圖典 440　四年相邦春平侯鈹

【注】從水寬聲。●人名。

心紐掃聲

匾（埽、掃）王盂

【注】甲骨文作，從土從帚，會掃除塵土之意。或作、、、、，匸為廳堂之象，可分別隸定為埽、匾。●讀掃，掃除。《王盂》：“王乍（作）蓐京中寑（寢）匾（掃）盂。”

帚楚 安大一 87　安大一 106

【注】從口埽省聲。●讀埽，掃除。今字作“掃”。《安大一 106》：“子又（有）廷内，弗洒弗帚（埽）。”阜陽漢簡作“騷”，與“帚”“埽”古音亦近。

心紐羞聲

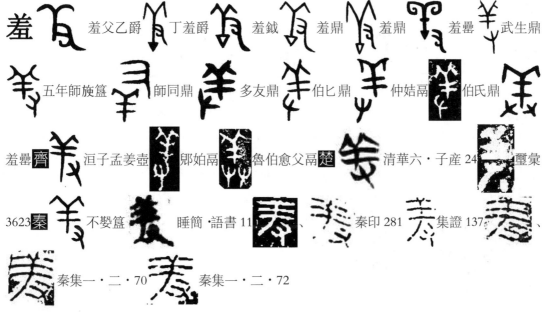
羞 羞父乙爵　丁羞爵　羞鈛　羞鼎　羞鼎　羞罍　武生鼎
五年師㫬簋　師同鼎　多友鼎　伯匕鼎　仲姞鬲　伯氏鼎
羞罍齊 洹子孟姜壺　郘姞鬲　魯伯愈父鬲楚 清華六·子産 24　璽彙
3623秦 不嬰簋　睡簡·語書 11　秦印 281　集證 137
秦集一·二·70　秦集一·二·72

【注】甲骨文作、、、，從又從羊，會手持羊肉進獻之意。金文同甲骨文，或從収（雙手），會意同。小篆變形音化從丑聲。《説文》：“羞，進獻也。從羊，羊，所進也；從丑，丑亦聲。”本義為進獻美味，是“饈”的本字。引申指美味的食物，如《周禮》：“掌王之食飲膳羞。”

後"羞"為引申義所專用，美味之義便另加形符"食"寫作"饈"。●美好。《洹子孟姜壺》："用鑄爾羞銅。"羞銅，指漂亮、美好的酒壺。●追擊。《不嬰簋》："王令我羞追于西。"《多友鼎》："武公命多友達（率）公車羞追于京自（師）。"羞追，指進逼、追擊。"羞"有進義。《書·盤庚》："今我既羞告爾于朕志。"孔傳："已進告汝。"●人名。《羞鼎》："羞乍（作）寶。"●羞鬲、羞鼎：指專用于向祖先供獻祭品的彝器。《仲姑鬲》："仲姑作羞鬲。"《武生鼎》："武生毀乍（作）其羞鼎。"●恥辱。《睡簡·語書11》："不羞辱。"秦文字假"羞"為羞恥之羞，楚文字則作"愿""順"。●秦印"御羞丞印""中羞""中羞丞印""中羞府印""中行羞府"等均為官名。"羞"同"饈"，意為滋味好的食物。"中羞府""中羞丞""御羞丞"，三職文獻記載不甚明確，據其意當為"尚食"之屬，為秦宮廷中掌御膳之官，謂之"湯官"，有令、丞。

謏 齊　不蠶謏戈

【注】從言羞聲。●"不蠶謏戈"，謏，為器主人名。

膸 齊　陶彙3·1317　楚　清華一·皇門3　晉　璽彙1020

【注】從肉羞聲，"羞"之繁文。●讀羞。《清華一·皇門3》："膸（羞）于王所。"《爾雅·釋詁》："進也。"此句與今本同，陳逢衡注："羞于王所，貢士之典也。"●齊、晉文字為人名。

心紐叟聲

叜（叟） 　韡叟父鼎 　睡簡·為吏21 　印增108

【注】甲骨文作 、 ，會手持火炬在室內搜求之意，"搜"之本字。金文火形稍訛。《說文》："叜，老也。從又從災。闕。宯，籀文從寸。㑞，叜或從人。"或以為"叜"從又灾聲。灾，精母之部；叜，心母幽部。精、心旁紐雙聲，之、幽旁轉疊韻，二字古音近。秦漢文字訛為"叟"。●人名。《韡叜父鼎》："韡叜父乍（作）旅鼎。"●讀叟，老叟。《睡簡·為吏21》："故某慮贅壻某叜之乃（仍）孫。"叜，今通作叟。

俊 秦 　詛楚文　　詛楚文

【注】從人叜聲。老叟之叟本字。●讀叟。《詛楚文》："禮俊介老，將之以自救也。"

搜 秦 　里耶6·4　　里耶8·1510　　嶽麓一·為吏23、　印增223

【注】從木叟聲。●讀艘。《字彙·木部》："榠，同艘。"《里耶6·4》："假船二榠（艘）。"●《嶽麓一·為吏23》："園氾毋榠（搜）。"疑讀蒐，詳"氾"字。●秦印人名。

謏 _秦 印增577　印增576

【注】從言叟聲。●秦印"演謏""謏"，人名。

溲 _秦 陝新736　里耶8·793

【注】從水叟聲。●《陝新736》"許溲"、《里耶8·793》"倉溲"，均為人名。

獀 _秦 珍秦90

【注】從犬叟聲，古同"蒐"。●秦印人名。

心紐秀聲

秀 _楚 包山89　包山53　包山66　清華一·耆夜5　上博二·容
成34　上博五·君禮7　上博八·有皇6　清華九·成人26　_秦 石鼓文
睡簡·日乙13　睡簡·日乙25　睡簡·日甲13正

【注】從禾從弓，構字之意未詳。或謂"年"的分化字，最早見於石鼓文，此字的形體結構當是從禾從人。其所從之人如此作，乃古文字中人字的一種特殊寫法，與侯馬盟書"伐"作，同例。《玉篇》年字作"奴顛切"。秀字則分為二字，一作"禿，而鄰切，欲結禾之稱"；一作"秀，思救切。出也，榮也"。古音娘日二紐歸泥（依章太炎說），而為日紐，奴為娘紐，鄰顛古同屬真部。可見，"而鄰""奴顛"兩切古同音。然則《玉篇》前一秀作"而鄰切"，保留了尚未分化時年字的讀音，後一秀作"思救切"，則是分化後有了變化的讀音。（《年字的分化——説年、秀、禿》）●禾類植物抽穗開花。《上博八·李頌1》："惡（願）歲之啟時，思（使）虞（吾）桓（樹）秀可（兮）。"●秦簡為稷辰日名之一。●《清華一·耆夜5》："戲士奮刃，殹（繄）民之秀。"顏偉明、陳民鎮《耆夜集釋》指出，"民之秀"可參看《國語·齊語》的"秀民"，韋昭注云："秀民，民之秀出者也。"該句形容將士的英勇，甲士揚起刀刃，均是人民中的佼佼者。●《包山89》"秀泙"為姓氏。《姓考》有秀氏，云春秋時宋大夫秀老之後，或與此秀氏有關。●讀誘。《上博八·有皇6》："論三夫之旁也今可（兮）。膠膚秀（誘）余今可（兮）。"●讀陶。《上博二·容

成 34》："皐秀（陶）乃五壤（讓）目（以）天下之賢者，述（遂）稱疾不出而死。"

誘 楚 清華二·繫年 27 秦 睡簡·秦種 1 印增 364

【注】從言秀聲。●用為本義，誘惑、利誘。《清華二·繫年 27》："邶（蔡）侯智（知）賽（息）侯之誘己也。"●讀秀。《睡簡·秦種 1》："雨為澍〈澍〉，及誘（秀）粟，輒以書言澍〈澍〉稼、誘（秀）粟及狠（墾）田暘毋（無）稼者頃數。"下及時雨和穀物抽穗，應即書面報告受雨、抽穗的頃數和已開墾而末耕種田地頃數。

郱 楚 分研 155 包山 62 包山 142

【注】從邑秀聲。●讀秀，姓氏。

敿 楚 上博六·用曰 19

【注】從攴秀聲。●《上博六·用曰 19》："進退敿立，階心懷惟。"讀秀，"秀立"猶言"特立"。"進退"，《孝經·聖治章》："進退可度。"唐玄宗注："進退，動靜也。"簡文之"進退敿立"是說行動舉止特立獨行。

莠 秦 睡簡·日甲 63 背

【注】從艸秀聲。●惡草。《説文》："莠，禾粟下生莠。"《睡簡·日甲 63 背》："取丘下之莠。"

繡 楚 仰天 18 包山 254 包山 261

【注】從糸秀聲。●李家浩讀韜。（《楚地出土戰國簡冊十四種》122 頁）《包山 254》："二索（素）王（皇）綌（錦）之繡（韜）。"

幫紐勺聲

勺 齊 陳侯因咨戈 楚 璽彙 4923 燕 璽彙 0022 璽彙 0361 璽彙 0362 匯考 88 璽彙 5566

【注】甲骨文作ᄀ，象人側面匍匐之形，或為"伏"之初文。金文多見於偏旁（如"鳧"）。戰國文字與刀、夕易混。●讀復。《陳侯因咨戈》："陳侯因咨造，勹（復）易（陽）右。"復陽，地名。●讀符。燕璽習見"勹端"，均讀"符瑞"，功用相當於"璽"。●楚璽（璽彙4923"勹又上下生"），"勹又"讀"敷有"或"匍有"。《牆盤》："匍有上下，迨受萬邦。"

 郭店·尊德24　郭店·尊德26

【注】從皀勹聲，"飽"之省文。●讀報，報答。《郭店·尊德24》："寵愛犒勞（勞）之，勹也。"此句意思是説寵愛犒勞人民，是報答人民（的辛勞）。（詳單育辰《郭店〈尊德義〉〈成之聞之〉〈六德〉三篇整理與研究》45頁）

 霸伯簋

【注】甲骨文有梦、艿、芬、莽、艿、莽、芎、芬，《新甲骨文編》釋為"苞"，從林勹聲。●讀苞。《霸伯簋》："王史（使）白（伯）考蔑尚曆（歷），歸（饋）柔（茅）梦（苞）、旁（芳）邑，臧，尚拜稽首。""茅苞"，亦即文獻之"苞茅"、或作"包茅"，祭神時，將束茅置于地，邑酒自茅上澆下，其滓留于茅中，酒液則滲透而下，象神飲之。《左傳》僖公四年："爾貢包（或作"苞"）茅不入，王祭不共（或作"供"），無以縮酒，寡人是征。"杜預注："包，裹束也。茅，菁茅也。束茅而灌之以酒為縮酒。"簋銘"柔梦"原作█，與《亢鼎》"鬱"字作█類似，或釋為"鬱"。

 秦編1462　睡簡·答問61　里耶9·981

【注】從巳勹聲。●秦漆器讀匏。《説文》："匏，桼垸巳，復桼之。從桼包聲。"●包括。《睡簡·答問61》："卷（遷）者妻當包不當？不當包。"被流放者的妻應否隨往流放地點？不應隨往。此義楚文字作"橐"。

 睡簡·日甲45背

【注】從手包聲。●懷抱。《睡簡·日甲45背》："女鼠抱子逐人。"秦文字用"抱"表示抱，楚文字用"保"表示抱。

 嶽麓一·占1

【注】從食包聲。●用為本義。《嶽麓一·占1》："醉飽而夢雨、變氣，不占。"意思是説在醉飽的情況下夢見雨和變氣，不占。變氣指奇異的雲氣。

 秦印226

【注】從魚包聲。●姓氏。楚文字、齊文字用"鞄"為鮑（春秋晚期《鮑氏鐘》以"鞏"為鮑）。

苞　秦 　璽彙 5493　　荀 睡簡・日甲 56 背

【注】從艸包聲。●讀包，包裹。《睡簡・日甲 56 背》："苞以白茅。"●秦印單字人名。

鞄　齊 　陶彙 3・1089

【注】從革包聲。秦系文字見於漢印 （鞄無傷，漢印 280），讀鮑，姓氏。鮑氏字，齊系文字作"鞏""鞄"。●齊陶人名。

霝（雹）　楚 　帛書甲

【注】甲骨文作 ，象雨夾雹粒之形。戰國文字雹粒省為二，並訛為目形，并加勹為聲。●帛書"雹盧"讀包犧，或讀伏戲，人名。

陶　　陶子盤　　伯陶鼎　楚　　包山 111　　上博九・陳公 19　　上博

九・邦人 2　秦　　不娶簋　　不娶簋二

【注】甲骨文作 、 、 、 ，從阝勹聲（二勹重疊），或在勹旁作點狀物，為土粒。金文同甲骨文。或把土粒狀直接寫為土字置於勹內而為驾。從二勹，與《說文》"再成丘也"相合，為"陶"之異文。《說文》："陶，再成丘也，在濟陰。從阝匋聲。《夏書》曰：'東至于陶丘。'陶丘有堯城，堯嘗所居，故堯號陶唐氏。"本為兩重的山丘，後為地名專稱。因陶丘在定陶（在今山東省定陶縣），故定陶亦省稱陶。●金文多讀陶，地名。《不娶簋》："女（汝）目（以）我車宕伐廠允（玁狁）于高陶。"高陶：地名。●《伯陶鼎》："白（伯）陶乍（作）丮（厥）文考宮弔（叔）寶鱻彝。"伯陶：人名。●族氏名或姓氏。《陶子盤》："陶（陶）子或易（賜）陶（陶）姒（姒）金一勻（鈞），用乍（作）寶尊彝。"●包山簡讀陶，姓氏。●《上博九・陳公 19》整理者釋為"陸"，當釋為"陶"，簡文中用為地名。

鞏　齊 　齊鞄氏鐘

【注】從革匋聲。●讀鮑，氏名。《齊鞄氏鐘》："齊鞏（鮑）氏孫☒霹（擇）其吉金。"

 番匊生壺 上博一·緇衣7

【注】從米勹聲。勹，帮母幽部；匊，見母覺部，聲近。本義為兩手掬米，故從米。楚簡作，像兩手盛物之形，"匊（今作掬）"的表意字。《説文》："𩎟，在手曰匊。從勹、米。"段玉裁注："從勹米。米至㪔。兩手兜之而聚，俗作掬。"本義用手捧起，為"掬"的古字。如《詩·小雅》："終朝采綠，不盈一匊。"●人名。見于《番匊生壺》。●《上博一·緇衣7》："又（有）匊（覺）悳（德）行。""匊""梏""覺"的上古音皆為見母覺部。簡文匊，讀梏或讀覺，正直、高大。《詩·大雅·抑》："有覺德行，四國順之。"毛亨傳："覺，直也。"馬瑞辰通釋："覺即梏的假借。"《禮記·緇衣》引《詩》作"有梏德行"，鄭玄注："梏，直也，大也。"《左傳·襄公二十一年》："夫子覺者也。"杜預注："較然正直。"

 陶彙9·83 戰編169 印增104

【注】從革匊聲。《説文》："鞠，蹋鞠也。從革匊聲。𩌑，或從𥷚。"《戰編169》當從鞀省從匊，為雙聲字。詳"鞀"字。●秦文字均為姓氏。

 包山257

【注】從貝勹聲，疑"庖"之省文。●讀庖。《包山257》："飤（食）室所以匐（庖）箕。"

 無叀鼎　　此簋　　此鼎　　此簋　　此簋　　翏生盨　　此鼎　　此鼎

 此簋　　翏生盨 魯侯鼎 陶彙3·787 玄翏戈 包山

169 包山193　　上博一·詩論26 安大一75　　望山1·69 郭

店·窮達9 匯考183　　包山168　　包山173　　包山189

璽彙 3356 晉　翏金戈　陶彙 9·96 秦　秦印 69　睡簡·答問 51

睡簡·日乙 171　印增 137

【注】何琳儀謂，金文從羽勹聲，勹下或加ノ為飾。戰國文字于羽下加一、二為飾，或于勹側家八、公為飾。或省勹僅作習（多見于楚系、晉系文字）。小篆合勹、彡遂成彡旁。作翏者，下部與“彔”字形近，葉玉英認為下部變形音化從彔省聲。《說文》：“翏，高飛也。從羽從彡。”本義鳥高飛。翏如今不單用，多作偏旁，凡從翏取義的字皆與高遠等義有關。●讀鏐。《玄翏戈》：“玄翏（鏐）夫（鏞）貱（鉛）之用。”●姓氏。《翏生盨》：“翏生罘大娙（妘），其百男、百女、千孫。”傳世銅器有 3 件翏生盨，器銘記載翏生隨從周厲王攻打南淮夷，“伐角、津，伐桐、遹”，“執訊折首，孚戎器，孚金”之事。翏氏曾參加征伐淮夷的軍事活動，應該是周王朝部署在淮河上中游一綫封建諸侯即姬蓼的祖先。齊陶、燕陶、晉璽均讀廖或讀鄝，姓氏。●讀戮。《郭店·窮達 9》：“子疋（胥）前多祉（功），後翏（戮）死，非其智懷（衰）也。”●秦簡多讀瘳，病愈。《睡簡·日乙 171》：“以有疾，子少翏（瘳），卯大瘳。”●讀戮，羞辱。《睡簡·答問 51》：“‘翏（戮）’者可（何）如？生翏（戮），翏（戮）之已乃斬之之謂殹（也）。”什麼叫戮？先活着刑辱示眾，然後斬首。●讀聊。《安大一 75》：“心之悁（憂）矣，翏（聊）行四或（國）。”《毛詩》作“聊以行國”。“翏”“聊”二字古通。《漢書·藝文志》《待詔金馬聊蒼》三篇”，顏注：“《嚴助傳》作‘膠蒼’，而此志作《聊蒼》。”（參《古字通假會典》第七四九、七五二頁）鄭箋：“聊，且畧之辭也。聊出行於國中，觀民事以寫憂。”《毛詩》“聊”下有“以”字，簡本無。《毛詩》“國”上無“四”字。從本句內容看，簡本優於《毛詩》。

　楚安大一 37

【注】從欠翏聲。●讀嘯。《安大一 37》：“江又（有）沱，寺（之）子于遄（歸），不=我=迤=（不我過，不我過），歗（嘯）也訶（歌）。”

　晉侯馬

【注】從立翏聲。●人名。

　秦集證 178

【注】從力翏聲。●秦印人名。

448

⿰翏攴 齊  叔尸鎛  叔尸鎛 晉  璽彙 3214

【注】從攴翏聲，當為“勠”之異體。《説文》：“，並力也。”《文選・文賦》：“非余力之所勠。”李善注：“勠，並也。”●讀勠，齊心協力、同心同德。《叔尸鎛》：“尸不敢弗憼戒，虔卹氒（厥）死事，⿰翏攴龢三軍徒遊。”●晉璽“⿰翏攴⿰木羔”姓氏。

⿰歹翏 楚  帛書丙  信陽 1・1  上博七・君甲 9  清華七・越公 54  清華七・越公 56  清華七・越公 54  清華九・治政 36  清華十・行稱 8 晉  中山王𠤭鼎

【注】從歹翏聲，“戮”之異體。●讀戮或讀僇，羞辱。《中山王𠤭鼎》：“猶粯（迷）惑于子之而迊（亡）其邦，為天下⿰歹翏（戮）。”《吕氏春秋・仲春紀》：“故國殘身死，為天下僇。”高誘注：“僇，辱也。”●讀戮，殺戮。《清華七・越公 54》：“則⿰歹翏（戮）殺之。”

⿱翏死 楚  郭店・尊德 3

【注】從死翏聲。●讀戮。《郭店・尊德 3》：“殺⿱翏死（戮），所以敘（除）咎（怨）也。”

戮 楚  清華七・越公 27 秦  詛楚文  秦政伯喪戈

【注】從戈翏聲。《説文》：“，殺也。”《廣雅・釋詁》：“戮，罪也。”本義為殺戮，特指殺死人後陳尸示眾。引申為羞辱。●施陳。《國語・晉語》：“三姦同罪，請殺其生者，而戮其死者。”注：“陳尸為戮。”《秦政伯喪戈》：“秦政（正）白（伯）喪，戮政西旁（方），乍（作）簉（造）元戈喬黄，竈（肇）専（撫）東方，帀鮭用逸宜。“政”意為政治、政事。“西旁”意為西方。“戮政西旁”義為：在西方布政陳教。●讀勠，并力。《詛楚文》：“昔我先君穆公及楚成王，寔（寔）戮力同心，兩邦若壹。”●殺戮。《清華七・越公 27》：“不戮不罰。”

膠 楚 、 上博八・有皇 6  清華九・成人 1 秦  秦印

77 睡簡・秦種 128　睡簡・秦種 130

【注】從肉翏聲。●用為本義，黏合劑。《睡簡・秦種 130》：“用膠一兩、脂二錘。”《説文》：“膠，昵也。作之以皮。”《徐曰》昵，黏也。●《上博八・有皇 6》：“膠膰秀（誘）余今可（兮）。”膠，古代學校名。《禮記・王制》：“周人養國老於東膠，養庶老於虞庠。”鄭玄注：“東膠亦大學，在國中王宮之東。”膰，《説文》作“燔”，古代祭祀用的熟肉。“膠膰”，指致送學校的祭肉。《清華九・成人 1》：“隹（惟）邵（吕）中秋，方才（在）膠黄，司正遊（失）型（刑），土多見（現）沃（妖），流而潛（淫）行。”“膠黄”讀為“膠庠”，膠、庠皆為學校名。●秦印單字。

璽彙 5524　戰編 665

【注】從犬翏聲。●秦印人名。

安大一 108　四年相邦戟　璽彙 2559　秦印 107

【注】從木翏聲，與小篆同。《説文》：“樛，下句曰樛。”樛，《毛傳》木枝下曲。本義是向下彎曲的樹木。●氏名。南越王趙嬰齊在長安時，娶邯鄲樛氏女。見《通志・氏族略》亦作“摎”。《四年相邦樛斿戈》：“四年，相邦樛斿（遊）之造。”●秦印人名。●《安大一 108》：“楸（椒）樛之實，坴（蕃）遹（衍）温（盈）舉（承）。”《毛詩》作“椒聊之寶”。《詩・周南・樛木》“南有樛木”，《釋文》：“木下句曰樛。馬融、《韓詩》本並作朻，音同。”《爾雅・釋木》：“朻者，聊。”《毛詩》作“聊”乃借字。上古音“朻”“樛”並屬見紐幽部，“聊”屬來紐幽部，音近可通（參《古字通假會典》第七四九、七五二頁）。孟蓬生認為“聊（樛）”就是跟花椒特別近似的一種植物“木蓼”。

蓼伯簋　暆士父鬲　（　）暆士父鬲　清華九・治政

23 秦印 289

【注】從艸翏聲。戰國文字從艸翏聲。《説文》：“蓼，辛菜，蔷虞也。從艸翏聲。”本義是蓼屬植物的泛稱。●國名。先秦時期曾經存在三個以“蓼”為名的國家：（一）位於南陽盆地的蓼國，颺叔安之後嗣，己姓，在今河南唐河縣湖陽鎮一帶；（二）淮河中游南岸支流史河下游的蓼國，乃顓頊高陽氏後裔，出於庭堅，姬姓，位於今河南固始縣；（三）“群舒”之一的“舒蓼”，出於皋陶，偃姓，位於江淮之間的今安徽省境内。《暆士父鬲》：“暆士父乍（作）蓼妀𤖕䧘鬲。”按照器銘中婦人稱國及姓的原則，蓼應是國名，妀為該國之姓。古代婦女往往在姓前加國名，如齊姜、晉姬、秦嬴等。此蓼國當是《潛夫論》“己姓之嗣颺叔安”之後和《路史》所言“己姓廖也”，

450

位於南陽盆地之古蓼國。己姓之蓼乃祝融八姓中的昆吾後嗣，至晚在兩周之際已立國。春秋早期以後，蓼國所在的南陽盆地併入楚國，頗受楚文化薰染。楚國占領己蓼城邑以後，在其故地設置湖陽縣，其下限不晚於公元前 560 年。(《暊士父鬲、蓼子郬盞與己姓蓼國》)己蓼之國稱均作。●秦印"蓼城丞印"，縣名，秦置，在今山東利津西南。●水草名。《清華九·治政 23》："武威，卑（譬）之若蓼莿之易戲；文威，卑（譬）之若恖（溫）甘之䵼（雟）𪔛（潭）。"詳"莿"字。

鄝 楚 鄝子疾戈 包山 21 清華六·太伯甲 7 圖典 430

【注】從邑翏聲。●讀蓼。《鄝子疾戈》："鄝子疾之用。"鄝子妝戈應是姬蓼之器，與己蓼和舒蓼無關。地望在河南固始縣城。(《鄝子妝戈的年代、國別及相關問題》)公元前 622 年冬，姬姓蓼國被楚國滅亡。戰國楚簡中有鄝氏，乃姬姓鄝國遺民，國亡後入楚，以國為氏。如包山簡 21 "司豊司敗鄝雠"，簡 169 "武陵戠尹之人翏足"，簡 193 "陽翟人翏賢"，都應是戰國時期楚國境內的姬姓鄝人遺民。此外，戰國楚璽中還有"鄝眗信鈢"（圖典 430）。

鏐 齊 簹叔之仲子平鐘 金 邾公牼鐘 邾公華鐘 楚 配兒鉤鑃

之利殘器 晉 邠鐘 少虞劍 璽補 188 璽補 188

【注】從金翏聲，與小篆同。《說文》："鏐，弩眉也。一曰黃金之美者。"本義成色好的金子，先秦時代實指銅。●上好之金屬料，即銅。《邾公華鐘》："玄鏐赤鏞，用鑄釱（厥）龢鐘。"金文常見"玄鏐"一詞，或作"鈗鏐""玄翏"，是指玄色之美銅，用為鑄器主要材料，"玄"乃黑色中帶赤。《爾雅》："黃金謂之蕩，其美者謂之鏐。"郭璞注："鏐即紫磨金。"●晉璽"鏐長""鏐疒"，姓氏。

盝 楚 信陽 2·3

【注】疑從皿翏聲，"盠"之省文。●簡文義不詳。

轇 秦 璽彙 1254

【注】從車翏聲。●齊璽人名。

繆 齊 陶彙 3·267 陶彙 3·113 楚 安大一 13 秦 睡簡·效律

 56 睡簡·封診 82　繆 詛楚文

【注】從糸翏聲。●繒名。《睡簡·封診 82》："繆繒五尺緣及殿（純）。"用繆繒五尺做鑲邊。《詩·幽風》綢繆牖戶。《傳》綢繆，言纏綿也。●讀勠，并力。《詛楚文》："昔我先君穆公及楚成王，實（寔）繆（勠）力同心，兩邦若壹。"●讀謬，錯誤。《睡簡·效律 56》："移計其後年，計毋相繆。"●讀赳。《安大一 13》："繆=（赳赳）武夫。"典籍"杽""樛"，"糾""瘳"相通（參《古字通假會典》第七三五頁）。

瘳 楚 包山 171　包山 10　清華一·祭公 10　清華三·說命中 4 清華三·赤鳩 13 晉 三年旮余令韓謙戈 三年旮余令韓謙戈 璽彙 2644 璽彙 2647 璽彙 2646 秦 秦印 149 秦駰玉牘 睡簡·日乙 108

【注】從疒翏聲。楚系文字"翏"常省作㠯。●病癒。《秦駰玉牘》："無閒無瘳。"●多用為人名。《旮余令韓謙戈》："三年，旮余命（令）馱（韓）謙工帀（師）罕瘳。"●古璽印有"瘳暲""瘳斿""瘳胐"等，讀廖，姓氏。

 廖 秦 陶彙 5·181

【注】從疒翏聲。●秦陶當為姓氏。

 鳬 仲鳬父簠 鳬叔盨 再簋 鳬叔匜

【注】甲骨文作 ，從隹（古文字從隹與從鳥同）勹聲。金文同甲骨文，小篆訛為從鳥几聲。《說文》："鳬，舒鳬，鶩也。從鳥几聲。"本義是一種水鳥，俗稱"野鴨"。●氏。《鳬叔盨》："鳬弔（叔）乍（作）中（仲）姬旅盨。"鳬叔，鳬氏公族。●人名。《再簋》："鳬生機（蔑）再曆。"

菶（蔑） 楚 包山 258 晉 匯考 112

【注】包山簡，整理者隸定作"莘"，認為是"蔑"字之誤；"蔑"通"苻"，借作"鳬"。所謂

"隼"旁當為"鳧"旁誤寫，故當從艸鳧聲。●讀鳧，簡文"鳧茈"即荸薺。●晉璽"薵榆序"，姓氏，讀鳧。《周禮·疏》云："鳧氏出於考工鳧人之後，以官為氏。"鳧氏為鐘，鳧氏為古代鑄鐘工匠。

 清華一·尹至5

【注】從肉鳧聲。●讀附。《清華一·尹至5》："湯遙（往）延（征）弗雋（附）。""鳧""附"均隸並母侯部，音近相假。

 菁華30 九里墩鼓座 包山183 清華十一·五紀106 清

華十一·五紀108 望山2·13 分研一341

【注】從土鳧聲。望山簡省略了"勹"形，但其右半"隹"和"土"二形還保留下來。●讀鳧。九里墩"雋（鳧）鼓"是一種鼓名。《包山183》"陽雋"地名。《菁華30》"屯欵之雋（鳧）"、《分研一341》"雋（鳧）埪"，均讀符，符信。●《清華十一·五紀106》："四亢（荒）☒☒，☒雋（鳧）硭〈硜（磬）〉龠（籥）配牉（將），天之五橘（瑞）廼上，葉（世）萬怨（留）尚（常）。"可讀匏，《禮記·郊特牲》："歌者在上，匏竹在下，貴人聲也。"鄭玄注："匏，笙也。""四荒☒☒，☒匏磬管配將"當是黃帝在決戰之前對天地、四荒的祭祀中以各種樂器奏樂配祀。

 包山218 包山183 曾侯46 曾侯86 曾侯89

【注】從鳥雋聲。●地名。《包山183》"鵻公"應是"鳧"地的官長。●讀鳧。《曾侯46》："鵻旃，墨毛之首。"在典籍中有"鳧旌"一辭。《逸周書·王會解》："堂後東北，為赤弈焉，浴盆在其中。其西，天子車立馬乘，亦青陰羽鳧旌。"孔晁注："鶴鳧羽為旌旆。"此處的"鳧旌"恰可以和曾侯乙墓竹簡的"鳧旃"對照。"旃"和"旌"都是旗名，"鳧"是修飾語。

 包山183

【注】從魚雋聲。●"郊人鱃芻"，姓氏，當讀鳧。

 清華七·子犯11

【注】從雨雋聲，當為"雹"之異文。●《清華七·子犯11》："四方戶（夷）莫句（後）與人，面見湯若雹雨方奔之而鹿雁（膚）女（焉）。""莫句（後）與人"即"莫句（後）於人"。"雹雨"或為"靈雨"之誤，《說文·雨部》："靁，古文雹。"胡厚宣《殷代的冰雹》文更是以甲骨文中

453

"靈""雹"為一字。諸書皆記湯時曾大旱，所以此處將湯比喻為靈雨。或謂讀濡。

幫紐保聲

保 保鼎　保鼎　保父乙斝　子保觚　排鼎　曾太保嬭簋

大保簋　保子達簋　保子達簋　師毀鼎　毛公鼎　宗婦鄘嬰鼎

司寇良父簋　佣生簋　齊 陳侯因育錞　楚 曾大保盆　曾子斿鼎

徐贅尹皆鼎　競孫不服壺　余贎遜兒鐘　王孫誥鐘　楚屈子赤目簠

包山249　郭店・老甲2　郭店・老乙15　上博一・詩論9　上

博三・彭祖2　清華三・芮良夫13　清華五・厚父33　清華八・心中6

清華一・保訓1　清華一・保訓3　清華三・良臣2　璽補88　望山

1・197 燕　陶録4・169 晉　中山王嚳鼎　保晉戈 秦　睡簡・封診

86　陶徵21　秦陶1454

【注】甲骨文作𠂤、𠈃、保、保、𠈃、保、保、𠈃、保等形，從人從子，象人抱子，會護衛保育之意。金文同甲骨文，子多增丿為飾，猶"安"之作宎。作保者，與《說文》古文同。《郭店・老乙15》為"保"之省文。《說文》："保，養也。從人，從采省。采，古文孚。呆古文保。𠈃古文保不省。"本義當為撫養，如《尚書》："保赤子（初生的嬰兒）。"●保佑。《毛公鼎》："臨保我有周。"●讀寶，珍藏。金文習語"永寶用之"，《襄鼎》作"永保用之"。●后宮女官名。《保侃母簋》："保侃母易（賜）貝于庚宮。"●輔佐。《克鼎》："龢（肆）克龏（恭）保氒（厥）辟龏（恭）王，諫辥（乂）王家，更（惠）于萬民。"●大保：即太保，國君的輔弼大臣，亦輔導太子。《蕫鼎》："匽（燕）侯令蕫龏大保于宗周。"《書・周官》："立太師、太傅、太保，茲惟三公。"孔傳："保，保安天子于德義者。"●讀抱。《老子甲2》："視索（素）保（抱）樸（樸）。"

《安大一 36》："薔（肅）=肖（宵）正（征），保（抱）衾與襡（幬）。"上古音"保"屬幫紐幽部，"抱"屬並紐幽部，二字雙聲疊韻，可通。●讀報。《上博一·詩論 15》："丌（其）保（報）厚矣！"《上博一·詩論 10》："《甘棠》之保（報）。"因思念感激召公，而敬愛召公種植的甘棠，是其報德至厚。●讀堡。《璽補 88》"述（遂）保（堡）之璽"，鄉遂城堡。

葆 楚　包山 212　清華六·管仲 22

【注】從宀保聲，"保"之繁文。●占筮工具。《包山 212》："鹽吉以葆豪（家）為左尹舵貞。"簡 226、236 作"琛家"，劉信芳認為讀"苞莨"，是以叢生之蘆葦杆作占筮工具。或云讀"苞蓍"，亦可通。●讀保。《清華六·管仲 22》："民乃葆（保）昌。"

俘 楚　清華二·繫年 34

【注】從夊保聲。●讀背。《清華二·繫年 34》："乃俘（背）秦公弗敘（予）。"

葆 秦　睡簡·秦種 89　秦印 16

【注】從艸保聲。●讀保。秦簡"葆繕"，修繕之意。●秦印"葆脩"，罕見姓氏。《姓氏考略》收載，其注云："即保氏。"按：保而為葆，當系分族；又，《中國姓氏大全》云："一說即褒姓所改。"明代有葆光先，葉縣人，正德中任高淳縣訓導。●《睡簡·答問 107》："葆子以上，未獄而死，若已葬而誧（甫）告之，亦不當聽治，勿收，皆如家罪。""葆"即"保"，為保護之意。"葆子"指在外統兵、征戰將士的家屬，享有特權，但也可視為政府的人質。

賞 齊　邾叔之伯鐘　楚　望山 1·14　上博五·三德 9

【注】從貝保聲。●讀寶。《邾叔之伯鐘》："子子孫孫永賞（寶）用亯（享）。"賞，《玉篇》有也，亦作㝵。●占筮工具。《望山 1·14》："目（以）賞豪（家）為恕固貞：出內（入）寺（侍）王。"或作"琛""葆"，詳"葆"字。

繢 楚　上博七·吳命 2

【注】從糸賞聲。●讀褓。《上博七·吳命 2》："孤居繢（褓）統（襁）之中，亦唯君是望。"繢統，讀為"褓繈"。"統""繈"音近可通。"褓繈"猶"襁褓"。《淮南子·要略》："武王立三年而崩，成王在褓繈之中，未能用事，蔡叔、管叔輔公子祿父而欲為亂。"《呂氏春秋·明理》："夫亂世之民，長短頡牾，百疾，民多疾癘，道多褓繈，盲禿傴尪，萬怪皆生。"

窞齊  十年陳侯午錞

【注】從缶保聲。●讀保。《十年陳侯午錞》："窞（保）有齊邦，永埶（世）毋忘。"

琛 叔卣 董方鼎 大保鼎 大保爵齊 、 齊侯敦

華孟子鼎 夆叔盤 國差 齊侯盂楚 新蔡甲三

216 新蔡乙二 25

【注】從玉保聲。●多讀寶。《齊侯敦》："子子孫永琛（寶）用之。"●新蔡簡占筮工具。詳"㝅"字。

㝅齊 齊縈姬盤

【注】從宀琛聲。●讀寶。《齊縈姬盤》："子子孫孫永㝅（寶）用盲（享）。"

琛楚 包山 226 包山 236

【注】從玉保省聲（呆字省略了宀形），馬王堆帛書亦見此字，作 （帛編 12），讀寶。●占筮工具。《包山 226》："鹽吉以琛冡（家）為左尹駝貞。"詳"㝅"字。

㴱晉 七年鈹（集成 11657）

【注】從水保省聲。●人名。

娒楚 清華五·厚父 9 清華五·厚父 11 清華九·廼命一 9

【注】從女保省聲，"保"之異體。●讀保，保衛、保護之意。《清華五·厚父 9》："娒（保）教明德，慎肆祀。"

嫐楚  清華九·廼命一 2

【注】從宀娛聲。●讀保。《清華九·廼命一2》："女（汝）廼能窳（保）乒（厥）室家，相父母妻子。"

棄 秦 睡簡·日甲 44 背　　睡簡·日甲 46 背

【注】從宀保省聲，《説文》以"棄"為"保"之古文。●秦簡"以黍肉食棄人"，讀保。

褒 楚 上博四·昭王 7

【注】從衣棄聲，衣、棄共用人。●讀袍。《上博四·昭王 7》："王䜩（召）而余（舍）之褒（繻）褒（袍）。"

顝 楚 望山 1 · 13

【注】從貝棄聲，同"賮"。●一種占筮工具，楚簡或作"窳篆""琛篆"。《望山 1 · 13》："㠯（以）顝篆為恕固貞。"

窳 楚 清華六·管仲 14　　清華六·管仲 14

【注】從缶棄聲。●讀保。《清華六·管仲 14》："㒷（前）又（有）道之君可（何）以窳（保）邦？"

褒 齊 陶録 3 · 429　秦　　　　印增 327　　　陝新 830

【注】從衣，保省聲。保，古文保（保）。●秦印人名。

幫紐彪聲

彪 毛叔盤　　鄱伯彪戈

【注】從虎從彡（彡象虎身上的斑紋），會虎紋斑駁之意。《説文》："虎文也。從虎，彡象其文也。"本義虎身斑紋貌。引申為有文采。●氏名。《毛叔盤》："毛弔（叔）朕（媵）彪氏孟姬寶般（盤）。"●人名。《許伯彪戈》："無（許）白（伯）彪之用戈。"

 包山 35

【注】從网彪聲。●人名。

 清華二·繫年 29

【注】從艸，從二彪相并。其基本音符為彪，應隸定為蘪。●讀表。《清華二·繫年 29》："圾蘪（表）於汝。"用現代漢語解讀應為"在汝水邊樹立標識（界標）"。圾，讀及，訓為至。

幫紐缶聲

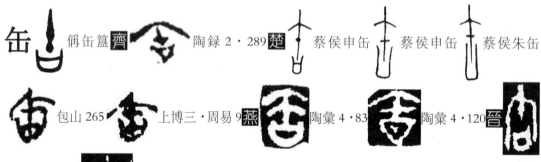
缶 僱缶簋齊 陶録 2·289楚 蔡侯申缶 蔡侯申缶 蔡侯朱缶
包山 265 上博三·周易 9燕 陶彙 4·83 陶彙 4·120晉
陶彙 6·50秦 陶彙 5·371

【注】甲骨文作 、 ，象器形，上部是蓋子，下部是容器。金文同甲骨文，或增從金，以示其質也。《說文》："缶，瓦器。所以盛酒漿。秦人鼓之以節謌。象形。"本義為陶瓦器，似瓶而大口。古人多用陶缶，只有少數大型墓葬中才發現青銅缶。●水器稱"缶"，是楚國特有的習慣，水器缶的自名有"浴缶""沐缶""盥缶"等。《書也缶》："敕（擇）其吉金，目（以）鈘（作）鑄鉼（缶）。"《僱缶》："楚弔（叔）之孫酈（鄱）子僱之浴（浴）缶。"青銅缶兼有酒器的功能，酒器缶的自名為"尊缶"。（劉彬徽《論東周青銅缶》）●人名。《缶鼎》："王易（賜）小臣缶湡責（積）五年。"即商王賜予缶五年的農產品實物賦稅。《僱缶簋》："僱缶乍（作）且（祖）癸障彝。"●讀寶。《犅劫尊》："用乍（作）朕高且（祖）缶（寶）障彝。"

 曾侯 174 曾侯 176秦 石鼓文

【注】從馬缶聲。●肥大。《石鼓文》："邋（吾）馬既駂。"經典作"阜"，《詩經·秦風·駟鐵》："駟驖孔阜，六轡在手。"《疏》馬甚肥大也。駂當為本字，阜為借字。駂或作騃。騃，《集韻》"扶缶切，音婦。馬盛也。一曰益也。或作駌。"●馬名，疑讀騊。《曾侯 174》："嫚駂為左驂。"《說文》："騊，騊駼，北野之良馬。從馬匋聲。"

繇 燕 璽彙 3823

【注】從絲缶聲，疑"綯"之異文。●人名。

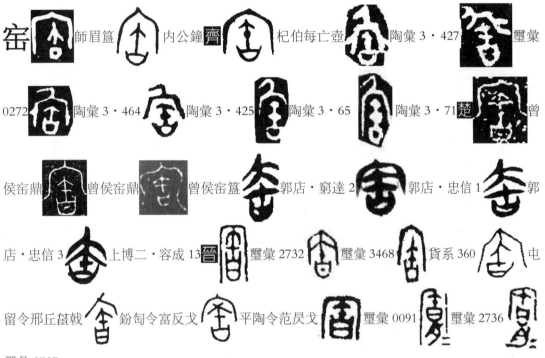

窑 師眉簋 内公鐘 齊 杞伯每亡壺 陶彙 3·427 璽彙

0272 陶彙 3·464 陶彙 3·425 陶彙 3·65 陶彙 3·71 楚 曾

侯窑鼎 曾侯窑鼎 曾侯窑簋 郭店·窮達 2 郭店·忠信 1 郭

店·忠信 3 上博二·容成 13 晉 璽彙 2732 璽彙 3468 貨系 360 屯

留令邢丘䓵戟 鈗匋令富反戈 平陶令范昊戈 璽彙 0091 璽彙 2736

璽彙 2737

【注】從宀缶聲。齊系文字所從宀形或訛作𠆢、𠆢、𠆢，同時有一種尾形飾筆，一般多加放斜畫或橫畫的末端，另如長、夏等字，楚簡文字中捺筆上的飾筆主要見於"夊"旁，飾筆多余捺筆交叉，見腹、徵、客、路等字。●讀寶。《杞伯每亡壺》："杞白（伯）每亡乍（作）䲧（邾）嬚（曹）窑（寶）壺。"●讀陶。《上博二·容成 13》："昔舜耕於畱（鬲）丘，窑（陶）於河濱。"●《璽彙 2736》為"胡窑"合文。讀姑陶，複姓。

匋 �父盤 �父盉 能匋尊 笱伯大父盨 㜏簋 𤔲建鼎

麓伯簋 齊 鵬公圓劍 鮑子鼎 鮑子鼎 楚 邛君婦龢壺 晉

三年汪匋令戈 三年鈗匋令戈 秦 吉大 145

【注】從勹（伏）從缶，勹、缶雙聲。《金文形義通解》認為"'匋'為'陶'之本字，象人執

午（杵）以造器，制瓦器須以杵搗坯，故以此象其事"。然此字在金文中多用作"寶"，從"匋"得聲的匋在銘文中讀鮑。魏宜輝認為它們均與"匋"字沒有關係。（詳《說"匋"》）●讀寶。《筍伯大父盨》："鑄匋（寶）盨，其子子孫孫永匋（寶）用。"●人名。《能匋尊》："能匋用乍（作）文父日乙寶隩彝。"●氏名。《麓伯簋》："麓白（伯）星父乍（作）匋中姞寶簋。"●讀陶，地名用字。《三年汪匋令戈》"汪匋"讀"汪陶"，地名，見於《漢書地理志》，隸屬雁門郡，戰國時屬趙，地在今山西山陰縣、應縣西南。《璽彙0092》"平宻宗正"，"平陶"即見於《漢書地理志》隸屬太原郡的平陶。地在今山西文水縣西南，戰國時屬趙。●秦印"匋冉"，姓氏，讀陶。

 圖典 439

【注】從邑匋聲。●晉璽"郮敜"，姓氏，讀陶。

 保晉戈

【注】從人匋聲。●讀保，保衛。《保晉戈》："偣（保）晉戈。""晉"為地名，是"晉陽"之省稱，在今太原南，趙氏早期所在地，都邯鄲是後來事。"保晉戈"應是為"保佑""保衛"晉陽而鑄制，其義即保佑或保衛晉陽之戈。此"保晉戈"為齊系兵器刻銘，"保晉"也有可能是齊地名，地望待考。

 子作婦嫇卣 印增 606

【注】從女匋聲。●人名。《子作婦嫇卣》："子乍（作）婦嫇彝，女（汝）子母庚宓祀尊彝。"秦印"郭嫇"，人名。

 叔尸鐘 叔尸鐘

【注】從辵嫇聲。●地名。《叔尸鎛》："余命女（汝）嗣（司）辝（台）鄶（萊），遳或徒四千，為女（汝）敵（敵）寮。"

 格伯作晉姬簋

【注】從玉匋聲。●讀寶。《格伯作晉姬簋》："格伯乍晉姬瑂簋。"

 陶錄 4 · 99

【注】從攴匋聲。●義不詳。

弭仲簠

【注】從食匋聲，可視為"鎗"之繁文。《集韻》飽或作鎗。《説文》："鰫，猒也。從食包聲。餯，古文飽從釆。餐，亦古文飽從卯聲。餯，亦古文飽。"本義飽足。●讀飽。《弭仲簠》："者（諸）友歙（飲）飤具餚（飽），弭中（仲）畀壽。"

宋左師不罤鼎

【注】從肉匋聲。●讀庖。《宋左師不罤鼎》："宋左帀（師）不罤左胸（庖）之饎貞。"《説文》："庖，廚也。""不罤"當為器主之名。

上博二·容成29　上博二·容成29

【注】從土匋聲。●讀陶。《上博二·容成29》"咎埳"讀"皋陶"，人名。

曾侯123

【注】從衣匋聲。●疑讀裯。《説文》："裯，衣袂，袛裯。""裯""裯"二字古音同屬幽部，聲母亦近。《曾侯123》："一氏裯，柘䑛（縢）。"氏讀袛。《説文·衣部》："袛，袛裯，短衣也。"

秦印274　集證157　天簡·日乙284

【注】從阝匋聲。●《集證157》"定陶丞印"，地名。●《秦印274》"東陶"人名。東為姓氏。

黐鎛　鮑子鼎

【注】從革陶聲。鞏，《五音篇海》與鞄同。●讀鮑，即指齊之鮑氏。《黐鎛》："齊辟鞏（鮑）弔（叔）之孫。"典籍鮑氏字不從魚，而與"鞄"同字。楊樹達曰："鮑氏古有專官，鮑叔蓋以官為氏，其字本作鞏，即《説文》之鞄。經傳假用鮑魚之鮑為鞏叔之鞏，猶《周禮》假鮑魚之鮑為柔革工之鞄或鞏也。"（《積微居金文説卷四》101頁）

清華二·繫年51

【注】從人缶聲。●讀抱。《清華二·繫年51》：“乃伓（抱）靈公以號於廷。”

 清華九·治政 24 清華九·治政 7

【注】從心伓聲。●讀保。《清華九·治政 7》：“是可以羕（永）㥞（保）杢（社）襮（稷）。”

 鄬駒壺 安大一 14 安大一 14 安大一 14

【注】從艸缶聲。●《鄬駒壺》“茁里”，地名。●讀芣。《安大一 14》：“菜=（采采）茁（芣）苜（苢），専（薄）言采之。”上古音“不”屬幫紐之部，“缶”屬幫紐幽部，二字聲紐相同，韻部旁轉。故從“不”聲的“芣”，可以寫作從“缶”聲的“茁”，屬於聲符互換。毛傳：“芣苢，馬舄。馬舄，車前也，宜懷任焉。”

 包山 270

【注】從木缶聲。●讀剚。《說文》：“剚，刀握也。從刀，缶聲。”《包山 270》：“一敝（彤）栖。一鐃。緩（纓）組之綏。”

 郭店·窮達 13 包山 255 璽彙 3085

【注】從土缶聲，“缶”之繁文。●讀缶。《包山 255》：“睿（蜜）某（梅）一缶（缶）。”●讀寶。《郭店·窮達 13》：“無（璑）茖（璐）堇（瑾）愈（瑜）缶（寶）山石……”

 包山 255 包山 255

【注】從石缶聲，“缶”之繁文。●讀缶。《包山 255》：“睿（蜜）一硠（缶）。”

 包山 177

【注】從邑缶聲。●地名。

 夔𡉚窯里豆 陶彙 3·176 陶彙 3·174 陶彙 3·175 陶

彙 3・179 陶彙 3・185 陶彙 3・193 陶彙 3・194 陶彙 3・199 陶

彙 3・199 匯考 50 秦 廿五年上郡守厝戈

【注】從穴缶聲。《正字通》："窑，俗窯字。"《説文》："窯，燒瓦灶也。從穴羔聲。"●讀陶，地名。《夏囝窑里豆》："夏囝窑（陶）里人告（造）。"●人名。《廿五年上郡守厝戈》："高奴工師窑。"●讀陶。《匯考 50》"齊窑（陶）正顕"。"陶正"職官名，是主管製造陶手工業之官。《左傳》襄公二十五年："虞閼父為周陶正，以服侍我先王，我先王賴其利器用。""顕"為人名。

浩 秦 璽彙 5417

【注】從水缶聲。●秦印單字，人名。

烰 齊 陶彙 3・628 陶彙 3・644 陶録 2・397

【注】從火缶聲。焦，《玉篇》火熟也。《集韻》或作炰，亦書作烰。或作炮。●齊陶地名。

鈶 楚 書也缶 秦 集證 164

【注】從金缶聲。●讀缶。《書也缶》："余畜孫書也，戳（擇）其吉金，目（以）攼（作）鑄鈶（缶）。"●秦印"尹鈶"，人名。

祔 楚 黄子盤

【注】從示缶聲。●讀福。《黄子盤》："黄子乍（作）黄孟臣（姬）行器，則永祜祔（福）。"

窑 楚 黄君孟鼎

【注】從广祔聲。●讀福。《黄君孟鼎》："子孫則永窑（祜）窑（福）。"

鞄 齊 璽彙 3544 陶彙 3・405 楚 上博五・競建 6 上博五・競建 9

上博五・鮑叔 7

【注】從革缶聲，疑"鞄"之省文。●齊璽、齊陶、楚簡均讀鮑，姓氏。

【注】從玉缶聲，"寶"之異體。《玉篇》："珤，古文寶字。"●地名用字。

【注】從橐省，缶聲。按："橐"甲骨文作 ⊗、⊗、⊗、⊗，象囊橐之形。同字石鼓文作 ⊗，與小篆同。《説文》："⊗，囊張大皃。從橐省，匋省聲。"本義同橐。《石鼓文》："其魚維何，維鱮與鯉。何以橐之，維楊與柳。"于省吾謂：《説文》橐部一共五個字，橐'從束圂聲'，櫜、囊、橐、橐均從'從橐省'，臆測無據。"●《毛公鼎》："母（毋）敢龏橐，龏橐乃敚（侮）鰥寡。"《四十三年逨鼎》："毋龏橐，龏橐隹（唯）又宥從（縱），乃敚（侮）鰥寡。""龏橐"下有合文符號，或讀"龏龏橐橐"。《清華八・攝命21》："已（已）女（汝）隹（唯）㳠（沖）子，女（汝）母（毋）敢橐橐。"簡文所作，石小力隸作"橐"，四十三年逨鼎、毛公鼎銘文"龏龏橐橐"，"是官員斷獄時的一種不良行為，導致的後果是'有宥縱，侮鰥寡'，是斷獄時應極力避免的"。（《清華藏竹書《攝命》釋讀》）據四十三年逨鼎銘文行文邏輯，斷獄"不中不型""宥縱"是"龏龏橐橐"的描寫、解釋語。龏龏、橐橐乃連語，連語記音，用字往往無定，或讀與龓龓、蒙蒙、蒙龓近，謂斷獄之舞弊、欺瞞、暗箱操作行為。《左傳》昭公元年"蒙其先君"，注："蒙，欺也。"《廣雅・釋訓》："蒙蒙，暗也。"《釋名・釋疾病》："聾，籠也。如在蒙籠之內，聽不察也。"《漢書・晁錯傳》"蒙龓"，師古注："蒙龓，覆蔽之貌也。"從簡文行文邏輯來看，王告誡"攝"乃服唯敬，不能再以"沖子"看待自己，毋敢朦朦朧朧裝萌干壞事。●讀包。《清華一・程寤3》："副械橐（包）柞，柞化為腜。"《上博二・容成9》亦讀包。●讀枹，鼓槌。《清華七・越公3》"秉橐"，橐，表示鼓槌。《信陽簡2・03》："一彫（雕）鼓，二橐。"枹，亦作桴，《説文》蜉或體作蝝，是為佐證。●讀鴇。《安大一116》："肅=橐（鴇）翼，集于橐（苞）朸（棘）。"●讀苞。《安大一116》："肅=橐（鴇）翼，集于橐（苞）朸（棘）。"●人名。《散氏盤》："散父、效（教）䍐父、鬶之有嗣橐、州臺（就）、焂遺罸（鬲），凡散有嗣十夫。"

煒

【注】從火橐聲。●讀炮。《清華七・子犯12》："殺三無辜（辜），為煒（炮）為烙。"為炮為烙，

指炮烙之刑。《荀子・議兵》："紂……為炮烙刑。""炮"和"烙"都是名詞，炮烙不是偏正結構，而是並列結構。烙相當於盂，是盛炭的器具。"炮"相當於《容成氏》中的"圜木"，這個"圜木"，古書也叫金柱、銅柱。

 新蔡乙四 76

【注】從邑橐聲。●地名用字。

 安大一 115

【注】從鳥橐聲。●讀鴇。《安大一 115》："肅＝鸘（鴇）麤（行），集於橐（苞）桑。"簡文或作"橐"。

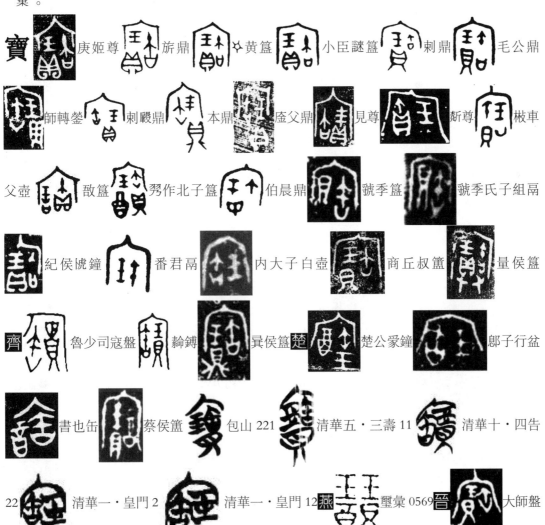

邵鐘　**秦** 　秦公簋

【注】甲骨文作、、，從宀從貝從玉。室有貝（表示財富）有玉（表示珍寶），會貴重之意。金文至戰國文字異體眾多，多增從缶（亦為貴重之器），缶亦為聲符。字形或有繁簡，然造字本意不失。從缶、玉、貝為"寶"字常例，"福"亦偶或從"缶"，主要出現在河南光山縣所出系列黃器中。福、寶由于存在形體混同現象，當二字出現在同一篇銘文中時，一是據從示與否來區別，從示者為"福"字；一是據從"畐"來區別，從"畐"者為"福"。單獨出現時，要依據具體上下文語境加以辨別。《魯少司寇盤》從勹（同銘有從宀的"寇"作可供對比），形符"宀"變為聲符"勹（伏）"，蓋勹（伏）、寶音近。《説文》："寶，珍也。從宀從王從貝，缶聲。古文寶省貝。"本義是寶貝。●動詞，珍藏、珍愛、貴重。《追簋》："追其萬年子子孫孫永寶用。"或作形容詞。《叔尸鐘》："尸用伐（作）鑄其寶鐘。"●《璽彙0569》讀寶，單字吉語印。

寶 **楚**　　上博四·曹沫56

【注】從人寶省聲。●讀保，訓為"守"，指防御设施。《上博四·曹沫56》："民又（有）寶（保），曰城，曰固，曰蕺（阻）。"《左傳·襄公八年》："焚我郊保。"杜預注："保，守也。"《左傳·哀公二十七年》："乃先保南里以待之。"杜預注："保，守也。"

寶 **燕**　　璽彙2884

【注】從刀寶省聲。●燕璽人名。

帮紐報聲

報　**珂生簋** 　珂生簋 　　令簋 　　令簋 **秦** 　里耶8·135 　　睡

簡·秦種184 　　印增410

【注】甲骨文執、報同字，作，從幸（刑具）從卩（跪坐之人形）從又，以手服人于幸之側，會治罪之意。金文同甲骨文。《説文》："報，當罪人也。從幸從㕔。㕔，服罪也。"本義是判決罪人，如《韓非子》："報而罪之。"●報答、酬謝。《珂生簋》："余畫（惠）于君氏大章，報婦氏帛束。"《詩·衛風·木瓜》："投我以木瓜，報之以瓊琚。"《左傳·成公三年》："無怨無德，不知所報。"●祭祀名。《令簋》："隹（惟）丁公報。"這是令稱揚皇王之休而報祭于丁公。《國語·魯

語》："幕能帥顓頊者也，有虞氏報焉。"韋昭注："報，報德，謂祭也。"●答復。《睡簡·秦種184》："必書其起及到日月夙莫（暮），以輒相報殹（也）。"《睡簡·封診49》："法（廢）丘已傳，為報，敢告主。"

 清華十·四告 3

【注】從辵報聲。●讀覆。《清華十·四告 3》："禎（顛）邎（覆）氒（厥）典，咸替百成（政）。"整理者注："'邎'字左邊原作'人'形，疑是'彳'之省，讀為'覆'。《詩·抑》：'顛覆厥德，荒湛於酒。'"

帮紐猋聲

 王由尊　　王由尊

【注】從三犬，會群犬狂奔之意。商承祚謂："《説文》有從二犬之狀。訓'兩犬相齧'，然形不類。殆即'犬走貌'之猋字也。本一字。後世分為二。"《甲骨文字研究下編》《説文》："猋，犬走兒。從三犬。"本義是狂奔，如《楚辭》："猋遠舉兮云中。"引申為快捷，如《禮記》："猋風暴雨"。這個意義後另加聲旁"風"寫作"飆"，表示暴風。●原字見于《王由尊》，當摹作 、 、，不應單列。古文字"猋"始見於漢印作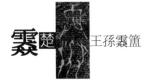（漢印884）。詳"協"字。

 王孫霝簠

【注】從雨猋聲。●人名。《王孫霝簠》："王孫霝乍（作）郊（蔡）姬飤簠。"

帮紐驫聲

 驫夗簠　　驫夗鼎

【注】從三馬，會馬奔騰之意。●人名。《驫夗鼎》："驫夗乍（作）寶隨彝。"

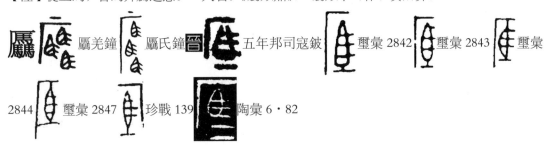 驫羌鐘　　驫氏鐘 晉　　五年邦司寇鈹　　璽彙 2842　　璽彙 2843　　璽彙

2844　　璽彙 2847　　珍戰 139　　陶彙 6·82

【注】從厂驫聲（或省為馬），當為"驫"之繁文。《説文》："（驫），眾馬也。"本義為眾馬奔騰的樣子。●金文、晉器均為姓氏。

帮紐髟聲

 髟 楚 郭店・成之22

【注】象頭髮下垂之貌，當為"髟"之初文。《説文》："髟，長髮猋猋也。從長從彡。凡髟之屬皆從髟。"●讀冒。《郭店・成之22》："《君奭》曰'唯髟不（丕）曾（單）再（稱）息（德）'，害（蓋）言疾也。""懋"應訓勉。古書中"懋""勖"本可通假，如《尚書・盤庚》"懋建大命""予其懋簡相爾"，漢石經"懋"並作"勖"，都是勉、強的意思。《尚書・君奭》作"惟冒丕單稱德"，孔穎達正義："單，盡。稱，舉也。"按簡文意為：《尚書・君奭》說"勉力、盡心地稱舉武王之德"。

 鬃 秦 上博四・曹沫52

【注】疑從示髟聲。●讀冒。《上博四・曹沫52》："改鬃爾鼓，乃遊（秩）其服。""冒鼓"見《周禮・考工記・韗人》："凡冒鼓，必以啟蟄之日，良鼓瑕如積環。"鄭玄注："啟蟄孟春之中也，蟄蟲始聞雷聲而動，鼓所取象也。冒，蒙鼓以革。"簡文"改冒爾鼓"，意即改換戰鼓的皮革。

 胥 秦 秦風112

【注】從肉髟聲。秦文字髟常省為，詳本書"髦""鬌""髳""鬃""髡"等字。古文字"長"下或增繁從止，"止""山"互訛習見。●"范胥"，人名。胥，《字義總略》髮覆目也。

滂紐冚聲

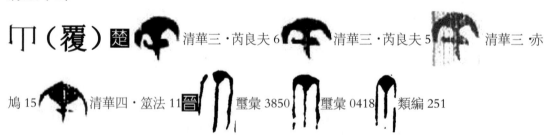 冚（覆）楚 清華三・芮良夫6 清華三・芮良夫5 清華三・赤

鳩15 清華四・筮法11 晉 璽彙3850 璽彙0418 類編251

【注】該字字形確為"山"之倒寫，當為顛覆之"覆"之初文。人倒過來就是顛，山倒過來是覆。"覆"字上面所從的偏旁不是"西"，《説文》中這個部首，寫作"襾"，這個"襾"可能就是倒山的變形。●讀覆。《清華三・芮良夫5》："莫之攴（扶）道（導），亓（其）由（猶）不遠（顛）冚（覆）？"《清華三・赤鳩15》："是旨（始）為埤（革），冚者（諸）屋，以戠（御）

白兔。"簡文意思似為：方始做了甲衣之類遮蔽物覆蓋在屋上，以抵禦白兔。●晉璽均為人名，讀覆。

並紐孚聲

孚 ⬛鼎 翏生盨 虥簋 鼏簋 過伯簋 孚公狄甗

多友鼎⬛楚 郭店·緇衣 13 上博三·周易 11 璽彙 0339

清華七·趙簡子 10⬛晉 璽彙 0922

【注】甲骨文作𡥆、𡥄、𡥅，從子從爪、攴，以手抓子，會俘獲之意，"俘"的本字。俘虜需要驅之以行，故或從彳作𡥆。金文但從爪，會意不變。●讀俘，俘獲。《大盂鼎》："孚（俘）人萬三千八十一人。"●讀俘，繳獲。《過伯簋》："孚（俘）金。"《大盂鼎》："孚（俘）車十兩（輛）。"●國族名。《孚公狄甗》："孚公狄乍（作）旅獻（甗）。"●讀飽。《清華七·趙簡子 10》："敤（美）其衣裳，孚（飽）亓（其）酓（飲）飤（食）。"●誠信。《上博三·周易 11》："乐（厥）孚洨（交）女（如），惥（威）女（如），吉。"

俘⬛楚  清華二·繫年 44

【注】從人孚聲。●俘虜、俘獲。《清華二·繫年 44》："獻楚俘馘。"

敤⬛楚  帛書甲 敤 清華三·說命上 6 上博七·吳命 6

【注】從攴孚聲，疑"捊"之異文。●讀保。《帛書甲》："炎帝乃命祝融，以四神降，奠三天⬛，思（使）敤奠四亟（極）。"敤，嚴一萍讀捊。馮時讀縛，并言"維（思前殘字）思縛"即用綱繩縛天之舉。●《上博七·吳命 6》："宲（寧）心敤惥（憂）。"讀撫，安撫。《說文·手部》："撫，安也。"《史記·高祖本紀》："漢王之出關至陝撫關外父老。"

胕⬛齊  陶彙 3·137

【注】從肉孚聲。《說文》膀光也。馬王堆帛書病方 161："痛於胕及衷。"●齊陶人名。

郢 楚 包山 167　　璽彙 2154　　璽彙 0180

【注】從邑孚聲。●《璽彙 0180》、包山簡地名。●《璽彙 2154》"郢宄"讀浮，姓氏。

賭 楚 清華八·邦道 26

【注】從貝孚聲。●讀孚，信用、誠信。《清華八·邦道 26》："医（殹）虖（吾）為人辠（罪）戾，已（已）賭（孚）不爯（稱）虖（乎）？"

玤 晉 璽補 247

【注】從玉孚聲。●"貫玤"，人名。

颰 楚 清華一·耆夜 7

【注】從風孚聲。●《清華一·耆夜 7》："王又（有）脂（旨）酉（酒），我怘（憂）目（以）颰（浮）。"劉雲先生認為當讀浮，"浮"有罰酒的意思。

諄 楚 清華七·越公 38

【注】從言孚聲。●讀孚，信也。《清華七·越公 38》："戁（察）之而諄（孚），則劼（詰）燭（誅）之。"

浮

浮公之孫公父宅匜 楚 上博五·鮑叔 3　　安大一 103 晉

璽彙 1006 秦 睡簡·日甲 81 、 封編 272 里耶 8·550

【注】從水孚聲。《説文》："浮，泛（泛）也。"本義漂流、漂浮。●秦封泥"浮陽丞印"。"浮陽"，地名。●《上博五·鮑叔 3》："乃命有司箸（書）作（籍），浮（復）老弱不刑。"或讀復，意即除免。除免老弱民眾的刑罰，是政策之一。●《安大一 103》："好樂母（毋）無（荒），良士浮＝。"《毛詩》作"良士休休"。毛傳："休休，樂道之心。"上古音"浮"屬並紐幽部，"休"屬曉紐幽部。《毛詩》"休休"與上章"役車其休"犯重韻，似不如簡文作"浮浮"為優。《楚辭·九章·抽

思》："悲秋風之動容兮，何回極之浮浮。"王逸注："浮浮，行貌。"●多為人名。《浮公之孫公父宅匜》："浮公之孫公父宅鑄其行它（匜）。"《睡簡·日甲81》："丁名曰浮妾榮辨僕上。"里耶簡、晉璽亦為人名。

桴[晉] 中山王嚳鼎 十五年相邦劍 陶彙6·94

【注】從木孚聲，與小篆同。《説文》："桴，棟名。"段玉裁注："釋宫：棟謂之桴。許云眉棟者，爾雅渾言之，許析言之。鄭注鄉射禮記曰：五架之屋，正中曰棟，次曰楣，前曰庪。"本義房屋的次棟，即二棟。●鼓槌，與"枹"同。《中山王嚳鼎》："敯（奮）桴晨（振）鐸，闢（辟）啟封彊（疆）。"《韓非子·功名》："至治之國，君若桴，臣若鼓。"《左傳·成公十二年》："左援桴而鼓。"注："桴，鼓槌也。"●人名。《十五年守相杢波劍》："大攻（工）君（尹）公孫桴。"陶文亦人名。

烰[秦] 睡簡·日甲49背

【注】從火孚聲。●讀炮，燒火。《睡簡·日甲49背》："烰（炮）而食之。"

  魯士虖父簠

【注】從戶孚聲。《説文》無。●人名。《魯士虖父簠》："魯士虖父乍（作）飤匜，永寶用。"

 叔朕簠

【注】從欠孚聲。●疑讀飽，享用之意。《叔朕簠》："以歂稻粱。"

並紐阜聲

阜[晉] 貨系875 貨系3956 [秦] 類編470

【注】象形字。甲骨文作，像山坡層層疊起之形。●讀陰。趙尖足布為"陰"之簡省。大陰，讀大陰，地名。●秦印"歸阜"，人名。

 [晉] 匯考114

【注】從宀阜聲，“府”之異文。●“公車𡧍”，或以為“官”之繁化，讀館。

埠燕 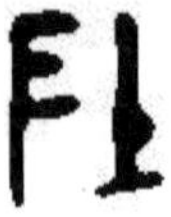 考古 87・5・426

【注】從土阜聲。●燕陶人名。

㵗晉 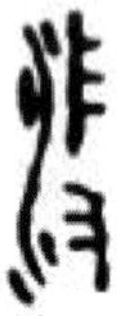 菁華 6

【注】從水從又阜聲。●晉璽“㵗陽㡷（府）”，地名。

明紐矛聲

矛 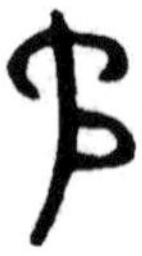 㦰簋 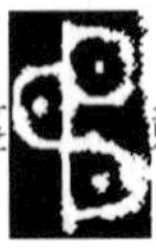 競畏矛楚 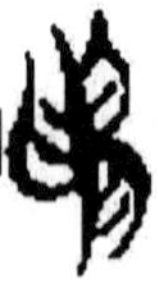 郭店・五行 41 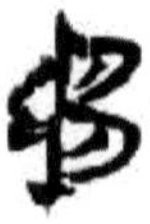 清華五・三壽 8 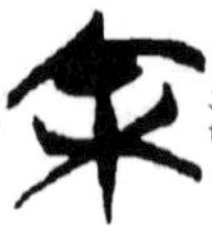 清華六・子儀 3 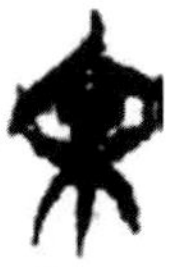 上博二・容成 37 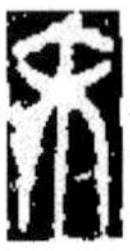 璽彙 3505 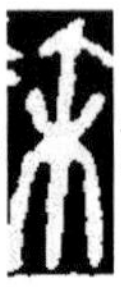 璽集二−SY−67晉 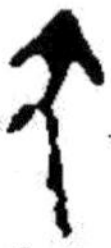 圖典 247 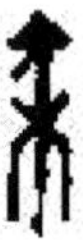 璽彙 3192 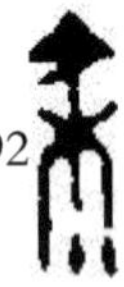 璽彙 3193 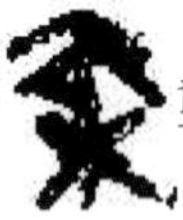 璽彙 3420 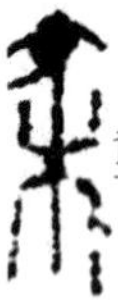 璽補 261秦 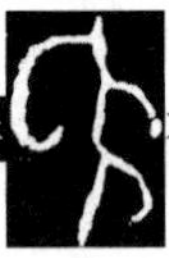 有司伯喪矛 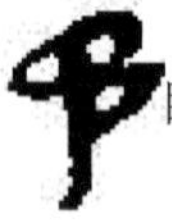 睡簡・答問 85

【注】金文象矛形；上象其鋒，中象其身，下端有銎，所以納柲，一側有耳，耳有孔，蓋孔納柲于銎上不固，以繩穿而以縛之，亦有兩側有耳者（名之曰左矛系、右矛系）。春秋金文，右矛系移于左之形。戰國文字承襲兩周金文，其演變之系列，其右系為、、、，遂為小篆所本。戰國文字有一類形體作與、、者，甚讓人糾結，難以是定。李家浩根據《汗簡》卷中之一引石經“旝”字作，此字右旁與之相同。因而將釋為會。（詳《信陽楚簡“澮”字及從“尖”之字》，《著名中年語言學家自選集・李家浩卷》194−196 頁）徐在國根據根據安大簡《詩・柏舟》“髧彼兩髦，實維我儀”之“髦”作，認為與、、均為“矛”字，上部所從是“矛”頭的象形，下部從木，所從木可能為矛柄，似可釋為“矛”字或體。（徐在國《試說古文字中的“矛”及從“矛”的一些字》）古文字“矛”或作，六國文字則繼承了這一寫法。《說文》：“，酋矛也。建于兵車，長二丈。象形。凡矛之屬皆從矛。古文矛從戈。”古代用來刺殺敵人的長柄兵器。●兵器。《㦰簋》：“孚（俘）戎兵：盾（盾）、矛、戈、弓、備（箙）、矢、裨、胄，凡百又卅又五叙（款）。”《圖典 247》“左武萃（卒）長矛”，“武卒”，見於《荀子》“魏氏之武卒，以度取之，衣三屬之甲”。因此，這方印可能是魏國官璽，為統領武卒的“左武卒長”所配。●讀柔。《郭店・五行 41》：“不勥（强）不梂（求），不弜（剛）不矛（柔）。”●《璽彙 3192》《璽彙 3192》等作“多矛”合文，可能是複姓。●《璽彙 3505》“矛㠯”，姓氏，讀茅。《通志・氏族略二》：“茅氏，周公之後也。今濟州金鄉是其地。子孫以國為氏。”●《上

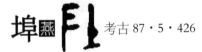

博二·容成37》："於是乎有唫（暗）、聾、皮（跛）、冥、瘦（瘻）、矛（瞀）、婁（僂）冶（始）迟（起）。"讀瞀，眼花目眩。《玉篇·目部》："瞀，目不明兒。"《莊子·徐無鬼》："予少而自遊於六合之内，予適有瞀病。"成玄英疏："瞀病，謂風眩冒亂也。"●地名。《清華六·子儀3》："以視楚子義（儀）於杏（本）矛。"

 里耶 8·1435

【注】從刀矛聲。●習字簡，無義。

 匯考 69

【注】從車矛聲。●"𨏹舍"，人名。

涂鼎 徐敖尹皆鼎 信陽 2·8 信陽 2·9 包山

260 清華十一·五紀 33

【注】從水矛聲。●讀沬。典籍中"昧"與"柳""茆"與"茅"相通假。（《古字通假會典》611頁、752頁）《説文》："沬，灑面也。從水，未聲。"《漢書·律曆志下》："故《顧命》曰：'惟四月哉生霸，王有疾不豫，甲子，王乃洮沬水。'"顏師古注："沬，洗面也。……沬即頮字也。"今本《書》作"頮"。《信陽 2·08》"一涂盤"，即一沬盤。《信陽 2·9》："一涂帕（巾），一洗（浣）帕（巾）。"沬巾，用於洗面。浣巾，用於洗手。《徐敖尹皆鼎》："余敢敬明（盟）祀，刂津（洗）涂（沬）俗（浴），以去㤪譶（辱）。"《清華十一·五紀 33》："亓（其）水湛（沈）澤，五穀（穀）盧（濾）酉（酒），盟（蠲）劍濯汽（溉）浴涂（沬）。"

骭 璽彙 3432 骭 璽彙 3245

【注】從骨矛聲。●《璽彙 3432》"骭臣"、《璽彙 3245》"骭瘠"，均為姓氏，當讀茅，詳"矛"字。

蓩 晉 魚顛匕

【注】從艸蓩聲，或從骨茅聲，疑為"蓩"繁體。●《魚顛匕》："帛命入歟，蓩入蓩出，母（毋）處其所。""蓩入蓩出"，或讀為"滑入滑出""忽入忽出"，何琳儀先生讀為"柔入柔出"。暫從何先生説。

儞 晉 璽彙 2624

【注】從彳稱聲。●晉璽"儞赤"，姓氏，讀茅。

鵒 楚 安大一 85   安大一 84

【注】從鳥矛聲，疑為"鶩"字異體。《説文·鳥部》："鶩，舒鳧也。從鳥，敄聲。"●讀髳或讀髦。《説文》："髳，髮至眉也。從髟敄聲。《詩》曰：'紞彼兩髳。'髳，髳或省。漢令有髳長。"《安大一 84》："淋（髧）皮（彼）兩鵒（髦），是（實）隹（維）我義（儀）。"《毛詩》作"髧彼兩髦"。《毛詩》作"髦"，當是通假。"毛"和"矛"聲字古通。《釋文》："髦音毛，《説文》作'髳'，音同。"

畲 齊 陶彙 3·823

【注】從田矛聲。或以為從目矛聲，"瞀"之省文。漢印瞀作 𥆎（漢印 326）。●齊陶人名。

翆 楚 望山 2·9   包山 277

【注】從羽矛聲。●讀矛。《包山 277》："二翆（翠）翆。"《望山 2·9》："耑（端）翆（矛）猴口。"

矜 楚 清華十一·五紀 90

【注】從廾矛聲。●讀袤，長也。《清華十一·五紀 90》："再手同厇（度）曰矜（袤）。"

娶 楚 清華十一·五紀 101

【注】從女矛聲。●讀霧。《清華十一·五紀 101》："五色焚=（紛紛），海娶（霧）大盲。"詳"盲"字。

林 癲鐘   林 癲簋   林木 鄭林叔壺   癲鐘 齊   司馬林鎛   司馬林

鋳 齊侯盤 楚 清華一·皇門 2 清華十·四告 37

【注】從林矛聲。《説文》："林，木盛也。"《師古曰》林，古茂字。●讀懋，亦可讀茂。《説文》：
"懋，勉也。"《瘷鐘》："皇王對瘷身林（懋），易（賜）佩。"《清華一·皇門 2》"林（懋）易（揚）
嘉悳（德）"今本作"内（罔）不茂揚肅德，訖亦有孚"。按：懋，勉也。嘉，美。"懋揚嘉德"
與"茂揚肅德"皆可通。●人名。《鄭林叔賓父壺》："奠（鄭）林弔（叔）賓父乍（作）醴壺，
子子孫孫永寶用。"林叔為名，賓父為字。●讀懋，盛大。《清華十·四告 37》："埜（野）心林
（懋）則不隻（獲）才（兹）彝。"

懋 懋史鼎 瘷簋 免卣 師旂鼎 小臣謎簋 史懋壺 小

臣謎簋 衛簋 召尊 帥鼎 宅簋 楚 清華十·四告 37

【注】從心林聲。聲符或作"林"，為"林"之異。《説文》："懋，勉也。從心林聲。《虞書》曰：
'時惟懋哉。' 孞或省。"張亞初云："甲骨文有孞無懋，懋字應為以孞為聲符的後起字。西周銘
文懋字從林從孞，孞是聲符，林是意符。懋是茂的本字。此字從林為林木茂盛之意。詩木瓜傳
云：'木瓜，楙木也。'釋文云'楙本作茂'。……懋、茂雙聲迭韻，音義並通。傳注家以懋、茂
為古今字之説是可信的。孞字孜字所從矛，並不是矛盾之矛，而是美字的側立人形。甲骨文美
字作🔲，其上部與孞字所從雷同。這就是説，孞和孜是以美字變體字作為其聲符的。美、孜、
懋都是明母字，韻部也相近。所以，孞和懋古也訓為美。孞字用心作意符，是美在心裏的意思。
懋字以孞為聲符而有美意，則是聲中見義。懋、茂訓美是保存了古義的。懋字初文以🔲為聲符，
西周則轉換為矛盾之矛🔲和和牝牡之牡🔲作為聲符。"（《古文字分類考釋論稿》）●美盛之義。《卯
簋》："余懋再先公官。"懋再，即美偶。●人名。西周恭王時期的史官，名懋，擔任為周王占卜
和冊封儀式中代宣王命的職責。《史懋壺》："王乎（呼）伊白（伯）易（賜）懋貝。"●勉也。《清
華十·四告 37》："用敢懋，狄（逖）之不羔（祥）。"

茅 楚 上博二·子羔 5 郭店·唐虞 16 清華一·保訓 4 清華六·太

伯甲 12 清華八·攝命 8 清華九·迺命一 2 璽彙 2249 晉 七年相邦

鈹 塗壺 匯考 134 秦 睡簡·秦種 195 <space> 睡簡·日甲 57 背 故宮

458  分研 204 秦風 207 秦印 10

【注】從艸矛聲。《說文》：“茅，菅也。從艸矛聲。”《說文》以為草名，白茅，俗稱茅草。●讀昴，星名。《睡簡·日甲 55 正》：“玄戈毃（繫）茅（昴）。”《安大一 36》：“隹（維）晶（參）與茅（昴）。”●春獵也。《盋壺》：“茅（苗）搜狃（田）獵，于皮（彼）新杢。”《公羊傳·桓公四年》：“春曰苗，秋曰搜，冬曰狩。”茅、苗聲韻均同，假為春獵專名。《穀梁傳》則為夏獵名，《穀梁傳》：“春曰田，夏曰苗，秋曰搜，冬曰狩。”●《璽彙 2249》“茅蘭”姓氏。周文王之子周公旦的第三個兒子茅叔受封于茅（今山東金鄉縣西南），建立茅國，後來茅國為鄒國攻滅，茅國公族後代子孫就以“茅”為姓，以紀念故國。秦漢印多為姓氏。●讀茅，茅草。《郭店·唐虞 16》：“佢（居）草茅之中而不悳（憂）。”帛書亦指茅草。●讀茂。《上博八·蘭賦 1》：“日月遊（失）時，莒（黃）薛茅（茂）豐。”●讀務。《上博六·用曰 16》：“茅（務）之台（以）元色，柬（簡）其有亙（恒）井（刑）。”●讀懋，努力。《清華八·攝命 8》：“引（矧）行嚳（墮）敬茅（懋），惠不惠，亦乃服。”簡文謂行墮者亦敬勉之，不惠者亦當施惠，亦汝之服。●《匯考 134》“茅氏”為地名，即《左傳襄公二十六年》“衛人侵戚東鄙，孫氏愬於晉，晉戍茅氏。殖綽伐茅氏，殺晉成三百人”所見之茅氏，其地春秋衛邑，戰國時屬魏。在今河南省濮陽縣東北。

 清華九·成人 26

【注】從夢茅聲。●當讀萌。《清華九·成人 26》：“于承嘉毅（穀）五䆋（稷）之又（有）時（時）：秀薨（萌）一時（時），芌（華）卉一時（時），家（稼）一時（時），實果一時（時），殺一時（時），收餤（稔）一時（時）。”整理者注：“薨，從艸，茅、夢皆可能為聲符。若從‘茅’聲，明母幽部，疑讀為明母宵部之‘苗’；若從‘夢’聲，明母蒸部，疑讀為明母陽部之‘萌’。”《爾雅·釋言》：“茅，明也。”郝懿行《義疏》：“《齊語》云：‘首戴茅蒲’，韋昭注：‘茅或作萌。’按古讀‘明’若‘芒’，‘萌’亦若‘芒’，‘萌’、‘茅’、‘明’並雙聲字也。”故此當讀“秀萌”。以上簡文“一時”合計為六，要之皆與嘉穀相關之時令也。

 上博三·周易 38 帛書乙

【注】從雨矛聲。●《爾雅·釋天》：“天氣下地不應曰雺；地氣發天不應曰霧。”鄭樵注：“雺即蒙夜。”《上博三·周易 38》：“君子夬=（夬夬），蜀（獨）行遇雨，女（如）雺又（有）蔍（厲），亡（無）咎。”●讀霧，霧氣。《帛書乙》：“又（有）雺（霧）雺（霜）雨土。”

 類編 318

【注】從長矛聲，“髳”之省文。●秦印“舒長”，人名。

 仰天 22

【注】從竹矛聲。●簡文"筈笰"讀茅。詳"筈"字。

師酉鼎 ^晉 璽彙 3258　璽彙 3308 ^秦　睡簡·封診 57　睡

簡·封診 67

【注】從衣矛聲。《説文》："褒，衣帶以上。從衣，矛聲。一曰南北曰褒，東西曰廣。"●指南北長度。《青川牘》："褒八則為畛。"《説文》："褒，南北曰褒。"●泛指長。《睡簡·雜抄 66》："布褒八尺。"●讀懋，勉也。《師酉鼎》："王親褒宰師酉，易（賜）豹裘。"●晉璽人名。

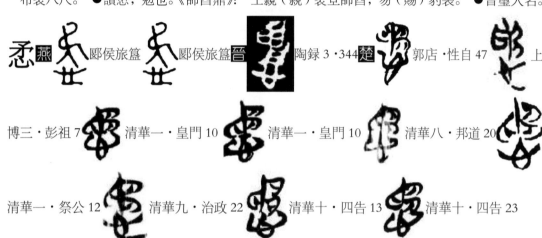

郾侯旅簠 ^燕　郾侯旅簠 ^晉　陶錄 3·344 ^楚　郭店·性自 47　上

博三·彭祖 7　清華一·皇門 10　清華一·皇門 10　清華八·邦道 20

清華一·祭公 12　清華九·治政 22　清華十·四告 13　清華十·四告 23

【注】從心矛聲，"懋"之省文。《説文》："懋，勉也。從心楙聲。《虞書》曰：'時惟懋哉。'忞，或省。"●讀懋，勉也。《郾侯旅簠》："郾（燕）侯軍（載）思（夙）夜忞人哉。"楚文字多讀懋。《清華一·祭公 12》："亦岂（美）忞（懋）妥（綏）心，敬韓（恭）之。"《清華八·邦道 20》："忞（懋）於亓（其）力，以求相臤（賢）。"●讀侮。《郭店·性自 46》："人之迸狀（然）可與和安者，不又（有）夫愲（奮）狌之青（情）則忞（侮）。"楚文字或用"柔""愍"表示侮。●讀娟，妬也。《清華一·皇門 10》："卑（譬）女（如）羇（梏）夫之又（有）忞妻。"整理者："忞，讀為'娟'，皆明母侯部字，妬忌。《禮記·大學》：'人之有技，娟嫉以惡之。'娟妻，愛妬忌的妻子。此句今本作'譬若匹夫之有婚妻'，娟與'婚'形近致誤。"同簡"忞夫又（有）執（邇）亡（無）遠，乃穿（弅）盍（蓋）善夫"，"忞夫"掩蓋善夫，就象"忞妻"一樣，使賢人不能進用於王所。●讀務。《上博三·彭祖 7》："多忞（務）者多惪（憂），賊者自賊也。"●讀柔。《清華九·治政 22》："卑（譬）之若金，剛之盡毀，忞（柔）之盡釗。"比如説金屬，剛硬的弊端是（容易）毀斷，柔韌的弊端是（容易）捲曲。

清華一·祭公 9　清華三·琴舞 6

【注】從艸忞聲。●均讀懋。《清華一·祭公 9》："公蒅（懋）拜=（拜手）頴=（稽首）。"懋，《説文》："勉也。"《清華三·琴舞 6》："佣（夙）夜不解（懈），蒅（懋）尃（敷）亓（其）又（有）敚（説）。"

 郭店·老甲 33

【注】從矛從求，雙聲字。●讀柔。《郭店·老甲 33》：“骨溺（弱）董（筋）柔（柔）而捉（握）固。”

吏 15

【注】金文象木上有柔條之形，當為“柔”字初文。《琱生尊》作 、 二文，李學勤釋為“柔”，讀擾。（《琱生諸器銘文聯讀研究》）戰國文字從木矛聲。《說文》：“柔，木曲直也。從木矛聲。”●讀茅。《霸伯簋》“柔”作 ，辭例為“歸（饋）柔（茅）梼（苞）、旁（芳）邑”，“柔梼”亦即文獻之“苞茅”、或作“包茅”，祭祀時用以濾酒。可知， 釋為“柔”不誤。●讀擾，意思是亂。《琱生簋》：“余老止，我僕鬲（庸）徒（土）田多柔。”僕庸土田之亂，是其歸屬不定，多有疏於管理，釀成獄訟的情事。●指柔軟之物。《郭店·性自 9》：“剛之桓也，剛取之也。柔之約，柔取之也。”●軟弱。《睡簡·為吏 15》：“剛能柔。”

 清華八·邦政 9

【注】從心柔聲。●《清華八·邦政 9》：“亓（其）立（位）用悆民，眾譸（脆）女（焉）怠（誥）。”整理者將“悆”讀愗，訓“愚”。但這一用法僅見於《廣雅》（《廣雅》“愗，愚也”），沒有相關辭例。或可讀督。《荀子·非十二子》：“世俗之溝猶督儒，嚾嚾然不知其所非也。”楊倞注云：“督，闇也。”“督民”指愚昧、昏聵的人。簡文言任用愚蒙之人，那麼大批弱智無能者就來至矣。譸，讀脆，弱也。焉，訓“乃”。怠，讀造，至也。

 琱生簋 琱生簋

【注】從言柔聲。●讀擾。《琱生簋》：“公卑（厥）稟貝，用獄誅。”詳“柔”字。

 上博五·季庚 2

【注】從力矛聲。●讀務。《上博五·季庚 1》：“龍（一）不智（知）民矛（務）之安（焉）才（在）？”

478

矛 楚  清華一·程寤 6

【注】從又矛聲。●讀敄。《清華一·程寤 6》："矛（敄）亡勿甬（用）。"致力於無為而治，切勿鋒芒畢露。

矛 須矛生鼎 楚 郭店·老乙 13 上博五·鬼神 3

【注】從山矛聲。●人名。《須矛生鼎》："須矛生之飤貞（鼎）。"上博簡人名。●讀務。《郭店·老乙 13》："閔（閉）其門，賽（塞）其逆（兌），終身不矛（務）。"

繆 楚 清華五·湯丘 13

【注】從糸矛聲。●讀督，《說文》："氐目謹視。"《清華五·湯丘 13》："民人皆繆（督）禺（偶）丽（離）。"此二句言夏人民都很謹慎，雙雙離開。

袜 楚 天星

【注】從市矛聲。●讀袤。《說文》："袤，緐布也。一曰車上衡衣。從巾敄聲，讀若項。"

鼄 楚 包山 115

【注】從鼎從黽矛聲。●"邗鼄"，人名。

柔 楚  郭店·老丙 1 郭店·尊德 1 上博二·從乙 1 上博二·君老 4

上博三·恒先 8  清華五·三壽 12 清華九·治政 21 安大二·仲尼 8 清華六·子儀 5

【注】柔，楚簡多讀務。李學勤先生曾指出："按金文'敄'字左半，下皆從'人'作，象人披發之形，當即'鬆'（髦）之本字。甲骨文另有與'敄'左半相似而下從'大'的字，系方國名，也應釋為'髦'。至于'矛'，在甲骨文和早期金文中均象矛形，且有系纓的環，同'敄'無關，

所以後者並不是從'矛'得聲的字。"因此，"柔"就是"髳"的表意初文，"敄"所從的"矛"實為"柔"的訛體。"柔"和"矛"字形相近，加上二者古音相同，在楚簡中已經有相混的情況。●讀侮，輕蔑。《郭店·老丙 1》："大上，下智（知）又（有）之；其即（次），新（親）譽之；其既〈即（次）〉，悁（畏）之；其即（次），柔（侮）之。"●讀務。《上博二·君老 4》："唯邦之大柔（務）是敬。"●讀柔。《上博三·恒先 8》："先又（有）柔（柔），焉又（有）剛。"●《清華六·子儀 6》："徒柔所遊，又步里謢麎也。"字在簡文中的讀法待考。

駸 楚 清華五·三壽 12　　　清華八·天下 6

【注】從馬柔聲。●讀瞀或讀愁。"瞀"為昏亂義，"愁"《廣雅·釋詁一》"愚也"。《清華五·三壽 12》："古民人迷亂，象矛（茂）康駸，而不智（知）邦之將喪。""象"當讀溰，《說文》言"讀若蕩"，此為放縱意。溰瞀康愁，是說放縱、昏亂、逸樂、愚蠢，故曰"不知邦之將喪。"●讀鶩。《清華八·天下 6》："弌（一）曰礩（礪）之，弍（二）曰懄（勸）之，三曰駸（鶩）之，四曰懯（壯）之，五曰戰（鬬）之。""鶩"為疾驅、疾奔，故"鶩之"猶言"疾之"。《淮南子·主術》："夫騰蛇遊霧而動，應龍乘雲而舉，猿得木而捷，魚得水而鶩。"高誘注："鶩，疾也。"《天下之道》的"疾之"當是指軍事反應速度的訓練。

猱 晉 三十五年虒令鼎

【注】從犬柔聲。●人名。

沫 楚 上博五·季庚 4

【注】從水柔聲。●讀侮，輕慢、侮辱、欺凌。《上博五·季庚 4》："孝=（君子）萊（恭）則述（遂），喬（驕）則沫（侮），凁（備）言多難。"

遶 楚 清華九·治政 34

【注】從辵柔聲。●讀務。《清華九·治政 34》："亓（其）瀘（廢）人必或不尺（度），起（起）事必或不旹（時），奉（妨）民之遶（務）。"

遜 楚 清華六·管仲 22

【注】從辵力遶聲。●讀務，事也。《清華六·管仲 22》："凡亓（其）民人，遶（畢）遜（務）不愈（偷），莫（愛）袋（勞）力於亓（其）王。"詳"遶"字。

務（敄）　毛公鼎　常敄簋　作冊般甗　敄觶　冊三年逑鼎

楚　上都公敄人簋蓋　上博五·三德15　上博三·仲弓20　清華六·子

儀15　清華八·攝命9晉　中山王䁐壺秦　秦印61　里耶8·1435

【注】從攴矛聲。秦系文字省為矛。敄、務本為一字，“敄”為初形，“務”增從力以標義。《說文》：“敄，強也。從攴矛聲。”本義為強擊，引申為勉力而為。●讀務，必須、一定。《中山王䁐壺》：“夫古之聖王敄（務）在得賢。”《書·泰誓下》：“樹德務滋，除惡務本。”●讀侮，侮辱、淩侮。《毛公鼎》：“母（毋）敢龏橐，龏橐乃敄（侮）鰥寡。”●無敄：即無侮，吉語。《作冊般甗》：“王宜尸（夷）方，無敄，咸。”《爾雅·釋言》：“務，侮也。”《詩·小雅·棠棣》：“外御其務。”●讀務，從事。《上博五·三德15》：“敄（務）蓑（農）敬戒。”簡文“敄蓑”，讀為“務農”，從事農業生產。《國語·周語上》：“三時務農而一時講武，故征則有威，守則有財。”

瞀秦　里耶8·458

【注】從目敄聲。●《里耶8·458》：“元年餘甲三百冊九，匈廿一，札五石，鞻瞀卅九。”詳“鞻”字。

婺秦　睡簡·日乙105　關簡140

【注】從女敄聲。●星宿名。《睡簡·日乙105》：“婺女。”婺女，即須女，二十八宿之一。

楘秦　睡簡·秦種131　印增220

【注】從木敄聲。●讀柔。《睡簡·秦種131》：“令縣及都官取柳及木楘（柔）可用書者，方之以書。”●秦印“任楘”，人名。

輮秦　睡簡·秦種148

【注】從車敄聲。●讀輮，車輪的外周。《睡簡·秦種148》：“為大車折輮（輮），輒治（笞）之。”

務 ^秦 睡簡·為吏 29　　　 睡簡·秦種 136　　 秦印 263

【注】從力敄聲。●《睡簡·秦種 97》："為作務及官府市。"作務，做工、勞動。楚簡多用"敄"表示務，偶用"敄"。●《睡簡·為吏 10》："當務而治，不有可苣。"當務，適合時務。《吕氏春秋·當務》："辨而不當論，信而不當理，勇而不當義，法而不當務……大亂天下者，必此四者也。"●秦印人名。

鞪 里耶 8·90

【注】從革敄聲。●《説文》："鞪，車軸束也。從革敄聲。"簡文中的"鞪"當即《説文》所説的"車軸束"，也就是捆扎加固車轅的皮帶。

明紐牟聲

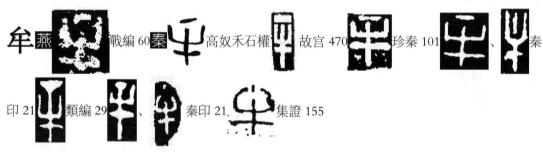

牟 ^燕 戰編 60 ^秦 高奴禾石權　 故宫 470　　 珍秦 101 、　　 ^秦

印 21 類編 29 、　　 秦印 21　 集證 155

【注】從牛從一。一象气從口出，後演變為小篆"從厶"。牛亦聲。《説文》："牟，牛鳴也。從牛，象其聲气從口出。"本義牛叫聲。●人名。《高奴禾石權》："三年漆工䣱、丞詘造，工隸臣牟禾石。"秦漢印多為人名。●秦印"牟寬""牟成""牟橋"等為姓氏，《風俗通》牟子國，祝融之後，後因氏焉。《史記·田敬仲完世家》大夫牟辛。《後漢·牟融傳》牟融，北海安丘人。●秦封泥"東牟丞印"，《漢書·地理志》東牟郡有"東牟"縣。秦時當屬膠東郡，故城即今山東牟平縣治。

侔 ^齊 陶彙 3·705

【注】從人牟聲。●齊陶人名。

明紐冃聲

冃 ^晉 貨系 422

【注】象形字。象蒙首之帽。●周空首布，義不詳。

九年衛鼎 包山 134 包山 131 郭店・唐虞 26

清華一・楚居 7 清華五・三壽 16 清華六・子產 22 清華五・命訓

7秦 睡簡・秦種 11 睡簡・秦種 147 詛楚文

【注】從目（以目代首，如"胄"字結構）冃聲；戰國文字與金文略同。秦系文字作（詛楚文），從冃從目，是為小篆所本。楚文字目形或訛為自。《說文》："冒，冡而前也。從冃從目。古文冒。"段玉裁注："冡者，覆也。引申之有所干犯而不顧亦曰冒。"當為引申義。本義當為帽之本字。後"冒"被引申義所專用，遂加形符"巾"寫作"帽"。●《詛楚文》："外之則冒改㺊（厥）心。"冒改，冒亂改變。●《睡簡・語書 11》："而有冒柢（抵）之治。"冒抵，冒犯。●讀帽，《說文》作冃，冠也。《郭店・唐虞 26》："古者聖人廿而冒。"古人多言"二十而冠"，"二十而帽"的說法不見於傳世文獻，簡文恰可作為補充。《睡簡・秦種 147》："冒赤幃（氈）。"●人名。《九年衛鼎》："舍盎冒梯、羝皮二、罷（選）皮二。"包山簡人名。

帽晉 璽彙 1749 璽彙 4085 璽彙 1748 秦 珍秦 251 秦印 295

【注】從心冒聲。《璽彙 1748》加曰為飾。●均為人名。

鄑晉 璽彙 2230

【注】從邑冒聲。●"鄑赤"讀冒，姓氏。

韇楚 包山 259

【注】從韋冒聲。●讀帽。《包山 259》："二紫韋之韇（帽）。"

楣楚 上博二・容成 2

【注】從木冒聲。●讀矇。《上博二・容成 2》："於是乎暗聾執燭，楣戉鼓瑟，跛躃守門，侏儒為矢。"詳"戉"字。

緍 楚  仰天 8

【注】從糸冒聲。●讀帽。《仰天 8》："絃布之緍（帽）二堣（偶）。"一偶，就是兩件。

毷 楚  清華三・琴舞 5

【注】從毛冒聲。●讀勖，意為勉。《清華三・琴舞 5》："思毷（勖）償（申）之。"

堳 齊  陶録 2・549

【注】當從土冒聲。形義待考。●人名。

明紐戊聲

戊  乍祖戊簋  且戊簋  衛簋  後母戊鼎  父戊盤  父戊觚  傳尊  攸簋  肄簋 齊  叔尸鐘  陳純釜  陳璋方壺  陳璋鐳 楚  酓脠簠  清華一・保訓 1  清華四・筮法 47  包山 59  包山 162  清華四・筮法 3  清華三・説命上 4  上博七・君甲 8  二十九年弩機 燕  九年將軍張戈  璽彙 3821  璽彙 4134 晉  貨系 0107  璽彙 0703 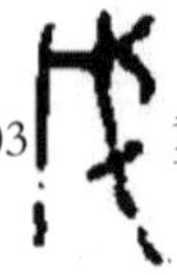 璽彙 3253 秦  青川木牘  陶彙 5・233  秦印 276

【注】甲骨文作 （符号）、象長柄月形寬刃斧形，斧柄或加飾筆。金文早期形象更肖。《説文》："戊，中宮也。象六甲五龍相拘絞也。戊承丁，象人脅。凡戊之屬皆從戊。"本義當為斧子。後來借為干支名稱，本義不存。可參見"戈""戌""戎""戒"等字。●天干第五位，用以紀日。《豆閉簋》："惟王二月既生霸辰在戊寅。"●先公先王先妣的廟號。《且戊簋》："乍（作）且（祖）戊寶簋。"●史戊：人名。《吳方彝蓋》："王乎（呼）史戊冊令（命）吳。"●《青川木牘》讀茂，指丞相甘茂。●讀牡。《清華三·説命上 4》："佚仲是生子，生二戊豕。"整理者言："戊，讀為牡，皆為明母幽部。"《清華四·筮法 3》"純戊"，即"純牡"，蓋因牝與牡為相對之辭，牝為母為雌，牡為父為雄。●《上博七·君甲 8》"范戊"與對話中的"范乘"當為一人，"戊"與"乘"可能是一名一字。"戊"可通"茂"，"乘"可用作"勝"，"勝"亦有"盛"義，"茂""盛"同義，古書常常連用。戊、乘之為名與字或即因此。

駥 楚  安大一 43

【注】從馬戊聲。●讀牡。《安大一 43》："四駥（牡）孔犀，六轡才手。"上古音"戊""牡"均屬明紐幽部。

牥 楚  清華九·成人 7

【注】從牛戊聲。●讀牡。《清華九·成人 7》："鼬（牝）牥（牡）鼬（雌）駜（雄），各又（有）聖（聲）佫（容）。"

鄾 楚  清華六·太伯乙 12

【注】從邑從隹戊聲。●讀殷。《清華六·太伯乙 12》："虐（吾）若聑（聞）夫鄾邦曰。"甲本作"醫"。

明紐卯聲

卯 （字形）伯寬父盨 （字形）趩鼎 （字形）師旂鼎 （字形）此鼎 （字形）卯 切甗 齊 （字形）陳卯戈

（字形）右卯戈 （字形）陶録 3·311 楚 （字形）包山 135 （字形）包山 132 （字形）清華四·筮法 55 （字形）清華十·司歲 4 （字形）清華十·司歲 6 （字形）清華十一·五紀 29 （字形）

清華十一·五紀20 燕 璽彙 4117 先秦編557 晉 漁陽鈹 璽彙 2852 璽彙 3832 秦 秦印 281

【注】甲骨文作 ，象將一物中分之形，高鴻縉認為即"剖"字之初文。王國維謂古音卯、劉同部，疑卯即劉之假借字。《釋詁》："劉，殺也。"自卜辭辭例觀之，王說可從，如甲骨卜辭中常有"卯几牛""卯于……"等語，卯即用為劉。戰國文字承襲商周金文，或加四飾筆作 ，或附加二飾筆作 ，多見于楚系文字。或由 省為 ，多見于燕系文字。《說文》："卯，冒也。二月，萬物冒地而出。象開門之形。故二月為天門。凡卯之屬皆從卯。 古文卯。"析形釋義均不確。●地支第四位，用以紀日。《散氏盤》："唯王九月辰在乙卯。"●人名。《卯簋》："卯拜手頁（𩒨）首。"包山簡人名。●分別。《郭店·語叢一3》："天生鯀，人生卯。""卯"本義為"剖"，卜辭習見"卯牛"者，引申為"分別"。"天生鯀"可以理解為"天之所生者有條理"，"人生卯"或理解為"人之所生者有分別"。

侚 楚 清華十一·五紀89

【注】字以卯為聲符。●讀飽。包聲、卯聲可通，"飽"之古文從卯作"餥"。《清華十一·五紀90》："罦（擇）盨（酅）飤（食）歠（飲）侚（飽），止竝（跛）端（蹲）尻（踞）佛（肆）。"詳"佛"字。

聊 秦 秦印 231 、 、 、 印增 463

【注】從耳卯聲。●秦印"聊道""聊枯""聊黃"，姓氏。漢代有聊蒼，武帝時為侍中，著書，號聊子；宋代有聊世能。或為人名。

敀 秦 陶彙 5·272

【注】從攴卯聲，疑"柳"之異文。●秦陶"左敀"，義不詳

恖 楚 清華十一·五紀107

【注】從心卯聲。●讀留。《清華十一·五紀107》："天之五檔（瑞）廼上，某（世）萬恖（留）尚（常）。"

昴 敊簋 楚 清華十一·五紀25 清華十一·五紀77

【注】金文從三日卯聲，古文字同一形體作偏旁單雙每無別，如"宏"作（小臣鼎）。故字隸為"昴"。楚文字從參卯聲，"昴宿"之"昴"的專造字。《說文》："昴，白虎宿星。"本義星名，二十八宿之一。漢印有此字作（漢印593）。●清華簡用為本義，星宿名。●地名。《敬簋》："内伐湿、昴、參泉、裕敏、陰陽洛。"

 楚 上博七·凡甲7

【注】從歆卯聲，"餐（飽）"之繁文。●讀飽，滿足。《上博七·凡甲7》："虗（吾）女（如）之可（何）思（使）歆（飽）？"《國語·越語上》："美其服，飽其食。"

 晉 璽彙1633

【注】從厂卯聲。●晉璽人名。

 秦 印增598

【注】從鼠卯聲。●"聊鈞"，人名。

 楚 曾侯142　曾侯171　曾侯181 秦 里耶8·780　里耶8·1146

【注】從馬卯聲，"騮"之異體。●馬名。《曾侯142》："莆之駵為左驂，慶（卿）事（士）之聊為左騮（服）。"

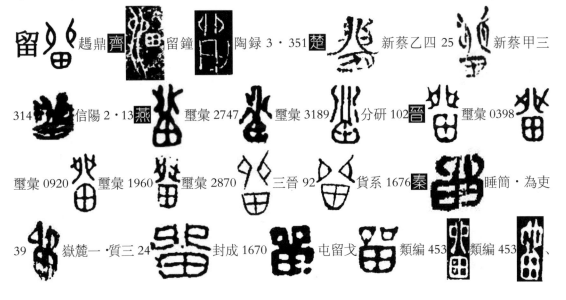

留 趯鼎 齊 留鐘　陶錄3·351 楚 新蔡乙四25　新蔡甲三314　信陽2·13 燕 璽彙2747　璽彙3189　分研102 晉 璽彙0398　璽彙0920　璽彙1960　璽彙2870　三晉92　貨系1676 秦 睡簡·為吏39　嶽麓一·質三24　封成1670　屯留戈　類編453　類編453

秦印 262

【注】從田卯聲。《説文》："畱，止也。從田丣聲。"本義停留、留下。●停留。《睡簡·秦種147》："毋敢之市及留舍闤外。"●人名。《留鎛》："卹（留）為弔（叔）鸒禾（龢）鐘。"古璽印多為人名。●讀籀。《趞鼎》："史留受王令（命）書。"史留，即史籀。周宣王時任太史官，著有大篆字書《史籀篇》十五篇，供史官教學童之用。籀、留同源字假借。●地名。《屯留戈》："屯留。"屯留，又作純留。《左傳·襄公十八年》："執孫蒯于純留。"楊注曰："純留，本留吁國，宣十六年晉滅之，謂之純留，亦曰屯留。"在今山西省屯留縣南十里。

瘤 楚 新蔡零 340

【注】從疒留聲。●簡文"姑瘤一社"，"姑瘤"地名。

窜 楚 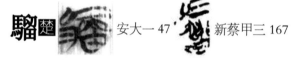新蔡甲三 261 　新蔡甲三 209 　新蔡甲三 243

【注】從牛從留，雙聲字。"牢"字異體。●讀牢。《新蔡甲三243》："瓕禱晢（荊）礿（礿），晢（荊）窜（牢），酉（酒）食；夏礿（礿），戠（特）牛，酉（酒）食。"

驑 楚 安大一 47 　新蔡甲三 167

【注】從馬留聲。●馬名。《安大一47》："駖（騏）驑是审（中），駖（騮）驑是參（驂）。"《毛詩》作"騏駵是中"。

遛 晉 璽彙 0805 　璽彙 1490 　匯考 322

【注】從辵留聲，可能是逗留本字。●晉璽人名。

輜 楚 上博四·曹沫 2

【注】從車留聲。●可讀簋、或讀塯。《上博四·曹沫2》："昔堯之鄉（饗）坴（舜）也，飯於土輜（塯），欱（歠）於土型（鉶）。"輜，同"塯"，盛飯瓦器也。典籍或作"簋"。《墨子·節用中》："飯於土塯，歠於土刑。"《史記·太史公自序》《漢書·司馬遷傳》引"塯"作"簋"。《韓非子·十過》："飯於土簋，飲於土鉶。"《史記·秦始皇本紀》引"簋"作"塯"，《李斯列傳》則引作"匭"。

蓇 楚 　包山 169 　上博一·緇衣 21 　上博九·史蓇 6

【注】從艸留聲。●讀留，存留。《上博一·緇衣21》："厶（私）惠不裹（懷）悳（德），君子不自蓄（留）安（焉）。"私下的恩惠不符合德義，君子不會把這樣的人留在身邊。●上博九、包山簡人名。

 郭店·緇衣 41

【注】從宀蓄聲，可能是留處之留專字。●讀留。《郭店·緇衣41》："厶（私）惠不壞〈壞（懷）〉悳（德），君子不自蓄（留）女（焉）。"上博簡作"蓄"。

 清華七·子犯 5

【注】從車蓄聲。●讀留。《清華七·子犯5》："☑☑於難，瞿（謣）蟠（留）於志。"王寧補"☑☑於難"所缺二字為"吾主"或可從。蕭旭讀瞿為遷，訓為戒懼、恭敬，釋蟠為留止，"言重耳遭受困難，故驚愕戒慎於心也"。

 清華九·治政 30

【注】從土蟠聲。●讀軌，車軌之軌。（石小力《釋戰國楚文字中的"軌"》）《清華九·治政30》："医取相瀍瞾（興）未壁（軌）於聖人，吏（使）又（有）色，嬰（舉）賵（富）貴。"選取（人員）廢棄與任用不合聖人的法度，任用有偽善諂媚臉色的人，推薦有財有勢的人。

 清華五·三壽 19

【注】從宀留聲。"窗"即中雷之"雷"的或體，《禮記·月令》："其祀中雷。"鄭注："中雷，猶中室也。土主中央，而神在室，古者複穴，是以名室為雷。""中雷"為"中室"，故其字從"宀"，或從广作"廇"。《楚辭·九歎·愍命》："刜讒賊於中廇兮。"王注："中廇，室中央也。廇，一作雷。"●簡文"窗邦妟（偃）兵"，當讀揉或讀柔。《詩·崧高》："揉此萬邦。"《箋》："揉，順也。"《釋文》："揉，本亦作柔。""柔"古亦訓"和"、訓"安"，"揉（柔）邦"即安邦。"柔""留"可通，《山海經·海外北經》"柔利國，……一云留利之國"，可證。

新蔡甲三 304

【注】從肉留聲。●讀牢。簡文或作"窜"。

上博八·命 9

【注】從心留聲。或認為"慆"之異體。●《上博八·命 9》："皆亡慂安（焉）而行之。"讀留，稽留、滯留之義。《管子·兵法》："中處而無敵，令行而不留。"

貨系 1678　　璽彙 3437

【注】從邑留聲。●周方足布讀留。"留"為地名，乃周畿內國名。在今河南偃師西南，戰國屬西周國。《璽彙 3437》"留守令"，"守令"為職官名，此印為留地的守令用印。

璽彙 1853　　璽彙 3284

【注】從刀留聲（曰為飾符），或謂"劉"之異文。●《璽彙 1853》"事劀"，人名。●《璽彙 3284》"劀山"讀劉，姓氏。

璽彙 3526

【注】從矢留聲（口為飾符），疑"瘤"之異文。●晉璽人名。

璽彙 1176

【注】從食留聲（曰為飾符）。●晉璽人名。

清華六·太伯甲 7　　清華六·太伯乙 6

【注】從酉從邑卯聲。●讀劉，地名。《清華六·太伯甲 7》："西城洢閞，北就郮（鄔）、鄮（劉）。"

貨系 491　　貨系 494　　貨系 493

【注】從牛卯聲。●晉空首布單字，疑為地名。

柳　柳鼎　散氏盤　侯馬　貨系 491　貨系 489　陶

彙5·1 陶彙5·2 石鼓文 睡簡·秦種131 秦印104

【注】甲骨文作 ，從木卯聲。金文同。《説文》：" ，小楊也。從木丣聲。丣，古文酉。"丣與古文酉迥然不同，疑是筆誤。本義為柳樹、楊柳。●用為本義，柳樹。《石鼓文》："可（何）以橐（苞）之？隹（唯）楊及柳。"●《散氏盤》："至于邊柳。"地名，地望不詳，或以盛行栽柳而命名。●人名。《柳鼎》："柳拜稽首。"秦印人名。

齊 宋公差戈 工城戈楚 郭店·六德12

【注】從屮卯聲。戰國文字"艸"或省為"屮"，詳"範""芒"等字。●《宋公差戈》："宋公差之所眚（造）茆族戈。"《工城戈》："工城。佐☑、冶昌茆鈛（戈）。""茆族戈"與"茆戈"，徐在國認為當讀劉，殺也。與齊兵器"散戈"義當相近。●讀茅。《郭店·六德12》："唯（雖）才（在）屮（草）茆（茅）之中。"

齊 郱鼎

【注】從邑茆聲。●姓氏。《郱鼎》："郱。"

燕 郾王詈矛 郾王詈矛晉 璽彙3268

【注】從金卯聲，字或釋為"鉚"。●讀劉，姓氏。《璽彙3268》"鉚旒"之"鉚"為"劉"之省文，所從金旁少一橫筆，屬省減。●讀矛。《郾王詈矛》："郾（燕）王詈乍（作）巨攻鉚（矛）。"

劉秦 秦印267 陶新2300 圖典91

【注】從刀鉚聲。《説文》未收"劉"字。金部有"鎦"字，徐鍇疑即"劉"字。●秦印"劉安""劉鄒"，姓氏。

貿 鱻鼎 仲諆父鼎燕 璽彙3305晉 璽彙2310 璽彙3257 貨系476

貨系479秦 睡簡·答問202 陶新1971 陶新1970

【注】從貝丣聲。《仲諆父鼎》從鼎，古文字貝、鼎形近，時有訛混。《説文》："貿，易財也。"

本義交換財物、交易。●用為本義，交換。《睡簡·答問202》："節（即）亡玉若人貿傷（易）之。"●《仲諜父鼎》："中（仲）諜父作尊簋，用從德公，其或貿易，則盟（明）諈（歷）。"陳英傑謂："貿易"當是變易之義，此意在表明忠心，屬于"奉上類銘辭＋誓戒類銘辭"的格式。《周禮·天官·大宰》："祀五帝，則掌百官之誓戒。"鄭玄注："誓戒，要之以刑，重失禮也。"《清史稿·禮志一》："大祀前三日，帝致齋大內，頒誓戒。辭曰：'惟爾羣臣，其蠲乃心，齊乃志，各揚其職。敢或不共，國有常刑。欽哉勿怠！'"從文字看，此器當是西周晚期之物，"貿易"一詞屬首見。（讀金瑣記三）●人名。《蠡鼎》："公貿用牡休蠡，用乍（作）寶彝。"●晉璽、燕璽姓氏。漢代有貿充國，博士。

痀 晉 璽彙 0797　類編 261

【注】從疒卯聲。●晉璽人名。

瘠 晉 十七年相邦鈹

【注】從肉痀聲。●晉器人名。

閖 晉 分研 316

【注】從門卯聲。或以為"閖"之訛文。●晉璽"困石閖"，人名。

覺部

影紐奧聲

薁（奧）秦印 11

【注】從艸奧聲。奧，先秦文字未見，漢印作▨（漢印 645），構形不詳。●秦印"薁譙"，疑讀奧，姓氏。

見紐告聲

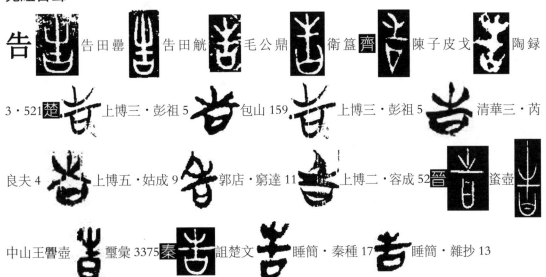

告 告田罍 告田觥 毛公鼎 衛簋 齊 陳子皮戈 陶録
3·521 楚 上博三·彭祖 5 包山 159 上博三·彭祖 5 清華三·芮
良夫 4 上博五·姑成 9 郭店·窮達 11 上博二·容成 52 晉 鲞壺
中山王䇹壺 璽彙 3375 秦 詛楚文 睡簡·秦種 17 睡簡·雜抄 13

【注】甲骨文作屮、屰、屮、屰、屮、屮等形，從口從牛（或牛省），字會意不明。金文同甲骨文，戰國文字如《中山王䇹壺》口中作飾筆。《説文》："屰，牛觸人，角箸橫木，所以告人也。從口從牛。《易》曰：'僮牛之告。'凡告之屬皆從告。"許氏所釋不得其要。●祝禱。《大令尊》："丁亥，令大告于周公宫。"●告誡。《中山王䇹壺》："祇祇翼翼，邵（昭）告後嗣。"●控訴。《舏攸比鼎》："舏比旦（以）攸衛牧告于王。"●讀造。《鄝陵君王子申豆》："郢姬府所告（造）。"戰國楚系文字曲頭的告一般用為造，告訴之義沒有寫成曲頭的，可以把曲頭看成是與告（告訴）的區別符號。●讀覺。《清華三·芮良夫 4》："圂（滿）盈（盈）康戲，而不知薑（癗）告（覺）。"此從白於藍《〈清華大學藏戰國竹簡（三）〉拾遺》讀。

祰有兒簋

【注】從示告聲。●用為本義，《説文》："祰，告祭也。"《有兒簋》："以祰眉壽無丌（期），子子孫孫永保用之。"

493

晧 楚  包山牘 1

【注】從日告聲。●同皓，潔白。《包山牘 1》："四馬晧面。"《小爾雅》："晧，素也。"

痞 楚  新蔡甲三 198  新蔡甲三 344

【注】從疒告聲。●或讀瘔。《新蔡甲三 198》："戲（且）瘠（疥）不出，目（以）又（有）痞，尚速出，毋為忧。"

告 楚  包山 91   包山 57   包山 149   璽彙 2550   匯

考 156   蜻鼎   陳旺戟   新告矛

【注】從人告聲，"譽"之異文。●多讀造。《新告戟》："新告自毇（命）弗戟（戟）。"首二字原釋作"新弨"，謂為人名。應釋為"新造"，楚官名，曾侯乙墓竹簡也有"新造尹"（簡 150）的記載。"命"在此亦當有"用"義。戟可能就是新造官所自用之器。●《璽彙 2550》"告府"讀造。《陳旺戟》："陳旺之歲告（造）廎（府）之戟（戟）。""造府"常見於楚出土文獻。"新造"僅設於中央，是中央級的製造機構，"造"的官署又稱為"造府"。

窖 楚  清華七·趙簡子 8

【注】從穴告聲。●讀竈。《清華七·趙簡子 8》："宮中六窖（竈）并六祀。"并六祀，有六種祭祀。"竈"簡化后為"灶"。"宮中之六灶"指宮中一共才六個灶台，言獻公生活儉樸。

唂 齊  陶彙 5·402

【注】從口告聲。●秦陶人名。

敊 齊  曹右庭戈 楚 鄱陵君豆   鄱陵君豆   璽彙

0131 上博四·曹沫 2  上博四·曹沫 20   上博四·曹沫 12 上博

四・曹沫 1 　上博三・彭祖 7 　鄹之造戈 　清華八・處位 2 　清華九・治

政 34 　清華十一・五紀 76 燕 陶録 4・26 　陶録 4・26 晉 十七年相邦鈹

璽彙 0848

【注】從攴告聲。●讀曹。《上博四・曹沫 2》"敊（曹）沫"，人名。●讀遭。《上博三・彭祖 7》："一命二臅（仰），是謂敊（遭）英（殃）。"●《璽彙 0131》"敊賓之鉩"，讀造。●晉璽人名。

蔰 楚 上博四・曹沫 13 　上博四・曹沫 22 　上博四・曹沫 64

【注】從艸敊聲。●簡文"蔰沫"，讀曹，姓氏。

歕 晉 卅三年鄭令劍 　五年鄭令韓伴戈 　宜戈

【注】從貝敊聲。●均讀造。

寠 楚 ☒君戈

【注】從宀從肉敊聲。聲符"告"作鳥蟲書。●讀造。

徣 師同鼎 齊 陳子戈

【注】從彳告聲。●均讀造。

造 史造鼎 　敊戈 元戟 齊 　鄝大史申鼎 　平阿左戟 　陳侯

因脊戈 　齊城右造戟 　陳余戈 　陳卿聖孟戈 　子禾子左戟 楚 包

495

山 137 反　清華二・繫年 91　清華七・趙簡子 3　清華八・攝命 1　安

大二・仲尼 2　秦子戈　上郡守慶戈　二年上郡守冰戈　漢中守運

戈　上郡守錯戈　上郡守錯戈　高奴權　五年相邦呂不韋戈

秦印 31　睡簡・雜抄 1　睡簡・為吏 15

【注】從辵從告（兼聲），會至而有所告之義。或增宀作𡧛、𡧛，當為造訪專字。水路依仗舟（舟亦為復增之聲符，舟、造古韻同在幽部，聲亦近）行，故字又從舟作艁、𦩍、𦩷等。東周後"造"字異體紛呈，然多從"告"聲。錯、𨜗，疑造兵戈之專用字。或從貝告聲，從貝，言其所制為寶也。燕國雁節、鷹節以"舟"為"造"，"舟"，很可能為艁之省。"造"在各國文字中所體現出的聲符上的不同，是為了適應各國不同的語音。《說文》："𨜗，就也。從辵告聲。譚長說：造，上士也。𦩍古文造從舟。"本義當為到達。《儀禮・士喪禮》："造西階下。"《周禮・地官・司門》："凡四方之賓客造焉。"鄭玄注："造，猶至也。"●製作。《敔戈》："敔之造戟。"●語气詞，與"肇"同。《曾子仲宣鼎》："曾子中（仲）宣造用其吉金，自乍（作）寶貞（鼎）。"●讀祰，告祭也。此從郭沫若説。《申鼎》："鄦（郚）審之孫簹（筥）大史申，乍（作）其造貞（鼎）十。"●《商鞅量》："大良造鞅爰積十六尊五分尊一為升。"大良造鞅，"大良造"是爵名，"鞅"是人名。大良造，亦名大上造，秦商鞅變瀍二十等爵第十六級爵位。《史記・商君列傳》："于是以鞅為大良造。"《廿一年寺工獻車書》："廿一年，寺工獻、工上造但。"上造，二十等爵的第二級。●《安大二・仲尼 2》："去身（仁），亞（惡）唬（乎）成名？造迊（次）、𪓐（顛）𢓊（沛）必於此。"《論語・里仁》"君子去仁，惡乎成名？君子無終食之間違仁，造次必於是，顛沛必於是"，何晏《集解》引馬融曰："造次，急遽。顛沛，偃僕。雖急遽、偃僕不違仁。"

窖　頌簋　頌簋蓋　秦子戈

【注】從宀造聲。●讀造。《秦子戈》："秦子乍（作）窖公族元用。"

簉　里耶 8・1237

【注】從竹造聲。●《里耶 8・1237》："凥四兩，簉𥴩三兩。""簉"字，應指附屬義。《左傳・昭十一年》："泉丘人有女，夢以其帷幕孟氏之廟，遂奔僖子，僖子使助薳氏之簉。"鄭玄註："簉，

副倅也。邁氏之女為僖子副妾，故納泉丘人女，令副助之。"《張衡·西京賦》："屬車之箼，載獫猲獢。"張銑註："箼，副也。""箼藩三兩"，可能指的是副車所用的帷帳三雙。

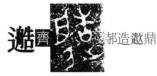 _齊 郑造邀鼎

【注】從舟造聲。●人名用字。《郑造邀鼎》："郑邀（造）邀乍（作）寶鼎，子子孫孫用鬲（享）。"

 _齊 陳侯因育戈 陳卯造戈 曹公子沱戈 滕侯耆戈

 _楚 望山 2·12 望山 2·13

【注】從金告聲。●讀造。《陳卯造戈》："陳卯鋯（造）錢（戈）。"●《望山 2·12》："紫彎，紃受（緌）鋯面。"義不詳。

 _齊 宋公差戈  宋公得戈 宋公欒戈 陶彙 3·896 陶録

3·146 _楚 曾侯 62 曾侯 13 曾侯 11 曾侯 16 清華七·越

公 33

【注】從貝告聲。●讀誥。《清華七·越公 33》："先賠（誥）王訓。"●齊陶單字，為人名。●讀造，新造之意。《曾侯 1》："腹輪，弻，鞍，桐賠。"

 _齊 高密戈 _楚 信陽 2·4

【注】從戈告聲。●均讀造，製作。《高密戈》："高密祮（造）戈。"

 _楚 璽彙 2066

【注】疑從貝祮聲。●楚璽"郑戲"，人名。

 _齊 陰平劍 羊角戈 淳于公戈 郑大司馬戈 杲之造戈

【注】從舟告聲。●讀造。《羊角戈》："羊子之艁（造）戈。"

頌鼎　頌壺

【注】從宀觥聲。●讀造。《頌鼎》："令女官嗣（司）成周貯（賈）廿家，監嗣（司）新窲（造）貯（賈）。"新造：官名，管理成周市廛及稅收的官吏。《漢書·百官公卿表》："爵一級曰公士，二上造……十五少上造，十六大上造。"顏師古注："造，成也，言有成命于上也。"近年湖北隨州曾侯墓所出竹簡，載有"新造尹"，當為新造之長。（馬承源《商周青銅器銘文選·頌鼎》）

趙焦犺戈

【注】從貝觥聲。●讀造。《趙焦犺戈》："趙氏孫焦犺乍（作）㝿（造）戈三百。"

包山 66

【注】從安告聲。●人名。

弜伯作井姬突鼎　公子土斧壺　陳麗子戈　公孫淖子鐘

公孫淖子鐘　上博七·吳命 1　清華八·八氣 5

【注】《弜伯作井姬突鼎》從火從穴，象火出于穴，會炊竈之意；後增告為聲符作"窲"，均為"竈"之異體。本義為竈具。《正字通》："灶，俗竈字。"●讀造，製造。《公孫淖子鐘》："鄨（莒）公孫淖子窲（造）器也。"●人名。《公子土斧壺》："公孫窲立事歲。"●讀竈。《清華八·八氣 5》："祝䕤（融）衔（率）火以飤（食）於窲（竈）。"●讀曹。《上博七·吳命 1》："窲（曹）來告曰……。"

包山簽牌

【注】從土窲聲，"灶"之繁文。●讀竈。

望山 1·139

【注】從示窲聲。●簡文"☐祭窲"，當讀竈。

498

 璽彙 0271

【注】從辵窹省聲。●璽文"毋邁鉨"，疑讀造。

 璽彙 5479

【注】從土窹省聲。●人名。

邿 邿史碩父鼎　谷☑造戟　洹子孟姜壺　齊城造戈　郜

之新造戈　析君戟　蒹陵公戈　清華九·廼命二 10

【注】從邑告聲，與小篆同。或增從止。《說文》："邿，周文王子所封國。"本義為國名。●人
名。《伯家父簋蓋》："隹（唯）白（伯）家父邿乃用吉金，自乍（作）寶段。"●讀蹙。《洹子孟
姜壺》："齊侯洹子孟姜喪，其人民邿邑茥（懂）褰，無用從（縱）爾大樂。"董蓮池曰："許慎
《說文》訓'邿'為周文王子所封國，其訓無當于銘義。先秦從告聲的'造'可通'蹙'，《韓
非子·忠孝》：'舜見瞽瞍，其容造焉'。舊注'造'為'愁貌也'，王先慎集解以為'造與蹙通'。
'邿'亦從告聲，例可得與'蹙'通。故'邿邑'應並讀為'蹙悒'，下'茥（懂）褰'讀為懂
憂，'其人民蹙悒懂褰'是說在齊侯為洹子孟姜家喪持服之事既成之後，他的人民也現出一派悲
愁的樣子。"（《金文編校補》192 頁）●讀造。《析君戟》："斦（析）君墨脅之邿（造）鉾（戟）。"
●《清華九·廼命二 10》："毋（毋）或进（拼）人之田土，邿矗虸（剛）栢（猛），以相為音惪
（德）。"整理者注："进，讀為'拼'，《說文》'並持也'，有兼併義。邿矗，不詳。試讀'邿'
為'嘈'，訓為'喧鬧'；矗，疑從臣得聲，讀為'囂'。《左傳》僖公二十四年：'口不道忠信之
言為囂。'或讀為'諂'，《說文》：'訐也。'音德，猶'德音'，《詩·穀風》：'德音莫違。'"

 包山 133

【注】從言告聲。●《包山 133》："僕（僕）昌（以）誥告郡（宛）公。""誥"是起訴狀的專稱。

覞 清華七·越公 33

【注】從見告聲。●讀誥。《清華七·越公 33》："先覞（誥）王訓。"

悎 清華八·邦政 9　　清華十一·五紀 102

【注】從心告聲。●讀誥。《清華八·邦政9》："眾譿（脆）女（焉）悬（誥）。"誥，謹小慎微。《爾雅·釋詁》："誥，謹也。"●讀告。《清華十一·五紀102》："八憸（機）惴（端）乍（作），黃帝悎（告）永（祥）。"

浩

【注】從水告聲。●戰國文字均為人名。

酷

山124  包山125

【注】從酉告聲。●齊陶地名。●《包山124》："泟昜（陽）之酷官。""酷官"則應是官府名，"酷"所從的"告"應是"造"省，即從"酉"從"造"省的字，就是釀酒之意。《周禮·天官》有"酒正"和"酒人"，"酷官"可能是其屬官。

醬 齊 滕侯昃戈

【注】從水酷聲。●讀造。《滕侯昃戈》："滕侯昃之醬戈。"

見紐夲聲

夲 夲觚 夲爵 夲卣 燕 郾王戎人矛 郾王喜戈 晉 中山王譽壺

璽彙0393 集粹150

【注】甲骨文作 ，象古代的械手的刑具；兩半相合，用以夾持人的兩腕，即後來的"桔"，如今的手銬。金文同甲骨文。《中山王譽壺》下部已有訛變。戰國文字承襲金文，或作夲、夲，上部亦有訛變（"報""執"等字從此），隸變後作"夲"，作偏旁與"幸"混同。《説文》："夲，所以驚人也。從大從羊。一曰大聲也。凡夲之屬皆從夲。一曰讀若瓠。一曰俗語以盜不止為夲，夲讀若籲（尼輒切）。"按許氏謂夲從大從羊，不知其為獨體字。又對于夲字有三種訓釋，均非是也。●讀甲。桔，見母覺部；甲，見母葉部；二字聲母相同，韻部通轉。夲，古文字多讀甲。《説文》讀若瓠，即"柙"之初文。《詩·衛風·碩人》：

"齒如瓠犀。"阜陽漢簡瓠作㮡。合、會一字之分化。《莊子·天運》"枰而藏之"，《玉篇》引枰作枱。故幸讀枰。《中山王嚳壺》："氐（是）以身蒙幸胄，以戕（誅）不忞（順）。"或以為讀皋。《左傳·莊十年》蒙皋比而先犯之。皋比，虎皮也。"皋胄"即以虎皮製作的鎧甲。幸，讀為皋，乃運用文例比勘之結果，不可信。●金文、晉璽人名。

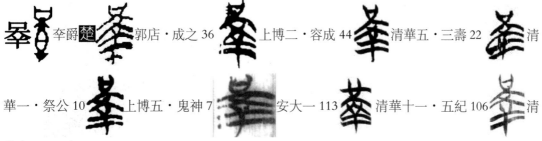

幸爵 [楚] 郭店·成之36　　上博二·容成44　　清華五·三壽22　　清

華一·祭公10　　上博五·鬼神7　　安大一113　　清華十一·五紀106　　清

華十一·五紀110

【注】甲骨文作 、 ，從口幸聲。●讀梏。《上博五·鬼神77》："又（有）足而幸（梏），酓（耽）巠（淫）念惟。"言以刑具械其足。《上博二·容成44》："不從命者，從而桎幸（梏）之。"●讀告。《清華一·祭公10》："敢幸（告）天子。"《清華五·三壽22》："以幸（告）四方。"亦可讀誥。●劉釗先生讀較，較量。《郭店·成之36》："言語幸之，其勳（勝）也不若其已也。"簡文意為：言語較量，勝利者不如禁聲而已也。●讀究。《安大一113》："羔裘斻（豹）魷，自虔（吾）人幸=。"《毛詩》作"自我人究究"。毛傳："究究，猶居居也。"" "，"梏"之初文。上古音"梏"屬見紐覺部，"究"屬見紐幽部，音近可通。●讀菊。《清華十一·五紀110》："以亓（其）目為幸（菊），以亓（其）鼻為蔥。"《說文》："大菊，蘧麥。"

捊 [楚] 安大一109

【注】從手幸聲，即古"掬"字。●讀匊或讀掬。《安大一109》："椒（椒）樛之實，坔（蕃）迊（衍）溋（盈）捊（匊）。"《毛詩》作"蕃衍盈匊"。"匊"，《釋文》："本又作掬。"《文選》注引作"掬"。

椊 [楚] 清華七·子犯12　　上博五·姑成9　　上博三·周易22

【注】從木幸聲。●讀梏。《說文》："梏，手械也。"《上博五·姑成9》："椊（梏）者（諸）廷，與亓妻，與亓母。"●讀牿。《說文解字·牛部》："牿，牛馬牢也。"綁在牛角上使其不能觸人的橫木。《上博三·周易22》："僮（童）牛之椊（牿），元吉。"

幸 [楚] 清華一·皇門10

【注】從古從丮幸聲。梏、古同為見紐，韻部覺、魚旁對轉，"古"可能是後添的聲符。●整理者讀梏。梏，《爾雅·釋詁》："直也。"郭璞注："正直也。"《清華一·皇門10》："卑（譬）女（如） （梏）夫之又（有）忞妻。""梏夫"猶盡言堂堂正正大丈夫。

鞫（鞫）睡簡·答問 35 睡簡·答問 115 嶽麓三 184

嶽麓三 187

【注】甲骨文作 𡗓、𡗓、𡗓、𡗓、𡗓，過去一般以為是"執"字的或體，趙平安先生釋"𩫕"，在卜辭中一種意義是讀為"鞫"或"鞫"，另一種意義是讀為"桔"，認為"本來是用來表示'械系'、'拘禁'意思的一個字（商代卜辭已有這一用法），由'械系'、'拘禁'引申為'審訊問罪'，這一意義後來加'言'孳乳為𩫕、鞫、鞫。"（《釋"𩫕"及相關諸字》）所論甚是。這個字就是《説文》中的"𩫕"字，或體省言作"𩏑"，訓"窮理皋人也"，在後來的典籍中通用"鞫"，用為"審訊問罪"義；"械系""拘禁"義則專用"桔"，二者判為二字。但"桔""鞫"兩個字又通用，《周易·大畜》"童牛之桔"，《周禮·大司寇》賈疏引"牿"作"桔"，馬王堆帛書本作"鞫"，因為這兩個字本同源，古音都為見母覺部，雙聲疊韻，讀音大致相同。《説文》作𩫕。《説文》："𩫕，窮理罪人，從幸從人從言，竹聲。𩏑，或省言。"●讀鞫，審訊問罪。《玉篇》問鞫也。《爾雅·釋言》鞫、究，窮也。《詩·大雅》鞫哉庶政。《史記·酷吏傳》訊鞫論報。《睡簡·答問 35》："其獄鞫乃直（值）臧（贓）。"到審訊時才估贓物價值。《睡簡·答問 115》："以乞鞫及為人乞鞫者，獄已斷乃聽，且未斷猶聽殹（也）？"乞鞫，要求重加審判。已要求重審及為他人要求重審的，是在案件判決以後受理，還是在沒有判決以前就受理？

郢包山 164 郢戈 清華二·繫年 133 清華二·繫年 134

【注】從邑𡎴聲。●均為地名，讀郜。《郢戈》："郢。"《包山 164》："郢邑人。"《清華二·繫年 133》："王命坪（平）亦（夜）悼武君衒（率）𦤶（師）𢦏（侵）晉，逾郢（郜）。"

𢼸包山 122 包山 122 清華二·繫年 49 清華三·祝辭

2 清華二·繫年 70 清華二·繫年 60 清華三·祝辭 1

【注】從攴𡴀聲，"執"字或體。●楚簡多讀執，為"執"之異文。《清華二·繫年 70》："既會諸侯，郰（駒）之克乃𢼸（執）南嘼（郭）子、鄩（蔡）子、女（晏）子以歸。"●讀質，人質。《清華二·繫年 60》："目（以）芋（華）孫元為𢼸（質）。"●《包山 120》"𢼸（執）事"，讀執事，官名。

𣏟璽彙 3679

【注】從木𣏟聲。●"公上𣏟"人名。

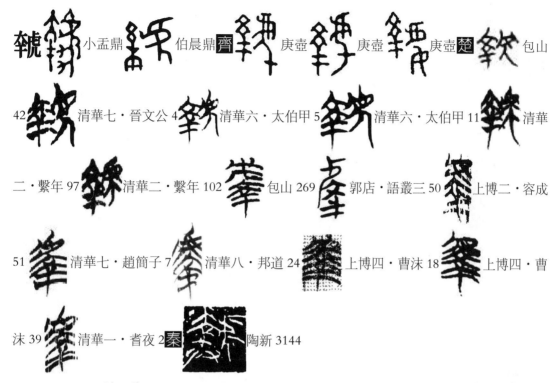

小盂鼎　伯晨鼎 齊　庚壺　庚壺　庚壺 楚　包山

42　清華七·晉文公 4　清華六·太伯甲 5　清華六·太伯甲 11　清華

二·繫年 97　清華二·繫年 102　包山 269　郭店·語叢三 50　上博二·容成

51　清華七·趙簡子 7　清華八·邦道 24　上博四·曹沫 18　上博四·曹

沫 39　清華一·耆夜 2　陶新 3144

【注】甲骨文作鳶、鳶，從虎夲聲。夲，象刑具之形。金文同。戰國文字或省為“虜”。●讀甲。《庚壺》：“歸獻于靈公之所，商（賞）之台（以）兵虦、車馬。”《伯晨鼎》：“易（賜）女（汝）……虦（甲）胄，用羿（夙）夜事，勿灋（廢）朕令。”《小盂鼎》：“畫虦一、貝胄一。”●讀執。《庚壺》：“哀（崔）子虦（執）鼓（鼓）。”●讀狎。《清華六·太伯甲 10》：“為大亓（其）宮，君而虦（狎）之。”●楚文字多讀甲，車甲。《上博四·曹沫 18》：“城郭（郭）必攸（修），纏（繕）虜（甲）利兵。”按楚簡多、屯等形皆為甲乙之“甲”，甲胄之“甲”則均作“虜”，兩不相混。●包山簡人名。

虜 楚　　清華五·三壽 20

【注】從井虜聲。●讀浹，訓“周”。《清華五·三壽 20》：“虜帀（祇）不易。”《荀子·儒效》：“盡善挾治之謂神。”楊涼注：“挾讀為浹。浹，周洽也。”浹祇，指周洽祇敬。

臚 齊　　璽彙 0344

【注】從肉虜聲，“胛”字或體。●齊璽“臚☒曘”，義不詳。

虩 楚　　新蔡甲三 100　　新蔡乙四 8

【注】從骨膚聲，"胛"字或體。●讀胛。《新蔡甲三 100》："目（以）鱀（胛）疾。"

郭店・窮達 6

【注】從木膚聲，"枰"字或體。●疑讀枰。《郭店・窮達 6》："斀（釋）杕（械）櫖（枰），而為者（諸）侯相。"

郭店・五行 49

【注】從人從皿膚聲。●疑讀狎。"狎"與"習"音義相近。"狎"是匣母葉部字，"習"是邪母緝部字，讀音相近，古人常以二字互訓。《郭店・五行 49》："大（天）堅（施）者（諸）亓（其）人，天也。亓（其）人堅（施）者（諸）人，儠也。"天施者，天生也、先驗也。《禮記・曲禮》"賢者狎而敬之"，鄭玄注："狎，習也，近也。謂附而近之，習其所行也。""狎"或"習"，謂後天的、經驗的。

上博四・曹沫 63

【注】從玉夲聲。●可讀躡（夲，《說文》尼輒切）。《上博四・曹沫 63》："弗琜危地。"句意為：不去危險的地方，也就是不去戰場。

璽彙 2259

【注】從艸夲聲。●晉璽"萃坨"，姓氏。

璽彙 1790

【注】從广萃聲。●晉璽人名。

璽彙 1170 分研 308 類編 263

【注】從广夲聲。●晉璽人名。

圍 圍方鼎 圍盨 圍簋 圍簋 牆盤 秦 詛楚文 圍、

504

秦印 205

【注】甲骨文作🔲、🔲、🔲、🔲、🔲、🔲、🔲，從㚔從囗（表牢獄），拘犯人于囗中，會牢獄之意。金文承之。"㚔"或繁化作"睪"，甲骨文"執"或作🔲。㚔聲古音與告聲、九聲相通，其音均在幽覺部，對轉疊韻。㚔聲字同時可與魚部字相通。例如：《包山楚簡》簡 153 "南與邶君佢疆，東與薐君佢疆，北與鄝昜佢疆，西與鄱君佢疆"，簡 154 作"南與邶君執疆，東與薐君執疆，北與鄝昜執疆，西與鄱君執疆"。《郭店楚墓竹簡·語叢三》簡 50、51 "志於道，虜於德，依於仁，遊於藝"，《論語·述而》作"志於道，據於德，依於仁，遊於藝"。"佢"和"據"均為魚部字，古音相通。《説文·酉部》："醵，會歛酒也。從酉，豦聲。配，醵或從巨。"傳世文獻常見的人名"蘧伯玉"，《上海博物館藏戰國楚竹書（五）·弟子問》簡 16 作"巨白玉"。包山楚簡 153、154 兩支簡所記為一事，而一作"執"，一作"佢"，兩字應該看作通假關係。然則虜之於據，猶執之於佢也。執佢、虜據相通例之，則圉字之㚔或睪均可以看作聲符。《説文》："圉，囹圄，所以拘罪人。從幸從囗。一曰圉，垂也。一曰圉人，掌馬者。"本義為牢獄。●強圉。《牆盤》："匍（撫）有上下，迨（會）受萬邦。𩁹圉武王，通征四方，達（撻）殷𣆪民，永不（丕）巩（恐）狄。"圉，強圉。《楚辭·離騷》王逸注："強圉，多力也。"也作強御，古書常見。𩁹圉武王，即強有力的武王。裘錫圭讀"𩁹"為"迅"，曰："迅圉，就是迅猛強圉的意思。……《周書·謚灋》也説'威德剛武曰圉。'"（《史牆盤銘解釋》）●人名或族氏名。《圉觚》："圉。"秦印人名。●拘囚。《詛楚文》："拘圉其叔父。"

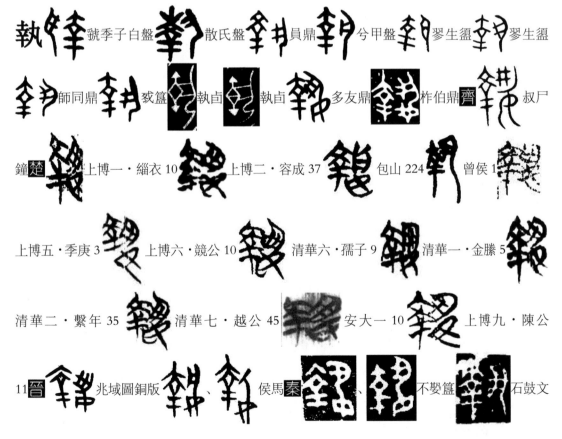

號季子白盤　散氏盤　員鼎　兮甲盤　翏生盨　翏生盨

師同鼎　致篤　執卣　執卣　多友鼎　柞伯鼎齊　叔尸

鐘楚　上博一·緇衣 10　上博二·容成 37　包山 224　曾侯 1

上博五·季庚 3　上博六·競公 10　清華六·孺子 9　清華一·金滕 5

清華二·繫年 35　清華七·越公 45　安大一 10　上博九·陳公

11晉　兆域圖銅版　、　侯馬秦　、　不娶篤　石鼓文睡簡·日乙 199　睡簡·答問 102　睡簡·日乙 200

【注】甲骨文作 、 、 、 、 、 、 、 、 、 、 、 、 、 、 、 、 ，從夲（兼聲）從丮，象人之雙手被銬住，會拘執之意。或增意符又、臼、糸、攴，則字義更顯。金文同甲骨文。《説文》："執，捕罪人也。從丮從夲，夲亦聲。"本義是拘捕，如《左傳》："執邾悼公，以其伐我故。"●捕獲。《小盂鼎》："執覣三人，隻（獲）聝四千八百☒二聝。"●手持、手拿。《散氏盤》："氒（厥）左執要，史正中農。"執要，即執掌契要。●執犬：官名，行獵、祭祀時專門負責照料、攜帶獵犬者，即《周禮·秋官·犬人》所言"牽犬"，為犬人的下屬。《周禮·秋官·犬人》："凡相犬、牽犬者屬焉。"《員方鼎》："王令員執犬。"●掌管、治理。《叔尸鐘》："女（汝）不象夙夜，宦執而政事。"●執事：指執行具體事務的下級辦事官員。《秦公鎛》："酅（柔）燮百邦，于秦執事。"《國語·吳語》："王總其百執事，以奉其社稷之祭。""百執事"猶言百官。《清華一·金縢 5》："乃命執事人曰。"●持、持守。《廣雅·緝韻》："執，守也。"《禮記·中庸》："誠之者，擇善而固執之者也。"《清華六·孺子 9》："思（使）羣臣旻（得）執女（焉）。"《上博三·彭祖 1》："考氏執心不忘（妄），受命永長。"意即如能心志恒一而不惑亂，則受命永長。●《上博五·季庚 3》："孶=（君子）才（在）民之上，執（執）民之中。""執民之中"即對人民進行治理。●讀接。《包山 154》"執（執）疆"，執、接音近義通，"執疆"即接疆，今所謂接壤。●讀質，人質。《清華二·繫年 35》："惠公女（焉）目（以）丌（其）子裏公為執（質）于秦。"●讀蟄。《安大一 10》："宜尒（爾）孫=（子孫），執=（蟄蟄）可（兮）。"《毛詩》作"蟄蟄兮"。"蟄""執"二字諧聲可通。毛傳："蟄蟄，和集也。"《詩集傳》："蟄蟄，亦多意。"

師袁簋

【注】從廾執聲。●讀執。《師袁簋》："折首𪏾訊。"𪏾訊，謂生執敵人并聽其辭。

清華十·病方 1

【注】從心執聲。●簡文"目（以）癥（瘥）慹"，當指某種疾病。

清華十·四時 42　睡簡·日甲 142 背

【注】從虫執聲。●用為本義。《説文》："蟄，藏也。"《清華十·四時 42》："亓（其）三不雨，及孟𣅊（春）乃又（有）蟄虫（蟲）見。"●藏掖。《睡簡·日甲 142 背》："冬三月之日，勿以筑（築）室及波（破）地，是胃（謂）發蟄。"

印增 258

【注】從日執聲。●秦印"晢陽"，疑為姓氏。

【注】從艸執聲。●讀笠。"執"章母緝部，"立"來母緝部，同為舌音，韻部相同。《上博二·容成14》："舜於是乎始免蓺（笠）、拄（鉏）、耨、蓁（鎒），价而坐之。"

【注】從虍執聲。●讀執。《上博九·靈王1》："虣（執）事人夾蔡人之軍門，命人毋敢徒出。"●讀蟄。《清華十·四時20》："孟穆〈秋〉，日才（在）此（毗）蚤（尤），白洛（露）降，䖆（蟄）蟲（蟲）虣（蟄）。"

博四·柬旱15

【注】從竹執聲。●讀箑。《上博四·柬旱15》："母（毋）敢執藻籋。"《説文》："箑，扇也。從竹，疌聲。篓，箑或從妾。"《淮南子·精神》"知冬日之箑、夏日之裘無用於己，則萬物之變為塵埃矣"，高誘注："楚人謂扇為箑。"也不敢拿五采羽飾的大扇（表示修祭的誠意）。●讀笠。《清華六·太伯甲5》："籋（笠）韋（胄）蓴（萆）甲。"可解釋為"以笠為胄""以草為甲"，比喻條件艱苦。《清華七·趙簡子9》："冬不裘，顗（夏）不張籋。"陳劍讀笠。則該句可譯為：冬天不穿裘衣（取暖），夏天不張開笠蓋（乘涼）。與先秦文獻"暑不張蓋"相合。

秦印233　分研72

【注】從手執聲。楚簡增從又。●秦簡均讀執。《睡簡·日甲139正》："摯（執）盜賊。"●讀摯，為人名。《清華一·楚居6》"舍摯"，《史記·楚世家》作"熊摯紅"，《史記·三代世表》作"熊鷙紅"，《漢書·古今人表》則見"熊摯""摯紅"兩名。

聖彙3931

【注】從肉執聲。●楚璽"公上膌"，人名。

墊 楚 墊 安大二·仲尼 2 秦 墊 睡簡·日甲 53 背

【注】從土執聲。●秦簡本義，枕墊。《睡簡·日甲 53 背》："一室井血而星（腥）臭，地蟲斯（鬪）於下，血上扁（漏），以沙墊之，更為井，食之以噴，歓（飲）以爽（霜）路（露），三日乃能人矣。"●讀執。《安大二·仲尼 2》："皮（彼）求我，若不我旻（得），墊（執）我廄=（仇仇），亦不我力。"

窥 子窥壺 子窥尊 楚 清華十·四告 48 清華十·四時 20

【注】甲骨文作
，從宀執聲。金文或從广，與從宀會意同。窥，《説文》屋傾下也，一曰厭也。《廣韻》窮也，或從土作墊。●人名。《子窥尊》："子窥。"●讀執。《清華十·四告 48》："卑（俾）隻（獲）卑（俾）執，卑（俾）死（尸）卑（俾）窥（執）。"●讀蟄。《清華十·四時 20》："孟穆〈秋〉，日才（在）此（蟲）蚤（尤），白洛（露）降，窥（蟄）蟲（蟲）廄（蟄）。"

輱 楚 輱 上博四·柬旱 18

【注】從車執聲。●讀輊。《上博四·柬旱 18》："邦家旻（以）軒輱。"簡文"軒輱"，讀為"軒輊"。車前高後低叫軒，前低後高叫輊。軒前高後低，自然較輕；輊前低後高，自然較重。引申為高低、輕重、優劣。《詩·小雅·六月》："戎車既安，如輊如軒。"朱熹集傳："輊，車之覆而前也；軒，車之卻而後也。凡車從後視之如輊，從前視之如軒，然後適調也。"《淮南子·人間》："道者，置之前而不輊，錯之後而不軒，内之尋常而不塞，布之天下而不窕。""軒輊"有失衡、傾覆之意，從而與上下文中的"大事""危"對應。

端紐竹聲

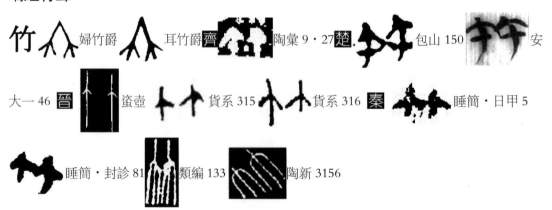

竹 仌 婦竹爵 仌 耳竹爵 齊 陶彙 9·27 楚 包山 150 安

大一 46 晉 瓷壺 货系 315 货系 316 秦 睡簡·日甲 5

睡簡·封診 81 類編 133 陶新 3156

【注】甲骨文作
、
，象二枝相連之竹形。卜辭有"令竹""取竹"之語，竹當為地名或古國名。金文與甲骨文全同，戰國文字二枝相連形分列。戰國陶文作 ⺮，與小篆同。《説文》："⺮，冬生艸也。象形。下垂者，箬箬也。凡竹之屬皆從竹。"本義為竹子。●用為本義，竹子、竹製品。《睡簡·封診 81》："內中有竹柖。"竹柖，竹制浴床。《安大一 46》："龙帬（旆）又（有）蕡（苑），竹枇（柲）綑繛（縢）。虎韔豻（豹）麑（膺），交邕（韔）二弓。"●讀篤，厚也。《鲞壺》："昔者先王，爭（慈）恐（愛）百每（民），竹（篤）肎亡彊（疆）。"戰國包山楚簡有"箮"字，作 ⺮，從亯竹聲，段玉裁注："箮篤亦古今字。箮與二郭部竺音義皆同。今字篤行而箮竺廢矣。"●人名或族氏名，見於《婦竹爵》《耳竹爵》等器。●包山簡地名。●《類編 133》"竹踦"，姓氏。竹氏，見《通志·氏族略·以國為氏》。

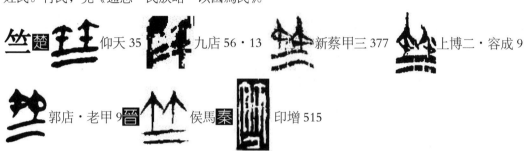

竺 楚 [仰天 35] [九店 56·13] [新蔡甲三 377] [上博二·容成 9]
[郭店·老甲 9] 晉 [侯馬] 秦 [印增 515]

【注】從二竹聲，"竹"之繁文。二為分化符號，竹、竺古本一字，《説文》"竺，厚也，從二竹聲"，許慎誤析字形，且誤以"篤"之訓厚移于"竺"下。●讀竹。《仰天 35》："又（有）覽（文）竺（竹）扢（柄）。"●讀篤。《上博二·容成 9》："履堲（地）訨（戴）天，竺（篤）義與信。"●讀築。《九店 56·13》："利且（以）取（娶）妻、祭祀、竺（築）室。"●讀孰。《郭店·老甲 9》："竺（孰）能濁以朿（静）者，淽（將）舍清。"●秦印"竺擢"，姓氏。漢有竺次，宣帝時謁者；又有竺固，後漢侍中，西平侯。●盟書為人名。

筐 楚 [上博三·周易 22]

【注】從土竺聲。●讀畜，指"大畜"卦。《上博三·周易 22》："大筐（畜）：利貞，不豪（家）而飤（食），吉，利涉大川。"

慫 楚 [清華七·越公 14]

【注】從從心竺聲。●讀篤。《清華七·越公 14》："今皮（彼）新去亓（其）邦而慫（篤），母（毋）乃豕戩（鬥）。"豕戩（鬥），大意是如窮途之獸，負隅頑抗。

竺 楚 [清華一·金縢 13] [清華三·説命上 2] [清華三·琴舞 13]

【注】從土竹聲。●讀築。《清華一·金縢 13》："是夕，天反風，禾斯记（起），凡大木斋=（之所）臧（拔），二公命邦人妻（盡）遷（復）竺（築）之。"《清華三·説命上 2》："俶（説）方竺（築）城。"●讀篤。《清華三·琴舞 13》："秋（咎）尔多子，竺（篤）亓（其）縝（諫）卲（劭），余彖（逯）思念，畏天之載，勿請福之侃（愆）。"

509

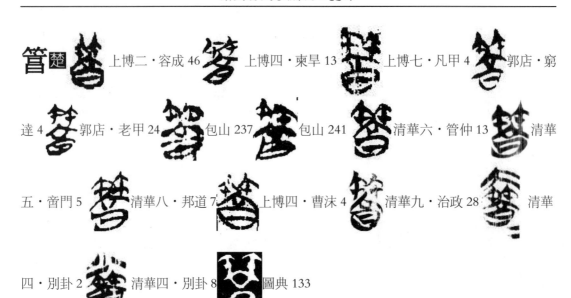

篙 楚　　上博二·容成 46　　上博四·柬旱 13　　上博七·凡甲 4　　郭店·窮

達 4　　郭店·老甲 24　　包山 237　　包山 241　　清華六·管仲 13　　清華

五·甯門 5　　清華八·邦道 7　　上博四·曹沫 4　　清華九·治政 28　　清華

四·別卦 2　　清華四·別卦 8　　圖典 133

【注】從畗竹聲，"篤"之異文。●多讀篤。《郭店·性自 55》："篙（篤）於仁者也。"●讀孰，疑問詞。《上博四·曹沫 4》："今天下之君子既可知已，篙（孰）能並兼人哉？"●讀熟，歲熟。《清華一·金縢 9》："是戚（歲）也，蘇（秋）大篙（熟）。"●讀熟，熟食。《清華七·越公 31》："乃以篙（熟）食盬（脂）醢（醢）肵（脯）胚多從。"●讀築。《窮達以時 4》："戁（釋）板篙（筑）而差天子。"簡文所書為皋陶事蹟，其實為傅説事蹟。●《清華四·別卦》分別為"大篙""小篙"二字合文。讀畜，即"大畜""小畜"卦。畜（覺部透紐）、篙（覺部端紐）古音近。篙為篤的古字，即篤厚的意思。篙，《説文》："厚也，從畗竹聲，讀若篤。"帛書作"泰蓄"，上博簡作"大筐"。畜、竹、竺同為舌頭音，韻部都在覺部，可以通用。

篤 楚　　上博一·性情 24　　上博一·性情 33

【注】從心篙聲。●讀篤，忠實厚道。《上博一·性情 24》："篤（篤）於忨（仁）者也。"

墥 楚　　上博二·容成 38

【注】從土篙聲。●讀築，修建。《上博二·容成 38》："墥（築）為璿室，釱（飾）為糸（瑤）臺，立為玉閨（門）。"

籔 楚　　帛書丙　　上博五·鮑叔 4

【注】從支篙聲。●讀敦。《説文·支部》："敦，怒也，詆也。一曰誰何也。從支，羣聲。"《上博五·鮑叔 4》："籔（敦）█（堪）怀（背）惡（愿），皮（疲）嗀（敝）齊邦。"●讀築。《帛書丙》："可以出帀（師）、籔（築）邑，不可以豪（嫁）女、取臣妾。"

菁 楚  清華八・天下 1 上博六・競公 9

【注】從艸害聲。●讀篤，訓為"厚"。《清華八・天下 1》"菁（篤）其飲食"即"厚其飲食"。整理者注："菁，疑為'菅'之異體。菅，《説文》：'厚也。'該字亦見於上博簡《虐》第九簡，或讀作'芳'。"《上博六・競公 9》："番涅壁（臧）菁吏之臣，出喬（矯）於郢（鄙）。"

築 齊 子禾子釜 秦 睡簡・封診 97

【注】從木筑（竹聲）聲，與小篆同。《説文》："築，搗也。從木筑聲。築古文。"本義築搗。朱駿聲考證：古築牆先度其廣輪，乃樹楨干，繼施橫板於兩邊干內，以繩束干，實土築之，一板竣則層疊而上，五板為堵。●建也。古代築牆時用以固定土板的木杆。《子禾子釜》："關人築杆威各（釜）。"此銘大意：如果官吏在釜內築杆以減少其量值，或在釜外加物以添益其量值，則應當制止。《睡簡・封診 97》："三月中通築宮廿日。"此義楚系文字作管、笁、笁、墻等。

篤 秦 睡簡・雜抄 29

【注】從馬竹聲。●馬行遲緩。《睡簡・雜抄 29》："膚吏乘馬篤、輋（觜），及不會膚期，貲各一盾。"評比吏的乘馬，馬行遲緩，以及評比時不來參加，均罰一盾。

端紐祝聲

祝 禽簋 禽簋 示 長由盉 小盂鼎 太祝禽鼎 申簋 大祝追簋 楚 包山 217 包山 237 帛書甲 晉 璽彙 2726 侯馬 秦 集證 133 睡簡・日乙 194

【注】甲骨文作祝、祝、祝、祝、祝、祝、祝、祝、祝、祝、祝、祝、祝、祝、祝等形，從兀（人禱告之狀）從示（祭台），會祝禱之意。金文同甲骨文。《禽簋》象雙手拜祭于示前，郭沫若釋為"祝"字（與甲骨文一形同），銘文中亦用為祭祀之義。《説文》："祝，祭主贊詞者。從示從人口。一曰從兌省。《易》曰：'兌為口為巫。'"本義是祭祀時主持禱告的人，如《詩經》："工祝致告。"●祝禱、致祭。《小盂鼎》："王各廟，祝。"《禽簋》："禽又（有）啟祝。"伯禽以脤器致祭。●官名。《禽簋》："周公某（謀）禽祝。""禽"即伯禽，周公旦長子。祝，是號祝詞

以致鬼神的神職。《長由盉》："穆王鄉（饗）豊（醴），即井白（伯）、大祝射。"《周禮·春官》："大祝掌六祝之辭，以事鬼神示，祈福祥，求永貞。"《上博六·競公1》："齊競（景）公瘧（疥）戲（且）瘟（瘧），叟（逾）歲（歲）不已，是虐亡=（吾無）良祝史（史）也。"

 安大一109

【注】從手祝聲。●讀篤。《安大一109》："皮（彼）仉（其）之子，碩大戲（且）摯（篤）。"《毛詩》作"碩大且篤"。毛傳："篤，厚也。"上古音"祝"屬章紐覺部，"篤"屬端紐覺部，音近可通（參白於藍《戰國秦漢簡帛古書通假字彙纂》第四一七頁）。

 璽彙1131 璽彙2861 璽彙2003 故宮466

【注】從言祝省聲。與呪同。《集韻》亦作詋。●均為人名。

透紐尗聲

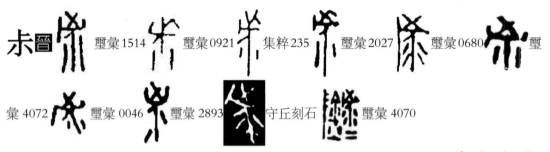 璽彙1514 璽彙0921 集粹235 璽彙2027 璽彙0680 璽彙4072 璽彙0046 璽彙2893 守丘刻石 璽彙4070

【注】尗當為叔之省文。何琳儀謂，尗從小（尗豆顆粒細小）弋聲。戰國文字作、、、，上訛似此形，弋字主筆延長和小字中間一筆合併作、、等形。秦漢文字作、、，承襲戰國文字。（《戰國古文字典》199頁）●讀淑，善也。《守丘刻石》："守丘丌（其）臼（舊）牁（將）曼敢謁後尗（叔）賢者。"●《璽彙0046》"陽州左邑右尗司馬"，"左邑"當是"陽州"所轄的一個城邑。何琳儀謂尗讀少。金文"叔"字下部從"小"，二字音近可通。"小司馬"一職見《周禮·春官·小司馬》："小司馬之職掌，凡小祭祀、會同、饗射、師田、喪紀，掌其事，如大司馬之法。"李家浩讀校，謂"尗"與"校"字古音相近，"右尗司馬"應讀為"右校司馬"。《越絕書·記吳王占夢》有"右校司馬"。（《十一年皋落戈銘文釋文商榷》）●晉璽多為人名用字。●《璽彙4070》為"尗陰"二字合文，讀"叔陰"，複姓。《璽彙4072》有"尗陰瘣"。

 叔鼎 叔鼎 叔鼎 叔簋 吳方彝 師嫠簋 睡簡·答問153 睡簡·秦種43 詛楚文 秦印55

【注】從又尗聲。郭沫若據《說文》為說，謂收芋為其初義，從又持弋（木杖）以掘芋，**丨**若**八**，當是芋形。(《金文叢考》230 頁)《說文》："**枝**，拾也。從又尗聲。汝南名收芎為叔。**枝**叔或從寸。"初義當為拾菽，如《詩經》："八月斷壺，九月叔苴。" ● 讀淑，美好、優質。《師釐簋》："易（賜）女（汝）叔市。"《吳方彝蓋》："王乎（呼）史戊冊令（命）吳：嗣（司）旃罘叔金。"淑金，優質的好銅。《詩·周南·關雎》："窈窕淑女，君子好逑。" ● 人名。《叔卣》："叔對大俿（保）休，用乍（作）寶障彝。"秦印多人名。 ● 秦簡多讀菽。《睡簡·秦種 38》："黍、荅畝大半斗，叔（菽）畝半斗。" ● 秦文字假"叔"為叔伯之叔，六國均用"弔"，銅器銘文亦用"弔"。《詛楚文》："拘圍其叔父。"

 印增 606

【注】從女叔聲。 ● 人名。

 秦印 66

【注】從木叔聲。 ● 秦印"督光"，姓氏。望出巴郡，晉有督戎。

 睡簡·日甲 111 背

【注】從手叔聲。 ● 拾。掫，《廣韻》曰："拾也。"《睡簡·日甲 111 背》："掫其畫中央土而懷之。"即拾取其畫地後中心部位的土揣在懷中。

 睡簡·答問 28　　　睡簡·封診 76　　嶽麓三 54　　嶽麓三 53

【注】從土叔聲。 ● 掘挖。《睡簡·封診 76》："其所以埱者類旁鑿。"用來挖洞的工具像是寬刃的鑿。《睡簡·答問 28》："可（何）謂'盜埱圭'？王室祠，貍（薶）其圭，是謂'圭'。"什麼叫盜掘祭祀的圭？王室祭祀，埋其祭品，叫做圭。

 弭伯簋

【注】從金尗聲。 ● 讀淑。《弭伯簋》："易（賜）女（汝）玄衣黹屯（純）、銖（素）市。"或謂讀素。他器作素，《師嫠簋》："師嫠父弋嫠素市，巩告于王。"

 陶彙 3·168　　陶錄 2·61　　陶彙 3·1126

【注】從心尗聲。 ● 齊陶人名。

宋 集粹 34 侯馬

【注】從宀尗聲，《説文》同"寂"。●均為人名。

梤 睡簡·封診 66

【注】從木尗聲，同"椒"。字亦見於馬王堆帛書作梤、梤（帛編 246），帛書讀椒。●讀蹙，皺、收縮。《睡簡·封診 66》："索迹梤（蹙）鬱，不周項二寸。"繩索在屍體上留下淤血的痕跡，只差頭後兩寸不到一圈。

戚（戚）戚姬簠　伯戚父簠　戚觶　戚觶齊　薛侯鼎楚

曾伯陭鉞　望山 1·5　望山 1·7　包山 221　清華五·啻門

9　清華八·邦道 1

【注】疑"戚"之異文。戚，甲骨文作、、、、，象斧鉞有齒扉棱之形。戰國秦系文字作（詛楚文），楚簡作（郭店·語叢一 34）、（郭店·尊德 7），以戈代替斧鉞之形，兩側扉棱相連成川形。六國文字或從戈尗聲作，其演變順序為→→→→→，小篆從戈尗聲。《説文》："，戉也。"段玉裁注："大雅曰：'干戈戚揚。'傳云：'戚，斧也。揚，鉞也。'依毛傳戚小于戈，揚乃得戈名。左傳：'戚鉞秬鬯，文公受之。'戚鉞亦分二物。許則渾言之耳。戚之引申之義為促迫。而古書用戚者，俗多改為蹙。"本義古兵器名，斧的一種。●人名。《戚姬簠》："戚姬乍（作）寶隩毁。"《伯戚父簠》："白（伯）戚父。"●兵器。《曾伯陭鉞》："曾白（伯）陭鑄戚戈（鉞）。"●天星"戉郢"讀郊郢。詳"菽"字。●讀蹙，縮減。《清華五·啻門 9》："氣（氣）戚（蹙）乃老，氣（氣）繠（餘）乃獻。"《詩經·大雅·召旻》："昔先王受命，有如召公，日辟國百里，今也日蹙國百里。"簡文指精氣之衰減。《清華八·邦道 1》："以至于邦豕（家）惛（昏）䂊（亂），戚（蹙）少（小）刕（削）敗（損），以及（及）于身。"釋為戚，讀蹙，"蹙小"即縮小的意思。

賊 上博一·性情 19

【注】疑從見戚省聲。●讀戚。《上博一·性情 19》："丌（其）［烈戀戀］女（如）也，賊（戚）狀（然）以冬（終）。"郭店簡作"感"。

 上博三·恒先 2

【注】從水㦷聲。●讀寂。《上博三·恒先 2》："未又（有）天堕（地），未又（有）乍（作）行，出生虛靑（靜），為弌（一）若淼（寂）。"

 包山 271　　包山 270

【注】從糸㦷聲。●疑讀繡。《包山 270》："一緅纖之紛（橐）。"

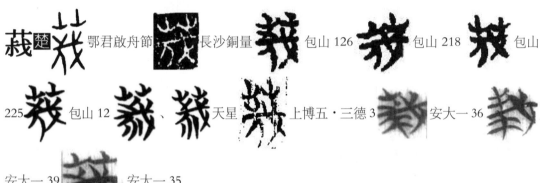 鄂君啟舟節　　長沙銅量　　包山 126　　包山 218　　包山

225　　包山 12　　　天星　　上博五·三德 3　　安大一 36

安大一 39　　安大一 35

【注】何琳儀謂"葴"之異文。多為戰國楚系文字，從艸㦷聲；或作 葴（增木繁化）。葴，《篇海》草也。《安大一 35》從葴省，贅加口旁。●葴郢：何琳儀謂郊郢，戰國楚地。郊、紀音近可通，指的是"紀郢"。紀郢是戰國時期楚國最大城，可能是在郊郢的基礎上不斷擴建而成的。《鄂君啟舟節》："王處于葴郢之游宮。"《燕客量》："郾（燕）客臧嘉聞（問）王于葴郢之哉（歲）。"在楚簡金文中除了葴郢外，還有鄀郢、藍郢、郱郢、郿郢，這些郢城都是楚國正郢之外的一些別都，內都設有楚王的行宮。●讀感。《上博五·三德 3》："易（陽）而幽，是胃（謂）大葴（感）；幽而易（陽），是胃（謂）不恙（祥）。"●讀肅。《安大一 35》："葴（肅）＝肖（宵）正（征）。""㦷"聲系字與"肅"古音相近或相同。"葴"屬清紐覺部，"肅"屬心紐覺部，二者音近可通，如：王弼本《老子》第二十五章"寂兮寥兮"之"寂"，馬王堆帛書《老子》甲本作"繡"，乙本作"蕭"，北京大學漢簡本《老子》作"肅"。（參黃德寬《新出戰國楚簡〈詩經〉異文二題》）毛傳："肅肅，疾貌。"

 包山 206　　包山 209　　包山 166　　包山 220　　包山

131　　上博八·有皇 3　　上博六·鄭壽 2　　安大一 108　　安大一

108 安大一 109

【注】從木葴省聲。●讀"郊"。詳"葴"字。●木名。《上博八・有皇3》："大逾（路）今可（兮），敦葴與楮今可（兮）。""葴"當即與"楮"同類之惡木。●讀椒。《安大一108》："葴（椒）樛之實，坴（菁）遄（衍）溫（盈）舉（承）。"《毛詩》作"椒聊之實"。"葴"，從"木"，"戚"省聲，或即"椒"之異體。

郭店・性自30   分研一692

【注】從心葴聲。《分研一692》省去艸。●讀戚，憂也。《郭店・性自30》："其刺（烈）鞏（戀）鞏（戀）女（如）也，慼（戚）肰（然）以終。"戀戀，形容非常顧念、思念。《分研一692》"亡慼呈志"爲成語，"亡慼"，其義為無憂。

定紐逐聲

逐 歔縊方鼎   逐簋 楚   上博二・從甲3   清華二・繫年93   上博五・季庚19   清華六・管仲7   清華三・説命下3   清華八・邦道12   清華七・子犯12   清華九・命二8   清華十・四告36 燕   璽彙0850 晉   訓義1・138 秦   集粹638   秦印34   關簡221   睡簡・日乙199

【注】甲骨文作𧾷、𧾷、𧾷、𧾷、𧾷、𧾷、𧾷、𧾷、𧾷，從止從豕（或從兔、鹿），會追趕野獸之意。金文從辵，僅保留從豕一體。《清華十・四告36》為"逐"之變體，簡文"𥃩（揚）爾（爾）文自遠塚（邇）"讀邇。《説文》："𨒂，追也。從辵，從豚省。"本義為追趕野獸，如《商君書》："一兔走，百人逐之。"●趕走、驅逐。《寅簋》："卑復虐逐乓（厥）君乓（厥）師。"《公羊傳・僖公二十八年》："文公逐衛侯而立叔武。"《睡簡・日甲45背》："人過于丘虛，女鼠抱子逐人。"●追逐。《上博七・凡乙7》："逐高從埤，至（致）遠從邇。"●讀旞，車旗上的裝飾。《歔縊方鼎》："楷中（仲）賞乓（厥）歔縊逐（旞）毛（旄）兩。"旞旄，置于車隊第一輛車上有五彩全羽的幢。《周禮・春官宗伯・司常》："全羽為旞。"此義金文多作"述"。●族氏名，見于《逐鼎》《逐簋》。●楚文字多讀邇。《清華六・管仲7》："吉凶、会（陰）易（陽）、遠逐（邇）。"《清華八・邦道12》："遠逐（邇）、少大，鼠（一）之則亡式心。"●《璽彙0850》"長逐"，應

讀遂，人名。

遲（楚）清華七·越公 12　　　遲 清華五·三壽 15

【注】從辵；上部與學之上部同，表音。雙聲字。●讀逐。《清華七·越公 12》："虔（吾）先王遲（逐）之走。"

述　逐伐誅鼎（楚）　清華六·太伯甲 8　　　清華三·琴舞 9　　　清華二·繫年

6 清華二·繫年 122　　　上博五·競建 10　　　上博三·周易 43　　　璽彙

0263（燕）璽彙 5592

【注】從辵從犬，"逐"字異體。●讀逐。《玉篇·辵部》："逐，競也。"《清華三·琴舞 9》："者（諸）尔多子，述（逐）思潜（沈）之。"諸位臣子要競相沉浸其中。●《上博三·周易 43》："述（動）愳（悔），又愳（悔），征吉。"述，今本作動。按，《廣韻》："述，足滑。"亦有移動之意。●《璽彙 5592》"長生逐"，應讀遂，人名。

來紐六聲

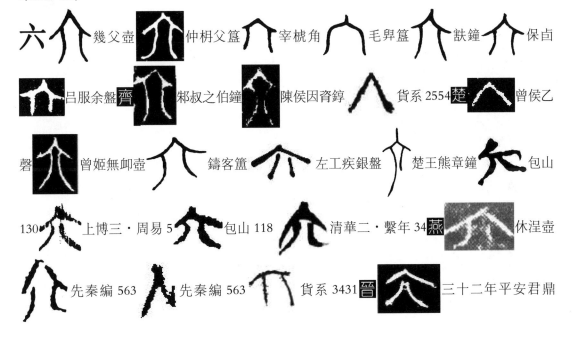
六　介 幾父壺　仲柟父簠　宰梜角　毛尃簋　龏鐘　介 保卣

介 呂服余盤（齊）　邾叔之伯鐘　陳侯因資錞　貨系 2554（楚）　曾侯乙

磬　曾姬無卹壺　鑄客簠　左工疾銀盤　楚王熊章鐘　介 包山

130 上博三·周易 5　包山 118　清華二·繫年 34（燕）　休涅壺

先秦編 563　先秦編 563　貨系 3431（晉）　三十二年平安君鼎

六年格氏令戈 陶彙 6·206 秦 睡簡·日乙 45 陶録 6·347

【注】甲骨文作 ⻔、⻔、⻔、⻔、⻔、⻔、⻔ 等形。作 ⻔ 者，象棚舍形，此為田野中臨時寄居之處，其結構簡易，暴露于野，即古文所謂"廬"。秦系文字或與"大"混同。《説文》："廬，寄也。秋冬去，春夏居。從广盧聲。"六、盧古音同，故得借為數詞六。甲骨文作 ⻔ 者，象房屋的側面形，實為"宀"之初文，⻔ 與 ⻔ 形近，故甲骨文亦借為六。金文同甲骨文，戰國文字六、入、宀相混。《説文》："⻔，《易》之數，陰變于六，正于八。從入從八。凡六之屬皆從六。"析形不確。本義當為茅廬，是"廬"的本字。由于"廬"與"六"音近，藉以表示數目"六"。"六"為借義所用，其本義便另造了形聲字"廬"來表示。●數詞。《克鐘》："隹（惟）十又六年九月初吉庚寅。"●六師：即西六師，周朝在宗周一帶的嫡系部隊。《禹鼎》："王乃命西六𠂤（師）、殷八𠂤（師），曰。"經籍關于"六師"的記載頗多。《害·顧命》："張惶六師。"《詩·械樸》："周王于邁，六師及之。"

𨚖 楚 邖公戈 遱邖鐘 包山 181 璽彙 0130

【注】從邑六聲。●人名。《遱邖鐘》："酓（舒）王之孫、尋楚狀之子遱邖，羃（擇）氒（厥）吉金。"●讀陸。《包山 181》"安邖"，讀安陸，地名。●讀六。楚璽"邖行府之鉨"。邖，古國名，今六安。

駼 楚  曾侯 174

【注】從馬六聲。●馬名，文獻失載。《曾侯 174》："輮（乘）馬之駼。"

芖 楚  上博三·周易 39

【注】從艸六聲。●讀陸。《上博三·周易 39》："莧芖（陸）夬=（夬夬），中行亡（無）咎。"莧陸，草名，今所謂馬齒莧。像斬除柔弱的馬齒莧一樣剛毅果決地清除小人。

岦 燕  璽彙 3502 出 珍戰 44

【注】岦，即六字之變，亦即《説文》岦字。《説文》："岦，菌岦，地蕈。叢生田中。從中六聲。嶽籀文岦從三岦。"徐鍇系傳："易夬卦曰：莧陸夬夬，陸即岦也。與莧皆為柔脆之物。"●《璽彙 3502》"岦宵"、《珍戰 44》"岦腹"，均讀陸，姓氏。

覾 儳匜

【注】《金文編》原釋為"覯"，當從見岑（三岑相疊）聲。案，字左旁從三，金文"陸"或從二作（義伯簋），後增"土"旁作（邾公鈺鐘），故可視作"坴"。另，古文字重迭形體作偏旁，從"二"或從"三"每無別，故可以看做。李學勤當年把此字隸作"覯"，指出讀睦。（見李學勤《岐山董家村訓簋考釋》）林澐指出字應釋為"睦"，古文字"目""見"偏旁通用，可從。●讀睦，和也。《儶匜》："尃（薄）趣鹵覯（睦）儶，疘亦茲五夫。"尃，讀薄，語辭。銘意為：應去鹵（地名，儶之所在）與儶修和，交出這五個奴隸。

奔　秦　石鼓文

【注】從廾岑聲。●讀駤，良健馬。《石鼓文》："趯趯奔馬，射之姝＝（秩秩）。"

坴　齊　平陸左戟　平陸戈　楚　上博五·競建1　晉　圖典265

【注】從土六聲，實際是"坴"之初文。●齊兵器、趙璽讀陸，"平坴"即平陸，地名。●《上博五·競建1》疑讀睦，簡文有殘缺。

睦　秦　秦印65

【注】從目坴聲。●秦印人名。

逵　秦　睡簡·答問199　睡簡·答問199

【注】從辵坴聲。●《睡簡·答問199》："可（何）謂'逵卒'？有大繇（徭）而曹鬥相趣，是謂'逵卒'。"《爾雅·釋宮》："九達謂之逵。"《漢書·辛慶忌傳》卒"謂暴也"。逵卒，謂在大道上發生的鬥毆等暴行。

陸　陸婦簋　陸冊父乙卣　陸父甲角　陸父乙角　陸冊父甲鼎

義伯簋　陸冊父庚卣　齊　平陸戈　邾公鈺鐘　庚壺　分研一

122　楚　包山62　上博三·周易50　清華七·越公34　燕　戰

編 944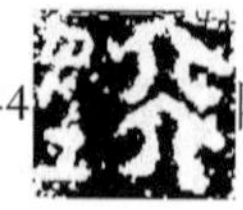陶録 4·184攴陸㬝矛璽彙 2318分研 138晉匯考

112匯考 134秦十四年☐平匽氏戟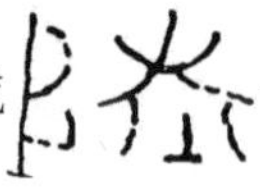十二年上郡守壽戈元年上郡

假守暨戈睡簡·葉書 29戰表 1961珍秦 140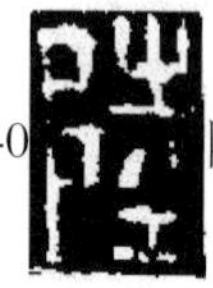陶彙 8·1

秦印 272

【注】甲骨文作。商代金文作，從阝𡵂聲。西周金文作，疊加聲符。春秋金文《邾公釛鐘》增從土作。小篆即為形省減而來。，即六字之變，亦即《説文》𡵂字。《説文》："，高平地。從阝從坴，坴亦聲。籀文陸。"本義陸地，高而平的地方。如左思《吴都賦》："水浮陸行。"又借作"六"的大寫。●陸終：人名。《邾公釛鐘》："陸𩁹之孫邾公釛，乍（作）氒（厥）禾（龢）鐘。"邾，春秋時期曹姓小國。"陸𩁹"即《史記·楚世家》所載之陸終。《國語·鄭語》韋昭注："陸終弟五子曰安，為曹姓，封于鄒。"鄒即邾。●族氏名。見于《陸父甲角》等器。●陸地。《清華七·越公 34》："陵陸陵稼，水則為稻。"第二個"陵"可能是誤寫，應該寫作"則"或"為"，和下句"水則為稻"結構相呼應。●古文字多用為地名。《匯考 112》"北陸"，《平陸戈》《匯考 134》"平陸"、《庚壺》"陸寅"等等。

⿱罒異⿱罒異尊

【注】疑"睦"之繁文，字之基本聲符為六。或釋為"⿱罒巽"，不確。●人名。《⿱罒異尊》："隹（唯）公遾于宗周，⿱罒異從。"

⿰阝⿱罒異⿰阝⿱罒異尊

【注】從阝⿱罒異聲，疑"陸"之異文。●人名。《⿰阝⿱罒異尊》："隹（唯）公遾于宗周，⿰阝⿱罒異從。"銘文或省為"⿱罒異"。

清紐黿聲

歜（黿）秦里耶 8·1764里耶 8·1091里耶 8·673 背

【注】從欠黿聲。《説文》："黿，𡕥黿，詹諸也。其鳴詹諸，其皮黿黿，其行𡕥𡕥。從黽從𡕥，

尢亦聲。醼，竈或從酉。"竈"清紐覺部。●"歓手"，"歓"為人名。

圖典 90

【注】從口竈聲。●"箕嘯"，人名。

清紐戚聲

【注】甲骨文作、、、、，象斧鉞有齒扉棱之形。戰國秦系文字作，以戈代替斧鉞之形，兩側扉棱相連成川形。金文變為形聲字，從戈未（見"叔"字）聲。六國文字亦多從戈未聲（天星楚簡）、（包山楚簡），其演變順序為→→→→→，小篆從戈未聲。《説文》："戚，戊也。"段玉裁注："大雅曰：'干戈戚揚。'傳云：'戚，斧也。揚，鉞也。'依毛傳戚小于戈，揚乃得戈名。左傳：'戚鉞秬鬯，文公受之。'戚鉞亦分二物。許則渾言之耳。戚之引申之義為促迫。而古書用戚者，俗多改為慼。"本義古兵器名，斧的一種。●《璽彙 0615》讀"王亡（無）戚"，為"亡（無）戚"合文。●讀造。"戚"古音清紐覺部，"造"從紐幽部，同屬齒音陰陽對轉，音近可通。《郭店·尊德 7》："戚（造）父之馭（御）馬，馬也之道也。"造父為伯益的十四世孫。初為嬴姓，周穆王時為駕車大夫。●或讀慽，悲哀。《郭店·語叢一 34》："豊（禮）妻（齊）樂惡（靈）則戚，樂每（繁）豊（禮）惡（靈）則訟（慢）。"●親戚。《詛楚文》："刑戮孕婦，幽約媓戚。"郭沫若《詛楚文考釋》云："幽約猶幽縊，言暗中縊殺。"秦文字用"戚"表示親戚之戚，楚文字用"戚""豪"表示，齊文字用"遷"表示。●《上博九·陳公 11》："執事人必善命之，命相敳緩，五人於吾（伍），十人於行，行列不成，軒（隊）率軒（隊），命從灋（廢）。"單育辰釋為"列"。《佔畢隨録之十六》

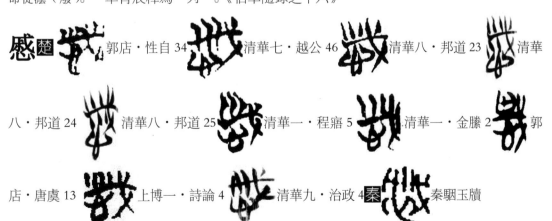

【注】從心戚聲。《集韻》慽亦書作慼。則慽為正字矣。《禮·檀弓》慍斯戚。《注》戚，慎志也。

●多用為本義，憂。《説文》："慼，憂也。"《清華一·程寤5》："隹（惟）商慼才（在）周，周慼才（在）商。"謂商、周互為心腹之患，可反映當時的殷周關係。傳世文獻多作戚。《上博一·詩論4》："民之又（有）慼（戚）忞（患）也，上下之不和者，亓（其）甬（用）心也酒（將）可（何）女（如）？"●讀戚，即斧，亦可作為舞具。《郭店·唐虞13》："[吳（虞）]用慼（戚），虽（夏）用戈，正（征）不備（服）也。"

慼晉 璽彙2732 分研306 璽彙1059

【注】從止戚聲。●晉璽人名。

心紐肅聲

肅 禹鼎 孟肅父簋楚 王孫遺鼠鐘 王孫誥鐘 包山174
上博一·詩論5 安大一12 安大一13 安大一13 安大一
51 安大一115 安大一116秦 嶽麓一·為吏18、 秦印

58

【注】從肅聿聲。劉釗認為：簋銘（猷簋）的"晝夜"與金文屢見的"夙夜"（或作"夙夕"，越王鐘作"夙暮"。）應是一音之轉。夙，息逐切，屬心紐。心紐每與其濁音邪紐相通。錢玄同謂邪紐古當讀定紐，故夙、晝亦雙聲。夙、肅音同（均息逐切）義近（《毛詩·大雅·生民》"載震載夙"箋："夙之言肅也"。）肅、晝均從聿得聲，且同屬古幽部字。（劉釗《古璽格言璽考釋一則》）楚系文字從聿肅聲。《説文》："肅，持事振敬也。從聿在肅上，戰戰兢兢也。古文肅從心從卪。"本義為恭敬、嚴肅。●嚴肅。《王孫遺鼠鐘》："肅拆聖武，惠于政德。"●決斷。《禹鼎》："于匿（將）朕肅慕，叀（惠）西六自（師）、殷八自（師），伐噩（鄂）侯馭方，勿遺壽幼。"《逸周書·謚瀍解》："執心決斷曰肅。"孔晁注："言嚴果也。"●《安大一115》："肅=鸘（鴇）鸘（行），集於襄（苞）桑。"毛傳："肅肅，鴇羽聲也。"●讀繡。《安大一51》："君子至之，桐（絅）衣肅（繡）上（裳）。"

譃楚 蔡侯盤

【注】從言肅聲，蓋內心誠敬必表現于言語。●讀肅，嚴肅。《蔡侯盤》："臍（齊）護整譃（肅）。"

繡 楚 包山262 秦 睡簡·秦種110

【注】從糸蕭聲。●《說文》五采備也。《釋名》繡，修也，文修修然也。《包山262》："一豹（豹）青之表，紫裏，繡純。"

蕭 秦 戰編30

【注】從艸蕭聲。●秦印"蕭湯"姓氏。

心紐佝聲

宿（佝）

室叔簋 宿父尊 楚 奚子宿車盆 、 奚子宿車鼎 上博二·容成28 上博五·三德1 清華六·子儀8 清華一·保訓10 清華三·琴舞3 上博三·周易37 安大一73 清華十·四時1 秦 睡簡·雜抄34 嶽麓一·質三13 圖典400 圖典450

【注】甲骨文作佝、佝、佝、佝、佝、佝、佝，從宀（字或省宀）從人從因，因象席形。人或從卩、女，同。字象人臥于室内床席之上，會住宿止息之意。只是為了書寫的方便，人和席子分開來寫。金文同甲骨文，小篆訛因為因。楚簡作佝，與《說文》"夙"之古文同，從人從篿之初文因，會宿義，當是"宿"之初文；同時也可以表達躺在篿席上的時間——夙夕之義，故說"佝"或許是夙夕之"夙"的本字。《說文》："佝，止也。從宀佝聲。佝，古文夙。"析形不確，佝非夙之古文，乃宿之異構。本義是住宿，如《荀子》："暮宿于百泉。"●讀夙，早、清晨。《室叔簋》："豐姞慇用宿（夙）夜亯（享）考（孝）于訧公。"《清華三·琴舞3》："吃我佝（夙）夜，不兔（逸）敬之。"●氏名。宿氏是伏羲風姓之後，器名或作"夙"。《宿父尊》："宿父乍（作）父癸寶尊彝。"●《奚子宿車盆》："隹（唯）鄅（奚）子宿車自乍（作）行盆。"宿車，雙字人名，象這一類的名字見于金文的還有多友、義楚等等。同墓出土《奚子宿車鼎》作。●楚簡多讀宿，用為本義。《上博二·容成28》："后稷既已受命，乃食於野，宿於野。"《清華一·保訓10》"日不足，惟宿不羕"，謂時光短暫，望勉力行之。這裏的"宿"即"夜"，與"日不足"的

523

"日"對舉。●讀肅。《上博五·三德1》："弦望齊佡。""齊佡"傳世典籍或作"齊凤"。"佡""凤"並"肅"之借字。"齊肅"本"庄重敬慎"之義。●《清華十·四時1》"佡（縮）弱"讀縮。

恖楚 天星

【注】從心西聲。●讀戚。詳"愬"字。

愬楚 包山197 包山227 包山201 包山217

【注】從心佡聲。●讀戚。詳"愬"字。

僷楚 璽彙2553 璽彙2554

【注】從夕佡聲，夕是疊加之意符。●讀凤、或讀宿，姓氏。李守奎隸定為僷，他認為"凤""宿"同源，古代有凤氏又有宿氏。這兩個姓氏都是來源甚古，難以斷定璽文是其中的哪一個，"凤""宿"二氏間的關係也待進一步深入研究。

愬楚 包山229 望山1·24 望山1·74 包山231 包山233

【注】從心佡聲或僷聲。"佡""僷""愬"似可分別對應於《説文》的"宿""凤""憾"。獨特的異體是楚文字的特點之一。●讀戚，字亦作慼、慽。"宿""戚"音近可通。《包山201》："少又（有）（有）愬（慼）於躬＝（躬身）。"望山簡亦讀戚。施謝捷釋為"悚"，認為"憨""怨""愬""恖""僷"等字為同一字的不同寫法，只是將所從聲旁作了替換。（《楚簡文字中的"悚"字》）

遉楚 上博二·民之8 燕 、 、 陶録4·147 陶録4·153

【注】從辵佡省聲。●讀凤，早敬也。《上博二·民之8》："城（成）王不敢康，遉（凤）夜晉（基）命又（宥）䜌（密）。"●燕陶人名。

心紐妟聲

妟（凤）九年衛鼎 大盂鼎 毛公鼎 追簋 竈乎簋

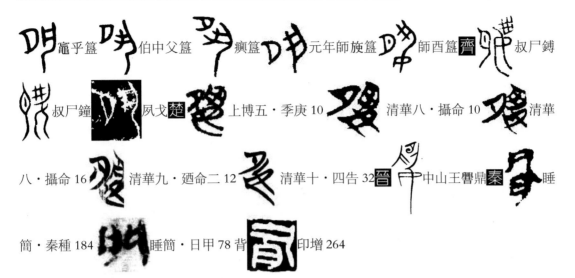

【注】甲骨文作 、、、、，從月從丮；象人在月下有所執事之形，會昧爽之意。金文同甲骨文，所從之丮或增從女，詳"丮"字。小篆同金文，隸變後寫作"夙"，今俗訛作"夙"。《說文》："，早敬也。從丮，持事；雖夕不休：早敬者也。古文夙從人、囧，亦古文夙，從人、囧。宿從此。"本義是早晨，如《詩經》："夙興夜寐。"●早、清晨。《追簋》："追虔夙（夙）夕恤乎（厥）死（尸）事。"《師嫠簋》："夙夜勿濁（廢）朕（朕）令。"夙夜，朝夕、早晚、日日夜夜。《詩·小雅·雨無正》："三事大夫，莫肯夙夜，邦君諸侯，莫肯朝夕。"《清華十·四告32》："用臂（乂）庶黎（艱），以圗（恪）夙（夙）夜肕（股）厷（肱）王身。"●迅速、很快。《利簋》："夙又（有）商。"夙又商，很迅速就占有商地（于省吾釋）。●讀宿，國名。夙，即春秋是宿國，宿、夙同聲。《曹伯狄簋蓋》："曹白（伯）狄乍（作）夙（宿）妘（風）公障段。"陳邦懷曰："此銘之夙字，即春秋時之宿國。夙、宿同聲，故文獻作宿；此銘夙，乃是宿國之本字。"《殷墟書契後編》卷上十五頁有 ，王國維曰：'此當是《左傳》任、宿、須句，顓臾風姓也之風字。'"夙為風姓之國，故銘云"夙（宿）妘（風）公。"（《曹伯狄簋考釋》）《夙戈》：《夙戈》"夙（夙）"即為宿地之戈。

天星

【注】從心夙聲。●讀戚。詳"慼"字。

並紐复聲

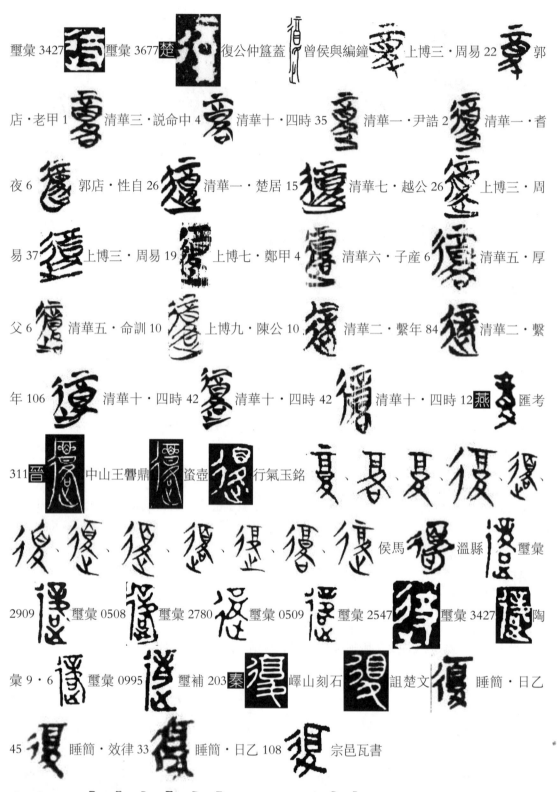

璽彙 3427　　璽彙 3677　楚　　復公仲簋蓋　曾侯與編鐘　　上博三‧周易 22　　郭

店‧老甲 1　　清華三‧説命中 4　　清華十‧四時 35　　清華一‧尹誥 2　　清華一‧耆

夜 6　　郭店‧性自 26　　清華一‧楚居 15　　清華七‧越公 26　　上博三‧周

易 37　　上博三‧周易 19　　上博七‧鄭甲 4　　清華六‧子產 6　　清華五‧厚

父 6　　清華五‧命訓 10　　上博九‧陳公 10　　清華二‧繫年 84　　清華二‧繫

年 106　　清華十‧四時 42　　清華十‧四時 42　　清華十‧四時 12　燕　匯考

311　晉　中山王嚳鼎　　　鈷壺　　行氣玉銘　　　　　、　　　、　　　、　　　、

　　　、　　　、　　　、　　　、　　　、　　　、　　　侯馬　　　溫縣　　　璽彙

2909　、璽彙 0508　　璽彙 2780　　璽彙 0509　　璽彙 2547　　璽彙 3427　陶

彙 9‧6　　璽彙 0995　　璽補 203　秦　　　嶧山刻石　　　詛楚文　　　睡簡‧日乙

45　　睡簡‧效律 33　　睡簡‧日乙 108　　宗邑瓦書

【注】甲骨文　、　、　、　、　、　。徐中舒謂從夊從　，　象穴居之兩側臺階上出之形，夊
象足趾，臺階所以供出入，夊在其上，則會往返出入之意。(《甲骨文字典》621 頁) 甲骨文不從

526

彳，金文或增彳、辵（止或訛為、等）為形符，遂演變為形聲字。中山諸器聲符“复”上部寫瀍甚異，作似受、其中部之影響。《曾侯與編鐘》所從之“复”變從西，包山楚簡“腹”作，所從之“复”也變從西。“复”變從西，乃變形音化，古音“复”在並紐覺部，“西”在以紐幽部，音極近。小篆小篆作“夏”，是由金文演化而來。《説文》：“，行故道也。從夊，畐省聲。”析形不確。又《説文》：“復，往來也，從彳夏聲。”夏、復為一字之繁簡二體。本義往返、返回，如屈原《九章》：“至今九年而不復。”●歸、返。《小臣謎簋》：“唯十又一月，遣自䨲㠯（次），述東陕，伐海眉，雩氒（厥）復歸才（在）牧㠯（師）。”●返還。《敔簋》：“奪孚（俘）人四百，啚于煢（榮）白（伯）之所，于烬衣諱，復付氒（厥）君。”●答復、回報。下級向上級回復執行命令情況。《曶鼎》：“既則卑（俾）復令曰。”●讀覆，顛覆。《中山王䢜鼎》：“昔者，吴人並雩（越），雩（越）人斅（修）斅（教）備恁（信），五年復（覆）吴。”《上博七·鄭甲4》：“奠（鄭）子豙（家）遉（顛）復（覆）天下之豊（禮）。”●再、又。《盗壺》：“先王之悳（德），弗可復得。”●國名。古復國，文獻失載，無從印證。《復公子簋》：“復公子白（伯）舍曰：敀新乍（作）我姑鄧（鄧）孟媿賸（媵）㲃。”復國大公子伯舍為其大姑嫁往鄧國所作的媵器，“鄧”為其夫國名，而“媿”是復國族姓。古以女嫁曰歸，婦方主人出于對姻親之國的尊敬，在出嫁女子名字前冠以夫方國名，是周代銅媵器銘文中婦名稱國的普遍形式。又如《楚王鐘》：“楚王媵江仲芈南和鐘。”是楚王為楚女適江所作的媵器，“芈”為楚國族姓，而“江”是其夫方國名。●讀腹。《清華三·説命中4》：“朕畜汝，惟乃复（腹），非乃身。”●讀輹。《上博三·周易22》：“車敓（脱）复（輹）。”《説文》：“輹，車軸縛也。從車复聲。《易》曰：輿脱輹。”《廣韻》車伏兔也。《釋名》車伏兔又曰輹，輹伏也，伏于軸上也。

復晉  侯馬

【注】從人夏聲。●讀腹。

復  牆盤  腹鼎  多友鼎 晉 、 侯馬

【注】甲骨文作、、，從身（或從人，同）夏聲，當為“腹”之初文。卜辭用為人腹之腹，亦用為往復之復。金文從勹（亦為人形，“伏”之初文）夏聲、或復聲。或增從心。《説文》：“，重也。從勹復聲。或省彳。”甲骨文有“复”無“復”，可見“复”為初文，“復”為後起字，當“從彳复聲”為是。《説文》所訓義同“復”，今則“復”行而“復”廢矣。●讀腹。《牆盤》：“㝬叀乙且（祖），逨匹氒（厥）辟，遠猷復（腹）心。”腹與心同體，比喻同心同德。銘文复為腹之異體。《詩·周南·兔罝》：“赳赳武夫，公侯腹心。”朱熹《詩集傳》：“腹心，同心同德之謂。”侯馬盟書均讀腹。●讀復，收復、奪回。《多友鼎》：“衣（卒）復（復）笱（郇）人孚（俘）。”以奪回笱人之被俘者。●人名。見于《腹鼎》。

覆秦  睡簡·封診13  里耶8·135  嶽麓三140

【注】從襾復聲。●重、再。《睡簡·封診13》：“或覆問毋（無）有。”●覆蓋。《説文》：“覆，

覂也。一曰蓋也。從西復聲。”《睡簡・日甲 101》：“四廢日，不可以為室、覆屋。”

 包山 90

【注】從言夏聲。●簡文讀復。“諉笭”，意為回復、答復。

 包山 10　　包山 172

【注】從邑夏聲。●讀復，地名。

 嫂簠　　嫂簠

【注】從女夏聲。《說文》無。《集韻》女字。●族氏名。《嫂簠》：“嫂。”

 包山牘 1　　里耶 8・1680

【注】從木夏聲。●讀刟，《說文》刀握也。《包山牘 1》：“一綢（彫）榎。”竹簡異文作“梎”。

 清華六・太伯甲 6　　清華六・太伯乙 5　　曾侯 69　　清華十・四

 時 1　清華十・四時 16　　清華十・四時 29

【注】從車夏聲。●用為本義。《說文》：“輹，車軸縛也。從車复聲。《易》曰：輿脫輹。”《廣韻》車伏兔也。《釋名》車伏兔又曰輹，輹伏也，伏于軸上也。《曾侯 69》：“黃金之輹。”●《清華六・太伯甲 6》“輹車”，本意當是在車軸上纏皮革絲繩之類加固車軸，這裏相當於加固、維修車輛之意，表示奪取此二邑，得以在此駐軍休整。●《清華十・四時 1》“輹（伏）痏（藏）”讀伏。伏藏、隱藏、潛藏，指星象西落不見。《清華十・四時 16》：“廿=（二十）日玄維旦輹（伏），亟（期）風乍（作）。”

 曾侯 124　　曾侯 133

【注】從糸夏聲。●《曾侯 124》：“一真吳甲，索（素），紫緮之騰（滕）。”義不詳。

包山 12

【注】從广夏聲。●人名。

清華六·太伯甲 2　睡簡·日甲 117 背　睡簡·日甲 121 背

【注】從衣夏聲。●讀覆。《清華六·太伯甲 2》：“卑（譬）若雞雛，白（伯）父是（實）被複（覆）。”●有夾裏的衣服。《睡簡·日甲 121 背》：“五月六日，不可為複衣。”

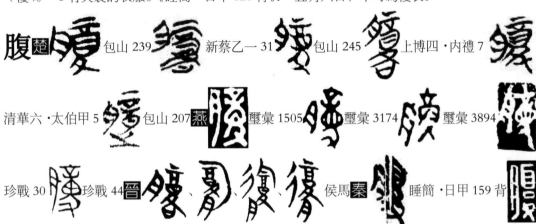

包山 239　　新蔡乙一 31　　包山 245　　上博四·內禮 7

清華六·太伯甲 5　包山 207　璽彙 1505　璽彙 3174　璽彙 3894

珍戰 30　珍戰 44　　　　　　　　　　侯馬　　睡簡·日甲 159 背

印增 148

【注】從肉夏聲。侯馬盟書或作“匐”，勹為疊加音符。或作“復”“匐”，均為“腹”之異體。●燕璽人名。●腹部。《睡簡·封診 60》：“其腹有久故瘢二所。”盟書、包山簡均讀腹。

清華八·邦政 7

【注】從攴夏聲。●讀復。《清華八·邦政 7》：“下賭（瞻）亓（其）上女（如）父母，上下相敳（復）也。”《荀子·臣道》“以德復君子而化之”，楊注：“報也。”

明紐目聲

目	且壬爵　　　　屰目父癸爵　　　目爵	陶彙 3·556　　陶彙

3·557　　陶彙 3·701　　陶彙 3·730　楚屈子赤目簠　　清華八·邦道

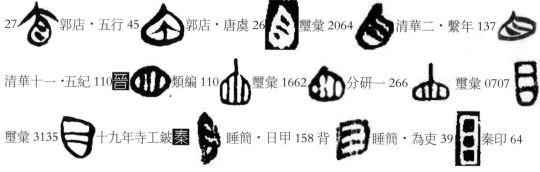

27　郭店·五行 45　郭店·唐虞 26　璽彙 2064　清華二·繫年 137

清華十一·五紀 110　類編 110　璽彙 1662　分研一 266　璽彙 0707

璽彙 3135　十九年寺工鈹秦　睡簡·日甲 158 背　睡簡·為吏 39　秦印 64

【注】甲骨文作 ⬦、⬦、⬦、⬦、⬦、⬦、⬦、⬦，象目形。金文同甲骨文。戰國文字目字造型各異，作 ⬦者，與古文吻合。《璽彙 0707》或釋為直，當釋為目，盲作 ⬦（類編 112），可證。楚文字或增宀，為繁文。《説文》："目，人眼。象形。重童子也。凡目之屬皆從目。⬦古文目。"本義為人眼。引申為孔眼，如"綱舉目張"。又引申為動詞看，如《史記》："範增數目項羽。"●族氏名。見于《目爵》《屰目父癸爵》等器。●用為本義。《睡簡·日乙 240》："丁丑生，好言五（語），有生（眚）目。"●人名。《楚屈子赤目簠》："楚屈子赤目觥（媵）中（仲）嬭（嬭）璜飤匠。"赤目，舊釋為"赤角"，不妥。赤目之名，似乎同人的生理特徵有關，符合古人取名慣例，又如"黑背""黑肩""黑肱""黑臀"等。古璽印多為人名。

璽彙 0844

【注】從土目聲。●晉璽人名。

璽彙 1081　分研 314　璽補 195

【注】從竹目聲。●人名。

璽補 234

【注】從羽目聲。●"翎習"，人名。

陶徵 155　天星

【注】從玉目聲，"瑁"之古文。《説文》："瑁，諸侯執圭朝天子，天子執玉以冒之，似犁冠。《周禮》曰：天子執瑁四寸。從玉冒，冒亦聲。玨，古文省。"●天星簡用為本義，圭玉。●古陶文不詳。

毛公鼎

【注】《金文編》附于"趨"字條下，謂從走瞿聲。然字從瞿，古文字"瞿"及從瞿之字未見省作瞿的，故字釋"趨"存疑。當從進目聲。隸定為"趨"。●《毛公鼎》："烏虖，趨余小子，圂湛于囏（艱）。"馬承源謂從進目聲，其據《詩·周頌·閔予小子》成王語"閔予小子嗣，遭家不造"，又據《尚書·文侯之命》平王語"閔予小子嗣，造天丕愆"，認為𢔌與"閔"通。"閔予小子嗣"，是王者在國家喪亂之際或嗣位之初的自稱。銘意為，我才智短淺未堪當此國政之艱難。

明紐穆聲

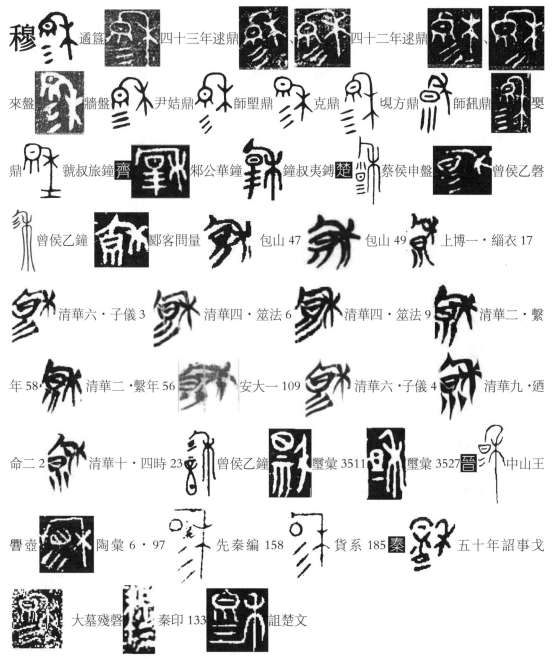

【注】甲骨文作𤔔、𤔔，象稻穗沉甸、穀粒下墜之形。金文承甲骨文，或作增飾筆劃彡，晚期

金文禾實與禾杆脱離，便變為從禾㣎聲了。戰國文字承襲商周金文，或作秌，省芒穎遂與“秋”字混同。《説文》：“穆，禾也。從禾㣎聲。”析形不確。本義指成熟的莊稼。引申泛指美好、和諧等義，如《三國志》：“與夏侯尚不穆（和睦）。”本義早已不存，多為引申義所用。●肅穆、莊嚴。《秦公簋》：“穆穆帥秉明德。”《邢人鐘》：“穆穆秉德。”《詩·大雅·文王》：“穆穆文王。”毛傳：“穆穆，美也。”●和諧動聽。《鄦子䵼師鎛》：“穆穆龢鐘，用匽（宴）㠯（以）喜。”《詩·大雅·烝民》：“吉甫作誦，穆如清風。”鄭玄箋：“穆，和也。”●美好。器銘稱穆考、文考、皇考、烈考，均為美譽之辭。《伯克壺》：“用乍（作）朕（朕）穆考後中（仲）𢍰庸（壺）。”●穆音：曾國音律名，相當于傳統樂律的太蔟。《曾侯乙鐘》：“穆音之翆（羽）。”●穆鐘：楚國音律名，相當于曾律穆音、周律的剌音、傳統樂律的太蔟。《曾侯乙鐘》：“穆音之才（在）楚為穆鐘，其才（在）周為剌音。”●穆公：春秋時宋國國君，公元前728—前720年在位，其遠孫之子即《叔尸鎛》器主叔夷。《叔尸鎛》：“不（丕）顯穆公之孫，其配㲃（襄）公之妣，而鹹公之女，雩生叔夷。”●周穆王：西周國王，姬姓，名滿，周昭王之子。《曶鼎》：“王才（在）周穆王大（室）。”器銘常簡稱“穆王。”如《長由盉》：“穆王鄉（饗）醴。”《大克鼎》：“王各（格）穆廟。”穆廟，周穆王的宗廟。一説周王祖廟中在左邊的列祖列宗的廟。●地名。《䙷方鼎》：“丁亥，𠃬商（賞）又（有）正䙷嬰貝才（在）穆朋二百。”銘意為：𠃬在穆地賞賜給有正䙷以嬰地之貝一朋又二百個。“在穆”是倒語，指賞賜地點。●敬也。《清華一·金縢1》：“我亓（其）為王穆卜。”所謂“穆卜”，係當時統治者占卜的專用術語。“穆”，《史記·魯周公世家》作“繆”，《一切經音義》引作“睦”。孔傳云：“穆，敬。”●讀戮。《清華六·子儀4》：“穆（戮）力以左右者（諸）侯。”●包山簡為姓氏，當是楚穆王之後，為楚之公族之一。●讀繆。上古音“穆”屬明紐覺部，“繆”屬明紐幽部，二字音近可通（參《古字通假會典》750頁）。《安大一109》：“綢（綢）穆（繆）欶（束）新（薪），厽曐才（在）天。”詳“綢”字。●讀勠。《清華九·迺命二2》：“昔先人高考祖父之能䢦（世）羕（永）從𥙊（貢）祭，以至於丝（茲），不唯穗（摶）和，同心穆（勠）力，相收𣪘（會）也？”同心穆力，《左傳》成公十三年呂相絶秦有“戮力同心”。

䅶楚  曾侯乙鐘

【注】從音穆聲。●讀穆，樂律專字。詳“穆”字。

繆楚  郭店·老甲21

【注】從糸穆聲。●讀寥。《郭店·老甲20》：“又（有）𤖯（狀）蟲〈蚰-混〉成，先天地生，敚繆，蜀（獨）立不亥（改）。”帛書《老子》甲本與之相對的語詞為“繡繆”，乙本為“蕭漻”，今王弼本為“寂寥”。

澩 、 澩父鼎

【注】從水穆聲。●人名。

冬部

匣紐冬聲

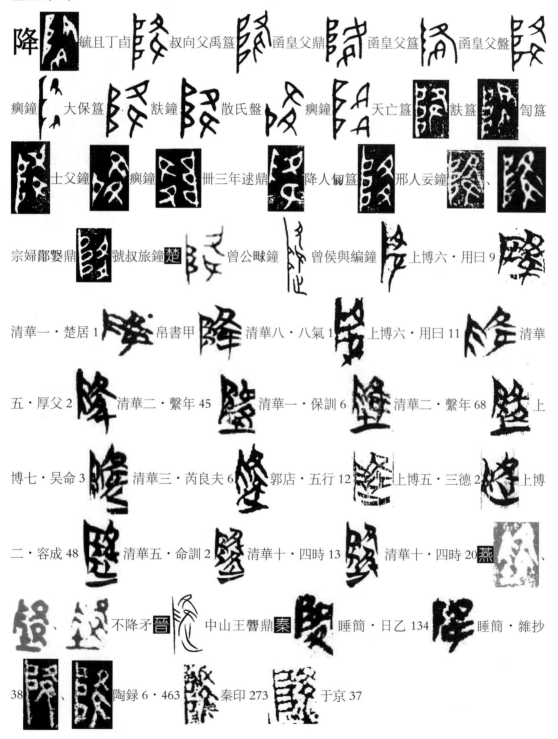

【注】甲骨文作 𨑴、𨑴、𨑴、𨑴、𨑴，從阝（土山）從夅。字的左邊是一座土山，右邊是兩隻方向朝下的腳，會下降之意。金文同甲骨文。戰國文字或增土、止繁化。或省阜而簡化。《說文》："𨒀，下也。從阝夅聲。"本義為從高處向低處走，如《左傳》："公降一級而辭焉。"引申為降落，如《荀子》："若時雨之降，莫不說（悅）喜。"後來引申為投降、降服等義。●降下。《師旬簋》："今日天疾畏（威）降喪。"上天將喪亂、災禍加臨到世人頭上。●賜給、給予。《士父鐘》："降余魯多福亡（無）彊（疆）。"《大保簋》："王降征令于大保。"●地名。《不降矛》："不降。"何琳儀將"不降"讀無窮，見于《史記·趙世家》："遂至代，北至無窮。"在今河北張北南，長城以北。（何琳儀《古兵地名雜識》）●《于京 37》"降丞之印"之"降"即"絳"。《漢書地理志》河東郡有絳縣，其治地在今山西曲沃縣南。●投降。《上博二·容成 48》："豐、鎬之民聞之，乃降文王。"楚文字與"隆"相混，唯據文意辨之。

 印增 608

【注】從田夅聲。●秦印"景畧"，人名。

 郭店·成之 31

【注】從止夅省聲，"降"之省文。●讀降。《郭店·成之 31》："天𨋬（降）大棠（常），以里（理）人侖（倫）。"

 睡簡·日乙 90　睡簡·日乙 110　睡簡·答問 133　戰編

 524　秦印 305

【注】從疒夅聲，"癃"之省文。●讀癃。癃，《說文》罷病也。《睡簡·答問 133》："罷瘁（癃）守官府，亡而得，得比公瘁（癃）不得？得比焉。"罷癃，指廢疾者。《睡簡·日乙 110》："室忌，春三月庚辛，夏三月壬癸，秋三月甲乙，冬三月丙丁，勿筑（築）室，大主死、瘁（癃），弗居。"●秦印人名。

端紐冬聲

冬

10 清華一・耆夜 3 清華五・命訓 15 秦 商鞅方升 璽彙 1332 秦駰玉牘 睡簡・日乙 110 睡簡・日乙 177 睡簡・日甲 146 秦印 225 里耶 8・1022

【注】甲骨文作、、、，象繩子于兩端打結形，或不束結作，以表示終了的意思，是"終"的初文。金文繩結作圓點上移作，戰國楚系文字圓點延長作，或連接二圓點作一横筆，與《説文》"終"古文作類似。秦文字多加為飾，許慎誤為仌。《説文》："，絿絲也。從糸冬聲。，古文終。"段玉裁注："絿之言糾也。"絿絲即糾束絲結于終端，此即"終"之本義，引申為"極也、窮也、竟也。"●冬季。《睡簡・日甲 102》："冬三月丙丁，勿以筑（築）室。"《陳璋壺》："孟冬戊辰。"六國文字用，秦系文字用。●讀終，最後、結束。《榮作周公簋》："克奔走上下帝無冬（終）。"《詩・大雅・蕩》："靡不有初，鮮克有終。"●讀終，永久、長久。《蔡侯盤》："冬（終）歲無疆。"《麥尊》："孫孫子子其永亡冬（終）冬（終）。"前一終用為動詞。●讀終，為曾國樂律的音階名，相當于傳統五音的徵。《曾侯乙鐘》："妥賓之冬（終）。"終、徵聲通。●讀終，充也。《曾侯乙鼎》："曾侯乙詐（作）時（持）用冬（終）。"《禮・鄉飲酒義》節文終遂焉。孔穎達疏"終遂猶充備也"。用終，用以充儲。●讀終，意即終老、壽終。《郜子姜首盤》："它配配男女無碁，于冬（終）又（有）卒。"●讀終。《清華一・耆夜 3》："复（作）訶（歌）一冬（終）。"《吕氏春秋・音初》："有娀氏有二佚女……二女作歌一終，曰：《燕燕往飛》。"古時的詩都可以配樂，演奏一次叫作"一終"。●讀終。《璽彙 1332》讀"臧終古"，人名。

玪 楚

清華九・治政 28

【注】從玉冬聲。●玉屬，或讀琮。《清華九・治政 28》："青黄金、玉、珠、玪、璿、玏玳（飾）戢（歲）至。"

戎

戎方鼎 伯戎簋 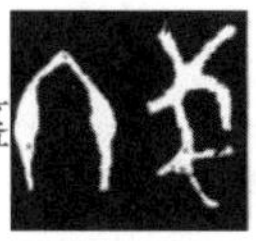戎作旅甗 齊 陶録 3・487

【注】從戈冬聲。●人名用字。

疼 秦

陶新 1890

【注】從疒冬聲。古文字疒、爿偏旁混作。●單字，當為人名。

昖 齊

陳章壺 陳璋鐳 璽彙 2207 楚 王子臣俎 郭店・緇衣

10 帛書丙　包山 80　包山 2　包山 206　清華五・畓門

20 清華八・邦道 6　清華八・八氣 1　清華十一・五紀 43

【注】從日冬聲，與"冬"《說文》古文近；從日乃四時終結之專用字。《說文》："，四時盡也。從仌從夊。夊，古文終字。古文冬從日。"從仌之冬為門之異構，冬季結冰，故從仌，後為冬季之專用字。●均讀冬，冬季專用字。

終 齊 陶彙 3・1149 楚 郭店・語叢一 49　曾侯乙鐘　清華八・邦政

5 帛書甲　清華十一・五紀 41 秦 睡簡・秦種 78　睡簡・封診 69

印增 505

【注】從糸冬聲。●死。《睡簡・葉書 23》："公終。"●繫束。《睡簡・封診 65》："以枲索大如大指，旋通繫頸，旋終在項。"用拇指粗的麻繩做成繩套，束在頭上，繩套的系束處在頭後部。●《睡簡・秦種 78》："終歲衣食不蹉以稍賞（償）。"終歲，整年。●結束。《郭店・語叢一 49》："又（有）終又（有）綌（始）。"

柊 楚 包山 129　包山 130

【注】從木冬聲。●地名。

汬 楚 汬叔鼎

【注】從水冬聲。同墓出土的壺銘則增從皿。在古文字中，常在字下增寫皿旁，如金文"醴"或作（曾伯陭壺），"鄇"或作（巤男鼎），皆可為證。汬，《說文》無，《集韻》與"汝"同。《說文》："汝，水也。從水夊聲。夊，古文終。"段玉裁注："廣韻，集韻皆曰在襄陽。"汝水，在今湖北襄陽一帶。●國名，讀邨。《汬叔鼎》："汬弔（叔）之行貞（鼎），永用之。"銘文或作"盜"。

盜 楚 汬叔壺

【注】從皿汬聲。●國名，銘文或作"汬"。1980 年湖北省隨縣均川公社劉家崖發掘一座春秋古

墓，所出銅器器主自稱“盅”（盅鼎）、“汯叔”（汯叔鼎）、“盉叔”（盉叔壺）。傳世東周金文中另有以盅、沖、中為氏名者，張亞初認為盅、盉、沖諸字音近，故將其全部歸入茚國（原文稱“中國”）。事實上，茚國在春秋早期已為楚所滅，春秋中後期的“中”應是楚之縣邑。（《西周金文所見佚記古國及相關問題討論》）

 睡簡·秦種 2

【注】從虫冬聲。●古代蝗蟲一類的害蟲總稱為螽。《睡簡·秦種 2》：“早〈旱〉及暴風雨、水潦、螽蚰、羣它物傷稼者，亦輒言其頃數。”

 類編 357 郭店·五行 12 上博三·周易 12

【注】從心冬聲。●讀終。《上博三·周易 12》：“卿（亨），君子又（有）忩（終）。”●讀忡。《郭店·五行 12》：“未見君子，憂心不能忩（忡）忩（忡）。”●齊璽“忩（忠）𢛇（信）”，讀忠。

 包山 67 璽彙 2138 貨系 2460

【注】從邑冬聲。●包山簡地名。●趙三孔布“亡郂”讀無終，地名。

 清華五·啻門 9

【注】從燹（氣）冬聲。●讀融。冬、融皆舌音冬部字。《清華五·啻門 9》：“燹（氣）燹（融）交目（以）備，是元（其）為力。”融交，融會交合。備，周遍。

端紐中聲

424 齊幣 425 齊幣 425 璽彙 0047 陶彙 3·288 陶彙

3·109 陶録 2653 楚 中子化盤 蔡侯申鐘 鄂君啟車節 王孫遺鼠鐘

包山 139 反 湖南 8 貨系 4276 包山 140 反 郭店·老甲 24

郭店·語叢三 33 郭店·唐虞 16 清華七·晉文公 7 清華七·趙簡子 9

清華十·司歲 2 清華二·繫年 101 清華八·攝命 32 上博九·舉治 34

上博九·舉治 6 分研 144 璽彙 2705 璽彙 2706 清華六·管仲

27 燕 戰編 22 先秦編 587 璽彙 0368 璽彙 5351 貨系 3185

先秦編 571 先秦編 587 貨系 3777 璽彙 5562 貨系 3268 晉 中山王

譻壺 兆域圖銅版 春成侯盉 中山侯鈇 王子中府鼎 中山鏇 陶

彙 6·17 陶彙 3·815 璽彙 4510 璽彙 5208 璽彙 3296 先秦編

239 三晉 74 三晉 75 先秦編 239 先秦編 240 貨系 1550

溫縣 秦 卅年詔事戈 六年漢中守戈

538

、 秦印 7 、 石鼓文

【注】甲骨文作 、 、 、 、 、 、 、 、 、 、 、 、 、 中 、 中 等，象旂杆旂遊形，旂杆正插在一個圓圈的中間，會中間、中央之意。金文沿用甲骨文。甲骨文用"中"為"仲"，而金文用帶有旂遊形之 形表示中正之義，用無旂遊之 中 形表示伯仲之義。戰國文字或省下部份旂遊作 、 ，或旂遊橫穿旂杆作 、 ，或收縮豎筆 ，或彎曲豎筆作 ，燕系文字作 、 。《籥叔之仲子平鐘》所作，與"才"易混。《說文》："中，內也。從口。丨，上下通。 古文中。 籀文中。"本義指中央。●表示處所。《頌鼎》："立中廷。"●讀仲，輩分中排行第二。《仲姞鬲》："中（仲）姞乍（作）羞鬲。"金文伯仲之仲均作"中"，用無旂遊的 中 來表示，"仲"為後起形聲字。●合也、順也。《蔡侯申鐘》："既恩（聰）于心，征中噂（厥）諹（德）。"銘意為，明察于心，和順為德。●國名，春秋戰國時期的小國，據《呂氏春秋》記載：中尚，魏公了牟之後。魏得中山，封中尚于此邑，事蹟見于《中伯壺》《中伯蝹》等。●中山：國名，戰國初期建都于顧（今河北定州）。公元前 406 年被魏攻滅。不久復國，遷都靈壽（今河北平山東北）。公元前 323 年，與魏、趙、韓、燕同時稱王。公元前 296 年為趙所滅，事蹟見于《中山王嚳鼎》《中山王嚳壺》。●中國：指西周時以成周洛邑為中心的區域。《何尊》："余其宅茲中或（國）。"●讀仲。《中山王嚳壺》："逆（使）其老篩（策）賞中（仲）父，者（諸）侯皆賀。"仲父：對老臣的敬稱。《史記·范睢傳》："齊桓公得管夷吾，以為仲父。"仲父，次父也。●讀終，副詞。《王孫誥鐘》："中（終）諴（翰）戲（且）諹（揚），元鳴孔諻。"王引之曰："終，猶既也。"（《經傳釋詞》）●地名。《中都戈》："中都。"何琳儀先生認為此戈之"中都"即魯之"中都"。（《戰國古文字典》272 頁）《禮記·檀弓》上"夫子制于中都"，注："中都，魯邑名。"在今山東汶上西。●《璽彙 5562》"中陽"合文。中陽，見《史記·趙世家》"齊安平君田單將趙師而攻燕中陽，拔之"。據此璽則燕確有中陽城，《史記》所載不誤，其具體地望早已不可考。●讀忠。《璽彙 2705》"中身"、《璽彙 2706》"中悬"、《璽彙 2557》"忠諿"，均讀"忠信"。"中""忠"諧聲字。"身"古屬書紐真部，"信"屬心紐真部，韻部相同，聲母均屬齒音，音近可通。古籍中"身"和"信"往往通用，如《禮記·儒行》"竟信其志"，《孔子家語》"信"作"身"。

申 楚	黃子盤	黃子匜	包山 150	包山 198	郭店·五行
5 包山 157	新蔡甲三 236	上博二·容成 7	清華六·子產 4		
清華八·邦道 13	清華一·楚居 16	清華三·說命上 4	璽彙 3601 燕		
璽彙 3496	吉林 183	陶彙 4·20	璽彙 3496	陶彙 4·20	

【注】從宀中聲，"中"之繁文，●古文字多讀中。《郭店·五行5》："君子亡中心之惎（憂）則亡（無）申（中）心之智。"●讀終。《黃子盤》："黃子乍（作）黃孟臣（姬）行器，則永祐祜（福）霝申（終）霝复（復）。"

忠 楚 璽彙 2557　　郭店·尊德 33　　郭店·尊德 21　　郭店·六德 17

【注】從心申聲。●均讀忠。《店尊德 33》："不忠（忠）則不信，弗惠（通）則亡（無）復。"

仲 晉 璽彙 3379　秦 珍秦 40　　秦印 156

【注】從人中聲。●晉璽人名。●秦印"仲山賀"，仲山，複姓。

忠 齊 分研一 178 楚　　郭店·魯穆 2　　郭店·唐虞 9　　郭店·語叢二 46

郭店·語叢三 63　　上博三·仲弓 21　　上博一·詩論 26　　郭店·魯穆 3

清華五·命訓 12　　清華五·命訓 15 燕 璽彙 3463 晉 中山王響鼎 中

山王響壺 璽彙 4504　　璽彙 1314　　類編 316 秦 睡簡·為吏 46　　珍

秦 190、　　、　　秦印 209

【注】從心中聲，與小篆同。《說文》："悳，敬也。從心中聲。"本義為忠誠，忠心。●忠誠、忠心。《中山王響方壺》："非恁（信）與忠，其隹能之。"●忠臣：忠於國家、社稷和君王的臣子。《中山王響鼎》："天隆（降）休命于朕邦，又（有）氒（厥）忠臣貯。"《郭店·魯穆 2》："恆再（稱）其君之亞（惡）者，可胃（謂）忠臣矣。"楚文字或作"悥"。

瘇 燕 古璽漢印集萃 172

【注】從广腫聲。●單字璽。

苗侯簋 克鼎 士山盤

【注】從艸中聲，小篆從艸中聲，從艸與從艸會意同。《說文》："苗，艸也。從艸中聲。"本義草名。●金文國名，或作沖、盅、邨。《苗侯簋》："苗侯乍（作）鞞（登）寶殷。"苗君自稱"侯"，可知苗為國名。西周苗國在隨州市均川鎮附近。（《西周金文所見佚記古國及相關問題討論》）苗國在春秋早期已為楚所滅，春秋中後期的"中"應是楚之縣邑。春秋早期的中子化盤云"中子化用保楚王，用正（征）柤（莒）"。"中子"自稱"保楚王"，身份應為楚國之臣。●讀中。《克鼎》："易（賜）女（汝）叔（素）市參同（絧）苗恖（蔥）。"

邨 楚 邨子彰缶 仰天27 晉 訓義1·42

【注】從邑中聲。●國名。《邨子彰缶》："邨子彰之趙缶。"陳千萬謂此器作時，邨國已滅，邨人入仕于楚。（《中子賓缶初探》）詳"苗"。●晉璽"邨☒"姓氏，讀中。●人名。《仰天27》："黃邨之矢八，又（有）檜。"

沖 楚 沖子鼎 晉 璽彙2591 璽彙2592 璽彙2593

【注】甲骨文作、、等形，從水從中（旗飄動），會水波湧動搖盪之意；中兼聲。《說文》："沖，湧搖也。從水、中。"本義為水湧動搖蕩。●國名。《沖子鼎》："沖子蹈之行貞（鼎）。"詳"苗"。●晉璽"沖青"，姓氏。

柚 楚 安大一27

【注】從木中聲。●讀牖。《安大一27》："于目（以）奠之？宗室柚（牖）下。"中、牖同屬舌音，韻部旁對轉，上古音近。

旃伯盤

【注】從㫃中聲。疑與中字本義有關。●讀中，國名。

盅 楚 盅鼎 盅子䵼鼎蓋 盅子軟簠

【注】從皿中聲，與小篆同。《說文》："盅，從皿中聲。《老子》曰：'道盅而用之。'""器虛也"，當為引申義，本義為器皿。●讀中，國族名。《盅子䵼鼎蓋》："盅子䵼自乍（作）飤鑼（鎬）。"●讀洚，人名。《盅鼎》："盅之嘖（登）貞（鼎），其永用之。"《盅鼎》與《洚叔鼎》為同墓出土，故"盅"即為"洚叔"，盅、洚古音相近，故可通假。

衷^秦 文博 1985・5 、 秦印 164 里耶 8・228

【注】從衣中聲。●秦印多為人名。里耶簡人名。●秦印"衷俗"，姓氏。

端紐眾聲

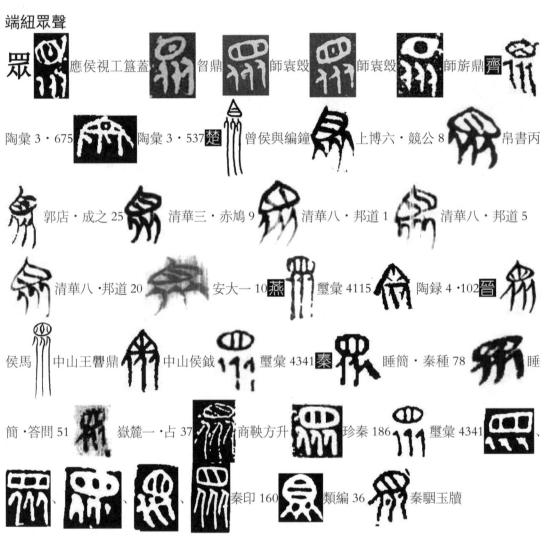

眾 應侯視工簋蓋 智鼎 師衰毁 師衰毁 師旋鼎^齊

陶彙 3・675 陶彙 3・537^楚 曾侯與編鐘 上博六・競公 8 帛書丙

郭店・成之 25 清華三・赤鳩 9 清華八・邦道 1 清華八・邦道 5

清華八・邦道 20 安大一 10^燕 璽彙 4115 陶録 4・102^晉

侯馬 中山王𰶫鼎 中山侯鉞 璽彙 4341^秦 睡簡・秦種 78 睡

簡・答問 51 嶽麓一・占 37 商鞅方升 珍秦 186 璽彙 4341 、

、 、 、 秦印 160 類編 36 秦駰玉牘

【注】甲骨文作𰟔、𰟔、𰟔、𰟔、𰟔，從日從𠈌（或作从，同），會日出眾人相集而作之意。金文訛日為目。古文字中"目"與"日"常混，參"𦬊""莫"諸字。《說文》："𰟔，多也。從𠈌、目，眾意。"本義為眾人。●農奴。《師旋鼎》："師旅眾僕不從王征于方。"《智鼎》："昔饉歲，匡眾厥（厥）臣廿夫，寇智禾十秭。"楊寬、郭沫若謂眾是奴隸身份。于省吾謂從事農耕和征戰的自由民。●眾人。《中山王𰶫鼎》："含（今）盧（吾）老貯，親逹（率）參軍之眾，目（以）征不宜（義）之邦。"●用為形容詞，指人員眾多。《中山王𰶫鼎》："母（毋）富而喬（驕），母（毋）眾而囂。"●讀螽。《安大一 10》："衆（螽）斯之羽，选=（詵詵）可（兮）。"《毛詩》作"螽斯羽"，"斯"下無"之"字。《說文・䖵部》"螽"字或體作"蟲"，從虫眾聲。《藝文類聚》

542

卷一百引《春秋佐助期》"螽之為言衆"。是古人認為"螽"之命名取義為衆。毛傳以"螽斯"連讀，"螽斯，蚣蝑也。"

 侯馬

【注】從犬眾聲，"獴"之異文。●人名。

定紐蟲聲

蟲 楚 清華八・處位 3　郭店・老甲 21　上博八・志書 4　上博六・用曰 5　包山 191　上博八・志書 4　清華十・四告 40　秦 圖典 414　睡簡・答問 179　睡簡・日甲 74 背

【注】《說文》："蟲，有足謂之蟲，無足謂之豸。從三蟲。凡蟲之屬皆從蟲。直弓切。"王筠釋例："案：虫、蚰、蟲同物即同字。如古文以中為艸之比。小蟲多類聚，故三之以象其多；兩之者，省之也；一之者，以象其首尾之形也。"●蟲、寄生蟲。《睡簡・答問 179》："騷馬蟲皆麗衡厄（軛）鞅靽轅軸，是以炎之。"《上博六・用曰 5》："征蟲飛鳥，叟（受）勿（物）于天。"● 秦印"蟲不疵"，姓氏。《前漢・功臣表》曲成侯蟲達。●讀蠢。《上博八・志書 4》："蟲（蠢）材以為獻。"●郭店簡為"蚰"之繁文，讀混。《郭店・老甲 20》："又（有）牀（狀）蟲〈蚰－混〉成，先天地生，敓繆（穆），蜀（獨）立不亥（改）。"

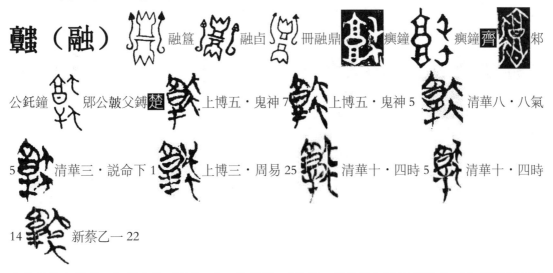

螎（融）融篅　融卣　冊融鼎　瘋鐘　瘋鐘 齊　邿公釾鐘　郘公敔父鎛 楚　上博五・鬼神 7　上博五・鬼神 5　清華八・八氣 5　清華三・說命下 1　上博三・周易 25　清華十・四時 5　清華十・四時 14　新蔡乙一 22

【注】此字學者一般隸定為"螎"，𪏰、蟲雙聲。《莊子・外物篇》墮蟫不得成。又《司馬彪注》

鹽蜳，讀曰沖融，言畏怖之气沖融兩溢，不安定也。蜳，即"蟲"之省。《融簋》以下三形，均見于商代晚期器銘，氏名用字，《集成》釋為"融"，可參。戰國文字"蟲"所從 與"毓""流"所從相混，詳"流"字。●族氏名。見于《融簋》《融卣》《冊融鼎》等器。●讀融，融合、交融。《癲鐘》："蟲（融）妥（綏）厚多福。"《左傳·隱公元年》："大隧之中，其樂也融融。"杜注："融融，和樂也。""蟲（融）"充當"妥厚多福"的謂語，蓋為總言多綏多福之誼。●讀融。《包山 217》："舉禱楚先老僮、祝蟲（融）、妭（毓，鬻）酓（熊），各一牂。"●讀終，人名。《邾公釛鐘》："陸蟲之孫邾公釛，乍（作）氒（厥）禾（龢）鐘。"陸蟲，即陸終。●讀庸。融，喻紐冬部，庸，喻紐東部，可通。《説文》："庸，用也。"《清華三·説命下 1》："余惟命汝敓（説）蟲（庸）朕命，余頪（柔）遠［能逐（邇）］。"●整理者讀眈，謂融、眈音近。《上博三·周易25》："遺（顛）頤，吉，虎貝（視）蟲=（眈眈），亓（其）猷攸=（逐逐），亡（無）咎。"今本作"虎視眈眈，其欲逐逐"，馬王堆帛書本作"虎視沈沈，其容笛笛"。或云簡文"融"字不必破讀，"融"訓為"朗""大明"與"炯"意義相近，"虎視融融"猶"虎視炯炯"。"融融"狀虎之明視貌，與"眈眈"同為虎視貌。

 天星

【注】從羽蟲聲。●簡文義不詳。

陸[楚] 清華十一·五紀 117

【注】從阝蟲聲。●整理者讀融。●《清華十一·五紀 117》："大盟（明）䚅（彌）巨，匡廢図（攝）韋（威），陸（融）[圖]皐均，秉句羊。"辭義不詳。

䰟[楚] 清華一·祭公 3

【注】從員蟲聲。●讀魂。《清華一·祭公 3》："朕（朕）䰟（魂）才（在）朕（朕）辟卲（昭）王斎=（之所）。"今本作"魂"，音近相假。

讒[楚] 上博一·詩論 8　清華五·三壽 19　清華八·邦道 24　上博

八·志書 3　清華二·繫年 81　清華九·廼命二 8

【注】從言蟲聲。●楚文字多讀讒。《邦道 24》："讒（讒）人在戾（側）。"《上博一·詩論 8》："《小弁》《巧言》則言讒（讒）人之害也。"《清華五·三壽 19》："元哲並進，讒（讒）緜（諫）則屏，時名曰聖。"

肇[楚] 安大一 100

【注】從手謹聲。●讀摻。《安大一100》：“擘（摻）＝女手，可目（以）表（縫）常（裳）。”摻摻，女手纖美貌。“謹”為“讒”字異體。上古音“讒”屬崇紐侵部，“摻”屬山紐侵部，“參”聲、“毚”聲之字可通（參《古字通假會典》第二四三頁“讒與譖”“慘與憯”條）。“擘”，當為“摻”之異體。《説文》引《詩》作“擽擽”，《韓詩》引作“纖纖”。上古音“擽”“纖”並屬心紐談部，與“摻”亦音近可通。

繟 楚 上博五·三德14

【注】從糸蟲聲。●《上博五·三德14》：“是奉（逢）凶朔（孽），天材（災）繟＝（混混），弗殺（滅）不隱（隕）。”整理者認為蟲是蚰之訛，蚰即昆之本字。劉釗認為可讀混。“混混”一詞文獻較為多見，亦作“渾渾”，用來表示水奔流不絶的樣子，亦用於其他事物的連續不斷。簡文“混混”形容“天災”綿綿不斷，與後文“弗滅”“不隕”意正相合。而且“混”與下文“隕”古音同屬文部，韻也相諧。

壘 師龢鼎 子癸壘觶

【注】甲骨文或作、、、，從土蟲聲。●甲骨文用為人名。金文也用為人名。《師龢鼎》：“小子妭（夙）夕專由先且（祖）剌（烈）德，用臣皇辟，白（伯）亦克牽由先且（祖）壘。”有學者以為“蠱”之異體，從蟲土聲。土聲、蠱聲音近。讀蠱，蠱惑、誘惑。由誘惑引申而有誘導、促進之義。牽，讀款。于豪亮曰：“為蠱之異體字，《周易·序卦》：‘蠱者事也。’”“牽由先且壘”，意即‘繼承先祖之事業。’”（《陝西省扶風縣强家村出土虢季家族銅器銘文考釋》）

泥紐農聲

令鼎　史農觶　農簋　田農鼎　農卣　梁其鐘　農

父簋　散氏盤 楚 清華十·四告33 秦 睡簡·秦種144

【注】甲骨文作、、、、、、、，從林（或從森，同）從辰（蜃之初文，先民用其殼以為農具），字象以蜃耨苗之狀，會耕耘之意；蓋田之所必有草木也。《農簋》從艸（屮）從田辱聲。《史農觶》等省屮。字形有增踵，多從田，或又增臼、又、止，其意更顯。楚文字多用“戎”“蓐”表示農。齊文字用“茇”。《説文》作“𧄹”。《説文》：“𧄹，耕也。從晨囟聲。徐鍇曰：“當從囟乃得聲。”籀文農從林。古文農。亦古文農。”所謂囟聲，實際是“田”形之訛變，隸書再變“囟”為“曲”。本義當為農耕、農人。●農耕。《令鼎》：“王大耤（藉）農于諆田。”●農夫。《清華十·四告33》：“若農夫之秉偘（畝）不攴（終）。”●厚、勤勉。《梁其鐘》：“克𧧸（哲）氒（厥）德，農臣先王。”《書·洪範》：“農用八政。”孔傳：“農，厚也。”●人名。《農簋》：“農乍（作）寶尊彝。”●中農：人名。《散氏盤》：“氒（厥）左執要，史正中農。”

泥紐戎聲

【注】甲骨文作戎、戎、戎、戎、戎、戎，從戈從盾（□為盾之初文），"戈"是古代的武器，"盾"是防護衣，會兵器之意。金文從戈從十（"盾"之簡形，與"甲"字相混），《叔簋》"盾"作戎，從又從十（盾之簡形），豚聲，可證也。小篆同金文。《説文》："戎，兵也。從戈從甲。"本義是兵器的總稱。古戎族善用戈盾，故稱之為"戎"，如《詩經》："以修我戎。"引申為軍隊、戰爭等義，如《詩經》："戎陣以待。"●國族名。《班簋》："王令毛公目（以）邦冢君、土（徒）馭、或人伐東或（國）痟戎，咸。"●兵、兵器。《叔尸鎛》："余易（賜）女（汝）馬車戎兵，釐僕三百又五十家。"戎兵，軍隊的武器裝備，泛指弓、矢、戈、盾、矛、戟之類的兵器。●兵事、戰事。《叔尸鐘》："女（汝）肇（肇）敏于戎攻。"●讀農。《清華八·邦道16》："……戎（農）獸（守）豕（稼）莠（稽），此之曰攸（修）。"●《集證142》"王戎兵器"。戎本指兵車，《詩·秦風·小戎》："小戎俴收，五楘梁輈。"毛傳："小戎，兵車也。"鄭玄箋："此群臣之兵車，故曰小戎。"又《左傳·宣公十二年》：《詩》云：'元戎十乘，以先啓行。'"孔穎達疏："元，大也；戎，車也。"群臣稱"小戎"，則"王戎"為王所乘用之車，或即"元戎"。秦自惠文稱王，至始

皇二十六年稱"皇帝"，故此印為惠文王以後，始皇稱帝前之物。王車結構複雜，上須配備各種兵器，因而專門設置機構製造。

精紐宗聲

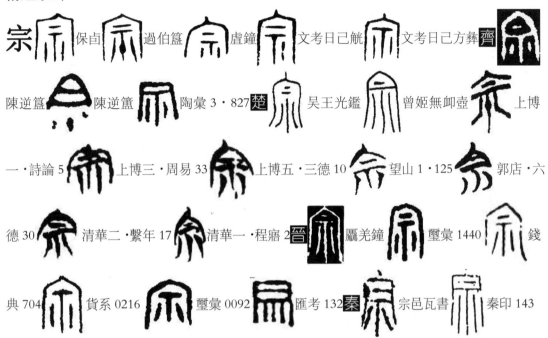

【注】甲骨文作𠑆、𠑋、𠑌、𠑍、𠑎、𠑏、𠑐、𠑑，從宀（宗廟形）從示（神主），象藏主于宗廟，會宗廟、宗主之意。《金文編》原附有𠑒、𠑓字，此中山諸器所作，從宀從主，當為"主"之繁文，銘文中用與"主"同。《說文》："宗，尊祖廟也。從宀從示。"本義是宗廟、祖廟，就是祭祀祖先的廟堂，如《尚書》："受命于神宗。" ●宗廟、祖廟。《士父鐘》："用享于宗。" ●出于同祖，即宗族。《兮熬壺》："其萬年子子孫孫永用享孝于大宗。"大宗，指周代宗灋制度中專指始祖的嫡系長子、長孫。《詩·大雅·板》："大宗維翰。"《儀禮·喪服》："大宗者，尊之統也。" ●宗周：指周武王建立的都城鎬京。《史頌鼎》："隹（唯）三年五月丁子（巳），王才（在）宗周。"《詩·小雅·正月》："赫赫宗周。"《書·多方》："王來自奄，至于宗周。" ●宗家：即宗族，指同一男性祖宗的嫡長血緣集團。《陳逆簠》："余寅事齊侯，歡血（恤）宗家。"此銘之宗家即指田氏宗族。 ●宗婦：嫡系長女。一曰宗子之妻。《晉公盆》："宗婦楚邦。"《禮記·內則》："適子、庶子，祗事宗子、宗婦。" ●宗伯：官名，或稱宗人，輔佐天子掌管宗室事務。《洹子孟姜壺》："齊侯命大子乘遽來句宗白（伯），聖（聽）命于天子。"春秋時魯國亦設有宗伯，專管宗廟祭祀等禮儀。《左傳·文公二年》："于是夏父弗忌為宗伯。"杜預注："宗伯，掌宗廟昭穆之禮。" ●宗彝：宗廟祭祀所用之器。《克鼎》："克乍（作）朕皇且（祖）釐季寶宗彝。" ●宗子：嫡系長子。按宗灋制度，嫡長子繼承大宗，為族人同輩人所共尊，故稱宗子。《善鼎》："余其用各我宗子雫（與）百生（姓）。"《儀禮·士昏禮》："宗子無父，母命之。"鄭玄注："宗子者，適長子也。"《詩·大雅·板》："懷德維寧，宗子維城。"鄭玄箋："宗子謂王之適子。"《何尊》："王夒（誥）宗小子于京室。"宗小子，指周代宗灋制度下的小宗之子，與作為大宗嫡子的宗子不同。 ●《璽彙0092》"平窑宗正"、《匯考132》"陽陰（陰）宗正"。"宗正"，職官名，為管理王室的

官。《漢書・百官公卿表上》："宗正,秦官,掌親屬。" ●本旨、主旨。《上博二・從乙4》:"恩(溫)良而忠敬,慜(仁)之宗〔也〕。" ●讀崇。《上博三・彭祖4》:"夫子之德登矣,何其宗!"

崇晉 璽彙2260 分研394 璽彙2303 秦風199

【注】從艸宗聲。●晉璽"崇悟""崇痰"讀宗,姓氏。

郔楚 包山72 ﹑ 包山84

【注】從邑宗聲。●包山簡"郔未""郔豫""郔漸"等,讀宗,姓氏。

心紐宋聲

宋 北子宋盤 臣衛尊 永盂 宋公差戈 宋婦觚齊 宋公

巒戈 宋公得戈 宋左師不罜鼎 宋公圞作濫叔子簠 宋君夫人鼎

宋莊公之孫趑帀鼎 璽彙1433 陶彙3・803 貨系3797楚

望山2・60 上博一・緇衣23 清華二・繫年3 清華二・繫年42 清

華二・繫年126 璽彙3505燕 璽彙1430 匯考244晉 十一年皋落戈

貨系2456 璽彙1410 貨系0371 貨系2456 八年新城大令戈

溫縣 璽彙1431 璽彙1425 匯考244秦 秦印143 ﹑

戰表1046

【注】甲骨文作 ![][]、![][]、![][]、![][]、![][]、![][]、![][]，從宀從木，會以木為樑柱而成居室之意。金文承之。《説文》：“![][]，居也。從宀從木。”本義為居住。後借作朝代名、氏名，本義遂不存。● 國名。宋國，子姓，開國君主是商王紂的庶兄微子啟。公元前十一世紀周公平定武庚反叛後，把商的舊都周圍地區分封給微子，建都商丘（今河南商丘南）。疆域包括今河南東部和山東、江蘇、安徽等地。戰國後期為齊所滅。《宋莊公之孫趲帀鼎》：“宋牆（莊）公之孫趲帀，自乍（作）會（膾）鼎。”杜預《春秋釋地》：“宋、商、商丘，三名一地。”● 姓氏。《年新城大令戈》：“八年，親（新）城大命（令）韓定、工帀（師）宋費。”古璽印多為姓氏。● 人名。《史宋鼎》：“史宋自乍（作）錳（盂）貞（鼎）。”

![box 策][] ![box 晉][]  七年龠氏戈

【注】從竹宋聲。● 讀宋，姓氏。《七年龠氏戈》：“工帀（師）策（宋）虎。”

宵部

影紐夭聲

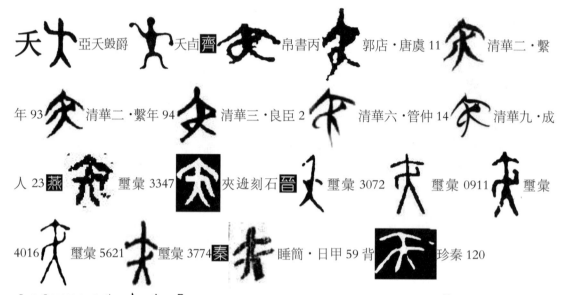

【注】甲骨文作夨、夭、夨、夨，象人行走時兩臂彎曲歪斜之形。或省頭形作夭。戰國文字"大"形腋下腰部的均作𠂤符號；戰國文字從夭之字，後世皆寫作從夭。《説文》："夭，屈也。從大，象形。"董蓮池認為《説文》收録的夭没有來源，只是根據"奔""喬""幸"的小篆訛體離析出來的。（《古文字無傾頭形"夭"字説》）●族氏名。見于《亞夭毀爵》。●用作人名。《夭乍彝》："夭作彝瓶。"晉璽人名。●讀夭。《釋名·釋喪制》："少壯而死曰夭。"《郭店·唐虞11》："安命而弗夭，敎（養）生而弗戕（傷）。"《清華六·管仲13》："是古（故）六胹（擾）不脊（瘠），五種時簹（熟），民人不夭。"●讀妖。《睡簡·日甲59背》："鳥獸能言，是夭（妖）也。"

妖  陶新 2719

【注】從女夭聲。●人名。

殀  清華九·治政 15

【注】從歺夭聲。●讀夭。《清華九·治政15》："亡（無）殀（夭）死者，此所胃（謂）惠惪（德）。"

宊  陶彙 6·111

【注】從宀夭聲。●晉陶"明宊"，人名。

祅上博二·容成 16 清華九·成人 1 清華九·成人 10 清華九·成人 10

【注】從示天聲。●均讀妖。《上博二·容成 16》："當是時也，癘疫不至，祅（妖）祥不行。"《清華九·成人 1》："土多見（現）祅（妖），流而潛（淫）行。"土妖既與天災相對而言，乃禍害於人之"妖"也，經史或謂之厲鬼、惡鬼、暴鬼。土妖之淫行，疫病大流行也。

蚕清華五·三壽 10 清華五·三壽 14

【注】從虫天聲。●讀妖。《清華五·三壽 10》："醫（殷）邦之蚕（妖）蜱（祥）並记（起）。"

訞清華三·芮良夫 19 清華十·四告 48 晉璽彙 2973

【注】從言天聲。●晉璽人名。●讀妖。《清華三·芮良夫 19》："民所訞（妖）訛（比）。"《荀子·非十二子》"則可謂訞怪狡猾之人矣"，楊倞注："訞與妖同。"

映晉 包山 173

【注】從日天聲。●人名。

迏楚 上博四·柬旱 2

【注】從辵天聲。●讀天。《説文》："天，屈也。"引申為傾斜。《上博四·柬旱 2》："競尹智（知）王之庶（炙）於日而疗（病），笒（蓋）愁愈迏。"愁，在楚簡中用作"義"或"儀"，而《爾雅·釋詁》云："儀，榦也。"《玉篇·木部》："榦，柄也。"競尹手執傘蓋為簡王遮陽，傘柄隨着日影移動而逐漸傾斜。

沃晉 清華三·説命中 3 安大一 104 清華九·禱辭 18 秦 陶

彙 5·91 睡簡·日甲 59 背 睡簡·日甲 32 背 印增 601

【注】從水天聲。●灌沃。《説文》作"渓"，"灌溉也"。《清華三·説命中 3》："啟乃心，日沃朕心。"秦簡亦用為本義。●肥沃。《清華九·禱辭 18》："土沃則我母（毋）與，土旱則我又（有）叚（賢）雨。"●地名。《安大一 104》："索（素）衣絑（朱）襮，從子于沃。既見君子，員（云）可（何）不樂？"●秦陶地名。

 曾侯與編鐘

【注】此字原多釋為"沏"。陳劍謂應釋為"沃（右下原增從"土"旁）"；"夭"旁中曲筆拉直變作一小橫（參"鈇"字）。（《隨州文峰塔 M1 出土三種曾侯與編鐘銘文考釋》）沃，《説文》作"渷"，"溉灌也。從水芺聲"。●讀沃，肥沃。《曾侯與編鐘》："王遣命南公，營宅垈（沃）土，君此淮夷，臨有江夏。""營宅沃土、君此淮夷、臨有江夏"為層層遞進補充説明。

 睡簡・答問 110

【注】從金沃聲。《説文解字・金部》："鋈，白金也。"●刑罰，在腳上施加鐵製脛鉗。《睡簡・答問 110》："耐以為鬼薪而鋈足。"或謂讀夭，折。鋈足，刖足。

 曾侯 144

【注】從馬夭聲，"鵶"之異文。●讀鵶，馬名。《曾侯 144》："駅驪為左驂。"

 上博二・子羔 12　包山 109

【注】從艸夭聲。或增土為繁文。●草名。《上博二・子羔 12》："遊於玄咎之内，冬見芺，玫（搴）而薦之。"《説文》所見芺和薁所指是同一種草，可以食用，"但大概是在夏曆四月的時候才長成。簡文言'冬見芺'，是言其神異。"（《上海博物館藏戰國楚竹書（二）・子羔》集釋）"玫"字可以視為"搴"字異體，"搴"和"玫"的聲符"干"上古音都是見母元部，義為拔取、採取，而且多指拔取草類。薦訓為進獻。整句意為"於冬日見可食之芺，於是拔取之，而進獻於上帝"。●包山簡地名。

 璽彙 3126　璽彙 3865　七年安陰令戈

【注】從衣夭聲，"襖"之異文。●均為人名。

 十三年鈹

【注】從彳夭聲。●人名。《十三年鈹》："馱（韓）㣻。"

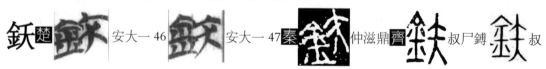 安大一 46　安大一 47　仲滋鼎　叔尸鎛　叔

尸鐘

【注】《叔尸鎛》所作，宋人釋作"鈇"，舊多因之。當從金天聲。金文矢、夫作偏旁時往往混作，此字聲符 𡗒 與"矢"相近，但亦有細微的區別，即"矢"形所從之 ⌒ 在豎筆頂端，而 𡗒 之 ⌒ 在豎筆上的位置要相對靠下。𡗒 也不是"夫"字，金文中"夫"字所從橫筆往往在正面人形表示手臂的筆劃的上部，作 夫、夫 等形，偶有把表示手臂的筆劃拉直作 夫、夫 等形。《仲滋鼎》右邊所從顯然就是"天"字。"鈇"應該就是"鋈"之初文，《說文》："鋈，白金也。從金、沃聲。"它們在銘文中都表示某種金屬。●白金也。《叔尸鎛》："歔（選）羃（擇）吉金，鈇喬（鐈）鋊鋁，用弎（作）鑄其寶鎛。"《仲滋鼎》："鼍（鐈）良鈇黃。""鼍"，王輝讀鐈，指一種銅之合金。"良""黃"應分別是說明"鼍（鐈）""鈇（鋈）"的，"鼍（鐈）""鈇（鋈）"是指鑄造仲滋鼎所用的兩種金屬。金文中的"鑪（鑪）"，一般認為是指一種黑色金屬，但銘文中多形容"鑪"為"黃""赤"，研究者認為這是"黑中帶有赤、黃"。如果《說文》訓鋈為白金可信，我們認為"鈇（鋈）黃"可以解釋為"鋈"這種金屬由於其組成成份比例的不同，以致它"白中帶黃"。（據謝明文《釋金文中的"鋈"字》整理）●讀鋈。《安大一 46》："遊環糳（脅）敺（驅），輪（紾）紳（靷）鈇（鋈）繛（續）。"《毛詩》作"陰靷鋈續"。毛傳："鋈，白金也。"

影紐杳聲

杳 古陶字彙 224

【注】會意字。甲骨文作 𣏾，從日在木下，會不明之意。●古陶文單字，系屬不明。

偺 晉 陶録 5·70

【注】從人杳聲。●晉陶"偺午"，應為人名。

影紐宭聲

宭 齊 裔宭敦年戟 秦 印增 128 秦印 64 里耶 8·2270

【注】《說文》："宭，深目也。從穴中目。烏皎切。"或作朐、盷。●均為人名。

影紐皛聲

皛 楚 網絡

【注】從三白。《說文》："皛，顯也。從三白。讀若皎。" ●楚璽"皛倉"，不詳。

 曾侯 62

【注】從立畠聲。勹或為疊加聲符。●讀畠，白也。《曾侯 62》：“鑒（報），竘銅鍩，鮚韌。”

 曾畠公臣鼎

【注】從山畠聲。●人名。《曾畠公臣鼎》：“曾畠公臣之䑏（廚）貞（鼎）。”

影紐要聲

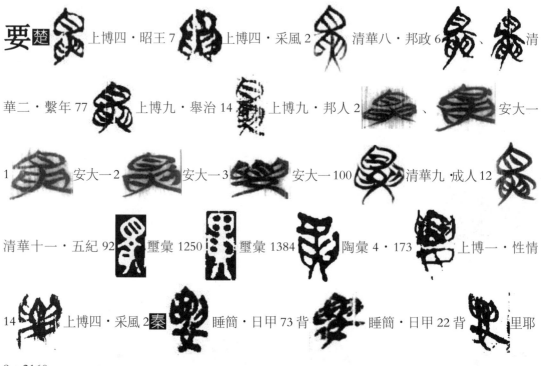

要 楚 上博四·昭王 7　　上博四·采風 2　　清華八·邦政 6　　、　　清

華二·繫年 77　　上博九·舉治 14　　上博九·邦人 2　　、　　安大一

1　　安大一 2　　安大一 3　　安大一 100　　清華九·成人 12

清華十一·五紀 92　　璽彙 1250　　璽彙 1384　　陶彙 4·173　　上博一·性情

14　　上博四·采風 2 秦 睡簡·日甲 73 背　　睡簡·日甲 22 背　　里耶

8·2160

【注】會意字。甲骨文作 𡢟，從 ⊙（象頭形，其初本作 ○，古文空廓中每增點為飾，遂與“日”混），從女從臼，象女子雙手叉腰狀，會腰肢之意，當為“腰”之本字。女子好細腰乃自古有之。楚文字從目從大從臼，會意與甲骨文同。楚文字或作 者，其實是“妻”字，釋“要”或“妻”要根據具體文義而定。秦系文字作 （睡簡），與甲骨文類似。《説文》：“𡢟，身中也。象人要自臼之形。從臼，交省聲。䙅古文要。”本義是腰，如《墨子》：“楚靈王好士細要。”《説文》：“要，身中也。象人要自臼之形。從臼，交省聲。𡢟，古文要。與𡢟𡢟，古文要。”●秦簡多讀腰。《睡簡·日甲 73 背》：“盜者男子，青赤色，為人不穀（穀），要（腰）有疵。”●《清華八·邦政 6》：“父兄與於終要，弟子不敢（摶）遠人。”終要，讀衝要。“衝要”一詞，古書有見，如《後漢紀·靈帝紀下》：“今涼州，天下之衝要，國家之藩衛也。”敢，讀為摶、團，團聚、結交。遠人，

554

指國外的諸侯。言弟子不與諸侯結交以借其勢。●讀謠。《上博一·性情 14》："昏（聞）訶（歌）要（謠），〔則陶如也斯奮〕。"合樂為歌，徒歌為謠。《詩·魏風·園有桃》："心之憂矣，我歌且謠。"毛亨傳："曲合樂曰歌，徒歌曰謠。"《漢書·藝文志》："自孝武立樂府而采歌謠，於是有代趙之謳，秦楚之風，皆感於哀樂，緣事而發，亦可以觀風俗，知薄厚云。"●讀高。《上博四·采風 2》"要丘"讀"高丘"。"要"上古音屬宵部影母，"高"屬宵部見母。二字音近可通。"高丘"戰國時屬楚，又見於鄂君啟節、包山楚簡和屈原《離騷》等。李家浩先生考定在今安徽宿縣北的符離集附近，淮水北不遠。●讀窈。《安大一 1》："要（窈）翟（窕）囝（淑）女，君子好戴（逑）。"《毛詩》作"窈窕淑女"。●讀引。《上博四·昭王 7》："不蒦（獲）要（引）頸之辠（罪）於君王。"●《清華二·繫年 77》"墨（黑）要"，為人名。黑要，楚連尹襄老之子，其事見《左傳·成公二年》。楚璽"黃要"等為人名。

萋^晉璽補 237　^秦　、　印增 25

【注】從艸要聲。●晉璽"萋聾"，秦印"萋翁""萋許"，均為姓氏。《穆天子傳》曰："七萃之士曰萋豫。"按：萋，即遠志，《詩·七月》："四月秀萋"。疑或以草名為姓氏。

謸^楚郭店·性自 22

【注】從言要聲。字形截取了人的軀幹部分，頭部沒有反映出來。●讀要。《郭店·性自 22》："拜，所以〔為敬也。其〕謸（要）夒（文）也。"缺文陳偉先生補作"所以〔為敬也〕"。

遱^楚包山 182　　安大一 90　　安大一 91

【注】從辵要聲。●包山簡人名。●讀邀。《安大一 90》："羿（期）我桑市（中），遱（邀）我上宮，遺我沔（淇）之上可（兮）。"

偠^楚清華九·禱辭 11

【注】從彳要聲。●整理者讀邀。《清華九·禱辭 11》："君旨（詣）朝（廟）偠（邀）余=（余，余）怀（負）而進之。四方皆若是。"整理者注："'偠'是'邀'的異體，張家山《蓋盧》'毋要正正之旗'，今本《孫子》對應之處即寫作'邀'。'邀'可訓'遇'，《莊子·徐無鬼》'吾與之邀樂於天，吾與之邀食於地'，郭注：'邀，遇也。'"

票^秦睡簡·日甲 64 背　　睡簡·日甲 52 背　　睡簡·日甲 80 背

【注】從火（或訛為示），要省聲。●讀剽，疾。《睡簡·日甲 80 背》："盜者大鼻而票（剽）行，馬脊，其面不全。"●讀飄。《睡簡·日甲 64 背》："凡有大票（飄）風害人。"飄風，疾風。

蔈秦圖典 91

【注】從艸票聲。●秦印“蔈邦”，姓氏。

嫖秦、印增 482

【注】從女票聲。●單字璽，應為人名。

剽秦睡簡・日乙 33睡簡・日乙 37

【注】從刀票聲。●讀瞟，目病。《睡簡・封診 21》：“騅牝右剽。”劉釗讀標，標識。

縹秦睡簡・日甲 80 背

【注】從糸票省聲，“縹”之省文。●讀腰。《睡簡・日甲 80 背》：“疵在縹（腰）。”

曉紐囂聲

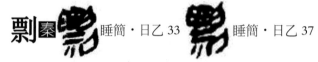

囂囂伯盤囂仲之子伯剌戈楚燕客量璽彙 0318璽彙 0164分研 140分研 140包山 7上博五・三德 5清華二・繫年 116清華一・楚居 6上博一・詩論 21清華三・芮良夫 7上博九・邦人 10古璽姓氏考（複姓十五篇）燕璽彙 3484璽彙 5435晉中山王譽鼎璽補 187秦仲滋鼎印增 79

【注】從㗊從頁，會眾口喧囂之意。《說文》：“，聲也。气出頭上。從㗊從頁。頁，首也。囂或省。”本義喧嘩。●喧囂，指軍紀不肅。《中山王譽鼎》：“母（毋）富而喬（驕），母（毋）

眾而囂。"●人名。《囂伯匜》："囂白（伯）弟自乍（作）旅它（匜）。"●讀鐈，指鑄器之金屬原料，為鐈、鑒之合金。《仲滋鼎》："囂良釱黃。"詳"釱"字。●讀敖。莫囂，楚系文字習見官名，典籍作敖。職掌軍事，中央和地方皆設有"莫敖"一職。楚璽有"大莫囂（敖）鉩（璽補64）""莽（莫）囂（敖）之鉩（璽補65）"。連敖，楚國特有官名，曹錦炎認為"連敖"為楚國"連"一級組織的軍事首領。楚璽有"連囂（璽補66）""大莫囂（敖）連鉩（璽補67）"。●《清華一·楚居6》："舍（熊）噩（咢）及若囂（敖）舍（熊）義（儀）。"楚簡"敖"寫作"囂"。《史記》索隱云："熊儀也，號若敖。"是以"若敖"為號。敖是楚國未為王的君長之號，楚人名有若敖、霄敖、堵敖、莫敖等，均以"敖"作結。未有諡號者，當以"×敖"代替諡號，"敖"之前的一個字往往是地名，如若敖之"若"，霄敖之"霄"。《史記·楚世家》載熊渠語："我蠻夷也，不與中國之號諡。"此或即楚人特有的諡稱。●讀敖或讀傲，倨傲、狂妄。《清華三·芮良夫7》："以囂（敖）不悬（圖）戁（難）。"●《上博五·三德5》："弁（變）棠（常）惕（易）豊（禮），土地乃迡（坼），民乃囂死。"李天虹先生讀夭。古音"囂"是曉母宵部字，"夭"是影母宵部字，讀音非常接近。●古璽姓氏考（複姓十五篇）"若囂黽鉩"，"若囂"為複姓，即古書中的"若敖"氏。《通志·氏族略三》"以字為氏"類下謂："若敖氏，羋姓，楚君若敖之後也。……若敖者，楚君熊義字也。或言楚國尊者稱敖，如霄敖、郟敖之類是也。"

 安大一 46

【注】從又囂聲。●讀撓。《安大一46》："才（在）皮（彼）板屋，嚻（撓）我心曲。"《毛詩》作"亂我心曲"。上古音"囂"屬曉紐宵部，"撓"屬泥紐宵部，典籍中"囂"與"敖"，"敖"與"澆"通（參《古字通假會典》第797頁）。《爾雅·釋詁》："撓，亂也。"《左傳》成公十三年："離散我兄弟，撓亂我同盟，傾覆我國家。"《毛詩》作"亂"，蓋因"嚻""亂"形近而誤。"撓""亂"義亦相近。或以為"嚻"為"亂"之誤書。

 伵夫人嬲鼎

【注】從女囂聲。●人名用字。

 囂伯匜

【注】從高省、從囂，雙聲字。●讀囂，氏族名。

 包山 143

【注】從石囂聲，即見於集韻的"磝"字。《釋名》山多小石曰磝。與"礌"當為一字異體。●讀磬。《爾雅·釋樂》："大磬謂之磬。"《𡙇鑄》："霝色若華，毕（比）者（諸）礌（磬）硅（聲）。"●包山簡"礌敔"讀囂，姓氏。

鐪 晉  邨鐘

【注】從金囂聲。《説文》無，亦不見于字書。●讀磬。《邨鐘》："大鐘既縣（懸），玉鐪鼉鼓。"孫詒讓曰："玉鐪蓋謂持磬。亦即《咎繇謨》之'鳴球'，《説文》無'鐪'字，而《爾雅·釋樂》：'大磬謂之磬。'鐪、磬蓋聲同字通。"（引自《金文形義通解》3238頁）

戲 楚  上博七·君甲 7 曾侯 1

【注】從戈囂聲。●讀傲。《上博七·君甲 7》："人目（以）君王為厎（所）目（以）戲（傲）。"●讀囂。《曾侯 1》"莫戲"讀莫囂，楚官名。

驦 楚  曾侯 166

【注】從馬囂聲，"驦"之異文。●疑此字當讀驁，字或作"驖"。《説文·馬部》："驖，駿馬。""囂""敖"古通。《曾侯 166》："驦為右驂。"

鄡 楚  包山 117

【注】從邑囂聲。●"莫鄡"讀莫囂，楚官名。

爗 楚  包山 257

【注】從火囂聲。●《包山 257》"爗（熬）鷄一箕"，讀熬。

匣紐爻聲

 爻  覘方彝  父丁簋  爻父乙簋  爻父乙簋  爻父乙鼎  小臣攣卣  伯晨鼎 齊  匯考 67 晉  弊編 31  貨系 2014  貨系 2018 秦  陶彙

5·382

【注】甲骨文作 ，象算籌相交之形，會交叉之意。算籌是古代學習計算的工具，運用算籌交叉，可以産生許多的變化，是智慧的表現。《説文》："爻，交也。象《易》六爻頭交也。凡爻之屬皆從爻。"本義為算籌交叉。●讀較，車配件。《伯晨鼎》："易（賜）女（汝）畫（秬）鬯一

558

卤、……轎（幬）爻（較）、虎幃。"●族氏名，見于《爻父乙鼎》《爻父丁簋》等器。●讀嶠。韓方足布"土爻"讀土嶠，地名。●秦陶"爻上官"，"爻"讀殽，地名。

安 齊 陶録 2·518

【注】從宀爻聲。●"豆里安"，人名。

区 齊 陶録 3·392

【注】從匸爻聲。●單字，應為人名。

泶 楚 清華十·四告 44

【注】從水爻聲。●讀淆，訓為亂。《清華十·四告 44》："差=（嗟嗟）我家，非泶（淆）非述（遂）。"

佼 師害簋 楚 郭店·五行 32 清華八·處位 3 上博六·孔子 8

【注】從人爻聲；或增從口，為繁文。●或讀教。《師害簋》："穈生𣉩父師害佼中（仲）𣉩。"●讀貌。《郭店·五行 32》："顏色佲（容）佼（貌）。"《清華八·處位 3》："反佼（貌）叟（稱）僞（偽），敀（抗）政䚻（炫）邦。"楚文字用"䚻""佼"為貌，䚻、佼當為容貌之專字。楚文字另假"庿"為貌。《上博六·孔子 8》亦讀貌，简文或作"傻"。

傻 楚 上博六·孔子 7

【注】從心佼聲（心旁因書寫位置不夠缺筆）。●讀貌。简文"頌傻"讀容貌。

㰦 楚 清華七·趙簡子 10

【注】從大佼聲，疑即"貌"字異體。●讀貌。《清華七·趙簡子 10》："㰦其衣裳，孚（飽）元（其）龠（飲）飤（食）。"或謂讀美。

頝 楚 清華八·邦道 17

【注】從頁爻聲。●简文"萑（觀）元（其）頝（貌）"，讀貌。

559

清華十一·五紀 45　　清華十一·五紀 76

【注】從室爻聲。●讀廟。《清華十一·五紀 44》："豎（樹）執（設）邦家，㸒（廟）瘣（祧）經述（遂），道㦵（載）正卿。"詳"瘣"字。

郭店·老甲 12　　上博一·緇衣 14　　清華三·琴舞 3　　晉 與兵壺

秦印 280

【注】從子爻聲。《與兵壺》器蓋作教，頸內壁則作"孝"，知教、孝為繁簡二體。●讀效。《與兵壺》："亟（極）于後民，永寶孝（效）之。"●讀教。《郭店·老甲 12》："孝（教）不孝（教），復衆之所過。"《上博一·緇衣 14》："正（政）之不行，孝（教）之不城（成）也。"《清華三·琴舞 3》："日臺（就）月䏓（將），孝（教）亓（其）光明。"●秦印人名。

璽補 246

【注】從言孝聲。●"縈譯"，人名。

九店 56·20

【注】從色爻聲（聲符增口）。●疑讀絞。《九店 56·20》："凡盍日，利目（以）折（製）衣裳（裳），㲲盧、折（製）布虘，為門膚（閭）。"㲲盧，疑讀絞衵。（《九店楚簡》74 頁）《玉篇》絞衵，小袴也。《方言》卷四："小袴謂之絞衵，楚通語也。"

上博五·競建 10

【注】從告從爻，雙聲字。●疑讀殽，訓為混雜。《上博五·競建 10》："取與厭公，殽（殽）而㮰（頖）之，不以邦家為事，縱公之所欲。"《說文》："殽，相雜錯也。"段玉裁《注》："食貨志：鑄錢之情。非殽襍為巧則不可得贏。按殽謂襍以鉛鐵也。董仲舒傳，賢不肖混殽。"簡文"殽而頖之"謂使賢不肖混雜而難以辨別。

上博一·緇衣 13　　上博二·從甲 1　　上博五·季庚 3　　郭店·緇

衣 18 郭店・緇衣 23　　上博一・緇衣 10　　上博四・曹沫 19　　上博九・史蒥 4

【注】從言爻聲。●楚文字均讀教。《上博二・從甲 1》：“興邦豪（家），絅（治）正（政）善（教）。”

郭店・尊德 4　　清華八・邦道 8　　清華一・皇門 7　　清華八・邦政

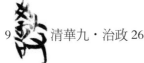

9　　清華九・治政 26

【注】從攴善聲。●楚文字均讀教。《清華八・邦道 8》：“句（苟）王之愻（訓）𢾃（教），卑（譬）之若溪浴（谷）。”

信陽 1・32

【注】從力善聲。●簡文“……乃勦”，李零讀效。

散氏盤　　蔡侯產劍　　　郭店・唐虞 4　　郭店・唐虞 5　　　八

年陽城令戈　　印增 595

【注】甲骨文作𫝀、𫝁，從攴從爻，爻亦聲，為“教”字初文，《說文》以為“教”之古文。“爻”是被教鞭輕輕抽打的象徵性符號；也有人認為是籌碼，表示孩子學習籌算的意思。右邊的“攴”，是手持戒具，監督孩子學習。兩說雖有分歧，但用戒具施教是一致的，這是古代棍棒教育的反映。《蔡侯產劍》從戈爻聲，為“效”之異文。●讀教，官名，即《周禮》校人，職掌周王室在祭祀、田獵、軍旅、婚喪等各種場合的用馬。《周禮・夏官・校人》：“校人掌王馬之政，辨六馬之屬。”《散氏盤》：“散人小子履田：戎、散父、效（教）𤲬父、戜之有嗣橐、州𪊴（就）、𤎩選𩁹（扁），凡散有嗣十夫。”●疑讀教。《蔡侯產劍》：“蔡侯產乍（作）畏（威）效（教）。”●讀教，教導。《郭店・唐虞 4》：“新（親）事且（祖）𢼸（廟），效（教）民孝也。”●秦印“相敩”，義不詳。

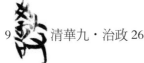
清華十一・五紀 81

【注】疑從米斅聲。聲符省為“文”。●讀校。《清華十一・五紀 81》：“大音、大石、襏（稷）匿與（與）日、易（揚）者、𢼸（昭）昏、大昊、司命、癸中及司斅〈校〉為（左）臘（脅）。”整理者注：“司斅，即前文之‘司校’，‘斅’所從之‘文’疑為聲符‘爻’之形訛。”

561

【注】甲骨文作 、 、 ，從子從爻，爻亦聲。《與兵壺》蓋作教，頸內壁則作"孝"，知教、孝為繁簡二體。《説文》："𢼒，上所施下所效也。從攴從孝。凡教之屬皆從教。𢼊古文教。𡥈亦古文教。"本義指教導訓誨，如《孟子》："逸居而無教，則近于禽獸。"●讀效。《與兵壺》："亟（極）于後民，永寶教之。"《王何戈》："旻（得）工冶☒所教、馬重為。"●讀教。《上博四·曹沫19》："是故夫陳者，三教之末。"楚文字或用"𢼊""孝""效""𢽳"表示教。●讀芼。《安大一3》："晶（參）𤲶（差）芷（荇）菜，左右教之。"《毛詩》作"左右芼之"。整理者認為上古音"教"屬見紐宵部，"芼"屬明紐宵部，二字韻部相同，聲紐有關，當為通假關係。毛傳："芼，擇也。"

【注】從肉爻聲。●清華簡均讀爻，組成卦的符號。●用為本義，魚肉熟食。《上博六·競公9》："勿（物）而祟者也，非為娛（美）玉肴生（牲）也。"●吃。《安大一74》："圜（園）又（有）桃，亓（其）實是肴。"《毛詩》作"其實之殽"。"肴"，《毛詩》作"殽"，《初學記》二十四、《太平御覽》一百九十七引《詩》作"肴"，《釋文》："本又作'肴'。"《説文·肉部》："肴，啖也，從肉，爻聲。"●秦漢印均為人名。

【注】從攴（或從殳）肴聲。《晉公盤》所作，嚴格隸定應為"殽"。●讀效。《睡簡·秦種40》："縣遺麥以為種用者，殽禾以臧（藏）之。"各縣留作種子的麥子，應和穀子一樣收藏。●讀肴。《睡簡·為吏28》："享（烹）牛食士，賜之參飯而勿鼠（予）殽。"●讀教。《荀子·大略》："以

其教出必行。"楊倞注："教，謂戒令。"《晉公盤》："觳（毅）畏（畏）百蠻（蠻），廣闢（闢）三（四）方。""畏"即"畏"，讀為威。"觳畏百蠻"，就是以威嚴的戒令管理眾多的非華夏部族。

公子裙壺

【注】從人從攴肴聲。●人名。《公子裙壺》："公子裙儌。"

、印增 589

【注】從疒肴聲。●均為人名。

里耶 8·1811

【注】從邑肴聲。●辭例殘缺。

（）貨系 2019

【注】從邑爻聲，疑"郜"之省文。●魏方足布讀郜，地名。

馬雕令戈

【注】從广從呂爻聲。●晉器"厴軐"，姓氏。

璽彙 2875

【注】從厂從廾爻聲。●讀爻，晉璽姓氏。

包山 170、戰編 891晉襄公鼎、襄公鼎

【注】從土爻聲，疑"爻"之繁文。●古文字均為人名。

上博五·弟子 8

【注】從水坔聲。●整理者讀淆。《上博五·弟子 8》："飤（食）肉女（如）飯土，酓（飲）酉（酒）女（如）泾（淆），信虖（乎）？"陳斯鵬讀澆。上古音"澆"屬見母宵部，"爻"屬匣

563

母宵部，而從“爻”聲的“教”即歸見母，可知“澆”“爻”古音極近。“飲酒如澆”，意謂飲酒有如水之沃土，不知其味也。

駁楚 曾侯 164 包山 93 包山 247 包山 234 新蔡乙四 46

【注】甲骨文作，從馬爻聲。戰國文字同。●斑駁。《包山 234》：“譬（許）吉以駁需（靈）為左尹𦚢貞。”“駁需”，斑駁之需（靈龜），占卜之物。●馬名，《說文》“馬色不純”。《曾侯 164》：“𪊶（𪊶）夫之生駁為右騙。”生駁，可能指未馴服的生馬。

畓楚 新蔡甲三 157

【注】從白爻聲。●讀駁。《新蔡甲三 157》：“彭定㠯（以）畓（駁）䵜☒。”

羍晉 廿三年襄城令羍忚矛 八年陽城令事壯戈 璽彙 3262 璽匯 3300 陶彙 4・158

【注】從牛爻聲，當為“駁”之異文，蓋從牛與從馬會意同。●姓氏用字。《廿三年襄城令羍忚矛》：“廿三年，襄城倫（令）羍忚、司寇麻維。”古璽印有“羍昉”（璽彙 3262）。何琳儀謂姓氏，疑與《後漢書・盧芳傳》“駁馬少伯”之復姓“駁馬”有關。

厗晉 璽補 169

【注】從厂羍聲。●“厗墜（地）”，姓氏。

郣晉 分研 314

【注】從邑羍聲。●晉璽“郣綰”，姓氏。

𪉥 𪉥孟征盨

【注】從鳫爻聲，疑“駁”之異文。●族氏名。《𪉥孟征盨》：“走亞𪉥孟征乍（作）盨。”

戔楚 新蔡甲三 380 清華三・芮良夫 34 清華十・四告 18 清

華十・行稱 7　　上博四・逸交 4　　上博三・周易 22　　上博九・陳公 17　　上博

六・用曰 6

【注】徐在國先生在《楚帛書詁林》中認為該字從爻從戈，所從爻乃"樊"字所從之爻（交木為藩）。《説文》："藩，屏也。"爻戈在一起乃會護衛之意，"戔"是"衛"的異體。爻兼聲。"爻"為匣母宵部字，"衛"為匣母月部字，二字雙聲。宵部字"小""少"，即歌部字"沙"的初文，歌、月對轉疊韻，此為宵、月相通之證。●楚簡多讀衛，護衛。《上博六・用曰 6》："凡葬（恭）人，非人是葬（恭），呇（厥）身是戔（衛）。"《上博六・孔子 17》："檜（閑）𨏥（車）戔（衛），興道學。"《上博藏三・周易 22》："班車戔，利又（有）卣（攸）逡（往）。"戔，帛本、今本作"衛"。今本《易・大畜》"九三，良馬逐，利艱貞，曰：閑輿衛，利有攸往"，注："衛，護也。"《上博九・陳公 17》："州（周）丌（其）徒戔（衛）。"周，周匝，繞也。簡文用為動詞，指徒衛環繞一周。

 新蔡甲三 363

【注】從又戔聲。●地名。

 清華八・處位 8

【注】從艸戔聲。●讀衛。《清華八・處位 8》："告（浩）託（耗）必选（先）蔑訏。"訏，整理者讀為"守"。

 上博四・昭王 9　　清華十一・五紀 90　　清華十一・五紀 121

【注】從日戔聲。●讀曝或讀暴。《上博四・昭王 9》："楚邦之良臣所昚（曝）骨。""暴"字上古音或歸人宵部，或歸人藥部，與"爻"或同部或為陰人對轉，從"駁"字從爻得聲可以看出其聲母也有密切關係。"暴骨"古書多見，猶言捐軀抛屍，"暴"意為"暴（曝）露"。《國語・越語上》："暴露百姓之骨於中原。"或謂讀虩，《説文》："暴乾也。""衛""虩"上古音同屬匣紐月部，"虩骨"意思亦同"暴骨"。

 帛書甲

【注】從止戔聲。●讀衛。《帛書甲》："乃上下朕（騰）邉（升），山陵不戔（衛）。"

刿晉 長陵盉

565

【注】從糸爻聲；刀為迭加之音符（戰國文字刀或作刃形），"絞"之繁文。《玉篇》："絞，緑色也。嫁者衣也。"《廣韻》黄色。●讀絞。《集韻》"絞"或作"絞"。《長陵盉》："肇絞。"肇絞，讀"聯（鏈）絞"，指盉提梁之連環索帶。商周銅器每有連接蓋與把手之銅質索帶，呈相交繩索狀。

較 師兌簋　 毛公鼎　 番生簋　 吳方彝　 師克盨　 彔伯簋

【注】從車爻聲。或繁化增從攴。《説文》："較，車輢上曲銅也。"本義車箱兩旁輢上的橫木。士大夫以上的乘車，較上飾有曲銅鉤。《詩》與《考工記》皆作"較"，今字亦作"較"。●讀較，金文指較上的覆蓋物。《毛公鼎》："易（賜）女（汝）䰜鬯一卣、䄞（裸）圭瓚（瓚）寶、朱市（芾）、恩黄（衡）、玉環、玉琮、金車、桒䋆較（較）。"

匣紐号聲

号 楚 曾侯乙鐘　 曾侯乙鐘　 曾侯乙鐘　 曾侯乙鐘　 望山 2 ·45　 清華三·祝辭 2

【注】從口丂聲。戰國文字丂或作于形，《説文》"丂，古文以為于形"。字或演變為䖝、芌。或省為乁，遂與"也"相混。秦系文字復增虎為聲符，為小篆所本。楚文字吁、号相混，唯據文意別之。●望山簡與馬王堆帛書《老子》甲本卷後佚書《九主》、臨沂銀雀山西漢墓所出竹書"号"的字形同。讀壕。《説文》："壕，土整也。"《望山 2·45》："号廿＝（二十）。"●讀號。《曾侯乙鐘》："号為吕鐘。"●《清華三·祝辭 2》讀皋。孔穎達《疏》："皋者，引聲之言也。"秦文字作"繰"。

號 秦 商鞅量　 陶彙 5·391　 陶彙 5·398

【注】從虎号聲。《説文》："號，呼也。從号從虎。"本義大聲呼叫。●國號。《商鞅量》："立號為皇帝。"

灝 老簋

【注】從水號聲，可隸定為"灝"，張富海認為是"壕"字異體。（《讀新出西周金文偶識》）●讀濠。《老簋》："佳五月初吉，王才菶京，魚于大灝（濠），王蔑老曆，易魚百。"大濠，大池。辟雍周圍環繞的水道可以稱"大池"，當然也可以稱"大濠"。

鶂 楚 清華一·金滕 9

【注】從鳥号聲。●簡文“《周鴞》”，詩經篇名。今本作《鴟鴞》，見《詩・豳風》。

悍 齊  悍距末  悍距末  悍矢形器

【注】從心号聲。●均為人名。《悍距末》：“悍乍（作）距末，用差（佐）商或（國）。”

匣紐昊聲

昊  牆盤  單伯昊生鐘 楚  信陽 1・23  上博一・詩論 6  安大一 104 晉  璽彙 0965  二年平陶令范昊戈 秦  石鼓文

【注】從日從天，會廣大無邊之意。《單伯昊生鐘》從矢，古文字矢、天、夫作形符常混同，故可釋為“昊”。《説文》作“昦”。《九經字樣》隸省作“昊”。《説文》：“昦，春為昦天，元气昦昦。從日、夰，夰亦聲。”本義廣大無邊、元气博大之貌。《詩・小雅》浩浩昊天。《石鼓文》所作，或釋為“炅”，《玉篇》日光也。●指廣大的天。《牆盤》：“昊紹（照）亡睪（斁）。”泛指廣大之貌。《信陽 1・23》：“昊昊冥冥。”●單伯昊生：人名，單國首領，名昊生。《單伯昊生鐘》：“單白（伯）昊生曰：不（丕）顯皇且（祖）剌（烈）考，徠匹之（先）王，爵堇大令。”●《石鼓文》：“☐出各亞，☐☐昊☐。”義不詳。●讀皓。《安大一 104》：“易（揚）之水，白石昊（皓）=。”《毛詩》作“白石皓皓”。毛傳：“皓皓，潔白也。”《説文・日部》：“皓，日出皃。從日，告聲。”上古音“昊”屬匣紐宵部，“皓”屬匣紐幽部，音近可通。（參《古字通假會典》728 頁）

㫚  五年琱生簋  帥隹鼎

【注】從厂昊聲，疑“昊”之繁文。●讀告。《五年琱生簋》：“余既訊㫚我考我母令。”

淏 楚  清華二・繫年 123  清華二・繫年 137  安大一 104  清華六・子儀 6

【注】從水昊聲，或增土為繁文。●《清華六・子儀 6》：“楊㐭（柳）可（兮）依=（依依），亓（其）下之㙟=（淏淏）。”《集韻・皓韻》：“淏，清皃。”●人名，疑讀剡。《清華二・繫年 123》：“晉三子之夫=（大夫）内（入）齊，明（盟）陳和與陳淏於溋門之外。”陳淏，疑為田侯剡。淏/昊，匣母幽部；剡，禪母談部；炎，匣母談部，幽、談兩部可以對轉。●讀鵠。《安大一 104》：“索（素）衣朱叜，從子于淏（鵠）。”《毛詩》作“從子於鵠”。毛傳：“鵠，曲沃邑也。”《集韻・皓韻》：“淏，清皃。”《經義述聞》引王念孫説云：“《易林・否之師》‘衣素表朱，遊戲皋沃’，皋

即鵠也，鵠與皋古同聲。""溴""皋""鵠"並音近可通。據簡文，"溴"當是"沃"附近之水名。

猠璽彙 0532

【注】從犬昊聲。●晉璽人名。

敿清華十・四告 2

【注】從攴昊聲。●讀擾。《清華十・四告 2》："䪞（昏）敿（擾）天下，丽（離）戔（殘）商民。"

匣紐崔聲

崔陳生崔鼎

【注】從宀從隹。《説文》："崔，高至也。從隹上欲出宀。"古崔字本從宀，秦漢文字訛為從門。●人名。《陳生崔鼎》："敶（陳）生崔乍（作）飤鼎，孫子其永寶用。"

驠秦印 195

【注】從馬崔聲。●"王驠"人名。

雦晉晉姜鼎

【注】從員崔聲。●地名用字。《晉姜鼎》："征繇（繁）湯（陽）、雦，取毕（厥）吉金，用乍（作）寶隩鼎。"

見紐高聲

高 臣高鼎 高觶 齊 高密戈 高子戈 高密造戈 璽彙 1100 璽彙 1146 璽彙 1149 璽彙 3516 璽彙 3999 楚 鄂君啟舟節

【注】甲骨文作 𩫖、𩫏、𩫎、𩫐、𩫑、𩫒、𩫓、𩫔、𩫕、𩫀，象臺觀高聳之形，以示高意。金文同甲骨文。●崇高。《秦公鎛》："峻𤲶才（在）立（位），高引又（有）慶。"●言輩份之高。《陳侯因𫐐錞》："𤔲（紹）緟高且（祖）黃啻（帝）。""高祖"即始祖。●人名。《高觶》："高乍（作）父乙彝。"●銘文中有高丘、高奴、高密、高望、高陶、高郡，均為地名。《四年相邦呂不韋矛》："相邦呂不韋造，高工𤔲，丞申，工地。""高"即高奴簡稱。●讀驕。《邿鐘》："余不敢為喬（驕）。"●《璽彙3999》"高堂"，複姓。●《集證154》"高陽丞印"。"高陽"本戰國燕地，《戰國策趙策》："燕封宋人榮𧻹為高陽君。"漢有高陽縣，《漢書·王尊傳》："王尊字子贛，涿郡高陽人也。"秦有高陽縣。●身高。《睡簡·秦種51》："隸臣、城旦高不盈六尺五寸。"●《璽彙0132》"高寶（府）之鉥"。"高府"是郢都儲藏糧食、兵械等物資的重要府庫之一。

【注】從上高聲。"高"之繁文。●清華簡"葉公子𡅿"讀高，人名。《璽彙1518》《璽彙1865》等舊釋為"上高"合文，均應釋為𡅿（高），人名。

【注】從人高聲。《篇海》："僑，北方地名。"●讀鄗，地名。《僑矛》："僑。"《左傳·哀公四年》：

"齊國夏伐晉，取鄍。"地望在今河北柏鄉北。

 晉編 537

【注】從鳥高聲。字亦見於馬王堆帛書作 、 （帛編 150），帛書讀鶴。● "杢（廉）鷸"，人名。

 璽彙 1933

【注】從隹高聲。● "登離"，人名。

 上博五·姑成 10  上博五·姑成 8  上博五·姑成 9

【注】從羽高聲。●讀矯。"長魚矯"人名，"長魚"複姓。晉厲公寵臣，與郤犫爭田，被囚禁，父母妻子同被縛車轅上。後得厲公寵倖，遂攻郤氏，殺郤錡、郤犫、郤至，又欲殺欒書、中行偃，厲公不可。遂逃狄。

 睡簡·日甲 36

【注】從心高聲。憍，《集韻》居号切，音誥，煩也。憍、意不同字。●讀敲。《日甲 36 背》："以棘椎桃秉（柄）以意（敲）其心，則不來。"以往學界多討論楚系簡帛中的專造字，對秦簡牘中的專造字注意得不夠。其實，秦簡牘中也存在一定數量的專造字，如敲心之 "敲" 寫作 "意"、四食之 "四" 寫作 "飤" 等。

 睡簡·日乙 145

【注】從言高聲，詨、嗃之異文。●讀號。《睡簡·日乙 145》："其謞（號）曰大常行，合三土皇，耐為四席。"

 秦印 170  歆太后漆盒

【注】從欠高聲。●均為人名。

歊 秦印 295

【注】從心歊聲。●秦印人名。

膏 齊 陶彙 3·241　陶錄 2·212　楚 上博八·成王 13　燕 璽彙 1236

【注】從肉高聲。●讀驕。《上博八·成王 13》："丌牁（狀）膏（驕）呈（淫）。""驕淫"，驕縱放蕩。《書·畢命》："驕淫矜侉，將由惡終。"孔安國傳："言樂土驕恣過制，矜其所能，以自侉大，如此不變，將用惡自終。"●餘例均為人名。

毨 楚 包山 273

【注】從毛高聲。●讀毫，同"豪"，指毛健。《包山 273》："鼺（儵）胥（旌），毨（毫）首。"

豪 齊 陶彙 3·925　秦 睡簡·為吏 27

【注】從豕高聲。●齊陶單字，人名。●讀壕。《睡簡·為吏 27》："攻城用其不足，將軍以埵豪（壕）。"

塙 齊 陶彙 3·413　陶彙 3·419　陶錄 2·431　楚 璽彙 1933　包

山 21　包山 27　包山 37　晉 匯考 133

【注】從土高聲。●包山、晉璽人名。●齊陶讀高，地名。

竧 晉 璽彙 2976　璽彙 3766　璽彙 3494

【注】從立高聲，疑"塙"之異文。●人名。

勪 晉 璽補 130

【注】從力竧聲。●晉璽人名。

鄗 齊 文物 1994·4　陶錄 2·7　楚 包山 103　清華一·金縢

13　　分研一 160　晉　　　錢典 210　秦　　　于京 44

【注】從邑高聲。●晉布單字，地名。●讀郊。《清華一·金縢 13》："王乃出逆公至鄗（郊）。"《戰國策·魏策三》："而以與趙兵決勝於邯鄲之郊。"漢帛書"郊"作"鄗"。另，古文字"郊"字往往作"蒿"，皆可證。●《于京 44》"鄗丞之印"，"鄗"在秦屬恒山郡，其治地在今河北柏鄉縣北。

嶠　楚　　郭店·語叢三 15

【注】從山高聲。●言志堅之義。《郭店·語叢三 15》："嶠志，益。才（在）心，益。"

犒　晉　　分研 261　　　珍戰 114

【注】從牛高聲。●晉璽人名。

鱎　楚　　曾侯 4

【注】從鼠高聲。●疑讀縞。《曾侯 4》"二鱎綏"，簡文或作"縞""獔"。或說"鱎""縞"當讀獔。"獔"應即"獒"的異體。"高""敖"古音相近，"獔綏"即獒皮作的綏，它簡尚有"革綏"，這兩種"綏"大多與車器記在一起，與簡文常見的附于其他東西之上的"組綏"之"綏"有別。

獔　楚　　曾侯 58　　　曾侯 20　　　曾侯 71　　　曾侯 104

【注】從犬高聲。●詳"鱎"字。

槁　楚　　郭店·成之 30　晉　　三年槁朝鼎　秦　　　秦印 133

【注】甲骨文作　，從木高聲。戰國文字同，或從木高省聲。《說文》："　，木枯也。從木高聲。"本義草木枯乾。●讀蒿，氏名。《三年槁朝鼎》："廿四年，槁朝為合陽肘（鑄）。"春秋時齊地，以地為氏。見《姓氏考略》。●木枯也。《郭店·成之 30》："槁木三年，不必為邦旗。"

稾　秦　　睡簡·秦種 10　　　睡簡·為吏 32　　　睡簡·秦種 181　　　關簡 315

【注】從禾高聲。●用為本義，禾桿。《睡簡·秦種 8》："頃入芻三石、稾二石。"

【注】甲骨文作🔲、🔲、🔲、🔲，從艸（或從芔、林）高聲。金文承之。《説文》：“蒿，菣也。從艸高聲。”本義是一種草名，卜辭和銘文裏多用作地名。●讀鎬，西周王都鎬京。故址在今陜西長安縣韋曲鄉西北。《德方鼎》：“隹（唯）三月王才（在）成周，征（延）珷福自蒿（鎬），咸。”《詩·大雅·文王有聲》：“考卜維王，宅是鎬京。”《清華八·攝命31》：“王在蒿（鎬）京。”●《曾姬無卹壺》：“聖趄之夫人曾姬無卹，虘安茲、漾陵、蒿閒（間）之無𪫕（匹）。”虘，黃盛璋謂在句中用為謂語動詞，大概是哀憐、賑濟一類的意思。安茲、漾陵、蒿閒（間），應該是並列的地名，具體地望皆無可考。無𪫕（匹），指上述三地的鰥寡孤獨者，不是指曾姬無卹本人。（詳《論東周時期的楚國典型銅器群》）●讀郊。《上博三·周易2》：“乳（需）于蒿（郊），利用亙（恆），亡（無）咎。”包山簡、上博《容成氏》《東大王泊旱》等均讀郊。馬王堆帛書、阜陽漢簡《周易》、銀雀山漢簡等多用“郊（或作郜）”表示。郊，當反映了秦文字的特點。●《包山211》：“賽禱東陵連囂狂（冢）豕、酉（酒）飤（食），蒿之。”“蒿”即燃蒿草以祭。吳振武將楚簡“蒿（祭）之”與獄簋中的“𡩜爨馨香”聯繫起來，同意將“蒿（祭）之”解釋為“燃蒿草以祭祀”的說法，並詳細徵引了各家對“𡩜爨馨香”的意見。他指出楚簡的“蒿（祭）之”與獄簋的“𡩜爨馨香”印證了古書所記周人祭祀“尚臭”，並用焚蒿來達到使神歆饗的做法。●晉璽人名。

【注】從蒿，土形應為無義之增飾。何琳儀謂“蒿”之繁文。●讀槁，枯也，與“鮮”反義。《盩壺》：“以取鮮薹，鄉（饗）祀先王。”鮮薹，指新鮮和風乾的肉食。張政烺釋讀為槁，即周禮之“薧”。（《中山王𧊒壺及鼎銘考釋》）《説文》：“薧，死人里也。從死，蒿省聲。”人死魂魄歸于蒿里，故字本義為薧里，即墳墓。凡死而枯槁謂之薧，故又引申為干，干魚謂之薧。《周禮·庖人》：“掌共六畜、六獸、六禽，辨其名物。凡其死生鮮薧之物，以共王之膳。”鄭眾注：“鮮謂生肉，薧為干肉。”●《璽彙0283》“薹夌竿鈝”，“薹夌”，何琳儀讀高陸。王莽改制，地名尾碼陵多改陸。高陸在今湖北鐘祥。（何琳儀《戰國古文字典》292頁）

【注】從立蒿聲。●晉璽人名。

禂 楚  天星

【注】從示高聲。●簡文"太禂"，讀太高，祖先也。

鎬  鎬鼎 齊  叔尸鎛  叔尸鐘 楚  仰天 28  大子鎬

 大府鎬  上博八 · 成王 2

【注】從金高聲。《說文》："鎬，溫器也。從金高聲。武王所都，在長安西上林苑中，字亦如此。"本義溫器。●溫器，炊器之一種。《大府鎬》："大廐（府）為王飤晉（薦）鎬，集胆（廚）。"●讀鐈。《叔尸鐘》："鈇鎬。"《叔尸鎛》："斁（選）罺（擇）吉金，鈇喬（鐈）錛鋁，用伎（作）鑄其寶鎛。"詳"鈇"字。●西周都城。《上博八 · 成王 2》："王才（在）鎬。"

勮 晉  中山王𧽍鼎  、  侯馬

【注】從力高聲。●讀驕。《中山王𧽍鼎》："母（毋）富而勮（驕），母（毋）眾而囂。"●侯馬盟書人名。

縞 楚  仰天 2  包山 261  包山 269  曾侯 88

【注】從糸高聲。●曾侯簡或作"鎬"。詳"獹"字。

瘑 晉  璽彙 3101  侯馬

【注】從广高聲。盟書疊加止旁。●晉璽"栗瘑"，人名。盟書亦為人名。

喬  恒簋蓋  取子鈌  喬夫人鼎 齊  璽彙 0246 楚  喬君鉦鋮  曾

孫喬壺 齊  會挺簋  會忓鼎  會忓鼎  安大一 44  安大一

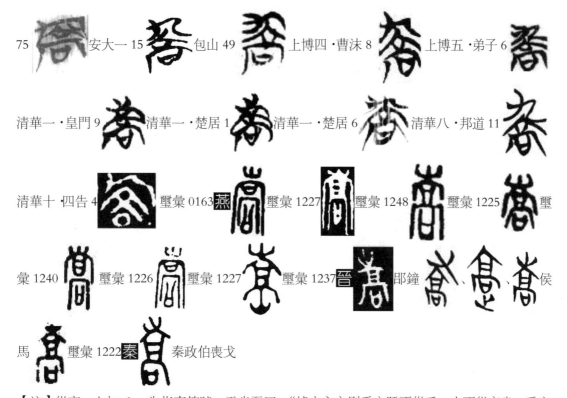

75　安大一·15　包山49　上博四·曹沫8　上博五·弟子6

清華一·皇門9　清華一·楚居1　清華一·楚居6　清華八·邦道11

清華十·四告4　璽彙0163燕　璽彙1227　璽彙1248　璽彙1225　璽
彙1240　璽彙1226　璽彙1227　璽彙1237晉　郘鐘　　　侯

馬　璽彙1222秦　秦政伯喪戈

【注】從高，上加◣，為指事符號。于省吾曰："據古文字則喬字既不從夭，也不從高省。喬字
東周金文郘鐘作，……喬字的造字本義，系于高字上部附加一個曲畫，作為指事字的標誌，
以別于高，而仍因高字以為聲。"（《甲骨文字釋林》458頁）其餘從◣、◣者皆是異構。戰國楚
文字《酓腫匜鼎》作，郭店楚簡作，包山楚簡作，分別從"尤""又""九"，均從◣訛變
而來的，並作為添加的聲符，與"高"構成雙聲符字。《説文》："喬，高而曲也。從夭，從高省。
《詩》曰：'南有喬木。'"析形不確。本義高屈。●讀驕，傲慢、驕傲。《郘鐘》："余不敢為喬
（驕）。"《上博三·彭祖2》："戒之毋喬（驕），斳（慎）冬（終）保裝（勞）。"●讀鐈，長足鼎。
《酓腫匜鼎》："楚王酓（熊）腫（元）乍（作）鑄喬（鐈）貞（鼎），目（以）共（供）歲
嘗（嘗）。"●人名。《喬夫人鼎》："喬夫人鑄其鱳（鑄）貞（鼎）。"●喬喬其龍：形容鐘虡的龍
形強壯兇猛。《郘鐘》："喬喬其龍。"《周禮·考工記·梓人》描述鐘虡"必深其爪，出其目，作
其鱗之而"。喬喬，典籍作"矯矯"、亦作"蹻蹻"。《詩經·大雅·崧高》："四牡蹻蹻。"毛傳：
"蹻蹻，壯貌。"●燕璽、齊璽習見姓氏。古代喬、橋可通，《釋文》："橋，本亦作喬。"《通志·氏
族略·以地為氏》云："橋氏，皇帝葬橋山，子孫守塚，因為橋氏。""喬氏"當為從橋氏後分化
出來的。《璽彙0163》"喬戒之鉩"應為姓氏。●《包山49》"喬差（佐）""左喬尹"，楚國特有
官職。喬差為左喬尹之佐，屬於以"喬"為名的官系，職掌待考。

楚　曾旨尹䣢缶　　曾大攻尹䣢鼎

【注】從生喬聲。●人名。《曾旨尹喬缶》："曾旨尹䣢之辻（沐）缶。"

僑齊 類編 192 楚上博五・弟子 1 燕 璽彙 0308 璽彙 2626

【注】從人喬聲。《璽彙 2626》或釋為彌，以釋僑為是。燕系文字人與弓混用，均以弓代人，而不見以人代弓的用法，另見"信"字。●《璽彙 0308》"左軒僑頁壯"，義不詳。《璽彙 2626》人名。●陳偉讀矯。《上博五・弟子 1》："脡（延）陵季=（季子）僑而弗受。"范常喜如字讀。"僑"有遷居、旅居之義，如《韓非子・亡徵》："羈旅僑士，重帑在外，上間謀計，下與民事者，可亡也。"簡文中的"僑"可能亦用此意。

敲齊 璽彙 3626 晉 侯馬

【注】從攴喬聲。●戰國文字人名。

蹻秦 秦印 40

【注】從足喬聲。●"王蹻"，人名。

撟秦 秦印 235 睡簡・答問 55 睡簡・日甲 60 背

【注】從手喬聲。●秦簡本義，舉也。《睡簡・日甲 60 背》："人毋（無）故而髮撟若虫及須（鬚）睂（眉），是恙氣處之。"●讀矯。《睡簡・答問 55》："'僑（矯）丞令'可（何）殹（也）？為有秩偽寫其印為大嗇夫。"什麼叫矯丞令？例如低級官吏偽造丞的官印，冒充大嗇夫。

憍楚 曾侯 173 包山 143 秦 秦印 295

【注】從心喬聲。《集韻》逸也，矜也。通作驕。●人名。《曾侯 173》："憍之子（牸）為右騙。"●秦印"成憍"人名。

趫齊 齊趫父叵 齊趫父叵 秦 秦印 26

【注】從走喬聲，與小篆同。《說文》："趫，善緣木走之才。"本義行動輕捷。●人名。《齊趫父叵》："齊趫父乍（作）孟姬寶叵。"秦印亦為人名。

蟜晉 侯馬

【注】從立喬聲。●人名。

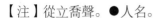聖彙 1237　聖彙 1245

【注】從山喬聲。●燕璽"嶠駻""嶠黃"，讀喬，姓氏。

聖彙 0830

【注】從阝喬聲，土為贅符，疑"嶠"之異文。●人名。

印增 392

【注】從犬喬聲。●"李獢"，人名。

秦印 194　集證 242　戰編 654　睡簡·為吏

25　睡簡·日甲 102　大良造庶長鞅鐏

【注】從馬喬聲。●驕奢。《睡簡·為吏 25》："上亦毋驕。"●疑讀高。《睡簡·日甲 102》："毋以丑徐（除）門戶，害於驕母。"高母，高祖母。

秦印 255

【注】從虫喬聲。●人名。

橋　秦印 110　、　印增 221　、

睡簡·封診 37　睡簡·為吏 21

【注】從木喬聲。●讀驕。《睡簡·封診 37》："丙，甲臣，橋（驕）悍，不田作，不聽甲令。"●讀矯。《睡簡·為吏 21》："聽間（諫）勿塞，審智（知）民能，善度民力，勞以率之，正以橋（矯）之。"●秦印有"橋美""橋景""橋林""橋丹"等，習見姓氏。戰國時魯有橋庇，商瞿

弟子；西漢有橋仁，成帝時為鴻臚寺卿。

【注】從示喬聲，"禑"之異文。●燕金文讀祜。禑，《集韻》同祜。《說文》："祜，告祭也。"《郾侯載器》："龠（祇）敬禑祀。"●《上博二·容成 45》讀鎬，地名。《說文》："鎬，武王所都，在長安西上林苑中。"

【注】從矢喬聲。●矯正。《睡簡·語書 2》："王作為法度，以矯端民心。"矯端，矯正。

【注】從車喬聲。●秦印人名。

【注】從金喬聲，與小篆同。《說文》："鐈，似鼎而長足。"本義長足鼎。●長足鼎。《酓朏匜鼎》："楚王酓（熊）朏（元）乍（作）鑄喬（鐈）貞（鼎），目（以）共（供）歲嘗（嘗）。"●當為銅之別稱。《伯公父簠》："斁（擇）之金，隹（唯）鐈隹（唯）盧（鋁）。"●鐈鋅：指鑄器之金屬原料，為鐈、鋅之合金。《曾伯陭壺》："隹（唯）曾白（伯）陭乃用吉金鐈鋅，用自乍（作）醴（醴）壺，用鄉（饗）賓客，為德無叚（瑕）。"

【注】從皿鐈聲。●長足鼎。《鄧子午鼎》："鄧子午之飤鑜。"

【注】從糸喬聲。●秦印人名。

曾侯 136

【注】從尾喬聲。● “黃屬”，人名。

見紐交聲

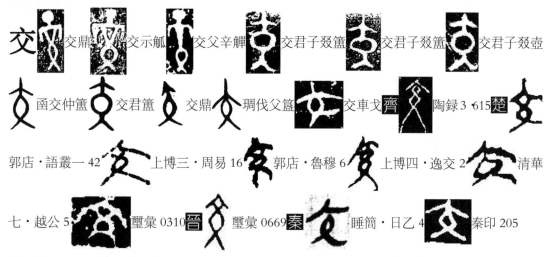

郭店·語叢一 42　上博三·周易 16　郭店·魯穆 6　上博四·逸交 2　清華

七·越公 5　璽彙 0310 晉　璽彙 0669 秦　睡簡·日乙 4　秦印 205

【注】甲骨文作 、、，象人兩腿交叉狀。金文小篆同。《説文》：“，交脛也。從大，象交形。凡交之屬皆從交。”本義是交叉、交錯，如屈原《九歌》：“矢交墜兮士爭先。”●人名。《交鼎》：“交從罟，遷即，王易（賜）貝，用乍（作）寶彝。”●讀徼，求取。《清華七·越公 5》：“君如為惠，交（徼）天地之福。”《國語·吳語》：“弗使血食，吾欲與之徼天之衷。”韋昭注：“徼，要也。”●讀效。《郭店·魯穆 6》：“夫為其君之古（故）殺其身者，交（效）录（祿）舊（爵）者也。”●交往。《郭店·語叢一 42》：“豊（禮），交之行述也。”

嶽麓一·為吏 58

【注】從食交聲。●讀繳。《嶽麓一·為吏 58》：“繫（徵）餃（繳）不齊。”

里耶 8·769

【注】從魚交聲。● “鮫魚”，魚名。

安大一 51　　安大一 53　　安大一 52

【注】從鳥交聲。●《安大一 51》：“鵁=黃鳴（鳥），止于桑。”《毛詩》作“交交黃鳥，止于桑”。“鵁”，《説文·鳥部》：“鵁鶄也。從鳥，交聲。”“交交”，毛傳：“小貌。”《詩集傳》：”飛而往

來之貌。"皎皎"，鳥鳴之聲。"交交"，宜從簡本讀"皎皎"。

敧 上博四・采風1　　上博四・采風2

【注】從音交聲。●《上博四・采風1》："又文又敧。"讀絞，似指眾人和聲。《楚辭・大招》："伏戲《駕辯》，楚《勞商》只，謳和《揚阿》，趙簫倡只。"王逸注："勞，絞也，以楚聲絞商音，為之清越也。"《文選》馬融《長笛賦》"絞灼激以轉"，李善注："絞灼激，聲相繞激也。"簡文"又敧（絞）"的意思是此曲有眾人歌聲與歌詩曲調相和。或解為以手足節聲配合音樂發出節拍，或有節奏樂器伴奏之意。

閔 清華九・迺命一12

【注】從門交聲。●《清華九・迺命一12》："而亦母（毋）或啟我解閔（交）奉依（違），尚聿亡又（有）告欪，至于城（成）叟（沒）。"整理者注："閔，疑讀為'交'。依，讀為'違'。'解'與'交'、'奉'與'違'兩兩對文。'奉違'義同'依違'，訓為'遲疑'。'尚'用於句首表祈使。聿，《詩》《書》多用為句中虛詞。欪，《說文》《集韻》以為無慚、無心腹肺腸之貌。成沒，猶云'成敗'。"

籺 清華十一・五紀8

【注】從米交聲。●讀校。《清華十一・五紀8》："司盟（盟）、司籺（校）。"

絞 楚 上博八・顏淵12　　上博八・顏淵11

【注】從糸交聲。●讀繳。《上博八・顏淵12》："豫絞而收貧。"可讀為"舍繳"，意為免除賦稅。詳"豫"字。

效 毛公鼎　　智鼎　　效父簋　　效父簋　　效尊　　效作且

辛尊　　效卣　　效卣　　效爵　　辛伯鼎　　蔡簋晉　　璽彙

5293秦　秦印61　　相邦辥君漆豆　　睡簡・秦種22　　睡簡・效律21

【注】甲骨文作𣀎、𣀙、𣀙、𣀙、𣀙，從攴交聲，金文同。《說文》："𣀎，象也。從攴交聲。"象也，意為仿效，當為引申義。●讀教，教訓、指導。《寅簋》："善效（教）乃友內（納）辟（辟）。"

《毛公鼎》："善效乃友（有）正。"●人名。《效尊》："效不敢不萬年夙夜奔走，揚公休。"●讀繳，上繳。《睡簡·秦種 18》："以其筋、革、角及其賈（價）錢效。"●秦印"效上士"，讀效，效法。●檢驗。《睡簡·秦種 22》："嗇夫免，效者發，見雜封者，以隄（題）效之。"

这 楚 　清華八·處位 5　 　清華二·繫年 129　 　清華二·繫年 128

【注】從辵交聲。●讀效，仿效、借鑒、師法。《清華八·處位 5》："攸（修）之者散（微）丝（茲）母（無）智（知）、母（無）这（效）二怸（尤）。"●讀交，交戰。《清華二·繫年 128》："牏（陽）城洹（桓）悫（定）君衒（率）犢（榆）闅（關）之自（師）與上或（國）之自（師）以这（交）之。"

　印增 609

【注】從車交聲。●人名用字。

　溫縣

【注】從示交聲，字書無。●盟書"以衧（徼）宔（主）偪（福）者"，讀徼。《玉篇》要也，求也。《左傳·昭三年》徼福於太公。

姣 秦 　印增 477

【注】從女交聲。●秦印人名。

詨 晉 　集證 180　、　　、　　侯馬 秦　　秦印 287　　印增 576

【注】從言交聲。●古文字均為人名。

　包山 182 晉　　璽彙 3997

【注】從邑交聲。●《包山 182》"郊人"，何琳儀讀絞，地名。《左·桓十一》"鄖人軍於蒲騷，將與隨、絞、州、蓼、伐楚師"，注："隨、絞、州、蓼，四國名。"在今湖北鄖縣西。●晉璽"西郊畀"。西郊，複姓。

窔楚  包山 245　　上博六・天甲 12

【注】從穴交聲。字或作突、窈、窔、突。●《上博六・天甲 12》：“古（故）見傷（殤）而為之𥻘（祈），見窔而為之内。”《釋名》室中東南隅謂之窔。室中東南角靠近門戶，為門戶所遮掩，光纖較弱，入室居窔表示謙讓。室中西南角為奧，表示尊位。《禮・曲禮》為人子者，居不主奧。與簡文意思相近。●《包山 245》：“疾弁，疠（病）窔。”《說文》：“窔，窔窔，深也。”又“窔，冥也。”《廣韻・嘯韻》：“窔，隱暗處。”隱暗處即幽深之處，藥力不可及，即所謂病入膏肓，此謂疾病變重。

宎楚  清華六・管仲 4　　清華五・湯丘 2

【注】從宀交聲。●均讀竅，孔竅。《清華六・管仲 4》：“口則心之宎（竅）。”

厎楚  包山 189　　清華六・子儀 4

【注】從厂交聲。疑乃“窔”之或體，《說文》：“窔，戶樞聲也。室之東南隅。”●包山簡人名。●疑讀肴。《清華六・子儀 4》：“乃張大厎（肴）于東奇（寄）之外。”“大肴”為盛大的宴席。

狡秦  睡簡・答問 189　　印封 891

【注】從犬交聲。●指王室訓犬之臣。秦封泥“狡士之印”，狡士，官名，主管宮中犬政，又分為宮狡士、外狡士等。《睡簡・答問 189》：“可（何）謂‘宮狡士’、‘外狡士’？皆主王犬者也。”

玫楚  望山 2・6

【注】從玉交聲。●《望山 2・6》：“奠（衡）厄（軛），骨玫，𣏎（漆）𠬝（彫）革（勒）。”劉國勝懷疑“玫”（簡 6）和“交”（簡 18、19）都讀骹。簡文中的“骨骹”，可能是指“套在車衡和車軛端頭的箍帽”，形狀“如腿脛，上粗下細”。據《方言》卷九認為“骹、鐏都是一類套在杆狀器端頭的納杆構件”；並指出，包山 2 號墓出土的衡、軛端頭都有箍帽。

疢晉  璽彙 1996　　珍戰 64　　璽補 185　　侯馬　　先秦 134

【注】從疒交聲。●均為人名。

鉸楚 圖典 422

582

【注】從金交聲。●楚璽單字，義不詳。

浂 齊 洨陽右庫戈 楚 上博三·周易11

【注】從水交聲。●齊戈為地名。《洨陽右庫戈》："洨陽右庫。"●《上博三·周易11》："乓（厥）孚洨（交）女（如），慝（威）女（如），吉。"簡文"洨"，王弼本作"交"、帛書《二三子》作"絞"，均應讀皎。《莊子·漁父》"鬢眉交白"，《經典釋文》："交，一本作皎。""皎"，《廣雅》："皎，白也、明也。"

烖 楚 章子邧戈

【注】從戈交聲。●讀徼。《章子邧戈》："章子邧尾其之金，為其烖（徼）戈。"詳"戈"字。

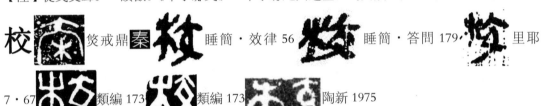
校 炗戒鼎 秦 睡簡·效律56 睡簡·答問179 里耶
7·67 類編173 類編173 陶新1975

【注】從木交聲。●《炗戒鼎》："用政（整）于六𠂤（師），用校于比，用獄次（盜）。"古代考校民數及其財產曰"比"。《周禮·地官·小司徒》："及三年，則大比，大比則受邦國之比要。"鄭注："大比，謂使天下更簡閱民數及其財物也。鄭司農云：'……今時八月案比是也。要謂其簿。'"又《地官·黨正》："以歲時蒞校比，及大比，亦如之。"鄭注引鄭司農曰："校比，族師職所謂'以時屬民而校，登其族之夫家眾寡，辨其貴賤、老幼、廢疾可任者，及其六畜車輦'，如今小案比。"銘中"比"是名詞，"校"是動詞。"校"當考校、校比講（與"比"同義）。"校于比"，意即校比民數、土地、六畜、車輦等。●計數。《睡簡·效律56》："計校相繆（謬）殹（也），自二百廿錢以下，誶官嗇夫。"按：計、校，數也。《廣雅》："率、計，校也。"《荀子·強國》："威強乎湯武，廣大乎舜禹，然而憂患不可勝校也。"楊倞注："校，計。"《漢書·食貨志上》："京師之錢累百鉅萬，貫朽而不可校。"顏師古注："校謂計數也。"●《陶新1975》"右校"，官署名，秦置，漢因之。初置前後左右中五校，後僅置左、右校，分掌左、右工徒（類似今天的工程兵），修建宗廟、宮殿、陵園等，設令，丞，秩六百石。《陳涉世家》有"黥布復擊秦左右校，破之青波，復以陳為楚"。

見紐梟聲

梟 集倞簠 父癸爵 作父癸卣 作父癸卣 楚 帛書丙

【注】早期金文作𐤏等四形，何琳儀釋為"梟"字，會梟鳥集與樹木之意。集，從隹從木，與梟不盡相同。梟本作梟，商代金文或省鳥足作🦅，遂為小篆所本。（詳《戰國古文字典》297頁）

●梟鳥。《帛書丙》："大不訓（順）于邦，又（有）梟㝵（夭）于上下。"●族氏名，見于《父癸爵》等器。

見紐杲聲

杲 楚　早 帛書丙　　包山 85　秦　　陶錄 6·13　　陶錄 6·13

【注】甲骨文作杲，從日從木，會日出木上之意。●包山簡、秦陶均為人名。●帛書"少杲"，或讀"少皞"，帝名。

湸 湸伯友鼎

【注】從水杲聲。●人名。《湸伯友鼎》："唯湸白（伯）▨▨林乍（作）鼎。"

見紐羔聲

羔 索爵　　作寶羔簠　　三年瘭壺　楚　　上博二·子羔 8　　上博二·子

羔 9　　安大一 112　　安大一 31 晉　　貨系 0323　　璽彙 5319　秦　龍

崗 102　印封 81

【注】甲骨文作羔、羔，從羊從小（小即小），會羊羔之意。金文訛小為火形。《三年瘭壺》據辭例可釋為"羔"，然上羊角游離，學者或以為上從"化"而非"羔"字。《說文》："羔，羊子也。從羊，照省聲。""照省聲"不確。本義為羊羔，《詩經》毛傳說："小曰羔，大曰羊。"引申指幼小的生物。秦文字羔、美混同，《睡簡·日甲 32》"既長且美"，"美"作美，與"羔"無別。《璽彙 5319》為單字印，據文義亦可釋為美。●用為本義，小羊。《索爵》："索諆乍（作）有（侑）羔日辛剢（肆）彝。"《龍崗 102》："没入私馬、牛、〈羊〉、〈駒〉、犢、羔縣道官。"●羔俎：器名，專用于盛羊羔的長條形、兩端有足的祭器。《三年瘭壺》："乎（呼）虢弔（叔）召瘭，易（賜）羔俎。"《左傳·隱公五年》："鳥獸之肉，不登于俎。"杜預注："俎，祭宗廟器。"俎亦可用于燕饗。根據所載牲體不同，有羔俎、麂俎之分。●羔裘：即羊皮。《九年衛鼎》："舍……東臣羔裘，顏下皮二，罘受。"《安大一 112》："羔裘豹（豹）袪。"●讀皋。上博"子羔"文獻或作"子皋"。"羔"上古音屬見紐宵部，"皋"屬見紐幽部，韻部旁轉，可通。●秦印"橋羔"，人名。

顙 秦　　秦印 173

【注】從頁羔聲。《廣韻》去遙切，音趬。額大貌。●"顤印"，人名。

 二十年鄭令戈　　陝陰令戈

【注】從心羔聲。●均為人名。《二十年鄭令戈》："莫（鄭）倫（令）韓愆。"

 睡簡·答問 27　　睡簡·答問 25

【注】從門羔聲。●秦簡表撤除祭品之意。《睡簡·答問 27》："豆俎鬼前未徹乃為'未闔'。"豆俎陳放在鬼神位前，沒有撤下，就是"闔"。"闔"疑闗字。闗，《说文》事已閉門也。《玉篇》止也。《博雅》闗，訖也。

 匯考 300　　燕編 126　　　　　、　　　、　　印增 289

【注】《说文》："窯，燒瓦窰也。從穴羔聲。"●秦印人名。●本義。《燕編 126》"河甫五窯鉢"，即製造陶瓷器皿的"窯"。"五"應當是"窯"的排列序號。"河甫"為地名，待考。

 璽彙 3214　　璽集二－SY－18

【注】從木羔聲。●晉璽人名。

 璽彙 1629　　秦漢篆字編 484 頁

【注】從宀羔聲。下二橫為飾筆。●晉璽人名。

 璽彙 2347

【注】從广羔聲。●晉璽人名。

疑紐堯聲

 堯盂　　堯壺　　堯盤　　堯戈　　璽彙 0262　　郭店·窮

585

達 3　上博二·容成 9　清華一·保訓 7　上博九·舉治 23　郭店·六德 7

上博二·子羔 2　上博二·子羔 6　上博四·曹沫 2　清華三·良臣 1　燕

丙辰方壺

【注】甲骨文作 𡘜、𡙇、𡙇，從二土從卩，會意不明。金文 𡘜，劉釗釋為"堯"，指出字應分析為從 土 從 人 兩部分，前者即土字，後者即人（從人與從卩通）字，故字可隸作"堯"。（詳《金文編校補》494 頁）戰國文字或從二土二人。秦漢文字從三土從人作 𡎜。《説文》："𡎜，高也。從垚在兀上，高遠也。𡘜古文堯。"本義高、高起。●人名，見于《堯壺》《堯盤》等器。●齊璽"堯相賡鈢"，姓氏。●楚文字多讀堯，上古帝王名。《上博四·曹沫 2》："昔堯之饗舜也。"

嬈 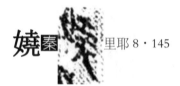 里耶 8 · 145

【注】從女堯聲。●人名。

獟  璽彙 1095　秦　秦印 198

【注】從犬堯聲。●均為人名。

嘵  璽彙 0844　秦　秦印 25

【注】從口堯聲。●秦印"李嘵"人名。晉璽亦為人名。

遶  包山 119　遶 包山 175

【注】從辵堯聲，"繞"之異文。●人名。

趬  安大一 100

【注】從走堯聲。●《安大一 100》："趬（糾）＝葛縷（屨），可目（以）履霜。"《毛詩》作"糾糾葛屨"。《説文·走部》："趬，行輕皃。一曰：舉足也。從走，堯聲。"簡本優於《毛詩》，《毛詩》作"糾糾"乃借字。上古音"趬"屬溪紐宵部，"糾"屬見紐幽部，音近可通（參《古字通

586

假會典》第 735 頁)。

 清華十·四告 8

【注】從不堯聲。●整理者讀效。《清華十·四告 8》："祆（效）命于周。"

 包山 186

【注】從火堯聲。●簡文"羕陵少甸尹燒"，"尹燒"人名。

 里耶 8·1766　嶽麓三 81

【注】從手堯聲。●里耶簡辭例殘缺。●撓亂、阻止。《嶽麓三 81》："後撓益賈（價）。"撓益賈，表示為撓亂（使買賣不成立）而有意地提高價錢。

 陶彙 3·805　璽彙 0987　璽彙 0821　璽彙 1704　戰編 143　、　、　、　、　印增 90

【注】從言堯聲。或增飾符口。●古文字均為人名。

 清華七·晉文公 6

【注】從艸堯聲。●讀蕘。《說文·艸部》："蕘，薪也。"《清華七·晉文公 6》："為蕘莄（採）之𦎫（旗）戠（侵）糧者出。"蕘採之旗，軍中有刈草采薪之事。

 郭店·唐虞 22　郭店·唐虞 24　郭店·唐虞 24　郭店·唐虞 25

【注】從土堯聲。●讀堯。《郭店·唐虞 22》："古者堯（堯）之與（舉）舜也；昏（聞）舜孝，智（知）亓（其）能救（養）天下之老也。"

 陶彙 3·150

【注】從心堯聲。●齊陶人名。

 懇[齊] 陶録 2·543

【注】從言堯聲。●人名。

 饒[秦] 中陽戈 里耶 8·1554 里耶 8·739 背 印增 179

【注】從食堯聲。●地名，秦屬上郡。《中陽戈》："饒。"●人名。《里耶 8·739》"饒手"，書寫者應是饒。

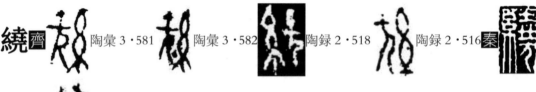 繞[齊] 陶彙 3·581 陶彙 3·582 陶録 2·518 陶録 2·516[秦]

集粹 507 里耶 8·1066

【注】從糸堯聲。●古文字均為人名。●里耶簡辭例殘缺。

 蕘[秦] 戰編 49

【注】從艸蕘聲。●秦印人名。

 鐃[楚] 包山 270

【注】從金堯聲。●簡文"一敝（彤）栃，一鐃"，疑用為本義。《說文》"小鉦也"。

 橈[楚] 貨系 4176 貨系 4179 貨系 4183 璽彙 5362 清華六·子

儀 3 安大一 16 安大一 17

【注】從木堯聲。●幣文"橈比當圻"。"橈比"疑讀"饒幣"。饒，《玉篇》多也，飽也，豐也，

厚也，餘也。或認為從木方聲；湖南常德新出土銅距末銘文有ꞁ字，辭例為"四方是服"，故釋幣文此字為"枋"，可讀方，"方幣"即大幣，相對於小型燕尾布而言；或讀衡，"衡幣"則與魏國橋形布"亢（衡）釿"相似。●楚璽單字，人名。●減少。《清華六・子儀3》："女（如）權之又（有）加橈也。"《漢書・高帝紀上》："漢軍乏食，與酈食其謀橈楚權。"《集註》引服虔曰："橈，弱也。"這裏是減少的意思。●讀翹。《安大一16》："橈=（橈橈）楚新（薪），言稱（穰）亓（其）楚。"《毛詩》作"翹翹錯薪"。"橈"與"翹"、"楚"與"錯"，古音相近，疑簡本"橈橈楚薪"當從《毛詩》讀為"翹翹錯薪"。毛傳："翹翹，薪貌。錯，雜也。"

疑紐屶聲

屶（屶）

【注】陳劍認為：屶（ꞁ）字象"以刀斷屮"之形，就是古書多見的"芻蕘"之"蕘"的表意初文。（《郭店簡〈六德〉用為"柔"之字考釋》）秦漢文字"腦"有一形體作ꞁ（漢印389），隸定為"剉"；還有一類形體作屶、ꞁ（帛編343），隸定為"屶"。"剉""屶"實際是"屶"之訛變。古文字中"屮""止"兩形（還有"又"形）經常相混，如，曾侯乙墓出土的《抌君戈》，"抌"字作ꞁ，屮即訛為二止。"屶"形中的"屮"形訛變為"止"，則是"剉"形了。左下的"屮"形訛變為"山"，又將"刀"形移於左面反書而變為"匕"，就成為"屶"形了。"屶"是"屶"之省文。《周禮・考工記・弓人》："夫角之本，蹙於剉；而休於氣，是故柔。"《疏》言角之本近於剉，得和煦之氣於剉。剉，與秦漢文字相合。●讀腦或讀腦。《睡簡・封診57》："屶（腦）角出（頓）皆血出。"後世通行的"腦"字不見於《說文》，段注以為"腦"字"俗作腦"。其字在漢簡中已經出現，作如下之形（辭例為"肝腦塗地"）：ꞁ（《敦煌漢簡》簡667）。其右旁介於"屶"跟"囟"之間，右上尚近於"止"形而非"巛"，右下則已經距離"山"或"止"形較遠而較近於"凶"形。《說文》"囟"之篆形作從"巛"從"凶"，可能就是在此類字形基礎上加以有意的改造而成，有使之在"腦（腦）"字中起一定表意作用的因素。

梁姬罐

【注】從米屶聲。●銅器自名。《梁姬罐》："汈（梁）姬乍（作）ꞁ。"最末一字尚不能確識，作為銅器其自名缺乏同類材料的對比。

【注】從首屶聲。●讀柔。"蕘""柔""腦"古音並相近。"柔"是日母幽部字，"蕘"是日母宵部字，兩字中古音都是開口三等；"腦"是泥母宵部字，與"蕘"同從堯聲的撓、橈、鐃和譊等字也是泥母字。其相通之例證如《周易・說卦》"坎為矯輮"，《釋文》："輮，荀作橈。"《郭店・六德32》："㤅（仁）穎（類）蕘（柔）而速（束），宜（義）穎（類）岅而戁（絕）。"《郭店・六

德 31》：“悬（仁）蓐（柔）而䀿，宜（義）믿（剛）而柬（簡）。䀿之為言也，猶䀿䀿也，小而貟多也。”

茻 楚  郭店殘簡 5

【注】“蓐”之訛文。●讀柔。

疑紐奡聲

奡 晉  上博五・三德 11  清華十・四告 33

【注】從百夰聲。《說文》：“奡，嫚也。從百從夰，夰亦聲。《虞書》曰：‘若丹朱奡。’讀若傲。《論語》：‘奡湯舟。’”三字石經《春秋・文公元年》作奡，《汗簡》引自《尚書》作奡（h47）。《說文》：“奡讀若傲。”《玉篇》：“奡……亦作傲。”《說文解字注》：“奡與傲音義皆同。”《說文句讀》：“與傲、嫯音義并同。”●讀傲。《上博五・三德 11》：“毋奡（傲）貧，毋芺（笑）型（刑）。”《清華十・四告 33》：“其好奡（傲）不則。”

端紐刀聲

刀 齊  貨系 2596  齊幣 238  貨系 2561  貨系 2862  先秦編 557  先秦編 558  先秦編 558  考古 1973・1 楚  包山 144 燕  貨系 3356  先秦編 557  璽彙 5582  璽彙 5566 晉  十二年扁壺  十二年右使車銅盒 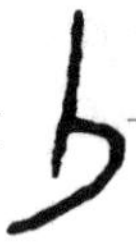 十年左使車銅盒 秦  睡簡・日甲 26 背

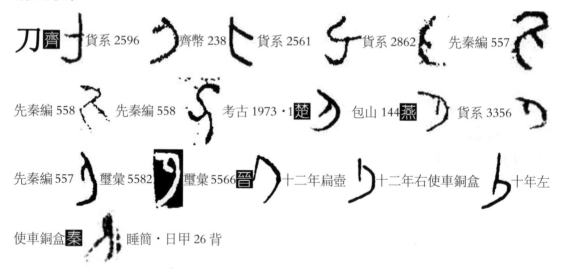

【注】甲骨文作、、、、，字形最初象一把刀的樣子，上面是刀柄，下面是刀身。商周金文多用作偏旁。戰國文字承襲商周文字，或反書，或作、，與曲、月、勹等字易混。或作，加一斜筆，與“刃”字易混，在表義偏旁中習見。楚簡刀、人訛混多見，如《清華八・邦道》從“刀”的偏旁如簡 1“剸”字作、簡 3“㓞”作；同篇“人”的獨體如簡 7 寫作、簡 17 作，並無多大區別。●《十二年扁壺》：“冢（重）五百六十九刀。”中山雜器表重量單位，應該與刀幣有關。●戰國錢幣文字指刀形貨幣。

貨系 2598  貨系 2518 齊幣 286

【注】"刀"之繁文，疊加聲符乇。●齊幣讀刀，錢幣名。

陶彙 3‧1014

【注】從心刀聲。●齊陶人名。

【注】此字容庚、于省吾釋為"沪"。郭沫若釋為"沏"，曰："所從刀字與銘文中刾字作𣂏，所從者全同，故知當為沏字。沏，𦨣之異文。《詩‧河廣》以'刀'代之：'誰謂河廣，曾不容刀。'𦨣行于水，故字從水。"（《文史論叢 323 頁》）𦨣，《玉篇》小船形如刀。●讀呇，人名。《者沏鐘》："者沏，女（汝）亦虔秉不（丕）淫（經）悳（德）。"者沏，讀諸呇，見《史記‧越世家》。

【注】從鼠刀聲，"貂"之異文。●讀貂。《曾侯 5》："三襴劬（貂）與彔（綠）魚之籆。"

【注】從糸刀聲。●單字，應為人名。

【注】從刀從金，表示用刀切削金屬；刀兼聲。《庚壺》從金省。《説文》："釗，刓也。"承培元引經證例："釗，……謂摩去器芒角也。"本義磨損、削損。●人名。《叔釗父甗》："弔（叔）釗父乍（作）柏姞寶獻（甗）。"●里耶簡為習字簡，無義。

到秦 、秦印 228 睡簡‧效律 8 睡簡‧日乙 106

睡簡‧日乙 236

591

【注】從至刀聲。●秦印人名。●本義，至也。《睡簡·封診26》："自晝甲將乙等徼循到某山。"
●用為介詞，到…。《睡簡·效律8》："直（值）百一十錢以到二百廿錢，訏官嗇夫。"

叨  叨孳簋晉 兆域圖銅版

【注】從口刀聲。《兆域圖銅版》從刃作，古文字刀、刃作形符可通。金文與《說文》"饕"或
體同，然二者同形不同字。《說文》："饕，貪也。從食號聲。叨饕或從口刀聲。叼籀文饕從號省。"
饕餮又指傳說中的一種兇惡貪食的野獸，古代銅器上面常用它的頭部形狀做裝飾。卜辭銘文中
未見"饕餮"二字。容庚曰："饕餮之名，系後人所定，其意義也是後人附會之說，不足取信。"
（引自《古文字詁林》5冊368頁）《說文解字注》："俗饕。從口。刀聲。今俗與饕分別異用。"
今讀作dāo，表示話多。●人名。《叨孳君簋》："叨孳君休于王，自乍（作）器，孫子永寶。"
●《兆域圖銅版》："王命賈為逃（兆）乏（窒）闊閡（狹）小大之叨。"字左旁銹蝕，或可隸作
"矵"，讀度。劉釗釋為尺度之"度"，引銀雀山簡《守法守令》"乃為市之廣狹小大之度"等證
之。（《戰國中山王墓出土古文字資料考試》）

召  敬簋 大鼎 克鐘秦 、 秦印22 睡簡·日甲137背

 睡簡·封診93

【注】從口刀聲。●秦印"召亭之印"，"召"應為地名。或說召原為召公采，在今岐山縣西南。
《詩·召南·甘棠序》鄭玄箋："召伯，姬姓，名奭，食采於召。"陸德明《釋文》："召地名也，
在岐山之陽。扶風雍縣南有召亭。"●讀招。《睡簡·封診93》："未嘗召丙飲。"●讀詔，告訴。
《睡簡·日甲25背》："鬼恒召（詔）人曰。"●《睡簡·日甲139背》："是胃（謂）召（招）
備（搖）合日。"招搖，星名。

詔 楚 璽補180晉 璽補1799 璽補1784 璽補1613 璽彙

1535 璽彙2135 匯考283

【注】從立召聲。●人名用字。

朤 秦 昭宮銅鼎

【注】《昭宮銅鼎》左旁從召、右旁從月，可隸定為朤，當是"昭"字的別體。（蔡運章《昭宮
銅鼎銘文考釋》）古文字的義符裏，日、月義近，可以通用。如咄、胐，曉、曉，瞳、瞳，胘、

咳等，便是其證。《昭宮私官壺》許多學者都將其誤釋為"卲"，字形與習見之"卲"不類，與《昭宮銅鼎》當為一字，唯所從"月"旁上部不出頭。●讀昭。《昭宮銅鼎》："廿一年，內官右工，昭宮私官，一斗九升，止。"昭宮是戰國晚期秦國最為重要的王宮，也就是後來的阿房宮。

 里耶 8 · 1450

【注】從豸召聲。●人名。

私官壺

【注】從卩召聲，與小篆同。卲本從召，楚文字刀形或訛為人、尸。春秋以上，無"昭"字，故"卲"字在兩周金文中多用作"昭"。《說文》："卲，高也。從卩召聲。"凡典籍作"昭"者，金文均作"卲"。●讀昭，光耀、發揚、彰明、顯揚等義。《盧鐘》："用卲（昭）大宗。"《榮作周公簋》："卲（昭）朕福血。"《秦公簋》："用（以）卲皇且（祖）。"●讀昭，見也。《默鐘》："南

或（國）叚孿敢舀（陷）處我土，王辜（敦）伐其至，戠（撲）伐乓（厥）都，叚孿（子）乃遣閑來逆卲（昭）王。"逆卲，迎見也。●讀昭，周代宗灋制度。宗廟或宗廟中神主的排列次序，始祖居中，二世、四世、六世等居始祖之左為昭，三世、五世、七世等居始祖之右為穆。《頌鼎》："王才（在）周康卲宮。"●卲公：典籍作召公，即召公奭，周公旦庶兄。《中山王𦰩壺》："而臣宔（主）驕（易）立（位），以內戳（絕）卲（昭）公之業，乏其先王之祭祀。"其後以為氏。●卲考：美好之父，猶言穆考、文考、皇考、烈考，美譽之稱。《班簋》："隹（唯）乍（作）卲考爽，益曰大政，子子孫孫多世其永寶。"●卲王。銘文中"卲王"有二，其一即楚昭王，楚國王名。《昭王之諻簋》："卲（昭）王之諻（媓）之盧（薦）殹（殿）。"其二指周昭王，姬姓，名瑕。周康王之子。在位時，多次南攻楚國，後回師時死于漢水之濱。《剌鼎》："王啻（禘），用牡于大室，啻（禘）卲（昭）王。"《牆盤》："宏（宏）魯卲（昭）王，廣敏（答）楚荊（荊）。"《左傳‧僖公四年》："昭王南征而不復。"●卲格：古成語，意為光明照耀、降臨。《趹簋》："用卲各不（丕）顯且（祖）考先王。""格"或作"洛""霝"。《大師虘豆》："用卲洛朕（朕）文且（祖）考。"《秦公鎛》："㠯（以）卲霝孝盲（享）。"文獻作"昭假"。《詩‧大雅‧烝民》："天監有周，昭假于下。"《詩‧周頌‧噫嘻》："噫嘻成王，既昭假爾。"戴震謂精誠表見曰昭，貫通所至曰假。《詩‧大雅‧云漢》："大夫君子，昭假無贏。"鄭玄箋："假，音格。"●讀昭，姓氏。昭、屈、景，楚之三族也，以族為氏。●讀韶。《郭店‧性自25》："坴（賚）武樂取，佋（韶）顕（夏）樂情。"韶夏，優雅的古樂。《上博一‧緇衣7》亦讀韶，舜之樂名。●讀灼。《安大一11》："桃之夭=（夭夭），卲=（灼灼）亓（其）芌（華）。"

鮮盤

【注】從王卲聲，猶"文""武"增王作也。●讀昭。《鮮盤》："王才（在）葊京，啻（禘）于瑶（昭）王。"昭，即周昭王。

圣 楚 清華二‧繫年101

【注】從土卲聲。●讀召。《清華二‧繫年101》："述（遂）明（盟）者（諸）侯於圣（召）陵，伐中山。"

𢾅 齊 陳侯因𠭯錞 楚 新蔡乙四134

【注】從攴卲聲。●讀紹。《陳侯因𠭯錞》："其唯因𠭯揚皇考，𢾅（紹）緟高且（祖）黃啻（帝）。"紹緟：繼承。●新蔡簡讀昭，告也。《新蔡乙四134》："晉縣為會相之𢾅告大☑。"

分研149

【注】從邑卲聲。●楚璽"𨚂竽"，讀昭，姓氏。

594

 璽彙 3503

【注】從廾邵聲。●楚璽人名。

 包山 167 清華三·芮良夫 23

【注】從止邵聲，當為"迢"之異文。●包山簡人名。●讀佻，輕薄放縱。《爾雅·釋言》："佻，偷也。"郭璞注："謂苟且。"《清華三·芮良夫 23》："人頌孜（扞）嘷（違），民乃埡（佻）嚚（敖），楚（靡）所并（屏）忮（依）。"

 望山 1·3 包山 226 包山 228 璽彙 2555 包山 230 包山 267 鄂君啟車節 清華一·楚居 16 清華二·繫年 135

【注】從心邵聲。●或讀悼，即悼氏，楚悼王後代以謚為氏者，且"悼"氏在楚簡中均作"怨"形。阜陽漢簡《年表》用"悼"表示"悼襄王"之悼，當反映了秦文字的特點。《鄂君啟車節》："命槀（集）尹怨牆，裁尹逆、裁敳（令）阢，為鄂君啟之賡（府）商鑄金節。"《望山 1·1》"𩵋（范）膡（獲）志目（以）愴豪（家）為怨固貞。"怨固，楚公族悼氏。

 鸝羌鐘 璽彙 0132 貨系 0629 貨系 630 貨系 631 郭店·緇衣 11

【注】從日邵聲，或從日邵省聲。●讀昭，告也。《鸝羌鐘》："𣅱于天子。"《郭店·緇衣 11》："古（故）倀（長）民者，章志以𣅱（昭）百眚（姓）。"●《璽彙 132》"𣅱（昭）陽都"，讀昭。"昭陽"為地名，《漢書溝洫志》有"魏郡昭陽"，此地戰國時屬趙，"昭陽都"印風格亦屬三晉，或即此地。

 上博八·成王 2 清華一·程寤 3 清華一·祭公 9

【注】從言邵聲。●讀詔。《清華一·程寤 3》："告王=（王。王）弗敢占，詔（詔）大（太）子發。"●讀召，召見。《上博八·成王 2》："王才（在）鎬，詔（召）周公旦曰。"

㳡 包山 179

【注】從水卲聲，疑"沼"之異文。●包山簡人名。

綤 陶録 3 · 502 陳共車飾  舍忏盤 清華八 · 虞夏

 郭店殘 27

【注】從糸卲聲。●讀紹，姓氏。《舍忏鼎》："但（冶）帀（師）綤圣、差（佐）墜（陳）兴為之。"紹績昧，春秋時宋人，見《韓非子》。●讀韶。《清華八 · 虞夏 2》："乍（作）樂《綤（韶）》《恩（濩）》。"又作"韶護""韶護"，湯樂名。《左傳》襄公二十九年"見舞《韶》《濩》者"，杜注："殷湯樂。"孔疏："以其防濩下民，故稱濩也……韶亦紹也，言其能紹繼大禹也。"疑"恩"為"隻"之訛。

炤 清華十一 · 五紀 7 清華十一 · 五紀 34 炤 清華十一 · 五紀 62 炤 清華十一 · 五紀 81

【注】從火卲省聲。●讀昭。《清華十一 · 五紀 7》："易（揚）者、炤（昭）昏、大昊、司命、癸中。"整理者注："簡三四云'日明之，風事之，昭昏敬之，大昊間之，司命司之，癸中視［之］。易者，讀為'揚者'，對應'風'。昭、昏相對為文。"

飷  清華八 · 邦政 13

【注】從食卲省聲。●讀昭。《邦政 13》："無烕（滅）無璋（彰），具尻（處）亓（其）飷（昭）。"《詩 · 抑》"昊天孔昭"，毛傳："明也。"《大戴禮記 · 四代》："是以祭祀昭有神明。"

迢  璽彙 3804 迢 璽彙 3323 迢 璽彙 1540

【注】從辵召聲。●晉璽人名。

超 超 陶彙 3 · 827 超 秦印 26

【注】從走召聲。●秦漢印為人名。●齊陶疑超之省文。讀超，姓氏。《廣韻》漢有太僕超喜。

詔晉 ▨、▨、侯馬 秦 ▨ 詔使矛 ▨ 五十年詔事戈 ▨ 五年相邦呂不

韋戈 ▨ 陶彙5‧392 ▨ 五年相邦呂不韋戈 ▨ 八年相邦呂不韋戈 ▨ 里耶

8‧174 ▨ 秦印44

【注】從言召聲。《説文》："詔，告也。從言從召，召亦聲。"本義詔令、詔告。●詔令。《商鞅量》："乃詔丞相狀綰。"●《五十年詔事戈》："五十年，詔事宕，丞穆，工中。"詔事之職，未見史載。據近年考古發掘的銅器有《三十三年詔事戈》《三年詔事鼎》《詔事矛》《秦印44》"詔事丞印"等，可推測詔事掌兵器製造，有丞。●侯馬盟書人名。

鹽 大盂鼎 ▨ 伯害盉 ▨ 四祀邲其卣 ▨ 害鼎 ▨ 召卣 ▨ 召尊 ▨ 禹鼎

【注】甲骨文作▨、▨、▨、▨、▨、▨、▨、▨、▨、▨、▨、▨、▨、▨、▨、▨、▨、▨。李孝定曰："鹽為召之本字，此為文字簡化之最佳例證，其義為置酒招賓，故從酉從口。⊌所以置酒，從廾臼以取之，省為從口、刀聲，于義已足，此形聲妙用也。招系召之偏旁累增字，從手義復。"（《金文詁林讀後記》卷十二）小篆則從口刀聲。《説文》："召，評也。從口刀聲。"本義為招呼、招請，為"招"的初文。可與"呼"互訓，詞義相同。●讀招，召見。《克鐘》："王乎（呼）士智鹽（召）克。"●讀紹，輔相、佐助。《師害簋》："㠯（以）鹽（紹）其辟，休㠯（厥）成事。"《大盂鼎》："㛃（夙）夕鹽（召）我一人巹（烝）四方。"●讀召，人名。《大史友甗》："大史友乍（作）鹽（召）公寶陴彝。"召公，姬姓，名奭。周代燕國的始祖。因采邑在召（今陝西岐山西南），故稱召公或召伯。曾佐武王滅商，被封于燕。成王時任太保，與周公旦分陝而治，陝以西由他治理。成王去世，他以遺命授康王。銘文、典籍中或稱"召伯"。《害鼎》："用乍（作）鹽（召）白（伯）父辛寶陴彝。"《詩‧召南‧甘棠》："蔽芾甘棠，勿翦勿伐，召伯所茇。"

僧齊 ▨ 陶彙2‧3 ▨ 陶彙2‧5 ▨ 陶録2‧643

【注】從人鹽省聲，"佋"之繁文。●齊陶"團作僧塤""令作僧塤"，讀韶。塤為樂器，韶為樂名。

哥楚 ▨ 清華十‧四告38

【注】從臼召聲。●讀召。《清華十·四告 38》："曾孫𦥑（召）虎拜＝（拜手）頴＝（稽首）。"
整理者注："'𦥑'字，應系西周金文《伯詧盃》中繁體寫法省簡而來，可隸定為'𦥑'，後世省
簡為'召'。簡文寫法可視為中間過渡形態。，'虎'字異體。召虎即召伯虎，歷史上著名的
召穆公，周厲王諫臣，與周定公開啟'周召共和'時代，為宣王中興奠立堅實基礎。"

招秦印 234

【注】從手召聲。●秦印人名。

昭秦印 126

【注】從日召聲。●秦印人名。●光明。《睡簡·為吏 50》："昭如有光。"早期秦文字用"邵"
表示昭，見秦公鐘、秦公鎛等。晚期秦文字如睡虎地秦簡多用"昭"為昭。楚文字、三晉文字、
中山文字均用"邵"。

䄖牆盤

【注】從攴從火召聲。古字每有加旁從攴者而字義不變，如"典"作敟、"陳"作敶、"學"作
敥，從攴無義，故字可釋為"炤"，為"照"之異文。炤、昭當同字，古字從日表義者每多更旁
從火，如"暵"作熯、"暉"作煇、"曜"作燿、"晞"作烯。表義增火旁"昭"又作"照"。典
籍中昭、照亦同字，如老子"俗俗昭昭"釋文"昭，一本作照"。荀卿賦"函晦登昭"，注"昭，
或為照"，是知炤、昭、照三字不但聲同、韻同，而且義同，其為一字明矣。"炤"之與"昭"，
表義更旁字也。加火旁作"照"，形義重復字也。許氏分為昭、照二字，失之。《說文》："炤，明
也。從火，昭聲。"本義明亮、光明。●讀照，照耀。《牆盤》："昊照（照）亡斁（斁），上帝司
（后）稷介保受天子綰令。"

邵印增 247

【注】從邑召聲，與小篆同。《說文》："邵，晉邑也。"本義為地名。●讀召，燕召公。燕始祖，
封于邵，典籍多作"召公"。周初金文作"𥊽"。《中山王䜌壺》："以內絕（絕）邵（昭）公之業，
乏其先王之祭祀。"●秦印"邵告"，姓氏。周召公之後以為氏，後另加邑旁。

招印增 214

【注】從木召聲。●指浴床。《睡簡・封診81》：“內中有竹柖。”《博雅》浴牀謂之柖。●讀招。《睡簡・日甲56正》：“招（招）搖（搖）毄（繫）戌。”招搖，星名。在北斗杓的尖端。《禮記・曲禮上》：“招搖在上，急繕其怒。”泛指北斗七星。●秦印人名。

紹

【注】從糸召聲。●《匯考60》“十四年十一月帀（師）紹”，齊國工官璽，“紹”為人名。像這種載有時間的璽印古璽中罕見。●晉璽、秦印均為人名。

輻

【注】從車召聲。●小車也。《龍崗54》：“其騎及以乘車、輻車☑。”

盄 杞伯每亡盆

【注】從皿召聲。盄，《説文》“器也”，《類篇》或作“盄”，《杞伯每亡鼎》器名為𥂖，字正作盄，今據此器若盆形。●器名，若盆。《杞伯每亡盆》：“杞伯每亡作黿嬩寶鼎盄。”

疧

【注】從广召聲。●晉璽均為人名。秦印人名。●《兆域圖銅版》“疧宗宮”，宮名，讀昭。

袑 秦印163

【注】從衣召聲。●秦印人名。

佋 多友鼎

【注】從人召聲，與小篆同。《説文》：“佋，廟佋穆。父為佋，南面。子為穆，北面。從人召聲。”即經典昭穆之“昭”。今通作“昭”。●讀召。《多友鼎》：“乃命向父佋（召）多友。”

韶

3310 溫縣

【注】從朝省從召，雙聲字。●晉文字均為人名。●讀昭。《清華三‧良臣5》："楚韒（昭）王又（有）命（令）胥（尹）子西。"

端紐弔聲

【注】甲骨文作 、 、 、 、 、 。楊樹達曰："説文弔字，實為繳之初文，則弔、繳實一字。異者，弔為象形，繳為形聲耳。至經傳弔問及許君送終之釋，乃弔字後起之義，非本義也。許君釋弔形為人持弓，亦誤説也。余今根據石經，定金文之 即説文之弔，而弔字實繳之初文。至伯叔之叔，初無本字，金文假弔字為之，經傳假訓拾之叔字為之，同一借音，本無軒輊。"《釋 ‧積微居小學述林》蓋字初形象弋射之矰繳形。然弋形書寫靈活不一，或為弋形，或為弓形，或為人形。金文同甲骨文，多從人形。《弔倉父盨》弋形類化作 。小篆則從弓作。《説文》："弔，問終也。古之葬者，厚衣之以薪。從人持弓，會驅禽。"俗作"弔"。出土文獻中多假

借為叔伯之"叔"。●讀叔，兄弟排行中表示行三。《頌鼎》："用乍（作）朕皇考靖（恭）弔（叔）、皇母靖（恭）始（姒）寶障鼎。"古無舌上音，弔、叔古音同讀。●讀淑，善良。《寡子卣》："辜不弔（淑）。"《詩·小雅·節南山》："不弔昊天，亂靡有定。"鄭玄箋："不善乎昊天也。"高亨注："弔，通淑，善也。"●讀怵。《清華六·子儀7》："弔（怵）易（惕）之怍，尻（處）吾以休，萬（賴）子是救。""弔易"當讀"怵惕"，《孟子·公孫丑上》："今人乍見孺子將入於井，皆有怵惕惻隱之心。"《國語·周語上》："使神人百物無不得其極，猶曰怵惕，懼怨之來也。"乃恐懼警覺義。句意為：我現在一舉一動都恐懼謹慎，希望我能得到完美的結果，這些全靠你來幫助我。●《圖典293》《彙考297》"中弔"合文，讀中叔，複姓。或讀"叔中"，複姓。"叔中"氏即"叔仲"氏。《通志·氏族略四》"以次為氏（親附）"類下謂："叔仲氏，姬姓，魯公子牙之後也。公孫茲生得臣、彭生，得臣為叔孫氏，彭生為叔仲氏。《史記》，叔仲會，魯人，仲尼弟子。"●《璽彙3350》《璽彙3428》吳振武認為"大弔"二字合文，讀大叔，複姓。"弔"字的兩個偏旁寫得完全脫開了。這種現象如同"射"字由原先"弓""矢"兩旁連寫的形式變為分寫式——"弣"。左下角多出一筆，可能是一種區別符號，為的是將"弔"字所從的那個象矰繳形的偏旁跟"它"旁區別開來。（《古璽姓氏考（複姓十五篇）》）"大叔"氏見《漢征》3·17上、《漢征補》3·6上。《新纂氏族箋釋》云："源于姬姓。望出東平郡。系出姬姓。春秋時鄭穆公孫世叔儀後姓大叔氏。漢有大叔雄。"又《通志·氏族略四》"以次為氏（親附）"類下謂："太叔氏（引者按：'大''太'古通），姬姓，衛文公之子太叔儀之後也。漢有尚書太叔雄。"陳廷煒《姓氏考略》則謂："鄭莊公之弟段封于京，謂之京城太叔，其後以為氏。"

弔 楚 　上博一·緇衣3　　郭店·緇衣4　　郭店·窮達8　　清華一·楚
居3　　清華五·湯丘14　　上博九·卜書1　　網絡 秦　　北大簡

【注】"弔"之繁文。●讀淑。《郭店·緇衣4》："弔（淑）人君子，亓（其）義（儀）不弋（忒）。"《清華五·湯丘14》："句（后）古（固）共（恭）天畏（威），敬祀，弔（淑）慈我民。"●讀叔。《上博八·成王4》："白（伯）尸（夷）、弔（叔）齊飤（餓）而死於售（雕）潰（濆），不辱丌（其）身。" ●楚璽"弔孫"，複姓，讀叔孫。

里 楚 　上博六·鄭壽7

【注】從土弔聲。●讀淑。《上博六·鄭壽7》："圅（謙）龔（恭）里（淑）悳（德），民是贍（瞻）膛（望）。"

娿 楚 　郭店·五行16

【注】從女弔聲，"怒"之異體。●讀淑。《郭店·五行16》："娿（淑）人君子，亓（其）義（儀）龕（一）也。"

盉  克鼎　邢人妄鐘　卯簋　史盉鼎 命瓜君壺 秦　秦公鎛

【注】從皿弔聲，與小篆同。《説文》："盉，器也。"本義為器具。或作盄，見於金文；召聲、弔聲可通。金文弔常用作伯叔之叔，故從弔聲之"盉"常通假作"淑"。早期秦文字用"盉"表示淑善之淑（秦公鎛），馬王堆帛書《五行》184行"叔（淑）人君子"，用"叔"為淑，可能反映了秦代文字的特點。●讀淑，善也。《卯簋》："不盉（淑）取我家窠用喪。"不盉，即不弔，意為不淑、不幸、不善。●用為動詞，修善。《師訇鼎》："叀（惟）余小子肇（肇）盉先王德，易（賜）女（汝）玄袞黹（黻）屯（純）。"于豪亮讀紹，繼承。于豪亮曰："盉與紹同為宵部字，故得通假。"（《陝西省扶風縣强家村出土虢季家族銅器銘文考釋》）●讀叔，人名。《令狐君嗣子壺》："犀犀康盉（叔），承受屯（純）德。"

思 齊　邿公華鐘 楚　王孫誥鐘　余贎迖兒鐘　余贎迖兒鐘　王孫誥鐘

王子午鼎 燕　郾侯載簋

【注】從心弔聲。●讀淑，美也、善也。《沇兒鎛》："邾（徐）王庚之思（淑）子沇兒擇（擇）其吉金。"●讀淑，端莊。《邿公華鐘》："余畢龏威（畏）忌，思（淑）穆不象于乒（厥）身。"淑穆，猶言穆穆，端莊盛美。

紳 齊　陶彙3・900　陶彙3・899 楚　新蔡甲三220　安大一

109　安大一110

【注】從糸弔聲，"褍"之異文。●齊陶姓氏，讀叔。●新蔡簡人名。●讀綢。《安大一109》："紳（綢）穆（繆）敕（束）新（薪），厶曑才（在）天。"《毛詩》作"綢繆束薪"。毛傳："綢繆，猶纏也。"《説文・衣部》："褍，棺中縑裹。從衣，弔聲。讀若雕。"簡文"紳"當即"褍"之異體。阜陽漢簡作"凋"。"雕""綢""凋"諸聲可通。

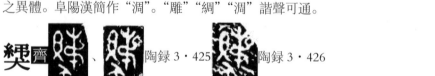

猁 齊　、陶録3・425　陶録3・426

【注】從犬紳聲。●齊陶單字。

褧 楚　曾公畎鐘 秦　類編290　類編290　、　印增

330　關簡 340

【注】從衣弔聲，同"祂"。●讀淑。《曾公睸鐘》："既裛（淑）既平，冬（終）龢龡（且）鳴。"●秦印人名。

沭[楚]　清華一·祭公 2　　曾公睸鐘

【注】從水弔聲。●讀淑。《清華一·祭公 2》："不沭（淑）疾甚，余畏天之夊（作）畏（威）。"《曾公睸鐘》："沭=（淑淑）伯括、小心有德。"

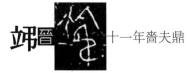

竧[晉]　十一年嗇夫鼎

【注】從立弔聲。●"長（張）竧"，人名。

迌[楚]　上博五·競建 10　　上博五·鮑叔 5

【注】從辵弔聲。●讀刁，人名。《上博五·鮑叔 5》："今豎迌（刁）似（四）夫而欲智（知）萬乘之邦而貴（潰）尹（朘）。"文獻中的寫法為：豎貂、豎刁、豎刀。"豎刁"為春秋齊人，齊桓公時人，甚見寵任，後桓公卒，與易牙、開方同亂齊國。"刁"與"刀"為一字分化，音近可通，但也不排除"刁"與"刀"形近致訛的可能。

透紐叟聲

叟　喪叟賓鉼

【注】從中從又，故有取義。《説文》："叟，滑也。《詩》云：'叟兮達兮。'從又、中。一曰取也。"本義為取。●人名。《喪叟賓鉼》："喪叟賓自作鉬。"

喿[燕]　璽彙 3530

【注】從口叟聲，"叟"之繁文。●燕璽"喿達"。讀兆，氏名。《詩·鄭風》挑兮達兮。《説文》引挑作叟，可證。璽文"喿達"當取義於"挑兮達兮"。挑達，亦作"挑撻"，往來相見貌。

 匯考 297 網絡

【注】從車晝聲。●燕璽人名。

 璽彙 2056 璽彙 3876

【注】從疒夋聲。●齊璽人名。痰，《集韻》音陶，疾也。

 里耶 8·361

【注】從弓夋聲。●里耶簡"角弢二"，"弢"本指"弓衣"，從其形旁也可以看出。《說文》弓部："弢，弓衣也。"《周禮·春官·巾車》："木車，蒲蔽，犬褙尾囊，疏飾，小服皆疏。"鄭玄注："犬，白犬皮，既以皮為覆笭，又以其尾為戈戟之弢。"孫詒讓正義："弢，與韜同。"與望山簡中的"骨玟"相印證，當指車衡兩端有角質籥帽。

定紐盜聲

 睡簡·效律 35　睡簡·封診 74　嶽麓三 154　里耶 8·1049

【注】甲骨文作𣷦、𣷦，從次從舟，見利則垂涎，繼而口水要以舟載了，以此會貪婪之意。《說文》："盜，私利物也。從次，次欲皿者。"●均用為本義，盜賊。《睡簡·封診 74》："不智（知）穴盜者可（何）人。"楚文字以"覘"為盜。

 石鼓文

【注】從竹盜聲。●《石鼓文》："帛（白）魚鱳＝（鱳鱳），其籢氏鮮。"張政烺先生讀箮（定母宵部）或讀罩（定母宵部）。《爾雅·釋器》"箮謂之罩"，郭注："魚籠也。"邢昺疏："李巡云，箮，編細竹以為罩。"《詩·小雅·南有嘉魚》："南有嘉魚，烝然罩罩。"毛《傳》"罩罩，箮也"。鄭玄《箋》："言南方水中有嘉魚，人將久如而俱罩之。"《釋文》："罩，《字林》竹卓反，云捕魚器也。箮，助角反，郭云：捕魚籠也。"

定紐覘聲

籢（覘）  郭店·六德 45

【注】從竹覘聲。《説文》：“覘，並視也。從二見。凡覘之屬皆從覘。弋笑切。”●《郭店·六德 45》：“凡君子所以立身大灋（法）厽（三），其罜（繹）之也六，元（其）覘（衍）十又（有）二。”覘，從二目相背，即“左右視”之意，亦有正反相違之意。因此簡文“覘”意指從正反兩個相對角度來看。可能讀衍；亦可能讀散，具體讀作何字待考。

定紐兆聲

兆 兆車觚《楚》 包山 265《燕》 先秦編 559 先秦編 365《秦》 秦印 64 睡簡·日乙 157 睡簡·日乙 167

【注】甲骨文作 、 、 、 。于省吾先生對“兆”字的本義和字形演變作過很好的考釋，他説：“契文 字亦作 、 、 、 、 等形，……字當為兆之初文。《説文》：‘卦，灼龜坼也。古文作 。’《金文編》以 、 列于姚下。按 、 從水從步，即涉，或兆之變體。金文兆字及從兆之字罕見。惟晚期之姚壺，‘姚’從兆作 。新嘉量‘庉’從兆作 。京兆官弩鐖‘兆’作 。清白鑒‘兆’作 。是兆字至漢時猶中從水，左右從人。其右旁所從之人或作倒形者，因隨中間之曲畫以作勢也。《説文》兆作 ，反不如漢金文之猶存初形。兆為洮及逃之本字。兆字中本從水，後世作洮。左增水旁，因用各有當，以資識別。猶‘永’為遊永，後增水作‘泳’。‘益’為盈益，後增水作‘溢’。是其例也。上古洪水為患，初民苦之， 字象兩人均背水外向，自有逃避之意。今作‘逃’為後起字。《莊子·天下》‘兆於變化’，《釋文》：‘兆’本或作‘逃’。《廣雅·釋詁》：‘兆，避也。’是‘兆’‘逃’古通用。契文兆為地名，亦為水名。……要之，兆字之演變，為由 而 而 而 。《説文》作 ，有失其朔。‘兆’為‘洮’及‘逃’之本字，象兩人背水而逃，有分別之義，其訓兆坼者，引申義也。”通過于省吾先生的論述，“兆”字的字形演變是很清楚的，大致説來是這樣的： → → → → 。檢索戰國秦漢時代的秦系文字，凡是從“兆”的字，皆作上面這種曲綫隔開雙人形。可見秦系文字一直保留了比較早的字形。楚文字“兆”作 ，曲綫隔開雙止，與甲骨文‘涉’相同。其實所從二止為人形之偽變，其偽變過程大致是這樣的： → → → → → 。由“人”形變成“止”形，在古文字中並不罕見。古文字中的“真”字原本就是從倒“人”形的，在楚系文字中“真”字有的就變成了從“止”作 ，秦系文字“真”也從止作 ，正因為止形乃人形之偽變，所以“兆”字的兩個人形變成“止”可能並非完全同步，例如《毛伯噩父簋》的“姚”字作 ，上面已是“止”形，下面則不是；《下邑令瘍鈹》“洮”作 亦然。對於字形中作二人相倒的那種寫法來説，很可能是倒“人”形先變成了“止”，另一個“人”形受到同化，也變成了“止”。從“姚”字看，“兆”字的二人形變成了“止”，其時代不晚於西周中期。這種變化形成之後，“兆”字的字形跟“涉”確實很相似。●族氏名，疑讀姚。《兆車觚》：“兆車。”●指墓地。《包山 265》：“大兆之金器。”壇域塋界皆曰兆。《前漢·郊祀志》謹為周官兆五帝于四郊。《注》兆謂為壇之塋域也。《孝經·喪親章》卜其宅兆，而安厝之。《注》塋墓界域也。●讀卦，專指占兆。《睡簡·日乙 157》：“朝兆不得，晝夕得。”

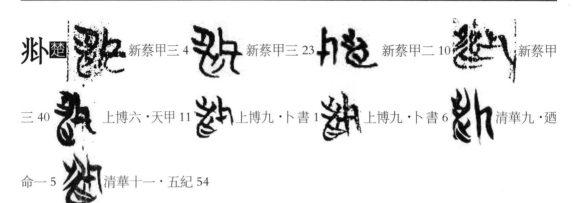

【注】從卜兆聲。加意符卜，卜兆之"兆"專字。《說文》："灯，灼龜坼也。從卜；兆，象形。汌，古文兆省。"●卜兆，指古人占卜時燒灼甲骨所呈現的預示吉凶的裂紋。《上博六·天甲11》："臨灯：不言濁（亂），不言帰（侵），不言威（滅），不言友（拔），不言耑（削）。"

【注】從此兆聲。●讀銚，簡文為周王的賞賜品。《說文》："銚，溫器也。一曰田器。從金兆聲。"

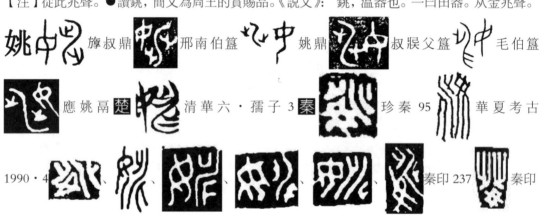

【注】從女兆聲，與《說文》篆文略同。《說文》："姚，虞舜居姚虛，因以為姓。從女兆聲。或為姚，嬈也。"本義姓，相傳為虞舜之後。●姓。《姚鼎》："姚乍（作）䜌䜽（禱）鼎。"秦印多為姓氏。●人名。《毛伯簋》："毛白（伯）咿父乍（作）中（仲）姚寶段。"●讀遙。《睡簡·為吏43》："不時怒，民將姚（遙）去。"●讀眺。《清華六·孺子3》："吏（使）人姚（眺）䎱（問）於邦=（邦，邦）亦無大縣（徭）賵（賦）於萬民。"《國語·齊語》："而重為之皮幣，以驟聘眺於諸侯。"韋昭注："眺，視也。"或謂讀遙。

【注】從犬（"犬"可視為"笑"省）兆聲。●讀笑。《上博五·競建 8》："今内之不得百姓，外之為諸侯狱（笑）。"

 郭店·老甲 25

【注】從艸兆聲。●讀兆。《郭店·老甲 25》："其安也，易枲（持）也；其未莁（兆）也，易悔（謀）也。"

 九店 56·32　　包山 144　　上博二·容成 40　　上博二·容成 42　　帛書甲　　清華二·繫年 14　　清華二·繫年 92　　清華二·繫年 81　　清華八·處位 5　　上博五·姑成 5　　兆域圖銅版　　會稽刻石　　天簡·日甲 18

【注】從辵兆聲。《兆域圖銅版》所從之，當為"止"與"兆"之合文，故字仍從辵兆聲。《説文》："，亡也。"本義逃走。●讀兆，指墓地。《兆域圖銅版》："王命賈為逃（兆）乏（窆）闊閼（狹）小大之叨。"兆域，指墓地四周之疆界，亦稱"墓地"。《爾雅·釋言》："兆，塋。"《周禮·春官·小宗伯》："墓地，兆五帝于四郊。"●戰國文字多用為本義，逃走、逃跑。《會稽刻石》："妻為逃嫁，子不得母。"●讀盗。《上博二·容成 42》"惻逃"讀賊盗。

 下邑令瘍鈹　　于京 54

【注】從水兆聲。●人名。《下邑令瘍鈹》："左庫工帀（師）洮所☐者。"●《于京 54》"臨洮丞印"，"臨洮"地名。《漢書·地理志》："隴西郡，秦置。……臨洮，洮水出西羌中，北至枹罕東入（西）〔河〕。《禹貢》西頃山在縣西，南部都尉治也。"《水經注》卷二："洮水又東徑臨洮縣故城北。"其治地在今甘肅岷縣。

 公仲徒簠

【注】從彳兆聲。●人名。《公仲徒簠》："公中（仲）徒乍（作）公姊寶段（簠）。"

 鄂君啟舟節　　包山 167　　包山 166　　璽補 18

【注】從邑兆聲。《說文》無。●讀洮。《鄂君啟舟節》："就郲（洮）易（陽）。"郲易，讀洮陽，地名。●包山簡姓氏，讀兆或讀姚。

誂 楚 **圈** 上博二·從甲 10　**圈** 上博二·從甲 10　秦 **誂** 天簡·日乙 260

【注】從言兆聲。●可讀挑。《天簡·日乙 260》："啻（帝）乃誂之，分其短長。"《說文》："誂，相呼誘也。"段注："相呼誘也。戰國策：楚人有兩妻。人誂其長者，長者詈之。誂其少者，少者許之。……按後人多用挑字。"●楚簡讀挑，有擇善之意。《上博二·從甲 10》："從正（政）所矛（務）三，敬、誂、信，信則得眾，誂則遠戾。"

桃 楚 **桃** 包山 10　**桃** 上博七·吳命 4　**桃** 安大一 74　晉 **桃** 頓丘令麤

酉戟 **桃** 璽彙 2404　**桃** 璽彙 2405　**桃** 珍戰 109　秦 **桃** 　（**桃**）睡簡·日

甲 24 背 **桃** 集證 160　、**桃** 、**桃** 、**桃** 秦印 102

【注】從木兆聲。●用為本義，桃木、桃子。《安大一 74》："圉（園）又（有）桃，亓（其）實是肴。"秦簡"桃更""桃丈"，讀"桃梗""桃杖"。●包山簡地名。●姓氏。《頓丘令麤酉戟》："廿七年，郣（頓）丘命（令）麤酉，右庫工帀（師）桃繄，冶壬。"三晉璽有"桃買""桃葴""桃聽"等。●秦封泥印"左礜桃支""右礜桃支""左礜桃丞""右礜桃丞"，均為官名。詳"礜"字。

鼗 楚 **鼗** 包山 95

【注】從壴兆聲，"鞀"之或體。《說文》："鞀，鞀遼也。從革召聲。鞉，鞀或從兆。鼗，鞀或從鼓從兆。磬，籀文鞀從殸召。"●簡文"鼓鼗張怵"，"鼓鼗"應是張怵的身分。典籍作"鼗"，《周禮·春官·小師》："掌教鼓、鼗、柷、敔、塤、簫、管、絃、歌。""鼓鼗"大概是掌管這兩種鼓具的樂人。

佻 楚 **佻** 上博五·君禮 5　**佻** 清華九·治政 18　**佻** 清華十一·五紀 57　**佻**

安大二·仲尼 7

【注】從人兆聲。●《上博五·君禮》"毋佻"。《廣韻·蕭韻》"佻，輕佻"，有輕佻苟且之義。●讀盜。《清華九·治政 18》："佻（盜）賊之不爾（弭）。"《安大二·仲尼 7》："古者亞（惡）佻（盜）而弗殺，含（今）者弗亞（惡）而殺之。"●偷。《清華十一·五紀 57》："非佻非橇（竊）。"

《爾雅·釋言》："佻，偷也。"亦可讀盜。

 上博七·凡甲 26

【注】從心佻聲。●讀盜。《上博七·凡甲 26》："惻（賊）愮之伇（作）。""惻愮"，讀"賊盜"，指偷竊、劫奪財物的人。

【注】從見兆聲，古同"眺"。●楚簡多讀盜。《清華八·邦道 24》："覜（盜）悤（賊）不爾（彌）。"《郭店·老甲 1》："覜（盜）惻（賊）亡（無）又（有）。"《郭店·老甲 31》："法勿（物）慈（滋）章（彰），覜（盜）惻（賊）多又（有）。"●諸侯聘問相見之禮。《清華九·治政 20》："以亓（其）馬女、金玉、尚（幣）帛、名嚻（器）粵（聘）覜不解（懈）。"

  伯姚簋

【注】從舟兆聲。《五音集韻》徒刀切，音陶。舟名。●人名。《伯姚簋》："伯姚乍（作）寶隯彝。"

定紐戌聲

 虢叔鐘

【注】甲骨文作𢦏、𢧵、𢦓、𢦏、𢦗、𢦖，象以戈擊門形，為"肇"之初文。戶為國門之象徵，以戈破戶乃破國之始，故引申為凡始之稱。金文增口繁化。●讀肇，語氣詞。《虢叔鐘》："旅敢戌（肇）帥井（型）皇考威義（儀）。"

 牆盤

【注】從亯戌聲。●讀肇，謀劃。《牆盤》："用肇（肇）𢿘（徹）周邦。"

609

篁 毛公鼎　曆鼎　宧鼎　猷鐘　商戲簋　交君簋　伯吳盨

諶鼎　單伯鐘　師虎鼎　善鼎　本鼎　般仲遽簋　九年衛鼎

齊　魯酉子安母簋　鑄子簋　鑄子鼎　禾簋　齊陳曼簋　魯仲

齊鼎　魯司徒仲齊盨　楚　蔡侯申尊　清華八·攝命3　清華八·攝命28

清華十·四告7　清華十·四告44　秦　不娶簋蓋　不娶簋二

【注】從聿戠聲。肇，在金文中常見，肇之言始也、謀也，今本詩書多訛為“肇”字。《説文》
“肇，擊也”，此就從攴為説也。肁、肁、肇當為一字異體，《説文》誤分為三。《説文》：“肁，
上諱。臣鉉等曰：後漢和帝名也。案：李舟《切韻》云：擊也。從戈肁聲。”●讀肇，開始、先，
多指嗣襲之開始。《服尊》：“服肁（肇）夙夕明（盟）亯（享），乍（作）文考日辛寶障彝。”《召
器》：“盟（召）啟（肇）進事，旋走事皇辟君，休。”肇，字見於《集韻》，同“肇”。《書·舜
典》“肇十有二州”，傳：“肇，始也。”●讀紹，繼續、繼承。《录伯簋》：“女（汝）肁（肇）不
象。”●人名。《壘鬲》：“壘肇（肇）家鑄乍（作）鬲，其永子孫寶。”●讀肇，謀劃。《不娶簋》：
“不娶，女（汝）小子，女（汝）肁（肇）誨于戎工（功），易（賜）女（汝）弓一。”《詩經·大
雅·江漢》：“肇敏戎工。”《毛傳》：“肇，謀。”●語气副詞，加重語气。或突出其後之動詞；或
獨自用于動詞前；或與副詞其連用。《禾簋》：“禾肁（肇）乍（作）皇母懿辥孟姬龣（禱）彝。”

攺 排鼎　剌攺宁鼎　芮伯壺　芮伯壺　逐鼎　旁鼎

攺簋　召器　呪方彝　呪方彝　訴啟鼎　王子啟強尊

【注】從戶從攴，會意與“戠”同。●讀肇，語气副詞，加重語气。《芮伯壺》：“内（芮）
白（伯）攺（肇）乍（作）釐公障彝。”《旁鼎》：“旁攺（肇）乍（作）尊諆。”●讀肇，開初、開始。《召
器》：“隹（唯）十又二月初吉丁卯，盟（召）啟（肇）進事。”

旇 旇簋

610

【注】從攴攴聲。●金文人名。

寧簋 　 　 　 滕虎簋 　 　 師兊鐘 　 犀尊 　 楚 耳尊 　 清華五·封

許1

【注】早期金文作"攴"，后為與"啟"相別，遂從聿。從戶從聿，會意亦與甲骨文同。《説文》：
"屌，始開也。"本義是打開門，引申為開始。●讀肇，語气副詞，加重語气。《寧簋蓋》："寧
庫（肇）誹（其）乍（作）乙考障段，其用各百神，用妥（綏）多福，世孫子寶。"《滕虎簋》：
"滕（滕）虎敢庫（肇）乍（作）乓（厥）皇考公命中（仲）寶障彝。"

肇 　 叔𩿇鼎 　 　 沈子它簋 楚 　 清華八·攝命15 　 、 　 清華八·攝命14

【注】從攴庫聲。《説文》："𥻗，擊也。從攴，肇省聲。""肇""肇"皆由"庫"之初義引申。
後由于"庫"作了偏旁，開始之義便由"肇"來表示。"肇"今廢棄不用。●同肇，語气詞。《叔
𩿇鼎》："弔（叔）𩿇肇乍（作）南宮寶障。"●地名。《沈子它簋》："乃沈子妺（昧）克蔑，見猷
（厭）于公，休沈子肇敫叙貯（賈）嗇。"郭沫若謂，敫為田；肇、叙均為地名。

剌鼎

【注】從見肇聲。●讀肇，語气詞。《剌鼎》："剌觐（肇）乍（作）寶障，其用盟𥿄宼（宄）娲
日辛。"

定紐侖聲

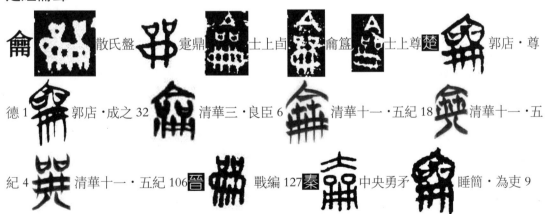

侖 　 散氏盤 　 憲鼎 　 士上卣 　 侖簋 　 士上尊 楚 　 郭店·尊

德1 　 郭店·成之32 　 清華三·良臣6 　 清華十一·五紀18 　 清華十一·五

紀4 　 清華十一·五紀106 晉 戰編127 秦 中央勇矛 睡簡·為吏9

【注】甲骨文作龠、龠、龠、龠、龠、龠、龠、龠，象編管樂器之形；中部有孔，上有吹口。
或在其上又加Ａ（人口之倒形），以強調吹奏。金文同甲骨文。《憲鼎》阮元釋為"戰"，《金文
編》從之，當釋為"侖"。楚文字侖、侖同形。《郭店·尊德》為"侖"之誤書。《説文》："龠，

樂之竹管，三孔，以和眾聲也。從品、龠。龠，理也。凡龠之屬皆從龠。”本義為竹管樂器。後由于“龠”做了偏旁，樂器之義便又另加形符“竹”寫作“籥”來表示，如《詩經》：“左手執籥，右手秉翟。”●讀禴，祭名。《土上卣》：“佳（唯）王大龠（禴）于宗周。”大禴，周天子在夏季舉行的盛大祭祖活動。《周禮·春官·大宗伯》：“以禴夏享先王。”《爾雅·釋天》：“夏祭曰杓。”“禴”與“杓”相通。●讀躍，迅疾、跳躍。《憲鼎》：“攻龠（躍）無啻（敵）。”●人名，見于《龠簋》。●讀鑰。《睡簡·為吏9》：“門戶關龠（鑰）。”《清華三·良臣6》應為“龤”之省文，讀管。●讀倫。《清華十一·五紀4》：“文后乃龠（倫）鬲（歷）天紀，初哉（載）於日。”

大克鐘　鄭井叔鐘楚　、　者減鐘

【注】從雨龠聲。●讀籥，樂器，銘文中指樂官。《大克鼎》：“易（賜）女（汝）史小臣、霝鼓鐘。”

十八年莆反令戈秦　睡簡·答問30

【注】從竹龠聲。《說文》：“籥，書僮竹笘也。從竹龠聲。”本義樂器，為龠的後起形聲字。●人名。《十八年莆反令戈》：“十八年，莆（蒲）反命（令）籥。”●讀鑰，門鍵。《睡簡·答問30》：“抉籥（鑰）。”

叔向父禹簋　瘐鐘　善夫克鼎　番生簋　士父鐘　麓伯

簋　仲再父簋

【注】從力龠聲。郭沫若曰：“龠即《廣雅》‘躍，拔也’之躍，《方言》十三作踊。”（《兩周金文辭大系考釋》122頁）《揚子·方言》躍，登也。《注》踊躍。《博雅》履也，拔也。《類篇》行也，或從蕭作“躍”，從籥作“躍”。●讀躍，拔擢。《克鼎》：“至（經）念乎（厥）聖保且（祖）師華父，龠克王服，出內（入）王令。”龠克王服，謂擢克于王官。躍（龠《古文四聲韻》第81頁）、趯（龠《汗簡》第4頁），音義並與躍同。《瘐鐘》：“龠于永令，褱受余爾龢福，瘐其萬年。”龠于永令：意即拔擢于王官職事。郭沫若曰：“‘龠于永令’與‘龠于大服’同意，命（令）為服命，非性命之謂也。”（《兩周金文辭大系考釋》132頁）●讀樂，喜樂也。《小克鼎》：“用匄康龠，屯（純）右（佑）釁（眉）壽。”《仲再父簋》：“用易（賜）釁（眉）壽屯（純）右（佑）康龠。”

曾侯乙鐘

【注】從音龠聲。●讀角，音名“雩曾”之別名，相當傳統音名之清角。

襘 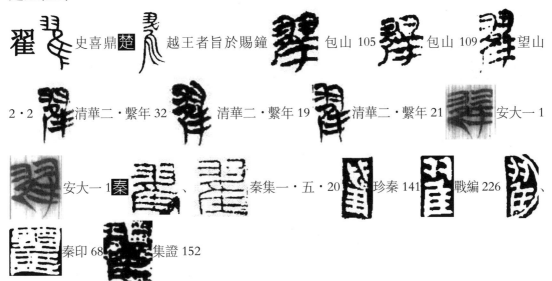散氏盤　　散氏盤

【注】從衣龠聲。劉心源釋為"襘"。襘，字書未見。●人名。《散氏盤》："乃卑西宮襘、武父誓曰。"

定紐翟聲

翟 史喜鼎 楚 越王者旨於賜鐘 包山 105 包山 109 望山 2·2 清華二·繫年 32 清華二·繫年 19 清華二·繫年 21 安大一 1 安大一 1 秦 秦集一·五·20 珍秦 141 戰編 226 秦印 68 集證 152

【注】甲骨文作𦿆，金文同甲骨文。孫常敘謂當從隹翏省聲，《史喜鼎》為西周中晚期，其時羽字尚不至訛類篆文，故從羽無義。《說文》："翟，山雉尾長者。從羽從隹。"●讀襘。《史喜鼎》："史喜乍（作）脁（朕）文考翟祭。"楊樹達謂"翟"假為"襘"。襘祭，周天子在夏季祭祀先王的儀式。《詩·小雅·天保》："禴祠丞嘗，于公先王。"《周禮·大宗伯》："以襘夏享先王。"《易·升·九二》："孚乃利用襘。"《釋文》："襘蜀本作躍。""躍"從翟聲，與"襘"通。知"翟"亦可與"襘"通。（詳《積微居金文說》191 頁）●讀鐸。《越王者旨於賜鐘》："自乍（作）禾（龢）孫（聯）翟（鐸）。"●讀糴。《包山 105》："黃金七益（鎰）以翟（糴）穜（種）。""糴種"即購買種子。●《望山 2·2》："翟輪。"疑以翟羽裝飾之車輪。●《秦集一·五·20》"走翟丞印"，"翟"有二解：其一"翟"與"狄"通，《國語·周語》載"我先王不窋，用失其官，而自竄于戎翟之間，不敢怠業"。其二"翟"為樂吏名，《禮記·祭統》："翟者，樂吏之賤者也。"注"翟謂教羽舞者也"。"走翟"可能為掌管樂舞之吏的官署或掌北狄事務的屬官。（《西安相家巷遺址秦封泥考略》）●《集證 152》"翟道丞印"。《漢書·地理志》左馮翊有"翟道"縣。翟道地名，周時已有。翟道故城，《清一統志》云在陝西"中部縣西北四十里"，中部縣即今黃陵縣。●讀窈。《安大一 1》："要（窈）翟（窕）叚（淑）女，君子好戴（逑）。"《毛詩》作"窈窕淑女"。翟聲、兆聲可通，詳《古字通假會典》805 頁"翟-挑"條。●秦印姓氏，亦作狄。

瘴 楚 清華十一·五紀 45

【注】從广翟聲。●讀桃。《清華十一·五紀 44》："豎（樹）執（設）邦家，蚕（廟）瘴（桃）

經述（遂），道哉（載）正卿（鄉）。"整理者注："樹設，設置建立。𡨥，從室，室旁有借筆，
戈聲，該字又見於簡七六，'廟'字異體。瘖，從广，翟聲，讀'祧'。《說文》'祧'字古文從
翟聲作'䃶'。"

 上博二·容成 6

【注】從艸翟聲。●地名用字。《上博二·容成 6》："昔堯處於丹府與藋陵之間。"簡文"丹府與
藋陵"，為堯幼時居住的地方。

 武戳矛

【注】從戈翟聲。《說文》無。《篇海》槍戳也。本義用銳器的尖端刺擊。●兵器名。《武戳矛》：
"武戳。"

 曾侯 26　清華二·繫年 19

【注】從邑翟聲。●讀翟。《曾侯 26》"鄯輪"疑以翟羽裝飾之車輪。望山簡作"翟輪"。●讀狄。
《清華二·繫年 19》："赤鄯（狄）王峁虖记（起）自（師）伐衛。"

 右濯戈　清華十一·五紀 33　會稽刻石

【注】從水翟聲，與小篆同。《說文》："𤅩，瀚也。從水翟聲。"本義指洗滌。●地名。《右濯戈》：
"右濯戈。"●洗滌。《清華十一·五紀 33》："亓（其）水湛（沈）澤，五榖（穀）臝（濾）酉
（酒），盥（蠲）勮濯汽（溉）浴泲。"引申為整頓。《會稽刻石》："大治濯俗，天下承風，蒙被
休經。"

 曾侯 143

【注】從犬翟聲。●人名。《曾侯 143》："玃玘之黃為左驂。"

 璽彙 0618　包山 103　包山牘 1　里耶 8·980

【注】從米翟聲。●讀糴。《包山 103》："以貣（貸）部郲以糴（糴）穜（種）。""糴（糴）穜"
即購買種子。簡文多省作"翟"。●楚璽"王糴"，人名。●讀翟。《里耶 8·980》"陽糴（翟）"，

地名。

 秦 里耶 8·84 背

【注】從艸糶聲。●辭殘不詳。

 楚 新蔡甲三 343

【注】從水糶聲。●地名。

 楚 包山 268　　　新蔡甲三 403　　　上博五·競建 3

【注】從邑糶聲。●讀翟。《包山 268》:"繻(靈)光之紒。䎚(翟)輪。"●《上博五·競建 3》讀狄,狄戎。

 楚 姑馮昏同之子句鑼　　　其次句鑼

【注】從金翟聲。《説文》無。《集韻》:"燒器。本作銚。或作鑼。"句鑼初或為燒器,後轉而為樂器。"鑼"與"鐸"形制雖相似,但兩者在用途、大小等方面有別。研究者根據《其次句鑼》"以享以孝,用祈萬壽"、《姑馮昏同之子句鑼》"以樂賓客,及我父兄"以及《配兒句鑼》"以宴賓客,以樂我諸父"這些言及句鑼用途的句子,認為句鑼是祭祀或宴享時所用的樂器。"鐸"是一種軍用樂器,《登鐸》銘文言"以征以行",與帶自名的鑼所言及的功效不同。前者由于用于祭祀或宴享,一般比較大,後者是一種軍用樂器,且常常言"振鐸",因此一般比較小。●句鑼:古代祭祀或宴饗時的樂器,形似鐸,使用時口朝上,以槌擊之。《姑馮昏同之子句鑼》:"自乍商句鑼。"陳漢平謂"句"乃虛字,古翟聲與睪聲通,鑼即鐸之古文異體。(《屠龍絶緒》239頁)

泥紐裹聲

裹 楚 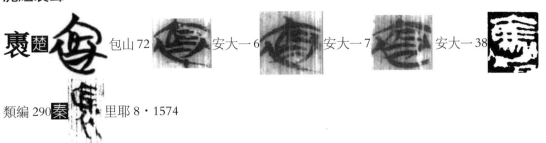 包山 72　　安大一6　　安大一7　　安大一38

類編 290 秦 里耶 8·1574

615

【注】從衣從馬，古同"裏"。《説文》："裏，以組帶馬也。從衣從馬。"●讀懷。《安大一 6》："差（嗟）我裏（懷）人，實（寔）皮（彼）周行。"《毛詩》作"嗟我懷人"。簡本第三章"隹以兼裏"之"裏"，《毛詩》亦作"懷"；《詩·召南·野有死麕》"有女懷春"之"懷"，簡本亦作"裏"。郭店簡（《郭店·緇衣》簡四一）字，學者多認為此字應隸定作"壞"，是"壞"之訛誤，用作"懷"。《上博一·紑》簡二一與郭店《緇衣》"壞"相當的字作"裏"。簡本"裏"作"裏"，與郭店《緇衣》"壞"作"壞"相同。以"裏"為"裏"，或為楚人書寫習慣，與《説文》訓為"以組帶馬也"的"裏"當非一字。●餘例為人名。

 **櫰** 楚 包山 23

【注】從木裏聲。●地名。

 **壤** 楚 郭店·緇衣 41

【注】從土裏聲。●讀懷。詳"裏"字。《郭店·緇衣 41》："厶（私）惠不壤〈壞（懷）〉悳（德），君子不自畱（留）女（焉）。"同字上博簡作"裏"。

 **懷** 楚 包山 119

【注】從心裏聲。●人名，讀如裏。

 **癏** 楚 包山 52

【注】從疒惠聲。●人名。

泥紐伙聲

 **伙** 楚 清華四·筮法 48　 郭店·語叢二 36　 郭店·語叢二 36 燕 璽彙

4120 晉 陶録 5·14

【注】會意字。會人没于水中之意。典籍亦作"溺"。人旁或訛為邑。●燕璽人名。●讀弱。《郭店·語叢二 36》："躬（弱）生於眚（性），悆（疑）生於伙。"●讀溺，溺死。《清華四·筮法 48》："寅（熱）、伙（溺）者。"燒死或溺斃的人。

 楚 天星

【注】從示休聲。●簡文"祭（溺）於大波一牂"，讀溺，祭祀沉牲之禮。

 齊 陶彙 3·1118

【注】從心休聲。●齊陶人名。

 楚 包山 7 郭店·太一 9 郭店·老甲 33 包山 246 左塚漆

桐 清華八·邦道 22 清華六·太伯甲 10 清華三·祝辭 1 清華七·子

犯 5 清華三·芮良夫 15 清華九·治政 16 清華十·四時 1

【注】從勿休聲，"休"之異文。●多讀弱。《清華三·芮良夫 15》："褱（懷）忎（慈）學（幼）
㲋（弱）。"●讀溺。《包山 246》："思攻解於水上與㲋（溺）人。""水上"當指在亡於水上者，
"溺人"指溺水淹死者。

 楚 左塚漆桐 左塚漆桐

【注】"㲋"之省文。●漆桐"吾（五）伨（弱）"，讀弱。

 楚 包山 5

【注】從子㲋省聲。●讀弱。《包山 5》："其㜷典。"陳偉讀弱，"弱典"是指所謂"弱冠"即男
子成年之後所登錄的名冊。《包山 7》"命大莫囂屈易（陽）為命邦人内（納）其㜷（溺）典，臧
（臧）王之墨以内（納）其臣之㜷（溺）典。""弱典"應是楚國的一種常規性名籍登記中，要
求登記某類人的名字，而"未在典"則有可能屬於違反法律規定的行為。

 楚 上博五·鮑叔 3

【注】從力㲋聲，當為强弱之專字。●讀弱。《上博五·鮑叔 3》："浮（復）老泐（弱）不刑。"

浮讀復，訓為免除。

弱 秦 秦印 296 、 珍秦 266 、 珍秦 139 、 秦印 175 、 睡簡·秦

種 184 、 睡簡·為吏 3 、 陶録 6·235

【注】秦系文字"弱"早期當作 ，實際同楚系文字槳。晚期秦文字"弱"字寫法同小篆，是上述寫法的"弱"左面偏旁受到右面類化的結果。又劉釗釋兩印（秦印 296、珍秦 266）為"溺"，亦可信，既可以看作強弱之弱的繁體，也可以看作"溺"之本字。（周波《戰國時代各系文字間的用字差異現象研究》106 頁）●讀溺。《睡簡·封診 66》："下遺矢弱（溺）。"●秦簡本義，弱小。《睡簡·秦種 184》："隸臣妾老弱及不可誠仁者勿令。"秦簡用"弱"表示強弱之弱，秦文字"弱""溺"同字，均作"弱"。楚文字用"槳""湯"表示弱。齊文字用"伏"表示強弱之弱（郭店·語叢二 36）。●秦印人名。

來紐裻聲

裻 齊 麴鎛 、 叔尸鐘 楚 郭店·尊德 24 、 上博三·彭祖 2 、 清華

一·金縢 11 、 清華七·子犯 15 、 清華二·繫年 47 、 清華二·繫年 56 、

清華五·湯丘 18 、 清華八·邦道 12 、 上博七·吳命 4 、 安大一 82

【注】戰國文字多從焱從衣，宀與衣上部合書，"勞"之異文。《説文》："劇也。從力，焱省。焱，火燒冂，用力者勞。 古文勞從悉。"本義勞動、辛苦。●讀勞，勤勞、操勞、操心。《叔尸鐘》："女（汝）巩（鞏）裻（勞）朕（朕）躳（躬）行師。"《麴鎛》："寠（鮑）弔（叔）又成裻（勞）于齊邦。"楚簡多讀勞。《清華五·湯丘 18》："裻（勞）又（有）所思，飢（饑）又（有）所飤（食）。"●讀蒿。《清華十一·五紀 110》："以亓（其）夒（髮）為韭，以亓（其）穇（眉）須（鬚）為裻（蒿）。"整理者注"裻，讀為同在宵部的'蒿'。《楚辭·大招》：'吳酸蒿蔞，不沾薄只。''蒿蔞'一作'芼蔞'，蒿、芼可通。以眉須為蒿，乃因眉須似蒿草叢聚。"

勞 秦 睡簡·雜抄 16 、 印增 528

【注】從力裻省聲。二火與衣之上部合書作裻，遂與"裻"之初文混同。●疲勞。《睡簡·秦種

47》："駕縣馬勞，有（又）益壺〈壹〉禾之。"●勞作。《睡簡·秦種55》："城旦之垣及它事而勞與垣等者，旦半夕參。"●讀佻，疾也。《睡簡·秦種130》："為車不勞稱議脂之。"如車運行不快，可酌量加油。●秦印"勞瑕""勞樗"姓氏。

 郭店·六德16 中山王𧻚鼎

【注】從心袋聲，或袋省聲。趙成曰："疑古勞力從炊從力，勞心從炊從心，炊或焱標誌焰焰烈火。此銘勞字從炊從心，正會勞心之意，後世勞心之意并于勞，惢字遂不行。"（《中山壺中山鼎銘文試釋》）●均讀勞。《郭店·六德16》："句（苟）淒（濟）夫人之善它（施），𢙇（勞）亓（其）𤖗（臟）忧（憂）之力弗敢單（憚）也。"《中山王𧻚鼎》："身勤社稷，行四方，目（以）惪（憂）惢（勞）邦家。"《爾雅·釋詁》："勤，憂也；勞，勤也。"

 上博二·容成23

【注】從水袋省聲。●讀潦，積水。《上博二·容成23》："舜聽政三年，山陵不處，水𤅢（潦）不湝。"《吕氏春秋·行論》："禹不敢怨，而反事之，官為司空，以通水潦。"《淮南子·修務》："夫地勢，水東流，人必事焉，然後水潦得谷行。"與此簡文義近。

 新蔡甲三71　新蔡零118

【注】疑從豕袋省聲。●簡文"☒𡘙䌅占之曰：吉☒"，應該是犧牲名。

 之利鐘

【注】從又袋省聲。字為鳥蟲書，上作 ，為飾筆。●讀勞。《之利鐘》："志𢾗（勞）尃（賻）者（諸）侯。"

精紐焦聲

焦 楚 上博二·魯旱4 燕 郾侯載簋 晉 趙焦劫戈 璽彙3153 秦 睡簡·日甲55、 秦印201 珍秦200 上博34

【注】從隹從火，會以火烤鳥之意。小篆從雥。"雧"古文從一隹作集，"爅"亦從一隹作焦，

同一例也。戰國文字在偏旁中常作 ，上迭加"小"為聲符。《説文》："，火所傷也。從火雥聲。或省。"本義燒焦。●黃黑色。《郘侯載器》："焦金荳（鼓）。"●烤焦。《上博二·魯旱4》："女（如）天不雨，石牺（將）焦，木牺（將）死。"●讀憔。《睡簡·日甲55》："異者焦（憔）宴。"

䢴晉 璽彙2074 璽彙2075 璽彙2077 璽彙2078 璽彙2079

【注】從邑焦聲。●晉璽"䢴紻身坽""䢴閒""䢴身""䢴坤"等讀焦，姓氏。

譙晉 三年啟余令韓譙戈 三年啟余令韓譙戈 璽彙1419 璽彙

1800 璽彙2250 璽彙1940 秦印47

【注】從言焦聲。古文作"誚"。《説文》："譙，嬈譊也。從言焦聲。讀若嚼。誚，古文譙從肖。"●古文字均為人名。《啟余令韓譙戈》："三年，啟余命（令）䡄（韓）譙工帀（師）呈瘳。"

嫶晉 韓氏私官鼎

【注】從女焦聲。●晉器人名。《韓氏私官鼎》："韓嫶。"

糕䢴仲簠 伯公父簠 伯公父簠 楚 清華七·越公

55 清華八·邦道19

【注】《䢴仲簠》從米焦聲。《伯公父簠》舊釋為秏，應為"糕"之省文。《説文》："糕，早取穀也。從米焦聲。一曰小。"本義為早收之稻。●用同本義，字或作"秗"。《伯公父簠》："用成（盛）糕（秏）旛（稻）需（糯）粱。"典籍亦作"稻"。伍士謙引段玉裁注："凡早取穀，皆得名稻，不獨麥也。""故糕者，早熟之穀物，以敬獻君王卿士，及諸父諸兄，即今日獻新之意也。"（《白公父簠銘文考釋》）●讀爵。《清華七·越公55》："糕（爵）位之宎（次）尻、備（服）衯（飾）、群勿（物）物品采之侃（愆）于故裳（常）。"《清華八·邦道19》也應釋為糕，左邊所謂阝旁實際是隹字，直接讀爵，簡文"隹（雖）糕（爵）立（位）豐彔（禄）"，文從字順。

饚單叔奐父盨

【注】從食糕省聲。●讀糕。《單叔奐父盨》："用盨媉（稻）饚（秏）需（糯）粉（粱），加（嘉）賓用鄉（饗）有飤（食）。"

通篹

【注】從斗糕省聲。從其構形看，很可能就是"爵"字的一種異體，它與象形類"爵"的發展脈絡可能並不相同。（參周忠兵《通篹銘文中的"爵"字補釋》）●讀爵。《通篹》："穆穆王覛易通（爵）。"

精紐爵聲

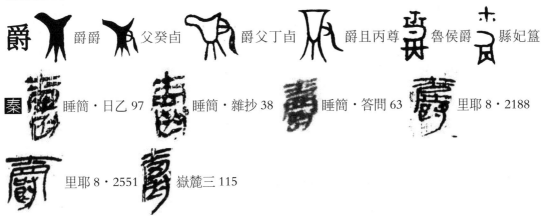

【注】甲骨文作𤔲、𤔲、𤔲、𤔲、𤔲、𤔲、𤔲、𤔲、𤔲、𤔲、𤔲、𤔲、𤔲、𤔲，象酒器之形。上象柱，中象腹，有流有鋬，下象足。金文字形略有訛變。或增持爵之手形。戰國睡虎地秦簡作𤔲、𤔲，增從義符鬯。鬯形或訛為𤔲（同類訛變現象如"鬱"字作𤔲）形而作𤔲，並為隸書所本。詳察古文字爵以及從爵之字，爵形最大的特點上有柱，這是區分爵字最明顯的標誌。《説文》："𤔲，禮器也。象爵之形，中有鬯酒，又持之也。所以飲。器象爵者，取其鳴節節足足也。𤔲古文爵，象形。𤔲、𤔲、𤔲，亦古文爵。"古文作𤔲，戴家祥謂𤔲之訛，非古文也。本義為酒器，如《禮記》："貴者獻以爵。"●器名，用以溫酒和盛酒。《史獸鼎》："易（賜）豕鼎一、爵一，對揚皇尹不（丕）顯休。"《縣妃簋》："易（賜）女（汝）婦爵、𤔲之弋周（瑜）玉。"●秦簡爵位名。此義楚文字則用"雀""𤔲""𤔲"表示。

曾侯與編鐘

【注】從火爵聲。陳劍釋為"爝"，右下從"火"，其余部分即"爵"之異。其左下所從乃"鬯"非"凶"；頭部近"尸"之形、中間"冊"形亦皆出自"爵"字固有偏旁之變，前者即"𤔲"類形所從者，後者即"古文爵""𤔲""𤔲""𤔲"等中近"冊"形之源。●讀削，兩字讀音至近（爵、雀常通，"雀""削"俱從"小"聲），壤地削也。《曾侯與編鐘》："荊邦既爝，而天命將誤（虞）。"

史獸鼎

【注】從止爵聲。●讀爵，酒器。

從紐巢聲

麓一·為吏84　嶽麓一·為吏76

【注】金文下從木，上從甾（象巢形），會木上有鳥窩之意。《說文》篆文系由訛變而成。《說文》："，鳥在木上曰巢，在穴曰窠。從木，象形。凡巢之屬皆從巢。"本義為鳥窩。●國名。《班簋》："乍（作）四方亟（極），秉絲、蜀、巢令。"●可讀梟。《望山1·89》："己未皆=（之日）賽禱王孫巢。"《望山竹簡釋文與考釋》認為"王孫巢"與119簡"王孫梟"是同一人，"巢""梟"音近。

【注】從言巢聲。●晉璽"孫謙"，人名。秦印亦為人名。

【注】從臼巢聲，"巢"之繁文。●齊陶單字，地名或人名。

【注】從立巢聲。●盟書人名。

【注】從木巢聲。●讀巢。《上博一·詩論10》："《漢廣》之智，《鵲樔（巢）》之歸。""鵲樔"即"鵲巢"，詩經篇名。

【注】從走巢聲。《類篇》競走。《玉篇》起也。●讀躁。《上博一‧性情 35》："凡甬（用）心之趣（躁）者，思為甚。甬（用）智之疾者，悉（患）為甚。"

 清華十‧病方 2

【注】從水巢聲。●讀澡。《清華十‧病方 1》："忌目漁（煮）目（以）澡（澡）目疾，戲（且）目（以）寰（緩）之。"

 印增 537

【注】從車巢聲。●"陰轈"，應為人名。

從紐𣪘聲

 武生𣪘鼎　　𣪘赤尊

【注】甲骨文作𣪘、𣪘、𣪘，從丮從臼，臼表示被毀擊出如臼也。或從丮從攴，會毀擊之意；丮兼聲。金文從殳從丮，與甲骨文構形同。戰國文字或作𣪘、𣪘，從攴從丮從臼，會意與甲骨文同。或作𣪘、𣪘、𣪘，從金𣪘聲。丮、𣪘、𣪘、𣪘乃一字之孳乳。案：丮，甲骨文作𣪘，象穿木丮之形，"𣪘"之初文，後因添加飾筆，逐漸繁化為丮形。戰國文字作𣪘（平陰鼎），加𣪘、𣪘，象木屑之形。或附加飾筆作𣪘，與《說文》訓"叢生艸也"之"丮"非一字。●金文人名。

 清華九‧治政 42　　𣪘、𣪘 侯馬

【注】從臼𣪘聲。●人名。●開𣪘。《清華九‧治政 42》："𣪘（𣪘）杜敊（除）軸（軔）。"除軔，猶發軔。

 𣪘、𣪘 侯馬　　𣪘 睡簡‧日乙 17　　睡簡‧封診 76

【注】從金𣪘聲。●開𣪘。《睡簡‧日乙 17》："𣪘羅之日，利以說孟（盟）詐（詛）、棄疾、𣪘宇、葬，吉。"●讀𣪘、𣪘。《睡簡‧秦種 41》："糒（糒）米一石為𣪘（𣪘）米九斗。"𣪘，《說文》米一斛舂為九斗曰𣪘。《增韻》精細米。

𣪘 晉 𣪘 侯馬

【注】從金𣪘省聲，"𣪘"之省文。●人名。

侯馬

【注】從戈戲省聲。●人名。

璽彙2241

【注】從邑戲省聲。●晉璽"鄙丁"，姓氏。

九店56·27

【注】從斤從臼，會鑿擊之意。當為戲之聲符更換字。或以為從斤戲省聲。●讀鑿，開鑿。《九店56·27》："利目（以）串床（戶）秀（牖）、臽（鑿）汖（井）、行水事。"

朁 楚 安大一104

【注】臽聲。字左邊所從不詳，硬性隸定為"朁"。或認為左旁即"琮"字，鄔可晶先生認為屬於音化。"琮"為玉器，疑為"琢玉"之"琢"的專字。●讀鑿。《安大一104》："易（揚）之水，白石朁（鑿）＝。"《毛詩》作"白石鑿鑿"。毛傳："鑿鑿然鮮明皃。"阜陽漢簡作"粲粲"，字並可通。

心紐小聲

【注】甲骨文作川、刂、刂、川等形，象細小沙粒形，砂粒細小，引申為大小之小。馬敘倫考證："小、少、尐一字，皆沙之初文。"（《讀金器刻詞·小鼎》）《禮記》"少儀"，陸德明《釋文》："少猶小也。"甲骨文"小"一般寫作三個小豎點，金文多變成中豎和左撇右捺，是為小篆所本。楚文字均用"少"表示小。●與"大"相對。《大盂鼎》："余隹即朕小學。"●小大邦：

小邦和大邦，指大小各侯國。《中甗》："余令女（汝）史（使）小大邦。"《書·顧命》："小大庶邦。"義與器銘同。周人慣用語，凡有大小次序，必小在前，大在後，如"小大政""小大猷"等等。《書·無逸》："至于小大，無時或怨。"●小子：職位低微的小官吏。《逆鐘》："僕庸臣妾，小子室家。"或用為第一人稱謙辭。《叔向父禹簋》："余小子司（嗣）朕皇考。"或指未成年人。《叔趯父卣》："唯女（汝）焂期（其）敬辥乃身，母（毋）尚為小子。"母（毋）尚為小子，不要一直以為自己是年輕後生。●小臣：官名。《小臣宅簋》："白（伯）易（賜）小臣宅畫盾、戈九。"亦作少臣，如《叔尸鐘》："伊少（小）臣佳（惟）捕（輔）。"古文字少、小不分，通用無別。●《珍秦68》"小畍"，小為姓，應讀少。漢有方士少翁，《姓解》以為是古帝少典之後。《秦代陶文》拓片397"小遬"、1336"咸郎小有"。又咸陽塔兒坡新出陶文"咸原少公"。

 訓義 1·35

【注】從屮小聲。●"芣币"，人名。

 中山王䁡鼎

【注】從子小聲，鼎銘中兩見，均用為"少"，知"𡥉"為"少"之異體字。●讀少。《中山王䁡鼎》："而皇（況）才（在）于𡥉（少）君虖。"少君，即君夫人。

【注】從月小聲。金國泰謂："字當為形聲兼會意字。從月從小，小也兼聲。本義當是月光消減得微小……從'肖'得聲的字多有漸小、漸末和末尾、消失等意義，它們與'消'同源，都是'肖'的直接或間接孳乳字。如'削'有刻削、削減、削弱等意義都涵有漸小義；'峭'是山峻

義，山麓廣大，隨着山勢增高而逐漸銳小……又如'宵'的意義是夜，追尋稱夜為宵的原因，大概是源于專指月光消減或不見月光的夜晚。肖的'肖似'義，源自刻削義，刻削義則源自更早的減削義或月光消減義。"（《釋肖》）戰國文字或從少月聲。《説文》："𦙫，骨肉相似也。不似其先，故曰'不肖'也。"許慎以為從肉小聲，按金文從𠃌與戰國"肉"形體有異，當為"月"形。"骨肉相似也"亦非本義。●讀趙，氏名。古文字中肖、趙同用。《十八年平國君鈹》："大攻（工）尹肖（趙）解。"●相似、類似。《書·説命上》："乃審厥象，俾以形旁求於天下，説築傅巖之野，惟肖。"孔傳："肖，似。"《清華六·孺子14》："宵（肖）昔（錯）器於異贊（藏）之中。"楚文字或用"槀""勦"為不肖之肖。●讀小。《睡簡·為吏2》："肖人聶心，不敢徒語恐見惡。"●讀宵。《安大一35》："莪（肅）＝肖（宵）正（征）。"

趙 叔趙父再𣆢 、 、 侯馬 趙孟介壺秦 類編

255 類編129 珍秦93 、 、 、 秦印27 分

域2900 陶新2934

【注】從走肖聲，與小篆同。《説文》："𧾷，趨趙也。從走肖聲。"本義快走。●人名。《叔趙父再》："弔（叔）趙父乍（作）旅再。"●國名。趙開國君主趙烈侯（名籍）是晉大夫趙衰後代，和魏、韓瓜分晉國。公元前403年被周威烈王承認為諸侯。建都晉陽（今山西太原東南）。前386年遷都邯鄲（今屬河北）。為戰國七雄之一。前222年亡于秦。《趙孟介壺》："為趙孟疥（介）邘王之愵（賜）金。"●秦印多為姓氏。楚文字均從勺聲作邬、妁、盉等。三晉文字用肖、趙、郍表示趙國、趙氏之趙。燕文字則用肖。

勦秦 里耶8·756

【注】從力肖聲。●"勦匠"，義不詳。

郍晉 侯馬 陶彙6·156 璽彙2969

【注】從邑肖聲。●讀趙，姓氏。

宵 宵簋 宵簋楚 包山87 包山15 清華一·楚居7

清華六·孺子14秦 睡簡·封診73 、 、 印增284

【注】從宀肖聲。肖本義為月光減少，則以夜為本義之宵自是肖之孳乳字。《說文》："宵，夜也。從宀，宀下冥也；肖聲。"本義夜。●用為本義，夜晚。《睡簡·封診73》："自宵臧（藏）乙復（複）結衣一乙房內中。"自宵，昨夜。●人名。《宵器》："宵乍（作）旅彝。"●包山姓氏，讀霄。簡文中之宵氏或即以霄敖所葬之地"霄"為氏者。《韓非子》有霄略。

稍 秦  睡簡·秦種82 睡簡·秦種78

【注】從禾肖聲。●逐漸。《睡簡·秦種82》："稍減其秩。"●盡。《睡簡·秦種78》："終歲衣食不踐以稍賞（償）。"整年衣食還不夠全部賠償。

銷 秦  睡簡·秦種15 北大簡

【注】從金肖聲。《說文》："銷，鑠金也。从金肖聲。"●《睡簡·秦種15》："銷敝不勝而毀者。"銷敝，破舊。

綃 秦  秦印252

【注】從糸肖聲。●秦印人名。

鞘 楚 曾侯183

【注】從韋肖聲，"鞘"之異文。●《曾侯183》："鞘迻（路）。"古代有"鞘車"。《玉篇·車部》："鞘，兵車。"《集韻》："鞘，兵車，以鹿皮為飾。"疑簡文"鞘路"之"鞘"當讀鞘。鞘車以鹿皮為飾，故簡文從皮韋之"韋"。

削 楚  曾侯3 曾侯61 秦 睡簡·雜抄5 睡簡·答問
17 秦風43

【注】從刀肖聲。秦印聲符"肖"上作少。●讀雀。《曾侯3》"削顯（韄）、鞅"，詳"雀"字。●去除。《睡簡·雜抄5》："有為故秦人出，削籍，上造以上為鬼薪，公士以下刑為城旦。"●讀宵。《睡簡·答問17》："削（宵）盜，臧（贓）直（值）百一十，其妻、子智（知），與食肉，當同罪。"

蒂 秦  睡簡·秦種132

627

【注】從艸削聲。●讀㓼，緘束。《睡簡·秦種 132》："毋（無）荓者以蒲、藺以枲荊（㓼）之。"沒有菅草的，用蒲草、藺草及麻封紮。

瘠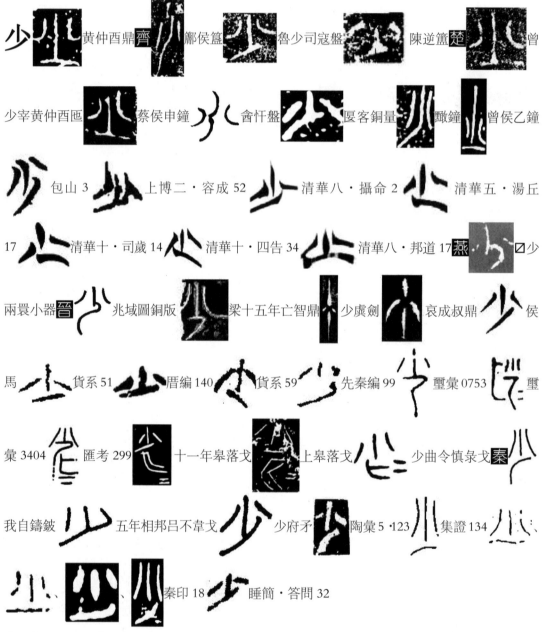

【注】從疒肖聲。●人名。

少 黃仲西鼎齊　酈侯簋　魯少司寇盤　陳逆簋楚　曾

少宰黃仲西匜　蔡侯申鐘　畲忻盤　匜客銅量　鄴鐘　曾侯乙鐘

包山 3　上博二·容成 52　清華八·攝命 2　清華五·湯丘

17　清華十·司歲 14　清華十·四告 34　清華八·邦道 17燕　囗少

兩罳小器晉　兆域圖銅版　梁十五年亡智鼎　少虞劍　哀成叔鼎　侯

馬　貨系 51　厝編 140　貨系 59　先秦編 99　璽彙 0753　璽

彙 3404　匯考 299　十一年皋落戈　上皋落戈　少曲令慎彔戈秦

我自鑄鈹　五年相邦呂不韋戈　少府矛　陶彙 5·123　集證 134

秦印 18　睡簡·答問 32

【注】甲骨文作ꓕ、ꓽ、ꓘ，象散落細微之點。于省吾考證："少字的造字本義，系于小字下部附加一個小點，作為指事字的標誌，以別于小，而仍用小字以為聲。"（《甲骨文字釋林·附錄》）徐中舒曰："古文字學家皆以三點為小，四點為少。甲骨文二字構形實同，應為一字，卜辭中小、

少皆同義，常通用。"（《甲骨文字典》66 頁）金文字形綫條化，仍可見自 少 至 少 嬗變的軌迹。●不足，少于。《屌氏扁壺》："今三斗二升少半升。"●讀小。《蔡侯申鐘》："余唯（雖）未少（小）子。"《郭店·老甲 20》："卑（譬）道之才（在）天下也，猷（猶）少（小）浴（谷）之與江海（海）。"●未成年，與"長"成反義。《哀成叔鼎》："余鄭邦之產，少去母父。"●讀炒。《𦤺忏盤》："窐（室）鑄少（炒）盤，目（以）共（供）歲裳（嘗）。"●讀宵。《説文》："宵，夜也。"《上博二·容成 52》："以少（宵）會者（諸）侯之币（師）於畚（牧）之埜（野）。"《國語·周語下》："王以二月癸亥夜陳，未畢而雨。……王以黃鐘之下宮，布戎於牧之野，故謂之厲，所以厲六師也。"韋昭注："二月，周二月。四日癸亥，至牧野之日。夜陳師，陳師未畢而雨。"●《璽彙 3404》等為"少曲"合文，"少曲"為複姓。少曲，本來是韓國的一個邑名，當是以邑為氏。

少 楚　上博四·內禮 10

【注】從子少聲，"少"子之"少"的專字。楚文字或為"小子"合文，如《清華一·程寤 1》，有合文符號。●讀少，與"長"相對。《上博四·內禮 10》："古（故）為孚（少）必聖（聽）長之命。"

伙　禹鼎

【注】從人少聲。●當讀肖。《説文》："肖，骨肉相似也。"引申為法，《廣雅·釋詁》："肖，法也。"《禹鼎》："命禹伙（肖）朕（朕）且（祖）考。"

佾　豆閉簋

【注】從廾伙聲。●當讀肖。《豆閉簋》："用佾乃且（祖）考事。"佾乃祖考事，意即肖法其祖考任官用事，亦即承繼其祖官之職。

省 楚　清華七·子犯 3　　清華四·筮法 41　　上博七·凡乙 20　　上博七·凡甲 28

【注】從口少聲，疑為"少"字異體。●讀少，少頃、不久，表時間短。《清華七·子犯 3》："省（少）公乃訋（召）子余（餘）而翻（問）女（焉）。"●讀小。《上博七·凡甲 28》"省城"，讀為"小成"，略有成就。《禮記·學記》："一年視離經辨志，三年視敬業樂群，五年視博習親師，七年視論學取友，謂之小成。"

欻 楚　清華九·廼命一 8

【注】從次省聲，當為“炊”之異文。●疑讀誚。《清華九・迺命一 8》：“母（毋）或外救（求）閑（間）謙（嗛），以為亓（其）請，桓（樹）言倉（創）詞（辭），復以相遠（傳）於歃卲（詔）。”整理者：“疑讀為‘誚’，訓為‘責讓’。卲，讀為‘詔’，訓‘誥’。句謂毋或求取、銜怨，為其請于上，創立言辭，交相鬥鬩，遞相誚讓。”

菓 楚 郭店・緇衣 15 上博一・緇衣 9

【注】從少聲，似即《說文》“杪”字之異體。《文選・張衡〈西京賦〉》：“杪木末，獲獑猢。”李善注：“杪，猶表也。”又《史記・太史公自序》：“間不容飄忽。”張守節《正義》：“飄字當作杪。杪，木芒表也。”'《古今韻會舉要・筱韻》：“表，杪也。”孟蓬生認為上部實際是鹿的訛省；鹿之頭部省為目形，鹿角訛為艸形，因此字應隸為“樵”。麃聲、表聲可通。●讀表。“表”有“標準、儀範”義。《上博一・緇衣 9》：“故上之玡（好）亞（惡），不可不新（慎）也，民之菓（表）也。”傳世本作“表”。

果 楚 清華四・筮法 21

【注】從少聲，應為“菓”之省文。●整理者讀少。《清華四・筮法 21》：“果肴（淆），饉。”

刎 楚 清華八・邦道 1 清華八・邦道 1 清華九・治政 16

【注】從刀少聲。●均讀削。《清華八・邦道 1》：“以至于邦豪（家）慁（昏）㜸（亂），戕少（小）刎（削）敗（損），以返（及）于身。”

訬 晉 璽彙 0515 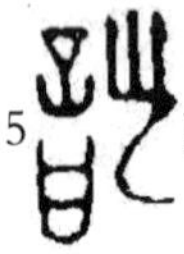璽彙 0515

【注】從言少聲。●燕璽人名。

忩 齊 叔尸鐘

【注】從心少聲。古少、小音義皆通，故字或釋為“怺”。《字彙》：“怺，音義與悄同。”《說文》：“悄，憂也。”《詩・邶風》憂心悄悄。又《陳風》勞心悄兮。●讀悄，憂也。《叔尸鎛》：“女忩恨忌。”，或以為“小心”二字合文。

眇 秦 戰編 219

【注】從目少聲。●秦印“秦眇”人名。

 王子嬰次盧

【注】從火少聲；復增從广，古文字常為之，為"炒"之繁文。炒，《説文》作"𤎭"。《説文》："𤎭，熬也。從鬲芻聲。臣鉉等曰：今俗作煼，別作炒。非是。"本義煎炒。●讀炒。《王子嬰次盧》："王子嬰次之庺（炒）盧。"庺盧，即火爐。

集 高卣蓋

【注】從隹少聲，實則與"雀"同字。或以為"隻"即鸼字。●人名。《高卣蓋》："尹易（賜）臣隻㷉。"

雀 亞雀父己卣　亞雀父己卣 楚　郭店·魯穆6　郭店·緇衣28　郭店·尊德2　包山202　郭店·太一9　上博一·詩論27　清華八·邦道12

【注】甲骨文作𨾋、𨾋、𨾋、𨾋、𨾋、𨾋、𨾋、𨾋、𨾋，從小從隹（兼聲），會小鳥之意，即今的麻雀。金文承之。戰國文字或從少聲，與小篆同。《説文》："雀，依人小鳥也。從小、隹。讀與爵同。"本義是麻雀，如《詩經》："誰謂雀無角，何以穿我屋。"也泛指小鳥。●族氏名。《亞雀父己卣》："亞雀魚。父己。"●楚文字多讀爵，爵位之爵。《郭店·緇衣28》："古（故）上不可以埶（褻）坓（刑）而翌（輕）雀（爵）。"●讀削。《郭店·太一9》："天道貴溺（弱），雀（削）城（成）者以嗌（益）生者。"●讀雀，赤黑之色。《信陽2·11》："屯雀韋之㬊（韜）。"雀韋，與天星觀簡之"小韋"意義相通，意即"雀色之韋"。曾侯3、98等，其用在器物名之前"削"字，依例也應讀雀。《書·顧命》："二人雀弁執惠。"疏："鄭玄云：赤黑曰雀，言如雀頭也。"《周禮·春官·巾車》"雀飾"鄭注："雀，黑多赤少之色韋也。"

截 楚　清華十·四告26　清華十·四告40

【注】從戈雀聲。簡文或從攴。●《清華十·四告26》："曾孫𦀚（滿）拜=（拜手）頴=（稽首），敢截告。"整理者注："截，'告'的修飾詞。'截'的本義為截斷、割斷，可引申為直接、坦誠一類意思。"

箟 楚　郭店·魯穆7　上博二·容成32　上博二·容成43　上博四·曹沫

 37 清華一・耆夜 3 清華一・耆夜 6 清華一・耆夜 4  清華一・耆夜

 8 上博四・曹沫 21 望山 1・22

【注】從竹雀聲。●楚簡多讀爵，爵位之爵。《上博四・曹沫 21》："刑罰有罪而賞箃（爵）有德。"●用為本義，飲酒器。《清華一・耆夜 3》："王夜（舉）箃（爵）壽（醻）縪（畢）公。"

雛楚  新蔡乙二 10

【注】從韋雀聲。●《新蔡乙二 10》："雛迻（路）。"同曾侯簡之"鞘路"，詳"鞘"字。

雛楚  清華三・説命下 3 安大一 29

【注】從鳥雀聲。●均讀雀。《清華三・説命下 3》："女（如）飛雛（雀），罔畏觀（離）。"

鴬楚  包山 255

【注】從鳥少聲，"雀"之異文。●讀雀。《包山 255》："鴬酓（醓）一砡（缶）。"

竕楚  上博一・緇衣 15 長沙銅量 包山 266

【注】從斗少聲。包山簡或分析從斗毛聲。●讀爵。《上博一・緇衣 15》："古（故）上不可以埶（褻）型（刑）而翌（輕）竕（爵）。"郭店簡作"雀"。●疑讀勺。"小"聲上古音屬心紐宵部，"勺"聲上古音屬禪紐藥部字。舌齒鄰紐，肖藥對轉。馬王堆帛書《戰國縱橫家書》中的"趙"字均作"勺"，亦可證小、勺聲系相通。《包山 266》："二竕（勺）。"裘錫圭認為是《郢大府量》之"笑（筲）"。（《東周金文與楚簡合證》105 頁）

桴楚  信陽 2・11

【注】從木竕聲。●讀勺。《信陽 2・11》："二雕桴（勺）。"信陽墓中出土兩件木雕長柄勺，與簡文記載相合。

筲 楚  郢大府量 筲壺 清華二·繫年71

【注】從竹少聲。何琳儀謂"筲"之異文。(《戰國古文字典》325頁)●器名，即筲，為圓柱筲形，旁有耳。筲本為盛飯之器，因其有固定容量，可以用作量器名。《筲壺》："盅大☐之筲。"《郢大府量》："郢大府（府）之☐筲（筲）。"郢大府銅量大致相當於五升（一升200ML），則其名可定為"郢大府銅筲"，"筲"之容積為楚國量制基礎單位"赤"（4500ML）的四分之一。《清華二·繫年71》："齊人為成，以轟（觚）、骼、玉筲（筲）、與辜于之田。"

鈔 楚  包山263 鈔 郭店·語叢四23 信陽2·8

【注】從金少聲。●讀削。《包山263》："一金鈔（削）。"《正韻》刀室也。《前漢·貨殖傳》質氏以酒削而鼎食。《注》師古曰：削謂刀劍室也。義同"韜"，囊韜也。●《信陽2·8》："一鈔筶（席）。"郭若愚讀藻。"鈔席"即藻席。《周禮·春官·司几筵》："掌五几五席之名物。"注："五席：莞、藻、次、蒲、熊。"●讀削，分割。《郭店·語叢四23》："君又（有）愍（謀）臣，則壞壑（地）不鈔（削）。"《戰國策·齊策一》："夫齊，削地而封田嬰，是其所以弱也。"

斡 楚  天星

【注】從韋少聲。●疑"小韋"合文。《信陽2·11》有"屯雀韋之欁（韜）"，雀韋、小韋，意義相通，意即"雀色之韋"。

軩 秦  印增609

【注】從車少聲。●單字璽。

疹 晉  分研280

【注】從疒少聲。●晉璽人名。

邖 楚 清華二·繫年97

【注】從邑少聲。●讀趙。《清華二·繫年97》："會邖（趙）文子及者（諸）侯之夫=（大夫）。"

沙  弭伯簋 無更鼎 五年師旋簋 匀簋 輔師嫠簋 衰

盤 休盤 袁鼎 害簋 害簋 陶彙 5·12 陶彙

5·121 睡簡·日甲 45 背 秦印 220 龍崗 35

【注】甲骨文作 ，從水從少（象散沙形），會水邊沙地之意；少亦聲。金文承之。《説文》：" ，水散石也。從水從少。水少沙見。楚東有沙水。"本義細碎之石粒。●讀綏，赤紅色纓絡。《無專鼎》："易（賜）女（汝）玄衣黹屯（純）、戈琱威歇（厚）必（柲）彤沙。"郭沫若考證："古人之戈兵，其内端有綏，而綏則紅色，旂綏多以旄牛尾。近人之槍矛旂幟亦往往如是。則戈兵之綏亦當以旄牛。其形婆娑然，故名之曰沙，更轉而為綏為綏為蔢。"（《殷周青銅器銘文研究》下册）●讀砂。《睡簡·日甲 45 背》："以沙人一升捂其春臼。"沙人，即砂仁，植物名。●龍崗簡 "沙丘" "沙羨" 均為地名。秦陶有 "沙壽"，亦為地名。

莎 睡簡·日甲 65 背

【注】從艸沙聲。●《睡簡·日甲 65 背》："以莎茞（茇）、牡棘枋（柄），熱（爇）以寺（待）之，則不來矣。"莎茞，莎草的根。

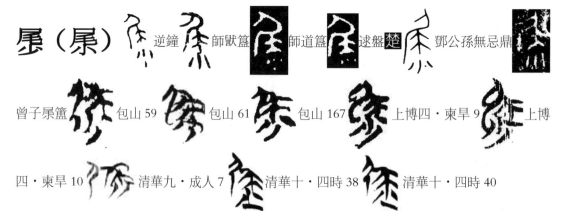

屎（屎） 逆鐘 師獸簋 師道簋 述盤 鄧公孫無忌鼎

曾子屎簋 包山 59 包山 61 包山 167 上博四·柬旱 9 上博

四·柬旱 10 清華九·成人 7 清華十·四時 38 清華十·四時 40

【注】金文作 ，從尾小聲（或謂沙省聲，齊文字多訛為米），或從尾少聲。"屎"即《説文》"徙"字古文 。《清華十·四時》簡均讀尾，整理者以為 "尾" 之訛字。●讀沙或讀紗，綏也。《逆鐘》："錫戈彤屎（綏），用觏于公室，僕庸臣妾，小子室家。"《師獸簋》："易（賜）女（汝）戈琱蔵☑必（柲）彤屎（沙）。"●讀選。《鄧公孫無忌鼎》："畧（鄧）公孫無斁（忌）屎（選）吉金盩（鑄）其☑鼎。"●讀沙。《包山 59》"長屎（沙）正辱（襄）懌"，"長屎" 讀長沙，地名。《汗簡》"沙" 作 ，正從水從屎。●上博簡人名。●讀徙。《清華九·成人 7》："四補（輔）是毋易，典獄無屎（徙），是隹（惟）棠（常）尋（德）。"謂官員不得失職（毋易），不得脱崗（無徙），互文見義。

莒公孫潯子鐘

【注】從力屎聲，聲符少訛為米。●人名。《莒公孫潮子鐘》："墜（陳）𨙻立事歲，十月已亥，鄯（莒）公孫潮子造器也。"

【注】從車從尾，當為從車屎省聲。古文字從屎之字多從屎（徙）省。●讀斯。簡文皆用為季桓子之名，"季桓子名斯，見於《春秋》定公十一年"。"徙"與"斯"古音極近。古代表示"韜髮之繒帛"的"縰"字，又常寫作"纚"。《禮記·問喪》："親始死，雞斯徒跣。"鄭玄注："'雞斯'當為'笄纚'，聲之誤也。"是其音近可通之證。●讀斯，用為代詞，這、這個。《上博六·孔子20》："行耴（聖）人之道，則屎（斯）不足，鈞〈剴—豈〉敢訐（望）之？"

【注】從辵屎聲。"遝"即《古文四聲韻》卷三紙韻"徙"字所引《古老子》。《說文》："辿，迻也。從辵止聲。屎，古文徙。𢓊，徙或從彳。"《說文》"徙"古文作屎，即"屎"之訛變。戰國文字遝，為"徙"一詞專字。楚文字遝常省為遝。秦文字作，省尾，從少聲，篆書訛為止。●讀獻。《鄭臧公之孫鼎》："盧乍（作）鑄齎彝，目為父母，其遝于下都。"《鄭臧公之孫缶》作"其獻下都"。《儀禮·大射儀》："兩壺獻酒。"鄭注："獻讀為沙。"●楚文字多讀徙，遷移。《清華一·楚居2》："穴酓（熊）遝（遝）遝（徙）於京宗。"秦文字亦多用為本義，《睡簡·答問147》："甲徙居，徙數謁吏，吏環，弗為更籍。"●包山簡"長遝"讀沙。長沙，地名。●讀差。《郭店·五行17》："能遝（差）沱（池）亓（其）䍻（羽），狀（然）句（後）能至哀。""沙"

"徙"與"差"古音同隸歌部，可相通假。簡文此處"差池"解作舒張尾翼貌。●移動。《睡簡·答問64》："盜徙封，贖耐。"●《璽彙0198》"易都邑罘遷（徙）盧（鹽）之鈢"，讀徙。易（陽）都，地名，在今山東沂水。都、邑皆齊國的行政區域。徙鹽，職官名。此類璽當為管理徙鹽的官員所用之印。

徙 〔秦〕 、 秦印285

【注】從艸徙聲。●秦印人名。

譶 〔楚〕 清華五·三壽15

【注】從言遷省聲。●讀徙。《清華五·三壽15》："枉（往）尾（宅）毋譶（徙）。"

敳 〔齊〕 叔尸鎛

【注】從攴枲聲。●讀選。《叔尸鎛》："敳（選）羃（擇）吉金，鈇喬（鐈）鎊鋁，用㪟（作）鑄其寶鎛。"

羿 〔齊〕 陳肪簋

【注】從廾枲聲。●讀選。《陳肪簋蓋》："羿（選）羃（擇）吉金，乍（作）丝（茲）寶殷。"

堲 〔楚〕 上博三·周易2

【注】從土枲聲。●讀沙。《上博三·周易2》："乳（需）于堲（沙）。少（小）又（有）言，冬（終）吉。"

篸 〔楚〕 安大一3 安大一1

【注】從竹枲聲。或贅加土旁。●讀差。《安大一1》："晶（參）篸（差）芫（荇）菜，左右流之。"《安大一3》："晶（參）篸（差）芫（荇）菜，左右教（芼）之。"

鄰 〔楚〕 包山78 長沙戈 長沙戈

【注】從邑枲聲。《長沙戈》舊釋為"長邦""長陵""長郵"等，均誤。何琳儀先生改釋為"長

636

郢"即"長沙"。(《古兵地名雜識》)其上部從尾（即  →禾→來→禾→平）之省文，下部的一撇一捺可理解為"小"字（借用中間的一豎筆）。故上部可隸定為"枭"。下從土，為迭加之形符，古地名用字常贅加土旁，故  可理解為從邑枭聲，為地名專字。●讀沙。《包山78》《長沙戈》"長郢（沙）"，讀長沙，地名。長沙戰國時為楚之重地，《史記‧越王勾踐世家》："復仇、龐、長沙，楚之粟也。"地在今湖南長沙。

錄晉  侯馬

【注】從金枭聲。●人名。

心紐枭聲

枭 叔枭父簠齊　枭之造戈楚　郭店‧老乙15　郭店‧唐虞28　包山145　望山1‧119　上博八‧顏淵9晉　璽彙1308秦　睡簡‧日甲33　嶽麓一‧占16

【注】從三口于木上，象鳥群鳴之意。高田忠周曰："蓋作字之意與雥字同，彼主鳥群而制，故從雥；此主鳥鳴而制，故從品。三佳三口，即多略不過三之例也。今俗作噪，更加一口，甚非。"（《古籀篇》三十）《說文》："枭，鳥羣鳴也。從品在木上。"當為"噪"的古文。●人名，見于《叔枭父簠》《枭戈》。●地名。地望待考。《枭戈》："枭之艁（造）。"●讀燥。《郭店‧老乙15》："枭（燥）勅（勝）蒼（滄），青（靜）勅（勝）然（熱），清清（靜）為天下定（正）。"●讀譟。《睡簡‧日甲33》："男女未入宫者殸（擊）鼓奮鐸枭（譟）之，則不來矣。"●讀肖。《上博五‧競建9》："寡人之不枭（肖）也，豈不二子之憂也才（哉）？"●讀躁。《郭店‧性自42》："凡甬（用）心之枭（躁）者，思為戙（甚）。"

勦晉 璽補229楚　上博五‧競建9

【注】從力枭聲，當為"勦"之異文。●讀肖。《上博五‧競建9》："寡人之不勦（肖）也。"●晉璽"陰勦（勦）"，人名。

操楚 上博七‧凡甲19秦　睡簡‧秦種62　王四年相邦張儀戈　印

增 466　　秦印 233　　類編 391

【注】從手喿聲。《說文》：“，把持也。從手喿聲。”本義操持、把持。●秦簡本義，作也。《睡簡·秦種 56》：“城旦舂、舂司寇、白粲操土攻（功），參食之。”城旦舂、舂司寇，白粲作土工，早晚飯各三分之一斗。●人名。《王四年相邦張儀戈》：“相邦張義（儀）、庶長☒操之造☒界戟☒。”●《上博七·凡甲 19》：“操之可操。”“操之”之“操”，讀躁，急迫。《公羊傳·莊公三十年》：“蓋以操之唯以蹙矣。”阮元校勘記：“武億云：‘操，古本作躁。《詩·江漢》正義引此：躁，迫也。’”“可操”之“操”，掌握。《管子·權修》：“操民之命，朝不可以無政。”《商君書·算地》：“主操名利之柄而能致功名者，數也。”

俁 楚  郊公戈

【注】從人喿聲。●人名。《郊公戈》：“郊公卲俁為郊造王☒。”

敤 晉  二十五年戈

【注】從又喿聲，從又與從手同意；“操”之異文。《玉篇》：“敤，亦操字。”●人名。《二十五年戈》：“廿五年，陽春嗇夫維、工帀（師）敤。”

敹 楚  清華六·管仲 4

【注】從攴喿聲。●讀躁。《清華六·管仲 4》：“止（趾）不正則心卓（掉），心不情（靜）則手敹（躁）。”

癜 晉  璽彙 1031

【注】從广敤聲。●晉璽人名。

鄵 楚  鄂君啟車節  包山 63  包山 184

【注】從邑喿聲。《集韻》：“音造。地名。”《春秋·襄十七年》：“鄭伯髡頑卒于鄵。《注》鄭地。”●讀巢。《鄂君啟車節》：“就緐（繁）易（陽）、就高丘、就下鄐（蔡）、就居鄵（巢）、就郢。”居鄵，即居巢，《漢書·地理志》廬江郡有居巢縣。《史記·楚世家》：“太子建母在居巢。”張守節正義：“廬州巢縣是也。”●包山簡亦為地名，讀鄵。《說文》：“鄵，南陽棘陽鄉。”《鄂君啟車節》“居鄵”，與此“鄵市”恐不是一處地名。（《包山楚簡解詁》65 頁）

 里耶 8・1243

【注】從火喿聲。●乾燥。《里耶 8・1243》："暴（曝）若有所燥，冶。"

 郭店・太一 4　上博八・成王 5

【注】從水喿聲。●讀消。《上博八・成王 5》："安（焉）不曰日章（彰）而冰澡（消）虖（乎）？"從喿之字與從肖之字相通，出土文獻常見。郭店簡《唐虞之道》"至養不喿"，"喿"讀肖。上博五《上博五・鮑叔》"寡人之不繰也"，"繰"讀肖。"日彰而冰消"意即太陽照耀，冰雪融化。●讀燥。《郭店・太一 4》："倉（滄）然（熱）復相補（輔）也，是以城（成）淫（濕）澡（燥）。"

 仰天 33

【注】從糸喿聲。●用為本義，深繒。《仰天 33》："一鑑，又（有）繰縞☒。"

 上博四・柬旱 5　上博四・柬旱 8　上博四・柬旱 20　晉　璽彙

0796  溫縣

【注】從疒喿聲。"瘙"之異文。●晉文字人名。●讀燥。《上博四・柬旱 8》："不穀瘝甚疠（病），聚（驟）夢高山深溪。"

 上博二・容成 40

【注】從艸喿聲。●讀巢。《上博二・容成 40》："桀乃逃之南藻（巢）氏，湯或（又）從而攻之。"

 上博四・柬旱 15

【注】從竹喿聲。●讀藻。《上博四・柬旱 15》："毋敢執籔籔。""籔籔"，讀"藻箟"，蓋"箟"以五采羽為"藻"（特指旗旒或冕旒上成束的五采絲綫，亦可泛指旒飾），故稱"藻箟"。《禮記・玉藻》："天子玉藻，十有二旒。"孔穎達疏："藻謂雜采之絲繩以貫於玉。"

趮 圖典 272 秦 、 戰編 79

【注】從走喿聲。●均為人名。

顈 楚 息公屈顈戈

【注】從頁喿聲。●金文人名。

帮紐妥聲

妥 㸦比鼎 㸦比簋蓋 㸦比盨

【注】象一手交付物品於另一手之形，兩周中期及以後金文以一短橫或曲綫表示所付之物。《㸦比盨》但作兩手交付形，是為小篆所本。《說文》："妥，物落；上下相付也。從爪從又。凡妥之屬皆從妥。讀若《詩》'摽有梅'。平小切。"●交付。《㸦比盨》："章（賞）乓（厥）覍夫妥㸦比田。"

荽 楚 安大一 34 安大一 34 安大一 34

【注】整理者認為從艸妥聲。下部從兩"又"，所從又與《無衣》"[字]（安大一 59）"所從同。從兩手，會意，即"妥"。"荽"，"茇"之異體。●讀摽。《安大一 34》："荽（摽）又（有）某（梅），亓（其）實七也。"《毛詩》作"摽有梅"。《韓詩》《魯詩》作"茇"，《齊詩》作"蔈"。毛傳："摽，落也。"段玉裁以《毛詩》"摽"字為"妥"之假借。

滂紐麃聲

麃 九年衛鼎 麃父卣 麃父卣 麃父尊 楚 望山 2·13 天

星 包山 265 清華十·四告 1 清華十·四告 7 秦 睡簡·語書 12

龍崗 33 印增 390

【注】從鹿從火，會意不明。《説文》：“𪚔，鹿屬。從鹿，榮省聲。”古書上指一種象獐的獨角獸。《史記·武帝紀》：“郊雍獲一角獸，若麃然。”《注》楚人謂麋為麃。●用為本義。《龍崗秦簡33》：“鹿一、麆一、麋一、麃一，狐二，當完為城旦舂。”這條律文規定了對偷獵的處罰。該律文提到的“麃”與《孟子》中的“麋”是同一種動物，“城旦舂”則是遠較死刑為輕的徒刑。●讀鑣，馬嚼子。《九年衛鼎》：“矩取眚（省）車較犇（幃），酓（靯）虎冟（幎）、蔡韏（轖）、畫轉、㗉（鞭）帀（席）鞁、帛轡乘、金麃（鑣）鋞（鋞）。”●讀僄，輕。《睡簡·語書12》：“詿訑醜言麃斫以視（示）險。”●人名。《麃父尊》：“麃父乍（作）㪟是從宗彝臂（肆）。”●整理者讀表，表明、表白。《清華十·四告1》：“爯（薦）麃（表）非𢓶（討）余又（有）周。”詳“𢓶”字。●秦印“麃何”，姓氏。《姓氏考略》據《風俗通》注云：“麃，秦邑。秦始皇將軍麃公之後。”以邑為氏。漢代有麃宣，太守。

亞𪚔卣

【注】從攴麃聲，或可視為“麃”之繁文；或以為即攄字。●族氏名。《亞𪚔卣》：“亞𪚔。”

類編13

【注】從艸麃聲。●秦印“蔍為”，姓氏。

褾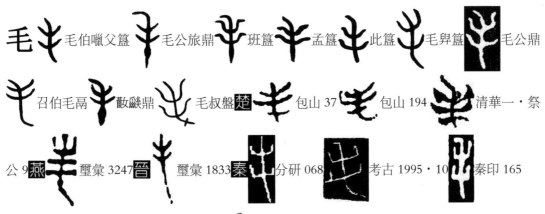五祀衛鼎

【注】從衣麃聲，古“表”字。《説文》：“裏，上衣也。從衣從毛。古者衣裘，以毛為表。褾，古文表從麃。”●人名。《五祀衛鼎》：“厲弔（叔）子㛼（夙）、厲有嗣（司）𤰈（申）季、慶癸、𩅦（䨼）褾、荆人敢、丼（邢）人鄬犀。”

明紐毛聲

毛

毛
毛伯嘁父簋　毛公旅鼎　班簋　孟簋　此簋　毛舁簋　毛公鼎

召伯毛鬲　歔嬲鼎　毛叔盤 楚　包山37　包山194　清華一·祭

公9 燕　璽彙3247 晉　璽彙1833 秦 分研068　考古1995·10　秦印165

【注】象形字，象毛髮之形。《説文》：“𡯛，眉發之屬及獸毛也。象形。凡毛之屬皆從毛。”本

義眉毛、頭髮、獸毛。●讀旄，羽毛等製的裝飾物，用以飾旄。《散纞方鼎》："逐（旆）毛（旄）兩、馬匹。"●國名。西周初年，周文王庶子毛叔鄭始封。《周禮·太宰》鄭玄注："毛，畿內國。"由此我們可知毛國在王畿之內，西周初期毛國受封之時其地在鎬京附近，西周晚期，周王室衰微，周平王為避戎寇，遷都成周。毛國亦在其列，毛國遷至河南省宜陽。公元前516年，由於毛伯介入了周王位王位之爭，後以失敗而奔于楚。從此，毛國宣告滅亡，其後子孫以毛為氏。《重修廣韻》在亦云："毛，姓，本自周武王母弟毛公，後以為氏。"《毛公旅鼎》："毛公辇（旅）鼎亦佳（唯）叚。"●毛公厝，西周宣王時人。《毛公鼎》："毛公厝對揚天子皇休。"●指人的體毛。《上博二容成24》："脛不生之毛。"●古璽印、包山簡姓氏。

佲 [晉] 徙 璽彙 3314　｜戈 趙三孔布

【注】從人毛聲，"毛"之繁文。●晉璽讀毛，氏名。●趙三孔布讀毛，地名。在今河北武安市西。《三國志·魏書·武帝紀》：建安九年（204），"攻鄴，為土山、地道。武安長尹楷屯毛城，通上黨糧道"。即此。

秏 [秦] 秏 睡簡·效律 24　　耗 睡簡·秦種 165

【注】從禾毛聲。《説文》："秏，稻屬。伊尹曰：飯之美者，南海之秏。"●讀耗，損耗。《睡簡·效律24》："以其秏（耗）石數論饋（負）之。"根據所損耗的石數判令賠償。

旄 [師遽簋] [秦] 旄 睡簡·為吏 26

【注】從㫃從毛，象旄幟下面有毛之形；毛亦聲。《説文》："旄，幢也。從㫃從毛，毛亦聲。"本義是戰旄，旄杆頭上有用犛牛尾作裝飾品，用以指揮打仗。●犛牛尾。《睡簡·為吏26》："金錢羽旄。"●人名。《師遽簋蓋》："用乍（作）文考旄弔（叔）障段，世孫子永寶。"

致 [楚] 毣 包山58　毣 曾侯9　毣 清華十一·五紀56　毣 清華六·管仲26

【注】從攴毛聲（或重疊聲符）。●讀冒，亂也。《清華六·管仲26》："既蔽於貨，叟（冒）亂毀常。"整理者認為是"叟"字，趙平安認為可能是"致"的異體字。致作叟，屬於增繁同形偏旁的現象。簡文讀冒。"冒亂"一詞，傳世文獻習見。（《〈清華簡（陸）〉文字補釋（六則）》）文意為：已經被財貨蒙蔽，混亂破壞了正常的秩序。●讀旄。《曾侯9》："鼐（翠）絑，白致之首。"●包山簡人名。●讀表，表率。《清華十一·五紀56》："百夏（官）百攻（工），百符（府）百司，敨（恪）共（恭）皇事，敬女（汝）以弋（式），成弋（式）之致（表），足以自褮（勞）。"

眊 [楚] 髦 上博三·彭祖3

【注】從目毛聲。●《上博三·彭祖 3》："眊眊余朕孳，未則于天，敢問為人？"李零先生注："眊眊，是昏憒之義。《韓詩外傳》：'不聞道之人，則冥於得失。不知治亂之所由，眊眊乎其猶醉也。'"

 辻 楚 曾侯 13 　 辻 清華八·攝命 14 　 辻 上博七·吳命 4 　 辻 上博五·季庚

 17 　 辻 上博七·武王 15 　 辻 清華八·處位 1

【注】從辵毛聲。楚文字除人名、地名外，均讀逆。故疑"辻"為"逆"之誤書。●人名。《曾侯 13》："黃辻王所馭大旆（殿）。"●《上博七·吳命 4》"桃辻"，地名。●《上博五·季庚 17》《上博七·武王 15》等均讀逆，詳"逆"字。

坢 楚 坢 清華六·子儀 1

【注】從土毛聲。●讀耄。《清華六·子儀 1》："非（靡）土不飲（飯），坢（耄）勤（幼）才（在）公。"

 託 楚 託 清華八·處位 8 　 託 上博八·志書 3

【注】從言毛聲。●疑讀耗。《清華八·處位 8》："告（浩）託（耗）必选（先）菆託。""告"讀浩，饒也，猶豐也、赢也。"託"讀耗，減也，損也。"菆"整理者讀衛。"託"整理者讀守。貢賦蓄聚（餘聚）赢不備，必謹慎護守。●讀媢，嫉妒。《文選·七發》："冒以山膚。"李善注："冒與毛，古字通。"《上博八·志書 3》："殹（抑）忈（忌）韋（諱）讙（讒）託（媢），以垗（墮）亞（惡）虖（吾）外臣。"

 麆 楚 麆 安大一 44 　 麆 清華九·治政 28

【注】從鹿毛聲，"麃"之異體。上古音"麃"屬幫紐宵部，"毛"屬明紐宵部。●讀鑣。《安大一 44》："象車繺（鸞）麆（鑣），載監（獫）昷（歇）喬（驕）。"《毛詩》作"鞗車鸞鑣"。●讀毛。《清華九·治政 28》："羽麆（毛）歲（歲）解。"鳥獸的毛年年脫落。

骶 楚 骶 包山 276

【注】從骨毛聲。●讀鑣。《包山 276》："臼骶（鑣）。紫拜（轡）。需光之童（幢）。"《爾雅·釋器》鑣謂之鑣。《注》馬勒旁鐵。

 印增 349

【注】從髟毛聲。●秦印單字。

 新蔡甲三 324 晉 璽彙 2118 璽彙 2119

【注】從邑毛聲。●晉璽"毛義""毛斁""毛娃"等讀毛，姓氏。新蔡簡亦為姓氏。

 包山 269

【注】從炊毛聲。聲符與"屯"混同。●讀旄。《包山 269》："𣬽（旄）中干，絑（朱）縞七𦦘（就）。"

 包山 277

【注】從木毛聲。●讀鑣。《包山 277》："二馬之杧（鑣）。二鑑。"

 璽彙 2005

【注】從鳥毛聲。●晉璽人名。

 包山牘 1

【注】從羽毛聲。●讀旄。《包山牘 1》："緣（蒙）翆（旄）首。"

 包山 179

【注】從車毛聲。●人名。

 廿年司寇矛 六年襄城令戈 璽彙 0812 璽彙 1130 璽彙 2444 璽彙 3095 璽彙 4038

【注】從食毛聲。●晉璽人名。

純 楚 曾侯 42

【注】從糸毛聲。●人名。

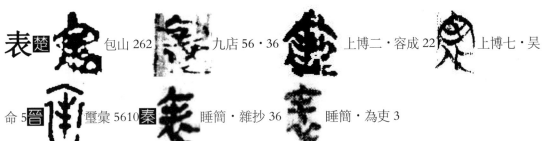表 楚 包山 262　九店 56·36　上博二·容成 22　上博七·吳

命 5 晉 璽彙 5610 秦 睡簡·雜抄 36　睡簡·為吏 3

【注】從衣毛聲。●外衣。《包山 262》：“一𦞅（豹）青之表，紫裏。”●表率。《睡簡·為吏 3》：“表以身。”●邊際。《上博七·吳命 5》：“余必攻芒（亡）尔社褶（稷），昌（以）宔（廣）東海之表。”

錶 楚 包山 260

【注】從金表聲。●簡文“一錶”，不知是什麼物品。

覒 楚 上博一·緇衣 14　上博九·舉治 26　清華八·攝命 6　清華

九·廼命一 3　分研 306

【注】從見毛聲，《篇海類編》與“覒”同。《說文》：“覒，擇也。從見毛聲，讀若苗。莫袍切。”與芼通。《詩·周南》左右芼之。《注》芼，擇也。●讀表。《清華八·攝命 6》：“女（汝）鬼（畏）由覒（表）由誈（望）。”《禮記·緇衣》“故上之所好惡，不可不慎也，是民之表也”，注：“言民之從君如影逐表。”己之表率，民望而知所行也。●讀苗。《上博一·緇衣 14》：“覒（苗）民非甬（用）需（命），制目（以）型（刑），隹（惟）复（作）五虐（虐）之型（刑）曰𝌆（法）。”《廣韻》：“覒，邪視也。”“覒”“苗”古音相近，簡本借“覒民”為“苗民”。苗人不肯聽命，要用刑罰來制裁他們。“靈”通“令”，楊雄《法言·淵騫》：“竊國靈者也。”“靈”有善美之義，如《詩·鄘風·定之方中》“靈雨既零”。“命”又與“靈”通，《文選·蜀都賦》“其深則有白黿命鼈”。《上博九·舉治 26》：“坴（舜）王天下，三覒（苗）不賓。”●楚璽“公孫覒”，人名。

 清華四·別卦 6

【注】從心覒聲。●讀隨，即"隨"卦。"覒"為覒的異體字，音帽。《說文》："覒，擇也。從見毛聲，讀若苗。莫袍切。"又"覒"與"規"形近，《歸藏》即作"規"。帛書作"隋"，上博簡作"陸"。覒，明母宵部；隨，邪母歌部，二字應為通假關係。（《清華大學藏戰國竹書》第四冊 132 頁）

 周耄匜

【注】從穴毛聲。《說文》無。耄，當與"宅"同。宅，《川篇》音迷，棺貌。●人名。《周耄匜》："周耄乍（作）救姜寶它（匜）。"

明紐苗聲

 苗 苗姦盨 睡簡·秦種 144 里耶 8·1546 龍崗 166 秦印 13

【注】從田從屮，會田裏草狀之物。《說文》："苗，屮生于田者。"本義禾苗。●人名。《苗姦盨》："苗姦乍（作）鎚（盨），其子子孫孫永寶用。"●秦簡本義，幼禾。《睡簡·秦種 144》："居貲贖責（債）者歸田農，種時、治苗時各二旬。"●秦漢印多為姓氏。以采邑為姓氏，源於羋姓，始祖為楚大夫伯棼，伯棼因罪被殺，他的兒子賁皇逃亡到晉國，受到晉國君主的禮遇，食采于苗地（在今河南濟源西南），後代因以采邑為姓，遂成苗氏。

 庿 上博一·詩論 5 上博六·天乙 3 上博三·周易 42 上博三·周易 54 上博一·詩論 24 郭店·語叢四 27 郭店·性自 20 清華三·琴舞 10 清華七·越公 26 清華六·太伯甲 6 中山王響壺

【注】從广（或從宀）苗聲，"廟"之古文。●讀廟，廟堂。《中山王響壺》："外之則牺（將）迻（使）堂（上）勤（觀）于天子之庿（廟），而退與者（諸）侯齒跣（長）于遣（會）同。"《清華六·太伯甲 6》乃"庿""飲"二字合文，讀"廟食"。"廟食"蓋是指廟食者，即鄭國已故的

先人，在宗廟中歆享，故稱"廟食"。●讀貌。《郭店・性自 20》："至頌（容）庿（貌），所以貪（文）即（節）也。"

娓 秦 印增 477

【注】從女苗聲。●秦印人名。

明紐兒聲

兒 兒觶 楚 清華十一・五紀 3 清華十一・五紀 31 晉 璽彙 3364 秦

關簡 367

【注】甲骨文作 ，從兒從白（面部），會人面貌之意，"貌"字初文。《説文》：" ，頌儀也。從人，白象人面形。凡兒之屬皆從兒。貌，兒或從頁，豹省聲。貌，籀文兒從豹省。"本義同"貌"。●族氏名。《兒觶》："兒。"●晉璽人名。《關簡 367》："鋪時浚兒，夕市時發☒，日入雞，雞……。"其中的"浚兒"，《秦簡牘合集》編著者的釋文為"浚兒"，或説讀為"狻猊"，指獅子。●讀貌。《清華十一・五紀 3》："萬兒（貌）迵（同）悳（德），又（有）邵（昭）盟=（明明）。"楚系文字或作"貪""佼"。

狠（貌）秦 秦印 189 秦印 293 陝新 807

【注】漢代"貌"字所從"兒"常作"艮"（馬王堆帛書、北大漢簡）。張新俊據馬王堆帛書和北大漢簡等秦漢文字中的"狠"均讀貌，認為"狠"所從的"艮"形（《説文》或從"頁"）很有可能是"兒"形之訛，故改釋秦印中所謂的"狠"為"貌"字。（張新俊《秦印文字釋讀二題》）秦漢文字中的"狠""貌"是有區別的：讀作"墾"的字，都寫作"狠"，而讀作"貌"的字，則都是從"豸"的，寫作"貌"。在漢唐之間的文字中，"狠""貌"在形體上已經漸趨混同。●秦印"狠突""狠戲"等讀貌，姓氏。作為姓氏，見於明代梅膺祚的《字彙》、凌迪知的《萬姓統譜》。《戰國策・齊策》有靖國君門客貌辨。

厡 晉 七年俞氏戈

【注】從厂兒聲。●人名。《七年俞氏戈》："工帀（師）筞（宋）厡。"

琘 楚 清華十一・五紀 115

【注】從玉兒聲。●《清華十一・五紀 115》："四尤司兵，珪（圭）辟（璧）璜琥，迪（陳）玉枏（設）璋，走笅（御）珞琘，祝宗唬（號）乩，図（攝）韋（威）於四亢（荒）。"讀珧。《説

647

文·玉部》："珧，蜃甲也。所以飾物也。從玉兆聲。《禮》云：佩刀，天子玉琫而珧珌。"

货系 555

【注】從水兒聲。●周平肩空首布單字，待考。

睡簡·日乙 29 睡簡·日甲 87 睡簡·日乙 36 睡簡·日乙 101

【注】從攴兒聲。晚周以後兒旁下部訛為從方。兒，明母藥部；敽，見母藥部，古音近。●讀徼，求也。《睡簡·日甲 87》："可以敽（徼）人攻讎。"●讀徼，幸也。《睡簡·日乙 101》："以祠，必有敽（徼）。"

睡簡·日乙 26 睡簡·日乙 34 睡簡·答問 48

【注】從彳敽聲。●邊塞。《睡簡·答問 48》："告人曰邦亡，未出徼闌亡，告不審，論可（何）殹（也）？"控告他人說逃出國境，實際沒有私出邊界，所控告不實，應如何論處？●游徼，秦漢時鄉官名。負責巡查盜賊。《睡簡·答問 1》："害盜別徼而盜，駕（加）罪之。"害盜背着遊徼去盜竊，應當加罪。

關簡 369

【注】從石徼聲。●讀皦，白也。《關簡 369》："礉赤叔各二七。"

憿帶鉤 、 詛楚文

【注】從心敽聲。《說文》："憿，幸也。從心敽聲。"憿幸，古同"僥倖"。●人名。《憿帶鉤》："憿。"●讀檄。《詛楚文》："使其宗祝邵鼛，布憿（檄）告于丕顯大神巫咸。"《說文》："鼛，大鼓也。從鼓咎聲。"邵讀詔，告也。"布檄"發佈檄文。

藥部

端紐卓聲

卓九年衛鼎卓林父簋 楚 天星清華六・管仲 4

【注】從昜省，蓋象人于日下立于高卓之處，會高卓之意。《説文》：“，高也。早匕為𠦝，匕卪為卬，皆同義。古文𠦝。”本義為高。●氏。《卓林父簋蓋》：“卓林父乍（作）寶𣪘。”●讀掉，訓為動搖。《説文・手部》：“掉，搖也。”《清華六・管仲 4》：“止（趾）不正則心卓（掉），心不情（静）則手𣪠（躁）。”

婥 秦 里耶 8・707 背

【注】從女卓聲。●“婥女再兩☒”，文意不詳。

殦 楚 清華二・繫年 119

【注】從歺卓聲。●讀悼。《清華二・繫年 119》：“宋殦（悼）公𨟻（將）會晉公。”

㷅 楚 清華十・四告 22

【注】從光卓聲。●《清華十・四告 22》：“弋（式）卑（俾）皇辟又（有）㷅（綽）。”整理者注：“㷅，‘焯’字異體，用為‘綽’。”或讀焯，《説文・火部》：“焯，明也。從火卓聲。《周書》曰：焯見三有俊心。”

焯 楚 清華十・四時 10

【注】從火卓聲。●《清華十・四時 10》：“內（入）月旨=（七日），焯炘之𨍏（轄）之紳（陳），十寺（時）乍（作）女（焉），南風攺（啟）孟。”整理者注：“焯、炘二字皆從火旁，焯炘之轄，應即赤轄。此日軫宿昏中。”

罩 晉 訓義 1・116

【注】從网卓聲。●晉璽“罩𥂕”，人名。

逴_楚  清華八・處位 3

【注】從辵卓聲。●讀卓，卓越。《清華八・處位 3》："階啻（嫡）丈（長），辠（罪）逴（卓）䛆（辭）。"

趠  趠鼎 ^晉 侯馬

【注】從走卓聲，與小篆同。《説文》："趠，遠也。從走卓聲。"本義遠，字又同"踔"。●古文字均為人名。《趠鼎》："趠用乍（作）氒（厥）文考父辛寶障鼎。"

淖_晉 晉侯穌鐘 ^秦 石鼓文

【注】從水卓聲。《説文》："淖，泥也。"本義泥淖。●《晉侯穌鐘》："王至，淖淖列列尸（夷）出奔。""淖淖列列"，馬承源以為是形容夷人奔逃之狀。李學勤斷句為"王至淖列，淖列夷出奔"，並認為"淖""列"是兩處地名。銘意為：周王接著隨軍又到達淖和列，淖、列之地的夷紛紛逃竄。（《晉侯蘇編鐘的時、地、人》）●讀沼。《石鼓文》："汧殹沔＝（沔沔），丞（承）皮（彼）淖（沼）淵。"《荀子・王制》："汙池淵沼川澤，謹其時禁，故魚鼈優多而百姓有餘用也。"石鼓"淵沼"為押韻而倒文作"淖（沼）淵"。

綽 蔡姞簋 ^晉 晉姜鼎

【注】從素卓聲，"綽"之異體。皆言織物之類，若"綏"或從素作綽。《説文》："綽，緩也。從素卓聲。綽綽或省。"本義為寬綽。●讀綽，多福、長命。多用為求福之辭。《晉姜鼎》："晉姜用旛（祈）綽綰釁（眉）壽，乍（作）宔為亟，萬年無彊（疆）。""綽綰"或作"綰綽"，義不變。《史伯碩父鼎》："綰綽（綽）永令（命），萬年無彊（疆）。"郭沫若曰："綽綰乃金文恒語，或作綰綽。容庚云'即説文之綽緩，爾雅之綽綽爰爰，詩經之寬兮綽兮。'"（《兩周金文辭大系考釋》177 頁）

辭  卌三年逨鼎 卌三年逨鼎 善夫山鼎 㝬鐘

【注】從䰙（爭、譶、㝬皆為"䰙"之訛體）卓聲，"綽"之異體。金文"綰"均從䰙作，知糸、素、索、䰙作形符可通。●讀綽。《善夫山鼎》："用旛（祈）匄釁（眉）壽辭（綽）綰。"詳"綽"字。

綽_楚  上博八・蘭賦 3 ^晉 溫縣 璽彙 5575 璽彙 0496 璽彙

2920 秦  里耶 8 · 1524 里耶 8 · 1515   印增 510

【注】從糸卓聲。●讀逴。《説文》:"逴,遠也。"《上博八·蘭賦 3》:"親眾秉志,綽遠行道。""逴遠",猶言"遼遠""遙遠",同義疊用。●晉璽人名。《璽彙 5575》或誤釋為"陽城綰瓜"。●秦簡秦印均為人名。

郫 楚  包山 1

【注】從邑卓聲。●人名,讀卓。據簡文意此人為楚將"卓滑",傳世文獻中此人名還有寫作"昭滑""召滑""淖滑"的情形。楚簡或作"恖"。

悼 楚  清華二 · 繫年 114 清華二 · 繫年 133 清華二 · 繫年 33

清華二 · 繫年 137 秦 印增 427

【注】從心卓聲。●人名用字。《清華二 · 繫年 114》:"宋悼公朝于楚。"

端紐朝聲

朝  利簋 史臨簋 事族簋 克盨 大盂鼎 先獸鼎 仲殷父簋 仲殷父簋 仲殷父簋 趨簋 仲殷父簋 矢尊 乖伯簋 矢方彝 矢方彝 齊 郳公敏父鎛 楚 郭店 · 窮達 5 郭店 · 成之 34 天星 上博三 · 周易 6 帛書乙 清華一 · 耆夜 12 清華二 · 繫年 72 清華二 · 繫年 94 清華七 · 晉文公 2 清華七 · 晉文公

1  清華三·説命中 1  清華七·越公 16  郃陽鼎  溫縣

朝訶右庫戈  璽彙 4065  璽彙 2657  睡簡·日乙 167  嶽麓一·為吏

36 、 秦印 128  陶彙 5·215  石鼓文

【注】甲骨文作、、等形，從日從月，或又從艸、木，象日月同現于草木之中，為日出時尚有殘月之象，以會朝（早晨）意。金文改月為、、等形。羅振玉曰："古金文作，象百川之接于海，乃潮汐之專字。引申為朝廟字。"（《增訂殷墟書契考釋》）古文字右邊均為潮水形，乃用以表水。實際是潮水之"潮"本字。三晉文字作，其右邊是從、、訛變而來，與舟無關。三晉文字或作，右邊實際是泉，吳振武認為有兩種可能：一是義符更替，二是形近譌寫。先秦古文字，只有石鼓文明顯從舟（變形音化），小篆"朝"從舟是從秦文字那裏繼承的。（詳《燕國銘刻中的"泉"字》）●早晨。《大盂鼎》："敏朝夕入讕（諫），亯（享）奔走，畏天畏（威）。"朝夕，清早和傍晚。用以表達時間上的每時每刻，始終如一。《詩·小雅·北山》："偕偕士子，朝夕從事。"《書·説命上》："朝夕納誨，以輔台德。"●讀廟。《趞簋》："王各（格）于大朝（廟）。"●朝訶：地名，典籍作朝歌。《朝歌右庫戈》："朝訶（歌）右庫，工帀（師）戗。"●日、天。《上博三·周易 6》："或賜鞶（鞶）繂（帶），冬（終）朝晶（三）襃（褫）之。"●朝見、會見。《上博二·君老 1》："昔者君老，太子朝君，君之母弟是相。"●朝廷。《郭店·成之 34》："朝廷之位，讓而處賤。"●《清華四·筮法 1》："凡享，月朝純牝，乃饗。"月朝，月初。

廟  元年師兑簋  元年師兑簋  元年師旋簋  吳方彝  免簋

 無叀鼎  同簋  虢季子白盤  克鼎  元年師旋簋  師西簋

 師西簋  師西簋  廟孱鼎  逆鐘  卌三年逑鼎  里

耶 8·138

【注】從广（或從宀）朝聲。本義為宗廟。宗廟之廟，秦文字作"廟"，楚文字作"潭"，三晉文字作"庿"。●祭祖場所。《虢季子白盤》："王各周廟宣廚（榭）。"●大廟：即太廟，太祖之廟。周制，天子七廟，諸侯五廟，大夫三廟，士一廟。太祖廟居中，兩邊為三昭三穆，昭東穆西，都另設宮院。《免簋》："王各（格）于大廟。"《師西簋》："各（格）吳大廟。"周天子經常

在太廟祭祖及進行冊封、發佈詔令。●人名。《逐鼎》："逐攺（肇）諆乍（作）廟弔（叔）寶障彝。"

遡 [楚]  上博八·成王7

【注】從辵朝聲。從辵，疑朝見之正字。●讀朝，使朝服。《上博八·成王7》："弗遡（朝）而自至，弗審而自周，弗會而自甿（斷）。"簡文"弗朝而自至"，與前之"皆欲以其邦而就之"相應，都是講行"天子之正道"，別國會自行依附。

趙 [楚] 清華一·耆夜10 [燕] 璽彙3313 紐 璽彙5361

【注】楚文字紐應與"朝（或潮）"關係密切，字形結構待考。紐，隸定為"戕"●讀趯、或讀躍。（《清華簡〈耆夜〉研讀札記》）《清華一·耆夜9》："蚩（蟋）蟴（蟀）趙（趯）隆（陞）于尚（堂）。"原整理者隸作"趙"，同篇簡12"朝"作紐。紐、紐所從與楚簡"舟"字明顯有別，應即由"潮"的象形初文紐演變而來。《上博五·三德16》"奪民時以水事，是謂紐"，《吕氏春秋·上農》相關內容作"奪之以水事，是謂籥"。一般認為紐右邊所從也係紐（潮）演變而來，故紐、籥可通。潮，定母宵部字，中古開口三等字；籥，余母藥部字，中古開口三等字。趯，透母藥部字，趯亦作躍，而躍是余母藥部。潮、籥、趯/躍音近。紐當讀趯/躍，《周易·乾》："或躍在淵。"孔穎達疏："跳躍也。""趯"可用來形容小蟲，如《召南·草蟲》和《小雅·出車》的"趯趯阜螽"。用"趯"形容蟋蟀，自然也是合適的。●燕璽均為人名。

鮂 [楚] 包山170

【注】從魚朝省聲。●人名。

潊 [楚]  楚王孫潊戈

【注】從汃鮂聲。●人名，疑讀朝。《楚王孫潊戈》："楚王孫潊之用。"疑即《左傳·哀公十七年》"楚公孫朝"。

逈 [楚] 包山86

【注】從走朝省聲。●"逈壕"，人名。

洲 [楚]  上博五·三德16 清華七·晉文公3

【注】從水朝省聲。●讀籥。《上博五·三德16》："奪民時以水事，是謂洲（籥）。"詳""字。●《清華七·晉文公3》："古（故）命洲舊沟（溝）、增舊芳（防）。"整理者認為從潮省聲，讀瀹。和《孟子·滕文公上》"禹疏九河，瀹濟漯而注諸海"中的"瀹"相同，將其解釋為治理的意思。或疑讀決，訓為疏導。《說文·水部》："決，行流也。"《山海經·大荒北經》："先除水道，決通溝瀆。"《管子·立政》："決水潦，通溝瀆，修障防，安水藏，使時水雖過度，無害於五穀。歲雖凶旱，有所秎獲，司空之事也。"

盪秦 清華十·四告1　清華十·四告7

【注】從皿洲聲。●整理者讀討。《清華十·四告1》："糵（薦）庶（表）非盪（討）余又（有）周。"整理者注："糵庶，讀為'薦表'。薦，莫獻。'表'，表明，表白。'表'的這種用法見於《禮記·內則》：'子放婦出，而不表禮焉。'鄭注：'表，猶明也。'盪，讀為'討'，治，懲罰。《書·皋陶謨》：'天討有罪，五刑五用哉！'余又周，即'我有周'，《尚書》習見。"

晣齊 陶錄4·186　燕 璽彙0329

【注】從日朝省聲。"朝"之省文。●燕璽"晣悅邦"。晣悅，地名，不詳。●《陶錄4·186》"邤晣"，疑為人名。

餰晉 璽彙3094

【注】從食朝省聲。●晉璽姓氏。

敦楚 包山270　上博八·有皇3　秦 里耶8·707

【注】從攴，疑從朝省聲。疑難字，還需進一步研究。●《包山270》"彤敦"，李家浩先生認為其字從朝省聲，"彤敦"即包山一號槨的"彤輈"。（《信陽楚簡"樂人之器"研究》）●《上博八·有皇3》："大迮（路）今可（兮），敦楲與楮今可（兮）。"疑從朝省聲，讀繚。《楚辭·九歌》有"繚之兮杜衡"。"楲"當即與"楮"同類之惡木。或謂讀稠，為草木茂盛義，《說文·禾部》："稠，多也。"

淖 塘伯取簋　齊 陶彙3·419　陶錄2·565　陶錄2·410
陶錄3·191　陶錄2·410　十年陳侯午錞　陳侯因𦦙錞　莒公孫淖子

鑄楚　璽補 49

【注】從水朝省聲。●讀朝，朝覲。《十年陳侯午敦》："陛（陳）侯午淖（朝）群邦者（諸）侯于齊。"朝，乃使動用灢，謂使群帮諸侯朝覲他。●讀朝，朝問。《陳侯因脊錞》："淖（朝）聞（問）者（諸）侯。"朝問：即朝聘。《儀禮·聘禮》："小聘曰問。"《周禮·春官》："時聘曰間。"均指諸侯國之間每年互派使者進行訪問。●人名。《莒公孫淖子鑄》："鄌（莒）公孫淖子造器。"●《庸伯厥篕》："隹（唯）王伐逨魚，徣伐淖黑，至寮于宗周。"淖黑，地名。●《璽補 49》"易淖（朝）命（令）鈢"，地名。

淖　蟸方彝　蟸方彝楚　郭店·唐虞 5　郭店·語叢一 88

【注】從广（或從宀）淖聲。●讀廟，祭祖場所。《蟸方彝》："唯八月初吉，王各于周淖（廟）。"《釋名·釋宮室》："廟，貌也。先祖形貌所在也。"《郭店·唐虞 5》："新（親）事且（祖）淖（廟）。"

端紐勺聲

勺　勺鼎楚　清華五·封許 7　望山 2·47　郭店·語叢四 24　安大一 7晉　貨系 2675　先秦編 441　貨系 2679　匯考 341

【注】甲骨文作丐、勽、丐、丐、勽、勽、勽、勽，象勺形，所從短畫是勺中之實。楚文字或增從爪，與楚文字"家"作"豢""卒"作"窣"同例。《說文》："勺，挹取也。象形，中有實，與包同意。凡勺之屬皆從勺。"本義為挹酒之器。●國族名，見于《勺鼎》。●《清華五·封許 7》用為本義，食具。簡文中為賞賜品。●讀弱。《郭店·語叢四 24》："士又（有）惥（謀）友則言談不勺（弱）。"古音"勺"在禪紐藥部，"弱"在日紐藥部，於音可通。句意為：國君或諸侯有謀士，土地就不會被侵削；士人有謀友，談辯就會很有自信。●讀酌。《安大一 7》："我古（姑）勺（酌）皮（彼）兕觵（觥），隹（維）目（以）秉（永）鬺（傷）。"

疒楚　上博六·競公 10

【注】從广勺聲。●讀約，窮困。《上博六·競公 10》："丌（其）人妻（數）多已，是皆貧脙（苦）疒（約）疾。"此句與傳世本"愁苦約病"相對應。

勺攴楚　清華十·四時 18　清華十·四時 24　清華十·四時 1

【注】從攴勺聲。●《清華十·四時 18》："十四日玄明昏章，青攷（勺）兩上兩下，翏雨乍（作）。"整理者注："青勺，星象名，屬東方七宿。""翏雨，又見於簡一五、一八，為仲夏、季夏之雨。"有論者指出讀驟，"翏雨"即"驟雨"。●整理者讀約。《清華十·四時 1》："旹（節）攷（約），張沱（施）。"

 清華五·湯丘 4

【注】從口勺聲。●讀召。《清華五·湯丘 4》："女（如）思（使）呁（召），少閑（間）於疾，朝而儢（訊）之，不猷（猶）受君賜？"如果要召見，（等小臣）疾病稍愈，朝見的時候問他，不也是受您的恩惠么？

 里耶 8·1221

【注】從火勺聲。●《里耶 8·1221》："病暴心痛灼灼者。"灼灼，炙熱之意。●天星簡義不詳。

 新蔡甲三 23

【注】從米勺聲。●讀筲，同《郘大府量》之笭。

 清華七·子犯 1　　清華七·子犯 3　　上博四·昭王 7　　上

博四·曹沫 29　　清華二·繫年 37　　清華九·治政 26

【注】從言勺聲。●多讀召，召見。《上博四·昭王 7》："王詡（召）而余（舍）之緼（緼）褰（袍）。"《清華二·繫年 37》："秦穆公乃詡（召）文公於楚。"●讀約。《上博四·曹沫 29》："必詡（約）邦之貴人及邦之奇士御卒。"

 清華七·趙簡子 1　　清華七·趙簡子 5　　清華七·趙簡子 6

【注】從皿勺聲。●讀趙。簡文"趙簡子"，人名。

 清華二·繫年 115　　清華二·繫年 111　　清華二·繫年 112　　清

華二·繫年 119

【注】從勺從少，雙聲字。●均讀趙，姓氏。《清華二‧繫年111》："灼（趙）起（桓）子會〔諸〕侯之夫＝（大夫）。"

【注】從水勺聲。《説文》："汋，激水聲也。從水勺聲。井一有水、一無水，謂之瀱汋。"本義水聲。●讀溺，覆没、淹死。《中山王䜌鼎》："夐（與）其汋（溺）于人施（也），寧汋（溺）于䧹。"古音溺、汋音近通假。●晉璽、盟書均為人名。

類編 60

【注】從邑勺聲。●包山簡人名。●清華簡、楚璽均讀趙，姓氏。

【注】從弔從勺，雙聲字。●義不詳。

【注】從犬勺聲。豹，古同"豹"。《璽彙 5588》與《璽彙 1015》"肖豹"的"豹"字相似，只是多了個"爪"。●均為人名。《二十九年相邦趙戈》："廿九年，相邦肖（趙）豹。"

【注】《説文》："鼩，胡地風鼠。從鼠勺聲。"楚簡應該是豹字。《汗簡》齒部"豹"作"鼩"，《隸釋》所錄三體石經殘字《春秋‧宣公三年》"叔孫豹"亦作"鼩"，《汗簡箋正》以為借"鼩"為"豹"。望山簡中"豹""貘"等字皆從"鼠"旁，似當時"鼠""豸"二旁可以互用。●多讀豹。《包山 277》："鼩（豹）殆（韋）之冒（帽）。"●望山簡人名，可讀豹。

657

駒 楚  郭店 · 窮達 10

【注】從馬勺聲。●疑讀約，束縛之義。《郭店 · 窮達 10》："驥（驥）駒張山，驣空（塞）於邵（枳）棶（棘），非亡體（體）壯也。"或謂讀靮。《説文解字 · 革部》："靮，馬羈繩也。從革，勺聲。""靮"的本義是馬羈繩，用來牽制馬，在簡文中用為動詞。

豹  笈戒鼎、 屏敖簋蓋 秦  集粹 611、 睡簡 · 日甲 71 背、 睡簡 · 秦種 26、 、 、 秦印 190

【注】甲骨文作 、、、，象有斑紋之豹形。金文從豸（本指長脊的野獸）勺聲，與小篆略同。《説文》："豹，似虎，圈文。從豸勺聲。"本義豹子。●用如本義，多指豹皮，銘文中用為賞賜之物（在金文中首次出現）。《笈戒鼎》："虎裘、豹裘，用政（整）于六自（師）。"●豹子。《睡簡 · 秦種 26》："豹遫（遂），不得，貲一盾。"●秦印多為人名。

妁 秦  印增 473

【注】從女勺聲。●秦印人名。

翆 楚  天星

【注】從羽勺聲。●義不詳。

杓 秦  睡簡 · 日甲 138 背

【注】從木勺聲。●神祇名，或謂星宿名。《睡簡 · 日甲 138 背》："是胃（謂）地杓，神以毀宮，毋起土攻（功），凶。"

礿  我簋

【注】從示勺聲。《説文》："礿，夏祭也。從示勺聲。"本義夏祭。●夏祭。《我簋》："祉（延）礿繫二女（母），咸。"《公羊傳 · 桓公八年》："夏曰礿。"何休注："薦尚麥苗，麥始熟可礿，故曰礿。"

酌 伯公父勺 上博三・周易 57

【注】從酉勺聲，與小篆同。《說文》："酌，盛酒行觴也。"本義斟酒。《詩・周南》："我姑酌彼金罍。"《禮記・郊特牲》："縮酌用茅。"鄭玄注："酌猶斟也。酒已泲則斟之，以實尊彝。"●斟酒。《伯公父爵》："用酌。"《伯公父勺》："白（伯）公父乍（作）金爵，用獻用酌，用言（享）用孝。"用酌，金文習語，即用以斟酒。●祭名。《上博三・周易 57》："東罟（鄰）殺牛，不女（如）西罟（鄰）之酌祭。"

釣 望山 2・12 天星

【注】從金勺聲。●讀杓，懸掛物也。《望山 2・12》："白金之□釣。"《玉篇・禾部》："杓，懸物也。"清王筠《說文句讀・禾部》："杓，吾鄉亦謂懸物為杓。"

約 包山 268 包山 271 望山 2・33 郭店・性自 8

上博五・弟子 6 上博六・競公 8 天星 上博二・容成 50 包山牘 1

包山 271 清華三・芮良夫 19 清華二・繫年 114 清華六・管仲

26 睡簡・答問 139 關簡 193

【注】從糸勺聲。●儉省。《上博五・弟子 6》："貪戔（賤）而不約者，虗（吾）見之亘（矣）。"《論語・里仁》："以約失之者，鮮矣。"●束也。《郭店・性自 8》："剛之桓也，剛取之也。柔之約，柔取之也。"剛物易折，是因為其性太剛；柔物易卷，是因為其性太柔。●約定。《睡簡・答問 139》："有秩吏捕闌亡者，以畀乙，令詣，約分購，問吏及乙論可（何）殹（也）？"

敕 詛楚文

【注】從束勺聲，"約"之異文。●讀約。《詛楚文》："變輸（渝）盟敕（約）。"

仢 清華二・繫年 103

【注】從人勺聲。●讀弱。《清華二·繫年103》："至今齊人以不服于晉=（晉，晉）公以彴（弱）。"

透紐毚聲

陶録2·263

【注】甲骨文作𠓘、𠓙、𠓚、𠓛、𠓜、𠓝，從兔，突出口張露齒之形，兔亦聲。金文㲋、毚、𪎮、鑃（鐸）等字從之。《説文》："毚，獸也。似兔，青色而大。象形。頭與兔同，足與鹿同。凡毚之屬皆從毚。𪊽，篆文。丑略切。"●齊陶"易里女毚"，人名。

㪍狄鐘 瘋鐘 瘋鐘 瘋鐘 猷鐘 邢人妄鐘 師酉簋 匒簋 善鼎 𩰫卣 奢虎簠楚 清華八·攝命11 清華十·四告9 清華十·四告21晉 環圜錢

【注】從泉毚聲。郭沫若曰："㵐從泉毚聲，當是浡濿之浡，盛也，湧也。㬜從史毚聲，當是簿書之簿。數數㵐㵐，當以㵐為本字，㬜乃借字也。"（《金文詁林附録》2123頁）楚文字上部或訛為鹿。●讀薄，地名。亦作亳，在今河南商丘北。《師酉簋》："西門尸（夷）、㵐尸（夷）、秦尸（夷）。"●讀礴、或讀薄，形容鐘聲宏亮。《㪍狄鐘》《虢叔鐘》《邢人妄鐘》："數數㵐㵐。"《猷鐘》作"㵐㵐數數"。數數㵐㵐，猶言蓬蓬勃勃、磅磅礴礴。"數"即豐之古體。數數，與《詩》"芃芃""蓬蓬""唪唪"義同，均有盛大意。唐蘭曰："㵐㵐數數或曰數數㵐㵐，鐘銘恒言也。㵐舊並誤釋為熊，不知熊本從能，能字金文習見，固與此迥殊也。余謂此字上從𠓘乃毚字，下從𠂤為泉字，偏旁至顯……當釋㵐字無疑。㵐字冨從泉毚聲，與《説文》㬜讀若薄同，則㵐㵐數數，乃雙聲迭語，猶語蓬薄，旁薄，形容豐盛之詞也……士父鍾作㬜，而雍邑刻石以'㬜'與'趙'為韻，知㬜字正當讀若薄，實余説之有力證明也。"（《唐蘭先生金文論集》第38頁）●讀繹。《清華八·攝命11》："甬（用）事朕命，谷（欲）女（汝）㵐㵐（繹繹）。"繹繹，整理者引《漢書·韋玄成傳》"繹繹六轡"，注："繹繹，和調之貌。"《清華十·四告21》："進退走𦩶（揖），𫟹=𪊽=（㵐㵐）。"●讀繹，連綿不絶。《清華十·四告9》："誨（謀）惠（惟）猷淵（淵）胙（祚）〈繇〉㵐（繹）。"（以下接右）"惟"訓謀、念，《詩經·周頌·維天之命》序《釋文》引《韓詩》："維，念也。"《爾雅·釋詁》："惟，謀也。""胙"讀祚，"淵祚"蓋猶言永祚。"謀惟猷淵胙繇繹"可理解為謀念讓周室祚位永傳。

毚、
商亞作父癸角

【注】從五從酉，鬎聲。●讀薄，地名。詳"鬎"字。

 遣小子䚦簋 季鲁簋

【注】甲骨文作**巤**，從酉鲁省聲。《説文》："鲁，獸名。從鲁吾聲，讀若寫。"金文同甲骨文，《季鲁簋》從酉龟聲。●《季鲁簋》人名。●讀薄，地名。詳"鬎"字。

 土父鐘 井季龟卣 井季龟尊 季龟簋 石鼓文 、

 、 秦印 196

【注】從史龟聲。●銘文中龟、鬎同字。詳"鬎"字。●《石鼓文》："䲑之龟=（迫迫），涇=（瀚瀚）趨=（溥溥）。"董珊讀迫。并謂"䲑"字似可讀為"攔"，指將捕獲的魚放在水中圍欄中。"涇=（瀚瀚）趨=（溥溥）"指圍欄中魚多的樣子。●秦印人名。

 史鼻盨

【注】龟聲，疑"龟"之訛文。●人名。

 登鐸

【注】從金龟聲，即"鐸"字異體。"龟"聲字與"睪"聲字關係密切，如傳抄古文中，"撢"字古文作"萖"，"襗"字古文作"梟"，"澤"字古文作"梟"，均可證。●讀鐸。《登鐸》："登自乍（作）䤩龟（鐸）。"

疑紐孝聲

 乙亥鼎 御鬲 臣辰父乙鼎 臣辰父乙鼎 臣辰父乙簋 羊孝父丁爵 御

泟簋 父己尊 諫簋 王臣簋

【注】甲骨文有字作**巤、巤、巤、巤、巤、巤**，在人首上部別加**↓**形，人首處亦可寫成**○**或羨加一橫筆，可隸定為"孝"，當為"敫"之初文。所從人形金文或寫成冂，或對稱繁化作**巤**。●均為族氏名或人名。《諫簋》："王乎（呼）内史孝冊命諫。"

顤  陶録 4·28

【注】從頁夀聲。●燕璽人名。

敖  乖伯簋 屖敖簋 屖敖簋 九年衛鼎 秦印 73 睡

簡·雜抄 32  睡簡·答問 165 宗邑瓦書

【注】從攴夀聲。《乖伯簋》之與甲骨文相比，多了動符攴。由而作大概如同"襄"由變為，"亞"由而變為，"敬"由變為之例相仿。春秋文字《屖敖簋》作，左上角疑從毛聲。《九年衛鼎》所從之是由形進一步改造而成的。即"虍"，在字中起標音作用。古音"敖"在影紐宵部，"虍"在匣紐魚部，聲韻俱近。戰國陶文作，于大上加一橫畫作。大或演變為形（睡虎地秦簡作），小篆遂誤認從方，並與攴結合，遂變成"從放從出"。《説文》："，出遊也。從出從放。"本義為出遊。●《乖伯簋》："隹（惟）王九年九月甲寅，王命益公征眉敖。"《九年衛鼎》銘也有"眉敖"。郭沫若則謂"眉敖"當即微國之君，故地在今四川巴縣。一説"眉敖"是西周穆王時期臣服于周王朝的一個戎人部落名，其首領亦稱眉敖。（吳鎮烽《金文人名彙編》）●讀傲。《睡簡·為吏 19》："一曰見民枲（倨）敖（傲）。"●《睡簡·答問 165》："何謂'匿戶'及'敖童弗傅'？匿戶弗繇使，弗令出戶賦之謂也。"整理小組注云："敖童，見《新書·春秋》：'敖童不謳歌。'古時男子十五歲以上未冠者，稱為成童。據《編年紀》，秦當時十七歲傅籍，年齡還屬於成童的範圍。"凌文超認為：秦以身高為傅籍的主要依據，男子達到傅籍之年（可能是年十八歲），身高在罷癃標準（可能是六尺二寸）以上，傅籍標準（可能是六尺七寸）以下，與罷癃一樣有賦役義務，也應有個固定的身份，此身份就是"敖童"。敖童或延遲傅籍（身高達到傅籍標準），或及冠成年（身高仍未到傅籍標準）。這一時期，秦代男子成年應有兩個標準：傅籍與及冠。"敖"與傅籍相對，訓為遨、遊，相當於"未傅"，而"童"與及冠相對，為"未冠"之稱。"敖童"兼具未傅、未冠兩層涵義。具體而言，"敖童"一開始特指已到傅籍之年但身高在六尺二寸至六尺七寸之間的未冠男子，後來泛指未達到傅籍身高標準的未冠男子。（《敖童新解》）

熬 分熬壺

【注】從火敖聲。秦系文字與金文同形，如（帛編 407），或疊加意符力作、、（馬王堆遺冊），帛書用為本義，煎熬、熬製，此義楚文字作"爦"。《説文》："，干煎也。從火敖聲。鐾，熬或從麥。"本義煎熬，段玉裁注"以火而干五穀之類"也。●分熬：人名。《分熬壺》："分熬作尊壺。"

傲秦 會稽刻石

【注】從心敖聲。《説文》："憿，倨也。本從人作傲。或從心。"●讀傲。《會稽刻石》："貪戾憿猛。"《後漢·崔駰傳》生而貴者傲。

鷔 秦 石鼓文 、 、 、 秦印 192

【注】從馬敖聲。《説文》駿馬也；又馬驕不馴也。●讀沃。《石鼓文》："四馬其寫（卸），六轡鷔（沃）箸（若）。"《詩·小雅·皇皇者華》："我馬維駱，六轡沃若。"沃若，馴順貌。●秦印人名。

勢 秦 睡簡·為吏 3 里耶 8·2089 、 印增 528

【注】從力敖聲。字亦見于馬王堆帛書，作 、 （帛編 562）。●讀傲，傲慢。《睡簡·為吏 3》："勢（傲）悍衰暴。"

嫯 秦 里耶 8·918

【注】從女敖聲。●義不詳。

謷 秦 里耶 8·528 戰表 286 、 、 印增 91

【注】從言敖聲。●均為人名。

疑紐樂聲

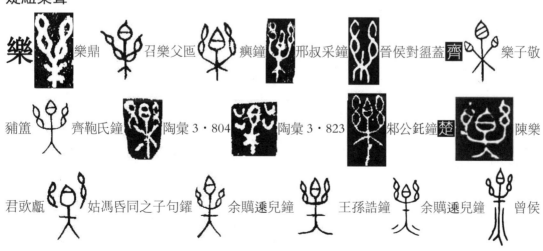

樂 樂鼎 召樂父匜 瘌鐘 邢叔采鐘 晉侯對盨蓋 齊 樂子敬

蒲簋 齊鞄氏鐘 陶彙 3·804 陶彙 3·823 郗公釸鐘 楚 陳樂

君歔甗 姑馮昏同之子句鑃 余贎逐兒鐘 王孫誥鐘 余贎逐兒鐘 曾侯

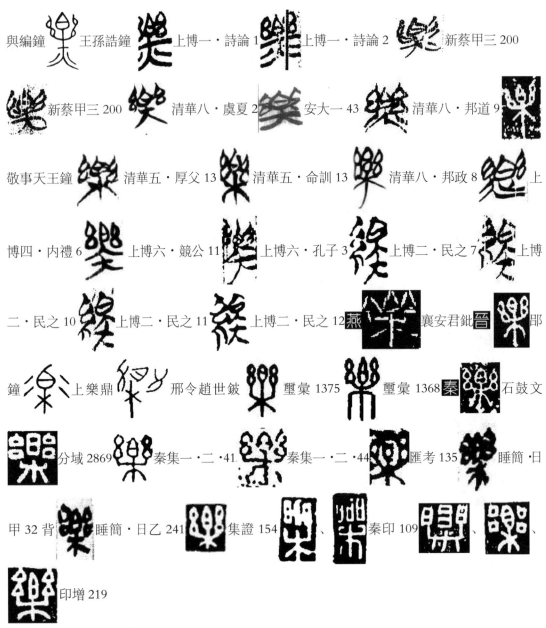

與編鐘　王孫誥鐘　上博一·詩論 1　上博一·詩論 2　新蔡甲三 200

新蔡甲三 200　清華八·虞夏 2　安大一 43　清華八·邦道 9

敬事天王鐘　清華五·厚父 13　清華五·命訓 13　清華八·邦政 8　上

博四·内禮 6　上博六·競公 11　上博六·孔子 3　上博二·民之 7　上博

二·民之 10　上博二·民之 11　上博二·民之 12　襄安君鈚　邵

鐘　上樂鼎　邢令趙世鈹　璽彙 1375　璽彙 1368　石鼓文

分域 2869　秦集一·二·41　秦集一·二·44　匯考 135　睡簡·日

甲 32 背　睡簡·日乙 241　集證 154　秦印 109　

印增 219

【注】甲骨文作 䇂、䇂、䇂、䇂，從絲從木。羅振玉謂絲附木上，琴瑟之象也。金文同甲骨文。或追加"白"為聲符。(劉釗《古文字構形學》80 頁) 戰國文字承襲金文，絲或省作 幺、纟、ソ、ハ 等形。楚系文字木的末筆收縮演變為 夾、夬、大、尖，另如來、新、櫨、季、崇等字。古文字或從幺、白、幺形體近似，互相類化。《説文》："樂，五聲八音總名。象鼓鞞。木，虡也。"本義為樂器，如《史記》："太師抱樂。"●享樂、喜悦。《子璋鐘》："用匽(宴)目(以)喜，用樂父𢼬(兄)者(諸)士。"《令狐君嗣子壺》："康樂我家。"●人名。《樂鼎》："樂乍(作)旅鼎。"●音樂。《上博一·詩論 1》："《㫖(詩)》亡隱(隱)志，樂亡隱(隱)情。"《上博二·民之 2》："民〔之〕父母虎(乎)，必達於豊(禮)樂之籦(源)。"簡文中均作 纓 形。●《秦集一·二·41》"樂府丞印"。樂府，秦置，漢沿之，掌宮廷郊祀宗廟音樂及管理宮廷藝人、樂器製作等，兼採集民間歌謠。《漢書百官公卿表》載少府屬官"樂府令、丞，掌宮廷郊廟樂章"。●《秦集一·二·43》

"左樂丞印","左樂丞"是"左樂府丞"的省略。與之相對,應該有"右樂府丞"。"樂府丞""左樂府丞""右樂府丞"之間的關係近似"丞相""左丞相""右丞相"。表明秦樂府令有多個副手。《百官公卿表》說武帝時樂府有三丞,或是秦的舊制。●《秦集一·二·44》"外樂"含義不明。或如"左樂","外"為區別字,指樂府的分支機構,主管宮外音樂事務。●《秦集一·二·42》"樂府鐘官"。《漢表》"水衡都尉"屬官有"鐘官",但此"鐘官"主鑄錢,似與樂府無關,所以封泥中的"鐘官"與此"鐘官"定不相同。秦封泥中還有"雍左樂鐘"趙平安對此作了詳細的闡述,他認為"鐘官"是"樂府"的屬官,鐘為官名。(《秦西漢誤釋未釋官印考》)●《匯考135》"樂城"地名,地望不詳。●《集證154》"樂陰右尉"。樂陰地望目前無法詳知。漢有樂陽縣,屬常山郡,見《漢書·地理志》,故城在今河北獲鹿縣東北。秦之樂陰縣地當近樂陽縣。

 陶彙 5·158 陶彙 5·512 類編 398

【注】從女樂聲。●秦陶人名。

 上博四·內禮 6

【注】從辵樂省聲。●《上博四·內禮 6》:"父毋(母)亡(無)厶(私)遷。"讀樂,快樂、歡樂。《詩·小雅·常棣》:"兄弟既具,和樂且孺。"孔穎達疏:"九族會聚和而甚忻樂也。"

 石鼓文

【注】從走樂聲。《說文》:"趫,動也。"●《石鼓文》:"多庶趫=(躍躍),君子卣(攸)樂。" "多庶趫=",郭沫若認為是指從獵眾庶之欣欣然喜悅。觀上下文,似"趫="可讀"躍躍",指眾多被活捉的獵物關在牢中,踴躍掙扎的狀態,此為君子所樂於看到之事,所以上文說"執而勿射",就為了看這些動物的活蹦亂跳。

 諫季獻盨 叔諫父盨

【注】從言樂聲。《廣韻》,音落。諫詠,狂言也。●人名。《叔諫父盨》:"弔(叔)諫父乍(作)旅鎬(盨)段,其永用。"

 盧鐘 伯濼父壺 鄦叔之仲子平鐘 璽彙 1286

【注】甲骨文作 ,從水樂聲。金文與小篆同。《說文》:" ,齊魯間水也。從水樂聲。《春秋傳》曰:'公會齊侯于濼。'"《說文》釋為水名。●《伯濼父壺》,人名。晉璽人名。●金文多讀樂,快樂、喜樂。《盧鐘》:"用亯(享)大宗,用濼(樂)好宗(賓)。"《鄦叔之仲子平鐘》:"鑄其游鐘,台(以)濼(樂)其大酉。"

665

櫟 秦 四年相邦戟 櫟陽矛 四年相邦樛斿戈 睡簡・效律38） 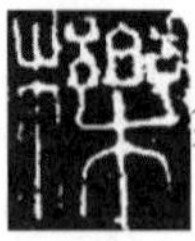集證 158 、秦印 105

【注】甲骨文作，從木樂聲。戰國文字同。《説文》：“，木也。”本義木名。卜辭中用為地名。●《櫟陽矛》：“櫟陽武。”櫟陽，地名，又作櫟邑，戰國秦都，獻公二年（前 383 年）徙都於此。《史記・貨殖列傳》：“獻公徙櫟邑。”孝公十二年（前 350 年）徙都咸陽（今咸陽市東北）。後置櫟陽縣。櫟陽秦屬内史，其治地在今陝西西安閻良區武屯鎮。《集證 158》“櫟陽鄉印”，為櫟陽縣之屬鄉。●秦印“櫟讙”，姓氏。

饑 仲饑盨

【注】從食樂聲。《字彙》音爍。銷爍也。●人名。《仲饑盨》：“中（仲）饑父复（作）鑄旅額（盨）。”

藥 藥鼎 楚 清華一・程寤 5 郭店・五行 8 郭店・五行 28 上博二・從甲 16 上博二・從乙 3 清華一・耆夜 12 晉 璽彙 1384 圖典 354 秦 秦印 15

【注】從艸樂聲。戰國文字或省從屮作。《説文》：“，治病艸。從艸樂聲。”本義草藥。●人名。《藥鼎》：“藥乍寶鼎。”●古璽印有“藥梁”“藥丹”“藥晝”，姓氏。《通志・氏族略》藥氏，望出河内，後漢南陽太守藥崧，晉有牙門藥冲。●讀樂，喜樂、禮樂。《郭店・五行 8》：“不安不藥（樂）。”●醫治。《清華一・程寤 5》：“如天降疾，旨味既用，不可藥，時不遠。”●能夠治病的植物。《上博三・周易 21》：“亡（无）忘又（有）疾，勿藥又（有）菜。”

讙 楚 郭店・五行 29

【注】從言藥聲。●讀樂。《郭店・五行 29》：“和則讙（樂），讙（樂）則又（有）悳（德）。”

皪 秦 石鼓文

【注】從帛樂聲，疑“皪”之異文。●讀皪，白貌。《石鼓文》：“帛（白）魚皪=（皪皪）。”

爍 晉 廿八年陽邑戈 璽彙 0971 璽彙 2595 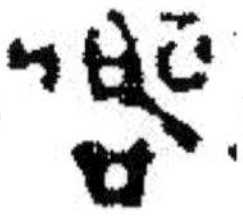璽彙 0073 璽彙

 珍戰 139

【注】從心樂聲。《集韻》：“㦤，娛也。本作樂。或從心。”●多為人名。《廿八年陽邑戈》：“冶氏㦤鑄之。”●《璽彙 1386》“㦤成圻”，地名，即樂成，地在今河北省獻縣東南，戰國後期屬趙。●讀樂。《璽彙 0073》“㦤（樂）陰司寇”。《漢書地理志》有樂陽縣，屬常山郡，地在今河北獲鹿縣東北，戰國時屬趙。“樂陰”邑當與樂陽有關，可能在其附近。此為樂陰邑司寇所用之印。

疑紐虐聲

虐 寅簋 同簋 牧簋 气盤 秦 會稽刻石

【注】甲骨文作ᦙ、ᦙ、ᦙ，從虎從人，會虎爪虐人之意。金文《寅簋》虎爪已不明顯。虐、虎二字易混，虐突出爪形、而虎突出巨口和尾形，然二字作偏旁不別。金文或作虓（“虢”之省文），付强認為是由於古文字中“卜”與“人”字形相混造成的。（《說氣盤銘文中的“虐”字》）《說文》：“ᦙ，殘也。從虍，虎足反爪人也。ᦙ古文虐如此。”本義兇惡、殘暴。●虐暴、危害。《寅簋》：“卑復虐逐㞢（厥）君㞢（厥）師。”《牧簋》：“亦多虐庶民。”《會稽刻石》：“暴虐恣行，負力而驕，數動甲兵。”《氣盤》銘文中的“用虓霸姬”，當考釋為“用虐霸姬”，虐，訓害也，大意是害霸姬。楚文字虐多作“唬”。

 關簡 376

【注】從疒虐聲。●疑用為本義，瘧疾。《關簡 376》：“北鄉（向），禹步三步，曰：‘噓（呼）！我智（知）令=某=瘧=（令某瘧，令某瘧）者某也。”

來紐尞聲

 埇伯甗簋

【注】甲骨文作ᦙ、ᦙ、ᦙ、ᦙ、ᦙ、ᦙ、ᦙ、ᦙ、ᦙ、ᦙ，象架柴火焚燒，火星飛揚之形。王國維謂：“從木在火上，燔祭之也。”（《戩壽堂所藏甲骨文字考釋》1 頁）金文承甲骨文一形，下從火。《說文》：“ᦙ，柴祭天也。從火從眘。眘，古文慎字。祭天所以慎也。”本義為焚柴祭天，是“燎”的本字，卜辭中用為祭名。引申泛指焚燒，《漢書》：“雷電尞，獲白麟。”由于“尞”作了偏旁，其本義便另加形符“火”寫作“燎”。●讀燎，祭名，燃柴以祭天也。《庸伯甗簋》：“隹（唯）王伐逨魚，徦伐淖黑，至尞于宗周。”文獻作“燎”。《詩·大雅·旱麓》：“民所燎矣。”《釋文》云：“燎柴祭天也。”《公羊傳·僖公卅一年》：“山川有能潤于百里者，天子秩而祭之。”

何休注：“燎者，取俎上七體與其珪寶在辨中置于柴上燒之。”

寮 逋盂 大方彝 大尊 令簋 令簋 番生簋 毛公鼎

齊 叔尸鐘 叔尸鐘 楚 清華九・廼命二 6

【注】甲骨文作、、、。徐中舒曰：“甲骨文從宀從尞，象大型宮室中燃火之形，表示多人飲食起居其中，後世之同夥、同僚蓋起源于此，初本謂同居一室之人也。”（《甲骨文字典》836 頁）金文同甲骨文。金文或迭加，陳劍先生曾在《釋造》一文初稿的註釋中認為，“尞”字從者聲，又加註吕聲，者、吕都是魚部字，而尞是宵部字。“吕”“予”一字分化，“予”聲字與“者”聲字亦關係密切，兩者常通假。秦系文字形省為日形，木也因收縮下部而不顯，遂為小篆所本。《說文》：“，穿也。從穴尞聲。《論語》有公伯寮。”所釋為假借義。本義是指同居一室之人。典籍中常代“僚”，如《詩經》：“我雖異事，及爾同寮。”●讀僚，官也。《牧簋》：“令女（汝）辟百寮。”文獻作“百僚”。《書・皋陶謨》：“百僚師師，百工惟時。”孔傳：“僚、工，皆官也。”或用為動詞。《逋盂》：“寮女寮：奚、征、華。”寮女寮，即與你的同僚搞好關係。●讀僚，徒屬。《叔尸鐘》：“余命女（汝）嗣（司）辝（台）釐，𨘢或徒四千，為女（汝）敵（敵）寮。”敵寮，郭沫若讀為嫡僚，言直系之徒屬。（《兩周金文辭大系考釋》205 頁）●機構名。《番生簋》：“王令𫎇嗣（司）公族、卿事、大史寮。”大史寮，周代與卿事寮平行的中央機構，主要掌管冊命、制祿、圖籍、修史、祭祀、占卜等事務。●讀僚。《令簋》：“用鄉王逆造，用𩜁寮人。”寮人，僚友、僚屬。《儀禮・士冠禮》鄭玄注：“賓，主人之僚友。”賈公彥疏：“同官為僚。”《清華九・廼命二 6》：“毋（毋）或以而必（密）逐（邇）、寮朋、宦御之古（故），㢸（强）請於朕，以自乍（作）梪（樹）肙（怨）。”

潦 秦 睡簡・秦種 2 集證 150

【注】從水尞聲。●秦簡本義。《說文》：“潦，雨水大皃。”《睡簡・秦種 2》：“早〈旱〉及暴風雨、水潦、螽蚰、羣它物傷稼者。”●《集證 150》“潦東守印”，地名。秦有遼東郡。

繚 秦 、秦印 253 陶彙 5・79

【注】從糸尞聲。●秦文字人名。

戭 戭觶

【注】從戈尞聲。●金文人名。

蔡_楚 清華七·越公 5　　清華七·越公 7

【注】從艸尞聲。●讀燎。《清華七·越公 5》："母（毋）醫（絶）雫（越）邦之命於天下，亦茲（使）句踐（踐）圂（繼）蓅於雫（越）邦。"《清華七·越公 7》："勿茲（使）句踐（踐）圂（繼）蓅於雫（越）邦巳（矣）。"古代早期，庭上燃着麻秸等紮成的火炬叫庭燎。《詩經·小雅·庭燎》："夜如何其，夜未央，庭燎之光。"《毛傳》："庭燎，大燭也。"《釋文》："鄭云：在地曰燎，執之曰燭。"《庭燎》是讚美周王勤政早朝的詩。所謂繼燎，指勤奮工作。《東維子集》卷三十："則王者勤政，亦繼燎於夜也，豈惟宣王哉？"

來紐料聲

料_齊 嗣料盆　嗣料盆蓋_楚 清華三·芮良夫 20 _秦睡簡·效

律 11 睡簡·秦種 194

【注】從米從升（升、斗偏旁混作），會意為米在升斗之意。《説文》："料，量也。從斗，米在其中。讀若遼。"本義稱量。《史記·孔子世家》嘗為季氏史，料量平。●司料：官名。《嗣料盆》："嗣（司）料東所寺（持）。"●指物資。《睡簡·秦種 194》："有實官縣料者，各有衡石贏（纍）、斗甬（桶），期蹊。"貯藏穀物的官府需要進行稱量的，都應備有衡石的權、鬥桶，以足用為度。●《清華三·芮良夫 20》："覍（研）慤（甄）嘉惟，料（調）和庶民。"讀調。《説文·言部》："調，和也。"調和庶民，使庶民和諧。

來紐了聲

了_秦 關簡 330

【注】象形字。從子，無臂。字象嬰兒束其兩臂形。初生的嬰兒，往往束其兩臂而裹之。或説本義為走路時足脛相交。《説文》："了，尥也。從子無臂，象形。"引申為結、束，所以"了"常與"結"同義連用。清徐灝《説文解字注箋》："凡收束謂之結，故曰了結。"漢印作 _{（印封 1266）}，為人名。《説文》："了，尥也。從子無臂。象形。"●"子"之誤書。《關簡 330》："嘑（呼）！垣止（址），笥（苟）令某齰已，予若叔（菽）了〈子〉而微之齰已。"

了_圖 貨系 1523

【注】從邑了聲。●讀繚，地名。《爾雅·釋丘》注"嫌人不了"，釋文："了，本作燎。"是其佐證。《繚縣》隸《漢書·地理志》清河郡，在今河北南宮東南。

並紐暴聲

暴 [楚] 上博五·鬼神1　上博五·鬼神3　郭店·性自64　清華三·芮良

夫11 清華九·治政36　清華十·四告2　清華十·四告4 [秦] 睡簡·秦

種2 會稽刻石　里耶8·1243　嶽麓一·為吏50　印增258

【注】秦文字從日從米從廾，會雙手捧米於日下暴曬之意。日下之 ，舊多釋出，何琳儀釋為毛之省，表音，暴、毛均屬宵部。（《戰國古文字典》327頁）楚文字從天從日從廾，像兩手持草木一類東西在日下曝曬，"曝曬"之"曝"的初文。《郭店·性自64》上部所從或認為"爻"聲，或認為是"虍"，均不確，當是"天"之訛變。下部所從與 （曾4）右旁形近。●秦簡表急促、暴肆之義。《睡簡·為吏8》："嚴剛毋暴。"●暴虐。《上博五·鬼神1》："今夫鬼神又（有）所明，又（有）所不明，則以亓（其）賞善罰暴也。"楚文字為暴虐之暴，與晞暴之暴不同。秦文字或用"虣"為暴（詛楚文）。

癝 [楚] 清華一·尹至2　包山102　包山102

【注】從疒暴聲。●讀暴，暴戾。《清華一·尹至2》："隹（惟）𢦏（災）：蠱（虐）悳（德）、癝（暴）𩇵、亡笧（典）。"●包山簡人名。

襮 [楚] 安大一104

【注】從衣暴聲。●衣領。《安大一104》："索（素）衣絑（朱）襮，從子于沃。"《説文·衣部》："襮，黼領也。從衣，暴聲。《詩》曰：'素衣朱襮。'"

繰 [楚] 上博三·彭祖2

【注】從糸；右從衣，中從"暴"省，即"繰"字。繰，襮之異文。●讀表。《上博三·彭祖2》："天地與人，若經與緯，若襮（表）與裏。"

櫏 [楚] 曾侯4　曾侯58

670

【注】從市暴省聲，"襮"之異文。●讀表。《曾侯4》："囷軒，紡幞（襮），紫裏。"

【注】從戈暴聲。●讀暴。《清華九·治政6》："是向（鄉）又（有）戝（暴）民，必智（知）之。"

【注】從肉戝省聲。隸定為"朡"。●讀暴。《上博二·從甲18》："則朡（暴）毀之。""朡毀"讀為"暴毀"，就是急毀。"暴"，急驟、猛烈。《詩·邶風·終風》："終風且暴，顧我則笑。"毛亨傳："暴，疾也。"

並紐虣聲

【注】甲骨文作𤓖、𤓖、𤓖，象以戈搏虎之形。金文變戈為戌（二者均為兵器）戌刃向虎，會意猶明。戰國文字作戲，虎形訛變，並加日旁為飾，復加止表示行動，遂與戈旁合成"武"，故隸定為"虣"。秦文字作𧟰（詛楚文），戈下加卉，遂為"虣"字。此字典籍多讀"暴"。《周禮·地官·司虣》："禁其鬥囂者，與其虣亂者。"《文選·鮑照（蕪城賦）》："伏虣藏虎，乳血餐膚。"李善注："虣，古文暴字。"●晉璽讀暴，姓氏。《前漢·雋不疑傳》暴勝之為直指使者。●讀暴，暴虐。《詛楚文》："內之則虣（暴）虐不（無）辜，刑戮孕婦。"《曑盨》："勿事（使）虣（暴）虐從（縱）獄。"

【注】從衣虣省聲。衣旁中所從𢦏，應是"虣"字古體，古代稱搏虎為暴，古書中有時把疾暴之暴寫作虣，例如《周禮》的暴字大都寫作"虣"。《周禮·地官·司徒》"司虣"，鄭玄注作"司暴"。故𧟰即襮。●讀襮。《致鼎》："王姻（俎）姜事（使）內史友員易（賜）致玄衣朱襮（襮）裣（衿、襟）。"朱襮裣，朱紅色斜交領的衣服。《詩·唐風·揚之水》："素衣朱襮。"毛傳："襮，領也。"

侯部

匣紐侯聲

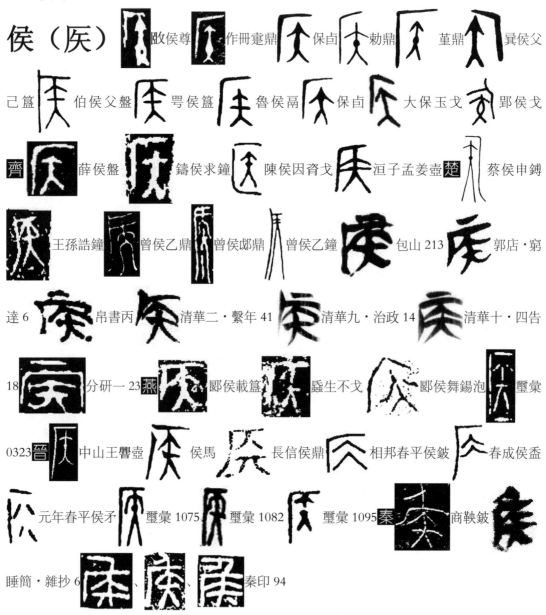

侯（医） 敗侯尊 作冊憲鼎 保卣 勅鼎 董鼎 曩侯父己簋 伯侯父盤 咢侯簋 魯侯鬲 保卣 大保玉戈 郘侯戈 齊 薛侯盤 鑄侯求鐘 陳侯因脊戈 洹子孟姜壺 楚 蔡侯申鎛 王孫誥鐘 曾侯乙鼎 曾侯邸鼎 曾侯乙鐘 包山213 郭店·窮達6 帛書丙 清華二·繫年41 清華九·治政14 清華十·四告18 分研一23 燕 郾侯載簋 蟊生不戈 郾侯舞錫泡 璽彙0323 晉 中山王響壺 侯馬 長信侯鼎 相邦春平侯鈹 春成侯盉 元年春平侯矛 璽彙1075 璽彙1082 璽彙1095 秦 商鞅鈹 睡簡·雜抄6 、 、 秦印94

【注】甲骨文作 ⅍、 ⻊、 ⻊、 ⻊，從矢（或訛為大、交）從厂。李孝定曰："厂象射侯之形，矢集其下，當為會意字。"（《金文詁林讀後記》卷5）古代有"射侯之禮"，凡是射中侯的就是了不起的男子。金文承襲甲骨文，戰國文字矢旁或訛為大、交，遂與大相混；或作 夫，與夫相混。厂旁或作匚，遂與"医"相混。戰國時秦系文字厂上加人形，遂為小篆所本。《說文》："侯，春饗所躲侯也。從人；從厂，象張布；矢在其下。天子躲熊虎豹，服猛也；諸侯躲熊豕虎；大夫射麋，麋，惑也；士射鹿豕，為田除害也。其祝曰：'毋若不寧侯，不朝于王所，故伉而躲汝也。'侯古

文矢。”古文正同金文。本為古代射禮所用的射布，即後來的箭靶，如《詩經》："終日射侯。"
引申指五等爵位（公、侯、伯、子、男）的第二位。●諸侯、封侯。《叔尸鐘》："齊侯左右。"《保
卣》："乙卯，王令保及殷東或（國）五侯。"●用為動詞，受命為侯。《麥尊》："侯于井。"●讀
后。《包山 213》："賽禱太備（佩）玉一環，厌（后）土、司命、司禑，各一少環。"●官爵名。
《大盂鼎》："佳（唯）殷邊侯、田（甸）雩（與）殷正百辟，率肄于西（酒）。"《書·酒誥》："越
在外服，侯、甸、男、衛、邦、伯。""侯服"指外服諸侯。●《師俞尊》："王女（如）上侯，
師俞從。"上侯，地名，地望不詳。●讀候，秦刑罰的一種。《睡簡·雜抄 6》："當除弟子籍不得，
置任不審，皆耐為侯（候）。"候與司寇皆為守備、監管，只是兩者分工不同。候之刑罰略輕。
●古璽印有"厌戠""厌暲""厌䇂""厌湯""矦瞋"等，姓氏。●《璽彙 1095》"九侯嶢"，"九
侯"為複姓。

侯 秦 睡簡·答問 203、 睡簡·答問 179、 、 秦印 155

【注】從人侯聲。●讀侯，諸侯。《睡簡·答問 203》："者（諸）侯（侯）客節（即）來使入秦。"
●武官名，秦印文字習見。

諜 晉 匯考 340

【注】從言侯聲。●"司馬諜"，人名。

緱 秦 秦印 255

【注】從糸侯聲。●人名。

螶 晉 璽彙 1868

【注】從蚰侯聲，"螻"之繁文。●晉璽人名。

鄇 楚 包山 132

【注】從邑侯聲。●地名。

鍭 秦 里耶 8·1260

【注】從金侯聲。●簡文"百七十三鍭"，"鍭"，《校釋》注："箭也"，並引《爾雅·釋器》"金
鏃翦羽謂之鍭"及《方言》卷九"箭，自關而東謂之矢，江淮之間謂之鍭，關西曰箭"。第四欄

"成鏃四百"之"鏃"即是此意，謂用各種規格翰羽共製成鏃矢四百餘枚。

匣紐后聲

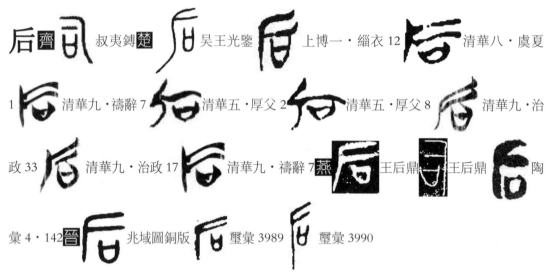

【注】甲骨文作 巾、毗、司、卣、乑、卣 等形，與"司"同形，唯據文意區別之。晚周以降，后、司始方向固定，多以 卣 為后，以 司 為司。《説文》："后，繼體君也。象人之形。施令以告四方，故厂之。從一、口。發號者，君后也。"后，上古多稱君主、帝王，後多指帝王的妻子。●王后：帝王的正妻。《王后中官鼎》："王后中官，二斗五升少半升。"戰國時期列國君主之妃多稱"后"。秦文字用"后"表示太后之后，楚文字多用"句"表示。●本指天子，引申一國之主即諸侯也可稱"后"。《吳王光鑒》："往已弔（叔）姬，虔敬乃后，孫孫（子孫）勿忘。"《清華八·虞夏1》："顕（夏）后受之，乍（作）政用倍（禦）。"

【注】從缶后聲。《説文》："受錢器也。从缶后聲。古以瓦，今以竹。大口切。又，胡講切。"●秦簡用本義，陶製容錢器。《睡簡·雜抄97》："受錢必輒入其錢缿中。"

匣紐後聲

嬺鼎　　之利鐘　　之乘辰鐘　　余購遂兒鐘　　曾姬無卹壺　　郭店·老甲 3

上博三·仲弓 4　　清華八·處位 5　　上博二·容成 17　　清華二·繫年 90　　上

博三·恒先 10　　上博四·曹沫 30　　清華六·管仲 25　　清華三·良臣 9　　清

華一·耆夜 6　　清華五·三壽 26　　杕氏壺　　與兵壺　　與兵壺　　中山王譽鼎

中山王譽壺　　兆域圖銅版　　璽彙 0096　　睡簡·雜抄 37　　二世元年

昭版　　中央勇矛

【注】甲骨文作　、　、　，徐中舒謂　從夂系繩下，即表世系在後之意。蓋父子相繼為世，子之世即系于父之趾下，此為"後"的本義，與"先"相對而言，甲骨文"先"從人在止上，取義亦與此同。（詳《甲骨文字典》164 頁）或增從彳，表示動作。金文同甲骨文，彳或作辵；或增口，是當時的書寫習慣。《説文》："後，遲也。從彳、幺、夂者，後也。後古文後從辵。"本義為後世。引申泛指後面，如《論語》："子畏于匡，顏淵後。"亦引申指時間的遲、晚。●遲緩、落後。《杕氏壺》："旺我室家，悆（弋）獵毋後。"●晚輩、子孫。《師望鼎》："王用弗朢（忘）聖人之後。"●遲，與"早"相反。《叔家父簠》："用速先後者（諸）踵（兄），用蘄（祈）覭（眉）考無彊（疆）。"●繼承者。《上博二·容成 12》："堯有子九人，不以其子為後，見舜之賢也，而欲以為後。"●落在後面。《郭店·性自 62》："凡惪（憂）患之事谷（欲）妊（任），樂事谷（欲）後。"

詨　新蔡乙一 16　　新蔡乙一 32　　上博二 容成 45　　璽彙 2527

璽彙 2528　　璽彙 2529

【注】從言後省聲。●讀厚。《上博二·容成 45》："或（又）為酉（酒）池，詨（厚）樂於酒。"●楚璽"詨倉""詨畀癹""詨瓟"，姓氏，疑讀後。《姓氏考略》注云："太皞孫後照之後。今開封有此姓。望出東海。"

匣紐厚聲

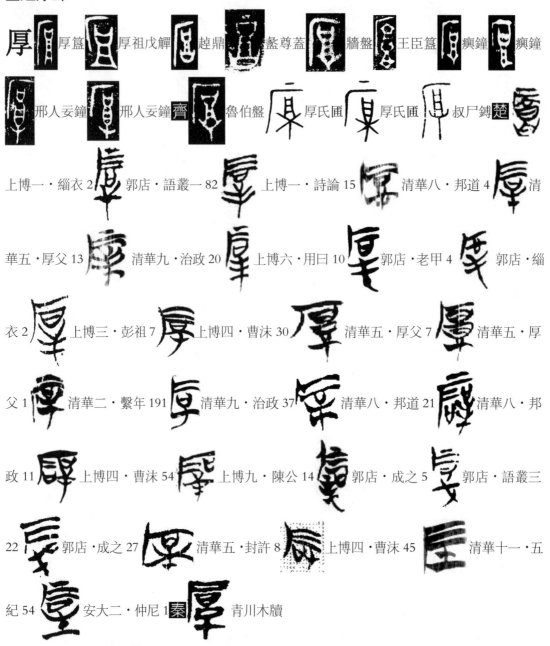

厚 厚簋 厚祖戊觶 趞鼎 盠尊蓋 牆盤 王臣簋 瘋鐘 瘋鐘 邢人妄鐘 邢人妄鐘 齊 魯伯盤 厚氏匜 厚氏匜 叔尸鎛 楚

上博一·緇衣2 郭店·語叢一82 上博一·詩論15 清華八·邦道4 清華五·厚父13 清華九·治政20 上博六·用曰10 郭店·老甲4 郭店·緇衣2 上博三·彭祖7 上博四·曹沫30 清華五·厚父7 清華五·厚父1 清華二·繫年191 清華九·治政37 清華八·邦道21 清華八·邦政11 上博四·曹沫54 上博九·陳公14 郭店·成之5 郭店·語叢三22 郭店·成之27 清華五·封許8 上博四·曹沫45 清華十一·五紀54 安大二·仲尼1 秦 青川木牘

【注】從石從亯（ 、 為“亯”之省形，實為“墉”“郭”之本字）。從亯，表示字義和城有關；從石，則是城垣建構的重要材料。金文已有訛變。《厚簋》《趞鼎》為西周早期，《盠尊蓋》為西周中期，用為地名，按其年代則應為“厚”之省文。戰國楚簡“厚”字形體變化較大，下部均由 訛變，或似干形，或作戈形，或似毛形、或作又。秦系文字青川木牘作 下從子形，其訛變序列為 → → 。《清華十一·五紀54》從石從土，土、亯作為形符可以互換，與《説文》古文作 同形。●形容詞，有重、長、大、多等義。《邢人妄鐘》：“降余厚多福無疆。”厚、多同意。《郭店·緇衣2》：“以視民厚，則民青（情）不紕（忒）。”《上博四·曹沫45》：“其賞淺且不中，其誅厚且不察。”《清華十一·五紀54》：“夫卦（兆）奎（卦）笘（茫）亂，占至（厚）

吳（虞）之。"●讀緱。戈、劍柄把上所纏的絲繩，便于握緊施力。《王臣簋》："戈畫威厚必（柲）彤沙。"《史記·孟嘗君傳》："馮先生甚貧，猶有一劍耳，又蒯緱。"裴駰集解："緱音侯，亦作侯，謂把劍之處。"或以為用為本義，厚柲，增厚、加固柲的部分，于義亦通。●人名。見于《趡鼎》《魯伯厚父盤》等器。

厰匋簋　　　五年師旋簋　　　袁鼎　　　無叀鼎

【注】從欠厚聲，張世超謂"听"之本字，今通作吼（《金文形義通解》1386頁），用為"厚"，為假借。●讀緱，詳"厚"字。《走馬休盤》："賜休：玄衣黹屯（純）、赤市朱黃（衡）、戈琱威彤沙厰（厚）必（柲）、鑾（鑾）旂（旂）。"

飵　　毛公旅鼎

【注】從食厚聲。此字形符右從欠、丮之合文，對照"餿"之從欠、丮作鬻（宁鼎），或省作鬻（叔尸鎛），故此字形符可認為從食從欠。又古文字形符欠可增繁，也可省減，如鬻、鬻、厚、期，故鬻嚴格隸定應為"鬻"，可視為"飵"字繁文。古文字聲旁從厚與從侯可以通用替代，故金文當釋為"餱"。《說文》干食也。《徐鉉曰》今人謂飯干為餱。《詩·大雅》乃裹餱糧。●讀餱。《毛公旅鼎》："我用飲鬻（餱）眔我友。"文意是說鑄鼎之為用，乃用于"具餱糧"。（詳《金文編訂補》389頁）

見紐冓聲

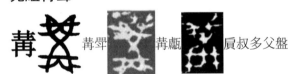

冓　　冓罕　　　冓甗　　　頁叔多父盤

【注】甲骨文作冓、冘、冓、淾、徠、絑。徐中舒謂象兩條魚頭對頭遇見的情狀。或增止、辵、彳等為形符，以明與"行"義有關。（《甲骨文字典》443頁）金文同甲骨文。《說文》："冓，交積材也。象對交之形。"所釋非本義。本義是相遇，如甲骨文卜辭有"今日不冓雨""其冓小風"等，均用為本義。今以"冓"為偏旁的字都有"相遇"義，如遘、媾、構、溝、覯、購等。●讀媾，婚姻。《頁叔多父盤》："兄弟諸子婚冓（媾）無不喜。"●人名。《冓罕》："冓乍（作）寶隩彝。"

覯　　叟季良父壺　　　九年衛鼎　　　五祀衛鼎

【注】從見冓聲，與小篆同。《說文》："覯，遇見也。從見冓聲。"本義遇見。●讀媾，婚姻、婚媾。《叟季良父壺》："用亯（享）孝于兄弟、婚覯（媾）、者（諸）老。"李孝定謂"頁"為人體，與"女"事類相近，故覯、媾通作。從冓者，謂若交積材也。又《說文》："媾，重婚也。"重婚者，重疊交互為婚姻也。●讀較。《五祀衛鼎》："丼（邢）白（伯）、白（伯）邑父、定白（伯）、

璩白（伯）、白（伯）俗父乃顜。"《史記·曹相國世家》："蕭何為瀘，顜若畫一。"《集解》覯，一音較。《索隱》："覯，漢書作講，故文穎云，講，一作較。按：訓直，又訓明，言瀘明直若畫一也。"●《九年衛鼎》："顜履，付裘衛林舂里。"顜履，即劃明田界。《集韻·講部》："顜，明也。"

講 秦 、 、 、 秦印 45

【注】從言冓聲。●人名。

遘 蜃鼎 楷伯簋 二祀邲其卣 乖伯簋 克盨 四祀邲其卣

後 保卣

【注】從辵（或從彳）冓聲。遘、後一字異形。《説文》："講，遇也。從辵冓聲。"本義遇見。●遇、遭遇。《保卣》："後（遘）于四方，迨王大祀，祓于周。"●祭名。《二祀邲其卣》："遘于匕（妣）丙，乡（肜）日，大乙爽。"卜辭有與此器銘文完全相符者，如"才（在）正月，遘于妣丙，肜日，大乙爽。隹（惟）王二祀。"●讀媾，姻親。《膳夫克盨》："隹（唯）用獻于師尹、倗（朋）友、聞（婚）遘（媾）。"●讀覯，見也。《楷伯簋》："楷白（伯）于遘王，休，亡叉。"

溝 秦 睡簡·為吏 16

【注】從水冓聲。●用為本義，水道。《睡簡·為吏 16》："溝渠水道。"

購 秦 睡簡·答問 134 睡簡·答問 139

【注】從貝冓聲。●獎賞。《睡簡·答問 44》："不當論，亦不當購。"《廣韻·釋言》："購，賞也。"

鄯 齊 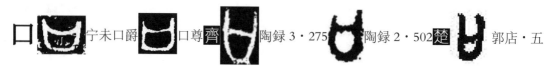 、 陶録 2·390

【注】從邑冓聲。●"楚郭巷蒲里鄯"，人名。

溪紐口聲

口 宁未口爵 口尊 齊 陶録 3·275 陶録 2·502 楚 郭店·五

行 45　　清華八·心中 1　燕　　璽彙 0118　晉　　璽彙 3467　　先秦編 59　秦

睡簡·雜鈔 188

【注】甲骨文作　、　，象人口之形。金文承之。小篆字形變長，隸書和楷書又變圓形為方形，就變得不象形了。《說文》：“　，人所以言食也。象形。凡口之屬皆從口。”本義為人嘴。又引申為人口，如：“十口之家，十人之鹽。”●讀曰，疑即“曰”字誤書。《四祀邲其卣》：“乙巳，王口：隣文武帝乙宜。”●族氏名。見于《口尊》等。●晉璽人名。●燕璽“徒口都尉”、齊陶“口”等當為地名。●多用為本義，《說文》人所以言食也。《清華八·心中 1》：“尻（處）身之中以君之，日、耳、口、繼四者為叟（相），心是胃（謂）中。”●指戶口。《孟子》數口之家。《睡簡·日乙 256》：“其食者五口。”

汩 齊　　陶録 3·520　　　陶彙 3·622

【注】從水口聲。●齊陶人名。

邯 齊　　陶録 3·17　　陶彙 3·789　　陶彙 9·30 晉　　璽彙 4036

【注】從邑口聲。或加甘繁化。●齊陶晉璽姓氏。

扣 楚　　郭店·老甲 33

【注】從手口聲。●《郭店·老甲 33》：“舍（含）悳（德）之厚者，比於赤子，蚖蠆蟲它（蛇）弗螫（蟄），攫鳥狁（猛）獸弗扣。”扣，整理者讀“劬”。黃德寬、徐在國疑為“拍”字之誤。

釦 秦　　里耶 8·174　　里耶 8·269

【注】從金口聲。●人名。

醋 楚　　上博二·君老 1

【注】從西從言，口聲。●整理者讀叩，叩問。《上博二·君老 1》：“大（太）子昃聖（聽），庶醋醋進。”簡文“庶叩，叩進”的“庶叩”為叩問多次，“叩進”為最後獲准入宮，亦即多次叩問而進宮門。“庶叩”古籍罕見且嫌不辭，各家爭議較大。

679

溪紐具聲

具 智鼎　九年衛鼎　斛攸比鼎　襄公鼎 楚　孫叔師父壺

清華三·芮良夫 15　清華七·子犯 13　清華八·邦政 13　清華七·晉文公 3

郭店·緇衣 16　上博七·凡乙 15　清華五·命訓 5 秦　秦公鎛　石鼓文

泰山刻石　秦印 50　睡簡·語書 3　睡簡·日乙 132　石鼓文

【注】從貝從廾，會雙手舉貝之意，廾兼聲。具或訛為鼎。具，見紐侯部；廾，見紐東部；音近。春秋金文"貝"訛為"目"，此為小篆所本。《説文》："鼎，共置也。從廾，從貝省。古以貝為貨。"本義當以雙手捧放貝。泛指備辦，如《漢書》："請語魏其侯帳具，將軍旦日蚤臨。"引申為供置、完備等義。又用作副詞，表示"俱""全""都"。●量詞。《馭卣》："王易（賜）馭八貝一具，用乍（作）父己尊彝。"陳夢家謂"一具"即一區，共十枚貝。●讀俱，總共。《鈇鐘》："南尸（夷）東尸（夷）具視，廿又六邦。"《清華三·芮良夫 15》："褢（懷）志（慈）嶨（幼）弱，贏（營）夅（顧）晎（焭）蜀（獨），萬民具（俱）慹（慸）。"●器也。《孫叔師父壺》："邛立（大）宰孫弔（叔）師父乍（作）行具。"《黃子鬲》："黃子乍（作）黃甫（夫）人行器。"行具，即《黃子鬲》之行器。●《屐鼎》："王令寢易（賜）屐大具。"大具，重要的器具。《荀子·正論》："天下者，大具也，不可以小人有也，不可以小道得也，不可以小力持也。"●秦印"具園"，又稱具囿。《左傳·僖公三十三年》："皇武子告秦帥曰鄭之有原圃，猶秦之有具囿也。吾子取其麋鹿，以間敝邑，若何？"孔穎達疏："天子曰苑，諸侯曰囿。"魯僖公三十三年當秦穆公三十年前年，秦此時尚拘處關中西部，故"具囿"應在雍地。《後漢書·東平憲王苑傳》："園邑之興，始自疆秦。"

俱 秦　戰編 554　里耶 8·452

【注】從人具聲。●秦印人名。

棋 齊　陶彙 3·418

【注】從木具聲。●齊陶為地名。

暴 秦　秦印 217　睡簡·日乙 111　睡簡·日乙 156

【注】從木具聲。●秦印"暴瘭"，讀具，姓氏。●《睡簡·日乙 111》："勿以作事、復（覆）內、暴屋。"《廣雅·釋詁一》："暴，舉也。"暴屋，猶起屋。

 清華十一·五紀 117

【注】從手具聲。●《清華十一·五紀 117》："大盟（明）鸂（彌）巨，匡廢図（攝）韋（威），陲（融）暴均，秉句羊。"義不詳。

 印增 585

【注】從邑具聲。●秦印"郹裐"讀具，姓氏。

疑紐禺聲

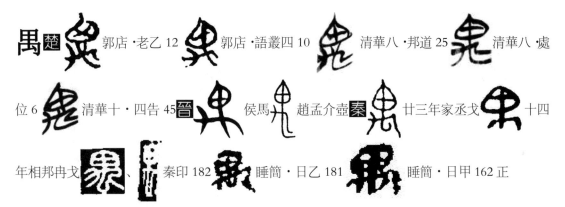

禺 郭店·老乙 12　　郭店·語叢四 10　　清華八·邦道 25　　清華八·處位 6　　清華十·四告 45　晉 侯馬 趙孟介壺　秦 廿三年家丞戈　十四年相邦冉戈、　秦印 182　睡簡·日乙 181　睡簡·日甲 162 正

【注】高鴻縉謂："○為人貌之象形文。⊕則似人貌非人貌兒，故曰鬼頭。禺從此形者，謂其頭似人非人也。內周初以來恒以表蟲或獸之足與尾之形。非文字。禺字合兩形成文，意謂頭似人非人。而有足有尾之獸也。"（《中國字例二篇》）《說文》："禺，母猴屬。頭似鬼。從由從內。"本義動物名，似獼猴而大，赤目長尾，今江南山中多有。●多讀遇，遇見。《趙孟介壺》："禺（遇）邗王于黃沱（池）。"秦簡均讀遇。《睡簡·日甲 64 正》："南禺（遇）英（殃）。"●讀隅。《郭店·老乙 12》："大方亡禺（隅），大器曼（晚）成。"●讀愚。《郭店·語叢四 10》："佖（匹）婦禺（愚）夫不智（知）其向（鄉）之小人、君子。"

 清華八·處位 6

【注】從止禺聲。●讀遇。《清華八·處位 6》："遇（遇）元（其）毀顥（微）亞（惡）乃出，從取朡（資）女（焉）。"

 清華六·子產 28

【注】從力禺聲。即耦耕之"耦"的或體，本二人共耕之義，故或從力作。●疑讀遇。《清華六·子產28》："可用而不勘（遇）大或（國），大或（國）古（故）肎（肯）作（措）亓（其）愳（謀）。"

遇 <從辵之形> 晉侯穌鼎 齊 <齊陶形> 齊陶 0290 楚 <形> 上博三·周易 33 <形> 上博三·周易

56 <形> 清華二·繫年 47 晉 <形> 璽彙 2118 <形> 璽彙 3071 <形> 侯馬 <形> 圖典

338 秦 <形> 睡簡·日乙 135 <形> 秦印 32 <形> 吉大 131

【注】從辵禺聲。侯馬盟書作"徦"。《説文》："遇，逢也。從辵禺聲。"本義相逢。●讀遇，遇到、遭遇。《睡簡·日乙 135》："有為也而遇雨。"●讀隅。《晉侯穌鼎》："窺（親）令晉侯穌：自西北遇（隅）辜（敦）伐鄆繣（城）。"●讀寓。《睡簡·日乙 17》："而遇（寓）人。"寓人，讓人寄居。●遇合。《上博三·周易 33》："樸（睽）瓜（孤），遇元夫，交孚，厲（厲）亡（無）咎。"

愚 楚 <形> 上博三·仲弓 26 <形> 清華八·邦道 22 晉 <形> 中山王䜈鼎 秦 <形> 睡簡·為吏 32

【注】從心禺聲。《説文》："愚，戇也。從心從禺。禺，猴屬，獸之愚者。"今按許慎説，從心從禺。從心，與性情有關。禺，猴屬，獸之愚者，會愚蠢之意。本義愚蠢、愚昧。●多用為本義，愚蠢、愚昧。《中山王䜈鼎》："事孝（少）女（如）䛬（長），事愚女（如）智。"《睡簡·為吏 32》："怒能喜，樂能哀，智能愚，壯能衰。"《上博三·仲弓 4》："雐（雍）也憧愚，忑（恐）訋（貽）虐（吾）子懸（羞）。"

偶 楚 <形> 清華八·邦道 4 <形> 清華九·治政 11 <形> 清華九·治政 13

【注】從人愚聲。●均讀愚，愚蠢。《清華八·邦道 4》："古（故）昔之明者旻（得）之，偶（愚）者送（失）之。"

堣 楚 <形> 仰天 31 <形> 仰天 8 <形> 郭店·窮達 11 <形> 郭店·唐虞 14 <形> 上博六·競

公 7 <形> 清華八·處位 8 <形> 安大 111 <形> 清華十一·五紀 96

【注】從土禺聲。●楚文字多讀遇。《郭店·窮達 11》："穿（窮）四海（海），至（致）千里，

堣（遇）告（造）古（父）也。"●讀偶。《仰天 25·8》："綎布之緝（帽）二堣（偶）。"●讀隅。
《安大 111》："纍（綢）穆（繆）欤（束）錫，厽晕才（在）堣（隅）。"《毛詩》作"三星在隅"。

 史頌鼎　　史頌鼎

【注】從章禺聲。"堣"之異文。從章與從土會意同，《說文》城、堵、垣等字籀文均從章，可
知矣。《說文》："堣，堣夷，在冀州陽谷。立春日，日值之而出。從土禺聲。《尚書》曰：'宅堣
夷。'"《說文》以為古地名。堣，典籍或作"隅"，亦作"嵎"。●讀偶，曹偶、儕輩、同類。《史
頌鼎》："王才（在）宗周，令史頌儥（省）穌（蘇）澗，友里君、百生（姓），帥（偶）盩于
成周。"

 睡簡·日甲 40 背　　秦印 272

【注】從阝禺聲。●用為本義，角落。《睡簡·日甲 40 背》："取西南隅。"

 璽彙 2134　　璽彙 2369　　璽彙 3408

【注】從邑禺聲。●晉璽"鄅胙""鄅邦身"讀禺，姓氏。或用作人名。

 寓鼎　　寓鼎　　寓鼎　　寓卣　　晉人簋　　通禄鐘

 清華三·芮良夫 28　　清華七·越公 73　　清華八·邦道 4　　清華

九·禱辭 19　　璽彙 3470　　秦印 142　　石鼓文　　睡簡·日甲 60

【注】從宀禺聲，與小篆同。《說文》："寓，寄也。從宀禺聲。庽寓或從广。"本義寄居、寄住。
●人名。《寓鼎》："寓拜頡首，對王休，用乍（作）障彝。"《晉人簋》："晉人事寓乍（作）寶殷，
其孫子永寶。"●讀愳，歡也。《通禄鐘》："用寓（愳）光我家。"金文或作"璃"。●訓為居。《睡
簡·日甲 6》："不可入客、寓人及臣妾。"●寄託。《清華三·芮良夫 28》："吾用作慾再終，以
寓命達聽。"

 子遇鼎

【注】從辵寓聲。●人名。《子遇鼎》："子遇乍（作）寶鼎。"

瓃  梁其鐘 瘋鐘

【注】從玉禺聲，從玉是意符，美好的意思。《説文》："禺，母猴屬。頭似鬼。"《瘋鐘》所從禺，正似猴形。●讀愲。《説文》："愲，歡也。"《瘋鐘》："用瓃（愲）光瘋身，永余寶。"銘意為：以喜寵瘋。《梁其鐘》："用瓃（寓）光沙（梁）其身。"

庽晉 璽彙 3236

【注】從广禺聲，"寓"之異文。●"宮庽垒（府）守"，地名。

寓晉  侯馬

【注】從穴禺聲。●盟書"寓之行道"，讀遇。

潣  缶鼎

【注】從水禺聲。《説文》："潣，水。出趙國襄國之西山，東北入浸。"本義為水名。●地名。《缶鼎》："王易（賜）小臣缶潣責（積）五年。"

耦秦  睡簡·日甲 9

【注】從耒禺聲。●讀遇。《睡簡·日甲 9》："之四方野外，必耦（遇）寇盗。"

齵  小臣謎簋 小臣謎簋

【注】從鹵禺聲，此即海隅之隅專字，海水富含鹽鹵，故從鹵作。典籍或作"隅"，亦作"嵎"，而從鹵之字廢矣。●疑讀嵎，地名。《小臣謎簋》："白（伯）懋父承王令，易（賜）自（師）達征自五齵貝。"

緺晉  璽彙 2601

【注】從糸禺聲。●晉璽"緺臣"，姓氏。

684

端紐斗聲

斗 齊 圖典 464 晉 安邑下官鐘 土匀鉌 十一年庫嗇夫鼎 璽彙 1069 圖典 330 秦 魏公瓶 秦公簋蓋 莧陽鼎 左工疾銀盤 竹 左工疾銀盤 睡簡·效律 47 睡簡·秦種 60 秦印 268 、 、 印增 535

【注】甲骨文作 、 、 ，象勺子有長柄之形。金文同甲骨文。戰國文字勺口常作 。《左工疾銀盤》勺口與柄分離。小篆字形稍變，然仍可見嬗變之迹。《說文》："ㄓ，十升也。象形，有柄。凡斗之屬皆從斗。"本義是古代盛酒的器皿。如《史記》："玉斗一雙，欲與亞父。"又是容量單位，十升為一斗。因斗象一把大勺形，所以天上由七顆星組成的象一把大勺子的星群也稱斗，即北斗。●量器，十升為一斗，十斗為一斛。《安邑下官鐘》："十三斗一升。"

毧 楚 望山 2·45 包山 266

【注】從毛斗聲。●《包山 266》："二毧。""毧"疑是"斞"字異體。《儀禮·少牢饋食禮》"司宮設罍水于洗東，有斞"，鄭玄注："設水用罍，沃盥用斞。"

枓 楚 左塚漆梮 晉 璽彙 3293

【注】從木斗聲。●晉璽讀斗，姓氏。●漆梮"慮（慮）枓"，義不詳。

斞 楚 二十八宿漆書 上博三·周易 51 清華十一·五紀 26 清華十一·五紀 27

【注】從主斗聲；主為疊加聲符，"斗"之繁文。《史記·張儀列傳》："乃令工人作為金斗，長其尾。"《索隱》："斗音主。凡方者為斗，若安長柄，則名為枓，音主。"《韓長孺列傳》："廷尉當恢逗橈，當斬。"《索隱》"案，劭云：逗，曲行而避敵，音豆。又音住，住謂留止也。"今按，"留止"之字今作之"駐"。●均讀斗，北斗。《上博三·周易 51》："豐丌（其）坿（蔀），日中見斞（斗），遇丌（其）尼（夷）宔（主），吉。"《清華十一·五紀 26》："大角、天艮（根）、本角、駟、心、𡥈（尾）、筭（箕）。神尚南門，後正北斞（斗）。"

【注】從中斗聲。●讀斗。《上博六·天乙5》：“明=（日月）旻（得）亓（其）甫（輔），相之昌（以）玉斛（斗）。”是說日月（天子）得到玉斗（輔相）的佐助之意。

【注】從門斗聲，疑“鬦”之異文。鬦，《篇海》俗鬬字。●晉璽人名。

端紐鬥聲

亞斗方盤

【注】甲骨文作𩰋、𩰌、𩰍、𩰎，象兩人伸手相搏之形。《九年衛鼎》有█字，其上部明顯從鬥。《說文》：“𩰋，兩士相對，兵杖在後，象鬥之形。”字中無“兵杖在後”形。本義為對打搏鬥。字今簡化作“斗”，與量器之“斗”相混。●族氏名。《亞斗方盤》：“亞鬥。”

端紐主聲

【注】甲骨文作𡉼，象祭祀神主之形。金文作𡉼，豎筆上加飾點。金文或增從宀，示神主之所藏也。戰國文字承襲金文，豎筆上飾點延伸為橫作𡊅。或于橫筆上復加一橫為飾作𡊅。楚文字主、丂混同。秦系文字又于豎筆下增橫作主，上橫筆向上彎曲，遂為小篆所本。《說文》：“𡉼，鐙中火主也。從𡊅，象形。從、，、亦聲。”《說文》：“𡧍，宝宗廟宝祏。從宀主聲。”主、宝當為一字，許慎分為二字。本義神主。●主人。《睡簡·效律17》：“同官而各有主殿（也），各坐其所主。”●秦印“主壽”，姓氏。嬴姓，即主父，或單言主。見《通志·氏族略·以次為氏》。●讀斗。《清華十一·五紀41》：“北主（斗）亓（其）唬（號）曰北宗、天喬（規）。”“主”為章母侯部，“斗”為端母侯部，主、斗相通，《開元占經·彗字犯石氏中官·彗字犯招搖》引《石氏》

686

曰："彗星守招搖，犯北主，期出三年。"也可證"北斗"本就又稱"北主"。

 圣楚 清華五·命訓 2

【注】從又主聲。●讀重。《清華五·命訓 2》："夫司憲（德）司義，而易（賜）之福=（福，福）彔（祿）才人=（人，人）能居，女（如）不居而圣（重）義，則尾（度）至于亟（極）。"

璋楚 清華九·成人 17

【注】從臺主聲。●讀主。《清華九·成人 17》："臣妾记（起）辟（嬖），敝（竊）義坦（汩）璋（主），無墾（赦）。"

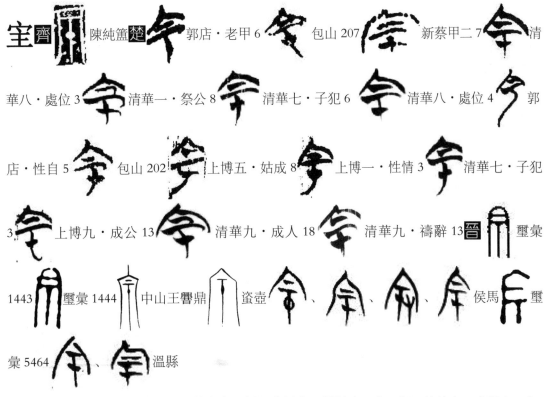

宔齊 陳純簠 楚 郭店·老甲 6　包山 207　新蔡甲二 7　清華八·處位 3　清華一·祭公 8　清華七·子犯 6　清華八·處位 4　郭店·性自 5　包山 202　上博五·姑成 8　上博一·性情 3　清華七·子犯 3　上博九·成公 13　清華九·成人 18　清華九·禱辭 13 晉 璽彙 1443　璽彙 1444　中山王䜌鼎　盜壺　侯馬　璽彙 5464　溫縣

【注】從宀主聲，"主"之繁文。楚文字習增宀為繁文，另見中、集、躬、鼓等字。或從广，广、宀會意同。●讀主，掌管。《上博五·三德 4》："君無宔（主）臣，是胃（謂）畏（危）。"《上博五·姑成 8》："取宔（主）君之眾，㠯（以）不聖（聽）命。"●讀主，君主也。《中山王䜌鼎》："臣宔（主）之宜（義），夙（夙）夜不解（懈），㠯（以）䛑道（導）寡人。"《中山王䜌鼎》："臣宔（主）之宜（義），夙（夙）夜不解（懈），㠯（以）䛑道（導）寡人。"●晉璽"宔守"讀主，姓氏。

 柱楚 上博一·性情 28

【注】從木宝聲，"柱"字繁體。●讀注。《上博一·性情28》："君子執志必有夫桂（注）桂（注）之心，出言必又（有）夫柬柬〔之信〕。"注注，強調非常專注的意思。

玟 晉 𢍱、𢍱 侯馬　清 璽彙1838　𢍱 璽彙2650　𢍱 貨系238　𢍱 貨系239

【注】從欠主聲。●晉文字多為人名。

住 楚 𢓜 清華七·越公1　𢓜 清華七·越公61　秦 住 里耶8·2259

【注】從人主聲。●《清華七·越公1》："乃史（使）夫=（大夫）住（種）行成于吳币（師）。"讀種，指大夫種。住、種均為舌音，韻部對轉。楚文字主聲字、重聲字多有相通之類。出土文獻中常見，如春成侯鍾讀為"重"的字就寫作從"主"聲的"豕"。●里耶簡辭例殘缺。

逗 楚 逗 郭店·老甲10

【注】從辵主聲。●讀重。《郭店·老甲》："竺（孰）能叱以逗（重）者，牆（將）舍生。"詳"叱"字。

舡 楚 舡 清華一·皇門13

【注】從舟主聲。●讀主。《清華一·皇門13》："卑（譬）女（如）舡（主）舟，輔余于險，霬（營）余于淒（濟）。"

厈 楚 厈 上博三·恒先4

【注】從厂主聲。●讀濁。《上博三·恒先4》："厈（濁）煭（氣）生墐（地），清煭（氣）生天。"

眝 燕 眝 中國錢幣9·24 晉  杕氏壺

【注】從目主聲。《字彙補》"貯亦作眝"。貯，《說文》："長眙也。一曰張目也。從目宁聲。"●燕方足布讀重，地名。《漢書·地理志》渤海郡有"重平"，在今河北東光東南。●注視。《杕氏壺》："虘（吾）目（以）匽（宴）歓（飲），眝我室家。"

註 晉  璽彙3428　吉林67

【注】從言主聲。●晉璽人名。

駐 楚 曾侯 163

【注】從馬主聲。●馬名，與《説文》訓為"馬立"的"駐"并非一字。《曾侯 163》："鄭君之騮駐為右驂。"敦煌懸泉漢簡《傳馬名籍》載有馬名"柱"及"鐵柱"。"柱"疑即此簡馬名"駐"在漢代的寫法。

狂 晉 璽彙 1016 璽彙 2971 璽彙 2043

【注】從犬主聲。●晉璽人名。

茎 楚 仰天 22

【注】從艸主聲。●文意不詳。

砫 楚 郭店·成之 18 郭店·成之 39 上博三·仲弓 8 上博四·曹沫 45 清華七·越公 39 清華六·子産 19 上博一·緇衣 22 清華八·邦道 26 望山 2·2 郭店·老甲 5

【注】從石主聲。●均讀重。《清華六·子産 20》："以自分砫（重）任。"《郭店·老甲 5》："皋（罪）莫砫（重）唬（乎）甚欲。"

鐘 楚 清華六·孺子 13

【注】從童從主，雙聲字。●讀重。《清華六·孺子 13》："君共（拱）而不言，加鐘（重）於夫=（大夫）。"

柱 楚 望山 2·15 秦 秦印 108 封編 0153 里耶 8·780

【注】從木主聲。●望山簡地名。●秦印人名。●秦封泥"厎柱丞印"，厎柱，山名。

邦 牆盤

【字形】從邑主聲。●讀主。《牆盤》："龖邦上下，亟獄逗慕。"龖邦，讀幹主。《墨子·非命》"上帝山川鬼神必有幹主"，亦作"管主"。猶後世言"主管"。

注[秦] 睡簡·日甲31背

【注】從水主聲。●灌注。《睡簡·日甲31背》："注白湯，以黃土室，不害矣。"

【注】從二主相并。●讀鉏。《上博二·容成14》："舜於是乎始免埶（笠）、廷（鉏）、耨、耬（鍤），俯而坐之。"

鈺[楚] 新蔡甲三220

【注】從金主聲。●讀重。《新蔡甲三220》："六鈺，一勺。"

【注】從貝主聲。●楚文字均讀重。《鄴陵君王子申豆》："泆襄賍（重）三朱二垒朱☒。"《上博四·曹沫54》："賍（重）賞薄刑，使忘其死而見其生。"

罜[晉] 廿余令韓譙戈 三年廿余令韓譙戈

【注】從网主聲。《説文》："罜，罜麗，魚罟也。"●讀主，姓氏。趙武靈王"胡服騎射"强邦後，讓王位于兒子趙惠文王，自己號為主父（即太上皇）。其支庶子孫以祖號為姓，乃作主父氏，後單姓主。《三年廿余令韓譙戈》："工帀（師）罜瘳。"

[晉] 璽彙3099

【注】從荓主聲，疑"絑"之異文。●晉璽人名。或釋為"主帶"。

軴[秦] 里耶8·1219

【注】從車主聲。●"上軴鄉"，地名。

690

端紐晝聲

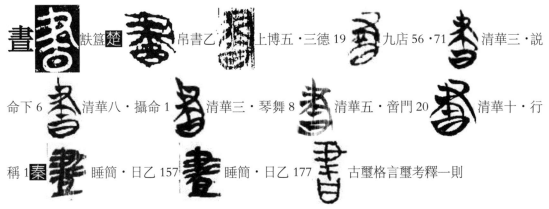

晝 　骰簋 楚 　帛書乙 　上博五·三德19 　九店56·71 　清華三·説

命下6 　清華八·攝命1 　清華三·琴舞8 　清華五·啻門20 　清華十·行

稱1 秦 　睡簡·日乙157 　睡簡·日乙177 　古璽格言璽考釋一則

【注】甲骨文有 字。從日聿聲。何琳儀、黃錫全以為形聲字，從日，表示白天，聿則為聲符。（詳《骰簋考釋六則》）"晝"端紐幽部，"聿"喻紐質部，聿、晝均為舌音。上古漢語中幽覺與微物文（脂質真）之間是常見的音轉現象。（劉釗《古璽格言璽考釋一則》）《説文》："晝，日之出入，與夜為界。從畫省，從日。籀文晝。"許慎謂從畫省，表示一種界限；從日，表示太陽。案：古文畫、晝二字無干，蓋二字形近，互相類化。"晝"下增一橫畫，秦隸"畫"下亦增一橫畫，故許慎誤作此説。本義當為白天。●白晝。《骰簋》："余亡康晝夜，至（經）雝先王，用配皇天。"《清華三·琴舞8》："晝之才（在）見（視）日，夜之才（在）見（視）晨（辰）。"

燼 曾 　訓義1·152

【注】從火晝聲。●曾璽"燼巡"，人名。

透紐戍聲

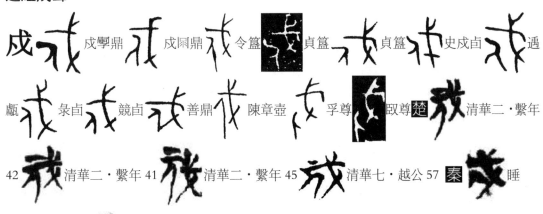

戍 　戍嬰鼎 　戍鬨鼎 　令簋 　貞簋 　貞簋 　史戍卣 　遇

甗 　彔卣 　競卣 　善鼎 　陳章壺 　孚尊 　叔尊 楚 　清華二·繫年

42 　清華二·繫年41 　清華二·繫年45 　清華七·越公57 秦 　睡

簡·秦種101 　睡簡·雜抄13

【注】甲骨文作 、 、 、 、 ，從人持戈，會守衛之意。金文小篆同。《説文》："戍，從人持戈。守邊也。"本義是防守邊疆，引申為守邊的兵士。●古文字多用為本義，守衛。《彔卣》：

691

"女（汝）其目（以）成周師氏戍于舒自。"《清華二·繫年41》："晉文公立四年，楚成王達（率）者（諸）侯以回（圍）宋伐齊，成穀（穀）。"●人名。《史成卣》："史成乍（作）父壬障彝。"《成鄫鼎》："王商（賞）成鄫貝廿朋。"●商代武官名。《宜子鼎》："王賞成𠹧貝二朋。"《京都大學人文科學研究所藏甲骨文字》第2142片："其乎戍御羌方。"與銘文例同。

絨 楚 包山270 包山271

【注】從糸成聲。●讀毬，毛也。《包山270》："一緅絨之紛（橐）。"

定紐豆聲

豆 大師虘豆　宰甫卣　散氏盤　周生豆　豆閉簋 齊 陶彙3·548　陶彙3·302　陶彙3·519　陶彙3·653 楚 郭店·老甲2　上博八·李頌1 燕 貨系3672　陶錄4·199 晉 陶錄5·32 秦 睡簡·答問27

【注】甲骨文作𠭉、𠭉、𠭉，象圈足之器形。金文小篆承之。《説文》："豆，古食肉器也。從口，象形。凡豆之屬皆從豆。𠭉古文豆。"本義為古代高足食器，《詩·大雅·生民》："于豆于登。"木豆為豆，瓦豆為登。由於豆器和豆類植物相似，所以後借作"菽"，用以表示豆類植物的豆子，漢以後"菽"叫作"豆"。●盛食器，專備盛放醃菜、肉醬等調味品的器皿。其形似高足盤，或有蓋。《周生豆》："周生乍（作）尊豆。"●地名。《散氏盤》："豆人虞丂。"豆人，豆邑地區的人。●豆新宮：宮名。《散氏盤》："大王于豆新宮東廷。"●氏。《豆閉簋》："王乎（呼）内史冊命豆閉。"●讀屬。《郭店·老甲2》："三言以為弁（辯）不足，或命（令）之或（有）唬（乎）豆（屬）。"●齊陶量器，當是官市所用或所造的量器陶片。豆、區都是先秦時代齊國所用的量名。●讀逗，止、停留。《上博八·李頌1》："深利开豆，亢（剛）元（其）不弍可（分）。""利"疑讀為"麗"。"利"，來母質部韻，"麗"，來母歌部韻，二字雙聲，韻部有旁對轉的關係。"麗"者，附也，著也。《周易·離》："離者，麗也，日月麗乎天。""开"可讀為"堅"。"开""堅"俱屬見母元部韻。《詩經·齊風·還》："並驅從兩肩兮。"《釋文》："肩本亦作豣。"《史記·仲尼弟子列傳》有"公堅定"，《孔子家語》作"公肩定"。故"开""堅"二字可相通假。"深利（麗）开（堅）豆（逗）"可解釋為：深深地附着、牢牢地扎根（在土壤之中）。

雔 楚 清華十一·五紀26

【注】從隹豆聲。●讀咮。"豆"是定母侯部字，"咮"為端母侯部，可通。《清華十一·五紀26》：

"狼、弧（弧）、雐（咮）、張、壷=（七星）、異（翼）、軫。"詳"弧"字。

清華十一・五紀 77

【注】從鳥豆聲。●讀咮。《清華十一・五紀 77》："僉（斂）五童（種）於鴟（咮）。"《爾雅・釋天》："咮謂之柳。"郭璞注："咮，朱鳥之口。"《開元占經・南方七宿占・柳宿占》："《黄帝占》曰：'柳者，朱雀頸也；主卿相大臣之廚。'……《石氏贊》曰：'柳主上食，和味滋，故置天稷，以祭祀。柳主上食，長養形仁以行恩，成其名。'"

上博五・弟子 5

【注】從艸豆聲。●讀登。《上博五・弟子 5》："荳（登）年不亙（恆）至，耈老不復壯。""登年"為"高壽"的意思。"登年不恆至，耈老不復壯"是"高壽不是一般可以達到的，人老了就不能再回到壯年"的意思。

信陽 2・18

【注】從竹豆聲，字見於《玉篇》和《集韻》等，是"豆"字的異體。●《信陽 2・18》："一筳竺（築）。"李家浩認為，古代有樂器叫"筑"，"筳筑"是一種筑名，跟簡文"簫竽"是一種竽名同類。

包山 42 清華一・楚居 3

【注】從人豆聲。●《包山 42》："公孫虢之侸之死。""侸"當為表示身分的名詞，侸、豎均從豆得聲，可讀豎，簡文之"侸（豎）"大概是未成年的奴隸。●人名。《清華一・楚居 3》："生侸吊（叔）、麗季。"

陳樂君歖甋

【注】從欠豆聲。●人名。《陳樂君歖甋》："敶（陳）樂君歖乍（作）其旅獻（甋）。"

頭 蔡侯申鼎 望山 2・49 璽彙 1305 璽彙 0933 璽彙

2108 睡簡・封診 88 睡簡・日甲 72 背 秦印 172

【注】從頁豆聲。《説文》：“頭，首也。”戴侗謂，《説文》百、頁、首分三部。按首之為百，猶子之為孚；頁之加人，猶電之加雨。《説文》俱訓頭，不當分為三。本義是頭。當為頁的後起字，頁假借為書頁的“頁”，久而本義廢，頭的意思就另加聲符“豆”寫作“頭”。●望山、秦簡本義。《望山 2 · 49》：“皆頭索（素）豕之毛尤（裘）。”●讀廚（詳“廚”字）。《蔡侯申鼎》：“蔡侯麟（申）之頭貞（鼎）。”頭鼎，即胹鼎，饋食之鼎。●晉璽人名。●讀短。《睡簡 · 日甲 72 背》：“盜者大面，頭（短）頯，疵在鼻。”

 曾顝公臣鼎

【注】從肉頭聲。●讀廚。《曾顝公臣鼎》：“曾顝公臣之顝（廚）貞（鼎）。”

豎（豎）

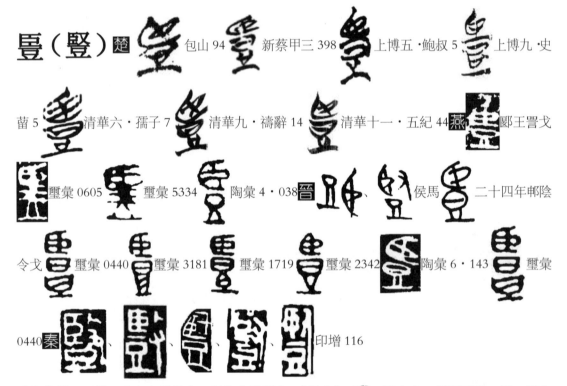

包山 94　　新蔡甲三 398　　上博五 · 鮑叔 5　　上博九 · 史蒥 5　　清華六 · 孔子 7　　清華九 · 禱辭 14　　清華十一 · 五紀 44　燕 郾王詈戈　　璽彙 0605　　璽彙 5334　　陶彙 4 · 038　晉 、　　侯馬　　二十四年鄁陰令戈　　璽彙 0440　　璽彙 3181　　璽彙 1719　　璽彙 2342　　陶彙 6 · 143　　璽彙 0440　秦 、　、　、　印增 116

【注】從臣豆聲。秦文字增從攴，遂為小篆所本。《説文》：“豎，豎立也。從臤豆聲。豎，籀文豎從殳。”《徐曰》：“豆器，故為豎立。”本義豎立。●多為人名，讀豎。《郾王詈戈》：“右攻（工）尹（尹）青，攴（其）攻（工）豎（豎）。”戰國古璽常見名“豎（豎）”之人。《侯馬》人名“豎”或省作豎，故豎、豎為一字之繁簡。●讀樹。《清華十一 · 五紀 44》：“豎（樹）埶（設）邦家。”

檀

陶彙 3 · 857　　陶録 3 · 280　楚 九店 56 · 39　晉 戰編 360

【注】從木豎聲，“樹”之異文。●齊陶單字，當為人名。●讀樹。《九店 56 · 39》：“午不可以檀（樹）木。”

694

傴晉 璽彙 3016　　　璽彙 3017　　　澧 分域一 55

【注】從人豊聲。《分域一 55》臣之上筆或借用邊框。●晉璽人名。

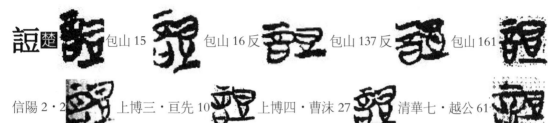

詯楚 包山 15　　　包山 16 反　　　包山 137 反　　　包山 161

信陽 2‧2　　上博三‧亙先 10　　上博四‧曹沫 27　　清華七‧越公 61

上博四‧曹沫 45　　清華六‧孺子 5

【注】從言豆聲。●讀誅。《上博四‧曹沫 45》：“其賞淺且不中，其詯（誅）厚且不察。”●《信陽 2‧2》：“一兩詯縷（屨）。”舊讀為短，不可從。該句上下文相應位置為緣、絲、緹、緅，詯，也應為為同類物品。湯余惠讀緰，是一種精美的細布。《說文》緰貲，布也。《急就篇註》緰紵，綌布之尤精者。●包山文書“所詯”簡，讀囑，表示上級官長將訟獄交付給下級官員辦理的記錄。簡文或作“敱”。●讀屬。《清華六‧孺子 5》：“詯（屬）之夫＝（大夫）。”《左傳》襄公十九年“仲子生牙，屬諸戎子”，杜注：“屬，託之。”●讀樹，樹立。《上博三‧恒先 10》：“罍（舉）天下之名虛詯（樹），習昌（以）不可改也。”

敱楚 郭店‧五行 38　　郭店‧五行 35　　包山 99　　上博二‧容成

25 清華六‧子儀 18　　上博六‧競公 2　　清華二‧繫年 45　　清華

九‧治政 23 清華三‧祝辭 3　　清華三‧祝辭 4晉 璽彙 3090

【注】從攴豆聲。●晉璽讀豆，姓氏。●讀屬，歸屬、隸屬。《包山 99》：“以其反官自敱於新大廄之古（故）。”這是記作坊長官指控下屬工匠擅自離開作坊而歸屬到新大廄。●讀注，注入。《上博二‧容成 25》：“禹迵（通）淮與忻（沂），東敱（注）之海。”●讀樹，設立。《上博八‧命 11》：“女（焉）敱（樹）逅（坐）春（友）三人，立春（友）三人。”●讀誅，誅殺。《上博六‧競公 2》：“尚（倘）脫（然），是虔（吾）所覓（望）於女（汝）也，盍敱（誅）之。”《清華三‧祝辭 3》：“牁（將）見敱（誅）為死，陽（揚）武即救（求）尚（當）。”●讀獨。《清華六‧子儀 18》：“見敱（獨）魺（鶴）迱（踦）淒（濟），不冬（終）需魺（鶴）。”意為：見到一隻鳥單足渡河，沒有渡成，在等待另一隻。

殳齊  陶彙 3・935　　陶彙・213

【注】從殳豆聲。●齊陶單字，人名。

鷇齊  、　　陶録 2・200　　齊陶 0816

【注】從羊殳聲。●"蒦圖匋里人鷇雄"，人名。

戜楚 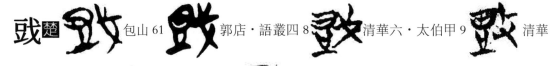 包山 61　　郭店・語叢四 8　　清華六・太伯甲 9　　清華

六・子儀 18  清華六・子産 27　　清華十一・五紀 103

【注】從戈豆聲。●包山簡讀鬬、或讀鬭。"戜戈"讀"鬬戟"。●讀誅。《郭店・語叢四 8》："敧（竊）鉤者戜（誅），敧（竊）邦者為者（諸）侯。"

逗楚  上博四・柬旱 16　　上博四・柬旱 15　　包山 219　　信陽 2・4

新蔡甲三 清華八・邦道 23　　清華二・繫年 112

【注】從辵豆聲。●讀屬，續也。《清華八・邦道 23》："古（故）塦（墜）遊（失）社禝（稷），孫=（子孫）不逗（屬）。"或謂讀侸，《説文・人部》："侸，立也。從人，豆聲，讀若樹。"《國語・晉語八》："自文公以來，有力於先君而子孫不立者，將授立之。"馬王堆帛書《黃帝書・十大經・雌雄節》："厥身不壽，子孫不殖。"《國語・周語下》："上得民心，以殖義方。"韋昭注："殖，立也。"可見"子孫不侸"即"子孫不立""子孫不殖"。●用為本義。《包山 219》："甲寅之日，逗於邶昜。"李家浩認為，"逗"的本義是逗留。簡文是説昭佗離散的魂逗留在只陽，不能歸來。

趈楚  曾侯 1

【注】從走豆聲。●疑讀輨，《説文》車軶具也。《曾侯 1》："羣趈執事人書入車。"羣趈，指甲胄和車馬器。執事人，辦事的官吏。

脰楚  舍忓鼎　　大賸鎬　　大子鎬　　大子鼎　　舍脡簠

鑄客鼎  吴王孫無土鼎 鑄客鼎 曾太師鼎 包山

194 燕  璽彙 5691

【注】從肉豆聲；"脰"字從肉，是從庖廚掌烹割的職能着眼的。秦系文字"廚"字作 （秦陶 1481），從广尌聲，《説文》小篆作廚，就是沿用此形；"廚"字從广，是從庖廚作為一種建築方面着眼的。●楚文字多讀廚。《吴王孫無土鼎》："吴王孫無土之脰（廚）貞（鼎）。"《集廚大子鼎》："大子貞（鼎）。集脰（廚）。"集脰：即集廚，是楚王室廚官名稱。楚文字用"脰"字來表示"廚"，而此字與《説文》的"脰"字意義毫無關係，它們只是同形關係。廚，三晉文字從朱聲作"腖""庲"，朱聲與廚聲同部。●燕璽"司寇脰"，人名。

 侯馬

【注】從阝豆聲。●侯馬人名，或作隥。

 璽彙 2146 璽彙 2147 璽彙 2149

【注】從邑豆聲。●晉璽"郖胐""郖鼻""郖戠"，讀豆，姓氏。

 陶彙 3·948

【注】從犬豆聲。●齊陶人名。

 陶彙 3·703 燕 璽彙 0292

【注】從金豆聲。●齊陶人名。●燕璽"噎都市鈕"，讀鎝，銅豆，酒器也。《説文》："鎝，酒器也。從金，噎象器形。"本義似壺一類的器具，無蓋。鎝，《集韻》或作鈕。此印大概是列印鑄造銅鎝的陶範用的，表示此鈕是噎都的市府鑄造的。印文"鈕"也可能是銅豆之"豆"的專字，猶金文"鬲""皿""缶""鼎"等器名之字或寫作從"金"，與"鎝"字無關。

短 秦 睡簡·為吏 15

【注】從矢豆聲。●用為本義。《睡簡·為吏 15》："聽有方，辯短長。"秦文字用"短"表示短，楚文字則以"耑"為之。

697

【注】從木豆聲。帛書下增從口，為繁文。●多讀樹。《清華一·程寤2》："廼少=（小子）豎（發）取周廷杍（梓）桓（樹）于氒（厥）閒（間），鬱=（化為）松柏棫柞。"●讀柱，支撐。《郭店·性自8》："剛之桓也，剛取之也。柔之約，柔取之也。"簡文與《荀子·勸學篇》"强自取柱，柔自取束"可對讀，桓、樹、柱均定紐侯部字，古音極近。●讀豆。《包山266》："四合（合）桓（豆）。"●讀棓。帛書"天桓"讀天棓，指彗星；《說文》欥或作音，可證。●讀鬭。《上博三·彭祖8》"尚桓"，讀"尚鬭"，崇尚戰鬥、爭鬥。●讀柱，柱子、支柱。《清華十一·五紀38》："四桓（柱）同唬（號）曰天桓（柱）。"《清華十一·五紀82》："西桓（柱）右厷（肱），東桓（柱）左厷（肱）。"●《圖典260》"右桓"，讀廚。

【注】從又桓聲。或從攴桓聲，秦文字從寸。《說文》："尌，立也。從壴從寸，持之也。讀若駐。""尌""鼓"所從之壴，《說文》混為一談。"尌"字左半由"查"變來，"鼓"字左旁，古文字作壴、壴、壴等形，本象鼓，且可獨立成字，即"鼓"之初文。二者雖形近，本不相關涉。秦漢以後更加木旁作樹（樹漢印485）。●國族名。《尌仲甗》："尌中（仲）乍（作）獻（甗）。"●《曾侯與編鐘》："嘉尌（樹）華英。""嘉樹華英"指鐘之篦虡上綴滿了裝飾物。●讀樹。《上博六·用曰8》："尌（樹）惠蓄惡保之亞。"《易·系辭下》："古之葬者，厚衣之以薪，葬之中野，

698

不封不樹，後世聖人易之以棺槨。"孔穎達疏："不種樹以標處，是不樹也。"●可訓為安。《上博五·季庚 18》："肥，民則安，菁（瘠），民不尌（樹）。"

 秦陶 1481、   秦印 185

【注】從广尌聲。●秦印"廚疢"，姓氏。●秦印"弄狗廚印"。"廚"指廚官，《漢書·百官公卿表》詹事、主爵中尉、京兆尹屬官皆有廚，此"廚"則為狗監署下的屬官。此義楚文字作"脰"，三晉文字作"朱""脁""庲"等。燕文字作"朱"。

 睡簡·日甲 124 正

【注】從水尌聲。●讀樹。《睡簡·日甲 124 正》："未不可以澍（樹）木，木長，澍（樹）者死。"

護 晉 中山王䥅壺

【注】《中山王䥅壺》所作，舊摹作𧦝，謂從言傳聲。但是《中山王䥅壺》中有"惠"字作𢛉。"惠"徒"叀"，與該字所從之𢏾旁顯然有別。字當從言傿（從人尌聲）聲。此字所從的傿旁，實際上就是"侸（或偧）"字。《説文·人部》："侸，立也。從人豆聲。讀若樹。"段玉裁《説文解字注》："侸，《玉篇》作偧，云'今作樹'，《廣韻》曰'偧同尌'，蓋樹行而侸尌豎廢，並偧亦廢矣。"《玉篇·人部》："偧，《説文》作侸。立也。今作樹。"包山楚簡司灋文書中有"詎"。例如簡 15、16："僕以告君王，君王詎僕于子左尹，子左尹詎之新佔（造）迅尹丹，命為僕至（致）典。"陳偉先生認為"詎""似可讀作屬，表示上級官長將訟獄交付給下級官員辦理"。《中山王䥅方壺》此"護"字與包山簡之"詎"比較，從義符上來看，二字均從言表義；從聲符上來看，"護"從"傿"聲，尌字又本從"豆"聲。由此看來，"護"與"詎"很可能是一字之異，只是繁簡不同而已，是用以表示"屬"字之委託、託付等義的專字。後世又造"囑"字來表示"屬"字之這種義項，《左傳·隱公三年》："宋穆公疾，召大司馬孔父而屬殤公焉。"楊伯峻《注》："屬，今囑託之囑字，音燭，古書皆作屬，囑是後起字。"蓋"囑"行而"護""詎"俱廢。●讀屬。上古音樹、澍、尌、侸俱為禪母矦部字，屬為禪母屋部字。兩字雙聲，韻則陰入對轉。古音十分接近，例可相通。（例見白於藍《釋中山王䥅方壺中的"屬"字》)《中山王䥅壺》："余智（知）其忠誩（信）施（也），而護賃（任）之邦，氒（是）以遊夕歔（飲）飤（食）。""屬任"一詞見於典籍，義同委任。《漢書·石顯傳》："陛下過私小臣，屬任以事。"顏師古《注》："屬，委也。"即其例。銘文"屬任之邦"，意即委任之邦。中山王䥅大鼎另有"氒（是）以寡人䣌任之邦而去之遊"語。"䣌"字，徐中舒、伍仕謙二位先生考定為"委"字，現已為學術界普遍認同，此正可與"屬任之邦"相參。

 華母鐔 清華五·封許 7 燕 重金扁壺

【注】金文象酒器形；圓壺器身、頸部有雙耳之形，與"壺"近似，以其無蓋（大形）與壺相

區別。"斝"為本字，"鎯"是後起的加旁字。斝，秦漢文字寫作 （"斳"所從）。"斝""豆"都是定母侯部字。古文字"斝"可以分析為從卯從豆，"卯"象器耳，"豆"象器身，"豆"亦聲。《重金扁壺》上部"ᴧ"形是像器耳之"卯"的變體，下部 ⚌ 形是器身之"豆"的變體，中間的"口"形可能是受部分"壺"字寫法的影響而加上去的。且從器型，銅壺侈口無蓋，亦與鎯器型相合。《說文》："鎯，酒器也。從金，斝象器形。"本義似壺一類的器具，無蓋。鎯，《集韻》或作鉋。●讀鎯，器名，無蓋之壺。《華母鎯》："華母自乍（作）薦鎯。""鎯"或"斝"在《考工記·梓人》以"豆"為之，《詩·大雅·行葦》以"斗"為之，大墳頭漢墓木牘以"斜"為之。（詳李家浩《談古代酒器鎯》）《清華五·封許7》為周王對吕丁的賞賜物。

毃 齊  庚壺

【注】從殳斝（音"豆"，為酒器"鎯"所從）聲。《說文》無。●讀鬥。"鬥"同"鬥"。《庚壺》："殺其毃（鬥）者，乎（俘）其士。"

斳 楚  曾侯212　秦 睡簡·日乙85　睡簡·日乙198　關簡230

【注】從斤斝聲。●《曾侯212》"斳姑長賜三夫"，義不詳。●讀鬥，爭鬥。《睡簡·日甲19背》："大宮小門，女子喜宮斳（鬥）。"

鬥 秦  睡簡·日乙62　睡簡·答問85　睡簡·日乙62

【注】從鬥斳聲。秦文字爭鬥用"鬥""斳"，楚文字用"戜""戜""諨"。●讀鬥，爭鬥。《睡簡·答問85》："鬥以箴（針）、鈇、錐，若箴（針）、鈇、錐傷人，各可（何）論？"

戜 楚  清華七·越公14　清華八·天下6　清華九·迺命一8

【注】從戈斝聲。●讀鬥。《清華七·越公14》："今皮（彼）新去亓（其）邦而悆（篤），母（毋）乃豕戜（鬥）。"豕戜（鬥），大意是如窮途之獸，負隅頑抗。《清華八·天下6》："弌（一）曰礦（礦）之，弍（二）曰僅（勸）之，三曰駭（駭）之，四曰懟（壯）之，五曰戜（鬥）之。"

諨 楚  清華七·越公16

【注】從言斝聲。●讀鬥。《清華七·越公16》："交諨（鬥）吳雩（越）。"

鎯 楚  上博九·陳公13

【注】從金�（garbled之訛變）聲。●讀鐲，《説文》鉦也。《周禮·地官·鼓人》以金鐲節鼓。《注》鐲，鉦也。形如小鍾，軍行鳴之，以為鼓節。在古書的註解上來看，鐲、鉦實際上應是同物異名，由於命名角度不同產生了不同的名稱。《上博九·陳公13》：“鉦鐲目（以）左，鈍釾目（以）右。”“豈”定母侯部字，“鐲”為定母屋部字，兩字聲紐相同，韻部為對轉的關係。

 者減鐘  清華五·啻門14

【注】從水豈聲。《者減鐘》五件同銘編鐘中，其余四件殘缺或模糊不清。舊多摹作 、 ，釋為“濼”。何家興認為當隸為“澧”，該字左邊從“水”，右上從“卯”無疑，右下的“豆”形有較大離析且豆形下部略有右移。（何家興《金文剳記二則》）故字當從水豈聲。●讀濁。“豈”聲之字古音多為屋部、定紐，與“濁”聲完全相同；且“豈”聲之字常與“蜀”聲之字相通，例如《晏子春秋·外篇上》：“使燭鄒主鳥而亡之。”《韓詩外傳·九》：“燭鄒作顏斶聚。”《者減鐘》：“者減罜（擇）其吉金，自乍（作）䲸鐘，不帛（白）不羊，不澧不清。”不，語辭，無實義。猶《詩經·周頌·清廟》“不顯不承”。帛，通白；羊有赤色義，在此指銅的赤色。“不帛不羊”，描寫編鐘的色澤之美，“不澧（濁）不清”的意思是音色和順優美、清濁協和。●整理者讀瀆，敗亂。《清華五·啻門14》：“悳（德）宲（變）亟執譌（以）亡成，此胃（謂）亞（惡）悳（德），唯成或（又）澧。”“澧”從豈聲，古音定紐侯部，“瀆”定紐屋部，二字雙聲、侯屋對轉疊韻。王寧改讀渝，《清華五·啻門》的“澧”字當即“渝”的異體字，在文中訓“變”，“雖成又渝”即“雖成又變”，謂雖然完成而又會有變化。（《釋清華簡五《湯在啻門》的“渝”》）

 清華十·四時4  清華十·四時7  清華十·四時14  清華十·四時24  清華十·四時31  清華十·四時34

【注】從立豈聲。●整理者讀逾。《清華十·四時4》：“廿=（二十）四日四門皆㙝（逾），洹雨乍（作），目（以）生眾木。”整理者注：“㙝，從立，豈聲，本篇屢見，疑讀為‘逾’，參注〔一三〕。”整理者注“戀”云：“戀，‘欲’字異體，與下文‘㙝’字表示同一詞，疑讀為‘逾’，降也。《老子》第三十二章：‘天地相合，以降甘露。’降，馬王堆帛書本作‘俞（逾）’。”子居先生讀佇。古文字中從立與從人往往互作，豈、豆形聲皆近，“侸”又作“俓”，故下文的“㙝”，當即是“侸”字，《説文·人部》：“侸，立也。從人豆聲，讀若樹。”《類篇·人部》：“侸、俓：當侯切，占侸極疲，一曰傴侸，下垂，或作俓。侸，又上主切，立也。”此“侸”字，當即“佇”字的異體，《詩經·邶風·燕燕》：“瞻望弗及，佇立以泣。”（《清華簡十《四時》解析》）

定紐殳聲

 趙曹鼎  師訇簋  敔簋  柞伯鼎 楚  曾侯邲殳  分研一

149 秦  ☐造庶長軹鐏　大良造軹殳鐏　相邦辪君漆豆

【注】甲骨文作 𝒳、𝒳，象手持圓頭兵器有所捶擊之形。金文緣條化。《説文》："殳，以杸殊人也。《禮》：'殳以積竹，八觚，長丈二尺，建于兵車，車旅賁以先驅。'從又几聲。凡殳之屬皆從殳。"本義是一種武器。竹制，頭上金屬作刃，八棱而尖，主要用來撞擊；早期的殳，類似八棱形的堅實粗木棒。●兵器。分有刃、無刃兩種。有刃殳形如套在長杆上使用的三棱刮刀形。無刃的則多為尊貴者的儀仗器。《趞曹鼎》："史趞曹易（賜）弓、矢、虎盧（櫓）、九（𢍗）、胄、盾、殳。"●讀股。《師訇簋》："亦則于女（汝）乃聖且（祖）考克厷（肱）殳（股）先王。"金文肱、股均不從肉。●《柞伯鼎》："才（在）乃聖且（祖）周公繇又（有）共于周邦。用昏無殳，廣伐南或（國）。今女（汝）娶（其）率蔡侯左至于昏邑。""用昏無殳，廣伐南或（國）"一句的結構與多友鼎銘"用嚴（玁）狁（狁）放（方）瘌（興），賣（廣）伐京自（師）"十分相似。"無殳"的意義應該如同動干戈、舉兵之類，表示起兵反叛作亂。具體行動就是下文的"廣伐南國"。"無"為"舞"之初文。引申可以表示舞動、揮舞、舞弄等意義。《山海經·海外西經》："操干戚以舞。"陶淵明《讀山海經》詩作"刑天舞干戚"，"舞"字意義即與此相當。後世還有"舞槍弄棒"一類説濾。《敔簋》"南淮尸（夷）遭殳"應與"無殳"義近。

投 秦  秦印234　　睡簡·答問90　　睡簡·日甲64背　　里耶

8·1517

【注】《説文》："投，擿也。從手從殳。"殳兼聲，上古音"殳"為禪母侯部；"投"為定母侯部。二字音近。●秦印"投舉""投遷"姓氏，周郇伯之後。桓王伐鄭，投先驅以策，其後氏焉。漢有光祿投調。●投交。《法律答問53》："有投書，勿發，見輒燔之。"●秦簡讀杸或讀殳，兵器。《睡簡·答問90》："以兵刃、投（殳）梃、拳指傷人。"

垼 楚  清華三·祝辭2 晉 璽彙2570　珍戰115　分研316　菁華39

【注】從土殳聲。●讀投。《清華三·祝辭2》："既祝，乃垼（投）以土。"●晉璽"垼康""垼瘴""垼辿"等姓氏，疑讀殳。舜臣有殳斨，後以名為氏。見《通志·氏族略·以名為氏》。

柭 楚  曾侯14　曾侯68　曾侯62 晉 陶彙9·96

【注】從木殳聲。●讀殳。《曾侯14》："一晉柭。"殳有兩種，即"柭"和"晉柭"。"晉柭"之"晉"非國名晉，鄭司農"晉，矛戟下銅鐏也"，《考工記》鄭玄注："晉，殳上鐏也"。據此可知，殳的兩端還有銅套。這是無刃殳。曾侯乙墓出土七件有三棱刮刀形刃部的矛狀長柄兵器，其中三件有銘文曰"曾侯戉之用殳"。另外還有十四件長三米多的長杖，一端有八棱形的銅鐏，另一端有圓形的銅帽。前者是有刃的殳，後者形制、長度都跟古書中所説的無刃殳相近。●晉陶"翏柭"，應為人名。

702

股 秦 股 睡簡·封診 88

【注】從肉殳聲。●大腿。《睡簡·封診 88》："其頭、身、臂、手指、股以下到足。"

定紐俞聲

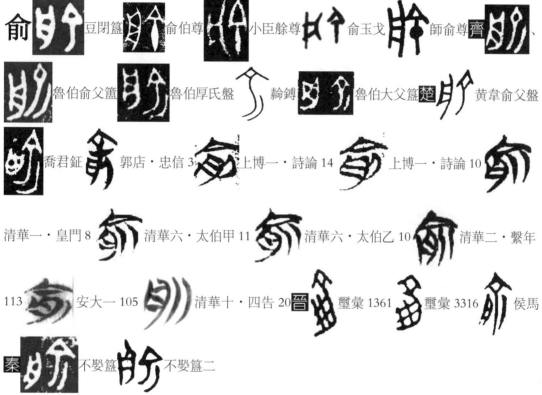

【注】西周金文作𦨶，從舟余聲（璽印文字"愈"字或作𢟤（璽彙 3403，可知矣）。春秋金文作𦨶，余下直筆多作曲筆，右下增ノ為飾。《龢鎛》省舟但作簡形。《説文》："俞，空中木為舟也。從亼從舟從巜。巜，水也。"許慎之説，典籍鮮見。●讀渝，改變、違背。《龢鎛》："枼（世）萬至于辝（台）孫子，勿或俞（渝）改。"《上博六·慎子 1》："忠（中）寔（實）目（以）反俞（渝）。"《説文》："渝，變汙也。"《爾雅·釋言》："渝，變也。""中實以反渝"，指修内而可不變本。●讀隃。《不嬰簋》："馭方厰（獫）允（狁）廣伐西俞，王令我羞追于西。"西隃，西周西部邊陲地區的軍事重鎮。"隃"有遙遠意。《漢書·趙充國傳》："兵難隃度。"顏師古注引鄭氏云："隃，遙也。"一説"西隃"即《爾雅·釋地》"北陵、西隃、雁門"之西隃。●讀喻，比喻。《上博一·詩論 10》："《關雎》以色俞（喻）於禮。"●讀媮，《説文》："巧黠也。"《左傳》襄公三十年注："薄也。"《清華一·皇門 8》："隹（維）俞（媮）惪（德）用，以䛅（昏）求于王臣。"●晉璽"俞谷"，姓氏。●讀瀆。《清華二·繫年 113》："公株（朱）句伐齊，晉自（師）閱長城句俞之門。"原整理者注：長城，齊長城。句俞之門，疑讀為"句瀆之門"。俞，喻母侯部；瀆，定母屋部。喻四歸定，侯屋對轉。《左傳》桓公十二年有"句瀆之丘"，杜注："句瀆之丘即穀丘也。或以為宋地，或以為曹地。""句俞之門"可能與"句瀆之丘"相關。

匬 秦  里耶 8·503

【注】從匸俞聲。● "匬分☑"，義不詳。

隃 秦  睡簡·秦種 81

【注】從阝俞聲。●讀踰或讀逾，超過、越過。《睡簡·秦種 81》："其責（債）毋敢隃（逾）歲。"

叟 楚  上博六·競公 1　 上博六·競公 2

【注】從又俞聲。●讀逾。《上博六·競公 1》："齊競（景）公瘧（疥）戲（且）瘔（瘧），叟（逾）散（歲）不已。"

蝓 楚  清華九·禱辭 19

【注】從虫俞聲。●《清華九·禱辭 19》："則區（驅）亓（其）虬、蟣、强（螟）、蜎、疽、蠥、蛕、蝓。"詳"虬"字。

婾 秦  印增 481

【注】從女俞聲。●秦印人名。

渝 楚  清華七·越公 65　燕 璽彙 0251

【注】從水俞聲。●燕璽"渝坴乘"，當釋為"渝城乘"。此璽應為"渝城"管理車輛的官吏所用之印。●讀逾，越過。《清華七·越公 65》："命右軍監（衛）樹（枚）渝江五里以須。"

諭 晉  璽彙 2123　路、齡、踰、齡 侯馬

【注】從言俞聲。●盟書"敢諭出入"讀踰。踰，《説文》："越也。"●晉璽"鄒諭"人名。

揄 秦  睡簡·葉書 10　里耶 8·1540　秦陶 490

【注】從手俞聲。●讀揄。秦陶"贛揄得"，贛揄，縣名。●引進。《睡簡·葉書 10》："八月，喜揄史。"

逾 **楚** 鄂君啟車節　　包山 135　　包山 159　　新蔡甲二 16　　新蔡

甲三 201　　包山 244　　清華五·湯丘 18　　清華二·繫年 131　　清華二·繫

年 133　　清華八·邦道 16　　郭店·老甲 18　　清華九·治政 1

【注】從辵俞聲。或從止俞聲。《説文》："逾，迻進也。從辵俞聲。《周書》曰：'無敢昏逾。'"本義越過。●越過，指更換水路。《鄂君啟舟節》："逾油迡（上）灘（漢）。"《詩·鄭風·將仲子》："將仲子兮，無逾我牆。"《清華五·湯丘 18》："高山是愈（逾）。"●《新蔡甲三 111》："既成羾逾而厭之。"《包山 244》："舉禱巫一全豬，戲（且）桓保（葆）逾之。"袁金平以為："逾"與包山簡習見"攻解""攻敍（除）""攻祝"等詞，其後常接神鬼之名，意為以辭責攘，以求解脱。"攻逾"性質上與"攻解"等詞接近，"逾"當亦是一種祭名或責攘手段。保讀葆。葆幢，為巫樹立葆幢。●《郭店·老甲 18》："天墬（地）相合也，以逾甘雺（露）。""逾"在楚文字中有"降""下"的用法。《鄂君啟節·舟節》的"逾淯""逾漢""逾江"，指順流而下。馬王堆漢墓帛書《老子》甲乙種"以俞甘露"，與傳世本的"降"字對應，指自天而降。

愈（愉）**齊** 魯伯愈父匜　　魯伯愈父鬲　　魯伯俞父盤 **楚** 上博六 競

公 11　　上博三·彭祖 7　　上博六·用曰 4　　郭店·窮達 13　　上博四·柬旱 2

郭店·老甲 23　　清華六·管仲 22　　清華八·處位 5　　上博三·周易

5　　安大一 106 **晉** 工師愈戟　　廿八年工師愈戟 **燕** 璽彙 3403

【注】從心俞聲。《説文》無"愈"字。●金文均為人名。《魯伯愈父鬲》："魯白（伯）愈父乍（作）䢼（邾）姬尾朕（滕）羞鬲，其永寶用。"●《清華八·處位 6》："心尼（度）未愈而進亞（惡），遝（没）者（諸）!"整理者讀愉。當讀諭，曉也。"度"的標準很主觀，大家都不瞭解，最終會令惡人上位，那就完了！●讀偷，苟且。《上博六·競公 11》："盍必死，愈（偷）為

樂唬（乎）。" ●讀渝，改變。《上博三·周易 5》："不克訟，復即命，愈（渝），安貞吉。" ●讀愉。《安大一 106》："盔（宛）亓（其）死［也］，佗（他）人目（以）愈（愉）。" ●讀瑜。《郭店·窮達 13》："無荎菫（瑾）愈（瑜）。" ●讀愈，賢。《上博三·彭祖 7》："彭祖曰：'一命一修，是謂益愉（愈）。'" ●讀愈，更加、越。《上博五·凡甲 5》："骨肉之既靡，其智愉（愈）障，其缺奚適？"

愈 楚 清華八·邦道 14　　清華八·邦道 19

【注】從人愈聲。●讀偷。《清華八·邦道 19》："戎（農）夫之惽（惰）於亓（其）事，以愈（偷）求生。"整理者注："愈，讀偷。《國語·齊語六》'則民不偷'，韋注：'偷，苟且也。'""偷"當訓為僥倖，《文選·張衡〈東京賦〉》："今公子苟好剝民以偷樂，忘民怨之為仇也。"李善注："偷，猶僥倖也。""以偷求生"即傳世文獻習見的"偷生"，"幸生"，如《管子·君臣》："以勞受祿，則民不幸生。" ●讀愈。《清華八·邦道 14》："其民愈（愈）弊以郻（解）悁（怨）。"

曾 楚 清華八·邦道 5

【注】從曰俞聲。●讀愈，益也。《清華八·邦道 5》："曾（愈）自固以悲念（怨）之！"

窬 晉 侯馬

【注】從宀俞聲，疑"窬"之異文。●讀踰。盟書或作諭、俞、緰。

窬 秦 圖典 88

【注】從穴俞聲。●秦印人名。

榆 晉 璽彙 2406　　弊編 208　　戰編 359　　貨系 949　　貨系

962　　璽彙 0116 秦　　秦印 106　　睡簡·日乙 67　　過耳 298

【注】從木俞聲。●《璽彙 0116》施謝捷釋為"發弩榆平"，"榆平"是"發弩"的私名。（《古璽彙考》106 頁）曹錦炎釋為"榆平發弩"，為三晉趙官璽。"榆平"為地名，趙國有"榆中"和"榆次"兩地，印文之"榆平"或與"榆中"有關。（《古璽通論》87 頁）當從曹錦炎說。《璽彙 2406》"榆平"亦為地名。趙國尖足小布數見"榆即"讀"榆次"，地名。●樹木名。《睡簡·日乙 67》："木忌，甲乙榆、丙丁棗、戊己桑、庚辛李。"

輸 印增 538

【注】從車俞聲。●秦簡本義，輸送。《睡簡·秦種 86》："都官輸大内。"都官所處理的器物應運交大内。●讀渝，渝改。《詛楚文》："變輸（渝）盟籾（約）。"

牏 睡簡·秦種 125

【注】從片俞聲。●牏，《説文》築牆短版也。《睡簡·秦種 125》："縣、都官用貞（楨）、栽為偁（棚）牏，及載縣（懸）鐘虡〈虡〉用輴（膈），皆不勝任而折。"棚牏，編聯起來的木板。

緰

【注】從糸俞聲。●讀偷。《睡簡·語書 10》："緰（偷）隋（惰）疾事。"●盟書讀踰。或作諭、俞、俞。●《清華七·越公 37》："凡辜厇（度）之不厇（度），辜采勿（物）之不繢（秩），豫（揚）緰（逾），諒人則劅（刑）也。"整理者謂"豫"讀偁，訓"欺詐"；"緰"讀褕，訓"鄙薄"。豫，當讀揚，訓"高揚"；"緰"讀逾，訓"越過，超過"。"揚逾"殆古成語，表逾越禮制。

鞲鞲 詛楚文

【注】從革俞聲，"緰"之異文。《集韻》刀乾。●《詛楚文》："鞲輸棧輿。"《集韻》云"鞲"為"刀乾"，即刀鞘。鞲輸，革制刀鞘。詳"鞲"字。

定紐臾聲

臾 尹臾鼎、尹臾鼎、師臾鐘、師臾鐘、陶録 4·180、三年垣上官鼎、考古 1990·8、睡簡·日甲 135 正、里耶 8·1139、嶽麓一·為吏 70

【注】甲骨文作 ，從人從臼，左右是兩隻手，中間是一個人，象兩隻手捉持人的頭部，會揪拖之意，"拽"之初文。金文人旁演化為兀、元旁。戰國文字或作 、 ，上加一斜筆分化成曳（曳）。曳、臾為一字之變體。●師臾：人名。《師臾鐘》："師臾其萬年永寶用享。"●族氏名。《尹臾鼎》："尹臾。"●讀斛。《三年垣上官鼎》："三年已觖，大十六斛。"觖，校量的意思。大，是增大、多出的意思。是指鼎的實測容積大了"十六斛"。此鼎銘文分為兩部分，鼎身前半部銘

707

為"垣，上官，戠（載）四分齋"。"四分齋"（或省稱"四分"）的説灋常見于戰國記容銘刻，意即四分之一齋。按一齋容 7200 毫升計，四分之一齋應為 1800 毫升。本器實測容 2656 毫升，顯然是大出了 856 毫升。"十六臾（斞）"合 856 毫升，則不難推得一臾（斞）合 535 毫升。● 《睡簡·日甲 135 正》："禹須臾。"須臾，《後漢書》注："陰陽吉凶立成之法也。"從出土文獻來看，"須臾"是指表格一類易於快速查閱占測結果的擇吉術或某種簡便易行的禳厭之法。"禹須臾"，則是將此占法假託于禹而得名。

庾 秦 印增 372

【注】從广臾聲。●秦印"庾景"，姓氏。

郰 晉 錢典 255

【注】從邑臾聲。●趙方足布單字，讀鄃，地名。《漢書》："今繫者或以掠辜若飢寒瘐死獄中。"注："瘐字或作廞。"是其佐證。鄃，在今山東平原西南。

斞 晉 斞半斘銅量

【注】從斗腴聲，"斞"之繁文。《説文》："斞，量也。從斗臾聲。《周禮》曰：'桼三斞。'"中國古代容器，也是容量單位。《周禮·冬官考工記工人》："絲三邸，漆三斞。""漆三斞"為制一弓所需之漆，可知斞之量值頗小，與古書中通常寫作"庾"的量名無涉。●讀斞。《斞半斘銅量》："斞料（半）斘。"斘，當讀寸，"斞半寸"，當指此量容半立方寸斞。斞，指量器，而非指具體量值。

悷 晉 鄫壺

【注】從心臾聲。●《鄫壺》："子子孫孫，母（毋）又（有）不敬，悷祗承（丞）祀。"何琳儀釋為悷（《戰國古文字典》933 頁）。悷，《玉篇》明也。《詩·小雅·楚茨》"祭祀事孔明"，箋："明，猶備也。"

定紐甌聲

甌 楚 包山 174　清華六·太伯甲 5　清華六·太伯乙 5　上博八·命 9　上博六·平王 1

【注】從二瓜，會瓜多蔓弱之意。《說文》：“㼌，本不勝末，微弱也。從二瓜。讀若庾。”●包山簡人名。●讀耦、或讀偶。《清華六·太伯甲5》：“奮亓（其）胁（股）拢（肱），以頗於烏㼌（耦、偶）。”整理者讀耦。振奮肱股之士的士氣，以强大的兵力壓迫對方的烏合之眾。偶，指敵國。●讀偶，匹偶。《上博八·命9》：“必内（入）㼌之於十友又厽（三）。”●讀遇。《上博六·平王1》：“城公䛉㼌聽於壽中。”

 璽補 12

【注】從邑㼌聲。●“陽郿之述（遂）”，吳振武先生指出“陽郿”就是古書中的“陽夏”，其地在今天河南省太康縣。

 新蔡甲三 379

【注】從豆㼌聲。●人名用字。

 清華九·成人 24

【注】從糸㼌聲。●讀遇。《清華九·成人24》：“毋宧（中）夭（妖）詢（辭），以安緅（遇）乃身。”“安遇乃身”猶俗話善待自己，守職盡責的同時就是安身立命。

 左塚漆梮

【注】從戶㼌聲。●義不詳。

泥紐乳聲

乳 齊 璽彙 2202　陶彙 3·678 楚 曾公畎鐘　曾侯鐘架　、

、曾侯乙鐘　曾侯乙鐘　上博三·周易 2　上博三·周易 3

清華八·邦道 21　清華六·孺子 1　清華一·楚居 11　清華二·繫年 97

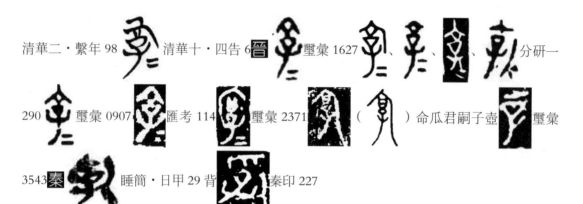

清華二·繫年 98 清華十·四告 6 璽彙 1627 、 、 分研一

290 璽彙 0907 匯考 114 璽彙 2371 （ ）命瓜君嗣子壺 璽彙

3543 秦 睡簡·日甲 29 背 秦印 227

【注】甲骨文作 ，像母抱子哺乳之形。六國文字，趙平安釋為乳，可以看作乳從甲骨文到秦漢文字的中間形態。（《釋戰國文字中的"乳"字》）爪形和側面身形還沒有分離，又在字頭上加上 。在戰國文字裏，字頭上加 裝飾筆劃是很常見的（詳"幾""而""返""侯"等字）。郭永秉在《從戰國楚系"乳"字的辨釋談到戰國銘刻中的"乳（孺）子"》文中進一步指出，上述六國文字均應釋為"乳"。秦文字從爪，從子從乙。所謂乙當為母旁訛變而來。●用為本義。《睡簡·日甲 29 背》："鬼嬰兒恒為人號曰：'鼠（予）我食。'是哀乳之鬼。"●裘錫圭、李家浩先生在《曾侯乙墓鐘磬銘文釋文及考釋》注 14 中"嬴 （亦作嬴 ）"應該就是見於《國語》的"嬴亂"。《國語·周語下》："反及嬴内，以無射之上宮，布憲施捨于百姓，故謂之嬴亂。所以優柔容民也。""嬴"是"嬴"的訛文。"嬴内"，韋昭注："地名。"這段文字中的亂，趙平安認為應是乳的訛字（參看秦系文字"亂"，這種寫法的亂和乳是非常接近的，有的甚至完全混同）。《希麟音義》卷四"吮乳"注引《切韻》："乳，柔也。"《集韻·遇韻》："乳，育也。"柔、育正是優柔容民的意思。"嬴乳"就是在嬴内優柔容民。●應讀需。《上博三·周易 2》："乳（需）于蒿（郊），利用互（恆），亡（無）咎"，"乳（需）于坭（泥），至（致）寇至。"●讀孺。《清華六·孺子 1》孺子，原簡文均作"乳="。《説文》："孺，乳子也。"段注："以疊韻為訓。"《清華十·四告 6》："乳=（孺子）肇嗣，商邑興反。"●古璽均為人名，多為"乳子"合文（有的無合文符號），讀"孺子"。古代有"孺子"之稱者甚多，文獻中有南孺子、孟孺子、樂孺子、晏孺子等。●讀乳，少也。《清華八·邦道 21》："倀（長）乳則畜蕃，民有甬（用）。"●秦印人名。

來紐屚聲

屚（漏） 秦  睡簡·效律 22 圖典 71 圖典 421

【注】會意字。《説文》："屚，屋穿水下也。從雨在尸下。尸者，屋也。"段注："今字作漏。漏行而屚廢矣。"是屚、漏古今字。●秦簡讀漏。《睡簡·效律 22》："倉屚（漏）朽（朽）禾粟。"●《圖典 71》"郭屚"，人名。●《圖典 421》"屚乙"，讀漏，姓氏。

甬 楚  清華八·處位 7

710

【注】從宀從雨，會房屋漏水之意，"扁"字異構。●讀漏。簡文"無雨（扁）"，不流失。

來紐匜聲

睡簡・日甲14背　睡簡・日甲17背

【注】《説文》："匜，側逃也。一日箕屬。"徐鉉等曰："丙非聲，義當從内會意，疑傳寫之誤。"徐灝注箋：匜、陌古今字。●讀陌。《睡簡・日甲14背》："困居宇西北匜，不利。"

精紐走聲

【注】甲骨文走、夭同形。夭，象人奔跑之形。金文增從止（或從彳、辵，均表示動作），字義更顯。《説文》："走，趨也。從夭、止。夭止者，屈也。凡走之屬皆從走。"本義跑。●奔、快速步行。《令鼎》："令眔奮先馬走。"先馬走，先馬而走也。《效卣》："效不敢不萬年夙夜奔走揚公休。""奔走"同義連用。●第一人稱代詞。《伯中父簋》："白（伯）中父乍（作）夙（夙）夜事走考，用乍（作）乎（厥）寶隣叚。"●走馬：武官名，統屬大司馬指揮。《走馬休盤》："益公右（佑）走馬休，入門，立中廷。"典籍或作"趣馬"。《書・立政》："虎賁、綴衣、趣馬、小尹。"孔傳："趣馬，掌馬之官。"●或謂讀奏。《自作其走鐘》："自乍（作）其走鐘。"●金文中"走器"是隨葬品。青銅器中的"走器"，見於春秋戰國時期的楚國。《許工戈》："鄦（許）公之造走（徒）

711

戈。""走戈"不是步卒所用的兵器，它與"徒戈"不是一回事。(《論青銅器中的"行器"及其相關器物》)●秦封泥"走士""走士丞印"等均為官名。

 帛書甲

【注】從雨走聲。●疑讀頊。《帛書甲》："曰故（古）又（有）熊雹戲（戲），出自耑（顓）霆（項）。"顓頊，上古帝王名。《楚世家》云："楚先祖自顓頊。"《風俗通·六國篇》："楚之先，出自帝顓頊。"

 璽彙 0261　　赵公祏陶豆　　新蔡甲三 310

【注】從邑走聲。江陵紀南城陶豆 夭 益增一橫，與"赤"等字相類。●楚璽"赵▨命鉨"疑讀鄒、或讀郰。為"赵▨"的官府用以發佈命令的官璽。●《赵公祏陶豆》《新蔡甲三 310》均為人名。

跓晉  兆域圖銅版

【注】從足走聲。中山器"止"均作 ，此戰國文字書寫慣例，同器中"步"從二止作 。《說文》無。●讀湊。《兆域圖銅版》："丌（其）梪（題）跓（湊）長三毛（尺），兩堂間百毛（尺）。"詳"梪"字。

精紐奏聲

奏 遇尊　作冊般黿　霸伯盂齊　朱慶簠楚　清華六·子儀

5秦 秦景公石磬　睡簡·語書 13　關簡 47　里耶 8·251

【注】甲骨文作 ，李孝定曰："契文 ，與篆文近。篆從中举者乃米之訛。米契文求字，象兩手奉求奏進之義也。契文奏舞每連文。字又作 從 ，與"舞"字作 所從之 同。疑象舞時所用之道具兩手奉之以獻神，故有進義也。"《甲骨文字集釋第十一》單育辰謂以雙手執"棘（棘）"，依靠荊棘刺紮出的血奏答神靈以祈佑。（單育辰《釋饏》）金文同甲骨文。秦系文字作訛為從奉從矢。●奏樂、演奏。《遇尊》："鄉（饗）西（酒），奏庸新宜欳（坎）。"《作冊般黿》："奏于庸，乍（作）母寶。"庸，今作"鏞"，過去均解釋為大鐘。《詩·商頌·那之什》："庸鼓有斁，萬舞有奕。"毛傳："大鐘曰庸，斁斁然盛也。"其實，從出土的實物來看，在商代庸就是大鐃。《清華六·子儀 5》："公命窮韋陞（升）琴（琴）奏甬（鏞）。"●進，獻也。《霸伯盂》："既稽首，祉（延）賓、瓚（贊）賓，用虎皮再（乘），毀用章（璋），奏。"此段所述，即

禮書所謂之“儐禮”。●上奏。《睡簡·語書 13》：“其畫最多者，當居曹奏令、丞。”過失最多的吏，所在的曹向令、丞申報。

清紐取聲

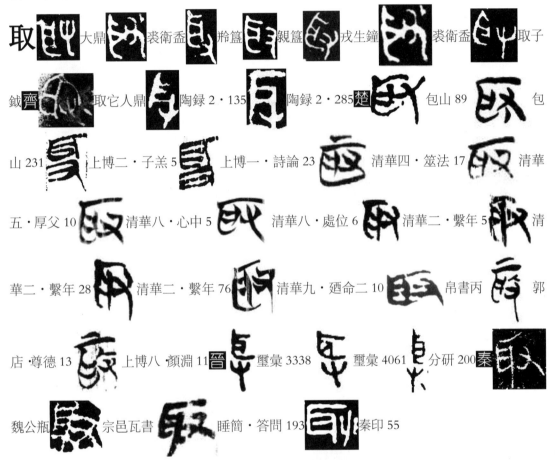

取 大鼎 裘衛盉 羚簋 親簋 戎生鐘 裘衛盉 取子鉞 齊 取它人鼎 陶録 2·135 陶録 2·285 楚 包山 89 包山 231 上博二·子羔 5 上博一·詩論 23 清華四·筮法 17 清華五·厚父 10 清華八·心中 5 清華八·處位 6 清華二·繫年 5 清華二·繫年 28 清華二·繫年 76 清華九·廼命二 10 帛書丙 郭店·尊德 13 上博八·顔淵 11 晉 璽彙 3338 璽彙 4061 分研 200 秦 魏公瓶 宗邑瓦書 睡簡·答問 193 秦印 55

【注】甲骨文作、、、、、、、、、、、，從手從耳，會獲取之意。在古代戰爭中，勝利者常把打敗一方的俘虜或戰死者的耳朵割下以記功。金文同甲骨文。《説文》：“，捕取也。從又從耳。《周禮》：‘獲者取左耳。’《司馬灋》曰：‘載獻聝。’聝者，耳也。”本義為割下左耳。引申為攻下、奪取、拿等義。●拿、領取、選取等義。《大鼎》：“王召走馬雁（應）令取誰（騅）䮕卅二匹易（賜）大。”《晉姜鼎》：“取乓（厥）吉金，用作寶隮鼎。”●讀郰，國族名。《取它人鼎》：“取（郰）它人之善（膳）貞（鼎）。”●《璽彙 3338》“取女”疑讀郰，姓氏。●讀聚。《清華六·子儀 2》：“取（聚）及七年，車𩲸（逸）於舊嘍（數）三百。”集聚了七年的物質和軍事力量，兵車超過舊數的三百。●《璽彙 4061》“下匡取水”、《分研 200》“曲堤取水”，“取水”為官名。●讀娶。《睡簡·答問 168》：“甲取（娶）人亡妻以為妻。”●讀緅。《包山 231》：“囟（使）攻祝逯（歸）緔（佩）取（緅）冠繻（帶）於南方。”

娶 秦 里耶 8·1083

【注】從女取聲。●"娶赀錢二千六百"，讀取。

聚_楚 郭店·六德4　　曾侯58　　上博四·柬旱5　　曾侯58　　清華

八·邦道16  清華二·繫年50　　清華八·邦道24　　清華三·芮良夫1

清華五·三壽26　　清華六·孺子13　 璽彙2844　　匯考286 秦 睡簡·為

吏2  嶽麓一·為吏19　秦印161  類編284

【注】從禾（眾立之貌）取聲。《説文》會也。●《曾侯58》"七聚環"，可讀緅，指青色之環。
●讀驟，驟然。《清華三·芮良夫1》："周邦聚（驟）又（有）褍（禍）。"●聚集。《郭店·六德
4》："聚人民，貢（任）堅＝（土地）。"《睡簡·為吏2》："惠以聚之。"秦文字或用"宬"表示聚
（馬王堆帛書）。●秦印人名。

叢_晉 璽彙1904

【注】從艸聚聲。《唐韻》俗叢字。《韻會》叢或作藂。《前漢·息夫躬傳》藂棘棧棧。●晉璽人
名。

鞦_楚 曾侯80

【注】從革聚聲。●《曾侯80》："鞦貝。"簡文或作"鞁"，詳"鞁"字。

趣_齊 璽彙3222　陶彙3·465　陶彙3·586　陶彙3·1316_楚

包山142 上博八·志書2 清華七·越公17　清華七·越公48

清華七·越公44_燕 陶彙4·95 璽彙4106

【注】從辵取聲，即"趣"字。《説文》："趣，疾也。"齊文字"取"旁所從"又"或濃縮作一點畫。●讀趣，去。《包山142》："一夫遊（佚），逧（趣）至州衛（巷）。"●讀趨，《説文》走也。《釋名》疾行曰趨。《上博五·鬼神5》："又（有）目不見，又（有）足不逧（趨）。"

趣 齊 郮侯簋 楚 望山 1·22 秦 睡簡·答問 199

【注】從走取聲。戴家祥謂走、趣、趨、驟、驟古本一字，趣、趨、驟、驟等字都是由走輾轉孳乳産生，或引申義聲符加旁字，或聲符更旁字。《説文》："趣，疾也。從走取聲。"本義促也，同"趨"。●讀聚。《睡簡·答問199》："有大繇（徭）而曹鬭相趣。"曹鬭相趣，聚衆鬭毆。●讀趨。《睡簡·日甲26背》："趣（趨）出。"●讀取，選取、採用。《郮侯簋》："郮（莒）侯少子祈乙孝孫不巨，鑄趣吉金。"《莊子·秋水》："吾辭受趣舍。"陳鼓應注："趣舍，取捨。"或謂讀聚，會也。

陬 秦 雲夢漆器

【注】從𨸏取聲。●"陬里"地名。

郰 楚 璽彙 0263

【注】從邑取聲。●楚璽"郰隨达（逐）鉨"，讀郰，姓氏。

俶 齊 璽彙 3705 璽彙 0590 璽彙 3561 匯考 250

【注】從人取聲。●齊璽"俶駚☑鉨"，疑讀郰，姓氏。餘例為人名。

蕆 楚 清華八·處位 8 晉 璽彙 0549 秦 類編 17

【注】從艸取聲。楚簡從艸取（從廾與從又會意同）聲，隸定為"蕆"。●晉璽、秦印均為人名。字亦見於漢印作𦱖、蒩、蒬（漢印91）。●讀取。《清華八·處位8》："道㝉（探）尾（度）蓎（取）竂（定）元（其）𩠐（答）。"道探、度取，互文，猶視年之豐耗，量入以為出也。定其答，猶制國用也。

冣 秦 印增 299 分研 397

【注】從宀取聲，疑"冣"之異文。《説文》："冣，從一從取。積也。"《徐曰》："古以聚物之聚為冣，上必有覆冒之也。今借作最，誤。"●秦印人名。

【注】從月取聲。●讀撮。《睡簡·日甲56背》："旦而最（撮）之，苞以白茅，果（裹）以賣（奔）而遠去之，則止矣。"●極也。《睡簡·語書13》："其畫最多者，當居曹奏令、丞。"●成績優秀。《睡簡·秦種13》："最，賜田嗇夫壺酉（酒）束脯。"●讀聚，聚集。《睡簡·日甲5》："最眾必亂者。"●讀聚，積聚。《關簡297》："其下有白衣之最。"

【注】從它取聲，疑"蚋"之異文。●晉璽人名。

【注】從木取聲。●秦印"椒釘"，姓氏。

【注】從言取聲。●讀趣或讀趣，趨向。《清華五·湯丘12》："民人諏（趣）貣（忒），型（刑）亡（無）卤（攸）㤅（赦）。"忒，《詩·鳲鳩》毛傳："疑也。"民人疑惑不知所從。

270 清華二·繫年134

【注】從糸取聲。●顏色名，青赤色。《信陽2·19》："皆緅襠。"《考工記·鍾氏》："三入為纁，五入為緅，七入為緇。"注云："染纁者三入而成，又再染以黑則為緅。緅，今《禮記》作爵，言如爵弁色也。又複再染以黑，乃成緇矣。凡玄色者，在緅、緇之間。"●清華簡人名。

【注】從革取聲。《玉篇》鞦，束也。●《曾侯6》"鞦敗"，疑讀緅，蓋指革制車馬器的顏色，故字從"革"作。敗是何物，待考。簡文或作"鞦"。

裋 ^晉 璽彙 3160　類編 290

【注】從衣取聲。●《璽彙 3160》"新裋垕（府）"，新裋，地名，地望不可考。●《類編 290》"盍裋"，人名。

叢 ^楚 清華十一·五紀 63　清華十一·五紀 1　左塚漆梮

【注】從丵取聲，聲符省略又，直接隸為"叢"。●讀聳或讀悚。《清華十一·五紀 1》："乃蕞（聳）乃思（懼）。"

叢 ^秦 、　、　秦印 17　陶彙 5·275　睡簡·日甲 67 背

【注】從艸叢聲。叢，《正字通》同叢。●秦漢印多為人名。漢印有"叢宗印"，讀叢，姓氏。●為"業"之誤書。《睡簡·日甲 67 背》："凡邦中之立叢（叢），其鬼恒夜譁（呼）焉。"

蕞 ^楚 清華七·越公 31　清華九·成人 1

【注】從心叢省聲。●均讀悚。《清華七·越公 31》："雩（越）庶民百眚（姓）乃再（稱）喜蕞（悚）思（懼）曰。"《清華九·成人 1》："王則悚替（惕）愧（畏）恐……。"

欉 ^齊 邾大宰簠　邾大宰簠

【注】從木從叢（兼聲），會叢木之義。郭沫若曰："此從木，為叢之繁文。"（《兩周金文辭大系考釋》193 頁）《説文》無。欉，《爾雅·釋木》："灌木，叢木。"《集韻》："江東謂草木叢生曰欉。"●讀叢，地名，為邾大宰翼之埰地。《邾大宰簠》："鼀（邾）大宰欉子翼鑄其固。"

遳 ^楚 清華六·子儀 10　清華二·繫年 54

【注】從辵叢省聲。隸定為"遳"。●均讀送。《清華六·子儀 10》："龕（翌）明，公遳（送）子義（儀）。"

徝 ^齊 邾大宰鐘

【注】從彳叢省聲。隸定為"徝"。●地名，讀叢。或作"欉"。

717

竁  清華六·子產 7

【注】疑從宀從止叢省聲。●趙平安認為讀崇。《清華六·子產 7》："子產不大宅或（域），不竁（崇）臺寢。" "大"為擴大，"崇"為加高。

清紐芻聲

芻 大簋 · 揚簋 散氏盤 散氏盤 璽彙 0234 璽彙 0570 包山 183 包山 95 望山 1·5 安大 111 清華九·禱辭 11 清華十·四時 15 清華十·四時 18 公芻權 睡簡·秦種 10 睡簡·日甲 76 嶽麓三 243 類編 16 印增 31

【注】甲骨文作 、 、 、 、 ，從又從屮，會拔草之義。金文同甲骨文。《公芻權》作 ，"又"變為 形。《說文》："芻，刈艸也。象包束艸之形。"本義是拔草、割草。而草是用以飼養牲畜的，故引申指飼餵牲口的草，如《莊子》："食以芻叔。"●飼料、飼草，《公芻權》："公芻半（半）石。"《睡簡·效律 167》："度禾、芻稾而不備十分一以下，令復其故數。"●官名。《揚簋》："乍（作）嗣（司）工，官嗣（司）量田甸、眔嗣（司）空、眔嗣（司）芻。"此為司田、司里居、司芻養公牛之官。●《清華九·禱辭 11》："歐（謳）！東方之士正：句（苟）吏（使）发=（左右）之邑虛，吏（使）曾孫某之邑速郢（盈），余而攻（貢）布三、芻霝（靈）。"整理者注："攻，讀為'貢'……'貢布三'，即貢上三束布，本篇獻幣帛數量均為三束。'芻靈'乃是茅草紮成的祭品。《禮記·檀弓下》'塗車芻靈，自古有之，明器之道也'，鄭玄注：'芻靈，束茅為人馬，謂之靈者，神之類。'"●秦印"芻容"，姓氏。

蒭  清華七·晉文公 3

【注】從屮芻聲。《六書正譌》芻俗作蒭。●讀芻。《清華七·晉文公 3》："命肥蒭牛羊，豢犬豕。"

雛 秦印 69

【注】從隹芻聲。●秦印人名。

 嫋鐃秦 秦陶 492

【注】甲骨文作，從女芻聲。金文承之。"嫋"為"鄒"的原始寫灋。鄒即邾、邾婁，傳為顓頊後裔挾所建，建都于邾（今山東曲阜東南南陬村）。公元前 614 年邾文公遷都于繹（今山東鄒城東南紀王城）。戰國時為楚所滅。《説文》："㜱，婦人妊身也。從女芻聲。《周書》曰：'至于嫋婦。'"本義婦女懷孕。又《集韻》女名。●族氏名，亦為國名。《嫋鐃》："嫋。"●秦陶"嫋（鄒）上造姜"，地名。

 驕秦 睡簡·雜抄 3 睡簡·為吏 6 秦印 195 陶彙

5·483 印封 884 印封 884

【注】從馬芻聲。●為官長駕車之人。《睡簡·雜抄 3》："駕驕除四歲，不能駕馭，貲教者一盾。"駕驕已任用四年，仍不能駕車，罰負責教練的人一盾。●讀趨。《睡簡·為吏 6》："安驕（趨）而步。"●《印封 884》"驕丞之印"。驕，秦時為縣名。本為國名，故邾國。《漢書·地理志》魯國有"驕縣"，云："故邾國，曹姓，二十九世為楚所滅。嶧山在北。莽曰驕亭。"《漢書補注》王先謙曰："《袁宇記》：'邾，魯附庸國。'《左傳》'魯擊柝，聞於邾'是也。"周時均作鄒、邾。段玉裁注："周時或云鄒、或云邾婁者。語言緩急之殊也。周時作鄒、漢時作驕者。古今字之異也。"此印證明秦時已作驕，不始於漢。作鄒者，應是較晚寫法。

 鄒秦 、 、 秦印 123 分研 203 集證 157

【注】從邑芻聲。●姓氏。周時作"鼀""邾"，秦文字始作"驕"，繼作"鄒"。六國文字作"邾"。●《集證 157》"梁鄒丞印"，地名。《漢書·地理志》濟南郡有"梁鄒"縣。《漢書補注》王先謙曰："高帝封武虎為侯國，見《表》。"可見秦已有梁鄒縣。

 趨 趨子彝秦 秦印 26

【注】從走芻聲。●金文人名。●秦印"容趨丞印"，地名。

心紐須聲

 須 周頜盨 易叔盨 伯孝鼓盨 諫季盨 伯梁其盨 弭叔盨

遣叔盨　　立盨　　伯多父盨　　剔叔盨　　鄭義伯盨　　單叔奐父盨

晉侯對盨　須孟生鼎　璽彙 3703　伯亞臣鑪　包山 88　包山

102　包山 130　上博五·三德 1　上博二·容成 46　清華八·處位 6

清華七·越公 22　清華七·越公 65　清華三·良臣 6　清華九·禱辭 22

睡簡·為吏 41　睡簡·日甲 71 背　　　　秦漢璽印姓名考析十題

【注】甲骨文作、、，象人面上長滿鬍鬚形，為"須"之初文。金文承之。本為整體象
形，小篆變為從頁從彡會意。《說文》："，面毛也。凡須之屬皆從須。"本為須鬚之"須"。借
為所須之"須"。後多為借義所用，於是另加形符彡寫作"鬚"，今仍簡化作"須"。●讀盨，古
代青銅制食器。《伯梁其盨》："白（伯）汎（梁）其乍（作）旅須（盨）。"●讀鬚，鬚髮。《睡
簡·答問 81》："縛而盡拔其須麋（眉）。"●姓氏。《須孟生鼎》："須孟生之飤貞（鼎）。"●讀宿。
《秦漢璽印姓名考析十題》兩方秦印"須拳午"，魏宜輝認為秦印中的複姓"須拳'與漢印中的
"宿豢""宿拳"應該屬於同詞異寫。"須"為心母侯部字，"宿"為心母覺部字，二字音近可通。
《後漢書·清河孝王慶傳》："且復須留。"李注："《東觀記》'須留'作'宿留'。""宿豢""宿
拳"這個姓氏來源不詳。●等待。《睡簡·秦種 87》："糞其有物不可以須時。"《清華七·越公
65》："乃命左軍監（衛）梪（枚）穌（溯）江五里以須。"●人名用字。《伯亞臣鑪》："隹（唯）
正月衣（初）吉丁亥，黃孫須頸子白（伯）亞臣自乍（作）鑪。"●讀嬃。《清華九·禱辭 21》：
"鈙（且）獻犖（乘）黃馬與二又（有）須女。"整理者注："須，文獻又作'嬃'。《周易·歸
妹》六三'歸妹以須'，鄭注：'須，有才智之稱。'則有須女即有才之女。"

嶽麓三 136

【注】從糸須聲，"縃"之異文。●同"縃"。《說文》："縃，絆前兩足也。從糸須聲。"《嶽麓三
136》："冤為庶人，識為城旦，纝（縃）足輸蜀。"加上腳鐐，送到蜀郡。

清華七·越公 65

720

【注】從立須聲，"等待"之專字。今字多作"需""須"，而頮廢矣。●讀須，等待。《清華七·越公65》："乃命左軍右軍涉江鳴鼓中水以頮。"

遺 楚 清華二·繫年 69 秦 戰表 225

【注】從辵須聲。●讀須，等待。《清華二·繫年69》："遺（須）者（諸）侯于鹥（斷）道。"

㜪 秦 秦印 238

【注】從女須聲。《說文》女字也。又楚人謂姊曰㜪。《屈原·離騷》女㜪之嬋媛。《注》女㜪，屈平姊。●秦印人名。

䀠 秦 睡簡·日甲 60 背

【注】從目須聲。●讀眉。《睡簡·日甲60背》："人毋（無）故而髮橋若虫及須（鬢）䀠（眉），是是恙氣處之。"

盨 伯公父盨蓋 仲義父盨 瓔鑾盨 伯寬父盨 伯庶父盨蓋

㣈姬小公子盨 為甫人盨

【注】從皿須聲。《說文》："盨，槥盨，負戴器也。"本義為食器。●青銅制的古代食器。橢圓口，有蓋，兩耳，圈足或四足，蓋可卻置。用以盛食物。西周中期開始出現。盨是簋的長方形變體，有的盨自名為簋。盨使用時的組合和簋一樣都是偶數。《中伯盨》："中白（伯）乍（作）㣈姬旅盨用。"金文"盨"字異體眾多。

糬 叔尃父盨 叔尃父盨 叔尃父盨 叔尃父盨 叔尃父盨 叔尃父盨 叔尃父盨 叔尃父盨 杜伯盨 叔尃父盨 杜伯盨

【注】從米盨聲；示盨之所盛，"盨"之異文。米形多減省。●讀盨。

師克盨

【注】從升盨聲；從升以示器容，"盨"之異文。●讀盨。

大賸盨　　仲自父盨

【注】從金盨聲；從金以示其質，"盨"之異文。●讀盨。

鄭井叔盨

【注】從木須聲；從木以示其質，"盨"之異文。●讀盨。

叔姞盨　弭叔盨　仲彤盨弭叔盨

【注】從金須聲；從金以示其質，"盨"之異文。●讀盨。

伯大師厘盨　　師克盨

【注】從升須聲；從升以示器容，"盨"之異文。●讀盨。

異伯子㿻父盨　　異伯子㿻父盨

【注】從又須聲；從又以示其用，"盨"之異文。●讀盨。

心紐需聲

需 伯公父簠　　孟簋　　單叔奐父盨　楚 上博三・周易 57　　清華一・金縢

清華三・琴舞 7　　清華十・四時 21　　清華十・四時 20晉　貨系 291

【注】甲骨文作　、　、　、　、　、　。徐中舒謂，從人，從冫、⺀，象人沐浴之形，會沐浴之意。原始社會舉行祭禮之前，司禮者需要沐浴齋戒，以表誠敬，故後世以"需"為司禮者專名。沐浴是司禮前的準備，故本義當為司禮之人齋戒沐浴，是"濡"與"儒"的本字（卜辭

722

中用為"濡""儒")。周代金文則訛為從雨從天,至小篆則訛為從雨從而。需本從人形之大,後需字之義別有所專,故復增人作儒。(詳《甲骨文字典》878 頁)《說文》:"霝,頯也。遇雨不進,止頯也。從雨而聲。《易》曰:'云上于天,需。'"所釋當為引申義。●讀糯,粘性的稻米。《伯公父簠》:"用成(盛)粻(糗)餡(稻)需(糯)粱。"●《孟簋》:"朕(朕)文考罙毛公、遣中(仲)征無需。"無需,國名。●讀孺。《清華一‧金縢 6》:"公㺯(將)不利于需(孺)子。""孺子"指成王。孔傳云:"孺,稚也。稚子,成王。"《尚書‧立政》見"孺子王"。●讀繻。《上博三‧周易 57》:"需(繻)又(有)衣絮,冬(終)日戒。"《說文》:"繻,繒也。一曰敝絮。"《易》曰:"需有衣絮。"按今《易》作袽。●讀須,等待。《清華十‧四時 20》:"内(入)月四日,青枸(鉤)乃鲩(嫺),亘(極)云(雲)宮(賓),不至,赤維乃需。"需,本篇屢見,簡一〇、二八作"繻",等待,滯留。

印增 469

【注】從手需聲。●人名。

五年鄭令韓伴戈

【注】從立需聲,"頯"字異文。《集韻》:"頯,《說文》待也。亦作嫥。"●人名。《五年鄭令韓伴戈》:"冶君(尹)嫥戟(造)。"

印增 559

【注】從字需聲。●秦印人名。

睡簡‧日甲 71 背　睡簡‧日甲 70 背

【注】從肉需聲。臑,《說文》臂羊矢穴位名也。●秦簡"辟臑"讀"臂臑",肩臂。

【注】從水需聲。●《清華七‧趙簡子 9》:"不飤(食)濡肉。"《禮記‧曲禮上》"濡肉齒決,乾肉不齒決",孔穎達疏:"濡,濕也。濕軟不可用手擘,故用齒斷決而食之。"《禮記‧內則》"濡豚包苦實蓼",鄭玄注:"凡濡,謂亨之以汁和也。"濡肉應該是一種精心烹製的肉。●讀愈。"濡"字當與該簡下欄"結日"二字連讀為"濡結日","濡結日"即日乙 14 簡"愈結之日"。

睡簡‧秦種 35

【注】從禾需聲。●讀糯，粳（秔）米。《睡簡·秦種 35》：“別粲、穤（糯）秸（黏）稻。”

、包山 265

【注】從金需聲。●讀臑，牲臂。《包山 265》：“大兆之金器：一牛鑐。一亥〈豕〉鑐。”

清華八·邦政 8

【注】從蚰需聲，“蠕”之繁文。●讀繻或讀縟。“繻”與“縟”音義皆近，故可通。《説文》：“縟，繁采色也。”《説文·糸部》：“繻，繒采色。”《玉篇·糸部》：“繻，采也。”《清華八·邦政 8》：“亓（其）器大，亓（其）夏（文）璋（章）蠹（縟）。”

清華六·子儀 3　　清華六·子儀 3　　清華十·四時 10

【注】從糸需聲。●讀撋。《清華六·子儀 3》：“義（儀）父，不毅（穀）繻（撋）左右綑，繻（撋）右左綑。”《説文·手部》：“撋，染也。”《集韻·脂韻》：“撋，搵也。”綑，讀掘，繃緊、拉緊。按住左邊右邊就繃緊了，按住右邊左邊就繃緊了。●讀需或讀須，等待。《清華十·四時 10》：“猇星女（如）不至，白維乃繻（需）。”

睡簡·封診 58　　嶽麓三 152

【注】從衣需聲。襦，《説文》短衣也。●秦簡本義，短衣。《睡簡·封診 58》：“衣布襌帬、襦各一。”

印增 363

【注】從鬼需聲。●秦印“妡魋”，人名。

幫紐付聲

付鼎　　智鼎　　永盂 散氏盤　　散氏盤　　觥攸比鼎

蟹鼎　　吳虎鼎　　虎簋蓋 陶彙 3·976　　陶彙 3·977

清華六‧孺子 16　　包山 39　　包山 91 晉　　四年咎奴曹令戈　　溫縣

秦　里耶 8‧1824　　睡簡‧封診 11

【注】從人從又（又下或加飾點，秦文字遂從寸），會付與之義。《説文》：“𠇍，與也。從寸持物對人。”本義付與、給予。●付給、給予。《散氏盤》：“我既付散氏田器。”《永盂》：“公乃命酉（鄭）嗣（司）辻（徒）凾父、周人嗣（司）工（空）眉（師）、敃史、師氏、邑人奎父、畢人師同付永㞢（厥）田。”●齊陶單字，當為人名。●託付。《清華六‧孺子 16》：“二三夫=（大夫）𧁨（皆）虘（吾）先君廌=（之所）付孫也。”●姓氏。《四年咎奴曹令戈》：“付𨟚。”

柎 楚　上博一‧詩論 29

【注】從木付聲。●《上博一‧詩論 29》：“涉秦（溱）丌（其）𢌿（絶），柎而士。”柎，讀為何字仍需進一步研究。康少峰讀赴，“《涉溱》其絶，赴而士”，是就《涉溱》詩中“子不我思，豈無他人”説的。

𥧑 楚　清華十‧行稱 7

【注】從寶省，付聲。●讀府。《清華十‧行稱 7》：“再（稱）綽武，利㮚（攝）兵𪎭（甲），攸（修）𥧑（府）庫。”

𩰹　　叚仲盤　　叚仲盤

【注】從鬲付聲，疑“𩰡”之繁文。●人名。《叚仲盤》：“叚中（仲）𩰹履用其吉金，自乍（作）寶盤。”

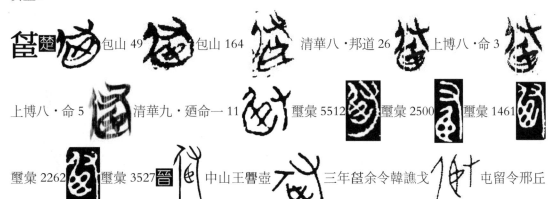

邑 楚　　包山 49　　包山 164　　清華八‧邦道 26　　上博八‧命 3

上博八‧命 5　　清華九‧廼命一 11　　璽彙 5512　　璽彙 2500　　璽彙 1461

璽彙 2262　　璽彙 3527 晉　　中山王𪐓壺　　三年𫯚余令韓謙戈　　屯留令邢丘

莒戟 　璽彙 1875 　　璽彙 0524 　　璽彙 2162

【注】從臣付聲，當為"附"之古體，專用于表示下級對上級的臣服、依附，故從臣旁。人、臣或共用筆劃，當隸定為莒。●多讀附，依附、歸附。《中山王𧾷壺》："𢧜（作）斂（斂）中則庶民莒（附）。"《淮南子·主術訓》："所任者得其人，則國家治，上下和，群臣親，百姓附。"●讀僕，楚文字為"僕"之異體。《清華八·邦道26》："則價（價）賣（賣）亓（其）臣莒（僕）。"《上博八·命5》亦讀僕。●楚璽人名。

胕齊　陶彙 3·204 　　陶彙 3·205 　　陶録 2·231

【注】從肉付聲，"腑"之異文。●齊陶人名。

附楚　新蔡甲三 338

【注】從阝付聲。下增土繁化。●不詳。

坿楚　上博三·周易 51 　　上博三·周易 52 　　璽彙 5548 　晉　吉大

4 　璽彙 3236 　　璽彙 1386 　　璽彙 2315 　　璽彙 2332 　　璽彙 3096 　　璽彙

3438 　匯考 109 　　匯考 148 　　匯考 96 　　璽彙 5483

【注】從土付聲。加土則為官府之專字，從貝者則為府庫之專字。●讀府。《匯考96》"咎（皋）郎（狼）鄸（縣）南坿（府）"，此印當是趙國皋狼縣南府的官署所用之印。印文之"坿"字或即《說文》之"坿"，借用為"府"；非"坿"字，而是"府"之異構。●讀蔀。蔀、付，同韻可通。《上博三·周易51》："豐丌（其）坿（蔀），日中見斗，遇丌（其）巳（夷）宔（主），吉。"《易·豐卦》豐其蔀。蔀，覆曖，障光明之物也。●《璽彙5483》舊釋為"供"，此印印文反書，應翻置，左半部為從土付聲之坿，讀府。🀄不識，當為地名。

翋楚　信陽 2·19

【注】從羽坿聲。●讀坿，通附，引申為小、短義。《信陽2·19》："一長羽翣，一翋翣，二竹

箕。"䔖䔖"為短箕、小箕之專名。

 荁 楚 信陽 2 · 27

【注】從艸荁聲。●簡文"一荁☒，一鷺刀，二鼎……"，應為器名的修飾語，義不詳。

 畱 晉 匯考 110

【注】從田付聲；土、田作為意符時可以通用。●晉璽"韓氏畱（府）讀府。韓氏，地名。

 邖 楚 包山 34

【注】從邑付聲。●簡文"邖壆（與）之閘（關）"，地名。

 貸 晉 春成侯壺 借 王子仲府鼎 侸 銀柄杯

【注】從貝付聲，府庫專字。●均讀府。《春成侯壺》："春成侯中貸（府）卒，冢（重）十匀十八益（鎰）。"

 府 齊 璽彙 3358 楚 上都府簠 上都府簠 秦 寺工師初壺

、秦印 183

【注】秦文字從广付聲，與小篆同。《說文》："府，文書藏也。"當為引申義。秦系文字府庫之"府"，三晉文字作"賡"，楚文字作"侸""貸"。●多為官名，藏文書或財物的處所。秦封泥多見"少府""少府工丞""少府工室""少府工官""大府丞印""中府丞印""私府丞印""私府""中府丞印"等等，均為官名。●秦簡常有府嗇夫、庫嗇夫、田嗇夫。府嗇夫，官職名，主管府藏事務者。

 賡 晉 少府小器 中府簠 匯考 120 匯考 120

【注】從貝府聲，"府"之繁文。●均讀府。《少府銀圜器》："少賡（府）。膚（容）二益（鎰）。"少府：官名，掌山海池澤收入和王室手工業製造，為王室私府。"少府"完整的表達濼為"少府工室"，如《五年相邦呂不韋戈》"少府工室陰、丞冉、工九"。稍有省略的格式如《十六年少府戈》銘文"少府工師乙、工毋"和《十三年少府矛》銘文"少府工櫓"。最簡單的格式如《卅四年少府戈》銘文"卅四年，少工橢"。

俯  伯婁簋　伯婁簋

【注】從府從乁，"俯"之本字。劉釗曰："乁乃伏字，字是在乁上迭加'府'聲而成。"（《古文字構形學》85頁）乁不僅表音，還表義，"府"則成了純粹的聲符，乃部分表意的雙聲符字。古音"府"在幫紐侯部，"伏"在並紐職部。西周金文中侯部與之蒸都有相通的例子。（詳葉玉英《古文字構形與上古音研究》403頁）《說文》無。《金文編》注曰：《說文》作'俯'，或作'俛'。徐鉉認為'今俗作俯，非是。'然《禮記·曲禮》《呂覽·季秋》有之。"●人名用字。《伯婁簋》："白（伯）要俯乍（作）寶段。"

苻  文物 85·12·22

【注】從艸付聲。●"苻事"，姓氏。

符 秦  新郪虎符　秦印 81　 睡簡·答問 146

【注】金文小篆同，從竹付聲。《說文》："，信也。"本義為古代朝廷傳達命令或徵調兵將用的憑證。通常以金、玉、銅、竹、木等製作。上刻文字，剖為左右兩半，朝廷與外官各執其半。遇有事，遣使持符至，雙方驗合，出符通過。●憑信。《新郪虎符》："必會王符乃敢行之。"《睡簡·答問 146》："亡久書、符券、公璽、衡羸（纍），已坐以論，後自得所亡，論當除不當？"

符 齊  費奴父鼎　楚  曾侯乙鐘　 上博八·李頌 1　 上博二·容成 6　 清華一·祭公 5　 清華一·祭公 9　 清華三·說命中 6　 清華十一·五紀 48　 清華十一·五紀 58

【注】從宀付聲。●人名。《費奴父鼎》："費奴父乍孟姬符賸鼎。"●多讀府。《上博二·容成 6》："昔堯處於丹符（府）與藋陵之閒（間）。"《清華十一·五紀 58》："百符（府）百司。"●讀付。《清華一·祭公 9》"符（付）界四方"即"付界四方"，語見《書·康王之誥》。●讀俯。《上博八·李頌 1》："符（俯）視地利。"

寶 楚 鄂君啟舟節　 大府簠　 鑄客鼎　 大府牛　 大府鎬

大府簋　包山 172　包山牘 1　清華七·趙簡子 8　清華七·越公

47　清華十一·五紀 129　璽彙 0129　璽彙 0128　璽彙 0131　璽
彙 0128

【注】從貝符聲，為府庫之本字，為"府"之繁文。●讀府，藏文書或財物的處所。《鄂君啟舟節》："為鄂君啟之廥（府）商鑄金節。"●《鄂君啟舟節》："女（如）載馬、牛、羊台（以）出內（入）闇（關），則政（征）于大廥（府）。"大府，朝廷內宮府庫長官。《周禮·冢宰下》："大府掌九貢九賦九功之貳，以受其貨賄之入，頒其貨于受藏之府，頒其賄于受用之府。"鄭玄注："大府為王治藏之長，若今司農矣。"

蓯楚　包山牘

【注】從艸符聲。●簡文"蓯此"，讀鳧茈，或讀符訾。即荸薺。

屋部

見紐谷聲

谷 **佣生簋** **佣生簋** **啟尊** **啟卣** **何尊** **走馬谷簋** **師旬簋**

楚 郭店・老甲 6 郭店・成之 18 上博一・詩論 3 清華六・子產

16 清華九・命二 16 清華十一・五紀 129 晉 璽彙 3141 璽彙 3316

璽彙 0123 璽彙 3549 璽彙 3434 秦 睡簡・日乙 23 秦印 225

【注】甲骨文作谷、谷，從八從口。徐中舒謂八象溪流出自山澗流出平原之狀。口，表示谷口，或省作八、谷，故谷、八、谷初為一字，而《説文》分為三。（詳《甲骨文字典》1238 頁）口亦兼聲。金文小篆同甲骨文。戰國文字在偏旁中或省口旁，如"衒（欲）"作谷（語叢 2・10）。《説文》："谷，泉出通川為谷。從水半見，出于口。"本義是兩山之間的狹長地帶或流水道，如《荀子》："山川林谷美。"後又作了"穀"的簡化字。"穀""谷"原為兩個不同的字，"穀"本義為穀物，現合併為"谷"。●地名。《佣生簋》："殷𨤲（厥）剌（絕）霄谷、杜木、遷谷旅菜，涉東門。"●用為本義，溪谷。《睡簡・日甲 23 背》："宇中有谷，不吉。"此義楚文字則用"浴"。●讀欲，希望。《師旬簋》："谷（欲）女（汝）弗目（以）乃辟圅（陷）于艱。"●山谷。《啟卣》："王出獸南山，𢦏迆山谷，至于上侯。"●讀裕。《何尊》："董王恭德谷（裕）天。"《廣雅・釋詁》："裕，容也。"銘意為：王之恭德裕容于天。●楚文字多讀欲。《郭店・老甲 6》："以衒（道）差（佐）人宔（主）者，不谷（欲）以兵強於天下。"●晉璽"谷往""谷曠""谷粟"，多為姓氏。●《璽彙 3434》"東谷義"，"東谷"為複姓。●讀卻，退也、止也。《清華六・子產 16》："與善為徒，以谷（卻）事不善。""事"當讀"使"。"卻使"猶言不使，謂不用。

俗 **庚季鼎** **師晨鼎** **九年衛鼎** **永盂** **駒父盨** **毛公鼎**

一式獄簋 楚 徐䜒尹皆鼎 燕 璽彙 5664 秦 睡簡・語書 5 睡

簡・為吏 12 秦印 156

【注】從人谷聲，與小篆同。《説文》："俗，習也。"本義為習俗。●習俗、風气。《駒父盨蓋》："㪿（厥）取㪿（厥）服，董（謹）尸（夷）俗。"《書·君陳》："敗常亂俗。"《史記·李斯列傳》："孝公用商鞅之㳒，移風易俗。"●讀容。《睡簡·為吏 12》："寬俗（容）忠信。"詳《古字通假會典》747 頁"俗-容"條。●讀欲，表達願望之詞。《毛公鼎》："俗（欲）我弗乍（作）先王憂。""俗（欲）女（汝）弗㠯（以）乃辟圅（陷）于艱（艱）。"孫詒讓讀欲。《釋名·釋言語》："俗，欲也。俗人所欲也。"《孝經》："移風易俗。"邢昺疏引韋昭云："隨其趨舍之情欲，故謂之俗。"●燕璽"俗璎"讀谷，姓氏。

浴 楚  孟縢姬缶　孟縢姬缶　孟縢姬缶　倗缶　倗缶

【注】甲骨文作 、 、 、 、 ，從人從皿，會洗浴之意。金文從水俗聲，當為"浴"之繁文。"浴"為後起形聲字，戰國楚簡初見左形右聲的形聲字，作 （信陽 1·5）。《説文》："浴，灑身也。從水谷聲。"本義為洗澡，如屈原《楚辭》："新沐者必彈冠，新浴者必振衣。"沐、浴二字在古代不是一樣的，"沐"指洗頭，"浴"指洗澡。●讀浴。《倗缶》："楚弔（叔）之孫酈（鄘）子倗之浴（浴）缶。"浴缶，是古代用來盛裝液體的器具，絕大部分用於盥洗，故亦稱之為盥器。古代盥器大致可分為承水器、注水器、盛水器和挹水器四種，包括盤、匜、鑒、汲壺、浴缶等。

詥 楚  上博九·史蒥 7

【注】從言谷聲。●簡文"獄詥（訟）"，讀訟。

慾 楚  清華十·四時 2

【注】從心詥聲。●讀逾。簡文"慾（逾）下"，整理者注："慾，'欲'字異體，與下文'墬'字表示同一詞，疑讀為'逾'，降也。《老子》第三十二章：'天地相合，以降甘露。'降，馬王堆帛書本作'俞（逾）'。下，《爾雅·釋詁》：'落也。'"

綌 楚  上博六·用曰 18　上博六·用曰 20　上博九·陳公 12　晉　輯存

65

【注】從糸谷聲。《説文》："綌，粗葛也。從糸。谷聲。綺戟切。"戰國文字中"谷""谷"似相混不別，與《説文》"綺戟切"不應為一字。●《上博六·用曰 18》："番（播）煑（緒）綌眾，台（以）免民生。"疑讀俗。如不誤，"俗眾"一詞首見。●讀裕。《上博九·陳公 12》："又（有）所胃（謂）恭，又（有）所胃（謂）綌（裕）。"●晉璽"石綌"，人名。

谹 楚  郭店·語叢一 75

【注】從辵谷聲。●疑讀欲。《郭店‧語叢一75》："逾殺不逮從一衍。"詳"逮"字。

鋊  郭店‧語叢四15 菁華218

【注】從金谷聲。●《郭店‧語叢四15》："凡斂（說）之道，級（急）者為首，既旻（得）丌（其）級（急）。言必又（有）及，及之而弗亞（惡），必畫（盡）其古（故）。畫（盡）之而忝（疑），必攼鋊之，鋊之而不可，必曼（文）目（以）訑，母（毋）命（令）智（知）我。"鋊，陳劍先生從裘錫圭先生讀喻，訓為說明開導，并把整段文字語譯為："遊說之道，首先要明白對方之所急；如已明了對方之所急，則言說必有以及其急；已試探性地說出其所急之事而對方不反感厭惡，則必進一步盡言其事；盡之而對方有所懷疑，則必須明白詳細地加以說明開導；曉喻開導而不能釋對方之疑；則必以不實之言加以掩飾，不要讓對方知道自己的真實意圖。"●楚璽"鈙鋊"，詳"鈙"字。

浴 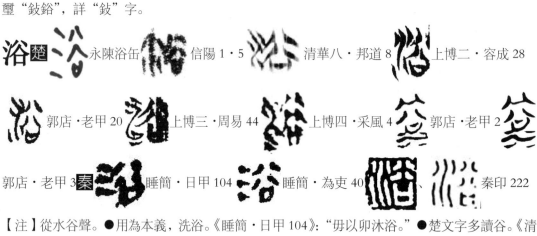 永陳浴缶　信陽1‧5　清華八‧邦道8　上博二‧容成28　郭店‧老甲20　上博三‧周易44　上博四‧采風4　郭店‧老甲2　郭店‧老甲3　睡簡‧日甲104　睡簡‧為吏40　秦印222

【注】從水谷聲。●用為本義，洗浴。《睡簡‧日甲104》："毋以卯沐浴。"●楚文字多讀谷。《清華八‧邦道8》："卑（譬）之若溪浴（谷）。"《郭店‧老甲20》："卑（譬）道之才（在）天下也，猷（猶）少（小）浴（谷）之與江海（海）。"《郭店‧老甲2》："江海（海）所以為百浴（谷）王，以其能為百浴（谷）下。"所從聲旁與谷不同，或釋為渦，讀過。●讀俗。《睡簡‧為吏40》："變民習浴（俗）。"

欲  上博二‧魯邦5　上博三‧周易55　上博三‧彭祖2　清華八‧心中2　清華二‧繫年48　清華二‧繫年86　清華一‧保訓5　郭店‧老丙13　郭店‧老甲2　天星　上博四‧曹沫2　上博五‧姑成7　清華一‧程寤5　清華一‧程寤6　清華九‧治政30　清華二‧繫年

131  清華三・芮良夫 5  清華八・心中 2  清華八・邦道 7  清華六・子産 3 晉  璽彙 3098 秦  睡簡・雜抄 26  睡簡・答問 31  睡簡・日乙 181  秦駰玉牘 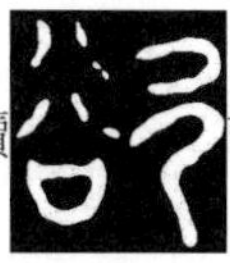 詛楚文  圖典 450

【注】從欠谷聲。●慾望。《郭店・老甲 2》:“視索（素）保僕（樸），少厶（私）寡（寡）欲。”●讀啜。《上博四・曹沫 2》:“昔堯之鄉（饗）叜（舜）也，飯於土輻（塯），欲（啜）於土型（鉶）。”沙市周家台《醫方》第 322 號簡有云：“男子歙（飲）二七，女子欲七。”其中“欲”字作，其整理者認為從簡文文意看“欲”應是“飲”之訛字。將这两处所见“欲”字加以對比，就可以发现《醫方》簡中的“欲”字與《上博四・曹沫》中的“欲”字用義相同。在楚簡和秦簡中有用“欲”來表示“飲”“歠”“啜”等意的例子。●希求。《郭店・老丙 13》:“是以［聖］人欲不欲，不貴戁（難）得之貨。”●晉璽“欲安”，秦印“鞏莫欲”，應為人名。

⿱欲衣 楚  清華一・耆夜 6  清華三・琴舞 5  清華三・琴舞 6  清華三・説命下 10

【注】從衣欲聲，“裕”之繁文。●讀裕。《清華一・耆夜 6》:“宓（宓）情（靖）悬（謀）猷，⿱欲衣（裕）悳（德）乃救（求）。”“宓靖謀猷”即止息各種計謀，各種圖謀不軌。周起兵伐耆，目的就是平定耆國，所以説“贔贔（熒熒）戎備（服），壯武赳赳。宓情謀猷，裕德乃救（求）”。●讀欲，希冀。《清華三・琴舞 5》:“⿱欲衣（欲）皮（彼）趣（熙）不茖（落），思逾（遜）。”想要他盛而不衰，使他謙虚恭順。

慾 楚  上博三・恒先 3  上博三・恒先 5

【注】從心欲聲。●簡文“求慾自復”“復亓（其）所慾”讀欲，喜欲。《禮記・樂記》:“人生而靜，天之性也。感於物而動，性之欲也。”

⿱谷心 楚  郭店・緇衣 8  郭店・緇衣 6  郭店・語叢二 10  清華十一・五紀 13  清華十一・五紀 33

【注】從心谷聲，疑"欲"之異文。●讀欲。《郭店·緇衣8》："心好則體安之，君好則民愆（欲）之。"●讀裕。《清華十一·五紀33》："民之愆（裕）材，亓（其）貞（珍）珠、龜、像（象）。"

雒[楚]  郭店·老甲13

【注】從隹谷聲，"鴿"字異體。●讀欲。《郭店·老甲13》："憍（化）而雒（欲）复（作），酒（將）貞（鎮）之以亡（無）名之暵（樸）。"

裕 敬簋[楚] 左塚漆桐 郭店·六德10 清華六·子儀17 清華六·子產25 清華九·治政39 清華八·邦道13[晉] 十六年戟 十六年喜令戈 二十年鄭令戈 二十一年鄭令戈 印增328

【注】從衣谷聲，與小篆同。《郭店·六德10》"裕"字之省。《説文》："裕，衣物饒也。從衣谷聲。《易》曰：'有孚，裕無咎。'"本義財物多。●地名。《敬簋》："内伐浥、昴、參泉、裕敏、陰陽洛。"●人名。《十六年喜令戈》："十六年，喜侖（令）韓鶄左庫工帀（師）司馬裕、冶何。"●寬裕。《清華六·子產25》："行以愆（峻）令（命）裕義（儀）。""峻命"即嚴厲的法令，"裕義"即寬緩的禮法。謂子產之法令嚴、寬并施。●讀欲。《清華九·治政39》："諓（讒）臣叴（崇）亓（其）煮（圖）裕（欲）之不韋（違）。"

見紐角聲

角 角戊父字鼎 夒生盨 夒生盨 癏鐘 癏鐘 牆盤 叔角父簋 伯角父盉 鄂侯鼎[齊] 羊角戈 陶録3·35 陶彙3·802[楚] 曾侯乙鐘 曾侯乙磬 曾侯乙鐘架 曾侯乙鐘架 曾侯乙鐘架 璽彙3520 上博一·詩論29 上博五·三德10 包山18 包山

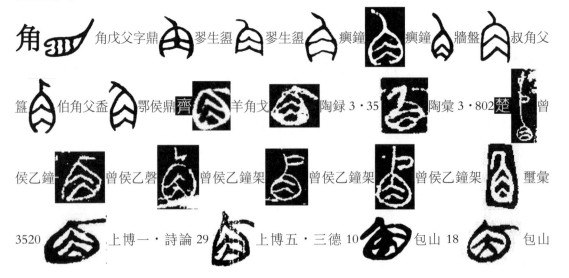

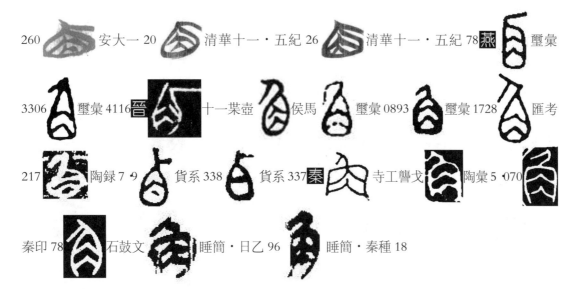

260 安大一 20　清華十一·五紀 26　清華十一·五紀 78　燕　璽彙

3306 璽彙 4116　晉 十一枼壺　侯馬　璽彙 0893　璽彙 1728　匯考

217 陶録 7 9　貨系 338　貨系 337　秦 寺工礜戈　陶彙 5 070

秦印 78 石鼓文　睡簡·日乙 96　睡簡·秦種 18

【注】甲骨文作 ⅍、⅍、⅍、⅍、⅍、⅍，象獸角之狀，角上還有天然的紋理。金文承之，上或加橫筆為飾。《説文》：“𧢲，獸角也。象形，角與刀、魚相似。凡角之屬皆從角。”本義是指牛羊角。引申為比武、角力，如《易經》：“羝羊觸藩，羸（困住）其角。”“角”又是古代的酒器名和樂器名，故凡從“角”的字，如“斛”“觴”“解”等都與角類或者量具有關。●用為本義，動物的角。《睡簡·為吏 17》：“犀角象齒。”●傳統音名。《曾侯乙鐘》：“穆鐘之下角。”下角，即傳統五音中的角音。《周禮·春官·大師》：“皆文之以五聲：宮、商、角、徵、羽。”●《牆盤》：“檳角（禄）鼃（燯）光，義（宜）其寁（禋）祀。”檳角，讀為茨禄。“檳”從齊得聲，齊、茨古音相同，《漢書·賈誼傳》：“步中采齊。”顏師古《注》：“字或作薺，又作茨。”角、泉古音同，字假作禄。《魏書·江式傳》：“宮商𪛊征羽。”五音之角作𪛊，又《玉篇》：“𪛊，樂器之聲，東方音也。今作角。”《詩·小雅·瞻彼洛矣》：“君子至止，福禄如茨。”《釋名·釋宮室》：“屋以草蓋曰茨。”茨禄，是形容福禄象屋頂般高大。●地名，地望不詳。《鄂侯馭方鼎》：“王南征，伐角、僪，唯還自征，才（在）壞。”●人名。見于《叔角父簠蓋》《伯角父盉》等器。●當為量器單位。《包山 260》：“一扁（寢）鑊。一角☒。”●額角。《睡簡·封診 35》：“其右角痏一所，袤五寸，深到骨。”

痛 楚  清華十·四告 22　清華十一·五紀 21　新蔡甲三 395

【注】從广角聲。或疑從角爿聲。●整理者讀壯。《清華十一·五紀 21》：“取（陬）、若（如）、秉（痛）、餘、咎（皋）、虗（且）、倉（相）、牂（壯）、玄、易（陽）、古（辜）、坙（塗），十又（有）二成戠（歲）。”●《清華十·四告 22》：“昊=（昊天）又（有）好，惠痛（厚）被=（被被）。”整理者注：“痛，讀為‘厚’，角、厚、靜聲字音近通用。”或可讀壯。

簓 秦  里耶 8·1913

【注】從竹劋聲。●習字簡，無義。

 里耶 6·1 背

【注】從廾角聲。●習字簡，無義。

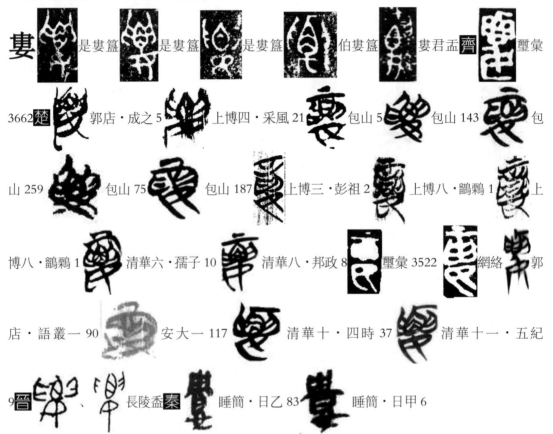

是夒簋　是夒簋　是夒簋　伯夒簋　夒君盂 齊 璽彙 3662 楚 郭店·成之 5　上博四·采風 21　包山 5　包山 143　包

山 259　包山 75　包山 187　上博三·彭祖 2　上博八·鶹鵨 1　上

博八·鶹鵨 1　清華六·孺子 10　清華八·邦政 8　璽彙 3522　網絡　郭

店·語叢一 90　安大一 117　清華十·四時 37　清華十一·五紀

9 晉 、　長陵盉 秦 睡簡·日乙 83　睡簡·日甲 6

【注】從女從臼角聲。楚文字或把"角"旁訛為"辛"或"言"旁，與下部的"女"旁合起來正好是個"妾"字，可以釋為"搜妾腰"；或作，把"角"旁訛成"畄"旁，與下部的"女"旁合起來正好是個"妻"字，可以釋為"搜妻腰"。"夒"字的本義即為搜女腰。夒，或釋為要，不確。古文"要"字作，臼中作，"夒"均從，乃"角"字，二者顯然不同。《説文》"夒"字的古文也寫作，上部省去了臼，但所從仍能看出的影子。《伯夒簋》之蓋銘所作，下部當為女之殘。●人名。《事夒鼎》："事夒才（在）井（邢），乍（作）桼寶障彝。"●古璽、楚簡姓氏。邾夒國子孫以夒為氏。見《風俗通》。●二十八宿之一。《睡簡·日乙 83》："夒，祠及百事，吉。"●讀數，數説。《清華六·孺子 1》："亓（其）皐亦敓（資）夒（數）也。"●讀鏤。《長陵盉》："銅夒（鏤）。"●《安大一 117》"葛夒（屨）"讀屨。●讀數。《清華十·四時 37》："亓（其）鬲（歷）卅=（三十）七寺（時）之夒（數）。"

 上博五·競建 10

【注】從止夒聲。●《上博五·競建 10》："二人也，堋（朋）盈（黨），群獸蚩堋（朋）。"可讀

736

螻，指“螻蛄”。“螻朋”的“螻”是古漢語中常説的名詞作狀語，像螻蛄一樣。大意是説：竪刁與易牙二人是朋黨，像野獸螻蛄一樣群居在一起，共同來諂媚取悦于齊桓公。或可讀摟。《説文》：“摟，曳聚也。”簡文“摟朋”即牽曳群聚之意。

墏 齊　偏將軍虎符　　辟大夫虎符

【注】從土婁聲。●人名。

蔞 楚　上博二·容成 25　　安大一 17

【注】從艸婁聲。●地名。《上博二·容成 25》：“禹乃通蔞與易。”●《安大一 17》：“橈=（橈橈）楚新（薪），言稱（穮）亓（其）蔞。”蔞，蔞蒿，也叫白蒿，嫩時可食，老則為薪。

穭 秦　里耶 8·875

【注】從禾婁聲。●《里耶 8·875》：“官相付受毋過壹穭。”穭，同“樓”。《字集·禾部》：“穭，亦作樓。”《廣韵·厚韵》：“穭，耕畦。”《史記·貨殖列傳》：“若千畝卮茜，千畦薑韭，此其人皆與千户侯等。”索隱引劉熙曰：“今俗以二十五畝為小畦，五十畝為大畦。”

螻 楚　上博八·蘭賦 1　信陽 2·3　清華九·禱辭 19　清華十一·五

紀 35

【注】從虫婁聲。信陽簡從虵，“螻”之異文。●用為本義，螻蛄。《上博八·蘭賦 1》：“螻蛾（蟻）虫（蟲）蛇。”《清華九·禱辭 19》：“自其寓，則驅其蚼螻，螟蟊螽蚳蚑蝓。”●信陽簡“土鹽”，李家浩讀為“土螻”，古文獻里是一種神獸名。信陽墓中的鎮墓獸可能就是“土螻”。

簍 秦　嶽麓一·為吏 86

【注】從竹婁聲。●《嶽麓一·為吏 86》：“欲最之道，把此日視之，簍（僂）勿舍，風庸為首，精正守事，勸毋失時。”簍，讀僂，鞠躬致敬。睡虎地秦簡《為吏之道》所記載的“吏有五失”中有“受令不僂”。

僂 秦　睡簡·為吏 22　　睡簡·日甲 70

【注】從人婁聲。●用為本義，佝僂。《睡簡·日甲70》："大辟（臂）臑而僂。"●鞠躬致敬。《睡簡·為吏22》："三曰居官善取，四曰受令不僂，五曰安家室忘官府。"

睡簡·日甲53背

【注】從邑婁聲，疑"鄭"之繁文。●疑讀屢。《睡簡·日甲53背》："毃（擊）以桃丈（杖），繹（釋）郿（屢）而投之，則已矣。"

睡簡·日甲57背　　睡簡·日甲61背　　睡簡·日甲58背

【注】《說文》："屢，履也。從履省，婁聲。一曰鞮也。"●古代用麻葛製成的一種鞋。《睡簡·日甲58背》："乃棄其屢於中道。"

帛書甲　　郭店·忠信9　　清華六·子儀2

【注】從口婁聲，楚文字應為"婁"之繁文。●帛書"是月以嘍"，讀婁，星宿名。●讀數。《清華六·子儀2》："取（聚）及七年，車脫（逸）於舊嘍（數）三百。"●讀貊。《郭店·忠信9》："氏（是）古（故）古之所以行虖（乎）閩（蠻）嘍（貊）者，女（如）此也。"劉釗認為"閩嘍"讀"蠻貊"。"閩"從又門聲，古音在明紐文部，"蠻"字古音在明紐元部，聲紐相同，韻為旁轉。"嘍"從"婁"聲，古音在來紐侯部，"貊"從"各"聲，古音在見紐鐸部。見紐古與舌音關係密切，"侯""鐸"可旁對轉。"蠻貊"之"蠻"指南方少數民族，"貊"指北方少數民族，合稱泛指四邊的異族。（劉釗《郭店楚簡校釋》第167頁）

秦印61　　嶧山刻石　　詛楚文　　睡簡·秦種167　　睡簡·效律8　　睡簡·日乙107　　、　　北大簡

【注】從攴婁聲。晉、楚文字作"嚳"。●數落、責備。《詛楚文》："敢數楚王熊相之倍（背）盟犯詛。"《廣韻》："數，煩數也。"《禮記·祭義》："祭不欲數，數則煩。"是數為煩義。這裏是一一列舉之義。●數字。《睡簡·答問46》："甲盜羊，乙智（知）盜羊，而不智（知）其羊數。"●泛指多。《睡簡·日乙107》："生子，老為人治也，數詣風雨。"

敬簋

【注】從辵婁聲。●《敔簋》："南淮尸（夷）遷殳，内伐泿、昂、參泉、裕敏……。"馬承源隸定為"遷"，讀搜，從語音關係上看應當可從。不過《説文》釋"搜"有曳、聚二義。曳，義為拖持。因此"搜殳"，也可以解釋為持殳，表示拿起武器作亂。（詳《商周青銅器銘文選》286頁）字所從的聲符也可以看作是"要"字。古文字中，儘管"要"字作，臼中作，"婁"字作字，臼中作，然二者在實際應用中一直混淆難辨。季旭升先生認為古文字中"婁""要"本同字，釋"婁"或釋"要"，要視上下文而定。（季旭升《説"婁""要"》）上博一《性情論》14 簡"聞詞（歌）要"，"要"字作，與此字所從正同。這個"要"字整理者讀謠。此句郭店簡作"昏（聞）訶（歌）誅（謠）"。因此，字可以隸定作"遷"，通假為與"謠"聲符相同的"搖"字。"要"字古音影母宵韻，"搖"字古音余母宵韻。兩字韻部相同。聲母影、余相近。《説文·手部》："搖，動也。"在詞語中"搖動""動搖"也可同義連用成詞，可見"搖""動"的意義是相同的。而"動"也可與"干戈"連用，如"大動干戈"。《論語·季氏》即有"謀動干戈于邦内"之語。《爾雅·釋詁》："搖、動，作也。""作"也正是興起的意思。可見，"遷殳"，即"搖殳"，也就是"動殳"，亦表示拿起武器作亂。

獷  （ ）陶彙 3·677

【注】從豕婁聲。●人名。

獷 0158

【注】從犬婁聲。●"長獷"，人名。

樓 睡簡·為吏 22 戰表 774、印增 216

【注】從木婁聲。●指城樓。《睡簡·為吏 22》："樓榑矢閱。"●秦印"樓昌"，應為姓氏。或為人名。

鄭 邢南伯簋 璽彙 0237 虎鄭公戈 璽彙 3247
訓義 1·135

【注】從邑婁聲。●地名。《邢南伯簋》："丼（邢）南白（伯）乍（作）鄭季姚好䛗段。"●古璽印"鄭沄""鄭安信璽"讀婁，姓氏。

廔 璽彙 5521 璽彙 5628

【注】從广婁聲，同"樓"。●古璽人名。

窶 齊 洹子孟姜壺 秦 睡簡·雜抄 82

【注】從宀婁聲。《説文》："𡲬，無禮居也。從宀婁聲。"《爾雅·釋言》窶，貧也，謂貧陋也。《邢疏》貧無以為禮也。《詩·邶風》終窶且貧。●《洹子孟姜壺》："齊侯洹子孟姜喪，其人民都邑堇（懂）窶，無用從（縱）爾大樂。""堇（懂）窶"讀為懂憂，詳"郜"字。●《睡簡·雜抄 82》："貧窶毋（無）以賞（償）者。"貧窶，窮困。

鏤 齊 璽彙 3687 楚 清華五·湯丘 16 晉 春成侯盉 秦 秦印 265

【注】從金婁聲。楚簡增從止。●古璽印"薛鏤""營鏤"人名。●用為本義，鏤刻。《清華五·湯丘 16》："器不敪（雕）鏤。"

賕 齊 璽彙 3702 璽彙 3225

【注】從貝婁省聲。直接隸為"賕"。●齊璽人名。

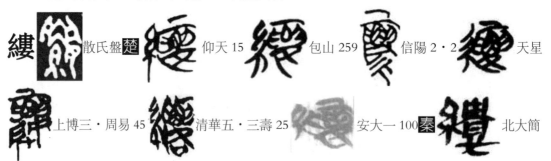

縷 散氏盤 楚 仰天 15 包山 259 信陽 2·2 天星

韠 上博三·周易 45 清華五·三壽 25 安大一 100 秦 禮 北大簡

【注】從糸婁聲。●讀要，要約也。《散氏盤》："氒（厥）左執縷（要），史正中農。"古代契約常分左、右兩聯，簽約雙方各執其一。"左執要"猶言執左券。●破舊。《玉篇》貧無衣，醜弊也。《上博三·周易 44》："菳浴（谷）弞（射）豻（鮒），佳（唯）褍縷。"今本作"甕褍漏"。喻廢井一片狼藉，一無所有。●讀屨，鞋子。《包山 259》："一魚敓（皮）之縷（屨）。"《安大一 100》："䋻（糾）＝葛縷（屨），可吕（以）履霜。"●讀數。《清華五·三壽 25》："戲悭（淫）自嘉而不縷（數）。"

謱 楚 清華六·子儀 5 上博五·三德 10 清華九·成人 25 上

博四·曹沫 25 上博五·君禮 2 上博七·君乙 4 清華七·越公 47 上博

四·曹沫 25  中山王䡇鼎

【注】從言嫂聲、或從言嫂省聲。"嫂"作偏旁可省"女"旁。《説文》："讛，讄讛也。"本義委曲繁雜，絮語不清。●讀數。《中山王䡇鼎》："方數（數）百里，剌（列）城數（數）十。"《蛮壺》："枋（方）數（數）百里，佳（惟）邦之幹（干）。"楚文字多讀數。《上博四·曹沫 25》："毋（無）將軍必有數嫂大夫。"●讀嫂，兄之妻。《上博五·三德 10》："毋焚（煩）古（姑）讛（嫂），毋恥父踓（兄）。"

 璽彙 0158　　 璽彙 0159

【注】從曰（詳"曹"字）嫂省聲。●《璽彙 0159》"鄡䡇市鈢"，葉其峰讀鑄。（《試釋幾方工官璽印》）此璽當為鄡（易）地負責管理冶諫鑄造業的工官所用之印。或謂讀鎛，于義亦通。

 犀子甗

【注】甲骨文作 ，從牛嫂省聲。金文同。●金文疑讀鄭，地名。

 璽彙 2677

【注】從心角聲。●晉璽"急簋"讀角，氏名。

 璽彙 3435

【注】從羊角聲，"獬"之異文。●晉璽"羱陽戲"，讀解，姓氏。或謂讀觸。《姓氏考略》收載並注其源："紂臣左師曹觸龍之後。"此當以名為氏。戰國時趙有左師公觸龍。

4  上博一·詩論 20

【注】從角從牛，裘錫圭謂"觸"字初文，牛喜以角相觸，故字從牛從角會意。(《文字學概要》)角兼聲。牽、牭，《玉篇》與觸字同。《羊牽覡戈》上從角，下當為從牛，唯中豎沒有下伸。戰國時候此種筆劃收縮現象習見，如"車"之作車、車，"屯"之作屯、屯，"中"之作屯、屯，例不勝舉。●燕璽、晉璽均為人名，可讀觸。●讀觸。《上博一·詩論20》："其言有所載而後納，或前之而後交，人不可牽(觸)也。""觸"為抵觸、觸犯之義，簡文是說對於"其言有所載而後納，或前之而後交"的禮節，人們是不能觸犯的。秦系文字用"觸"。

勒楚 左塚漆桐

【注】從攴牽聲。●讀誅。"速勒(誅)"與同欄的"息(疾)毁"意義相近，可相互佐證，與"余(徐)忞(忍)"意適相反。

緯楚 上博四·曹沫16 清華五·帝門8

【注】從糸牽聲。●讀屬。《上博四·曹沫16》："卡=(上下)和戲(且)月(輯)，緯紀於大國。""屬紀於大國"，即結交、聯合大國之意。李零先生釋作"縐"，從糸解省聲。縐紀，疑讀"絓紀"，結交援于大國。●《清華五·帝門8》："亓(其)氞(氣)晉(潛)緯癹(發)絇(治)，是亓(其)為長戲(且)好才(哉)。""晉"讀潛，深沉意。"緯"讀解，有"通、達"之義，《莊子·秋水》："且彼方跐黃泉而登大皇，無南無北，奭然四解，淪於不測。"《淮南子·厚道》："是故一之理，施四海；一之解，際天地。"高誘注："解，達也。"這裏用來說氣之通達。發，抒發。絇，讀為"治"，與"亂"相對。

毇 毇子鼎

【注】從攴牽聲。●本為地名，疑讀鄭，後因以為氏。《毇子鼎》："毇子乍(作)乒(厥)寬(宄)團宮鼎。"

屚楚 信陽2·11 包山253 望山2·47 望山2·58 仰天36晉 璽彙3123

【注】從虍從角，虍、角雙聲。●讀觳，器名。《包山253》："二牗白之屚。"或謂讀厄。●晉璽讀斛或謂讀廬，姓氏。

褵楚 上博四·昭王6 上博四·昭王7

【注】從衣膚聲。●讀苴，或讀麤、讀粗。《上博四·昭王6》："被（披）襦=（苴衣）。""角"聲和"鹿"聲多相通。並且"粗"與"牻"也有相通之例，故"襦"可通"苴"或"麤"或"粗"。"苴衣"也可寫作"麤衣""粗衣"，是麻布做的粗衣，為平民春夏所服，冬天穿之自然寒冷。（單育辰《占畢隨録之六》）

 信陽2·7

【注】從糸膚聲，疑"縠"之異文。●《信陽2·7》："一繡緅衣。"商承祚讀纑。纑，《説文》布縷也。《孟子》妻辟纑。《趙岐註》練其麻曰纑。是指苧麻製成衣料後，將之染為青赤色而製成一件上衣。

 璽彙3371 璽彙3410

【注】從木角聲。●燕璽"桷巿"疑讀斛斯，複姓。

 上博三·周易42 晉（ ）公廚左官鼎 陶彙6·51

【注】從升角聲；升、斗作偏旁混用不別。小篆從斗角聲。《説文》："斛，十斗也。从斗角聲。"古量器名，亦是容量單位，一斛本為十斗，後來改為五斗。●量器，也作容量單位，十斗為一斛。《十一年慶鼎》："十一年十一月乙巳朔，左自（官）冶大夫杕命冶慶鑄貞（鼎），容一斛。"三晉文字用"斛"表示斛，燕文字用"青""亨"表示斛。●讀握，斛、握同韵。《上博三·周易42》："若唬（號）一斛（握）于芺（笑），勿卹（恤），遑（往）亡（無）咎。"一握之間成歡笑。

斛 晉 滎陽上官皿 垣上官鼎

【注】從角從攴，角兼聲，為"校量"之專字。●讀校，校量。《三年垣上官鼎》："三年已斛，大十六奥。"

 璽彙5549 璽彙0276 璽彙5550 清華六·子產26 燕 璽彙0287 秦 秦印132 睡簡·雜抄14 睡簡·效律24 北大簡

【注】從米角聲。秦系文字角訛為西。●古代泛稱為脫殼的穀類。《睡簡·效律165》："禾粟雖敗而尚可食殹（也）。"●秦印"鈺將粟印"，將粟，官名。●《璽彙5549》"郢粟客璽"，"粟客"是執掌糧食的官。（李家浩《楚國官印考釋（四篇）》）

 璽彙 3613

【注】從衣粟聲。●晉璽人名。

 璽彙 3100 清華八·邦道 26 璽彙 0160

【注】從禾角聲。角訛為西。粟，《字彙補》古文粟字。●《璽彙 3100》"粟附"讀粟，姓氏。●讀粟。《清華八·邦道 26》："古（故）萬民溓（慊）疠（病），亓（其）粟（粟）米六額（擾）敗涤（竭），則償賣（賣）亓（其）臣茝（僕）。"●《璽彙 0160》"群槀（粟）客璽"，"粟客"是執掌糧食的官。

溪紐寇聲

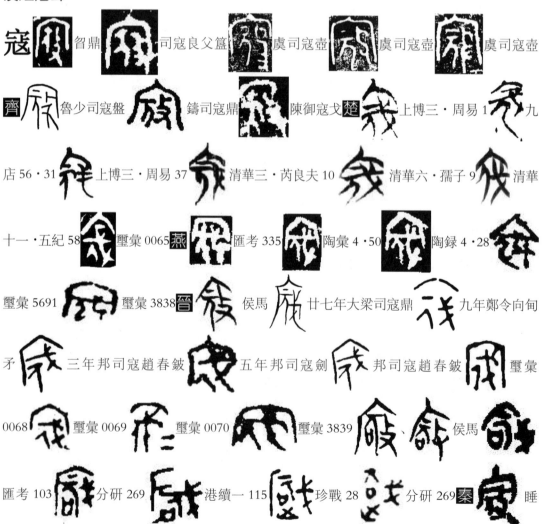

簡·日乙 15 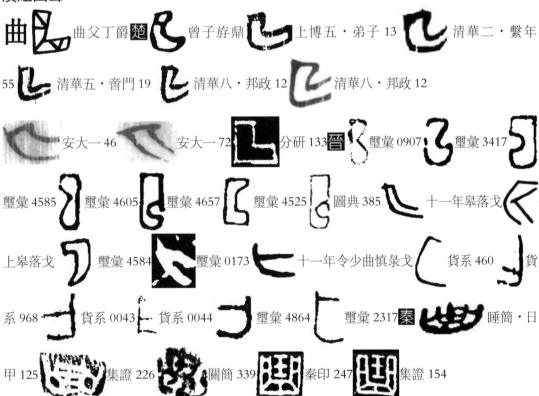 睡簡·秦種 146

【注】從宀從攴從兀（或從元，皆為人形），會入室行暴之意。戰國文字承襲金文，多以戈易攴，或以广易宀。《璽彙 3839》"司寇"印文"寇"字從"伐"，為晉系文字的典型特徵；《分研 269》省掉宀，并加止。《說文》："寇，暴也。從攴從完。"本義是盜匪。古代統治階級往往污蔑反抗統治階級的勞動大眾為寇，如《穀梁傳》："大臣背叛，民為寇盜。"又引申為劫掠。●掠奪、侵犯。《智鼎》："昔饉歲，匡眾氒（厥）臣廿夫，寇智禾十秭，以匡季告東宮。"《書·費誓》："無敢寇攘。"●盜匪作亂或外人侵犯國境者。《陳御寇戈》："墜（陳）御寇☒鈛（戈）。"《上博三·周易 1》："上九：殼（擊）龍（蒙）；不利為寇，利禦寇。"●官名。《虞司寇壺》："虞嗣（司）寇白（伯）吹乍（作）寶壺。"《周禮·秋官·序官》："刑官之屬，大司寇卿一人，小司寇中大夫二人。"小司寇，大司寇屬官，輔佐大司寇處理司灋、獄訟等事務。●秦簡為冠之誤字。《日乙 125》："可以家（嫁）女、取婦、寇〈冠〉帶、祠。"

溪紐曲聲

曲

【注】甲骨文作𝕃、𝕃、𝕃，象器曲受物之形。一說象曲尺之形。金文承之。古璽作𝕃（璽彙 4525）、𝕃（璽彙 4584），貨幣文字作𝕃（貨系 460），戰國文字或作𝕃，正是從西周金文"曲"字漸漸演變來的。其演變過程為：𝕃→𝕃→𝕃→𝕃→𝕃→𝕃、𝕃，和"匚"字的演變十分相似。秦文字疊加聲符玉。《璽彙 3404》"少曲"二字合文（詳"少"字）。《說文》："曲，象器曲受物之形。或說曲，蠶薄也。凡曲之屬皆從曲。𝕃古文曲。"段玉裁注："匚象方器受物之形，

745

側視之；曲象圜其中受物之形，正視之。引申之為凡委曲之稱。"本義是彎曲，與"直"相對，如《禮記》："猶衡之于輕重也，繩墨之于曲直也。"●人名。《曾子斿鼎》："曾子斿彝（擇）其吉金，用鑄烏彝，惠于刺（烈）曲。""烈曲"即曲烈，曾氏的先祖。《通志‧氏族略》記載：曾氏"姬姓，子爵，今沂州承縣東八十里曾城是也。夏少康封其子曲烈于曾。"●族氏名。見于《曲父丁爵》。●《十一年皋落戈》："十一年咎（皋）落（落）太命少曲夜。"戈銘"少曲"二字作，＝則為合文符號，表示這兩個字是復姓。＝在戰國文字中有多種功能，除了表示合文、重文外，還有一種功能，即兩個字的地名、職官、姓氏和習慣用的名字等的標記。如《璽彙0066》的"司寇"、《璽彙3238》的"者余"、《璽彙3875》的"公孫"等等。少曲，本來是韓國的一個邑名，當是以邑為氏。古璽印有"少曲敢"（璽彙3404），其中"少曲"二字也作合文。●陽曲：地名。《廿七年陽曲蓋弓帽》："十七年，易（陽）曲笈馬重（童）。"《水經‧洞過水注》引《竹書紀年》："梁惠成王九年，與邯鄲榆次、陽曲、陽邑。"《漢書‧地理志》隸太原郡，在今山西太原東北。"陽曲"二字作合文。●用為本義，曲折。《清華八‧邦政12》："訇（始）辺（起）旻（得）植（直），曲者虞（皆）悳（直）。"《璽彙4864》"可以正曲"，成語璽，字形與刀混。●秦印"曲沱"，姓氏。●地名。《璽彙173》"行曲關"、《璽彙2317》"曲陽"、《集證154》"曲陽左尉"、秦印"宣曲喪吏"等均為地名。●何琳儀認為晉璽"曲璽"，讀鉤璽。《爾雅‧釋木》"下句曰杻"，《詩‧周南‧南有樛木》傳引句作曲。《說文》："句，曲也。"均其佐證。鉤為璽印之別稱，以璽鈕如鉤而名。●《圖典385》"自曲"，自我秉持質樸從順之德。《老子》第二十二章："曲則全，枉則直。"《莊子‧天下》："人皆求福，己獨曲全。"《荀子‧禮論》："曲得其次序，是聖人也。"

柚 楚　信陽 2‧21　　上博七‧武王 3

【注】從木曲聲。●均讀曲。《上博七‧武王 3》："武王西面而行，柚（曲）折而南。"

郵 晉　貨系 2465　貨系 2467　貨系 1466　璽彙 2238

【注】從邑曲聲。●《璽彙2238》吳振武釋為"曲邑匀邑守"，"曲邑""匀邑"均有合文符號。何琳儀釋為"郵邨守"，讀為"屈申"，作地名解，其地在今河南南陽。（《戰國文字通論》（訂補）134頁）●趙三孔布"上郵陽""下郵陽"均讀曲，為地名。

繼 晉　溫縣

【注】從糸從心曲聲。●溫縣盟書人名。

區　小盂鼎　　小盂鼎 齊　子禾子釜　陶彙 3‧723　　陶彙 3‧655

陶彙 3‧726　陶彙 3‧13　陶錄 2‧5 楚　包山 3　清華一‧皇門 7

清華一 · 皇門 9　　清華六 · 孺子 2　　璽彙 0239　　五里牌 8　　璽彙

3509　　璽彙 5312　　侯馬　秦　秦印 247

【注】甲骨文作 、 、 、 ，從品從 （曲之簡形，曲亦聲）。朱芳圃曰："區當為甌之初文，品象器形，匸以藏之。"（《殷周文字釋叢》100 頁）戰國文字同甲骨文。《説文》：" ，踦區，藏匿也。從品在匸中。品，眾也。"本義是古代的一種容器，當為"甌"之初文。如《左傳》："齊舊四量：豆、區、釜、鐘。"段玉裁説，由于區內藏品多，故引申指區域、區別。●《子禾子釜》"曲夫丘闢"，"曲夫"疑讀曲阜，地名。又見於《璽彙 0239》"曲夫相鉨"。●齊陶疑用為本義。豆、區都是先秦時代齊國所用的量名。●讀詬。《清華一 · 皇門 9》："乃隹（維）乍（詐）區（詬）以畣（答）。"●小、少。《清華六 · 孺子 2》："區＝（區區）奠（鄭）邦，瞪（望）虖（吾）君，亡（無）不溫（遑）亓（其）志於虖（吾）君之君已也。"小小的鄭國，百姓佩服尊敬我們的君主，對他做自己的君主，都很滿意。●秦印"區盧客"為姓氏，或作"歐"。漢代有區博。●《五里牌 8》："金戈八，才（在）區阤。""區"當讀丘。"區"字與"丘"字可通。《荀子 · 大略》："言之信者，在乎區蓋之間，疑則不言，未問則不立。"楊倞注："《漢書 · 儒林傳》疑者丘蓋不言。丘與區同也。""丘"指墓葬的封土。"阤"從"欠"聲，或即"坎"字異體。"坎"字有墓穴義。《禮記 · 檀弓下》："孔子曰：'延陵季子，吳之習於禮者也。觀其葬焉，其坎深不至於泉。'"《禮記 · 雜記下》："四十者待盈坎。"鄭注："坎或謂壙。"簡文"區（丘）阤（坎）"連言，也可以指代墓葬。

陶彙 3 · 668

【注】從人區聲。●齊陶人名。

嶽麓一 · 質一 26　　印增 474

【注】從女區聲。●嶽麓簡"已亥脫嫗死"，"脫嫗"為人名。秦印亦為人名。

璽彙 5569

【注】從辵區聲，疑"徧"之異文。●晉璽人名。

清華九 · 禱辭 11　晉　璽彙 1132　璽彙 3148　秦　秦

印 170　　陶彙 5 · 179

【注】從欠區聲。●秦印"歐姚""歐昫閭"姓氏。三晉璽均為人名。●《清華九·禱辭11》："歐（謳）！東方之士正：句（苟）吏（使）发＝（左右）之邑虛，吏（使）曾孫某之邑速郢（盈），余而攻（貢）布三、紁霝（靈）。"整理者注："歐，讀為'謳'，《説文》：'齊歌也。'"按，皋、句相通，區、句相通，故"歐"當讀皋。詳"咎""皋"字。

曾侯 210

【注】從市歐聲。●讀毆，驅使。今通作"驅"。《曾侯210》："七大夫所幣大（太）宰匹馬。"

包山 87

【注】從心區聲。●人名。

師袞簋 師袞簋 多友鼎 清華二·繫年57 清華二·繫年 92 安大一 45 璽彙 3226 璽彙 1466 陶彙 3·743 侯馬 石鼓文 睡簡·日甲 157 背

【注】從攴區聲，與《説文》"驅"古文同。文獻中毆、驅重文。燕璽作反書。《説文》："驅，馬馳也。從馬區聲。毆，古文驅從攴。"本義疾行。●讀驅，驅趕、追擊。《師袞簋》："折首執訊，無諆徒馭，毆孚（俘）士女、羊牛，孚（俘）吉金。"毆孚，指俘虜。●《多友鼎》："唯孚（俘）車不克以（以），衣（卒）焚，唯馬毆盡。"詳"盡"字。●秦文字均讀驅。《石鼓文》："避（吾）毆其特，其來趩趩。"●古璽印"赤毆""王毆"，均為人名。

上博三·周易 10 安大一 106

【注】從馬區聲。古文字多作"毆"。●駕車。《安大一106》："子又（有）車馬，弗駝（馳）弗驅。"走馬謂之馳，策馬謂之驅。●《上博三·周易10》："王晶（三）驅。"簡文"晶驅"，即"三驅"，古王者田獵之制。謂田獵時須讓開一面，三面驅趕，以示好生之德。《易·比》："九五，顯比，王用三驅。"孔穎達疏："褚氏諸儒皆以為三面著人驅禽。必知三面者，禽唯有背己、向己、趣己，故左右及於後，皆有驅之。"《漢書·五行志上》："故行步有佩玉之度，登車有和鸞之節，田獵有三驅之制。"

毆 秦  睡簡·答問 79

【注】從殳區聲。《說文》："毆，捶毄物也。從殳區聲。"●用為本義，毆打。《睡簡·答問 79》："妻悍，夫毆治之。"

膒 秦  睡簡·答問 210

【注】當從耳區聲。●《睡簡·答問 210》："可（何）為'羊膒'？'羊膒'，草實可食殹（也）。"簡文"羊膒"當指一種植物，所指不詳。

貙  貙卣 秦 睡簡·日甲 71 背

【注】金文從攴貙聲，當為"貙"之繁文。古文字增攴繁化亦有其例，如"鬴"之作、，"畏"之作、，"虞"之作、，"維"之作、，均屬其例也。秦文字從豸區聲。《說文》："貙，貙獌，似狸者。從豸區聲。"本義當為古書上說的一種似狸而大的猛獸。●均為人名。《貙卣》："貙乍（作）寶隃彝。"《睡簡·日甲 71 背》："多〈名〉虎豻貙豹申。"

鷗 晉  璽彙 2523

【注】從鳥區聲。●晉璽人名。

瘟 燕  公孳里雎戈

【注】從疒區聲。《集韻》同"疴"。●人名。《公孳里雎戈》："左軍之攷僕大夫敔之卒公孳（孳）里雎之大夫巨枚里瘟之攷戈。""左軍之攷僕大夫敔之卒""公孳（孳）里雎之大夫"為里瘟的雙重身份。里瘟，即"公孳（孳）里雎之大夫"之名。銘意為：左軍捶僕大夫敔的卒長、公子里雎的大夫里瘟的大的刺殺之戈。

鄔 齊 璽彙 0577 璽彙 3239 匯考 57

【注】從邑區聲。●《璽彙 0577》"王鄔"，人名。●《匯考 57》"鄔攻帀（師）鍅"，疑為地名。

漚 秦 里耶 9·981

【注】從水區聲。●久漬。《里耶 9·981》："漚流包（浮）船。"

緼 楚　清華九·禱辭 3　　清華九·禱辭 8

【注】從糸區聲。●讀驅。《清華九·禱辭 3》："緼=諈=與=念=。"整理者注："緼，讀為'驅'，《說文》：'馬馳也。'諈，讀為'憧'。《周易·咸卦》'憧憧往來，朋從爾思'，陸德明引王肅曰：'憧憧，往來不絕貌。'與，或可讀'趣'，《說文》：'趣，安行也。'北大秦簡《祓除》有'葵行與與'（北京大學出土文獻研究所：《北京大學藏秦簡牘概述》，《文物》二〇一二年第六期）。念，字見清華簡《越公其事》，讀為'豫'，《爾雅·釋詁》：'豫，樂也。''驅驅、憧憧、與與、豫豫'，描繪的是四方群明歸曾孫某之邑時的踴躍、歡愉之貌。"

溪紐青聲

青 齊　重金扁壺　　廿五年重金曡　　陶録 4·103　　陶録 4·107

【注】金文作 𡔣、𡔣、𡔣、𡔣、𡔣、𡔣、𡔣（參"縠""鋞"等字偏旁），從屮從宀，會以草苫蓋屋頂之意。金文"屋"作 𡉉（詳"壃"字），從厂、宀會意同，"青"疑"屋"之初文。屋以青為聲，則為分化字。青，戰國文字或繁化從口。《說文》："青，幬帳之象。從冂；屮，其飾也。"本義草苫屋頂。字或作縠、壳（壳為縠之省文）。●均讀縠或讀斛。《周禮·考工記·陶人》："鬲實五縠。"注："縠受斗二升。"《重金扁壺》："百卌（四十）八，重金鉀，受一青（縠）六釳。"

㜮　何㜮厄甌

【注】從女從禾青聲。●人名。

賷 齊　陶彙 3·1242　　陶彙 3·1243　　陶彙 3·1244　　陶録 3·451

【注】從貝青聲。●齊陶人名。

縠 晉　匯考 211

【注】從攴青聲。《說文》"苦角切"。●人名。

縠 晉　璽彙 1819　　璽彙 5631

【注】從鬼殼聲。●晉璽人名。

殼　夾簋蓋　　夾簋蓋　　夾簋蓋

【注】甲骨文作、，象兩玉相並之形。古制玉貝皆五枚為一系，合二系為一珏。《亦簋蓋》所作，從玉殼聲，與《說文》或體同。《說文》："，二玉相合為一珏。凡珏之屬皆從珏。殼，珏或從殼。"本義為二玉相合。珏，《集韻》或作殼。●讀珏，計玉之量詞，二玉相合為一珏。《夾簋蓋》："易（賜）玉十又二殼。"殼，《說文》"苦角切"，與"珏"音近。

殼　印增 405

【注】從火殼聲。●人名。

殼　印增 397

【注】從犬殼聲。●人名。

殼　睡簡·秦種 4

【注】從鳥殼聲。《說文》："殼，鳥子生哺者。"●本義，指需哺食的幼鳥。《睡簡·秦種 4》："不夏月，毋敢夜草為灰，取生荔、麛鷇（卵）殼。"據整理者注釋："生荔"指剛出芽的植物；"麛"指幼鹿，這裏泛指幼獸。這段律文大意是說：沒到夏季，不許燒草為灰以及採摘剛發芽的植物，也不許捕捉幼獸、幼鳥，等等。

殼　璽彙 2451　　璽彙 2664

【注】從目殼聲。●晉璽人名。

殼　睡簡·日乙 24　睡簡·日乙 246　類編 237　湖南 105　印增 270

【注】從禾殻聲。●善。《睡簡・日乙246》："己未生，穀。"《爾雅・釋詁》穀，善也。《書・洪範》既富方穀。●百穀之緫名。《睡簡・日乙64》："五穀良日。"《天官膳夫》食用六穀。《注》黍、稷、粱、麥、苽、稌。●秦印人名。

 鄂侯馭方鼎

【注】從口殻聲。《説文》："觳，歐皃。從口殻聲。《春秋傳》曰：'君將觳之。'"●讀殻。《鄂侯馭方鼎》："王親（親）易（賜）馭方玉五觳（殻）。"

 睡簡・日甲73背　　秦編1962

【注】從車殻聲。●讀穀，訓善。《睡簡・日甲73背》："盜者男子，青赤色，為人不穀（穀）。"●秦陶人名。

 儠匝　　儠匝

【注】從黑殻聲，疑"黥"之異文。黥，《廣韻》墨刑。《玉篇》亦作剠。《廣雅・釋詁》："剠，刑也。"●讀黥。《儠匝》："今我赦女（汝），義（宜）便（鞭）女（汝）千，黥轂女（汝）。今大赦。"黥黥，均為墨刑，先刻罪人之面，後于傷口填墨。

 （殻）睡簡・語書9

【注】從心殻聲。《説文・心部》："愨，謹也。"●《睡簡・語書9》："有（又）廉絜（潔）敦愨而好佐上。"敦愨，忠厚誠實。廉潔、忠誠老實而能為君上效力。

 穀父甗　 應侯視工簋　 陳子子匝　 殷穀盤　 虢叔尊

 虢叔簠蓋　 卯簋　　殻方尊　　召卣　　穀作鼎 徐贅尹皆鼎

 上博二・容成28　 上博六・用曰3　 清華五・命訓4　　清華七・子犯9

 帛書甲　 清華八・攝命29　 睡簡・日甲145正　 珍秦148

秦印 279· 印增 559

【注】從子殼聲，與小篆同。《說文》：“𪗶，乳也。從子殼聲。一曰穀瞀也。”段玉裁注：“此乳者，謂既生而乳哺之也。左傳曰。楚人謂乳穀。”本義為生子。●用如本義，育也。《徐贅尹皆鼎》：“壽鈤（身）殼子，䚋（眉）壽無朞（期），永保用之。”●地名。《召器》：“王自殼吏（使）賞畢土方五十里。”●殼父：人名。《殼父甗》：“殼父乍（作）寶甗。”●讀穀，善。《睡簡·日甲 145 正》：“己酉生子，穀。”《清華八·攝命 29》：“余亦佳（唯）肇（肇）敊（稽）女（汝）惪（德）行佳（唯）殼（穀）罕非穀（穀）。”稽考汝德行是善（穀）還是不善（非穀）。●讀穀或讀玨。《卯簋》：“易（賜）女（汝）瑒（瓚）章（璋）四、殼一、宗彝一牄（肆）寶。”●讀祿。《上博六·用曰 3》：“少足於穀（慤），亦不執（邇）於惻（賊）。用曰：遠君遠戾。”《詩·小雅·天保》“俾爾戩穀”，毛《傳》：“穀，祿也。”朱駿聲《說文通訓定聲》認為“穀”假借為“祿”。“穀”與“穀”聲符相同，也應假借為“祿”。“小疏於祿”，意為不做官或不做高官，即下文的“遠君”。“不邇於賊”，意為不近於害，即下文的“遠戾”。上下文照應得十分嚴密。文意為：難啊！稍稍疏遠一下俸祿（少做對俸祿有幫助的事情），也就不會近於被殘害了。因此說：與君王保持一定距離就會遠離罪戾了。●讀穀，穀物。《上博二·容成 28》：“宿於野，復殼（穀）豢土。”“復穀換土”指更換穀物的品種和讓土地輪休。

曾侯 120

【注】從車殼聲。●讀轂，車輪中心，有洞可以插軸的部分。《曾侯 120》：“一畋車，一㯉轒（轂）。”

清華八·邦道 7　　清華八·邦道 6　　清華八·邦道 17　　清華

三·芮良夫 9　清華七·晉文公 6　清華七·晉文公 6

【注】從禾殼聲。●讀穀。《邦道 7》：“少（小）穀（穀）其事，以桯（程）其攻（功）。”整理者注：“穀，即‘穀’，官俸，此處謂給予官職。《論語·憲問》‘邦有道，穀’，《集解》引孔安國注：‘穀，祿也。’小穀其事，指試探性地給予一個官職，以考察其能力。《墨子·貴義》：‘世之君子，使之為一彘之宰，不能則辭之。’”●讀慤，“穀”和“慤”同從“殼”聲，可通用。《說文·心部》：“慤，謹也。”《清華三·芮良夫 9》：“疋（胥）穀疋（胥）均（均）。”●讀角。《清華七·晉文公 6》：“為穀（角）龍之羿（旗）師以戰。”●讀穀，穀物。《清華八·邦道 6》：“百穀（穀）曼（晚）生，以痳（癠）不成。”

清華一·金縢 2

【注】從力𣪘聲。●讀遘。《清華一・金縢2》：“𣪘（遘）遘（害）蠱（虐）疾。”𣪘聲，在溪母屋部，讀為見母侯部之“遘”。《説文》：“遘，遇也。”

糓 楚 包山274　　　安大一45

【注】從木𣪘聲，“糓”之異文。●均讀糓。《包山274》：“一輮（乘）㮴（短）糓（糓）。”《安大一45》：“𩑾（文）𥝢（茵）象糓（糓）。”《毛詩》作“文茵暢轂”。

亯 楚 簡介兩枚新見楚官璽　　清華六・太伯甲1　　清華六・太伯甲2

清華十一・五紀129 燕 襄安君扁壺　　永用析涅壺　　陶録4・107

【注】從子青聲。或疑“𣪘”之省文。●讀糓或讀斛。《襄安君扁壺》：“襄安君刀鉳，式（二）亯（糓）。”●讀糓。《清華六・太伯甲1》：“不亯（糓）幼弱，忞（閔）喪吾君。”亯，當即“𣪘”之省寫，“不糓”乃君主自稱。●讀糓。《簡介兩枚新見楚官璽》“郢室之亯”，當是楚國郢都宮室儲備糓物機構或倉廩所使用的璽印。

緈 楚 包山263　　　包山263

【注】從糸亯聲，“糓”之異文。●讀糓。《説文》：“糓，細縛也。從糸𣪘聲。”《包山263》：“一生緈（糓）晃（冠），一玗（芋）緈（糓）晃（冠）。”

屋 楚 望山2・15　　清華三・赤鳩1　　清華三・赤鳩13　　清華三・赤鳩

14 安大一29　　安大一59 燕 璽彙0015 晉 璽彙3143 秦 睡簡・日

乙112 屋 睡簡・日甲101

【注】從室從青，青亦聲。與《説文》古文基本吻合。青，楚簡訛變，與廌形上部混淆。《説文》：“屋，居也。從尸。尸，所主也。一曰尸，象屋形。從至。至，所至止。室、屋皆從至。𡉋，籀文屋從厂。𡐦，古文屋。”古文上從㞢與西周金文尤近，參“廌”“𣪘”等字。籀文上從尸乃𡉋之訛。秦文字又省籀文之厂旁，遂作𡉋字。●多用為本義，房屋。《清華三・赤鳩13》：“句（后）

754

女（如）敂（撤）屋，殺黃它（蛇）與白兔。" ● 晉璽姓氏。●《璽彙0015》"夏屋都司徒"。"夏屋"為燕的屬地。其地在今河北唐縣。黃盛璋：印文中的"都"字從地名考察，皆等於縣，與國都、首都無關。三晉和秦皆稱"縣"，楚在璽印中稱"邑"，如"上場行邑大夫"，"下蔡邑大夫"（皆壽縣出土），僅齊國稱都，但齊之五都相當於郡，將縣稱為"都"，也是燕國所特有的。（《所謂夏虛都三璽與夏都問題》）

 渥 楚 安大一 50

【注】從水屋聲。●厚漬也。《詩·邶風》赫如渥赭。《安大一 50》："肏（顏）女（如）渥庶（赭），元（其）君子也才（哉）。"《毛詩》作"顏如渥丹"。

 盘 楚 喬君鉦鋮

【注】從金屋省聲（或謂青聲）。亦可隸定為"鋸"。●《喬君鉦鋮》："乍（作）無者俞寶鏽盘。"詳"鏽"字。

 嬬 楸車父壺

【注】從女臺聲。"臺"疑"𣪘"之省文。《集韻》："𣪘，濁酒。"●《楸車父壺》："楸車父乍（作）皇母嬬姜寶壺。"古國名，疑讀渥。《水經·漾水注》："渥陽水出渥谷。"在今甘肅成縣東。

 潇 楸氏車父壺

【注】從水臺聲，與"嬬"為一字異文。●疑讀渥，地名。

溪紐哭聲

 哭 楚  上博五·三德 1　　郭店·性自 29　　上博一·性情 18　　 清華

四·筮法 2 秦 睡簡·日乙 191　　睡簡·日甲 155

【注】從犬從吅，"器"之省文。器與哭均屬溪紐，器亦或省作哭形。●多用為本義，哭泣。《郭店·性自 29》："凡至樂必悲，哭亦悲，皆至其情也。"《上博五·三德 1》："天亞（惡）女（毋）忻，榁（平）旦毋哭，明毋訶（歌）。"

疑紐玉聲

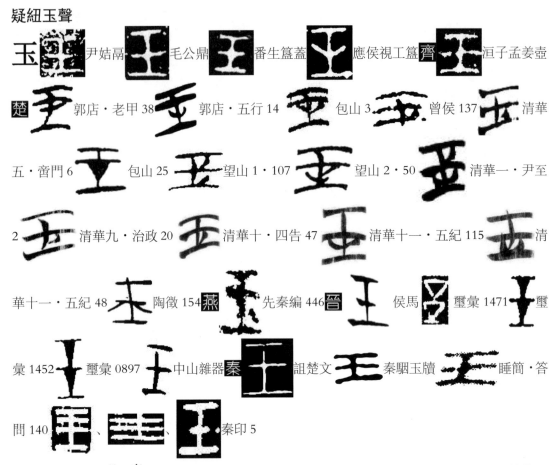

玉 尹姞鬲 毛公鼎 番生簋蓋 應侯視工簋 齊 洹子孟姜壺 楚 郭店·老甲38 郭店·五行14 包山3 曾侯137 清華五·啻門6 包山25 望山1·107 望山2·50 清華一·尹至2 清華九·治政20 清華十·四告47 清華十一·五紀115 清華十一·五紀48 陶徵154 燕 先秦編446 晉 侯馬 璽彙1471 璽彙1452 璽彙0897 中山雜器 秦 詛楚文 秦駰玉牘 睡簡·答問140 、 、 秦印5

【注】甲骨文作、，象玉石連貫而側視之形，兩頭露出貫玉絲繩的端緒。金文和小篆作三橫一豎，與“王”相似；它們的區別是“玉”三橫等距，而“王”三橫不等距。隸書以後“玉”加點。戰國文字或作、、、等形，皆為與“王”相別。《說文》：“，石之美。有五德：潤澤以溫，仁之方也；䚡理自外，可以知中，義之方也；其聲舒揚，尃以遠聞，智之方也；不橈而折，勇之方也；鋭廉而不技，絜之方也。象三玉之連。丨，其貫也。凡玉之屬皆從玉。古文玉。”五德之説乃玉的象徵意義。本義為玉石。●多用為本義，玉石也。《穆公鼎》：“易（賜）玉五品。”●秦漢印多用為人名。●《郭店·五行14》：“見臤（賢）人則玉色，玉色則型（形）。”“玉色”謂溫潤之色見於顏面，又有如玉之堅貞意，皆君子質也。

紐 楚 信陽2·13

【注】從糸玉聲，疑“玉”之繁文。●讀玉。《信陽2·13》：“一陽筭緄紐。”意思大概是裝有一竹筭用繩帶串聯的玉飾。

玟 楚 上博六·用曰13

【注】從攵玉聲。●《上博六·用曰13》："攻丌（其）若㠪。"簡文"攻"，疑讀畜，養育。《詩·邶風·日月》："父兮母兮，畜我不卒。"朱熹集傳："畜，養……歎父母養我之不終。"《孟子·梁惠王上》："是故明君制民之產，必使仰足以事父母，俯足以畜妻子。"

中國錢幣 2004·2

【注】從二玉相并。玉亦聲。《說文》："珏，二玉相合為一珏。凡珏之屬皆從珏。瑴，珏或從㲄。古岳切。"●晉方足小布單字，不詳。

清華十一·五紀8　　清華十一·五紀24

【注】從頁玉聲。●簡文"顓頊"，上古帝王名。

疑紐獄聲

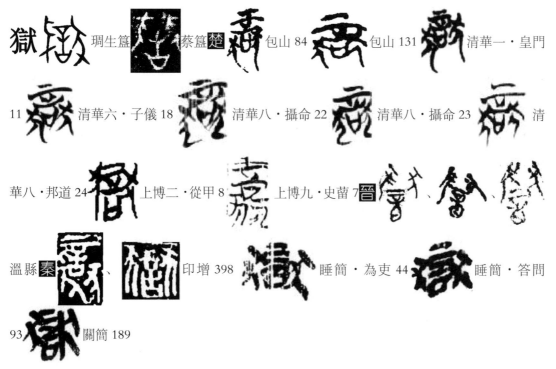

獄　珊生簋　　蔡簋楚　包山84　　包山131　　清華一·皇門11　清華六·子儀18　　清華八·攝命22　　清華八·攝命23　　清華八·邦道24　　上博二·從甲8　　上博九·史蒥7晉　　溫縣秦　印增398　　睡簡·為吏44　　睡簡·答問93　　關簡189

【注】從狀從言。孫詒讓在《古籀拾遺》中說，"獄"字左右兩邊為兩犬反正相對之形，描繪二犬相爭相鬥，以此喻人有紛爭。爭者必以言，故又從言。《說文》："獄，確也。從狀從言。二犬，所以守也。"本義並不是監牢，而是打官司。《周禮·地官·大司徒》："凡萬民之不服教而有獄訟者。"鄭玄注："爭罪曰獄。"官司之後，對那些理屈者，或者說是敗訴者，必定要判刑，並送入監牢關押，由此"獄"便引申出"監牢"的意思。●訟獄、打官司。《珊生簋》："公㞷（厥）棄貝，用獄譯，為白（伯）又祗又成。"《睡簡·為吏44》："夬（決）獄不正。"楚文字或作"訟"。●刑獄。《蔡簋》："勿使敢又（有）疾，止從（縱）獄。"●讀嶽。溫縣盟書"獄公"讀"嶽公"，

人名。

訧 晉 聖彙 2846　　聖彙 3068　　　訓義 1·148 楚　　　清華七·越公

41 　　清華七·晉文公 2

【注】"獄"之省文。●晉璽人名。●讀獄。《清華七·越公 41》："凡又（有）訧（獄）訟至于王廷。"

疑紐屰聲

屰（岳、嶽）齊　　陶彙 3·497 晉　　、　　侯馬　　、　　、

溫縣

【注】傳抄古文作（汗簡 4·51），此字當釋為"岳"。●讀岳或讀嶽。在侯馬與溫縣盟書中常見有"屰公"，系指被召喚來監督參盟人的神。魏克彬認為屰字應釋為"岳"。"屰公"，讀岳公。認為"岳公"不是晉國的先公而是一位山神。（《侯馬與溫縣盟書中的"岳公"》《文物》2010 年 10 期，76-83 頁）溫縣盟書或用"嶽"代替"屰（岳）"，是假借用法，應該是"嶽"字的前身。漢代的古文資料已有"嶽"字，是從"獄"得聲、用來代替"岳"的後起形聲字。

透紐禿聲

禿 秦　　類編 396　　里耶 8·140

【注】禿（異體作秃）、秀均為年的分化字，詳"年"字。●秦印人名。

透紐束聲

束　大簋　束父辛鼎　束中子父簋　束盉蓋　戴簋　珦生簋　守宮

盤　疊方鼎　大簋蓋　任鼎　珦生尊 楚　新蔡甲三 137　清華

九·禱辭 13　　清華九·禱辭 4　　清華九·禱辭 17　　睡簡·秦種 8

【注】甲骨文作𣓦、𣓤、𣓦、𣓤、𣓦，束、東一字是分化，均象囊橐束縛其兩端之形。古音"東"在端紐東部，"束"在書紐屋部，聲韻俱近。由于"東""束"二字形體和讀音都很接近，所以古文字中不僅"東"與"束"混用，而且從東聲之字與從束聲之字也常混，詳"速""陳""鐘"諸字。楚簡木中豎常斷開，另見速、未、東等字。《説文》："𣓦，縛也。從口、木。"本義是捆綁。引申指束縛、約束等義，如"束身自愛"。又用作量詞，一把、一捆。●矢的單位量詞，束矢為一百矢。《不嬰簋》："易（賜）女（汝）弓一、矢束、臣五家、田十田。"《大盂鼎》有"弓一矢百"之語。●單位量詞，若今之言"捆"。《琱生簋》："𧼈（惠）于君氏大章，報婦氏帛束、璜。"束帛為五匹。《易·賁》："束帛戔戔。"《周禮·春官·大宗伯》："孤執皮帛。"鄭玄注："皮帛者，束帛而表，以皮為之飾。"賈公彥疏："束者十端，每端丈八尺，皆兩端合卷，總為五匹，故云束帛也。"《睡簡·秦種 8》："芻自黃𪎭及蘆束以上皆受之。"《清華九·禱辭 17》："曾孫某敢用鮮𦝢、玄柬〈熏〉（纁）三束。"●絲的單位量詞。《守宮盤》："易（賜）守宮絲束。"一束絲的重量無考。●讀東。《𢑴方鼎》："隹（唯）周公于征伐束（東）尸（夷），豐白（伯）、尃（薄）古（姑）咸戈。"

𪎭（楚）清華十·四告 23

【注】從黽（龜）束聲。●讀𪎭。《清華十·四告 23》："天子賜我𩆜（林）寶、金玉庶器，𪎭贛（貢）饗𩜓（饎）。"整理者注："𪎭，進獻，貢納。《合集》九一八七'我𪎭（𪎭）五十'、《戰後京津新獲甲骨集》（群聯出版社，一九五四年）二六四'我𪎭（𪎭）……'均為記事刻辭灶，'𪎭'意為進獻、貢納。西周金文琱生尊（《文物》二○○七年第八期，第一九頁圖三一、三二）'余𪎭（𪎭）大章（璋）'，'𪎭'亦表示進獻、貢納。簡文的'𪎭'、'貢'，應理解為賞賜，這就是所謂的施受同詞。饎，《左傳》僖公三十三年'吾子淹久於敝邑，唯是脯資餼牽竭矣'，陸德明釋文：'牲腥曰餼，牲生曰牽。'《儀禮·聘禮》'君使卿韋弁歸饔餼五牢'，鄭注：'牲，殺曰饔，生曰餼。'"

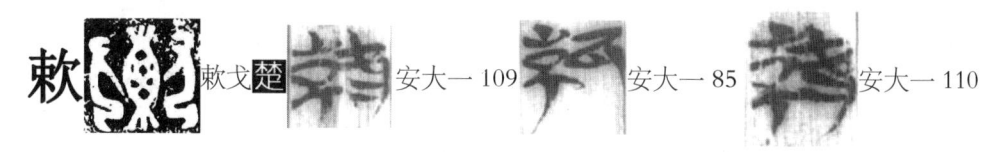

欶　欶戈（楚）安大一 109　　安大一 85　　安大一 110

【注】從欠束聲。●金文人名。●讀束。《安大一 109》："𮖵（綢）穆（繆）欶（束）新（薪），厽壘才（在）天。"《説文·欠部》："欶，吮也。從欠，束聲。""欶""束"諧聲可通。

警（楚）清華八·處位 1　　安大一 29

【注】從言欶聲。●讀速。《清華八·處位 1》："𡰥（度），君警（速）臣，臣適逆君。"《安大一 29》："唯（雖）警（速）我〔獄〕。"

憨 _楚  天星

【注】從心欶聲，疑"欶"之異文。●施謝捷釋為"悚"，認為是"怨""愿""恩""愿"等字為同一字的不同寫法，只是將所從聲旁作了替換。(《楚簡文字中的"悚"字》)

棘 _楚 清華八·邦政7　清華五·三壽28　上博八·李頌3

【注】從二束相并，"束"之繁文。●讀速。《清華八·邦政7》："邦豪（家）牆（將）毀，亓（其）君聖（聽）誩（侫）而棘（速）弁（變）。"●讀束。《清華五·三壽28》："棘（束）東（簡）和募（慕）。"

羈 _楚 清華八·邦道12　上博四·曹沫54

【注】從网棘聲。●讀數。《清華八·邦道12》："母（毋）又（有）罜（疏）羈（數）、遠逐（邇）、少（小）大，鼠（一）之則亡式心。"整理者注："罜，從网，疋聲，指孔眼稀疏的網。羈，從网，束聲，指孔眼細密的網。二字亦分別泛指疏、密，傳世文獻作'疏數'。"●讀束。《上博四·曹沫54》："收而聚之，羈（束）而厚之。"收聚士兵，凝聚軍心，並且和士兵們約誓之，約誓的內容要敦仁寬厚。

諫  大盂鼎　大克鼎 _晉 諫 璽彙0820　璽彙0985

【注】從言束聲。《說文》："諫，餔旋促也。從言束聲。"本義急促。●讀諫，治也、理也。《大克鼎》："諫辥（乂）王家，更（惠）于萬民。"《逨盤》作"保奠周邦，諫辥（乂）四方"，語例全同，故金文諫、諫同字，"刺"金文作 ，或作 ，可證。●讀悚，《說文》："悚，謹也。"《大盂鼎》："敏諫罰訟。"●晉璽人名。

速 _楚 新蔡甲三127　清華八·天下7　清華四·筮法28　新蔡甲三22　清華十一·五紀89　上博四·柬旱　清華一·耆夜4　清華一·耆夜6　清華九·禱辭11　清華九·迺命二14　包山219　包山135　郭店·尊德28　望山1·44　包山200　包山137　左塚漆桐　上博

七 · 吳命 1  石鼓文

【注】甲骨文作𢖒，從彳束聲。同字石鼓文作𣣏，與小篆同。楚簡多從二束，中間口形作＝形，遂訛為二"朱"形，有的中豎斷開。《説文》："𣣏，疾也。從辵束聲。𢓱籀文從欶。𢓭古文從欶從言。"本義為迅速。●召、請、招致。《叔家父簠》："用成（盛）𥼤（稻）汖（粱），用速先後者（諸）𩃱（兄）。"《易 · 需》："有不速之客三人來。"孔穎達疏："不須召喚之客有三人自來。"《榮仲鼎》："己子（巳），榮中（仲）速内（芮）白（伯）。"●讀趚，跑動的聲音。《石鼓文》："麀鹿速速。"●楚簡多用為本義，急速。《清華一 · 耆夜 4》："嘉𥵂（爵）速歈（飲），後𥵂（爵）乃從。"

遬 秦  陶彙 5 · 159   秦陶 399   秦陶 397   、   秦印

32 · 里耶 8 · 1642 、 印增 63

【注】從欠速聲，與"速"籀文同。●秦文字均用為人名。

練 齊  陶彙 3 · 786

【注】從糸束聲。●齊陶"練貽"，疑讀速，姓氏。

疎 楚  安大一 29 齊 璽彙 3742

【注】從广束聲，疑"瘯"之異文。或增從心，為繁化部件。●讀速。《安大一 29》："隹（誰）胃（謂）女亡（無）豢（家）？可（何）目（以）疎（速）我獄？"●齊璽人名。

涑 晉  涑鄲戈 •   廿七年涑鄲戈

【注】從水束聲。●地名。《涑鄲戈》："涑鄲（縣）發弡（弩）戈冶珍。"《廿七年涑鄲戈》："涑鄲（縣）嗇夫春。""涑鄲"當是涑水邊上的一個縣，即因涑水而得名。涑水在山西省西南部，其地在戰國時屬魏。

娕 楚  包山 175

【注】從女束聲。與"嫌"形似；聲符其實應該是"束"的變體。●"妾婦娕"人名。

761

鬻（餗）戍學鼎

【注】甲骨文作，徐中舒謂“鬻”之初文，從皀索聲。金文從鬲從匕，象有物煮于鬲中，以匕取之；東聲。當為《説文》“鬻”字，別構作“餗”。《易·鼎卦》：“鼎折足，覆公餗。”孔穎達疏：“餗，糝也，八珍之膳，鼎之實也。”●本義為鼎實，銘文中用作鼎名。《戍學鼎》：“用乍（作）父癸寶鬻。”

勅毛公鼎勅鼎

【注】從東（兼聲）從力，字會意與“敕”同。《説文》無。《集韻》入聲二十四職韻：“敕、勅、劝，蓄力切。《説文》：誡也。臿地曰敕。從攴、束聲。古從力；或作劝，本音賚，世以為敕字，行之久矣。”將“勅”視為“敕”之古文。●《毛公鼎》：“金甬（桶）、遣（錯）衡、金嫜（踵）、金豙（軛）、勅䟫、金簟弼（笰）。”車上之物，具體不詳，待考。●人名。《勅鼎》：“勅𨽹（肇）乍（作）丁侯障彝。”

東辟東尊㝬鐘曶鼎明公尊 齊鄘叔之仲子平鐘璽彙3992璽彙0150陶彙3·301 楚包山207九店56·54清華一·尹至3清華二·繫年9清華二·繫年19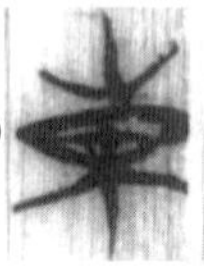安大一35安大一35清華十一·五紀82璽彙310 燕郾王職壺東尚畏小器璽彙3959 晉鄭東倉器東周左官壺貨系639貨系640貨系636 秦陶彙7·5陶彙5·361秦印111秦駰玉牘睡簡·日甲140背

【注】甲骨文作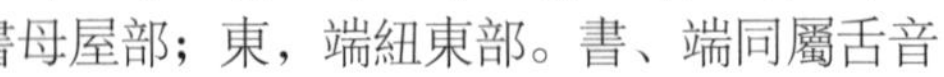，指事字，東加一横為指事符號，并以東為聲。東，書母屋部；東，端紐東部。書、端同屬舌音，屋、東對轉疊韻。《説文》：“，動也。從木。官溥説：從日在木中。凡東之屬皆從東。”乃據後起字為説，不確。本義是袋子。引

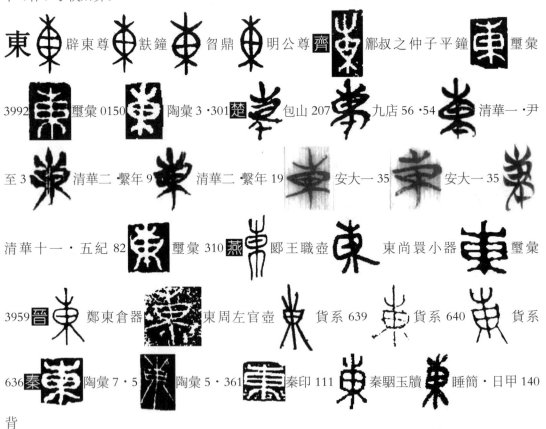

申泛稱物品為"東西"。後多借用為方位名詞。"東"後來為借義所用，本義除保留在"東西"一詞中外，遂不為人知。●方位名詞，東方。《克鐘》："王親令克遹涇東至于京自（師）。"●讀董，督理。《師獸簋》："東（董）載內外，母（毋）敢否（不）善。"董、東同聲通假。●動詞，向東去。《宴簋》："宴從厎父東。"●東尸：周代東方落後部族的總稱。《小臣謎簋》："叡東尸（夷）大反，白（伯）懋父目（以）殷八自（師）征東尸（夷）。"●東工：戰國秦工府。《九年相邦呂不韋戈》："東工守文居。"●東國：泛指周朝東方的各小國。《禹鼎》："廣伐南或（國）、東或（國），至于歷內。"《保尊》："乙卯，王令保及殷東或（國）五侯。"●東宮：太子所居之宮，後用作太子代稱。《東宮方鼎》："東宮。"《曶鼎》："曶或目（以）匡季告東宮。"《詩·衛風·碩人》："東宮之妹。"毛傳："東宮，齊太子也。"●《璽彙3992》"東野肺"、《璽彙5669》"東方閔"、秦印有"東門脫"等。"東野""東方""東門"均為複姓。

菄 齊 陶録5·109

【注】從艸東聲。●齊陶"菄昌"，人名。

凍 楚 清華九·治政15　　清華十·四時2

【注】從仌東聲。●寒冷。《清華九·治政15》："宇（每）尃（敷）一正（政），民若解凍。"每發佈一項政令，人民都如同解除了寒冷。

棟 楚 清華八·邦政5　　清華三·赤鳩8

【注】從木東聲。●用為本義，房屋的正樑。《清華三·赤鳩8》："帝命二黃它（蛇）與二白兔尻句（后）之帚（寢）室之棟。"●讀重。《清華八·邦政5》："亓（其）祭時而敬（敬），亓（其）君執棟。""執棟"疑讀為"執重"，執重任以治國。

諫 齊 叔尸鐘　　陶彙4·66　　陶録4·34 燕 璽彙2808　　璽彙3416　　璽彙5284　　璽彙3546

【注】從言東聲。《大盂鼎》"敏諫罰訟"，與《叔夷鐘》之"諫罰躲（朕）庶民"，語例同，而字分作諫、諫。●讀妹，《說文》："妹，謹也。"《叔尸鐘》："諫罰躲（朕）庶民。"銘意為，對我的庶民應慎罰。●齊陶、燕璽均為人名。

練 齊 陳侯因資錞 楚 天星

【注】從糸束聲（或謂重省聲），疑"練"之繁文。束、重、童聲同，作偏旁時常混用。●讀踵，繼承。《陳侯因𦈲錞》："其唯因𦈲揚皇考，𦌈（紹）練（緟）高且（祖）黃啻（帝）。"文獻作"踵"。《屈原·離騷》："及前王之踵武。"《注》踵，繼也。●天星"歸三玩練車馬"，讀練。練，《說文·新附字》布屬。

速 叔家父簋 榮仲鼎

【注】甲骨文作𣥹，從彳束聲。金文從東，東、束一字之分化，形義都很接近，作偏旁時混用。●讀速。召、請，招致。《叔家父簋》："用成（盛）𪙗（稻）汓（梁），用速（速）先後者（諸）𨐌（兄）。"《易·需》："有不速之客三人來。"孔穎達疏："不須召喚之客有三人自來。"《榮仲鼎》："己子（巳），榮中（仲）速（速）内（芮）白（伯）。"

重 榮作周公簋 重爵 重鼎 重鼎 父丙觶 楚 重 郭店·成之
10 清華七·越公73 清華二·繫年104 清華九·禱辭8 清華九·禱辭
3 外卒鐸 燕 重金扁壺 璽彙3493 二十九年弩機 晉 十年洱陽令戈
廿七年陽曲蓋弓帽 侯馬 重 璽彙4064 春成侯鐘 十七年平
陰鼎蓋 秦 左工疾銀盤 貨系4071 少工喜銀扣

【注】從人從東（橐橐之形），會人負重之意；東兼聲。或增從土，至小篆訛為"壬"。《說文》："𨤭，厚也。從壬東聲。凡重之屬皆從重。"析形不確。本義輕重之重。秦文字用"重"表示重，楚文字用"𪜇""𨒉""鈝"表示，齊文字用"塚"，三晉文字用"𡑫""塚"表示，燕文字用"塚""重"表示。●重量。《屌氏扁壺》："重十六斤。"《春成侯鐘》："重十均十八益。"●地名。《榮作周公簋》："易（賜）臣三品：州人、重人、鄘（庸）人。"●厚重。《陳璋壺》："重金絡𦈲（鑲）。"重金，就是較厚的銅。●族氏名，見於《重簋》《重鼎》《重爵》等。●讀董，氏。《十年洱陽令戈》："左庫工帀（師）重（董）棠。"●《郭店·成之10》："唯（雖）狀（然），其𦞛（存）也不厚，其重也弗多矣（矣）。"《韓非子·說難》"則以為賣重"，王先慎《集解》："重即權也。"按此指威望。文意為：若君主的德性存養不夠深厚，其威望也不會隆崇。●讀陳。《清華二·繫年104》："競（景）坪（平）王即立（位），改邦重（陳）、𨟻（蔡）之君。"●讀童。《十七年平

陰鼎蓋》"馬重"合文，讀馬童，表示身份，用為人名。古璽印多有名"馬重"者，如"𢓊馬重"
"邙馬重""費馬重""高馬重""楊馬重"等等，均應讀馬童。

動 楚  郭店·性自 10

【注】從攴重聲。●讀動。《郭店·性自 17》："凡眚（性）或動（動）之，或逆之。"楚文字與
"敳"相混。

種 楚  清華九·禱辭 19

【注】從禾重聲。●種子。《清華九·禱辭 19》："百種皆頪（集），吏（使）此收内（入）。"

媈 楚 種 上博四·采風 2

【注】從女重聲。●疑讀同。《上博四·采風 2》："不要之媈。"簡文"不要之媈"，疑讀為"不
約而同"。《史記·平津侯主父列傳》："無尺寸之勢，起閭巷，杖棘矜，應時而皆動，不謀而俱
起，不約而同會。"後以"不約而同"謂没有經過商量或約定而彼此的看法或行動完全一致。

䢃 楚  清華二·繫年 129

【注】從女重聲。●人名。《清華二·繫年 129》："晉䢃余衒（率）晉自（師）與奠（鄭）自（師）
以内（入）王子定。"

謹 𠏂命父謹簋 楚  清華九·禱辭 3 清華九·禱辭 8

【注】從言重聲。●金文人名。●讀憧。《清華九·禱辭 3》："緟=謹=與=念=。"詳"緟"字。

踵 楚  清華三·祝辭 5 秦 𧾷 里耶 8·1376

【注】從足重聲。●《清華三·祝辭 5》"踵弓"，射弓之法。

瘇 楚 瘇 清華四·筮法 53

【注】從疒重聲。●讀腫。《清華四·筮法 53》："為瘇（腫）脹。"

清華四·筮法 59

【注】從肉重聲。●讀踵。《清華四·筮法 59》：“四之象為堃（地），為圓（圓），為壴（鼓），為耳（珥），為環，為腄（踵）。”

璽彙 3880 中山王璺鼎

【注】從土（戰國文字立、土混作）重聲。埻，《集韻》竹用切，音湩，池塘塍埂也。●讀童。《中山王璺鼎》“寡人幼（幼）埻（童）未甬（通）智。”幼埻，言未冠而繼承王位。●晉璽人名。

侯馬　璽彙 1999　璽彙 2002　陶彙 4·162

【注】從邑重聲；此為晉系文字獨有之寫法，另如“秦”，在書寫中均從邑。●姓氏，讀陳，字見於《璽彙 1985》—《璽彙 2042》。

清華九·禱辭 3　清華九·禱辭 9　湖南 2　璽彙

0054　璽彙 0287　璽彙 5552

【注】從水重聲。●燕璽地名。●《清華九·禱辭 3》：“奴（如）百潼川之逯（歸）屆（海），奴（如）絲（販）內（入）肺（市）。”整理者括注“潼”為“湧”。當讀重，《列女傳·齊威虞姬》：“惓惓之心，冀幸補一言，而為邪臣所擠，湮於百重之下，不意大王乃複見而與之語。”《太平御覽》卷九四〇引《臨海水土志》曰：“鮬鮞，形似鮈魚，戲於重川，靡有定所。”

玉璜箴銘

【注】從耳重聲。●讀動。《玉璜箴銘》：“上弁（變）下腫（動）。”

璽彙 2578

【注】從米重聲。●晉璽人名。

自作其走鐘　盧鐘　己侯鐘　兮仲鐘　士父鐘　柞鐘

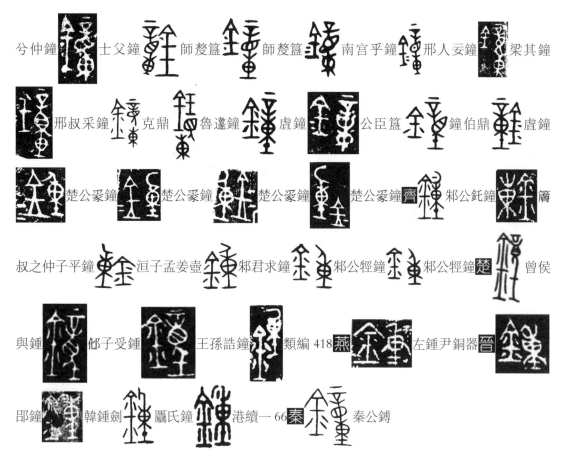

兮仲鐘　士父鐘　師嫠簋　師嫠簋　南宮乎鐘　邢人妄鐘　梁其鐘

邢叔采鐘　克鼎　魯邊鐘　盧鐘　公臣簋　鐘伯鼎　盧鐘

楚公豪鐘　楚公豪鐘　楚公豪鐘　楚公豪鐘齊　郱公釶鐘　簋

叔之仲子平鐘　洹子孟姜壺　郱君求鐘　郱公輕鐘　郱公輕鐘楚　曾侯

與鐘　伯子受鐘　王孫誥鐘　類編418　左鐘尹銅器　晉

邵鐘　韓鐘劍　屬氏鐘　港續一66秦　秦公鎛

【注】從金，聲符從東、重、童（東、重、童一字之分化，聲同），聲符或有省減和變訛。小篆分為鍾、鐘二字。鍾、鐘實為一字，乃同字異體，銘文中用濾無別。楚文字或作"鋪"。《說文》："鐘，樂鐘也。秋分之音，物種成。從金童聲。古者垂作鐘。鏞鐘或從甬。"古代的打擊樂器，中空，敲時發聲，單獨懸掛者稱特鐘，大小組相懸掛的稱編鐘。●古代的打擊樂器。《楚王領鈴鐘》："楚王領自乍（作）鈴鐘。"鈴鐘，一種小型的樂鐘。●古代樂律名，如黃鐘、穆鐘、獸鐘、新鐘、呂鐘、濁穆鐘、濁新鐘、濁獸鐘等。

定紐蜀聲

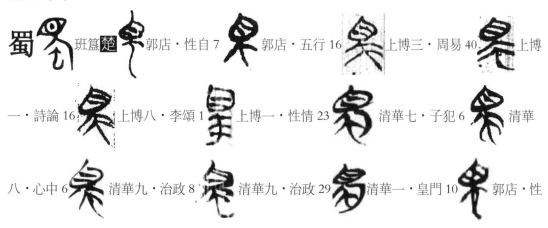

蜀　班簋楚　郭店・性自7　郭店・五行16　上博三・周易40　上博

一・詩論16　上博八・李頌1　上博一・性情23　清華七・子犯6　清華

八・心中6　清華九・治政8　清華九・治政29　清華一・皇門10　郭店・性

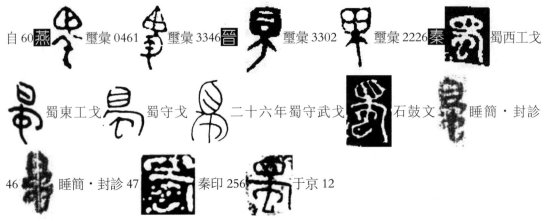

自 60 燕 璽彙 0461　璽彙 3346 晉　璽彙 3302　璽彙 2226 秦　蜀西工戈

蜀東工戈　蜀守戈　二十六年蜀守武戈　石鼓文　睡簡‧封診

46 睡簡‧封診 47　秦印 256　于京 12

【注】甲骨文作🐛、🐛、🐛、🐛、🐛、🐛、🐛、🐛、🐛、🐛，為全體象形，象幼蟲的大眼睛和彎曲的身子。金文增從虫，與小篆同。戰國文字承襲金文。戰國文字或省為從目從虫；目旁或訛作日、田等形。《郭店‧性自 60》下部訛為它。●古國名。《班簋》："王令毛白（伯）更虢城公服，粤王立（位），乍（作）四方亟（極），秉緐、蜀、巢令，易（賜）鈴鑾（勒）。"●讀獨。《上博一‧詩論 16》："《燕燕》之情，以其蜀（獨）也。"獨，指的是其情專一不渝和不假修飾出於至誠。●秦印"蜀西工丞""蜀大府丞""蜀邸倉印"等，"蜀"均為地名。蜀郡治成都，即今四川成都市。●讀囑，叮囑、囑咐。《上博八‧有皇 6》："蜀（囑）論三夫今可（兮）。"囑命，囑咐。●讀躅。《上博三‧周易 40》："贏（贏）豕孚是（蹢）蜀（躅）。"蹢躅，徘徊不進貌。《莊子‧外篇‧秋水》："知天人之行，本乎天，位乎得；蹢躅而屈伸，反要而語極。"

倜 楚 仰天 13

【注】從人蜀聲。●短也。《仰天 13》："一倜筈（席）。"倜，《集韻》音獨。倜俅，短醜貌。或讀蜀，地名。

躅 楚 上博五‧鮑叔 5

【注】從止蜀聲。●疑讀蠋。《上博五‧鮑叔 5》："公弗詰躅（蠋），臣雖欲訏或不得見。""詰蠋"同義連用，猶言"禁除"。"詰"本義為責問，引申則有禁止、去除之義。《周禮‧天官‧大宰》"以詰邦國"，鄭玄注："詰，猶禁也。"《管子‧五輔》："逐姦人，詰詐偽，去讒慝。""詰"與"逐""去"並舉。秦簡日書甲種有"詰咎"之語，即去除災咎之義。"蠋"訓潔，又訓除，皆常訓。"公弗詰蠋"，猶言"公不禁除之"。

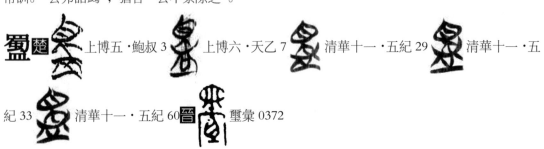

蜀 楚 上博五‧鮑叔 3　上博六‧天乙 7　清華十一‧五紀 29　清華十一‧五

紀 33　清華十一‧五紀 60 晉　璽彙 0372

768

【注】從皿蜀聲，疑即"蠲"字之省體。●讀蠲。《上博五·鮑叔 7》："祭服毋紋（縈），器必盠（蠲）憨（潔），毋内錢（殘）器。"蠲潔，亦作"蠲絜"，清洁。●讀濁。《上博六·天甲 8》："凡天子欽（歆）煲（氣），邦君飤（食）盠（濁），夫=（大夫）承（承）廗（薦），士受余（餘）。"簡文反映了周代"至敬不饗味而貴氣嗅"的飲食觀念，禮以別異的特徵。●晉璽人名。

 𝌀楚 天星

【注】從卪蜀聲。●讀蜀。簡文"𤳉戈"，或作蜀。

 燭楚 清華七·越公 38　　　清華七·越公 38

【注】從矢蜀聲。●讀誅。《清華七·越公 38》："☐☐而賣賈女（焉），則劫（詰）燭（誅）之。"

 歜楚 清華三·赤鳩 9　　秦 宗邑瓦書　　宗邑瓦書　　湖南 83　　

 印增 341

【注】從欠蜀聲。●人名。《宗邑瓦書》："右庶長歜。"陳直認為："歜、燭二字音形均相近，蓋古文之假借字。"（《秦陶券與秦陵文物》）從而認定瓦書的右庶長歜當即《史記·穰侯列傳》中的秦相壽燭，此説可從。●讀噣，或讀啄。噣，《集韻》本作啄。《清華三·赤鳩 9》："巫躲（烏）乃歜（啄）小臣之胸（喉）渭（喙），少（小）臣乃记（起）而行。"前文言小臣"視而不能言"，即不能説話，似乎也暗指湯之詛咒作用於小臣之嘴喉，進而影響全身，此處巫烏以神巫之力啄、進而開通小臣之嘴喉，亦即破壞了詛咒，進而身體無恙，"乃起而行"。

 覿楚 包山 170

【注】從見蜀聲。●人名。

 謫楚 上博六·用曰 9　　上博三·仲弓 12

【注】從言蜀聲。●讀獨。《上博六·用曰 9》："内閟（外）謫（獨）眔，而焚丌（其）反叚（側）。"《上博三·仲弓 12》："謫=獣（厭）人，戁（難）為從正（政）。"

 屬秦 八年相邦呂不韋戈　　十四年屬邦戈　　十四年屬邦戈　　睡簡·秦種

195 　秦印 167 　集證 139

【注】從尾蜀聲。《說文》："屬，連也。"本義連綴、接連。楚文字用"詬"為委屬之屬，三晉文字用"護""家"表示屬。詬、護可能是屬的本字。●連接。《睡簡·秦種 195》："有實官高其垣墻。它垣屬焉者，獨高其置芻廥及倉茅蓋者。"貯藏穀物的官府要加高牆垣。有其他牆垣和它連接的，可單獨加高貯芻草的倉和用茅草覆蓋的糧倉。●隸屬。《睡簡·效律 53》："屬於鄉者，如令、丞。"●屬邦：秦中央官府名，掌管周邊少數民族之機構。《少府武庫矛》："武庫受（授）屬邦。"李學勤曰："秦的屬邦是管理少數民族的機構，到漢代因避漢高祖諱，改稱屬國，湖北雲夢睡虎地所出秦律竹簡，有《屬邦》律。"（《北京揀選青銅器的幾件珍品》）秦封泥、秦印常見"屬邦""屬邦之印""屬邦工室""屬邦工丞""屬印"。

鰡 楚  包山 167 　　包山 170 　　包山 88

【注】從色蜀聲。●人名。

欘 楚  清華五·命訓 13 　　　信陽 2·3

【注】從木蜀聲。●讀屬。《清華五·命訓 13》："勿（物）乓（厥）尚（權）之欘（屬）也。"●信陽簡讀牘。

膶 齊  陶彙 3·1083

【注】從肉蜀聲。●齊陶人名。

爥 楚  信陽 2·14

【注】從火膶聲，疑"燭"之繁文。●讀燭。《信陽 2·14》："一桱（承）爥（燭）之盤（盤）。"

濁 楚 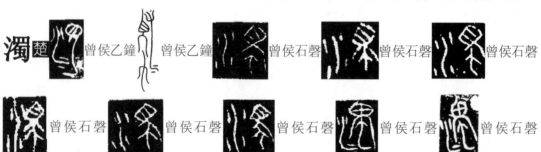 曾侯乙鐘　　曾侯乙鐘　　曾侯石磬　　曾侯石磬　　曾侯石磬　　曾侯石磬　　曾侯石磬　　曾侯石磬　　曾侯石磬　　曾侯石磬

【注】從水蜀聲，與小篆同。《說文》：" ，水。出齊郡厲媯山，東北入巨定。"●冠于坪皇、新鐘等樂律名詞之上，表示比該律低一律的名稱，為戰國時代曾、楚等國的習慣用濁。《曾侯乙鐘》："濁新鐘之徵。"《曾侯乙鐘》："濁坪皇之商。"●渾濁。《郭店·老甲9》："竺（孰）能濁以束（靜）者，牰（將）舍清；竺（孰）能匹以迬（動）者，牰（將）舍生。"兩句是治事之道。濁則以靜（沉澱）理之。

【注】從火蜀聲。●用為本義，蠟燭。《上博二·容成2》："於是乎喑聾執燭，棁戉鼓瑟，跛躃守門，侏儒為矢。"●包山簡"燭甬（僮，俑）"，為秉燭之俑。

58背

【注】從犬蜀聲。●單獨、獨自。《睡簡·封診73》："乙獨與妻丙晦臥堂上。"●秦印"楊獨利"，人名。

【注】從角蜀聲，為蜀之訛。金文或從角從牛（詳"犝"字），裘錫圭謂"觸"字初文，牛喜以角相觸，故字從牛從角會意。（《文字學概要》）犝、牴，《玉篇》與觸字同。《說文》："，抵也。"本義抵觸。●《丞相觸戈》："☒年丞相觸造、咸☒工帀（師）葉工。"人名，讀燭，指秦相壽燭。《史記·穰侯列傳》載，昭王十四年"魏冉謝病免相，以客卿壽燭為相。其明年，燭免，復相冉"。

【注】從艸蜀聲。●晉璽人名。

繻〔楚〕 望山 2·48　望山 2·49

【注】從糸蜀聲。●讀襡。《望山 2·48》："需（靈）光之純，丹緅之繻（襡）。"襡，指收藏器物的囊或套子。《禮記·內則》"斂簟而襡之"，鄭注"襡，韜也。"

襡〔楚〕 帛書乙　信陽 2·19

【注】從衣蜀聲。●讀屬。《帛書乙》："建亙（恆）襡（屬）民，五正乃明。"●《信陽 2·19》："裀（茵）若（席），皆紙襡。"襡，《禮記·內則》："斂簟而襡之。"注："襡，韜也。"《詩·小雅·彤弓》："受言橐之。"傳："橐，韜也。"橐，《說文》："車上大橐。"此謂"裀席"皆以紫色橐襡盛之。

蜀〔齊〕 陶彙 3·1087

【注】從网蜀聲。●齊陶人名。

癰〔齊〕 陶彙 3·924〔楚〕 包山 129

【注】從疒蜀聲。●均為人名。

泥紐辱聲

辱 伯中父簋〔楚〕 包山 21　郭店·老甲 36　郭店·老乙 11　上博七·吳命 7　上博七·吳命 9　郭店·老乙 6　清華七·晉文公 8　清華七·越公 4　安大一 86〔秦〕 睡簡·日甲 62　睡簡·日乙 60　睡簡·日乙 235　睡簡·日甲 62　睡簡·日乙 197　陶彙 5·36

【注】甲骨文作，從辰（蚌蠣）從寸（手），會手持蚌蠣耕作鋤草之意；辰兼聲。或作、、

從林（艸），為迭加之義符。古代重視農耕，失耕則戮之，故引申指恥辱、侮辱等義。《説文》：
"辱，恥也。從寸在辰下。失耕時，于封畺上戮之也。辰者，農之時也。故房星為辰，田候也。"
本義恥辱。●金文讀辰，地支。●戰國文字多用為本義，恥也、使受到羞恥。《郭店・老甲 36》：
"古（故）智（知）足不辱，智（知）止不怠（殆），可以長舊（久）。"●辜負。《上博七・吳
命 7》："三夫=（大夫）辱命於寡（寡）君之羹（僕）。"

 戰表 1762

【注】從糸辱聲。●不詳。

 量鬲

【注】從鬲辱聲，即"鬶"字。郭沫若指出即《玉篇》釋為"大鼎也"、《廣雅・釋器》釋為"鼎
也"之"鬶"字。●鼎名。《量肇家鬲》："量肇（肇）家鑄乍（作）鬶，其永子孫寶。"

蓐 楚 上博五・三德 15

【注】從林辱聲，即"農"字異體。●讀農。《上博五・三德 15》："敄（務）蓐（農）敬戒。"

 清華七・越公 30　　清華七・越公 28　　清華七・越公 32　秦 里耶

8・1861 嶽麓一・占 19

【注】從艸辱聲，即"農"字異體。●楚文字均讀農。《清華七・越公 30》："王好蓐（農）功。"
●草蓆、草墊。《嶽麓一・占 19》："夢燔亓（其）席蓐，入湯中，吉。"

 徐贅尹皆鼎

【注】從言辱聲。●讀辱，恥也。《徐贅尹皆鼎》："㠯（以）知恤謑（辱）。"恤訓憂。知恤謑，
謂知憂懼恥辱也。

 上博五・弟子 20　　上博二・容成 14

【注】從木辱聲。橾，《説文》："薅器也。從木辱聲。鎒，或從金。"今通作耨，除草的農具。
●用為本義，同"耨"。《上博五・弟子 20》："又（有）戎（農）植其橾而訶（歌）安（焉）。"

《上博二·容成 14》："舜於是乎始免耒（笠）、柱（鉏）、橚（耨）、萎（銚），价而坐之。"

來紐鹿聲

【注】甲骨文作 、 、 、 、 、 、 ，象鹿形。甲骨文"麀"字作 、 、 、 ，象無角之幼鹿。金文同甲骨文。戰國文字作偏旁鹿角多作簡形，可參看本書麤、麆、麄、麿、麤、麗等從鹿之字。秦系文字與"焉"頭部相混。●動物名。器銘常載以鹿為賞賜品。《命簋》："王易（賜）命鹿。"《貉子卣》："王令士道歸（饋）貉子鹿三。"●讀麗。《包山 246》"酓（熊）鹿"，讀為"熊麗"。據《史記·楚世家》，熊麗是鬻熊之子，簡 217 等記載昭佗祭祀的楚之先祖有老僮、祝融、鬻熊，又祭祀從熊麗以至武王，前後相接，成為一完整的祭祀系譜。●讀離，散離、乖離等義。《上博八·有皇 4》："鹿（離）尻（居）而同欲今可（兮）。"楚文字"鹿"往往用作"麗"，麗可讀離。《詩·小雅·雨無正》："正大夫離居，莫知我勚。"鄭玄箋："長官之大夫於王流于虢而皆散處。"《上博八·成王 15》："民皆又（有）夬（乖）鹿（離）之心。"●《四年邗相樂寅鈹》為"五鹿"合文，地名。《左傳·哀公元年》："夏四月，齊侯、衛侯救邯鄲，圍五鹿。"杜預注："五鹿，晉邑。"●晉璽均為"五鹿"合文，"五鹿"為複姓，以地名為氏。亦見於漢印"五鹿良"（《漢印》874）。《璽彙 1764》"史五鹿"，以複姓為人名。●齊陶人名。

774

【注】從角鹿聲。●讀鹿。“五觻”讀“五鹿”，複姓。

麈 楚  清華九・治政 28

【注】從止鹿聲。●讀鹿。《清華九・治政 28》：“飛鳥、趣麈（鹿）、水鼠戠（歲）生。”

𪋻 楚  上博四・柬旱 5  上博四・柬旱 5  上博三・周易 6

【注】從衣鹿聲。或從卒鹿聲。●讀解。鹿聲與解聲可通，詳“纏”字。《上博三・周易 6》：“或賜緍（鞶）綿（帶），冬（終）朝晶（三）𪋻（解）之。”今本作“褫”，剝奪。“褫”或“解”音相近。簡文中讀“解”，免除、解除。《上博四・柬旱 5》：“當訟而卜之于大夏。如𪋻，將祭之。”意思是説應該用大夏這種龜殼來占卜（是否要祭祀莒地的名山名川），如果這種方法可以解除疾病，那就要祭祀。

鄜 楚  包山 175  包山 190  包山 190  包山 174

【注】從邑鹿聲，或加止繁化。《集韻》盧谷切，音鹿，地名。●讀鄜，地名用字。

𪊧 楚  新蔡甲一 15  新蔡乙一 15

【注】從力鹿聲。●此字新蔡簡數見，用為獸名，滕壬生先生《楚系簡帛文字編（增訂本）》隸“鹿”字下，云：“鹿之異體。”

𪋬 楚  清華七・晉文公 7  上博一・詩論 23  清華二・繫年 42  安大一 38  清華九・禱辭 19

【注】從鹿、彔，雙聲字。●地名。《清華七・晉文公 7》：“克曹、五𪋬（鹿）……。”●讀鹿。《上博一・詩論 23》：“𪋬（鹿）鳴。”鹿鳴，詩經篇名。《安大一 38》：“埜（野）又（有）死𪋬（鹿）。”

纏 楚  清華四・別卦 4

【注】從糸鹿聲，增止為繁文。●讀解，即"解"卦。上博簡作"纞"。纙，鹿聲，屋部來母，解，支部見母；屋、支旁對轉，來、見亦多通轉之例。(《清華大學藏戰國竹簡(肆)》132頁)"鹿"字兼有"麗"的讀音。在傳世古書中，"麗"聲與"斯"聲、"斯"聲與"鮮"聲可通，"解"聲與"鮮"聲也有相通之例(以上相通之例均見於《古字通假會典》)。

 陶錄 2・170

【注】從疒從肉鹿聲。●"中夔圂里匋癝"，人名。

來紐彔聲

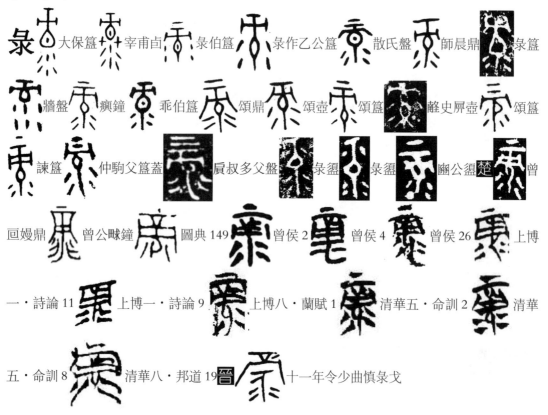

彔 大保簋 宰甫卣 彔伯簋 彔作乙公簋 散氏盤 師晨鼎 彔簋

牆盤 癲鐘 乖伯簋 頌鼎 頌壺 頌簋 醒史屛壺 頌簋

諫簋 仲駒父簋蓋 膚叔多父盤 彔盨 彔盨 醽公盨 楚 曾

叵嫚鼎 曾公䜌鐘 圖典 149 曾侯 2 曾侯 4 曾侯 26 上博

一・詩論 11 上博一・詩論 9 上博八・蘭賦 1 清華五・命訓 2 清華

五・命訓 8 清華八・邦道 19 晉 十一年令少曲慎彔戈

【注】甲骨文作 、 、 、 、 、 、 。徐中舒謂象井轆轤之形，為"轆"之初文。上象桔槔，下象吸水器，小點象水滴形。(《甲骨文字典》774頁)或謂"淥"之初文，字形象一個布袋，上端橫畫是袋口， 是繩結，袋里裝着濕物，水被淥下來，為"淥"之本字。金文承之。《頌簋》等下類化似人形。《說文》："彔，刻木彔彔也。象形。凡彔之屬皆從彔。"段玉裁注："小徐曰。彔彔猶歷歷也。一一可數之兒。按剝下曰。彔，刻割也。彔彔，麗廔嵌空之兒。"在甲骨文和金文中多借為"祿"。●讀祿，福份。《頌簋》："用追孝蘄(祈)匃康𢆶屯(純)右(佑)，通彔(祿)永令。"●讀祿，俸祿。《作冊嗌卣》："不彔(祿)嗌子，子征先盡死。"不祿，不再食祿，即死亡之意。意為：短命的嗌子，早早就痛心的死去。(《商周青銅器銘文選》95頁)《禮記・曲禮下》："天子死曰崩，諸侯曰薨，大夫曰卒，士曰不祿，庶人曰死。"鄭玄注："不祿，

不終其祿。"楚文字多讀祿。《郭店·六德 14》："少（小）材埶（設）者（諸）少（小）官，因
而它（施）彔（祿）安（焉）。"●讀祿，國族名。殷紂王子武庚（字祿父）之後，以王父字為
國族名。祿氏世代在周為官，故有封邑。地望或在陝西扶風一帶。《彔伯簋》："王若曰：彔白（伯）
𩨂，繇自乃且（祖）考又（有）𤔲于周邦。"●人名。《彔簋》："彔乍（作）乓（厥）文考乙公
寶障毀。"●師彔宮：宮名。《師晨鼎》："王才（在）周師彔宮。"●讀麓，官名。《散氏盤》："西
宮襄、豆人虞丂、彔貞、師氏。"虞、彔皆官名。《説文·林部》："麓，守山林吏也。"彔、麓古
通。●讀麓，山腳。《宰甫卣》："王來獸自豆彔（麓）。"《上博八·蘭賦 1》："尻宅（宅）幽彔（麓）。"
●曾侯簡讀綠，綠色。

 淥 楚 清華九·廼命一 6

【注】從水彔聲。●整理者讀漉。《清華九·廼命一 6》："母（毋）或監觀虐（吾）事煮（圖）
言語以淥（漉）餌（聞）於下。""淥"即"漉"字異體。《説文·水部》："漉，浚也。從水鹿聲。
淥，漉或從录。"《廣雅·釋言》："漉，滲也。"故"淥"也可以讀為原字，訓為滲出。

 摝 楚 上博七·凡乙 22　　上博七·凡甲 29

【注】從手彔聲。●讀握。《上博七·凡乙 22》："摝（握）之不涅（盈）摝。"第一個"握"，動
詞，執持。第二個"握"，量詞。指一手所能執持的量或一拳的長度。

 敕 楚 安大一 12

【注】從攴彔聲。●讀椓，打擊。《安大一 12》："肅=（肅肅）兔蔖（罝），敕（椓）之正=（丁
丁）。""彔""椓"都是舌音屋部字。

 親 師痕簋

【注】從見彔聲。●人名。

 禁 宰甫卣　麓伯簋 楚 新蔡甲三 150 晉 匯考 140

【注】甲骨文作𣛧、𣛧、𣛧、𣛧、𣛧、𣛧，從林從鹿，鹿奔林中，會山麓之意；鹿亦聲。或從
林彔聲，與《説文》"麓"古文同。金文從林彔聲。《説文》："麓，守山林吏也。從林鹿聲。一
曰林屬于山為麓。《春秋傳》曰：‘沙麓崩。’𣛧古文從录。"本義當為鹿奔林中。引申為山腳。
●國族名，亦作"彔"。《麓伯簋》："禁白（伯）星父乍（作）旬中姞寶簋。"●讀麓。《匯考 140》
"☐☐右禁"，官名。《左傳昭公二十年》："山林之木，衡鹿守之。"典籍中掌管山林之官也往往

通稱為"衡""虞""虞衡"或"麓"。印文"右麓"或即掌管山林之官的"麓"的屬官。此義傳世秦文字則作"鹿""麓"。

璽彙 2740　秦　圖典 412

【注】從目录聲，"曘"之異文。●均為人名。

璽彙 1453　璽彙 2280

【注】從日录聲，"曘"之異文。●晉璽人名。

郭店·魯穆 7　郭店·魯穆 6　清華一·尹至 1　清華三·琴舞

13　上博四·曹沫 21　上博四·曹沫 50　安大一 85　安大一 86

【注】從夕录聲（參"弼"字），"曘"之異文。●楚文字多讀祿。《上博四·曹沫 21》："貴賤同等，彔（祿）毋倍。"●讀菉。《安大一 85》："审（中）彔（菉）之言，不可譯（讀）也。"《毛詩》作"中菉之言"。《釋文》："本又作'遘'……《韓詩》云：'中菉，中夜，謂淫僻之言也。'"本簡"中彔"一詞也見於甲骨文，黃天樹認為"中彔"可能指夜半。（參黃天樹《殷墟甲骨文所見夜間時稱考》）。"中彔"即"中夜"。"菉"（見紐侯部）聲字與"录"（來紐屋部）聲字古音相近，"中菉""中遘"即"中彔"。"彔"是本字，"菉""遘"皆借字。●表時間。《清華一·尹至1》："彔至才（在）湯。"《甲骨文合集》20964+21310"乙巳彔雨"，黃天樹先生疑"彔"即甲骨文夜間時稱"中燥"之省，頗疑"彔至在湯"之"彔"，就是這個夜間時稱。

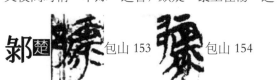

包山 153　包山 154

【注】從邑录聲。●地名，或讀六。

璽彙 0214　分研一 478　包山 145　包山 190

清華六·管仲 26　清華二·繫年 13　清華二·繫年 14　清華九·治政 35

778

【注】從宀彔聲。●讀鹿。《璽彙0214》"行彔之鉨"。行彔，讀"衡鹿"，是古代掌管林麓之官。《左傳·昭公二十年》："山林之木，衡鹿守之。"杜注："衡鹿，官名也。"此義三晉文字作"禁"，傳世秦文字則作"鹿""麓"。●《包山145》："肉彔旦瀍（法）之，無以歸（歸）之。"義不詳。●包山簡同"郂"，地名。《包山190》："彔君之子連郢。"●讀祿。《清華六·管仲26》："既旻（得）亓（其）利，昏彔（祿）以行。""昏祿"即利令智昏之意。《呂氏春秋·誣徒》："矜勢好尤，故湛於巧智，昏於小利，惑於嗜欲。"高誘注："昏，迷。"

 厡 楚 上博五·弟子10

【注】從厂彔聲。●讀祿。《上博五·弟子10》："夫以眾靬（犯）璽（難），以新（親）受厡（祿）。"

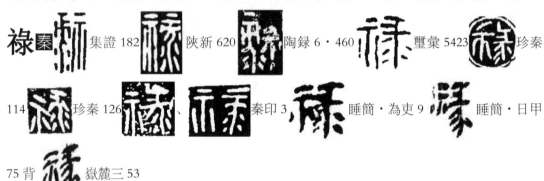 祿 秦 集證182 陝新620 陶錄6·460 璽彙5423 珍秦114 珍秦126、 秦印3 睡簡·為吏9 睡簡·日甲75背 嶽麓三53

【注】從示彔聲。秦文字彔或訛為象。●俸給、官俸。《睡簡·為吏9》："以賃（任）吏，非以官祿央助治。"●秦漢印多用為人名。

 綠 楚 上博一·詩論10 上博一·詩論16 包山牘1 包山269

【注】從糸彔聲。●多用為本義，綠色。《包山牘1》："綠組之縢。"

 逯 楚 包山65 包山103 包山130 秦 故宮432、 秦印33

【注】從辵彔聲。●秦印"逯虎"，姓氏。《風俗通》逯，秦邑。其大夫封于逯，因氏焉。秦印或用為人名。●包山簡人名。

 綸 盟爵

779

【注】從侖彔聲。《集韻》盧谷切，音祿。● 金文人名。

精紐足聲

足 [齊] 陶録 3·505 [楚] 郭店·老甲 6　上博三·周易 48　上博

四·曹沫 15　清華一·保訓 11　上博八·顏淵 7　安大二·仲尼 1

安大二·仲尼 11　上博五·三德 17 [晉] 春成侯盃　少府盃　張足戈

[秦] 睡簡·封診 65　睡簡·秦種 2　秦印 39

【注】甲骨文作 ，有兩形：其一是與"正"字形相同，從卜辭文義上可以辨之；其二為象形字，象腿肚與腳部之形。《說文》："足，人之足也。在下。從止、口。凡足之屬皆從足。"本義指小腿，《說文》引《管子》"問足何止（趾）"。引申指腳。假借為充足、足夠等義。● 用為本義，腳。《睡簡·封診 88》："其頭、身、臂、手指、股以下到足、足指類人。"● 讀足，充足、足夠。《睡簡·語書 9》："以一曹事不足獨治殹（也）。"《安大二·仲尼 1》："言多而行不足，人。"

邔 [齊] 璽彙 3234

【注】從邑足聲。● "項邔"，人名。

趹 [楚] 包山 163　清華一·程寤 9　清華七·子犯 3　清華六·孺

子 10　曾侯 137　曾侯 137　新蔡零 193　清華九·治政 23　清

華九·迺命一 12 [晉] 兆域圖　　　　　　侯馬

【注】從足從欠（楚簡欠、次作偏旁混同），雙聲字。● 楚簡多讀足，足夠、充足等義。《清華七·子犯 2》："母（毋）乃猷心是不趹（足）也唬（乎）？"《清華一·程寤 9》："人甬（用）女（汝）母（謀），惡（愛）日不趹（足）。""愛日不足"即惜日之短。● 《曾侯 137》："備甲，

紫趺之滕。"字當同仰天簡之"綻",指某種紫色的紡織品。●讀聖。《兆域圖》:"從丘趺至内宫廿四步。"《禮·檀弓》有虞氏瓦棺,夏后氏聖周。鄭玄注:"火熟曰聖,燒土冶以周于棺也。"●讀資,憑藉、依靠。《清華六·孺子1》:"亓(其)辠亦趺(資)婁(數)也。"他們的罪行也可藉以責備數説。

 溫縣

【注】從立跂聲。●不詳。

 睡簡·秦種78　　睡簡·為吏36　　睡簡·秦種129

【注】從夅(增夂為繁文)足聲。●讀足,充足。《睡簡·秦種78》:"終歲衣食不踐以稍賞(償)。"●《睡簡·秦種129》:"期踐。"期足,以夠用為度。

 郭店·老甲33

【注】從手足聲。●握、捉持也。《郭店·老甲33》:"骨溺(弱)董(筋)柔(柔)而捉固。"

 古玉印輯存78

【注】從玉足聲。●單字璽。

 包山276

【注】從革足聲。字當從疋聲,此疋、足混同之例。●讀楚。《包山276》:"綪(縢)組之鑢之鈊。鞮鞞。"

 仰天4

【注】從糸足聲。●《仰天15》:"一綻布之繪。""綻布"讀疏布。●《仰天2》:"一綻衣。"綻,讀促,"促衣"即短衣。讀為"緅衣"亦通。"綻"讀緅,如同"促"讀趣。《禮記·樂記》"衛音趨數煩志",鄭玄注:"趨數讀如促速。"《史記·孫子吳起列傳》"趣使使下令",索隱:"趣音促。"

 信陽2·9

【注】從衣足聲。●《信陽2·9》:"一箅,其實:一洮(浣)帞,一澮(沬)帞,一裋臭之帞(巾)。"

《儀禮·士喪禮》："沐巾一，浴巾二，皆用絺於笲。"簡文與《士喪禮》所記在笲中的巾數正合。鄭玄注："巾所以拭汗垢也。浴巾，二者，上下體異也。"簡文"沬巾"用於洗面，"浣巾"用於洗手。那麼"裋臰之巾"有可能相當于鄭玄注所説的用於下體的巾。

從㫃族聲

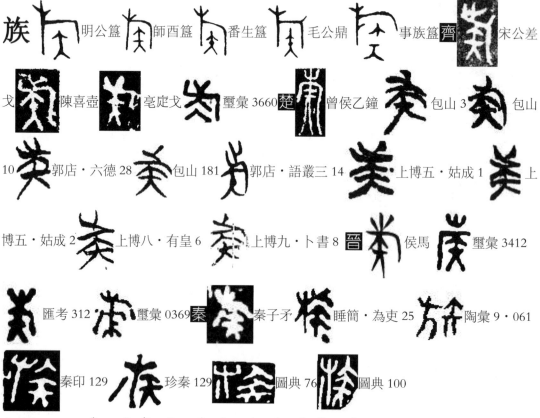

族 　明公簋 　師酉簋 　番生簋 　毛公鼎 　事族簋 齊 　宋公差戈 　陳喜壺 　亳疋戈 　璽彙3660 楚 　曾侯乙鐘 　包山3 　包山10 　郭店·六德28 　包山181 　郭店·語叢三14 　上博五·姑成1 　上博五·姑成2 　上博八·有皇6 　上博九·卜書8 晉 　侯馬 　璽彙3412 　匯考312 　璽彙0369 秦 　秦子矛 　睡簡·為吏25 　陶彙9·061 　秦印129 　珍秦129 　圖典76 　圖典100

【注】甲骨文作　、　、　、　、　、　、　、　、　、　，從㫃從矢，㫃所以致眾，矢所以殺敵。丁山考證："族字從㫃從矢，矢所以殺敵，㫃所以摽眾，其本義應是軍旅之組織。清人八旗制度，當是族字從㫃正解。……族字的來源不僅是自家族演來，還是氏族社會軍旅組織的遺跡。"（《甲骨文所見氏族及其制度》）古代同一氏族或宗族的人不但有血緣關係，而且常要在族斿中協力戰鬥。周制還以百家為一"族"。金文同甲骨文。《陳喜壺》 　訛為止。戰國文字㫃形或對稱作　。《説文》："　，矢鋒也。束之族族也。從㫃從矢。"所釋當為"鏃"字之義。其本義應當為軍旅組織。引申為氏族、家族、宗族、種類、聚集、眾多等含義。●以氏族為基礎上的軍旅組織。《明公簋》："唯王令明公遣三族伐東或（國）。"●讀蔟，樂律名詞。《曾侯乙鐘》："剌音丌（其）才（在）晉之才（在）周號為大（太）族（蔟）。"大族，即傳統十二周律的太蔟。《國語·周語下》："二曰太蔟，所以金奏贊陽出滯也。"●大族：指宗濂制度的大宗之族。《陳喜壺》："為左（佐）大族。"●讀聚。《璽彙0369》"族（聚）易（陽）都庀（尉）"，族易，可讀"聚陽"。"族""取"聲系相通。《左傳·宣公二年》："公嗾夫獒馬。"《釋文》："嗾，服本作啜。"是其確證。聚陽，地名，見《漢書·地理志》右北平郡，新莽時易名"篤陸"，其確切地已不可考。●《璽彙3412》"公族牊"、《圖典100》"公族尊"，"公族"為複姓。●《圖典76》"族旐"、

《璽彙3660》"族陵繾鉨"，族，為姓氏。

 晉 璽彙2727

【注】從角族聲。●晉璽人名。

 秦 石鼓文

【注】從馬族聲。●當讀族，聚貌。《石鼓文》："左驂囗囗，右驂騤騤。"騤騤，是描寫右驂的重言形容詞。徐寶貴謂"騝"之繁文。《說文》："騝，馬毛長也。"

 楚 上博七·凡乙9　上博七·凡甲14

【注】從水族聲。●讀族，聚集。《上博七·凡甲14》："夫雨之至，管（孰）霝（唾）漱（族）之？"《爾雅·釋木》："木族生為灌。"郭璞注："族，叢。"《莊子·在宥》："雲氣不待族而雨，草木不待黃而落。"成玄英疏："族，聚也。

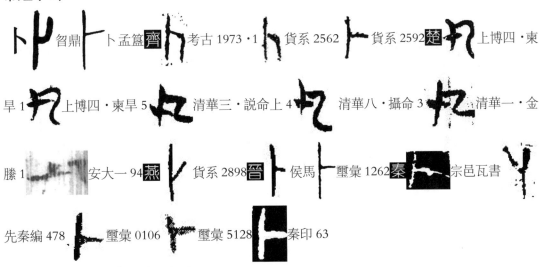 楚 上博九·舉治25

【注】從二族相並。●讀族。《上博九·舉治25》："訊（聞）光刺（烈）之𤏳（族）。"

幫紐卜聲

卜 智鼎　卜 孟簋 齊 考古1973·1　貨系2562　卜 貨系2592 楚 上博四·柬

旱1 上博四·柬旱5　清華三·說命上4　清華八·攝命3　清華一·金

滕1　安大一94 燕　貨系2898 晉　侯馬　璽彙1262 秦　宗邑瓦書

先秦編478　璽彙0106　璽彙5128　秦印63

【注】甲骨文作卜、卜、卜、卜、卜等形。古人用火在龜甲上燒出裂紋，用以預測吉凶，叫"卜"。

卜兆先有直裂，然後有斜出之裂紋，裂紋或向上或向下，殷人據此斷吉凶。"卜"字正象裂紋之象。"卜"字的讀音也是根據龜甲燒灼時發出的爆裂聲而擬定的。金文小篆同甲骨文。《說文》："卜，灼剝龜也，象灸龜之形。一曰象龜兆之從橫也。凡卜之屬皆從卜。ㅏ古文卜。"許慎認為"卜"有兩個定義：一是指將鑽鑿好的龜甲放在火上燒灼叫卜，即指占卜的全過程；二是燒灼後的龜甲上留下的裂紋叫"卜"。本義為灼骨取兆以占吉凶，如《周禮》："問龜曰卜。"引申為猜測、估計，現在還常說"前途未卜""吉凶難卜"等詞語。楚簡豎筆加短橫，與"卥"相混。●占卜。《智鼎》："令（命）女（汝）更乃且（祖）考嗣卜事。"卜事，指卜筮占卦等職事。《清華一·金縢1》："我亓（其）為王穆卜。"●官名。《卜孟簠》："卜孟乍（作）寶障彝。"卜，相當于《周禮·春官宗伯·序官》"太卜"一職，主司占卜。●《璽彙0106》"卜夫=（大夫）"、《璽彙5128》"卜正"均為官名。"卜大夫"印為掌占卜之事的"卜正"的屬官大夫所用。春秋晉國卜偃，即掌卜大夫。印文"卜正"相當於《周禮》的"大卜"，為卜官之長。●古璽印有"卜過""卜坤""卜疢"等，為姓氏。

心ㅏ晉 **侯馬**

【注】從心卜聲。●侯馬盟書人名。

刉 **作冊嗌卣**

【注】甲骨文作、，從刀录聲，或從刀卜聲。金文從刀卜聲，與《說文》"剝"或體同。《說文》："剝，裂也。從刀從录。录，刻割也。录亦聲。刘，剝或從卜。"本義剝開。●讀剝，剝裂，引申為傷害。《作冊嗌卣》："弋勿刉嗌鰥寡。"勿傷害于嗌而使之鰥寡。

仆楚 **包山261** 仆晉 **侯馬**

【注】從人卜聲。●盟書人名。●《包山261》："二石夅仆☐。"義不詳。

詹ㅏ楚 **包山174**

【注】從詹卜聲。●包山"詹ㅏ人余為"，地名。

赴楚 **曾侯丙方缶** **佖夫人孈鼎** **包山15** **包山16** **璽彙3559** **璽彙1567** **分域1198** **邯子彰缶**

【注】從辵卜聲，所從的"卜"字寫濃楚文字中習見。《曾侯丙方缶》從辵卜聲，古文字中從辵與從走常無別，故此字可視為"赴"字的或體。《邯子彰缶》自名為"赵缶"，字從攴聲，施謝捷先生認為"赵"是"字從走從攴，攴當為聲符。《說文》'攴'下謂'從又卜聲'以聲求之，

當即'赴'字繁化文。"（《楚器"邺子彰缶"跋》）此字常見于楚系缶銘、楚簡（作愁、愁），記載了一種器物叫"辻缶""辻缶""辻鼎"，以形求之，可釋為"赴"。●楚璽人名用字。●讀沐。廣瀨薰雄先生曾推論："戰國時代楚國用從'卜'聲的字表示'沐'這個詞；'沐'字是秦系文字的用字習慣，在秦國統一文字後，全國統一使用'沐'字；漢代也沿用'沐'字。"（詳《釋"卜缶"》）《邺子彰缶》："邺子彰之赴缶。"《曾侯丙方缶》："曾侯丙之辻缶，硤以為長事。""硤以為長事"董珊認為應釋讀"攝以為邕事"，"長"可讀"邕"，指此缶既作水器沐缶，又兼作酒器尊缶。（詳《曾侯丙方缶銘文解釋》）●《包山149》"陵辻尹"與"邡辻尹"（簡191）、"成昜辻尹"（簡145）類似，應是"陵"地之"辻尹"，其具體執掌有待進一步研究。

卟日 明公簋

【注】甲骨文作日、日，象骨上有兆紋坼裂之形，以會"卜以問疑"之意。金文骨形作日，猶存古意。因與"口"類似，故《説文》誤以為從口。《説文》："卟，卜以問疑也。從口、卜。讀與稽同。《書》云'卟疑。'"本義為占卜。●占卜之事，經典作"稽"。《明公簋》："唯王令明公遣三族伐東或（國），才（在）邇，魯侯又（有）囵工（功），用乍（作）旅彝。"白川靜曰："囵工者，蓋與戎事有關之禮也。《禽簋》有'王伐楚（蓋）侯，周公某（謀）禽祝，禽又（有）啟祝'。本器之'魯侯又（有）囵工（功）'與'禽又（有）啟祝'為相似之行為。"（《金文通釋》三輯137頁）囵工，即司占卜稽疑之功也。

赴秦 嶽麓三 103

【注】從走卜聲。●《嶽麓三 103》："不幸過誤失，坐官弗得，非敢端犯瀍（法）令，赴隧以成私毆。"赴隧，不見於文獻，疑表示前往邪道，從事非法活動之義。

滂紐攴聲

攴 頁叔多父盤 齊 卜 鮑氏鐘 攴 陶彙 3·507 楚 攴 清華七·越公 47 攴 清華

九·禱辭 14 晉 攴 貨系 530

【注】甲骨文作攵，象手持棍棒擊打之形。戰國文字或聲化從卜。《説文》："攴，小擊也。從又卜聲。"●"盤"之省文。《頁叔多父盤》："☐弔（叔）多父乍朕皇考季氏寶攴（盤）。"●讀樸。《爾雅·釋詁》："樸，大也。"《陶氏鐘》："卑鳴攴好。"●讀扑。《清華七·越公 47》："三品年（佞）讒攴譴（毆），由賢由毀。"這句話的大意是對於下三品佞讒之執事人予以抶擊懲罰。●"丈"之訛文。《清華九·禱辭 14》："明家及亓（其）攴〈丈〉人、者（諸）母。"

辻楚 信陽 1·2

【注】從辵支聲。●原簡文不清晰，或釋為"返"。

類編 19

【注】從艸返聲。●晉璽"菠都"，疑為地名。

仲師父鼎

【注】從女支聲，疑"伎"之異文，或"侮"之異文。伎，《六書統》籀文侮，從人從支，會以支擊人。●人名。《仲師父鼎》："中（仲）師父乍（作）季妓始（姒）寶隣鼎。"

陶彙 3 · 459

【注】從心支聲。音義不詳。●齊陶人名。

陶録 2 · 111

【注】從戈支聲。音義不詳。●人名。

並紐業聲

美^楚 望山 2 · 38　包山 145　上博五 · 鬼神 6

【注】楚文字"僕"通作僮，或省掉亻、臣，與"業"相混。●讀繰。《望山 2 · 38》："☒☒鼲之業，白金之勿。"當摹為樸。●讀蹼，水鳥腳趾間相連的皮膜。《上博五 · 鬼神 6》："類獸非鼠，美（蹼）後齛☒。"

僕（僮）

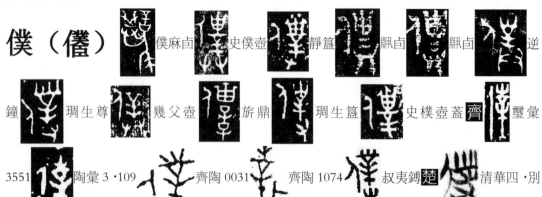

僕麻卣　史僕壺　静簋　鼎卣　鼎卣　逆鐘　珊生尊　幾父壺　旂鼎　珊生簋　史樸壺蓋^齊 璽彙 3551　陶彙 3 · 109　齊陶 0031　齊陶 1074　叔夷鎛^楚 清華四 · 別

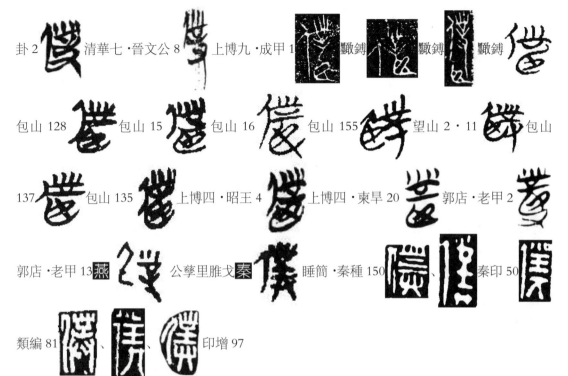

卦 2　清華七·晉文公 8　　上博九·成甲 1　　　　　鼄鎛　　鼄鎛　　鼄鎛

包山 128　　包山 15　　包山 16　　包山 155　　望山 2·11　　包山

137　　包山 135　　上博四·昭王 4　　上博四·柬旱 20　　郭店·老甲 2

郭店·老甲 13　燕　　公孳里脽戈　秦　　睡簡·秦種 150　　　　秦印 50

類編 81　　、　　、　　印增 97

【注】甲骨文作䒑、䒑、䒑、䒑，象身附尾飾，手捧糞箕以執賤役之人。其頭上從辛，辛乃刑刀，以示其人曾受黥刑。西周早期《僕麻卣》與甲骨文同。隨後金文大變，原結構部件分離錯位，箕形訛為由，䒑則變為丿，手形多作䒑，頭上之辛多半放在䒑之上，這樣就成了䒑的基本字形。或訛為䒑，從人䒑（與小篆䒑同形，然並非一字）聲，是為小篆所本。或從二子作䒑，上子當為辛之訛，下子當為丨形之訛。睡虎地秦簡《秦律雜抄》"僕"字作䒑、䒑。作䒑者，葉玉英認為乃變形音化從䒑（即"弄"字）聲。古音"僕"在並紐屋部，"弄"在來紐東部，東屋對轉，並母和來母的關係或可用復輔音 BL- 來解釋。（《古文字構形與上古音研究》371 頁）楚文字多從臣會意作"䒑""䒑"。●奴僕、徒隸。《旂鼎》："公易（賜）旂僕，旂用乍（作）文父日乙寶䒑彝。"《叔尸鐘》："余易（賜）女（汝）馬車戎兵，釐僕三百又五十家。"●官名，指朝廷各部門的首席長官。《趞簋》："啻（適）官僕、射、士，訊小大又陞。""僕射"之名，由僕人、射人合成，本為君主左右的小臣。或謂古代尚武，以善射者掌事，以此得名。●用為動詞，御也。《令鼎》："王馭謙仲䁐（僕）。"●附也。《珊生簋》："余老止，公僕喜（庸）土田多諑，弋白（伯）氏從許。"僕庸，即附庸，指西周、春秋時期分封的小國國君。《詩·魯頌·閟宮》："錫之山川，土田附庸。"《禮記·王制》："附于諸侯曰附庸。"鄭玄注："小城曰附庸。"文獻附、僕同義。《詩·大雅·既醉》："景命有僕。"毛傳："僕，附也。"●《清華四·別卦 2》讀剝，即"剝"卦。"僕"在物部并母、"剝"在物部幫母，韻同，聲部同為唇音。歸藏也作"僕"。帛書與秦簡作"剝"。簡文的"僕"字與楚文字中的"僕"字不同，而與齊系文字中的"僕"字相似。●《清華五·湯丘 4》："君天王，是又（有）臺僊（僕）。"僕，見《左傳》昭公七年"王臣公，公臣大夫，大夫臣士，士臣皂，皂臣輿，輿臣隸，隸臣僚，僚臣僕，僕臣臺"，為"人有十等"的倒數第二等。●樸質、本真。《郭店·老甲 2》："視索（素）保䁐（樸），少厶（私）䑞（寡）欲。"●讀濮。《上博九·成甲 1》："城（成）王為成（城）僕（濮）之行。"《清華七·晉文公 8》："敗楚師於城僕（濮）。"與讀察的䒑（清華八·天下 7）混淆。

蹼 楚  郙王劍  上博二・容成 15

【注】從艸僕聲。或從艸蕃聲。隸定為"蹼"。●人名。《郙王劍》:"郙王蘽自钕(作)用劍。"●讀箁。《上博二・容成 15》"蹼若",讀為"箁箬"。《説文・竹部》"箁,竹箬也","箬,楚謂竹皮曰箬"。箁箬,即今之竹笠。"僕",並紐屋部;"箁",並紐侯部,雙聲對轉。《爾雅・釋言》:"僰,踣也。"《左傳・定公八年》孔穎達疏引"踣"作"僕"。

廙  令鼎

【注】從广僕聲。●讀僕。《令鼎》:"王馭溓仲廙(僕),令眔奮先馬走。"

盨  盨祖辛爵

【注】從皿僕聲。●金文人名。

遱 齊  陶彙 3・614

【注】從辵菐聲。●齊陶姓氏。

鄴 楚 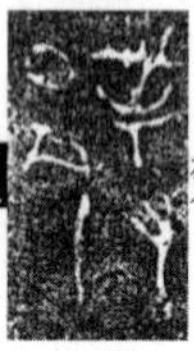 楚子☒鄴敦

【注】從邑菐聲。●人名。

𧸘 楚  鄧冢𧸘戟

【注】從立蕃聲。●人名。

樸 楚  郭店・老甲 9  郭店・老甲 32 秦  石鼓文

【注】從木菐聲,"樸"之異文。●《石鼓文》:"遴(吾)毆其樸,其來遭=,射其豣(豜)蜀(獨)。"與上文之"特"均指身體肥大的雄鹿,字或作"𤛳"。●讀僕,質樸。《郭店・老甲 9》:"屯唬(乎)其奴(如)樸,坉唬(乎)其奴(如)濁。"

譩_楚 上博四·采風 4　　上博四·采風 5

【注】從音美聲。●古調樂名和曲目名。

鎂 ⇥ 弭仲簠

【注】從金美聲。《張協·七命》鎂越鍛成。《注》鎂，生鐵也。●用為本義。《弭仲簠》："霉（擇）之金，鉶（礦）銑鎂鑪（鉛）。"

戦 散氏盤　 敔鐘

【注】金文從戈（從戈與從手會意同，均有搏擊義）美聲，疑為"撲"之異文。甲骨文以"璞"為"撲"，作 、 、 、 、 ，象撲玉于山下之形，卜辭中讀"撲"，伐也。唐蘭解釋此字的構形說："象兩手舉辛，撲玉於岿於山足之意。""僕"字聲符中的"岿""辛""廾"三個組成部分，都是得自甲骨文中原始"璞"字的構成。《敔鐘》增廾作 ，廾為複增之義符，故新版《金文編》把 列入第 1944 號"撲"字條下。●讀撲，攻擊，引申掠奪、侵占。《散氏盤》："用大戦散邑，乃即散用田。"是說大侵奪了散的邑，後又失敗了，才賠償或歸還散地。●《敔鐘》："南或（國）叚孌敢舀（陷）處我土，王寉（敦）伐其至，戦（撲）伐氒（厥）都。"撲伐，攻擊、討伐。與"搏伐"義同。

厰 兮甲盤　 逑盤

【注】從厂從斤美聲。《兮甲盤》字右邊的"斤"旁殘泐，《金文編》摹寫時缺失（《金文編》摹作 ）。●讀撲。《兮甲盤》："敢不用令，則即井（刑）厰（撲）伐。"厰伐，即撲罰，謂以鞭撲來懲罰。周代市刑之重者。《周禮·地官·司市》："市刑：小刑憲罰，中刑徇罰，大刑撲罰。"鄭玄注："撲，撻也。"《逑盤》："厰伐楚荊。"劉釗認為此處的"厰"應讀翦。（《利用郭店楚簡字形考釋金文一例》）劉釗認為：簡文中的美，只要上部是作 、 的，下部不論是從"又"從"廾"、從"口"，還從"人"或從類似"大"或"矢"之形都可以統一隸定為"美"，是一個可用為"察""淺""竊"三字的聲旁的借字。他又進一步推論這個借音字"有可能就是辛字的變體。""美'字古音在溪紐元部，與精紐元部的'淺'和清紐月部的'察'音都不遠，而'竊'字在典籍中又分別可與'察'和'淺'相通。"這樣就解釋了為什麼這個"美"可以同時作為"察""竊""淺"的聲旁。劉釗在這樣的基礎上把金文中含有美旁的 、 等字都改成從美得聲的"翦"字。林澐不同意因此就把金文中含有美旁的字都讀為"翦"：這是因為，一方面含有"美"的複合偏旁可以確知有一部分是不以"美"為聲符的，像上文已經討論過的"業"和"對"（還有"撲"以及傳統釋為讀為"撲"的 、 等字）；另方面楚簡中含有"美"旁的字也並不都讀為"察""淺"等音。很明顯的一個例子，就是郭店楚簡《五行》第 37、39 簡的 字，此字按帛書本《五行》與之相當的字來看，當讀作"辯"，也是劉釗論文未收的含"美"之字。分析該字字形，和

劉釗所舉的字  左旁相同。劉釗以為是從側視的人形，我看理解為從刀的好。因為在包山簡中與該字處於完全相同句例的同一位置有一個字（包山 22、27），右旁可以分析為從羋從又從刀，又有一人名，或作"　"（包山 140）或作"　"（包山 140 反），也是從羋從又從刀。如果從"羋""辛"互通的觀點來看，把從"刀"的釋為"辨"，加言旁的釋為"辯"，似乎也不是不可以。(《究竟是"戫伐"還是"撲伐"》)先秦文字的構造是一個不斷變化的複雜過程，起源上不同的字，在演變過程中會有局部或全部形體雷同的現象，需要作歷史的、多方面的考察，才能得出正確的符合實際的結論。小篆中的美旁來自甲骨文　、　、　、　、　，象撲玉於山下之形，卜辭中讀撲，伐也。唐蘭解釋此字的構形說："象兩手舉辛，撲玉于甾於山足之意。""僕"字聲符中的"甾""辛""廾"三個組成部分（如《史僕壺》之　，《史僕壺》之　，《趙簋》之　），都是得自甲骨文中原始"璞"字的構成。後來省掉了"甾"旁，"辛"旁又變為"羋"旁，才有較為穩定的"美"旁。再看另一個"對"字，甲骨文原作從　從土從又，在西周仍有保持這種結構的"對"字　（即簋），但也出現了變"又"為"廾"的寫法　（變簋），這種寫法要是再省略了"土"旁，如　（伯晨鼎）、　（害簋），就和"僕"字的聲符全同了。我們當然不能根據這種字形的雷同現象，把《伯晨鼎》《害簋》的"對揚"改讀為"美揚"。

 應侯視工簋

【注】從厂從攴美聲。●銘文"戫伐"，讀撲罰。

 秦印 298

【注】從厂美聲，勹為疊加聲符。●秦印人名。

 璽彙 3682

【注】從米劅聲。或釋為"樴"。●齊璽疑讀僕，姓氏。

明紐木聲

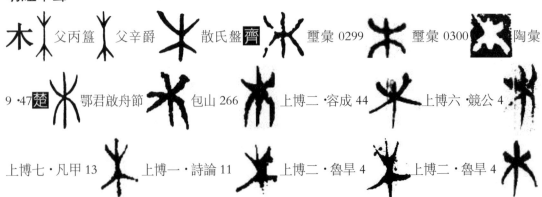

790

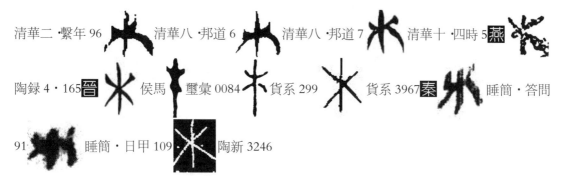

清華二・繫年 96　　清華八・邦道 6　　清華八・邦道 7　　清華十・四時 5　燕

陶録 4・165 晉　侯馬　璽彙 0084　貨系 299　　貨系 3967 秦　睡簡・答問

91　睡簡・日甲 109　陶新 3246

【注】甲骨文作 ，象一棵樹的樣子，一長豎是莖干，向上的斜劃是樹枝，向下的斜劃是樹根。金文同甲骨文。《說文》：" ，冒也。冒地而生。東方之行。從中，下象其根。"自甲骨文觀之，當為整體象形字，許慎乃附會解之。本義是樹，如《韓非子》："木雖蠹，無疾風不折。"引申為木材、木料等，如荀子《勸學》："木直中繩。"●樹名。《散氏盤》："自根木道左至于丼邑，奉（封），道目（以）東一奉（封）。"或謂"根木"為地名。秦簡多用為本義。●五行之一。《睡簡・日乙 83》："金勝木。"●族名。《父丁爵》："木父丁。"《父辛爵》："木父辛。"●木關：地名。《鄂君啟舟節》："辻（上）江、就木關、就郢。"

表 晉　璽彙 1398

【注】從衣木聲。●晉璽人名。

駚 楚　曾侯 174

【注】舊釋為"駚"。蕭聖中據紅外照片認為是從馬卯聲之字。●詳"聊"字。

阼 阼侯簋 楚　包山 185

【注】從阝木聲。●地名。《阼侯簋》："阼侯公為季姬簋，其邁（萬）年用。"●人名用字。《包山 185》："君夫人之券阼周促。"

邧 晉　陶彙 3・1299　貨系 1530　訓義 1・72

【注】從邑木聲。《搜眞玉鏡》同邦。邦、封古本一字。木，明紐侯部；封，幫紐東部。明、幫均屬唇音，侯、東陰陽對轉。●魏方足布單字，讀封，疑即"封父"；父為地名後綴。●《訓義 1・72》"帀（師）邧"，人名。

狄　孚公狄瓶

【注】從犬木聲。●人名。《孚公狄甗》：“孚公狄乍（作）旅獻（甗），永寶用。”

沐 燕 沐☑睘小器 秦 睡簡·日甲104 關簡314 、 、

印增445

【注】從水木聲。●秦簡本義。《說文》濯髮也。《睡簡·日甲104》：“毋以卯沐浴。”●地名。《沐☑睘小器》：“沐☑睘。”●秦印“沐殷”“沐溥”，姓氏。漢代有沐寵，東平太守。

氣 秦 印增569

【注】從气沐聲。●秦印“陳氣”，人名。

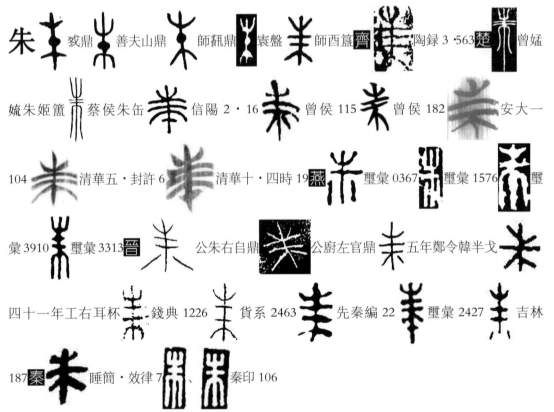

朱 致鼎 善夫山鼎 師艅鼎 袁盤 師西簋 齊 陶錄3·563 楚 曾媡

妘朱姬簠 蔡侯朱缶 信陽2·16 曾侯115 曾侯182 安大一

104 清華五·封許6 清華十·四時19 燕 璽彙0367 璽彙1576 璽

彙3910 璽彙3313 晉 公朱右自鼎 公廚左官鼎 五年鄭令韓半戈

四十一年工右耳杯 錢典1226 貨系2463 先秦編22 璽彙2427 吉林

187 秦 睡簡·效律7 、 秦印106

【注】甲骨文作朱、朱、朱，當從木聲。商承祚謂象系珠之形，中間橫或點象珠，兩端三合繩分張。古者多重赤色玉，故朱得其義，為“珠”的初文。郭沫若謂“柱”之初文，與本、末會意方式同，朱之言柱也，《彔伯簋》從穴作，“正表明朱之為柱，蓋示柱以楮穴也”。（《金文叢考》222頁）金文同甲骨文，中間或繁化為二橫。《說文》：“朱，赤心木。松柏屬。從木，一在其中。”所釋當為後起義。本義待考。金文和典籍多指紅色。●赤色。《番生簋》：“易（賜）朱市、恖黃（衡）、鞞鞍、玉睘（環）、玉玲。”《彔伯簋》：“虎冟朱（朱）裏、金甬。”典籍或作“絑”，段玉裁注：“凡經傳言朱皆當作絑。朱其叚借字也。朱者，赤心木也。”●讀銖，重量單位。《郳陵

君王子申豆》："洓襄貯（重）三朱二全朱☒。"●讀珠。《睡簡·答問 140》："盜出朱（珠）玉邦關及買（賣）於客者。"●人名。《蔡侯朱缶》："蔡侯朱之缶。"●讀廚。《公廚左官鼎》："公朱（廚）左𠂤（官）。"公朱，即公廚，王室御廚。一說讀為宮廚，意為宮內之廚，亦可通。公廚是本器置用場所。●《璽彙 0367》"右朱（廚）鼎鍴（瑞）"，"右廚"為燕國王室廚官機構的名稱，即食官，掌王室之飲食。璽文稱"右廚鼎瑞"，可見此璽是專門用來戳打在鼎上，表明是"右廚"所掌的用器。●秦印姓氏。

姝 齊 陶錄 3·563 楚 姝姝中戈

【注】從二朱。●銘文"姝姝中"，義不詳。劉彬徽認為是楚器。（《湖北出土商周文字輯證（增補本）》184 頁）●齊陶單字。

逨 楚 清華一·耆夜 4

【注】從辵姝聲。束、東一字之分化，東、朱音近可通。《春秋·昭公二十一年》："蔡侯朱出奔楚。"《穀梁傳》云："冬，蔡侯東出奔楚。"束、東雙聲疊韻，故楚簡皆以"逨"為速。●讀速。詳"速"字。

敊 楚 安大一 72

【注】從攴朱聲。●讀殊。《安大一 72》："亓（其）媺（美）女玉，敊（殊）異公族。"

殳 二式獄簋 衛簋蓋 齊 叔孫殳戈 杞伯每亡鼎

【注】甲骨文作 、 ，從殳朱聲，金文同。●讀䱷，曹姓，典籍作"邾"。《杞伯每亡鼎》："杞白（伯）每亡乍（作）殳（邾）嬭（曹）寶貞（鼎）。"●讀朱，赤色。《二式獄簋》："戈市殳（朱）亢。"戈，讀緇，《說文》："緇，帛黑色。"《詩·鄭風》"緇衣之宜兮"，傳云："緇，黑色。""市（韍）"即蔽膝，"亢（衡）"是蔽膝上的橫帶。"緇韍朱衡"就是黑色的蔽膝朱紅的橫帶。

誅 秦 會稽刻石

【注】從言朱聲。《說文》："誅，討也。從言朱聲。"本義聲討、譴責，引申為誅殺。●誅滅。《會稽刻石》："義威誅之，殄熄暴悖，亂賊滅亡。"

恭 齊 陶錄 3·477

【注】從心朱聲。●單字,應為人名。

 中山王䝿壺

【注】甲骨文作 、 、 、 、 ,從戈奄聲,但多疊加聲符束。金文從戈(從戈,示以武力討伐)朱聲,為"誅"之異體。●讀誅,罰也、戮也。《中山王䝿壺》:"氏(是)以身蒙卒(皋)胄,以栽(誅)不忩(順)。"此義楚文字用"敓""或"表示。

 上博九 · 成甲 5

【注】從心栽聲。●疑讀誅。《上博九 · 成甲 5》:"君為楚邦老,憙(喜)君之善而不慼子玉之帀(師)之。"

 眉朱鼎 公朱右官鼎 右卜朱鼎 陶彙 6 · 101

【注】從肉朱聲,"廚"之異文。●讀廚,廚具,銘文中指鼎。《眉朱鼎》:"釁朱(廚),一斗半。"

 上樂鼎 上範廚鼎

【注】從广朱聲,"廚"之異文。●讀廚,廚具,銘文中指鼎。《上樂廚鼎》:"上樂床(廚)。庰(容)參分。"

 仰天 29

【注】從食朱聲。●舊多讀廚。但楚文字中的"廚"字多從豆聲。值得注意的是,新蔡簡中"速"字多作"迷",簡文"餗"似亦可讀餗。《易 · 鼎》卦:"鼎折足,覆公餗。"《正義》:"餗,糝也。八珍之膳,鼎之寶也。"《周禮 · 天官 · 醯人 · 糝食》注:"糝食,菜餗蒸。"《疏》:"若今煮菜,謂之蒸菜也。""餗"字在《説文》中作"鬻",訓作"鼎實"。因此,簡文"五餗(餗)皿"似即五個盛放鼎實的器皿。

 慶孫之子峽簠

【注】從山朱聲。●人名。

窊 录伯簠 卯簠蓋

【注】從穴朱聲，詳"朱"字。●郭沫若讀柱，柱干，引申為棟樑之臣。《卯簋》："昔乃且（祖）亦既令乃父死嗣（司）莽人，不盉（淑）取我家案，用喪。"郭沫若曰："蓋謂昊天不弔取去我家柱石之臣，因以不祿也。"（《金文叢考》222 頁）

邾〔齊〕 邾公鈺鐘　邾大司馬戟　陶彙 3·620 陶彙

3·1068〔楚〕 包山 149　包山 162　清華二·繫年 15〔晉〕 璽彙

1582　璽彙 1583　璽彙 1585　璽彙 1580　璽彙 1578

【注】從邑朱聲，與小篆同。《説文》："邾，江夏縣。"銘文中用為國名。金文中邾有二形，分作邾、鼄。陳直謂前者為楚國之邾，江夏縣者也；後者為魯國附庸之邾，鄒縣者也。（《金文拾遺》5 頁）●《邾公鈺鐘》："陸𩇽之孫邾公鈺，乍（作）乒（厥）禾（龢）鐘。"《包山 94》"邾迻（路）公壽"，此"邾"當在楚國境內，今黃州附近。楚考烈王八年（前 255 年），黃歇率軍北征伐，滅亡了魯、邾兩國。亡邾後，將邾國國君遷出邾國故地，安置在今黃岡市區北郊（即現在的黃州禹王城遺址）。邾國滅亡後，曹姓朱氏四處逃散，末代邾君率王室及部分貴族南遷到楚國邾城（今黃州禹王城）後，全族改姓，將"邾"改為"朱"，去邑存朱，以朱為姓氏。邾國後裔遂稱朱姓。鄭樵《通志·氏族略》："朱氏，本邾也，姓曹。其世系見於邾。邾既失國，子孫去邑，以朱為氏。"

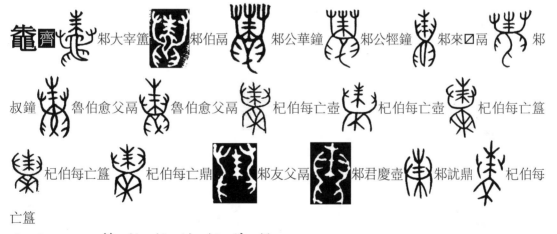

鼄〔齊〕邾大宰簋　邾伯鬲　邾公華鐘　邾公牼鐘　邾來◻鬲　邾

叔鐘　魯伯愈父鬲　魯伯愈父鬲　杞伯每亡壺　杞伯每亡壺　杞伯每亡簋

杞伯每亡簋　杞伯每亡鼎　邾友父鬲　邾君慶壺　邾訧鼎　杞伯每亡簋

【注】甲骨文作𩇽、𩇽、𩇽、𩇽、𩇽、𩇽、𩇽，象蜘蛛之形，《説文》或體作"蛛"。金文同，但多增聲符朱。《杞伯每亡簋》《邾訧鼎》等已失蜘蛛之形。《説文》："鼄，竈鼄也。從黽朱聲。𩇽鼄或從虫。"蜘蛛為其本義。銘文中皆用為假借義，指周代諸侯國名。●國名。邾國是山東地區的一個東夷古國，曹姓，傳為顓頊後裔陸終第五子晏安之後（曹俠）的封國。周武王滅商後，封晏安後人俠于邾，邾國始封。至西周晚期，邾分為三，邾友父居郳（國稱小邾），叔術居濫，大邾仍保有其餘領土。邾國故城在今鄒城市嶧山之陽，濫國在今滕州東南 30 公里的羊莊鎮土城村。小邾國都城的地理位置在今棗莊西北。《邾公華鐘》："鼄（邾）公華簟（擇）乒（厥）吉金，

玄鏐赤鏞，用鑄旂（厥）龢鐘。”

 喬君鉦鍼

【注】從金畜（三畜相疊）聲。隸定為“鑰”。●《喬君鉦鍼》：“乍（作）無者俞寶鑰盞。”鑰盞，急讀鐲。該器器形與傳世自名為鉦城的冉鉦、邻酪尹鉦頗相似，由此定名為鉦亦無不可，而自名為鐲，或由于器原本是鐲；或由于相關器物名稱的混用。《周禮·地官·鼓人》以金鐲節鼓。《注》：“鐲，鉦也。形如小鍾，軍行鳴之，以為鼓節。”

 包山 108 菁華 15 璽彙 2397

【注】從木朱聲。●晉璽“株號”“株參”當為姓氏。●包山“株易”，地名。

 清華十一·五紀 33 先秦編 609 貨系 4073 貨系

1139 睡簡·為吏 36

【注】從玉朱聲。●用為本義，珠寶。《説文》：“珠，蚌之陰精。從玉朱聲。”《睡簡·為吏 36》：“朱珠丹青。”●《貨系 4073》“一珠重一兩”，一珠重，一枚圜錢之重。圜錢似珠，故以名之。

 戰編 911

【注】從金朱聲。●燕璽單字，不詳。

殊 里耶 8·1028

【注】從歹朱聲。●《里耶 8·1028》：“弩廿六，皆殊折。”“殊折”，《校釋》：“斷裂。”

 包山 170 安大一 104 璽彙 1571 璽彙 1569 璽

彙 1573 圖典 102 璽彙 1574

【注】從糸朱聲。●《包山 170》“絑牆（牆）襄”，讀朱，姓氏。朱氏，《通志·氏族略》云：

"本邾也，姓曹，其系見於邾。邾既失國，子孫去邑，以朱為氏。"楚璽"絑達""絑爐""絑倉"等亦讀朱。●讀朱。《安大一104》："索（素）衣絑（朱）襮，從子于沃。"

姝 楚  安大一98

【注】從女朱聲。●美好。《安大一98》："皮（彼）姝者子，可（何）目（以）舍（予）之。"

恘 齊  陶録3·477

【注】從心朱聲。●齊陶人名。

明紐畜聲

賣（畜）  智鼎 智鼎 楚 清華七·越公38

【注】從貝畜聲。案：畜，金文作（《智鼎》所從）、（《君夫簠》所從），從屯目聲，為"睦"之初文。《説文》："睦，目順也。從目坴聲。一曰敬和也。畜，古文睦。"睦、屯皆有厚義。《禮記·坊記》："睦于父母之党。"注："睦，厚也。"《集韻》："屯，一曰厚也。"故畜從屯。戰國文字承襲金文，秦系文字"畜"作、，六國文字多作、、。楚系文字從，來源不詳。《説文》："賣，衒也。從貝畜聲。畜，古文睦，讀若育。"畜下從囧為目之訛。段玉裁注："衒，行且賣也。"賣、賣形體有別，隸變後混同，以致不辨。賣，從買從出，會賣出之意。《説文》："賣，出物貨也。從出從買。"●讀贖，交易。《智鼎》："我既賣（贖）女（汝）五父，用匹馬、束絲。"楊樹達曰："銘文賣字作贖字用，余疑即贖之初文也。説文云，賣，衒也。贖，貿也。衒訓行且賣，貿訓易財，義相近。加貝旁于賣為贖，于形為復也。銘文以賣為贖，乃得知其為初文。"（《金文説》58頁）●疑讀賣。《清華七·越公38》："□□而賣賈女（焉），則劫（詰）燭（誅）之。""而"前殘存為"象"旁，可能是"豫"字，即"公市豫賈""魯之鬻牛馬者不豫賈"之"豫"。疑此句為"豫而賣賈"。豫，有欺詐、欺誆之義。《周禮·司市》注云："防誆豫。"《晏子春秋·內篇問上十一》："於是令完好不御，公市不豫。"《荀子·儒效》："魯之粥牛馬者不豫賈，必蚤正以待之也。"《鹽鐵論·力耕》："古者商通物而不豫，工致牢而不偽。"

價 畜 君夫簠 楚  包山64 包山55 上博五·鬼神7 上博六·用曰

9 清華八·邦道16 清華八·邦道26 清華九·廼命二8

【注】從人賣聲，與小篆同。《説文》："償，賣也。"本義是賣。《周禮·地官·司市》："以量度

成賈而征價。"《疏》："量以量穀粱之等，度以度布絹之等。成，定也、徵召也。物賈定，則召買者來，故云征價也。"●《君夫簋》："王命君夫曰：'價求乃友'。"價求：即睦述，待人恭敬、誠懇。價，馬承源讀睦。《釋名·釋書契》："牘，睦也。手執之以進見，所以為恭睦也。"《釋名》為聲訓，與銘文中同例。求，假作"述"。《詩·周南·關雎》："君子好述。"毛傳："述，匹也。""述"有匹配和合之意。●本義，讀賣。《説文·人部》："價，賣也。"《包山102》："竊馬於下蔡而價之於陽城。"●買也。《清華八·邦道26》："則價貿（賣）元（其）臣萅（僕）。"《周禮·地官·司市》："凡會同、師役，市司帥賈師而從，治其市政，掌其賣價之事。"鄭玄注："價，買也。"價，兼有賣、買二義。●讀流。《上博六·用曰9》："昌價（流）言，台（以）忘民惪（德）。"

癀^楚 包山240　　包山247　　新蔡甲一22　　新蔡甲一24　　新蔡甲三284　　天星　　清華八·邦道11

【注】從疒賣聲。●《清華八·邦道11》："分（貧）癀勿聚（廢），母（毋）咎母（毋）憲，歠（教）以舉（舉）之，則亡（無）惆（怨）。"整理者注："癀，字形亦見於包山簡、天星觀卜筮祭禱簡，病也。一説'癀'讀為'癃'（《説文》罷病也）。廢，《論語·微子》'廢中權'，陸德明釋文引馬融云：'棄也。'"●《包山240》："疾弁，又（有）癀，遞瘥（瘥）。"陳偉讀續，為延續之義。"遞瘥"即漸次病癒，實為疾病一時未能痊癒。

遺^楚 郭店·窮達7　　秦 石鼓文

【注】從辵賣聲。●讀續。《石鼓文》："避（吾）毆其樸，其來遺遺。"董珊認為："遺遺"似可以讀為《説文》"頊，頭頊頊，謹皃。從頁、玉聲"之"頊頊"，指被驅趕的雄鹿謹慎不前的樣子。●讀鬻，賣。《郭店·窮達7》："白（百）里迚（轉）遺（鬻）五羊，為故（伯）數（牧）牛。"《莊子·逍遙遊》："今一朝而鬻技百金，請與之。"

竇^秦 睡簡·答問197　　類編255　　類編255

【注】從穴賣聲。《説文》："竇，空也。從穴，瀆省聲。"●空。《睡簡·答問197》："可（何）謂'竇署'？'竇署'即去殹（也）。"什麼叫"竇署"？竇署就是去署。●秦印"竇鼠乳"，姓氏。

瀆^秦 睡簡·為吏32　　睡簡·日甲18背　　睡簡·日甲16背

【注】從水賣聲。●讀竇，孔穴、縫隙。《睡簡·日甲18背》："水瀆（竇）南出，利家。"水瀆，

水穴。一説水瀆是指住宅的排水系統。●讀瀆。《睡簡·為吏 32》：“槀靳瀆（瀆）。

 詛楚文 睡簡·秦種 135

【注】從木賣聲。《説文》：“櫝，匱也。從木賣聲。一曰木名。又曰：大梡也。”●用為本義。《詛楚文》：“寘（置）者（諸）冥室櫝棺之中。”房間昏暗，如同棺材一樣。●木械。《睡簡·秦種 135》：“勿枸櫝欙杕。”枸櫝欙杕，均為刑具。

 珍秦 93 、 秦印 20 龍崗 112

【注】從牛賣聲。●秦印人名。●秦簡本義。《龍崗 112》：“亡馬、牛、駒、犢……。”《説文》：“犢，牛子也。從牛，瀆省聲。”

 龍崗 66 北大簡 里耶 8·775

【注】從言賣聲。●誦讀。《龍崗 66》：“令吏徒讀。”

 里耶 8·1494

【注】從片賣聲。●《里耶 8·1494》：“柏幸賜欣一牘，欣辟（避）席再捧（拜）及捧（拜）者。”《説文》：“牘，書版也。”

 睡簡·日乙 259

【注】從手賣聲。●《睡簡·日乙 259》：“其室在西方，其北壁臣，其人擩黑。”義不詳。

 秦印 252 睡簡·秦種 201 睡簡·日乙 197 睡簡·日乙 199

【注】從糸賣聲。●秦印“公耳續”人名。●繼續。《睡簡·雜抄 201》：“受者以律續食衣之。”此義戰國楚、晉系文字作“緮”，齊系文字作“賡”。●疑讀睦，和睦。《睡簡·日乙 197》：“東南夬麗，西南執辱，正西郤逐，西北續光。”

 睡簡·秦種 61 睡簡·秦種 133 睡簡·雜抄 32 里耶 8·884

【注】從貝賣聲。●繳納財物去贖死刑或肉刑等罪。《睡簡・雜抄 76》："有責（債）於公及貲、贖者居它縣。"

瀆秦里耶 8・1407

【注】從水賣聲。●"上水瀆☑"，辭例殘缺。

犢楚清華二・繫年 128晉犢共皋戟璽彙 3264璽彙 0860璽彙 1703妊小簋侯馬璽彙 0379璽彙 0380璽彙 3430璽彙 2647璽彙 0353

【注】從牛𡩜聲，"犢"之省文。戰國文字𡩜或省作目。《説文》："犢，牛子也。從牛，瀆省聲。"本義牛犢。●讀犢，姓氏。《犢共皋戟》："犢共皋氏戟（戟）。"戰國時齊人有犢牧子。●《璽彙 3430》"句犢旗"，"句犢"亦作"句瀆"，當是以邑為氏，本為宋邑。其地在今河南省商丘縣東南四十里，戰國時當屬韓或魏。●讀榆。《清華二・繫年 128》："鴋（陽）城洹（桓）恶（定）君衒（率）犢（榆）闈（關）之自（師）與上或（國）之自（師）以这（交）之。"●晉璽多為人名。

臏晉璽彙 1312璽彙 4034匯考 285

【注】從月犢省聲。隸定為"臏"。●晉璽人名。

鄯晉璽彙 2070璽彙 2071璽彙 2072璽彙 2131

【注】從邑犢聲。●"鄯苙""鄯参""鄯斁之"等，讀犢或讀竇，姓氏。●《璽彙 2131》"鄯司馬"為地名，地望不詳。

寯晉璽彙 3062

【注】從宀犢聲。●晉璽"寯利"，讀竇，姓氏。

瀆楚上博八・成王 4上博九・舉治 30晉璽彙 2594

【注】從水犀聲，疑"漬"之異文。●晉璽"潹疋"，讀漬，姓氏。●《上博八·成王4》"雍潹（漬）"為地名。漬，《説文》溝也。"雍漬"為地名，乃從地形地貌言之，當指首陽山。

曾侯153

【注】從木犀聲，"櫝"之異文。●《曾侯153》："鄎君之騮為右騙，樿騏為右驂。"整理者認為是人名，在人名和馬名之間省掉了之。蕭聖中以為也有可能是馬名的修飾語。

清華二·繫年127

【注】從人犀聲。●讀榆。《清華二·繫年127》："奠（鄭）人戠（侵）偉（榆）闐（關）。"俞聲、漬聲可通，詳"俞"字。

上博三·周易52　清華二·繫年126

【注】從見犀聲，"覿"之異文。●讀覿，見也。《上博三·周易51》："閘（闚）丌（其）床（戶），欪（突）丌（其）亡（無）人，晶（三）戠（歲）不隥（覿），凶。"●讀榆。《清華二·繫年126》："王衒（率）宋公以城隥（榆）闐（關），是（實）武牏（陽）。"

安大一52　安大一53

【注】從貝犀聲，"贖"之異文。●讀贖。《安大一52》："女（如）可隥（贖）也，人百亓（其）身。"《毛詩》作"如可贖兮"。

天星

【注】從刀犀聲。●簡文"劁于天子"，疑讀讀，頌也。

晉編1716

【注】從戈犀省聲，隸定為"戳"。●晉璽"鄝戳"人名。

（　）曾侯77

【注】從谷牽聲。●"才（載）鹴圍"，"鹴圍"，義不詳。或讀作"柷敔"，乐器名。（《曾侯乙墓竹簡文字集釋箋證》）

緯 楚 者沪鐘　　者沪鐘 緯 清華六·子儀 13　　安大一 45　　鄂州戈

晉 璽彙 2604　　璽彙 2605　　、 璽補 254　　新城令矛

【注】從糸牽聲，"續"之異文。●讀續，繼也。《者沪鐘》："者沪，女（汝）亦虔秉不（丕）涇（經）悳（德），以克緯（續）光朕，于之癸學，赳赳哉，弼王宅。"《安大一 46》："韐（紟）紳（靷）釱（鋬）緯（續）。"●讀續，氏名。《新城令矛》："司寇緯恣。"《廣韻》舜七友，有續牙。《急就篇注》續氏，晉大夫續簡伯之後。晉璽"緯柧""緯訽""緯沽"亦讀續，姓氏。

譁 楚 清華三·芮良夫 17　　清華五·三壽 9　　安大一 85

【注】從言牽聲，"讀"之異文。●讀瀆，敗亂。《清華三·芮良夫 17》："道譁（瀆）善敗，卑（俾）坐（匡）以戒。"●讀讀。《清華五·三壽 9》："羿（君子）而不譁（讀）箸（書）占（笘），則若尖=（小人）之癃（聾）痒（盲）而不脊（友）。"

鞾 楚 曾侯 123

【注】從革牽聲，疑"鞴"之異文。●讀鞴。鞴，《説文》弓矢鞴也。《玉篇》以藏矢。《曾侯 123》："鞾（鞴）貼。"

瑲 晉 璽彙 0550

【注】從玉牽聲。●晉璽人名。

東部

影紐冈聲

躳（冈）

上博三·周易 54　上博三·周易 4　上博三·周易 49　上博五·姑成 1

上博八·蘭賦 3　包山 226　新蔡甲一 9　新蔡零 90　印封 660

泰山刻石

【注】從身冈聲。《說文》："躳，身也。從身，從呂。躬，躳或从弓。"《說文》誤冈為呂。冈，甲骨文作呂、呂、呂、呂、呂、呂，象城邑（或謂池形）相連，會和睦之意。典籍亦作雝（雍），《集韻》："雝，和也，睦也。"甲骨文或作呂形，與"呂"字相混。金文、戰國文字亦與呂字相混。在偏旁中，或省為〇形，遂與"圓"之初文無別。在偏旁中亦與厽（鄰之古文）、吅（訟之古文）相混，唯據文意辨之。●讀身，身體。《上博三·周易 49》："艮其躳（身）。"今本作"身"。●讀躬、或讀躬，自身。《包山 226》："躳（躬）身尚毋又（有）咎。"躬身，自身。上博簡均讀躬。《上博三·周易 1》："見金夫，不又（有）躳（躬），亡（無）卣（攸）利。"今本作躬。《集韻》："躬，《說文》：'身也'，一曰'親'也，或從弓，又姓。"馬王堆漢墓帛書《周易》作"䠶"，從宮聲，阜陽漢簡《周易》同。●讀窮。《清華六·孺子 7》："躳（窮）共（恭）亓（其）麀（顏）色。"●讀身，用為自稱代詞。《徐贄尹皆鼎》："壽躳（身）縠子，顭（眉）壽無朞（期），永保用之。"《說文》躳、身互訓。後又由身體再引申為自稱，《爾雅·釋詁》："身，我也。"●身親行之。《上博五·姑成 1》："躳與士尻（處）室旦夕綯（治）之。"《漢書·公孫弘傳》："躬率以正而遇民信也。"顏師古注："躬，身親行之。

窮

乙一 9　新蔡乙四 125　清華五·商門 10　清華一·楚簡 1　清華

六·子儀 5　清華十·四時 24　清華十一·五紀 35　清華十一·五紀 24

郭店·成之 11　郭店·成之 14　清華八·攝命 1　包山 230 秦　秦駰

玉牘　泰山石刻

【注】從宀躳聲。楚文字多從宀，與從穴無別。《郭店·成之 11》從臣，“臣”當為 囝 之訛。● 多用為本義，窮盡。《清華五·命門 10》：“燹（氣）屈乃夂（終），百志皆窮（窮）。”《泰山刻石》：“化及無窮。”《郭店·成之 11》：“窮（窮）滦（源）反杏（本）者之貴。”● 包山簡讀躳，詳“躳”字、“穿”字。

窓楚　上博一·性情 39

【注】從心窮聲。●《上博一·性情 39》：“言（慎），窓（仁）之方也。”“窓”可讀仁。“窮”從躳聲，“躳”字古有“身”音，郭店簡《性自命出》，與“窓”字相對應的字是“怠（仁）”。或將“窓”讀為“信”或“恭”。

穿楚　郭店·窮達 11　郭店·窮達 15　包山 228　包山 230

包山 202　清華十一·五紀 7　九店 56·49

【注】楚文字為“窮”之省文。● 讀躳。《包山 202》：“少又（有）（有）愿（感）於窮＝（躳身）。”“穿身”讀“躳身”，自身。《國語·越語下》：“王若行之，將妨於國家，靡王躳身。”● 讀窮。《郭店·窮達 15》：“穿（窮）達以耆（時），學（幽）明不再。”

郮楚　包山 132 秦　睡簡·為吏 2　睡簡·日甲 22　關簡 134

【注】從邑穿聲。秦文字或謂“窮”之訛文，從邑為呂之訛（呂下延長筆劃），參考雕、公、者等字。《説文》：“郮，夏后時諸侯夷羿國也。從邑，窮省聲。”● 包山“東郮”，地名。● 秦簡讀窮，窮困。《睡簡·日甲 22》：“宇有要（腰），不郮（窮）必刑。”

窮秦　秦印 147　類編 255

【注】當為“窮”之異文。● 秦印“靳窮”“高窮”，人名。

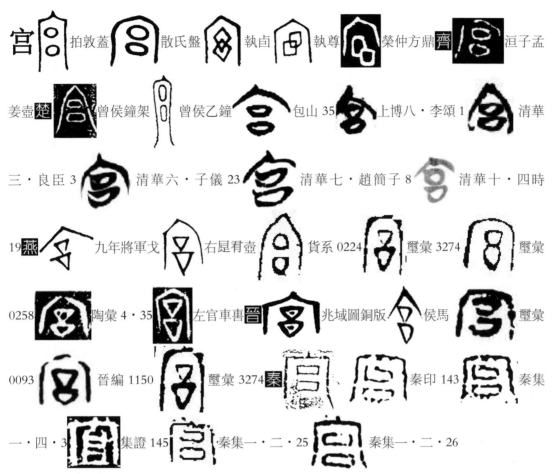

宫 拍敦蓋　　散氏盤　　執卣　　執尊　　榮仲方鼎 齊 洹子孟

姜壺 楚 曾侯鐘架　曾侯乙鐘　　包山35　　上博八·李頌1　　清華

三·良臣3　　清華六·子儀23　　清華七·趙簡子8　　清華十·四時

19 燕　　九年將軍戈　　右廩君壺　　貨系0224　　璽彙3274　　璽彙

0258　陶彙4·35　　左官車書 晉　　兆域圖銅版　　侯馬　　璽彙

0093　　晉編1150　　璽彙3274 秦　　　　秦印143　　秦集

一·四·3　集證145　　秦集一·二·25　　秦集一·二·26

【注】甲骨文作𠺫、𠴗、𠯑、𠺫、𠺫、𠯑、𠺫、𠯑、𠺫、𠺫。從宀𠯑聲。金文同甲骨文。小篆訛吕為吕。《説文》："宫，室也。從宀，躳省聲。凡宫之屬皆從宫。""躳省聲"不確。本義為大型宫室。引申泛指房屋，如《墨子》："父母妻子，皆同其宫。"後來特指帝王的住所。室、宫在上古無別，《爾雅》："宫謂之室，室謂之宫。"後來意義各有所專。●居室、住所。《瘌壺》："王才（在）成周嗣（司）土𨐠宫，各大室。"《榮仲鼎》："王作榮仲宫。"●王侯理政的場所。《走馬休盤》："王才（在）周康宫。"●中國古代五聲音階的第一音級。《曾侯乙鐘》："坪皇之宫。"●宗廟。《大令尊》："甲申，明公用牲于京宫。"●宫人：官名，掌周王朝内宫事務。《即簋》："曰：嗣（司）瑂宫人虢葋，用事。"《周禮·天官·宫人》："掌王之六寢之修。"●陵園内宫室建築。《兆域圖銅版》："從内宫目（以）至中宫卅（三十）步。"朱德熙、裘錫圭曰："圖中内宫五個堂在丘上。丘是墓上的封土，這些堂應該是建在封土上的享堂。"（《平山中山王墓銅器銘文的初步研究》）●《秦集一·四·3》"中宫"，中宫為皇后之宫。《漢書·外戚傳》"常給我言從中宫來，即從中宫來，許美人兒何從生中"，顏師古曰："中宫，皇后所居。"此"中宫"或是皇后宫的管理機構。《集證145》"中宫徒府"，中宫服徭役之徒甚多，或需設府以供其所需物品。●《秦集一·二·25》"宫司空印"，疑秦"宫司空"主王室或皇室宫室和陵寢相關的土木工程及罪人。按史書未見"宫司空"的記載，據《漢書》，司空或掌管土木工程，或掌管刑獄，疑此"宫"當指宫殿，因秦時營造宫殿甚多，"宫司空"即掌管各宫殿工程建設的職官。《秦集一·二·26》"宫司空丞"，"宫司空"亦當設有令丞，宫司空丞為宫司空令之佐官。●自戰國至秦代，秦統治者在咸陽修建了許多宫殿，渭南有：興樂宫、華陽宫、宜春宫、阿房宫、章台宫、信宫、甘

泉宮。渭北有：咸陽宮、仿六國宮殿、望夷宮、蘭池宮。秦封泥習見"南宮""北宮"。秦甘泉宮即秦南宮，北宮即咸陽宮。●《璽彙0093》"南宮"、《晉編1150》"西宮"、《璽彙3274》"北宮"，均為複姓。

【注】從宄從宮（或宮省），宄、宮共用宀旁。古音"宄"在見紐幽部，"宮"在見紐冬部，二字雙聲，韻為陰陽對轉，故為雙聲符字。金文"宪"多用為"宮"。●讀宮。《麥盉》："井（邢）侯光氒（厥）吏（事）麥，舤（過）于麥宪（宮）。"●讀宮，用為名號。《師西簋》："用乍（作）肤（朕）文考乙白（伯）、宪姬障毁。"●讀居。宄、居音近。《幾父簋》："同中宪西宮。"宪西宮，即居于西宮。

【注】從又宪聲，"宪"之繁文。●讀宮，用為名號。《義伯簋》："義白（伯）乍（作）宴（宄）婦陸姑。"

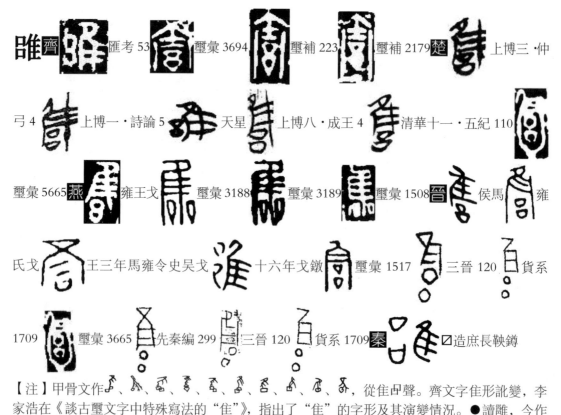

【注】甲骨文作 、 、 、 、 、 、 、 、 、 、 ，從隹卩聲。齊文字隹形訛變，李家浩在《談古璽文字中特殊寫法的"隹"》，指出了"隹"的字形及其演變情況。●讀雖，今作

雍，地名。《王三年馬雍令戈》："王三年，馬雍令史吳、武庫工帀（師）奭☒、冶祥造。"馬雍，黃盛璋先生認為："雍字……應是三晉的寫濾，但馬雍不見記載，國別有待于進一步研究。"（黃盛璋《試論三晉兵器的國別和年代及其相關問題》）秦系文字多作"雔"。●齊璽"雔坵關鈢"，讀雔丘，地名。●讀雔。《上博八·成王4》："白（伯）尼（夷）昏（叔）齊飺（餓）而死於唯（雔）漳（瀆），不辱开（其）身。""雔瀆"，水被壅塞而成的池沼，這與《大戴禮記·曾子制言》中所說的"死於溝澮之間"相合。●《清華十一·五紀110》："以亓（其）叟（髮）為韭，以亓（其）穆（眉）須（鬚）為茇（蒿），以亓（其）目爲羍（菊），以亓（其）鼻爲蔥，以亓（其）口爲雔（蕎）。"整理者讀蕎，即芎藭。

大盂鼎 辛鼎

【注】從攴雔聲，疑"擁（攤）"之異文。●讀擁，持也。《大盂鼎》："敬叟（擁）德巠。"

清華二·繫年115 新蔡甲三182 安大一39

【注】從缶雔聲，"甕"之異文。《安大一39》雔省聲。●讀雔，地名。《清華二·繫年115》："城罐（雔）丘。"●讀雔或讀雍。《安大一39》："害（曷）不莢（肅）罐（雍）？"《毛詩》作"曷不肅雝"。"肅雔（雍）"，莊嚴雍容。

四年雍令韓匡矛

【注】從爪雔聲。●讀雔，地名。《四年雍令韓匡矛》："四年，甌雔命釓（韓）匡。"

璽彙2182 十八年鄻左庫戈 十八年鄻左庫戈

【注】從邑雔聲。●讀雔，地名。《十八年鄻左庫戈》："十八年鄻左庫無釗（鑄）。"《左傳·僖公二十四年》："郱、雍、曹、滕，文之昭也。"在今河南沁陽東北。

璽彙0647 分研一101晉 璽彙5673

【注】從戶雔聲。●人名。

清華二·繫年51 清華二·繫年54晉 侯馬 卅年虎
令鼎 九年弋丘令癰戈 二十一年啟封令戈 璽彙0478 璽彙

807

3801 陶彙 3・1009　　　　璽彙 2016　　　　璽彙 1789　　　　璽彙 1121

【注】從广雝聲，"癰"之省文。●戰國文字均為人名，可讀癰。《廿一年啟封令戈》："廿一年啟封踰（令）癰（癰）、工帀（師）釿、冶者。"

天星

【注】從羽雝聲。●疑讀嚶。《爾雅・釋詁》："關關嗈嗈，聲音和也。"《文選・南都賦》注引嗈作嚶，是雝聲、嬰聲可通之證。

梁其鐘　　　　梁其鐘

【注】從金雝聲。●讀雝，狀聲詞。《梁其鐘》："鎗鎗鏓鏓，鉠鉠鏞鏞。"

鄭饔原父鼎　　　伯碩夆盤　　　清華十・四告 23

【注】從食雝聲，"饔"之古文。《說文》："饔，從食雝聲。孰食也。"本義熟食。小雅毛傳曰："孰食曰饔。"●讀饔，熟食。《伯碩夆盤》："白（伯）碩夆乍（作）釐姬饔般（盤）。"●讀饔，烹飪。掌烹飪之職亦可稱饔。《鄭饔原父鼎》："奠（鄭）饔邍（原）父鑄鼎。"鄭饔原父，當職掌鄭國烹飪之事。●《清華十・四告 23》："天子賜我饋（林）寶、金玉庶器，鼀（竈）贛（貢）饔䭭（飯）。"詳"鼀"字。

曾侯 3　　　曾侯 28　　　曾侯 86

【注】從韋雝聲。●《曾侯 3》"鞲鞃"，車馬器。疑飾于馬面之當盧，形如小盾且常繪有龍紋。（詳《曾侯乙墓竹簡釋文暨車馬制度研究》104 頁）

曾侯 84

【注】從革雝聲。●同"鞲"。

上博五・競建 9

【注】從人雝聲。●讀擁。《上博五・競建 9》："僅（擁）芋（華）明（孟）子以馳於倪（郳）廷。"

808

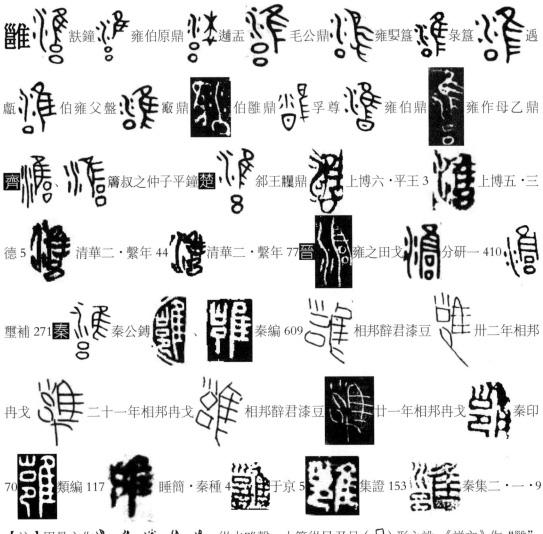

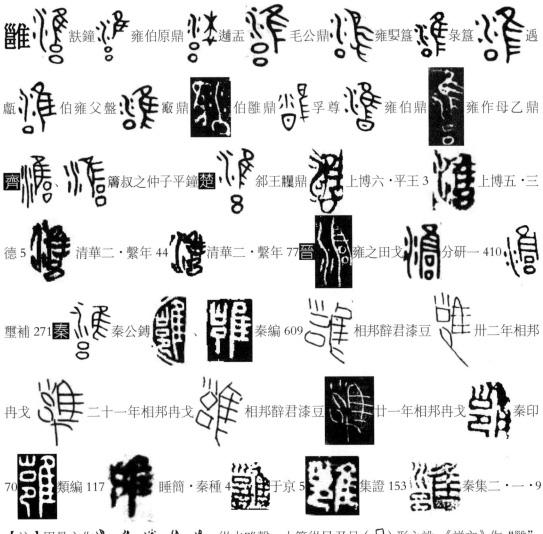 散鐘 雍伯原鼎 𤔲盂 毛公鼎 雍娟簋 彔簋 遇

甗 伯雍父盤 敔鼎 伯雝鼎 孚尊 雍伯鼎 雍作母乙鼎

齊   簹叔之仲子平鐘 楚 郘王膔鼎 上博六·平王3 上博五·三

德5 清華二·繫年44 清華二·繫年77 晉 雍之田戈 分研一410

璽補271 秦 秦公鎛 、 秦編609 相邦辪君漆豆 卅二年相邦

冉戈 二十一年相邦冉戈 相邦辪君漆豆 廿一年相邦冉戈 秦印

70 類編117 睡簡·秦種4 于京5 集證153 秦集二·一·9

【注】甲骨文作🅰、🅰、🅰、🅰、🅰，從水雅聲。小篆從邑乃𠂤（🅰）形之訛。《說文》作"雝"，隸作"雍"。《說文》："雝，雝䳁也。從佳邕聲。"許慎所釋非是。本義為和諧，如《尚書》："言乃雍。"●和協、調諧。《毛公鼎》："虔夙夕董我一人，雝（雍）我邦小大猷。"《禮記·樂記》："《詩》云：'肅雝和鳴，先祖是聽。'"孔穎達疏："雍，和也。"●象聲詞，形容鐘聲宏亮。《秦公鎛》："乍（作）𤱾（厥）龢鐘，氫（靈）音銖銖雝雝。"此義《梁其鐘》或從金作🅰、🅰。●讀壅，蔽塞。《毛公鼎》："女顅于政，勿雝律庶人。"言推行于政，勿壅累庶民。●讀饔，熟食。《郘王膔鼎》："用雝（饔）賓客。"●國名。《左傳·僖二十四年》："郜雍曹滕。"杜注："雍國在河內山陽縣。"傳世有《雍伯鼎》及《雍伯原鼎》，皆為雍國之器。《雍伯原鼎》："雝（雍）白（伯）原乍（作）寶鼎。"●地名。《雍戈》："雝（雍）之田戈。"字或作"鄭"。●秦印"雝赤"，姓氏。●《于京5》"雝工室丞"、《集證153》"雝丞之印"。雝，春秋秦國都。《史記·秦本紀》："初居雍城大鄭宮。"《左傳》：僖公十三年（前647），秦輸粟于晉，"自雍及絳"。即此。至靈公時遷都涇陽。"雍"秦屬內史，其治地在今陝西鳳翔縣南。●同邕，指四周有水的沼澤地。《上博六·平王3》："吾先君莊王远（至）河雝之行。"《詩·周頌·振鷺》："振鷺于飛，於彼西雝。"毛傳："雝，澤也。"河雝，指河水所形成的沼澤。

 集證 163 印增 602

【注】杏，字數未見，疑"雝"之省文。●人名用字。《集證 163》"公子杏"或即秦惠文王之子公子雍。

 陶彙 6·184

【注】從广雝聲。●秦陶"華廱"，人名。

 𣪏簋 毛公鼎 秦 秦景公石磬

【注】從攴（或從殳）雝聲，疑"擁（攤）"之異文。●讀雝，和也。《毛公鼎》："雙我邦大小猷。"●讀擁。《毛公鼎》："丕雙先王。"

 秦 雝鼎 陶彙 5·374

【注】從邑雝聲。●地名，讀雝。

 麥尊

【注】從皿雝聲。●讀雝。《麥尊》："才（在）璧（辟）䰜（雍）。"辟雍，周天子設立的王家大學。《禮記·王制》："天子命之教，然後為學，小學在公宮南之左，大學在郊，天子曰辟雍，諸侯曰頖宮。"據蔡邕《明堂月令論》的解釋，辟雍是取其地四面環水，其圓如璧而得名。《三輔黃圖》："文王辟雍在長安西北四十里。亦曰辟廱，如璧之圓，雍之以水。"

 秦 、 、 秦印 148

【注】從广雝聲。《説文》："癰，腫也。從广雝聲。"●秦印均為人名。

 秦 關簡 342

【注】從瓦廱聲，"甕"之繁文。楚文字作"𦉥"。●讀甕。《關簡 342》："禹步三，汲井，以左手表〈牽〉繘，令可下免甕（甕）。"簡文言以左手束縛汲水的繩索，使之可向下牽引吊水的甕。免讀挽，本字作輓，"挽"則是俗字。

810

邕子良人甗

【注】從邑從川，會環繞之意。《説文》："，四方有水，自邕城池者。從川從邑。籀文邕。""邕"當為"雝"之省文。●讀雍，國名。《邕子良人甗》："邕子良人羃（擇）其吉金自乍（作）飤獻（甗）。"《吕覽》云："維秦八年，歲在涒灘，秋甲子朔，朔之日良人請同十二紀。"本銘文邕子亦名良人，為良臣之泛稱，蓋當時之習俗語。

曉紐凶聲

 帛書甲 上博三·周易4 清華四·筮法37 清華

四·筮法37 睡簡·日乙41 睡簡·日甲138背 秦印137

【注】從凵，×表示落入陷阱之下，指事字。《清華四·筮法37》為"小凶"二字合文。●均用為本義，不吉。《上博三·周易4》："冬（終）凶。"

璽彙2126

【注】從艸凶聲。古兇、凶二字音近義通，故亦是"葜"之異體。●晉璽人名。

郭店·尊德24 左塚漆梮

【注】從心茵聲。●讀寵。《郭店·尊德24》："君民者，訓（治）民復豊（禮），民余（除）害。智（知）惥袋（勞）之，旬也。"此句意思是説寵愛犒勞人民，是報答人民（的辛勞）。（詳單育辰《郭店〈尊德義〉〈成之聞之〉〈六德〉三篇整理與研究》45頁）●讀凶。漆梮"惥民"義為禍民。

左塚漆梮 清華三·芮良夫20 清華五·三壽26 清華四·筮

法6 上博七·武王14 上博六·用曰1 上博六·用曰11 上博六·用曰

13 上博五·鬼神6 上博九·卜書8 璽彙0094 秦 睡簡·日乙

165 　　睡簡·日乙 92 　　　　　　　秦印 137

【注】從儿凶聲。楚文字下作卩形，或增加飾點。或作🔺，把“恩”和“兇”糅合在一起，或釋為“恩”。詳“遄”字。●多用為本義，形容死亡、災難等不幸現象，與“吉”相對。《上博六·用曰 11》：“司民之降兇。”●兇暴、兇殘。《上博七·武王 4》：“義勝谷（欲）則從，谷（欲）勅（勝）義則兇。”《廣韻》：“兇，惡也。”《正字通》：“兇，惡暴也。”《荀子·議兵》：“故敬勝怠則吉，怠勝敬則滅；計勝欲則從，欲勝計則凶。”《上博六·用曰 1》：“思民之初生，多險㠯（以）難成，視之台（以）康樂，慝之台（以）兇（凶）垄（刑）。”●《璽彙 0094》“兇奴相邦”。“奴”“邦”兩字的寫法帶有晉系文字風格，“兇”字下部左邊一筆短直，右邊一筆長曲，帶有秦系文字風格，其年代當在秦漢之際。因此，此印也可能是與趙國故地接壤的匈奴部族的相邦用印。

窹 　　秦印 292 　　　　里耶 8·458

【注】從宀兇聲。字亦見於漢印作🔲（漢印 666）。●秦漢印人名。●《里耶》8·458“甲窹（匈）廿一”、《里耶》9·1164“☒元年餘甲三百冊九，窹（匈）廿一”等文例中的“甲匈”“匈”或指“胸甲”，闕疑待考。

況 　　清華八·攝命 16

【注】從水兇聲。●讀酗。《清華八·攝命 16》：“女（汝）毋敢朋況（酗）于酉（酒）。”朋，群聚也。

說 　　上博二·從甲 19

【注】從言兇聲。《說文》同訩。●讀訟。《上博二·從甲 19》：“從事而毋說（訟），君子不以流言戠（傷）人。”

聇 　　郭店·五行 20 　　　郭店·五行 23 　　　郭店·五行 15

【注】從耳兇聲，“聰”之省文。●讀聰。《郭店·五行 20》：“不聇（聰）不明。”

聰 　　上博二·容成 12

【注】從心聇聲，“聰”之異文。●讀聰。《上博二·容成 12》：“聽不聰（聰）。”

 璽彙 0842

【注】從艸聰省聲。●晉璽人名，可讀聰。

 包山 255　　璽彙 3995　　清華一・程寤 2

【注】從艸兇聲，即"葼"之異體，《說文》稷籀文作稅，故兇、夋古本一字。●讀蔥。《包山255》："苑（蔥）蘆（葄）二砳（缶）。"●楚璽人名。●讀總。《清華一・程寤 2》："卑（俾）霝（靈）名苑敀（祓）。"凶聲、囪聲相通。《荀子・哀公》："是故其事大辨乎天地，明察乎日月，總要萬物於風雨。"楊倞注："總要，猶統領也。"《大戴禮記・哀公問》："總萬物，穆穆純純，其莫之能循。"王聘珍《解詁》："總，統。"簡文所謂"苑祓"即"總領祓事"或"主持祓事"之義。

 幽公盨　　文公之母弟鐘　　詛楚文

【注】從貝兇聲。《幽公盨》左旁可能是"貝"字的異常寫灋。●均讀凶。《幽公盨》："㞢（經）齊好祀，無睍心。"《孝經・聖治章》"而皆在于凶德"，唐玄宗注："凶，謂悖其德禮也。"《逸周書・大聚》"若其凶土陋民"，孔晁注："不順政故曰凶。"銘文中即為此義。《文公之母弟鐘》："不（丕）義又匿，余文公之母弟，余鼏靜朕配遠☑用匽（宴）樂者（諸）父兄弟，余不敢困睍。"《詛楚文》："將欲復其睍跡。"

 、　印增 106

【注】从鬲夋聲。兇、夋古本一字。●人名。

 石鼓文

【注】從木㪔聲。《集韻》同椶。《說文》栟櫚也，可作革。俗作棕。●讀棕。《石鼓文》："☑☑櫕（棕）楷，嚞=（祗祗）鳴☑。"

 望山 1・37　　少府銀圜器胷

【注】從肉凶聲。胷，《集韻》許容切，音匈。膺也。與胸同。●讀容，容量。《少府銀圜器》："少廥（府）。胷（容）二益（鎰）。"●讀胸。《望山 1・37》："胷（胸）臘（脅）疾。"

813

胸  望山 1 · 52

【注】從勹肖聲。勹內兩點為飾筆，與"勻"混同。●讀胸，用為本義。

楯 楚 ![包山263] 包山 263

【注】從木從厂肖聲。●讀蒌。《包山 263》："二骨楯（蒌）。"整理者讀作蒌。《説文》："蒌，青齊沇冀謂木細枝曰蒌。""骨蒌"即以骨料製作的細枝雕刻物品。

匣紐咠聲

咠（咠） 倗生簋 楚 分研 170 晉 璽彙 2090 璽彙 2091

【注】咠（咠），為"巷"之初文。《字彙補·邑部》云："咠，《集韻》古巷字。"《説文》："咠，鄰道也。從邑從邑。凡咠之屬皆從咠。闕。"疊加聲符"共"則為"巷"。戰國文字或從共聲作巷、衖、衖、遜、衛等。●古璽有"咠澤""咠瘍""咠堂""咠上月"等，均讀巷，姓氏。《萬姓統譜·絳韻》云："巷，氏，周寺人有巷伯，其後以氏。"●金文讀巷，銘文或作"塱"。

塱  倗生簋 倗生簋 倗生簋

【注】從土咠聲，為"咠"之繁文。●讀巷。《倗生簋》："乓（厥）書史戠武，立亩成塱。"塱，從土從二邑，此指田界的邊道。張政烺先生在批註《兩周金文辭大系考釋》的格伯簋時，有"'立亩成塱'似是'立洫成塗'或'立遂成徑'，既名之曰田，當已有溝洫，或指作邑？立閈成鄉"的批語，亦可供參考。

見紐公聲

公 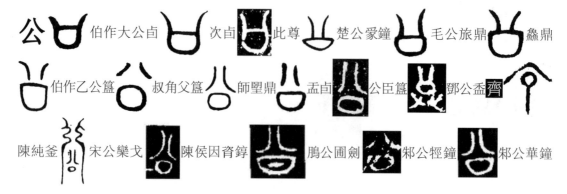 伯作大公卣　次卣　此尊　楚公豪鐘　毛公旅鼎　鱻鼎　伯作乙公簋　叔角父簋　師望鼎　盂卣　公臣簋　鄧公盨 齊　陳純釜　宋公欒戈　陳侯因資錞　鵙公圃劍　邿公牼鐘　邿公華鐘

814

【注】甲骨文作ⅢⅢ、ⅢⅢ、台、台等形，從口從八（分別），會以言辭爭訟之意，疑"訟"之初文。口或訛變作口形，則悖於造字本義。金文同甲骨文。或作台，於口形中加飾筆。戰國文字或於最後一筆延長作己形。《鄧公盈》下從廾，當受上文"鄧"作昼而類化所致。戰國陶文作台，"公"字形中上面"八"形中左右兩筆已合攏。戰國文字或作台、台、台、台、台，或繁或簡，均呈地域特點。《曹公子沱戈》為"公子"合文。《陳純釜》所作，何琳儀隸為"宇"。湯余惠在《戰國銘文選》中説："介，或釋為亭，可從。六國古文作希、希，此形當即前形之省，即省掉了字中間部份而僅存首尾。亭，指市亭，市場管理機構。"學者們多從之。然戰國"亭"字通作希、希、希、希、希、希、希、希（選自《戰國古文字典》），與此不類。當釋為"公"。實際是綜合台、台而成，上八形合成一筆，並把最后一筆拉直即成宇字。《陳純釜》"陳猷立事歲，散月戊寅，于茲安陵，公命左關市（師）發敕成左關之畚（釜），節于敵（廩）畚（釜）"，釜銘中之"安陵"為地名（其地即相當于今天的山東省的靈山衛），"公"即是安陵公，該句銘文意為：安陵公命令左關師發來製造左關之釜。《説文》："公，平分也。從八從厶。（音司。）八猶背也。韓非曰：背厶為公。"這是許慎就小篆所作的解釋。●對祖先之尊稱。《沈子它簋》："念自先王先公乃妹（末）克衣（殷）。"●國君的通稱。《叔尸鐘》："膺受君公之易（賜）光。"●貴族尊稱。通常是"公"字和爵稱、官職、行第、私名組成。《作冊魖卣》："王遣公大史，公大史在豐，賞乍（作）冊魖馬。"●女子對夫之父敬稱。《胡叔胡姬簋》："猷（胡）弔（叔）、猷（胡）姬乍（作）

815

白（伯）媿賸（媵）段，用亯（享）孝于其姑公。”●對生父的敬稱。《效卣》：“王易（賜）公貝五十朋。公易（賜）氒（厥）䞿子效王休貝廿朋，效對公休。”●公子：指世子以外的諸子。《大令尊》：“王令周公子明保尹三事四方。”或指諸侯之子。《曹公子戈》：“曹公子沱之鋯（造）戈。”“公子”或作（曹公子戈），為借筆合文，合寫在一起的兩個字之間互有借用其相同或相近的筆劃、偏旁部件的合文形式，類似還有“斿子”作（向斿子鼎），“至于”作（命瓜君壺），“上下”作（長沙帛書）等等。●官也。《多友鼎》：“武公命多友逹（率）公車羞追于京自（師）。”公車，即官車、戎車、兵車。《詩·魯頌·閟宮》：“公車千乘。”《周禮·春官·巾車》：“掌公車之政令。”鄭玄注：“公，猶官也。”“公車”可作為官名，《匯考 113》有“右公車宮”“左公車宮”，《秦印 19》“公車司馬丞”。漢代衛尉一職下設公車令，掌管宮殿司馬門的警衛以及天下上事及徵召等事宜。●正行無私。《魯伯悆盨》：“魯白（伯）悆用公龏，其肇（肇）乍（作）其皇孝（考）皇母旅盨段。”●《集證 150》“公主田印”。公主，諸侯、帝王之女，始稱於戰國，璽文之“公主”指秦王之女，此為公主封田之田官所用印。《集證 150》“右公田印”，右公田當是管理公田之官。《睡簡·秦種 80》“入頃芻稾，以其受田之數”，由受田知秦有公田。●《璽彙 0264》“桼夌公鉨”。春秋時，楚強大以後，滅國設縣，“縣”的行政長官稱“公”，如申公、息公等。戰國時，楚低級官吏亦稱“公”，如包山楚簡中的敔公、邑公等。《淮南子·覽冥篇》高誘注：“楚僭號稱王，其守縣大夫皆稱公。”

伀 楚 郭店·五行 32 上博六·競公 11 清華九·成人 7 秦 集證 170

【注】從人公聲。●讀容。《郭店·五行 32》：“顏色伀（容）伩（貌）悃（溫）弁（變）也。”●讀公。《集證 170》“笵伀（公）子印”，為某國公子。伀，“公”之異體。

妐 燕 璽彙 0190

【注】從女公聲。●讀容。印文“妐城都枋郑左”，“妐城”讀容城。漢代容城在今河北省容城縣西北三十里，戰國時當屬燕地。璽文第四字釋為“柄”，即“棉”字。（吳振武《古璽文編》校訂 154 頁）

頌 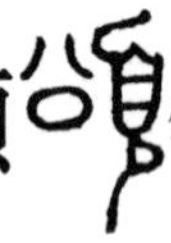頌簋 史頌簋 史頌匜 瘐鐘 陶徵 263 楚 蔡侯申盤 蔡侯申尊 上博二·從甲 6 上博四·內禮 8 清華二·繫年 101 清華八·攝命 11 清華八·攝命 12 郭店·老甲 8 晉 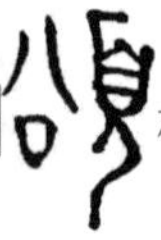杕氏壺

【注】從頁公聲，與小篆同。《説文》："顒，貌也。鬝籀文。"按説文，籀文從容從頁。《韻會》徐曰："﹙鬝﹚此容儀字。歌誦者，美盛德之形容，故通作頌。後人因而亂之，以此為歌頌字。"今經典多通作"容"。《周禮・地官・鄉大夫》："以鄉射之禮，五物詢眾庶，一曰和，二曰容，三曰主皮，四曰和容，五曰興舞。"賈公彥疏："杜子春讀和容為和頌，謂能為樂也。"段玉裁云："頌、容古今字。"和容，謂能合《雅》《頌》之樂。本義為頌美。●讀容。《蔡侯申尊》："威義（儀）游遊，霝頌托商，康諧龢好，敬配吳王。"頌，容之本字。"商"當讀常。"常"，常規、常灃。"托常"，依循常灃，符合規矩。"霝容托常"是讚美大孟姬美好的儀容舉止依循常灃。●人名。《史頌盤》："史頌乍（作）般（盤）。"●土地單位，典籍作"通"。《瘐鐘》："武王則令周公舍寓貝（以）五十頌處。"唐蘭謂"頌"與"通"同音通用，《司馬灃》："井十為通。""頌"即十井之地，五十頌即五百井，也即五百方里（《論西周微史家族窖藏銅器群的重要意義》）●讀容，寬容。《上博二・從甲6》："君子不寬則無以頌（容）百姓。"●裝飾。《上博四・內禮8》："孝子，父母又（有）疾，晃（冠）不奐，行不頌，不窊（依）立，不庶語。"●讀訟，控告。《清華三・芮良夫23》："人頌（訟）攷（扞）嶂（違），民乃玾（㤥）鬶（敖），埜（靡）所并（屏）怃（依）。"●讀容，形容。《郭店・老甲8》："是以為之頌（容）：夜（豫）唬（乎）奴（如）冬涉川，猷（猶）唬（乎）其奴（如）惶（畏）四嬰（鄰）。"

 上博六・孔子7

【注】疑從見，從二公。或以為"頌"之訛文。●讀容。《上博六・孔子7》："覬（容）僥（貌）不求異於人。"

 印增600

【注】從心公聲。●"囗忩"，應為人名。

 大盂鼎 揚簋 髖簋 儴匜 楚 上博一・詩論
上博二・容成53 包山88 上博三・周易5 秦 關簡227

【注】從言公聲，與小篆同。段玉裁注："訟言，公言也。從言。公聲。此形聲包會意。"朱駿聲謂以手曰爭，以言曰訟。《説文》："訟，爭也。從言公聲。曰：謌訟。𧧻古文訟。"本義爭論，獄訟。●訴訟案件。《大盂鼎》："敏諫罰訟。"●控告。《智鼎》："事（使）乓（厥）小子𤔶以限訟于丼（邢）弔（叔）。"《周禮・秋官・大司寇》："以兩造禁民訟。"鄭玄注："訟謂以財貨相告者。"●訴訟。《包山88》："虢缶公德（德）訟宋獂。"楚國文書中的"訟"是指當事者個人的行為，"獄"則反映裁斷者的立場，為官方對於訟案的稱謂。●讀頌。《上博一・詩論5》："又（有）城（成）工（功）者可（何）女（如）？曰：'《訟（頌）》氏（是）也。'"

817

翁 秦 　、 　、 秦印 69

【注】從羽公聲。●秦印人名，或為姓氏。

苀 齊 　璽彙 3676 　陶録 2·284

【注】從艸公聲。●齊璽人名。

松 楚 　鄂君啟舟節 　上博四·逸多 2 　清華一·程寤 1 　清華一·程

寤 4 燕 　璽彙 2402 晉 　先秦編 126 　貨系 0312 　幣文 76 　貨系 314

【注】從木公聲，與小篆同。《説文》："松，木也。從木公聲。𣗐松或從容。"本義為木名。●用為本義，松木。《上博四·逸多 2》："莫奴（如）松杍（梓）。"●《鄂君啟舟節》："内（入）邔、逾江、就彭射（澤）、就松昜（陽）。"松陽：地名，地望不詳。或謂其地在今安徽樅陽。松、樅古韻均屬東部，聲紐亦近。《史記·封禪書》："自尋陽出樅陽，過彭蠡。"●燕璽"松痯"，姓氏。

鴆 楚 　天星

【注】從鳥公聲。●"鴆菁（旌）"，應為顏色名。

彴 楚 　上博七·凡甲 9

【注】從勺公聲。●讀容。《上博七·凡甲 9》："専（敷）之亡（無）所彴（容）。"簡文"握之不盈握，敷之無所容"，可與《文子·道原》"表之不盈一握"、《淮南子·原道》"舒之幎于六合，卷之不盈于一握"以及馬王堆漢墓帛書《道原》"小以成小，大以成大，盈四海之内，又包其外"對讀，形容道之高深變化。

容 齊 　璽彙 3840 楚 　郭店·語叢一 52 　郭店·語叢一 14 齊 　郭店·語叢二

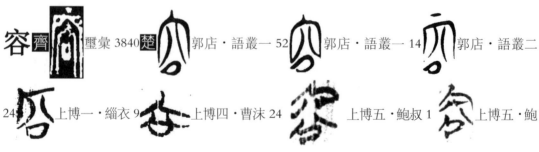

24 　上博一·緇衣 9 　上博四·曹沫 24 　上博五·鮑叔 1 　上博五·鮑

叔 2　上博四·曹沫 24　清華一·程寤 7　清華一·楚居 8　晉

公廚左官鼎　陶彙 6·083　上容大夫戈　璽彙 1445　璽彙 1446　璽彙

1069　類編 245　秦　左工銀盤　莧陽鼎　睡簡·封診 20　秦印 141

【注】戰國文字作"宏"，從宀公聲。秦文字本從穴公聲，《說文》謂從宀從谷。戰國文字或作，下加二為飾。統一隸定為容。《說文》："容，盛也。從宀、谷。从古文容從公。"本義為盛納。●容量。《三年詔事鼎》："容一斗二升。"秦文字用"容"表示容受、容貌之容。楚文字用"頌""仏""容"表示容貌之容，用"宏"表示容受；仏、容當是容貌之容的本字。三晉文字一般用"庯"表示容受之義（趙國用"宏"表示容受，見《璽彙 1069》；也用"空"，見《十一年庫嗇夫鼎》）。燕器用"妸"（可能也是容貌之容本字）。●古璽印有"容侗皮""容疤""容文"等，均為姓氏。●讀鎔，錢範。《睡簡·封診 19》："及新錢百一十錢、容（鎔）二合。"●容貌。《郭店·語叢一52》："容貌（色），目赧也。"●從容。《上博一·緇衣 9》："長民者衣備（服）不改，侹（從）容又（有）棠（常）。"

蓉　楚　上博八·李頌 1 背

【注】從艸容聲。●讀容，容貌、儀容。《上博八·李頌 1 背》："差＝（嗟嗟）君子，觀虖（乎）桓（樹）之蓉（容）可（分）。"

鎔　楚　望山 2·47

【注】從鼎容聲。●當為鼎屬器物，待考。《望山 2·47》："一鎔。殷（雕）杯廿＝（二十）倉（合）。"

叡　叡先伯簋

【注】從又容聲，疑"搈"之異文。●金文地名。

愹　齊　陶錄 3·529　陶錄 3·529

【注】從心容聲。●齊陶人名。

賵齊　陳逆簠　　陳逆簠

【注】從貝容聲。●讀容，盛放。《陳逆簠》："以作氒（厥）元配季姜之祥器，鑄茲賵笑（匜），以享以孝于大宗。"

匔秦　秦陶 1446

【注】從匚公聲。●秦陶單字，疑用為本義。《集韻》徂聰切，音叢，盛米器也。

舁　子舁觚

【注】從臼公聲。●人名。《子舁觚》："子舁。"

袞　吳方彝　　伯晨鼎　　智壺　　師訇鼎

【注】從衣公聲。公或作口，八、公音義皆同，口為公是繁構。《師訇鼎》字聲符為"公"字早期寫濃，字與"哀"字易混。《説文》："袞，天子享先王，卷龍繡于下幅，一龍蟠阿上鄉。"本義為繡有花紋圖案的禮服。●指刺繡或繪畫着卷龍紋飾的禮服，為古代天子及王公所服，祭祀時用之。《伯晨鼎》："易（賜）女（汝）㡇（秬）鬯一卣、玄袞衣、幽夫、赤舄。"《周禮·司服》："享先王則袞冕。"鄭司農注："袞，卷龍衣也。"《敔簋》："易（賜）玄衣赤袞，敔對易（揚）王休。"玄袞，赤黑色的繡有花紋圖案的禮服。

叙晉　侯馬

【注】從又袞聲，"捼"之異文。●人名。

見紐工聲

工　馭尊　工　大方彝　工　孟簋　工　盉方彝　工　盉方彝　工　免卣齊　工　貨系 2523　工　貨系 2607楚　工　者減鐘　工　郭店·成之 23　工　上博三·周易 16　工　上博三·彭祖 5　工　清華二·繋年 117　工　上博二·容成 18　工燕　璽

820

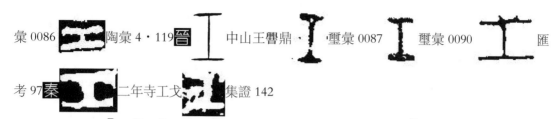

彙 0086　陶彙 4·119　　中山王譻鼎　　璽彙 0087　　璽彙 0090　　匯

考 97　秦　　二年寺工戈　　集證 142

【注】甲骨文作 ㄒ、 、 、 、 ，象矩尺之形，金文矩字作 、 ，象人持矩形，其所持正作工也。金文同甲骨文。《說文》：“工，巧飾也。象人有規榘也。與巫同意。凡工之屬皆從工。 古文工從彡。”本義為矩尺，引申為做工的人，如《左傳》：“山有木，工則度之。” ●讀功，功績、功業。《虢季子白盤》：“𢦏（壯）武于戎工。”戎功，指巨大功績。《詩·周頌·烈文》：“念茲戎功，繼序其皇之。” ●工匠。《伊簋》：“官龏官嗣（司）康宮王臣妾、百工。”百工，泛指各種有一技之長的工匠。《孟簋》：“毛公易（賜）朕（朕）文考臣，自厥（厥）工。”銘意為：毛公賞賜我先父的奴僕乃出自他的工隸。《六年上郡守間戈》：“六年，上君（郡）守閑（間）之造，高奴工師籓，鬼薪工臣。”工師，是工官之長。 ●讀空，官職名。《免卣》：“乍嗣（司）工。”司工，即司空。銅器銘文中的“司空”慣寫作“司工”。據《周德考工記》鄭玄注：“司空掌營城郭，建都邑，立社稷、宗扇，造宮室、車服、器械，監百工。”如同“司馬”，亦分“左司空”（璽彙 0087）、“右司空”（璽彙 0090）。 ●人名。《應侯視工鐘》：“雁（應）侯視工遺王于周。” ●工藝、手藝。《史獸》：“史獸獻工于尹。” ●讀空。《上博二·容成 18》：“不斷（製）革，不釗（刃）金，不鉻（略）矢。田無剗（蔡），宅不工（空），關市無賦。”

闁齊　陶錄 3·622

【注】從鬥工聲。 ●人名。

祍楚　　競之定鬲　　楚王酓腱鼎　　祁　郭店·太一 12　　　上博四·内

禮 8　　上博二·容成 20　　　清華七·越公 26　　　清華八·邦道 10　　　上博

四·曹沫 37　　上博九·舉治 33

【注】從示工聲。 ●楚簡多讀功。《郭店·老丙 2》：“城（成）事述（遂）祍。” ●讀攻，祭名。六祈之一。《周禮·春官·大祝》云：“掌六祈以同鬼神示，一曰類，二曰造，三曰襘，四曰禜，五曰攻，六曰說。”《楚王酓腱鼎》：“集脰（廚）祍鼎。” ●讀貢，朝貢。《上博二·容成 20》：“四海之外皆請祍（貢）。” ●讀訌。《上博四·曹沫 37》：“牪（疑），爾正（定）祍（訌）；不牪（疑），而或𣥠（興）或康。”《詩經·大雅·召旻》：“天降罪罟，蟊賊內訌。”毛傳：“訌，潰也。”詳“牪”字。

肛楚　　清華十一·五紀 111

【注】從肉工聲。●整理者讀胸。《清華十一·五紀111》："以亓（其）辟（臂）為橐（桴），以亓（其）肛（胸）為鼓。"

卬 秦 ㄐ卩 卅四年蜀守戈

【注】從卩工聲。●讀邛，地名，在今四川邛崍。《卅四年蜀守戈》："十，卬（邛），陝。"

項 楚 ⋯⋯ 望山2·13 ⋯⋯ 包山牘1 ⋯⋯ 清華六·子儀17 晉 ⋯⋯ 與兵壺 ⋯⋯ 與兵

壺 秦 項 睡簡·封診65 項 睡簡·封診66

【注】從頁工聲。●多用為本義，脖子、頸的後部。《睡簡·封診65》："旋通繫頸，旋終在項。"●《與兵壺》："參（三）拜項首于皇考刺（祖）。"鄔可晶著文謂：《與兵壺》"參（三）拜項首"的"項首"應該讀"空首"。"項"以"頁"為意符，"頁""首"本一字，壺銘的"項"字似也有可能就是"空首"之"空"的專字，跟《説文》訓"頭後也"之"項"並非一字。（《鄭太子之孫與兵壺"項首"別解》）傳世古書所記"九拜"之禮有"空首"，與"稽首""頓首"等並列。《周禮·春官·大祝》："一曰稽首、二曰頓首、三曰空首、四曰振動、五曰吉拜、六曰凶拜、七曰奇拜、八曰褒拜、九曰肅拜。""項""空"並從"工"得聲，音近可通。《周禮》鄭玄注云："空首，拜頭至手，所謂拜手也。"所謂"拜頭至手"，是説空首時頭不至于地；對于稽首、頓首之頭著地而言也。

巩 ⋯⋯ 毛公鼎 ⋯⋯ 牆盤 楚 ⋯⋯ 上博三·周易47

【注】從丮工聲，與小篆同。《説文》："㼦，襃也。從丮工聲。㼦巩或加手。"本義當為堅實、堅固。後世通作"鞏"。●舉，有恭敬義。《師嫠簋》："師嫠父妃嫠素市，巩告于王。"容庚銘云："妃當讀為胙。賜也。巩或體作鞏，舉也。猶言師嫠父賜嫠叔市。嫠告于王也。"（《商周彝器通考》58頁）●讀鞏，固也。《毛公鼎》："不（丕）巩（鞏）先王配命。""永巩（鞏）先王。"容庚《金文編》謂"孳乳為鞏固也"。強運開釋鞏，有擁護義。●讀恐。《牆盤》："達（撻）殷畯民，永不（丕）巩（恐）狄。"恐狄，即恐惕，指恐懼、緊張的心態。此句與《尚書·多士》"乃命爾先祖成湯，革夏俊民，甸四方"句瀍有類似處。●讀鞏，以皮革捆束東西。《上博三·周易47》："巩（鞏）用黃牛之革。"

鞏 秦 ⋯⋯、⋯⋯、⋯⋯ 秦印52 ⋯⋯ 類編110

【注】從革巩聲。●秦印有"鞏目""鞏莫欲""鞏光"等，均為姓氏。

清華五·厚父 2

【注】從又巩聲，"𢀖"之異體。●讀恐。《清華五·厚父 2》："帝亦弗𢀖啟之經德少，命咎繇下為卿事。"意思是在說上帝不但不恐啟之經德少，而且還命咎繇下為卿事。

恐（忎）新蔡甲三 15　上博三·仲弓 26　清華一·保訓 2

清華六·子儀 1　清華五·命訓 5晉　中山王𰯼鼎秦　睡簡·答問 51　睡簡·為吏 2　印增 428

【注】秦文字從心巩聲。它系文字多從心工聲，與《說文》古文同。《說文》："𢚊，懼也。從心巩聲。㤥古文。"本義恐怕。●害怕。《中山王𰯼鼎》："忎（恐）隕社稷（稷）之光。"《上博三·仲弓 4》："售（雍）也憧愚，忎（恐）𢍜（貽）虐（吾）子慁（羞）。"詳"憧"字。

恭郭店·緇衣 8

【注】從共從忎，雙聲字，"恐"之繁文。或說"恭"之繁文。●讀邛，憂患之義。《郭店·緇衣 8》："《少（小）夏（雅）》員（云）：'非（匪）亓（其）㞢（止）之共，唯（惟）王恭（邛）。'"《小雅》說："臣子不恭敬，君主就會辛勞。"

郖璽彙 3304

【注】從邑從厂忎聲。●晉璽"郖勅"，讀鞏，姓氏。

攻齊　黏鎛　國差𦉜　璽彙 0150　璽彙 0148楚　工尹坡盞

䢀邡鼎　吳王夫差鑒　夫差鑑　攻敔王夫差劍　攻敔王光劍

攻敔臧孫鐘　攻敔臧孫鐘　鄂君啟舟節　鄂君啟車節　王孫誥鐘　大市

【注】從攴（表動作，或從又、殳，同）從工，工亦聲。工乃矩形工具，手而使之，會擊打之意。《說文》："玒，擊也。從攴工聲。"本義攻擊。●攻擊。《叀鼎》："叀肇（肇）從遣征，攻龠（蹻）無晉（敵）。"●讀工，工匠。《國差甔》："攻帀（師）何鑄西畜（庸）寶甔四秉。"金文攻、工同用不別，"攻尹"即"工尹"，"匋攻"即"匋工"。●攻敔王：即吳王夫差。《攻敔王夫差劍》："攻敔王夫差自乍其元用。"或作"攻吳王"。《吳王夫差鑒》："攻吳王夫差擇氒吉金。"《者減鐘》又作"工獻王"。攻敔、攻吳、工獻，均為"吳"之快讀。●大攻尹：官名。《鄂君啟舟節》："大攻（工）尹脽台（以）王命。"●攻差：即攻左，攻尹之副職，亦有少攻差。《燕客量》："攻差（佐）競之……少攻差（佐）李癸。"●讀功，事也。《叔尸鐘》："女（汝）肇（肇）敏于戎攻。"《睡簡·雜抄 42》："尉時循視其攻（功）及所為，敢令為它事，使者貲二甲。"六國文字多用"攻"表示工官、工匠之工。秦文字用"攻""紅"表示事功之功，楚文字用"攻""紅"表示功，齊文字用"攻"表示功，中山國文字用"工"。

祭 楚 新蔡甲三 309

【注】從示攻聲。●讀攻，祭名。詳"紅"字。

虹 秦 印增 512

【注】從虫工聲。●"虹丞之印"，地名。

蚣 楚 郭店·語叢四 18

【注】從蚰工聲。●讀蚣，蟋蟀。《郭店·語叢四 18》："若蚯蚣（蚣）之足，眾而不割（害），

割（害）而不僕（仆）。"

堆工**散氏盤** 工**散氏盤** 堆**堆叔簋** 堆**堆叔簋**楚 工**清華五·厚父7**

【注】甲骨文作　、　，從隹工聲。金文同。商承祚、羅振玉均以為"鴻"之本字。黃盛璋曰："'堆'從工從隹，隹為形旁，象鳥之形，故與從鳥同意。從隹工聲，音讀如工，凡從工聲多含有大意。此字即鴻之本字，原為鳥名，今稱大雁。古稱鴻鵠；或訓為大鳥，而鴻也有大意。原只在隹或鳥旁加工，加水旁顯為孳乳字。"（《長安鎬京地區西周墓新出銅器群初探》）《説文》："堆，鳥肥大堆堆也。從隹工聲。堆或從鳥。""堆"即鴻字之或體，卜辭中用為地名。●地名。《散氏盤》："目（以）西，至于堆莫（墓）。"●人名。《堆叔簋》："唯九月，堆弔（叔）從王、員征楚刃（荊）。"●《清華五·厚父7》："隹（惟）寺（時）下民堆帝之子，咸天之臣民。"朱駿聲《説文通訓定聲》："鴻，假借又為傭。"疑借為"庸"，《書·益稷》："帝庸作歌。"庸，乃也。

鳿楚 工**上博三·周易50** **上博三·周易50** **上博三·周易50**晉 **璽彙1017**

【注】從鳥工聲，即"鴻"之異體。●晉璽人名。●讀鴻，大雁。《上博三·周易50》："鳿（鴻）漸（漸）于閳（澗）。"

杠工**杠觶**楚 **望山2·11**

【注】從木工聲，與小篆同。《説文》："杠，床前橫木也。"本義床前橫木。●人名。《杠觶》："杠冊乍（作）母甲障彝。"●車蓋之柄。《望山2·11》："紫盍（蓋），軡、杠皆（雕）。"

弄晉 **璽彙3144**

【注】從廾工聲。●晉璽可讀龔，姓氏。

屛晉 **璽彙2981** **類編432** 工**璽彙2870** **璽彙2871** 工**璽彙2873**

【注】從厂弄聲。●晉璽"屛敢""屛處"等，姓氏，讀共或讀龔。

郱楚 **清華二·繫年112** **包山130**

【注】從邑弄聲。●包山簡讀龔，姓氏。《包山221》　（亦見222、223），張新俊先生釋為郱，可以讀龔，用作姓氏。（《上博楚簡文字研究》66頁）●地名用字，讀紅。《清華二·繫年112》："以與戉（越）命（令）尹宋累（盟）于郱。"陳絜先生將"郱"讀為齊長城以南的魯國屬邑"紅"地。（《清華簡〈繫年〉第二十章地名補正》）

鄡 楚 包山68 包山78 包山174 包山163

【注】從勹郱聲。●讀葬，姓氏。包山68號簡"鄡倉"與19號簡的"葬倉"可能是同一人的異寫，"鄡"字的基本聲符當是"弄"，該字又見於78號簡"鄡思"、163號簡"鄡攸"等，李守奎認為是葬氏異寫。

玼 楚 郭店·成之10 清華七·越公63 上博二·容成2

【注】從戈工聲。●多讀攻。《清華七·越公63》："鄴（邊）人乃相玼（攻）也。"●讀瞽。《上博二·容成2》："柎玼鼓瑟。"簡文"柎玼"，讀"矇瞽"，樂官。古代樂官多為盲人，故稱。《周禮·春官·樂師》："瞽矇掌播鼗、柷、敔、塤、簫、管、弦、歌。"《國語·晉語四》："官師之所材也，戚施直鎛，蘧蒢蒙璆，侏儒扶盧，矇瞍修聲，聾聵司火。"

秨 楚 曾侯174

【注】從禾工聲。●人名。

邛 楚 曾侯簠 邛君婦龢壺 孫叔師父壺 邛季之孫戈 邛叔盤鼎
叔盤鼎 伯戔盆 伯戔盤 楚王鐘 晉 槁朝鼎 合陽鼎
秦 印增250

【注】從邑工聲，與小篆同。《邛叔盤鼎》從邑江聲。《説文》："邛，邛地。在濟陰縣。"本義為國名。●國名，姬姓小國。原為周大夫邛叔的食邑。公元前623年為楚人所滅，在今河南息縣。典籍作"江"，江國與息國相鄰。《邛君婦龢壺》："邛君婦龢乍（作）其壺。"《孫叔師父壺》："邛大宰孫弔（叔）師父乍（作）行具。"《楚王鐘》："隹（唯）正月初吉丁亥，楚王媵（滕）邛中（仲）嬭南龢鐘。"●氏名。《合陽鼎》："十九年，邛干為合陽，膚（容）半（半）齋。"

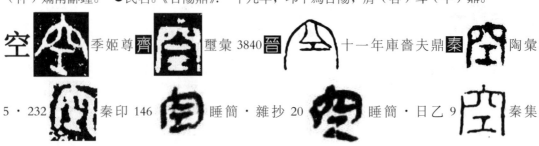

空 季姬尊 齊 璽彙3840 晉 十一年庫嗇夫鼎 秦 陶彙
5·232 秦印146 睡簡·雜抄20 睡簡·日乙9 秦集

一·二·50 秦集一·二·48 集證 141 集證 141 秦集
一·二·49

【注】從穴工聲，與小篆同。《説文》：“𡧛，窨也。”本義空虛。●三晉趙系文字，讀容。《十一年庫嗇夫鼎》：“空（容）二斗。”●空虛。《睡簡·答問 151》：“空倉中有薦。”●地名。《季姬尊》：“君命（令）宰莆易（賜）帀季姬畞臣于空桑。”●秦印有“左司空”“左司空丞”“右司空印”“右司空印”“右司空丞”等，均為官名，詳“工”字。●讀工。《璽彙 3840》“司空容”，讀司工，複姓。

腔 秦 睡簡·封診 53

【注】從肉空聲。●本義，體内如口、胸、腹等中空處。《睡簡·封診 53》：“鼻腔壞。”

窓 楚 清華十·四告 40

【注】從心空聲。●讀恐。《清華十·四告 40》：“茲隹（唯）窓筥（懼）亡（無）爽曑（振）嬴（贏）。”整理者注：“窓，疑‘恐’字異體。筥，從臣，昔省聲，讀為‘懼’。爽，差錯。振嬴，振弱。”

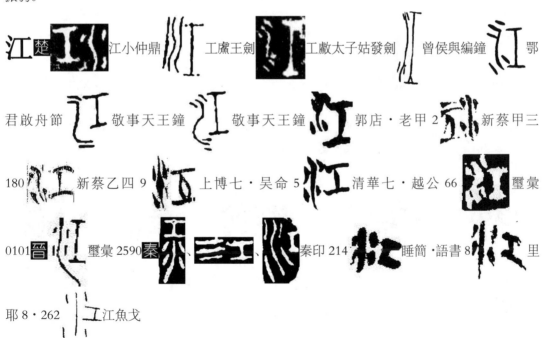

江 楚 江小仲鼎 工盧王劍 工獻太子姑發劍 曾侯與編鐘 鄂
君啟舟節 敬事天王鐘 敬事天王鐘 郭店·老甲 2 新蔡甲三
180 新蔡乙四 9 上博七·吳命 5 清華七·越公 66 璽彙
0101 晉 璽彙 2590 秦 秦印 214 睡簡·語書 8 里
耶 8·262 江魚戈

【注】從水工聲，偏旁左右不拘。《説文》：“𤀰，水。出蜀湔氐徼外崏山，入海。”本義指長江，引申為江河之通稱。●水名，專指長江。《工獻太子姑發劍》：“余處江之陽。”也泛指一般的江河。《鄂君啟舟節》：“内（入）瀘江。”●國名。《江小仲母生鼎》：“江小中（仲）母生自乍（作）

甬（用）鬲。”江國之江，銘文或作“邛”。●《睡簡·語書8》“江陵”，地名。●秦印姓氏。

貢晉 貨系 432　貨系 433　貨系 434

【注】從貝工聲。●讀鞏，地名。

厬晉 璽彙 1612

【注】從厂貢聲。●晉璽人名。

紅楚 信陽 2·13　望山 2·48　仰天 25秦 睡簡·秦種

62 睡簡·秦種 89　印增 507

【注】從糸工聲。●指織物。《睡簡·秦種89》：“韋革、紅器相補繕。”皮革或織物製造的物品，壞了可以互相修補。●女紅。《睡簡·秦種62》：“女子操啟紅及服者，不得贖。”從事文繡女紅和製作衣服的女子不准贖。●秦簡多讀功或讀工。《睡簡·秦種116》：“興徒以為邑中之紅（功）者，令結（婷）堵卒歲。”徵發徒作城邑的工程，要對所築的牆擔保一年。●紅色。《信陽2·13》：“一紅介之留衣。”

仜 縣改簋秦 印增 307

【注】從人工聲，與小篆同。《說文》：“仜，大腹也。”本義大腹便便，體肥。●兼有、為。《廣雅》：“仜，有也。”《縣改簋》：“白（伯）犀父休于縣改曰：叡，乃仜縣白（伯）室，易（賜）女（汝）婦爵、眔之弋周（珮）玉。”“乃仜縣伯室”意為你匹配縣伯作為妻子。●秦印“仜士私印”，人名。

功所 師俞尊楚 上博一·緇衣 5秦 秦印 263　二世詔版 二

世詔版

【注】從力工聲。《說文》：“玏，以勞定國也。從力從工，工亦聲。”本義功績。●功績、功業。《師俞尊》：“王女（如）上侯，師餘（俞）從（從），王夜（掖）功。”●讀邛，憂患之義。《上博一·緇衣5》：“匪其止共，隹（惟）王之功（邛）。”

羿楚 清華八·攝命 11　清華八·攝命 29

【注】從廾功聲。●讀功。《清華八·攝命11》：“甬（用）事朕命，谷（欲）女（汝）（繹繹）羿弗（功）。”繹繹，整理者引《漢書·韋玄成傳》“繹繹六轡”，注：“繹繹，和調之貌。”家天下，臣服事於君，功在家國，在“余一人”，臣弗以為己功。

 武平鐘

【注】從貝功聲。●“大夫貢”，人名。

見紐廾聲

 廾鼎 晉 卅五年鼎 先秦編611 陶錄5·100

璽彙5419

【注】甲骨文作 、 、 、 ，兩手相對拱舉有所持奉，會捧物之意，是“共”字初文。“廾”與“収”“臼”類似，“収”作 ，象雙手有所排斥之形，“臼”作 ，象兩手向下攫取之形；作偏旁時會意同。金文增 為飾符。《説文》：“ ，竦手也。從 從又。凡廾之屬皆從廾。今變隸作廾。 楊雄説：廾從兩手。”今字不單用，只作偏旁。●人名。《卅五年鼎》：“卅五年，虒命（令）周廾。”●晉系文字讀共，人名或地名。

 毛公鼎 录伯戎簋蓋 四十二年逑鼎 、 、 、 冊

三年逑鼎 單伯吳生鐘 師獸簋 師克盨 何尊 師克盨蓋 師克盨

【注】“爯”是金文中的一個常用字，學界眾說紛紜，未有定論。孫銀瓊、楊懷源考察各家說灜，根據新見《柞伯鼎》銘文（《柞伯鼎》“又（有）共（功）于周邦”，語例與“又（有）爯于周邦”相仿）將此字釋為“供”的表意初文，在金文中借作“功”。（詳孫銀瓊、楊懷源《金文“爯”新釋》）蓋金文象雙手奉爵之形，為“供”之表意初文；廾兼聲。“爯”“爨”“爵”為一字異體，“爨”“爵”均從“同”聲。“供”字先秦文獻、古文字材料裏罕見，《説文解字》始有收錄，蓋古文字中或作“爯”“爨”“爵”。在文字競爭性演變中，“爯”“爨”“爵”以其形繁，被借字“共”淘汰，後又有後起本字“供”。《廣雅·釋詁》：“供，進也。”《廣韻·鍾韻》：“供，奉也”。雙手封爵，正可會奉、獻之意。金文中“供”字多借“共”，此“爯”正為其本字。“爯（供）”與“功”同音，在金文中破讀功。●讀功。《師克盨》：“則繇隹（唯）乃先且（祖）考又（有）爯于周邦。”●裘錫圭讀庸，認為即訓為“功”“勞”的“庸”的本字。（《甲骨文中的几種樂器名稱——釋“庸”“豐”“鞀”》）“庸”與“共”古音相近。《毛公鼎》：“亦唯先正略辥（乂）乿（厥）辟，爯董大命。”“爯董大命”讀“庸勤大命”，意即勤勞于上天之命。《爾雅·釋詁》：“庸，勞也。”《詩·王風·兔爰》：“我生之初尚無庸。”鄭《箋》：“庸，勞也。”所謂“勞”，既是動勞之勞，又是勤勞

之勞。"■董大命"語例猶《書·堯典》"汝能庸命"之"庸命"。

昪 貨系283　　貨系284 楚　　郭店·緇衣12

【注】從日升聲。《集韻》居容切，音恭。與升同，竦手也。《玉篇》扶也。●周空首布地名，不詳。●釋為"梏"，讀覺，正直。（劉釗《郭店楚簡校釋》56頁）《郭店·緇衣12》："又（有）昪（誥）惪（德）行，四方忑（順）之。"今本作："有梏德行，四國順之。"

寡 史喑簋　　何尊　　應姚簋　　應姚簋 楚　　王孫誥鐘　　王孫誥戟

上博一·緇衣15　　郭店·緇衣28 燕　　陶錄4·40

【注】從言升聲，與"誥"《説文》古文形近。誥，郭店楚簡仍從言升聲作，包山楚簡始見從告聲之"誥"，今則誥行而寡廢。《説文》："誥，告也。從言告聲。古文誥。"本義上告下。●讀誥，以上告下，有訓誡之意。《何尊》："才（在）四月丙戌，王寡（誥）宗小子于京室。"《書·大誥》："猷大誥爾多邦，越爾御事。"《上博一·緇衣15》："《康寡（誥）》員（云）：'敬明乃罰。'"●人名。《王孫誥鐘》："王孫寡（誥）罤（擇）其吉金，自乍（作）龢鐘。"燕陶人名。

弄 王作姘弄卣　　鳥嬎簋 晉　　杕氏壺　　智君子鑒　　君子之弄鼎

貨系504　　弊編98 秦　　集證137　　睡簡·日甲69背

【注】甲骨文作■、■、■、■，從升（雙手）從玉，象于岩穴中雙手捧玉之形，唐蘭謂"弄"之古文。（《天壤閣甲骨文存考釋》）玉是常用作撫弄鑒賞的珍品，故以雙手捧之。金文從玉升聲，省去■形。《説文》："弄，玩也。從升持玉。"本義是用手撫摸玩賞，如《詩經》："載弄之璋。"●用為本義，玩。《睡簡·日甲69背》："善弄。"●《杕氏壺》："盧（吾）台（以）為弄壺。""弄"于辭銘中多用為修飾語，舊解為"寶玩"。《杕氏壺》《智君子鑒》等器，是當時貴族舉行祭祀、宴享等典禮所用的禮器，絶非供玩賞之物，不能以玩器視之。王人聰認為"弄"與"寶"義近，"元弄"也是由兩個近義的詞素構成的同義並列復合詞，其意義為"寶"。（詳《釋元用與元弄》）《天尹鐘》"天尹乍（作）元弄"，可解釋為"天尹作寶器"。●《集證137》"弄狗廚印"。"弄狗"見《後漢書·孝靈帝紀》"又於西園弄狗"。《史記·司馬相如列傳》："蜀人楊得意為狗監。"《集解》："郭璞曰：主獵犬也。""廚"指廚官，此"廚"則為狗監署下的屬官。

春 伯春盉 楚　　清華十·四時35 秦　　陶彙5·205　　睡簡·日甲45

背  睡簡・答問 132

【注】甲骨文作 、 、  、 等形，從凵從午從廾（兼聲），兩隻手握着午（舂米的木槌）在一個臼（舂米的容器）裏舂米，會舂米之意。"臼"作為構字符號，大約有三種表現意象：一是表示"杵臼"之"臼"，如"舂"字從"臼"為義符，"舊"字從"臼"為聲符；二是表示"凵"，如"臽"字從"臼"，象人陷入坑坎形。臼的形狀本來與坑坎的形狀就相同，所以可以用同一個形體來表示；三是表示某一窪陷處，如"鑿"字作 、 、 、 （《侯馬盟書》），所從之"臼"形象鑿子鑿出的窪陷處。《説文》："𦥑，搗粟也。從廾持杵臨臼上。午，杵省也。古者雝父初作舂。"本義是用杵臼搗去谷皮，如《詩經》："或舂或揄，或簸或蹂。"就是指搗穀類。● 刑徒名。《睡簡・答問 69》："擅殺子，黥為城旦舂。""城旦舂"是中國秦代、漢代時期的一種刑罰，屬於徒刑。城旦是針對男犯人的刑罰，其意思是"治城"，即築城；舂是針對女犯人的刑罰，其意思是"治米"，即舂米。● 舂搗。《睡簡・日甲 45 背》："以沙人一升�ூ其舂臼。"● 人名。《伯舂盉》："白（伯）舂乍（作）寶盉。"● 讀沖。《清華十・四時 35》"四舂"，整理者讀沖，注："舂，書母東部，讀為昌母東部之'沖'，大道。《墨子・號令》：'因城中里為八部，部一吏，吏各從四人，以行沖術及里中。'簡文有'天衝'（簡一四），應即四沖之一。"

舂 毛公鼎 𢝆 禹鼎 楚 清華九・成人 11 清華十・四告 4 清華

十・四告 10 秦  秦駰玉牘

【注】從心舂省聲。或從心舂聲。《説文》："𢝆，愚也。"本義愚蠢。● 讀蠢或讀惷，愚蠢。《禹鼎》："䝅（肆）禹亦弗敢𢝆，賜（惕）共朕（朕）辟之命。"《秦駰玉牘》："余毓子㐬（厥）惑，西東若𢝆。"《清華九・成人 10》："甬（用）𧴪（物）見（現）之祅（妖）廉（祥），禡（瘍）祅（妖）☑卑（俾）民毋𢝆（蠢、惷）。"《周禮・秋官・司刺》："三赦曰惷愚。"經史蠢、惷不甚別，《左傳》昭公二十四年"今王室實蠢蠢焉"，蠢蠢，《説文》引作"舂舂"。●《毛公鼎》："命女（汝）辥（乂）我邦、我家内外，𢝆于小大政。"《商周青銅器銘文選》讀擁。𢝆于小大政，即執持各種政事。《毛公鼎》："母（毋）有敢𢝆專（敷）命于外。"銘意為，不得擁持政事而擅自發佈王命于外。張崇禮讀主。"𢝆"，書母東部；"主"，章母侯部。聲母同屬舌音，韻部陰陽對轉。"主于小大政"，意即大小政事都由毛公主持掌管。"毋或敢主敷命于外"，"主"為專主、作主之意。《漢書・淳于長傳》："長主往來通語東宮。"顏師古注："主，猶專。"（詳《金文考釋五則》）● 整理者讀縱。《清華十・四告 4》："䝅（肆）隹（唯）喬（驕）𢝆（縱）忘（荒）怠（怠），好㾕（瘵）同心同悳（德），暴唬（虐）從（縱）獄。"整理者注："𢝆，從舂聲，讀為'縱'。《禮記・學記》'待其從容'，鄭注：'從，讀如富父舂戈之舂。'驕縱系同義連用。《國語・越語下》'天道盈而不溢，盛而不驕，勞而不矜其功'，韋注：'不驕，不自縱弛。'《後漢書・袁紹傳》：'曲義自恃有功，驕縱不軌，紹召殺之，而並其眾。'"或可作如字讀，訓為愚。

𥅬 楚  郭店・唐虞 26

【注】從耳春省聲。●讀聰。《郭店・唐虞26》："耳目耴（聰）衰。"楚簡多從耳兇聲作"聡"。

【注】《舍忓盤》等所作，《金文編》原釋為"共"，當從心廾聲，字可隸定為"弁"。帛書甲有"恭"字作，從心共聲。共亦從廾聲，故二者音同。戰國文字中偏旁簡化現象習見，共旁減省作廾，古文字中不乏其例；偏旁上下異位，晚期古文字中亦多有見。故銅器銘文和郭店簡的弁字，很可能就是帛書"恭"字寫濾之簡省，二者當為一字之異體。從銘意來說，《舍忓盤》"目（以）共（供）歲棠（嘗）"，"共"作弁，而同銘姓名"陳弁"則作弁，故二者決不同字。●人名。《舍忓盤》："差（佐）陳弁為之。"●《郭店・六德22》："子也者，會埠長材以事上，胃（謂）之宜（義），上弁下之宜（義），以奉社稷，胃（謂）之孝。"丁原植以為弁當讀恭，認為"上恭"似指"其事上也敬"，"下義"或指"其使民也義"，"之"字恐為誤衍。

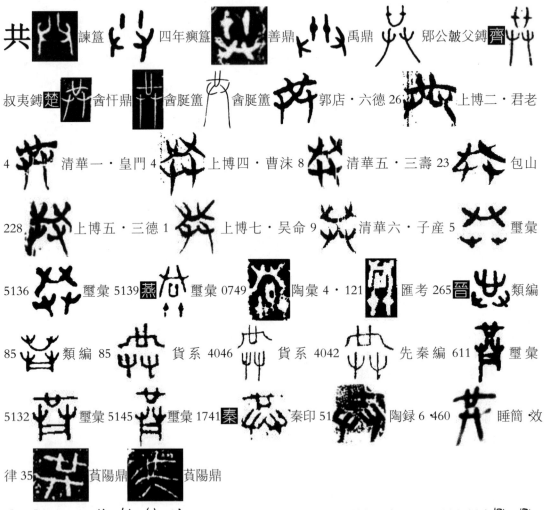

【注】甲骨文作杓、杓、杓、杓，與"廾"同形，徐中舒謂"共"之初文。甲骨文另有闩、闩，金文亦有冈字，或釋為"共"，謂象拱其兩手持物之狀，持此說者以為字乃"拱"之初文，然闩若冈多用為人名，釋為"共"並無證據。（詳見郭靜云《甲骨、金、簡文"廾"字的通考》）戰

832

國文字"共"所從之廿，當源于 (symbol)，而非源于 O。蓋"共"字作 (symbol) 若 (symbol)，象拱持二玉（玉之側視也）之形。其玉形加飾筆則作 (symbol)（殆受廿之類化），春秋時期，飾筆之圓點變為短畫，而二豎筆下部趨近作 (symbol)，戰國時期為求書寫簡易，上下俱相連為廿矣。《説文》："廿，同也。從廿、廾。凡共之屬皆從共。(symbol)古文共。"本義表示供奉，如《周禮》："共其羊牲。"●讀供，供奉。《畬脡匜鼎》："目（以）共（供）歲裳（嘗）。"●讀恭，恭敬。《善鼎》："虩前文人，秉德共（恭）屯（純）。"《爾雅・釋詁》："恭，敬也。"《史記》："共承嘉惠兮，俟罪長沙。"●人名。《瘋盨》："嗣（司）馬共右瘋。"●讀恭。《上博四・曹沫8》："必共（恭）儉以得之，而驕泰以失之。"●讀供，供給。《上博五・三德1》："天共旹（時），地共材，民共力，累（明）王無思，是胃（謂）參（三）悳。"

十六年寧壽令余慶戟 楚 清華三・説命下9

【注】從辵共聲。●讀邛。《清華三・説命下9》："余惟弗进（邛）天之段（瑕）命。"《爾雅・釋詁》："邛，勞也。"勞苦憂病之意。本句意為：我不會以上天所寄予的大命為勞苦憂病的。●晉兵器人名。

上博六・平王4

【注】從酉從皿共聲。●讀瓮或讀甕，盛食器的名稱。金文或作"(symbol)"。《上博六・平王4》："知醓不盉，醓（酪）不貪（酸）。"醋不酸是醃製醃菜時沒有蓋上蓋子才會出現如此結果。

偁鼎

【注】從(symbol)共聲。●讀瓮，小口大腹，有蓋的容器。《偁鼎》："楚弔（叔）之孫偁羁（擇）其吉金，自乍（作）俗（浴）(symbol)（瓮）。"

帛書甲　　清華三・良臣11　　清華五・三壽11　　上博九・陳公

12　　璽彙3658 晉 璽彙5389

【注】從心共聲；共旁或省廾。●恭敬。《上博九・陳公12》："又（有）所胃（謂）祝（威），又（有）所胃（謂）恭。"●讀恐。《清華五・三壽11》："高宗恭（恐）思（懼），乃尃（復）語彭且（祖）曰。"帛書讀恐或讀恍。《帛書甲》："恭民為智。"●楚璽"恭夜佗"姓氏。晉璽單字。●讀共。《清華三・良臣11》："楚恭（共）王又（有）伯州利（犁）以為大宰。"

上博七・鄭乙5　　上博七・鄭甲7

【注】從糸共聲。●讀紘，訓為"束"。《上博七·鄭甲5》："綖（疏）索目（以）絉（紘）。"絉從"共"得聲，上古音"共"屬見母東部，"紘"屬匣母蒸部，兩者音近可通。《廣雅》："紘，束也。""綖索"，讀為"疏索"。"疏"訓"粗"，粗劣。"索"指束棺之緘繩。

亢鼎 任鼎 秦 秦印 236

【注】《亢鼎》所作，黃錫全讀瓶。然諦觀字形，《亢鼎》從二又非從二人，董珊謂 象兩手拇指為囚具夾住之形，即《說文》訓"兩手同械"之"𢪒"字之表意初文；上從廾者為聲。二銘之"𢪒"俱讀為鬱草之專用量詞"貫"。（詳董珊《任鼎新探——兼說亢鼎》）秦文字從手共聲。●讀貫，鬱草之專用量詞。《亢鼎》："目（以）鬱𢪒（貫）邑壇（壇）牛一。"銘意為，賜給鬱、邑、牛各一貫、一壇、一頭。●秦印"慎愿𢪒敬"讀恭，恭敬。

堻 楚 上博四·采風1 晉 璽彙 5147 璽彙 5150 璽彙
5152 類編 449

【注】從土共聲，疑"共"之繁文。楚文字從土共省聲。●晉璽單字印讀恭，箴言印。●《上博四·采風1》："疋堻月。"讀供，祭祀、奉祀。《後漢書·禮儀志上》："正月上丁，祠南郊。禮畢，次北郊，明堂，高廟，世祖廟，謂之五供。五供畢，以次上陵。""供月"，祭祀月神。

邦 楚 包山 188 晉 王子☐戈 邦戈

【注】從邑共聲。與"巷"所從邑旁位置不同，其義也不同，唯音近而已。●讀共，地名。《邦戈》："邦戈。"典籍作"共"。《左傳·隱公元年》："鄭太叔出奔共。"杜注："共國，今汲郡共縣。"又《戰國策·魏策三》："河內之共、汲莫不危矣。"在今河南省輝縣東，故城遺址尚有殘存。●讀拱。《王子☐戈》："王子☐之邦戈。"●包山簡姓氏。邦，亭名，以亭為氏，見《萬姓統譜》。

巷 楚 類編 219 璽彙 1882 晉 相邦建信君鈹 建信君鈹
相邦建信君鈹 相邦建信君鈹 秦 睡簡·封診 79 陶新 2352

【注】從邑（或謂𨟎省聲）共聲。共，羣母東部；巷，匣母東部。二字旁紐雙聲、疊韻。秦系文字作 ，邑省作卩。𨟎、𨙻、衖、𨟎、巷、巷實為一字之分化。《說文》作"𨟎"。《說文》："𨟎，

里中道。從𨙩從共。皆在邑中所共也。巷，篆文從𨙩省。"《廣韻》街巷也。《增韻》直曰街，曲曰巷。《詩·鄭風》巷無居人。《注》里里塗也。引伸之凡夾而長者皆曰巷。●《相邦建信君鈹》："邦左庫工帀（師）巷叚。"應為姓氏。《璽彙1882》有"巷亞"。●秦簡用為本義，胡同、里弄。《睡簡·封診79》："内北有垣，垣高七尺，垣北即巷殹（也）。"

戕 ⟨楚⟩ 王子戕戈　㫎戈　上博四·曹沫32

【注】從戈共聲。●讀拱，執也。《國語·吳語》："擁鐸拱稽。"注云："拱，持也。稽，棨戟也。"《㫎戈》："㫎乍戕戈。"●讀輂。《上博四·曹沫32》："早食戕（輂）兵，各載爾藏，既戰將量。"《周禮·地官·鄉師》："大軍旅會同，正治其徒役，與其輂輦。"鄭玄注："輂，駕馬。輦，人挽行，所以載任器也。"

衖 ⟨秦⟩ 睡簡·日甲83背

【注】從行共聲，"巷"之異文。●讀巷。《睡簡·日甲83背》："有死，其後必以子死，其咎在渡衖。"陸德明《釋文》："衖，道也。"

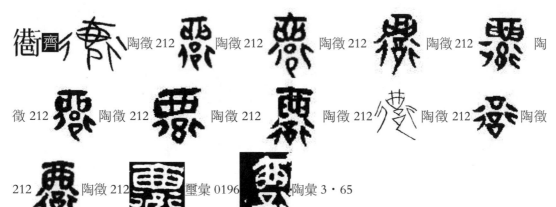

𨞘 ⟨齊⟩ 　陶徵212　陶徵212　陶徵212　陶徵212　陶徵212　陶徵212　陶徵212　陶徵212　陶徵212　陶徵212　陶徵212　陶徵212　璽彙0196　陶彙3·65

【注】從邑衖聲。李學勤認為此種寫法的字當是"巷"字的另一種寫法。他認為字的上半部是共字，只不過把廾改成了臼。其中作𧝑者，省臼。實際上陶文從行從邑從共，共聲或共省聲。（李學勤《中國古代文明研究》191頁）●均讀巷。《璽彙0196》"靖𨞘（巷）右敚（廏）"，當為齊靖巷管理敚（廏）的官員所用之印。

箕 ⟨楚⟩ 　包山257　仰天3

【注】從竹共聲。●《包山257》："庶（炙）鷄一箕、燗（熬）魚二箕、栗二箕。"整理者：經與出土實物對照應是盛放食物的竹笥。朱德熙、裘錫圭讀箄。《説文》："箄，栖箸也，或曰盛箸籠。"

苉 乖伯簋

【注】從巾共省聲，疑"帗"之省文。古文字"恭"或作（璽彙5389），亦作共省聲，可資佐證。或釋為"帗"，不確。●讀恭。《乖伯簋》："又苉于大命。"

遴 楚 包山144 郭店·緇衣1

【注】從辵帗聲。●讀巷。《郭店·緇衣1》："亞（惡）亞（惡）女（如）亞（惡）遴（巷）白（伯）。"

衚 楚 包山142 包山142 上博一·緇衣1 上博三·周易

32 上博二·魯旱3

【注】從行帗聲。或增止，為繁文。●均讀巷。《上博一·緇衣1》："亞（惡）亞（惡）女（如）亞（惡）衚（巷）白（伯）。"《郭店·緇衣1》則作"遴"。《上博二·魯旱3》："賜，而（爾）昏（聞）衚（巷）迲（路）之言，母（毋）乃胃（謂）丘之含（答）非與（歟）？"

衚 秦 秦印126 秦集一·二·53 秦集一·二·54

【注】從廾衚聲。●均讀巷。秦封泥有"永巷""永巷丞印"。秦少府屬下均置永巷令、丞，以宦者充任，掌宫女及后宫事務。《史記·范雎蔡澤列傳》："佯為不知永巷，而入其中。"《正義》曰："永巷本是宫中長巷，為後宫的官署。"永巷系指宫中之長巷，同時又是一個宦官機構的名稱，幽閉宫女之有罪者。

郝 楚 曾侯167 上博四·采風1 清華二·繫年93

【注】從邑帗聲，疑"邟"之異文。《清華二·繫年93》增廾為繁文。●讀邟，姓氏。《曾侯167》："郝枏之騮為左驂。"●《上博四·采風1》："宫郝（巷）。"董珊先生謂"巷"疑讀為"弘"，似指宫音之弘大者，即低音區的宫音。●讀絳。《清華二·繫年93》："欒盈厝（襲）郝（絳）而不果。"

滞（港）楚 清華九·成人10 清華十一·五紀1 清華十一·五

紀3

【注】從水屯聲，"港"之異文。或增從廾。●讀巷。《清華九·成人10》："不失（循）古（故）棠（常），咸賜（揚）亓（其）又（有）滿（巷）。"有巷，謂巷族，同一居住區強勢族群。《韓非子·説疑》："内搆黨與，外攄巷族，觀時發事，一舉而取國家。且夫内以黨與，刼弒其君；外以諸侯之權矯易其國，隱正道，持私曲，上禁君，下撓治者，不可勝數也。是何也？則不明於擇臣也。""咸揚其有巷"是臣據其"有巷"不顧大局的越位行為。●讀洪。《清華十一·五紀1》："佳（唯）昔方又（有）港（洪），畜（奮）洫（溢）於上。"

 榮有司再鼎 榮有司再鬲

【注】從龍屯聲。●金文讀龔，姓氏。《榮有司再鼎》："燊（榮）又（有）司再乍（作）齋鼎，用朕（朕）贏龍母。"

 吳王壽夢之子劍

【注】從隹屯聲。●讀工或讀句。《吳王壽夢之子劍》："攻敔（吳）王姑義雜壽夢之子、戲虖鄱之弟未。"石小力認為："姑義雜壽夢"五字中的後三字"雜壽夢"即對應古書中的"壽夢"，"姑義"則有可能是壽夢之字，兩者構成一名一字的關侨。"雜"字在銘文中可讀為"工"或"句"，疑為壽夢名字中的附加語。（《東周金文與楚簡合證》90頁）

溪紐孔聲

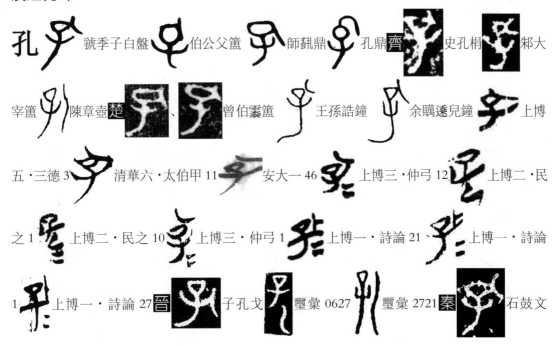

睡簡・日甲 69 背　　　璽彙 2722　、　　秦印 227　　類編 131

【注】從子，象子就乳而食之形。《説文》"𡥀，通也。從乙從子。乙，請子之候鳥也。乙至而得子，嘉美之也。古人名嘉字子孔。"林義光曰："按以乙至得子為嘉美，説已迂曲，且非孔字本義。孔通也，本義當為乳穴，引申為凡穴之稱，𠃊象乳形，子就之，以明乳有孔也。"（《文源》卷二）高鴻縉以為："字之本意應為甚。蓋字象小兒食乳形，小兒食乳往往過甚也，故托以過甚之意，副詞。如詩'其新孔嘉'等。是後人以同音通假以代空，故有孔隙、孔穴之意。"（《中國字例》二篇）本義乳孔。乳汁甘美，乃有嘉美義；乳汁哺育嬰孩長大，乃有廣大義；由乳穴又引申為縫穴的泛稱。●形容詞，大。《虢季子白盤》："王孔加（嘉）子白義。"《伯公父簠》："其金孔吉，亦玄亦黃，用成（盛）粰（糈）脩（稻）需（糯）粱。"器銘是指金屬的品質優異。●副詞，很、非常。《王孫遺者鐘》："元鳴孔皇。"《石鼓文》："田車孔安。"●人名。《孔鼎》："孔乍（作）父癸鞏（旅）。"●上博簡多用為人名，即孔子；多作合文。●秦印姓氏。

邜 齊　　　璽彙 3695

【注】從邑孔聲。●"邜庚信鈢"，姓氏，讀孔。

端紐豕聲

涿 秦　　　秦印 221　　　過耳 303　　　璽集二-SY-53

【注】從水豕聲（"豕"僅見於甲骨文）。●秦印"涿喜""涿㝬"，姓氏。《姓氏詞典》收載，其據《姓譜》注云："以地名為姓氏。漢代涿郡即今河北涿縣（涿州市）。漢有涿鞮、涿兵。"●《璽集二-SY-53》是"涿"的倒置。《漢書・地理誌上・涿郡》："縣二十九：涿。"顏師古註引應劭曰："涿水出上谷涿鹿縣。"《水經註・水》："涿水出涿鹿山，世謂之張公泉，東北流經涿鹿縣故城南……。"因此，此璽當以地名入璽，其地在今河北省涿鹿縣南。

豕 　 智壺蓋　　 趙簠　　 多友鼎 齊　　 璽彙 3925　　 陶彙 3・945　　 璽彙 5678　　 陶録 2・12 楚　　 包山 257　　 包山 202　　 包山 203　　 包山 225　　 包山 227　　 包山 211　　 新蔡甲三 180　　 璽彙 4047　　 新蔡甲三

405 望山 1·117　包山 243　蛮壺　蛮壺　四斗齊客方壺

十三年上官鼎　陶彙 6·25　侯馬　晉編 1336　圖典

252　右冢子鼎　集成 9683　集成 9686　睡簡·答問 190　關

簡 302　集證 145　嶽麓三 54

【注】從冢，疊加主為聲符。冢或省為豕形（豕與冢皆屬舌音，故冢或省為豕）；主形或訛作ㄋ、
フ、ㄈ等形。（《戰國古文字典》360 頁）作者，"豕"旁與"主"旁形體共用。《望山 1·117》
《包山 243》為"冢冢"合文。《右冢子鼎》為"冢子"合文。《集成 9686》為"之冢（重）"合
文。《說文》："，高墳也。從勹豕聲。"西周金文中塚字多用為"大"義，而且塚字常見。大
義與《說文》所釋"高墳"之義也相因。秦漢文字與"冢"混訛（詳"冢"字）。本義為高墳、
墳山。●冢司馬：官名。《趠簋》："趠，命女（汝）乍（作）數（圈）自（師）冢嗣（司）馬。"
典籍作"家司馬"，容庚謂："家殆冢之誤。"（《金文編》651 頁）卿大夫的采地稱"家"，《周
禮·夏官·司馬》："家司馬各使其臣以正于公司馬。"鄭玄注："卿大夫之采地，王不特置司
馬，各自使其家臣為司馬，主其地之軍賦，往聽政于王之司馬。"●墳墓、墳冢。《睡簡·答問
190》："可（何）謂'甸人'？'甸人'守孝公、瀗（獻）公冢者殹（也）。"●冢司徒：猶大
司徒。"冢"有大義，周禮大宰別稱冢宰。司徒是負責田賦民役的官。《智壺蓋》："更乃且（祖）
考乍（作）冢嗣土于成周八自（師）。"即指專門負責成周地方的司徒官。●邦冢君：即大君，
泛指諸侯國君主。《班簋》："王令毛公目（以）邦冢君、土（徒）馭、或人伐東或（國）瘠戎，
咸。"●讀重，重量。《十年燈座》："冢（重）一石三百五十五刀之冢（重）。"●讀屬。《蛮
壺》："或得虛（賢）狌（佐）司馬貯，而冢（屬）貢（任）之邦。""屬任"一詞見於典籍，
義同委任。《漢書·石顯傳》："陛下過私小臣，屬任以事。"顏師古《注》："屬，委也。"即
其例。銘文"屬任之邦"，意即委任之邦。●冢子：長子。《禮記·內則》："父沒母存，冢子御
食。"鄭玄注："御，侍也，謂長子侍母食也。"引申為官長。《梁上官鼎》："宜諙（信）冢子，
膚（容）參分。"●《集證 145》"冢府"，冢為墓。"冢府"文獻未見，然秦公之墓戰國中晚期稱
冢，則"冢府"可能是保存兆域圖的機構。河北平山縣出中山王𰀁兆域圖銘，"其一從其一瘤（藏）
府"，可見兆城圖是由府保藏的，秦的情形也當相似。此外，"冢府"是否還保存與冢墓有關的
其它器物，文獻不足，未可深究。●讀豬。《包山 202》："興（舉）禱東陵連囂肥冢（豬），酉（酒）
飤（食）。"

彙　工銀節約　四年昌國鼎

【注】從目冢聲。或釋為貆，古文字從貝常省為目形。●晉器均讀冢。

塚晉  春成侯鐘 二年宁鼎 十八年塚子韓矰戈

溫縣

【注】從土冢聲，"冢"之繁文。"主""土"或形體共用。《春成侯鐘》從土從冢（冢下從犬作，古文字有以"犬"代"豕"的情況，參"家""逐"等字），隸為"塚"。《正字通》："塚，冢俗字。"《十八年冢子韓矰戈》省豕，加卜繁化。●均讀冢或讀重，詳"冢"字。

祿晉 溫縣

【注】從示冢聲。●溫縣盟書"不（丕）顯岳（嶽）公大祿（冢）"，讀冢。

鎵齊 陶彙 3·717

【注】從金冢聲。●"市鎵"，疑讀重。

定紐同聲

同 同尊 小臣宅簋 天亡簋 大尊 同簋 師同鼎 永

孟 同姜鬲 內史亳豐同齊 匯考 312 陶錄 2·324楚 姑馮昏同之子句

鑃 清華四·筮法 9 清華八·邦道 12 清華六·管仲 15 包山

126 清華十·四告 21 清華十·四告 4 清華十一·五紀 39燕 匯考

257晉 中山王響壺 三晉 99 璽彙 1618秦 不嬰簋 石鼓文

【注】甲骨文作 、 、 、 、 。吳振烽認為"同"是"筒"和"箭"的本字，最初的形

狀就是同字上部所從的 **片**，象截竹而成的一種管狀器物，也就是竹筒。字的兩豎，象竹筒的外壁，中間兩橫，以示竹節之形。這種竹筒古人用以飲水飲酒，其後添加意符"口"，變成了"同"。（詳《內史亳豐同的初步研究》）新出《內史亳同》自命為"同"（也就是通常所說的觚），中間微鼓肚，正象 **片** 形。同呈圓形，故引申為會合、聚集、齊一、統一等，引申義取代了本義，所以後來另造從竹的"筒"和"箵"為之器物的名詞，而作為器物名稱的"同"字本義就不為人們所知了。同、凡易混。商代甲骨文"同"字左右豎筆對稱，要麼全部筆直等長，要麼全部外向彎曲且等長，其取象是桶類物品。而"凡"字左右豎筆不對稱，左側豎筆筆直且短，右側豎筆外向彎曲且長，其取象於側立之盟盤。周代金文情形大致與甲骨文同。戰國時代秦國文字"凡"與"同"之別明顯，其道理與商周同；而楚系文字"同""凡"區別更為顯著，其區別手段靠右側斜筆上有無左向撇筆。●共同、齊同。《螽壺》："馭（御）右和同，四駐（牡）汸汸。"●大同：即大集合，指軍隊的大規模集結行動。《不嬰簋》："戎大同從追女（汝）。"《儀禮·少牢·饋食禮》："同祭于豆祭。"鄭玄注："同，合也。"《詩·豳風·七月》："嗟我農夫，我稼既同。"鄭玄箋："既同言已聚也。"●會同：特指諸侯會合以朝見天子。《中山王嚳壺》："外之則牾（將）迻（使）堂（上）勤（覲）于天子之庿（廟），而退與者（諸）侯齒彊（長）于逭（會）同。"●人名。《同卣》："隹（惟）十有一月，大王易（賜）同金車、弓、矢。"●同公：西周早期人，與伯懋父同事周康王。（《金文人名彙編》）《小臣宅簋》："同公才（在）豐。"●器名，即考古界通稱的"觚"。《內史亳觚》："成王易（賜）內史亳豐（醴）祼，弗敢虤，乍（作）祼同。"本銘的"同"是祭祀時盛香酒及酌祼的一種酒器，所以就稱為祼同。吳振烽認為：現在考古界通稱的"觚"，乃是宋代人所定之名，是否即為古籍中的觚，無由證明，因為出土的這類商周青銅器中從來就沒有一件自名為"觚"。《內史亳豐同》銘文自名為"祼同"，從其形制上看，和宋代人定名的"觚"完全一致，可以確定，此類青銅酒器本名應當叫作"同"。●《天亡簋》："王同四方。"即王會同四方諸侯。陳英傑認為讀興，祭祀動詞，沿襲甲骨文的用法。……金文中有"興"祖考之例。（詳《西周金文作器用途銘辭研究》）

娳 齊  曹伯狄簋

【注】從女同聲。舊釋為"妸"，字右部從"同"而非"凡"，當釋為"娳"。●《曹伯狄簋蓋》："曹白（伯）狄乍（作）夙娳公障段。""夙娳公"可能是曹伯狄的先祖。

侗 楚 清華三·良臣 1 燕 璽彙 2806 晉 璽彙 2806 分研 303 璽

彙 3974 璽彙 1270 璽彙 2010

【注】從人同聲。晉系文字亻、同或共用一筆。●古璽多為人名。●《璽彙 3974》等"空侗"複姓。"空侗"作 ，為合文。

銅 秦 印增 450

【注】從魚同聲。●"鮦陽丞印","鮦陽"為地名。《漢志》汝南郡有鮦陽縣，應劭曰："在鮦水之陽。"

 蛦楚 清華九·禱辭 19

【注】從虫同聲。●讀蛹。《清華九·禱辭 19》："則區（驅）亓（其）虯、螻、蟥（螟）、蟶、疷、蟃、蛦、蝓。"詳"虯"字。

 痌楚 清華七·越公 17 清華五·命訓 4

【注】從疒同聲，"痛"之異體。●均讀痛。《清華七·越公 17》："孤疾痌（痛）之。"

 峝晉 璽彙 1306

【注】從口同聲。●晉璽人名。

 洞秦 里耶 9·1 里耶 8·12 里耶 8·29 印增 439

【注】從水同聲。●"洞庭"，郡名。

迵楚

 郭店·語叢三 41 郭店·語叢一 102 上博二·容成 5 清華二·繫

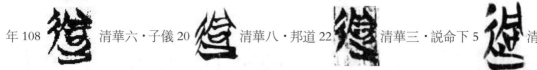 年 108 清華六·子儀 20 清華八·邦道 22 清華三·說命下 5 清

華九·治政 15 清華九·成人 13 清華十一·五紀 3 璽彙 0335 清華十一·

璽補 75

【注】從辵同聲。●多讀通。《清華六·子儀 20》："君欲汽丹、王（黃）之北昃，迵（通）之於啟（殺）道。"通之於殺道，意為使殺道通。●《璽補 75》"迵（通）敚（捕）覲（盜）則（賊）"，李家浩先生認為"迵敚覲則"就是通捕盜賊的意思。《璽彙 0335》收有"邿邿（職）迵（通）敚（捕）"一璽。●讀恫。《清華三·說命下 5》："汝亦惟克曻（顯）天迵（恫）椑（瘝）小民，中乃罰。"《說文》："恫，痛也。"●人名。《上博二·容成 5》："有吳迵匡天下之政十又九年而王天下。"●讀童。《清華九·成人 13》："五訶（歌）不典，迵（童）杂（謠）無即（節），弍（一）

峕（短）弌（一）長，無型。"

清華四·筮法 53

【注】從彳同聲。●讀箹。《清華四·筮法 53》："為權（罐）徊（箹）。"

清華一·保訓 3 睡簡·日甲 157 背

【注】從言同聲。●讀僮。《清華一·保訓 3》："必受之㠯（以）詷（僮）。"指孩童、晚輩，將姬發看作"詷"。《尚書·顧命》："在后之侗，敬迓天威，嗣守文、武大訓，無敢昏逾。""侗"，馬本作"詷"。《傳》解作"侗稚"。●讀童。《睡簡·日甲 157 背》："主君筍屏詷馬。""詷馬"可讀為"童馬"。考慮到馬禖為"祈禱馬匹繁殖的祭祀"，祈神呵護"詷馬"，讀"詷馬"為"童馬"應是合理的。"童馬"之構詞有如《易·大畜》之"童牛"。

十六年喜令戈 卅年虒令瘧鼎

【注】從鳥同聲。●人名。

廖生盨 廖生盨二 伯欮父簠 伯欮父簠楚宜桐盂曾侯

212 新蔡甲三 317 新蔡甲三 325 新蔡甲三 409 清華十·四告

42晉匯考 211 集粹 155 璽彙 5335 珍戰 36秦睡

簡·日甲 52 背

【注】從木同聲。《伯欮父簠》從木或省作屮，遂與"青"字相混。《説文》："桐，榮也。從木同聲。"銘文中用為地名或人名。●國名。《廖生盨》："王征南淮尸（夷），伐角、溝（津）、伐桐。"古桐國在今安徽桐城縣。與《伯欮父簠》之"桐"為同一地名。●用為本義，樹木名。《睡簡·日甲 52 背》："燔生桐其室中，則已矣。"●人名。《宜桐盂》："郤（徐）王季糧之孫宜桐乍（作）鑄飤盂。"●《珍戰 36》"桐木角"，"桐木"合文，為複姓。

牫楚牫天星

【注】從牛同聲。《集韻》徒東切，音童。本作犝。●義不詳。

銅 齊 洹子孟姜壺 洹子孟姜壺 楚 舍忓盤 舍忓鼎

長子盉 金台 長陵盉 長陵盉 秦 睡簡・秦種 86

【注】從金同聲，與小篆同。《説文》：「銅，赤金也。」本義為金屬名。●銅鐵之銅。《舍忓盤》：「楚王舍（熊）忓（悍）戰隻（獲）兵銅。」●羞銅：指漂亮、美好的酒壺。《洹子孟姜壺》：「用鑄爾羞銅。」《洹子盂姜壺》自銘為「銅」，是先秦「壺」又名「銅」之證。《書・顧命》：「上宗奉同瑁。」「同」《白虎通・爵篇》引作「銅」。鄭玄釋「同」為酒杯。是文獻「同」「銅」為酒器別名之證。

珦 楚 曾侯 1 曾侯 4

【注】從玉同聲。●舊多讀銅。《曾侯 1》：「艕輪、弨、鞃、珦貼……。」此為車馬器組件並列，蕭聖中以為「貼」是新造，珦是筒形玉墜飾，在此用為「鞃」的附飾。

铜 楚 包山 265

【注】從缶同聲。●讀筒或讀箭。《包山 265》：「二銒（瓶）铜。」

定紐用聲

用 夋季良父壺 盾叔多父盤 無㠱簋 散氏盤 師趩鼎 大盂鼎 宰甫卣 㦤簋 弡伯作旅簋 師克盨 齊 杞伯每亡簋 邾叔之伯鐘 邾公華鐘 子和子釜 邾訧鼎 拍敦 薛子仲安簠 走馬薛仲赤簠 厚氏元鋪 楚 蔡侯產劍 楚王熊章鐘 楚嬴匜 楚季苟盤 曾侯乙戈 以鄧鼎 楚屈子赤目簠 越王劍 帛書甲

【注】甲骨文作用、用、用、用、用、用、用、用、用、用。于省吾謂 "甬" 的本字，象鐘形。徐中舒謂字從卜從凵，凵為骨版，從卜者，表示骨版上已有卜兆，可據之行事。然眾説不一，初義有待再考。《說文》："用，可施行也。從卜從中。衛宏説。凡用之屬皆從用。用古文用。" 本義為施行、使用。● 使用、採用。《史頌簋》："子子孫孫永寶用。"《大尊》："明公用牲于京宮。" ● 連詞，用以。《中鼎》："侯易（賜）中貝三朋，用乍（作）且（祖）癸寶鼎。" ● 介詞，與 "以" 同。《魯侯獄鬲》："魯侯獄（熙）乍（作）彝，用盲（享）鼎乓（厥）文考魯公。" 銘器中多有此用濾，如 "用徵用行" "用享用孝" "用蒸用嘗" "用歲用征" "用樂嘉賓" 等。● 用事：金文習語，用以履行職務。《智鼎》《師嫠簋》《智壺》："用事。" ● 施行。《上博三·周易40》："垢：女藏，勿用娶女。" ● 連詞，因而。《上博六·用曰2》："用曰：邇君邇戾。" ● 介詞，相當於 "於"。《上博三·周易4》："利用見大人，不利涉大川。"

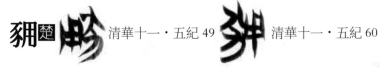

【注】從邑用聲。● 燕璽 "郹里都匋（尉）"。郹里，地名。

【注】從豕用聲。● 讀用。《清華十一·五紀49》："義（犧）貑（用）不用大勿（物）之句（厚）全。"

【注】從疒用聲。● 讀痛。《清華十一·五紀94》："百僂（體）百桼（節），莫疾莫痈（痛）。"

【注】從屮用聲；古文字從艸、屮無別。●秦印"秦莆"人名。

 曾侯 212

【注】從人用聲。●指殉葬木俑。《曾侯 212》："佣所生（牲）。"

 睡簡·日甲 79 背

【注】從心用聲，疑"悤"之省文。●人名。《睡簡·日甲 79 背》："名馬童靠愳辰戌。"

 璽彙 0981

【注】從爪愳聲。●晉璽人名。

 陶録 2·397 楚  上博九·邦人 9 晉  溫縣

侯馬

【注】從辵用聲。●讀通，互換、復原。《上博九·邦人 9》："蔡大祝☒二拜頓首曰：'今日迵（通），既失邦，或得之。'"●盟書讀通，姓氏。●齊陶人名。

 侯馬

【注】從走用聲，疑"通"之省文。●讀通，姓氏。盟書或作"迵"。

 伯勇父簠 楚 攻敔王光劍 攻吳王光劍 晉 鄭勇句父鼎

【注】從戈用聲。●讀勇。《攻敔王光劍》："台（以）戜戜（勇）人。詳"戜"字。

庸 旬簋 作冊般鼋 迺尊 晉 盞壺 中山王䯧鼎 秦 睡簡·封診

 嶽麓一·為吏 86

【注】甲骨文作　、　、　、　，象用（鐘）放置于　（鐘架）上，為"鏞"之初文；或增支，

會意更顯。甲骨文或從用聲作𤰈、𤰈。金文從庚從用，為雙聲符字；古音"庚"在見紐陽部，"用"在以紐東部。以母與見母關係密切，東陽旁轉，聲韻俱近。《說文》："𤰈，用也。從用從庚。庚，更事也。《易》曰：'先庚三日。'""用也"當為引申義。●讀用，使用、任用。《中山王𧶜鼎》："寡人庸其惠（德），嘉其力，氏（是）目（以）賜之（厥）命。"●《中山王𧶜鼎》："于（烏）虖，念之𢼸（哉），後人其庸庸之。"庸庸，《爾雅·釋訓》："庸庸，勞也。"此指貯雖辭去死罪之赦，後之王者，仍應報答其家世。●奴僕、奴隸。《旬簋》："先虎臣後庸。"《楚辭·懷沙》："固庸態也。"王逸注庸為"廝賤之人"。●《睡簡·封診18》："自畫甲見丙陰市庸中，而捕以來自出。""市庸"市肆中受雇而從事勞役的人。昨日白畫甲發現丙隱藏在市庸裏面，於是將他捕獲，前來自首。

甬 毛公鼎　庚壺　吳方彝　師克盨 齊　庚壺 楚　曾姬無卹壺 曾

侯乙鐘 曾侯乙盤　郯陵君鑒　郯陵君豆　包山185　包山

267　清華一·保訓7　清華三·說命上1　清華三·芮良夫24　清華八·心

中2　清華八·攝命21 晉　中山王𧶜鼎　侯馬 秦　睡簡·效律3

【注】金文象鐘形，上有孔可以懸系，乃"鐘"之初文。甬下鐘形與"用"形相似，加上甬、用聲同，故後期金文皆聲化從用。在古文字裏，從甬聲之字與從用聲之字也常訛混用，詳"勇""通"諸字。《說文》："甬，艸木華甬甬然也。從马用聲。"析形釋義均不確。楊樹達曰："甬本是鐘，乃後人用字變遷，縮小其義為鐘柄。"《積微居小學述林》●讀用，使用。"甬"和"用"形體相當接近，又因為二字同音，所以在金文中"甬"常假借為"用"。《曾姬無卹壺》："甬（用）乍（作）宗彝障壺，後嗣甬（用）之。"楚文字多讀用。《清華八·心中2》："心欲甬（用）之。"●讀通，通徹。《中山王𧶜鼎》："寡人𦥑（幼）𧁌未甬（通）智。佳偁（傅）姆（姆）氏（是）從。"●讀桶。《睡簡·封診3》："甬（桶）不正，二升以上，貲一甲。"●車器，車軫兩端的筒形銅套，典籍作"筩""錭"。《毛公鼎》《吳方彝》："金甬（錭）。"《後漢書·輿服志上》："乘輿……龍首銜軶，左右吉陽筩。"又"諸輻車以上，軶皆有吉陽筩"。●讀勇。《庚壺》："公曰：甬（勇）！甬（勇）！商（賞）之台（以）邑。"●包山簡人名。

貊 楚 𧱤 清華十一·五紀115

【注】從豕甬聲。●讀用。《清華十一·五紀115》："義（犧）貊（用）不用大勿（物）之𠣬（厚）全，敝（幣）不用良，用利（黎）奴（駑）。"整理者注："貊，從豕，用聲，字又見簡六〇，簡一一五易聲符'用'為'甬'，即'牲用'之'用'的專造字。犧用，簡六〇作'牲用'，即犧牲。《左傳》襄公十年：'昔平王東遷，吾七姓從王，牲用備具，王賴之，而賜之辟旄之盟。'楊

伯峻注：'牲用為一詞，義猶犧牲。' 利，通'黎'。奴，通'駑'，劣也。"

 上博四·曹沫61

【注】從土甬聲。●讀勇。《上博四·曹沫61》："埇者喜之，宄者誨之，萬民黔首皆欲或之。"

 三年鈹秦 里耶8·1481

【注】從口甬聲。或作"嗧"，《集韻》："嗧，尹竦切，音勇。喠嗧，欲吐。或作喠。"●人名。《三年鈹》："孌（欒）倫（令）藁（郭）喠。"●里耶簡"☑☑喠季一石"，"喠季"《校釋》疑為人名。

 清華一·楚居4 天星

【注】從牛甬聲。●《清華一·楚居4》："為楼（便）室（室，室）既成，無以内（納）之，乃檄（竊）若（都）人之牭（犝）目（以）祭。"讀犝，與《説文》"鐘"或作"銿"同例。《爾雅·釋畜》有"犝牛"，注："今無角牛。"疏云："犝牛者，無角牛名也。《易》云童牛之牿是也。"

 惠公戈楚 郭店·尊德33 清華三·芮良夫11 清華三·芮良夫14秦 睡簡·日245 清華九·治政9秦 睡簡·為吏34 印增528

【注】從心甬聲。"勇"之異文，《説文》："古文勇，從心。"●讀通。《郭店·尊德33》："不忠則不信，弗惠（通）則亡（無）復。"大概是說不能通觀達視，為事就不會有圓滿的結果。復，有完畢、重複義。●秦簡均讀勇。《睡簡·為吏34》："惠（勇）能屈。"●《清華九·治政9》："古（故）上下不惠（痛），以者（圖）正（政）之均。"讀痛，訓為"怨恨"。《左傳·昭公二十年》："其適遇淫君，外内頗邪……神怒民痛，無悛於心。"意即君臣上下不相怨恨，來謀求政治的公正。●人名。《惠公戈》："惠公之元子壽乍（作）用交。"

 盠駒尊秦 中央勇矛 中央勇矛

【注】從甬從力。從力、從戈與力气有關，皆會意同，甬兼聲。《説文》："勈，气也。從力甬聲。勇，勇或從戈、用。惠，古文勇從心。"本義果敢、膽大。●《中央勇矛》："中央勇龠。"勇龠，讀踊躍。《國風·邶風·擊鼓》："擊鼓其鏜，踊躍用兵。"《釋名·釋言語》："勇，踊也。遇敵踊躍，

848

欲擊之也。"●勇敢、勇猛。《盠駒尊》:"王拘駒敢,易(賜)盠駒,勇雷雖子。"《吳王余祭劍》:"又勇無勇,不可告人,人其知之。""有勇無勇"是偏義結構片語,重點放在"有勇"上。這句話是説,"有勇"不是僅僅掛在嘴邊,光説不練的,別人會瞭解到。反過來説,"勇"應當"示人"以實際行動,讓人據實際行為瞭解我有勇還是無勇。秦文字或作"恿""思",楚文字作"戙""恿"。

誦 楚 清華一·耆夜7　清華一·耆夜9　清華三·芮良夫13 秦

嶧山刻石　會稽刻石

【注】從言甬聲。●讀頌。《清華一·耆夜7》:"复(作)祝誦一夊(終)。""祝誦"即頌祝的詩篇。《會稽刻石》:"群臣誦功,本原事蹟,追道高明。"●讀訟。《清華三·芮良夫13》:"罔又(有)肙(怨)誦(訟)。"

通　九年衛鼎　頌鼎　頌簋 齊　陶彙3·634 楚　清華

八·攝命9　清華九·治政37　清華十·四時1　清華十·四時21　清

華三·説命上2　清華三·琴舞3 晉　晉姜鼎　侯馬　璽彙

1713　戰表201 秦　會稽刻石　陶彙5·050　睡簡·答問181

睡簡·答問181

【注】甲骨文作𢓜、𢓥、𢓦、𢓧、𢓨、𢓩、𢓪、𢓫、𢓬等形,從彳(或從辵、止,表行動)用聲。金文聲符從甬。甬、用古同音同義。《説文》:"𢓜,達也。從辵甬聲。"本義為通達。引申為貫通、順暢,又引申為精通,普通等義。●全、無窮。《頌鼎》:"用追孝旛(祈)匄康𤶃屯(純)右(佑)通彔(祿)永令(命)。"《四十三年逨鼎》:"通彔永令。"通祿,金文習語,福祿齊全、官運亨通之意。文獻或作"百祿"。《商頌·玄鳥》:"殷受命咸宜,百祿是何。"鄭玄箋:"百祿是何,謂當擔負天之多福。"●或謂讀犕,犕牛。甬、庸古音通。《九年衛鼎》:"羝皮二、䍐(選)皮二,𧴪烏犕皮二。"唐蘭謂讀箭,靴筒、鞋筒。●讀恫,痛也。《清華八·攝命9》:"通(恫)罙(瘝)寡罙(鰥),惠于少(小)民。"上"罙"讀瘝,是動詞,哀憐義;下"罙"讀鰥,是名詞,指可哀憐之人。●《睡簡·答問181》:"邦亡來通錢過萬,已復,後來盜而得,可(何)以論之?以通錢。"通錢,行賄。●讀踊。《郭店·性自》:"通(踊),恩(慍)之冬(終)也。"

趰 楚  姑發者反之子趰劍 晉 侮馬 侯馬

【注】從走甬聲。趰,《玉篇》與踊同。●人名。《姑發者反之子趰劍》:"攻敔（吳）王姑發者（諸）反（樊）之子趰自乍（作）元用。""姑發者反"即吳王諸樊。●盟書"趰致"為人名用字。侯馬盟書數見,可讀通,姓氏。趰或省從走用聲,或從止用聲、甬聲,盟書中均指一人。

桶 楚  望山 2·38

【注】從木甬聲。●《望山 2·38》:"赤金桶。"不知指什麼物品。

箭 楚  包山 103 反

【注】從竹甬聲。●人名。

莆 晉 右啇鼎（集成 2307）楚 新蔡甲三 355

【注】從艸甬聲。●《右啇鼎》"莆官",義不詳。●新蔡簡"莆泉",地名。

鄘 楚 鄘駒壺 鄘駒壺 包山 188

【注】從邑甬聲。●讀甬,姓氏,見《姓氏考略》。《鄘駒壺》:"菑麦（陵）鄘駒。"●包山簡"鄘易",地名。

涌 楚 清華十·四時 11 秦 關簡 54

【注】從水甬聲。●《關簡 54》:"壬辰宿迿離涌東。"離涌,地名。●涌,《說文》騰也。《清華十·四時 11》:"十日江瀇（津）乃涌。""江津"即銀河,孟夏十日昏時銀河橫列於地平綫,即"江津乃涌"。

輷 楚 曾侯 18 輷 曾侯 63

【注】從車甬聲。●讀銿,同"鐘",古代一種打擊樂器。《曾侯 18》:"腌輪,齒輷。"

戙 楚  郭店·成之 9  上博四·曹沫 55 郭店·語叢四 24 清華

六·太伯乙 9 包山 71

【注】從戈甬聲，"勇"之或體。●讀勇。《郭店·語叢四 24》："唯（雖）戙（勇）力馘（聞）于邦不女（如）材。"●讀寵。《清華六·太伯乙 9》："膔（獲）皮（彼）譬戙。"甲本作"俑"。●包山簡人名。

鋪 戎生鐘 楚 曾侯 54

【注】從金甬聲。●讀鐘。《曾侯 54》："齒鋪。"簡文或作"輔"。

痛 秦 睡簡·封診 85

【注】從疒甬聲。●用為本義，《說文》"病也"。《睡簡·封診 85》："甲到室即病復（腹）痛。"

俑 楚 上博四·昭王 5 清華六·太伯甲 10 清華五·啻門 15

清華三·芮良夫 12 上博八·顏淵 4

【注】從人甬聲。●讀寵。《清華六·太伯甲 10》："膔（獲）皮（彼）荊俑（寵）。"●讀庸。《清華三·芮良夫 12》："昔才（在）先王，幾（既）又（有）眾俑（庸）。"《左傳》昭公十三年"君庸多矣"，杜預注："庸，功也。"●讀庸，平常。《上博八·顏淵 4》："俑（庸）言之信，俑（庸）行之敬。"

娻 楚 安大一 91

【注】從女甬聲。●讀庸。《安大一 91》："員（云）隹（誰）之思？頡（美）盍（孟）娻（庸）可（兮）。"《毛詩》作"美孟庸矣"。據《鄘風》之"鄘"簡文作"甬"，可釋此字為"媚"，女子姓。

踊  琱生尊 琱生尊 踊簋 踊作父乙觶 瘋鐘 瘋鐘 瘋

鐘

【注】甲骨文作、、，上下分別代表左腳和右腳，中間的"冂"即"堂"之初文，象人登上高堂之形。陳劍謂"踊"字初文。的結構和造字方式，跟"涉"字非常相似。"涉"字畫出一前一後的左右兩腳，分別位于河流的兩邊，來表達出"涉"過河流之意；則畫出一前一後的左右兩腳，一位于高堂之下，一位于高堂之上，來表達出"踊"上高堂之意。"冂"形與"宀"

形相近，這些字形中的"冂"很容易變為"凵"形。甲骨、金文"凵"形又常變作"凵"形，遂為《琱生尊》所從。"冃"形可以看作"同"作全字的聲符，其所從"冂"之變為"冃"，還存在有意的"變形音化"的因素。（《踊簋》為商代晚期器）字增從意符"彳"，同時中間所從又進一步變為"用"，……也是起聲化的作用……所從兩"止"形亦為一正一反……全字尚不能看作從"辵"。（根據《金文字詞零釋（四則）》整理）今隸定為"踊"。●讀通。《琱生尊》："用廝（祈）踊（通）彔（祿）得屯需終。"●人名。《踊作父乙觶》："踊乍（作）父乙。"

定紐稟聲

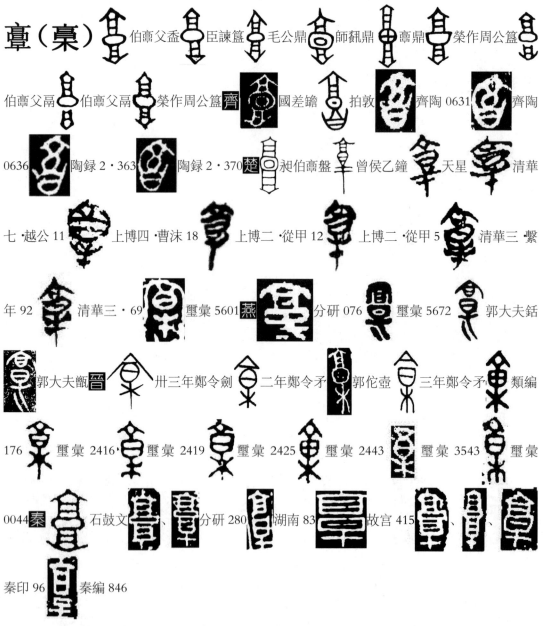

章（稟）伯稟父盉 臣諫簋 毛公鼎 師虤鼎 稟鼎 榮作周公簋

伯稟父鬲 伯稟父鬲 榮作周公簋 齊國差䗼 拍敦 齊陶0631 齊陶

0636 陶録2·363 陶録2·370 昶伯稟盤 曾侯乙鐘 天星 清華

七·越公11 上博四·曹沫18 上博二·從甲12 上博二·從甲5 清華三·繫

年92 清華三·69 璽彙5601 分研076 璽彙5672 郭大夫鈷

郭大夫甗 卅三年鄭令劍 二年鄭令矛 郭佗壺 三年鄭令矛 類編

176 璽彙2416 璽彙2419 璽彙2425 璽彙2443 璽彙3543 璽彙

0044 石鼓文 分研280 湖南83 故宮415

秦印96 秦編846

【注】甲骨文作 、 、 、 、 、 、 ，象城牆四周各有城樓之形，或省左右城樓，為

"墉"之初文。金文同甲骨文。又《說文》"墉"古文作𩫖，是墉、𪉐本為一字。蓋其後分化為二：一仍其舊作"𪉐"，或增邑為意符作"郭"（"𪉐"在偏旁中訛變作"享"，與享受之"享"來源不同，後者由𡆠變來）。一則變為形聲字"墉"。𪉐，六國文字的演變順序為𩫖→𨞕（陶彙3·337）→𩫨（璽彙5601）→𣆡（天星）→𩫡→𩫡→𨜒。秦漢文字演變為𩫖→𩫡（秦印）→𩫡（十鐘3·36）→𣆡（漢印455），為隸書所本。晉系文字或釋為梆。楚文字𩫨、𪉐作偏旁混同，詳"𩫨"字。
●讀墉，牆也。《國差𦉜》："攻帀（師）何鑄西𪉐（庸）寶𦉜四秉，用實旨酉（酒）。"《儀禮·士昏禮第二》："尊于室中北墉下，有禁。"鄭玄注："墉，牆也。"古代禮制，在宮中使用禮器當有一定位置。"西墉寶𦉜"是指此寶𦉜在宮室的西牆。●讀庸，奴僕、附庸。《瑚生簋》："余老止，公僕𪉐（庸）土田多諫。"《石鼓文》亦讀庸。●讀庸，昏庸。《毛公鼎》："余非𪉐（庸）又聞（昏）。"●《榮作周公簋》："易（賜）臣三品：州人、重人、𪉐人。"容庚讀墉，國名。郭沫若謂此州人、重人、墉人殆渭水沿岸之部落氏族。●讀用。《拍敦》："拍乍（作）朕（朕）配平姬，𪉐（庸）宮祀彝。"●讀郭，城郭。《上博四·曹沫18》："城𪉐（郭）必攸（修），纏（繕）𪉐（甲）利兵。"●姓氏，當讀郭。姓名私璽中的"𪉐"讀庸、讀郭都未嘗不可，但考慮到這一姓氏在古璽中出現的頻率甚高，應該是一常見的姓氏，所以讀郭的可能性更大。三晉文字常作𪉐形。《卅三年鄭令劍》："卅三年，奠（鄭）命（令）𪉐（郭）湉。"《璽彙5601》"𩫨公里鈢"讀"郭公里璽"。●《分研076》"東郭"，複姓。●讀庸。《曾侯乙鐘》："宣鐘之才（在）晉號為六𪉐（庸）。"●讀郭。《璽彙0044》"左𪉐司馬"。印文"左郭"，當是地名，地望待考。此印為三晉左郭司馬所用官印。●讀庸。《上博二·從甲5》："𪉐（庸）五德，㠯（固）三折（誓），敘（除）十悁（怨）。""庸德"見於《書·咸有一德》："夏王弗克庸德。"

棄晉　集粹75

【注】從宀𪉐聲。●晉璽姓氏，讀郭。

墠楚　曾侯乙鐘　　郭店·六德21燕　陶彙4·44

【注】從土𪉐聲，可視為"𪉐"之繁文，字或作"埻"。●音律名。《曾侯乙鐘》："宣鐘之才（在）晉號為六墠。"六墠，晉國律名，相當于傳統姑洗律。●讀敦。《郭店·六德21》："子也者，會埻長材以事上，胃（謂）之宜（義）。"簡文"長材"之"長"讀養，即培養其天生之質性。《中庸》有"故天之生物，必因其材而篤焉。故栽者培之，傾者覆之"，而鄭注即云："材，謂其質性也。"為人子者，應合聚、長養自己敦厚之本性以事奉父母，此方可謂之義。●燕陶"左宮墠"，人名。

郭齊　郭公子戈秦　分域2879　　分域2880

、　　　　、　　　、　　　秦印124　睡簡·為吏8

【注】從邑臺聲。●城郭。《睡簡·為吏8》：“城郭官府。”秦文字早期作“臺”。●秦印姓氏。城郭、郭氏之郭，六國文字用“臺”表示。

 魯伯者父盤

【注】從女臺聲。●人名。《魯伯者父盤》：“魯白（伯）者父乍（作）孟姬嬉朕（媵）般（盤）。”

定紐彡聲

彡（肜） 仲肜盨 二祀邲其卣 小臣邑斝 餘尊

【注】甲骨文作彡、彡、三、彡、彡，象連續不絕形，當是“肜”之本字。肜祭，商代祭祀的名稱，指祭祀之後第二天又進行的祭祀。“肜”所從肉旁疑疊加之聲符。“肜”“彤”不同字。彤，《正韻》“船行貌”，讀音“丑林切”為“肜”之誤。“肜”之讀音當據《廣韻》“以戎切”。《説文》：“彡，毛飾畫文也。象形。凡彡之屬皆從彡。所衘切。”《説文》所謂“彡”，金文“髟”“彪”等字從之，非“肜”之本義。“肜”本義為接連不絕。●肜日：肜祭之日。《文父丁簋》：“在十月肜日。”《小臣邑斝》：“（唯）王六祀彡（肜）日、才（在）四月。”肜祭，《白虎通》：“昨日祭之恐禮有不備故復之。”指祭祀之後第二天又進行的祭祀。卜辭有“肜夕”之祭，所祭之日在王名日之前日。“肜夕”祭之後又有“肜日”祭，所祭之日在王名日。因此，卜辭之“肜夕”“肜日”連續祭祀，即後世所謂“祭之明日又祭”。●人名。《仲肜盨》：“中（仲）彡（肜）乍（作）旅鎭（盨）。”

酙 麥尊 繁卣 戊寅作父丁方鼎 父乙尊 叔虞鼎

【注】從酉彡聲。阮元釋為“酌”，羅振玉釋為“酒”。唐蘭先生在《論周昭王時代的青銅器銘刻》認為是“肜”字，“酙”從酉彡聲，就是“肜”字的繁文。卜辭“肜日”的“肜”字都只作彡，“酙”乃《爾雅》《白虎通義》等所謂“又祭”“復祭”之意。●讀肜，祭名。卜辭中常見，它既是祭名又是祭禮。《麥尊》：“迶（會）王饗莽京，酙祀。”

彤 虢季子白盤 輔師嫠簋 曶簋 師湯父鼎 五年師旋簋

休盤 無叀鼎 弭伯簋楚 包山253 望山2·13

包山223 包山223秦 石鼓文

【注】從丹彡聲。彡或省作丨，或為范鑄時缺省所致。《弭伯簋》誤丹為井。《説文》：“彤，丹飾也。從丹從彡。彡，其畫也。”本義為赤色。●赤色。《虢季子白盤》：“賜（錫）用弓彤矢。”彤矢、彤弓、彤沙（緌），銘文中習見，多為賞賜之物。字或作弸、杉，則為專字。

弓彡 應侯鐘　彡 伯晨鼎

【注】從弓彡聲。●赤色，詳"彤字"。

矢彡　大簋　彡 應侯鐘　夫 伯晨鼎

【注】從矢彡聲。●赤色，詳"彤"字。

定紐童聲

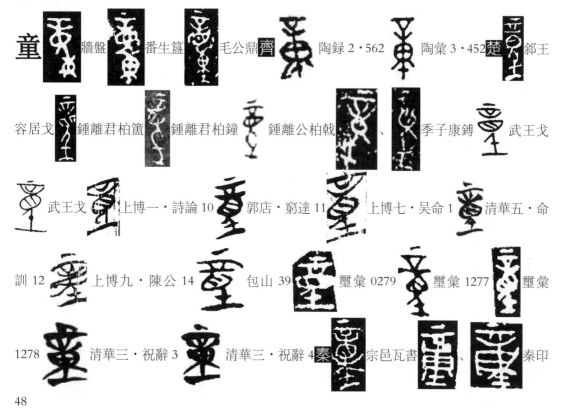

童　牆盤　番生簋　毛公鼎 齊　陶録2·562　陶彙3·452 楚　邽王

容居戈　鍾離君柏簠　鍾離君柏鐘　鍾離公柏戟　、　季子康鎛　武王戈

武王戈　上博一·詩論10　郭店·窮達11　上博七·吳命1　清華五·命

訓12　上博九·陳公14　包山39　璽彙0279　璽彙1277　璽彙

1278　清華三·祝辭3　清華三·祝辭4 秦 宗邑瓦書　、　秦印

48

【注】甲骨文作■、■、■。從人（下部從壬，這是人與土二字相結合的結果）從辛從目（或從見，會意同），會以刑具刺目之意。金文聲化增從東。戰國文字或省目作■，或省東作■。《說文》："■，男有辠曰奴，奴曰童，女曰妾。從辛，重省聲。■籀文童，中與竊中同從廿。廿，以為古文疾字。"所釋當為引申義。本義當為童蒙、不明。●《宗邑瓦書》："大田佐敖童曰未。""敖童"，詳"敖"字。●讀重。《郭店·尊德39》："童（重）義茣（集）奎（理），言此章也。"●《武王戈》："武王之童戠。"童胡，楚武王熊通之族人。楚武王在位期間（前740～前690年）開疆拓土，是楚歷史上較有作為的君王，後人以其謚號為族稱，旌表其武功。●讀東，方位名詞。《牆盤》："兄伐尸（夷）童。"●讀動，動搖、撼動。《毛公鼎》："虩（赫）許（戲）上下若否雺四方，死（尸）母（毋）童（動）余一人在立（位）。"《詩·商頌·長髮》："不震不動。"鄭玄箋："不可驚憚也。"《上博一·詩論10》："蓋曰：童（動）而皆賢於其初者也。"●讀踵，

855

車輛零件。《番生簋》："易（賜）朱市……金童（踵）金豕（軛）。"●讀鐘。《鍾離君柏簠》："隹（唯）王正月初吉丁亥，童（鐘）麗（離）君柏乍（作）其行鐘。"鐘離，國名。一般說來是在西周的時候，由伯益的後代受封而建立，是西周、春秋時代的諸侯國之一，國君為嬴姓。位於今安徽鳳陽縣板橋鎮古城村，春秋時期被楚國所亡。

 清華六·孺子 13

【注】從主童聲。●讀重。《清華六·孺子 13》："加尌（重）於夫=（大夫）。"

 新蔡甲三 316

【注】從犬童聲。●"司馬魚之述（遂）剈（匄）於獞宗、余正二狄（猴）"，楚人先祖名。

艟 楚 清華一·尹至 2

【注】從身童聲。●讀重。《清華一·尹至 2》："隹（惟）戝（災）：蠱（虐）悳（德）、瘬（暴）艟（重）、亡箕（典）。"

徸 楚 清華九·治政 25

【注】從彳童聲。●讀動。《清華九·治政 25》："唯（雖）徸（動）亓（其）眾庶，暨（攝）紉（飭）亓（其）兵㮱（甲）。"

僮 楚 上博三·周易 1　　清華七·越公 58　　郭店·老甲 37　　包山 3

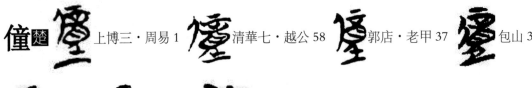 包山 217　　曾侯 75 秦  印增 304

【注】從人童聲。●讀童。《上博三·周易 1》："僮（童）尨（蒙），吉。"《包山 3》"少僮"指未成年人。●讀動。《郭店·老甲 37》："返也者，道僮（動）也。溺（弱）也者，道之甬（用）也。"●《曾侯 75》"僮車"，疑讀衝車。"衝"或作"𫐄""衛"，與"僮"并從"童"聲。《說文·車部》："𫐄，陷陣車也。"《太平御覽》引《春秋感精符》曰"輪有刃，衡著劍，以相振懼"。據此，衝車之輪有刃。墓內出土的兩件帶雙刃的車軎，不知是不是簡文所說的"王僮車"上的車軎。●《包山 217》："楚先老僮。"老僮，楚人先祖之一。《史記·楚世家》："楚之先祖，出自帝顓頊

高陽。高陽者，皇帝之孫，呂意之子也。高陽生稱，稱生卷章（集解引譙周'老童即卷章'），
卷章生重黎。"劉信芳認為"卷章"應為"老童"之形訛。●秦印"僮丞之印"，地名。

 清華八·天下 3

【注】從木童聲。●讀衝（沖）。《清華八·天下 3》："今之攻者，多亓（其）車兵，至（臻）亓
（其）橦（衝）階。"《詩·皇矣》："以爾鈎援，與爾臨沖，以伐崇墉。"毛傳："沖，沖車也。"
階，《釋名》："梯也。"《墨子·公輸》："公輸盤為楚造雲梯之械，成，將以攻宋。"《太平御覽》
卷三二七引《屍子》即作"公輸般為蒙天之階，階成，將以攻宋。"可證"橦階"確為"衝梯"。

 上博七·吳命 9   新蔡甲三 123   包山 180

【注】從貝童聲。●讀貢。《上博七·吳命 9》："廢其贛（貢）獻，不共承王事。""贛"所從之
"童"為定紐東部；"貢"為見紐東部，二字聲韻相近。"貢獻"一詞典籍常見，如《國語·吳
語》："吳王親對之曰：'天子有命，周室卑約，貢獻莫入，上帝鬼神而不可以告。'"●《包山 180》
"贛尹"，疑讀為"重尹"，重地之尹。《戰國策·楚策二》："昭睢勝秦於重丘。"此重丘在楚方
城範圍以內。

 清華七·越公 21

【注】從立童聲。●讀重。《清華七·越公 21》："孤用匞（委）命竲（重）脣（臣）。"

 新蔡乙一 22

【注】從女童聲。●楚先祖名，或作"僮""橦"。"人""示""女"旁都為義符，應分別與表示
人的身份、為受祭祀對象、為楚先祖有關。

䄄 楚 [字形] 望山 1·120

【注】從示童聲。●讀僮，楚先祖名，詳"僮"字。在此具體語境中，"老䄄"這一稱呼是作為
一個祭祀祈禱對象出現的，所以就專造一從示的"䄄"來表示。

敲 楚 [字形] 郭店·性自 26   [字形] 上博一·性情 18

【注】從攴童聲，疑"撞"之異文。●讀動。《郭店·性自 26》："蒹（詠）思而敲（動）心，胷
（唱）女（如）也。"《上博一·性情 18》："樂之敲（動）心也，濬深豎（鬱）慆。"

踵 毛公鼎 秦 睡簡·日甲 61 背

【注】從止童聲，"踵"之異文。《說文》："踵，跟也。從止重聲。"本義追隨，跟着走，古同"踵"。《玉篇》："踵，古文踵字。"又是車的構件部位，轅後端承軫（車廂底部後面的橫木）者，象人的腳跟，故稱為"踵"。●讀踵，車部件之一，即轅（輈）後端承軫的部位。《毛公鼎》："金踵（踵）。"吳大澂謂"踵即踵，輈末也。"踵、踵為古今字。●讀動。《睡簡·日甲 61 背》："毋（無）氣之徒而踵（動）。"

遉 楚 帛書乙 郭店·老甲 23   郭店·尊德 39   上博五·君禮 2

清華一·金縢 12 清華一·祭公 11   清華二·繫年 115 上博二·魯旱 3

【注】從辵童聲。●楚文字多讀動。《上博五·君禮 2》："遉（動）而不義，身毋遉（動）安（焉）。"●讀董，督、正也。《清華一·祭公 11》："遉（董）之甬（用）畏（威）。"《左傳》文公七年引《夏書》："董之用威。"●讀重。《上博二·魯旱 3》："毆（抑）虍（吾）子女（如）遉（重）命。"慎重地對待哀公的詢問。

遰 曶鼎

【注】從召童聲。召應為疊加聲符。童、召均屬舌音。●疑讀潼，即陝西潼關。《曶鼎》："王才（在）遰应。"《左傳·文公十三年》："晉侯使詹嘉處瑕，以守桃林之塞。"注：桃林，在弘農華陰縣東南潼關。潼、桃一音之轉。而桃、召聲韻均合。兆、召聲系可通，《詩·小雅》："佻佻公子。"《楚辭·九歎》注引佻作苕。《說文》鞄或作鞁，均為佐證。

衝 秦 睡簡·日乙 37 睡簡·日乙 31   睡簡·日甲 134 背 龍崗 46

【注】從行童聲，"衝"之本字。●讀衝，縱橫相交的通道。《龍崗 46》："衝（衝）道行禁苑中囗。"●讀衝。《睡簡·日甲 1 背》："毋可有為，日衝。""衝"是衝剋，指季節的五行與某日天干所屬的五行相剋，如春三月五行屬木，庚辛屬金，金克木。

瞳 楚 呂王之孫瞳戈

【注】從耳童聲。●人名。《瞳戈》：“呂王之孫瞳之用。”

瞳璽彙 0623

【注】從肉童聲。●齊璽人名。

贆信陽 2 · 28

【注】從厂童聲。●讀僮，指隨葬的木偶。《信陽 2 · 28》：“八幂贆，四女。”“幂”通明，古人用以殉葬的器物謂明器，亦稱冥器。

菫珍秦 135 陶彙 6 · 12 、秦印 11

【注】從艸童聲，“菫”之本字。●讀菫，姓氏。

穜包山 106 清華八 · 邦道 8 清華八 · 邦道 25 清華六 · 管仲

13 清華九 · 治政 28 睡簡 · 日乙 48 類編 235

【注】從禾童聲。●讀種，耕種。《睡簡 · 日甲 21 正》：“不可穜（種）之及初穫出入之。”●讀種，種子。《清華八 · 邦道 25》：“市多䵍（臺），五穜（種）貴。”

糧上博六 · 用曰 8

【注】從米童聲，“種”之異文。●讀種。《上博六 · 用曰 8》：“非稷之糧（種），而可歠（飲）飤（食）。”

鐘鑄侯求鐘 蔡侯申鐘 子璋鐘 余購逐兒鐘 王孫誥鐘

攻敔臧孫鐘 曾侯與編鐘 天星 曾侯墓磬 曾侯鐘架

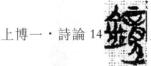 上博一 · 詩論 14　 上博四 · 曹沫 10　上博九 · 史蒥 6　睡簡 · 秦種

 125　秦印 266

【注】從金童聲。詳"鍾"字。●樂鐘。《睡簡 · 秦種 125》："載縣（懸）鐘虞〈虡〉用輻（膈），皆不勝任而折。"

 璽彙 2264

【注】從日童聲。●晉璽人名。

禮  曾侯 136　曾侯 176　曾侯 25　清華七 · 子犯 13　清華二 · 繫年 85

【注】從衣童聲。●《曾侯 25》"左禮轊（旆）"，為兵車名。同類兵車還有"右禮轊（132 號）""左禮殿（39 號）、48 號簡記安車有"禮軒"，或疑禮為彤之假借字。●讀重，指公子重耳。《子犯 13》："公子種（重）耳聞（問）於邧（塞）罟（叔）曰。"

鐘  天星　包山 272　清華八 · 虞夏 3　上博八 · 李頌 2　清華二 · 繫年 85　清華七 · 子犯 13　清華九 · 成人 24

【注】從糸童聲。●多讀重。《上博八 · 李頌 2》："豐芋（華）鐘（重）光，民之所好可（兮）。""重光"，本義指日光重明，輝光相映。簡文"重光"是用來形容花貌。"豐華重光"，猶言"繁花如錦"。●天星"鐘組之翼"，讀緟，繒縷也。●讀鐘。《清華八 · 虞夏 3》："型鐘（鐘）未弃（棄）文章。"詳"型"字。●讀通。《清華九 · 成人 24》："再（稱）而雚（權）之，鐘（通）而菓（原）之。"

簫  望山 2 · 13　上博五 · 鮑叔 3

【注】從竹童聲。●《望山 2 · 13》："亓（其）簫，丹緂之口。"義不詳。●讀鍾。《上博五 · 鮑叔 3》："畞繈編（短），田繈長，百糧（量）簫（鍾）。"詳"繈"字。

860

瘇 楚 清華四·筮法 53 包山 249 清華十一·五紀 95 秦 睡簡·日

甲 15

【注】從疒童聲。《說文》：“瘇，脛气足腫。從疒童聲。《詩》曰：‘既微且瘇。’”●讀重，指重病。《包山 249》：“以其又（有）瘇疠（病）。”●讀腫。秦簡“瘇病”，足腫之病。《清華十一·五紀 95》：“瘇（腫）瘖（潰）不巳（已），卡=（上下）亡（無）方。”

潼 秦 里耶 8·1445

【注】從水童聲。●“梓潼”，地名。

憧 楚 上博三·仲弓 4 清華三·芮良夫 12

【注】從心童聲。●《上博三·仲弓 4》：“雝（雍）也憧愚，忘（恐）殆（貽）虐（吾）子羞（羞）。”“憧愚”即愚蠢、愚昧，亦指愚昧之人。《玉篇·心部》：“憧，愚也。”《大戴禮記·千乘》：“司寇司秋，以聽獄訟，治民之煩亂，執權變民中。凡民之不刑，崩本以要閒，作起不敬，以欺憧愚。”●《清華三·芮良夫 12》：“甬（用）建亓（其）邦，坪（平）和庶民，莫敢怠（懱）憧。”《廣雅釋詁一》：“懱，驚也。”憧，《說文·心部》：“意不定也。”

泥紐宂聲

宂（冗）晉 璽彙 4006 璽彙 2028 秦 秦陶 664 秦陶 671

睡簡·效律 2 睡簡·秦種 54 睡簡·雜抄 35

【注】從宀人聲。人、宂均屬泥紐。《說文》：“宂，椷也。從宀，人在屋下，無田事。《周書》曰：‘宮中之宂食。’而隴切。”字或作宂，今通作冗。●《睡簡·秦種 80》：“嗇夫即以其直（值）錢分負其官長及宂吏。”宂吏，群吏。●《睡簡·秦種 54》：“更隸妾節（即）有急事，總宂，以律稟食；不急勿總。”總宂，集合。●繁多。《睡簡·秦種 72》：“都官之佐、史宂者。”●晉璽人名。

來紐龍聲

龍 龍母尊 楚 昶仲無龍匕 昶仲無龍鬲 昶仲無龍鬲 樊夫人龍嬴匜

【注】甲骨文作🔸、🔸、🔸、🔸、🔸，象龍形。平為首，與甲骨文“鳳”首同，🔸象巨口長身之形，🔸其吻，🔸其身。金文與甲骨文略同。或增從兄聲。《説文》：“🔸，鱗蟲之長。能幽，能明，能細，能巨，能短，能長；春分而登天，秋分而潛淵。從肉，飛之形，童省聲。凡龍之屬皆從龍。”許慎所釋乃附會古代神話傳説而成，釋義、析形均不確。本義為傳説中的神異動物“龍”，如《韓非子》：“飛龍乘天。”龍是神物，故用以象徵帝王。●龍形之物。《伯唐父鼎》：“王餐莽京，王莽辟舟，臨舟龍，咸莽。”舟龍，即龍形之舟。●喬喬其龍：形容鐘虡的龍形强壯兇猛。《邿鐘》：“喬喬其龍。”喬喬，即蹻蹻。《周禮·考工記》描述鐘虡“必深其爪，出其目，作其鱗之而”。●人名。《正作龍母尊》：“乍（作）龍母彝。”●讀恭，恭敬。《王孫遺鬲鐘》：“余𦥑（宏）龍（恭）飲犀（舒遲）。”●讀寵。《遲父鐘》：“用邵乃穆穆不（丕）顯龍（寵）光。”寵光，猶言光寵。●讀寵，寵愛。《清華一·尹至2》：“龍（寵）二玉，弗悆（虞）亓（其）又（有）眾。”

 清華五·三壽9

【注】從疒龍聲。●讀聾。《清華五·三壽9》：“寡（君子）而不譚（讀）箸（書）占（笞），則若尖=（小人）之瘫（聾）瘇（盲）而不斈（友）。”

 新蔡甲三315

【注】從石龍省聲。●地名。

 璽彙1422 匯考322 襲陽燈 璽補237

【注】從文龍聲。●晉璽人名。

觀^齊 魯伯念盨 楚 楚王酓璋戈 王孫誥鐘 清華五・厚父1 清

華八・處位7 璽彙3615 類編377 清華二・繫年87

【注】從兄從龍（或龍省），雙聲字。《廣雅・釋詁》：“兄，大也。”龍、鳳為飛禽走獸之大者，故二字或從兄以見大義。●多讀恭，敬也。《王孫誥鐘》：“畾觀（恭）䂊犀（遲）。”

觀^楚 上博六・用曰16

【注】從口觀聲。●讀恭。《上博六・用曰16》：“鰥之身，瀰吝（文）惠武，觀（恭）弔（淑）目（以）成。”觀弔，讀“恭淑”。與《上博六・鄭壽7》“畾（溫）龏（恭）淑惠”意同。

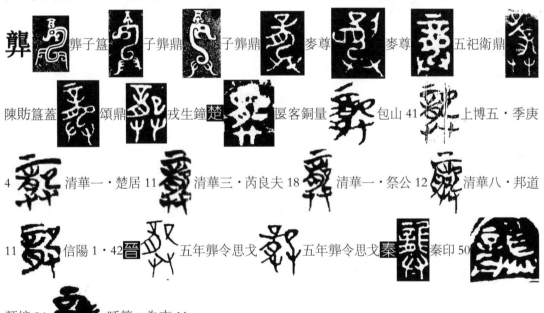

龏 龏子簠 子龏鼎 子龏鼎 麥尊 麥尊 五祀衛鼎

陳貯簠蓋 頌鼎 戎生鐘^楚 匽客銅量 包山41 上博五・季庚

4 清華一・楚居11 清華三・芮良夫18 清華一・祭公12 清華八・邦道

11 信陽1・42^晉 五年龏令思戈 五年龏令思戈^秦 秦印50

類編84 睡簡・為吏11

【注】甲骨文作𦥯、𦥯、𦥯、𦥯、𦥯，從龍從廾，象雙手舉龍形，會恭奉、恭敬之意；龍、廾雙聲。金文同甲骨文，或增兄為聲。《説文》：“龏，慤也。從廾龍聲。”本義是肅敬，俗作“龔”。甲骨文、金文凡用恭處均作龏，龏實恭之古體。●讀恭，恭敬。《秦公簋》：“嚴龏（恭）夤天命。”《書・無逸》作“嚴恭寅畏天命”。●讀鴻。《麥尊》：“王射大龏禽，侯乘于赤旂舟，從。”●恭儀：恭敬、威儀。《麥尊》：“用龏（恭）義（儀）寧侯。”●《毛公鼎》：“母（毋）敢龏橐，龏橐乃敚（侮）鰥寡。”詳“橐”字。●讀恭。《十五年趞曹鼎》：“龏（恭）王才（在）周新宮。”龏王：周穆王之子，典籍作“共王”或“恭王”。楚國亦有“楚共王”。《龏王之卯之造戈》：“龏

863

王之卯之造戈。"楚共王之謐號"共"即"恭",古文字皆作"龏","龏王之卯"為人名,應分析為:以楚共王之謐灋"龏"為其族,"之"為結構助詞,"卯"是他的名字。●《包山 41》:"龏（龏）夫人之夫=（大夫）番。"楚恭王夫人,又見簡 48、188 等。簡 132 記有"秦景夫人",即楚平王夫人;簡 167"惠夫人",即楚惠王夫人;簡 84、179"聖夫人",即楚聲王夫人;簡 142、185"君夫人",即楚懷王夫人。……可知楚國於先王夫人之親屬及其僕役,設有專門的居住地,有專門的職官管理。在先夫人去世後,此類人等繼續留居,侍奉陵寢,被稱之為"某夫人之人"。

曼龏父盨二　　曼龏父盨　　曼公父盨蓋　齊　禾簋　　邾公華鐘

邾大宰簠　陳侯因資錞　郳公飮父鎛　禾簋　叔尸鐘　邾大宰

簠　邾大宰簠楚　王孫遺諸鐘　王子午鼎　上博一 緇衣 13　上博一 緇

衣 2　清華八・攝命 9秦　秦公簋　秦公簋

【注】從龏,疊加兄為聲符;"龏"之繁文。●古文字多讀恭。《上博一・緇衣 2》:"靜（靖）龏（恭）尔（爾）立（位）。"詳"龏"字。

伯梁父簋　　伯梁父簋

【注】從女龏聲,龏氏之專字。《說文》無。●讀龏,姓。《伯梁父簋》:"白（伯）汒（梁）父乍（作）嬹（龏）姞隨段。"

楚　郭店・老丙 7

【注】從糸龏聲,疑"纚"之繁文。●疑讀淡。《郭店・老丙 7》:"古（故）曰兵者［非君子之器,不］得已而甬（用）之,鋗（銛）纚為上,弗媺（美）也。"李零認為:銛,讀恬。纚,可能是"礱",讀音近淡。按:帛書甲本作"不得已而用之,銛襲為上",帛書乙本作"不得已而用之,銛懾為上",王弼本《道德經》第三十一章寫道作"不得已而用之,恬淡為上"。或讀作"銛剡"或"銛銳",是鋒利、銳利之意。

齊　子岊聹戈

【注】從耳靠聲，疑"聾"之繁文。●人名。

 新蔡乙一 31

【注】從二骨，龍聲。●"疾龗、痕（脹）腹"，疑為一種骨病。

 聾鼎 楚 清華八·處位 1

【注】甲骨文作 ，從耳龍聲。金文同甲骨文，作左右結構。《説文》："聾，無聞也。從耳龍聲。"本義為耳朵聽不到聲音，即耳聾，如《左傳》："耳不聽五聲之和為聾。"引申指糊塗、昏聵等義。●人名。《聾鼎》："聾乍（作）寶器。"●用為本義，耳聾。《清華八·處位 1》："君唯聾瘴（狂），吏臣欲迷，政事逆頗（微）。"君聾狂所以臣欲迷，導致政事面臨衰微。

 璽彙 3390 璽彙 3391

【注】從龏（"共"之繁文）龍省聲，疑"龏"之異文。●晉璽單字，讀恭。

 郭店·老乙 5 清華八·邦道 3 上博七·鄭甲 2 上博七·鄭乙 2

【注】從心龍聲。●讀寵。《郭店·老乙 5》："人龗（寵）辱若纓（驚），貴大患若身。"《清華八·邦道 3》："可（何）龗（寵）於貴，可（何）愳（羞）於俴（賤）？"整理者注："寵，《國語·楚語上》'其寵大矣'，韋注：'榮也。'"●讀恭。《上博七·鄭甲 2》："含（今）奠（鄭）子家殺亓（其）君，牁（將）保亓（其）龗（恭）炎（嚴）目（以）旻（沒）內（入）堅（地）。""龗炎"讀為"恭嚴"。楚莊王認為不能讓鄭子家在弑君之後甚至死後仍然保持恭嚴或者清淨狀態，要讓他"死得難看"，才有了以後的種種行動。（復旦大學出土文獻與古文字研究中心研究生讀書會《〈上博七·鄭子家喪〉校讀》）

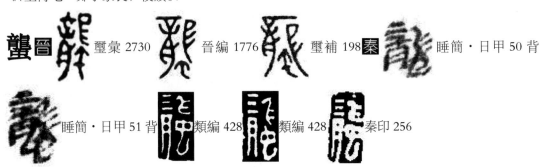 璽彙 2730 晉編 1776 璽補 198 秦 睡簡·日甲 50 背

睡簡·日甲 51 背 類編 428 類編 428 秦印 256

【注】從虫龍聲。●《璽彙 2730》"蠪瘦"，姓氏，疑讀龏。●讀龍。《日甲 50 背》："夏大暑，室毋（無）故而寒，幼蠪（龍）處之。"●秦印均為人名。

【注】從它龍聲，“聾”之異文。●讀龍。簡文“聾辅”讀龍辅。

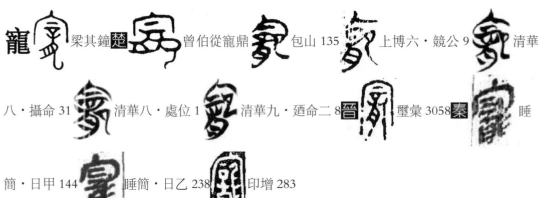

【注】從广龍聲。●“龐危”“龐穿”，姓氏。

【注】從宀龍聲，與小篆同。《説文》：“龐，尊居也。”本義尊崇、寵佑。●榮寵、恩寵。《梁其鐘》：“用天子寵。”《易·師》：“承天寵也。”《釋文》引鄭玄注：“寵，光耀也。”●人名用字。《曾伯從寵鼎》：“曾白（伯）從寵自乍（作）寶鼎用。”從寵，曾國國君，西周宣王時人。《包山135》“墜（陳）寵”人名。●《清華八·處位1》：“君唯聾瘧（狂），吏臣欲迷，政事逆頗（微），寵福逆亞（惡）。”寵，整理者引《説文》：“尊居也。”《國語·楚語下》“彼將思舊怨而欲大寵”，韋注：“大寵，令尹、司馬也。”福，與職守相應的福分。句謂：恩寵重用者，迎來的卻是惡徒。以上句例含因果關係，君聾狂所以臣欲迷；君聾狂導致政事面臨衰微，君聾狂、臣欲迷致使重臣為惡徒。

【注】從水龍聲。●帛書水名。●讀寵。《清華九·迺命二11》：“母（毋）或匚（委）惪（德）於虖（吾）所瀧（寵）。”

【注】從土龍聲。●《阼冢壟戈》：“阼冢壟。”張振謙認為此戈是一件陳矦因咨戈，舊釋“阼冢壟”，應改釋為“陳侯因脀”，戈文作反書，器主即是齊威王因齊。壟為“脀”之反書，從肉次聲，次字的兩點在其右下部，其下部可能綴加有形符土。（《陳矦因咨戈考釋兩則》）

龗楚龗公戈 包山 174

【注】從邑龍聲。字不見于字書。●讀龍，地名。《龗公戈》："龗公戈。"先秦有地名"龍"，見于《左傳·成公二年》"二年春，齊侯伐我北鄙，圍龍"，為魯邑，其地在今泰安縣東南。然而此戈時代為戰國早期，楚的勢力並未到此。何琳儀先生認為應是《水經·濊水注》中的"龍城"，在今安徽蕭縣東。（何琳儀《古兵地名雜識》）

清紐恖聲

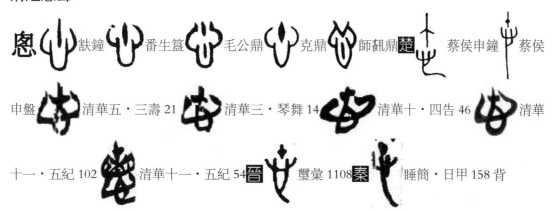

恖 鈇鐘　番生簋　毛公鼎　克鼎　師訇鼎楚　蔡侯申鐘 蔡侯申盤　清華五·三壽 21　清華三·琴舞 14　清華十·四告 46　清華十一·五紀 102　清華十一·五紀 54晉　璽彙 1108秦　睡簡·日甲 158 背

【注】從心從心，會心靈明瞭通徹之意。心字所從之，後來變為○→心→囟，與"囟"近似，故《說文》"恖"從囟聲，當屬變形音化。睡虎地秦簡"蔥"，作苁，所從聲符"恖"與金文同。漢代文字"蔥"或作苁（居延漢簡甲 2001），其後又在苁形上部左右各加一飾筆，作茐（蒼山畫像石題記）、蔥（嚴欣碑），故"恖"在漢代又變形音化從公聲；此亦為"恖"異體字"忩"所本。●讀蔥或讀緫，青綠色。《毛公鼎》："朱市（韍）、恖黃（衡）、玉環。"恖黃，青色玉佩，典籍作"蔥衡"。《禮記·玉藻》："三命赤韍蔥衡。"鄭玄注："青謂之蔥。"●讀聰，用為動詞，使聰慧。《克鼎》："穆穆朕文且（祖）師華父，恖（聰）娶屖（厥）心。"《睡簡·日甲 158 背》："令耳恖（聰）目明。"●讀鏓，形容鐘聲鏗鏘響亮。《鈇鐘》："王對乍（作）宗周寶鐘，倉倉恖恖。"●讀聰，用為動詞，明察。《蔡侯申鎛》："既恖（聰）于心，祉中呼（厥）諰（德）。"銘意為：明察于心，和順為德。●秦簡讀聰，此義楚文字用"聡""憁""恖"（蔡侯申鐘）表示。●晉璽人名。●讀悚。《清華十·四告 46》："𡥈=（小子）恖（悚）瞿（懼）敬惎（德）曰，我母（毋）敗（墜）先公之福。"整理者注："恖，讀為'悚'。'恖'為東部清母字，'悚'為東部心母字，可通用。悚懼，肅立惶恐。《韓非子·主道》：'明君無為於上，群臣悚懼乎下。'"●《清華十一·五紀 102》："黃帝大恖，偋（稱）讓（攘）以悫（圖），八機（機）惴（端）乍（作），黃帝恬（告）永（祥）。"恖，《說文》"多遽恖恖也"。大恖，是說黃帝內心非常焦急。

聰楚清華九·治政 12

【注】從耳恖聲。漢印作聡（漢印 1048），漢朝張遷碑作聰，當從耳蔥聲。●聰慧、靈敏。《清華九·治政 12》："此之曰聖=人=（聖人，聖人）聖（聽）聰貝（視）盟（明）。"聖人聽覺靈敏

視覺清楚。

聰  璽彙 2404　璽補 262　璽補 245　圖典 365

【注】從艸聰聲。與《璽彙 0842》"蕙"為一字異文。●人名。

蔥  清華十一・五紀 87　睡簡・秦種 179　關簡 316

【注】從艸悤聲。●讀蔥。《睡簡・秦種 179》："醬駟（四）分升一，采（菜）羹，給之韭蔥。"《説文》："蔥，菜也。"《本草》："蔥從悤，外直中空，有悤通之象也。"●讀聰。《清華十一・五紀 87》："聖（聽）隹（唯）蔥（聰）。"

窗  里耶 8・1584

【注】從穴悤省聲。秦文字或從穴悤聲作 （帛編 412）。●人名。《里耶 8・1584》："稟人援出稟隸妾忍、要、欸、類䛐、小女、窗、歐。"簡文內容為里耶簡常見的物資出入記錄。

鏓  梁其鐘

【注】從金悤聲。俗作"鏓"。●形容鐘聲響亮。《梁其鐘》："鎗鎗鏓鏓。"

總  上博九・舉治 9　清華九・治政 2　睡簡・秦種 54

【注】從糸悤聲。亦見於馬王堆帛書 （帛編 526）。●集合之義。《睡簡・秦種 54》："更隸妾節（即）有急事，總冗，以律稟食；不急勿總。"更隸妾若有緊急差役，集合起來，應按法律規定發給口糧，不急勿需集合。《上博九・舉治 9》："勿（物）又（有）所總，道又（有）所攸（修），非天之所向，莫之能旻（得）。"簡文大意是物有所聚之處，道有所修之人，老天若不向着你，你就不會得到它們（指物與道）。●統領。《清華九・治政 2》："上總元（其）紀，乃駓（馭）之以耆（教）。"君主統領治國的綱紀，於是用教化來治理。

璁  清華五・封許 6

【注】從玉悤聲。●簡文"璁衡"當是指玉飾的車轅前橫木。《毛公鼎》作"悤"。

應 清華八・攝命 9　上博一・詩論 13　上博一・詩論 11　上博

一‧詩論 27

【注】從辵恩聲。上博簡可以看作由"心"和""組成的"恩"字加注"凶"聲而成的繁體，其中凶與心合用中間的弧綫。應該是"送"字的異構。統一隸定為"遚"。●清華簡讀聰，聰慧也。簡文謂不以其人的魯鈍為誠實質樸，亦不去彊求其人的聰慧。詳"魯"字。●讀媵。《上博一‧詩論 13》：《鵲巢》出以百兩，不亦有遚（媵）乎？《鵲巢》一詩說的是，以百輛車送女，不也有盛大的隨嫁嗎。或認為從辵离省聲。"离"有離別義，故字可從辵。"离""麗"二字古通，如《詩‧小雅‧魚麗》，《儀禮‧鄉飲酒禮》鄭玄注引作《魚離》。《戰國策‧燕策三》："高漸離。"《論衡‧書虛》作"高漸麗"。《史記‧司馬相如列傳》："麗靡廣衍。"《漢書‧司馬相如傳》"麗"作"離"。因此，"離"可讀麗。《小爾雅‧廣言》："麗，兩也。"《周禮‧夏官‧校人》："麗馬一圉，八麗一師。"鄭玄注："麗，耦也。""麗"有成對、匹配之義。《詩‧召南‧鵲巢》："之子于歸，百兩御之。"毛亨傳："百兩，百乘也。諸侯之子嫁于諸侯，送御皆百乘。""出以百兩"，是門當戶對之意。簡文"不亦又（有）离（麗）乎"，意即"不也是相匹配嗎？"

從紐亙聲

亙（琮）亙父丁爵　　秦風 63

【注】甲骨文作、，是"琮"的象形初文，是對玉琮的俯視之形的勾勒，或者說是對玉琮的橫截面的形狀的勾勒，隸定為"亙"。金文同甲骨文。●讀崇。"亙"在殷墟甲骨文、殷代金文和周初金文中用為地名、人名和國族名，即古書中的"崇"，地在今河南嵩縣附近。《亙父丁爵》："亙。父丁。"●秦印"亙虎"，人名。

作冊睘卤　作冊睘卤　亢鼎

【注】從玉亙聲，"珦"即"琮"之古字。●讀琮，玉璧之一種。《亢鼎》："公大儌（保）買大珦于羌亞，才（財）五十朋。"

竹宦父戊方彝　戍鈴方彝　辛伯鼎　伯姜鼎　作冊大鼎　宦父丁簋　宰黴宦父丁鼎

【注】甲骨文作，從宀亙聲。陳劍以為，以"亙"為聲符的"宦""宨""齏"和"實"等字，在殷代和西周金文中或用為"寵"，或用為"造"。（詳陳劍《釋"琮"及相關諸字》）●讀寵。《應國再簋》："再對揚王丕顯休宦，用作文考釐公尊彝。"金文"揚某某休""對某某休"的說灋習見，"休宦"近義連言，更足以說明問題。《無壽觚》："戍宦（寵）無壽，作祖戊彝。"記器主無壽因受"戍"之光寵而為祖戊作器。《辛伯鼎》："朿辛白（伯）蔑乃子克曆，宦絲五十守（鋝）。用作父辛寶尊彝。"●讀造。《孟簋》："對揚朕考賜休，用宦（造）茲彝。"

寠 盂卣

【注】從止宿聲。●讀寵。《盂卣》："兮公寠（寵）盂豎束、貝十朋。""寠（寵）"又用與"易（錫、賜）"字相類，後面接雙賓語，直接賓語為所賞賜的物品。

實 敱簋

【注】從貝宿聲。●讀寵。《敱簋》："伯氏實（寵）敱，賜敱弓、矢束、馬匹、貝五朋。"

齰 史牆盤

【注】從玉從貝宿聲。●讀寵。《牆盤》："刺（烈）且（祖）、文考弋（式）齰受（授）牆爾麤福。"

琞 上博三·周易 14　清華一·保訓 2　清華六·子儀 14　清華六·子儀 8　上博五·鬼神 8　上博五·鬼神 8　郭店·緇衣 16　清華九·治政 5　清華九·成人 28　清華十·四告 32　清華十·四告 48　清華十一·五紀 100　清華十一·五紀 129

【注】疑難字。當今多數學者認為此文上部所從即陳劍釋為"琮"的字，在楚簡中以此為聲者，往往與"從""宗""暓"等字讀音相近，在甲骨文及金文中則有用作"寵""造""崇"者。●疑讀從。《郭店·緇衣 16》："倀（長）民者衣備（服）不改，琞（從）頌（容）又（有）棠（常），則民惪（德）弌。"《清華九·成人 28》："尋（得）旹（時）而司琞（從）。"●讀簪、或讀讒。《上博三·周易 14》："母（毋）穎（疑）聖（朋）欦（盍）琞（簪）。"傳世《周易》作"朋盍簪"，馬王堆帛書《周易》作"佣甲讒"。●讀憃。《清華六·子儀 14》："級（給）織不能官處，占夢琞（憃）永不休。"●整理者讀崇。《清華九·治政 5》："古（故）又（有）琞（崇）惪（德）以弅（辨）於者（諸）侯。"●讀漸。《清華一·保訓 2》："奭（發），朕疾琞（漸）甚，志（恐）不女（汝）及訓。"

俋 上博一·緇衣 9

【注】從人臸聲。●讀從。《上博一·緇衣9》："㒸（從）容又（有）裳（常）。"

緹楚 清華八·心中1　 清華八·心中2　 上博六·用曰4　 清華十一·五紀16

【注】從糸臸聲。●《清華八·心中1》："目、耳、口、緹四者為（相），心是胃（謂）中。"《清華八·心中2》："心欲甬之，緹古（故）與之。"整理者注："緹，從糸，適省聲，疑讀為'肢'。'適'為端母錫部字，'肢'為章母支部字，支、錫為陰入對轉；端母、章母准雙聲。"整理者釋此字為"肢"，於義雖似可通，但"肢"與"從""宗"等字聲韻遠隔。闕疑待考。●當讀綜。《上博六·用曰4》："訌（攻）之亡緹，而亦不可。"《清華十一·五紀16》："日隹（唯）尚（常），而月隹（唯）則，星隹（唯）型，脣（辰）隹（唯）緹（綜），䖵（歲）隹（唯）紀，尃（敷）枏（設）五章。""綜"與"紀"皆有綜理、治理的意思。

從紐从聲

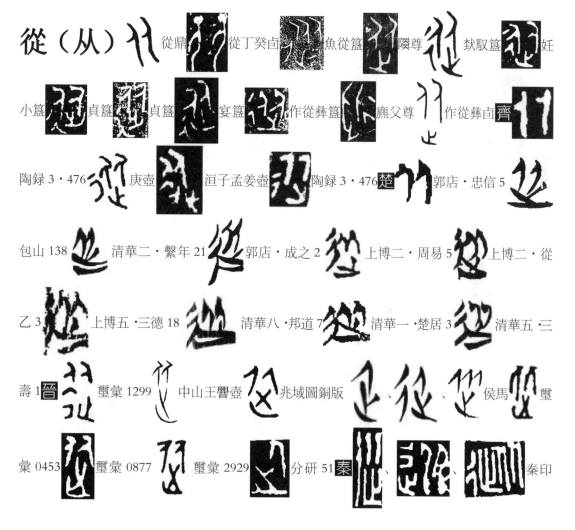

從（从）竹 從鼎　　從丁癸卣　　魚從簋　　　闕尊　　狀馭簋　　妊
小簋　　貞簋　　貞簋　　宴簋　　作從彝簋　　麃父尊　作從彝卣齊
陶錄3·476　庚壺　洹子孟姜壺　陶錄3·476楚竹　郭店·忠信5
包山138　清華二·繫年21　郭店·成之2　上博二·周易5　上博二·從
乙3　上博五·三德18　清華八·邦道7　清華一·楚居3　清華五·三
壽1晉　璽彙1299　中山王䜌壺　兆域圖銅版　從　侯馬　璽
彙0453　璽彙0877　璽彙2929　分研51秦　　　　秦印

159　璽彙 4340　　陶徵 99　　睡簡·日甲 71 背　　睡簡·雜抄 1

【注】甲骨文作林、彳彳、林、彳彳、林、林、林、彳彳、彳彳、林。從二人（或從三人，同），會二人相從之意。字或增從止、彳。金文同甲骨文，大多從辵。《説文》分為"从""從"二字。《説文》："从，相聽也。從二人。"《説文》："從，隨行也。從辵、从，从亦聲。"彝銘中从、從通用。本書一律以"從"為之。●隨從。《過伯簋》："過白（伯）從王伐反（叛）荊。"●聽從。《中山王譽鼎》："佳傅（傅）母（姆）氏（是）從。"●讀縱，放縱。《毛公鼎》："颤颤四方，大從（縱）不靜。"●介詞，同"由""自"。《兆域圖銅版》："從内宫至中宫卅六步。"●人名。《從鼎》："白（伯）姜易（賜）從貝卅（三十）朋。"●讀縱。《蔡簋》："女（汝）母（毋）弗善效姜氏人，勿使敢又（有）疾，止從（縱）獄。"縱獄：乃執瀺鬆弛之意。●從追：跟蹤追擊。《不娶簋》："戎大同從追女（汝）。"大同，大集結。"從"有跟蹤、尾隨之意。《詩·小雅·既醉》："釐爾女士，從以孫子。"鄭玄箋："從，隨也。"一説，從謂合從，從追即合擊追逐。●《芮公鐘》："内（芮）公乍（作）從鐘，子孫永實用。"《廣雅·釋詁一》訓從"行也"。金文中常見"從+器物名"的結構，如"從鐘""從鼎""從簋""從壺""從彝"等，"從器"就是從葬之器。周早期所見最多，西周中晚期較少，春秋早期以後基本絶跡。（《論青銅器中的"行器"及其相關器物》）●《清華一·楚居 3》："麗不從行，渭（潰）自髀（脅）出。"從，順。《素問·通評虛實論》："故曰滑則從。"王冰注："從，謂順也。"

九年衛鼎

【注】從車从聲。●《九年衛鼎》："矩取眚（省）車軦。"義不詳。

陶彙 3·1032

【注】從疒从聲，疑"瘲"之省文。●齊陶單字，人名。

匜君壺

【注】從匸从聲。●人名。

縱　齊　　亡縱熊節　楚　　上博八·志書 1　　清華七·越公 27　　清華三·芮

良夫 7　秦　　睡簡·秦種 5　　睡簡·答問 63　　秦印 253

872

【注】西周直至春秋金文中"縱"皆假借"從"為之（詳"從"字）。戰國時期《亡縱熊節》從系從省聲。睡虎地秦簡，已與小篆無別。但戰國文字資料乃至西漢的《史記》中仍有大量"從"與"縱"通假的例子，這説明兩字在讀音上還没有區別，"縱"音轉為精母大約在東漢。●釋放。《睡簡·答問93》："可（何）謂'縱囚'？"縱囚，放走罪犯。●開禁。《睡簡·秦種5》："到七月而縱之。"●《清華七·越公27》："縱（縱）經（輕）遊民。"《説文》："縱，緩也。一曰捨也。從系從聲。"引申義為聽任不管，不受禮法道德的約束。●人名。《亡縱熊節》："亡縱一乘。"

豵 秦  印增 376

【注】從豕從聲。●秦印"補豵"，人名。

樅 楚 安大一 31 晉 璽彙 2393 璽彙 2395 璽彙 2608 珍

戰 108 秦  北大簡

【注】從木從省聲，"樅"之省文。《説文·木部》："樅，松葉柏身。從木，從聲。"●讀總。《安大一 31》："索（素）絲五樅（總）。"《毛詩》作"素絲五總"。"樅""總"古音皆屬精紐東部，音同可通。《禮記·檀弓上》"喪事欲其縱縱爾"，鄭注："縱，讀如摠領之摠。"是其證。《説文·糸部》："總，聚束也。從糸，悤聲。"毛傳："總，數也。"●晉璽"樅得""樅月""樅沽""樅縞"姓氏。

崇 晉 匯考 122

【注】從山從省聲，"崇"之省文。●晉璽"崇門"，地名。

觘 晉 二十一年鄭令戈 廿年塚子戈

【注】從角從省聲。●晉器人名。

心紐雙聲

雙 楚 望山 2·50 秦 陶徵 261 印增 142

【注】從又從二隹，會手持二鳥之意。●用為本義，成對物品的計量單位。《望山 2·50》："一雙璜，一雙虎。"

慔作父乙爵

【注】從心雙省聲，與小篆同。《説文》："，懼也。從心，雙省聲。《春秋傳》曰：'駟氏慔。'"本義恐懼，與"竦"音義略相近。●人名。《慔爵》："慔乍（作）父乙。"

滂紐丰聲

彙 5210　侯馬　幣編 139　幣編 291　陶録 6 · 454

【注】"丰"與"封"同源，甲骨文作𡴀、𡴆、𡴂、𡴃、𡴀、𡴇、𡴀，象土堆上草木茂盛之形。李孝定曰："（丰）象草木生土上枝葉繁茂之形。封字從此。封字許訓爵諸侯之土，乃引申義。'封'實象以手植草木之形。古者爵諸侯以土田，必為之正疆界，國之大者以山河為疆界，小者或植樹立石以別之，故謂之封疆。許訓爵諸侯之土以此也。封邦義相同，邦者，所封之地也。"（《金文詁林讀後記》卷六）《説文》："半，艸盛丰丰也。從生，上下達也。"析形不確。本義為草木茂盛。簡化字合丰、豐為一字。●人名，讀封。《康侯丰鼎》："康侯丰乍（作）寶障。"《史記 · 管蔡世家》："康叔封、冉季載皆少，未得封。"晉璽、盟書人名。●晉方足布"木丰"，地名。

清華十 · 四告 28

【注】從文從豕丰聲。●讀封。《清華十 · 四告 28》："䉤（封）豕不才（在）服，遠生（往）遊，彗（羿）不則捷之。"詳"彗"字。

陶録 2 · 172　　佯　包山 5　佯　包山 67　佯　清華九 · 禱辭 4

【注】從人丰聲。●《包山 67》"大佯尹"為官名，疑讀封，楚職官有"封人"。●讀邦。《清華九 · 禱辭 4》："皇=（皇皇）之父=（父，父）余絲（兹）佯=（邦，邦）與夫=（大夫），戬（歲）獻者（諸）女（汝）。"●齊陶人名。

佳楚　佳　上博七 · 凡甲 4　佳　上博甲 · 凡乙 4

【注】從土佯聲。●讀封，疆域、分界。《上博甲 · 凡乙 4》："莞（孰）為之佳。"《左傳 · 僖公三十年》："既東封鄭，又欲肆事西封。"杜預注："封，疆也。"

 分研一 586

【注】從山伴聲。●晉璽 "武佳左旗"，為地名。

君夫簋蓋　　召卣　　妌仲簋

【注】甲骨文作 𡥈 ，從女丰聲。金文同甲骨文。《揚子·方言》："秦晉之間，凡好而輕者，謂之娥……趙魏燕代之間曰姝，或曰妌。好，其通語也。"本義好、美。●用其本義。《召卣》："白（伯）懋父（賜）盪（召）白（伯）馬、妌黃猶（髮）敖。"●疑讀奉。《君夫簋蓋》："君夫敢妌（奉）揚王休。"●國族名。《妌仲簋》："妌中（仲）乍（作）甫妌朕（縢）臣。"

上博三·周易 44

【注】從豕丰聲。●讀鮒。《上博三·周易44》："恭浴（谷）弢（射）豜（鮒）。"

眫晉 𡗗 璽彙 3265

【注】從目丰聲，"睳"之省文。●"眫寅"讀逄，姓氏。

胖晉 𦙶 璽彙 2543

【注】從肉丰聲。●晉璽人名。

鈝楚 𨧜 曾侯 106

【注】從金丰聲。●《曾侯 106》："彔（綠）雩之鈝賠。"不詳。

乱晉 𡿺 璽彙 1349

【注】從乙丰聲。●晉璽人名。

陶彙 3·161 楚 絆 曾侯 9 秦 詛楚文

【注】從糸丰聲，與 "縫" 同。●讀縫，訓合。《詛楚文》："兩邦若壹，絆以婚姻。"《曾侯 9》 "鼻（翠）絆" 也讀縫。●齊陶 "蔓圖南里人絆"，人名。

表 齊 陶彙 3·496　陶彙 3·490　陶録 3·41　陶録 2·546　楚

安大一 100　上博九·卜書 7 晉　璽彙 5610

【注】從衣丰聲。疑"褌"之省文。●齊陶地名。字與齊陶 （陶彙 3·492）、 （陶彙 3·493）所從丰相同；故或釋為袜，不確。●晉璽人名。●讀縫。《安大一 100》："摯（摻）＝女手，可目（以）表（縫）常（裳）。"●疑讀蒙。《上博九·卜書 7》："三末飤（食）墨戲（且）表（蒙）。"

遣 楚 郭店·唐虞 14

【注】從辵從日丰聲。●讀逢，遭遇、碰上。《郭店·唐虞 14》："聖以堣（遇）命，厇（仁）以遣（逢）旹（時）。"

奉　、　散氏盤 齊　匯考 295　陳侯因咨戈 楚　帛書甲　郭店·老乙 17　上博二·從甲 17　侯馬　新蔡甲三 64　上博二·子羔 7　上博二·從甲 8　上博四·內禮附簡　望山 2·32　上博一·詩論 25　清華二·繫年 50 晉　長陵盉　侯馬　溫縣　貨系 505　璽彙 0898 秦　會稽刻石　印增 97

【注】從廾丰聲。其本義應為表示捧物之動態，"奉"當為"捧"的初文。《釋名》："捧，逢也，兩手相逢以執之也。"秦文字復迭加形符"手"，漢印文字作 、 。《說文》："奉，承也。從手從廾，丰聲。"本義當為雙手捧物狀，是"捧"的初文。"奉"後來為引申義所專用，捧的本義就用另加形符"扌"寫作"捧"。●讀封、畫疆界。《散氏盤》："至于大沽，一奉（封），目（以）陟；二奉（封）。"一封，即一塊封地。●進也。《長陵盉》："受左吏奉銅。"●敬辭。《陳侯因咨戈》："陸（陳）侯因咨作南呂戈奉于大宗。"●讀豐。《郭店·老乙 17》："攸（修）之邦，其惪（德）乃奉（豐）。"●讀縫。《望山 2·32》："紫鞥，紃奉☒。"●讀逢。《上博一·詩論 25》："《有

876

兔》不奉（逢）時。"

 清華五·封許 9 清華八·攝命 27

【注】從言奉聲。●讀逢。《清華八·攝命 27》："余害（曷）段（假），不（丕）則高諱（逢）乃身，亦余一人永育（顏、安）在立（位）。"簡文作"毃"，簡 19"尚弗毃（逢）乃彝"。逢，知遇。天子知遇"攝"，是委"攝"以重任的意思。永，長也。●讀封，冊封。《清華五·封許 9》："諱（封）鄦（許）之命。"

華 楚 安大一 40　　安大一 91

【注】從艸奉聲。●讀菶。《安大一 91》："爰采菶（菶）可（兮），墓（沫）之東可（兮）。"《毛詩》作"爰采菶矣"。《説文解字·艸部》："菶，須从"。段玉裁注引《坊記》云："菶，蔓菁也，陳宋之間謂之菶。"上古音"華""菶"皆屬幫紐東部，可通。●讀蓬。《安大一 40》："皮（彼）蘴（苗）者華（蓬）。"《毛詩》作"彼苗者蓬"。《説文·艸部》："華，艸盛。從艸，奉聲。"上古間"華"屬幫紐東部，"蓬"屬並紐東部，二者同屬唇間音，韻部相同。毛傳："蓬，草名也。"

窂 楚 郭店·語叢一 103

【注】從宀奉聲。●讀奉。《郭店·語叢一 103》："豊（禮）不同，不窂（奉），不蚩（殺）。"

郼 楚 新都戈　　包山 177　　上博八·有皇 1

【注】從邑奉聲。●讀奉，地名。《新都戈》："郼之新郜（造）。"《水經注》："洲上有奉城，故江津長所治，舊主度州郡貢于洛陽，因謂之奉城，亦曰江津戍也。"在今湖北江陵境内。●讀奉，奉承。《上博八·有皇 1》："亡（無）郼又（有）風（諷）今可（兮）。"能夠不奉承自己、要有所諷諫。

緒 楚 包山 268　　包山 271

【注】從糸奉聲。●讀縫，詳"紃"字。

碑 楚 信陽 2·8

【注】從石奉聲。●簡文"四礴之砡"，義不詳。或以為合文，同《望山墓》之"厚奉"。

瘡 楚 　新蔡甲一 13　　　新蔡甲三 257　　　新蔡乙二 5　　　新蔡零

138　　　新蔡乙三 25

【注】從疒奉聲。●讀胖，肿脹。《玉篇·肉部》："胖，胖脹也。"《新蔡乙二 5》："瘡（膚）疾、瘡（胖）痕（脹）。"

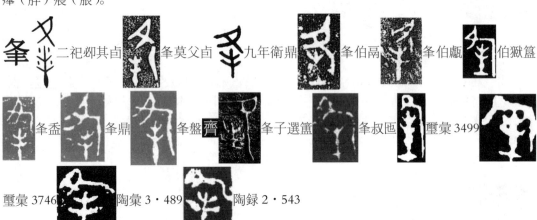

夆　　　二祀邲其卣　　　夆莫父卣　　　九年衛鼎　　　夆伯鬲　　　夆伯甗　　伯獄簋

夆盉　　夆鼎　　夆盤 齊　　夆子選簠　　夆叔匜　　璽彙 3499

璽彙 3746　　陶彙 3·489　　陶録 2·543

【注】甲骨文作　、　，從夂丰聲。《説文》："夆，啎也。從夂丰聲。讀若縫。"段玉裁注："午部曰。啎，逆也。夆訓啎，猶逢迎逆遇遻互相為訓。"本義為逆、抵觸。●讀逢，古國名。《左傳·昭二十年》有逢伯陵因之。《注》逢伯陵，殷諸侯。《夆伯甗》："夆白（伯）命乍（作）肇（旅）彝。"《二祀邲其卣》："丙辰，王令邲其兄（貺）鬯于夆田。"李學勤先生認為此處的"夆"就是逢國。據文獻記載，至少從殷商歷經西周直到春秋，在今天的山東境内，逢國一直血食不絕，代不乏祀。從 20 世紀 80 年代以來，山東省濟陽劉臺子西周早期墓出土了數量眾多的夆國青銅器，如夆方鼎、夆彝簋、夆觶、夆盤、夆盉等，學者們普遍認為商周時期的夆地，應該在山東濟陽縣一帶。●疑讀芳。《伯獄簋》："亡（無）不鼎燹（麗，芬）夆（芳）臖（馨）香，則登于上下。"●讀封。《九年衛鼎》："則乃成夆（封）四夆（封），顔小子具（俱）更（惟）夆（封）。"這裏的"封"，就是指在踏勘過程中在田界上起土台，以為標識，由顔小子來辦理。●齊璽"夆脣""夆商信鈢"讀逢，姓氏。

鄴　　　鄴季白歸鼎　　　鄴季白歸鼎

【注】當從邑夆聲。拓片上没有表現出三角形的筆劃，過去多認為此字從"广"。●讀逢，古國名。《鄴季白歸鼎》："鄴季之白（伯）歸塵用其吉金，自乍（作）寶鼎。"《鄴季白歸鼎》出土于湖北省隨縣萬店公社（今隨州市曾都區萬店鎮）周家崗，張新俊認為逢季是逢國小宗的分支，由於某種原因從山東遷徙到楚地來。"從典籍記載來看，有一支逢氏家族，從春秋早期到

戰國晚期的數百年間，一直活躍在以楚為中心，延及陳、越兩國的南方國家政壇上。也許是為了表示與山東故地的夆伯、夆叔、夆子相區別，逢氏季系的這一宗族的人在鑄器之時，刻意在"夆"字加上"邑"旁。"（張新俊《從甲骨、金文看逢氏青銅器與失落的古逢國》）

一式獄簠蓋 衛簠甲蓋

【注】從冎夆聲。●疑讀芳。《一式獄簠蓋》："亡（無）不鬱臨觲（芳）魯。"《衛簠甲蓋》："亡（無）不觲（芳）魯。"

清華八·攝命12 清華八·攝命19

【注】從殳夆聲。●讀逢。《清華八·攝命19》："是亦尚弗毃（逢）乃彝。"逢，整理者注："《説文》：'遇也。'彝，常。'弗逢乃彝'與下'克用之彝'對文。"

蜜壺 侯馬  六年大陰令戈 大陰令賈弩戈 石鼓文

睡簡·日甲52背 睡簡·日甲76 秦印32 、 類編52

【注】甲骨文作，從彳從夆，會走路相遇之意。夆本有行義，增從彳，行走之義更顯，夆兼聲。金文《蜜壺》疊加意符廾（雙手之形，也表示動作）。《六年大陰令戈》從辵，下部當為止形之訛，止形與夆之豎筆粘連以致不辨。《説文》："𨑾，遇也。從辵，夆省聲。"本義為相遇，如《詩經》："我生之後，逢此百凶。"引申泛指碰上，又引申指迎接、討好等義。●遇也。《蜜壺》："夆（逢）郾（燕）亡道。"《詩·王風·兔爰》："逢此百凶。"●人名。《六年大陰令戈》："冶人逢。"●秦印"逢幾""逢襄""逢次公"，均為姓氏。逢同，春秋時趙大夫。

秦印16 、類編432 、里耶9-712、里耶8-109

【注】從艸逢聲。●秦印"蓬昌"，姓氏。蓬姓歷史人物有蓬萌，後漢時北海人，聞王莽殺其親生兒子，謂友人曰："三綱絶矣！不去，禍將及人。"即解冠掛東都城門而去。後來掛冠、蓬萌冠等成為辭官或歸隱的代名詞。●《類編432》"垣蓬"，人名。●里耶簡地名。

里耶8·2283

【注】從竹逢聲。●辭例殘缺。

【注】從衣省夆聲。●齊陶人名。《陶彙3·492》"子襏子"是齊國特有稱謂。

【注】從糸夆聲。●"紡織載（裁）縫（縫）"，讀縫。

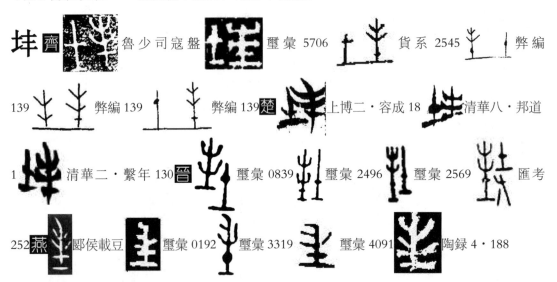

【注】從土丰聲，"封"之異文。●讀封。《璽彙0192》"封人"，職官名，見於《周禮·地官》和《左傳》。《周禮·地官》："封人，掌設王之社壇，為畿封而樹之。"《左傳·宣公十一年》："令尹蔿艾獵城沂，使封人慮事，以授司徒。"杜預注："封人，司徒之屬官。"可見封人一職不僅職掌社壇管理和邊界封疆事宜，而且有時還要參與城邑的營建。●讀封，分封。《上博二·容成18》："禹乃因山陵坪（平）徑（隰）之可垟（封）邑者而緐（繁）實之。"

封令戈

【注】甲骨文以"丰"為"封"，作 ，從 從土，封土成堆，植木其上之形。古人植樹為疆，"封"字正象其形。金文或增從意符廾、又、寸，蓋強調植封之動作。《說文》："封，爵諸矦之土也。從之從土從寸，守其制度也。公侯，百里；伯，七十里；子男，五十里。徐鍇曰：'各之

其土也。會意。'坣古文封省。𡉚籀文從丰。"本義當為推土植樹為界，如《左傳》："宿敢不封殖此樹。"引申泛指疆界。秦文字"封"，燕文字作"圭"，晉系文字作"垰""甫""畫"，楚系文字、齊系文字作"垰"。丰為不可缺之聲符。●氏。《魯少司寇盤》："魯少嗣（司）寇封孫宅乍（作）其子孟姬媵朕（勝）般（盤）也（匜）。"封孫氏，名宅。此封孫氏當是司封樹的職官演化而來。封孫宅女曰孟姬，則封孫氏為姬姓。●人名。《伊簋》："王乎（呼）命尹封冊命伊。"●封存。《琱生簋》："余曰（以）邑訊有嗣（司），余典勿敢封。"●封土、封疆。《宗邑瓦書》："自桑障（郭）之封以東。"

【注】從糸封聲。●疑讀奉，《漢書》注"養也"，飼養。《睡簡·秦種75》："㺇生者，食其母曰粟一斗，旬五日而止之，別緐以叚（假）之。"牛產仔困難，每天飼給母牛糧穀一斗，至十五天截止，分開餵養以備借出使用。

【注】從虫封聲。●讀蜂。《嶽麓一·占19》："夢蛇則蚃（蜂）萐（薑）赫（螫）之，有芮者。""則"疑當讀截。"芮"讀退。

【注】從水封聲。●應為"澍"之誤。讀澍，及時雨。《睡簡·秦種1》："輒以書言澍〈澍〉稼、誘（秀）粟及狠（墾）田暘毋（無）稼者頃數。"

癰戈

【注】從田丰聲，"封"之省文。●讀封，地名。《二十一年啟封令癰戈》："廿一年啟甫（封）斾（令）癰。"啟封，即開封，漢代避景帝諱而改為開封，故《史記·韓世家》作："使暴鳶救魏，為秦所敗，鳶走開封。"在今河南開封南。●讀封。《清華九·禱辭6》："亓（其）豐（禮）瘤（藏）於甫（封）東以西，罙（深）及脈（腋）。""封東以西"似當是指前文"社東焉藏"的埋"玄纁之幣三束"之處的西側。

【注】從土甫聲，"封"之繁文。●晉璽人名。

 中山王譽壺 中山王譽鼎 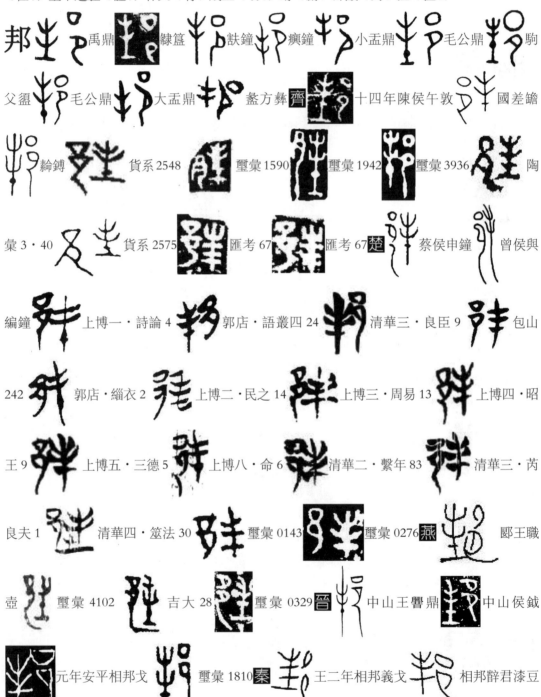 貨系 2486

【注】從又峀聲，"封"之繁文。●讀封，疆界、封疆。《中山王譽壺》："述（遂）定君臣之嵋
（位），上下之體（體），休又（有）成工（功），剏（創）辟叝（封）疆（疆）。"

邦 禹鼎 隸簋 䫑鐘 癙鐘 小盂鼎 毛公鼎 駒

父盨 毛公鼎 大盂鼎 盠方彝 齊 十四年陳侯午敦 國差罎

鈴鎛 貨系 2548 璽彙 1590 璽彙 1942 璽彙 3936 陶

彙 3·40 貨系 2575 匯考 67 匯考 67 楚 蔡侯申鐘 曾侯與

編鐘 上博一·詩論 4 郭店·語叢四 24 清華三·良臣 9 包山

242 郭店·緇衣 2 上博二·民之 14 上博三·周易 13 上博四·昭

王 9 上博五·三德 5 上博八·命 6 清華二·繫年 83 清華三·芮

良夫 1 清華四·筮法 30 璽彙 0143 璽彙 0276 燕 郾王職

壺 璽彙 4102 吉大 28 璽彙 0329 晉 中山王譽鼎 中山侯鉞

元年安平相邦戈 璽彙 1810 秦 王二年相邦義戈 相邦辟君漆豆

集證 143集證 143、、、秦印 118

【注】甲骨文作畐、畐，從田從丰（丰兼聲），象植木于田界之形，會邦國之意，與《説文》古文略同。《周禮·地官·封人》："掌詔王之社壝，為畿封而樹之。凡封國設其社稷之壝。封其四疆，造都邑之封域者亦如之。""都邑之封域"即邦也。"封""邦"二字古實同源。金文易田為土作，從土取意與從田同，並增形符邑。《相邦辥君漆豆》省為丰，為小篆所本。《説文》："鞤，國也。從邑丰聲。古文。"本義當為封邑。《尚書》："協和萬邦。"●邦土、邦國。《蔡侯申鐘》："建我邦國。"《周禮·天官·大宰》："掌建邦之六典，以佐王治邦國。"鄭玄注："大曰邦，小曰國。"●邦君：對小國君主的稱謂。《九年衛鼎》："衛目（以）邦君厲告于井（邢）白（伯）、白（伯）邑父、定白（伯）、琼白（伯）、白（伯）俗父。"經籍有關"邦君"記載甚多。《詩·小雅·雨無正》："邦君諸侯，莫肯朝夕。"《書·梓材》："以厥臣達王，惟邦君。"●邦人：國人，西周的城市平民。《曶盨》："又（有）進退，雩邦人、足（胥）人、師氏人又（有）辠又（有）故（辜）。"●《匯考67》李學勤釋為"齊立邦璽"，其上下兩邊各有一突起。"立邦"與齊刀幣背文"辟邦""安邦"同義。（《戰國題銘概述》）●讀封。《上博八·成王1》："成王既邦（封）周公二年，而王至（重）元（其）貢（任）。"●《包山151》"邦轆（獵）"，姓氏。《姓氏尋源》云："邦出孔子弟子邦選也。"邦選，《史記·仲尼弟子列傳》作邦巽，《集解》："鄭玄云魯人。"是魯國有以邦為氏之人。●秦印"邦候""邦司馬印"，均為官名。

郱燕 夾逤刻石

【注】從广邦聲，疑"邦"之異文。●"郱首"，疑與《師寰簋》"邦嘼"同，均為部落首領。

豐公鼎豐伯壆鼎豐 散氏盤右戲仲夏父鬲豐尊豐尊

伯豐方彝懤季遽父卣輔伯鼎申簋蓋窅叔簋 豐井叔簋

裘衛盉作冊魖卣豐侯母鬲 魯簋 豐兮簋 小臣豐卣

豐器楚上博二·容成48 上博三·周易51 清華一·金縢12 包

山21包山145 清華八·邦道19 清華三·琴舞16 安大一

 清華十·四告 3

【注】甲骨文作 、、、，從壴（"鼓"之初文），亡聲（從二亡求其對稱）。本義為鐘鼓之音盛大，金文"數數"習見，形容鐘鼓之聲，可資佐證。甲骨文或作 ，從壴丰聲。金文豐、豐實不同形。"豐"作 ，∪中從 （玉器之象形），會行禮之意。"豐"多作 ，∪中從 （草木之形），會豐滿之意。《說文》："，豆之豐滿者也。從豆，象形。一曰《鄉飲酒》有豐侯者。凡豐之屬皆從豐。古文豐。"本義豐滿。●富饒、豐厚。《牆盤》："上帝司（后）稷介保受天子綰令：厚福豐年，方緣（蠻）亡不覛視。"●地名。《小臣宅簋》："隹（唯）五月壬辰，同公才（在）豐。"●人名。《豐簋》："豐乍（作）從彝。"●豐豐：形容鐘聲宏亮，引申有蓬勃興旺之意。《瘋鐘》："大神其陟降嚴祐，妥（綏）厚多福，其豐豐，受余屯（純）魯。"●讀酆，地名，周文王滅崇侯虎後曾都于此。後為周武王之弟的封國，故地在今陝西省戶縣北。《小臣宅簋》："隹（唯）五月壬辰，同公才（在）豐。"●增大，動詞。《上博三·周易51》："豐丌（其）芾（沛）。"●可讀荒。《安大一9》："南又（有）流（樛）木，葛藟豐（荒）之。"《毛詩》作"葛藟荒之"。上古音"豐"屬滂紐冬部，"荒"屬曉紐陽部。典籍中"邦""方"，"方""罔"相通（參《古字通假會典》第二六、三一二頁）。毛傳："荒，奄。"簡本作"豐"更貼切詩意。

 瓊斧　　　瓊銅泡　齊　璽彙 0635

【注】從王豐聲。●西周金文單字刻銘，讀豐，地名。●齊璽"王瓊"，人名。

 士父鐘　　鼓鈇鐘　　邢人妄鐘　　戲狄鐘　　虢叔鐘

【注】從攴豐聲。林澐曰："據商代卜辭壴、鼓通用之例，豐、數亦可視為同一字之繁簡兩體。"（《豐、豐辨》）●讀豐，形容鐘聲宏亮。《戲狄鐘》《虢叔鐘》《邢人妄鐘》："數數。"《鈇鐘》作"數數"。數即豐之古體，為象聲詞。數數，與《詩》"芃芃""蓬蓬""嘒嘒"義同，均有盛大意。

酆  楚　清華四·別卦 4　晉 　璽彙 1884　　璽彙 1885　秦 　陶彙

5·385 　秦印 121

【注】從邑豐聲。●晉璽"酆歇""酆成鈇"，姓氏。●地名。《宗邑瓦書》："取杜才（在）酆邱到于潏水，以為右庶長歜宗邑。"《說文》："酆，周文王所都。在京兆杜陵西南。"西周金文皆作豐，《宅簋》："同公在豐。"秦印有"酆丞"，酆既有丞，則其級別應接近縣。●《清華四·別卦4》讀豐，即"豐"卦。帛書《衷》亦作酆。

寷 叔旅魚父鐘

【注】從宀豐聲，與小篆同。《説文》：“，大屋也。從宀豐聲。《易》曰：‘寷其屋。’”本義指大屋。引申泛指大也。●讀豐，盛大充盈貌。《叔旅魚父鐘》：“朕（朕）皇考弔（叔）旅魚父，寷㲋，降多福無。”寷㲋，或作“豐豐㲋㲋”，《瘐鐘》“其豐豐㲋㲋，受余屯（純）魯”。

明紐冡聲

冡 楚 包山94 望山2・13 天星 晉 陶彙4・138 秦 圖典352 圖典352 圖典352 集證145・196

【注】甲骨文作、，從冃（表蒙覆），從隹（鳥），以物覆鳥，會蒙覆之意，“蒙”之初文。郭沫若謂甲骨文為“冡”字之異，冃豕為冡，冃隹亦蒙意也。卜辭中用為“霚”（于省吾謂為“霚”之古字，從隹冃聲，某種鳥鳴預知將霧也）。秦文字均為“冡”之訛文。●讀幏。《説文》：“幏，蓋衣也。從巾冡聲。”《望山2・13》：“翡（翡）翠，冡毛之首。”●晉陶、包山簡為人名。●《圖典352》“冡府”“冡璽”，《集證145・196》“冡府”均讀冢。秦文字“冢”“冡”混同。

蒙 蒙戈 晉 中山王䝨壺 秦 、、印增32 會稽刻石

【注】從艸冡聲。《説文》：“，王女也。從艸冡聲。”段玉裁注謂“王女”即唐蒙、女蘿、兔絲，為植物名。《説文》分成“蒙”“冡”二字，後“蒙”行而“冡”廢。●披也。《中山王䝨壺》：“氏（是）以身蒙奐胄，以祩（誅）不怂（順）。”●地名。《蒙戈》：“蒙。”先秦時代名蒙之地有二：一為魯邑，《左傳・哀公十七年》：“公會齊侯盟于蒙。”在今山東省臨沂市蒙陰縣。二為宋之蒙澤，在今河南省商丘市東北。銘文鳥篆，非齊系風格，此“蒙”是宋之蒙澤。此戈銘文可能鑄造於楚統治下之蒙澤。●覆盖、遮着。《會稽刻石》：“大治濯俗，天下承風，蒙被休經。”●秦印有“蒙洋”，應為姓氏。《風俗通》東蒙主以蒙山為氏，秦有將軍蒙驁。

縸 楚 包山牘1

【注】從糸冡聲。●讀幪。《包山牘1》：“縸（幪）罷（旄）首。”

幏 秦 睡簡・秦種91

【注】從巾冢聲。《集韻》或作幪。●《睡簡·秦種91》："為幏布一，用枲三斤。"幏布，頭巾。

霖 楚　曾侯11　　曾侯3　　曾侯38

【注】從雨從豕，"豕"之異文。●簡文中"獴""霖""氋"為一字異寫，皆讀蒙。《曾侯3》"犴首之霖"，還有"貘首之霖"（15號簡）、"虎首之霖"（18、28、91、103號簡），疑皆古代車馬上的蒙覆之物。古代車馬常有蒙輿、蒙軾之例。

獴 楚　曾侯61

【注】從犬霖聲。●讀蒙，詳"霖"字。

氋 楚　曾侯80

【注】從毛霖聲。●讀蒙，詳"霖"字。

明紐龙聲

龙 楚　上博三·周易1　　上博三·周易1　　新蔡甲三204　　安大一

46　　安大一47 晉　璽彙0407　　璽彙0373　　璽彙2848　　璽彙1150　　璽彙

1526

【注】從犬從彡，象犬有長毛之意。●讀蒙。《上博三·周易1》："僮（童）龙（蒙），吉。"●"龙"有"雜色"之義。《左傳》閔公二年"衣之龙服，遠其躬也"，杜預注："龙，雜色。"《安大一46》："龙（蒙）帘（旆）又（有）蕾（苑）。"《毛詩》作"蒙伐有苑"。上古音"蒙""龙"均屬明紐東部，二字音義俱近。"龙"，鄭箋："蒙，厖也……，畫雜羽之於伐。故曰'厖伐'。"《安大一47》："龙屖（盾）是敆（合）。"《毛詩》作"龍盾之合"。《考工記·玉人》"上公用龍"，鄭玄引鄭司農云："龍，當為龙。龙，謂雜色。"馬瑞辰云："龍、厖、蒙三字古聲近通用。"（《毛詩傳箋通釋》第三七七頁）《毛詩》作"蒙""龍"當為借字。●晉璽均為人名。

詥 楚　璽補112

【注】從言龙聲。●"諘夜之鈢"，人名。

曾侯 42　　曾侯 44　　曾侯 49　　曾侯 97

【注】從雨龙聲，疑"靀"之異文。●讀蒙。《曾侯 44》："屯戠霓孚（羽）。"

郭店·窮達 3　　新蔡乙三 43　　新蔡甲三 172　　天星

【注】從冃從龙，雙聲字，疑"幪"之異文。●天星簡"冕羽首"，讀蒙，●讀幪。《郭店·窮達 3》："冒（帽）絰（絰）冕（幪）懂（巾）。"

天星

【注】從羽冕聲，疑"豪"之異文。●簡文"鬱羽之戳"，讀蒙。

清華四·別卦 2

【注】從心從宀龙聲。●讀蒙，即"蒙"卦。上博簡作"龙"。蒙、龙都是東部明母字，可以通用。

魚部

影紐烏聲

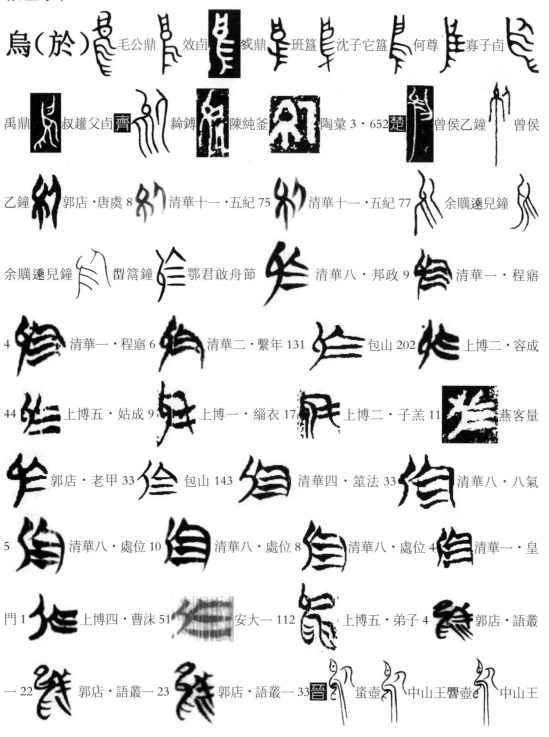

烏（於）毛公鼎 效卣 𢦏鼎 班簋 沈子它簋 何尊 寡子卣 禹鼎 叔趯父卣 齊 𦉢鎛 陳純釜 陶彙 3・652 楚 曾侯乙鐘 曾侯乙鐘 郭店・唐虞 8 清華十一・五紀 75 清華十一・五紀 77 余贎逐兒鐘 余贎逐兒鐘 𨟭篙鐘 鄂君啟舟節 清華八・邦政 9 清華一・程寤 4 清華一・程寤 6 清華二・繫年 131 包山 202 上博二・容成 44 上博五・姑成 9 上博一・緇衣 17 上博二・子羔 11 燕客量 郭店・老甲 33 包山 143 清華四・筮法 33 清華八・八氣 5 清華八・處位 10 清華八・處位 8 清華八・處位 4 清華一・皇門 1 上博四・曹沫 51 安大一 112 上博五・弟子 4 郭店・語叢一 22 郭店・語叢一 23 郭店・語叢一 33 晉 盗壺 中山王譽壺 中山王

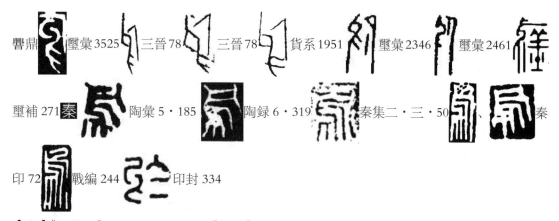

嚳鼎　　　璽彙 3525　　三晉 78　　三晉 78　　貨系 1951　　璽彙 2346　　璽彙 2461

璽補 271 秦　　陶彙 5·185　　陶録 6·319　　秦集二·三·50　　　秦

印 72　戰編 244　印封 334

【注】《毛公鼎》象烏鴉張口之形。《禹鼎》省頭部，口形訛變為人形。《叔趯父卣》人形徹底脱離。戰國文字承襲金文，或鳥翼與鳥身脱離作，或鳥身對稱作、，秦漢文字作、，完成由"烏"訛變為"於"的過程。由此可知，烏頭部筆劃分離，漸漸訛為"臥"，省變為"於"，故"烏""於"同源。《穆天子傳》："比徂西土，爰居其野，虎豹為群，於鵲與處。"郭璞注："於讀曰烏。"秦文字分為"於""烏"二字。《説文》："，孝鳥也。象形。孔子曰：'烏，盱呼也。'取其助气，故以為烏呼。凡烏之屬皆從。古文烏，象形。象古文烏省。"本義即為烏鴉。銘文中多假借義。●讀嗚，感歎詞。《致鼎》："烏（嗚）虖，王唯念致辟刺（烈）考甲公。"《何尊》："烏（嗚）虖，爾有唯小子亡哉（識）。"《清華一·皇門 1》"公若曰：'於（嗚）唬（呼）。'"●介詞，在。《燕客量》："郾（燕）客臧嘉餌（問）王於葴郢之戠（歲）。"●介詞，向。《上博七·武王 11》："甯（問）於大（太）公腥（望）曰。"●介詞，被，表示被動。《上博七·君甲 9》："䠇（戮）死於人手。"《後漢書·鄭太傳》："燕、趙、齊、梁，非不盛也，終滅於秦。"●介詞，比、比較。《上博二·魯旱 4》："丌（其）欲雨或甚於我。"《禮記·檀弓下》："苛政猛於虎也。"●《璽補 271》"於丘"合文，"於丘"為複姓。（施謝捷《新見戰國私璽零釋》）●《陶彙 3·652》"於陵市木鑴"。於陵，地名，戰國時為齊邑，西漢時置縣，屬濟南部。自名"木鑴"，當為於陵市管理木材的機構印跡，陶器則是於陵市管理木材機構的用器。●《璽彙 3525》"烏卑"，姓氏。烏，出自姬姓，黃帝之後。少昊氏以烏鳥為官，有烏鳥氏，其後屬烏氏。秦印有"烏丁""烏昫閭"，春秋時莒國有大夫"烏存"。●《秦集二·三·50》"烏呈之印"，"烏呈"地名，詳"歇"字。

歇 秦  守暲戈　故宮 460　　　秦印 170

 印增 340

【注】從欠烏聲。●均為人名。《守暲戈》："廿二年，臨汾守暲、庫係、工歇造。"

郍（鄔）楚　清華六·太伯甲 7 晉　貨系 1937　　三晉 77

貨系 1937　　貨系 1935　秦　詛楚文

【注】從邑於聲。均為地名用字。鄔、郍一字。●讀鄔，地名。《説文》：“鄔，太原縣。從邑烏聲。”《清華六·太伯甲 7》：“西城沂閖，北就郍（鄔）、劉。”●《詛楚文》：“遂取我邊城新郢（隉），及郍（鄔）、長、媫（莘）。”郍，地名，在今河南、陝西界。

愁　楚　璽彙 3220　晉　璽彙 3794　　上皐落戈　　璽彙 2328

【注】從心於聲。●均為人名。

菸　楚　清華十·司歲 3

【注】從艸於聲。●讀閼。《清華十·司歲 3》：“矗（單）菸（閼）之戱（歲）。”太歲在卯曰單閼。

閼　秦　閼輿戈

【注】從門於聲。六國文字烏、於一字。秦系文字別為烏、於二字。《説文》：“閼，遮擁也。”●地名。《史記·秦本紀》：“三十八年，中更胡陽攻趙閼輿。”在今山西和順。《閼輿戈》：“閼輿。”

飫　晉　六年安陽令矛　分研 269

【注】從食於聲。飫，《玉篇》同飫。●人名。《六年安陽令矛》：“飫。”

瘀　晉　璽彙 2058

【注】從疒於聲。●晉璽人名

鴥　楚　匯考 174　上博四·逸交 3　清華三·赤鳩 7　清華三·赤

鳩 9　清華三·赤鳩 9

【注】從鳥於聲。清華簡增從口，為繁文。●《匯考 174》“鴥呈之鉌”，“鴥呈”即烏呈。西安

890

出土的秦封泥有"烏呈之印"。"烏呈"，先秦時早已存在，漢以後則寫作"烏程"。東漢永建四年（129），在原會稽郡（下屬的二十六縣：如烏程、由拳、海鹽、余暨、余杭、陽羨等）的浙江（錢塘江）以西部分設吳郡，烏程改屬吳郡。●《上博四·逸交3》："交=（交交）鳴鴹，集于中渚。"曹建國以為，簡文中的"鴹"當為"鷖"的假借字，是屬於鳳凰之類的鳥。●清華簡均讀烏。《清華三·赤鳩6》："眾鴹（烏）將飤（食）之。"

 清華十·四時 12

【注】從水於聲。●淤塞。《清華十·四時 12》："河瀆（津）溢，以復淤亓（其）管（篤）。" "河津溢"即旦時王良星天區在東方星空，"以復淤其篤"蓋是指在東方淤塞青龍之氣。

 曾侯 166

【注】從攴淤聲。或釋為攸。●地名。《曾侯 166》："漱騮為右騮。"

影紐亞聲

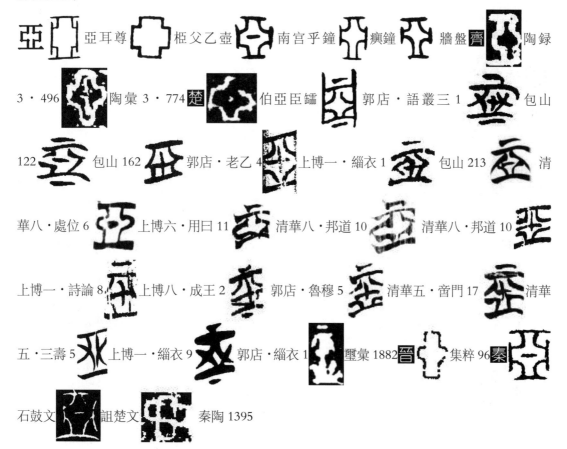

亞 亞耳尊 框父乙壺 南宮乎鐘 瘋鐘 牆盤 齊 陶録

3·496 陶彙 3·774 楚 伯亞臣鑷 郭店·語叢三 1 包山

122 包山 162 郭店·老乙 4 上博一·緇衣 1 包山 213 清

華八·處位 6 上博六·用曰 11 清華八·邦道 10 清華八·邦道 10

上博一·詩論 8 上博八·成王 2 郭店·魯穆 5 清華五·命門 17 清華

五·三壽 5 上博一·緇衣 9 郭店·緇衣 1 璽彙 1882 晉 集粹 96 秦

石鼓文 詛楚文 秦陶 1395

【注】甲骨文作🜊、🜊、🜊、🜊、🜊、🜊、🜊、🜊、🜊、🜊、🜊，象古代聚族而居的通向四面的一座建築物。徐中舒曰：“甲骨文亞字蓋象古代聚族而居之大型建築平面圖形。殷代之城堭、廟堂、世室、墓葬沿用此形，即《周禮‧考工記》所謂之殷人四阿重屋。阿、亞古音同，故通用。殷代亞形建築多曲隅，而《說文‧𨸏部》‘一曰阿，曲𨸏也。’段注：‘引申之凡曲處皆得稱阿。’典籍亦每訓阿為曲隅，阿曲引申義又有昵近、朋比、同儔之義。”（《甲骨文字典》1523頁）“阿”指的是亞字形房屋外面的“曲隅”，建築上稱為“陰角”，很可能是當初為同一事物造了亞、阿兩個字。《說文》：“🜊，丑也。象人局背之形。賈侍中說：以為次弟也。凡亞之屬皆從亞。”徐中舒曰：“文字中的亞字，就象墓穴四面有臺階之形。說文：亞，丑也，丑惡義近，惡從亞者，墓穴令人心惡。”（《中國文化研究匯刊》第九卷）本義為古代聚族而居的建築。引申為宗廟，商周青銅器的廟器上常有“亞”字。亞形建築既便于全族共處又使各戶皆得獨立，故同代兄弟並列同儔而復可敘以位次，所以亞有“次序”意，後來多用于次等的、第二，如“亞軍”，如《史記》：“亞父者，范增也。”又引申為官名，如《左傳》：“亞，大夫也。”●亞有次長、副官之義。金文泛指官員。《聽簋》：“王舍多亞。”多亞，即眾官，諸位官員。《左傳‧文公六年》：“為亞卿焉。”鄭玄注：“亞，次也。”●表先祖、宮室的位次。《父辛簋》：“亞父辛。”●楚文字多讀惡。《郭店‧老乙4》：“兇（美）與亞（惡），相去可（何）若？”戰國文字如郭店楚簡“惡”作🜊、🜊，或省作🜊、🜊，可見“惡”“亞”在戰國晚期仍然同音。●讀鳴或讀烏。烏，影母魚部；惡，影母鐸部，二字雙聲，魚鐸陰入對轉。《上博八‧成王2》：“亞（鳴）唬（呼），敬之才（哉）!”《史記‧司馬相如列傳》：“烏有先生者，烏有此事也。”《集解》：“徐廣曰：‘烏一作惡。’”●讀惡，疑問代詞，相當於“何”“安”“怎麼”。《上博七‧武王9》：“亞［相忘? 相忘］於貴富。”《左傳‧桓公十六年》：“棄父之命，惡用子矣？”杜預注：“惡，安也。”《大戴禮記‧武王踐阼》作“惡乎危？”“惡乎失？”。

 偓 齊 陶徵 52

【注】從人亞聲。●齊陶單字。

 涊 楚 清華八‧天下 1

【注】從水亞聲。●疑讀窪。《清華八‧天下1》：“今之戰（守）者，高亓（其）壁（城），深亓（其）涊而利其櫨歐。”整理者注：“涊，疑‘窪’字異體，《說文》：‘深池也。’利，便利。《漢書‧百官公卿表》：‘垂作共工，利器用。’櫨歐，疑為渠譫之類守城器備。櫨，‘查’字古文，從木，盧聲，精母魚部字，可讀為群母魚部之‘渠’字，精、群通轉之例如蛆蛛、楮者。歐，從阝，《說文》所謂‘𧸇’省聲，見母談部字，與章母談部之‘譫’可通轉。渠譫，見於《墨子‧備城門》‘城上之備：渠譫、藉車……’。又作‘渠幨’。《淮南子‧氾論》‘晚世之兵，隆沖以攻，渠幨以守’，高注：‘幨，幰，所以禦矢也。’”

諤 諤 史㦰鼎

【注】從言亞聲。《說文》：“諤，相毀也。從言亞聲。一曰畏亞。”段玉裁注：“此與惡惡之惡略同。”●讀惡。《史㦰鼎》：“㦰其日遷（就）月匜（將），累（察）化諤（惡）臧，寺（持）屯（純）

魯令（命）。"李學勤曰："段玉裁云與'惡'略同，此處即讀為'惡'。"（《史叀鼎與史學淵源》）

惡 楚 郭店·語叢二 25　　上博一·緇衣 4　　上博一·緇衣 22　　璽彙 2068　　秦

睡簡·日乙 194　　睡簡·語書 11　　睡簡·秦種 65　　類編 355

【注】從心亞聲。●多用為本義，不善也。《睡簡·日甲 34》："有為也，美惡自成。"●讀厭，鎮。《睡簡·日乙 203》："正西惡之。"又寫作"晉"。惡，影母鐸部；厭，影母談部。二字雙聲、通轉疊韻。●讀堊。《睡簡·日甲 88 背》："咎在惡室。"堊室，古時居喪者居住的屋子，四壁用白泥粉刷。

啞 楚 清華七·越公 16　　清華七·越公 27　　清華六·孺子 2　　清

華十·行稱 4　　清華十·行稱 10

【注】從口亞聲。●讀惡。《清華七·越公 16》："亡（無）良鄔（邊）人再（稱）瘝悡（怨）啞（惡）。"●讀惡，疑問詞，義同"何"，即為何之意。《清華六·孺子 2》："啞（惡）區區鄭邦望吾君亡，不盈（盈）其志。"這兩句是說：為什麼小小的鄭邦都盼望着出亡的我君（指武公）回來，卻不能滿足這個意願？

晉 秦 睡簡·日乙 217　　睡簡·日乙 221

【注】從日亞聲。●讀厭。厭，《廣雅·釋言》"鎮也"。以迷信的方法，鎮服或驅避可能出現的災禍。《睡簡·日乙 217》："其南晉之。"

敔　永盂

【注】從攴亞聲，疑"挜"之異文。●金文人名。

曉紐虍聲

虎 琱生簋　　師克盨蓋　　毛公鼎　　師酉簋　　師酉簋　　師酉簋　　師

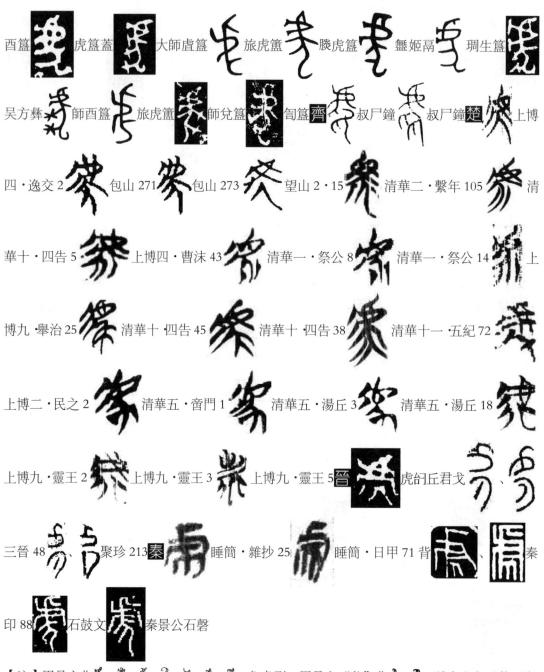

西簋 虎簋蓋 大師虘簋 旅虎簋 滕虎簋 鑾姬鬲 琱生簋

吳方彝 師西簋 旅虎簋 師兌簋 訇簋 齊 叔尸鐘 叔尸鐘 楚 上博

四·逸交 2 包山 271 包山 273 望山 2·15 清華二·繫年 105 清

華十·四告 5 上博四·曹沫 43 清華一·祭公 8 清華一·祭公 14 上

博九·舉治 25 清華十·四告 45 清華十·四告 38 清華十一·五紀 72

上博二·民之 2 清華五·啻門 1 清華五·湯丘 3 清華五·湯丘 18

上博九·靈王 2 上博九·靈王 3 上博九·靈王 5 晉 虎匄丘君戈 、

三晉 48 、 聚珍 213 秦 睡簡·雜抄 25 睡簡·日甲 71 背 、 秦

印 88 、 石鼓文 秦景公石磬

【注】甲骨文作𧆨、𧆞、𧆘、𧇂、𧆟、𧆜、𧇇，象虎形。甲骨文"豹"作𧱅、𧱈，以身上之點飾而與
虎字相別。金文同甲骨文，字形更加抽象。戰國文字身、足、尾省減為人形，小篆遂從人作。
戰國文字虎頭變化甚大，可參考本書從虍之字。字作偏旁或省為虍。●用為本義，猛獸也。《叔
尸鐘》："是少（小）心恭遵，靈力若虎。"《上博四·逸交 2》："戁（愷）俤君子，若豹若虎。"
●人名。《師虎簋》："井白（伯）内（入）右師虎即立中廷。"●讀琥。《裘衛盉》："矩或（又）
取赤虎兩。"赤虎，雕成虎形的赤色玉器。《左傳·昭公三十二年》："賜子家子雙琥、一環、一
璧、輕服。""雙琥"與銘文"赤虎（琥）兩"，均以兩器為一組，疑即虎符。用兵時，王和將帥
各執其一。虎，或以為是虎皮。●虎臣：周王的侍衛官，意為猛虎之臣。《師西簋》："嗣（司）

乃且（祖）啻官邑人、虎臣，西門尸（夷）。"《師寰簋》："左右虎臣征淮夷。"●虎方：方國名。《中鼎》："隹（唯）王令南宫伐反虎方之年。"●讀乎。《清華五·湯丘3》："此可目（以）和民虖（乎）？"

罴^楚 清華十·四告21　　新蔡甲三13

【注】從网虎聲。●整理者讀娛。《清華十·四告21》："蓳（勸）余康罴（娛），宜乓（厥）卣（攸）同。"子居先生認為"蓳（勸）余康罴"似當讀為"勸余康顧"，《尚書·康誥》："用康乃心，顧乃德，遠乃猷。"孔傳："用是誠道安汝心，顧省汝德，無令有非，遠汝謀，思為長久。"是康訓安、顧訓省。前言"毋迷于猷，毋怠於圖"，後言"勸余康顧，宜厥攸同"，正相對應。●新蔡簡辭殘，義不詳。

魑 作冊魑卣

【注】從鬼虎聲。《説文》鬼貌。●人名。《作冊魑卣》："賞乍冊魑馬。"

猇^楚 清華十·四時10

【注】從犬虎聲。●《清華十·四時10》："猇星女（如）不至，白維乃繻（需）。""猇星"應是屬季秋的文字，指白虎。

慌^齊 璽彙0243　^燕 璽彙3447

【注】從心虎聲，"慮"之省文。●均為人名，可讀慮。

腑^楚 曾侯1　 曾侯8

【注】從肉虎聲。●讀虎，它簡或作"虎"。《曾侯1》"腑韔"即用虎皮作的弓韔（弓囊）。

虖^楚 包山141　 包山128　 包山143　 包山179

【注】從廾虎聲，疑"摅"之異文。●均為人名。

虢 虢尊　 泉伯簋　 班簋　 虢仲盨　 虢叔尊　 虢叔盂　 頌

簠　虢叔大父鼎　頌簠　虢叔簠蓋　師兌鐘　虢叔旅鐘　虢

文公子牧鼎　虢季子白盤　虢季簠　國子碩父鬲　虢季氏子組鬲

虢季氏子牧鬲　虢叔鬲　鄭虢仲鼎　鄭虢仲簠 楚　清華三・良臣 3　清華三・良臣 8

清華三・良臣 8

【注】金文從爪從攴從虎，會以手持虎手治取其皮之意，"鞹"之初文。林義光曰："當為鞹之古文，去毛皮也……從虎，犭象手有所持以去其毛。"（《文源》卷六）文獻作"鞹"。小篆與金文略同。《説文》："虦，虎所攫畫明文也。從虎寽聲。""虎所攫畫明文"意為：虎所抓畫之迹。段玉裁注："虦字本義久廢。罕有用者。"虦當從虎聲。虦，見母鐸部；虎，曉母魚部，均屬牙音，韻部對轉。●讀鞹，去毛的熟皮。《吳方彝》："朱虦（鞹）靳（靳）、虎冟熏（纁）裏。"《詩・齊風・載驅》："簟弗朱鞹。"●國名。有東、西、南、北四虦。《虢季子白盤》："虢季子白乍（作）寶盤。"西周夷王時北虢國君，名子白，虢季氏，夷王的父輩，故稱白父。●人名。《頌鼎》："王乎（呼）史虢生冊令（命）頌。"

楚　清華二・繫年 7　　清華二・繫年 98　　清華二・繫年 109

【注】從邑虢聲。●讀虢。《清華二・繫年 7》："邦君者（諸）正乃立幽王之弟舍（余）臣于鄦（虢）。"

己侯虤鐘　　虡司土虤簠

【注】從卜從虎，《金文編》注曰："虢字從此。"金文"虢"字最早莫過于《虢尊》作虡、《彔伯簠》作虡，然均不從卜。徐同柏謂此即"虢"之省文，可從。●人名。《己侯虤鐘》："己侯虤乍寶鐘。"

秦　秦印 40

【注】從足虎聲，"蹂"之省文。●人名。

蔑

伯蔑父簠　　伯蔑父鼎

【注】甲骨文作蔑、蔑、蔑，從屮虎聲。金文從艸虎聲。艸、屮、中會意同。●人名。《伯蔑父簠》：

"大師小子白（伯）萛父乍寶鼎。"

槭  伯槭簋 ……旂嗣土槭簋 …… 伯槭虘簋 …… 宰槭角 楚 …… 清華一·皇門 1

…… 清華五·封許 8 …… 上博六·用曰 14 …… 清華十·四告 3

【注】甲骨文作 ，從木虍聲。金文承之。《説文》無。●人名。《宰槭角》："庚申，王才（在）闌，王各，宰槭從（从）。"●讀慮。《清華一·皇門 1》："蔑又（有）耆耇槭（慮）事嘼（屏）朕立（位）。"《清華五·封許 8》："女（汝）亦佳（惟）就章尔槭（慮），祇敬尔猷，以永厚周邦。"慮，《説文》："謀思也。"●讀虐。《上博六·用曰 14》："弜（强）君槭（虐）政，煬（揚）武於外。"●讀處。《清華十·四告 3》："王所立大正、孚（小子）、秉典、聖（聽）任、槭（處）士，廼豐（朋）涇〈淫〉㒸（失）尻（居）。""處士"為貴族身份未任官職者。失居，指失去自己的本分。

蒣 楚 …… 新蔡甲三 325 …… 新蔡甲三 312

【注】從艸槭聲。●地名。

鄔 晉 …… 侯馬

【注】從邑虍聲，"鄂"之異文。●讀鄂，姓氏。

琥 楚 …… 包山 218 …… 清華四·筮法 57 …… 清華十一·五紀 115 晉 …… 中

山玉器

【注】從玉虍聲。中山器為"玉虍"合文。●用為本義，玉器。《包山 218》："壁（辟）琥，擇良月良日饋之。"也就是辟除遠離這塊玉琥，並且選擇吉日將玉琥送給鬼神。壁，讀辟。《禮記·郊特牲》："祭有祈焉，有報焉，有由辟焉。"鄭玄注："由，用也。辟，讀為弭，謂弭災兵，遠罪疾也。"《清華十一·五紀 115》："珪（圭）辟（璧）璜琥。"

虖 楚 …… 清華六·子儀 20， …… 清華二·繫年 48

【注】從山虍聲。《清華二·繫年 48》從山唬聲。●讀崞。《清華六·子儀 20》："君欲汽丹、王（黄）之北旻，遹（通）之於虖（崞）道。"詳"唬"字。

裱 楚 上博一·緇衣 14　　上博一·詩論 12　　上博一·詩論 13　　上博

二·從甲 15　　清華九·成人 15　　清華十·四告 40　　清華十·四告 29

【注】從示虎聲，或唬聲、乕聲。或謂"虎"之訛文。●讀虐。《上博一·緇衣 14》："毘（苗）民非甬（用）需（命），制目（以）型（刑），隹（惟）复（作）五虜（虐）之型（刑）曰乭（法）。"上博簡《緇衣》引《呂刑》"五虜之型（刑）"，傳本作"五虐之刑"。《説文》："虐，殘也。"《上博二·從甲 15》："毋暴、毋禣（虐）、毋惻（賊）、毋惢（貪）。"●讀乎。《上博一·詩論 12》："不亦能改虜（乎）。"

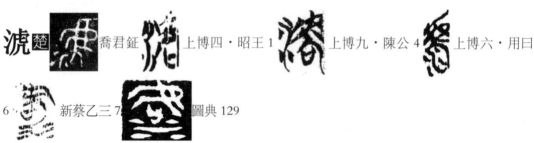

滹 楚 喬君鉦　　上博四·昭王 1　　上博九·陳公 4　　上博六·用曰

6　　新蔡乙三 7　　圖典 129

【注】從水虎聲，或從水唬聲。《説文》："滹，水流兒。從水，彪省聲。《詩》曰：'滹沱北流。'"許慎以為"水流兒""彪省聲"，應為後起義。●人名。《喬君鉦》："喬君滹虜與朕（朕）目（以）贏乍（作）無者俞寶鑰盅。"喬君滹虜，為喬地封官，滹虜其名。●讀滸，訓"水邊"，《詩·大雅·緜》所謂"古公亶父，來朝走馬，率西水滸，至於岐下"之"滸"也。《上博四·昭王 1》："昭王為室於死泜之滹（滸），室既成，將落之。"《上博六·用曰 6》："繼原流滹（滸），亓（其）自能不沽（涸）。"《詩·王風·葛藟》："綿綿葛藟，在河之滸。"毛傳："水厓曰滸。"《上博九·陳公 4》亦讀滸。

唬 善鼎　　伯戟簋　　簏亞罍角　　鈇鐘 楚　　郭店·成之　　郭店·老

甲 2　　上博三·仲弓 25　　上博四·柬旱 23　　上博五·弟子 4　　新蔡零 9

上博一·詩論 1　　上博二·容成 8　　上博三·周易 42　　上博五·姑成 1　　清

華六·子產 15　　清華八·邦政 11　　清華八·邦道 25　　清華六·子儀 1　　璽

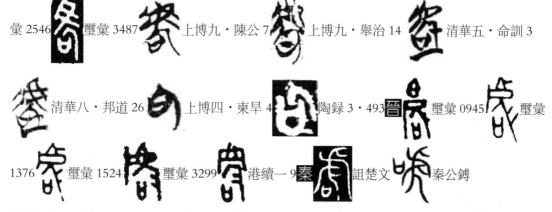

璽彙 2546　璽彙 3487　上博九・陳公 7　上博九・舉治 14　清華五・命訓 3

清華八・邦道 26　上博四・柬旱 4　陶録 3・493　璽彙 0945　璽彙 1376　璽彙 1524　璽彙 3299　港續一 9　詛楚文　秦公鎛

【注】從口虎聲，與小篆同。《簋亞𤔲角》從吅，疑為“唬”之繁文。《上博四・柬旱 4》“虎”旁截除上部形體。●介詞，讀乎，相當于“于”。《善鼎》：“唯用妥（綏）福，唬前文人，秉德共（恭）屯（純）。”《伯毅簋》：“隹（唯）用妥（綏）神裹（鬼），唬前文人。”或謂讀效，唬、效古音都入喻紐，故二字可通。唬前文人，即效瀘先人。●讀乎。《上博一・詩論 1》：“行此者丌（其）又（有）不王唬（乎）？”●讀號。此字楚簡文中或用為“號”，或用為“虐（瘧）”，頗不一定，如清華簡二《繫年 51》、上博二《容成 20》、上博三《周易 38》均讀號。《清華十一・五紀 38》：“四桓（柱）同唬（號）曰天桓（柱）。”●讀瘧。《上博二・容成 36》“唬疾”讀“瘧疾”。●讀崲。《清華六・子儀 1》：“既敗於唬（崲），忌（恐）民之大肪（病）。”●讀虐。《鈇鐘》：“南或（國）艮（孳）敢召唬（虐）我土。”戰國文字多讀虐。《詛楚文》：“內之則戲（暴）唬（虐）不（無）辜，刑戮孕婦。”《清華六・子產 15》：“不以逸求得，不以利行直，不以唬（虐）出民力。”●楚璽（璽彙 2546、璽彙 3487）人名。

清華九・治政 36　新蔡甲三 64

【注】從戈唬聲。●讀虐。《清華九・治政 36》：“𢧕（虐）殺不殆（辜）。”新蔡簡亦讀虐。

清華一・尹至 2　清華一・金縢 2

【注】從蚰唬聲。●讀虐。《清華一・尹至 2》：“隹（惟）䧟（災）：蠱（虐）惠（德）、癗（暴）䢜、亡𦋻（典）。”●讀瘧。《清華一・金縢 2》：“劵（遘）遉（害）蠱（瘧）疾。”《説文》：“瘧，熱寒休作。”即今瘧疾病。

郭店・緇衣 27　上博六・競公 1　上博六・競公 2　清華五・湯丘 16　清華二・繫年 2

【注】從疒唬聲，"瘧"之異文。●讀瘧。《上博六·競公1》："齊競（景）公瘧（疥）戲（且）瘧（瘧），夏（逾）戠（歲）不已。"景公患了疥病，之後又加上瘧病。●讀虐。《郭店·緇衣27》："隹（惟）乍（作）五瘧（虐）之圣（刑）曰瀍（法）。"《清華五·湯丘16》："不瘧（虐）殺，與民分利。"

 蓎 晉 璽彙3454

【注】從艸唬聲。●晉璽地名。

 譇 晉 璽彙0225

【注】當從言蓎省聲。●印文"維譇亭之鈢"，地名。舊釋為"諾"，古文字"若"未有從此作者。

 㔻 楚 曾侯213

【注】從止從吅虎聲。●義不詳。

 虎 晉 錢典1219

【注】"虎"之省文。在偏旁中，齊系文字常省作、、、、、、，燕系作、、，晉系作、、、。●讀虞。趙幣"虞虎"，讀"鮮虞"，地名。《杕氏壺》作鮮于。

 䖢 秦 秦印85 網絡

【注】從亏（于）虗聲（從隹虎聲）。●秦印"王䖢"人名。●"䖢軍"或謂姓氏。今山西之太原、大同、長治等地有分佈。

虗 楚 曾姬無卹壺　　曾姬無卹壺　　郭店·魯穆3　　上博一·詩論6

上博一·詩論22　　上博一·詩論21　　上博一·詩論22　　上博二·魯旱5

上博二·魯旱1　　上博五·鬼神4　　上博六·競公2　　清華二·繫年15